Traumjob oder Albtraum – Chefarzt m/w

Ulrich Deichert
Wolfgang Höppner
Joachim Steller
(Hrsg.)

Traumjob oder Albtraum – Chefarzt m/w

Ein Rat- und Perspektivgeber

Mit 76 farbigen Abbildungen

Herausgeber
Ulrich Deichert
Cuxhaven, Deutschland

Wolfgang Höppner
Itzehoe, Deutschland

Joachim Steller
Freiburg, Deutschland

ISBN 978-3-662-49778-4   978-3-662-49779-1 (eBook)
DOI 10.1007/978-3-662-49779-1

Die Deutsche Nationalbibliothek verzeichnet diese Publikation in der Deutschen Nationalbibliografie; detaillierte bibliografische Daten sind im Internet über http://dnb.d-nb.de abrufbar.

Springer
© Springer-Verlag Berlin Heidelberg 2016
Das Werk einschließlich aller seiner Teile ist urheberrechtlich geschützt. Jede Verwertung, die nicht ausdrücklich vom Urheberrechtsgesetz zugelassen ist, bedarf der vorherigen Zustimmung des Verlags. Das gilt insbesondere für Vervielfältigungen, Bearbeitungen, Übersetzungen, Mikroverfilmungen und die Einspeicherung und Verarbeitung in elektronischen Systemen.
Die Wiedergabe von Gebrauchsnamen, Handelsnamen, Warenbezeichnungen usw. in diesem Werk berechtigt auch ohne besondere Kennzeichnung nicht zu der Annahme, dass solche Namen im Sinne der Warenzeichen- und Markenschutz-Gesetzgebung als frei zu betrachten wären und daher von jedermann benutzt werden dürften.
Der Verlag, die Autoren und die Herausgeber gehen davon aus, dass die Angaben und Informationen in diesem Werk zum Zeitpunkt der Veröffentlichung vollständig und korrekt sind. Weder der Verlag, noch die Autoren oder die Herausgeber übernehmen, ausdrücklich oder implizit, Gewähr für den Inhalt des Werkes, etwaige Fehler oder Äußerungen.

Umschlaggestaltung: deblik Berlin
Fotonachweis Umschlag: © Jürgen Tomicek, Werl-Westönnen
Mit freundlicher Unterstützung der Stada AG
Es besteht kein Interessenskonflikt der Autoren oder Herausgeber

Gedruckt auf säurefreiem und chlorfrei gebleichtem Papier

Springer ist Teil von Springer Nature
Die eingetragene Gesellschaft ist Springer-Verlag GmbH Berlin Heidelberg

Widmung
Unseren akademischen Lehrern und unseren Mitarbeitern gewidmet

Geleitwort

Der Chefarzt im Spannungsfeld von Patientenanspruch, Krankenhausrendite, Sozialgesetzbuch und moralischer Würde

Chefarzt – kaum eine andere medizinische Berufsbezeichnung dürfte so viele Assoziationen hervorrufen. In Vorabendserien begegnet uns der Chefarzt als grau melierter, älterer Herr, der sich geduldig um die Sorgen von Patienten und Mitarbeitern kümmert. Doch dabei handelt es sich um ein Zerrbild, das weit entfernt ist vom Alltag in unseren Krankenhäusern. Und dafür gibt es eine ganze Reihe von Gründen.

»Heilen, helfen, lindern« und »Primum nihil nocere« – diesen ethischen Grundsätzen ist jedes ärztliche Handeln verpflichtet. Lange Zeit waren die medizinischen Behandlungsmöglichkeiten und damit auch die Entscheidungen des Arztes durch diesen Rahmen begrenzt. Aber heute leben wir in einer Welt, in der sich das medizinische Wissen alle fünf Jahre verdoppelt. Das stellt den Arzt tagtäglich vor eine große medizinisch-ethische Herausforderung: Er muss eine wachsende Zahl von Behandlungsmöglichkeiten gegeneinander abwägen. Ist das medizinisch Mögliche für jeden machbar? Und ist das Machbare ethisch vertretbar? Dies sind heute die Kernfragen der ärztlichen Tätigkeit.

Über diese Frage zerbrechen sich nicht nur Experten den Kopf, sondern sie ist längst in der gesellschaftlichen Debatte angekommen. Sie ist der Ausgangspunkt für die Diskussion um den Anfang und das Ende des Lebens, um Rationierung und Priorisierung, um die Merkantilisierung der Medizin. Ethische Entscheidungskonflikte prägen den medizinischen Alltag.

Je älter die Menschen werden, desto mehr Behandlungen brauchen sie. Der medizinische Fortschritt schafft immer neue, aber auch immer teurere Behandlungsmöglichkeiten. Wer soll das bezahlen? Diese Frage schränkt die therapeutischen Freiräume ein. Gleichzeitig wachsen die Ansprüche der Patienten. Sie informieren sich vor dem Arztbesuch im Internet und bestehen auf eine individuelle medizinische Versorgung mit den neuesten Behandlungsmöglichkeiten.

Dem steht die Furcht vor einer »Überbehandlung« gegenüber, gerade am Lebensende. Ganz zu schweigen von manchen Patienten, die im Arzt lediglich noch einen Erfüllungsgehilfen ihres Selbstbestimmungsrechts sehen. Gleichzeitig stehen Teile von Politik und Medien bereit, um jeden echten oder vermeintlichen Behandlungsfehler sofort zu skandalisieren.

Gerade der Chefarzt muss sich in diesem Spannungsfeld jeden Tag neu behaupten und unsere ethischen Grundsätze gegen Einflussnahme von außen verteidigen. Wir dürfen ihn dabei nicht alleine lassen. Ich denke, dass dieses Buch dazu einen wichtigen Beitrag leistet.

Frank Ulrich Montgomery
(Präsident der Bundesärztekammer)

Vorwort

Die Anforderungen an einen Chefarzt[1] steigen ständig. Fachliche Spitzenleistungen gelten dabei als selbstverständlich. Hinzu kommen die Felder Administration und Ökonomie und mit ihnen oft eine Übertragung von Verantwortung für Bereiche, die mit der eigentlichen Medizin nichts zu tun haben. Chefärzte stehen in mehrfacher Hinsicht im Zentrum des Gesundheitswesens. Sie repräsentieren ihre Fächer, sie koordinieren und überwachen die Patientenversorgung in ihren Abteilungen, sie sorgen für die Funktionsfähigkeit ihrer Abteilungen, sie bilden junge Ärzte aus, sie wirken in ihren Krankenhäusern stilbildend, und sie formen das Image ihres Krankenhauses. Chefärzte sind in der Versorgungskette nicht zu ersetzen, und Chefarzt zu sein war traditionell das Karriereziel vieler Ärzte.

Ist die Position des Chefarztes in einer sich schnell verändernden Krankenhauslandschaft als Karriereziel heute noch erstrebenswert? Dieser und anderen Fragen wird in diesem Buch nachgegangen. Dessen Anliegen ist es, darzustellen, wie sich die Stellung der Chefärzte in Deutschland in den letzten beiden Jahrzehnten verändert hat, auf welche Situationen sich ein heutiger Chefarzt einstellen muss und wie sich ein Chefarzt in spe vorbereiten und wappnen sollte, um in der Bewerbungsphase und im Klinikalltag bestehen zu können.

Der Arztberuf genießt nach wie vor ein hohes Ansehen in der Bevölkerung, insbesondere der Beruf des Chefarztes. Kürzlich wurde allerdings in einem Artikel des »Deutschen Ärzteblattes« gefragt: »Wer will heute noch Chefarzt werden?« In der Zeitschrift »Frauenarzt«[2] hieß es konkret: »…deutschlandweit sind für weit über 100 Frauenkliniken keine Chefärzte zu finden…«.

Was sind die Gründe, und gibt es Lösungen, um dem Mangel zukünftig begegnen zu können? Die Bedingungen und das Umfeld der chefärztlichen Tätigkeiten und Aufgaben haben sich in den letzten 15 Jahren entscheidend geändert. War in der Zeit davor in erster Linie die fachliche und organisatorische Kompetenz des Chefarztes bei partnerschaftlichem Auskommen mit der Verwaltung auf Augenhöhe erwünscht, so sind inzwischen die wirtschaftlichen Ziele in den Vordergrund gerückt. Obwohl die Klinikträger oftmals ein teures Qualitätsmanagement installiert haben, spielen im medizinischen Alltag weniger die Heilerfolge und die medizinische Komplikationsvermeidung bei hoher Versorgungqualität eine Rolle. Vielmehr stehen die ökonomischen Belange mit Erzielung möglichst hoher Einnahmen zunehmend im Vordergrund.

Die medizinischen Leistungen werden über die sog. DRGs von Fach zu Fach recht unterschiedlich vergütet. Die Erlöse hängen eher von Nebendiagnosen des Patienten als vom Arbeits- oder Personalaufwand oder einem Vorhalteapparat – wie in der Geburtshilfe – ab. Dadurch schneidet manche Fachdisziplin wirtschaftlich besser (z. B. Orthopädie, Unfallchirurgie, Neurochirurgie, Kardiologie und Geriatrie), manche wegen der niedrigen Casemix-Indizes hingegen schlechter (z. B. Gynäkologie und Geburtshilfe) und manche ganz schlecht ab (z. B. Pädiatrie). Weil sie sich »nicht lohnen«, sind letztgenannte Abteilungen hier und dort

---

1 Der einfacheren Lesbarkeit halber steht Chefarzt meist sowohl für Chefärztin als auch für Chefarzt. Dies ist in vergleichbaren Formulierungen ebenso der Fall
2 2014; 55(11)

von Schließungen bedroht oder stehen gar auf der »Abschussliste« einer Krankenhausgeschäftsführung. Zumindest kommen sie eher ins Visier von Sparmaßnahmen in Form von Sach- und/oder Personalverknappung. Trotzdem soll auch dort die Qualität aufrechterhalten, die Schlag- (sprich: Patienten-) Zahl gesteigert und unter der veränderten Einsatzbereitschaft der nachwachsenden Generation sollen die Patienten-Bedürfnisse umfassend befriedigt werden. Und dies bei verkürzter Krankenhausverweildauer, bei Intensivierung des Aufklärungs- und Informationsbedarfs durch das Patientenrechtegesetz und bei vermindertem Personalschlüssel.

Politik, Kassen und Presse nehmen sich »die Ärzte« wie kaum einen anderen Berufsstand regelmäßig in Verbindung mit neuen »Skandalen« (Abrechnung, Transplantation, Zweiklassenmedizin etc.) vor, was ggf. die Anspruchshaltung und Klagefreudigkeit mancher Patienten unterstützt und steigert. Ansteigende Haftpflichtprämien in der Onkologie – unter Einschluss des Off-Label-Use – und insbesondere in der Geburtshilfe sollen das Schadensfallrisiko wenigstens pekuniär abdecken. Die dann teilweise zehrenden Auseinandersetzungen des Chefarztes mit den Vorwürfen von Patienten und deren forschen Anwälten außerhalb, im Schriftverkehr und vor Gericht gilt es auszuhalten, zu verkraften und teils mit, teils ohne Unterstützung der Verwaltung zu regeln und zu parieren. Mitunter muss ein Chefarzt dann einfach einmal innehalten, sich seiner eigentlichen hippokratischen Verpflichtung erinnern und seine Position vor dem Hintergrund von Moral und menschlicher Würde einjustieren.

1. Vor diesem Hintergrund haben sich die Autoren und die Herausgeber mit aktuellen medizinischen, rechtlichen und ökonomischen Themen befasst, die den Klinikalltag eines heutigen Chefarztes widerspiegeln: In den Beiträgen von langjährig berufserfahrenen, »gestandenen« Chefärzten wird über die eigenen Erfahrungen im Spannungsfeld berichtet, durchaus mit unterschiedlichen Erlebnisschwerpunkten aus den verschiedenen Fachdisziplinen: Anästhesie, Chirurgie, Gynäkologie und Geburtshilfe, Urologie und weitere.
2. Die juristischen Beiträge zeigen die Fallen und Widersprüche bei Haftung und Sozialgesetzgebung an Beispielen auf, nicht ohne Hinweise auf dementsprechende Vorsichts- und Schutzmaßnahmen.
   Wie kann die überbordende Aufladung von Verantwortung außerhalb der Medizin, wie Hygienebeauftragter, Geräteverantwortlicher, Laser- und Strahlenschutzbeauftragter, Qualitätsbeauftragter, Budgetverantwortlicher, DRG-, MDK-Verantwortlicher etc., begrenzt oder juristisch abgesichert werden?
3. Aus der Sicht der Verwaltungen besteht nicht nur das Gebot der Wirtschaftlichkeit, sondern auch das der Renditeerwartung. Ist das tatsächlich Zukunftssicherung zum Erhalt der Krankenhauslandschaft? Ab wann übersteigt diese Ökonomisierung das medizinisch und ethisch Vertretbare?
4. Schließlich muss ein Chefarzt über eine – hoffentlich – lange Lebensstrecke hinweg in diesem Spannungsfeld agieren und seinen Weg finden, um den vielfältigen Ansprüchen und Erwartungen an ihn gerecht zu werden. Welche Rolle spielen heutzutage Coaching oder Resilienzförderung? Wie kann ein Chefarzt sich von Unmoral fernhalten und seine Würde im Klinikalltag bewahren?

Auf diese und andere Fragen wollen wir Antworten finden, um gegenwärtigen, aber auch zukünftigen Chefärzten im Interesse eines an Zwischenmenschlichkeit orientierten Gesundheitssystems Hilfestellungen für den beruflichen Alltag an die Hand zu geben. Auch alle am Gesundheitswesen Interessierte erhalten so einen Einblick hinter die Kulissen.[3]

Prof. Dr. Ulrich Deichert
Dr. Wolfgang Höppner
Dr. Joachim Steller, MBA
Cuxhaven, Itzehoe, Freiburg, im Mai 2016

---

3 Herausgeber und Autoren erstellten ihre Beiträge in eigener Verantwortung. Im Hinblick auf eine multidisziplinäre Betrachtung müssen die Beiträge nicht in jedem Fall die Sichtweise der Herausgeber widerspiegeln. Soweit nicht ausdrücklich erwähnt, lassen die Beiträge keinerlei Rückschlüsse auf etwaige Kliniken oder anderweitige Unternehmen oder Organisationen im Medizinsektor zu. Sowohl Herausgeber als auch Autoren verzichten auf eine Honorierung oder auf anderweitige Zuwendungen bei der Erstellung ihrer Beiträge sowie auf zukünftige Verkaufserlöse. Es bestehen keinerlei Interessenkonflikte der Herausgeber oder Autoren mit pharmazeutischen Unternehmen oder mit Medizinprodukteunternehmen

Entstehungsgeschichte und Danksagung

Die Entstehungsgeschichte des vorliegenden Buches gleicht einer Wanderung mit Aufs und Abs, mit Durchhängephasen kurz vor dem Aufgeben einerseits und mit Erholungsphasen mit positiven Erlebnissen, Erkenntnisgewinn und neuem Antrieb andererseits. Letzteres verdanke ich den Kolleginnen und Kollegen, die ich bei dieser »Chefarzt-Buch-Wanderung« über ein gutes Jahr in vielen Gesprächen, Telefonaten, E-Mail-Korrespondenzen und Vor-Interviews neu oder wieder kennenlernen durfte. Leider endeten manche der Vorgespräche nach hoffnungsvollem Beginn dann trotzdem mit einer Absage aus unterschiedlichen Gründen: z. B. Thema ist zu heikel, Bedenken gegenüber der Verwaltung, Autor war ausgebucht oder mit anderen Verpflichtungen ausgefüllt. Eigene Empfindungen über gewisse Bewegungen in der Kliniklandschaft (Stichwort »ökonomischer Druck«) bestätigten sich anhand der gewonnenen Informationen in dieser Phase mehr und mehr, so dass mir manches selbst Durchlebte nur als Spitze des Eisbergs erschien.

Während meiner Chefarzttätigkeit war ich froh darüber, in außermedizinischen Fragen und Notfällen stets gute Berater kurzfristig zu Rate ziehen zu können: meist Juristen, Coaching-Experten sowie Fachleute aus der Versicherungsbranche und der regionalen kassenärztlichen Vereinigung, das eine oder andere Mal auch ältere Kollegen, die bereits im Ruhestand waren. In diesem Sinne nimmt das Thema Beratung des Chefarztes einen breiten Raum in diesem Buch ein.

Zwei Kristallisationspunkte bildeten den Anlass und gaben mir den Impetus, mich mit dem Nieder- und Beschreiben der vorliegenden Thematik »Traum oder Albtraum des Chefarztberufes« zu befassen: zum einen die leidvollen Erfahrungen mit dem nicht immer als gerecht und schlüssig empfundenen juristischen »Hochsicherheits-Korsett« für Ärzte – im Vergleich zu anderen verantwortungsvollen Berufen – sowie der wachsende ökonomische Druck auf Krankenhäuser und ihre Chefärzte und die hieraus entstehenden Widersprüche; zum anderen gebührt den Patienten das volle ärztliche Einfühlungsvermögen, wie im Buch »Sechs Jahre« von Charlotte Link eindrucksvoll herausgestellt wird. Darüber hinaus bestehen erhebliche und vielfältige Belastungen für Ärzte, vor allem für diejenigen, die an der vordersten Front Verantwortung tragen. In dieses Spannungsfeld sollen Patienten und Außenstehende und auch die, die über Ärzte urteilen, nun Einblick haben. Beschrieben wird ein multimodales, multilaterales Spannungsfeld: bestehend aus der ohnehin von den Ärzten selbst empfundenen Fürsorgeverpflichtung gegenüber ihren Patienten und Mitarbeitern und aus dem darüberhinaus politisch und medial geförderten Patientenanspruch, sowie dem ökonomischen Erfordernis durch die Gewinnerwartung der Geschäftsführung bei gleichzeitig medizin-ethisch postulierter anreizfreier ärztlicher Entscheidung und Indikationsstellung. Dabei besteht die Herausforderung darin, zwischen »medizinisch richtig« und »medizinisch bestmöglich« für den Patienten (Haftung und Ethik) auf der einen Seite und den Optionen gemäß den Statuten der Sozialgesetzgebung auf der anderen Seite (Bezahlen die Krankenkassen tatsächlich das medizinisch Bestmögliche? »Ihr Arzt muss das entscheiden!«) die Entscheidung zu treffen; denn zudem will man als Arzt keine horrenden Strafzahlungen riskieren: z. B. in Form von Arzneimittelregressen, insbesondere in der Onkologie.

Nach jahrelangen eigenen Erfahrungen mit Beschwerdeausschüssen und Klageverfahren wegen Anwendung von onkologischen Medikationen für krebskranke Patienten regte mein mich in dieser Causa betreuende Anwalt an, über diese Problematik, über die er bereits im Rahmen eines juristischen Beitrags in einem Fachjournal berichtet hatte, nun auch in Form eines ärztlich orientierten Artikels zu schreiben. Meine primär subjektiv-narrative Darstellung hierzu schien allerdings nicht aussagekräftig genug, um die vorherrschenden Probleme des chefärztlichen Daseins umfassend zu beleuchten. Dies war für mich der Anlass, die Sache multiperspektivisch anzugehen, um in einem umfassenden Überblick dem ärztlichen Spannungsfeld möglichst nahe zu kommen. So entstand die Idee zu diesem Buch.

Im Folgenden möchte ich nun kurz auf die Beitragsautoren und ihre Beiträge eingehen und dies mit Danksagungen verbinden:

Meiner Frau, Ines Juhnke-Deichert, verdanke ich nicht nur ihren eigenen Perspektivbericht (»Aus Sicht der Niedergelassenen« zusammen mit Martin Riegelsberger, auch Dank an ihn), sondern ich danke ihr von Herzen vor allem dafür, dass sie mich bei der Arbeit mit der Erstellung des Buches über eineinhalb Jahre hinweg ermuntert und unterstützt hat.

Der Ärztekammerpräsident Frank-Ulrich Montgomery führt dankenswerterweise mit seinem prägnanten Geleitwort in die Thematik ein.

Der Bestseller »Sechs Jahre« der Krimiautorin Charlotte Link mit den eindrucksvollen Schilderungen der Erlebnisse hinsichtlich der Krankheit ihrer Schwester hatte mich beim Lesen geradezu eingenommen, u.a. wegen der Beschreibungen zahlreicher erlebter Kliniksituationen. Die darin enthaltenen Botschaften sind wertvoll. Dies galt es in einem Interview mit Charlotte Link selbst noch weiter herauszukristallisieren. Alida Gundlach, die bekannte NDR-Fernsehmoderatorin und Autorin, kannte ich seit unseren gemeinsamen Aktionen in Sachen Brustkrebsfrüherkennung in den Jahren 2004/2005 persönlich. Sie vermittelte dankenswerterweise das Interview mit ihrer Freundin Charlotte Link. Ich bin ihr außerdem für den »Feinschliff« der Interviewniederschrift zu Dank verpflichtet. Einige der problematischen Aspekte zur Buchthematik haben wir diskutiert, in reger Korrespondenz widergespiegelt und abgestimmt. Sie hatte immer ein offenes Ohr – und das trotz ihrer Auslastung durch ihr »Tierwork«-Projekt. Für all das danke ich Alida Gundlach von Herzen.

Eine weitere Anregung zum Buchprojekt war ein nachdenklich stimmender Artikel von Wolfgang Martin mit dem Titel »Wer will heute noch Chefarzt werden?« im Deutschen Ärzteblatt (2014). Ich bin ihm sehr dankbar, dass er mit seinem Buchbeitrag »Chefarztposition im Wandel« diese Problematik auf den aktuellen Stand gebracht hat.

Meine Versuche, von ärztlicher Seite – oberärztlich oder chefärztlich – Perspektivberichte zum Klinikalltag zu bekommen, erwiesen sich als schwierig. Dafür gibt es mehrere Gründe. So existiert meines Wissens nach kein vergleichbares (Fach-)Buch, das als Vorbild für eine Ergänzung oder Intensivierung der beabsichtigten Thematik hätte dienen können. Hinzu kommen die Bedenken potenzieller Autoren zu solch einem Werk. So offenbare z. B. ein subjektiver Erlebnisbericht eventuell zu viel Persönliches oder gäbe bei Nennung von Schwierigkeiten im klinischen Alltag Anlass zum vermeintlich peinlichen »Stein des Anstoßes«. Oder man befürchte vielleicht Nachteile durch eine Offenbarung, worüber man besser das »Tuch des Schweigens« lege. Oder die Thematik wurde von den Angesprochenen als (zu) problematisch empfunden, so dass man sie wie ein »heißes Eisen« besser nicht anfassen solle und sich in seinem Job auf ein »Weiter so« konzentriere. Oder man meinte, mögliche Chefarzt-Potentaten nicht abschrecken oder es sich selbst nicht mit der Geschäftsführung verderben zu wollen. Durch die Herstellung einer Anonymität konnte eine solche Befangenheit in Einzelfällen überbrückt werden, um z. B. aus oberärztlicher Sicht dankenswerterweise Einblicke in den inneren Ablauf eines konservativen medizinischen Faches zu geben (Kap. 4).

Die Absagen und Bedenken (»Sie haben ja recht, aber…«) der Befragten legten mir eigentlich nahe, das Vorhaben aufzugeben. Kurz vor der Aufgabe des Projekts sprangen mir jedoch Familie, Freunde und Vertraute zur Seite, z. B. befreundete oder mir gut bekannte Chefarztkollegen wie etwa die Mitherausgeber (Wolfgang Höppner, Joachim Steller). Mit deren Erfahrungsberichten und Fachbeiträgen sowie denen von Hans-Fred Weiser, Benno Stinner, Thomas Carus, Thomas Schwenzer sowie Daniel Schmitz-Buchholz gewann das Unternehmen »Chefarzt-Buch« dann rasch wieder an Fahrt. Ich bin ihnen allen zu bestem kollegialen Dank verpflichtet.

In der Marburger Elisabeth-Kirche wurden im Sommer 2012 in einer Reihe von »Gesundheitspolitischen Montagsgebeten« die Ökonomisierung und Kommerzialisierung des privatisierten Universitätsklinikums Gießen-Marburg mit Vorträgen von Ethikern, Klinikern und Verwaltung veranschaulicht und diskutiert. Friedrich Heubel, der die Arbeitsgruppe »Ökonomisierung« der »Akademie für Ethik in der Medizin« leitet, hat die Reihe dokumentiert. Der Kontakt zu ihm und unsere Gespräche in der Marburger Oberstadt und in der Arbeitsgruppe bildeten einen fruchtbaren Diskussionsboden. Dies mündete dankenswerterweise in seinen Beitrag zur ärztlichen Professionalität.

Arnd Pollmann lernte ich nach der Lektüre seines philosophischen Buches »Unmoral« durch einen Briefwechsel kennen. Er tastete sich für seinen ausführlichen Buchbeitrag (»Integer bleiben«) durch einige E-Mail-Kontakte und ein Interview mit mir an die Thematik heran. Vielen Dank dafür!

Karl-Heinz Wehkamp, mit dem ich durch unsere ehemalige klinische Arbeitsstätte in Bremen verbunden bin, hat zusammen mit Karl-Heinz Naegler eine Interview-Studie mit Chefärzten und Klinikleitungen durchgeführt, die durch die offene Darlegung der Interview-Antworten beeindruckt. Für ihre klaren Ausführungen danke ich beiden sehr.

Giovanni Maio, bekannt durch zahlreiche Vorträge und Publikationen, insbesondere durch seine beiden Werke über Beziehungs- bzw. Zuwendungsmedizin, hat die Rolle der Menschlichkeit in der Medizin dankenswerterweise in einem Beitrag mit dem Titel »Ohne Zuwendung ist alles nichts!« auf den Punkt gebracht und beeindruckend ausgeführt.

Mit Wilfried von Eiff verbindet mich neben der mittelhessischen Heimatstadt das Interesse an seiner langjährigen Forschung im Gesundheitswesen, die er in zahlreichen Büchern und Schriftreihen publiziert hat. Sein Beitrag, wofür ich ihm herzlich danke, umfasst die Regelverletzung und ihre Folgen im medizinischen Management.

Stellungnahmen aus dem Bereich der Klinikverwaltungen erhielt ich von Horst Imdahl und Karl-Heinz Naegler. Dafür sei ihnen sehr gedankt. Horst Imdahl kennt durch seine langjährigen beruflichen Erfahrungen als Verwaltungschef in verschiedenen Klinikverwaltungen die

Gemeinsamkeiten und Unterschiede der Häuser privater und nicht-privater Träger bestens. Heinz Naegler, langjähriger ehemaliger Generaldirektor der Wiener Krankenanstalten und Herausgeber vieler Bücher über Krankenhausmanagement, lernte ich über die Interview-Studie mit Karl-Heinz Wehkamp kennen. Er erzählte mir von der interessanten Chefarzt-Studie von Klaus Vetter, dem ehemaligen Präsidenten der DGGG (Deutschen Gesellschaft für Gynäkologie und Geburtshilfe). Auf diesem Weg konnte ich auch Klaus Vetter dankenswerterweise als Beitragsautor gewinnen.

Ein anderer, hier nicht genannter Verwaltungsleiter, der »sein« Krankenhaus eines privaten Trägers von innen und von außen erfolgreich führte, stand für ein von mir angefragtes Interview, das zunächst anonym publiziert werden sollte, zwar dann doch nicht zur Verfügung, gab mir aber im Telefonat seine grundsätzliche Einstellung im Umgang mit Chefärzten preis. Er bezeichnete dies als »Grundkommunikation mit vier Prinzipien«:

1. Was und was nicht von ihm (dem Verwaltungsleiter) erwartet wird, das muss (ihm von den Chefärzten) gesagt werden.
2. Die Verwaltung ist Dienstleister.
3. Er hält nichts von Druck (gemeint: …der Verwaltung auf die Chefärzte).
4. »Offene Tür« (gemeint: stete Gesprächsbereitschaft seinerseits für die Anliegen der Chefärzte).

Da wir als Ärzte wie kaum ein anderer Berufsstand von einem juristischen »Hochsicherheits-Korsett« ummantelt sind, gehören gute Juristen als Ansprechpartner und Berater vom Anfang der beruflichen Laufbahn und erst recht von Beginn der Chefarzttätigkeit an zu unserem Überlebens-Notfall-Set. Insofern war ich froh und dankbar, dass zwei auf Medizin- bzw. Arbeitsrecht spezialisierte Anwaltskanzleien, die mich über mein komplettes Chefarztleben hinweg begleitet haben und die ihre Beiträge zum Chefarztvertrag und Krankenhausrecht (Marc Rumpenhorst), zum Haftungsrecht und zum Sozialgesetzbuch (Andreas Pollandt) sowie zur Problematik »Schleudersitz Chefarzt« (Norbert Müller) exzellent aufbereitet haben, mit von der Partie waren. Dieses juristische Trapez und eine spezielle berufliche Absicherung sollen uns Ärzten im Berufsalltag, aber natürlich auch im Zweifels- oder gar Schadensfall dabei helfen, wieder zu ruhigerem Schlaf zu finden.

Der Erstellung eines Beitrags über Versicherungen gingen einige produktive Telefonkonferenzen mit den Autoren (Ingrid Wegner, Jörg Haverkamp, Markus Schon) voraus. In einer Übersicht wird u.a. dargestellt, dass der mögliche Schadensfall während der chefärztlichen Tätigkeit mit einem Versicherungs-(Fall-)schirm abgefedert werden muss. Für die klare Darstellung gebührt den Autoren herzlicher Dank.

Auch heutzutage ist ein »Knigge« für den beruflichen Umgang mit Kollegen, Verwaltungen und Patienten nicht obsolet. Auf einen diesbezüglichen Kurzbeitrag von Claudia Widmann wurde ich in einem Nachrichtenmagazin aufmerksam. Daher bin ich ihr sehr dankbar, dass sie dieses Thema leichtgängig – auch mit Humor – für dieses Buch bearbeitet hat.

Pamela Emmerling hatte bereits ein erfolgreiches Werk über »ärztliche Kommunikation« herausgebracht. Ich danke ihr sehr, dass sie dieses essenzielle Thema für unser Buch so locker und pragmatisch aufbereitet hat.

Kompetente Führung steht an vorderster Stelle für das, was einen Chef auszeichnet. Insofern war es mir wichtig, einen Schwerpunkt mit eigenständigen Kapiteln darauf zu legen: Der Weg zu erfolgreicher Mitarbeiterführung und Teambildung wurde von Cornelia Harms-Schulze auf der Basis ihrer langjährigen Coaching-Erfahrung aufgezeichnet. Da der Anteil an Frauen in der Medizin stetig zunimmt, auch in Führungsrollen, schien mir auch dieser Aspekt wichtig. Stefanie Ekrod und Nicola Schoo, die Frauen in Führungspositionen coachen, haben in ihrem Buchbeitrag relevante Besonderheiten weiblicher Führung veranschaulicht. Jens Hollmann und Adam Sobanski, ausgewiesene Führungs-Berater, nahmen sich des Themas Change-Management an. Ihr Beitrag zeigt auf, dass der erfolgversprechendste Weg zum Wechsel mit Einfühlung und Menschlichkeit verbunden ist. Allen Autoren bin ich sehr dankbar für ihre Präsentationen der Bedingungen erfolgreicher Mitarbeiter- und Betriebsführung.

Nicht immer lassen sich Fehler im medizinischen oder organisatorischen Ablauf verhindern. Transparenz, Aufklärung und Schadensbegrenzung sind dann gefordert. Wenn ein solches Missgeschick darüber hinaus medienwirksam zur Skandalisierung führt, ist wirksames und rasches Krisenmanagement gefragt. Wie professionelle Krisenkommunikation funktionieren sollte, hat Franca Reitzenstein auf der Basis ihres großen Erfahrungsschatzes dankenswerterweise umfassend beschrieben.

Dass (Chef-)Ärzte aufgrund ihrer multiplen beruflichen Belastungen besonders gefährdet für Burn-Out und Depressionen sind, ist hinlänglich bekannt. Ich danke Ulrich Leutgeb sehr, dass er sich als Psychiater und erfolgreicher Autor dieser Thematik angenommen hat. Jens Hollmann und Angela Geissler, Chefärztin und Leiterin eines Forschungsprojekts Stressprävention, empfehlen Chefärzten in ihrem Beitrag, gesundheitlich vorzubeugen. Ziel ist es, Resilienz (innere Widerstandskraft) zur Stressbewältigung zu gewinnen, um die Leistungsbalance Leitender Ärzte zu stabilisieren. Für diesen Beitrag bin ich den beiden Autoren sehr dankbar.

Im letzten Abschnitt des Buches erfolgt die Sicht auf die Zukunft. Im Blickpunkt steht die zukünftige Gesundheitsversorgung. Jens Hollmann und Birgit Schröder heben die staatliche Pflicht zur Daseinsvorsorge hervor und besprechen, welche Trends hierzu heute erkennbar sind. Die beiden folgenden Kapitel »Klug entscheiden« (Joachim Steller) und »Das Human Resource Management« (Christian Maier und Kay Goerke) haben zum einen den besonnenen Einsatz begrenzter und wirksamer Mittel sowie den kompetenter Mittler zum Ziel. Zum anderen sollen dadurch Wege zur Vermeidung von Iatrogenität durch bewusstes Abwägen von Nutzen und Schaden aufgezeigt werden. Für diese Beiträge sei den Autoren herzlich gedankt.

Die innovative Interview-Studie von Klaus Vetter ermöglicht mit ihren Chefarzt- und Management-Befragungen aufschlussreiche Erkenntnisse zur Zufriedenheit und Unzufriedenheit im chefärztlichen Berufsleben und gibt schlussfolgernd Hinweise auf einen adäquaten Umgang hiermit. Ich danke Klaus Vetter sehr für seinen Beitrag.

Ein Krankenhaus ist von der Belegschaft her stets ein Mehrgenerationenhaus. Die Generationen haben hierbei unterschiedliche Lebenseinstellungen und Neigungen. Christian Schmidt zeigt differenziert und zukunftsweisend auf, wie entscheidend es für Führungskräfte im Krankenhaus ist, sich auf diese Gegebenheiten einzustellen, vor allem im Spannungsfeld von Ökonomie und Digitalisierung. Vielen Dank hierfür! Schließlich bin ich Daniel Schmitz-Buchholz für seinen Beitrag dankbar, in dem er die fortschreitende Digitalisierung mit ihren Folgen für die Klinikwelt – positive wie riskante – imposant ausgemalt hat.

Entstehungsgeschichte und Danksagung

Weiterer Dank gebührt Jörn Bullerdiek für seine freundlichen Vermittlungen im Rahmen der Autorenschaft und Rechtsanwalt Klaus Großmann für die kompetente juristische Beratung bei der Vertragsgestaltung und bzgl. einzelner Buchbeiträge.

Diana Kraplow, Senior Editor beim Springer-Verlag, danke ich sehr für die freundliche Unterstützung während der Entstehungsphase des Buches, insbesondere für die Regelung der Rechtsangelegenheiten. Astrid Horlacher, Projektmanagerin beim Springer-Verlag, sei für die hilfreichen Telefonate und informativen E-Mails sowie für die Unterstützung beim »Werden des Projekts« herzlich gedankt. Schließlich danke ich Marion Sonnenmoser sehr für die wertvolle Kooperation und ihre exzellente Lektoratsarbeit.

Ulrich Deichert
für die Herausgeber

Die Herausgeber

Foto-Archiv:
Maren Reese-Winne

Prof. Dr. med. Ulrich Deichert
Facharzt für Frauenheilkunde und Geburtshilfe, Autor

Leitende Funktionen

1998–2015	Chefarzt der Frauenklinik des Krankenhauses Cuxhaven
1997	Akadem. Bezeichnung a.pl. Professor an der Philipps-Univ. Marburg
1991–1998	Leitender und geschäftsführender Oberarzt der Frauenklinik des Zentralkrankenhauses St. Jürgenstraße/Bremen-Mitte
1989	Habilitation für das Fach »Frauenheilkunde und Geburtshilfe«
1988	1. Wissenschaftspreis der Mittelrheinischen Gesellschaft für Geburtshilfe und Gynäkologie (zusammen mit den Coautoren M. van de Sandt u. I. Juhnke)
1986–1991	Stellvertreter des Leiters der Abtlg. für Gynäkologische Endokrinologie und Reproduktion der Univ. Marburg

Facharztausbildung

2008	Facharzt Schwerpunkt Gynäkologische Onkologie
1985	Facharzt für Frauenheilkunde und Geburtshilfe
1979–1985	Ärztliche Weiterbildung Bad Nauheim, Limburg, Univ.-Klinik Marburg, Univ.-Klinik Mannheim

Die Herausgeber

Dr. med. Joachim Steller, MBA
Facharzt für Frauenheilkunde und Geburtshilfe, Master of Business Administration (MBA)

Seit 2013	Mitglied der Bundesfachgruppe Gynäkologie des AQUA-Institutes Göttingen bzw. des IQTiG Berlin
Seit 2009	Mitglied der Arbeitsgemeinschaft Perinatologie/Operative Gynäkologie der Geschäftsstelle Qualitätssicherung im Krankenhaus (GeQiK), Stuttgart

Leitende Funktionen

Seit 2000	Chefarzt einer Klinik für Frauenheilkunde und Geburtshilfe in Südbaden Schwerpunkte: Gynäkologische Onkologie, spezielle Geburtshilfe und Perinatalmedizin, gynäkologische Endokrinologie und Reproduktionsmedizin
1994–2000	Erster Oberarzt an der Frauenklinik KKH Leonberg
1992–1994	Oberarzt der Abteilung für gynäkologische Endokrinologie und Reproduktionsmedizin an der Universitäts-Frauenklinik Marburg
1991–1992	Oberarzt der onkologischen Abteilung der Universitäts-Frauenklinik Marburg

Facharztausbildung

Ab 1985	Weiterbildung zum Facharzt für Frauenheilkunde und Geburtshilfe Abschluss an der Universitäts-Frauenklinik Marburg

Dr. med. Wolfgang Höppner
Chefarzt der Klinik für Urologie und Kinderurologie, Klinikum Itzehoe

Leitende Funktionen

Seit 2002	Chefarzt der Klinik für Urologie und Kinderurologie, Klinikum Itzehoe
1999–2001	Chefarzt der Urologie, Knappschaftskrankenhaus Dortmund
1989–1999	Oberarzt Zentralkrankenhaus St. Jürgenstraße, Bremen
1989	Arzt für Urologie

Facharztausbildung

1982–1989	Facharztausbildung Chirurgie in der Med. Universität zu Lübeck, Urologie im Bundeswehrkrankenhaus Hamburg und AK Eilbek, Hamburg

Inhaltsverzeichnis

I Die Sicht auf die Chefärzte

1   Halbgötter in Weiß oder auf Augenhöhe?
Die Präsentation. Interview mit Charlotte Link 3
Alida Gundlach

2   Chefarztposition im Wandel 9
Wolfgang Martin

3   Vorstellungen zur Kooperation –
Die Interaktion zwischen Praxis und Klinik 17
Ines Juhnke-Deichert, Martin Riegelsberger

4   Was macht eine gute Chefarzt-Abteilung aus?
Der oberärztliche Spiegel. Interview mit einem langjährigen Oberarzt
eines konservativen Fachs 23
anonym

II Aus Sicht der Chefärzte

5   Wertschöpfer oder Sündenbock?
Der leitende Krankenhausarzt im Kontext der Gesetzgebung 31
Hans-Fred Weiser

6   Zwischen Traumjob und Albtraum
– Chefärztliche Verantwortung im Wechselbad der Ge-Zeiten 43
Ulrich Deichert

7   Chefarzt Urologie heute
– Der Blick in die Tiefe 59
Wolfgang Höppner

8   Chirurgischer Chefarzt
– Eine komplexe Herausforderung 69
Thomas Carus

9   Kompetenz im OP
– Der Chefarzt in der Anästhesie 77
Daniel Schmitz-Buchholz

10   Ist »besser« wirklich gut?
Qualitätsmanagement für Chefärzte 95
Joachim Steller

11 Trend zur ökonomischen Ausrichtung?
Klinische Führung unter betriebswirtschaftlichen Aspekten 119
Joachim Steller

12 Im Wirtschaftlichkeits-Labyrinth verfangen?
DRGs und ihre Folgen 145
Joachim Steller, Thomas Schwenzer

13 »Zurück zum aufrechten Gang«
– Wege für eine konkrete Zusammenarbeit zwischen Chefarzt
und Geschäftsführung 175
Benno Stinner

III Aus Sicht von Verwaltung und Geschäftsführung

14 Der Chefarzt als Doppelagent?
Im Spannungsfeld zwischen Profession und fachfremden Motiven 185
Horst Imdahl

15 Wer möchte heute Geschäftsführer eines Krankenhauses sein?
Wie die gemeinsame Führung gelingt 201
Heinz Naegler

IV Aus Sicht von Ethik und Moral

16 Der Eid und die Arbeitsteilung
– Wozu kann der hippokratische Eid moderne Chefärzte ermutigen? 211
Friedrich Heubel

17 Die doppelte Verantwortung und ihre Widersprüche
– Chefärzte zwischen Medizin und Betriebswirtschaft? 227
Karl-Heinz Wehkamp

18 Ohne Zuwendung ist alles nichts
– Für eine Medizin der Zwischenmenschlichkeit 241
Giovanni Maio

19 Integer bleiben?
– Leben und Beruf im Spannungsfeld von Glück, Moral
und gesellschaftlichem Anpassungsdruck 249
Arnd Pollmann

20 Regelverletzung mit Folgen?
Corporate Compliance Management im Medizinbetrieb 269
Wilfried von Eiff

V Aus Sicht der Berater

21 Wo sind die Pferdefüße?
Der Chefarztvertrag – Zeitgemäß und abgesichert 285
Marc Rumpenhorst

22 Bestehen im juristischen Spannungsfeld?
Kompetenter Umgang mit den rechtlichen Herausforderungen
der Chefarzttätigkeit 307
Andreas Pollandt

23 Was ist dem Krankenhaus recht?
Grundzüge des Krankenhausrechts 349
Marc Rumpenhorst

24 Wann wird's brenzlig?
Schleudersitz Chefarzt! 373
Norbert Müller

25 Gut abgesichert?
Der Versicherungsfallschirm 387
Ingrid Wegner, Jörg Haverkamp, Markus Schon

26 Umgangssicher?
Knigge für Chefs 405
Claudia Widmann

27 Adäquates Mundwerk?
Wer etwas zu sagen hat, sollte reden können
– Kommunikation für Chefärzte 421
Pamela Emmerling

28 Wie forme ich ein Team?
Führung als Gestaltungsaufgabe 445
Cornelia Harms-Schulze

29 Von der Führungslast zur Führungslust!
Der weibliche Erfolg an der Spitze 471
Stephanie Ekrod, Nicola Schoo

30 Kurswechsel – Nur ein Anfangszauber?
Chancen und Risiken des Change 483
Jens Hollmann, Adam Sobanski

31 Vorsicht, Absturzgefahr?
Wie Krisenkommunikation den Aufprall dämpfen kann 497
Franca Reitzenstein

Inhaltsverzeichnis

32 Noch am Glühen oder schon ausgebrannt?
    Zwischen »Deprimiertsein« und Depression 513
    Ulrich Leutgeb

33 Wie findet der Chefarzt sein Glück?
    Wege aus dem Stress und zur Leistungsbalance 519
    Jens Hollmann, Angela Geissler

VI Die Sicht auf die Zukunft

34 Trendwende im Gesundheitswesen?
    Die Daseinsvorsorge macht das Gesundheitswesen zukunftssicher 543
    Jens Hollmann, Birgit Schröder

35 Nil nocere (weniger Iatrogenität)
    – »Klug entscheiden«! Eine Rückbesinnung? 551
    Joachim Steller

36 Welche Investition bestimmt noch immer den Erfolg?
    Das Human Resource Management 559
    Christian Maier, Kay Goerke

37 Was ist für eine Chefarztposition persönlich wichtig?
    Erkenntnisse aus Interviews zur subjektiven Lebenswelt von Chefärzten .. 569
    Klaus Vetter

38 Ist nur der Wandel beständig?
    Der Chefarztberuf im Spannungsfeld von Ökonomie, Demographie
    und Digitalisierung 587
    Christian Schmidt

39 Start mit Smart?
    Wie Big Data den Klinikalltag verändern wird 609
    Daniel Schmitz-Buchholz

40 Resümee
    und sieben Wege zur Neubesinnung auf ärztliche Professionalität 619
    Ulrich Deichert

Serviceteil 629
Stichwortverzeichnis 630

Autorenverzeichnis

Carus, Thomas, Prof. Dr.
Bremen

Deichert, Ulrich, Prof.Dr.
Cuxhaven

Ekrod, Stephanie
Münster

Emmerling, Pamela
Falkensee

Geissler, Angela, Prof. Dr.
Stuttgart

Goerke, Kay, Dr.
Rheine

Gundlach, Alida
Büchten

Harms-Schulze, Cornelia
Bremen

Haverkamp, Jörg
Luxembourg

Heubel, Friedrich, PD Dr.
Marburg

Hollmann, Jens
Bötersheim

Höppner, Wolfgang, Dr.
Itzehoe

Imdahl, Horst
Mönchengladbach

Juhnke-Deichert, Ines, Dr.
Cuxhaven

Leutgeb, Ulrich, Dr. Dr.
Heinersreuth

Maier, Christian, Dr. M.A.
Frankfurt am Main

Maio, Giovanni, Prof. Dr.
Freiburg i.Br.

Martin, Wolfgang, Dr.
Frankfurt am Main

Müller, Norbert
Bochum

Naegler, Heinz, Prof. Dr.
Berlin

Pollandt, Andreas, Dr.
Bonn

Pollmann, Arnd, PD. Dr.
Berlin

Reitzenstein, Franca
Bremen

Riegelsberger, Martin, Dr.
Baden-Baden

Rumpenhorst, Marc
Bochum

Schmidt, Christian, Prof. Dr.
Rostock

Schmitz-Buchholz, Daniel, Dr., M.A.
Freiburg

Schon, Markus
Luxembourg

Schoo, Nicola, Dr.
Münster

Schröder, Birgit, Dr.
Hamburg

Autorenverzeichnis

Schwenzer, Thomas, Prof. Dr., MBA
Dortmund

Sobanski, Adam, Dr.
Frankfurt am Main

Steller, Joachim, Dr., MBA
Freiburg

Stinner, Benno, Prof. Dr.
Stade

Vetter, Klaus, Prof. Dr.
Berlin

von Eiff, Wilfied, Prof. Dr. Dr.
Münster

Wegner, Ingrid
Luxembourg

Wehkamp, Karl-Heinz, Prof. Dr. Dr.
Bremen

Weiser, Hans-Fred, Prof. Dr.
Scheeßel/Veersebrück

Widmann, Claudia
Hattersheim

Die Sicht auf die Chefärzte

Kapitel 1 Halbgötter in Weiß oder auf Augenhöhe?
Die Präsentation. Interview mit Charlotte Link – 3
Unter Mitarbeit von Alida Gundlach

Kapitel 2 Chefarztposition im Wandel – 9
Wolfgang Martin

Kapitel 3 Vorstellungen zur Kooperation –
Die Interaktion zwischen Praxis und Klinik – 17
Ines Juhnke-Deichert, Martin Riegelsberger

Kapitel 4 Was macht eine gute Chefarzt-Abteilung aus?
Der oberärztliche Spiegel
Interview mit einem langjährigen Oberarzt
eines konservativen Fachs – 23
anonym

Halbgötter in Weiß oder auf Augenhöhe? Die Präsentation. Interview mit Charlotte Link

Unter Mitarbeit von *Alida Gundlach*

1.1 Veränderung eigener Einstellungen – 4

1.2 Erfahrungen mit Medizin und Klinik – 5

1.3 Der ökonomische Druck und Moral – 7

U. Deichert et al. (Hrsg.), *Traumjob oder Albtraum – Chefarzt m/w*,
DOI 10.1007/978-3-662-49779-1_1, © Springer-Verlag Berlin Heidelberg 2016

Auf eindringliche Weise berichtet Bestsellerautorin Charlotte Link in ihrem Buch »6 Jahre« von der Krankheit und dem Sterben ihrer Schwester Franziska. Es ist nicht nur das persönlichste Werk der Schriftstellerin, voller Einblicke in ihr eigenes Leben, sondern auch die berührende Schilderung der jahrelang ständig präsenten Angst, einen über alles geliebten Menschen verlieren zu müssen. Ch. Link beschreibt den Klinikalltag in Deutschland, dem sich Krebspatienten und mit ihnen ihre Angehörige ausgesetzt sehen, das Zusammentreffen mit großartigen, engagierten Ärzten, aber auch solchen, deren Verhalten schaudern läßt und Angst macht[1].

Auf dieser Grundlage entstand das von der bekannten NDR-Fernsehmoderatorin und Autorin Alida Gundlach vorbereitete und vermittelte Interview mit Charlotte Link. Die Fragen stellte U. Deichert.

1.1 Veränderung eigener Einstellungen

1) In welcher Weise hat sich nach Ihrem Erleben der »6 Jahre« etwas in Ihnen persönlich verändert: im Hinblick auf unversehrtes Leben, Krankheitserfahrung, geliebte Menschen, Angehörige, Freunde, eigene Lebensziele?
a) Betreff Sinn des Lebens,
b) was wirklich wichtig ist,
c) im Verhältnis zu nahe stehenden Personen?
d) Leben Sie hiernach anders: Tagesablauf, Arbeitseinteilung, Freizeit, Zuwendung, Ernährung, Sport?

Der Verlust meiner Schwester stellt für mich eine Lebenskatastrophe dar; ich kann mir keinen Verlust vorstellen, der mich härter hätte treffen können. Ich weiß seitdem, wie es sich anfühlt, mit einem ständigen Schmerz zu leben. Ein Schmerz, der manchmal stärker ist, manchmal schwächer, sich manchmal auch ganz zurückzieht, um dann jedoch plötzlich und unvermutet wieder hervorzubrechen. Ich habe irgendwann begonnen, diesen Schmerz zu akzeptieren, ihn nicht mehr zu bekämpfen. Er gehört zu mir, wie meine Beine, meine Arme oder irgendwelche Charaktereigenschaften von mir. Der Schmerz um den Verlust meiner Schwester ist Teil meiner Persönlichkeit. Seitdem ich ihn so sehe, kann ich besser mit ihm umgehen.

Einiges hat sich verändert: Früher habe ich meine – Gott sei Dank bislang sehr stabile – Gesundheit als etwas Selbstverständliches gesehen, das ist heute nicht mehr so. Ich empfinde echte Dankbarkeit, wenn ich morgens aufwache und spüre, dass ich gesund bin, dass nichts weh tut. Oder wenn ich zum Laufen in den Wald gehe und die Kraft und Lebendigkeit meines Körpers fühle. Meine Schwester, deren Lunge ja durch die Strahlenschäden immer mehr vernarbte, sagte gegen Ende ihres Lebens einmal zu mir: »Sei doch einfach froh, dass Du atmen kannst.« Dieser Satz ist zum Kern meiner persönlichen Lebensanschauung geworden: Ich bin froh, dass ich atmen kann. Denn auch das ist nicht selbstverständlich; es ist aber die Grundvoraussetzung für alles andere. Sich dies vor Augen zu halten relativiert Vieles von all den kleinen Ärgernissen, mit denen wir uns herumschlagen und von denen wir meinen, sie seien unglaublich schwerwiegend.

Anderen Menschen öffne ich mich viel mehr als früher. Ich war immer sehr vorsichtig, habe sorgfältig darauf geachtet, möglichst wenig Angriffsfläche zu bieten. Das hat sich völlig geändert. Am Anfang einfach aus dem Gefühl heraus, nichts zu verlieren zu haben. Ich fühlte mich so schwer verwundet durch den Tod meiner Schwester, dass ich vor nichts und niemandem mehr Angst hatte: Ich konnte nicht schlimmer verletzt werden als ich bereits war. Aber dann merkte ich, wie sich die Menschen auch mir öffneten, und inzwischen finde ich es einfach wichtig, Lebenszeit auch dafür zu nutzen, möglichst viel Nähe zu anderen herzustellen und anderen auch zu vertrauen. Insofern gehe ich mit anderen Menschen viel bewusster um.

Im Tagesablauf hat sich nicht viel geändert. Ich habe immer schon relativ gesund gelebt, habe

---

1 Dieser Text steht bis auf den Einschub »in ihrem Buch 6 Jahre« auf dem hinteren Buchdeckel des Buches »6 Jahre« von Charlotte Link (blanvalet) und wurde von ihr zur Publikation in unserem Buch freigegeben.

mich viel und gern bewegt, auf mein Gewicht geachtet, mich ausschließlich vegetarisch ernährt, nicht geraucht. Dabei bin ich geblieben, einfach deshalb, weil es mir damit gut geht und ich mich wohl und fit fühle. Meine Schwester hat aber genauso gelebt und ist trotzdem so früh gestorben. Insofern bin ich mir sehr bewusst, dass es keinen absoluten Schutz gibt. Man kann Risiken verringern, mehr nicht. Das mache ich, und der Rest ist Schicksal.

❓ 2) Sehen Sie hiernach (nach den sechs Jahren) das Gesundheitssystem anders im Vergleich vorher–nachher: Kliniken, Personal, Abläufe, menschliche Zuwendung?

✅ Früher habe ich mir zwar auch immer gewünscht, möglichst nicht krank zu werden, aber ich hatte jedenfalls keine Angst davor, in einem Krankenhaus zu landen. Ich war sehr vertrauensvoll, was höflichen Umgang, gute Behandlung, empathische Ärzte angeht.
Das hat sich natürlich geändert. Wir haben großartige Ärzte und Schwestern erlebt, aber leider auch das krasse Gegenteil. Ich weiß heute, dass man Glück oder Pech haben kann; eigentlich eine banale Erkenntnis, denn weshalb sollte es bei Ärzten und Krankenhäusern anders sein als in anderen Lebensbereichen? Man kann überall an unfreundliche, unhöfliche oder sogar inkompetente Menschen geraten. Man ist nur normalerweise im Vollbesitz seiner Kräfte, man ist gesund und fühlt sich in den meisten Fällen nicht in einer Abhängigkeit von dem unfreundlichen Gegenüber, zumindest nicht in einer, bei der es um Leben und Tod geht.
Das macht die Situation mit den Ärzten prekär: Das Ungleichgewicht der Kräfte, das Gefühl der Unterlegenheit bei einem Patienten mit etwa einer schweren Tumorerkrankung gegenüber dem Arzt, der ihn retten soll. Eine unbedachte Bemerkung des Arztes kann in einem solchen Moment erheblich größeren Schaden anrichten als die beispielsweise eines Schuhverkäufers gegenüber einem Kunden.

1.2 Erfahrungen mit Medizin und Klinik

❓ 3) Was waren leider die unerfreulichsten Erlebnisse im (außerärztlichen) pflegerischen (auch Verwaltung?) Kontakt (Krankenschwestern, -pfleger) im Krankenhaus, was hätte abgestellt werden sollen/müssen? Wiederholt?

✅ Ich muss sagen, dass wir kaum unerfreuliche Erlebnisse mit Schwestern oder Pflegern hatten. Als wirklich unerfreulich ist mir eine Dame in der Uniklinik Mainz in Erinnerung, bei der sich Patienten anmelden mussten, die für einen Termin im Kernspintomographen vorgesehen waren. Der Ablaufplan hatte sich verschoben, und so wurde jeder neu ankommende Patient von dieser Frau erst einmal angeschnauzt. Einfach so, nur dafür, dass er sich überhaupt bei ihr meldete.
Meine Schwester, ohnehin völlig entnervt, weil sie Angst vor den Ergebnissen des Durchleuchtens hatte, brach daraufhin in Tränen aus. Aber ich sah, dass auch andere Patienten blass wurden, eingeschüchtert und ängstlich reagierten und sich ganz offenkundig fragten, was sie falsch gemacht hatten. Bis ein Mann kam, der sich diesen Ton nicht gefallen ließ. Er baute sich vor dieser Frau auf und stauchte sie dann in so klaren und so autoritären Worten zusammen, bis sie sich schließlich ganz kleinlaut entschuldigte. Da habe ich erstmals begriffen, dass man sich auch innerhalb eines Krankenhausbetriebes wehren muss, und dass das auch etwas nützt.

❓ 4) Was waren leider die unerfreulichsten Erlebnisse im ärztlichen Kontakt (Ärzte, Ober-, Chef-Ärzte)?

✅ Das unerfreulichste, schlimmste Erlebnis war gleich das erste Gespräch meiner Schwester mit einer Onkologin im Krankenhaus. Die Ärztin ließ sie Platz nehmen, und dann erklärte sie ihr in schnellen, emotionslosen Sätzen, dass es keine Rettung gebe. Der Krebs sei zu weit fortgeschritten, laut jeder nur denkbaren Statistik würde meine Schwester Ende des

Jahres tot sein. Die Metastasen seien nicht zu operieren, und mit einer Chemotherapie würde man nur etwas Zeit gewinnen. Sie solle schon mal Abschied von ihren Kindern nehmen. Rückfragen blockte sie ab, meine Schwester wurde wieder aus dem Zimmer geschickt. Dort erlitt sie einen schweren seelischen Zusammenbruch. Bis an das Ende ihres Lebens musste sie Tavor nehmen wegen der Panikattacken, in denen sich genau dieses Gespräch immer wieder neu spiegelte.
Und: Nicht eine einzige Prognose der Ärztin traf ein. Sie hatte zu allem Überfluss einen Menschen auch noch ganz unnötig traumatisiert und in eine Tablettenabhängigkeit getrieben.

❓ 5) Was waren die erfreulichsten Erlebnisse im pflegerischen Kontakt im Krankenhaus?

✅ Während ihrer letzten Lebenswochen in der Hochtaunusklinik Bad Homburg wurde meine Schwester von einem Pfleger betreut, dem wir alle, die ganze Familie, bis heute zutiefst dankbar sind. Er war, trotz Stress, immer freundlich und gut gelaunt, immer aufbauend, ging zutiefst wertschätzend und höflich mit der Sterbenskranken um. Meine Schwester musste sich von ihrem Sauerstoffgerät lösen, um ins Bad zu gehen, und das fiel ihr wegen der Luftnot sehr schwer. Dieser Pfleger stellte sich hin und bastelte eigenhändig für sie aus mehreren Schläuchen eine Verlängerung. Das System funktionierte am Ende zwar nicht, aber in der Phase des Ausprobierens hatten die beiden so viel Spaß, dass ich meine Schwester zum ersten Mal seit langer Zeit wieder fröhlich lachend erlebte. Dieser junge Mann hat seinen Patienten Freude und Optimismus vermittelt und sie darüber hinaus bestens betreut. Für uns war er ein Geschenk des Himmels.

❓ 6) Was waren die erfreulichsten Erlebnisse im ärztlichen Kontakt im Krankenhaus?

✅ Das waren immer Erlebnisse mit den Ärzten, die Mut machten, die sich nicht ausschließlich in düsteren Prognosen ergingen, und die mit der Patientin so höflich umgingen als würden sie ihr in irgendeiner alltäglichen Situation begegnen und nicht auf einer onkologischen Station – als säße da nicht eine schwerkranke, abgemagerte, schwache und zeitweise völlig wehrlose Person vor ihnen. Wertschätzender, höflicher Umgang, das war es, was den Unterschied machte.
Und eine Begegnung auf Augenhöhe. Einmal sogar ganz wörtlich zu nehmen: Ebenfalls in der Hochtaunusklinik Bad Homburg hatte der Chefarzt die Angewohnheit, sich bei den Besuchen der Patientin nicht ans Fußende ihres Bettes zu stellen und von dort auf sie herab zu schauen. Stattdessen zog er einen Stuhl heran und setzte sich neben sie. Dann bat er sie, ihm erst einmal zu erzählen, wie es ihr gehe, was sie auf dem Herzen habe, ob irgendetwas besser oder schlechter geworden sei. Und dann hörte er einfach zu. Konzentriert und geduldig. Wahrscheinlich ist so etwas zeitlich nicht immer möglich. Aber ein solches Verhalten signalisiert: Ich bin für dich da. Und dein Ergehen ist mir wichtig.

❓ 7) Welche Vorstellungen hätten Sie hiernach von einer idealen Begegnung/einem idealen Ablauf in der Klinik für Sie als Patientin?
a) Pflegerisch: Aufnahme, stationärer Aufenthalt, Ablauf, Infos?
b) (Chef-)Ärztlich: Aufnahme, stationärer Aufenthalt, Ablauf, Infos?

✅ Der allerwichtigste Punkt, sowohl was Pfleger als auch Ärzte und Chefärzte angeht: Dass der Patient, *trotz seiner Krankheit und obwohl er sich in der schwächeren Position befindet*, zuvorkommend und höflich behandelt wird. Meine Schwester sagte oft, dass das Allerschlimmste der herablassende, unfreundliche Ton sei, mit dem sie plötzlich von vielen Ärzten (keineswegs von allen!) behandelt werde. Bis zum Zeitpunkt ihrer Erkrankung war sie an eine bestimmte Umgangsweise gewöhnt, wie sie als ein gesellschaftlicher Konsens bei uns besteht; dazu gehören nun einmal gewisse Umgangsformen, auf deren Einhaltung man sich zumeist im Alltag verlassen kann. Nun war bei ihr ein fortgeschrittener Krebs diagnostiziert worden, und auf einmal schien dieser Konsens allzu häufig für sie nicht mehr zu gelten. Es gab Situationen, da wurde sie von Ärzten angefahren, als sei sie ein Schulmädchen, das unerlaubt wagte, den Mund zu öffnen. Das hat in ihr das Gefühl, krank und damit in den Augen mancher Menschen wertlos zu sein, verschärft und schließlich Depressionen in ihr ausgelöst – was dem Krebs allein nicht gelungen war!

Im Hinblick auf Informationen erscheint es mir nötig, noch einmal auf mein wichtigstes Anliegen hinzuweisen: das Prinzip Hoffnung. Natürlich sollten Patienten informiert werden, auch über die kritischen Aspekte ihrer Erkrankung, und kein Arzt sollte Schönfärberei betreiben oder bittere Wahrheiten unterschlagen. Gespräche mit etlichen Ärzten haben mir jedoch gezeigt, dass es während vieler Stadien auch einer sehr schweren Krankheit höchst ungewiss ist, wie der genaue Verlauf nun eigentlich sein wird. Häufig wird dann jedoch die schlimmste Variante aufgezeigt, was zwar den Arzt hinterher unangreifbar macht (kommt es besser als prophezeit, wird sich sicher niemand beschweren), aber es scheint niemanden zu kümmern, wie der Patient eigentlich mit Angst und Hoffnungslosigkeit fertig wird und wie weit das sogar seine Heilungschancen beeinträchtigen kann. Ich habe es erlebt, dass meine Schwester besser atmen konnte und weniger Schmerzen hatte, einfach nur, weil ein Arzt vorbei kam, der ihr ein wenig Mut machte. Es war frappierend, die sofortige Auswirkung auf ihren Allgemeinzustand zu beobachten. Hoffnung setzt Kräfte im Menschen frei, die schon gar nicht mehr vorhanden scheinen. Man sollte sich diese Kräfte von ärztlicher Seite aus zunutze machen, anstatt sie systematisch zu untergraben.

❓ 8) Sie haben ja Erfahrungen in unterschiedlichen Kliniken gemacht: öffentlich-kommunal, konfessionell, private Trägerschaft (Helios, Rhön, Sana, Asklepios etc.). Haben Sie subjektiv/oder gefühlt Unterschiede in der Versorgung in Abhängigkeit vom Trägertyp feststellen können?

✅ Dazu kann ich leider nichts sagen. Ich habe bei den meisten Kliniken, in denen wir waren, überhaupt nicht gewusst, ob sie privat oder kommunal waren. In einer konfessionell getragenen Klinik waren wir, soweit ich mich erinnere, nicht.

1.3 Der ökonomische Druck und Moral

❓ 9) Der ökonomische Druck (im Kaufleute-Jargon der Träger: Erlös-Optimierung) nimmt in den Krankenhäusern über die Jahre zu. Haben Sie dies in irgendeiner Weise mitbekommen? Wenn ja, in welcher?

✅ Ich habe mich manchmal gewundert, wie oft bestimmte Untersuchungen an meiner Schwester vorgenommen wurden, obwohl längst ein Ergebnis vorlag. Manchmal wurde sie zu diesem Zweck übermäßig lange in einer Klinik »festgehalten«, obwohl sie und auch wir als ihre Familie den Sinn nicht mehr sahen. Ich kann nur vermuten, dass Folgendes dabei eine Rolle spielte: die Tatsache, dass sie eine private Zusatzversicherung für stationäre Aufenthalte und Chefarztbehandlung hatte, und wir darüber hinaus privat den Aufschlag für ein Einzelzimmer übernahmen.

❓ 10) Haben Sie von außen den Eindruck, dass es unter den Berufsgruppen (Ärzte, Pfarrer, Lehrer, Richter, Journalisten, Politiker, Banker) Unterschiede gibt im Hinblick auf moralische Zensur, d.h. strengere Überprüfung von moralischen Verpflichtungen?

✅ Wenn ein Arzt einen Fehler macht, ist die Auswirkung unter Umständen katastrophal, im schlimmsten Fall besteht sie im Tod des Patienten. Das erklärt für mich das schärfere Vorgehen in der Beurteilung sowohl fachlicher als auch moralischer Verpflichtungen. Möglicherweise werden andere Berufsgruppen da sehr viel schonungsvoller behandelt, z.B. Journalisten, die durch einseitige oder fehlerhaft recherchierte Berichterstattung Menschen psychisch vernichten oder sogar Existenzen zerstören können und zumindest meines Wissens nach kaum je oder zumindest nicht in der angemessenen Form zur Rechenschaft gezogen werden.

Hinzuweisen ist jedoch auf das verstärkt im Arzt-Patienten-Verhältnis zum Ausdruck kommende Problem der ungleich verteilten Macht. Auf der einen Seite der unter Umständen sehr schwer kranke Patient, auf der anderen Seite der Arzt, der die Rettung bringen soll. Schon um seine eigene Rettung nicht zu gefährden, wird sich der Patient nicht gegen eine unangemessene Behandlung von Seiten des Arztes wehren (können), und daraus resultiert die moralische Verpflichtung des Arztes, diesen Umstand keinesfalls auszunutzen. Meist steht ihm ja der Patient allein gegenüber, hat bestenfalls einen Angehörigen an seiner Seite, der von der Materie ebenfalls keine Ahnung, dafür genauso viel Angst wie der Patient hat. Ich kann an dieser Stelle vielleicht das o.g. Beispiel des Richters anführen, da mein Vater Richter war. Zwischen Richter und Angeklagtem besteht ebenfalls ein höchst ungleiches Machtverhältnis, dem jedoch dadurch Rechnung getragen wird, dass jeder Angeklagte einen Anwalt neben sich hat. Jemanden, der sich auskennt und der klar die Interessen seines Mandanten vertritt. Mein Vater erzählte manchmal, dass er es sich nie im Leben hätte erlauben können, einen Angeklagten so barsch und unhöflich zu behandeln, wie das später manche Ärzte mit uns taten – er wäre von dessen Anwalt sofort abgelehnt worden, und der Anwalt hätte mit Freuden einen Befangenheitsantrag gestellt. In diesem Bereich also funktioniert die Kontrolle recht gut (was natürlich am Problem von Fehlurteilen nichts ändert). Der Rückschluss wäre, dass alle Menschen in Machtpositionen einer Kontrollfunktion unterstellt werden müssten. Zu viele Menschen – quer durch alle Berufsgruppen! – unterliegen der Verführung, die das Besitzen von Macht nun einmal mit sich bringt.

? 11) Welche Ratschläge würden Sie nach all Ihren Erfahrungen den Ärzten, insbesondere den Chefärzten, mitgeben?

✓ Eigentlich würde ich nur einen einzigen, schlichten Rat geben: Perspektivwechsel. Jeder Arzt sollte sich im Umgang mit einem Patienten einfach immer für einen Moment vorstellen, die Rollen wären genau andersherum verteilt. Er wäre der schwerkranke Patient, der Patient wäre der Arzt. Wie würde er behandelt werden wollen? Was würde er hören wollen – und was würde seine Psyche vielleicht nicht so einfach und so schnell verarbeiten können? Wie würde er sich fühlen als ein in diesem Moment schwacher, vielleicht schon körperlich hilfloser, von Schmerzen und Todesangst gequälter Mensch? Wie würde er sich das Auftreten des Anderen wünschen, welche Art des Umgangs würde ihm helfen, sich besser zu fühlen, und welche würde ihn erniedrigen? Was bei solchen Gedankenspielen am Ende herauskommt, nennt man »Empathiefähigkeit«. Sehr viele Ärzte besitzen diese Fähigkeit. Das Schlimme ist jedoch, dass diejenigen, die sie nicht besitzen, im Handumdrehen einen Schaden anrichten können, der kaum wieder gut zu machen ist.

Chefarztposition im Wandel

Wolfgang Martin

2.1 Einleitung – 10

2.2 Genügend Potenzial an Chefarztkandidaten? – 10

2.3 Wie steht es mit ökonomischen Anreizen? – 11

2.4 Müssen Chefärzte Alleskönner sein? – 11

2.5 Zunehmende Konflikte mit dem Klinikmanagement – 12

2.6 Strategische Karriereplanung wichtiger denn je – 13

2.7 Was Stellenausschreibungen (nicht) sagen – 13

2.8 Gibt es ein optimales Auswahlverfahren? – 14

2.9 Ausblick – 14

Literatur – 15

2.1 Einleitung

Eine Chefarztposition galt noch Ende der 90er-Jahre als konsequente Krönung einer ärztlichen Karriere und war dementsprechend begehrt. Die Realität in den Krankenhäusern sieht gegenwärtig anders aus: Die Besetzung von Chefarztpositionen läuft für die Träger seit einigen Jahren nicht mehr ganz reibungslos. Die Zeiten, in denen sich auf eine solche Position mehr als zehn qualifizierte Oberärzte bewarben, gehören in den meisten Bereichen der Vergangenheit an.

Dabei sind die Karrieremöglichkeiten zurzeit durchaus günstig: Bei Bewerbungen haben es Ärzte mit weniger Konkurrenz zu tun als noch vor einigen Jahren. Chefarztpositionen haben allem Anschein nach an Attraktivität verloren. Dies bestätigt sich auch, wenn man Oberärzte fragt, wie sie ihren Chef im Klinikalltag erleben. »Das muss ich mir nicht antun!« ist eine gängige Antwort.

Was läuft hier also schief? Worauf müssen sich Ärzte einstellen, wenn sie eine Chefarztposition anstreben? Welche Bedeutung haben Bewerbungsverfahren bei der Wahl der richtigen Chefarztstelle, und wie kann man sich adäquat darauf vorbereiten?

2.2 Genügend Potenzial an Chefarztkandidaten?

In den Krankenhäusern ist die Zahl der stationär tätigen Fachärzte unterhalb der Chefarztebene seit 2007 um rund ein Viertel gestiegen (◘ Abb. 2.1). Da im gleichen Zeitraum die Zahl an Chefarztausschreibungen gesunken ist (um mehr als ein Drittel), könnten sich heute rein rechnerisch fast doppelt so viele Oberärzte um eine Chefarztposition bewerben als noch vor acht Jahren (◘ Abb. 2.2). Warum ist aber das Gegenteil der Fall?

Die *fehlende Motivation*, eine Chefarztposition zu übernehmen, zeigt sich zurzeit besonders im Gebiet Frauenheilkunde und Geburtshilfe. Dass in diesem Fach auf entsprechende Ausschreibungen besonders wenige Bewerbungen eingehen, könnte auf den ersten Blick mit dem hohen Frauenanteil (inzwischen liegt dieser im Krankenhaus bei über 60%) zusammenhängen. Gynäkologinnen, so wäre dann die geschlechtsspezifische Erklärung, sind aufgrund der schlechten Vereinbarkeit von Beruf und Familie eher geneigt, von einer klassischen Karriere Abstand zu nehmen. Doch fällt auf, dass auch ihre männlichen Kollegen immer weniger Interesse an Chefarztpositionen zeigen und sich dieser Trend längst nicht mehr nur auf dieses »weiblich dominierte« Fachgebiet beschränkt. Diese Monokausalität reicht also als Erklärung nicht aus.

Die Tatsache, dass sich seit einigen Jahren über alle Fachgebiete hinweg immer weniger Oberärzte auf eine Chefarztposition bewerben, ist ein Indiz dafür, dass dieses traditionelle Karriereziel stark an Attraktivität verloren hat und für immer weniger Ärzte erstrebenswert erscheint. Und auch der Umstand, dass sich im Gegenzug immer mehr Kandidaten bewerben, die bereits eine Chefarztposition

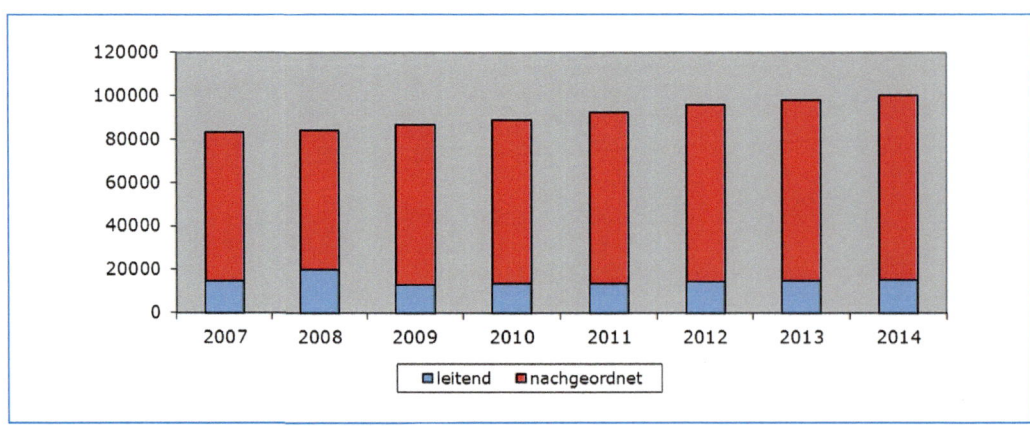

◘ Abb. 2.1 Anzahl der stationär tätigen Fachärzte im Krankenhaus 2007–2014 (Quelle: Bundesärztekammer)

2.4 · Müssen Chefärzte Alleskönner sein?

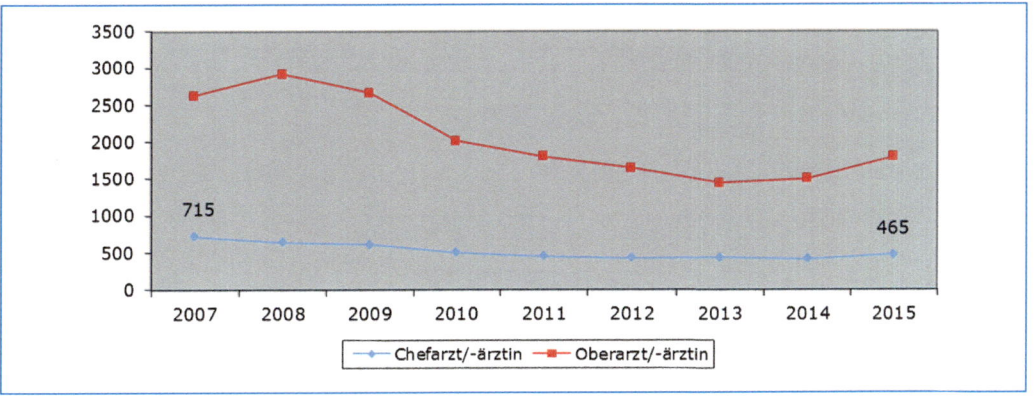

Abb. 2.2 Stellenausschreibungen für Chefärzte und Oberärzte im Deutschen Ärzteblatt 2007–2015 (Quelle: mainmedico GmbH)

innehaben, gibt zu denken. Denn deren Motivation beruht in der Regel darauf, dass sie mit ihrer jetzigen beruflichen Situation unzufrieden sind und sich daher noch einmal nach einer neuen Leitungsposition umschauen.

2.3 Wie steht es mit ökonomischen Anreizen?

Seit Ende der 90er-Jahre sind die *Gehälter* von Chefärzten stark nach unten korrigiert worden und liegen aktuell durchschnittlich bei 279.000 Euro. Damit verdienen diese zwar immer noch mehr als doppelt so viel wie ihre Oberarztkollegen, deren Durchschnittsgehalt bei 126.000 Euro liegt (Abb. 2.3). Allerdings ist die Spannbreite der Jahreseinkommen auf der Oberarztebene recht groß und reicht von 80.000 Euro bis über 250.000 Euro, nicht zuletzt abhängig davon, ob es sich um eine tarifgebundene oder außertarifliche Vergütung handelt (Kienbaum 2015). Bei letzterer ist der Einkommensunterschied zu einer Chefarztposition unter Umständen nicht mehr sehr groß. Damit ist für viele (Leitende) Oberärzte der ultimative Karriereschritt unter rein ökonomischen Gesichtspunkten kaum noch lukrativ.

Hinzu kommt, dass der variable Anteil am Chefarztgehalt inzwischen bereits 36% ausmacht. Dazu zählen die Beteiligung an der *Privatliquidation* sowie *Bonusvereinbarungen*. Diese standen und stehen immer wieder in der Kritik, wenn sie rein auf ökonomische Zielgrößen ausgerichtet sind. Aber auch bei qualitätsbezogenen Zielen stellt sich vielfach die Frage, inwieweit ihr Erreichen allein dem Chefarzt aufgebürdet werden soll.

Oberarztgehälter sind da wesentlich kalkulierbarer, da der variable Vergütungsanteil mit 9% eher gering ist und im Wesentlichen auf der Beteiligung an den chefärztlichen Liquidationseinkünften beruht. Warum sollte ein Oberarzt also die Unwägbarkeiten von Bonuszahlungen in Kauf nehmen?

2.4 Müssen Chefärzte Alleskönner sein?

Chefärzte sollen heute wahre *Multitalente* sein. Mit ihrer medizinischen Expertise sind sie entscheidende Leistungsträger des Krankenhauses. Sie sind mitverantwortlich für den wirtschaftlichen Erfolg des Hauses, sollen also auch eine gewisse »ökonomische Kompetenz« mitbringen. Sie sollen über soziale und kommunikative Kompetenz, Führungsstärke und Organisationsgeschick verfügen. Sie sind verantwortlich für die ärztliche Weiterbildung und damit ein wichtiges Vorbild für die nachrückenden Ärzte. Und als ein »Gesicht des Hauses« sind sie die entscheidende Kontaktperson in allen Fragen der medizinischen Versorgung. Hier kann sich einem durchaus das Bild von der »eierlegenden Wollmilchsau« aufdrängen.

Immer mehr Leitende Ärzte erfahren diese Vielzahl an sehr unterschiedlichen Anforderungen als

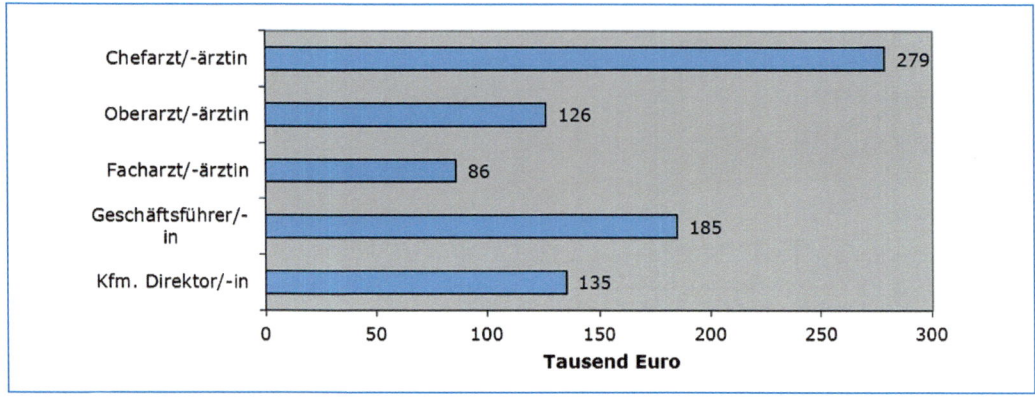

Abb. 2.3 Durchschnittliche Jahresvergütung im Krankenhaus 2015 (Quelle: Kienbaum 2015)

enorme *Rollenüberforderung*, die permanent Stress verursacht: Wo muss ich Prioritäten setzen? Muss ich wirklich in allen Bereichen der Beste sein, oder wo macht es Sinn, Zuständigkeiten und Verantwortung zu delegieren?... etc.

Das Phänomen der Rollenüberforderung wiegt umso schwerer, da auf der anderen Seite *Freiräume* immer mehr eingeschränkt werden. Eine wichtige Motivation für die Übernahme einer Chefarztposition war in der Vergangenheit der damit erhoffte Zugewinn an Entscheidungs- und Gestaltungsmöglichkeiten. Darum ist es seit einiger Zeit nicht mehr so gut bestellt. Personalmangel und rigide Sparvorgaben der Krankenhausträger haben in den letzten Jahren zu schmerzhaften Einschnitten geführt. Selbst die Befreiung von Bereitschaftsdiensten ist keine Selbstverständlichkeit mehr. Zudem greifen die ökonomischen Vorgaben der Krankenhausträger immer stärker in den medizinischen Verantwortungsbereich der ärztlichen Führungskräfte ein, obwohl diese laut ärztlicher Berufsordnung bei ärztlichen Entscheidungen keine Weisungen von Nichtärzten entgegennehmen dürfen. Dies führt regelmäßig zu Konflikten im Klinikalltag und hat auch bereits die Bundesärztekammer auf den Plan gerufen (Hibbeler 2013).

Viele ärztliche Führungskräfte fühlen sich daher ein Stück weit um den Lohn für ihre bisherige Arbeit betrogen, nicht nur in finanzieller Hinsicht, sondern auch im Hinblick auf ihre *Handlungs- und Entscheidungsspielräume*. Hierzu muss man sich Folgendes vor Augen halten: Ein Arzt, der im Alter von 40 Jahren eine Chefarztposition antritt, hat sein Studium zu Zeiten beendet, als Stellen noch rar und die Gehälter im Vergleich zu heute gering waren. Als AiP hat er am eigenen Leib erfahren, was Ausbeutung junger Akademiker bedeutet. Danach folgten vergleichsweise lange Weiterbildungszeiten. Es ist verständlich, dass diese Ärztegeneration irgendwann auch eine entsprechende Anerkennung für ihr bisheriges Engagement erfahren möchte. War diese im vergangenen Jahrhundert in einer Chefarztposition die Regel, ist sie heute keine Selbstverständlichkeit mehr.

2.5 Zunehmende Konflikte mit dem Klinikmanagement

Wie verschiedene in den letzten Jahren erschienene Umfragen belegen, haben ärztliche Führungskräfte immer stärker den Eindruck, dass die Schere zwischen den zur Verfügung gestellten personellen und sachlichen Ressourcen einerseits und den Leistungsanforderungen durch die Geschäftsführung andererseits immer weiter auseinanderklafft und damit die geforderten Leistungszahlen mit den zur Verfügung stehenden Mitteln nicht mehr zu erbringen sind (Kapitzka u. Tonus 2012). Gleichzeitig beklagen sie, dass sie nicht ausreichend in grundsätzliche strategische Fragen und Zielsetzungen eingebunden sind, am Ende aber für negative Ergebnisse verantwortlich gemacht werden.

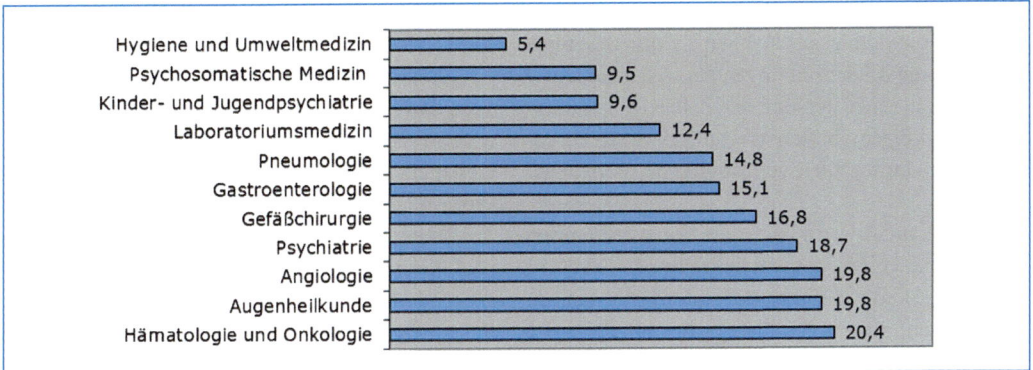

Abb. 2.4 Facharztindex 2015: In welchem Fachgebiet bieten sich die besten Karrierechancen? (Quelle: mainmedico GmbH). Der Facharztindex gibt an, wie viele Fachärzte rein rechnerisch auf eine Stellenanzeige im Deutschen Ärzteblatt entfallen. Je geringer der Wert, desto geringer die Zahl potenzieller Mitbewerber auf eine Stelle

Damit nimmt das *Konfliktpotenzial* zwischen ärztlichen Führungskräften und Geschäftsleitung zwangsläufig zu, und nicht allen Krankenhäusern gelingt es, einen Interessensausgleich herbeizuführen, mit dem beide Seiten leben können. Zudem fehlen oftmals adäquate Formen des Konfliktmanagements.

Und wo sich Chefärzte mit ihren Problemen allein gelassen fühlen, entsteht nicht selten der Wunsch, doch noch einmal das Krankenhaus zu wechseln, auch wenn dies in der eigenen Karriereplanung eigentlich nicht vorgesehen war.

2.6 Strategische Karriereplanung wichtiger denn je

Die Übernahme einer Chefarztposition bedeutet, sich in einen Fokus von (internen und externen) beruflichen Beziehungen, Anforderungen und Erwartungen zu stellen, in dem man als Oberarzt noch nicht stand, in der Regel auch nicht in der Chefarztvertretung. Damit verbinden sich verschiedene Fragen, wie z.B.: Ist mir dieser »qualitative Sprung« überhaupt klar, und was bedeutet er für mich? Welche über meine medizinisch-fachliche Qualifikation hinausgehenden Kompetenzen bringe ich dafür mit, und wie kann ich diese weiterentwickeln?

Dabei ist eines klar: *Führungsqualitäten* fallen nicht vom Himmel; diese muss man sich in der Regel hart erarbeiten. Die Wege dahin können unterschiedlich aussehen; spezielle Führungskräfteseminare sind einer davon. Mehr in die Tiefe geht sicherlich ein berufsbegleitendes Coaching (Supervision). Hier kann man in einer vertrauensvollen und professionellen Atmosphäre gezielt an seinen individuellen Stärken und Schwächen arbeiten und sein Handeln kontinuierlich überprüfen.

Und eines sollte man sich immer vor Augen führen: *Karriereplanung* ist immer auch *Lebensplanung*. Die Fälle, in denen Chefarztkandidaten erst im Laufe des Bewerbungsverfahrens oder sogar – weit gravierender – erst während der Probezeit feststellen, dass die Familie nicht gewillt ist, tatsächlich auch mit umzuziehen, sind gar nicht so selten. Wäre dies frühzeitig bei den eigenen Planungen mit berücksichtigt worden, hätte man sich manche Frustration oder sogar eine berufliche Fehlentscheidung ersparen können (Abb. 2.4).

2.7 Was Stellenausschreibungen (nicht) sagen

Dass die *Anforderungsprofile* für Chefarztpositionen in den letzten Jahren zunehmend komplexer geworden sind, kommt nicht zuletzt in den entsprechenden Ausschreibungstexten zum Ausdruck. An oberster Stelle steht natürlich weiterhin die medizinisch-fachliche Qualifikation und Kompetenz. Dem folgt so gut wie immer der Hinweis auf ein erwartetes betriebswirtschaftliches Grundverständnis oder »ökonomisches Denken«. Und schließlich enthalten die Ausschreibungen zumeist zusätzliche Hinweise auf eher persönlichkeitsbezogene Fähigkeiten und Eigenschaften: Organisationsstärke, soziale und kommunikative Kompetenz, Führungsstärke etc.

Doch auch wenn sich die entsprechenden Formulierungen in den Ausschreibungstexten oft ähnlich lesen, die dahinter stehenden Erwartungen können sehr unterschiedlich sein. Soll der neue Chefarzt über »betriebswirtschaftliches Knowhow« verfügen, weil in der Abteilung radikale Sparmaßnahmen umgesetzt werden oder bestehende Defizite ausgeglichen werden müssen? Soll sich die »führungskompetente« neue Chefärztin durch einen kooperativen Führungsstil auszeichnen oder ist damit etwas ganz anderes gemeint, dass z.B. eine charismatische Persönlichkeit – wie es möglicherweise der Vorgänger war – erwünscht ist?

Mit einer Chefarztbewerbung stellen sich die Ärzte jedenfalls einem Anforderungsprofil, dessen spezielle Implikationen sie im Vorfeld in der Regel nur ungenau kennen (können), es sei denn, sie verfügen zufälligerweise über gewisse »informelle Kanäle«, oder die Position ist über eine *Personalberatung* ausgeschrieben. Gegenüber einem Personalberater bietet sich Interessenten immerhin die Möglichkeit, im Schutz der zugesicherten Vertraulichkeit Informationen einzuholen, die unter Umständen um einiges über den veröffentlichten Ausschreibungstext hinausgehen.

abzugleichen und entsprechende Schlussfolgerungen zu ziehen.

Chefarztkandidaten sollten sich auf jeden Fall auch darüber informieren, wie neue Führungskräfte generell in dem Haus der Wahl integriert werden: Geschieht dies mehr oder weniger auf informellem Wege, oder gibt es dafür spezielle Maßnahmen und Angebote, sei es in Form von regelmäßigen Feedback-Gesprächen, Führungskräftekolloquien, begleitendem Coaching (Supervision) oder zusätzlichen Qualifizierungsmöglichkeiten. Dies sagt bereits viel über die *Führungskultur* des Hauses aus – und die muss schließlich auch passen!

Für die eigene Einschätzung und Entscheidungsfindung kann es durchaus sinnvoll und hilfreich sein, mit einer dritten Person »von außen« ein Resümee der Vorstellungsgespräche zu ziehen. Hier sollte man sich im Zweifelsfall auch nicht scheuen, eine professionelle Beratung zu nutzen.

Generell müssen sich Bewerber um eine ärztliche Leitungsposition darauf einstellen, dass die Krankenhäuser ihre Auswahlverfahren zunehmend breiter anlegen und ausdifferenzieren, indem sie ganz bewusst Personen(-gruppen) mit unterschiedlichen Kompetenzen und Perspektiven einbeziehen: Neben der Geschäftsführung und Personalleitung wären dies z.B. das Chefarztkollegium und die Pflegedienstleitung, aber auch externe Berater. Wenn eine solche Vorgehensweise gut vorbereitet ist sowie angemessen kommuniziert und moderiert wird, kann dies für das Gesamtresultat des Verfahrens nur von Vorteil sein.

2.8 Gibt es ein optimales Auswahlverfahren?

Vorstellungsgespräche und Auswahlverfahren verfehlen ihren Zweck, wenn sie im Stil von Einbahnstraßen verlaufen, wenn es also ausschließlich um die optimale Selbstdarstellung der jeweiligen Beteiligten geht. Es sollte vielmehr gelingen, dass es zu einer Form des *Dialogs* kommt, der eine fundierte Entscheidungsfindung ermöglicht, und zwar für beide Seiten. Je deutlicher die konkreten Anforderungen der Krankenhausseite zur Sprache kommen, desto größere Chancen haben Ärzte, diese mit ihren eigenen Zielen und Erwartungen

2.9 Ausblick

Angesichts der bereits skizzierten Rollenüberforderung und der Befürchtung, dass wachsender Kostendruck und anspruchsvolle Zielvorgaben die ärztlichen Führungskräfte letztendlich in der Ausübung des Arztberufs behindern, macht sich unter den Chefärzten zunehmend ein Gefühl von Ohnmacht breit. Wie aber lässt sich dieses überwinden? Ein wichtiger erster Schritt wäre sicherlich, dass die Leitenden Ärzte das Heft des Handelns wieder mehr selbst in die Hand nehmen, d.h. in der Ärzteschaft eine breite Diskussion über die Führungsstrukturen der Zukunft anstoßen und sich dort maßgeblich einbringen. Ansonsten riskiert man, dass das Karriereziel Chefarzt für die nachrückenden Ärzte weiter an Attraktivität verliert.

Aber nicht nur die zunehmende Unzufriedenheit und Frustration auf der Chefarztebene gibt Anlass, die derzeitige Führungsstruktur im Krankenhaus zu überdenken. Der schnelle Wissenszyklus der Medizin sowie die zunehmende Spezialisierung und Differenzierung im medizinischen Leistungsspektrum stellen diese ebenso auf den Prüfstand: Es gibt nicht mehr die eine Person, die alle Facetten eines großen Fachgebietes mit allen Spezialitäten kompetent vertreten kann. Dies zeigt sich zurzeit besonders im Fachgebiet Orthopädie und Unfallchirurgie. Hier gibt es starke *Tendenz zur Bildung von Sektionen* mit eigenen Leitenden Ärzten.

Die letzten Anstöße zu einer Diskussion über zukünftige Führungsstrukturen liegen schon recht lange zurück. Auf seiner 103. Hauptversammlung im Jahr 2003 setzte sich der Marburger Bund noch für ein sog. Teamarztmodell ein, welches das klassische hierarchische System in den Krankenhäusern ersetzen sollte. Dieses Modell verschwand aber schnell wieder in der Schublade. Die in der Folgezeit von der Ärztegewerkschaft verhandelten Tarifverträge zementierten die bekannten Hierarchiestufen eher noch weiter. Drei Jahre später erregte Wolfgang Pföhler, damals Vorstandsvorsitzender der Rhön-Klinikum AG, kurzzeitig Aufsehen mit seiner Forderung nach einer stärkeren ärztlichen Arbeitsteilung im Krankenhaus. Für die Chefärzte hätte dies bedeutet: »Sie müssten lernen, trotz unveränderter Letztverantwortung, bestimmte Aufgaben zu delegieren und sich helfen zu lassen« (Flintrop 2006). Womit wir wieder beim aktuellen Thema Rollenüberforderung wären.

Literatur

Flintrop J (2006) Der Klinikarzt der Zukunft: Jeder macht nur noch das, was er am besten kann. Dtsch Ärztebl 103: 48

Hibbeler B (2013) Ökonomisierung der Medizin: Die Grenzen des Marktes. Dtsch Ärztebl 110: 23-24

Kapitzka T, Tonus C (2012) Kooperation oder Konflikt – Die Zusammenarbeit zwischen leitenden Chirurgen und Klinik-Geschäftsleitungen. Passion Chirurgie 2(03): Artikel 02_03

Kienbaum (2015) Vergütungsreport »Ärzte, Führungskräfte und Spezialisten 2015«

Vorstellungen zur Kooperation – Die Interaktion zwischen Praxis und Klinik

Ines Juhnke-Deichert, Martin Riegelsberger

3.1 Aus der Sicht einer niedergelassenen Frauenärztin – 18
3.1.1 Mein Werdegang (I. J.-D.) – 18
3.1.2 Anforderung an die Klinik – 19
3.1.3 Veränderungen – 20
3.1.4 Die Abkehr – 20
3.1.5 (Notstands-) Lösungen – 21
3.1.6 Fazit – 21

3.2 Aus der Sicht eines niedergelassenen Internisten – 21
3.2.1 Mein Werdegang (M. R.) – 21
3.2.2 Eine bedrohte Spezies – 22
3.2.3 Fazit – 22

U. Deichert et al. (Hrsg.), *Traumjob oder Albtraum – Chefarzt m/w*,
DOI 10.1007/978-3-662-49779-1_3, © Springer-Verlag Berlin Heidelberg 2016

3.1 Aus der Sicht einer niedergelassenen Frauenärztin

3.1.1 Mein Werdegang (I. J.-D.)

Die Sekretärin einer Klinik ruft in einer Praxis an und möchte eine Auskunft zu Frau Penner anfordern, die in dieser Klinik behandelt wird. Es gab wohl ein telefonisches Missverständnis, da die Stimme am anderen Ende der Leitung beteuerte: »Bei uns in der Praxis gibt es keine Penner.«

Anekdoten lassen sich immer sowohl aus dem Klinikalltag als auch aus der Praxis berichten. Gearbeitet habe ich ausgiebig in beiden Bereichen, auch in unterschiedlichen Positionen. Schon immer wollte ich Ärztin werden. Das war klar. Dann gab es nach dem Abitur, das ich mit einer damals ganz guten, aber nicht sehr guten Durchschnittsnote abgelegt habe, den Numerus Clausus. Da hieß es, damals wie heute, warten auf einen Studienplatz und diese Zeit möglichst sinnvoll nutzen. Ich machte also in den 70er-Jahren eine MTA-Ausbildung an einer süddeutschen Universität und meine Praktika sämtlich an den unterschiedlichen angeschlossenen Kliniken. Damals gab es auf jeder Station zuständige Ärzte, eine Stationsschwester, eine Stellvertretende, ausreichend ausgebildete Schwestern, Schwesternschüler, Praktikanten und feste Reinigungskräfte, die alle zusammen ein Team bildeten. Gespräche mit den Patienten, Füttern von hilfsbedürftigen Kranken und die Kenntnis der Krankengeschichte waren nicht nur erwünscht, sondern einfach normal.

Nach zweieinhalb Jahren Tätigkeit in einem hämatologischen Forschungslabor als MTA ging das Wunder in Erfüllung, und ich erhielt den lang ersehnten Studienplatz für Medizin an einer hessischen Universität. Meine Vorliebe für die Frauenheilkunde und Geburtshilfe erwachte durch das Praktische Jahr (PJ) am Ende des Studiums an der Uniklinik in Hessen. Als Babyboomer-Nachkriegsjahrgang war ich dann froh und glücklich, als ich 1987 dort auch eine Stelle für meine Facharztausbildung erhielt. Fünf Jahre des Lernens mit vielen Diensten folgten. Personal gab es zu Beginn ausreichend, sowohl im ärztlichen- als auch im pflegerischen Bereich. Die Aufgaben bei uns Ärzten waren fest verteilt, und die Arbeitszeiten betrugen in der Regel 32 bis 36 Stunden, wenn man einen der zahlreichen Nachtdienste hatte. Der Kontakt mit den niedergelassenen Kollegen, die man alle auch persönlich kannte, war eng. Man telefonierte mit den Kollegen in der Praxis, bevor eine Patientin die Klinik verließ, da die Briefe auch damals nicht am Tag der Entlassung fertig waren. Der Assistenzarzt schrieb den Brief und erhielt ihn vom Oberarzt korrigiert zurück. Erst nachdem der Oberarzt den Brief als fachlich richtig abgezeichnet hatte, bekam der Chef der Klinik ihn zur Durchsicht. Gelegentlich hatte er dann auch noch Änderungswünsche. Das konnte dauern. Aber die Kollegen »in der Peripherie« wussten Bescheid und schätzten diese Informationen sehr. Heute, als selbst in eigener Praxis arbeitende Ärztin, verstehe ich das viel besser als früher. Schließlich stehen die Patienten nach der Entlassung bei »ihrem Frauenarzt« in der Praxis und wollen informiert und weiter behandelt werden.

Nach fünf Jahren Facharztausbildung folgten noch viereinhalb Jahre als Oberärztin an derselben Universitätsklinik, um dann die oberärztliche Leitung an einer großen konfessionellen Klinik mit damals noch 110 gynäkologisch-geburtshilflichen Betten zu übernehmen. »Die Personaldecke« im ärztlichen wie nichtärztlichen Bereich wurde dünner, nicht nur dort, sondern allgemein in den Kliniken. Fallpauschalen und andere »wirtschaftliche Innovationen« führten zu einer deutlichen Verdichtung der Arbeit. Dazu wurden freiwerdende ärztliche Stellen – wenn überhaupt – sehr schleppend wiederbesetzt. Der Kontakt zu den niedergelassenen Kollegen konnte gar nicht mehr so eng sein. Wir telefonierten seltener, die Zeit fehlte einfach. Die Briefe kamen nicht schneller als früher. Sie waren allerdings von den Oberärzten aus Zeitmangel nicht immer sorgfältig gelesen worden, was dann auch schon mal zu satten Fehlinformationen führen konnte. Wenn dann in der morgendlichen Besprechung die Klinikleitung wieder einmal über Beschwerden niedergelassener Kollegen über mangelnde Informationen betreffend Frau Schmidt oder Frau Meyer klagte, verstand ich das damals nicht so gut wie heute. Nur heute erwarten wir kaum noch telefonische Informationen aus den Kliniken, weil man die Kollegen und Kolleginnen oft gar nicht mehr versteht. Endlose Nachfragen stehlen mir die

Zeit mit meinen Patientinnen, und schlauer bin ich nach einem Telefonat meist auch nicht geworden.

Sieben Jahre lang habe ich die Höhen und Tiefen einer großen Versorgungsklinik in allen Facetten »genossen«, bis ich die Entscheidung traf, »die Seiten« zu wechseln. Nein, nicht zum medizinischen Dienst der Krankenkassen…, nein, ich wollte wieder in Ruhe arbeiten, mein Arbeitspensum selbst bestimmen, mit meinen Patientinnen so umgehen, wie ich es mit meiner ethischen Auffassung vereinbaren konnte. Ich wollte mir die Geräte und Materialien zum Arbeiten »gönnen«, die ich für gut befand und die mein Budget hergaben. Kurz und gut: Ich wollte mich aus der »Zwangsjacke« befreien, die Verwaltungsleiter, die noch nie einen Menschen geheilt haben, uns Ärzten angezogen haben.

Und ich hatte Glück: Ich konnte in eine gut funktionierende gynäkologische Facharztpraxis als Dritte im Bunde einsteigen, ca. 100 km von meinem letzten Klinikarbeitsplatz entfernt. Meinen kassenärztlichen Sitz, den ich von einem Kollegen in Einzelpraxis erworben hatte, brachte ich in die bestehende Praxis ein, und wir gründeten eine Gemeinschaftspraxis. Meine zwei Partnerinnen arbeiteten bereits mehr als zehn Jahre erfolgreich zusammen. Die Praxis liegt im Zentrum einer Stadt mit ca. 50.000 Einwohnern, die im Sommer touristisch bedingt auf 100.000 Menschen anwächst. Wir bezogen zusammen neue, helle, großzügig gestaltete Räume und kamen nach einer Zeit des Ausprobierens zu Arbeitszeiten, die der Bevölkerung eine gute fachärztliche Versorgung und uns ein zufriedenstellendes Berufsleben gewährleisten. Unsere Praxis ist ganzjährig geöffnet, wir stimmen unsere Urlaube miteinander ab und vertreten uns stets gegenseitig. Wir führen eine reine Bestellpraxis mit Pufferzeiten für Notfälle.

Der Hauptanteil meines Patientenklientels ergab sich aus meiner Spezialisierung: einerseits die spezielle Brustdiagnostik durch Ultraschall (DEGUM II) und andererseits die spezielle Geburtshilfe und Pränataldiagnostik. Die Kindergynäkologie habe ich als »Hobby« aus meiner Zeit an der Uni mit eigener Sprechstunde stets beibehalten – und rasch entwickelte sich die Patientenzahl nach oben.

3.1.2 Anforderung an die Klinik

Ich benötigte natürlich eine Klinik möglichst in der Nähe, mit der ich gut und vertrauensvoll zusammenarbeiten konnte. Meine Patientinnen sollten kompetent in der Klinik weiterbehandelt werden. Die Operationsergebnisse mussten stimmen. Die Entscheidung über die Weiterbehandlung, insbesondere der Karzinome, sollte kompetent und zeitnah erfolgen. Und ich wollte am besten schon gestern darüber informiert werden, insbesondere, wenn Besonderheiten in der Weiterbetreuung nach Klinikentlassung zu berücksichtigen wären. Meine Patientinnen sollten informiert aus der Klinik kommen und über nettes Pflegepersonal und Ärzte berichten, die sich ausreichend Zeit nehmen können. Die Unterbringung sollte zumindest sauber sein. Soweit mein Idealanspruch an die Klinik zu Beginn meiner Praxistätigkeit.

Was ist daraus geworden, heute, nach fast dreizehn Jahren in genau dieser Praxis, die noch in der gleichen Konstellation arbeitet? Der Start der Zusammenarbeit mit der ortsansässigen städtischen Klinik war gut. Ich konnte meine Patientinnen immer zeitnah in der Klinik aufnehmen bzw. weiterbehandeln lassen. Der Chef der Frauenklink war meist kurzfristig erreichbar, wenn es etwas persönlich zu besprechen gab. Meine Partnerinnen kündigten schon an, dass er »ein Händchen« bei Operationen hat, und die Operationsergebnisse waren sehr zufriedenstellend. Die Klinikärzte und die niedergelassenen Kollegen kannten sich alle persönlich über einen »Klinik-Praxis-Dialog«, der einmal im Jahr stattfand und von der Klinik ausgerichtet wurde. Klinikmitarbeiter hielten kurze Referate zu aktuellen Medizinthemen in einer örtlichen Lokalität mit guter Atmosphäre. Ein nachfolgendes gemeinsames Essen bot die Möglichkeit, sich außerhalb der Klinik bzw. Praxis auszutauschen. Fortbildungen organisierte die Frauenklink zwei- bis dreimal im Jahr in Form von »onkologischen Vormittagen« oder »uro-gynäkologischen oder perinatologischen Nachmittagen« mit guten auswärtigen Referenten. Dort traf ich dann auch meine früheren Klinikkollegen wieder, die die weitere Anfahrt in Kauf nahmen. Ich war sehr zufrieden, wie alles lief.

3.1.3 Veränderungen

Dann rollte in Deutschland langsam die Privatisierungslawine an, und irgendwann nahm sie auch die ortsansässige Klinik mit. Erst änderte sich nicht viel. Es gab zwar einen anderen Verwaltungsleiter, aber die Ansprechpartner in der Frauenklinik blieben zunächst. Die Patientinnen berichteten jetzt, dass es oft nicht mehr so sauber in den Patientenzimmern sei – die fest angestellten Reinigungsdamen der Klinik gab es nicht mehr, es wurde »outgesourct«. Die neue Reinigungsfirma schickte wechselnde Mitarbeiter, die andere Vorgaben hatten. Die Operationskontingente der Abteilungen wurden geändert, »wirtschaftlicher« gestaltet. Es kam dann öfters vor, dass Patientinnen vom OP-Plan wieder verschwanden und bestenfalls auf den Folgetag vertröstet wurden. In der Praxis saßen nun auch Patientinnen, die dann in eine andere Klinik vermittelt werden wollten, weil sie das Vertrauen in die Klinik verloren hatten oder schlicht mit ihren Ängsten nicht länger vertröstet werden wollten.

Der Verwaltungsleiter sah sich unter sog. »wirtschaftlichen Aspekten« nicht in der Lage, anders zu handeln (schließlich musste ja auch noch Rendite erwirtschaftet werden). Als niedergelassene Kollegin hatte ich den Eindruck, dass nicht die Zufriedenheit der Patientinnen das oberste Ziel war, sondern das, was diese einbringen. Der Chef der Frauenklinik versuchte, mit uns niedergelassenen Kollegen einen einvernehmlichen Weg zu finden.

Im Laufe meiner Praxistätigkeit kamen die Patientinnen immer früher aus der Klinik in die Weiterbetreuung ihrer Frauenärztin. Damit übernehmen wir Niedergelassene immer mehr die Aufgaben, die eigentlich in der Klinik erfolgen müssten – im Übrigen ohne Honorierung. Aber das Bett in der Klinik wird immer schneller für den nächsten »Fall« geräumt.

Medizinisch folgte die hiesige Klinik dem Trend der Zentrumsbildung – was gut war. Denn die Zertifizierung als Brust-Zentrum wurde nicht nur von den niedergelassenen Ärzten sehnsüchtig erwartet, sondern auch die Patientinnen forderten oftmals, in einem Brust-Zentrum weiterbehandelt zu werden. Auch größere Anfahrtswege scheuten die meisten Patientinnen nicht. Das Internet als »elektronischer Doktor« begleitet heute ja beinahe jeden Patienten und führt meist schon eine »Vorab-Beratung« durch. Die Weiterbehandlung meiner Patientinnen in einem zertifizierten Brust-Zentrum vor Ort war für mich eindeutig einfacher, da ein »kurzer Draht« in die Klinik vorhanden war. Und die Patientinnen waren sehr zufrieden mit der Behandlung und den kosmetischen Operationsergebnissen. Jede Patientin wurde in einer wöchentlichen Mamma-Konferenz in der Klinik diskutiert. Klinikärzte, Strahlentherapeut, Pathologe und die niedergelassenen Kollegen legten gemeinsam die weiteren therapeutischen Schritte fest. Die Teilnahme an Studien wurde einbezogen, und in besonderen Fällen konnte ein Fall-Konsil an einer onkologisch spezialisierten Universität eingeholt werden. Schriftlich kam das Ergebnis am Folgetag per Fax in die Praxis und konnte umgehend der Patientin vermittelt werden. Dieses Vorgehen war kompetent, zügig und für alle Beteiligten zufriedenstellend.

3.1.4 Die Abkehr

Seit einem guten halben Jahr muss ich die Versorgung meiner Patientinnen ganz neu ausrichten. Denn ein Klinikkonzern wurde zum Marktführer, indem er viele Kliniken übernahm, so auch das Krankenhaus vor Ort. Pharmareferenten fragten interessiert, was sich denn für uns niedergelassene Ärzte so ändere? Sie kommen eben viel rum und hören so dieses und jenes. Erst merkten wir nicht viel, aber dann … Erst ein neuer Verwaltungsleiter, der nach bereits sieben Monaten wieder ausgetauscht wurde. Es fanden Personal-Rochaden mit ungeheurer Geschwindigkeit statt. Als Erster warf der Chef der Frauenklinik das Handtuch, der länger an der Klinik war, als ich niedergelassen bin. Der Chef der Anästhesie, der Onkologe und der Gastroenterologe verschwanden. Eine Geriatrie wurde mit einem Chef besetzt, dessen Nachfolger auch nicht mehr da ist. 50 Stellen wurden im außerärztlichen Bereich abgebaut. Wir kommen nicht mehr mit. Informationen an die Niedergelassenen finden nicht statt. Wir hören von unseren Patientinnen oder aus der Zeitung, wer »wieder weg« ist. Eine Nachfolge in den Chefarztpositionen ist nicht erkennbar, das Brust-Zentrum existiert nicht mehr. Wir hoffen auf Besserung.

3.1.5 (Notstands-) Lösungen

Ich schicke meine Patientinnen jetzt in die Kliniken der weiteren Umgebung. Ich praktiziere in einem Flächenland. Und obwohl ich ganz passabel vernetzt bin, muss ich feststellen, wie aufwändig das sein kann. Termine sind nicht immer so einfach und schnell zu machen. Die Patientinnen kommen oft vor der geplanten Operation noch mindestens ein- bis zweimal in die Praxis, weil sie unsicher sind. Und ich mache ganz unterschiedliche Erfahrungen mit den einzelnen Kliniken der nahen und weiteren Umgebung:

> **Klinik A**
> Der Chef ist nett, aber schwer erreichbar. Die Operationsplanung dauert sehr lange, weil zu oft ein erstaunlich großer Eingriff geplant wird (wobei die Kostenzusage der Krankenkasse erst erfolgen muss). Die Patientin fragt immer wieder in der Praxis nach, wie und wann es weiter geht.
> Fazit: Umständlich und zeitraubend für die Praxisorganisation.
>
> **Klinik B**
> Den Chef habe ich noch nicht gesprochen, die Oberärztin ist meine Ansprechpartnerin. Termine werden den Patientinnen in Aussicht gestellt. Ein konkreter Termin ist nur durch wiederholte Nachfrage der Praxis zu erhalten. Ergebnisse des Eingriffes samt Histologie und weiterem Prozedere erhalte ich nur, wenn meine Mitarbeiterin mehrmals nachfragt.
> Fazit: Zeitlich aufwändig, und ich bin nicht gut informiert.
>
> **Klinik C**
> Den Chef kenne ich von Fortbildungen, die Termine klappen gut und schnell. Informationen erhalte ich erst, wenn die komplette Therapie im Falle eines Karzinoms gelaufen ist.
> Fazit: Bei zwischenzeitlichen Patientenfragen bin ich nicht informiert.
>
> **Klinik D**
> Spezialisierte Klinik (aber am weitesten entfernt) mit einer großen Zahl an Brustkrebspatientinnen. Leitung durch mehrere Ärzte. Die telefonische Erreichbarkeit ist in Ordnung. Termine klappen sehr gut. Die Operationsergebnisse sind meist gut. Die Patientinnen kommen zufrieden zurück, empfinden aber die Entfernung von den Verwandten oft als zu groß. Der Informationsfluss ist zeitnah. Die weitere onkologische Therapie muss dann meist vor Ort noch mit entsprechenden aufklärenden Patientengesprächen organisiert werden.
> Fazit: Hoher Zeitaufwand, aber vertretbar.

3.1.6 Fazit

- Die kompetente Klinikversorgung vor Ort ist für den niedergelassenen Kollegen von unschätzbarem Vorteil.
- Die enge Zusammenarbeit mit den Klinikärzten, insbesondere dem Chef der Klinik, erspart viel Zeit in der Praxis. Eine gute Informationskette zwischen Klinik und Praxis ist unbedingt notwendig.
- Kurze wöchentliche Klinik-Praxis-Besprechungen zu besonderen Fällen (auch als Telefonkonferenz denkbar) haben sich bewährt.
- Der kranke Mensch braucht auch in der Klinik weiter die sprechende Medizin. Daher ist die zurzeit stattfindende Ökonomisierung, die u.a. mit Personalabbau einhergeht, völlig kontraproduktiv.

3.2 Aus der Sicht eines niedergelassenen Internisten

3.2.1 Mein Werdegang (M. R.)

8 Gulden und 25 Kreuzer berechnete mein Urgroßvater 1872 in der kleinen Stadt Kandern im Großherzogtum Baden für seine ärztlichen Bemühungen. Die Praxis wurde durch seinen Sohn

weitergeführt. Diverse Sprösslinge der Familie setzten die Tradition fort. Die medizinische Tätigkeit wurde in unserer Familie immer hoch geachtet und nährte in mir den Wunsch, selbst auch Arzt zu werden.

Anfang der 70er-Jahre Studium der Biologie für zwei Semester, dann Medizinstudium in Freiburg und Gießen. Seit Juni 1980 approbiert. Promotion im Februar 1981. Klinische Weiterbildung in der Stadtklinik Baden-Baden. Anerkennung als Internist im März 1988.

Bei Wunsch nach Ungebundenheit und unbehinderter Entfaltungsmöglichkeit zog es mich 1989 in die Niederlassung. Seit 2000 in fachübergreifender Gemeinschaftspraxis mit meinem Partner als fachärztliche und hausärztliche Internisten. Neben einem gastroenterologischen Schwerpunkt kümmern wir uns auch viel um orthopädische Krankheitsbilder mit ärztlicher Osteopathie, Neuraltherapie, Akupunktur sowie Rückenschule.

Wenn ich über die Entwicklung der letzten Jahrzehnte nachdenke, fällt mir ein, dass ich meine Studien mit der Biologie begonnen habe. Hier im Schwarzwald wurde in jüngster Zeit ein Nationalpark eingerichtet, wo man sich insbesondere um bedrohte Spezies kümmert. Diesen Gedanken möchte ich aufgreifen.

3.2.2 Eine bedrohte Spezies

Jawohl, es gibt ihn noch – den guten Chefarzt. Man findet ihn ganz im Süden, vereinzelt über die Republik verstreut, bis in den hohen Norden. Eine Kumulation ist ebenso wie die Arterhaltung an ideale Umgebungsbedingungen gebunden.

- Insbesondere gedeiht er, wenn er die Unterstützung einer klugen Verwaltung besitzt.
- Der gute Chefarzt zeichnet sich durch eine persönliche, durch fachliche Kompetenz getragene Autorität aus. Trotz Kostendruck versteht er es, das Patientenwohl in das Hauptinteresse des ärztlichen und pflegerischen Handelns zu rücken.
- Der Chefarzt ist und bleibt die Leitfigur seiner Abteilung. Er ist Grundlage für die Qualität der medizinischen Leistungen.
- Idealerweise pflegt der gute Chefarzt rege Verbindung zu den niedergelassenen Kollegen. Die Fort- und Weiterbildung sowie die Verbreitung neuer Verfahren kommt letztendlich den Patienten zugute.
- Wichtig für einen guten Chefarzt ist ebenso der Kontakt zu übergeordneten Zentren und deren problemlose Zuziehung bei Grenzsituationen.
- Eine wichtige Unterstützung für den guten Chefarzt ist eine sehr gute Sekretärin, die hilft, die vielfältigen Anforderungen zu regulieren und nach Dringlichkeit zu gewichten.

3.2.3 Fazit

- Der gute Chefarzt ist ein Segen für das Krankenhaus und für die gesamte Region und daher eine schützenswerte Spezies. Vor allem die Politiker sind hier gefordert, sich die richtigen Ratgeber zu suchen. Das biologische Milieu muss so gestaltet werden, dass der gute Chefarzt sich nicht bessere »Weidegründe« im europäischen Ausland suchen muss.

Was macht eine gute Chefarzt-Abteilung aus? Der oberärztliche Spiegel. Interview mit einem langjährigen Oberarzt eines konservativen Fachs

anonym

4.1 Zur Strukturqualität – 24

4.2 Zur Prozessqualität – 24

4.3 Zur Teamarbeit – 24

4.4 Zur Zusammenarbeit auf der Leitungsebene – 25

4.5 Zur Zusammenarbeit mit Niedergelassenen und Zuweisern – 25

4.6 Zu Veränderungswünschen – 26

4.7 Zur Karriereplanung – 26

4.8 Zu beruflichen Veränderungen – 26

4.9 Empfehlungen und Entscheidungen – 27

U. Deichert et al. (Hrsg.), *Traumjob oder Albtraum – Chefarzt m/w*,
DOI 10.1007/978-3-662-49779-1_4, © Springer-Verlag Berlin Heidelberg 2016

Interview mit einem langjährigen Oberarzt eines konservativen medizinischen Fachs. Die Fragen stellte U. Deichert.

4.1 Zur Strukturqualität

❓ — Struktur, Personalschlüssel?
— Spezielle Oberarzt-Sektionen, -Aufgaben, -Sprechstunden etc.?

✅ Die Abteilung verfügt über 57 Betten auf zwei Stationen sowie über ausgelagerte Betten auf einer weiteren interdisziplinären Station. Einer Station davon ist eine »intermediate care unit« mit vier Betten angegliedert.
Der aktuelle Personalschlüssel ist 1 – 5 – 9. Auf Oberarztebene haben sich zwangsläufig Subspezialisierungen ergeben, da unser konservatives Fach sehr viele Facetten hat.
Neben der oberärztlichen Betreuung der Stationen gehören zum Aufgabengebiet die konsiliarische Betreuung von Patienten des Hauses sowie von Nachbarkliniken, des weiteren auch die elektrophysiologischen und -sonologischen Untersuchungen sowie die Weiterbildung der Assistenten.
Sprechstunden werden derzeit nur vom Chefarzt und seinem Vertreter angeboten. Der Chefarzt besitzt eine Ermächtigung für Patienten, die von niedergelassenen Fachärzten zugewiesen werden.

4.2 Zur Prozessqualität

❓ — Welche regelmäßigen Tagesabläufe haben Sie in Ihrer Abteilung?
— Kommunikationsebenen: Welche regelmäßigen Tagesbesprechungen, welche regelhaften Mitarbeiterbesprechungen (wo/wann), welche Zielbesprechungen/Kontrollbesprechungen, welche Kritik- oder Feedbackbesprechungen finden statt?
— Findet dies vor allem auf der Oberarztebene statt? Was findet auf der Chefarztebene statt?

✅ Dienstbeginn ist 8 Uhr, um 8.10 Uhr ist Frühbesprechung der über Nacht aufgenommenen Patienten sowie Tagesplanung. Dabei auch Diskussion kritischer Ereignisse sowie von Problemen in den Abläufen (Schnittstellen Röntgen und Labor).
Meist gegen 12.30 Uhr gemeinsames Mittagessen, verbunden auch mit einem Erfahrungsaustausch mit Kollegen anderer Abteilungen. Ein nicht unwichtiges »social event«.
Um 15.30 Uhr erfolgt die Rö-Konferenz mit Falldiskussionen zusammen mit den Neurochirurgen. Danach Vorstellung der neu aufgenommenen Patienten.
Visiten täglich durch Assistenzärzte und zweimal wöchentlich mit Oberarzt.
Einmal wöchentlich Kurvenvisite, häufig dabei auch ein beratender Apotheker.
Hierbei auch Überprüfung der diagnostischen und therapeutischen Vorgehensweise.

4.3 Zur Teamarbeit

❓ — Struktur des Teams: Unterschiedliche Generationen, unterschiedliche Herkunft (z.B. ausländische Ärzte, Gastärzte, Verständigungsprobleme)?
— Gibt es Konfliktstoff durch unterschiedliche Generationen? Wie wird dies bewältigt?
— Gibt es Konfliktstoff durch Verständigungsprobleme oder unterschiedliche Kulturmentalitäten?
— Wie erfolgen Zielausgabe und Erfolgskontrolle im Team? Gibt es hier Unterschiede in Ausgabe und Abfrage bzgl. obiger Unterschiede?

✅ In unserem Team arbeiten mehrere Assistenzärzte mit ausländischen Wurzeln (ein Aserbeidschaner, ein Syrer, eine Lybierin, eine Lettin, eine Österreicherin). Die Oberarztebene ist mit zwei Frauen und vier Männern besetzt, alles gebürtige Deutsche.
Erfreulicherweise sprechen auch die ausländischen Kollegen gut Deutsch, so dass sich hier eher Vorteile ergeben. Patienten aus vielen

Ländern können zusätzlich muttersprachlich angesprochen werden.
Auf der Assistenzarzt-Ebene sind die Altersunterschiede nicht so groß, dass sich hieraus Probleme ergeben. Hingegen ist das Verständnis zwischen den X-Generation-Oberärzten und Y-Generation-Assistenzärzten gelegentlich problembeladen, insbesondere im Verhältnis zur Work-Life-Balance.
Da ich selber einer früheren Generation angehöre, habe ich weniger Probleme mit der Y-Generation, die etwa im Alter meiner Kinder sind. Insofern fällt mir häufig die Position des Schlichters zu.
Ärgerpotenzial bieten Urlaubsplanung (alle wollen während der Schulferien frei haben), Nachtdienstplanung, Ignorieren von Anforderungen, Krankmeldungen etc.
Konfliktstoff entsteht gelegentlich beim Kontakt von arabischstämmigen Kollegen und europäischen Ärztinnen, die von erstgenannten nicht akzeptiert werden.
Letztlich ist eine Erfolgskontrolle nur durch kontinuierliche Gespräche mit allen Teammitgliedern möglich.
Jährlich erfolgen schriftliche anonyme Befragungen unserer Patienten zu verschiedenen Teilbereichen ihres stationären Aufenthaltes. Zusätzlich existiert ein Beschwerdemanagement, das uns regelmäßig über Lob und Kritik informiert oder auch Kontakt zum Beschwerdeführer herstellt.

4.4 Zur Zusammenarbeit auf der Leitungsebene

- Wie findet die regelmäßige Rückkopplung zwischen Oberärzten, Sektionsleitern und Chefarzt statt? Durch regelmäßige Besprechungen (wie häufig, wie lange etwa) oder weitgehend autark?
- Gibt es hierauf Neuplanungen/ -einteilungen oder Ablaufreaktionen vonseiten des Chefarztes? Wenn ja, in welcher Weise?
- Gibt es jährliche Veränderungen (z.B. Rotationen auf der Oberarztebene, routinemäßig oder planungsabhängig)?

Mehrfach wöchentlich treffen sich die Oberärzte und Sektionsleiter, allerdings ohne festen Zeitplan, abhängig von aktuellen Ereignissen. Falls notwendig, wird der Chefarzt kontaktiert, wenn Entscheidungen auf höchster Ebene erforderlich sind. Regelmäßig, zumindest einmal pro Monat, erfolgt eine Dienstplan- und Urlaubsbesprechung.
Der Chefarzt lässt seinen Oberärzten weitgehend freie Hand in ihren Entscheidungen, gibt aber Rahmenrichtlinien vor, z.B. bei Einführung innovativer Therapieverfahren.
Rotationen erfolgen im Oberarztbereich nicht, hingegen regelmäßig nach einem Ablaufplan auf Assistenzarztebene. Es wäre aus Sicht des Oberarztteams wenig sinnvoll, z.B. den langjährig in einem Teilgebiet erfahrenen Oberarzt in einen anderen Bereich zu versetzen.

4.5 Zur Zusammenarbeit mit Niedergelassenen und Zuweisern

- Informationen bzgl. Patienten: Brief, Telefonat vor Entlassung oder nur auf Anfrage von außen?
- Finden regelmäßige Qualitätszirkel, interne oder externe, von der Abteilung organisierte Fortbildungsveranstaltungen statt? Themen?
- Sonstige Kooperationen: MVZ auf dem Gelände, in der Stadt?

Wir bemühen uns um einen engen Kontakt mit den Zuweisern. Ich selber kenne nach Jahrzehnten die Zuweiser in meinem Fachbereich, aber auch in anderen Fachgebieten recht gut, da sie häufig ihre Facharztausbildung an unserem Hause absolviert haben, mir vom Konsiliardienst her vertraut sind oder auf unseren Fortbildungsveranstaltungen waren.
Derzeit haben wir engen Kontakt mit den Fachärzten im Umkreis von bis zu 80 Kilometern. Es finden fast täglich telefonische Kontakte statt (die Zuweiser kennen unsere internen Telefonnummern).
Im Rahmen unseres Qualitätsmanagements finden darüber hinaus jährliche Zuweiserbefragungen statt.

Es existiert ein angegliedertes MVZ mit Trägerschaft durch das Klinikum. Der dort existierende fachärztliche Sitz ist derzeit vakant.

4.6 Zu Veränderungswünschen

- Wenn Sie selbst Chefarzt wären, würden Sie etwas an der Struktur oder am Prozess verändern wollen (bzgl. Abläufe, Personalqualifizierung, Ausbildung, Erfolgskontrollen oder andere Prozesse, z.B. Informationen, Kooperationen)?
- Was finden Sie (ausgesprochen) gut an Ihrer Abteilungsstruktur, was weniger, was könnte/sollte man vielleicht ändern?

Schwierige Frage. Eigentlich würde ich nicht viel ändern, da ich weitgehend zufrieden bin (sonst wäre ich nicht seit 35 Jahren hier). Sicherlich könnte man noch einiges bei der Aufgabenverteilung verbessern, denn bei mir selber hatte sich bis vor einem Jahr einiges an Beauftragungen angehäuft (Betäubungsmittel-, Transfusions-, Hygiene- und Personalbeauftragter). Ich müsste dafür allerdings die Kunst des Delegierens erlernen. Am Unterricht der Assistenzärzte und Praktisches-Jahr-Studenten nehme ich ohnehin schon teil und bilde unsere Rotationsassistenten (halbjährlich wechselnd) in den fachspezifischen Methoden aus.
Der Kontakt zu den Chefärzten der anderen Abteilungen und zur Geschäftsleitung ist gut, und ich würde daran auch nichts ändern. Dabei fällt mit doch etwas ein! Arztbriefe müssten konsequent korrigiert werden, da sie das Aushängeschild der Klinik sind und nicht selten auch Grundlage für juristische Auseinandersetzungen. Darüber hinaus kann an ihnen die Prozessqualität abgelesen werden. Wichtig erscheint mir auch, die Motivation bei den Assistenzärzten zu erhalten. Die elektronische Arbeitszeiterfassung ist hierbei sicherlich ein Pluspunkt.
Ein wertschätzendes Verhalten aller Vorgesetzten wäre für mich ein weiterer wichtiger Punkt (der in unserer Abteilung allerdings auch zu 90% erfüllt wird).

Eigentlich kann ich die Frage auch gar nicht beantworten, da ich häufig den Chefarzt vertrete und somit zwangsläufig die Chefarztaufgaben übernehme (Leitungskonferenzen etc.), dabei aber auch versuche, bei Entscheidungen einen Konsens der Oberarztgruppe zu erzielen.

4.7 Zur Karriereplanung

- Wären Sie gern Chefarzt geworden?
- Warum ja, warum nein? Gibt es Gründe?

Ich habe nie darüber nachgedacht, mich als Chefarzt zu bewerben.a
Ich fühle mich nicht als Alphatier. Ich denke, in der zweiten Reihe ist man besser geschützt vor Aggressionen. Auch kann man die letztendliche Verantwortung an den Chefarzt delegieren. Ich hege die Befürchtung, als Chefarzt mit Verwaltungsaufgaben meine Zeit zu verbringen und den Patientenkontakt zu verlieren. Sicherlich hat man als Chefarzt eine hohe soziale Anerkennung, die ich allerdings auch in meiner jetzigen Position erhalte.

4.8 Zu beruflichen Veränderungen

- Was ist nach Ihrer Beobachtung über die Jahre Ihrer klinischen Tätigkeit anders geworden?
- Wie haben sich verändert:
  - der Patientenanspruch?
  - die Personalqualität (Schwestern/Pfleger)?
  - Assistenzarzt-Einstellungen zu Arbeit, Ausbildung, Einsatz, Belastung?
  - junge Oberärzte?
  - Verwaltung?
  - Ökonomisierung?
  - Sonstiges?

In einer hochtechnisierten und -spezialisierten Medizin wachsen verständlicherweise die Patientenansprüche, geschürt auch durch die Medien. Ich selber sehe allerdings keinen wesentlichen Wandel.

Die meisten Patienten sind auch heute noch eher bescheiden und dankbar.
Die Personalqualität im Pflegebereich ist unverändert gut. Bei geringer Fluktuation kann ich mich auf Schwestern und Pfleger, von denen ich einige seit Jahrzehnten kenne, absolut verlassen.
Auf Assistenzarztebene hat sich einiges verändert. Was früher in unserer Abteilung undenkbar war, ist heute üblich, z.B. Teilzeitstellen. Der Wandel begann etwa im Jahr 2000. In den 90ern gab es noch junge Kollegen, die hier ohne Gehalt arbeiteten, nur um einen »Fuß in die Tür« zu bekommen. Auch das Aufschreiben von Überstunden war geächtet. Leider ist der Wandel bis heute nicht in allen Kliniken angekommen.
Aus meiner Sicht ist der Anspruch der jungen Kollegen nachvollziehbar und verständlich. Keinem sollten heute noch 48-Stunden-Bereitschaftsdienste zugemutet werden (diese sind arbeitszeitrechtlich ohnehin nicht erlaubt). Auch die vermehrte Einforderung einer qualifizierten Ausbildung ist berechtigt, wenn auch zeitlich nicht immer im vollem Umfang zu leisten.
Die Oberärzte in unserer Abteilung sind alle über 40 und haben zumeist »Stallgeruch«, d.h. sie haben hier schon als Assistenzärzte begonnen.
Dies führt natürlich zu einer gewissen »Inzucht« und möglicherweise zu einem eingeengten Blickfeld, hat aber den Vorteil, dass mögliche Konfliktfelder seit Jahren bekannt sind und vermieden werden können oder bereinigt wurden (zuletzt wurde 2005 eine Oberarztstelle neu besetzt). Die Abwanderung in eine eigene Praxis ist gering. In den letzten fünf Jahren haben uns nur zwei frischgebackene Fachärzte, aber kein einziger Oberarzt verlassen.
Früher rekrutierten sich die Niedergelassenen meist aus der Oberarztebene. Heute ist eine lebenslange klinische Tätigkeit nicht mehr ungewöhnlich.
Im Bereich der Verwaltung hat sich zweifellos die ökonomische Sichtweise verstärkt. Früher war die Klinik in kommunaler Trägerschaft, Defizite wurden durch die Kommune ausgeglichen. Als GmbH ist dies nicht mehr der Fall. Wir werden monatlich mit den Leistungszahlen konfrontiert, wobei unsere Abteilung glücklicherweise gut dasteht.
Die Kämpfe um mehr Personalstellen haben sich im Laufe der Jahre nicht wesentlich verändert.

4.9 Empfehlungen und Entscheidungen

❓ — Was würden Sie als sehr erfahrener, langjähriger Oberarzt nachfolgenden Oberärzten raten, die an der Schwelle zum Chefarzt stehen?
— Was spricht für die eine (Oberarzt bleiben oder niederlassen), was für die andere (Chefarzt werden) Entscheidung nach Ihrer Ansicht?

✅ Die oberärztliche Tätigkeit hat den großen Vorteil des kollegialen Meinungsaustausches, des größeren klinischen Spektrums an Krankheitsbildern und eines geringeren Zeitdiktats.
Für alle Kollegen, die sich niedergelassen haben, waren die ungestörten Nächte und die freien Wochenenden ein wichtiges Kriterium neben der Selbstständigkeit.
Chefarzt werden nur die wenigsten. Vorbedingung ist sicherlich die wissenschaftliche und fachliche Qualifikation, zusätzlich aber auch eine hohe soziale Kompetenz. Als Chefarzt sitzt man allerdings auch auf dem Präsentierteller und gibt im Zweifel einen guten Sündenbock ab, auch für die Untergebenen.

Aus Sicht der Chefärzte

Kapitel 5 Wertschöpfer oder Sündenbock? –
Der leitende Krankenhausarzt im Kontext
der Gesetzgebung – 31
Hans-Fred Weiser

Kapitel 6 Zwischen Traumjob und Albtraum – Chefärztliche
Verantwortung im Wechselbad der Ge-Zeiten – 43
Ulrich Deichert

Kapitel 7 Chefarzt Urologie heute – Der Blick in die Tiefe – 59
Wolfgang Höppner

Kapitel 8 Chirurgischer Chefarzt –
Eine komplexe Herausforderung – 69
Thomas Carus

Kapitel 9 Kompetenz im OP –
Der Chefarzt in der Anästhesie – 77
Daniel Schmitz-Buchholz

Kapitel 10 Ist »besser« wirklich gut?
Qualitätsmanagement für Chefärzte – 95
Joachim Steller

Kapitel 11 Trend zur ökonomischen Ausrichtung?
Klinische Führung unter betriebswirtschaftlichen
Aspekten – 119
Joachim Steller

Kapitel 12 Im Wirtschaftlichkeits-Labyrinth verfangen?
DRGs und ihre Folgen – 145
Joachim Steller, Thomas Schwenzer

Kapitel 13 »Zurück zum aufrechten Gang« –
Wege für eine konkrete Zusammenarbeit
zwischen Chefarzt und Geschäftsführung – 175
Benno Stinner

Wertschöpfer oder Sündenbock? Der leitende Krankenhausarzt im Kontext der Gesetzgebung

Hans-Fred Weiser

5.1 Einleitung – 32

5.2 Gesetz zur Stärkung der Gesundheitsversorgung (GKV-VSG) – 33

5.3 Das Krankenhausstrukturgesetz (KHSG) – 35

5.4 Das Schwarze-Peter-Spiel – Umstrittene Qualitätsindikatoren und Mindestmengen – 37

5.5 Fazit – 39

5.6 Anhang – 39

  Gesundheitsgesetzespakete mit kurzgefasstem Inhalt – 39

  Überblick: Eckpunkte der Gröhe-Gesetze – 40

  Literatur – 41

  Abkürzungen – 42

5.1 Einleitung

Die Legislativbilanz der jüngeren Vergangenheit hat unserem Gesundheitssystem ein buntes Spektrum an Gesetzen und Verordnungen beschert, die weniger durch ihren weitsichtigen Regelungsanspruch als vielmehr durch klangvolle Namen prominent geworden sind. Euphemismen wie die des Krankenhausneuordnungsgesetzes (1984), des Beitragsentlastungsgesetzes (1996) oder des Arzneimittelneuordnungsgesetzes (2011) ließen die Öffentlichkeit und manchmal selbst das Fachpublikum glauben, dem Versorgungsnetz stünden grundsätzliche Umstrukturierungen bevor, die sich dauerhaft in einem wirtschaftlichen und effektiven Ablauf niederschlagen. In Wahrheit allerdings verbargen sich hinter den meisten der seit 1973 erlassenen Gesetze und Verordnungen zum Krankenhausbereich hilflose Kostendämpfungseffekte und kurzatmiger Budgetdirigismus (Weiser 2015).

Folgerichtig wurde 2003 im Rahmen der politisch initiierten Ökonomisierung unseres Gesundheitswesens, d.h. des gewollten und der güterorientierten Ökonomie entliehenen »Wettbewerbs« die Kernfrage, wie lassen sich Gesundheitsfürsorge und Wettbewerb unter einen Hut bringen, von den Entscheidungsträgern der damaligen großen Koalition komplett ausgeblendet. Mit dieser Entwicklung wuchs den leitenden Krankenhausärzten unversehens eine neue und überraschende Verpflichtung zu, nämlich betriebswirtschaftliche Wahrheiten mit medizinischen Notwendigkeiten zu relativieren.

Entsprechend sah sich der Verband der Leitenden Krankenhausärzte Deutschlands (VLK e.V.) bereits 2003 gezwungen, aus medizinischer Sicht auf die Unzulänglichkeiten wirtschaftlicher Fundamentalaxiome hinzuweisen, die gewissermaßen als Naturgesetz im Raume stehen, ohne es tatsächlich zu sein. Ökonomie aus medizinischer Sicht sieht jedenfalls anders aus als das, was in der »allgemeinen Betriebswirtschaftslehre« an ökonomischer Weisheit gepredigt und von gelernten Betriebswirten später umgesetzt wird.

Ethisch verantwortungsbewusste Medizin kennt nicht den Verkauf von Kniegelenken, Wirbelsäulenoperationen oder gar Organtransplantationen zur Prestigesteigerung oder Gewinnmaximierung des Unternehmens Krankenhaus. Mediziner dürfen daher weder von der Politik noch von Krankenhausträgern und keiner Krankenhausgeschäftsführung, quasi als »Key Account Manager« an solchen Strategien beteiligt oder gar per Dienstvertrag verpflichtet werden (Rochell 2012; VLK u. VKD 2011).

Um nicht falsch verstanden zu werden: Medizin ist keine unantastbare Kunst, die sich wettbewerblichen Parametern grundsätzlich entzieht. Der Wettbewerb in der Medizin braucht allerdings andere Parameter als sie uns von der klassischen, güterorientierten Ökonomie vorgegeben werden.

Hier sieht der VLK einen wesentlichen »politischen Geburtsfehler« des pauschalierenden Entgeltsystems. Mit anderen Worten: Wer im Gesundheitswesen auf ungeregelten Wettbewerb setzt, darf sich nicht beschweren, wenn es neben dem wünschenswerten Qualitätswettbewerb auch zu ungebremstem Leistungswettbewerb kommt.

Heute, d.h. 13 Jahre später und nach einer Vielzahl von Fehlentwicklungen und Skandalen, scheint der Gesetzgeber nicht mehr so ganz daran zu glauben, allein mit ungebremstem Wettbewerb ein Instrument gefunden zu haben, das gleichsam hellsichtig zwischen medizinischer Notwendigkeit und Wirtschaftlichkeit den richtigen Weg zu finden weiß.

Das wird schon allein daran deutlich, dass die derzeitigen Koalitionäre unter Federführung des Bundesgesundheitsministeriums in den knapp zweieinhalb Jahren ihrer Amtszeit nunmehr zwölf Gesetze und Verordnungen auf den Weg gebracht bzw. durchgeboxt haben. Die da wären:

- Hospiz- und Palliativgesetz (▶ Abschn. 5.6, Anhang)
- E-Health-Gesetz (▶ Abschn. 5.6, Anhang)
- Pflegeberufsgesetz
- Kommunalinvestitionsförderungsfonds
- Luftverkehrsrechtsänderungsgesetz (Hubschrauberlandeplätze)
- Tarifeinheitsgesetz
- IT-Sicherheitsgesetz
- Energieeffizienzrichtlinie
- Antikorruptionsgesetz (▶ Abschn. 5.6, Anhang)
- Präventionsgesetz (▶ Abschn. 5.6, Anhang)
- Pflegestärkungsgesetz (▶ Abschn. 5.6, Anhang)
- GKV-Versorgungsstärkungsgesetz (GKV-VSG) (▶ Abschn. 5.6, Anhang)
- Krankenhausstrukturgesetz (KHSG) (▶ Abschn. 5.6, Anhang)

Das Bundesministerium für Gesundheit zählt damit im Hinblick auf die seit Beginn der laufenden Legislaturperiode erfolgreich auf den parlamentarischen Beratungsweg gebrachten Gesetzesvorhaben zu den fleißigsten Lieferanten.

»Erfolgreich« bezieht sich dabei lediglich auf die Absolvierung des parlamentarischen Beratungsganges im Rahmen des Gesetzgebungsverfahrens. Trotz Gesetzesflut bedeutet »erfolgreich« aus Sicht der leitenden Krankenhausärzte leider allzu häufig keine sachgerechte inhaltliche Lösung der drängenden Probleme unseres Gesundheitswesens. Insbesondere schwierige Sach- und Auslegungsfragen mit erheblichem Konfliktpotenzial werden nicht zweifelsfrei beantwortet, sondern wie so oft dem G-BA oder anderen nachgeordneten Institutionen der Selbstverwaltung übertragen.

Deshalb darf zu Recht befürchtet werden, dass 2016 wie auch in den Folgejahren die vom Gesetzgeber auf die Gremien der Selbstverwaltung übertragenen Detailregelungen und Ausführungsbestimmungen zu bereits erlassenen Gesetzen die »Szene« weiterhin kräftig und kontrovers beschäftigen werden (Weiser 2015).

Naturgemäß befinden sich Sozialstaaten permanent in einem ständigen Prozess der Anpassung an neue technologische, ökonomische, demographische und politische Rahmenbedingungen. Aktuell sind dies das GKV-VSG und das KHSG die, die etablierten sozialstaatlichen Einrichtungen, vornehmlich die Krankenhäuser, zum Wandel zwingen werden.

Zumindest auf den ersten Blick versucht das BMG mit dem GKV-VSG und dem KHSG durch strukturelle Eingriffe in die Versorgungslandschaft die Gesundheitsversorgung in Deutschland zu optimieren. Bei genauerem Hinsehen indes offenbaren sich enorme Lücken in beiden Gesetzen. Auffällig ist zunächst, dass in beiden Gesetzen nahezu in jedem Absatz von Qualität die Rede ist (Norden 2015) – gerade so, als müsste sich die Politik nun endlich darum kümmern, dass im deutschen Gesundheitswesen mit einem vermeintlichen Schlendrian aufgeräumt wird.

Ganz anders wäre dagegen die Analyse der heutigen Gesundheitsversorgung ausgefallen, wenn die Politik die vierstufige Schrittfolge, die bereits die Benediktinermönche im frühen Mittelalter (um 530 n. Chr.) jeder Entscheidung zugrunde legten, beachtet hätten, die da sind: urteilsfreies Beobachten, analytische Reflexion, auf dieser Grundlage stimmige Entscheidung und lückenlose Kommunikation bei der Umsetzung (Bilgri 2011).

Hätte die Politik in ihrem »Qualitätsrausch« tatsächlich den urteilslos beobachtenden Blick auf die Defizite unserer Krankenhausversorgung gewagt, hätte ihr schnell klar werden müssen, dass insbesondere Deutschlands Krankenhäuser mit Sicherheit nicht an erster Stelle ein Qualitäts-, sondern ein *Struktur- und Finanzierungsproblem* bei der Patientenversorgung haben, sodass man sich fragen muss, ob bei der sog. Qualitätsoffensive wirklich nur der Wunsch nach bestmöglicher Versorgungsqualität oder doch wegen der Entscheidungsschwäche von Bund und Ländern strukturelle Nebengedanken Pate gestanden haben (Norden 2015; Weiser 2015)? Dies insbesondere vor dem Hintergrund, dass sowohl das Robert-Koch-Institut wie auch das Statistische Bundesamt in ihren aktuellen Berichten zur »Gesundheit in Deutschland« aufzeigen, dass nur 2,7% der Bundesbürger mit ihrem Gesundheitszustand unzufrieden sind. Zudem sind laut einer Umfrage der Techniker-Krankenkasse 80% der Befragten mit der Gesundheitsversorgung in unserem Land zufrieden, und auch der aktuelle Bericht der OECD »Gesundheit auf einen Blick« stuft die Patientenversorgung in Deutschland im internationalen Vergleich als gut ein (OECD 2015; RKI 2015).

Natürlich lässt sich eine noch so gute Qualität immer verbessern, das wissen und wollen auch die Leitenden Krankenhausärzte. GKV-VSG und KHSG erwecken allerdings nicht den Eindruck, als ob die agierenden Gesundheitspolitiker von der tatsächlichen Versorgungsqualität und Versorgungsrealität in unserem Land etwas wüssten. Zwei Beispiele aus dem Hause »Gröhe« mögen diesen Sachverhalt verdeutlichen.

5.2 Gesetz zur Stärkung der Gesundheitsversorgung (GKV-VSG)

Mitte Juli 2015 erlangte das *Gesetz zur Stärkung der Gesundheitsversorgung* in der gesetzlichen Krankenversicherung (GKV-VSG) Gesetzeskraft. Dieses

Gesetz sollte nach den vom Verordnungsgeber genannten Zielsetzungen:
- flächendeckende und gut erreichbare Versorgung sichern,
- vertragsärztliche Versorgung flexibilisieren,
- Verbesserung der Patientensituation im Versorgungsalltag garantieren,
- Innovation in der Versorgung/Versorgungsforschung durch einen neuaufgelegten Innovationsfonds (300 Mio. Euro) fördern,
- Leistungsansprüche der Versicherten erweitern,
- Spielräume der GKV bei der Vertragsgestaltung vergrößern,
- die Nutzenbewertung neuer Methoden ausbauen,
- die Leistungsansprüche der Versicherten erweitern und darüber hinaus
- einen schnelleren sektorenübergreifenden Zugang zur medizinischen Versorgung ermöglichen.

In diesem Zusammenhang wurden von der Politik im Vorfeld der Gesetzgebung positiv besetzte Stichworte, wie z.B. »Einholung von Zweitmeinungen«, »Verkürzung der Wartezeit für fachärztliche Versorgung« oder »Ermächtigung der Krankhäuser zur ambulanten Versorgung« in die Öffentlichkeit lanciert, verbunden mit der Absicht, eine positive Erwartungshaltung in der Bevölkerung für das zu erwartende Gesetz zu erzeugen.

Das Gesetz kam. Es trug eine positive Überschrift, nämlich »Versorgungsstärkungsgesetz«. Es enthielt die o.g. positiv zu bewertenden Kernvorschriften, die aus Sicht der Patienten gut klangen und auf Verbesserung gegenüber dem Status quo hoffen ließen. Beim zweiten Blick auf das »Kleingedruckte« wurde allerdings schnell deutlich, dass die zunächst positiv klingenden Grundaussagen des Gesetzes durch die zur Umsetzung notwendigen Detailvorschriften wieder in Frage gestellt wurden.

Zum Beispiel wird durch das GKV-VSG in § 75(1a) SGB V vorgeschrieben, dass neu einzurichtende Terminservicestellen der Kassenärztlichen Vereinigung den Versicherten bei Vorliegen einer Überweisung zu einem Facharzt innerhalb einer Woche einen Behandlungstermin bei einem entsprechenden Leistungserbringer zu vermitteln haben. Die Wartezeit auf diesen zu vermittelnden Behandlungstermin darf vier Wochen nicht überschreiten. Kann die Terminservicestelle keinen Behandlungstermin innerhalb dieser Frist vermitteln, hat sie einen ambulanten Behandlungstermin in einem zugelassenen Krankenhaus anzubieten.

Obwohl deutsche Patientinnen und Patienten Allgemein- und Fachärzte im internationalen Vergleich deutlich häufiger kontaktieren, sind die Wartezeiten auf einen Behandlungstermin in unserem Land vergleichsweise gering. Entsprechend wird die vor allem politisch initiierte Diskussion um die Einrichtung von Terminservicestellen von der OECD (2015) als »Phantomdebatte« bezeichnet.

Trotzdem, auf den ersten Blick scheint diese Vorschrift geeignet, Wartezeiten insbesondere für Facharzttermine und Facharztbehandlungen zu reduzieren. Nach dem Motto »zwei Schritte vor – einen Schritt zurück« wird im Kleingedruckten des Gesetzes dann allerdings sehr schnell deutlich, dass ein zugelassenes Krankenhaus nur dann zur Facharztbehandlung anzubieten ist, wenn eine Behandlung innerhalb der 4-Wochen-Frist bei *medizinischer Notwendigkeit* auch wirklich erforderlich ist. Die Definition dessen, was medizinische Notwendigkeit ist und wann diese vorliegt, soll im Bundesmantelvertrag erfolgen. Dieser Bundesmantelvertrag wird nun aber zwischen der Kassenärztlichen Bundesvereinigung und dem Spitzenverband Bund der Krankenkassen vereinbart, also von den beiden Selbstverwaltungspartnern, die bisher schon wenig Ehrgeiz daran gesetzt haben, betroffenen Patienten den Weg in die ambulante Krankenhausversorgung zu erleichtern. Vor diesem Hintergrund scheint es mehr als wahrscheinlich, dass die Anzahl der medizinisch begründeten Fälle, die also einen Anspruch auf einen Facharzttermin im Krankenhaus haben, äußerst überschaubar ausfällt.

Nach dem gleichen Schema werden eine Reihe der im GKV-VSG vorgesehenen, für den Patienten zunächst vorteilhaft klingenden Regelungen wieder Zug um Zug zurückgenommen, sodass die populistische Ankündigung einer Verbesserung der Versorgung für die Versicherten in der Realität oft noch hinter den Status quo zurückfällt (Weiser 2015).

Dies trifft unter anderem auch auf die vorgesehene Ermächtigung von Krankenhäusern zur Teilnahme an der ambulanten Versorgung zu. Ein völlig risikoloses Versprechen der Politik an Patienten und Krankenhäuser. Zunächst besteht für Krankenhäuser, die bereits heute nach § 116 b SGB V zur ambulanten Behandlung zugelassen sind, bis 2018 Bestandsschutz.

Anträge zur Zulassung nach § 116 b SGB V neu, d.h. zur »ambulanten spezialfachärztlichen Versorgung (ASV)«, beschränken sich zur Zeit auf wenige, vom G-BA festgelegte Indikationen und sind mit kaum erfüllbaren Struktur- und Prozessvorgaben verbunden, die aus der ursprünglichen Intention, Versorgungssektoren besser zu vernetzen, bereits heute ein bürokratisches Monster gemacht haben. Hinzu kommt, dass ein Antrag auf Teilnahme an der ASV vom neugegründeten »erweiterten Landesausschuss« (e-LA), der sich aus Mitgliedern der Vertragsärzteschaft, der Kostenträger und drei unparteiischen Mitgliedern zusammensetzt, nur dann positiv beschieden werden kann, wenn Unterversorgung in der betreffenden Region festgestellt wird. Entscheidungsträger sind also auch hier die »üblichen Verdächtigen«, die nicht im Ruf stehen, sich sonderlich für die Interessen der Menschen einzusetzen, die eine ambulante Behandlung im Krankenhaus durch das ASV-Team wünschen.

Ähnlich stellt sich die Situation beim *Zweitmeinungsverfahren*, d.h. bei der Einholung einer unabhängigen ärztlichen Zweitmeinung bei planbaren Leistungen dar. Bei näherem Hinsehen eine populistische Regelung, da das Einholen einer zweiten medizinischen Meinung vor komplexen diagnostischen oder therapeutischen Eingriffen seit Jahren gängige medizinische Praxis und gelebte Rechtsprechung ist. Obwohl diese Form des Zweitmeinungsverfahrens bislang im SGB V nicht festgeschrieben war, wurde das Einholen einer Zweitmeinung vor komplexen Maßnahmen regelhaft durch die GKV vergütet.

Nach den nun geltenden Regelungen zum Zweitmeinungsverfahren nach GKV-VSG muss zunächst die Selbstverwaltung in Form des G-BA festlegen:
— Was ist eine planbare Leistung?
— Wer hat Anspruch auf eine Zweitmeinung bei welcher Leistung?
— Wer ist zur Leistungserbringung berechtigt?
— Welche fachlichen Anforderungen sind an berechtigte Leistungserbringer zu stellen?

Bei der bekannten Stimmenverteilung bzw. »Blockbildung« (GKV/SpiBu, DKG, KBV und KZBV) im G-BA wird die Regelungsbürokratie voraussichtlich und wie so oft steigen, bei gleichzeitiger Einschränkung zum Status quo.

Ähnliches gilt für die Erlaubnis der Krankenhäuser, Arznei- und Heilmittel für einen bestimmten Zeitraum nach der Krankenhausentlassung zu verordnen, und ebenso für die ambulante Behandlung von Versicherten, die wegen Art, Schwere und Komplexität ihrer Erkrankung einer Untersuchung oder Behandlung in einer Hochschulambulanz bedürfen.

Fazit Das GKV-VSG zeigt aus Sicht der Leitenden Krankenhausärzte (VLK e.V.) einen prinzipiell richtigen und zu begrüßenden Ansatz, die deutsche Gesundheitslandschaft in Teilbereichen sachgerechter weiterzuentwickeln und zu verbessern. Leider fehlt dem Gesetzgeber wie so oft auch bei diesem Gesetz mit Blick auf Länder, Kostenträger, Körperschaften und Wählergruppierungen nicht nur der politische Wille zu durchgreifenden Veränderungen, sondern auch die notwendige Umsetzungskraft. Der schwarze Peter der Umsetzung wird einmal mehr dem »dümpelnden und schwerfälligen Tanker« Selbstverwaltung zugeschoben, wohlwissend, dass sachgerechte Regelungen entweder in weite Ferne rücken oder gar nicht zustandekommen werden. Damit ist das GKV-VSG eine Absichtserklärung zu Lasten Dritter und im besten Fall »weiße Salbe«.

5.3 Das Krankenhausstrukturgesetz (KHSG)

Auch das vom 10.12.2015 datierende *Krankenhausstrukturgesetz* (KHSG) zeigt im Hinblick auf Entstehung und Inhalte des Gesetzeswerkes die gleichen Verfahrensmuster, die auch beim GKV-VSG festgestellt wurden.

Da wird im Vorfeld eine veritable Qualitätsoffensive für die deutschen Krankenhäuser angekündigt und den Versicherten gleichzeitig versprochen, jederzeit in jedem Krankenhaus nach den aktuellen Erkenntnissen der medizinisch-technischen Entwicklung behandelt zu werden. Eine geniale Strategie: Denn wer von den »Betroffenen« kann und will schon etwas gegen Qualität und deren Optimierung im Zusammenhang mit der Patientenversorgung sagen? Und wer wünscht den Patienten nicht die bestmögliche und erfolgreiche Versorgung im Krankenhaus?

Sobald allerdings diese Optionen im Bewusstsein der Öffentlichkeit verankert waren, zeigten die ersten Gesetzesentwürfe, was die Politik wirklich vorhatte: Mit ursprünglich deutlich abgesenkten Betriebskosten – ohne jegliche Regelung für den Investitionskostenbereich – sollen alle Krankenhäuser eine nirgendwo normierte oder definierte optimale Qualität abliefern. Falls »nicht«, drohen ihnen Vergütungsabsenkungen oder via Landeskrankenhausplan der Ausschluss aus der Versorgungskette.

Nachdem gegenüber den ursprünglichen Entwurfskonzeptionen in der Endfassung des KHSG bzgl. der Betriebskostenfinanzierung wesentliche Fortschritte zu verzeichnen sind, wurde die Finanzierung der laufenden Kosten der Krankenhäuser auf eine deutlich verbesserte Grundlage gestellt. Zu diesen Fortschritten zählen z.B.:

– Die Beibehaltung eines Versorgungszuschlages in Höhe von 500 Mio. Euro, der nunmehr von einem allgemeinen Versorgungszuschlag in einen Pflegezuschlag mutiert ist.
– Die hälftige Refinanzierung der Kosten von Tarifabschlüssen, soweit diese die Obergrenze für Preiszuwächse überschreiten.
– Der Wegfall des Investitionsabschlages bei der Vergütung ambulanter Leistungen.
– Die Verkürzung des Fixkostendegressionsabschlages auf drei Jahre.
– Die Verlängerung des Hygiene-Förderprogrammes.

Ein weiteres Auseinanderdriften von Kosten und Erlösen und damit die stetige Vergrößerung der Krankenhausdefizite zu Lasten von Patienten, KH-Mitarbeitern und Infrastruktur wurde damit zumindest abgemildert, möglicherweise sogar gestoppt (Norden 2015).

In dieser Hinsicht können Deutschlands Krankenhäuser zunächst aufatmen, es ändert aber nichts an der eigentlichen Zielstellung der politisch gewollten Ausdünnung der Krankenhauslandschaft!

Im gleichen Atemzug müssen wir nämlich auch feststellen, dass es Bund und Ländern noch immer nicht gelungen ist, die von niemandem mehr bestrittene, milliardenschwere Lücke der Investitionskostenfinanzierung zu schließen. Mehr noch: Von dieser »landespolitisch« zu verantwortenden Finanzlücke ist im KHSG schlicht kein Sterbenswörtchen zu finden (VLK u. VKD 2011; Weiser 2015).

Trotzdem waren diese Nachbesserungen offensichtlich so deutlich, dass sich die Verbände der Krankenhausträger lobend, ja geradezu überschwänglich über das KHSG äußerten. Ein Fehler, der in der Öffentlichkeit als Signal verstanden wurde, dass die Krankenhäuser ab 01.01.2016 erwartungsgemäß noch bessere Qualität in jeder Hinsicht, was immer dies auch sein mag, liefern müssen. Und genau hier – nämlich im nicht-merkantilen Bereich – steckt das eigentliche Problem für die Krankenhäuser: Spätestens ab 2017 werden ihre Leistungen mit Qualitätsindikatoren, die erstmals vom Gemeinsamen Bundesausschuss bis zum 31.12.2016 vorgegeben werden müssen und die Eingang in die Krankenhausplanung der Länder finden sollen, quasi »vermessen«.

Für die Versorgungsqualität in deutschen Krankenhäusern sind nach landläufiger Meinung nun mal die Ärzte, das Pflegepersonal und die anderen Gesundheitsberufe verantwortlich. Wer jedoch als unvoreingenommener Leser die fast schon beschwörungshafte Verwendung des Qualitätsbegriffs im KHSG auf sich wirken lässt, der kann sich des Eindruckes nicht erwehren, dass Patienten in Deutschland ein Krankenhaus regelhaft in schlechterem Zustand verlassen als sie es betreten haben.

Neben diesem eher emotionalen Punkt ist ein anderer Aspekt der Qualitätsdiskussion noch viel bedenklicher: Obwohl bisher niemand so ganz genau weiß, wie valide und *rechtssichere Qualitätsindikatoren* zu definieren sind und obwohl das Instrumentarium für eine objektive Qualitätsmessung bislang nur höchst unzureichend bereit liegt, verknüpft das KHSG Qualität und Vergütung und drängt damit die sog. Leistungserbringer aus ihrer Position als »Wertschöpfer« und degradiert sie zu potenziellen »Sündenböcken«, um so die von der Politik gewollte strukturelle Bereinigung der Krankenhauslandschaft indirekt zu exekutieren.

Die Erarbeitung fundierter und rechtssicherer Qualitätsindikatoren sollte jedoch vor dem Hintergrund einer flächendeckenden Patientenversorgung mit möglichst optimaler Versorgungsqualität wissenschaftlich seriös und methodisch gesichert erfolgen.

Nach einhelliger Einschätzung aller Fachexperten wird es nicht möglich sein, in Jahresfrist aussagefähige Indikatoren, insbesondere für die *Ergebnisqualität*, zu erarbeiten. Indikatoren für *Struktur- und Prozessqualität* sind indes schneller bereitzustellen und werden von den Kostenträgern bevorzugt und in Folge der Blockbildung im G-BA, insbesondere vom Spitzenverband Bund der Gesetzlichen Krankenversicherungen (SpiBu), ohne Rücksicht auf Verluste durchgesetzt. Sie beinhalten vor allem kostenintensive Vorgaben im Personal- und Sachkostenbereich, die vor dem Hintergrund der bereits seit Jahren zu konstatierenden Unterversorgung der Krankenhäuser im Bereich der Betriebskosten wie auch der Investitionsfinanzierung und dem allseits bekannten Personalmangel kaum erfüllt werden können. Vor diesem Hintergrund erscheint es unumgänglich, zur validen Messung von Versorgungsqualität vornehmlich Indikatoren der Ergebnisqualität heranzuziehen und zu deren Erarbeitung und Erprobung eine ausreichende Zeitspanne vorzusehen. Wenn allerdings fragwürdige, politisch intendierte Indikatoren zum Maßstab für den Verbleib oder die Aufnahme von Krankenhäusern in die Versorgungskette vorgegeben werden, ist die Ausdünnung der Krankenhauslandschaft vorprogrammiert.

Allerdings hat der Gesetzgeber hier ein Hintertürchen eingebaut, das den Planungsbehörden der Länder erlaubt, den fehlenden politischen Entscheidungswillen bzw. die eigene Entscheidungsschwäche zu kaschieren. Sollte sich tatsächlich einmal die Frage nach einem Ausschluss bzw. der Nichtaufnahme aus/in einen Landeskrankenhausplan stellen, bleibt den Landesbehörden, auf Betreiben der Bund-Länder AG, d.h. insbesondere der Länder, immer noch ein im Gesetz verbrieftes »Vetorecht«.

Politisch geschickt gelöst – Ziel erreicht – ohne dafür die Verantwortung übernehmen zu müssen! Sogar die künftig Schuldigen in Form der sog. »Leistungserbringer« schon dingfest gemacht und als letzten Ausweg ein Landesveto. So geht Gesundheitspolitik in Deutschland.

Das ist eine scheinlogische Sicht auf die Versorgungsrealität, wie sie der VLK niemals akzeptieren wird. Da den Gesundheitsberufen in dieser Scheinlogik die Scharnier- und Schlüsselfunktion zugeschoben wird, können wir gar nicht anders, als immer wieder auf diesen populistischen und gewollten Denkfehler, d.h. das bewusste politische Schwarze-Peter-Spiel, hinzuweisen.

Verbesserungsbedürftige Qualität kann nämlich eine ganze Reihe von Gründen haben, und dazu gehören nicht zuletzt Gründe, die ihre Basis eher in politischer als in medizinischer Verantwortung finden. Qualitätsdefizite in der aktuellen Situation der deutschen Krankenhäuser haben nur sehr begrenzt etwas mit ärztlichem oder pflegerischem Unvermögen zu tun. Sie sind, wenn vorhanden, in aller Regel den Folgen des 2003 politisch initiierten Wettbewerbs im Gesundheitswesen ohne die begleitend notwendige Definition der für ein Sozialsystem erforderlichen Rahmenbedingungen geschuldet. Sie sind Folge der katastrophalen Finanzierungssystematik der vergangenen Dekade und dem damit verbundenen Personalabbau im Bereich der Pflege (Laufer u. Mörsch 2011; Norden 2015).

Der andere, ebenso unerfreuliche Teil der KHSG-Medaille ist, dass die Politik nach dem Motto »Haltet den Dieb« von ihren eigenen jahrelangen Versäumnissen, ihrer eigenen Entscheidungsschwäche und ihrer eigenen Verantwortung ablenken will. Deshalb sprechen aus dem GKV-VSG, insbesondere auch aus dem KHSG, nur sehr partiell neutraler Mut zur echter Veränderung und zu echtem Wandel.

5.4 Das Schwarze-Peter-Spiel – Umstrittene Qualitätsindikatoren und Mindestmengen

Da die Bundespolitik keinen direkten Gestaltungszugriff auf die Krankenhausplanung der Länder hat, geht das BMG offensichtlich einen Umweg und initiiert eine *Stellvertreterdiskussion*, die allerdings nun direkt den Ärzten und Pflegekräften die Verantwortung für den wirtschaftlichen Erfolg eines Hauses zuweist. Und dieses populistische Schwarze-Peter-Spiel läuft über den Begriff der Qualität. Ein Spiel, das deswegen so perfide ist, weil sich niemand auch nur ansatzweise gegen Qualität stellen kann.

Zustimmung von allen Seiten, insbesondere von Patienten oder besser Wählern, ist den handelnden Politikern sicher. Wenn aber wirklich Strukturen verändert und gleichzeitig die Versorgungsqualität verbessert werden sollen, dann müssten zunächst die Länder überzeugt werden, die flächendeckende Versorgung und die Versorgungsaufträge neu zu definieren. Die Landespolitiker müssten dann den politischen Mut aufbringen, die Krankenhauslandschaft mit Hilfe der Landeskrankenhauspläne, frei von parteipolitischen und persönlichen Interessen, neu und versorgungsgerecht zu strukturieren. Da sie diesen Mut nicht haben, wird offensichtlich auf Bundesebene mit dem KHSG ein komplexes Surrogatsystem mit Qualitätsindikatoren und Mindestmengen aufgebaut, das den Landespolitikern die notwendigen Entscheidungen abnehmen soll, ohne dass sie dafür die politische Verantwortung übernehmen müssen. Da regionale Entscheidungs- und Handlungsschwächen das eigentliche Problem bei einer, zumindest in einigen Regionen unseres Landes erforderlichen Restrukturierungen der Krankenhauslandschaften sind, ist und bleibt es der falsche Weg, zweifelhafte und höchst umstrittene Qualitätsindikatoren, wie z.B. willkürlich durch den G-BA festgelegte Struktur- und Prozessanforderungen oder Mindestmengen für Standorte, ja sogar für einzelne Ärzte bundesweit, festlegen zu wollen.

Insbesondere auch deshalb, weil mit den dazu vorgesehenen Institutionen G-BA- und MDK-Gremien mit der Umsetzung der Aufgabe der Qualitätsdefinition und Überprüfung betraut werden, deren Entscheidung und Vorgehensweise schon in der Vergangenheit nicht immer zu einer Verbesserung der Versorgungsqualität geführt haben. Wie sich das nunmehr vierte Qualitätsinstitut (IQTiG) in diesem Kontext positionieren wird, bleibt abzuwarten.

Als Gipfel der Unzumutbarkeit ist vorgesehen, die bisher schon nicht wissenschaftlich gesicherten und vom G-BA beschlossenen Mindestmengenregelungen dahingehend zu verschärfen, dass Mindestmengen pro Krankenhausstandort und/oder Arzt vorgegeben werden. Werden künftig Mindestmengen einer bestimmten planbaren Leistung an einen Arzt gekoppelt, drohen bei Nichterreichen der Mindestmenge, z.B. in Folge von Urlaub oder Krankheit, nicht nur erhebliche Vergütungsausfälle für bis dahin erbrachten Leistungen, sondern auch eine Gefährdung der Weiterbildung für die in Weiterbildung befindlichen, nachgeordneten Ärzte.

Um das Ganze noch zu toppen, ist im KHSG vorgesehen, die Kontrollfunktion des medizinischen Dienstes der Krankenkassen (MDK) weiter auszuweiten: Danach soll der MDK künftig unangemeldete Kontrollen zur Umsetzung und Einhaltung von Qualitätsindikatoren und Mindestmengenregelung in zugelassenen Krankenhäusern durchführen. Da die Konsequenz einer vom MDK durchgeführten Qualitätskontrolle mit »Razzia-Charakter« für Krankenhäuser ihren Niederschlag in Vergütungsabschlägen für möglicherweise nicht vorgehaltene Personalzahlen oder erbrachte Mindestmengen finden werden, zeigt auch diese Regelung die wahre Intention des KHSG und zeugt nicht gerade vom Fingerspitzengefühl der amtierenden Gesundheitspolitiker. »Diese Regelung ist ebenso sachgerecht wie die Beauftragung eines ausgehungerten Schäferhundes mit der nächtlichen Bewachung der Fleisch- und Wursttheke im Supermarkt« (Norden 2015).

Deutlich sach- und fachgerechter wäre es gewesen, zumindest die Überprüfung der künftigen, ohnehin zweifelhaften Qualitätsvorgaben den funktionierenden Fachgruppen der jeweiligen Landesgeschäftsstellen für Qualitätssicherung zu übertragen. Sie wären nicht nur besser auf diese Aufgabe vorbereitet, sondern sie wären auch in der Lage, die Vielzahl unbestimmter Rechtsbegriffe, die das Gesetz durchziehen, durch ihre Kenntnisse der jeweiligen Situation vor Ort mit konkreten Vorgaben zu füllen.

Um nicht missverstanden zu werden: Der Verband der Leitenden Krankenhausärzte Deutschlands unterstützt ausdrücklich eine sachgerechte und mit Augenmaß geführte »Qualitätsoffensive«. Deren Ziel sollte jedoch eine deutliche Verbesserung der Versorgung der Bevölkerung im stationären und ambulanten Bereich sein, und sie sollte nicht – wie durch die Regelungen von GKV-VSG und KHSG zu befürchten – insbesondere die Leistungsfähigkeit von Krankenhäusern zu Lasten der Patienten schwächen.

Im einleitenden Text zu beiden Gesetzen wird vollmundig angekündigt, dass sich Bund und Länder für eine Weiterentwicklung der qualitativen Standards einsetzen. Gut gebrüllt Löwe! Tatsächlich gehen die verantwortlichen Gesundheitspolitiker nach Einschätzung des VLK jedoch davon aus, dass in Deutschland die Anzahl der vorhandenen Krankenhäuser und der darin vorgehaltenen Betten überdimensioniert und die darin erbrachten Leistungen zumindest zum Teil wirtschaftlich und nicht medizinisch intendiert sind. Als Konsequenz verfolgt die Politik insbesondere mit den Regelungen des KHSG die Intention, durch fragwürdige Qualitätsindikatoren quasi zur »Vermessung« der in den Krankenhäusern erbrachten Leistungen eine Umstrukturierung der Krankenhauslandschaft zu erzwingen.

Offenbar gehen die verantwortlichen Gesundheitspolitiker davon aus, dass künftig dem durch Demographie und medizinischen Fortschritt permanent steigende Leistungsbedarf im Bereich der stationären Versorgung sowie den Problemen der unzureichenden ambulanten Notfallversorgung mit einer Zementierung der unzureichenden Betriebs- und Investitionskostenfinanzierung, nicht vorhandenem bzw. unzureichendem Fachpersonal und mit dem populistischen Ruf nach mehr Qualität begegnet werden kann. Dieser Realitätsverlust kommt dem Versuch gleich, nicht nur den Kreis, sondern auch die Kugel zu quadrieren.

Bei aller Kritik an der sog. Qualitätsoffensive muss allerdings auch ein Punkt im KHSG positiv herausgestellt werden: Im § 135 c SGB V ist vorgesehen, dass in Verträgen mit Leitenden Krankenhausärzten der Abschluss von Zielvereinbarungen ausgeschlossen wird, die auf finanzielle Anreize insbesondere für einzelne Leistungen, Leistungsmengen und Leistungskomplexe oder deren Messgrößen hierfür abstellen. Durch diese Anpassung des Gesetzestextes an die Versorgungswirklichkeit wird die Unabhängigkeit medizinischer Entscheidungen gesichert. Diese auf permanente Intervention von VLK und Bundesärztekammer erfolgte Änderung des ursprünglichen und bereits gegen die ausdrücklichen Bedenken der Sachkenner politisch intendierten § 136a SGB V ist aus Sicht der Leitenden Krankenhausärzte ausdrücklich zu begrüßen. Allein dies wird nach Einschätzung des VLK dazu beitragen, mögliche wirtschaftlich begründete Fallzahlsteigerungen zu eliminieren und die entsprechenden Sanktionspassagen des KHSG überflüssig machen (Norden 2015; Rochell 2012; VLK u. VKD 2011).

5.5 Fazit

Aus Sicht des VLK hat es im Bereich der Gesundheitsversorgung bisher noch keine Gesetze gegeben, die so signifikant das mangelnde Problembewusstsein bzw. so vordergründig die wirkliche Intention der verantwortlichen Gesundheitspolitiker verdeutlichen wie das GKV-VSG und insbesondere das KHSG.

Die Prognose des Verbandes der Leitenden Krankenhausärzte lautet deshalb, dass diejenigen, die nach der finanziellen Nachbesserung im Betriebskostenbereich der Krankenhäuser die »Kuh vom Eis« wähnten, zu kurz gedacht haben. Die wahren Probleme, insbesondere im Vollzug des KHSG, werden – ähnlich wie beim GKV-VSG – erst in den nächsten Jahren in ihrem vollen Umfang sichtbar und mit an Sicherheit grenzender Wahrscheinlichkeit zu einer politisch gewollten *Ausdünnung der deutschen Krankenhauslandschaft* führen.

- Politisch geschickt eingefädelt.
- Niemand kann etwas gegen Qualität haben.
- Beifall von allen Seiten, insbesondere vom Wähler, ist den Koalitionären sicher.
- Detailregelungen und Ausführungsbestimmungen wurden wie so oft nachgeordneten Gremien der Selbstverwaltung übertragen.
- Hauptsache, die Bevölkerung bringt künftige Einschränkungen nicht mit der agierenden Politik in Zusammenhang.
- Ziel erreicht, ohne dafür die politische Verantwortung übernehmen zu müssen.
- Sogar die künftigen »Sündenböcke« in Form der sog. Leistungserbringer sind schon dingfest gemacht.

5.6 Anhang

Gesundheitsgesetzespakete mit kurzgefasstem Inhalt

Versorgungsstärkungsgesetz
Krankenhausstrukturgesetz
Hospiz- und Palliativgesetz
E-Health-Gesetz
Antikorruptionsgesetz
Präventionsgesetz
Pflegestärkungsgesetz II

Überblick: Eckpunkte der Gröhe-Gesetze

Versorgungsstärkungsgesetz (GKV-VSG)
- Durch stärkere, vor allem finanzielle Anreize sollen Ärzte für eine Niederlassung in unterversorgten, strukturschwachen Gebieten gewonnen werden.
- Termin-Servicestellen: Die Kassenärztlichen Vereinigungen werden verpflichtet, Termin-Servicestellen einzurichten. Sie sollen, wenn nötig, Versicherten mit einer Überweisung innerhalb von vier Wochen einen Termin bei einem Facharzt vermitteln. Sollte das nicht möglich sein, kann der Patient ein Krankenhaus aufsuchen (§ 75).
- Förderung der Weiterbildung (Allgemein- und Fachärzte) (§ 75a)
- Arztgruppengleiche MVZ/Kommunen dürfen MVZ gründen (§ 95).
- Neuausrichtung der Bedarfsplanung (§ 101): Künftig soll eine Praxis in einem überversorgten Gebiet nur dann nachbesetzt werden, wenn dies für die Versorgung der Patienten sinnvoll ist; die Einzelfallentscheidung treffen Zulassungsausschüsse (Ärzte und Krankenkassen) vor Ort.
- EBM-Änderungen – mehr Gewicht auf betriebswirtschaftliche Komponenten (§ 7)
- Anpassung der Plausibilitätsprüfung (§ 106)
- Anpassung der Regressprüfung (gültig ab 2017)
- Förderung von KV-anerkannten Praxisnetzen (§ 87 b Absatz 2). Das Recht der Versicherten auf eine unabhängige ärztliche Zweitmeinung soll gestärkt werden; so sollen unnötige Eingriffe verhindert werden.
- Zur Förderung von Innovationen in der Versorgung wird ein Innovationsfonds von 300 Mio. Euro jährlich eingerichtet – zunächst von 2016 bis 2019.

Das Versorgungsstärkungsgesetz ist seit 01.08.2015 in Kraft.

Krankenhausstrukturgesetz (KHSG)
- Fokus auf Leistungserbringung (Qualitätszu- und -abschläge)
- Strukturfonds: Ziel ist es, die Zahl der bislang noch etwa 1.980 Krankenhäuser deutlich zu reduzieren. Krankenhausträger, die sich bereit erklären, ihr Haus zu schließen oder z.B. in ein geriatrisches Zentrum umzuwidmen, können Mittel aus dem Strukturfonds erhalten. Der Bund zahlt Millionen in den Fonds ein, die Länder sollen sich in gleicher Höhe beteiligen.
- Pflegestellenförderprogramm (660 Mio. Euro für 2016 bis 2018; ab 2019 330 Mio. Euro p.a.)
- Versorgungszuschlag (500 Mio. Euro ab 2017)
- Portalpraxen (EBM-Anpassung bis 2016, ergänzter Bewertungsausschuss): Sie sollen an Kliniken eingerichtet werden, um die vertragsärztliche Versorgung während der sprechstundenfreien Zeiten sicherzustellen – zum Ärger der Niedergelassenen.
- Tarifabschlüsse, die Preiszuwächse überschreiten, werden zur Hälfte von Kostenträgern refinanziert.

Nach dem Bundestag hat auch der Bundesrat das Krankenhausstrukturgesetz verabschiedet. Es trat am 01.01.2016 in Kraft.

Hospiz- und Palliativgesetz
- Zur Krankenbehandlung gehört die Palliativversorgung, zur Pflege gehört die Sterbebegleitung.
- Förderung stationärer Hospize; Kassen tragen 95% der Kosten (bislang 90% Mindestzuschuss für Versicherte steigt von 7% auf 9% (von 198 auf 261 Euro).
- Förderung ambulanter Hospize (Beteiligung der Kassen an Personal- und Sachkosten)
- Stärkere Einbindung von Vertragsärzten bei Kooperationen (zusätzliche Vergütung)
- Pflegeeinrichtungen müssen ihren Bewohnern eine von den Kassen finanzierte individuelle Versorgungsplanung anbieten.
- Spezialisierte ambulante Palliativversorgung (SAPV): Um SAPV-Verträge vor allem auf dem Land zu erleichtern, erhalten Vertragspartner mehr Spielraum, zudem wird bei Streitigkeiten ein Schiedsverfahren etabliert. Erstmals bis Ende 2017 und dann alle drei Jahre muss der GKV-Spitzenverband der Regierung über die Entwicklung der SAPV berichten.
- Berichtspflicht für vollstationäre Einrichtungen an Pflegekassen über Kooperationen mit Hospiz- und Palliativnetzen
- Rechtsanspruch für Versicherte auf Hospiz- und Palliativberatung durch die Kassen

Nach dem Bundestag hat auch der Bundesrat das Hospiz- und Palliativgesetz verabschiedet.

E-Heath-Gesetz
- Einführung der Online-Funktionen der elektronischen Gesundheitskarte (eGK)
- Etablierung der Telematikinfrastruktur
- Öffnung der Telematikinfrastruktur für weitere Anwendungen/Leistungserbringer (und ggf. Patienten, s. Änd.-Antr.)
- Verbesserung der Interoperabilität der unterschiedlichen Systeme
- Förderung der Online-Übermittlung von Arztbriefen mit elektr. Signatur: 0,55 (pro Brief, nur bis 2017)
- Anspruch auf Medikationsplan auf Papier für Versicherte ab Oktober 2016, die mindestens drei Arzneimittel anwenden (Integration auf eGK ab 2019 Pflicht – Technik soll ab 01/2018 zur Verfügung stehen, s. Änd.-Antr.)
- Video-Konsultation und elektronische Patientenakte (s. Änd. Antr.)

Der Bundestag hat das E-Health-Gesetz verabschiedet. Am 18.12.2015 war es Thema im Bundesrat. Geplant ist, dass das Gesetz am 01.01.2016 in Kraft tritt.

Antikorruptionsgesetz
- Bestechung und Bestechlichkeit von Ärzten, Psychotherapeuten und allen Heilberuflern mit staatlich vorgeschriebener Ausbildung sollen Straftatbestände werden.
- Von dem Gesetz betroffen sind neben Ärzten auch Pflegekräfte und Apotheker – alle Angehörigen von Heilberufen, die eine staatlich geregelte Ausbildung brauchen.
- Wer aufgrund des geplanten neuen § 299a des Strafgesetzbuches angeklagt wird, dem drohen bis zu fünf Jahre Haft und Geldstrafen.
- Kritiker befürchten, dass Kooperationen erschwert werden und fordern, dass diese eindeutig im Gesetz zu regeln sind.
- Strafrechtliche Regelungskompetenz für Berufskammern (§ 299a Abs. 2)

Das Anti-Korruptionsgesetz wird derzeit im Bundestag beraten; bei einer Expertenanhörung im Rechtsausschuss stieß es zuletzt auf grundsätzliche Zustimmung. Am 26.02.2016 ist es Thema im Bundesrat. Im Laufe von 2016 soll es dann in Kraft treten.

Präventionsgesetz
- Ziel ist die Vorbeugung lebensstilbedingter Volkskrankheiten (Diabetes, Bluthochdruck etc.).
- Im Fokus stehen dazu Gesundheitsförderung und Prävention (in allen »Lebenswelten«).
- Besondere Verantwortung der Ärzte: »Sie sollen ihre Patienten ermutigen und begleiten, gesundheitsschädigende Verhaltensweisen abzustellen und sie zur Inanspruchnahme von primärpräventiven Angeboten motivieren«, heißt es beim BMG.
- Förderung der Impfprävention (z.B. Betriebsärzte können Patienten impfen)
- Vor dem Eintritt in Schulen und Kitas muss eine ärztliche Impfberatung nachgewiesen werden.
- Zusätzliche Gesundheitsuntersuchung bis zum 18. Lebensjahr
- Ausweitung der Früherkennungsuntersuchung
- Verdopplung der Gesundheitsförderung von 3,09 Euro auf knapp 7 Euro pro Jahr und pro Versicherten (ab 2016)
- Gesundheitliche Selbsthilfe erhält 78 Mio. Euro (ab 2016).
- BZgA erhält 31,5 Mio. Euro p.a.

Nach dem Bundestag hat auch der Bundesrat das Präventionsgesetz verabschiedet. Es ist in Kraft.

Pflegestärkungsgesetz II
- Einführung eines neuen Pflegebedürftigkeitsbegriffs (körperliche, geistige und psychische Beeinträchtigungen werden gleichgestellt)
- Fünf Pflegegrade lösen drei Pflegestufen ab (ab 2017) – Begutachtung durch den MDK wird anhand von sechs Merkmalen überprüft.
- Bestandsschutz: Leistungsbezieher werden per Gesetz automatisch ohne neue Begutachtung in das neue System überführt.
- Ambulante Pflegedienste müssen neben körperbezogenen Pflegeleistungen auch »pflegerische Betreuungsleistungen« anbieten (Begleitung beim Spaziergang, vorlesen usw.).
- Mehr pflegende Angehörige erhalten Rentenbeiträge durch die Pflegeversicherung.
- »Reha vor Pflege«: Der Medizinische Dienst wird zur Anwendung eines bundesweit einheitlichen, strukturierten Verfahrens für die Rehabilitationsempfehlungen verpflichtet.
- Verbesserung des Versicherungsschutz für pflegende Angehörige in der Arbeitslosenversicherung
- Qualitativer Ausbau der Pflegeberatung: Pflegebedürftige und Angehörige werden besser unterstützt, um Leistungen nach ihren Bedürfnissen zusammen zu stellen.
- Verbesserung des Pflege-TÜVs (Expertenkommission – nach 2017)
- Steigerung des Beitragssatzes ab 01.01.2017 von 2,35% auf 2,55% (2,8% für Kinderlose)
- Zur Erinnerung PSGI: Steigerung des Beitragssatzes ab 01.01.2015 um 0,3%

Der Bundestag hat das Pflegestärkungsgesetz JI verabschiedet – im Bundesrat ist es am 18.12.2015. Das Gesetz soll am 01.01.2016 in Kraft treten.
(Quelle: Ärzte-Zeitung vom 07.12.2015. http://www.aerztezeitung.de/politik_gesellschaft/article/900260/ueberblick-eckpunkte-groehe-gesetze.html)

Literatur

Bilgri A (2011) Entrümpele deinen Geist. Knauer (E-Book)
Laufer R, Mörsch M (2011) Aktueller Stand der Investitionskostenfinanzierungreform gemäß §10 KHG. Arzt und Krankenhaus 84(3): 73- 74
Norden G (2015) Und es bewegt sich doch – das KHSG auf der Zielgeraden. Arzt und Krankenhaus 88(10): 269-274
OECD (2015) Bericht: Deutsches Gesundheitswesen im internationalen Vergleich. OECDiLibrary
Robert Koch Institut (RKI) und Statistisches Bundesamt (2015) Gesundheit in Deutschland. In: Penter V, Schulze J Das deutsche Gesundheitssystem – Qualität und Effizienz. KMPG, S 1-12. http://rki.de/gesundheitsbericht
Rochell B et al. (2012) Bonusregelungen für Chefärzte. Arzt und Krankenhaus 85(12): 361-365
VLK e.V., VKD e.V. (2011) Handeln, nicht wegducken - Positionspapier zur Gesundheitsversorgung von morgen. Arzt und Krankenhaus 84(5): 132-137
Weiser HF (2015) Eröffnungsansprache zum 38. Deutschen Krankenhaustag. Arzt und Krankenhaus 88(12): 323-326

Abkürzungen

ASV	– Ambulante spezialfachärztliche Versorgung
BMG	– Bundesministerium für Gesundheit
DKG	– Deutsche Krankenhausgesellschaft
e-LA	– Erweiterter Landesausschuss
G-BA	– Gemeinsamer Bundesausschuss
GKV	– Gesetzliche Krankenversicherung
GKV-SpiBu	– GKV-Spitzenverband (Spitzenverband Bund der Krankenkassen)
GKV-VSG	– Gesetz zur Stärkung der Versorgung in der gesetzlichen Krankenversicherung (Versorgungsstärkungsgesetz)
IGTiG	– Institut für Qualitätssicherung und Transparenz im Gesundheitswesen
KBV	– Kassenärztliche Bundesvereinigung
KHSG	– Krankenhausstrukturgesetz
KZBV	– Kassenzahnärztliche Bundesvereinigung
MDK	– Medizinischer Dienst der Krankenversicherungen
OECD	– Organisation für wirtschaftliche Zusammenarbeit und Entwicklung
SGB V	– Sozialgesetzbuch 5
VKD	– Verband der Krankenhausdirektoren Deutschlands
VLK	– Verband der Leitenden Krankenhausärzte Deutschlands

Zwischen Traumjob und Albtraum – Chefärztliche Verantwortung im Wechselbad der Ge-Zeiten

Ulrich Deichert

6.1 Einleitung – 44

6.2 Auf zu neuen Ufern – 44

6.3 Was war Traumberuf? – 45
6.3.1 Positives Patienten-Feedback – 45
6.3.2 Arbeit im Team – Teamwork – 47
6.3.3 Stetige Verbesserungsprozesse in der Medizin – 48
6.3.4 Positives Ausbildungs-Feedback –
Was ist aus Schülern geworden? – 49

6.4 Was war Albtraum? – 49
6.4.1 Die Grenzen des Machbaren – 50
6.4.2 Die Verwaltung – 50
6.4.3 In der Schraubzwinge zwischen Haftung und Sozialgesetzbuch – 52

6.5 Was muss eine attraktive Chefarztposition bieten? – 57

Literatur – 58

U. Deichert et al. (Hrsg.), *Traumjob oder Albtraum – Chefarzt m/w*,
DOI 10.1007/978-3-662-49779-1_6, © Springer-Verlag Berlin Heidelberg 2016

6.1 Einleitung

Nach fast 36 Berufsjahren als Arzt, davon 17 Jahre in ein und derselben Chefarztposition, fühle ich mich dazu aufgefordert, zurückzuschauen und zu bilanzieren: Was war Traumjob und was war Albtraum, insbesondere während der *chefärztlichen* Tätigkeit? Dazu im Folgenden ein persönlicher Rückblick.

Auch im Nachhinein ist und bleibt für mich »Arzt« *der schönste Beruf*, weil für mich der erfüllendste und anspruchsvollste sowie einer der sozialsten Berufe. Was kann es Sinnvolleres geben als zu etwas sehr Wichtigem, der Gesundheit, beitragen zu dürfen? Sich persönlich einzubringen, sich einzusetzen, bis an seine physischen Grenzen zu gehen und erst zufrieden zu sein, wenn man nach bestem Wissen und Gewissen alles gegeben hat, was zur Heilung und Gesundung des anvertrauten Patienten beizutragen war? Ob trotz dieser Grundeinstellung stets alles gelungen ist, mag dahingestellt sein.

Für die Vertreter der Generation »Wirtschaftswunder« (Jahrgänge 1945–1955), der ich angehöre, galt und gilt in der Regel die Einstellung: »Leben, um zu arbeiten.« Diese Nachkriegs-Aufbau-Auffassung trifft auch noch im Großen und Ganzen für die nachfolgende Generation der »Babyboomer« (Jahrgänge 1956–1965) zu. Anders stellt es sich für die Generation »X« bzw. »Golf« (Jahrgänge 1966–1985) dar. Für diese gilt das Motto: »Arbeiten, um zu leben«, und für die Generation Y (Jahrgänge nach 1985) der Wahlspruch: »Leben beim Arbeiten« (dazu später mehr in ▶ Kap. 38). Deshalb waren uns, den »Wirtschaftswunder-Vertretern«, in den 80er- und 90er-Jahren disziplinierte Pflichterfüllung des »Tagesgeschäfts« bis zu dessen Abschluss sowie maximale Dienstbelastungen vertraut. Nach meiner Erinnerung gehörte es zu einem ungeschriebenen Kodex, erst dann nach Hause zu gehen, wenn die Aufgaben, für die man zuständig war, komplett erledigt waren – mal früher, mal später, aber eben erst nach deren Vollendung. Dauer-(Bereitschafts-)Dienste (z.B. von Freitagmorgen bis Montagnachmittag) wurden als Assistenzarzt oder als diensthabender Oberarzt weitgehend klaglos hingenommen. In Urlaubsperioden der Kollegen ging man oft nur mit der Absicht nach Hause, sich für den nächsten geburtshilflichen Dienst auszuschlafen. Dauerdienst und Überstunden waren einerseits belastend, führten andererseits jedoch zu einem großen beruflichen Erfahrungsgewinn. Diese früher erreichte große Berufserfahrung (im Vergleich zu heute) brachte demzufolge rascher die notwendige Sicherheit, um fachliche oder auch organisatorische Verantwortung zu übernehmen. Wir waren es gewohnt, »uns durchzubeißen«. Was sollte einem also nach Jahren stringenter Klinikarbeit noch Bedeutsames passieren können, im Sinne von medizinischen oder anderen unlösbaren Problemen? So jedenfalls war damals meine Haltung.

6.2 Auf zu neuen Ufern

Ich hatte die Zusage für eine Chefarztstelle an der Frauenklinik eines Krankenhauses der Grund- und Regelversorgung in der Tasche. Was mich zur Bewerbung auf den Chefarztposten bewogen hatte, war der Wunsch, selbstständig gestalten zu dürfen, den guten Ruf der übernommenen Abteilung zu erhalten, diese fachlich weiterzuentwickeln und hierzu das bestehende Team zu fördern. Für meine Familie und mich spielte für die Bewerbung an dieser Klinik auch eine Rolle, dass sie an einem attraktiven touristischen Standort ansässig war. Auf der Fahrt zum Antrittsbesuch bei der Verwaltung nordwärts an die Küste ließ ich Revue passieren: Ich war 44 Jahre alt, hatte 19 Jahre Berufserfahrung, eine breite gynäkologisch-geburtshilfliche Ausbildung mit Beginn an einer Klinik der Grundversorgung, fortgesetzt an zwei Uni-Kliniken und zuletzt oberärztlich leitend an einer der größten Kliniken bundesweit. Ich verfügte über alle drei fakultativen Weiterbildungen, die es damals als Zusatzqualifikationen für mein Fach gab.[1] Ich schaute geradeaus über das flache Land in den endlos blauen Himmel, hatte die oberärztliche Zeit hinter mir gelassen und war in Aufbruchstimmung und voller Gestaltungsvisionen, die es nun umzusetzen galt. Zunächst mit einem kleinen Team, das später mit Schichtdienst und größerer Patientenzahl in der gynäkologischen Onkologie anwachsen sollte.

---

[1] Spezielle Geburtshilfe und Perinatalmedizin, Gynäkologische Endokrinologie und Reproduktionsmedizin, Spezielle Operative Gynäkologie (später: Schwerpunkt Gynäkologische Onkologie)

Kurze Zeit nach meinem Stellenantritt nahm ich in München an einer Chefarzttagung ehemaliger und aktuell leitender Krankenhausärzte und Ordinarien deutscher Frauenkliniken zum Erfahrungsaustausch und Erkenntniszugewinn für diese Führungsposition teil. Ein ehemaliger Chefarzt begann seinen Vortrag mit: »Ich habe es geschafft, weitgehend schadlos die berufliche Leitungstätigkeit zum Abschluss zu bringen.« Der eine oder andere Zuhörer, der noch nicht am Ende seiner Berufslaufbahn angekommen war, raunte dazu in etwa: »Hoffentlich passiert mir nichts mehr.« Später in der Pause erzählte man sich, dass sich ein Ordinarius in Folge einer von ihm durchgeführten Operation noch während des Rentenalters prozessual lange aufreiben musste. Ich nahm diese Bedenken zur Kenntnis. Es ist doch meine Aufgabe, Probleme zu lösen, dachte ich. Und das werde ich, so gut ich kann, fortsetzen, ob nun klinisch oder mit der Klinikverwaltung. Mit dieser war ich zuvor als leitender Oberarzt oder in Chefvertretung stets gut ausgekommen. Dass dies in der neuen Position nach Fallpauschalen- und DRG-Einführung und der folgenden Privatisierungswelle schwieriger werden könnte, war zu diesem Zeitpunkt (1998) noch nicht vorauszusehen.

6.3 Was war Traumberuf?

Was ist ein Traumberuf? Der »Schlüssel zu Deinen Träumen/Create your life« (WordPress-Blog von Ralph Schwarz) definiert den »Traumberuf« folgendermaßen:

» …etwas, wo unsere eigenen Talente, Stärken, Fähigkeiten, Glücksgefühle beim Arbeiten, Spaß beim Arbeiten zusammenkommen. Wenn ich einen Beruf ausübe, wo sich arbeiten nicht wie arbeiten anfühlt, weil dieser so viel Spaß macht, dann ist dein Beruf deine Berufung. (▶ http://www.meine-berufung-finden. de/208-traumberufe/)

Als die zehn aussichtsreichsten Traumberufe wurden in dieser Rubrik genannt: Softwareentwickler/in, Wirtschaftsmathematiker/in, Vertriebsingenieur/in, Mechatroniker/in, Lebensmitteltechniker/in, Altenpfleger/in, Zahn- und Allgemeinarzt sowie Lehrer/in für Naturwissenschaften und Mathematik. Als lustigste Angabe für einen Traumjob wurde übrigens hierbei mehrfach eingegeben »Traumberuf Spielerfrau – Noch jemand ohne Freundin?« (▶ http://www.meine-berufung-finden.de/208-traumberufe/)

» Retrospektiv ist ein Traumberuf für mich ein Energielieferant durch zufriedenstellende Bestätigung des eigenen Tuns. Diese Energie kann wieder in meinen Job oder in das, was einem sonst noch Spaß macht, investiert werden.

Diese zufriedenstellende Bestätigung des eigenen Einsatzes erhielt ich in erster Linie von meinen Patientinnen. Die gemeinsame Teamarbeit mit meinen Mitarbeitern erbrachte die notwendige Gemeinschaftskraft, um die Arbeit zu bewältigen. Im Teamwork konnten selbst »unerreichbare Ziele« angegangen werden. Schließlich interessierte mich auch, was aus meinen ehemaligen ärztlichen Schülern geworden ist und wie sie ihre beruflichen Herausforderungen mit dem erlernten ärztlichen Handwerkszeug meistern würden. Mehr dazu in ▶ Abschn. 6.3.1–6.3.4.

6.3.1 Positives Patienten-Feedback

Der Wunsch eines Arztes ist es, seine Patienten zufriedenzustellen. Was gehört neben einer guten Medizin zwischenmenschlich dazu? Es bedarf des Zuhörens, Einfühlens, Verstehens, Erläuterns und dabei des Vermittelns von Hoffnung und Zuversicht. Und dies trotz Zeitdruck, erhöhter Taktzahl in der Praxis oder in der Klinik und juristischem Korsett (dazu später mehr). Zeit ist aber oft unbedingt für Patientinnen notwendig, damit diese sich gut betreut fühlen.

Positives Patienten-Feedback konnte sich in *Erleichterung*, einem *Zufriedenheitsgefühl* oder auch in regelrechter *Glückseligkeit* äußern. Einige Beispiele im Folgenden:

Erleichterte Patientinnen *Erleichterung* tritt ein, wenn vorherige Befürchtungen entkräftet werden. Selbstredend sind Patienten erleichtert, wenn sie in Erwartung einer feingeweblichen Befundung die beruhigende Mitteilung einer benignen Histologie bekommen. Das Strahlen übers ganze Gesicht des erleichterten Patienten belohnt jeden Überbringer der erfreulichen Nachricht. Die Bürde wiegt schwerer im Falle der initialen Aussage einer Krebsdiagnose, die ich vornehmlich versuchte tagsüber (nicht gegen Abend) mitzuteilen und was meist mit angemessener Zeit für Fragen von Patient und Angehörigen verbunden war. »Möglichst viele Informationen über die Erkrankung und die Behandlungsmöglichkeiten zu erhalten, ist ein wichtiges Anliegen für die meisten Krebspatienten (für ca. 59 bis 88%)« (Gaisser et al. 2016). Die Aussicht auf eine erfolgreiche Behandlung durch die modernen individualisierten Therapiemöglichkeiten vermittelt viel Hoffnung. Wenn ich hier Erleichterung und Zuversicht meiner Patientinnen spürte, war auch ich zufrieden.

> Die Hoffnung ist wie Zucker im Kaffee: Auch wenn sie klein ist, versüßt sie alles. (Lettisches Sprichwort)

Von Erleichterung getragen ist vielfach auch der *postoperative Gemütszustand* einer Patientin nach der Information über den regelgerechten Ablauf der durchgeführten Operation. Bis dahin herrscht Ungewissheit. Deswegen ist die postoperative Visite nicht nur aus vitalen Gründen Pflicht, sondern auch um der Patientin den in der Regel komplikationslosen Verlauf der Operation baldigst mitzuteilen oder um im seltenen Komplikationsfalle umso frühzeitiger die Umstände und die weitere Planung zu vermitteln.

Die Behebung von plötzlich eintretenden Notfällen – gerade in der Geburtshilfe – ist oft spektakulär, z.B. bei peripartalen Blutungskomplikationen wie bei frühatonischen Nachblutungen aus dem Uterus. Das komplette interdisziplinäre Spektrum der operativen und intensivmedizinischen medikamentösen Therapie ist dann aufzubieten. Im ersten Jahr meiner Chefarzttätigkeit kam ein deutschamerikanisches Ehepaar zur Geburt ihres Kindes extra nach Deutschland, da die Eheleute einer »besseren medizinischen Versorgung um die Entbindung sicher sein« wollten. Die junge Amerikanerin hatte unmittelbar nach der notwendigen Kaiserschnittentbindung mit der Geburt ihres lebensfrischen Kindes noch am offenen Bauch eine frühatonische Uterusblutung. Alle konservativen und operativen Blutstillungsmaßnahmen halfen jedoch nicht, um die Gerinnungsstörung und den Blutverlust zu stoppen. Nur durch den Eingriff einer Notfall-Hysterektomie[2] überlebte die Patientin die komplizierte Geburt. Aus *Dankbarkeit* sandte sie mir über all die 17 Jahre meiner Chefarzttätigkeit hinweg regelmäßig eine Weihnachtskarte aus Übersee mit den neuesten Familienfotos der heranwachsenden gesunden Tochter.

Zufriedene Patienten Der Übergang von der Erleichterung zur *Zufriedenheit* ist fließend. Zufriedenheit tritt ein, wenn ärztliche und pflegerische Betreuung den Erwartungen entsprechen und wenn Behandlung, Operation und Verlauf für die Patientin plausibel und problemlos sind. Das heißt auch, dass sich positive Vorstellungen oder Patientenwünsche erfüllt haben. Wir nennen es »glatte Verläufe«. Wie kann ein Laie die ärztliche Kompetenz beurteilen? Dies hat entscheidend etwas mit dem Patientengefühl des Ausreichend-informiert-Seins zu tun. Bei einem für die Patientin nicht sichtbaren operativen Ergebnis wie z.B. nach einer mehrstündigen Abdominal-Operation ist die Patientin ausführlicher zu informieren als bei einem ersichtlich guten Resultat einer kosmetisch-ästhetischen Brustoperation.

Glückselige Patienten Bei *glückseligen* Patienten werden die (präoperativ vermittelten) Erwartungen noch übertroffen, so z.B. bei sichtbaren Operationsergebnissen, die über das ärztlich in Aussicht Gestellte oder das patientinnenseits Vorgestellte hinausgehen. Wiederholt geschah dies nach wiederherstellenden oder kosmetischen Brustoperationen, wenn sich die Zufriedenheit in teils überschäumende Freude steigerte.

Eine solche Begeisterung löst regelmäßig auch ein positiver Schwangerschaftstest in der Fortpflanzungsmedizin nach den teils aufwändigen Maßnahmen der ART (artifizielle Reproduktionstechniken, z.B. In-vitro-Fertilisation und Embryotransfer) aus.

In der Geburtshilfe habe ich es regelmäßig erlebt, dass für die Mutter (bzw. die Eltern) mit der

---

2 Die Notfall-Hysterektomie ist, wenn erforderlich, eine der wirksamsten Maßnahmen zur Behandlung von schweren postpartalen Blutungen

Geburt des ersehnten Kindes die große Anstrengung nicht nur überstanden, sondern auch vorbei ist. *Erleichterung* und *Entspannung* treten ein. Der Lohn der großen Mühen ist mit dem ersten Schrei des Neugeborenen hörbar und mit allen Sinnen erlebbar. Das ist mehr als Zufriedenheit, das ist Glückseligkeit, von der auch Hebamme und Geburtshelfer stets etwas abbekommen.

Bei onkologischen Patientinnen im Spätstadium beobachtet man ein anderes Phänomen: Im Stadium der Akzeptanz des herannahenden Endes können gerade diese Positive-Erwartungs-Schwellen inzwischen so niedrig sein, dass schon kleine Erhellungen zu einem *Stimmungsaufschwung* führen. So erinnere ich mich an eine Patientin um die 60 mit einem fortgeschrittenen, nicht mehr operablen Abdominal-Tumor in der palliativen Situation. Bei meiner Morgenvisite sprachen wir über ihre momentane Befindlichkeit und auch über das Thema *Glücksempfindung*. Sie sagte: »Es bedarf eigentlich immer weniger, um etwas Freude und Glücksgefühl auszulösen. Heute Morgen war es die eröffnete Blüte meiner Topfpflanze, über die ich mich freute«, und wir lächelten uns an. Ich habe das nie vergessen.

» Ein Sonnenstrahl reicht hin, um viel Dunkel zu erhellen. (Franz von Assisi)

6.3.2 Arbeit im Team – Teamwork

Zu den Umfeldbedingungen eines (gynäkologischen) Chefarztes in einer sich unberechenbar verändernden Zeit gehören sowohl seine engen als auch seine mittelbaren Mitarbeiter: die ärztlichen Kolleginnen und Kollegen, vor allem gute, verlässliche, loyale Oberärzte, die das Management überblickende Sekretärin, die umsorgenden Schwestern und Pflegekräfte, die einfühlsamen Hebammen in der Geburtshilfe, das kompetente OP-Personal und andere funktionelle Mitarbeiter wie Arzthelferinnen und »menschliche Brückenköpfe« zur Verwaltung. Der Chefarzt ist auf sie angewiesen, um in seiner Klinik adäquate medizinische Leistung erbringen, der Patientenverpflichtung nachkommen und den Patientenanspruch befriedigen zu können. Ein gelungenes *Personalmanagement* ist einer der Erfolgsgaranten einer Abteilung (▶ Kap. 36). Diese Mitstreiter haben zum Teil einen gewissen Zeitenwandel vollzogen. Es sind heutzutage Menschen aus unterschiedlichen Generationen, aus diversen Herkunftsländern und mit verschiedenen Charakteren mit einem gemeinsamen Ziel: das Wohlergehen der ihnen anvertrauten Patientinnen. Idealerweise wird diesem gemeinschaftlichen Ziel alles untergeordnet.

Diesen »Mehr-Generationen-Haushalt« gilt es chefärztlich zu ordnen, also z.B. mit Regeln zu versehen, die Aufgaben gerecht und nach Ausbildungsstand zu verteilen, die Arbeit anhand von schriftlichen und mündlichen Anleitungen und regelmäßigen Besprechungen zu strukturieren und fachärztlich zu beaufsichtigen, Eigenständigkeit zu entwickeln, zur Verantwortung zu befähigen und durch strukturierte Ausbildung in sicheres klinisches Handeln zu überführen sowie nach personellen Abgängen das Team immer wieder erneut zu ergänzen und die »Neuen« an obige Ziele heranzuführen.

Dass die *Generation Y* geburtenschwache Jahrgänge umfasst, führt in akademischen und außerakademischen Bereichen (z.B. Handwerker, Facharbeiter) zu personellen Engpässen. Vertreter der Generation Y sind die heute 25- bis 35-Jährigen, denen Skype, Internet, Facebook und Twitter als selbstverständliche Kommunikationsmittel dienen, so z.B. auch bei der Arbeitsvermittlung oder beim Informationsaustausch über Arbeitsstellen und deren Qualitätsbeurteilung über Arbeitgeber-Bewertungs-Portale (z.B. Kununu). Sie wollen »durchaus etwas erreichen, aber nicht mehr um jeden Preis« (wie vor ihnen die Babyboomer). Statussymbole bedeuten ihnen weniger, aber Freunde und Familie (inklusive Vaterschaftsurlaub) alles«. Auszeiten, Sabbaticals, Vier-Tage-Woche, auch mal zu Hause arbeiten – die Stellen müssen eben zur Lebenssituation und zur Lebenseinstellung passen (Olbrisch 2013).

Das bedeutet: Ein Chefarzt muss sich in einem Bewerbungsgespräch auf eine Assistenzarztstelle heutzutage durchaus mehr anstrengen und etwas bieten, wenn er auf einen aussichtsreichen, eventuell auch gut deutsch sprechenden Kandidaten trifft. So wird aus einem Bewerbungsgespräch eher ein Werbungsgespräch des Chefarztes mit Hervorhebung einer strukturierten Ausbildung, rascher Möglichkeit operativer Einsätze und finanzieller Unterstützung externer Fortbildungen. Die Vorstellung einer angenehmen Arbeitswelt in einem ausgeglichenen, humorvollen Team (»in dem auch gearbeitet wird«) gehört ebenso dazu. Irgendwo soll der Spaßfaktor erkennbar sein.

Internationalisierung Nur 70% der Examensabsolventen in Deutschland gehen in den klinischen Arztberuf. Alternative Berufsfelder bieten sich im Klinikmanagement, bei Krankenkassen, im öffentlichen Gesundheitswesen, bei Institutionen, Körperschaften und Ministerien, in der pharmazeutischen Industrie, bei Beratungsunternehmen und Medien.[3] Überhaupt trägt der innerdeutsche Nachwuchsmangel, der durch ausländische Ärzte aufgefüllt wird, zur *Internationalisierung* der ärztlichen Mitarbeiter bei. Ende 2014 stammten nach Angaben der Bundesärztekammer 9,7% der berufsausübenden Ärzte aus dem Ausland. 2012 hatte die Zuwanderung von Ärzten in Westfalen-Lippe einen Anteil von 48%, in manchen Regionen noch mehr.[4] Damit kommt es auch zum Austausch von Mentalitäten und Arbeitseinstellungen, quasi zu einer Mitarbeiterglobalisierung. Umso wichtiger wird das eigene Vor- und Leitbild und das der Oberärzte, die sich als Paten (oder Buddys) einzelner ihnen zugeordneter Assistenzärzte um deren Vorankommen kümmern. In den letzten Jahren generierten sich meine Mitarbeiter mehrheitlich aus unterschiedlichen Ländern (z.B. Armenien, Mexiko, Russland, Türkei, Ukraine; vorher Aserbaidschan, China, Österreich, Polen, Rumänien, Syrien). Deutsche sind dabei in der Minderheit. Gemeinsame tägliche Teambesprechungen sowie ein Handbuch mit abteilungsinternen Standards bilden in dieser Personalsituation eine wichtige Grundlage für Abläufe und Informationsübermittlung. Daneben sind Begleitmaßnahmen zur Förderung von Integration und Sprache wünschenswert. Einerseits Verständnis füreinander und Teamgeist, andererseits konsequentes Beachten von Regeln und Einhalten der Standards sind unerlässlich für den Zusammenhalt und den gemeinsamen Erfolg.

6.3.3 Stetige Verbesserungsprozesse in der Medizin

Für onkologische Patientinnen wird heutzutage, insbesondere in den zertifizierten Kliniken, ein qualitätsgesichertes Regelwerk vorgehalten, dessen Qualitätsstand anhand von Kennzahlen und Audits regelmäßig überprüft wird. Gelenktes Prozedere und Behandlungsdokumente in der EDV tragen zu mehr Sicherheit in der Therapieumsetzung bei. Der Ablauf wird aber immer nur so gut sein wie die »Komponente Mensch« Verantwortungsbewusstsein für ihr Tun vorhält und das empfohlene Prozedere mit Sorgfalt (sprich: Disziplin) umsetzt.

Kontrollinstanzen können diese Vorgänge unterstützen. Wenn neueste Medikationen und OP-Verfahren zeitnah in den Behandlungsprozess integriert werden, spiegelt sich dies in einem zunehmenden Überlebensvorteil onkologischer Patienten wider.[5]

Zugegeben, es war für meine Klinik eigentlich unmöglich, die Grundbedingungen (die Behandlung von mindestens 100 primären Mamma-Karzinomen pro Jahr) für eine fachgesellschaftliche Zertifizierung zum Brustkrebs-Zentrum zu erfüllen; denn der Klinikstandort hatte nur knapp 50.000 Einwohner. Bei einer Relation von einem neu diagnostizierten Brustkrebs auf ca. 1.000 Frauen musste das Einzugsgebiet jedoch mindestens ca. 150.000–200.000 Einwohner haben. Wie konnte man diese Hürde überwinden? Ich war überzeugt, dass letztlich nur unter Zertifizierungsbedingungen eine nachhaltige Qualitätssteigerung für unsere Patientinnen vor Ort erreichbar wäre. Vorgespräche mit Nachbarkliniken ergaben, dass eine intensive Zusammenarbeit in einem »gemeinsamen Brust-Zentrum über mehrere Standorte« mit den Frauenkliniken in den Nachbarstädten auf eine Entfernung von 45 bzw. 80 km weder praktikabel noch umsetzbar schien. Also war nur eine Ein-Standort-Lösung denkbar. Schließlich brauchte es dafür einige Jahre, nämlich vom Entschluss im Jahr 1999 bis zum Erhalt der Urkunde im Dezember 2011 (»Brustkrebs-Zentrum mit Empfehlung der Deutschen Krebsgesellschaft und der Deutschen Gesellschaft für

---

3 https://www.aekno.de/page.asp?pageID=6131
4 Ärzte Zeitung (2016) Chance und Herausforderung. Immer mehr ausländische Ärzte in Kliniken. 05.02.2016

5 Deutsches Ärzteblatt (2016) Perspektiven der Onkologie. Dtsch Ärztebl 2016; 113(6)

Senologie«). Es halfen eine Reihe von zusätzlichen Maßnahmen vor Ort in dieser Zeit: zwei örtliche Vereinsgründungen (zum Thema Brustkrebs), die Schirmherrschaft der Interessensgemeinschaft Krebsnachsorge e.V. (Laien), ein jährliches wissenschaftliches Symposion Onkologie/Senologie über 17 Jahre, mehrmals im Jahr Laieninformationsveranstaltungen zum Thema Brustkrebs, zweimal Podiumsdiskussionen mit TV zum Thema, die interdisziplinäre Zusammenarbeit beim Mammographie-Screening (ab 2010) und last but not least: Ein hoch engagiertes Team brachte sich ein, um diese Zertifizierung zu erreichen und sich auf die Fahne zu schreiben. Das war Traumberuf-Teamwork!

6.3.4 Positives Ausbildungs-Feedback – Was ist aus Schülern geworden?

Es ist erfreulich, wenn ehemalige Mitarbeiter z.B. bei spontanen Begegnungen auf einem Kongress einem rückmelden, dass viele Dinge meiner Ausbildung ihre weitere Berufsausübung geprägt hätten. Dies zeigt, dass die beharrliche Sinnerklärung des Handelns relevant ist. Und natürlich freue ich mich zu hören, was aus meinen ehemaligen Mitarbeitern geworden ist, z.B. Chefärzte, Oberärzte und Wissenschaftler, unmittelbar im Anschluss an ihre Ausbildung oder in der weiteren beruflichen Laufbahn.

Ein »Ehemaliger«, aus Ägypten stammend, Generation-Y-Vertreter, vormals Assistenzarzt bis zur Facharztprüfung und inzwischen Oberarzt in einer anderen Klinik besuchte mich. Am Ende des Gesprächs über seine weitere Zukunft verblüffte er mich: Er habe hier gelernt, dass das Wichtigste für seine Berufsausübung die *Disziplin* sei; denn orientiert man sich an einem ethnologischen Klischee, spiegele sich die ägyptische Mentalität in der Abkürzung »BMI« wider.[6] Dies ist nicht etwa das Kürzel für »Body Mass Index« oder »Bundesministerium für Inneres«, sondern »B« für »Bukra« bedeutet »nicht heute«, »morgen« oder »irgendwann«. »M« für »Malesh« heißt: »Egal – Macht nichts«, und »I« steht für »Insha'Allah«: »So Gott will.« Diese Einstellung lässt eine gewisse Freizügigkeit in der Entscheidung zur Arbeitsumsetzung zu, was aber im Arztberuf eher nicht zur umgehenden Erledigung von Notwendigkeiten beiträgt, sondern eher dazu, sich z.B. bzgl. einer raschen Patientenaufnahme nicht hetzen zu lassen.

Im Übrigen will ich nicht verhehlen, dass ich im Laufe der Chefarztjahre auch von meinen Mitarbeitern gelernt habe. Manches Nachdenken über eigenes Handeln und manche Überlegung zum Umdenken verdanke ich ihnen.

Zufriedene Patientinnen und erfolgreiche Zusammenarbeit mit meinem Team waren »Traumberuf«. Und es war mir jedes Mal eine ganz besondere Freude, diese Teamverlässlichkeit auf der alljährlichen Weihnachtsfeier unserer Abteilung in einer kleinen Ansprache für jeden Arbeitsbereich extra zu würdigen.

6.4 Was war Albtraum?

> In der Psychologie bezeichnet man als Alptraum bzw. Albtraum (neue Rechtschreibung) einen Traum, aus dem die Betroffenen erwachen und an den sie sich detailliert und lebhaft erinnern, wobei es in diesen Träumen meist um Themen wie Bedrohung des eigenen Lebens, der persönlichen Sicherheit oder der Selbstachtung geht. (…) Später bezeichnete man mit dem »Alb« einen Dämon, der sich auf die Brust von Schlafenden setzte, ihnen den Atem nahm und ihre Träume kontrollierte, also den Albdruck verursachte.[7]

Beim hier gemeinten *beruflichen Albtraum* im übertragenen Sinne geht es tatsächlich um das, was durchaus einen gewissen Albdruck verursachte. Dies stellten Problemereignisse dar, die mich länger beschäftigten, bis sie schließlich psychisch und lösungsorientiert verarbeitet werden konnten. Das betraf eigene ärztliche Grenzerfahrungen klinischer Notsituationen einerseits sowie Attacken auf chefärztliche Prinzipien und ärztliche Professionalität andererseits.

---

6 Dokumentenberater. In: Öffentliche Sicherheit 2005; 9-10: 94

7 http://lexikon.stangl.eu/3811/alptraum-albtraum/

6.4.1 Die Grenzen des Machbaren

Als früherer Mannschaftssportler war ich gewohnt, Einsatz zu zeigen, zu kämpfen und nie aufzugeben – bis zum Abpfiff. Insofern galt dieser Grundsatz auch für meine ärztliche Einstellung, nämlich in Notfällen (z.B. bei Blutungskomplikationen in der Geburtshilfe) alles zu geben oder bei operativen Herausforderungen das Für und Wider ggf. frühzeitig interdisziplinär abzuwägen – im Fall des »Fürs« (z.B. beim fortgeschrittenen Ovarial-Karzinom) auch die Nachbardisziplin im Rahmen der Oberbauch-und Darmchirurgie quasi »anzufeuern«, den Situs metastasenfrei zu operieren; oder im Fall der medikamentösen Behandlung der onkologischen Patientin mit Wunsch nach Maximaltherapie die jeweils individualisierte optimale Therapie zukommen zu lassen. Über allem steht immer, den *Patientenwunsch* zu respektieren und zu akzeptieren.

Es gab allerdings auch einige Fälle, wo der ärztliche Einsatz zu spät kam oder vergeblich war. Das war *Albtraum*. Hierzu exemplarisch:

Zu spät In meiner Zeit als leitender Oberarzt wurde ich akut in den Kreissaal zu einer älteren Erstgebärenden (nach Sterilitätsbehandlung) wegen leichter Blutung in der Eröffnungsphase gerufen. Wegen der sofort festgestellten vorzeitigen Plazentalösung wurde Alarm zur Notfall-Sectio ausgerufen. Obwohl von meiner Untersuchung bis zur operativen Entwicklung des Kindes nicht mehr als zehn Minuten verstrichen (10–20 min. sollten nach Leitlinie erreicht werden), also alles sehr schnell und eingespielt ablief, kam die Hilfe für das Kind trotzdem zu spät. Dieses Geschehnis vergesse ich nie. Es steht mir wie ein Unfallablauf in Zeitlupe vor Augen.

Vergeblich Ich erinnere mich an eine immungeschwächte Patientin mit einem Abdominal-Karzinom, die interdisziplinär operiert und versorgt wurde. Die Tumormassen waren bereits entfernt. In der späten Operationsphase trat aber eine Gerinnungsstörung auf, die zwar durch entsprechende Intensivtherapie wieder behoben werden konnte. In der postoperativen Phase erholte sich die Patientin – vermutlich im Zusammenhang mit der Immunschwäche – dann aber leider nicht mehr.

6.4.2 Die Verwaltung

Die *Verwaltung* eines Krankenhauses, inzwischen vielfach (kaufmännisch) als »Geschäftsführung« bezeichnet, führt das Krankenhaus betriebswirtschaftlich. Viele Klinikverwaltungen »machen hier einen guten Job«, insbesondere deren emsige Mitarbeiter und »Brückenköpfe« zu den klinischen Abteilungen. Aber es besteht ein Unterschied in der Zielsetzung zwischen früher und heute und wohl auch von Haus zu Haus: Seit der Privatisierungswelle ist neben einem ausgeglichenen Haushalt und der Reinvestition aus der Einnahmenseite noch zusätzlich die Renditeerwartung der Anteilseigner als Zielvorgabe hinzugekommen (meist 10% und mehr Rendite). War mit Einführung des Fallpauschalen-DRG-Systems (2004) schon ein politisch gewollter Krankenhauswettbewerb in Gang gesetzt worden, so erhielt die unternehmerische Prägung der Kliniken durch die *Privatisierung* einen weiteren Anschub zur Gewinnerzielung. Die gängigen Werkzeuge hierzu, Produktsteigerungsinitiative und/oder Human-Resource-Verknappung (i.d.R. über Personalabbau), ließen nicht lange auf sich warten.

Die Verwaltung und ihre Leistungsbewertung

Es wird noch so manches in den folgenden Kapiteln über die zunehmende Ökonomisierung bzw. Kommerzialisierung im Gesundheitswesen zu lesen sein. Ich möchte dazu in Form eines Gedichts von Frederic A. Dolfo Folgendes anmerken:

> **Bunte Runde**
> » Jeden Mittwoch um halb neun,
> Trifft man sich in bunter Runde.
> Anfangs gibt's noch was zum Freun
> Über manche Witz-Befunde.
>
> » Gleich darauf verstummt die Lache,
> Wenn der GF[8] nimmt sich Platz.
> Und es geht mit Ernst zur Sache,
> Überlegt sei jeder Satz.
>
> » Nun kommt Spannung in die Nerven,
> Wenn Controlling-Frau beginnt,
> An die weiße Wand zu werfen,
> Was Statistik hat ersinnt.

8 GF = Geschäftsführer

» Indizes und Falltabellen,
  Kurven, Säulen, Flows und Charts,
  Unterteilt nach Kostenfällen,
  Zahlenfolgen, rot und schwarz.

» Man spricht statt von den »Patienten«
  Bloß von »Liern«[9], »good« und »bad«,
  Und von dem L/P-Quotienten,
  Der bestimmt die Qualität.

» Nicht von wahrer Heilungsgüte
  Oder ob der Krebs besiegt,
  Sondern schwarzer Zahlenblüte
  Und wie Konkurrenz bekriegt.

» Manches ist noch dran zu feilen:
  Indizes und Liegezeit.
  Notfalls muss man sich beeilen
  Mit der Heilung, tut uns leid!

» Sind die Lier nach dem Schnitt
  Und noch etwas Essen fassen
  Für zu Hause zwar nicht fit,
  Doch schon fertig zum Entlassen.

» Dokument und Brief geschrieben,
  Haben hohe Relevanz.
  Draußen warten schon die Lieben,
  Rechnung geht an Allianz.[10]

» Noch ein kurzes weißes Winken,
  Alles Gute, Wiedersehn,
  Neues Bett, geputzte Klinken,
  Vor der Tür die Nächsten stehn.

Die Verwaltung und der Kampf ums Personal

Die Umsetzung des Arbeitszeitgesetzes erbrachte im Jahr 2007/2008 für meine Abteilung eine Umstellung. Der assistenzärztliche 24-Stunden-Dienst (gefolgt von Freizeit) wurde in einen dreigliedrigen Schichtdienst umgewandelt. Der ärztliche Personalschlüssel wurde dann auch wegen der stetig steigenden Zahl onkologischer Patientinnen sukzessive auf 1-3-8 (Chefarzt/Oberärzte/Assistenzärzte) angepasst. Im Vorlauf und mit Zertifizierung des Brust-Zentrums im Jahr 2011 erhöhte sich der Dokumentations- und Versorgungsaufwand. Trotz dieser leistungsmäßigen Errungenschaften dauerte es aber nicht lange, bis dieser *Personalbestand* im Visier regelmäßiger Verwaltungsgespräche auf lokaler und dann regionaler Ebene stand. Anfangs half noch eine ausgeklügelte Powerpoint-Präsentation der klinischen Abteilungsdaten vor einem Verwaltungs-Auditorium mit zusätzlich eingeladener Regionalleitung, um den Angriff auf den ärztlichen Personalbestand abzuwehren. In den folgenden etwa monatlich stattfindenden Sitzungen bei der Verwaltung wurde dann im Vier-Augen-Gespräch härter argumentiert und regelmäßig um den Personalschlüssel der Ärzte verhandelt, besser: gerungen. Nach dem Motto »Das Verhandlungsergebnis kann nur so gut sein wie die Vorbereitung darauf« präparierte ich mich jedes Mal mittels Mind-Maps mit Zielvorgaben, optimistischer Maximalforderung, Pros und Contras und einem Kompromiss als Minimalziel. Ich hatte häufig davor verkürzte nächtliche Schlafenszeiten, um die Dinge gedanklich durchzuspielen. Es waren harte, mitunter scharfe Verhandlungen, um die gegenseitigen Standpunkte zu vertreten. Durchaus, soweit ich mich erinnere, getragen von einem gewissen Verständnis für das Gegenüber. Und das war entscheidend. So verblüffte mich der seinerzeitige Verwaltungsleiter einmal mit seiner abschließenden Gesprächsbewertung: »Ist doch ein gutes Ergebnis, das heute für Sie herausgesprungen ist!« Ich vermied getreu der Handlungsmaxime »Bloß keinen Enthusiasmus nach positivem Verhandlungsergebnis zeigen« jeglichen Überschwang. Dieses Verhandlungserlebnis blieb mir allerdings als einziges in dieser deutlich positiven Art in Erinnerung. Trotzdem hatte ich nicht nur in diesem Moment das Gefühl, dass auch ihm, dem Verwaltungsleiter, trotz aller Vorgaben die Beziehung zur Chefarztseite wichtig war. Und das ist eine absolut relevante Voraussetzung, um für den kommunikativen Austausch zwischen Verwaltung und Chefarzt die wertschätzende »Augenhöhe« zu erhalten.

Durch Wechsel in der Geschäftsführung kann sich dies zu Ungunsten der Chefärzte ändern. Zum

---

9 Lier, sprich: Laier, von engl. »to lie«, also lier = Lieger, i.S. good lier = erlösoptimierend, da Patient mit Krankenhausaufenthalt unter der mittleren Grenzverweildauer; »bad lier = Patient mit für den Erlös ungünstiger Liegezeit

10 andere Versicherungen: IKK, Barmer etc.

Beispiel wird manchmal bereits in den ersten Verwaltungsgesprächen unter dem Aspekt finanzieller Engpässe (das Abteilungsergebnis sei unbefriedigend) eine mehrdimensionale Personalstellen-Abbau-Debatte geführt: So genügt dann nicht der Verzicht auf eine halbe Stelle, nein, sondern ein oder zwei komplette ärztliche Stellen (oder gar mehr) sind zu reduzieren. Die konsekutiv entfallene Facharztstelle soll nun selbstredend durch zusätzlichen chefärztlichen Nachtdiensteinsatz aufgefangen werden. Bedenken werden dann oft stoisch mit »Sie bewegen sich nicht. Ich kann keine Bewegung erkennen!« weggewischt. Die Richtung dieser geforderten Bewegung ist damit als argumentative Einbahnstraße vorgegeben. Häufig folgen auf der nichtärztlichen Mitarbeiterebene weitere Veränderungen wie Annullierung der Sekretariatsvertretung, Reduktion von wichtigen Hilfsfunktionen im Bereich Qualitätsmanagement des Brust-Zentrums oder Streichung der Study Nurse (auch wenn z. B. durch Drittmittel teilfinanziert). Somit lässt sich rasch erkennen, dass in der Folge kompromissloser Maximalforderungen um Personalstellenabbau die chefärztliche Dienst- und Gestaltungsfreiheit deutlich eingeschränkt wird. Daraus lässt sich schlussfolgern, dass in der geschilderten Art und Weise Prinzipien kollidieren. Betriebswirtschaftliche Aspekte und ärztliche Führungsgrundsätze treffen unvereinbar aufeinander.

6.4.3 In der Schraubzwinge zwischen Haftung und Sozialgesetzbuch[11]

Die Haftung

Das Vertrauen des Patienten in die ärztliche Betreuung und Behandlung ist die Grundvoraussetzung für die Annahme des Auftrages durch den Arzt. Der Arzt arbeitet als Treuhänder für die Belange seiner Patienten. In Treu und Glauben nimmt der Patient die Behandlung wahr. Eingangs vertraut der Patient dem Arzt seine persönliche Vorgeschichte und die Beschwerden an und lässt die Intimität der körperlichen Untersuchung zu, um dann die ärztliche Einschätzung und die Behandlungsvorschläge zu hören. Nach für den Patienten ausreichender Information hinsichtlich Nutzen und Risiken der Therapie kann der Patient die Alternativen abwägen und sich für eine eventuelle Behandlung entscheiden, die im Falle der Erkrankung gewöhnlich zur Heilung oder Besserung des Beschwerdebildes führen wird. Dafür tritt die ärztliche Seite ein und gibt ihr Bestes.

Der Arzt steht für die *regelkonforme Durchführung* der Behandlung ein, nicht für den Erfolg (fachärztlicher Standard, ▶ Kap. 22). Für die Regelkonformität trägt er auch ein *Haftungsrisiko* unter Einschluss seines Privatvermögens (je nach Versicherung), das heißt im Zweifelsfall muss er sich bei Misslingen einer Operation oder bei einer Behandlungskomplikation dafür verantworten.

> Es bestehen zwei Anspruchsbereiche im Verhältnis Patient – Arzt – Klinik: die *vertragliche Haftung* und die *gesetzliche Haftung*. Vertragspartner im Bereich der Klinik ist der Klinikträger (bei ambulanter Liquidation der Chefarzt). Im Rahmen der *Erfüllungsgehilfen-Haftung* muss der Träger für die Fehler der beschäftigten Ärzte einstehen. Der zweite Bereich ist die *deliktische Haftung* nach §823 ff. BGB gegen den handelnden Arzt. Der Patient kann jeden der Schuldner jeweils auf das Ganze in Anspruch nehmen. Während für den Arzt die Berufshaftpflichtversicherung nach der Berufsordnung Pflicht ist, unterliegt der Klinikträger für das Haftpflichtrisiko keiner Versicherungspflicht (Silbernagel 2016).

Nach Angaben der Bundesärztekammer wurden 2015 vor dem Hintergrund von fast 700 Mio. Behandlungsfällen 2.132 ärztliche *Behandlungsfehler* registriert (2014: 2.252 Behandlungsfehler). Hierbei wurden 1.774 Menschen durch Fehler geschädigt (ca. 0,25 Promille). 358-mal handelte es sich um einen Behandlungsfehler oder Aufklärungsmangel ohne nachfolgenden Gesundheitsschaden. 74,2% der Schädigungsfälle erfolgten im Klinikbereich, 25,8% in der Praxis oder einem Medizinischen Versorgungszentrum (MVZ). Als Fachbereich mit den häufigsten Behandlungsfehlern rangiert an erster Stelle die Unfallchirurgie/Orthopädie (in der Praxis bzw. im MVZ: 525 Fälle, in der Klinik: 1.933 Fälle). Es folgen unter den weiteren Disziplinen die Allgemeinchirurgie (213/952 Fälle), die Innere Medizin

---

[11] Ich danke Dr. A. Pollandt (FA für Medizinrecht) für seine sorgfältige Durchsicht

6.4 · Was war Albtraum?

(151/541), die Frauenheilkunde (161/321), die Neurochirurgie (0/279) und die Anästhesie und Intensivmedizin (0/243) sowie andere Fächer mit deutlichem Abstand. Trotz niedrigem Gesamtniveau ist selbstverständlich jeder Fehler einer zu viel. Fehlervermeidung und Fehlerkultur unterliegen einem ständigen Verbesserungsprozess.[12]

Anhand von regelmäßig aktualisierten fachlichen Standards, Leitlinien (S1 bis S3) sowie anhand aktueller Therapieempfehlungen der fachlichen Arbeitsgruppen wird den Neuerungen in der Medizin regelmäßig Rechnung getragen. Trotzdem ist jeder »Fall einer Erkrankung« ein *individueller* Behandlungsfall, und dies ist grundsätzlich anders als in der getakteten Industrie mit ihren Endprodukten und wird auch aller Voraussicht nach so bleiben. Daher können für den Behandlungsausgang – Wissen, Sorgfalt und Disziplin des Therapeuten immer vorausgesetzt – Imponderabilien beim Patienten und zufällige Konstellationen oft eine Rolle spielen. Zumeist handelt es sich um dynamische Verläufe (Medikationsverlauf, Operationsverlauf, Heilungsverlauf), die zwangsläufig aufeinander folgen und anfällig sind. Die Wahrscheinlichkeit, dass die nachfolgende Heilung *problemlos* verläuft, wenn die vorausgegangene Operation inklusive Begleitkonditionen regelgerecht war, ist groß, aber nicht in jedem Falle stets garantiert. Genauso kann eine *vor* der Operation unbekannte Konstellation sowohl für den OP-Verlauf und/oder die Heilung beeinträchtigend sein. Diese Aspekte gilt es den Patienten zu vermitteln, das heißt ihre Therapietreue einzufordern, um eben für Heilung und Genesung die bestmöglichen Voraussetzungen zu schaffen. Trotzdem – trotz aller Sorgfalt des Operateurs – kann ein postoperativer Verlauf komplikativ verlaufen und letztlich zu Vorwürfen, Klagen, Schlichtungsversuchen oder langer prozessualer Auseinandersetzung führen. Das ist Albtraum! So zum Beispiel, weil ein präoperatives Vorkommnis unbekannt war:

Bei einer perimenopausalen Patientin mit malignem Abdominal-Tumor wurde eine sog. radikale Hysterektomie mit Becken- und Mittelbauch-Lymphknoten-Entfernung durchgeführt. Nach normaler postoperativer Heilungsphase im Krankenhaus musste sie einige Tage nach Entlassung wegen starker Bauchbeschwerden erneut in der Klinik aufgenommen werden. Ein Verschluss im Sigmadarm-Bereich – wohl aufgrund einer kleinen gedeckten Darmläsion – wurde als Ursache operativ behoben. Leider war danach wegen weiterer Heilungsstörungen eine Reihe von Nachoperationen notwendig, bis die Patientin wieder gesund war. Danach erfolgten über einen Zeitraum von etwa zwei Jahren Auseinandersetzungen mit anwaltlichen Anschuldigungen über postulierte Zusammenhänge der postoperativen Komplikationen mit der Primär-OP. Die Schlichtungsstelle der zuständigen Ärztekammer wurde eingeschaltet. Zwei dezidierte wissenschaftliche Sachverständigengutachten wurden erstellt: ein gynäkologisches Gutachten zur Beurteilung der fachlichen Vorgehensweise und ein chirurgisches Gutachten zur Evaluierung im Hinblick auf die Darmläsion. Das Fachgutachten des erfahrenen chirurgischen Gutachters widerlegte den Zusammenhang zwischen primärer Bauch-Tumor-Operation und Darmläsion. In minutiös-kriminalistischer Aufarbeitung der Unterlagen (OP-Berichte etc.) wies er nach, dass die Ursache der Darmkomplikation nach der primären Bauch-Tumor-OP, eine Leckage, durch die endoskopische Vordiagnostik am Vortag der Bauch-OP verursacht wurde und nicht bei der primären Bauch-OP selbst.

Das medizinische *Sachverständigengutachten* bildet im Arzthaftungsprozess die Grundlage des richterlichen Urteils hinsichtlich einer möglichen ärztlichen Fehlbehandlung für den Klageweg. Die Gutachterkommissionen und Schlichtungsstellen der Ärztekammern sind als vorgerichtliche Instanz bei einem Verdacht auf einen Behandlungsfehler gefragte Anlaufstellen. Circa ein Viertel aller vermuteten Arzthaftungsfälle werden hier präjustiziabel beurteilt. 2011 wurden von 11.107 Anträgen (2007: 10.432 Antragstellungen) 7.452 bearbeitet. In rund 69% dieser Fälle resultierte nach dem Gutachten, dass *kein* ärztlicher Fehler vorlag. In 25,5% fanden die Gutachter einen Fehler mit Kausalität, der veranlassen sollte, die betroffenen Patienten zu entschädigen.[13]

---

12 http://www.aerztezeitung.de/extras/druckansicht/?sid= 907302&pid=...)

13 http://www.aerzteblatt.de/nachrichten/51532

Prozesse und Regresse

Auf der einen Seite schuldet der Arzt dem Patienten eine Behandlung nach fachärztlichem Standard auf dem aktuellen Stand des Fachwissens und im Zweifelsfall die bestmögliche Therapie, um bei einer ernsthaften Erkrankung wie Krebs die wirksamsten Register zu ziehen (Haftung). Auf der anderen Seite sieht das Sozialgesetzbuch vor, dass der zahlenden Krankenkasse hierbei »kein wirtschaftlicher Schaden« entsteht.

Off-Label-Use Es gibt Konstellationen, bei denen beispielsweise gute wirksame und verträgliche Krebsmedikamente erhältlich sind und ihre Applikation bereits Eingang in die Indikationsempfehlungen der wissenschaftlichen Arbeitsgruppen oder der medizinischen Fachgesellschaften gefunden haben. Wegen nicht erfolgter Zulassung in der relevanten Indikation durch die Arzneimittelbehörde – ein lange dauerndes Verwaltungsverfahren – kann ein solches Medikament aber nur als sog. *Off-Label-Use* angewendet werden (▶ Kap. 22, ▶ Kap. 25). Das heißt wiederum, dass die zuständige Krankenkasse auf der Grundlage der gesetzlichen Vorgaben entscheiden kann, ob sie die Medikamentenkosten, im vorliegenden Beispiel für eine Krebsmedikation, übernimmt oder nicht. Diese Entscheidung kann sie auf Patientenanfrage kurzfristig *vor* der Verabreichung an den Patienten treffen oder – für den verantwortlichen Arzt riskant – *nach* der bereits erfolgten Applikation. Idealerweise ist es der behandelten Patientin (oder dem Arzt) im Falle des Off-Label-Use zuvor möglich, die Kostenübernahme durch die Kasse zu erlangen. Bei Behandlungseile ist es möglich, dass die Kostenübernahme (noch) nicht bewilligt ist und die Medikamentengabe trotzdem bereits erfolgt. Dann kann es sein, dass der ohne die Zustimmung der Krankenkasse handelnde, verantwortliche Arzt im Rahmen einer Wirtschaftlichkeitsprüfung in einen *Arzneimittelregress* genommen wird, was auf Antrag der Krankenkasse auch noch Jahre nach der Verordnung möglich ist. Der Arzt haftet bei nichtstationärer Durchführung der Medikamentengabe in diesem Fall *verschuldensunabhängig* mit seinem Privatvermögen, wenn er an der vertragsärztlichen Versorgung auf der Grundlage einer individuellen Ermächtigung teilnimmt und keine Absprache zur Regressabsicherung mit seinem Krankenhaus getroffen hat oder treffen konnte! Weil die Entwicklungen in der Onkologie rasant sind und das Arzneimittel-Zulassungs-Prozedere wegen der notwendigen Zulassungsstudien in der Regel mehrere Jahre benötigt, werden immerhin rund 30% der onkologischen Medikationen als sog. Off-Label-Use, also bereits vor der behördlichen Zulassung durch das Bundesinstitut für Arzneimittel und Medizinprodukte (BfArM), verordnet. Wegen der hohen Kosten der Zulassungsverfahren werden mitunter für bestimmte Anwendungen schon zugelassene Medikamente nicht unbedingt für jede weitere sinnvolle Indikation extra einem neuen Zulassungsverfahren unterzogen. Ein bereits im Handel befindliches Medikament, das außerhalb der zugelassenen Indikationen verordnet wird, befindet sich daher im Off-Label-Use, obwohl es in einer anderen zugelassenen Indikation on-label angewendet wird.[14]

Zur präoperativen Behandlung des primären Mamma-Karzinoms wird abhängig von seiner Größe und bestimmten Konstellationen des Tumors (Tumor-Prognose- und prädiktiven Faktoren) die sog. neoadjuvante Chemotherapie angewendet. Diese gängige leitlinienempfohlene Therapie wird *vor* der Operation eingesetzt. Sie testet hierbei das Tumoransprechen auf das Medikament und verbessert die Operabilität durch präoperative Tumorverkleinerung. Für diese Methode der Neoadjuvanz, die seit ca. 20 Jahren off-label in Deutschland und anderen Ländern angewendet wird, gab es bis vor kurzem keine einzige Zulassungsstudie, obwohl die hierfür angewandten onkologischen Medikamente für die Anwendung *nach* der Operation schon lange zugelassen sind. Sicherheitshalber bin ich zur Regressvermeidung in den letzten Jahren dazu übergegangen, bei Indikation zur neoadjuvanten Therapie eine prätherapeutische Kostenübernahmeerklärung für die Medikamente bei der Krankenkasse einholen zu lassen. Es gab hierbei (wenn auch selten) Absagen von Krankenkassen zur Kostenübernahme.

Therapieoptimierungsstudien Neben dem Off-Label-Use findet sich auf dem Gebiet der Medikamentenverordnung der Onkologie eine weitere Regressfalle (Haftung des Arztes mit seinem Privat-

---

14 Siehe auch: http://www.bfarm.de/DE/Arzneimittel/zul/ BereitsZugelAM/offLabel/_node.html

vermögen): der Einschluss in sog. *Therapieoptimierungsstudien.*

Onkologisch tätige Ärzte sind aus mehreren Gründen angehalten, Patienten in sog. Therapieoptimierungsstudien einzubringen. Zum einen gibt es schon lange Hinweise auf mögliche Vorteile bei Studienteilnahme: Der Patient erhält u.a. neue, wirksame, (noch) nicht zugelassene Medikamente mit möglichem Überlebensvorteil, zum anderen ist die Teilnahme an onkologischen Studien ein gefordertes Qualitätskriterium für zertifizierte Krebs-Zentren (früher mindestens 20% teilnehmende Brustzentrumspatienten), und sie ist sogar eine Anforderung der Onkologie-Vereinbarung für ambulant tätige onkologische Ärzte. Diese augenscheinliche Eindeutigkeit der Vorteile für onkologische Patienten durch Studienteilnahme kann aber wiederum qua Gerichtsbeschluss konterkariert werden, wie die folgende Gerichtsentscheidung exemplarisch verdeutlicht.

In der bundesweit geltenden *Onkologie-Vereinbarung* (§ 10 Abs. 4 der Anlage 7 zum Bundesmantelvertrag-Ärzte) findet sich der Programmsatz: »Der Einschluss einer möglichst großen Zahl von Patienten in klinische Studien im Rahmen dieser Vereinbarung ist ausdrücklich erwünscht.« Die hier mit normativer Wirkung versehene Zielsetzung der onkologischen Versorgung durch die gesetzliche Krankenversicherung (GKV) wird an gleicher Stelle auch leistungsrechtlich fundiert: »Die Studienteilnahme eines Patienten unter diesen Voraussetzungen ist kein Ausschlusskriterium für die Versorgung gemäß dieser Vereinbarung.« Auch andere Rechtsquellen weisen darauf hin, dass Honorierungen im Rahmen klinischer Studien Bestandteil des Leistungskatalogs der GKV sind, so besonders der § 8 Abs. 1 Krankenhausentgeltgesetz. Hiernach trifft für die stationäre Therapie zu: »Bei Patienten, die im Rahmen einer klinischen Studie behandelt werden, sind die Entgelte für allgemeine Krankenhausleistungen nach § 7 zu berechnen; dies gilt auch bei klinischen Studien mit Arzneimitteln.« Für den ambulanten Sektor stellt § 35c Abs. 2 SGB V die Voraussetzungen her, unter denen Versicherte Anspruch auf die Behandlung mit zugelassenen Arzneimitteln in klinischen Studien haben. Analog zu diesem Leistungsanspruch der Versicherten hat der an der Studie teilnehmende Vertragsarzt (z.B. der ermächtigte Chefarzt) das Verordnungsrecht. Diese Rechtslage hat sich über mehrere Jahre entwickelt. Bundestag und Bundesrat haben sich im Rahmen der 12. AMG-Novelle (▶ Kap. 22, Seite 344 u. 347) mit der Verordnungsfähigkeit von Arzneimitteln in Therapieoptimierungsprüfungen beschäftigt und den Leistungsanspruch anerkannt, auch für die Fälle, »in denen die Versorgung im Rahmen einer Erprobung durchgeführt wird. Insofern wird die Notwendigkeit einer Anpassung von Ziffer 12 der Arzneimittelrichtlinien des gemeinsamen Bundesausschusses (G-BA) nach § 92 Abs. 1 Nr. 6 SGB V vorgesehen.« Diese Ziffer 12 wurde vom G-BA inzwischen abgeschafft. Trotzdem hat diese Regelung zur Zeit ihrer Geltung negativen Einfluss, wie ein Urteil des Landessozialgerichts Niedersachsen-Bremen vom 05.03.2014 (Az. L 3 KA 85/11) zeigte. Gegenstand des Verfahrens war ein Regress für Arzneimittel, die innerhalb einer neoadjuvanten Chemotherapie im Rahmen der Gepar-Trio-Studie appliziert wurden (Pollandt 2014).

Die wegen Brustkrebs behandelte Patientin hätte auch außerhalb der Therapieoptimierungsstudie die ärztliche Indikation zur neoadjuvanten Therapie gehabt. Diese Tatsache beeinflusste das Urteil aber in keiner Weise. Das Landessozialgericht bestätigte in zweiter Instanz die Verhängung des Arzneimittelregresses.

> Zwar ergebe sich aus verschiedenen gesetzlichen Vorschriften wie etwa § 8 Krankenhaus-Entgeltgesetz, dass die Verordnung von Arzneimitteln im Rahmen klinischer Studien zulasten der Krankenkassen möglich sei. Diese Regelungen hätten jedoch keine Rechtswirkungen, die über den dort jeweils geltenden Teilbereich hinausgehen. Auch das Bundessozialgericht habe festgehalten, dass Grundlagenforschung und klinische Studien grundsätzlich nicht zulasten der GKV durchgeführt werden sollen und insbesondere die vertragsärztliche Verordnungsfähigkeit eines Arzneimittels zulasten der GKV für die Zeit der klinischen Prüfung ausscheidet (Pollandt 2014).

Nach der sog. Nikolaus-Rechtsprechung des Bundesverfassungsgerichts von 2005 (§ 2 Abs. 1a SGB V) muss die GKV, insbesondere bei lebensbedrohlichen Erkrankungen, auch solche Leistungen finanziell tragen, »die zwar die allgemeinen Leistungsanforderungen des GKV-Systems nicht erfüllen, im konkreten Fall jedoch Aussicht auf Erfolg bieten und alternativlos sind« (Pollandt 2014). Das Gericht argumentierte im vorliegenden Fall, »dass das Kriterium der fehlenden therapeutischen Alternative im typischen Setting einer Therapieoptimierungsstudie gerade nicht gegeben ist, wenn die zu optimierende Therapie im Rahmen der GKV erbracht werden kann. Je nach Ausrichtung der Studienziele wird es zudem an der hinreichenden Erfolgsaussicht jenes Behandlungsschemas fehlen, denn die Erfolgsaussicht ist ja offenbar nicht ausreichend belegt, wenn sie in der Studie untersucht werden soll. Auch ist zu berücksichtigen, dass das Bundessozialgericht erhebliche Anforderungen an den Nachweis der Erfolgsaussichten stellt.« Soweit das Wesentliche der Urteilsbegründung mit der Folge: »Der individuelle Leistungsanspruch wurde abgelehnt, und der Arzneimittelregress wurde zudem auf diesen Umstand gestützt« (Pollandt 2014).

Da beißt sich die Katze in den Schwanz. Der Arzt haftet verschuldensunabhängig letztendlich aus eigener Tasche, so auch in diesem Fall.

Der Richterspruch

Im Namen des Volkes, Urteil: »(…) Die Behandlung des Patienten ist (sei) bei Therapieoptimierungsstudien nicht mehr primäres Ziel der ärztlichen Verordnung, sodass keine die Leistungspflicht der gesetzlichen Krankenversicherung (GKV) auslösende Krankenbehandlung vorliege (…)«, so auszugsweise die schriftliche Begründung des obigen Urteils.[15]

Ich stand bei der Urteilsverkündung flankiert von meinem betreuenden Anwalt für Medizinrecht vor dem Podium, das mit fünf Richtern (drei hauptberufliche, zwei ehrenamtliche) besetzt war. Was für eine Kulisse! Als der Vorsitzende das Urteil verkündete, kam er gleich auf die obige Formulierung mit seiner Einschätzung, dass ich als Arzt nicht mehr die Behandlung der Patientin als vorrangiges Ziel der ärztlichen Versorgung hätte, wenn die Patientin an einer Therapieoptimierungsstudie teilnehme. Dieser damit amtlich dekretierte Zweifel an der Absicht des primären Wohls meiner Patientin zog mir quasi den professionalen Boden unter den Füßen weg. Alles andere, was er dann noch juristisch-argumentativ herunterspulte, zog rauschend an mir vorüber. Das war wahrhaft Albtraum!

Weitere Regressfallen

Weitere Regressfallen finden sich in *Richtgrößenprüfungen* (zur Prüfung der Arzneimittel-Praxis-Budget-Überschreitung) und *Einzelfallprüfungen* auf Antrag der Kassen. So meldete die KV Nordrhein für das Jahr 2008, dass von 115 Verfahren wegen Überschreiten der Arzneimittelrichtgröße um mehr als 25% in 16 Fällen ein Regressbescheid erteilt wurde. In einer Übersicht über die betreffenden Regresssummen lag der Durchschnittswert für Arzneimittel bei 23.943,22 Euro, die der jeweils verurteilte Arzt dann aus eigener Tasche zu begleichen hatte. Bei den Einzelfallprüfungen aus dem Jahre 2010 im selben KV-Bezirk handelte es sich um größere Kassenantragszahlen mit folglich kleinerem Regressdurchschnittswert bei Arzneimitteln von 533,86 Euro.[16]

Die Regresssummen hängen maßgeblich mit der Praxisspezifität zusammen. In der ambulanten onkologischen Therapie sind Regressandrohungen an die behandelnden Ärzte in fünfstelliger Euro-Höhe keine Seltenheit. In Extremfällen sind hohe sechsstellige Beträge bekannt.

Was ist zu tun, wenn ein Regress droht? Argumentationshilfe ist wichtig. Nachfolgende Empfehlungen finden sich unter »Abrechnung aktuell« (▶ http://www.iww.de/aaa/archiv/arzneimittel-sprechstundenbedarfs-und heilmittelregresse):

1. Verordnungsverhalten kritisch überprüfen
2. Rezepte bei der zuständigen Geschäftsstelle der Prüfinstanzen einsehen
3. Patienten- und Verordnungsstruktur statistisch aufbereiten
4. Individuelle Stellungnahme abgeben
5. Auf Praxisbesonderheiten hinweisen mit Ursachen für statistische Abweichungen bei Arzneimittelverordnungen, Heilmittelverordnung und bei Sprechstundenbedarfsverordnungen (Praxisbesonderheiten?)

---

15 LSG Niedersachsen-Bremen. Urteil vom 05.03.2014, Az. L 3 KA 85/11

16 http://m.medical-tribune.de/artikeldetail/arzneimittelregress-unterm-strich-stehen-eher-kleine-zahlen.html

6. Kontakt zum Prüfreferenten aufnehmen
7. An der mündlichen Verhandlung teilnehmen, (...). Unterstützung liefern auch die speziellen Berater der Kassenärztlichen Vereinigungen.[17]

Einen Überblick über das juristische Spannungsfeld für Ärzte gibt die nachfolgende Zusammenstellung. Weitere Ausführungen finden sich in den juristischen Kapiteln 21–24 und dem Kap. 25 »Versicherungsfallschirm«.

> **Das juristische »Hochsicherheits-Korsett« für Ärzte**
> - **Arzthaftungsrecht** (sog. Fehlerhaftung in Behandlung, Aufklärung usw.; Sanktionen: bis hin zum Strafprozess)
> - **Budgetbegrenzung** (Sanktionen: Haftung mit Eigenmitteln, Regresse bei Überschreitung des über die Kassen zugeteilten Budgets für Arznei, Behandlungsfälle; Alternative: Behandlung auf Arztkosten nach Ausschöpfung des Budgets)
> - **Sozialgesetzbuch** (Haftung für »wirtschaftlichen Schaden« auf Anzeige der Krankenkassen, den man ihnen »zufügt« trotz richtiger Therapie und trotz Vorteil für Patienten, z.B. durch Off-Label-Use, z.B. Verordnung von Krebsmitteln, deren vorteilhafte Wirkung für bestimmte Krankheiten zwar schon wissenschaftlich nachgewiesen, aber noch nicht zugelassen ist. Sanktionen: volle finanzielle Haftung des verordnenden Arztes)
> - **Antikorruptionsgesetz** (inzwischen verabschiedet, ▶ Kap. 5, S. 41 und Kap. 22, S.316 ff))

Andererseits: Wie sieht es in anderen Bereichen bei unseren Verantwortungsträgern aus? Politiker und Lobbyisten: keine persönliche Haftung bei Fehlentscheidungen oder Fehlinvestitionen (sondern Schadensausgleich über Steuergelder!); Richter: keine Haftung für Fehlurteile; Banker: meist keine Haftung für Fehlinvestitionen und Fehlentscheidungen.[18]

6.5 Was muss eine attraktive Chefarztposition bieten?

Eine attraktive Chefarztposition muss aus meiner Sicht Folgendes bieten:
- Ein **gutes Team** oder die Option, ein gutes Team aufzubauen durch die Möglichkeit, ausreichend qualifiziertes Personal einzustellen (z.B. Oberärzte, Sekretärin, Hebammen, Assistenzärzte, Arzthelferin, Vertretungen)
- **Kooperationsmöglichkeiten** mit den notwendig vorhandenen Nachbardisziplinen eingehen zu können (z.B. Innere Medizin mit Kardiologie und Gastroenterologie, Viszeral- und Gefäßchirurgie, Urologie, Pädiatrie und Neonatologie, bildgebende Diagnostik, Anästhesie und Intensivmedizin sowie Pathologie und Strahlentherapie)
- Ein **kompetentes OP-Management** mit Funktionsvoraussetzungen (z.B. Saalkapazität, OP-Zeit, ausreichend Säle) sowie **Personalkapazitäten** (z.B. Pflege, Anästhesie, eigenes Personal), um die Saalkapazitäten ausschöpfen zu können
- Eine **kooperative Verwaltung** (z.B. gegenseitiges Verständnis für die jeweilige Sichtweise mit den vier Grundbedingungen für eine erfolgreiche Kommunikationsbasis: Unterstützung, anreizfreie Medizin, kein Druckaufbau, »offene Tür«, ▶ S. XIII)
- Eine **adäquate Leistungsabgeltung**

Eine attraktive Chefarztposition sollte langfristig eine gewisse Ausgewogenheit zwischen Belastung in Form von Stressoren einerseits und Arbeitszufriedenheit andererseits bieten, was sich in folgendem *Balancequotienten* ausdrücken könnte:

Arbeitszufriedenheit / Stressoren $\geqq 1$ (= Ausgewogenheit bzw. Erfolg)

Berufliche Zufriedenheitsfaktoren oder -summanden sind: zufriedene Patienten, motiviertes

---

17 http://www.iww.de/aaa/archiv/arzneimittel--sprechstundenbedarfs-und-heilmittelregresse-was-ist-zu-tun-wenn-ein-regress-droht-f39218

18 Keine Haftung für falsche Entscheidungen, http://www.manager-magazin.de/unternehmen/artikel/a-598084-3.html

Team, gute Kooperationen, erreichbare und erreichte Entwicklungsziele der Abteilung, Mitarbeiterkarrieren sowie kooperative unterstützende Verwaltung.

Diese genannten Aufbaufaktoren der beruflichen Zufriedenheit schaffen einen Ausgleich zur Arbeitsbelastung, mitunter gar ein Abwehrbollwerk, um die beruflichen Stressoren auszuhalten und zu bestehen.

> **Stressoren**
> Stressoren lassen sich in *Mini-Stressoren* und *Maxi-Stressoren* unterteilen:
> **Mini-Stressoren** gehören unter »sportlichen« Aspekten als Herausforderungen zum Klinikalltag dazu. Mini-Stressoren sind z.B. straffe Tagesabläufe mit Visiten, Sprechstunden und längeren OPs, Besprechungen, Problemlösungen, normale Verwaltungsgespräche (Budget, Personaleinstellungen etc.). Typisch für Mini-Stressoren ist, dass sie lösbar sind, meist mit zufriedenstellenden Ergebnissen.
> **Maxi-Stressoren** beschäftigen einen länger und belasten einen physisch und psychisch. Zu den Maxi-Stressoren zählen z.B. Verwaltungsgespräche bzgl. Mittelkürzungen, Personalreduktion, Abteilungsumorganisation, längerfristig unbesetzte Oberarztstellen, gerichtliche Auseinandersetzungen mit Patienten (Klagen), Prozesse sowie Arzneimittelregresse. Intensiviert werden die Belastungen vor allem durch letztere, wenn von Verwaltungsseite die kooperative finanzielle Hilfe ausbleibt und diese trotz vorheriger Einnahmenteilung mit »Ihr unternehmerisches Risiko« abgewiesen wird.

Im Falle eines mangelnden oder fehlenden Ausgleichs gerät der kalkulierte Balance-Quotient unter 1:

$$\text{Arbeits-Zufriedenheit} / \text{Maxi-Stressoren} < 1$$
(= Belastung bzw. Erfolgshemmung)

Spätestens dann sind Maßnahmen zur Resilienz-Förderung (▶ Kap. 32 und 33), fachberatende Unterstützung und Coaching angezeigt, wenn nicht gar (überlebens-) notwendig.

> Von einem Chefarzt sollte auf keinen Fall etwas verlangt werden, was ihm zuwider läuft, z.B. Versorgungsrisiken durch Personalknappheit einzugehen, den Personalbestand von Fallzahlsteigerungen abhängig machen zu lassen oder Beatmungszeiten mit Codieroptimierung zu verknüpfen.
> Vielmehr muss nach folgenden Maximen gehandelt werden:
> – Ein Spital muss den Ehrgeiz haben, die Gesundheitswelt ein Stück besser zu machen!
> – Das erfolgt durch (Zeit für) gelingende Heilung und hingebungsvolle Pflege![19]

Dem ist in der Klinik alles unterzuordnen. Diese Primärziele sind nicht verhandelbar.

(Weitere Empfehlungen und Praxistipps finden sich z.B. in den Abschnitten 7.9, 8.8 und 9.6 und in nachfolgenden Kapiteln)

Literatur

Gaisser A, Sonnet M, Weg-Remers S (2016) Wo suchen und finden Krebspatienten verlässliche Informationen? Bedürfnisse, Anforderungen und Realität. Forum 31(1): 53–58

Olbrisch M (2013) Generation Y und die Arbeitswelt: Die Andersmacher. Spiegel online, 12.12.2013, 1–12

Pollandt A (2014) Arzneimittelregress für neoadjuvante Chemotherapie in der Gepar-Trio-Studie. Forum 29: 280–281

Silbernagel KH (2016) Wenn plötzlich aus einem medizinischen Fall ein juristischer wird. MBZ 5: 6

---

19 Schweinsberg K (2016), Coach und Autor des Buches »Anständig führen«, Zitat und persönliche Mitteilung

Chefarzt Urologie heute – Der Blick in die Tiefe

Wolfgang Höppner

7.1 Einleitung – 60

7.2 Bewerbersituation für die Chefarztposition – 60

7.3 Goldener Füllfederhalter – 61

7.4 Urologie in Spannungsfeldern – 61

7.5 Der Chefarzt in der Verfügungsgewalt von Juristen? – 63

7.6 Chefarztposition: Was ist noch negativer geworden? – 64

7.7 Chefarztposition: Was ist unverändert positiv? – 65

7.8 Neue Aufgaben eines Chefarztes – 66

7.9 Morgen Chefarzt werden? Einige Tipps – 66

Literatur – 67

7.1 Einleitung

Eine zunehmende Zahl an Presseartikel mit dem Thema »nachlassendes Interesse an Chefarztposition« zeigt, dass die Position »Chefarzt« trotz unverändert hohem Sozialprestige an Zugkraft verloren hat: »Will bald niemand mehr Chefarzt werden?« (Martin 2014). Und in der Tat: In vielen deutschen Krankenhäusern hat die *Unzufriedenheit* auf der Chefärzteebene deutlich zugenommen. Freiwerdende Chefarztstellen sind heute schwerer neu zu besetzen. Das hat Gründe. In der folgenden Übersicht sind eine Reihe von *Negativpunkten* für die heutige Chefarzttätigkeit zusammengefasst.

> **Negativpunkte der heutigen Chefarzttätigkeit**
> - Verhältnis von medizinischer Tätigkeit zu administrativen Aufgaben
> - ungleiche Augenhöhe zur Verwaltungsleitung
> - stetig zunehmende Ökonomisierung
> - wirtschaftliche Sachzwänge
> - Zwang zu Zertifizierungen mit Aufbau bürokratischer Monster
> - Klagefreudigkeit vieler Patienten
> - Umgang mit Anwälten und Gerichten
> - Zeitkiller (wiederkehrende Sitzungen)
> - Chefarztverträge

In diesem Beitrag sind mit dem Begriff »Chefarzt« beide Geschlechter gemeint. Es wird im Lauf der Feminisierung des Arztberufs zukünftig mehr weibliche Chefärzte geben als heute.

In den vergangenen zwei Jahrzehnten haben sich das Arbeitsumfeld und die dienstlichen wie persönlichen Bedingungen für Chefärzte verändert (Görg 2001). Nach wie vor bestimmt und verantwortet ein Klinikchefarzt die medizinischen Belange seiner Abteilung und sollte allen fachlichen Anforderungen gewachsen sein. Seine Expertise ist ein entscheidendes Merkmal seiner klinischen Fachabteilung. Und er soll über soziale Kompetenzen verfügen. Aber in den vergangenen Jahren sind erhebliche bürokratische, ökonomische und juristische Bedingungen und Aufgaben hinzugekommen, die den Alltag mehr und mehr beeinflussen, zum Teil sogar bestimmen und zu einer Überforderung des Chefarztes führen können. Verschiedentlich sind die heutigen Anforderungen an einen Chefarzt schon als »eierlegende Wollmilchsau« karikiert worden. Es ist tatsächlich im Klinikalltag unschwer festzustellen, dass auf Chefarztebene eine früher nicht gekannte schlechte Stimmung herrscht. Hat also das Karriereziel »Chefarzt« an Attraktivität verloren? Die rückläufige Zahl der sich um neu zu besetzende Chefarztstellen bewerbenden qualifizierten Oberärzte scheint diese Annahme zu bestätigen. Und die erwähnte Unzufriedenheit vieler Chefärzte drückt sich auch in den früher kaum gekannten, nun immer häufiger werdenden Wechseln auf einer Chefarztstelle aus.

Chefarzt ist nicht gleich Chefarzt. Die Gruppe der Klinikdirektoren von Universitätskliniken oder sehr großen Krankenhäusern der Maximalversorgung (ca. 1.500 Chefärzte) ist nur teilweise mit der Gruppe der übrigen 12.000 Chefärzte in Deutschland zu vergleichen. In der ersten Gruppe sind als zusätzliche Anreize für diese Position Reputation, Stand und Ansehen in nationalen und internationalen Fachgesellschaften und die gleichzeitige Vertretung von Krankenversorgung, Forschung und Lehre zu sehen. In diesem Beitrag geht es mehr um die zweite, zahlenmäßig weit größere Gruppe von Chefärzten.

7.2 Bewerbersituation für die Chefarztposition

Die Besetzung einer Chefarztstelle ist für den Krankenhausträger schwieriger geworden. Genügte im auslaufenden Jahrtausend eine Annonce im Deutschen Ärzteblatt, damit sich wenigstens eine zweistellige Zahl an qualifizierten Oberärzten bewarb, reicht dies aktuell oft nicht aus. Häufig werden Personalberatungsfirmen für hohe Summen engagiert, um geeignete Kandidaten zu finden. Dabei steigt dadurch die Gesamtzahl der Interessenten trotzdem nicht. Vor 1993 waren die Chefarztpositionen sehr gut dotiert. Aktuell ist aber das *Gesamteinkommen* eines leitenden Oberarztes einer großen Klinik oft nur wenig niedriger als das zu erwartende Einkommen auf der neuen Stelle. Zudem ist festzustellen, dass der Wille oder besser gesagt die Bereitschaft zur Ortsveränderung geringer geworden ist. Es fällt immer wieder auf, dass gerade die Ehefrau bzw. die Familie nicht bereit ist, in eine andere Stadt zu ziehen.

Auch die Berufungskommissionen sind dabei umzudenken. Viel zu oft wurde für die Chefarztposition in städtischen Versorgungskrankenhäusern Wert auf wissenschaftliche Qualifikationen gelegt, die später im Alltag gar keine Relevanz haben. Stattdessen wurden die Eigenschaften und Fertigkeiten, die täglich von Bedeutung sind, weniger beachtet. So kam es immer wieder einmal zu »Fehleinkäufen«. Insbesondere in operativen Fächern hat längst nicht jeder Chefarzt seine Probezeit überstanden. Im Gegensatz zu früher wechseln heute neue Chefärzte frühzeitig die Stelle. Dies ist unter anderem auch deshalb möglich, weil qualifizierte Ärzte häufiger in mehr als einer Klinik »im Rennen« sind.

Für Bewerber ist die *Verhandlungsposition* günstiger geworden. Heute können sie im Gegensatz zu früher selbst Bedingungen stellen, die heute nicht von vornherein vom Träger abgelehnt werden (können): Dabei kann es um etwaige Verpflichtungen für Rufbereitschaftsdienste, die Domizilpflicht, eine Entwicklungsklausel und natürlich um Art und Höhe der Vergütung gehen.

7.3 Goldener Füllfederhalter

Wer hat die früheren Chefvisiten nicht noch vor Augen: Die Oberschwester bereitet nicht nur ihr Stationspersonal, sondern auch die Patienten darauf vor, dass nun die Chefvisite bevorstehe. Dann erscheint der Chefarzt mit seinem Gefolge von Ober- und Assistenzärzten. Der Stationsarzt mit Stethoskop, Klopfhammer, zahlreichen Kugelschreibern und Notizzetteln in der Brusttasche, vollen Kitteltaschen und mit der Patientenakte. Der Chefarzt selbst trägt neben der Krawatte nur einen goldenen Füllfederhalter in der Brusttasche des gebügelten und gestärkten Visitenmantels. Beim Erscheinen tritt ehrfürchtiges Schweigen ein. Je nach Typus des Chefs sind am Patientenbett alle Schattierungen im Umgang mit dem Ärztestab und den Patienten möglich: jovial, examinierend, herabwürdigend, ignorierend. In der Bevölkerung, insbesondere bei der Generation ab 65 Jahre, die den Großteil der Patienten ausmacht, wird mit Chefarzt noch immer eine hochstehende, Ehrfurcht erheischende Persönlichkeit gesehen, die ähnlich wie ein Spitzenbanker honoriert wird. Und ganz trog dieses *Bild* nicht: Tatsächlich konnten frühere Chefärzte ihre Stellung ausgesprochen frei entfalten. Hatte man eine Chefarztposition erlangt, gab es danach nur noch wenig Kontrollen oder Überprüfungen. Auch nicht des eigenen Verhaltens. Charaktere konnten sich ausleben, teilweise sogar austoben. Cholerische, herrschsüchtige und narzisstische Persönlichkeiten konnten sich gegenüber ihren ärztlichen Mitarbeitern nach Gutsherrenart verhalten.

Nur noch in sehr großen urologischen Kliniken oder Universitätskliniken könnte das *Chefarztprinzip* noch so gelebt werden, wie es bis zur Jahrtausendwende häufig anzutreffen war. Dies ist aber seltener geworden. Insofern ist es gut, dass sich die Zeiten geändert haben.

7.4 Urologie in Spannungsfeldern

Das Fach Urologie hat eine Reihe von positiven Aspekten: Diagnostik und Therapie sind in einer Hand, das therapeutische Spektrum umfasst sowohl konservative wie operative Methoden, und das kann noch nahezu vollständig von einer Person beherrscht werden. Um sich für eine Chefarztposition mit Erfolgsaussicht bewerben zu können, sind mindestens 12 bis 14 Jahre klinische Tätigkeit, möglichst an einer großen urologischen Abteilung mit breitem Spektrum Voraussetzung. Der klinische Werdegang beinhaltet eine mindestens fünfjährige Weiterbildung zum Facharzt für Urologie und den Erwerb von Zusatzbezeichnungen wie Andrologie, Medizinische Tumortherapie und fachbezogenes Röntgen. Erwartet wird ferner eine mehrjährige oberärztliche Tätigkeit, zuletzt als Leitender Oberarzt. Vielfach, wenn auch in den letzten Jahren in abnehmender Tendenz, wird zusätzlich eine Habilitation des Bewerbers gewünscht. Dies bedeutet zusätzlich eine wissenschaftliche Laufbahn, die in erster Linie durch eine Tätigkeit an Universitätskliniken erworben werden kann. Dazu sind viel Eigeninitiative, wissenschaftliche Zusatzaktivitäten, hohe Einsatzbereitschaft, Durchhaltevermögen und nicht zuletzt auch Glück gefragt. Die Habilitation verbessert die

Chancen im Bewerbungsverfahren um eine Chefarztposition.

Ein qualifizierter urologischer Oberarzt steht, wenn er um 40 Jahre alt ist, am Scheideweg bezüglich seiner weiteren *Berufs- und Lebensplanung*. Im Wesentlichen bieten sich ihm drei Möglichkeiten:
1. Oberarzt als Dauerstellung
2. Bewerbung um eine Chefarztposition
3. Niederlassung

Im Fach Urologie war und ist die eigene Praxis (oder heute meist Gemeinschaftspraxis) eine mögliche Alternative. Die Chancen für eine erfolgreiche *urologische Praxis* waren in den letzten Jahrzehnten glänzend und sind immer noch gut. Trotz aller Schwierigkeiten mit den Kassenärztlichen Vereinigungen sind viele Probleme, mit denen ein Chefarzt heute zu kämpfen hat, schlichtweg kaum vorhanden. Dazu kommt, dass die Life-Balance wesentlich einfacher zu gestalten ist.

Dennoch ist es in der Urologie so, dass *Chefarztstellen* immer noch begehrt sind, so dass auf eine annoncierte Position meistens mehrere qualifizierte Bewerbungen eingehen. Die Besetzungsproblematik wie z.B. im Fach Gynäkologie ist hier bislang nicht zu verzeichnen.

Die *urologischen Abteilung*en eines Klinikums zeichnen sich durch eine relativ geringe Bettenzahl, eine hohe Patientenzahl mit entsprechender Turn-over-number (oder Wechselzahl, d.h. wie viele Patienten pro Jahr in ein und demselben Bett liegen), eine hohe OP-Zahl mit einem hohem Anteil an rein endoskopischen Eingriffen und durch eine umfangreiche Konsiliartätigkeit aus. Die Zahl der Ärzte einer urologischen Abteilung ist oft relativ gering. Ein Chefarzt der Urologie ist somit besonders stark in die Alltagstätigkeit involviert. Je nach Personalausstattung muss der Chefarzt, der im Dienstvertrag verpflichtet ist, den Bereitschafts- und Rufbereitschaftsdienst zu organisieren, im Ausnahmefall (seltener regelhaft) an den Rufdiensten teilnehmen. Selbstverständlich steht er als verantwortlicher Chef der Abteilung im besonderen Notfall dem diensthabenden Oberarzt zur Seite.

Die Urologie ist ein technisches Fach mit hohem Investitionsbedarf. Zwar sollte der Chefarzt noch das Fach als Ganzes beherrschen, dennoch ist der Trend zur *Subspezialisierung* nicht zu verkennen. Es ist noch nicht absehbar, ob in den nächsten Jahren für die verschiedenen Krankheitsentitäten hochspezialisierte Abteilungen geschaffen werden, so dass es dann zumindest in Ballungszentren keinen urologischer Allrounder mehr geben wird. Die Alternative wären Subspezialisierungen innerhalb einer Abteilung, die dann jeweils von einem Oberarzt vertreten werden. Als Beispiele seien genannt: Endourologie, Inkontinenzbehandlung, rekonstruktive Urologie, Prothetik, Laparoskopie oder große Tumorchirurgie. Vorstellbar wäre, dass ein Chefarzt eine Spezialisierung selbst abdeckt, ansonsten aber für die Klinikführung, Verwaltung und Ökonomie der Klinik zuständig ist.

Die Qualität, aber auch die Quantität urologischer Kliniken ist hoch. Deshalb leben alle Kliniken in einer ständigen *Konkurrenzsituation*, insbesondere wenn es um interessante und lukrative Eingriffe geht. Die Konkurrenzsituation führt insbesondere in Ballungsgebieten zu einem gegenseitigen Überbieten an Angeboten, selbst wenn die Finanzierung nicht gesichert ist (Beispiel: OP-Roboter). Zudem ist das Fach Urologie als solches nicht ungefährdet (▶ Übersicht). Da verschiedene Bereiche der Urologie wie Medizinische Tumortherapie, Mikrobiologie, Radiologie und sogar die Kinderurologie fließend Nachbarfächer berühren, sind von Vertretern dieser Fächer mehr oder weniger erfolgreiche Versuche zu erkennen, diese Randbereiche aus der Urologie heraus- und in ihr Fachgebiet einzugliedern. Auch diesem berufspolitisch brisanten Thema werden sich zukünftige Urologie-Chefärzte unbedingt widmen müssen. Das Ziel sollte weiterhin sein, die Einheit des Faches Urologie zu erhalten.

Spannungsfelder im Fach Urologie
- in vielen Kliniken nur sog. kleines Fach (relativ geringe Bettenzahl)
- relativ hoher Investitions- und Reparaturbedarf (Instrumentarium)
- Trend zur Spezialisierung innerhalb des Faches
- Chefarzt muss noch Gesamtfach beherrschen
- Gefährdung des Gesamtfaches Urologie durch Ausgliederung von Randbereichen

- fließende Abgrenzung zu anderen Nachbarfächern (betrifft Kinderurologie, Mikrobiologie, Medizinische Tumortherapie)
- Konkurrenzkampf um interessante und/oder lukrative Operationen
- vermeintliche Konkurrenzfähigkeit nur durch hohe Anschaffungskosten und ständige Ausgaben pro Einsatz ohne entsprechendes Reimbursement (OP-Roboter, Laser, ESWL[1])

Die Chefarzttätigkeit ist umfassend und verantwortungsvoll. Vom Know-how des Chefarztes und von seinen Entscheidungen hängt für die Abteilung und nicht zuletzt für sämtliche Mitarbeiter viel ab. Eine Kunst ist, richtig delegieren zu können. Darüber hinaus gibt es aber eine Reihe von Tätigkeiten, die nicht delegierbar sind (▶ Übersicht).

Nicht delegierbare Aufgaben eines Chefarztes
- Gesamtverantwortung für die medizinische Versorgung aller Patienten
- Kontaktpflege zu den niedergelassenen Kollegen
- medizinische Weiterentwicklung der Abteilung
- Mitarbeiterführung
- Personalauswahl
- persönliche Fortbildung
- persönliche Leistungserbringung (Privatpatienten, Ermächtigung)

7.5 Der Chefarzt in der Verfügungsgewalt von Juristen?

Eine 100%ige Garantie für einen Behandlungserfolg gibt es in der Medizin nicht. Leider kommen Komplikationen und Behandlungsfehler trotz Vorgehen nach bestem Wissen und Gewissen vor. Aber stellt z.B. jede Komplikation eines operativen Eingriffs einen Behandlungsfehler dar?

Die *Beschwerde- und Klagefreudigkeit* der Patienten hat in den letzten Jahren stetig zugenommen. Sie wird weiter zunehmen. Im Patientenrechtegesetz von 2013 ist nun z.B. formuliert, dass die Krankenkassen ihre Versicherten bei der Verfolgung von Schadensersatzansprüchen unterstützen *sollen*. Es ist inzwischen geradezu eine »Medizinrechtindustrie« mit spezialisierten Anwälten entstanden, die jede Klage dankbar aufnehmen und verfolgen. Da vielfach eine Rechtsschutzversicherung besteht, ist die Inanspruchnahme für Patienten oft kein Problem. So habe ich erleben müssen, dass ein 80-jähriger Patient mit drei Schlaganfällen in der Vorgeschichte, der nach Harnverhalt eine Prostataresektion (TUR[2]) erhielt und dann wieder Wasser lassen konnte, danach auf einen siebenstelligen Schadensersatz klagte, weil der Eingriff schief gelaufen sei, denn seine Potenz sei schließlich nicht wiedergekommen. Dies klingt zwar eher belustigend, hat aber zu persönlichen Drohungen und letztendlich zu einem Schriftverkehr von einem vollen Aktenordner geführt.

Das Gros von Beschwerden und alle Klagen werden zunächst an den Chefarzt der betreffenden Klinik gegeben. Stets wird eine Stellungnahme notwendig. Dazu muss der Fall, der ja oft schon Monate, manchmal Jahre zurückliegt, erst einmal wieder aufgerollt und durchdacht werden, ehe die justitiable Stellungnahme erstellt werden kann. Dies ist zeitaufwändig, nervenaufreibend und oft seelisch belastend, da sich nicht selten mit falschen Behauptungen, Anschuldigungen und auch Beleidigungen auseinandergesetzt werden muss.

Für viele Medizinanwälte ist es in Mode gekommen, möglichst viele beteiligte Ärzte anzuklagen. Beklagte können keine Zeugen sein. Kommt es zu einer Gerichtsverhandlung, kann es leicht passieren, dass der Verlauf für die beklagten Ärzte als entehrend angesehen werden muss. Und meist ist der Chefarzt mit im Boot. Entweder als Beklagter oder als Verantwortlicher der Klinik.

Am Ende entscheidet ein Richter nach einem oder mehreren Gutachten, ob die Regeln der ärzt-

---

1 Extrakorporale Stoßwellenlithotripsie: nichtinvasive, mechanische Zerkleinerung/Zertrümmerung von Konkrementen (z.B. Nieren- und Harnleitersteinen) durch fokussierte Stoßwellen

2 Transurethrale Resektion

lichen Kunst eingehalten wurden. Kleine Abweichungen von Leitlinien oder »good clinical practice« können zu einer Verurteilung führen. Dabei spielt eine umfangreiche, lückenlose *Dokumentation*, selbst von vermeintlich überflüssigen Tatsachen, eine immer größere Rolle, denn eine Nicht-Dokumentation kann zu einer Beweislastumkehr führen. Eine unterlassene Untersuchung ist vor Gericht meist schlimmer als eine unnötig durchgeführte. Auch aus diesen Gründen ist Medizin heute häufig eine Verteidigungsmedizin, bei der weder der Patient noch die Ökonomie im Fokus stehen, sondern die Vermeidung forensischer Komplikationen.

Die Bundestagsfraktion von Bündnis 90/Die Grünen beklagte kürzlich in der Presse, dass das Patientenrechtegesetz von 2013 bis dato nicht zu deutlich mehr Medizinprozessen geführt hätte. Man braucht kein Prophet zu sein, um nicht damit zu rechnen, dass die Klagen weiter zunehmen werden. Auch in diesem Umfeld wird die *Belastung* der Chefärzte weiter steigen. Die juristischen Auseinandersetzungen, denen sich der Chefarzt nicht entziehen kann, können mit das belastendste Feld des Berufslebens ein (▶ Kap. 6.4.3).

7.6 Chefarztposition: Was ist noch negativer geworden?

Früher lag der Schwerpunkt der Chefarzttätigkeit in der medizinischen Krankenversorgung, in den letzten Jahren werden jedoch zusätzlich zahlreiche weitere Kompetenzen und Qualifikationen gefordert (von Mylius 2015). Insofern agieren die heutigen Chefärzte in einem anstrengenden Spannungsfeld zwischen Medizin, Ökonomie, Ethik und Recht (▶ Übersicht »Spannungsfelder im Fach Urologie«). Der Chefarzt soll selbstverständlich Spitzenmedizin abliefern und parallel die Kosten- und Erlössituation optimieren. Finanzielle Anreizsysteme im Rahmen eines Chefarztvertrages ergänzen darüber hinaus diese negative Situation.

*Wirtschaftliche Zielsetzung*en werden in jährlichen Budgetgesprächen zwischen der kaufmännischen Krankenhausleitung und dem Chefarzt vereinbart. Je nach Träger können die Ziele so hochgesteckt sein, dass ein Erreichen z.B. in einem operativen Fach nur durch eine »großzügige« Indikationsstellung für Operationen überhaupt möglich wird. Gleichzeitig ist aber oft das Personal- und Sachmittelbudget gedeckelt. Eine Lösung wird mehr oder weniger vom Chefarzt erwartet. Gleichzeitig gibt es Erwartungen der Mitarbeiter. Auch hier steht der Chefarzt leicht im Konflikt zwischen ökonomischen Zwängen und Mitarbeiterwünschen.

Eine Transparenz von Controlling-Daten kann einerseits hilfreich sein. Anderseits können beispielsweise monatliche Daten über den Stand auf dem Weg zur Zielvereinbarung eher nervenaufreibend sein und so immer wieder von der eigentlichen Tätigkeit, der medizinischen Klinikführung, ablenken. Für viele Chefärzte wird dies als Dauerdruck empfunden.

Die Chefärzte eines Krankenhauses sind immer involviert, wenn aus wirtschaftlichen Gründen Rationalisierungsmaßnahmen notwendig erscheinen. Dies ist schon schwierig genug. Bislang blieb es uns meist erspart, auch noch über Rationierungen zu entscheiden. Es steht aber zu befürchten, dass wir uns zukünftig sogar über Rationierungen und eine damit einhergehende Priorisierung ernsthaft auseinandersetzen müssen. Dies sind Überlegungen, die in Deutschland in den letzten gut 40 Jahren im Gesundheitssystem noch kein wirkliches Thema waren.

Die regelmäßige Teilnahme eines Chefarztes an den *Rufbereitschaftsdiensten* ist unüblich. Im Zuge der ökonomisch bedingten Ausdünnung des Arztstellenplanes innerhalb einer Krankenhausabteilung kann es aber geschehen, dass der Chefarzt Rufdienste übernehmen muss. Dann wäre ein weiterer positiver Aspekt des Chefarztdaseins dahin.

Die *Gehaltssituation* eines neuen Chefarztes ist im Vergleich noch zu den 90er-Jahren deutlich weniger lukrativ. Jede Veränderung der Abgabenregelung bei gewährter Privatliquidation ging in den letzten 25 Jahren zulasten der neuen Chefärzte. Natürlich hat sich niemand ernsthaft beschwert, galten die Chefärzte bis dahin doch als Großverdiener, und die Chefärzte mit Altverträgen genossen Bestandsschutz. Im Moment der entscheidenden Umstellung im Jahr 1993 gab es noch keine neuen Chefärzte, sie waren ja bestenfalls erst in Bewerbungsphasen. Wer sollte also protestiert haben?

Der Trend der letzten Jahre geht bei Chefarztverträgen dahin, nur noch sehr eingeschränkt eine Privatliquidation zuzulassen und stattdessen eine Regelung mit Grundgehalt plus Bonuszahlungen zu treffen. Dies kann im Einzelfall sogar von Vorteil sein, denn die Abgaben bei Privatliquidation im stationären Bereich beinhalten in der Bundespflegesatzverordnung eine Kostenerstattungsregelung (oft vor Honorarminderung nach § 6 a GOÄ), die im Schnitt um 30% der Liquidationserlöse beträgt. Zusätzlich verlangt der Träger einen Vorteilsausgleich, der meist bei 20% beginnt und häufig progressiv auf 30% und mehr steigt (man könnte ketzerisch sagen: Wer mehr arbeitet, muss dann mehr abgeben). So hat eine Abgabenregelung nicht ganz selten konfiskatorischen Charakter erreicht.

Da sich die *Einkommenssituation* für viele leitende Oberärzte in den letzten Jahren z.T. durch außertarifliche Verträge und Beteiligung an den Privateinnahmen des Chefarztes verbessert hat, ist der Unterschied zum Einkommen eines neuen Chefarztes häufig recht gering. Damit ist ein Motivationspunkt für leitende Oberärzte, sich um eine Chefarztposition zu bemühen, dahin.

Immer wieder wird in Presseartikeln oder Chefarztforen von Unternehmensberatern von neuen Herausforderungen für Chefärzte gesprochen. Wenn dies so ist – und vieles spricht leider dafür – dann muss die Frage erlaubt sein: Was soll der Chefarzt lassen, um die neuen, zusätzlichen Herausforderungen zu bewältigen? Schlimm wäre es nach meiner Ansicht, wenn in der Gesamttätigkeit das Attribut »Arzt« zunehmend in den Hintergrund tritt, nur damit der Chefarzt den Anforderungen als »Medizinmanager« allein schon zeitlich genügen kann.

Was sich zukünftig für Chefärzte verbessern müsste, ist in der folgenden Übersicht zusammengefasst.

> **Was zukünftig für angehende Chefärzte besser werden müsste**
> - Chefarzt ist in erster Linie Arzt
> - Chefarzt ist keine »eierlegende Wollmilchsau«, also nicht nebenbei noch Ökonom, verkappter Betriebswirt, Personalplaner, Hygieniker und Verantwortlicher auch in Randbereichen
> - Reduktion administrativer Verpflichtungen
> - zeitgemäße Life-Balance
> - leistungsgerechte Vergütung
> - keine Verknüpfung von Leistungszahlen und Vergütung
> - keine planmäßigen Rufdienste (zumal im Hintergrund meist sowieso »bereit«)
> - wenn Rufdienste unumgänglich, Entgelt wie bei Oberärzten
> - Mindestbesetzungen im ärztlichen und pflegerischen Bereich
> - Solidarität unter Chefärzten
> - kein gesellschaftlicher Generalverdacht bezüglich Korruption
> - besseres Bild in der Presse
> - Relativierung bei Medizinklagen und Beschwerden

7.7 Chefarztposition: Was ist unverändert positiv?

Die Stellung als Leitender Arzt kann eine sehr befriedigende sein. In dieser Position sollte vieles gestaltet und bewegt werden können. Man kann seinen persönlichen Stempel vielfach »aufdrücken«. Man muss allerdings bereit sein, Verantwortung zu tragen.

Die administrativen Aufgaben eines Chefarztes haben ohne jeden Zweifel zugenommen. Aber ein erfolgreiches Management kann manchmal ebenso Freude und Zufriedenheit erzeugen wie eine gelungen Operation oder eine wegweisende Diagnose (Busch 2012).

Als Chef ergibt sich gegenüber der vorherigen Oberarzttätigkeit ein erheblicher Zugewinn an Gestaltungs- und Entscheidungsmöglichkeiten. Das Gefühl, gelegentlich als »letzte Instanz« eingreifen zu müssen, ist zum einen Adrenalin-fördernd und zum anderen erfüllend. In dem Bereich bestimmend zu sein, in dem man sich am besten auskennt und Experte ist, nämlich in der Medizin, sollte ein erstrebenswertes Berufsziel sein. Letztendlich definieren wir uns in unserem beruflichen Umfeld durch medizinische Entscheidungen und medizinisches Handeln.

Es kann ausgesprochen motivierend sein, eine Abteilung zu übernehmen und diese nach eigenen Vorstellungen zu modernisieren, umzuorganisieren und umzugestalten. Gleichzeitig kann Mitarbeiterführung sowie Aus- und Weiterbildung ein sehr positives Merkmal der Chefarzttätigkeit sein. Verhandlungen mit der kaufmännischen Klinikführung haftet oft ein negativer Touch an. Dies ist aber längst nicht immer so. Verhandlungen und Absprachen über Innovationen, Investitionen und das Ziel der nächsten zehn Jahre speziell für »meine« Klinik können durchaus spannend und erfreulich sein. Fürs eigene Dasein ist es positiv, dass gegenüber der vorherigen Oberarzttätigkeit deutlich weniger oder keine Dienste mehr zu leisten sind.

Möglicherweise verbessert sich das Bild der Chefärzte zukünftig, wenn auch Presse und Politik klarer wird, dass Chefärzte nicht von vornherein unter Generalverdacht von Korruption und Bereicherung zu stellen sind.

7.8 Neue Aufgaben eines Chefarztes

Bürokratie Überbordende Dokumentationsverpflichtungen, Kontrollnotwendigkeiten von Codierungen sowie die zunehmende Zahl an Sitzungen, Budgetrunden und Gesprächen mit Verwaltungsleuten rauben notwendige Zeit für die medizinische Tätigkeit; dies gilt besonders auch für kleinere Abteilungen, da hier eine Delegierung schwierig ist.

Wirtschaftlichkeit Heute wird von den Chefärzten auch eine wirtschaftliche Kompetenz gefordert (Busch 2012). Zur Zeit wird (noch) davon ausgegangen, dass wirtschaftlicher Wettbewerb über freie Märkte das überlegene Verfahren bei der Verteilung begrenzter Ressourcen ist (Dohmen u. Fiedler 2015).

Strategische Leistungsplanung Wo wollen wir hin? Was können wir realistisch erreichen? Der Chefarzt muss bei der jährlichen und mittelfristigen Leistungsplanung stets erreichen, dass der »Bodenkontakt« erhalten bleibt. Zudem sind Strategien für die Zukunft um den Erhalt oder Ausbau der Abteilung zu entwickeln und einzubringen. In vielen Kliniken vereinbart die kaufmännische Klinikführung mit dem Chefarzt jährlich eine Zielvereinbarung. Diese Vereinbarung mit all ihren Konsequenzen (Personalbudget, Sachmittelbudget, ggf. eigene Beteiligung) stellt stets einen markanten Verhandlungspunkt im Jahr dar. Wichtig: Ziele dürfen nicht die Diagnose- und Therapiefreiheit des Chefarztes beeinträchtigen.

Kompetenzen Als wenn diese nicht auch früher schon wichtig waren, heute aber umso mehr: medizinische Kompetenz, ökonomische Kompetenz, Sozialkompetenz, Kommunikationskompetenz, Verhandlungsgeschick, Organisationskompetenz, Führungsstärke, ethische Kompetenz. Selbstverständlich erwartet man in einem Chefarzt eine gestandene Persönlichkeit mit Expertise, man braucht aber die genannten durch Berater und Psychologen geschaffenen Worthülsen auch nicht überbewerten.

Qualitätsmanagement Auch diesem Gebiet muss sich ein Chefarzt heute stellen. Auch wenn politisch geforderte Qualität oft nur ein Mehr an Dokumentation und Bürokratie bedeutet.

Verantwortung Der Chefarzt steht immer in der letzten Verantwortung, z.B. bei Hygiene, Arzneimittelsicherheit, Medizinproduktegesetz, Gerätesicherheit und Strahlenschutz.

Perspektiven Der Chefarzt muss mit der Klinikleitung Perspektiven für die nächsten Jahre entwickeln. Welche Investitionen werden notwendig, um mit dem medizinischen Fortschritt mitzuhalten? Welche Techniken müssen schon aus Konkurrenzgründen angeschafft werden? Mit welchen Maßnahmen können interessante Fälle gewonnen werden? Welchen Umfang wird die Abteilung in zehn Jahren haben?

7.9 Morgen Chefarzt werden? Einige Tipps

Bin ich für eine Chefarztposition geeignet? Bin ich bereit, eine 60-Stunden-Woche zu leisten? Diese

Fragen an sich selbst sollte man für sich selbst mit einem klaren »Ja« beantworten können.

Nach wie vor ist die Grundvoraussetzung die *fachliche Qualifikation*. Das Fachgebiet muss umfassend beherrscht werden. Interessanterweise wird in Bewerbungsverfahren für eine Chefarztposition genau dies relativ wenig hinterfragt, denn die perfekte Beherrschung des Fachgebiets wird mehr oder weniger schon vorausgesetzt. Dies kann gerade in operativen Fächern ein kapitaler Fehler sein. Dennoch verzichten erstaunlicherweise viele Entscheidungsgremien auf das Vor-Operieren der Kandidaten.

Neben der medizinischen Qualifikation sind auch einige *Persönlichkeitsmerkmale* für diese Führungsaufgabe unabdingbar: Der Bewerber sollte formell und informell führen können, entscheidungsfreudig sein und Organisationstalent haben. Denn dies wird dann täglich gefragt sein. Auch sollte er eine Vorbildfigur darstellen können oder in sie hineinwachsen. Vieles davon kann erarbeitet und erlernt werden. Die Voraussetzungen müssen aber in der Person »drinstecken«.

Eine gute Bewerbung eröffnet bessere Chancen. Für eine Chefarztstelle dürfte die klassische Bewerbung in Papierform mit aussagefähigem Foto und nicht die Online-Bewerbung die größte Aufmerksamkeit beim Bewerbungsgremium erzielen. Die Begründung, warum sich der Kandidat genau auf diese Stelle in genau dieser Stadt bewirbt, sollte nicht fehlen.

Der *Chefarztvertrag* ist im Zuge des Auswahlverfahrens zum Chefarzt der wichtigste Verhandlungsgegenstand. Ob es klug ist oder nicht, erst nach der Wahl detaillierte Verhandlungen zu führen, kann pauschal nicht beantwortet werden. In den wesentlichen Punkten sollte der anstehende Vertrag aber bereits im Vorfeld klar sein. Wie erwähnt sind die Karten für den Bewerber heute besser verteilt als noch vor zehn Jahren. Meist wird der Gewählte dabei aber ziemlich allein gelassen. Nur relativ wenige Berater sind in der Lage, die wichtigsten Punkte klar herauszustellen und weniger Wichtiges einfach nicht zu beachten, weil man sich sonst verrennt.

Dem Grunde nach ist der Chefarztvertrag frei verhandelbar. Wie immer die Vergütung auch gestaltet wird (mit oder ohne Privatliquidation, Erfolgsbeteiligung, Abgaben, Pooling usw.), so kann doch über ein garantiertes Jahresmindestgehalt immer verhandelt werden – ein Fehler, wer es nicht tut. Ein weiterer elementarer Punkt ist die etwaige Teilnahme an Rufbereitschaftsdiensten. Diese oft als »wenn nicht anders organisierbar« eingefügte Klausel sollte natürlich möglichst herausgenommen sein. Sollte dies nicht gelingen, müsste in den Vertrag hinein, dass die Dienste wie bei den Oberärzten vergütet werden. In älteren Dienstverträgen wird von unbezahlten Diensten ausgegangen, was bei der heutigen Einkommenssituation und wohl nach Rechtslage nicht mehr statthaft ist. Ein weiterer wichtiger Punkt ist die sog. Entwicklungsklausel. Hier ist Vorsicht geboten. In die Vertragsverhandlung, wenn auch nicht in die persönliche Vertragsgestaltung, gehört auch noch, mit welchen Start-Investitionen, Baumaßnahmen und Modernisierungen der Abteilung gerechnet werden kann und zu welchem Zeitpunkt. Ebenfalls sollten schon frühzeitig, also jetzt, über den Personalschlüssel im ärztlichen Bereich gesprochen werden.

Ein neuer Chefarztvertrag – für zwei Brötchen am Morgen wird es schon reichen. Für hochqualifizierte Oberärzte kann eine Chefarztposition auch heute ein lohnendes und erfüllendes Berufsziel sein.

Literatur

Busch HP (2012) Management-Handbuch für Chefärzte. Thieme, Stuttgart

Dohmen A, Fiedler M (2015) Betriebswirtschaftlicher Erfolg als Unternehmensziel. Dtsch Ärztebl 112: B 312

Görg K (2001) Universitätskliniken: Wandel um jeden Preis? Klinikärzte im Spannungsfeld zwischen Ökonomie, Technik und Menschlichkeit. Dtsch Ärztebl 98(18)

Martin W (2014) Will bald niemand mehr Chefarzt werden? Dtsch Ärztebl 111(39)

Mylius, G von (2015) Die Krux der letzten Berufsjahre. Dtsch Ärztebl 112(8) (Ärztestellen, 2)

Chirurgischer Chefarzt – Eine komplexe Herausforderung

Thomas Carus

8.1 Last oder Lust? – 70

8.2 Neues Team, neues Umfeld – 70

8.3 Chirurgischer Alltag – 71
8.3.1 Klinische Aufgaben – 72
8.3.2 Administrative und nicht-klinische Aufgaben – 72
8.3.3 Tätigkeiten außerhalb der Regelarbeitszeit – 72

8.4 Weiterbildung der Mitarbeiter – 73

8.5 Disziplin und Demut – 73

8.6 Marketing und Profil – 73

8.7 Der Umgang mit Krisen – 74

8.8 Work-Life-Balance – 75

8.9 Fazit – 75

Literatur – 75

8.1 Last oder Lust?

Der Antritt der Stelle als neuer Chefarzt ist immer eine besondere Situation und Aufgabe, sowohl für den Chefarzt selbst als auch für die noch fremden Mitarbeiter. Während in den vergangenen Jahrzehnten die Chefarztposition oft eine Lebensstellung war, die der Chefarzt teilweise über 30 Jahre inne hatte, ist es in den letzten zehn Jahren zu einer zunehmenden *Fluktuation* aus verschiedenen Gründen gekommen.

Kandidaten für die neue Chefarztbesetzung sind daher nicht nur Oberärzte oder Leitende Ärzte aus großen Kliniken oder Universitätskliniken, sondern auch Chefärzte, die ihre »alte« Klinik verlassen und in die neue Klinik wechseln. Die Vorerfahrungen als Führungskraft in erster Reihe sind daher unterschiedlich ausgeprägt und reichen von der Chefarztvertretung in Abwesenheit (mit deutlich eingeschränkter Verantwortung) bis zu vielen Jahren in einer Klinikleitung.

Im Folgenden sollen einige Erfahrungen aus eigener 15-jähriger Chefarzttätigkeit an verschiedenen Kliniken dargestellt werden, um daraus auch Empfehlungen zu entwickeln.

8.2 Neues Team, neues Umfeld

Irgendwann ist es soweit. Das Eintrittsdatum steht, der Vertrag ist unterschrieben, der Resturlaub ist vorbei, und man betritt sein Vorzimmer, in dem man von der Chefarztsekretärin erwartet wird. Durch vorherige Besuche in der Klinik vor dem eigentlichen Dienstantritt wird man einen Teil seiner neuen Mitarbeiter und die Räumlichkeiten in der Regel schon kennengelernt haben.

Die *Chefarztsekretärin* ist eines der wichtigsten Mitglieder im Team, zumal man im Laufe seiner Tätigkeit mit ihr mehr Zeit verbringt als mit der eigenen Familie. Der Einfluss des Sekretariates darf auf keinen Fall unterschätzt werden, denn er ist einer der Schlüssel zum nachhaltigen Erfolg. Eine hohe Arbeitsqualität verbunden mit harmonischer Kooperation ist unabdingbar.

Eine gute Chefarztsekretärin ist extrem wichtig für den positiven Kontakt zu Patienten, Kollegen und Zuweisern. Die vielfältigen Aufgaben, die vor allem auch die Organisation von Terminen und bei Chirurgen genügend Freiraum für die eigenen Operationen (!) umfasst, sind heutzutage eher mit »modernem Büromanagement« zu beschreiben. Dass Freundlichkeit am Telefon, sehr gute EDV-Kenntnisse und der Schutz der Privatsphäre des Chefarztes dazugehören, muss eigentlich nicht erwähnt werden.

Auf *Oberarztebene* wird der neue Chefarzt gegebenenfalls die Möglichkeit haben, einen oder mehrere Oberärzte mitzubringen, teilweise auch den Leitenden Oberarzt als seinen Vertreter. Diese Mischung der Oberärzte aus »alt und neu« birgt großes Konfliktpotenzial: Wenn mehr als zwei Chefärzte/Oberärzte mit ihrer Arbeit beginnen, kann das von den bisherigen Oberärzten als »feindliche Übernahme« empfunden werden. Die neuen oder anderen Standards stellen automatisch die bisherige Arbeit in Frage und rütteln am über oft lange Jahre erworbenen Fundament des chirurgischen Könnens. Diskussionen mit Sätzen wie »Wir haben bisher immer ...«, »... wenn Sie das so wünschen ...« oder »... wollen Sie Ihre Zugänge oder unsere ...« sind Zeugnis einer mehr oder weniger hohen (Schutz-)Mauer, die es möglichst schnell zu überwinden oder abzubauen heißt. Ich habe noch nicht selber erlebt oder von anderen Chefärzten berichtet bekommen, dass man wirklich und ehrlich mit weit geöffneten Armen empfangen wird. Die Kunst liegt darin, aus dem alten »Wir« und dem neuen »Wir« eine fruchtbare Einheit zu schaffen. Dies beinhaltet natürlich, dass viele Inhalte des alten »Wir« in die neuen Standards übernommen werden können und den Start des neuen Chefarztes erleichtern. Mitarbeiter, die diesen Prozess der Verschmelzung nicht mitgehen können, haben keinen Platz im neuen chirurgischen Team.

Der *neue Chefarzt* sollte – möglichst schon vor seinem Dienstantritt – intensive Vier-Augen-Gespräche mit dem bisherigen Leitenden Oberarzt und den anderen Oberärzten führen. Schon das erste Zusammentreffen zeigt Sympathie oder Antipathie und den Willen zur Kooperation. In meinen Augen ist es eine Illusion, anzunehmen, dass die wahrgenommene Abwehrhaltung mit der Zeit (Monate?, Jahre?) verschwinden und sich zum Positiven wenden wird. Ganz im Gegenteil: Wechselt der neue Chefarzt nach einiger Zeit doch in eine andere Klinik, fällt das alte, übernommene Team häufig sofort wieder in das alte »Wir« und in die alten Standards zurück. So erlebt man als Chefarzt, dass alle Mühen um modernere Chirurgie, aktuelle Standards und die Implementierung von innovativen Techniken vom alten Team nicht durch Überzeugung internalisiert, sondern nur ausgeführt wurden.

Der neue Chefarzt sollte sich in einer kurzen Zeit von maximal drei Monaten darüber klar werden, mit welchen der übernommenen Oberärzte eine vertrauensvolle Kooperation möglich ist. Dazu sind gemeinsame Operationen, Visiten und Gespräche notwendig. Eine ehrliche *Offenheit* von beiden Seiten wird schnell Klarheit verschaffen – es hilft nur Kommunikation, Kommunikation und Kommunikation!

Mit den »alten« und ggf. »neuen« *Assistenzärzten* stellt sich die Integration in das neu zu bildende Team in der Regel unkompliziert dar. Die ärztlichen Mitarbeiter, die meist zwischen wenigen Monaten und einigen Jahren in der Klinik tätig sind, legen Wert auf eine strukturierte Weiterbildung und sind in der Regel offen für einen »frischen chirurgischen Wind«. Zwar wächst auch bei diesen Kollegen mit der Zahl der Arbeitsjahre das alte »Wir«-Gefühl, lässt sich aber – wiederum durch gute Kommunikation – mit dem neuen verschmelzen. Assistenzärzte haben heutzutage hervorragende Chancen auf dem Arbeitsmarkt und werden diese nutzen, wenn sie mit dem neuen Chefarzt unzufrieden sind. Ein Frühzeichen für diese Unzufriedenheit ist die minimale Kommunikation und der unauffällige »Dienst nach Vorschrift«. Wenn man selbst Interesse an einer längeren Zusammenarbeit hat, sollte man als Chefarzt möglichst früh und proaktiv die Kommunikation suchen. Nicht selten ist eine Unzufriedenheit durch Kommunikationsdefizite bedingt und kann rasch und dauerhaft beseitigt werden. Man sollte immer bedenken, dass manche Botschaft die Assistenzärzte über die Oberärzte erreicht und vielleicht dadurch eine andere Färbung bekommen hat. Regelmäßige Weiterbildungsgespräche mit Vereinbarung von Zielen und Aufgaben sind wichtige Meilensteine für den Assistenzarzt und geben Sicherheit und Vertrauen.

Der neue Chefarzt sollte so früh wie möglich – idealerweise mit genügend Zeit zur Vorbereitung vor seinem Dienstantritt – Kontakt zum *Pflegepersonal* und hierbei besonders im Operationsbereich aufnehmen. Hier finden sich oft sehr erfahrene Operationsschwestern und -pfleger bzw. in den letzten Jahren zunehmend OTAs (operationstechnische Assistenten), die für reibungslose und erfolgreiche Operationen unerlässlich sind. Man sollte bedenken, dass gerade hier vielleicht über viele Jahre mit dem »alten« Chefarzt hervorragende Arbeit geleistet wurde und daher alles »Neue« erst einmal mit einer gewissen kritischen Distanz beobachtet wird.

Als Neuer sollte man keinem Mitarbeiter das Gefühl vermitteln, dass die vorherige Arbeit minderwertig gewesen sei und erst jetzt »richtige Chirurgie« betrieben würde. Ganz im Gegenteil: Man sollte sich in den ersten Wochen die Zeit nehmen, die Stärken des »alten« Teams kennenzulernen und dann seine eigenen Vorstellungen einzubringen und – mit entsprechender Kommunikation – umzusetzen.

Hierzu sind sicher zahlreiche Treffen, Gespräche, Fortbildungen und ein regelmäßiger Jour fixe mit der OP-Leitung notwendig. Auch wenn dies bei den zahlreichen Aufgaben gerade am Anfang der Chefarzttätigkeit eine zusätzliche Belastung darstellt, ist die aufgewendete Zeit eine gute Investition für einen reibungslosen Ablauf im Operationssaal.

8.3 Chirurgischer Alltag

»Der Tag hat nur 24 Stunden, zur Not nehmen wir die Nacht dazu.« Dieses Zitat stammt aus einer Zeit, in der dem Chefarzt unbegrenzte Ressourcen zur Verfügung standen und die Chefvisiten gerne um 6.30 Uhr (vor der ersten Operation) oder abends nach 20.00 Uhr stattfanden. Dies kann sicherlich auch heute noch so erfolgen – mit dem Unterschied, dass der Chefarzt dann ohne Begleitung unterwegs ist.

Die Zeiten haben sich auch im klinischen Alltag geändert. Bei deutlich erhöhter Arbeitsdichte durch höhere Operationsfrequenz und eine drastische Senkung der Krankenhausverweildauer müssen immer mehr Aufgaben in der Kernarbeitszeit zwischen 7.30 Uhr und 16.00 Uhr untergebracht werden.

Eine erfolgreiche Chefarzttätigkeit erfordert ein *gutes Zeitmanagement*, um nicht unter Dauerstress zu arbeiten und dabei unerledigte Aufgaben anzuhäufen. Die Möglichkeit der Delegierung von Aufgaben ist deutlich eingeschränkt, wenn die zur Verfügung und in Frage kommenden Mitarbeiter nur eine Wochenhöchstarbeitszeit von 40 Stunden haben. Rechtlich ist die Durchführung von Regelarbeit außerhalb der Regelarbeitszeit mitbestimmungspflichtig!

8.3.1 Klinische Aufgaben

Die klinischen Aufgaben verteilen sich auf die persönlich durchzuführenden Visiten und Operationen sowie die eigenen Sprechstunden. Nicht zu vergessen ist aber auch die notwendige Zeit für Lehrassistenzen am Operationstisch, da jede Weiterbildungsermächtigung gleichzeitig eine Verpflichtung dazu beinhaltet.

Die Planung der klinischen Aufgaben sollte immer über das Sekretariat erfolgen, um nicht ständig im Spagat zwischen Operationen, Sitzungen und anderen Terminen zu stehen. Es hat sich meiner Meinung nach bewährt, die eigenen, geplanten Operationen (mit realistischen (!) Operationszeiten inkl. der Wechselzeit!) im Terminkalender einzuplanen. Es ist ein unnötiger Stress und verursacht ein schlechtes Bild der Klinik, wenn der Chefarzt noch im Operationssaal gebunden ist und derweil mehr und mehr Patienten auf die Sprechstunde warten.

Zusätzlich muss auch eine gewisse Reservezeit für Notfälle oder das ungeplante Hinzuziehen in den Operationssaal sein.

8.3.2 Administrative und nicht-klinische Aufgaben

Auf die Vielzahl der Sitzungen, an denen der Chefarzt teilnehmen sollte, möchte ich nicht im Einzelnen eingehen. Sie umfassen u.a. Abteilungsbesprechungen, Oberarztbesprechungen, Chefarztsitzungen, onkologische Konferenz, Morbiditäts- und Mortalitätskonferenz, Termine in der Geschäftsführung, Controlling-Gespräche, eigene Schulungen (Hygiene, Brandschutz) und vieles mehr.

Alle diese Termine haben Gemeinsamkeiten:
— Der Chefarzt sollte unbedingt daran teilnehmen, um informiert zu sein und eigene Aspekte einbringen zu können.
— Sie sind vielfach multidisziplinär, so dass auch die Interessen der anderen Berufsgruppen berücksichtigt werden müssen.
— Sie kosten viel Zeit.
— Sie finden überwiegend während der Regelarbeitszeit statt.

Das verlangt vom Chefarzt große Disziplin, gutes Zeitmanagement und reibungslose, möglichst standardisierte Arbeitsabläufe. Das Gefühl der Mitarbeiter oder Patienten, dass der Chefarzt unter ständigem Zeitdruck steht, wird durch mangelhafte Planung des Tagesablaufes verstärkt. Hier sollte man bewusst gegensteuern. Wenn man z.B. aus dem 2-wöchigen Erholungsurlaub zurückkehrt, sollte der Montag nicht mit fünf eigenen Operationen, sondern mit genügend Zeit zur Bearbeitung der angefallenen Aufgaben beginnen.

8.3.3 Tätigkeiten außerhalb der Regelarbeitszeit

Auch wenn es zeitlich sehr aufwändig ist, sollten die *Einweiser* – die eigentlichen »Arbeitgeber« – gerade in der Anfangsphase persönlich besucht werden. Auch hierfür muss entsprechende Zeit eingeräumt werden, meistens ab 18.00 Uhr, wenn die Sprechstunden der Einweiser beendet sind. Aus vielen persönlichen Erfahrungen kann ich diese Bedeutung nur betonen – die Kommunikation face-to-face und die Darstellung des eigenen Leistungsspektrums führen zu einer professionellen Bindung und der Zuweisung von Patienten.

Alle weiteren Tätigkeiten des Chefarztes wie z.B. Ausarbeitung von Vorträgen, Abhalten von Patientenveranstaltungen, wissenschaftliche Publikationen, Betreuung von Promotionen u.v.m. werden zwar vom Chefarzt erwartet, aber nicht zusätzlich entlohnt oder besonders wahrgenommen. Der Chefarzt muss hier selbst die Energie aufbringen, auch außerhalb der Dienstzeit für die Chirurgie und seine Klinik zu arbeiten.

Auch das *soziale Networking* – sei es bei Rotary, Lions, sozialen Verbänden oder ortsspezifischen Veranstaltungen – hilft oft, den eigenen Bekanntheitsgrad und den der Klinik zu steigern und somit zu einem wachsenden Patientenaufkommen beizutragen.

8.4 Weiterbildung der Mitarbeiter

Jeder Chefarzt ist stolz, wenn er über möglichst umfangreiche Weiterbildungsermächtigungen verfügt. Im chirurgischen Fachgebiet sind das z.B. die Weiterbildung im Common trunk, in der Allgemeinchirurgie, in der Viszeralchirurgie und speziellen Viszeralchirurgie sowie in der Gefäßchirurgie, Thoraxchirurgie, Unfallchirurgie, Orthopädie und der speziellen Unfallchirurgie.

Sicherlich erfüllen die Chefvisiten und innerklinischen Fortbildungen einen Teil der Weiterbildungsaufgaben. Dennoch sollte ausreichend Zeit investiert werden, um den Mitarbeitern die chirurgische Kunst am Operationstisch persönlich zu vermitteln.

Die Assistenzärzte in Weiterbildung empfinden die Operation zusammen mit dem Chefarzt in der Regel nicht als Belastung, sondern eher als Wertschätzung und Erfüllung der Weiterbildungspflicht.

Die Mitarbeiter sollten die Möglichkeit bekommen, an externen Weiterbildungen und an Kongressen aktiv teilzunehmen. Laut Vertrag stehen den Assistenten je nach Arbeitgeber nur 3–5 Tage Weiterbildung pro Jahr zu. Wenn die Kosten für solche Weiterbildungen z.B. aus Drittmitteln der Klinik übernommen werden, sind viele Mitarbeiter bereit, dafür auch das Frei aus zahlreichen Überstunden zu nutzen.

8.5 Disziplin und Demut

Eine erfolgreiche Chefarzttätigkeit erfordert vor allem in einem operativen Fach wie der Chirurgie ein Höchstmaß an *Disziplin*, ohne das die vielfältigen Aufgaben nicht zu bewältigen sind. Chirurgisches Können, große Präsenz, Kondition, Qualitätssicherung, ökonomisches Denken, Führungsqualitäten, Wille zur Kommunikation und die Tätigkeit weit über die Regelarbeitszeit hinaus sind Fähigkeiten, die einen erfolgreichen Chefarzt ausmachen. Wird dieses beherrscht, kann und soll der Chefarzt stolz auf seine beruflichen Leistungen sein.

Dabei sollte er aber gerade in der Chirurgie nicht das erforderliche Maß an *Demut* verlieren.

Christian Friedrich Vahl (2014) von der Klinik für Herz-, Thorax- und Gefäßchirurgie der Johannes-Gutenberg-Universität Mainz hat mit seinem Artikel im Deutschen Ärzteblatt »Was ist ein guter Chirurg« einige Diskussion ausgelöst. Die zehn aufgeworfenen Thesen ergeben eine gute Zusammenfassung:

1. Ein guter Chirurg ist innovativ.
2. Ein guter Chirurg arbeitet funktional.
3. Ein guter Chirurg stellt ästhetische Ansprüche.
4. Ein guter Chirurg arbeitet verständlich.
5. Ein guter Chirurg ist unaufdringlich.
6. Ein guter Chirurg ist ehrlich.
7. Ein guter Chirurg ist dem Langzeiterfolg verpflichtet.
8. Ein guter Chirurg ist konsequent bis ins letzte Detail.
9. Ein guter Chirurg ehrt die Natur.
10. Ein guter Chirurg setzt so wenig Chirurgie wie möglich ein.

Diese zehn Thesen treffen das Wesentliche, wobei ich im Zusammenhang mit diesem Kapitel das Wort »Chirurg« gegen »chirurgischer Chefarzt« austauschen würde. Eine elfte These könnte angefügt werden mit: »Ein guter Chirurg kommuniziert offen und ehrlich über sein chirurgisches Handeln.«

Wenn der *chirurgische Chefarzt* zumindest Teile der o.g. Thesen umsetzt und danach arbeitet, wird er es im chirurgischen Alltag leichter haben, stressfreier und mit geringeren Widerständen arbeiten, ein gutes Team bilden und nach einem langen Arbeitstag zufriedener (und gesünder) nach Hause fahren.

8.6 Marketing und Profil

In zunehmendem Maß wird der moderne Chefarzt auch an *Marketing*-Maßnahmen beteiligt werden,

Beispiele für diese Maßnahmen sind unter ▶ Abschn. 8.2 genannt und sollen hier nicht weiter ausgeführt werden.

Viel wichtiger und leider zu wenig angesprochen ist meiner Meinung nach das *Profil* einer Klinik, wofür sie steht und wofür sie bekannt ist. So kann man gerade in Großstädten und Ballungsräumen oft in Sekundenschnelle zu einem Organ oder einer Erkrankung bzw. deren Operation den zu empfehlenden Chefarzt und dessen Klinik nennen – unabhängig von den inzwischen fast inflationär auftauchenden Siegeln und Zertifikaten! »Zur Entbindung nur ins Krankenhaus ..., Prof. ... ist der MIC-Chirurg, das beste Hernienzentrum ist in ... etc., etc.« lauten solche Aussagen, auch von Kollegen.

Die immer wieder aktualisierte Focus-Liste der Top-Ärzte geht in die richtige Richtung, da dort auch Patienten- und Kollegenempfehlungen neben der wissenschaftlichen Reputation berücksichtigt werden.

Es wäre interessant, zu analysieren, wie oft chirurgische Chefarztpositionen in »profilierten und empfohlenen« Kliniken im Vergleich zu den übrigen Kliniken (aus Nicht-Alters- oder Krankheitsgründen) wechseln. Ich bin überzeugt, dass signifikant weniger Wechsel in den Profil-Kliniken stattfinden.

Was kann man als chirurgischer Chefarzt daraus lernen? Die Zeiten der »Wald- und Wiesen-Chirurgie« sind bis auf grundversorgende Kliniken in dünn besiedelten Regionen vorbei. Die *Spezialisierung* und *Zentralisierung* gerade von hoch anspruchsvollen Operationen wird immer mehr gefördert und gewünscht, siehe z.B. die ständige Diskussion um Mindestmengen. Wenn man nicht Chef eines solchen spezialisierten Zentrums oder einer Universitätsklinik ist, sollte man ein Profil entwickeln, das regional und bestenfalls auch überregional wahrgenommen wird. Dies wird einen langfristigen Erfolg sichern und zu einem ständig anwachsenden Patientenzustrom führen.

Das zu entwickelnde Profil ist von vielen individuellen Faktoren abhängig, aus chirurgischer Sicht aber v.a. vom bisherigen *chirurgischen Profil* des neuen Chefarztes. Dass aktuell fast ein Drittel der Neubesetzungen chirurgischer Kliniken innerhalb des ersten Jahres wieder beendet werden, hat vielleicht auch damit zu tun, dass das von der Klinik gesuchte Profil nicht dem persönlichen Profil des Chefarztes entspricht. Dann macht eine Neuorientierung auf beiden Seiten Sinn und vermeidet langen Ärger (und manchen Prozess).

Ein weiterer Grund für ein mögliches Scheitern mag darin liegen, dass man vielleicht noch als »eierlegende Wollmilchsau« ausgebildet wurde, aber nichts von seinem Spektrum »abgeben« möchte. Obwohl man im Einzelfall noch das große chirurgische Spektrum von der Ösophagektomie, totalen Thyreoidektomie, Leber- und Pankreasresektion, kolorektalen MIC-Chirurgie bis zum cruralen Bypass in höchster Qualität abdecken kann, wird man dieses Spektrum in einer nicht-universitären Klinik nicht auf Dauer betreiben können.

Die gewünschte und sinnvolle Profilierung der eigenen Klinik wird erfolgreicher sein, wenn man das Profil anpasst und in einigen Punkten auch bewusst einschränkt. Wenn z.B. in der Nachbarklinik jährlich 400 Thyreoidektomien durchgeführt werden und in der eigenen Klinik maximal zehn (diese meist vom Chefarzt selbst), stellt sich die Frage, ob man diese wenigen Patienten nicht zur Nachbarklinik weiterleiten sollte. Für die Weiterbildung der eigenen Assistenten bietet sich eine (mit der Ärztekammer abgestimmte!) z.B. 4-wöchige Hospitation in der Nachbarklinik an, bei der sie dann bei 30–40 und nicht bei ein bis zwei Schilddrüsenoperationen am Operationstisch teilhaben.

Wenn man selbst ein interessantes Profil bietet, wird auch der Nachbarkollege ggf. im Austausch einen Assistenten z.B. zur Erlernung der endoskopischen Hernienchirurgie entsenden. Eine fruchtbare *Zusammenarbeit* stärkt und profiliert die beteiligten Häuser in positivem Sinne, ideal auch bei Klinikketten, bei denen der externe Konkurrenzgedanke (Stichwort: Bewertungsrelationen!) geringer ausgeprägt ist.

8.7 Der Umgang mit Krisen

Das Thema zum Umgang mit *Krisen* ist so komplex, dass damit schon etliche Bücher – vor allem aus juristischer Schreibe – gefüllt wurden. Daher folgt nur ein subjektiver Hinweis aus dem eigenen Vorgehen:

Krisensituation werden im chirurgischen Alltag in den allermeisten Fällen durch ungünstige bis tödliche Behandlungsverläufe bei Patienten ausgelöst. Auch wenn man von plötzlichen Ereignissen (z.B. Eintreffen der Kripo) überrascht wird, sollte man zuallererst Ruhe bewahren! In der Regel muss – auch laut Chefarztvertrag – zunächst der Arbeitgeber informiert werden, dem man unbedingt nachkommen sollte, auch wenn es naturgemäß unangenehm ist (▶ Kap. 31).

Der weitere rechtliche Weg ist im Allgemeinen geregelt, für sich selbst empfiehlt sich ein *schriftliches Gedächtnisprotokoll* des Behandlungsverlaufes und der eigenen Behandlungsschritte. Besonders wichtig ist eine *gute Dokumentation* in den Krankenakten. Sollte diese lückenhaft sein, müssen die Mitarbeiter angehalten werden, die fehlende Dokumentation umgehend und in schriftlicher Form nachzuholen.

8.8 Work-Life-Balance

Das schwierigste, aber sehr aktuelle Thema zum Schluss des Beitrages: Last oder Lust, oder was ist mit der *Work-Life-Balance* des chirurgischen Chefarztes?

Sicherlich ist der Beruf als Chirurg, v.a. in leitender Position, mit einer hohen physischen und psychischen Belastung verbunden. Auch wenn die Studienlage dazu dürftig ist, schlägt sich diese Belastung allerdings nicht in einer reduzierten Lebenserwartung nieder. Beruflich befindet sich der Chefarzt im ständigen Spannungsfeld von u.a.:
- hoher Arbeitslast mit steigenden Fallzahlen
- zunehmender Dokumentation
- Personalknappheit
- schwierigen Arbeitsbedingungen durch zunehmende Kommerzialisierung
- hoher Verantwortung bei geringen Handlungsspielräumen.

Privat und familiär droht eine gewisse Vereinsamung, obwohl gerade Chirurgen überproportional häufig drei oder mehr Kinder haben. Auch wenn Paul Kielholz (Basel) sagte: »Frauen von Ärzten sind Witwen mit Mann«, liegen die Scheidungsraten eher niedriger.

Um damit langfristig, gesund und glücklich umgehen zu können, sind für den Arzt und insbesondere für den (chirurgischen) Chefarzt besondere *Fähigkeiten* notwendig:
- starke physische und psychische Konstitution
- starke Kommunikationsfähigkeiten
- soziale Intelligenz
- ausgeglichenes Temperament
- Ruhe, Sorgfalt und Empathie.

Er selbst erwartet für sein berufliches Glück eine professionelle Wertschätzung, materielle Sicherheit und einen ausreichenden Handlungs- und Gestaltungsspielraum (▶ Kap. 33).

8.9 Fazit

Die Bilanz aus all diesen positiven und negativen Punkten muss jeder Chefarzt für sich selbst ziehen. Sicher sind die Zeiten in den letzten Jahren nicht rosiger geworden, sondern arbeitsintensiver bei eingeschränktem Handlungsspielraum.

Es wird immer wieder und viel beklagt, z.B. wieso man bloß die Fallzahl der Patienten bei gleichzeitiger Reduktion der Mitarbeiter steigern sollte. Das wäre schier unmöglich ...

Als gewisse Beruhigung und Lösung sehe ich die ständige Weiterentwicklung der (Medizin-)Technik und die große Innovationskraft der Menschen: Moderne Autos fahren deutlich schneller bei deutlich geringerem Benzinverbrauch als Autos vor zehn oder gar 20 Jahren. Ein iPhone 6 hat in einem einzelnen Gerät mehr Rechnerleistung als universitäre Großrechenzentren vor 30 Jahren.

Ich denke, dass digitale Patientendaten, digitale Bildarchivierung, Telekonferenzen, Live-Übertragungen von Operationen und vor allem das Internet mit seinen Suchfunktionen sehr positive Zeichen der technischen Entwicklung sind. Noch gestern berichtete mir ein Kollege, dass er sich als Hintergrundarzt nächtliche Röntgenaufnahmen vom diensthabenden Kollegen sekundenschnell per WhatsApp schicken lässt – eben schnell und praktisch (▶ Kap. 38 und 39).

Literatur

Vahl CF (2014) Was ist ein guter Chirurg? Dtsch Ärztebl 111(6)

Kompetenz im OP – Der Chefarzt in der Anästhesie

Daniel Schmitz-Buchholz

9.1 Einleitung – 78

9.2 Chefarztwandel – Von Dinosauriern – 78

9.3 Moderne Anästhesie – 79
9.3.1 Kooperation – 79
9.3.2 Kompetenz – 79
9.3.3 Sicherheit – 81

9.4 OP-Management und OP-Koordination – 82
9.4.1 Allgemeines – 82
9.4.2 Weisungsbefugnis ist Pflicht – 83
9.4.3 Personelle und strukturelle Ressourcen – 83
9.4.4 Verbindlichkeit – Das OP-Statut – 85

9.5 Rahmenbedingungen der Führung – 86
9.5.1 Allgemeines – 86
9.5.2 Führungskompetenz entwickeln – 87
9.5.3 Fachkräftemangel – Eine Chance – 87
9.5.4 Fachkräftemangel resultiert aus Fachkräftefehlverteilung – 88
9.5.5 Führungsmodelle – Kollegialsysteme: Exitstrategie auf Führungsebene – 89
9.5.6 Der Chefarztvertrag in der Anästhesie – 90
9.5.7 Chefarztrauswurf und Chefarztkündigung – 92

9.6 Fazit – 92

Literatur – 92

Abkürzungen – 93

U. Deichert et al. (Hrsg.), *Traumjob oder Albtraum – Chefarzt m/w*,
DOI 10.1007/978-3-662-49779-1_9, © Springer-Verlag Berlin Heidelberg 2016

9.1 Einleitung

Man schreibe etwas über das Dasein als Chefarzt der Anästhesie. Klingt einfach. Und leicht fiele es, in die Klagegesänge über die von *außen aufgezwungenen Veränderungen* einzustimmen, die Attraktivität der Chefarztpositionen vollständig zu bestreiten und gleichzeitig das Ende aller qualitativ hochwertigen Ausbildung und Patientenversorgung herbeizuschreien, die Lässigkeit der Jugend zu verfluchen, die Digitalisierung zu verteufeln und sich dann doch im Martyrium der Chefärzte zu überhöhen und selbstzufrieden einzusehen, dass man doch höchstselbst einer der wenigen ist, die trotz aller Hindernisse elitär geeignet sind für diesen anspruchsvollen Job. Aber so ist es nicht! Und wer es so sieht, der hat die Chancen übersehen, die unsere Zeit auch auf der Ebene der Chefärzte bereithält.

> **Denn Chefarztpositionen waren nie so attraktiv wie heute, behaupte ich. Gerade in der Anästhesie, aber ich glaube, das trifft auch auf andere Fächer zu.**

9.2 Chefarztwandel – Von Dinosauriern

»Prof. T.«[1] lernte ich als meinen Doktorvater kennen. Damals hauste er als Oberarzt und noch ohne »Prof.« an einer deutschen Universitätsklinik in einem kleinen Kabuff unter dem Dach eines ehrwürdigen, universitären Gemäuers irgendwo in Deutschland. Unsere Begegnungen waren immer merkwürdig. Er hat mir nie die Hand gegeben, auch nicht am Tag der Verteidigung der Doktorarbeit. Vier Leute waren damals anwesend. Einer schlief.

Prof. T. packte dann irgendwann ein paar Jahre später seine Sachen und wurde Chefarzt in einer kleinen Klinik. Den Ort kannte bis dahin niemand in der Klinik, in der ich inzwischen als Assistenzarzt arbeitete. Vermutlich hatte sein Chef (Prof. H.[2]) zu T. Gesagt: »T.! Sie gehen da hin! Ich hab schon mit Prof. X telefoniert!«

T. ging ohne Frau und Kinder.[3]

Er ist mir bis heute in Erinnerung. Er schaffte es sogar, Pate eines geflügelten Wortes zu werden. Denn als ich irgendwann einmal beschloss, über Mittag in die Kantine der Klinik zu gehen und ein Mittagessen einzunehmen, rief er just in dieser Zeit bei der Stationssekretärin an, wo ich denn sei. Auf die Auskunft, dass ich eine Mittagspause mache, brüllte er ins Telefon: »Ja, spinnt der?!«

Ein völlig entrüstet-aggressives »Spinnt der?!« war daraufhin für einige Jahre unter mir und meinen Freunden gleichbedeutend mit »Hallo«, »Tschüss«, »Bis dann« oder »Ich geh mal schnell aufs Klo«.

T. tut mir immer noch ein bisschen leid. Ich vermisste ihn doch, als er dann in dieser bayrischen Stadt war. Aber Prof. H. trat durchaus gleichwertig sein Erbe an. Denn eines Tages stand er vor mir, zog mir schwungvoll eine Röntgentüte über den Kopf und brüllte: »Bei mir werden Sie kein Facharzt!« Und kurz zuvor hatte er vor versammelter Mannschaft auf der Intensivstation seinem leitenden Oberarzt eine anatomische Lehrstunde gegeben. Also ein richtig angenehmer Zeitgenosse.

Aber er sollte recht mit mir behalten, denn zu diesem Zeitpunkt hatte ich die Kündigung bereits geschrieben und den Wechsel der Stelle in trockenen Tüchern. Dass ich selbst später mit 36 Jahren vermutlich einer der jüngsten Anästhesie-Chefärzte werden sollte, war zu diesem Zeitpunkt ungefähr so wahrscheinlich, wie ein grüner Ministerpräsident in Baden-Württemberg.

Wenn ich heute an diese Episoden denke, dann sind diese Szenen vor meinem inneren Auge unscharf, schmutzig-gelb flackernd und staubig überlagert wie Fotos aus einer Zeit, die lange vorbei ist. Medizin und das Umfeld, in dem wir Mediziner arbeiten, haben sich seitdem komplett verändert. T. und H. kommen mir vor wie Dinosaurier. Assistenzärzte anschreien, Röntgentüten als Schlaginstrumente, Pausenverbote und 80-Stunden-Wochen im Dienste der Karriere sind nicht mehr denkbar. Heute sind die Schlagworte vielmehr Fachkräftemangel, Work-Life-Balance, Führungskompetenz, Wirtschaftlichkeit und Chefarztrauswurf...

---

1 Name frei erfunden
2 Name frei erfunden

3 Nicht, dass er keine gehabt hätte, aber man hatte sich schon länger wenig zu sagen

Der Umgang damit ist sicherlich nicht einfach. Aber zumindest ich kann für mich sagen: Heute Chefarzt – gerne! Damals Chefarzt – sicher nicht!

9.3 Moderne Anästhesie

9.3.1 Kooperation

Dass letztendlich der Anästhesist aus der Rippe eines Chirurgen geschnitzt wurde, ist eine wissenschaftliche Tatsache. Oder anders: Früher machte der »kleinste« Chirurg die Narkose. Dass das möglicherweise qualitative Defizite mit sich bringen könnte, sah man bereits weit im letzten Jahrhundert ein. Ab den 1920er-Jahren wurde die klassische Fachrichtung der Anästhesie aus der Taufe gehoben und von einigen fleißigen Männern und Frauen auf den Stand einer vollwertigen Fachdisziplin gehievt, deren nationale und internationale Fachgesellschaften höchstes Ansehen genießen.[4] Bereits 1928 erschien die erste Fachzeitschrift für Narkose und Anästhesie, bis zur Gründung der Deutschen Gesellschaft für Anästhesie und Intensivmedizin sollten aber noch 27 Jahre bis 1953 vergehen.

Chirurgie und *Anästhesie* stehen inzwischen im perioperativen Dialog *auf Augenhöhe*. Diese Augenhöhe hat sich jedoch verändert. »Rechte« sind von »Pflichten« auf beiden Seiten abgelöst worden. Chirurg und Anästhesist können nicht mehr nur tun, was sie wollen, sondern müssen bestmöglich tun (wollen), was sie gemeinsam können. Dies ist sicherlich zum einen darauf zurückzuführen, dass Führungsqualitäten und Menschlichkeit auch auf Führungsebenen und im professionellen Miteinander immer mehr erwartet werden. Zum anderen muss man sich im Klinikbetrieb auch immer mehr mit den Ergebnissen der eigenen Arbeit auseinandersetzen. Benchmarking, Kennzahlen und Controlling werfen ansonsten schnell unangenehme Fragen auf.

Für die Anästhesie bedeutet das konkret, dass sie sich vielmehr als *Service* begreifen muss, der eine Operation gemeinsam mit den Kollegen der Chirurgie möglich macht. Es geht nicht mehr um den erhobenen Zeigefinger, der einen Chirurgen maßregelt und einen Patienten am Vorabend einer Operation absetzt.

> **Der komplette perioperative Prozess hat sich verändert, und die Grenzen zwischen der fachlichen Zuständigkeit verschwimmen.**

Noch in den 1990er-Jahren konnte ein Anästhesist am Taschenrechner ausrechnen, welches Flüssigkeitsdefizit ein Patient aufgrund von Verlusten, Einfuhr, Nüchternheit und Ausfuhr hat. Und er konnte den Chirurgen nach Herzenslust ärgern, wenn er diesen Bedarf anschließend mit kristalliner Infusion »im Schuss« auffüllte. Denn der sah seine Anastomose dann bereits »hochgehen«, während er sich mit pochender Stirn über die mangelnde Relaxierung beschwerte, die von dem Kollegen hinter dem Tuch nur kurz mit einem: »Der Einzige, der hier nicht entspannt ist, sind Sie!«, kommentiert wurde.

Das hat sich glücklicherweise verändert. Die ersten Ansätze des Fast-Track-Konzeptes sind aus meiner Sicht ein Beispiel für die Anfänge, Anästhesisten und Chirurgen tatsächlich an einen Tisch zu holen und im Dialog erkennen zu lassen, dass beide Disziplinen gleichermaßen für ein gesamtes Gelingen der Behandlung verantwortlich sind. Chirurgen mussten erkennen, dass Operieren leider nicht nur das Führen der Klinge umfasst, und die Anästhesie musste erkennen, dass auch andere sowohl Interesse an der perioperativen Medizin als auch eigene, durchdachte Konzepte haben. Die perioperative Partnerschaft setzt sich heute immer mehr fort *in interdisziplinären Konzepten*, die Anästhesie und Chirurgie zu einem Hand-in-Hand im Sinne des Patienten zusammenschweißen.[5] Würfe mit Messern und Schläge mit Tüten erscheinen da immer weniger zeitgemäß.

9.3.2 Kompetenz

Der Chefarzt der Anästhesie sieht sich aufgrund dieser Entwicklung immer mehr einer fachlich-interdisziplinären Herausforderung ausgesetzt: Er kann sich nicht auf »inneranästhesiologische« Er-

---

4 Vgl. https://de.wikipedia.org/wiki/anaesthesie

5 Siehe hierzu beispielsweise das genannte Fast-Track-Konzept der Darmchirurgie oder das moderne Patient-Blood-Management

Tab. 9.1 »In« und »Out« in der Anästhesie

Heute »out«	Heute »in«
Laparotomie ohne Periduralkatheter	Team-Time-Out vor Schnitt
Cricoid-Druck	Critical Incident Reporting System (CIRS)
Hydroxyethylstärke (HAES)	Regionalanästhesie
Liberale Blutgabe	Ultraschall
Angst vor Aspirin bei rückenmarknahen Verfahren	Patient-Blood-Management
Novalgin/Cyclooxygenase-Hemmer »mit der Gießkanne«	Wärme-Management
Prämedikation mit Benzodiazepinen etc.	Delir-Management
Fiberoptische Wachintubation	Checklisten
8-Stunden-Nüchternheit	Standard Operating Procedures (SOP)
	…

kenntnisse zurückziehen, sondern muss im Dialog über perioperative Optimierung, notwendige Diagnostik, Flüssigkeitskonzepte, Nüchternheitsregime, Gerinnungsmanagement und vieles mehr parlieren können. Das sich immer schneller drehende Karussell der *perioperativen Medizin* muss der Chefarzt bei voller Fahrt im Griff haben, sonst wird es schnell unangenehm (▶ Beispiel).

Zwei Assistenzärzte im fiktiven Dialog

»Du, der Herr Müller, der ist antikoaguliert mit zweimal Axolotl 0,6.[6] Muss ich da jetzt einen Quick abnehmen?«
»Nee, der ist nicht aussagefähig. Macht unser Labor eigentlich Faktor X?«
»Keine Ahnung, aber ist egal. Wir müssen den eh ›bridgen‹ für die Op. Am besten mit einmal Anapurna 50 mg[7] morgens.«
»Ja. Aber pass auf. Der kriegt einen PDK[8] und nimmt Aspirin. Müsste dann extra lang pausiert werden nach den neuesten Empfehlungen, glaub ich.«
»Hm, stimmt. Ich glaub, ich frag lieber mal den Chef...«
Und dann nimmt das Unglück seinen Lauf, denn als Chef hat man das tagesaktuell zu wissen.

Inzwischen tauchen halbjährlich neue und immer komplexer werdende Präparate auf dem Markt auf, die fast zeitgleich mit Rote-Hand-Briefen für etablierte Substanzen ausgeliefert werden. Alte und verlässliche Freunde aus dem medikamentösen Werkzeugkoffer werden gegen Neues ausgetauscht, dessen Halbwertzeit wahrscheinlich auch nur in Monaten gemessen werden kann. Aber auch ganze Dogmen, die uns jahrzehntelang in unserem täglichen Handeln als Anästhesist Sicherheit gegeben haben, werden plötzlich gekippt und erscheinen von einem Tag auf den anderen plötzlich undenkbar (◘ Tab. 9.1): acht Stunden Nüchternheit vor einer Operation, eine Oberbauchlaparotomie ohne thorakalen PDK, die Blitzeinleitung mit Cricoid-Druck[9], »mal eben« eine Tüte HAES bei Blutdruckabfall, eine Knieprothese ohne regionalanästhesiologische Verfahren, eine Bluttransfusion bei einem klinisch kompensierten HB von 9 g/dl, das Absetzen von Aspirin vor Anlage eines Periduralkatheters, die intraoperative Gabe von Novalgin, ein Hautschnitt ohne Team-Time-Out und vieles mehr. Und es ist weiteres in der »Pipeline«, was starke Auswirkungen haben wird. Die medikamentöse Prämedikation wird wegfallen, das Patient-Blood-Management[10] kommt, CIRS (Critical Incident Reporting System)

---

6 Selbstverständlich handelt es sich dabei um ein Fantasiepräparat. Sollte jedoch ein entsprechendes Präparat – und das wird zu erwarten sein – in den nächsten Monaten auf den Markt kommen, übernimmt der Autor keine Haftung für Dosierungsangaben
7 Dsgl.
8 Periduralkatheter

9 Zur Vermeidung von Erbrechen des Mageninhaltes
10 Unter dem Patient-Blood-Management versteht man ein multimodales Therapiekonzept, das darauf ausgerichtet ist, durch blutsparende Maßnahmen, spezielle Operationstechniken und Unterstützung der körpereigenen Blutproduktion möglichst auf Bluttransfusionen zu verzichten

wird Pflicht, um nur wenige Brennpunkte zu nennen.

Für den Chefarzt bedeutet das eine stärkere Verpflichtung, sich fortzubilden und auf dem neuesten Stand zu bleiben; denn expertenbasierte Medizin, die auf lokalen und persönlichen Vorlieben fußt, hat keine Daseinsberechtigung mehr in einer Medizinwelt, in der inzwischen durch die steigende Digitalisierung der Zugang zu und die Verbreitung von Empfehlungen, Konzepten und Leitlinien immer selbstverständlicher werden.

Die Lösung dazu sind *Standard Operating Procedures* (SOPs[11]), die Klarheit, Struktur und Sicherheit vermitteln. Als Chefarzt nutzen Sie dieses Tool, um ein Grundgerüst des Handelns in Ihrer Abteilung zu zimmern. Sie vermitteln Sicherheit, Entschlossenheit und Qualität. Und nicht zuletzt sind Sie selbst gezwungen, sich festzulegen und die eine oder andere bislang eindeutige Entscheidung oder Vorgehensweise zu hinterfragen. Die Erstellung der SOPs ist darüber hinaus delegierbar, so dass Sie sich auch auf korrektive Eingriffe zurückziehen können.

Es gibt bereits erste Ansätze zu digitalen Bibliotheken für SOPs, die fachgebunden oder klinikweise geordnet mehr oder weniger frei zugänglich sind. Ich bin überzeugt, dass wir in wenigen Jahren wie selbstverständlich für vieles durchdachte, tagesaktuelle und praxisrelevante SOPs haben, die uns und den nachgeordneten Mitarbeitern Sicherheit im Alltag geben (▶ auch Kap. 39).

9.3.3 Sicherheit

Behandlungsfehler sind ein großes Thema. Die Medien habe es wirksam immer mehr aufgegriffen und damit sicherlich nicht nur Gutes bewirkt, sondern auch allgemeine Unsicherheit geschürt. Aber es brauchte nicht erst den Druck von außen, um das Thema auch im perioperativen Prozess ganz weit oben auf der To-Do-Liste zu platzieren. Neben Patientenarmbändern, Seitenmarkierungen, Ruhezeiten und anderen Interventionen ist die im Jahr 2008 von der WHO entwickelte Checkliste »Surgical Safety Checklist« die bei weitem wichtigste Maßnahme. Es konnte gezeigt werden, dass es dabei nicht um die pure Schikane und Kontrolle im OP beheimateter Alpha-Tierchen geht, sondern dass hierdurch eine echte Verbesserung des Outcome und eine *deutliche Reduktion der Fehler* erreicht werden können.[12, 13]

Als Chefarzt der Anästhesie sind Sie üblicherweise damit betraut, solche Maßnahmen und Checklisten auf die Durchdringung im gesamten perioperativen Prozess hin zu überprüfen, entsprechend »hoch« zu hängen und alle Berufsgruppen darauf einzuschwören. Ich bin sehr sicher, dass Sie bei Antritt einer neuen Stelle aktuell mit großer Wahrscheinlichkeit in sehr fragende Gesichter schauen werden, wenn Sie das Thema »Checkliste« ansprechen. Im Helios-Konzern hat man die Einführung stark vorangetrieben[14]; ansonsten habe ich persönlich nur von einer sehr unzureichenden Umsetzung gehört.

> **Eines Ihrer wichtigsten Projekte sollte die Einführung oder Stärkung einer solchen Checkliste sein, das heißt: Sie sollten sich daran messen lassen, ob es Ihnen gelingt, dieses Tool zu implementieren oder nicht.**

Welche Möglichkeiten haben Sie notfalls? Führen Sie den Dialog mit anderen Chefärzten! Holen Sie sich die Geschäftsführung Ihrer Klinik mit ins Boot. Dort können Sie sich leicht Rückendeckung einholen, wenn Sie die mit belastbaren Daten unterfütterten Vorteile der *Checkliste* vorstellen. Sprechen Sie mit den anderen Berufsgruppen im OP-Bereich. Stellen Sie auch dort die eindeutigen Vorteile heraus. Und rufen Sie den »Kick-Off«[15] aus. Lassen Sie die Checkliste ab dem Ersten eines neuen Monats für verbindlich erklären. Und seien Sie darauf vorbereitet, dass es *absolut nicht* klappen wird! Niemand wird Ihre blöde Checkliste ausfüllen, und niemand hat Lust auf ein Team-Time-Out vor Beginn der Operation. Sie brauchen also leider auch

---

11 SOPs sind detaillierte Verfahrensanweisungen für Prozesse der täglichen Arbeit, z.B. das Vorgehen bei Blutabnahmen, Antibiotikagaben oder Bluttransfusionen

12 Vgl. Dtsch Ärztebl Int 2012; 109(42): 695-701. DOI: 10.3238/arztebl.2012.0695
13 Gawande (2011)
14 Vgl. http://www.helios-kliniken.de/medizin/checklisten-bei-helios.html
15 Der verbindliche Start zu einem festen Datum. Setzen Sie sich und andere unter Druck!

Sanktionen – und für diese Sanktionen brauchen Sie die Zustimmung der Geschäftsführung und der Fachabteilungen. Daher sollten Sie die Sanktionen bereits vorab definieren:
1. Kein Patient wird in den OP-Bereich eingeschleust ohne ausreichend ausgefüllte Checkliste, oder:
2. Kein Patient wird zur Narkose eingeleitet ohne ausreichend ausgefüllte Checkliste.

Punkt 2 ist dabei etwas verträglicher, was den Ablauf angeht; denn in diesem Fall bleibt zwischen Einschleusung des Patienten (wobei die fehlerhafte Checkliste auffallen sollte) und einer tatsächlichen Verzögerung im Ablauf noch eine Pufferfrist, in der die Liste komplettiert werden kann. Sollte dies jedoch nicht zu einer Verbesserung der Compliance führen, rate ich zu Variante 1. Hilfreich kann in diesem Zusammenhang auch sein, über einen definierten Zeitraum die Vollständigkeit der Checklisten zu erfassen und entsprechende Quoten als E-Mail an alle Chefärzte und die Geschäftsführung zu verteilen. Niemand will da am Ende stehen. Und trotz allem: Glauben Sie nicht, dass es einfach wird – wie dieser tatsächlich erfolgte Dialog zeigt (▶ Beispiel):

Anästhesist: »Herr Dr. G., Sie müssen hier noch Ihre Einschätzung des medizinischen Risikos anhand der Vorerkrankungen des Patienten ankreuzen.«
Chirurg: »Ach wissen Sie, wenn Sie eine Zweitmeinung wollen, dann holen Sie doch einen Internisten!«
Anästhesist: »Ach so. Tut mir leid, ich dachte, Sie wären auch Arzt.«

> **Praxistipp**
>
> Pflegen Sie den Dialog mit den Kollegen der operativen Abteilungen! Stärken Sie den Zusammenhalt im Hinblick auf ein gemeinsames Ziel! Etablieren Sie SOPs als Kompetenzsignal gegenüber Mitarbeitern und anderen Abteilungen! Setzen Sie Checklisten und Time-Outs durch!

9.4 OP-Management und OP-Koordination

9.4.1 Allgemeines

Als Hinweis zur Begriffsklärung sei angemerkt, dass es eine wesentliche Unterscheidung zwischen dem *OP-Management* und der *OP-Koordination* gibt: Während das OP-Management sich übergeordnet und losgelöst vom täglichen Betrieb mit der Leistung des OP-Bereiches auseinandersetzt, ist das Kerngeschäft der OP-Koordination die tägliche, möglichst optimierte Durchführung des indizierten OP-Programms.[16] Beides sind Themenfelder, mit denen sich der Chefarzt der Anästhesie auseinandersetzen muss, da sie ihm oft genuin zugeordnet werden. Auch wenn das für beide Tätigkeiten eigentlich gar nicht so selbstverständlich und vor allem auch oft nicht unbedingt sinnvoll ist, bilden sich daraus zwei Spannungsfelder, denen sich der anästhesiologische oder operative Chefarzt ausgesetzt sieht.

> Im Rahmen der Ökonomisierung der Medizin ist der Op-Bereich als zentrale Leistungseinheit im Krankenhaus immer mehr in den Fokus gerückt.

Das Management der Ressource »OP« nimmt dabei in jedem Krankenhaus mit operierenden Fachdisziplinen eine zentrale Rolle ein. Dabei ist es entsprechend umfassend; denn es geht, vereinfacht gesagt, darum, jede im OP-Bereich vorhandene Ressource, jede Struktur und jeden Prozess in die Hand zu nehmen, umzudrehen und sich zu fragen, wie sie möglichst effektiv und effizient einzusetzen sind. Das reicht von einer optimalen Personalplanung mit adaptierten Schichtmodellen über eine Besetzung und Allokation der vorhandenen OP-Kapazitäten bis hin zu einem umfassenden Benchmarking und Controlling, das den laufenden Betrieb immer wieder einer kritischen Betrachtung unterzieht und jegliches Optimierungspotenzial auf personeller, struktureller oder prozessoraler Ebene identifiziert und die Praxis entsprechend modifiziert.

Dabei sieht sich der OP-Manager vielfältigen Ansprüchen ausgesetzt, deren Erfüllung nahezu vo-

---

16 Bender (2009)

rausgesetzt werden. Eine Geschäftsführung oder Verwaltungsleitung erwartet natürlich eine wirtschaftliche Führung des OP-Bereiches, in der das OP-Management gestaltend eingreift und einen immer währenden Kreislauf aus *Plan-Do-Check-Act* (PDCA) verfolgen soll. Problematisch ist in diesem Zusammenhang, dass im OP verschiedenste Fachdisziplinen, Berufsgruppen und Hierarchiestufen nach unterschiedlichsten Mustern tätig sind und zumeist eher eigene Interessen verfolgen.

Diese sind nicht unbedingt mit denen des *OP-Manager*s kongruent. Denn während letzterer den effektiven und effizienten Einsatz der Ressourcen in einer ganzheitlichen Betrachtung auf der Basis von aussagefähigen Kennzahlen im Auge hat, sind die im OP vereinten Berufsgruppen mit ihren ihnen zuzubilligenden Eigeninteressen in ein funktionsfähiges Konstrukt zu integrieren.

Schwierig wird es für den OP-Manager dann, wenn vermittelt werden muss, dass individuelle Interessen und Befindlichkeiten im Sinne des Ganzen zurückstehen müssen und dass das Impact-Punkte-Summen-Konto oder die Anzahl an Fachgesellschaftsvorsitzen keinerlei zusätzliches Gewicht bei der Entscheidungsfindung bezüglich der OP-Reihenfolge oder der Vergabe von OP-Kapazitäten haben. Hin und wieder muss sogar auf die fehlende Gültigkeit des Faustrechtes hingewiesen werden, wenn es um die Vergabe von OP-Slots geht.

Essenziell für den OP-Manager ist dabei das Fundament, auf dem er steht: Wie ist das OP-Management im Krankenhaus konstituiert, welche Ressourcen sind für seine Arbeit verfügbar, und wo findet es sich im Organigramm wieder?

Unwichtig, ob man als neuer Chefarzt ein bestehendes OP-Management übernimmt oder ob es in einem Krankenhaus neu geschaffen wird: Wer diese Aufgabe annimmt, der muss Forderungen stellen und durchsetzen können, da ansonsten ein OP-Management nicht erfolgreich geführt werden kann. Dabei sind die beiden bereits genannten Bereiche im Blickpunkt.

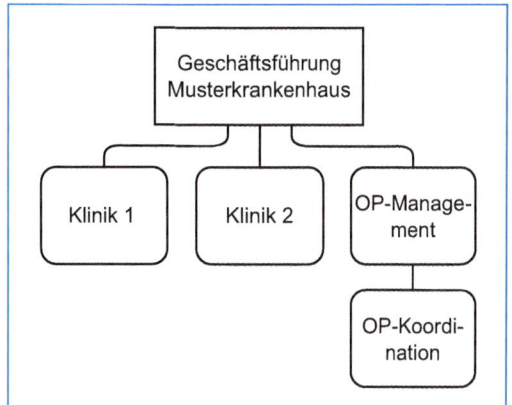

Abb. 9.1 Sinnhafte Einordnung des OP-Managements und der OP-Koordination

tiven und perioperativen Prozess involvierten Berufsgruppen weisungsbefugt sein, was die Belange des OPs angeht. Man muss einen OP nicht wie ein König regieren, aber der OP-Manager muss in Konfliktfällen *das letzte Wort* haben. Weiterhin ist er direkt der Geschäftsführung zu unterstellen und auch nur dieser in seiner Arbeit Rechenschaft schuldig. Eine Einordnung unter andere Fachdisziplinen ist nicht vereinbar mit einer *Weisungsbefugnis*, die ggf. notwendig sein kann (Abb. 9.1). Ein OP-Manager muss entscheiden können, wer welche OP-Säle belegen darf – auch gegen den Willen von Disziplinen, wenn es im Konsens nicht zu entscheiden ist.[17]

9.4.3 Personelle und strukturelle Ressourcen

Ein OP-Management kann nur geführt werden, wenn es entsprechend bestückt wird. Wer ein OP-Management »mal eben« aus der Taufe hebt und es der Anästhesie zuschlägt, weil sich das »richtig« anhört und im allgemeinen Trend liegt, der wird schei-

9.4.2 Weisungsbefugnis ist Pflicht

Der OP-Manager darf nicht an individuellen Interessen scheitern. Er muss gegenüber allen im opera-

---

17 Wer an dieser Stelle nach belastbarer Literatur, Leitlinien o.ä. sucht, muss enttäuscht werden. Erst seit 2007 gibt es überhaupt einen Verband der deutschen OP-Manager (VOPM), und das vorhandene Wissen sickert nur langsam über sog. »OP-Manager-Kurse« in die Praxis; siehe auch: www.vopm.de

tern. Abgesehen davon, dass ein Chefarzt der Anästhesie, der eine Aufgabe so einfach übernimmt, offensichtlich nicht ahnt, auf was er sich einlässt. Zu einem funktionierenden OP-Management gehört ein designierter OP-Manager[18], ein eigenes Stellendeputat angepasst an die Größe des OPs und die fruchtbare Anbindung an das Controlling mit einem sehr guten Zugang zu modernen und differenzierten Kennzahlen des OP-Betriebes. Fragen nach Auslastung von OP-Sälen, häufige Ursachen für OP-Ausfälle oder die Erlössituation für einzelne Beleger, nach durchschnittlichen OP-Zeiten oder Wechselzeiten (um nur einige zu nennen), müssen zeitnah und schlüssig beantwortet werden können.

Wie bereits angemerkt, sind OP-Koordination und OP-Management zwei unterschiedliche Begriffe. Allerdings ist die *OP-Koordination* dem OP-Management zuzurechnen und ist im täglichen Geschäft die »Exekutive« des OP-Managements. Interessanterweise wird die OP-Koordination oft »natürlich dem Anästhesisten« zugeordnet. Das mag sich in vielen Krankenhäusern so entwickelt haben, ist aber eigentlich keineswegs sinnvoll. Denn der OP-Koordinator ist Disponent der dynamischen, unvorhersehbaren und manchmal kaum steuerbaren Prozesse im tagesaktuellen OP-Geschäft. Er muss den OP-Plan überblicken, Belegungen erfassen, OP-Zeiten einschätzen, Operateure kennen und mit allen Beteiligten laufend kommunizieren. Er muss Änderungen, Ausfälle, Nachmeldungen und Zwischenfälle möglichst effektiv einpreisen und bestenfalls antizipieren, so dass Dringliches nicht liegen bleibt und gleichzeitig keine Ressource ungenutzt vor sich hin dämmert, weil es an einer anderen Stelle gerade nicht weitergeht. Verschiedene Interessen sind ständig im Gedanken an einen möglichst effektiven und effizienten Betrieb zu berücksichtigen.

Und daraus ergeben sich zwei gute Gründe, warum ein OP-Manager eine unabhängige und niemandem unterstellte Autorität im OP sein muss:

- Ab einer Größe von drei bis fünf OP-Sälen ist eine Koordination in Abhängigkeit vom OP-Portfolio eine anspruchsvolle Tätigkeit, die niemand als Nebenjob betreiben kann.
- Ein OP-Manager darf in Konfliktfällen nicht den Interessen eines Fachgebietes zuzuordnen sein. Unbequeme Entscheidungen lassen sich nur vertreten, wenn im Sinne der Effizienz und Effektivität entschieden wird und Fachinteressen keine Rolle spielen.

Meistens ist die Insignie der OP-Koordination ein »Koordinator-Telefon«, das staffelstabgleich morgens übergeben wird: an einen Anästhesisten, der dann Narkose macht. Das funktioniert allerdings allenfalls in kleineren Krankenhäusern. In größeren Einheiten wirkt sich die OP-Koordination noch folgenreicher aus, da sie einen hohen ökonomischen Impact hat; denn oft trifft der *OP-Koordinator* in dynamischen Szenarien eine Entscheidung über Ressourcenallocation, die bei unüberlegtem Handeln unnötige Saalleerstände, OP-Ausfälle oder Überstunden zur Folge haben kann.

Es gilt also auch das bereits oben Gesagte für das OP-Management insgesamt: Verlangt eine Krankenhausleitung ein OP-Management und eine OP-Koordination, muss das entsprechend mit personellen und strukturellen Ressourcen unterfüttert werden. Ansonsten ist die Übernahme solcher Verantwortlichkeiten abzulehnen, weil nicht durchführbar. Maßgeblich sind hier keine allgemeingültigen Personalschlüssel, und wer Empfehlungen sucht, wird enttäuscht werden. Vielmehr müssen diese Funktionen an lokale Verhältnisse adaptiert und etabliert werden. Oftmals zeigt sich im Diskurs schnell, dass »Welten« zwischen der Personalplanung eines OP-Managements und dem, was sich eine Krankenhausleitung vorstellt, liegen. Dass *ein* Anästhesist pro OP-Saal gebraucht wird, ist glücklicherweise seit 2004 endlich geklärt.[19] Aber was Funktionsdienste angeht, gibt es neuralgische Punkte:
- Warum braucht jeder OP-Saal eine Anästhesie-Pflegekraft?
- Warum braucht jeder OP-Saal zwei OP-Pflegekräfte?

---

18 Denken Sie unbedingt an einen OP-Manager-Kurs! Diese kostspieligen Maßnahmen werden nicht gerne genehmigt, aber die Übernahme des OP-Managements sollten Sie daran knüpfen, dass Sie und/oder ein leitender Mitarbeiter entsprechend ausgebildet werden!

19 Vgl. BDA (2004)

Als OP-Manager werden Sie diese Diskussionen führen. Und es gibt darauf (überspitzt) nur eine vernünftige Antwort: »Was wollen Sie denn eigentlich?!« Denn selbstverständlich kann man einen OP-Saal auch nur mit einer halben Anästhesie-Pflegekraft und einer einzelnen OP-Pflegekraft betreiben. Aber schnelle Wechsel und kurze Operationszeiten sind dann vom Tisch! Maßgeblich für den *Personalbedarf* im OP sind die Erwartungen an die Leistungs- und Kennzahlen sowie die lokalen Verhältnisse. Ein OP-Saal, in dem am Tag 15 HNO-Operationen laufen müssen, »verträgt« auch gerne zwei Anästhesie-Pflegekräfte und zwei Anästhesisten im schnellen Wechsel und lohnt sich dann richtig! Umgekehrt können Sie einen Saal mit genügsamen Chirurgen und wenigen, großen OP-Punkten auch mit einem Anästhesisten und einer halben Pflegekraft sowie eineinhalb OP-Pflegekräften versorgen. Wechselzeiten von 60 Minuten und mehr sind dann aber durchaus »drin« und müssen als logische Folge erkannt werden, und man darf dann auch gerne während der OP mal auf den Springer warten. Hier lohnt es sich auch immer wieder, die Unterschiede zwischen einzelnen chirurgischen Disziplinen und Krankenhäusern zu betonen – wenn vom Gegenüber darauf hingewiesen wird: »Im Krankenhaus XY geht es ja auch mit weniger Leuten!« Oberflächliche Betrachtung und Abzählen von Dienstplänen sind dann wenig hilfreich, und Sie können solche Breitseiten problemlos parieren: »Wie sind denn dort die Wechselzeiten?«, »Wie ist die Auslastung?«, »Welche Fachdisziplinen gibt es?«, »Wie ist die durchschnittliche Schnitt-Naht-Zeit?«, »Gibt es eigenes Schleuser-Personal?«, »Wer lagert, wer reinigt den OP?«, »Gibt es einen sterilen Rüstbereich?«, »Wie ist die räumliche Konfiguration der OP-Säle?«, »Wird überlappend eingeleitet?«…

Schlüssel zu einem funktionsfähigen Konstrukt ist der intensive Dialog mit den Entscheidern der *Personalplanung*. Diese darf sich jedoch nicht auf der Ebene der Zahlenspiele tummeln und in einer Feilscherei um halbe Stellen ergehen. Wenn Sie als OP-Manager adäquat konstituiert sind, genießen Sie das Vertrauen der Krankenhausleitung, den Personalbedarf weitgehend selbst, konstruktiv und mit dem Ziel einer effektiven und effizienten Nutzung der Ressource »OP« zu gestalten und dies entsprechend mit Kennzahlen zu unterlegen. Ich bin als OP-Manager in einem kleinen OP-Pavillon mit drei Sälen tätig, und eine Reduktion der Personalstärke von aktuell einer Anästhesie-Pflegekraft und zwei OP-Pflegekräften pro OP-Saal ist nicht machbar, ohne erhebliche Auswirkungen auf Wechselzeiten oder den morgendlichen Beginn zu haben – beides Kennzahlen, die üblichen Geschäftsführern in ihrer Wichtigkeit durchaus geläufig sind.

Leider kommt es jedoch immer wieder vor, dass Sie eben nicht uneingeschränktes Vertrauen und Handlungsfreiheit genießen und das bekommen, was Sie brauchen. Dann hilft nur eines: minimale Personalstärken definieren und bei Unterschreitung selbstverständlich entsprechend die Leistung herunterfahren, dieses anhand von Kennzahlen retrospektiv nachweisen und als letztes Mittel OP-Säle schließen. Dies birgt natürlich extremes Konfliktpotenzial und bringt schnell mit Messern bewaffnete Menschen gegen Sie auf. Aber wenn Sie langfristig souverän und vor allem ökonomisch sinnvoll handeln wollen, bleibt Ihnen keine andere Möglichkeit.

9.4.4 Verbindlichkeit – Das OP-Statut

Ein OP braucht ein *OP-Statut*. Wenn Sie mit ungeschriebenen Gesetzen, alten Bräuchen und »Ja, das haben wir schon immer so gemacht, und wer sind Sie denn überhaupt?« aufräumen wollen, ist das der richtige Schritt, ohne den Sie ein wirkungsvolles OP-Management und eine robuste OP-Koordination nicht etablieren können.

Das OP-Statut schreibt die Regeln im täglichen Umgang im OP fest. Die Erfahrung zeigt leider, dass dieses auch notwendig ist. Ich möchte Ihnen die aus meiner Sicht wichtigsten neuralgischen Punkte näher bringen. Es sollte Aussagen beinhalten zu:

Verbindlichkeit Ein OP-Statut gilt für alle im OP tätigen Berufsgruppen. Entsprechend ist einzufordern, dass das Dokument jeweils von einem leitenden Vertreter der Berufsgruppen zu unterzeichnen ist. Machen Sie das, und wenn es die berühmten drei Kreuze sind, die Sie Ihrem Lieblingsoperateur nach einer sehr guten Flasche Rotwein abluchsen. Sie schaffen Commitment, auf das Sie in Streitfällen rekurrieren können.

Planbarkeit Weisen Sie OP-Kapazitäten zu, indem Sie die vorhandenen Pläne in »Slots« gliedern und diese den Fachabteilungen zuweisen. Basis dafür sind extrapolierte Werte der Vergangenheit, die anhand der Belegung bisher den Bedarf für die Zukunft ermitteln. Entsprechend der vorhanden OP-Säle vergeben Sie die Kapazitäten: Montag – Saal 1 – Allgemeinchirurgie, Saal 2 – Unfallchirurgie usw. Wesentlich dabei ist, dass diese Zuweisung nicht als statisch zu betrachten ist. Sie muss sowohl kurzfristig als auch langfristig disponibel sein:

- **Kurzfristig:** Eine Fachdisziplin hat die Planungsautorität für »ihren« OP-Slot nur bis zum Ablauf einer bestimmten Deadline, z.B. 12 Uhr am Vortag. Bis dahin nicht belegte OP-Kapazität wird dann an andere Abteilungen vergeben – bei Bedarf.
- **Langfristig:** Anhand der erfassten Daten wird die OP-Auslastung nach Fachabteilung getrennt errechnet. Daraus ergibt sich der eigentliche Bedarf an OP-Kapazität. Steigendem Bedarf begegnet man mit Ausweitung der zugewiesenen OP-Kapazität, während »schwächelnde« Abteilungen damit rechnen müssen, einen halben oder ganzen Saal zu verlieren, wenn er nicht genutzt werden kann.

Struktur Es ist wichtig, Formen einzuhalten, um im komplexen Alltag des OP-Ablaufes Informationen zwischen Disziplinen und Hierarchien sicher transportieren zu können. Dies gilt sowohl für die Erstellung eines elektiven OP-Programms als auch für die Dynamik des hektischen Alltages. Beispiele sind:

- »Der Operateur meldet sein OP-Programm bis am Vortag um 12 Uhr.«
- »Urlaube/Abwesenheit mit Nicht-Nutzung von OP-Kapazität sind bis 2 Wochen vorher dem OP-Management mitzuteilen, ansonsten werden sie als »nicht ausgelastete Kapazität« der Abteilung berechnet.«
- »Ein Notfall wird vom indizierenden Facharzt an den OP-Koordinator gemeldet mit der Angabe der Dringlichkeit.«
- »Freie OP-Kapazität wird von Seiten des OP-Koordinators disponiert.«
- »Wird absehbar zusätzliche OP-Kapazität benötigt, erfolgt die Meldung an das OP-Management mit Angabe von Datum, Operationen und geschätztem Zeitbedarf.«

Es hat sich als nützlich erwiesen, tatsächlich sehr starke Verbindlichkeit und Klarheit zu schaffen. Es kann sogar sinnvoll sein, bestimmte immer wiederkehrende Konfliktsituationen beispielhaft in einem »Appendix« zu erläutern: »Abteilung Abdominalchirurgie hat ihren Mittwoch-OP-Saal bis Dienstagabend nicht belegt. Abteilung Brustchirurgie meldet eine OP, die seitens der OP-Koordination in den Chirurgiesaal gebucht wird. Am späten Abend meldet Abteilung Abdominalchirurgie doch noch eine OP für Mittwoch an. Diese wird dann *nach* dem Punkt der Abteilung Brustchirurgie am Mittwoch operiert.«

> **Praxistipp**
>
> Klären Sie über OP-Management und OP-Koordination auf! Etablieren Sie selbiges mit den notwendigen Strukturen und Ressourcen! Machen Sie einen OP-Manager-Kurs! Schaffen Sie ein klares OP-Statut, und schaffen Sie Commitment durch Unterschrift und Konsens!

9.5 Rahmenbedingungen der Führung

9.5.1 Allgemeines

Obwohl einige Kollegen bereits einiges über die sich wandelnden Rahmenbedingungen geschrieben haben, möchte ich auch meine Sichtweise und meine Erfahrungen schildern und einige anästhesiologische Besonderheiten benennen. Als Arzt bin ich seit 2003 tätig, als Chefarzt seit 2014 – und sicherlich sind meine Ansichten andere als die von Kollegen mit größerer Erfahrung oder einer anderen Geschichte.

Allgemein wird beklagt, dass die *Rahmenbedingungen* immer »schlechter« würden. Dem kann man natürlich zustimmen, wenn man sich das monatliche Salär eines Chefarztes heute anschaut. Allerdings halte ich das für deutlich zu kurz gegriffen. Dass Geld allein nicht glücklich macht, ist eine verbreitete Erkenntnis, und dass die heute heranwachsende »Generation Y«[20] andere Wertvorstellungen hat als die »alte Garde«, ist auch bekannt. Als ich vor einigen Jahren dem damaligen Personaloberarzt einer Uniklinik gegenübersaß und bekundete, dass ich in Elternzeit gehen wolle, war die lapidare Antwort: »Das erlaube ich Ihnen nicht!« Mein Gegenüber war offenbar bezüglich der Rechtslage nicht ganz auf der Höhe, und ich erlaubte mir ab der Geburt meiner Tochter eine mehrmonatige Auszeit.

> Elternzeit, Work-Life-Balance, Generation Y – was vielerorts in Personalabteilungen und Führungsebenen beklagt wird, ist eine Entwicklung, die absolut zu begrüßen ist.

Als ich 2011 meine Facharztprüfung ablegte, fragten mich nach erfolgreichem Ende meine drei ergrauten Prüfer, was ich nun tun wolle. Auch damals befand ich mich in *Elternzeit* und antwortete entsprechend. Sofort entbrannte eine lebhafte Diskussion zwischen den drei Herren, der ich alsbald nur noch als heimlicher Zuhörer beiwohnte und bei der jeder den anderen mit Geschichten über seine Enkel zu übertrumpfen versuchte. Glänzende Opa-Augen sprachen Bände, während sprachlich konstatiert wurde, dass man ja früher dazu leider nie die Zeit hatte. Das ist ein Unglück! Aber heute können wir es ändern, auch und gerade als Chefärzte. Für uns, aber auch unsere Mitarbeiter. Chefarzt und Elternzeit, das ist kein Widerspruch. Ebenso halte ich es für längst überholt, dass der Chef morgens als Erster da ist und abends als Letzter geht. Wer das tut, der macht etwas falsch. Eine gute Abteilung ist gerade die ohne Chef funktionierende und nicht die ohne Chef hilflose. Was natürlich nicht von selbst funktioniert, sondern erreicht werden muss! Und wenn wir auf der einen Seite die sinkenden Gehälter und die schlechten Rahmenbedingungen beklagen: Machen wir auf der anderen Seite etwas draus und nehmen uns auch als Chefarzt das Recht auf Freizeit, Freiheit und unsere Work-Life-Balance.

Um auf die eingangs beschriebenen Dinosaurier zurückzukommen: Der *Lebensentwurf*, dass man brav buckelnd jahrelang als Assistenzarzt alle Strapazen auf sich nimmt, zehn Jahre und die Familie für eine Habilitation opfert und dann doch letztendlich mit einem lebenslangen, hochdotierten Vertrag wenigstens ein bisschen entschädigt wird, das ist nicht mehr zeitgemäß!

»Sie brauchen eine hohe Frustrationstoleranz!«, sagte man früher zu neuen Doktoranden oder Assistenzärzten. Ich finde das respektlos, und es zeigt jede Abwesenheit von Führungskompetenz.

> Wer Jobs schafft, die frustrieren, begeht einen Fehler so wie der, der bereit ist, einen solchen Job jahrelang zu machen.

9.5.2 Führungskompetenz entwickeln

Führungskompetenz wird inzwischen groß geschrieben, auch in der Medizin. Leider erhalten wir jedoch zu keinem Zeitpunkt der Ausbildung auch nur ansatzweise eine Vermittlung der entsprechenden Werte und Attribute. Chefarztposten werden gefühlt eher nach erworbenen »Zetteln« und akademischen Meriten vergeben. Aber ob schon Chef oder noch nicht Chef: Führungskompetenz und Managementfähigkeiten kann man zu jedem Zeitpunkt des Werdegangs noch erwerben. Vermessen wäre der Gedanke: »Ich kann das alles schon!« Seminare über Kommunikation, Konfliktlösung, Zeitmanagement, Führen von Mitarbeitergesprächen, Projektentwicklung, Change-Management und viele mehr sind ein Muss für leitende Ärzte. Auch wenn Literatur da allein kein Heilmittel sein kann, »Führen, Leisten, Leben« von Fredmund Malik[21] gehört genauso unter Ihr Kopfkissen wie »Die Psychologie des Überzeugens« von Robert Cialdini.[22]

9.5.3 Fachkräftemangel – Eine Chance

Der *Fachkräftemangel* ist weit verbreitet und spürbar vorhanden. Und es ist doch bald alles gesagt. Aber es gibt einige extrem wichtige Aspekte, die von

---

20 Zu der ich mich im Übrigen zähle.

21 Malik (2001)
22 Cialdini (2013)

Seiten der Anästhesie anzumerken sind. Denn glücklicherweise gab es in den letzten Jahren eine Entwicklung, die den anästhesiologischen Chefärzten den Rücken extrem gestärkt hat, wenn es um die Personaldiskussionen mit der Krankenhausleitung ging.

Sofort fällt unsereinem die vielzitierte »Münsteraner Erklärung«[23] ein, die den *Facharztstandard im OP* zumindest für eine hoffentlich lange Zeit einzementiert hat. Im Jahr 2010 ergingen von der Deutschen Gesellschaft für Anästhesiologie und Intensivmedizin, dem Bund Deutscher Anästhesisten und der Deutschen Gesellschaft für Gynäkologie und Geburtshilfe darüber hinaus die überarbeiteten Empfehlungen zur Durchführung von Analgesie- und Anästhesieverfahren in der Geburtshilfe.[24] Dort wird ein innerhalb von zehn Minuten verfügbarer Anästhesist für den Kreissaal gefordert.

Zusätzlich wurde im Jahr 2013 der Beschluss des Gemeinsamen Bundesausschusses über eine »Vereinbarung über Maßnahmen zur Qualitätssicherung der Versorgung von Früh- und Neugeborenen«[25] gefasst. Dort wird für weite Teile der Geburtshilfe die *Sectio-Bereitschaft* vorgeschrieben. Innerhalb des Helios-Konzerns wurde 2013 ein gemeinsamer Beschluss der Fachgruppen Pädiatrie, Anästhesie sowie Gynäkologie und Geburtshilfe getroffen, der ebenfalls vorsieht, dass in einer Klinik mit Geburtshilfe in jedem Fall ein Anästhesist rund um die Uhr innerhalb von zehn Minuten verfügbar sein muss.

Sie müssen diese Regelungen kennen und ins Feld führen, wenn es um die Personaldiskussion geht. Sie müssen diese klare Linie vertreten! Facharztstandard im OP plus Sectio-Bereitschaft bedeutet beispielsweise, dass Elektiv-OPs im Bereitschaftsdienst grundsätzlich abzulehnen sind, wenn nur *ein* Anästhesist im Haus vorhanden ist.[26] Ich halte es für absolut notwendig, diese Dogmen zu vertreten, sich auch notfalls darauf zu berufen und mit Verweis darauf entsprechend die Leistungserbringung anzupassen. Im Umkehrschluss lassen sich so Forderungen nach Umwandlung von Facharztstellen in Oberarztstellen oder verbesserte Gehaltsangebote an Bewerber wunderbar plausibilisieren.

9.5.4 Fachkräftemangel resultiert aus Fachkräftefehlverteilung

Wenn Sie die genannten Positionen vertreten und tatsächlich einen ausreichenden Personalschlüssel bekommen, bleibt eines, wenn nicht das größte Problem: Woher sollen sie kommen, die hochqualifizierten, bewerbungswilligen, sozialverträglichen und leistungsbereiten Fachärzte?

Sie müssen sich also mit den Möglichkeiten der *Personalrekrutierung* auseinandersetzen. Über Nutzen und Möglichkeiten der verschiedenen Tools im Personalmarketing ist gerade eine aktuelle Umfrage publiziert worden, die zwar wenig Weltbewegendes zeigt, den eingangs beschriebenen Zeitgeist jedoch unterstreicht:[27]

Mögliche *Bewerber* interessieren sich heute vielmehr für Faktoren wie Tarifvertrag und Gehalt (85%), flexible Arbeitszeitmodelle (80%), Freistellung für Fortbildungen (96%) oder ein Weiterbildungscurriculum (75%) als zum Beispiel für wissenschaftliche Publikationen (44%) oder das Ranking einer Klinik (38%). Die Zahlen gelten jeweils für Fachärzte.

Daraus leitet sich eine *eindeutige Handlungsdirektive* ab: Sorgen Sie dafür, dass es den Mitarbeitern gut geht, dass sie gut verdienen, Arbeitszeitmodelle wahrnehmen können, die an individuelle Bedürfnisse angepasst sind, und sich entwickeln können. Niemand verbringt heute noch Jahre damit, auf eine bestimmte Weiterbildung zu warten oder immer wieder für eine Intensivrotation vertröstet zu werden. Da erfolgt dann schnell eine Abstimmung mit den Füßen. Verfallen Sie nicht in die Gebetsmühle des Fachkräftemangels, sondern sehen Sie es als »Fachkräftefehlverteilung«, und gehen Sie das an,

---

23 Vgl. BDA (2004)
24 Vgl. http://www.helios-zentralbibliothek.de/helios-publikationen/fachgruppenbeschluesse/
25 VGl. BAnz. Nr. 205 (S. 15684) vom 28.10.2005
26 Es sei darauf hingewiesen, dass elektive Operationen nicht grundsätzlich nur in der Regelarbeitszeit, sondern auch im Bereitschaftsdienst durchgeführt werden können. Entscheidend hierfür ist die notwendige Verfügbarkeit des Anästhesisten für die Geburtshilfe (vgl. Landesarbeitsgericht Schleswig-Holstein 2006)

27 Vgl. Der Anästhesist 2001; 517-524

indem Sie eine Umverteilung zu Ihren Gunsten erwirken. Es bringt wenig, in allen umliegenden Regionalzeitungen Stellenanzeigen zu schalten und das Deutsche Ärzteblatt zu belagern, wenn die Rahmenbedingungen schlecht sind.

> **Praxistipp**
>
> Nutzen Sie die Freiheit der Chefarztposition, um Ihre Führungs- und Managementkompetenzen zu schärfen! Erklären Sie den Fachkräftemangel zur Fehlverteilung, und optimieren Sie Ihre Stellen im Hinblick auf moderne Werte, um für Bewerber attraktiv zu werden!

9.5.5 Führungsmodelle – Kollegialsysteme: Exitstrategie auf Führungsebene

Dass auch Chefs keinen universalen Herrschaftsanspruch mehr haben, zeigen die langsam aufkommenden *Kollegialsysteme*, bei denen meistens mehrere gleichrangig qualifizierte Fachärzte eine Abteilung gemeinsam führen. Besonders in der Anästhesie sehe ich hier bereits die ersten Silberstreifen am Horizont und auch die strukturellen und prozessoralen Voraussetzungen, wie so etwas gut funktionieren kann. Die Ursachen für diese Entwicklung sind schnell auszumachen: Auch in den Reihen der hochqualifizierten Fachärzte ist inzwischen das Bedürfnis nach einer ausgewogenen *Work-Life-Balance* stark vorhanden bei gleichzeitiger »Fachkräftefehlverteilung«. Die klassische Führungsposition ist heute nur noch wenig attraktiv. Es müssen alternative Modelle gefunden werden, um Führungsstrukturen aufrecht zu erhalten und Mitarbeiter zu binden. Das Kollegialsystem kann beides erfüllen.

Ein Kollegialsystem kann entweder in völliger Gleichberechtigung geführt werden, oder bei größeren Teams auch mit einem – z.B. auf Zeit bestimmten – Primus inter pares. Dieser hat zumindest zeitweise ein bisschen mehr den Hut auf als die Kollegen und trifft bei Uneinigkeiten die letzte Entscheidung. Zuletzt gab es im Deutschen Ärzteblatt einen entsprechenden Artikel über ein funktionierendes Kollegialsystem in einer mittelgroßen Klinik.[28]

Ich bin selbst in einem Kollegialsystem tätig. Ich halte es für eine optimale Lösung, um *Führung* auf mehreren Schultern zu verteilen, den Job des Chefarztes attraktiv zu machen und gleichzeitig eine durchgreifend hohe Qualität in der Patientenversorgung zu gewährleisten. Dass es zeitgemäß ist, zeigt die Anforderung an die teilnehmenden Führungskräfte. Für die klassischen Alpha-Tiere ist in diesem System kein Platz; nämlich für Kollegen, die alles für den Job aufgeben und sich nur dort wiederfinden, sind Kollegialsysteme die falsche Lösung. Man muss bereit sein, Macht abzugeben, Entscheidungen anderer mit zu tragen und nicht bei allem das letzte Wort zu haben. Im Gegenteil: Herrschaftsanspruch, Rechthaberei und monetäre Bedürfnisse müssen im Kollegialsystem gegen Führungsqualitäten, Kompromissfähigkeit, Selbstachtsamkeit, Familiensinn und Teamgeist getauscht werden. Aber der Erlös ist hoch: Mehrere hochqualifizierte Kräfte halten im Dialog die Standards zeitgemäß. Wichtige Dinge können auf mehrere Schultern verteilt werden, es ist fast immer ein Chef im Hause – auch in Urlaubszeiten –, und auf individueller Ebene bleibt die sicherlich befriedigende Stellung als »Chef« mit entsprechendem Vertrag und einem die üblichen Bedürfnisse in jedem Fall abdeckenden Salär. Dinge wie Elternzeit, Fortbildung und Kinderspaß am Badesee finden ebenfalls ihren Platz.

Neben den genannten Vorteilen ergeben sich aber natürlich auch Nachteile: Nichts ist perfekt. In einem Kollegialsystem wird immer etwas mehr Unklarheit herrschen als in einem »autokratischen« Chefarztsystem. Auch Chefärzte im Kollegialsystem behalten Eigenheiten und machen Dinge unterschiedlich. Oder sind nicht bei jedem Thema auf demselben Stand und können allein aus Personalgründen nicht immer alle an einem Meeting teilnehmen. Aber hier kann eine gute und bewusste Kommunikation viel ausgleichen, ggf. auch eine Themenzuweisung oder regelmäßiges Coaching beim Profi zum Ausgleich von Inkongruenzen im Leitungsteam oder am »Chefarztstammtisch«. In

---

28 Vgl. Dtsch Ärztebl 2015; 112(18): A-817 / B-690 / C-666

kleineren Abteilungen ist es kaum möglich, wirkliche Bereiche voneinander abzulösen. Je größer die Klinik, desto mehr Sinn macht es aber natürlich, einzelne Verantwortlichkeiten auch einzelnen Personen zu übertragen. Beispiele sind: Übertragung der wöchentlichen OP-Planung, der Schmerztherapie oder der Intensivtherapie an einzelne Personen. Dies ist jedoch stark abhängig von lokalen Strukturen und der Qualifikation der einzelnen Chefärzte.

Weiterhin kann es – in Analogie zu dem Kapitel über das OP-Management – notwendig sein, ein »Kollegialstatut« zu etablieren und damit ein Regelwerk zu implementieren, das die tägliche Routine regelt, Zuständigkeiten und Abläufe festlegt und auf das bei Streitigkeiten rekurriert werden kann. Je größer die Gruppe im Kollegialsystem, desto größer erscheint die Notwendigkeit eines solchen Reglements. Denn jeder weiß: Die Liste der einst harmonischen Partnerschaften, die später nur noch via Anwalt kommunizieren, ist lang. Und das würde einem Krankenhaus in Anbetracht des wirtschaftlichen Drucks im schlimmsten Fall ein tiefrotes Jahr bescheren (Tab. 9.2).

Tab. 9.2 Vor- und Nachteile des Kollegialsystems

Vorteile	Nachteile
Mehrere attraktive Leitungspositionen (»Chefarzt«)	Konfliktpotenzial
Hohe Qualität	Entscheidungsschwäche
Starkes Commitment mehrerer Mitarbeiter	Fehlende Klarheit/Führungsschwäche
Hohe Chefarztpräsenz im Haus	

> **Praxistipp**
>
> Ein Kollegialsystem kann eine Chance sein. Bringen Sie dieses möglicherweise bei einer offenen Chefarztposition in Ihrem oder in einem anderen Haus ins Gespräch, um ggf. die eigenen Chancen auf eine Chefarztposition in einem solchen Modell zu erhöhen und einen Karrieresprung unter modernen Bedingungen machen zu können!

9.5.6 Der Chefarztvertrag in der Anästhesie

Neue Chefärzte sind für erfahrene »Personaler« und Geschäftsführer oft ein gefundenes Fressen. Denn das Letzte, auf das man im Laufe seiner Medizinerkarriere vorbereitet wird, sind Verhandlungen um das eigene Gehalt. Und aus Sicht der Gegenseite: Was gäbe es Schöneres, als Verhandlungen zu führen mit Individuen, deren gesamte Karriere auf diesen einen Chefarztposten ausgerichtet ist und die gleichzeitig ein veritables Helfersyndrom und eine überdimensionierte, jahrelang gefütterte Frustrationstoleranz vor sich herschieben?

Das ist tatsächlich ein großes Problem, dem man mit einem professionellen Berater begegnen kann und möglicherweise auch sollte. Allerdings ist das kostspielig und nicht unbedingt auch ergebnisschwanger, da Bedürfnisse und Möglichkeiten von Krankenhaus zu Krankenhaus, von Klinikträger zu Klinikträger und von Chefarztanwärter zu Chefarztanwärter stark unterschiedlich sind. Empfehlen kann ich aus eigener Erfahrung auch den Kontakt zum Marburger Bund; dort kann man nach Zufaxen des Vertragsentwurfs innerhalb sehr kurzer Zeit mit erfahrenen Rechtsanwälten sprechen und Verträge Punkt für Punkt durchgehen. Anwaltlicher Beistand sollte selbstverständlich sein.[29]

Grundsätzlich sollte man sich klarmachen und davon ausgehen, dass *alles verhandelbar* ist und man absolute Gestaltungsfreiheit hat. Die vorgelegten Verträge sind oftmals nur »Templates«, die standardmäßig verteilt werden. Nehmen Sie die Chance wahr, und modellieren Sie sich Ihr Arbeitsumfeld so, wie es zu Ihren persönlichen Motiven passt. Und denken Sie dabei nicht nur ans Geld!

Gehalt Im Vertrag sollte ein *festes Grundgehalt* vereinbart sein, das mindestens 80% der Gesamtvergütung umfasst. Die übrigen 20% können durch einen *variablen Gehaltsanteil* abgedeckt werden. Wächst der variable Anteil zu stark an, bringt das nur Unsicherheiten. Variable Anteile können darüber hinaus einmal jährlich gewährt werden oder

---

29 Vgl. Dtsch Ärztebl 1997; 94(4)

aber auch monatsweise. Denken Sie bei der *Gehaltsverhandlung* auch daran, dass Sie möglicherweise mit Ihrer neuen Position keine Beiträge mehr zu öffentlichen Versorgungsanstalten einzahlen. Je nachdem, wie sich Ihr Gehalt entwickelt, müssen Sie in der Folge ggf. auch über die Anhebung einer Berufsunfähigkeitsversicherung oder einer privaten Zusatzrente nachdenken, um in beiden Fällen Leistungen angepasst an das erhöhte Gehalt zu genießen.

Mitarbeiter Was bei Forschungsstellen völlig normal ist, dürfte bei den meisten *Chefarztverträgen* eine Seltenheit sein: Gestaltungsfreiheit bei der Personalausstattung. Oftmals gibt es zementierte Personalberechnungen. Allerdings sollten Sie einhaken, wenn es aktuell offene Stellen gibt oder neue Projekte anstehen. Letztere können ohne Ressourcen nicht realisiert werden, und erstere können möglicherweise schneller besetzt werden, wenn Facharztstellen in Oberarztstellen umgewandelt oder sonstige Anreize geschaffen werden.

Entwicklung Denken Sie an die eigene *Weiterbildung* und an die Ihrer Mitarbeiter. Verhandeln Sie ein festes jährliches Budget und eine Anzahl von freien Tagen, die Sie Ihren Mitarbeitern für Fortbildungen einräumen können.

Dienste Chefs machen keine *Bereitschaftsdienste*! Für viele ist das ganz selbstverständlich und auch wünschenswert. Aber auch hier kann sich ein Blick auf die Abteilungsstruktur lohnen, und es kann sogar erforderlich sein, dass »der Chef« am Bereitschaftsdienstsystem teilnimmt, z.B. in den bereits angesprochenen Kollegialsystemen. Nimmt man tatsächlich am Dienstsystem teil, muss unbedingt eine entsprechende Vergütung vereinbart werden. Außerdem ist festzuhalten, ob man »nach Dienst« nach Hause geht oder nicht. Ob man es tatsächlich tut, sei jedem selbst überlassen, aber es sollte grundsätzlich möglich sein. Weiterhin kann man diskutieren, ob eine Höchstgrenze an monatlichen Diensten festgelegt werden muss. Ich halte das für wenig sinnvoll. Denn im Falle, dass eine Geschäftsführung einen Chefarzt zu 20 Rufdiensten oder zehn Anwesenheitsdiensten im Monat verdonnern will, muss man ohnehin die Basis für eine weitere Zusammenarbeit stark anzweifeln.

Zielvereinbarung »Wenn Sie 15 Lebern transplantieren, bekommen Sie einen Porsche!« Mittlerweile hat man erkannt, dass solche Vereinbarungen wenig mit medizinischer Qualität zu tun haben. Entsprechend haben sich die Deutsche Krankenhausgesellschaft und die Bundesärztekammer am 24.04.2013 darauf geeinigt, dass finanzielle Anreize für einzelne Eingriffe oder Leistungen nicht legitim sind.[30] Abzulehnen sind daher fast alle Punkte, die in irgendeinem Zusammenhang mit der Erbringung medizinischer Leistung stehen. Optionen, die stattdessen gewählt werden können, sind:
- Verfassen von SOPs
- Führen von Mitarbeitergesprächen
- Durchführung von Fortbildungen, sowohl in-house als auch in der Fremde
- Erwerb von zusätzlichen Qualifikationen
- Etablierung von Checklisten oder Team-Time-Outs vor Schnitt
- Teilnahme an der Öffentlichkeitsarbeit der Klinik
- Besetzen offener Stellen

In diesem Zusammenhang sei nochmal bekräftigt, dass auch im OP-Management Leistungszahlen in einer *Bonusvereinbarung* nichts verloren haben (Wechselzeiten, Auslastung, OP-Zahlen etc.).

Dienstwagen Denken Sie an einen *Dienstwagen* als mögliche Verhandlungsoption. Das kann für den Arbeitgeber möglicherweise auch interessant sein, da in diesem Fall keine Lohnnebenkosten zu zahlen sind. Allerdings müssen Sie solche Modelle vorher selbst genau durchrechnen, da Sie zwar Lohnsteuer, Sozialabgaben und den Privatwagen sparen können, den Dienstwagen aber auch zumindest mit 1% des Listenpreises versteuern müssen und zusätzlich dann nochmal 0,03% des Listenpreises für jeden Kilometer der Distanz zwischen Ihrem Arbeits- und Wohnort.

Freizeit Zusätzliche *Urlaubstage* gefällig? Auch das sind Verhandlungsoptionen, die möglicherweise für beide Seiten attraktiv sind. Sie haben mehr *Freizeit*, und der Arbeitgeber muss keine monetären

---

30 Vgl. Dtsch Ärztebl 2014; 111(16)

Angebote machen. Letztendlich hängt das natürlich davon ab, wie gut die Abteilung auch mal ohne Sie läuft. Aber es ist ein Trugschluss, zu glauben: »Ich kann ja eh immer gehen, wenn es läuft.« Zwar stimmt das grundsätzlich: Der Arbeitgeber bezahlt Ihnen nicht die Zeit, die Sie da sind, sondern er bezahlt Sie für den Umstand, dass alles läuft. Sich aber so »freizuschaufeln«, dass man tatsächlich guten Gewissens nach Hause gehen könnte oder gar zu Hause bleibt, das schafft doch kaum einer. Zusätzliche Urlaubstage sind dann möglicherweise der bessere Weg. Die »muss« man ja irgendwann nehmen.

> **Praxistipp**
>
> Denken Sie ohne Grenzen, wenn es um die Gestaltung eines Chefarztvertrages geht! Geld ist nicht alles, und ob Sie monatlich »einen Tausender« mehr oder weniger auf die Kante legen, kann im Vergleich zu nicht-monetären Vorteilen die deutlich schlechtere Wahl sein.

(▶ auch Kap. 21)

9.5.7 Chefarztrauswurf und Chefarztkündigung

Der *Rauswurf* eines Chefarztes gleicht einem kleinen Erdbeben. Früher undenkbar ist es aber inzwischen durchaus übliche Realität geworden. Denn »die Chefs« haben in den Verwaltungen einen starken Gegenspieler bekommen, der im Zweifelsfall am längeren Hebel sitzt. Und aktuell leben wir in einer »gefährlichen« Dekade. Denn viele aktuelle Chefärzte sind noch entstanden im alten System der Abhängigkeiten und der Selbstaufopferung im Sinne der Karriere. Da ist der Rauswurf der Blattschuss. Aber drehen wir auch diesen Spieß einmal um: Der Chefarztposten darf nicht zum alleinigen Karriereziel erhoben werden, das bei Ausbleiben, das wir ja nicht ausschließen können, die persönliche Lebensfrustration triggert. Im Gegenteil: Machen wir den Chefarztjob zur logischen Konsequenz unseres Lebenslaufes, der von moderner Auffassung der Medizin, breiter Qualifikation, bewusster Führungskompetenz und einer justierten Work-Life-Balance geprägt ist. Der Job muss zu uns kommen und nicht umgekehrt. Das bringt uns letztendlich in die ideale Position, als Chefarzt die Dinge gut anpacken zu können, aber an einem Scheitern nicht zu zerbrechen: Denn es gibt deutlich mehr im Leben als nur diesen einen Job. Gerade in Zeiten des Fachkräftemangels und des Honorararztwesens. Und denken Sie immer mal wieder an: Chefarztkündigung (▶ auch Kap. 21–24).

9.6 Fazit

Die Anästhesie und die Rahmenbedingungen für eine chefärztliche Tätigkeit haben sich in den letzten Dekaden massiv verändert. Aber nicht alles ist negativ. Es gibt viele positive Aspekte, die man aufgreifen und sich zunutze machen sollte. Heute gilt mehr denn je: Chefärzte auf Lebenszeit gibt es wohl kaum noch, und so sollte das vor allem der Chefarzt selber sehen. Gestalten Sie Ihre eigene Stelle, aber auch die Bedingungen für Ihre Mitarbeiter im Sinne der zeitgemäßen Werte: Mitarbeiterentwicklung, Familie, Work-Life-Balance und Führungskompetenz. Andere Wirtschaftszweige tun das längst, warum nicht auch wir?

Begreifen Sie, dass Elternzeit, Teilzeitarbeit, kollegiale Führung und Change-Management die Tasten sind, auf denen Sie spielen können. Schärfen Sie Ihre eigene Führungskompetenz, werden Sie ein »guter« Chef. Sehen Sie den Fachkräftemangel nicht als unüberwindbares Hindernis, sondern als Fachkräftefehlverteilung und Gestaltungshinweis mit dem Zaunpfahl.

Der Chefarzt der Anästhesie von heute muss auf vielen Hochzeiten tanzen, eine Serviceabteilung leiten, Mitarbeiter zufrieden halten und dabei auch noch für das eigene Wohl sorgen. Aber ich bin sicher: Es ist machbar, wenn man die Möglichkeiten sieht und nutzt.

Literatur

Baur U (1997) Der Chefarztvertrag – praktische Hinweise zu den wesentlichen Inhalten. Dtsch Ärztebl 94(4): A-149 / B-125 / C121

BDA und DGAI, die Präsidien (2005) Münsteraner Erklärung. Anästh Intensivmed 46: 32–34

Bender H, Biermann E (2009) OP-Management. MEPS-Verlag, Nürnberg

Bundesärztekammer und Verband der leitenden Krankenhausärzte (2014) Bewertung von Zielvereinbarungen in Verträgen mit leitenden Krankenhausärzten durch die gemeinsame Koordinierungsstelle der Bundesärztekammer und des Verbandes der Leitenden Krankenhausärzte – verabschiedet vom Vorstand der Bundesärztekammer in seiner Sitzung am 17.01.2014. Dtsch Ärztebl 111(16): A-707 / B-611 / C-587

Cialdini R (2013) Die Psychologie des Überzeugens. Hans Huber, Bern

Fudikar A, Hörle K, Wiltfang J, Bein B (2012) The Effect of the WHO Surgical Safety Checklist on Complication Rate and Communication. Dtsch Ärztebl Int 2012: 695-701

Gawande A (2011) Checklist Manifesto. Picador, New York

Gemeinsamer Bundesausschuss (2014) Richtlinie des Gemeinsamen Bundesausschusses über Maßnahmen zur Qualitätssicherung der Versorgung von Früh- und Reifgeborenen gemäß § 137 Abs. 1 Nr. 2 SGB V in Verbindung mit § 92 Abs. 1 Satz 2 Nr. 13 SGB V. https://www.g-ba.de/downloads/62-492-947/QFR-RL_2014-11-20.pdf

Helios-Kliniken (o. J.) Gemeinsam für mehr Sicherheit. http://www.helios-kliniken.de/medizin/checklisten-bei-helios.html (Zugriff: 21.11.2015)

Helios-Kliniken (2013) Zusammenarbeit Geburtshilfe, Anästhesie und Pädiatrie im Rahmen der geburtshilflichen Versorgung. http://www.helios-zentralbibliothek.de/helios-publikationen/fachgruppenbeschluesse/

Landesarbeitsgericht Schleswig-Holstein, Urt. v. 25.07.2006 – 5 Sa 60/06

Ley S, Rombeck A (2015) Leitende Ärzte im Kollegialsystem: Alternatives Führungsmodell. Dtsch Ärztebl; 112(18): A-817 / B-690 / C-666

Malik F (2001) Führen, Leisten, Leben: Wirksames Management für eine neue Zeit. Heyne, München.

Schmidt CE, Möller J, Schmidt K, Gerbershagen MU, Wappler F, Limmroth V, Padosch SA, Bauer M (2011) Generation Y: Rekrutierung, Entwicklung und Bindung. Anästhesist 60: 517-524

Wikipedia (2015) Anästhesie. https://de.wikipedia.org/wiki/Anästhesie

Abkürzungen

BDA – Bund Deutscher Anästhesisten
CIRS – Critical Incident Reporting System
HAES – Hydroxyethylstärke
PDK – Periduralkatheter
SOP – Standard Operating Procedure
VOPM – Verband für OP-Management

Ist »besser« wirklich gut? Qualitätsmanagement für Chefärzte

Joachim Steller

10.1 Einleitung – 96

10.2 Ökonomische Bedeutung der Qualität in der Gesundheitsversorgung – 97

10.3 Gesetzliche Rahmenbedingungen zur Qualitätssicherung – 100

10.4 Interne Qualitätssicherungsmaßnahmen – 101

10.5 Externe Qualitätssicherungsmaßnahmen – 102

10.6 Risiken und Nebenwirkungen der öffentlichen Berichterstattung (Public Reporting) in der externen Qualitätssicherung – 108

10.7 Sicht der Beteiligten auf die externe Qualitätssicherung – 111

10.8 Qualitätsmanagement als Vergütungsoption – 112

10.9 Zusammenfassung und Empfehlungen – 114

Literatur – 116

Abkürzungen – 117

U. Deichert et al. (Hrsg.), *Traumjob oder Albtraum – Chefarzt m/w*,
DOI 10.1007/978-3-662-49779-1_10, © Springer-Verlag Berlin Heidelberg 2016

10.1 Einleitung

Die Qualität im Krankenhaus wird heute als das entscheidende Alleinstellungsmerkmal in der stationären Gesundheitsversorgung angesehen. Eine Qualitätssicherung (QS) soll dabei über den Weg der Veröffentlichung von Qualitätsdaten zu mehr Wettbewerb, damit zu höherer Effizienz und zur Kostenreduktion im Krankenhaus beitragen.[1] Die Instrumente, die hierzu genutzt werden, sind neben der landesweiten externen Qualitätssicherung auch die internen Qualitätssicherungsmaßnahmen der Krankenhäuser, wie beispielsweise Zertifizierungsprozesse.

Sind die vorhandenen Instrumente tatsächlich geeignet, um Qualität zur öffentlichen Darstellung von Versorgungsunterschieden in der stationären Krankenhausbehandlung abzubilden? Können QS-Instrumente gar für neue, z.B. qualitätsbasierte Vergütungsformen für Chefärzte oder für Krankenhäuser genutzt werden? Und mit welchen Problemen sind diese Instrumente belastet?

Weit bis in die 1980er-Jahre hinein waren in Universitätskliniken und kommunalen, kirchlichen oder Landeskrankenhäusern in Deutschland vielerorts Führungsstrukturen vorherrschend, die den Führungsanspruch der leitenden Krankenhausärzte zementierten und kaum Spielräume für Diskussionen über mögliche Veränderungen oder gar Defizite in der Versorgungsqualität oder der Versorgungsstruktur von Patienten boten. Die Vergütung der Krankenhausleistung wurde u.a. an der Verweildauer der Patienten bemessen. Durch diese Regelung bestand kaum Veränderungsbedarf. Die Einnahmensteuerung der Krankenhäuser erfolgte über das Instrument der Belegung von Krankenhausbetten. Etwaige Komplikationen im Rahmen der stattgefundenen Behandlungen oder Operationen waren zumindest für den Leistungserbringer unschädlich. Zur wirtschaftlichen Sicherung einer »bedarfsgerechten Versorgung«[2] erhielten Krankenhäuser öffentliche Zuschüsse.

Erste medizinische Qualitätssicherungsmaßnahmen in Deutschland, die heute noch den geltenden Qualitätsansprüchen gerecht werden, begannen 1975 mit der Münchner Perinatalstudie. Bei einer bis dahin in Deutschland im internationalen Vergleich vorherrschenden hohen perinatalen Sterblichkeit und einer unzureichenden Verbesserung der perinatalen Mortalität initiierten bayerische Ärzte ein Dokumentationssystem, das über einen Vergleich der Krankenhäuser untereinander zu mehr Transparenz und zur Verbesserung der Versorgungsqualität in der Geburtsmedizin beitragen sollte. Anfangs war die Teilnahme an dieser Perinatalerhebung freiwillig. Über vergleichende klinik- und problembezogene Auswertungen wurden den teilnehmenden Kliniken ihre Struktur-, Prozess- und Ergebnisqualitäten zurückgespiegelt. Kliniken hatten damit erstmals Gelegenheit, ihre Strukturen und Prozesse sowie ihr klinisches Outcome in der Geburtsmedizin mit anderen Kliniken zu vergleichen und eventuell notwendige Veränderungsprozesse aus eigener Initiative heraus anzustoßen.

1979 wurde die Perinatalstudie als Bayerische Perinatalerhebung flächendeckend in Bayern eingeführt, anschließend in Niedersachsen. Nachdem bis 1996 alle weiteren Bundesländer dem bayerischen Vorbild folgten, wurde 2001 die Bundesgeschäftsstelle Qualitätssicherung GmbH (BQS) beauftragt, eine bundesweite Datenerhebung und Auswertung der Perinatalerhebung zu realisieren.

Nach Ansicht vieler ist heute das Instrument der externen Qualitätssicherung in den klinischen Alltag eines Geburtshelfers vollständig integriert. Der Rückgang der perinatalen Mortalität in Deutschland auf international vergleichbare Werte sei dabei auch auf die Perinatalerhebung und der »Beschäftigung mit dem Qualitätsgedanken« zurückzuführen.[3] Welche wirkliche Rolle die externe QS bei der Senkung der perinatalen Mortalität spielt und mit welchen Risiken und Nebenwirkungen sie heutzutage behaftet ist, wird an späterer Stelle dieses Beitrags noch diskutiert werden.

Auch der Beginn der externen Qualitätssicherung in der Chirurgie reichte bis in die 70er-Jahre zurück. Mitte der 80er-Jahre wurden die EDV-gestützte Auswertung der QS-Daten intensiviert und verschiedene Computerprogramme zur Datenerfassung entwickelt. Möglich wurde dies durch die rasante Entwicklung der IT-Technologie, die letzt-

---

1 Vgl. Schwappach u. Schubert (2007, S. 2637-2642)
2 Vgl. Krankenhausfinanzierungsgesetz KHG

3 Vgl. Goerke u. Lack (2000, S. 220-224)

endlich Grundlage für die heutigen EDV-basierten Auswertungen der vielfältigen Qualitätssicherungsmaßnahmen und der Entwicklung von digitalen Qualitätssicherungsprogrammen für Krankenhäuser war.

10.2 Ökonomische Bedeutung der Qualität in der Gesundheitsversorgung

Was bedeutet eigentlich Qualität in der medizinischen Versorgung? Lohr vom Institute of Medicine (IOM) gibt eine allgemein gültige Definition der Qualität in der Gesundheitsversorgung, als das Ausmaß, in dem Gesundheitsdienstleistungen für Einzelne und Populationen die Wahrscheinlichkeit für erwünschte Heilungsaussichten erhöhen und die im Einklang mit aktuellen Fachkenntnissen stehen:

> (…) The degree to which health services for individuals and populations increase the likelihood of desired health outcomes and are consistent with current professional knowledge.[4]

Die Beurteilung der Qualität setzt dabei einheitliche Maßstäbe in der Einschätzung guter oder schlechter Behandlungsergebnisse voraus. Nur bei nachweisbar guten Behandlungsergebnissen kann Qualität im Wettbewerb zwischen den Krankenhäusern das entscheidende Alleinstellungsmerkmal darstellen.

Die medizinische Behandlungsqualität wird dabei in der externen und internen Qualitätssicherung häufig mit Hilfe sog. Indikatoren abgebildet. Die Qualitätsindikatoren haben unterschiedliche Funktionen:
1. Sie sollen den Soll-Wert messen (Evaluation).
2. Sie sollen Veränderungen beim Zielerreichungsgrad dokumentieren (Monitoring).
3. Sie sollen auf ein direktes Eingreifen des Verantwortlichen hinweisen (Alarmfunktion).

Bei der externen QS dienen Indikatoren der Kontrolle und Überwachung, beim internen Qualitätsmanagement (QM) der Qualitätsverbesserung. Weitere Verwendungsmöglichkeiten finden sich im Rahmen von Zertifizierungen, der Bewertung von Krankenhäusern und bei der leistungsorientierten Vergütung, z.B. beim Pay for Performance.[5]

Neuere Betrachtungen des QM im Krankenhaus sind erheblich weitgehender. In Form von Patientenbefragungen und eines aktiven Beschwerdemanagements werden die Patientenmeinungen in die jeweiligen Qualitätsmanagementprogramme integriert.[6]

Die aktuellste und derzeit umfassendste Definition der Qualität in der Gesundheitsversorgung wurde im Rahmen des Health Care Quality Indicator Projects (HCQI) von der OECD beschrieben. Kerndimensionen der Qualität sind dabei Effektivität, Sicherheit, Patientenorientierung, Zugang zu der Versorgung sowie die Kosten/Ausgaben der Leistungserbringung. Übergeordnet sind diesen Kerndimensionen der Qualität die »gerechte Verteilung der Gesundheitsversorgung« und die mikro- und makroökonomische Effizienz.[7] Über- und Fehlversorgungen in der Patientenversorgung dienen nicht den Möglichkeiten der modernen Medizin, sondern stellen einen falschen wirtschaftlichen Anreiz für Leistungserbringer dar. Eine qualitätsbasierte Gesundheitsversorgung sollte weiten Bevölkerungskreisen zur Verfügung stehen. Die Ströme des Leistungsangebotes im Krankenhaus sollten durch Marktregeln gelenkt werden. Der Qualitätsnachweis durch ein Qualitätsmanagement (QM) sollte eine solche Marktregel sein.[8]

Die Preiswürdigkeit der Gesundheitsdienstleistung ist nach Ansicht der Politik ein wichtiger Qualitätsfaktor, der den Gesetzgeber zu einer gesetzlichen Regelung der Qualität, Humanität und Wirtschaftlichkeit der Versorgung im Sozialgesetzbuch V § 70 SGB V veranlasst hat:

> Qualität, Humanität und Wirtschaftlichkeit: (1): Die Krankenkassen und die Leistungserbringer haben eine bedarfsgerechte und gleichmäßige, dem allgemein anerkannten Stand der medizinischen Erkenntnisse entsprechende Versorgung der Versicherten zu gewährleisten.

---

4 Vgl. Lohr (1990, S. 21)
5 Vgl. Geraedts (2009, S. 5-7)
6 Vgl. § 140f SGB V: Beteiligung von Interessenvertretungen der Patientinnen und Patienten
7 Vgl. AQUA (2009, S. 19)
8 Vgl. Paschen (2002, S. 68-83)

> Die Versorgung der Versicherten muss ausreichend und zweckmäßig sein, darf das Maß des Notwendigen nicht überschreiten und muss in der fachlich gebotenen Qualität sowie wirtschaftlich erbracht werden.

Vom Gesetzgeber wird eine ausreichende und zweckmäßige medizinische Behandlung als Standard vorgegeben, an dem der Leistungserbringer seine Versorgungsleistung auszurichten hat und der zugleich den wirtschaftlichen Handlungsrahmen für das Krankenhaus bestimmt. Durch die Einführung von Fallpauschalen und des einheitlichen Entgeltsystems German Diagnosis Related Groups (G-DRG) wurde ein Gestaltungskorridor in der Auslegung dieses Gesetzes durch Leistungserbringer endgültig abgeschafft. Die zugleich verpflichtende Einführung und Kontrolle durch ein Qualitätsmanagement zwang die Krankenhäuser zur grundlegenden Neustrukturierung.

Bei leeren Länder- und Gemeindekassen erhöhte sich der wirtschaftliche Druck auf die Krankenhäuser seit den 90er-Jahren deutlich. Der Rückgang der ehemals dualen Finanzierung der Krankenhäuser (Land bzw. Kommune und GKV) hatte zur Folge, dass Rationalisierungsmaßnahmen auf allen Ebenen erforderlich wurden, um dem Krankenhaus ein existenzielles Überleben zu sichern. Zugleich war die Einführung eines Qualitätsmanagementsystems mit Einbindung der Mitarbeiter notwendig, um auch am Markt konkurrenzfähig zu bleiben.[9]

Seit der Einführung der G-DRG wird in deutschen Krankenhäusern in Anlehnung an die Kalkulationssystematik des Institutes für das Entgeltsystem im Krankenhaus (InEK) die Verweildauer als Steuerungsinstrument zur Kosten- und Erlöskontrolle eingesetzt und die Kodierung eventuell vorhandener erlösverbessernder Nebendiagnosen (Patient Clinical Complexity Level, PCCL) fokussiert.

Andere Instrumente zur Effizienzsteigerung (Clinical Pathways[10], Prozesskostenrechnungen[11], Balanced-Scorecard-Modelle[12] und/oder SWOT-Analysen[13]) bleiben nach Ansicht verschiedener Autoren im Krankenhaus oft ungenutzt bzw. sei deren Nutzung wenig bekannt. Dies widerspreche den Zielsetzungen der DRGs, nämlich Krankenhäusern einen Anreiz zur Effizienzsteigerung zu geben.[14] Benchmarks[15] zum Vergleich mit anderen Krankenhäusern oder Betriebsstätten innerhalb eines Klinikverbundes (personelle Ausstattung, durchschnittliche Kosten pro Behandlungsfall etc.) werden dagegen häufig als Instrumente der Personal- oder Ausgabensteuerung angewandt.

Die Versorgungsqualität scheint für Krankenhäuser bei rein erlösoptimierender Betrachtung eine eher nachgeordnete Rolle einzunehmen. Qualität und Kosten der Behandlung können hierbei sogar zu Lasten des Patienten in Konkurrenz miteinander stehen. Erschwerend kommt hinzu, dass der auf die Steigerung der Qualität zurückzuführende Zusatznutzen einer Behandlung ab einem bestimmten Qualitätsniveau abnimmt (◘ Abb. 10.1). Das heißt, dass eine nur geringfügige Steigerung der Qualität von einem hohen Niveau aus einen erheblich höheren Einsatz von Ressourcen bedingt als von einem niedrigen Niveau aus. Umgekehrt nimmt mit steigenden Kosten die Zunahme der Qualität ab, d.h. die Steigerung der Qualität von einem hohen Niveau aus ist folglich teurer als von einem niedrigeren Niveau.[16]

Geht man von einem höheren Qualitätsniveau in einem bestimmten Bereich der Versorgung aus, kann zumindest aus ökonomischer Sicht eine weitere Steigerung des Qualitätsniveaus nicht sinnvoll sein. Denn die Kosten einer Behandlungsmaßnahme sollten zugleich den Nutzen dieser Maßnahme nicht übersteigen. Rechnerische Größen sind hierbei ein größtmögliches Nutzen-Kosten-Verhältnis:

$$Q = N : K \ (Q = \text{Qualität}, N = \text{Nutzen}, K = \text{Kosten})$$

---

9 Vgl. Hoffmann u. Riehle (2005, S. 1-15)
10 Standardisierter Behandlungsplan, der die durchzuführende Untersuchungen und Behandlungen an den einzelnen Verweiltagen in jeder DRG festlegt
11 Analyse und Optimierung der Ablaufkosten für den Behandlungsfall
12 Konzept zur Messung, Dokumentation und Steuerung der Aktivitäten eines Unternehmens hinsichtlich seiner Vision und Strategie
13 Instrument der strategischen Planung und der Umfeldanalyse; Strengths (Stärken), Weaknesses (Schwächen), Opportunities (Chancen) und Threats (Gefahren)
14 Vgl. Lüngen et al. (2009, S. 129-142)
15 Vergleichsmodelle
16 Vgl. Kaltenbach (1997, S. 98-99)

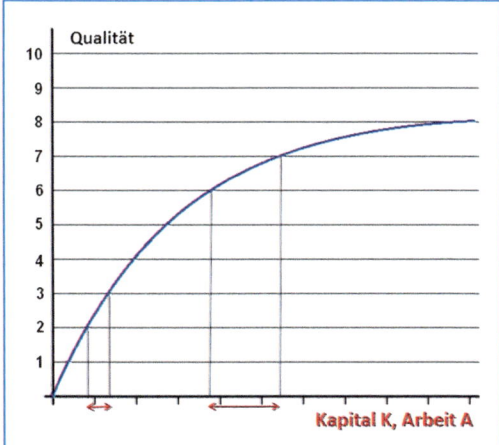

◘ Abb. 10.1 Analog der Cobb-Douglas-Produktionsfunktion ist anzunehmen, dass die Steigerung der Qualität limitiert sein muss. Die Anhebung des Qualitätsniveaus 2 auf das Niveau 3 ist dabei erheblich kostengünstiger als die Anhebung des höheren Qualitätsniveaus 6 auf ein noch höheres Niveau 7. Investiert wird in die Kapitalausstattung K (Investitionen z.B. in die technische Ausstattung der Klinik) und in die Arbeit A (z.B. Beschaffung und Qualifizierung von Humanressourcen)

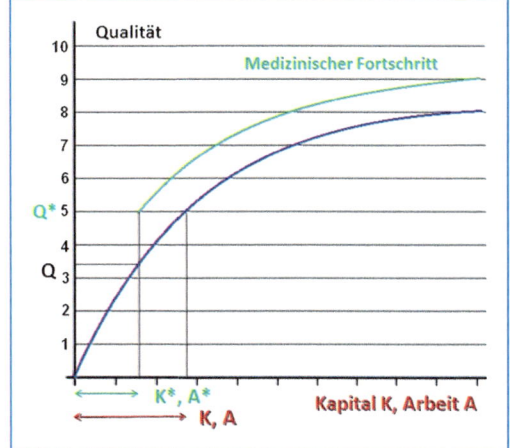

◘ Abb. 10.2 Der medizinische Fortschritt hebt das Niveau der Qualität Q in der Patientenversorgung auf eine höhere Ebene Q* an

und ein individuelles Optimum des Nachfragers:

Q = N – K (höchster Nutzenkostenabstand).

> Bleibt die Frage, welches Qualitätsniveau im jeweiligen Fall als Maßstab genommen werden soll und was im Einzelfall »ausreichend und zweckmäßig« ist. Zudem stehen Kosten und Nutzen der medizinischen Versorgung in unmittelbarer Beziehung zueinander. Die Entscheidung über sinnvolle Maßnahmen für den jeweiligen Patienten kann dabei nicht pauschal beantwortet werden.

Eine wesentliche Rolle in der Verbesserung der medizinischen Behandlungsqualität kommt dem sog. »medizinischen Fortschritt« zu. Medizinischer Fortschritt bedeutet z.B. die Entwicklung neuer Operationsmethoden oder der Einsatz neuer Medikamente. Beispielhaft zu nennen ist hier die Einführung der Surfactant-Therapie vor mittlerweile ca. 30 Jahren, die die Überlebenschancen von Frühgeborenen mit Atemnotsyndrom revolutioniert und zu einer ganz wesentlichen Verbesserung der Prognose dieser Kinder beigetragen hat, oder beispielsweise auch die neueren Antikörpertherapien in der individualisierten Tumortherapie (◘ Abb. 10.2). Allerdings korrelieren diese, die Lebens- und Überlebensqualität der Patienten verbessernden Maßnahmen oder Medikamente auch mit einer Kostensteigerung im Gesundheitswesen. Alleine die Ausgaben für Krebsmedikamente werden laut »Deutschem Ärzteblatt« von 2014 bis 2016 voraussichtlich um rund 17% auf dann 3,25 Milliarden Euro steigen.[17]

Auch wenn durch den medizinischen Fortschritt möglicherweise Einsparungen in anderen Bereichen generiert werden können, sind die finanziellen Aufwendungen doch erheblich. Damit die Kosten nicht ausufern, beschäftigt sich das Institut für Qualität und Wirtschaftlichkeit im Gesundheitswesen (IQWiG) u.a. mit dem Nutzen und der Anwendung neuer Verfahren und Medikamente und mit Nutzen-Schadens-Analysen von innovativen medizinischen Maßnahmen für Patienten.

Auch durch den demografischen Wandel wird der Kostendruck auf das öffentliche Gesundheitswesen vermutlich weiterhin steigen. Bereits 2009 entfielen ca. 70 Milliarden Euro von 278 Milliarden Euro Gesundheitsausgaben auf die Krankenhäuser.

---

17 Vgl. DÄ (12.11.2014, S. 423)

Um positive *Skaleneffekte*[18] zu realisieren, wird sich die stationäre Patientenversorgung stärker zentralisieren müssen, dabei werden sich die Krankenhäuser weiter spezialisieren. Nach der Hill-Burton-Formel errechnet sich der zukünftige Bettenbedarf BD an der Einwohnerzahl E, an der Krankenhaushäufigkeit KH, der Verweildauer VD und der Bettennutzung BN:

$$BD = (E \times KH \times VD \times 100) : (BN \times 1.000 \times 365)$$

Aufgrund einer schnellen Notfallversorgung müssen auch die regionalen Erfordernisse Berücksichtigung finden.[19] Die rasche Erreichbarkeit einer qualifizierten Gesundheitsversorgung stellt damit zumindest aus Patientensicht ein weiteres Qualitätsmerkmal in der stationären Krankenhausversorgung dar. Dieses kann allerdings im Widerspruch zur Interessenslage der Kostenträger stehen.

Die Inanspruchnahme von Krankenhausleistungen hat sich seit 1991 erheblich verändert. Die Zahl der vollstationär behandelten Patienten ist zwischen 1991 und 2010 um fast 25% angestiegen, gleichzeitig hat sich die durchschnittliche Verweildauer fast halbiert.[20]

Über eine immer weiter absinkende Verweildauer für Krankenhauspatienten beeinflussen Krankenhaus-(Chef-)Ärzte ganz unmittelbar, wenn auch vielleicht ungewollt, den Bettenbedarf und die zukünftige Krankenhauslandschaft (mit vermutlich weiterhin zunehmender Schließung regionaler Versorger). Die erhebliche Senkung der Verweildauer in den letzten Jahren, die mit einer parallelen Verringerung des BD einhergeht, kann dabei auch nicht mehr durch demografische Faktoren ausgeglichen werden. Mit dem zunehmendem Alter unserer Bevölkerung steigt die Inanspruchnahme von Gesundheitsleistungen, auch die Inanspruchnahme von Krankenhausleistungen nimmt zu. Dies kann aber nicht die erhebliche Verweildauerreduzierung der letzten Jahre ausgleichen.

10.3 Gesetzliche Rahmenbedingungen zur Qualitätssicherung

Die nach § 108 SGB V zugelassenen Krankenhäuser sind laut § 135a Sozialgesetzbuch zur Qualitätssicherung und Weiterentwicklung der Qualität verpflichtet. Dies betrifft die Beteiligung an einrichtungsübergreifenden Maßnahmen zur Qualitätssicherung (externe Qualitätssicherung) sowie die Einführung eines einrichtungsinternen Qualitätsmanagements (interne Qualitätssicherung).

Auf Basis des SGB V hat das Bundeskuratorium Qualitätssicherung im Jahr 2001 damit begonnen, die externe Qualitätssicherung für zunächst 27 Krankheitsbilder bzw. Operationen an deutschen Krankenhäusern umzusetzen. 2004 wurde der G-BA als rechtsfähige Institution aus Vertretern der Kassenärztlichen Bundesvereinigung, der Deutschen Krankenhausgesellschaft und dem Spitzenverband Bund der Krankenkassen beauftragt, die externe QS wahrzunehmen. Die von den Krankenhäusern gelieferten Daten sind dabei einmal jährlich statistisch auszuwerten und sind danach für die Krankenhäuser in Form von »aussagekräftigen Übersichten, mit denen sich das einsendende Krankenhaus mit weiteren Krankenhäusern vergleichen kann«, zusammenzustellen.[21]

Für die bei der Basisauswertung auffälligen Krankenhäuser wird ein sog. Strukturierter Dialog durchgeführt. Auffällige Krankenhäuser werden aufgefordert, eine Stellungnahme zu den rechnerischen Auffälligkeiten abzugeben. Bleiben hiernach Zweifel an der Versorgungsqualität bestehen, wird eine Besprechung mit den für den Leistungsbereich Verantwortlichen geführt, eine Begehung vor Ort veranlasst oder eine schriftliche Zielvereinbarung getroffen. Die Gesamtverantwortung für die Verfahren und Maßnahmen soll auf Landesebene ein verantwortliches Gremium, z.B. ein Lenkungsgremium, tragen. Die inhaltliche Umsetzung der Maßnahmen sollen dabei Expertenkommissionen, wie Fach- und Arbeitsgruppen, übernehmen.[22]

---

18 Skaleneffekte: Die »Produktion« steigt mit zunehmender Menge stärker an als die Menge der eingesetzten Faktoren
19 Vgl. Stöver u. Vöpel (2006, S. 1-17)
20 Vgl. Bölt u. Graf (2012, S. 117)

21 Vgl. https://www.g-ba.de/downloads/62-492-583/QSKH-RL_2011-10-20.pdf
22 Vgl. Richtlinie des Gemeinsamen Bundesausschusses über Maßnahmen der Qualitätssicherung für nach § 108 SGB V zugelassene Krankenhäuser

Tab. 10.1 Beispiele für Qualitätsmanagementmodelle für den Dienstleistungssektor Krankenhaus

Zertifizierung nach DIN EN 15224	Norm des Qualitätsmanagements für Organisationen der Gesundheitsversorgung, die auf der ISO 9000 ff. beruht. Neben allgemeinen Anforderungen an die Organisation und das Qualitätsmanagement beinhaltet die DIN EN 15224 Anforderungen an die Patientensicherheit und das Management von Risiken in den Planungs-, Ausführungs-, und Lenkungsprozessen.[1]
Selbstbewertung nach European Foundation for Quality Management (EFQM)	EFQM ist eine globale Non-for-Profit-Organisation mit Sitz in Brüssel. Ziel für das Mitgliedsunternehmen ist «to help to improve the effectivensess, efficiency and the quality of the services". Das Modell umfasst die Säulen Menschen, Prozesse und Ergebnisse. Auf Grundlage von Selbstbewertungen sollen Stärken und Verbesserungspotenziale ermittelt werden.
Zertifizierung der Kooperation für Transparenz und Qualität im Gesundheitswesen (KTQ)	KTQ GmbH ist eine Gesellschaft der Verbände der Kranken- und Pflegekassen, der Bundesärztekammer, der Deutschen Krankenhausgesellschaft, des Deutschen Pflegerates und des Hartmann-Bundes, die derzeit über 500 Krankenhäuser, Praxen, MVZ, Rehabilitationseinrichtungen und Pflegeeinrichtungen, Hospize und alternative Wohnformen zertifiziert hat. Anhand von 69 Kriterien mit 24 Kernkriterien soll das Krankenhaus (Praxis etc.) mehrere Prozesskategorien durchlaufen.
Zertifizierung nach proCum Cert (PCC)	ProCum Cert (PCC) erweitert die Kriterien von KTQ und DIN EN ISO 9000 um Qualitätskriterien kirchlicher Krankenhäuser, wie z.B. die Trägerverantwortung, die Sozialkompetenz im Umgang mit Patienten und Mitarbeitern, die Spiritualität sowie die gesellschaftliche Verantwortung.
Qualitätssicherung mit Routinedaten (QSR)	Die Qualitätssicherung mit Routinedaten (QSR) basiert auf dem Gemeinschaftsprojekt des AOK-Bundesverbandes, der Helios-Kliniken GmbH, des Forschungs- und Entwicklungsinstituts für das Sozial- und Gesundheitswesen in Sachsen Anhalt (FEISA) und des Wissenschaftlichen Instituts der AOK (WidO) aus dem Jahr 2002. Ziel ist es, ein Qualitätsmessverfahren für den stationären Bereich zu etablieren, das auf Routinedaten der Krankenkassen basiert und im Vordergrund an der Ergebnisqualität orientiert ist.

1 Vgl. http://www.tuev-sued.de/management-systeme/gesundheitswesen/din-en-15224

2001 wurde zunächst die Bundesgeschäftsstelle Qualitätssicherung GmbH (BQS) mit der Wahrnehmung der inhaltlichen Weiterentwicklung und der externen Qualitätssicherung im Krankenhaus betraut. Ende 2009 wurde der Auftrag zur externen QS an das AQUA-Institut vergeben, das zunächst seit Januar 2010 die bestehenden stationären Verfahren zur Qualitätssicherung fortführt.

Mit dem von der Bundesregierung beschlossenen »Gesetz zur Weiterentwicklung der Finanzstruktur und der Qualität in der Gesetzlichen Krankenversicherung« soll ein neues »Institut zur Qualitätssicherung und Transparenz im Gesundheitswesen« (IQTiG) dem Gemeinsamen Bundesausschuss ab dem Jahr 2016 dauerhaft wissenschaftlich und methodisch fundierte Grundlagen für Maßnahmen und Entscheidungen in der Qualitätssicherung liefern.

10.4 Interne Qualitätssicherungsmaßnahmen

Im Sozialgesetzbuch V wird neben der Einführung eines internen Qualitätsmanagements auch der Einsatz entsprechend ausgebildeter Qualitätsmanager für jedes Krankenhaus eingefordert. Von besonderer Relevanz für Krankenhäuser und Gesundheitseinrichtungen zur Umsetzung der verpflichtenden internen Qualitätssicherung sind dabei die Zertifizierung nach DIN EN ISO 9000 ff. und DIN EN 15224, die Selbstbewertung nach dem European Foundation for Quality Management (EFQM), die Zertifizierung der Kooperation für Transparenz und Qualität im Gesundheitswesen (KTQ) und von proCum Cert (PCC), das Modell der Qualitätssicherung mit Routinedaten (QSR) oder auch die Zertifizierung von klinischen Fachzentren (Tab. 10.1).

In den Krankenhäusern werden zum Teil unterschiedliche Ansätze zum Aufbau eines Qualitätsmanagements verfolgt. Dabei wird mehr oder weniger stark berücksichtigt, dass neben der Dienstleistung am Kunden (Patienten) auch die Interessen der unterschiedlichen Gruppen (Stakeholder) wie die der Mitarbeiter, der niedergelassenen Ärzte, der kooperierenden Einrichtungen und Krankenhäuser, der Krankenversicherungen, der Lieferanten, der Krankenhausbetreiber und nicht zuletzt die der Bevölkerung im Einzugsgebiet zu berücksichtigen sind. Eine bedeutende Rolle kommt heute der Mitarbeiterorientierung (Mitarbeiter als interne Kunden) zu, die als der entscheidende Faktor für den Unternehmenserfolg angesehen wird. Dieses Modell gilt als das Wesentlichste aller Qualitätsmanagementmodelle weltweit. Wichtige Rollen spielen dabei die Arbeitszufriedenheit und das Commitment (Identifikation des Mitarbeiters gegenüber dem Krankenhaus).

> Auch wenn es sich mancherorts noch nicht ganz herumgesprochen haben sollte, gilt die Humanressource Mensch als Mitarbeiter gerade in einem Wissensunternehmen Krankenhaus als die wichtigste Ressource für den dauerhaften Erfolg des Unternehmens.

Krankenhäuser werden aus den unterschiedlichsten Gründen nach dem einen und/oder anderen Modell zertifiziert. Dabei ist die Kritik an den Verfahren vielfältig. In keinem der Zertifizierungsverfahren werden die Einbettung des medizinischen Zentrums (z.B. des Darm- oder Brustzentrums) in das gesamte Krankenhaus und somit eine Abstimmung des Qualitätsmanagementsystems eingefordert. Dies birgt die Gefahr, dass innerhalb des Krankenhauses zertifizierte »Inseln« geschaffen werden, die der Zielvorstellung eines totalen Qualitätsmanagements (TQM) widersprechen.[23]

Auf Basis der Analyse der Qualitätsberichte aus dem Berichtsjahr 2006 konnte der in der Literatur oft hervorgehobene Vorteil von Zentrenbildungen als Überwindung von Fachabteilungsgrenzen nicht bestätigt werden. Bei 19% der Zentren fand sich nur eine einzige Fachabteilung, ein weiteres Viertel der Zentren bestand aus lediglich zwei Fachabteilungen.[24]

> Ob medizinische Zentren tatsächlich qualitative Vorteile in der Patientenversorgung bieten, ist wissenschaftlich bislang nicht belegt. In manchen Regionen übersteigt zudem die Dichte von medizinischen Fachzentren die von Fastfood-Restaurants.

Dem Nutzen von internen Qualitätsmanagementsystemen hat sich Mayer vom Kompetenzzentrum »Qualitätssicherung/Qualitätsmanagement« des MDK im Jahr 2012 in einem umfassenden Gutachten für den G-BA angenommen. Seiner Meinung nach läge zum Nutzen des internen QM-Ansatzes heute keine verlässliche Evaluation vor. All dies spräche aber nicht gegen ein internes QM.[25]

10.5 Externe Qualitätssicherungsmaßnahmen

In den Heilberufegesetzen der Länder werden über die jeweiligen Ärztekammern die Inhalte der Berufsausübung der Ärzte auf Landesebene geregelt. Hierzu zählt auch die Qualitätssicherung im Gesundheits- und Veterinärwesen. Dabei liegt es im Verantwortungsbereich der Vertragspartner auf Landesebene, die mit dem GKV-Gesundheitsreformgesetz aus dem Jahr 2000 verbundenen Verpflichtungen zur Qualitätssicherung in Krankenhäusern nach § 137 SGB V umzusetzen. Die föderalistische Struktur hat zur Folge, dass zwischen den Bundesländern unterschiedliche Vorgaben und Anschauungen zu dem gesetzlich vorgeschriebenen externen QS-Verfahren selbst, aber auch zu der jeweiligen Verfahrensumsetzung sowie zur Auswertung und Bewertung der QS-Ergebnisse bestehen.

Das Sozialgesetzbuch (SGB) Fünftes Buch (V) SGB V regelt hierzu in § 112:

» (1) Die Landesverbände der Krankenkassen und die Ersatzkassen gemeinsam schließen mit der Landeskrankenhausgesellschaft oder mit den Vereinigungen der Krankenhausträger im Land gemeinsam Verträge, um sicherzustellen,

---

23 Vgl. Hahne (2011, S. 137)
24 Vgl. Gerste (2009, S. 17-34)
25 Mayer et al. (2012, S. 331-332)

◻ **Tab. 10.2** Direktes und indirektes Verfahren der externen Qualitätssicherung

Direktes Verfahren	Indirektes Verfahren
Die Krankenhäuser liefern ihre Daten bei medizinischen Eingriffen mit relativ geringen Fallzahlen (z.B. Herzchirurgie), bei denen eine Betrachtung auf Landesebene nicht sinnvoll ist, unmittelbar an das AQUA- bzw. IQTiG-Institut.	Hierbei liefern die Krankenhäuser ihre Daten an die zuständige Landesgeschäftsstelle für Qualitätssicherung (LQS) des jeweiligen Bundeslandes.

dass Art und Umfang der Krankenhausbehandlung den Anforderungen dieses Gesetzbuchs entsprechen. (2) Die Verträge regeln insbesondere (…) Verfahrens- und Prüfungsgrundsätze für Wirtschaftlichkeits- und Qualitätsprüfungen.

Inhaltlich werden hierzu unterschiedliche, teils länderspezifische Vereinbarungen getroffen. In den Landesverträgen wird die Bildung von Lenkungsausschüssen oder Kuratorien definiert, denen eine festgelegte Anzahl von Mitgliedern von Krankenhausgesellschaften, Kassenverbänden, eventuell der Ärztekammern und Vertreter der Krankenpflegeberufe oder Vertreter des MDK und der berufsständischen Organisationen oder der Patientensprecher angehören. Diese Gremien legen dann auf Landesebene die Qualitätssicherungsmaßnahmen fest und bilden hierzu Arbeitsgruppen, Fachgremien und Fachausschüsse bzw. Fachkommissionen, die mit der inhaltlichen Umsetzung der externen Qualitätssicherung beauftragt werden.

Form und Inhalte der externen QS werden in der Richtlinie über Maßnahmen der Qualitätssicherung in Krankenhäusern (QSKH-RL) des Gemeinsamen Bundesausschusses gemäß § 137 Abs. 1 SGB V i.V.m. § 135a SGB V über Maßnahmen der Qualitätssicherung für nach § 108 SGB V zugelassene Krankenhäuser geregelt. Den Ländern wird hiermit eine Richtschnur an die Hand gegeben, mit der sie ihre Qualitätssicherungsmaßnahmen landesweit umsetzen sollen.

Zur Erfassung der Qualitätssicherungsdaten für die nach § 108 SGB V zugelassenen Krankenhäuser ist ein direktes Verfahren und ein indirektes Verfahren vorgesehen (◻ Tab. 10.2).

Indikatoren nehmen in der inhaltlichen Durchführung der externen Qualitätssicherung im Krankenhaus eine zentrale Funktion ein. Sie sollen negative Entwicklungen in der Patientenversorgung vorhersagen können und müssen hinsichtlich Machbarkeit, Reliabilität (Verlässlichkeit) und Validität (Gültigkeit) ausführlich untersucht sein.[26] Methodisch hochwertige Qualitätsindikatoren gelten laut BQS national und international als Goldstandard für die Darstellung einer medizinischen und pflegerischen Versorgungsqualität.[27] Die Indikatoren für die externe QS in Deutschland orientieren sich dabei möglichst an medizinischen Behandlungsleitlinien.

Derzeit werden aus 30 Leistungsbereichen insgesamt 434 Qualitätsindikatoren von 1.557 nach § 108 SGB V zugelassenen Krankenhäusern erhoben. Davon sind 167 Indikatoren risikoadjustiert, d.h. hier werden patientenbezogene Risiken, wie z.B. Alter oder Vorerkrankungen, berücksichtigt. Bei rechnerischen Auffälligkeiten wird der Strukturierte Dialog eingeleitet. Dieser beinhaltet:

— Versand eines Hinweises an die betroffene Einrichtung
— Anforderung einer Stellungnahme
— Bei wiederholter Auffälligkeit und bei Sentinel Events (sehr seltene, schwerwiegende Ereignisse; jeder Einzelfall stellt eine Auffälligkeit dar, die eine Einzelfallprüfung im Strukturierten Dialog erfordert) obligatorische Anforderung einer Stellungnahme.

Die Stellungnahmen werden durch die Mitglieder der Fachgruppen oder Kommissionen analysiert, um zu beurteilen, ob die rechnerischen Auffälligkeiten durch qualitative Mängel in der Patientenversorgung verursacht wurden oder ob andere Gründe (z.B. Dokumentationsprobleme) dafür vorliegen.

---

26 Vgl. Schrappe (2001, S. 642-647)
27 Vgl. BQS

Die Stellungnahme eines Krankenhauses wird akzeptiert, wenn die rechnerischen Auffälligkeiten plausibel erklärt werden. Der Strukturierte Dialog wird an dieser Stelle beendet. Sofern Zweifel bestehen, werden eine erneute erläuternde Stellungnahme ggf. mit Behandlungsunterlagen angefordert, Vertreter des Krankenhauses zu einer Besprechung eingeladen oder eine Begehung vor Ort durchgeführt. Für den Fall der mangelnden Kooperation des Krankenhauses ist die Einrichtung laut QSKH-RL § 13 Abs. 3 dem Unterausschuss Qualitätssicherung des G-BA oder dem Lenkungsgremium auf Landesebene als verantwortlichem Gremium zu benennen. Die Meldung erfolgt auch, wenn ein Krankenhaus unberechtigt Stellungnahmen, Besprechungen, Begehungen oder den Abschluss von Zielvereinbarungen verweigert oder die Verpflichtungen hieraus ohne nachvollziehbaren Grund nicht fristgerecht erfüllt.[28]

Allerdings wird in den Landesverträgen zur Durchführung der Qualitätssicherung in der stationären Versorgung nach § 137 in Verbindung mit § 112 Abs. 2 Nr. 3 SGB V z.T. auch eine große Inhomogenität zwischen den einzelnen Bundesländern deutlich. Die ausführlichste Handlungsanleitung für das Lenkungsgremium und die Fachgruppen finden sich im Umsetzungskonzept der Projektgeschäftsstelle Qualitätssicherung Nordrhein-Westfalen. Die Arbeitsgruppen der LQS haben bei der Entscheidung über die zu ergreifenden Maßnahmen nachfolgende Kriterien zu berücksichtigen:
— Die Bedeutung der Auffälligkeit für die Prozess- und Ergebnisqualität der Versorgung
— Den Grad der Abweichung vom Referenzwert (gering/mittel/extrem)
— Die Menge der Auffälligkeiten in einer Abteilung
— Das zeitliche Auftreten der Auffälligkeiten (erstmals oder wiederholt)[29]

In anderen Landesverträgen wie Rheinland-Pfalz, Thüringen oder Schleswig-Holstein kommt der Begriff »Strukturierter Dialog« nicht vor. Dabei wird auch hier geregelt, dass misslungene Versuche von Krankenhäusern, Qualitätsmängel nach Ablauf einer angemessenen Frist zu beseitigen, oder die Nichtbeteiligung von Krankenhäusern an den Maßnahmen zur Qualitätssicherung oder an der Durchführung notwendiger und sinnvoller Vorschläge zur Qualitätsverbesserung dem Lenkungsausschuss zu berichten sind.[30, 31, 32]

Die Verträge über die Qualitätssicherung verpflichten die zugelassenen Krankenhäuser, Daten in elektronischer Form zu erheben. Die Datensätze sind gemäß einem vorgegebenen Datenexportformat der von der Landesebene beauftragten Stelle zu fest vereinbarten Zeitpunkten zur Verfügung zu stellen.

Voraussetzung für eine korrekte Auswertung der Behandlungsqualität ist eine hohe Qualität der erhobenen Daten (Dokumentationsqualität). Die hohe Qualität einer Dokumentation zeichnet sich aus durch Korrektheit der dokumentierten Daten, Vollständigkeit der Daten (alle Angaben zu einem Fall sind dokumentiert) und die Vollzähligkeit der Daten (alle dokumentationspflichtigen Fälle eines Leistungsbereichs sind erfasst). Mit Hilfe eines Datenvalidierungsverfahrens sollen fehlerhafte Dokumentationen in den QS-Daten identifiziert werden. Dazu erfolgt eine statistische Basisprüfung nach im Voraus festgelegten Auffälligkeitskriterien, die auf eine fehlerhafte Dokumentation hinweisen sollen. Zudem wird jährlich eine Zufallsstichprobe aus zufälligen Behandlungsfällen an Krankenhäusern (5% pro Leistungsbereich und Bundesland, maximal 20 Fälle pro Krankenhaus) gezogen, bei denen eine Zweiterfassung anhand der Patientenakte erfolgt (◘ Abb. 10.3).

Für die Leistungsbereiche ambulant erworbene Pneumonie, gynäkologische Operationen und Aortenklappenchirurgie wurde eine Datenvalidierung auf Basis der BQS-Bundesdaten des Erfassungsjahres 2009 durchgeführt und 2010 publiziert. Die Ergebnisse waren ernüchternd. In einem hohen

---

28 Vgl. https://www.sqg.de/downloads/Themen/Strukturierter_Dialog/Strukturierter_Dialog_Abschlussbericht_2011.pdf
29 Vgl. Vertrag nach § 137 in Verbindung mit § 112 Abs. 2 Nr. 3 SGB V Nordrhein-Westfalen
30 Vgl. Vertrag nach § 137 in Verbindung mit § 112 Abs. 2 Nr. 3 SGB V Rheinland-Pfalz
31 Vgl. Vertrag nach § 112 SGB V i.V. mit § 137 SGB V - Qualitätssicherung in der stationären Versorgung - Thüringen
32 Vgl. Vertrag gem. § 137 i. V. m. § 112 Abs. 2 Nr. 3 SGB V - Verfahrensgrundsätze für die Qualitätssicherung in der stationären Versorgung - Schleswig-Holstein

10.5 · Externe Qualitätssicherungsmaßnahmen

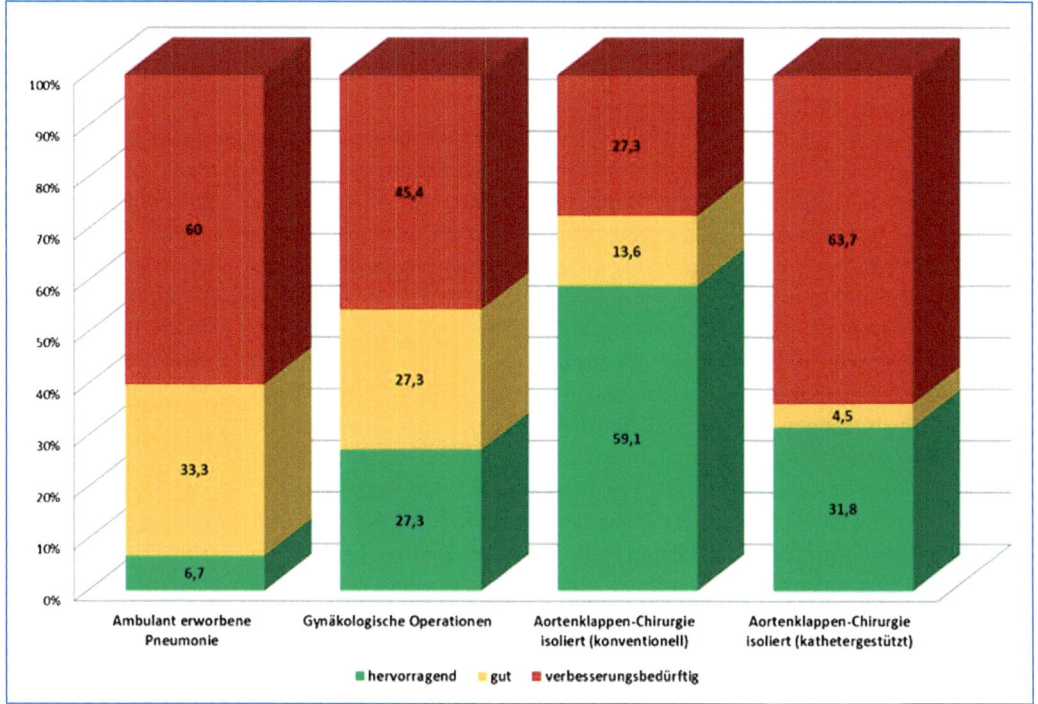

◘ **Abb. 10.3** Bewertung der Dokumentationsergebnisse auf Grundlage der Ergebnisse des Stichprobenverfahrens mit Datenabgleich (Quelle: AQUA 2010, S. 162)

Prozentsatz waren die Datensätze »verbesserungsbedürftig«.[33]

Kritik an der mangelhaften Validität der gemeldeten QS-Daten hatten zugleich auch Ärzte aus der Universitätsklinik Mannheim geübt. Anhand einer retrospektiven Analyse aus den Krankenblättern führten sie eine Datenreevaluation bezüglich intra- und postoperativer Komplikationen nach Cholezystektomie durch. Bei insgesamt 28 von 205 Patienten waren Komplikationen nachweisbar. In der QS-Dokumentation wurden solche allerdings nur bei 16 Patienten erfasst. Bei 13 Patienten lag eine Komplikation in Übereinstimmung mit dem Krankenblatt vor (richtig-positiv). Bei 3 Patienten fand sich trotz dokumentierter Komplikation in der QS-Dokumentation kein Hinweis auf eine Komplikation (falsch-positiv). Bei 15 Patienten war trotz aufgetretener Komplikation kein Eintrag in die QS-Dokumentation erfolgt (falsch-negativ). Hierbei handelte es sich nicht nur um Minorkomplikationen, wie z.B. oberflächliche Wundheilungsstörungen, sondern auch um Majorkomplikationen, wie z.B. Galleleckagen oder intraoperative Blutungen, die revisions- bzw. interventionspflichtig waren.[34]

> Die Autoren stellten die Frage, ob nicht ein funktionierendes Monitoring eingeführt werden muss, wie es bei der Durchführung von Arzneimittelstudien selbstverständlich sei, und kommen zu dem Schluss, dass bis zum Nachweis einer ausreichenden Validität der erhobenen Daten aus der externen QS keine Rückschlüsse auf die Versorgungsqualität in Deutschland gezogen werden können.

Die Ergebnisse der rechnerischen Auffälligkeiten werden auf Landesebene den AGs und Kommissionen vorgelegt. Diese entscheiden, ob eine Stellungnahme des Krankenhauses eingeholt oder

---

33 Vgl. Ziert u. König (2011, S. 159-162)

34 Vgl. Jakob et al. (2010, S. 563-567)

ein Hinweis verschickt wird. Die Bewertung der Stellungnahmen der Krankenhäuser erfolgt weitestgehend anonym, d.h. den Arbeitsgruppen und Kommissionen ist die Identität des Krankenhauses zunächst nicht bekannt. Hierdurch soll eine Gleichbehandlung aller Leistungserbringer bewirkt werden. Kann man innerhalb der einzelnen Bundesländer von einem überwiegend homogenen Verfahren mit einheitlichen Bewertungsmustern ausgehen, so ändert sich dies, wenn man die Bewertungen über die Landesgrenzen hinweg vergleicht.

In einer eigenen Arbeit hatten wir die Auswertungen der QS-Daten und die Bewertungen der jeweiligen Arbeitsgruppen und Kommissionen der Bundesländer anhand der im Jahr 2010 veröffentlichten Daten des Erfassungsjahres 2009 überprüft. Dazu wurden drei unterschiedliche Leistungsbereiche (Cholezystektomie, Geburtshilfe und Hüft-Endoprothesen-Erstimplantation) untersucht. Dabei bestand keinerlei Korrelation zwischen der Anzahl der rechnerischen Auffälligkeiten und den inhaltlichen Bewertungen der Arbeitsgruppen und Kommissionen:

» Am Beispiel des Leistungsbereiches Cholezystektomie (Modul 12/1) fanden sich für das Erfassungsjahr 2009 in 16 ausgewerteten Bundesländern 1.428 rechnerische Auffälligkeiten. In 788 Fällen wurde eine Stellungnahme angefordert, insgesamt 55 = 3,9% der rechnerisch auffälligen Indikatoren wurden nach Abschluss des Strukturierten Dialoges als »qualitativ auffällig« eingestuft. (…) Am Beispiel des Leistungsbereiches Geburtshilfe (Modul 16/1) fanden sich für das Erfassungsjahr 2009 in 15 ausgewerteten Bundesländern 838 rechnerische Auffälligkeiten. In 555 Fällen wurde eine Stellungnahme angefordert, 149 = 17,8% der rechnerisch auffälligen Indikatoren wurden nach Abschluss des Strukturierten Dialoges von den Arbeitsgruppen als »qualitativ auffällig« eingestuft. (…) Am Beispiel des Leistungsbereiches Hüft-Endoprothesen-Erstimplantation (Modul 17/2) fanden sich für das Erfassungsjahr 2009 in 16 ausgewerteten Bundesländern 1.527 rechnerische Auffälligkeiten. In 711 Fällen wurde eine Stellungnahme angefordert, 124 = 8,1% der rechnerisch auffälligen Indikatoren wurden nach Abschluss des Strukturierten Dialoges als »qualitativ auffällig« eingestuft.[35]

Sowohl die Bewertungen zwischen den einzelnen Leistungsbereichen als auch die Bewertungen zwischen den Arbeitsgruppen und Kommissionen der Länder waren höchst uneinheitlich. Eine geringe rechnerische Auffälligkeit ging nicht automatisch mit einer geringen qualitativen Auffälligkeit einher und umgekehrt. Auch die Rate der rechnerischen und qualitativen Auffälligkeiten zwischen, aber auch innerhalb der jeweiligen Module war zwischen den Bundesländer höchst inhomogen.

Die Gesamtauswertung sämtlicher Leistungsbereiche in der externen QS ließ ein Muster in der Bewertung durch die Ländergremien erkennen. Für die Krankenhäuser von Berlin, Hamburg und Schleswig-Holstein wurden die wenigsten QS-Indikatoren mit »qualitativ auffällig« bewertet. Für die Krankenhäuser von Hessen, Baden-Württemberg und Mecklenburg-Vorpommern fanden die Arbeitsgruppen und Kommissionen die häufigsten mit »qualitativ auffällig« bewerteten Indikatoren. Dabei bestand keinerlei Korrelation zwischen den rechnerischen Auffälligkeiten und den inhaltlichen Bewertungen durch die Arbeitsgruppen und Kommissionen.

Für den außenstehenden Laien könnte beim Vergleich der QS-Bundesdaten der Anschein erweckt werden, dass in den Krankenhäusern einiger Bundesländer eine höhere medizinische Versorgungsqualität besteht als in den Krankenhäusern anderer Bundesländer. Die deutlichen Unterschiede im Vorgehen, in der Bewertung und im Ergebnis beruhen dabei u.a. auf einer fehlenden Abstimmung und Supervision der LQS und der Arbeitsgruppen und Kommissionen auf Bundesebene. Damit haben die Bewertungsergebnisse letztlich wenig Aussagekraft bezüglich qualitätsrelevanter Fragestellungen und sind für einen bundesweiten Vergleich von Krankenhäusern ungeeignet.

Erschwerend für einen Qualitätsvergleich kommt hinzu, dass nicht nur die medizinische Qualität, sondern auch die Dokumentationsqualität beurteilt wird und diese z.T. in den jeweiligen

---

35 Steller (2012, S. 38-42)

10.5 · Externe Qualitätssicherungsmaßnahmen

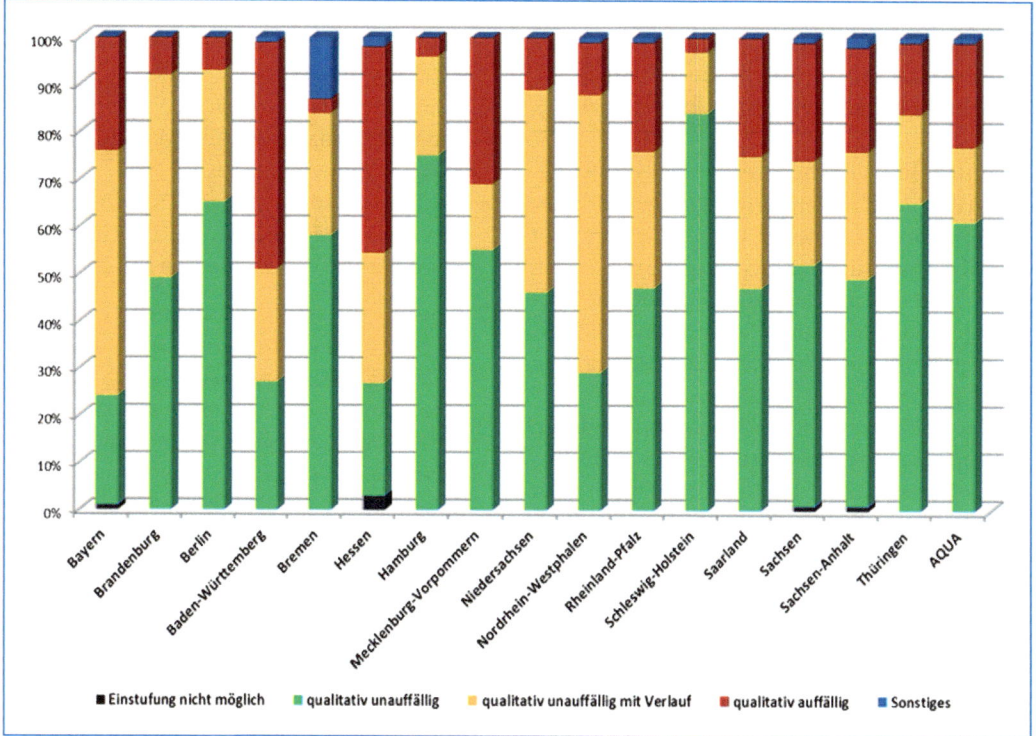

◘ **Abb. 10.4** Verteilung der Bewertungskategorien aller Leistungsbereiche der einzelnen Bundesländer (Quelle: AQUA 2011, S. 35)

Bewertungen von Indikatoren zusammengefasst werden.

Der Abschlussbericht des AQUA-Institutes zum Verfahrensjahr 2009 weist zwar auf die Unterschiede in der Bewertung durch die LQS der Bundesländer hin, fasst aber die Ergebnisse auf Bundesebene zu einem gemeinsamen Bericht zusammen (◘ Abb. 10.4).

Das AQUA-Institut erkennt die unterschiedlichen Bewertungsmuster der jeweiligen Arbeitsgruppen bzw. LQS und benennt Gründe für die Inhomogenität zwischen den Bundesländern: Zum einen gäbe es die (…) Unterschiede in der Zahl der Krankenhäuser und in der Fallzahl. Zum anderen spiele die Erfahrung der Fach- und Arbeitsgruppen (bei der Bewertung der rechnerischen Auffälligkeiten) eine wichtige Rolle.[36]

> In der Realität sind die Verfahrensabläufe der externen QS auf Länderebene, aber auch selbst innerhalb der einzelnen Fachgruppen und LQS sehr heterogen und die Bewertungsmuster höchst uneinheitlich. Hinzu kommen weitere Einflüsse auf die externe QS, wie Fehlervermeidungsstrategien und ein mögliches strategisches Kodierverhalten der Krankenhäuser, als wahrscheinliche Ursache für die großen rechnerischen Abweichungen. Eine Homogenisierung des Verfahrens über alle Bundesländer hinweg mit verbindlichen Vorgaben zur Dokumentation, aber auch zu Verfahrensabläufen und Beurteilungsmaßstäben, ist eine dringliche Zukunftsaufgabe.

---

36 AQUA (2011, S. 52)

10.6 Risiken und Nebenwirkungen der öffentlichen Berichterstattung (Public Reporting) in der externen Qualitätssicherung

Die ersten Qualitätssicherungsverfahren dienten anfangs dazu, den Krankenhäusern die eigenen Qualitätsdaten zurück zu spiegeln, um sich hierdurch mit Krankenhäusern der gleichen Kategorie vergleichen und mögliche Rückschlüsse für das eigene Qualitätsmanagement gewinnen zu können. Im Jahr 2004 wurden die Krankenhäuser mit der GKV-Reform zur Publikation ihrer Qualitätskennzahlen verpflichtet. Krankenhäuser in Deutschland mussten erstmals einen sog. Qualitätsbericht zur Verfügung stellen. Neben der Auskunft, welche Operationen wie oft durchgeführt wurden sowie der Darstellung der individuellen Aktivitäten des Qualitätsmanagements, waren nun erstmals auch die Daten der externen Qualitätssicherung für jeden einsehbar zu veröffentlichen.[37] Im Jahr 2011 hat der G-BA den Katalog der qualitätsrelevanten Daten aus dem Verfahren der externen QS erheblich erweitert. Zukünftig sind bis zu 182 Indikatoren aus 25 Leistungsbereichen in den gesetzlich vorgeschriebenen Qualitätsberichten zu veröffentlichen.

Nach Ansicht des Sachverständigenrates der Bundesregierung[38] gibt es vier Hauptargumente, die für ein Public Reporting[39] sprechen:
1. Patienten informieren sich und wählen Leistungsanbieter mit besserer Qualität.
2. Die High Quality-Anbieter werden von den Zuweisern bevorzugt.
3. Die Leistungsanbieter fühlen sich durch die Veröffentlichung von Qualitätsdaten in ihrer Reputation bedroht und verstärken ihre Qualitätsverbesserungsmaßnahmen.
4. Die Verantwortlichkeit steigt und somit auch das Vertrauen aller Beteiligten in das Gesundheitssystem.

Diese Effekte seien allerdings nur unter nachfolgenden Voraussetzungen denkbar:

— Patienten und andere verhalten sich rational und verschaffen besseren Anbietern Marktvorteile.
— Von der Reputation durch die Veröffentlichung von Qualitätsdaten geht eine Motivation zur Qualitätsverbesserung aus.
— Die Entwicklungen werden durch ein professionelles Verständnis getragen, das eine Verbesserung der Versorgung zum Ziel hat.[40]

> Die derzeitige Form der Qualitätssicherung in deutschen Krankenhäusern stellt beinahe mehr Fragen, als sie Antworten gibt. Sind Qualitätsberichte valide? Motivieren Qualitätsberichte Krankenhäuser, die Qualität ihrer Versorgung zu verbessern? Gibt es einen potenziellen Nachteil der öffentlichen Berichterstattung? Führt eine höhere Transparenz tatsächlich zu mehr Wettbewerb, damit zu mehr Qualität und niedrigeren Kosten im Krankenhaus? Sind die vorhandenen Instrumente geeignet, ein Mehr an Transparenz in der stationären Patientenversorgung darzustellen? Gibt es Risiken und Nebenwirkungen der öffentlichen Berichterstattung?

Die Auswirkungen der externen QS und des Public Reporting sollen vor dem Hintergrund der Forderungen nach mehr Transparenz in der stationären Krankenhausversorgung gegenüber der Öffentlichkeit und den Vertragspartnern diskutiert werden. Derzeit bestünde nach Ansicht verschiedener Autoren ein »Marktversagen«[41] im Gesundheitssektor. Gründe hierfür seien, dass die Kunden (Patienten, Zuweiser, Kostenträger, Öffentlichkeit) kaum geeignete Qualitätsinformationen besitzen, daher müsste die bestehende Informationsasymmetrie zwischen den Leistungsanbietern und den Kunden überwunden werden.[42]

---

37 Vgl. Haust-Woggon (2005)
38 Sachverständigenrat zur Begutachtung und Entwicklung im Gesundheitswesen
39 Public Reporting: Öffentliche Qualitätsberichterstattung
40 Vgl. Sachverständigenrat (2007, S. 288)
41 Beispiel: Es stehen zwei Güter mit unterschiedlicher Qualität zur Auswahl. Den Qualitätsunterschied kennt nur der Anbieter, nicht der Nachfrager. Der Nachfrager wählt das günstigere. Dies wird das schlechtere sein, denn wegen der niedrigeren Qualität ist der Anbieter bereit, es günstiger anzubieten. Dies ist dem Nachfrager allerdings nicht bewusst
42 Vgl. Wasem u. Geraedts (2011, S. 3-15)

Allerdings gibt es nur wenige Studien, die einen positiven Einfluss der Veröffentlichung auf die Marktposition des Leistungsanbieters, die Wachstumsraten und die Erzielung von Erlösen nachweisen können. Die meisten Studien sehen keinen direkten Einfluss auf Marktanteile. Auch die Krankenhausleitungen gingen in der Vergangenheit nicht davon aus, dass ihre Marktanteile durch eine öffentliche Berichterstattung beeinflusst werden können.[43]

Schwappach und Schubert untersuchten die Wirkung der Offenlegung von medizinischen Leistungsvergleichen unterschiedlicher Länder auf das Verhalten von Patienten, von Zuweisern und von Leistungsanbietern. Inhaltlich gingen sie von der Annahme aus, dass die Selektion von Patienten und Zuweisern zwischen Krankenhäusern mit »guter« und »schlechter« Qualität zu Verschiebungen in den Leistungsmengen und Marktanteilen zwischen den Leistungsanbietern führen würde. Ein so erzeugter indirekter Druck auf die Krankenhäuser soll langfristig zu stärkeren Bemühungen um Qualitätsverbesserungen führen. Schlussendlich sollen die Effekte einer Veröffentlichung von Qualitätsinformationen Veränderungen in der Ergebnisqualität der Versorgung bewirken. In der Mehrzahl der von den beiden Autoren untersuchten empirischen Daten fand sich kaum ein Einfluss auf das Verhalten der Patienten oder der Zuweiser bezüglich der Auswahl des Krankenhauses.

Aus Sicht der Leistungserbringer war das Vermeiden einer schlechten Bewertung bedeutsamer als das Erreichen einer guten Bewertung. Während auch positive Effekte zu verzeichnen waren, wie ein Wandel der Qualitätsbemühungen des jeweiligen Krankenhauses, wurden auch unerwünschte Effekte wahrgenommen. Beispiele hierfür sind ein »Tunnelblick«, d.h. die Konzentration der Qualitätsbemühungen auf Bereiche, die durch die Messung erfasst werden, die Fixierung auf schnell erreichbare Ziele und eine Vertrauenserosion und Ghettoisierung der Organisation (Krankenhaus) gegenüber der Außenwelt. Die Autoren schließen hieraus, dass die Validität von Qualitätsvergleichen vielfach bezweifelt werden müsse, für viele der positiven Erwartungen fände sich keine positive, sondern sogar eine negative Evidenz. Gleichzeitig müssten starke Selektionseffekte in den Krankenhäusern befürchtet werden, bei denen durch strategische Selektionen in den Patientengruppen bessere Qualitätsdaten erzielt werden sollen.[44]

Die öffentliche Darstellung der Versorgungsqualität mit den Daten der verpflichtenden externen QS weist auch in Deutschland, wie dargestellt, zahlreiche Probleme auf. Neben den Problematiken, die mit der Datenerfassung, -auswertung und -bewertung einhergehen, ist das Problem der Datenvalidität zugleich eines der wichtigen Hindernisse in der Ergebnisbewertung und -darstellung. Dabei muss ein beträchtlicher Teil der für die externe QS genutzten Daten als nicht valide angesehen werden.

Beinhalten die derzeitigen Maßnahmen zur Förderung einer qualitätsorientierten Versorgung sogar ungewollte Risiken? Dranove et al. (2003) untersuchten in einer Arbeit (Titel: Is More Information Better? The Effects of Report Cards on Health Care Providers) die Veröffentlichungseffekte von Bypassoperationen und Koronarinfarkten in den amerikanischen Bundesstaaten New York und Pennsylvania. Die Einführung einer öffentlichen Berichterstattung führte zu einem Rückgang der Schwere der Erkrankungen in New York und Pennsylvania. Dafür gab es eine Zunahme schwerer Erkrankungsfälle außerhalb der Berichtsstaaten sowie eine Zunahme schwerer Erkrankungsfälle in Universitäts- und Lehrkrankenhäusern. Zudem kam es zu einem Anstieg der Leistungen bei gesünderen Personen und zu einer Abnahme der Leistungen bei kränkeren Patienten. Letztlich führte die Einführung von Qualitätsberichten zu einer Verschlechterung und Verteuerung der Versorgung in den beiden betroffenen US-Bundesstaaten.[45]

Qualitätsberichte, die zur Transparenz über die Qualität der Krankenhäuser beitragen sollen, beinhalten somit gleichfalls mögliche Konflikte. Um sich im Wettbewerb positiv darzustellen, könnte es sein, dass Krankenhäuser, um »gute Zahlen« zu haben, »schlechte Ergebnisse« nicht dokumentierten. Zudem könne es vorkommen, dass Patienten mit hohen Gesundheitsrisiken, deren Behandlung im Qualitätsvergleich der Krankenhäuser wahrschein-

---

43 Vgl. Sachverständigenrat (2007, S. 296)
44 Vgl. Schwappach u. Schubert (2007, S. 2637-2642)
45 Vgl. Dranove et al. (2003, S. 555-588)

lich zu weniger guten Ergebnissen führen würden, gar nicht aufgenommen bzw. behandelt werden (Risikoselektion).[46] Zu dieser Erkenntnis kommt kein geringerer als der G-BA selbst.

Für Krankenhäuser bestehen zahlreiche Möglichkeiten, ihre Qualitätsergebnisse zu beeinflussen:
- Direkte Datenmanipulation, z.B. durch Up-Kodierung der Hauptdiagnose und die Kodierung jeder möglichen Komorbidität, um die risikoadjustierte Sterblichkeit zu senken; ein Nichtrisikopatient wird zum Risikopatienten kodiert (»gaming«)
- Reduktion der Inhouse-Mortalität und weitere zu kodierende Komplikationen durch frühzeitige Entlassung (»early discharge«)
- Risikoselektion durch Vermeidung der Behandlung von Patienten mit hohen Risiken (»avoidance«)
- Verlegung von Hochrisikopatienten in andere Krankenhäuser (»outsourcing«)
- Unterversorgung durch Unterlassen riskanter, aber medizinisch indizierter Leistungen, z.B. Operationen (»defensive medicine«)
- Absetzen und Reduktion der Behandlung (»withdrawal and disengagement«)
- Qualitätsrelevante Aktivitäten werden auf die für die Berichterstattung notwendigen Bereiche konzentriert, in den anderen Bereichen kommt es zu Verschlechterungen in der Versorgung (»tunnel vision«).[47]

Je nach potenzieller Auswirkung der öffentlichen Berichterstattung sind solche oder ähnliche Strategien auch für deutsche Krankenhäuser denkbar.

An dieser Stelle bietet sich die Gelegenheit, einen Blick auf die möglichen Auswirkungen der externen QS auf die Geburtshilfe in Deutschland zu werfen. In den letzten fünf Jahrzehnten konnte die perinatale Sterblichkeit[48] gravierend gesenkt werden. Lag sie 1960 in Westdeutschland bei 35,8‰, sank sie 1970 auf 26,4‰, 1980 auf 11,6‰, 1990 auf 6,0‰, 2010 auf 5,4‰.[49] Im Vergleich mit den EU-Staaten wies die Bundesrepublik Deutschland Anfang der 90er-Jahre die geringste perinatale Mortalität auf.

Ursächlich für die Senkung der perinatalen Sterblichkeit sind auch die verbesserte Mutterschaftsvorsorge, neue technische Entwicklungen wie Ultraschall, CTG und Dopplersonografie und letztendlich der Wissensfortschritt und die verbesserten Behandlungsmöglichkeiten im Geburtsmanagement und der Neonatologie (z.B. Einführung des Surfactant). In den letzten zehn Jahren sank die perinatale Mortalität weiter um 0,1‰ pro Jahr. Dabei ist die antenatale Sterblichkeit seit mehr als einem Jahrzehnt unverändert. Die überwiegende Mehrzahl der perinatalen Todesfälle entfallen auf den intrauterinen Fruchttod[50], i.d.R. vor der Krankenhausaufnahme. Da dieser sich den externen QS vollständig entzieht, bleibt die Frage, welchen positiven Einfluss die QS auf die Qualität in der Geburtshilfe in der Zukunft noch haben wird.

Könnten Veröffentlichungen von Gesundheitsdaten in dem hochsensiblen geburtshilflichen Krankenhaussektor gar einen Beitrag zum Anstieg von Kaiserschnittraten darstellen? Das Ziel einer Kostensenkung durch mehr Wettbewerb um die Qualität wäre damit eindringlich verfehlt.

In Deutschland lässt sich ein stetiger Anstieg der Sectioraten nachweisen. Während im Jahr 1991 15% der Kinder mittels Kaiserschnitt geboren wurden, waren es im Jahr 2007 30,8% (669.298 Entbindungen) und im Jahr 2014 31,8% (692.096 Entbindungen). Laut einer Berechnung von Prof. Feige (Nürnberg) kostet jede Steigerung der Sectiofrequenz um 1% die Versichertengemeinschaft etwa 11 Millionen Euro.[51, 52]

Der Anstieg der Kaiserschnittrate kann dabei u.a. auch das Ergebnis von Risikovermeidungsstrategien in Folge der externe QS sein, z.B. durch eine defensive Medizin, durch eine Überbewertung forensischer Aspekte, durch einen geringen Erfahrungszuwachs im konservativen Management von Risikogeburten etc. Derzeit steigen weiterhin die

---

46 Vgl. Gemeinsamer Bundesausschuss (2008, S. 18)
47 Vgl. Scott u. Ward (2006, S. 571-575)
48 Perinatale Sterblichkeit: Sterblichkeit der Neugeborenen vor, während und in den ersten sieben Tagen nach der Geburt
49 Vgl. Gesundheitsberichterstattung des Bundes
50 Vgl. Tjong (2003, S. 1ff.)
51 Vgl. Büttner (2008, S. 337-341)
52 https://www.destatis.de/DE/PresseService/Presse/Pressemitteilungen/2015/09/PD15_338_231pdf.pdf?_blob=publicationFile

Kaiserschnittraten in Deutschland und liegen bei einigen Level-1-Versorgern[53], aber auch in anderen Einrichtungen, bei bis zu 45% – eine Rate, die auch nicht durch ein höheres Risikoklientel oder durch andere Ursachen zu erklären ist.

Sind die Instrumente der externen QS in Deutschland wissenschaftlich begründet und geeignet, Versorgungsqualitäten zu messen und öffentlich darzustellen? Zur strukturierten Bewertung von Qualitätsindikatoren im Gesundheitswesen hat die BQS 2007 das QUALIFY-Instrument entwickelt, mit dem die Güte von Qualitätsindikatoren mittels wissenschaftlicher Methodik bestimmt werden kann. Das QUALIFY-Instrument beruht auf 20 Gütekriterien, mit denen eine bestimmte Eigenschaft des zu bewertenden Indikators gemessen wird.[54]

Die 20 Gütekriterien sind den Kategorien Relevanz, Wissenschaftlichkeit und Praktikabilität zugewiesen. Neben der Messung der Versorgungsqualität (Quality Measure) soll mit dem QUALIFY-Instrument geprüft werden, ob der Indikator für die Darstellung der Performance (Performance Measure) ausreichend geeignet ist, Klinikergebnisse für den Laien so darzustellen, dass hieraus Rückschlüsse auf die Qualität der Klinik möglich sind (Public Reporting).

Das Prüfverfahren basiert dabei allerdings auf einem normierten Abstimmungsprozess (Expertenmeinung) und nicht auf einer exakt wissenschaftlichen Methodik. Die Qualitätsberichte der deutschen Kliniken basieren auf einer Vielzahl von Indikatoren, bei denen eine Überprüfung mit dem QUALIFY-Instrument zudem noch nicht vollständig durchgeführt worden ist.

10.7 Sicht der Beteiligten auf die externe Qualitätssicherung

Die Sicht der Verfahrensbeteiligten und der Stakeholder auf die QS im Gesundheitsmarkt ist je nach Interessenslage höchst unterschiedlich. Deshalb können an dieser Stelle nur einige Rückmeldungen dargestellt werden.

Die Bundesgeschäftsstelle Qualitätssicherung BQS gibt in ihrem Qualitätsreport aus dem Jahr 2002 Stellungnahmen und Einschätzungen der Krankenhäuser und Fachabteilungen aus dem Strukturierten Dialog wieder. »Klassische« Antworten, die von Krankenhäusern im Strukturierten Dialog vorgetragen werden, seien dabei:
- Die Datenbasis sei nicht valide: Daten seien unvollständig, nicht vergleichbar
- »Bestrafung des Falschen« – andere dokumentierten nicht wahrheitsgemäß
- Die Auswertung sei unzulässig oder falsch: Qualitätsindikatoren seien fachlich falsch, nicht valide oder nicht relevant, eine Risikoadjustierung fehle[55]

Mögliche Fehlerquellen, die zu der schlechten Datenqualität führen, können aus Sicht der Anwender sein:
- Unzureichende Implementierung von BQS-Spezifikationen in das Krankenhausinformationssystem (KIS) des jeweiligen Krankenhauses
- Das Fehlen kostenpflichtiger zusätzlicher Dokumentationsprogramme und kostenpflichtiger Schnittstellen
- Zu kompliziertes Eingabesystem
- Einzelne Eingabefelder erfordern unlogische Zusatzeingaben, die Fehlerpotenziale bieten
- Dateneingabe durch nicht-ärztliches/unerfahrenes Personal
- Zusammenarbeit mit externen Instituten, die in ihrer Dokumentation von der externen QS abgekoppelt sind[56]

Der wissenschaftliche Dienst der AOK (WidO) plädiert eindringlich für die Nutzung von Routinedaten, d.h. von z.B. Abrechnungsdaten zur Qualitätskontrolle im Rahmen der externen QS. Schon jetzt würde ein nicht geringer Teil der ärztlichen Arbeitszeit durch eine zusätzliche Datenerfassung im Rahmen der Qualitätssicherung absorbiert. Hierzu bedürfe es einer vergleichenden Aufwands-Ertrags-Bewertung der unterschiedlichen Qualitätssicherungsverfahren. Allein die direkten und

---

53 Perinatalzentrum Level 1: Maximalversorger von Risikogeburten
54 Vgl. Reiter et al. (2007, S. 3)
55 Vgl. Mohr et al. (2003, S. 41)
56 Vgl. Steller (2012, S. 70-71)

indirekten Kosten für die stationäre Qualitätssicherung im Rahmen des BQS-Verfahrens hätten einen Rahmen von ca. 100 Mio. Euro, ein Betrag, der sich nicht nur mit dem vagen Hinweis auf eine Qualitätsverbesserung rechtfertigen ließe. Daher sollten erstens die Anzahl der im BQS-Verfahren erfassten Daten überprüft und erheblich reduziert werden, zweitens eine größtmögliche Überschneidung der BQS-Datenfelder mit BQS-Routinedaten angestrebt werden und drittens alle Routinedaten nach § 301 SGB V bzw. § 21 KHEntgG an die BQS zur Substitution von Dutzenden von Indikatoren und ganzen Verfahren übertragen werden.[57]

Auch die Deutsche Krankenhausgesellschaft (DKG) äußerte sich eingehend zur Nutzung von Routinedaten in der QS. Diese würde wegen des geringen Erhebungsaufwandes als denkbare Alternative zur bestehenden QS propagiert. Dabei würde der Fehler gemacht, die Qualitätssicherung unter praktischen Erwägungen an der Datenlage (z.B. an den Abrechnungsdaten) auszurichten. Dies sei aber unwissenschaftlich, wenngleich bei Krankenkassen beliebt. Die wissenschaftliche Herangehensweise bestehe darin, zunächst die Fragestellung für die Qualitätssicherung zu definieren und dann zu eruieren, ob es geeignete Routinedaten zur Beantwortung gibt. Eine Qualitätsbewertung und insbesondere öffentliche Darlegung allein auf der Basis von Abrechnungsdaten hält die DKG daher auch zukünftig für unzulässig. Gute Qualität medizinischer Leistungen sei dreidimensional geprägt. Neben der Ergebnisqualität sei immer auch die Struktur- und Prozessqualität von Bedeutung. Die Qualität der Leistungserbringung könne nur systematisch verbessert werden, wenn der Blickwinkel neben der Ergebnisqualität auch auf die Struktur- und Prozessqualität gerichtet würde. Die reine Darstellung der Ergebnisqualität reiche dafür nicht aus, da über eine Messung der Einhaltung von Prozessstandards (z.B. aus Leitlinien) eine wichtige Qualitätsförderung umgesetzt werden könne.[58]

Eine Besonderheit der deutschen Pay for Performance-Debatte (P4P) bestünde nach Ansicht der Bundesärztekammer darin, dass das Spektrum von belohnungswürdiger »Performance« stark auf die medizinische Ergebnisqualität eingeengt würde, während ausländische P4P-Programme auch die Prozess- und Strukturqualitätsverbesserungen und die Erhöhung der Patientenzufriedenheit berücksichtigten. Medizinische Ergebnisqualität sei im Hinblick auf Qualitätssicherung und Qualitätsdarstellung die anspruchsvollste der drei Qualitätsdimensionen. Während Krankenhäuser und Ärzteschaft P4P mit Hoffnungen auf zusätzliche Belohnung für besonders gute Qualität verbinden würden, zielten die Krankenkassen auf eine Marktbereinigung und die Ausschöpfung von Effizienz- und Wirtschaftlichkeitsreserven durch kostenneutrale Umverteilung der Vergütung.[59]

Die Rückmeldungen der Patientenvertreter sind vielfältig und uneinheitlich. Matzat von der Kontaktstelle für Selbsthilfegruppen Gießen stellte in seinem Vortrag beim Gesundheitsforum Baden-Württemberg in Stuttgart 2010 mehrere kritische Fragen an die derzeitige Qualitätssicherung in der Patientenversorgung: Sei seiner Meinung nach auch immer Qualität drin, wenn Qualität drauf steht, gäbe es sogar ein Geschäft mit der Qualität (Audits, Siegel, Zertifikate) und welche Evidenz gäbe es eigentlich für den Nutzen von Qualitätssicherungen? Alleine vom Wiegen würde »das Schwein nicht fetter«. Qualitätsberichte seien für Patienten kaum verfügbar, kaum lesbar, kaum verstehbar, kaum bewertbar. Das Problem für Patienten sei früher der Informationsmangel, heute der Informationsüberfluss bei fehlender Bewertung.[60]

10.8 Qualitätsmanagement als Vergütungsoption

Sind die derzeitigen Qualitätssicherungsmethoden geeignet, um notwendige Informationen auf dem Weg zu einer qualitätsbezogenen Vergütung P4P zu liefern? Welche Qualitätsdaten sind für eine variable qualitätsbezogene Vergütung von leitenden Ärzten geeignet?

Für Malzahn und Heller ist die Pay for Performance das (derzeit) wichtigste Thema der Gesundheitspolitik. P4P soll ein Anreizsystem für die

---

57 Vgl. Günster u. Heller (2007, S. 260-262)
58 Vgl. Van Emmerich u. Metzinger (2010, S. 1177-1182)
59 Vgl. Klakow-Franck (2009, S. 322)
60 Vgl. Matzat (2010, Vortrag)

Erbringer besonders guter Leistungen darstellen. Zugleich seien bei diesem Modell auch Abschläge bei besonders schlechter Leistungserbringung vorstellbar. Gute Qualität sei mit niedrigeren indikationsspezifischen individuellen Folgekosten verbunden und sei aufwandsarm mit Routinedaten abbildbar. Eine Risikoadjustierung und eine sorgfältige Indikatorenauswahl seien dabei zwingend erforderlich. Versorgungsleistungen, die dauerhaft unterhalb der erwarteten Mindestqualität liegen, sollten zum indikationsbezogenen Ausschluss des Leistungserbringers aus der Versorgung führen. Für die Umsetzung der P4P-Ansätze sei eine Harmonisierung von Datenschutz und Qualitätssicherung nötig.[61]

Der von Kostenträgern und Leistungsanbietern immer wieder ins Spiel gebrachten Frage der Nutzung von Qualitätssicherungsdaten für P4P-Modelle hatte sich der Sachverständigenrat zur Begutachtung und Entwicklung im Gesundheitswesen bereits 2007 angenommen. Er wies dabei auf mögliche Fehlanreize von indikatorgestützten Anreizsystemen mit nicht ausreichender Risikoadjustierung hin.

Unter Abwägung der Probleme und möglichen negativen Auswirkungen empfiehlt der Sachverständigenrat zur Begutachtung und Entwicklung im Gesundheitswesen dennoch die schrittweise Einführung von qualitätsbezogenen Vergütungsformen mit Pilotierung und intensiver Evaluation.[62]

International werden zunehmend medizinische Daten der Abrechnung auch zur Qualitätsmessung genutzt. Man geht bei dem Verfahren von einer hohen Validität der Abrechnungsdaten aus, weil eine Manipulation der Daten für die Qualitätssicherung als unwahrscheinlich erscheint.[63]

Die sog. Qualitätssicherung mit Routinedaten beinhaltet dabei zahlreiche, bis dato ungelöste Probleme. Ein sog. Fallzahl-Prävalenz-Problem kann in den Fällen einer niedrigen Fallzahl von Krankenhäusern oder Abteilungen bedeuten, dass diese nicht ausreichend geeignet sind, um verlässlich die Ergebnisqualität der jeweiligen Einrichtung abzubilden. Weitere Schwierigkeiten könnten darin begründet sein, dass bei chronischen oder rezidivierend verlaufenden Erkrankungen das Krankheitsereignis nicht ausreichend abgegrenzt werden kann, dass aufgrund zunehmender Spezialisierung Fälle einrichtungsübergreifend behandelt werden, dass Krankheitsfälle von außen hinzuverlegt werden und dass bei den Risikoadjustoren nicht beeinflussbare, demografische Kriterien wie Alter und Geschlecht neben beeinflussbaren Indikatoren wie Begleiterkrankung etc. berücksichtigt werden müssten.[64] Es sei zudem darauf zu achten, dass schlechte Ergebnisse nicht »wegadjustiert« werden dürfen.[65]

Die Helios-Kliniken und andere nutzen das Modell der QSR für eine einrichtungsübergreifende interne QS ihrer Kliniken. Die vorgegebenen Referenzbereiche orientieren sich dabei häufig am statistischen Durchschnitt, z.B. an der standardisierten Mortalitätsrate (SMR).

Das AQUA-Institut setzt neben dem Rückgriff auf vorhandene Strukturen des etablierten BQS-Verfahrens auch auf die Weiterentwicklung von Verfahren, bei denen zukünftig das Gebot der Datensparsamkeit besondere Berücksichtigung finden und die zusätzliche Einbeziehung von Routinedaten zur weiteren Verringerung des Dokumentationsaufwandes führen soll. Für Patienten mit mehreren chronischen Krankheiten (multimorbider Patienten) soll dabei überprüft werden, ob der strenge Leitlinienbezug zu den jeweiligen Einzelerkrankungen u. U. kontraproduktiv ist.[66]

Im Mittelpunkt des Gesetzes zur Reform der Strukturen der Krankenhausversorgung (Krankenhausstrukturgesetz) vom 05.11.2015 soll nach Ansicht des Gesetzgebers die qualitätsgesicherte Krankenhausversorgung stehen. Zudem sieht der Gesetzgeber in einem Wettbewerb um Wirtschaftlichkeit und Transparenz ein wichtiges Instrument zur Weiterentwicklung der Versorgung im Krankenhaus. Zur Entscheidung, welche für die Auswahl der qualitätsorientierten Vergütung die geeigneten Leistungen und Leistungsbereiche sind, wird der G-BA hierzu zukünftig durch das neue Institut für Qualitätssicherung und Transparenz im Gesundheitswesen (IQTIG) unterstützt. Dieser hat als das oberste Beschlussgremium der gemeinsamen

---

61 Malzahn u. Heller (2009, S. 1-8)
62 Sachverständigenrat (2007, S. 316-318)
63 Vgl. Hämmerle et al. (2006, S. 89-96)
64 Vgl. Günster u. Heller (2007, S. 273 ff.)
65 Vgl. Helios-Kliniken (2006, S. 43)
66 Vgl. AQUA (2009, S. 15-17)

Selbstverwaltung der Ärzte, Zahnärzte, Psychotherapeuten, Krankenhäuser und Krankenkassen auf der Basis des § 137a Abs. 1 SGB V das IQTIG gegründet, das ab 2016 das AQUA-Institut dauerhaft ablösen wird.[67]

Qualitätsbasierte Versorgungsverträge sollen ab 2018 im Rahmen befristeter Vereinbarungen mit Leistungserbringern geschlossen werden. Hierzu wird der G-BA bis Ende 2017 vier Leistungen oder Leistungsbereiche festlegen, zu denen die Vereinbarung von Anreizen und höherwertigen Qualitätsanforderungen erprobt werden soll.[68]

Betrachtet man die länderspezifischen Ergebnisse aus der externen QS und die Probleme bei internen Qualitätssicherungsmaßnahmen, stellt sich einmal mehr die Frage, welche Qualität nun letztlich für die Bewertung einer P4P herangezogen werden soll. Selbst wenn es gelingt, im Rahmen der externen QS innerhalb der einzelnen Bundesländer eine gleichwertige Bewertung zwischen den einzelnen Leistungsbereichen zu erzielen, scheitert dies bislang über Ländergrenzen hinweg. Auch unter dem Aspekt des Gleichbehandlungsgrundsatzes von Leistungserbringern dürften hier erhebliche rechtliche Probleme zu erwarten sein.

Bei der Nutzung der Ergebnisse der externen QS als Vergütungsoption (Zielvereinbarung mit Bonusanreiz) der leitenden ärztlichen Mitarbeiter dürften Chefärzte verschiedener Bundesländer mit geringerer Rate an qualitativen Auffälligkeiten überdurchschnittlich, andere mit schlechterem Bewertungsmuster eher unterdurchschnittlich belohnt werden. Um dies zu vermeiden, sollten im Interesse aller diese Umstände bei der Vereinbarung der jeweiligen Ziele im Voraus bekannt sein und entsprechende Berücksichtigung finden.

10.9 Zusammenfassung und Empfehlungen

Die Veröffentlichung von Qualitätsdaten ist, wie dargestellt, als Instrument zur Steuerung von Patientenströmen derzeit noch wenig geeignet. Von den Krankenhäusern werden Instrumente (z.B. Zertifizierungen) und Ergebnisse, v.a. der internen QS, in erster Linie als Marketinginstrumente genutzt. Marketingwirkung geht auch von der Zertifizierung z.B. von Brustzentren aus. Die Beliebtheit von Organzentren ist möglicherweise der positiven Assoziation mit dem Begriff »Zentrum« als zentrale Institution im Mittelpunkt jeglichen Handelns geschuldet. Zertifizierte Zentren berichten glaubhaft über deutlich gestiegene Behandlungsfälle.

Die öffentliche Qualitätsberichterstattung (Public Reporting) kommt der Forderung nach mehr Transparenz in der stationären Krankenhausversorgung gegenüber Öffentlichkeit und Vertragspartnern nach. Ein Mehr an Transparenz soll zu mehr Wettbewerb, zugleich zu einem Mehr an Qualität und niedrigeren Kosten im Krankenhaus führen.

> Qualitätsindikatoren können allerdings auch Effekte bewirken, die den eigentlichen Zielen einer Qualitätssicherung entgegengesetzt sind. Es sei laut AQUA zu erwarten, dass die Anreize für ein unerwünschtes Verhalten umso höher sind, je stärker negative Sanktionen erwartet würden.[69]

Als Risiken und Nebenwirkungen sind die Datenmanipulation z.B. durch Up-Kodierung der Diagnosen (»gaming«), die Reduktion der Inhouse-Mortalität durch frühzeitige Entlassung (»early discharge«), die Risikoselektion durch Vermeidung von Behandlungen (»avoidance«), die Verlegung von Hochrisikopatienten (»outsourcing«), die Unterversorgung durch Unterlassen (»defensive medicine«), das Absetzen und die Reduktion der Behandlung (»withdrawal and disengagement«) und die Fokussierung auf qualitätsrelevante Aktivitäten (»tunnel vison«) bei Vernachlässigung andere Bereiche möglich.

In den Arbeitsgruppen und Kommissionen der LQS lassen sich fast jährliche Verbesserungen von Indikatorerbnissen erzielen. Allerdings sind diese Verbesserungen höchst inkongruent. Krankenhäuser, die in einem Jahr besser dastehen, stehen in einem anderen Jahr möglicherweise schlechter da. Die Wirksamkeit von QS-Maßnahmen zielt zudem auf Verbesserungen des Behandlungsergebnisses bei Patienten ab und nicht auf Verbesserungen von Indikatorergebnissen. Dies ist aus den veröffentlich-

---

67 Vgl. http://www.iqtig.org/index
68 Vgl. Deutscher Bundestag. Drucksache 18/6736, Kleine Anfrage, S. 7

ten Daten der externen QS kaum ablesbar. Auch die gewünschte Kostenreduktion ist, wie an Beispielen demonstriert, nicht automatisch gegeben.

Das Fallzahl-Prävalenz-Problem kann in den Fällen einer niedrigen Fallzahl eines Krankenhauses bedeuten, dass in diesem Falle die angewendeten Indikatoren nicht geeignet sind, um die Qualität dieser Einrichtung abzubilden. Dies betrifft neben der externen QS auch die Qualitätsmessung mit Routinedaten, bei der überwiegend Sterblichkeitsziffern verglichen werden. Die Ergebnisqualität anhand der Sterberaten im Rahmen einer Geburt (Sterblichkeit unter 0,005%) oder einer Herniotomie (Sterblichkeit unter 0,12%) messen zu wollen, wird aufgrund der Fallzahlen der Kliniken scheitern. Einzig bei Erkrankungen mit höherer Sterberate wie Herzinfarkt (Sterblichkeit 10,7%) kann die Sterblichkeit eventuell ein erster Indikator für die Behandlungsqualität sein. Dabei gibt der Parameter Sterblichkeit aber nur einen kleinen Ausschnitt aus dem Behandlungsverlauf wieder. Auch ein Nicht- bzw. Beinahe-Todesfall kann ein Hinweis auf eine schlechte Behandlungsqualität darstellen, wird aber vom Verfahren der reinen Sterblichkeitsmessung nicht abgebildet.[70]

Die Probleme der jeweilgen Qualitätssicherungsmaßnahmen in der Gesundheitsversorgung sind bekannt. Eine Besonderheit der Dienstleistungsqualität im Krankenhaus besteht darin, dass der externe Faktor Kunde bzw. Patient Bestandteil des Leistungserstellungsprozesses ist und die Anforderungen vom Kunden jederzeit verändert werden können.[71] Dies unterscheidet u.a. den Ablauf einer Qualitätsmessung im Dienstleistungsbereich Krankenhaus von dem einer industriellen Fertigung.

> **Trotz aller berechtigter Kritik an den Instrumenten der externen und internen QS, muss betont werden, dass uns »bessere« Parameter für ein suffizienteres QM derzeit nicht zur Verfügung stehen. Dass eine QS auch im Krankenhaus unabdingbar ist, wird von allen Beteiligten nicht bestritten. Auf eine interne und externe QS kann dabei auch zukünftig nicht verzichtet werden. Auch die Prozesse und Indikatoren des QM unterliegen dabei einer ständigen Beobachtung und Verbesserung.**

Für das Dienstleistungsunternehmen Krankenhaus besteht genauso wie für die Industrie die wesentliche Gemeinsamkeit in dem Bestreben nach weitgehender »Erfüllung von Kundenanforderungen«. Die Erfüllung von Kundenanforderungen ist Grundlage ökonomischer Abläufe am Markt, an dem eine weitreichende Befriedigung von Bedürfnissen erheblichen Einfluss auf die Kundenbindung hat. Für den Erfolg des Unternehmens Krankenhaus beinhaltet dieses neben einer guten medizinschen Behandlungsqualität (Berücksichtigung von Leitlinien, interne und externe QS) auch die Berücksichtigung von subjektiven Wünschen und Anforderungen des Patienten (Patientenbefragungen), aber auch des internen Kunden Mitarbeiter (Mitarbeiterbefragungen).

> **Chefärzte sind demnach heute mehr als medizinische Experten. Sie müssen zugleich die ökonomischen Interessen des Krankenhauses, aber auch die jeweiligen Interessen der Patienten, der Mitarbeiter und der weiteren Stakeholder (Kostenträger, Einweiser, Kooperationspartner, Lieferanten, Selbsthilfeorganisationen, Politik etc.) wahrnehmen und angemessen berücksichtigen.**

Das Hochschulstudium der Humanmedizin und die späteren medizinischen Weiterbildungen im Fachgebiet und die Weiterbildungen in einem Schwerpunkt berücksichtigen vor allem den Erwerb einer fachlichen und wissenschaftlichen Kompetenz. Eine Sozialkompetenz wird in Studium und Weiterbildung dagegen kaum vermittelt. Das Berufsbild des Chefarztes beinhaltet heute in zunehmendem Maße fachfremde Inhalte wie Managementkompetenz und ökonomisches Denken und Handeln. Zukünftige Chefärzte sind daher gut beraten, sich frühzeitig auch mit den ökonomischen und sozialen Anforderungen ihres Berufszieles auseinanderzusetzen und geeignete Weiterbildungsmöglichkeiten zu nutzen.

Anmerkung: Der Beitrag stellt einen überarbeiteten Auszug aus meiner Masterarbeit »Ex-

---

69 Vgl. AQUA (2009, S. 2)

70 Vgl. Steller (2012, S. 83)
71 Vgl. Kaltenbach (1997, S. 151)

terne sektorenübergreifende Qualitätssicherung (ESQS) in der stationären Krankenhausversorgung in Deutschland« dar.

Literatur

AQUA (2009) Allgemeine Methoden für die wissenschaftliche Entwicklung von Instrumenten und Indikatoren im Rahmen der sektorenübergreifenden Qualitätssicherung im Gesundheitswesen nach § 137a SGB V, Version 0.1 vom 30.11.2009. AQUA-Institut, Göttingen, S 127

AQUA (2010) Qualitätsreport 2009. AQUA-Institut, Göttingen, S 168

AQUA (2011) Bericht zur Datenvalidierung 2010, Abschlussbericht gemäß §15 Abs. 2 QSKH-Richtlinie, Erfassungsjahr 2009. AQUA-Institut, Göttingen, S 57

AQUA (2011) Bericht zum Strukturierten Dialog 2010. Abschlussbericht gemäß §15 Abs. 2 QSKH-Richtlinie. Erfassungsjahr 2009, Stand 29.06.2011, Anhang. AQUA-Institut, Göttingen, S 134

Bölt U, Graf T (2012) 20 Jahre Krankenhausstatistik. Statistisches Bundesamt, Wiesbaden, S 117

Büttner HH (2008) Geburtshilfe im Wandel? Die hohe Kaiserschnittrate in deutschen Geburtskliniken. Ärztebl MV 10: 337-341

Deutsches Ärzteblatt (12.11.2014): Studie erwartet deutlichen Anstieg der Arzneimittelausgaben in der Onkologie. Ärzteverlag, Köln, S 423

Deutscher Bundestag (2015) Drucksache 18/6736

Dranone D, Kessler D, McClellan M, Satterthwaite M (2003) Is More Information Better? The Effects of »Report Cards« on Health Care Providers. Journal of Political Economy 3: 555-588

Gemeinsamer Bundesausschuss (2007) Die gesetzlichen Qualitätsberichte der Krankenhäuser lesen und verstehen. Berlin, S 34

Geraedts M (2009) Einsatz von Qualitätsindikatoren. In: ÄZQ (Hrsg) Programm für Nationale Versorgungsleitlinien von BÄK, KBV und AWMF. Qualitätsindikatoren – Manual für Autoren. ÄZQ Schriftenreihe, Neukirchen, S 5-7

Gerste B (2009) Zentrenbildung in Deutschland – eine Bestandsaufnahme auf Basis der Qualitätsberichte. In: Klauber J, Robra B, Schellschmidt H Krankenhaus-Report 2008/2009. Schattauer, Stuttgart, S 17-34

Gesundheitsberichterstattung des Bundes. https://www.gbe-bund.de/gbe10/abrechnung.prc_abr_test_logon?p_uid=gast&p_aid=4711&p_knoten=VR&p_sprache=D&p_suchstring=perinatale sterblichkeit (Zugriff: 02.03.2012)

Goerke K, Lack N (2000) Qualitätssicherung in der Geburtshilfe – Perinatalerhebung. Gynäkologe 3: 220-224

Günster C, Heller G (2007) Qualitätssicherung der stationären Versorgung mit Routinedaten (QSR). Abschlussbericht. Wissenschaftliches Institut der AOK, Bonn, S 435

Hämmerle P, Estelmann A, Schwandt M, Schöffski O (2006) Moderne Verfahren der Qualitätsberichterstattung im Krankenhaus. Schriften zur Gesundheitsökonomie 9. Herz, Burgdorf, S 140

Hahne B (2011) Qualitätsmanagement im Krankenhaus. Symposion, Düsseldorf, S 437

Haust-Woggon P (2005) Medizinisches Qualitätsmanagement. Ein alternatives Berufsfeld für Mediziner? http://www.thieme.de/viamedici/medizin/beruf/qualitaetsmanager.htm (Zugriff: 02.03.2012)

Helios Kliniken (2006) Medizinischer Jahresbericht 2005. Kompetenz in Medizin. Helios-Qualitätskennzahlen – die zweite Generation. Helios Kliniken Gruppe

Heller G (2009) Aktueller Stand und weitere Entwicklung des Projektes »Qualitätssicherung mit Routinedaten« (QSR). Dtsch Med Wochenschr 134: 315

Hoffmann C, Riehle E (2005) Qualitätsmanagement im Krankenhaus. http://dgu-alt.traumaregister.de/pdf/unfallchirurgie/aktuelle_themen/andere_themen/qm_homepage_riehle_hoffmann.pdf (Zugriff: 02.03.2012)

Jakob J, Hinzpeter M, Weiß C, Schlüter M, Post S, Kienle P (2010) Qualität der BQS-Dokumentation. Datenevaluation anhand intra- und postoperativer Komplikationen nach Cholezystektomien. Chirurg 6: 563-567

Kaltenbach T (1997) Qualitätsmanagement im Krankenhaus. Bibliomed, Melsungen

Klakow-Franck R (2009) Pay for Performance: Was ist machbar? Sicht der Bundesärztekammer. Dtsch Med Wochenschr 134: 322

Lohr N (1990) Medicare: A Strategy for Quality Assurance (Bd. I). National Academy Press, Washington D.C.

Lüngen M, Hochhut C, Ernst C (2009) Wirtschaftliche Steuerung von Krankenhäusern in Zeiten der G-DRGs. In: Klauber J, Robra BP, Schellschmidt H (Hrsg) Krankenhaus-Report 2008/2009. Schattauer, Stuttgart, S 129-142

Malzahn J, Heller G (2009) Pay for Performance in der stationären Versorgung - Probleme und Lösungen. Diskussionspapier zum Nationalen DRG-Forum. Berlin, S 1-8

Matzat J (2010) Qualität in der Medizin - reicht messen? Vortrag Gesundheitsforum BW, 29.10.2010, Stuttgart. http://www.gesundheitsforum-bw.de/SiteCollectionDocuments/Qualitaetsfoerderpreis/Statement%20aus%20Sicht%20der%20Patienten.pdf (Zugriff: 04.05.2015)

Mayer ED, Boukamp KB (2012) Internes Qualitätsmanagement in der medizinischen Versorgung. QM-Systeme, Elemente, Instrumente, Umsetzung und Nutzenfrage. Gutachten im Auftrag des GKV-Spitzenverbandes

Mohr V, Bauer J, Döbler K, Fischer B, Woldenga C (2003) BQS-Qualitätsreport 2002. BQS, Düsseldorf

Paschen U (2002) Der politische Auftrag: Qualitätssicherung im Gesundheitswesen. In: Paetow H (Hrsg) Therapien für ein krankes Gesundheitswesen. VSA-Verlag, Hamburg, S 68-83

Reiter A, Fischer B, Kötting J, Geraedts M, Jäckel W, Barlag H, Döbler K (2007) QUALIFY: Ein Instrument zur Bewertung von Qualitätsindikatoren. BQS

Sachverständigenrat (2007) Gutachten des Sachverständigenrates zur Begutachtung und Entwicklung im Gesundheitswesen. Kooperation und Verantwortung. Voraussetzungen einer zielorientierten Gesundheitsversorgung. Gutachten, Deutscher Bundestag. Drucksache 16/6339

Sächsische Landesärztekammer (2000) Externe Qualitätssicherungsmaßnahmen in Geburtshilfe, Perinatologie und Neonatologie sowie bei Fallpauschalen und Sonderentgelten im Freistaat Sachsen 1999. Ärztebl Sachsen 12: 1 ff.

Schrappe M (2001) Das Indikatorkonzept: Zentrales Element des Qualitätsmanagements. Med Klin 96: 642-647

Schwappach DL, Schubert H (2007) Offenlegen oder nicht? Chancen und Risiken der Veröffentlichung von medizinischen Qualitätsvergleichen. Dtsch Med Wochenschr 132: 2637-2642

Scott IA, Ward M (2006) Public reporting of hospital outcomes based on administrative data: risks and opportunities. Med J Aust 184: 571-575

Steller J (2012) Externe sektorenübergreifende Qualitätssicherung ESQS in der stationären Krankenhausversorgung in Deutschland – Ergebnisse, Probleme und mögliche Alternativen. Masterarbeit

Stöver J, Vöpel H (2006) Zukunft von Akutkliniken. Trägerschaft, Finanzierung und Versorgung. Hamburgisches Weltwirtschaftsinstitut gGmbH, Hamburg, S 17. Quelle: http://www.hwwi.org/fileadmin/hwwi/Publikationen/Partnerpublikationen/HSH/HSH_Gesundheitswirtschaft.pdf (Zugriff: 04.05.2015)

Tjong C (2003) Einzelfallanalysen von Totgeburten. Retrospektive 5-Jahres-Analyse an einem Perinatalzentrum unter Berücksichtigung der Vermeidungsfaktoren. Humbold-Universität Berlin, Berlin. http://edoc.hu-berlin.de/dissertationen/tjong-calvin-2003-06-12/HTML/ (Zugriff: 04.05.2015)

Van Emmerich C, Metzinger B (2010) Qualitätssicherung mit Routinedaten aus Sicht der Deutschen Krankenhausgesellschaft. Das Krankenhaus 12: 1177-1182

Wasem J, Geraedts M (2011) Qualität durch Wettbewerb. In: Klauber J, Geraedts M, Friedrich J, Wasem J (Hrsg) Krankenhaus-Report 2011. Schattauer, Stuttgart, S 3-15

Ziert Y, König T (2011) Umsetzung der externen Qualitätssicherung. Datenvalidierung. AQUA-Qualitätsreport 2010, S 159-162

Abkürzungen

AOK	– Allgemeine Ortskrankenkasse
AQUA	– Institut für angewandte Qualitätsförderung und Forschung im Gesundheitswesen GmbH
BIQG	– Bundesinstitut für Qualität im Gesundheitswesen
BD	– Bettenbedarf
BQS	– Bundesgeschäftsstelle Qualitätssicherung
DRG	– Diagnosis Related Groups
EDV	– Elektronische Datenverarbeitung
EFQM	– European Foundation for Quality Management
ESQS	– Externe sektorenübergreifende Qualitätssicherung
FEISA	– Forschungs- und Entwicklungsinstitut für das Sozial- und Gesundheitswesen in Sachsen-Anhalt
G-BA	– Gemeinsamer Bundesausschuss
G-DRG	– German Diagnosis Related Groups
GKV	– Gesetzliche Krankenversicherung
HCQI	– Health Care Quality Indicator Projects
ICD	– International Classification of Diseases
InEK	– Institut für das Entgeltsystem im Krankenhaus
IOM	– Institute of Medicine
IQTiG	– Institut für Qualitätssicherung und Transparenz im Gesundheitswesen
IQWiG	– Institut für Qualität und Wirtschaftlichkeit im Gesundheitswesen
ISO	– Qualitätsmanagement-Norm
KCQ	– Kompetenz-Centrum Qualitätssicherung/Qualitätsmanagement beim MDK Baden-Württemberg
KHEntgG	– Krankenhausentgeltgesetz
KIS	– Krankenhausinformationssystem
KTQ	– Kooperation für Transparenz und Qualität im Krankenhaus
LQS	– Landesgeschäftsstelle für Qualitätssicherung
MDK	– Medizinischer Dienst der Krankenversicherungen
OECD	– Organization for Economic Cooperation and Development (Organisation für wirtschaftliche Zusammenarbeit und Entwicklung)
OPS	– Operationen- und Prozedurenschlüssel
PCCL	– Patient Clinical Complexity Level
P4P	– Pay for Performance
Qesü-RL	– Richtlinie zur einrichtungs- und sektorenübergreifenden Qualitätssicherung
QM	– Qualitätsmanagement
QS	– Qualitätssicherung
QSKH-RL	– Richtlinie über Maßnahmen der Qualitätssicherung in Krankenhäusern
QSR	– Qualitätssicherung mit Routinedaten
RD	– Routinedaten
SGB V	– Sozialgesetzbuch 5
SMR	– Standardisierte Mortalitätsrate
SWOT	– Strengths, Weaknesses, Opportunities, Threats
TQM	– Total Quality Management
WHO	– World Health Organization
WIdO	– Wissenschaftliches Institut der AOK

Trend zur ökonomischen Ausrichtung? Klinische Führung unter betriebswirtschaftlichen Aspekten

Joachim Steller

11.1 Einleitung – 120

11.2 Das Krankenhaus als Wirtschaftsunternehmen – 121
11.2.1 Auftrag und Ziele des Krankenhauses – 124
11.2.2 Shareholder- versus Stakeholder-Modell – 125

11.3 Marktanalysen in der Patientenversorgung – 127
11.3.1 Einzugsgebiete und Zuweisung – 128
11.3.2 Umfeld- und Wettbewerbsanalysen – 130

11.4 Leistungsportfolio – 131
11.4.1 Versorgungs- und Leistungsspektrum – 132
11.4.2 Produkt- und Dienstleistungsdiversifikation – 133

11.5 Einnahmensteuerung – 133
11.5.1 DRG- und InEK-Berechnungen – 134
11.5.2 Verweildauermanagement – 135

11.6 Ausgabensteuerung – 136
11.6.1 Kosten- und Leistungsrechnung – 137
11.6.2 Personalsteuerung – 139

11.7 Zusammenfassung und Empfehlung – 141

Literatur – 144

Abkürzungen – 144

U. Deichert et al. (Hrsg.), *Traumjob oder Albtraum – Chefarzt m/w*,
DOI 10.1007/978-3-662-49779-1_11, © Springer-Verlag Berlin Heidelberg 2016

11.1 Einleitung

Schon im Medizinstudium träumt so manche(r) den Traum vom Prestige und der möglichen Karriere im Arztberuf. Im Ansehen der Bevölkerung steht der Arztberufe an oberster Stelle aller Berufe.[1] Zudem besetzen Ärzte nach einer Kienbaum-Analyse die ersten Plätze bei den Verdienstmöglichkeiten im Gesundheitswesen.[2] Ein Oberarzt erreicht z.B. ein durchschnittliches Bruttoeinkommen von circa 115.000 Euro im Jahr. Wer es bis zum Chefarzt schafft, kann mit einem Einkommen bis 280.000 Euro per anno rechnen, wobei die Chefarztgehälter je nach Region, Größe und Trägerschaft des Krankenhauses erheblich schwanken. Bezüge aus Privatliquidationen und Ermächtigungssprechstunden sind je nach Vertragsgestaltung teilweise in die Vergütung inkludiert, teilweise stehen sie aber auch dem Chefarzt als zusätzliche Einnahmen zur Verfügung. Gleichzeitig verdienen Leitende Oberärzte mit außertariflichen Verträgen heute zum Teil deutlich mehr als vor zehn Jahren. Dabei ist der Einkommensunterschied zwischen einem Leitenden Oberarzt und einem Chefarzt sehr viel geringer, und für manche Leitende Oberärzte ist heute ein Wechsel in die Chefarztposition unter rein ökonomischen Gesichtspunkten kaum noch lukrativ. Eine fehlende Motivation, eine Chefarztposition zu übernehmen, findet sich derzeit besonders in der Frauenheilkunde und Geburtshilfe, wo auf ausgeschriebene Stellen besonders wenige Bewerbungen eingehen.[3] Noch etwas anders erscheint die Situation im Hochschulbereich, allerdings wurden auch hier die Gehälter in den letzten Jahren wesentlich beschnitten. Schätzungsweise liegen die Zusatzverdienste über Privathonorare der circa 200 Uniklinikdirektoren in Baden-Württemberg (noch) bei etwa 150.000 Euro netto pro Jahr, einige Klinikdirektoren schaffen es sogar, 500.000 Euro und mehr pro Jahr hinzu zu verdienen.[4] In anderen Bereichen wurden die Möglichkeiten der Privatliquidation ärztlicher Leistungen stark eingeschränkt. Die in vielen Kliniken bereits eingeführten *variablen Gehaltsstrukturen* von ca. 20–30% der Bezüge sollen zukünftig auch Einzug in die Universitätskliniken halten (zum Gehalt ▶ auch Kap. 2 und ▶ Kap. 21).

Der Sprung in die Chefarztposition gestaltet sich, wenn er dann wirklich vollzogen werden soll, nicht immer ganz einfach. Neben einer umfassenden klinischen Ausbildung und einer lückenlosen Vita berücksichtigen Berufungskommissionen auch die wissenschaftlichen Leistungen des Bewerbers. In größeren Kliniken erwartet man neben einer ausgezeichneten fachlichen Qualifikation auch eine Habilitation, in kleineren Kliniken zumindest eine abgeschlossene Promotion. Als selbstverständlich wird vorausgesetzt, dass es dem zukünftigen Chefarzt gelingt,

- die Abteilung wirtschaftlich zu führen,
- neue Behandlungsmethoden einzuführen,
- neue Märkte zu erschließen,
- Netzwerke aufzubauen,
- Führungskräfte zu gewinnen und Mitarbeiter zu schulen,
- den Umsatz und Erlös zu steigern
- und die Klinik nach außen hin positiv zu positionieren.

Eine stets fachgerechte Versorgung der Patienten gilt dabei als obligate Kernaufgabe.

Ist eine positive Bewerber-Auswahl erfolgt, stellt sich die Frage, nach welchen arbeitsrechtlichen Bedingungen eine Anstellung erfolgen wird. Während beamtete Universitätsprofessoren mit ihrer Berufung in der Regel eine *Lebensstellung* innehaben, variieren die Chefarztverträge ja nach Trägerschaft des Krankenhauses. Manche Krankenhausträger neigen dazu, den Chefarzt als *Leitenden Angestellten*[5] einzustellen. Im Falle einer Kündigung muss

---

1 Vgl. Allensbacher Kurzbericht (20.08.2013) Allensbacher Berufsprestige-Skala: Hohes Ansehen für Ärzte und Lehrer – Reputation von Hochschulprofessoren und Rechtsanwälten rückläufig
2 Vgl. Kienbaum-Studie (22.10.2014) zur Vergütung von Führungs- und Fachkräften in Krankenhäusern
3 Vgl. Deutsches Ärzteblatt (26.09.2014) Will bald niemand mehr Chefarzt werden?

4 Vgl. Süddeutsche.de (17.05.2010) Was der Chefarzt wirklich verdient
5 Leitenden Angestellten sind wesentliche Arbeitgeberbefugnisse übertragen (Einstellungs- und Entlassungsbefugnis, Handlungsvollmachten oder Prokura und die Übertragung sonstiger Aufgaben in unternehmerischer Funktion). Wenn einem Angestellten mindestens eine der in Klammern genannten Funktionen dauerhaft übertragen ist, ist

dieser mit empfindlichen Nachteilen rechnen. Hierbei kann der Träger jederzeit die Auflösung des Arbeitsverhältnisses gegen eine oft geringe Abfindung durchsetzen, ohne diese begründen zu müssen. Andere Chefarztverträge sehen Beschäftigungen im sog. *Kollegialsystem*[6] vor. Manche Chefarztverträge beinhalten sog. *Entwicklungsklauseln*, die es ermöglichen, beispielsweise Abteilungen der gleichen Fachrichtung neu einrichten oder abtrennen zu dürfen und dafür weitere Ärzte einstellen zu können oder Belegärzte zuzulassen. Ein beliebtes Personalinstrument von Krankenhausträgern ist auch die Übertragung neuer Verantwortlichkeiten auf den Chefarzt, womöglich sogar überörtlich, bei dem es dem Träger freigestellt ist, zukünftig Aufgaben und Arbeitsorte des Chefarztes neu festzulegen.

> Spätestens wenn die Fallzahlen stagnieren, die Kosten für Verbrauchsmaterialien, Labore oder Personal klettern oder höhere Investitionen für dringende medizinische Neuerungen anstehen, ist der Konflikt mit der kaufmännischen Geschäftsführung oftmals vorprogrammiert. Damit der Traumberuf Chefarzt in diesen Situationen nicht zum Albtraum wird, sind grundlegende betriebswirtschaftliche Kenntnisse zur Einschätzung und selbstständigen Steuerung und Bewältigung der anstehenden Problemstellungen erforderlich.

11.2 Das Krankenhaus als Wirtschaftsunternehmen

Bis zum Jahr 2002 wurden stationäre Krankenhausleistungen über Pflegesätze und über Fallpauschalen bzw. Sonderentgelte abgerechnet. Folge dieser Form der Krankenhausfinanzierung war, dass unwirtschaftlich arbeitende Krankenhäuser kaum Anreiz hatten, effizienter zu arbeiten, und bereits effizient arbeitende Krankenhäuser für ihre Effizienz nicht zusätzlich belohnt wurden. Die Vergütung nach tagesgleichen Pflegesätzen führte zu im internationalen Vergleich erheblich längeren Liegezeiten in den deutschen Krankenhäusern. Die Einführung der German Diagnosis Related Groups (G-DRG) ab 2004 und die verpflichtende Einführung eines Qualitätsmanagements zwangen die Krankenhäuser zur grundlegenden Neustrukturierung und zur Implementierung einer bedarfsgerechten und zugleich wirtschaftlichen Versorgung ihrer Patienten.

Bei leeren Länder- und Gemeindekassen hatte sich der wirtschaftliche Druck auf die Krankenhäuser bereits seit den 90er-Jahren erheblich erhöht. Mit dem Gesundheitsstrukturgesetz (GSG) im Jahr 1993 und der Änderung der Bundespflegesatzverordnung (BPflV) im Jahr 1995 wurde die Reduzierung bzw. Abschaffung der *Selbstkostendeckung*[7] beschlossen.[8]

Der Rückgang der ehemals dualen Finanzierung der Krankenhäuser (durch Land bzw. Kommune und GKV) hatte zur Folge, dass Rationalisierungsmaßnahmen auf allen Ebenen zum Tragen kamen, um dem Krankenhaus ein existenzielles Überleben zu sichern. Ziele der DRG-Einführung waren nunmehr, Liegezeit in deutschen Krankenhäusern zu verkürzen, die Vergütung von medizinischen Leistungen in Krankenhäusern zu vereinheitlichen, Bettenüberkapazitäten im Krankenhausbereich abzubauen und Kostensteigerungen im stationären Bereich zu begrenzen. Die hieraus resultierende erhebliche Verweildauerreduzierung führte dazu, dass im Jahr 2012 etwa ein Viertel der gut 500.000 Krankenhausbetten in Deutschland leer standen und viele Krankenhäuser sich gezwungen sahen, ihre Fallzahlen zu erhöhen, um weiterhin existieren zu können[9] (Abb. 11.1).

Weitere Folgen der DRG-Einführung waren, dass kürzere Verweildauern sowie Fallzahlsteige-

---

er Leitender Angestellter im Sinne des Betriebsverfassungsgesetzes (BetrVG). Im Sinne des Kündigungsschutzgesetzes (KSchG) und der gängigen Rechtsprechung ist eine bloße Befugnis zur Entlassung bzw. Einstellung allerdings unzureichend, den Arbeitnehmer als Leitenden Angestellten zu klassifizieren

6 Mehrere Chefärzte leiten jeweils Untereinheiten einer Abteilung

7 Selbstkostendeckung: Prinzip der Finanzierung der Krankenhauskosten, nachdem die Selbstkosten (sämtliche Kosten eines Krankenhauses einschließlich der Verwaltungskosten etc.) eines Krankenhauses durch Pflegesätze und durch eine Finanzierung durch die öffentliche Hand vollständig abgedeckt wurden

8 Vgl. http://www.gkv-spitzenverband.de/krankenversicherung/krankenhaeuser/drg_system/fragen_und_antworten_drg/fragen_und_antworten_drg.jsp

9 Vgl. Statistisches Bundesamt (2013, S. 8)

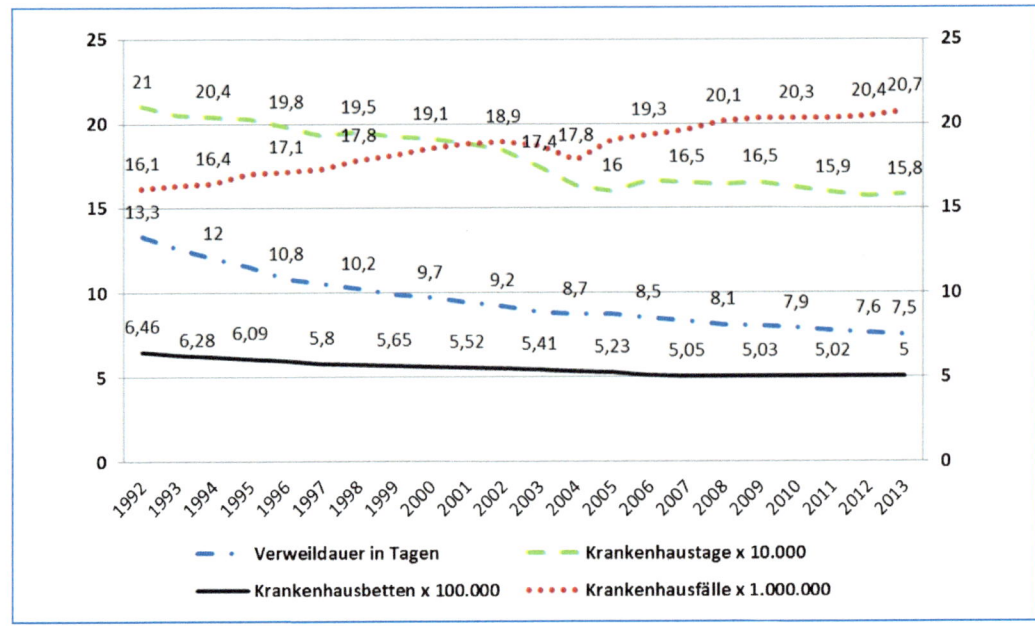

◘ Abb. 11.1 Entwicklung der Verweildauer, der Krankenhaustage, der Krankenhausbetten und der vollstationären Krankenhausfälle in Deutschland von 1992 bis 2013 (Quelle: Statistisches Bundesamt)

rungen zu einer Arbeitsverdichtung in den Kliniken führten. Überwiegend mittlere und große Krankenhäuser waren auch unter DRG-Bedingungen ökonomisch erfolgreich und nutzten die Möglichkeiten zur strategischen Neuausrichtung. Für kleinere Krankenhäuser war dies deutlich schwieriger. Die unmittelbare Qualität der Patientenversorgung hatte sich aufgrund der DRG-Einführung allerdings nicht verschlechtert, andererseits hat es aber auch keinen Qualitätssprung in der Patientenversorgung gegeben.[10]

> Etwa 44% aller ländlichen Krankenhäuser[11] schreiben derzeit laut dem Deutschen Krankenhausinstitut (DKI) und dem Wirtschaftsprüfungsinstitut BDO Verluste. Nur gut ein Drittel der Häuser erziele positive Ergebnisse. Und 40% der Kliniken erwarteten weitere Verschlechterungen ihrer Lage.

Bis 2020 würde daher eine deutliche Marktbereinigung durch Klinikfusionen oder Standort- und Abteilungsschließungen erwartet.[12]

Etwa 6% der ländlichen Kliniken, alles Häuser mit weniger als 200 Betten, rechnen damit, dass ihr Standort in etwa fünf Jahren nicht mehr existieren wird. Weitere 10% der Krankenhäuser erwarten bis zum Jahr 2020 die Schließung von Fachabteilungen vor allem in der Gynäkologie und Geburtshilfe.[13]

Zur Vermeidung, dass entstehende Defizite eines öffentlichen Krankenhauses aus dem Haushalt des jeweiligen öffentlichen Trägers abzudecken sind, wurden in den letzten Jahren Umwandlungen der Rechtsformen der in öffentlicher Trägerschaft

---

10 Vgl. Sens et al. (2010)
11 Laut amtlicher Raumordnung liegen von den 607 Krankenhäusern in ländlichen Regionen 161 Häuser (27%) in Bayern und 93 Einrichtungen (15%) in Niedersachsen
12 Vgl. http://www.dkgev.de/media/file/18629.Anlage1_BDO_DKI-Studie_Laendliche_Krankenhausversorgung_heute_und_2020.pf
13 Vgl. http://www.aerztezeitung.de/praxis_wirtschaft/klinik-management/article/874644/blick-zukunft-landkliniken-kippe.html

befindlichen Krankenhäuser aus der Form von *Eigenbetrieben*[14] oder *Regiebetrieben*[15] in privatrechtliche Betriebe und Unternehmen, meistens in die Form einer
- Gesellschaft mit beschränkter Haftung (GmbH) oder einer
- gemeinnützigen Gesellschaft mit beschränkter Haftung (gGmbH) und in Einzelfällen in eine
- Aktiengesellschaft (AG)

forciert. Die Rechtsformänderungen führten dazu, dass die Handlungsspielräume für die Geschäftsführung der jeweiligen Krankenhäuser erweitert wurden und das Management weitestgehend frei von politischen Beeinflussungen agieren konnte. Allerdings beinhaltete die neue Rechtsform auch ein Insolvenzrisiko, da möglicherweise entstehende Defizite nicht mehr über die öffentlichen Träger ersetzt würden.

Die Gesellschaft mit beschränkter Haftung (GmbH) ist eine Kapitalgesellschaft. Das Stammkapital der Gesellschaft muss mindestens 25.000 Euro betragen. Die Haftungsbeschränkung bezieht sich auf die Höhe der Stammkapitaleinlage. Bei der GmbH steht die Gewinnorientierung im Vordergrund des unternehmerischen Handelns. Die GmbH wird von einem Geschäftsführer geführt.

Das privatrechtlich geführte Krankenhaus als gemeinnützige GmbH (gGmbH) ist im deutschen Steuerrecht eine Gesellschaft mit beschränkter Haftung, deren Gewinne für gemeinnützige Zwecke verwendet werden. Als Kapitalgesellschaft ist die gGmbH von der Körperschaftsteuer und der Gewerbesteuer befreit. Auch in dieser Unternehmensform steht die Gewinnorientierung mit im Vordergrund. Das Stammkapital muss mindestens 25.000 Euro betragen. Die gGmbH wird von einem Geschäftsführer geführt.

Die Aktiengesellschaft (AG) ist eine Kapitalgesellschaft, deren Grundkapital in Aktien zerlegt ist. Das Grundkapital beträgt mindestens 50.000 Euro. Eine Aktiengesellschaft setzt sich aus drei Organen zusammen: Hauptversammlung, Vorstand und Aufsichtsrat. Die AG wird vom Vorstand eigenverantwortlich geleitet.

Abzugrenzen von der sog. *formalen Privatisierung* ist die *echte materielle Privatisierung*. Hierbei kommt es zur vollständigen oder mehrheitlichen Veräußerung eines bisher in öffentlicher, meist kommunaler Trägerschaft befindlichen Krankenhauses an einen privaten Krankenhausbetreiber. Bei der formalen Privatisierung durch Rechtsformänderung bleibt der bisherige Krankenhausträger weiterhin der Inhaber des Krankenhauses, bei der materiellen Privatisierung werden die Mehrheit oder die gesamten Anteile eines Krankenhauses an einen neuen, in der Regel privaten Besitzer veräußert. Häufig sind private Klinikträger am Erwerb der gesamten Krankenhausanteile interessiert, mindestens jedoch am Erwerb einer Anteilsmehrheit, um alleine oder mehrheitlich über die wirtschaftlichen Belange des Unternehmens Krankenhaus entscheiden zu können.

Der Anteil der Krankenhäuser in privater Trägerschaft, der 1991 bei 14,8% lag, steigt in Deutschland seit Jahren kontinuierlich an. 2012 war jedes dritte Krankenhaus (34,6%) in privater Trägerschaft. Im gleichen Zeitraum sank der Anteil der öffentlichen Krankenhäuser von 46,0% auf 29,8%. Der Anteil *freigemeinnütziger Krankenhäuser*[16] hat sich dagegen nur geringfügig auf 35,6% verändert.[17]

Fresenius Helios ist mit 34.000 Betten dabei der Marktführer unter den privaten Krankenhausbetreibern, gefolgt von Asklepios (26.600 Betten) und Sana (10.500 Betten). Die Rhön AG betreibt nach Abgabe der Mehrzahl ihrer Krankenhäuser an Fresenius Helios derzeit noch 5.300 Betten. Weitere private Dienstleister im Krankenhaussektor sind Mediclin, Ameos, Schön, Paracelsus, Damp Holding, SRH etc. (◘ Tab. 11.1).

> Sind Chefärzte heutzutage überhaupt noch in der Lage, unter dem wirtschaftlichen Druck ihrer eigentlichen Kernaufgabe auch in

---

14 Eigenbetrieb: öffentlicher Betrieb als kommunales Unternehmen
15 Regiebetrieb: öffentlicher Betrieb einer Gebietskörperschaft (Gemeinde, Länder, Bund)
16 Freigemeinnützige Krankenhäuser: Krankenhäuser von Trägern der kirchlichen und freien Wohlfahrtspflege, Kirchengemeinden, Stiftungen oder Vereinen
17 Vgl. Statistisches Bundesamt (2013, S. 8)

Tab. 11.1 Private Krankenhausträger in Deutschland (Quelle: Dtsch Ärztebl 2014; 111(35-36): A-1478 / B-1274)

Träger	Anzahl der Kliniken	Betten	Mitarbeiter	Jahresumsatz
Fresenius Helios	111	34.000	68.700	Ca. 5 Mrd. Euro
Asklepios	109	26.600	45.000	2,9 Mrd. Euro
Sana	51	10.500	29.000	2,0 Mrd. Euro
Rhön	10	5.300	15.000	Ca. 1 Mrd. Euro

Zukunft noch nachzukommen und die Versorgung von Patienten flächendeckend und in hoher Qualität sicherzustellen? Wird mein Krankenhaus auch zukünftig noch am Markt bestehen? Wird sich die Trägerschaft in absehbarer Zukunft ändern? Und stehen im Rahmen der zunehmenden Privatisierungen andere, vielleicht rein wirtschaftlich oder gar profitorientierte Interessen des Krankenhausträgers im Vordergrund? Welche Folgen hat dies für meine Klinik, meine Abteilung, meine Leistungs- und Ressourcenplanung einschließlich der Personalplanung und der Planung meiner eigenen beruflichen Zukunft als Krankenhausarzt?

11.2.1 Auftrag und Ziele des Krankenhauses

Was ist der Auftrag und das Ziel des Unternehmens Krankenhaus? Entscheidendes Kriterium für öffentliche Unternehmen ist die Vorgabe von Aufgaben und Zielen durch ihre Träger. Öffentliche Betriebe und Unternehmen sind auf das *Gemeinwohl* ausgerichtet. *Gemeinwohlorientierte Ziele* können ein preiswertes Verkehrsangebot, Sicherheit und Ordnung oder eine wohnortnahe Krankenversorgung sein. Dabei steht das *Sachziel* des öffentlichen Auftrages (z.B. die wohnortnahe Krankenversorgung), nicht das *Formalziel* (Kostendeckung oder Gewinnerzielung des Unternehmens) im Vordergrund. Private Unternehmen verfolgen gleichfalls in bestimmtem Umfang *Sach- und Gemeinwohlziele*, allerdings liegt hier der Fokus in erster Linie auf finanziellen *Formalzielen*. Damit ist es möglich, den Erfolg des privatwirtschaftlichen Unternehmens auch an finanziellen Kennzahlen darzustellen und zu messen.[18]

Alle Organisationen und Unternehmen, die ohne Gewinnerzielungsabsichten arbeiten, fallen unter den Begriff *Non-Profit-Organisation (NPO)*. Es gibt öffentliche und private Non-Profit-Organisationen. Typische Rechtsformen der privatwirtschaftlichen Non-Profit-Unternehmen sind die *gemeinnützige GmbH (gGmbH)* und der *eingetragene Verein (e. V.)*. Erzielte Einnahmen und Gewinne können dabei, wie beispielsweise bei kirchlichen Krankenhausunternehmen, auch für andere gemeinnützige Zwecke des Trägers Verwendung finden. Öffentliche NPOs, die auf Bundes-, Landes- oder Gemeindeebene Leistungen generieren, sind öffentliche Verwaltungen und *Betriebe* wie beispielsweise *Krankenhäuser* und *Universitäten*. Bis vor geraumer Zeit wurden Organisationen für Dienstleistungen z.B. in der Jugend- und Familienhilfe, in der Beschäftigungsförderung, in der Betreuung und Pflege von älteren Menschen oder in der Krankenpflege überwiegend als Non-Profit-Unternehmen geführt und von der Sozialgemeinschaft bezahlt.

> Von vielen fast unbemerkt hat inzwischen ein tiefgreifender Umbau unseres Sozialstaates stattgefunden. Die öffentliche Hand zieht sich zunehmend aus den Geschäftsfeldern sozialer Dienstleistungen zurück. Der Ausgleich von möglichen Verlusten öffentlicher Unternehmen aus dem Steueraufkommen ist wegen der bekannten »leeren Kassen« der Länder, Städte und Landkreise kaum mehr möglich, aber auch rechtlich problematisch.

---

18 Vgl. Raake (2008, S. 37)

Die Abgabe bzw. Veräußerung sozialer Einrichtungen erfolgt bei kleineren Betrieben in der Regel im Rahmen freihändiger Vergaben und bei größeren Unternehmen und Betrieben (z.B. Kliniken) im Rahmen von Ausschreibungen. Dabei ist zunehmend zu beobachten, dass privatwirtschaftlich orientierte Unternehmen bei der Erteilung eher berücksichtigt werden als gemeinnützige Dienstleister.[19]

> Sinn und Zweck von privaten Unternehmen ist es, Gewinne zu machen, um das Überleben des Unternehmens zu sichern bzw. die Erträge zu optimieren. Voraussetzung hierfür ist im Regelfall, »günstig einzukaufen und teuer zu verkaufen«. Die Optimierung des Gewinns steht dabei für Geschäftsführung und Mitarbeiter im Mittelpunkt jeglichen Handels.[20] Gewinnerzielungsabsichten gehen allerdings immer mit einem Ressourcenverbrauch einher. Dort, wo die einen von der unternehmerischen Tätigkeit profitieren, gibt es auch andere, die weniger profitieren oder gar Nachteile in Kauf nehmen müssen. Unternehmerisches Handeln impliziert damit auch stets eine Umverteilung auf den verschiedensten Ebenen.

Privatwirtschaftliche Unternehmen bewirken neben *internen Effekten* (z.B. Gewinnerzielung, Größenvorteile bei der Produktion = *economies of scale*) auch sog. *externe Effekte*. Bei externen Effekten handelt es sich um ökonomisch gewollte Entscheidungen von Unternehmen, die unbeteiligte Marktteilnehmer ungewollt treffen können. Hat das Unternehmen ausschließlich betriebswirtschaftliche Aspekte im Blick, werden ökologische und soziale Themen häufig außer Acht gelassen. Die entstehenden sozialen Kosten oder Nachteile hieraus werden z.B. auf die Allgemeinheit abgewälzt. Ein finanzieller Ausgleich ist nicht vorgesehen. Beispiel hierfür könnte die Schließung von nicht rentabel arbeitenden z.B. formal privatisierten oder sich in privater Trägerschaft befindlichen Krankenhäusern sein, die mit einer Verschlechterung einer wohnortnahen Versorgung der Bevölkerung einhergehen könnten.

> Krankenhäuser sind grundsätzlich als Dienstleistungsunternehmen anzusehen, die mit zahlreichen Anspruchsgruppen im Austausch stehen. Die Versorgung von Patienten ist dabei nur ein Teilbereich der unternehmerischen Aufgabe des Krankenhausträgers.

11.2.2 Shareholder- versus Stakeholder-Modell

Nach dem *Shareholder-Value-Modell* von Alfred Rappaport[21] (engl. Shareholder = Anteilseigner, Value = Vermögenswert) hat die Unternehmensleitung stets im Sinne der Anteilseigner zu handeln. Wichtigstes Ziel ist die *Maximierung des Unternehmenswertes* durch Gewinnmaximierung und durch Erhöhung der Eigenkapitalrendite (»value based view«). Die geforderte *Eigenkapitalverzinsung* dominiert dabei über alles andere. Viele andere Aspekte werden dem oftmals untergeordnet, und so geht das Bestreben nach einer maximalen Gewinnerzielung am Beispiel Krankenhaus manchmal zu Lasten der Beschäftigten, der Sozialversicherten, der Kostenträger und hin und wieder auch einer wohnortnahen Gesundheitsversorgung.

Das Shareholder-Value-Modell berücksichtigt kaum die Interessen anderer Anspruchsgruppen und gilt daher als kritikwürdig. Dennoch ist die Gegenwart des Shareholder-Value-Ansatzes im Wirtschaftsleben und -denken oftmals Realität. Nicht

---

19 Vgl. http://www.treyde.de/nonprofit/nonprofit-unternehmen.html
20 Das Grundprinzip, das hinter dieser Form der Wirtschaftsordnung steht, ist das Prinzip des Neoliberalismus. Wie in den meisten neoliberalen Wirtschaftsordnungen der westlichen Industrienationen setzt auch die soziale Marktwirtschaft in Deutschland eine freiheitliche, marktwirtschaftliche Wirtschaftsordnung mit einem weitgehenden Gestaltungsrahmen wie privates Eigentum an den Produktionsmitteln, freie Preisbildung, Wettbewerbs- und Gewerbefreiheit voraus. Staatliche Eingriffe in die Wirtschaft werden auf ein Minimum beschränkt. Sie sind dann gerechtfertigt, wenn sie das Marktgeschehen fördern, z.B. durch Konjunkturprogramme, oder die Bildung von wettbewerbshemmenden Monopolen oder Kartellen verhindert
21 Alfred Rappaport, geb. 1932, US-amerikanischer Wirtschaftswissenschaftler

nur börsennotierte Klinikkonzerne haben klare Gewinnziele mit einem EBIT[22] von bis zu 15% per anno und Krankenhaus. Auch kommunale und kirchliche Krankenhausträger haben klare Umsatz- und Gewinnvorgaben, die oftmals über denen rein kommerziell ausgerichteter Unternehmen liegen dürften.[23] Bei manchen privat geführten Krankenhausunternehmen sind die gesetzten Margen von bis zu 15% derzeit sogar zu erzielen.[24]

Das *Stakeholder-Value-Modell* (Stakeholder = Teilhaber) berücksichtigt nicht nur die Interessen der Eigentümer und der Aktionäre, sondern auch die aller anderen Anspruchsgruppen. Stakeholder sind alle Gruppen, die direkt oder indirekt von der unternehmerischen Tätigkeit betroffen sind und ihrerseits Einfluss auf das Unternehmen nehmen. Wichtige Anspruchsgruppen und ihre jeweiligen Interessen sind: die *Eigentümer* (Wertsteigerung, Mitsprache), das *Management* (Einfluss, Karriere, Einkommen), die *Arbeitnehmer* (Arbeitsplatzsicherheit, Einkommen), die *Kunden* bzw. *Patienten* (medizinische Versorgung und Betreuung), die *Lieferanten* (stabile Beziehungen, zuverlässige Bezahlung), die *Banken* (Kreditvergaben, Sicherheiten, Verzinsung), der *Staat* (Steuereinnahmen, Arbeitsplätze) und die *Öffentlichkeit* (Gemeinwohl, Arbeitsplätze, Umweltschutz, fairer Wettbewerb).

Das Stakeholder-Value-Modell verbindet die an die privatwirtschaftlich geführten Unternehmen gerichteten Forderungen nach *sozialer und ökologischer Verantwortung*. Dabei ist es Aufgabe der Unternehmensführung, zwischen den unterschiedlichen Gruppen zu vermitteln und einen nachhaltig befriedigenden Interessensausgleich herbeizuführen. Seinen Ursprung finden diese Forderungen nach einem Interessensausgleich zwischen den Unternehmen und den weiteren Anspruchsgruppen in den Grundsätzen einer *Sozialen Marktwirtschaft*[25], diese sind nicht zuletzt im Grundgesetz verankert.[26]

Da in unserer, dem privaten Eigentum verpflichteten Wirtschaftsordnung fast alle Entscheidungen über Art und Umfang der unternehmerischen Tätigkeit dem Eigentümer zustehen, kann ein sozialer Interessensausgleich zugunsten der Beschäftigten oder des Unternehmensumfeldes oftmals nur über einen verbindlichen politischen und rechtlichen Ordnungsrahmen erreicht werden. Im Gesundheitsmarkt existieren diese Ordnungsstrukturen mancherorts bereits, z.B. wenn es um einen geplanten Markteintritt eines neuen Krankenhausunternehmens geht, der im Regelfall durch den Krankenhausbedarfsplan gesetzlich verhindert wird.

> **Bei der ungeregelten Möglichkeit von Marktaustritten von defizitär arbeitenden Krankenhäusern und der zunehmenden Konzentration von privaten Krankenhausbetreibern und derer wirtschaftlicher Macht zeichnet sich nicht zuletzt aufgrund einer fehlenden politischen Regulierung bereits jetzt ein Ungleichgewicht ab. Verstärkt wird dieses Ungleichgewicht durch die zunehmenden Wettbewerbsvorteile privater**

---

22 Betriebswirtschaftliche Kennzahl gemessen am Umsatz. Engl. earnings before interest and taxes (EBIT), depreciation and amortization (EBITDA); übersetzt: Gewinn vor Zinsen, Steuern, Abschreibungen auf Sachanlagen und Abschreibungen auf immaterielle Vermögensgegenstände

23 Die EBIT-Margen deutscher DAX-Unternehmen lagen im Jahr 2011 zwischen -0,7 und 34,3%

24 Nach unbestätigten Berichten strebt der Diakonieverbund AGAPLESION ein EBIT von 6%, die SANA Kliniken ein EBIT von 7%, Asklepios ein EBIT von 10% und Helios ein EBIT von 12-15% an

25 Die Soziale Marktwirtschaft ist Teil unserer Wirtschaftsordnung. Märkte sollen über den Preis für einen Ausgleich von Angebot und Nachfrage sorgen. Wenn begehrte Güter knapp sind, steigt deren Preis. Anbieter werden versuchen, kostengünstig begehrte Güter herzustellen. Es kommt zu einer effizienten Verwendung der Produktionsmittel und zu günstigeren Preisen für Verbraucher. Dafür ist es wichtig, dass Wettbewerb herrscht. Die Mechanismen des Marktes erhöhen die Konsummöglichkeiten, motivieren Anbieter zu Innovationen und zu technischem Fortschritt und verteilen Einkommen und Gewinn je nach individueller Leistung. Das zweite Gebot der Sozialen Marktwirtschaft ist der »soziale Ausgleich«. Dieser soll eine soziale Absicherung für diejenigen bereitstellen, denen aufgrund von Alter, Krankheit oder Arbeitslosigkeit keine ausreichende Marktteilnahme möglich ist. Im Jahr 1990 wurde die Soziale Marktwirtschaft zwischen der BRD und der ehemaligen DDR bindend als gemeinsame Wirtschaftsordnung festgelegt (Vertrag über die Schaffung einer Währungs-, Wirtschafts- und Sozialunion). Vgl. http://www.bmwi.de/DE/Themen/Wirtschaft/soziale-marktwirtschaft.html

26 § 14 (2) GG: Eigentum verpflichtet. Sein Gebrauch soll zugleich dem Wohle der Allgemeinheit dienen

Krankenhausbetreiber mit z.B. günstigeren Einkaufsmöglichkeiten und besseren Kapitalausstattungen etc. Hierdurch werden häufiger Marktregeln wie der gleiche Zugang von Leistungsanbietern zum Gesundheitsmarkt und ein geordneter Wettbewerb teilweise oder vollständig außer Kraft gesetzt.

11.3 Marktanalysen in der Patientenversorgung

Markt im weitesten Sinne ist das Zusammenspiel von Angebot und Nachfrage. Eine Einteilung von Märkten kann nach *sachlichen* (Sach- und Dienstleistungsmärkte), *räumlichen* (Region, Land), *zeitlichen* (periodisch und nichtperiodisch) sowie *qualitativen und quantitativen* (monopolistisch, oligopolistisch und polypolistisch[27]) Märkten erfolgen.

Mit einer *räumlichen* Darstellung des Einzugsgebiets auf einer Landkarte können die Patientenzahlen und die geografische Lage von Einweisern und Wettbewerbern analysiert werden.

Qualitativ werden Märkte nach drei Kriterien unterteilt:

- **Vollkommener Markt und unvollkommener Markt**: Bei einem vollkommenen Markt besteht völliges Gleichgewicht zwischen den Gütern, vollkommene Markttransparenz und Homogenität der Güter. Jeder Marktteilnehmer verfügt über die gleichen vollständigen Informationen. Der vollkommene Markt entspricht einer Idealvorstellung, bei der vollkommene Markttransparenz herrscht. Beim unvollkommenen Markt, zudem auch der Bereich Krankenhaus gehört, fehlt oftmals diese Vergleichbarkeit.
- **Organisierter und nichtorganisierter Markt**: Zusammentreffen und Zusammenspiel von Anbietern und Nachfragern nach bestimmten, zuvor festgelegten Regeln. Bei nichtorganisierten Märkten fehlen solche Regeln. Der Krankenhaussektor beinhaltet oftmals beide Marktformen.
- **Märkte mit beschränktem und unbeschränktem Zugang**: Beschränkungen können Zulassungssperren oder wirtschaftliche Barrieren infolge mangelnden Kapitals oder Qualifikationen sein. Auch beim Krankenhausmarkt ist der Zugang für neue Leistungsanbieter oder Dienstleistungen stark eingeschränkt.

Die Kriterien einer Markteinteilung reichen alleine nicht aus, um Wachstumspotenziale zu erkennen und Zukunftsstrategien zu entwickeln. Wichtig ist u.a. auch zu wissen, wie das *Marktverhalten* der einzelnen *Wirtschaftssubjekte* (Anbieter und Nachfrager) am Wettbewerbsmarkt Krankenhaus (Zielsetzungen, Strategien, Taktiken, Aktionen und Reaktionen) zu bewerten ist.

Dabei gibt es prinzipiell drei mögliche Verhaltensweisen der Anbieter (und der Nachfrager):

- **Zu agieren**: Bestimmte Marktparameter zu setzen, um sich hieraus Wettbewerbsvorteile zu verschaffen, z.B. Sanierung eines Patiententraktes, innovative medizinische Veränderungen, neue Versorgungsangebote etc.
- **Zu reagieren**: Änderungen zu verfolgen und hierauf zu reagieren. Typisch für einen funktionierenden Wettbewerb.
- **Nichts zu tun**: Ökonomisch fast immer unvorteilhaft, da oft Wettbewerbsnachteile entstehen.

Zu agieren ist eine selbstständige Handlung aufgrund eigener Überlegungen und Entscheidungen. Grundlage solcher Entscheidungen sind möglichst »vollständige Informationen«, die über die Kenntnisse der jeweiligen Marktmechanismen und -instrumente einzuholen sind.

> **Die häufig zu beobachtenden Reaktionen von Krankenhäusern, mit Personaleinsparungen nach Leistungseinbrüchen wirtschaftliche Gegenmaßnahmen einleiten zu wollen, setzt oftmals eine Abwärtsspirale in Gang, die selten wieder umzukehren ist. Eine frühzeitige Aktion ist daher ökonomisch betrachtet vielfach wichtiger als eine nachgelagerte Reaktion.**

---

27 Ein, mehrere oder viele Anbieter (oder Nachfrager)

11.3.1 Einzugsgebiete und Zuweisung

Patientenrekrutierung heißt u.a., in den *Wettbewerb* mit Mitbewerbern um Kunden (= Patienten) einzutreten. Wettbewerb ist dabei das Streben von mindestens zwei Akteuren *(Wirtschaftssubjekten)* nach einem Ziel, in diesem Fall nach der Gunst, bestimmte Patienten in der eigenen Klinik behandeln zu können, wobei der höhere Zielerreichungsgrad eines Akteurs einen niedrigeren Zielerreichungsgrad des anderen bedingt. Das Bestreben aller *Marktteilnehmer* ist dabei, *Wettbewerbsvorteile* gegenüber dem oder den Mitbewerbern zu erlangen. Wettbewerbsvorteile können durch *Preisvorteile* erreicht werden oder aber in der besonderen *Qualität* der Dienstleistung *Patientenversorgung* oder im Anbieten von *Nischenleistungen* liegen.[28]

— **Die räumliche Abgrenzung** bezieht sich auf das jeweilige Einzugsgebiet lokal, regional, überregional etc.
— **Die zeitliche Abgrenzung** beinhaltet die Zeiträume der Marktteilnahme, z.B. auch die Einbeziehung einer Notfallversorgung rund um die Uhr oder einer eingeschränkten Versorgung in vorgegebenen Zeiträumen.
— **Die sachliche Abgrenzung** betrifft das Leistungsangebot, das den Kunden (= Patienten) und Zuweisern unterbreitet wird und das wesentliche Inhalte des relevanten Marktes abdecken sollte. Eine deutliche inhaltliche Einschränkung des Leistungsangebotes kann zugleich einen erheblichen Wettbewerbsnachteil nach sich ziehen, da der Patient oder Zuweiser geneigt sein könnte, gänzlich die Dienste eines anderen, diversifizierteren Anbieters anzunehmen und das eingeschränkte Leistungsportfolio des Mitbewerbers gänzlich zu vernachlässigen.

Neben den medizinischen Leistungsangeboten konkurrieren die Krankenhäuser mit zusätzlichen Angeboten (z.B. Nasszellen in den Patientenzimmern, Internetzugänge für Patienten, Cafeteria für Patienten und Besucher, Fortbildungsveranstaltungen für Zuweiser etc.) um die Gunst der Patienten und Zuweiser.

Die vom Gesetzgeber gewollte *Wettbewerbsorientierung* des Gesundheitswesens erfordert auch ein gezieltes *Einweiser-Marketing* im Einzugsgebiet. Verschiedene IT-Anbieter und Krankenhaus-Consulting-Unternehmen offerieren hierzu spezielle Leistungen wie Konkurrenzanalysen zu den angebotenen Leistungen für das Einzugsgebiet *(Geo-Marketing)*, Analysen über das Zuweiserverhalten etc. Zahlreiche Softwareprogramme bieten zudem Analysen von der zielgerichteten Erschließung der jeweiligen Marktpotenziale des einzelnen Krankenhauses oder der Abteilung bis hin zu detaillierten Informationen über das regionale Fallaufkommen in Relation zu den Wettbewerbern.

Eine Berechnung des Potenzials einzelner Fallgruppen kann dabei interessante Informationen liefern und Grundlage zur *Steigerung oder Verringerung von Aktivitäten* in bestimmten Bereichen bieten (◘ Tab. 11.2):

Die Analyse der Daten, wie hier am Beispiel der brusterhaltenden Mammakarzinomchirurgie (nicht berücksichtigt ist die ablative Mammachirurgie DRG J23Z), eröffnet der Klinik die Entscheidung über die Teilnahme zur Versorgung der jeweiligen Patienten mit Bereitstellung der notwendigen Ressourcen *(Marktteilnahme)*, den Verzicht auf den Ausbau der Versorgung der entsprechenden Patientengruppen oder sogar einen *Marktaustritt* für das entsprechende Segment. Neben fachlicher, räumlicher, technischer und finanzieller Ressourcen erfordert der Krankenhaussektor für die Erbringung spezialisierter Versorgungsleistungen insbesondere auch die Bereitstellung von Humanressourcen (z.B. qualifizierter Ärzte und Pflegekräfte).

Kooperationsvereinbarungen mit an der Versorgung von speziellen Patientengruppen beteiligten Partnern, wie z.B. mit niedergelassenen Ärzten oder mit mitbehandelnden Krankenhäusern, sind oftmals geeignet, um die Versorgungsstrukturen zu optimieren. Die *horizontale Kooperation* beschreibt dabei die Partnerschaft mit Leistungserbringern auf demselben Versorgungssektor, z.B. Krankenhausärzte mit niedergelassenen Ärzten, *vertikale Kooperationen* die Partnerschaft mit vor- oder nachgelagerten Leistungserbringern, z.B. einem

---

28 Laut Michael E. Porter kann ein Unternehmen drei Wege einer Wettbewerbsstrategie bestreiten: Qualitätsführerschaft, Preisführerschaft oder Anbieter von Nischenleistungen

11.3 · Marktanalysen in der Patientenversorgung

Tab. 11.2 Potenzialanalyse für die brusterhaltende Mammachirurgie für das jeweilige Einzugsgebiet (Beispielzahlen)

Hauptdiagnose HD	Stat. Bundesamt Gesamtfälle (w)	Potenzial Fälle auf Einzugsgebiet	Abbildung in DRG	CMI lt. FP-Katalog	CMI berechnet	Entgelt (LBFW: 3.226,64 Euro) bei mVWD (ohne Abschläge)	mVWD lt. FP-Katalog (Tage)
C50.1 Bösartige Neubildung: Zentraler Brustdrüsenkörper	12.783	15	J07B	1,416	21,4000	69.050,09 Euro	4,9
C50.2 Bösartige Neubildung: Oberer innerer Quadrant der Brustdrüse	9.374	11	J07B	1,416	15,5760	50.258,14 Euro	4,9
C50.3 Bösartige Neubildung: Unterer innerer Quadrant der Brustdrüse	8.522	10	J07B	1,416	14,1600	45.689,22 Euro	4,9
C50.4 Bösartige Neubildung: Oberer äußerer Quadrant der Brustdrüse	12.783	15	J07B	1,416	21,4000	69.050,09 Euro	4,9
C50.5 Bösartige Neubildung: Unterer äußerer Quadrant der Brustdrüse	9.374	11	J07B	1,416	15,5760	50.258,14 Euro	4,9
C50.9 Bösartige Neubildung: Brustdrüse, nicht näher bezeichnet	27.270	32	J07B	1,416	45,312	146.205,51 Euro	4,9
Potenzial und Gesamterlöse		92			133,424	430.511,19 Euro	

◘ Abb. 11.2 SWOT-Analyse: Beispielhafte Stärken-Schwächen-Analyse eines Krankenhauses mit Chancen-Risiken-Abschätzung der Umfeldeinflüsse

MVZ des Krankenhauses. Qualität ist dabei der entscheidende Wettbewerbsfaktor. Qualitativ hochwertige Medizin erfordert Interdisziplinarität, Spezialisierung und sektorenübergreifende Versorgungskonzepte. Wie bei allen Kooperationsformen ist es auch bei Kooperationen mit Zuweisern wichtig, dass der *Mehrwert* auf beiden Seiten liegt.[29]

> Eine Kooperation beruht auf einer partnerschaftlichen und vertrauensvollen Zusammenarbeit. Insbesondere horizontale Kooperationen beinhalten eine erhöhte Vulnerabilität, da Kooperationsvereinbarungen hier häufiger keinerlei rechtliche Bindungen aufweisen und jederzeit von den Kooperationspartnern aufgekündigt werden können.

11.3.2 Umfeld- und Wettbewerbsanalysen

Die *Marktanalyse* ist geeignet, den realen Markt zu bestimmen, um die Nachfrage und die mögliche *Marktentwicklung* (Patientenaufkommen, Zuweisung etc.) einzuschätzen. Wichtig für die Marktanalyse ist auch die Frage, wohin sich der Markt in Zukunft entwickeln wird. Mit Hilfe der *Umfeld- und Wettbewerbsanalyse* sind *Markteintrittsbarrieren* zu analysieren und die *Attraktivität des Marktes* und der *Mitbewerber* einzuschätzen. Eine Umfeldanalyse ermöglicht zudem, die eigenen Leistungen strategisch zu planen, an den Markt anzupassen und wo nötig auf Veränderungen zu reagieren.

Die *Umfeldanalyse* wird auch als *Umweltanalyse* bezeichnet und ist Bestandteil der strategischen Planung, die sich mit den für das Unternehmen bedeutsamen Aspekten des Umfelds befasst. Zu analysierende Bereiche des Umfelds sind: die *Absatzmärkte* (Konkurrenzsituation, Kundenstruktur), die *Beschaffungsmärkte* (Kapitalmarkt, Arbeitsmarkt, Investitionsgütermarkt, Gefahr von *Substitutionen*[30] der angeboten Dienstleistungen), die *wirtschaftlichen Rahmenbedingungen* (Entwicklung der Wirtschaftsstruktur und -konjunktur), die *rechtlichen Rahmenbedingungen* (geltendes Recht, Gesetzesänderungen) und die *gesellschaftlichen Rahmenbedingungen* (Wertewandel, Umweltbewusstsein etc.).

Die *SWOT-Analyse (Stärken-Schwächen-Chancen-Risiken-Analyse)* ist eine solche Umfeldanalyse und auch für bestehende Unternehmen ein wichtiges Instrument zur Analyse des Marktes und der Stellung des eigenen Unternehmens und sollte etwa *einmal pro Jahr* durchgeführt werden. Der Markt und auch der Wettbewerb ändern sich ständig, und damit stellt sich die Frage, wo neue Chancen entstehen und wo neue Risiken auftreten können.

Die Abkürzung SWOT steht für *Analysis of Strengths, Weaknesses, Opportunities and Threats* und stellt eine Positionierungsanalyse der eigenen Aktivitäten gegenüber dem Wettbewerb dar. Dabei werden die Ergebnisse der *externen Unternehmens-Umfeld-Analyse* in Form einer Chancen-Risiken-Auflistung zusammengestellt und mit dem Stärken-Schwächen-Profil der *internen Unternehmensanalyse* verglichen (◘ Abb. 11.2).

In einem zweiten Schritt werden die Ergebnisse in eine *SWOT-Matrix* übertragen. Diese zeigt die

---

29 Vgl. Ekkernkamp et al. (2013, S. 138-139)

30 Substitution = Ersatz, Austausch

Tab. 11.3 SWOT-Matrix: Aus der SWOT-Analyse resultierender Handlungsbedarf

Unternehmen/Umfeld	Chancen	Risiken
Stärken	**Stärken nutzen** (Team, Kompetenz und Renommee weiter optimieren) **Chancen nutzen** (Kooperationen, MVZ und technisches Equipment nutzen)	**Stärken nutzen** (vorhandenes Personal stärken) **Risiken meiden** (Personal aus dem eigenen Bestand entwickeln)
Schwächen	**Schwächen abbauen** (Patientenrekrutierung über das Einzugsgebiet hinaus) **Chancen nutzen** (Synergieeffekte der ärztlichen Kooperationspartner stärken)	**Schwächen abbauen** (Bausubstanz mittelfristig sanieren) **Risiken meiden** (Personal halten, negative Katalogeffekte vermeiden)

ausbaufähigen Chancen auf, konkretisiert Gefährdungen, gegen die sich die Unternehmung Klinik absichern sollte, und zeigt Schwächen auf, die korrigiert werden sollten. Zudem deckt sie diejenigen Risiken (Threats) auf, die es doppelt zu meiden gilt (Tab. 11.3).

Michael E. Porter[31] hat im Rahmen seiner *Wettbewerbsanalyse* das *5-Forces (5-Stärken-)Modell* entworfen. Die wichtigsten fünf Faktoren im Wettbewerb sind demnach:

1. **Verhandlungsmacht der Kunden:** Wie reagieren Kunden (Patienten) auf Veränderungen am Markt? Wie wichtig ist der Zielgruppe das unterbreitete Angebot Gesundheitsdienstleistung?
2. **Verhandlungsmacht der Lieferanten:** Gibt es nur eine eingeschränkte Anzahl von möglichen Lieferanten, ist deren Verhandlungsmacht groß. Wie kann man z.B. auf enorme Preissteigerungen reagieren, um am Markt bestehen zu können?
3. **Ersatzprodukte im Markt und Wettbewerb:** Gibt es Alternativen für das unterbreitete Angebot Gesundheitsdienstleistung? Gibt es medizinische oder technologischen Errungenschaften, die dazu führen könnten, dass die Dienstleistung nicht mehr gefragt ist (= Substitution)? Beispiel könnte die Einführung der H2-Blocker Ende der 70er-Jahre sein, die zum erheblichen Rückgang der Billroth-Operationen in den Folgejahren führte.[32]
4. **Neue Mitbewerber und Markteintrittsbarrieren:** Ist ein Markt attraktiv, treten neue Mitbewerber in den Markt ein. Wie hoch sind die Markteintrittsbarrieren für mögliche neue Mitbewerber?
5. **Mitbewerber im Markt:** Zentraler Teil der Wettbewerbsanalyse ist es, Informationen zu den Konkurrenten zu finden und diese auszuwerten.

11.4 Leistungsportfolio

Das Produkt- oder Leistungsportfolio ist die Grundlage für den Erfolg des Krankenhauses oder der Abteilung und baut auf den vorangegangen Aspekten des strategischen Krankenhausmanagements auf. Das Leistungsportfolio umfasst dabei tiefergreifend Aspekte zu Fakten, Daten, Zahlen und Informationen über die angebotenen Dienstleistungen.

Die Beschreibung des Leistungsportfolios sollte insbesondere die drei nachfolgenden Schwerpunkte beinhalten:

1. **Ausführliche Produkt- bzw. Leistungsbeschreibung:** Um welche Art von Dienstleitung handelt es sich? Welche Funktion und

---

31 Michael Eugene Porter, geb. 1947, US-amerikanischer Ökonom und Universitätsprofessor, gilt als einer der führenden Managementtheoretiker

32 Bis dahin waren Magenoperationen wegen Ulcerationen üblich. Zur konservativen Behandlung stehen heute u.a. H2-Blocker und Protonenpumpeninhibitoren zur Verfügung. Diese haben die operativen Maßnahmen weitestgehend überflüssig gemacht

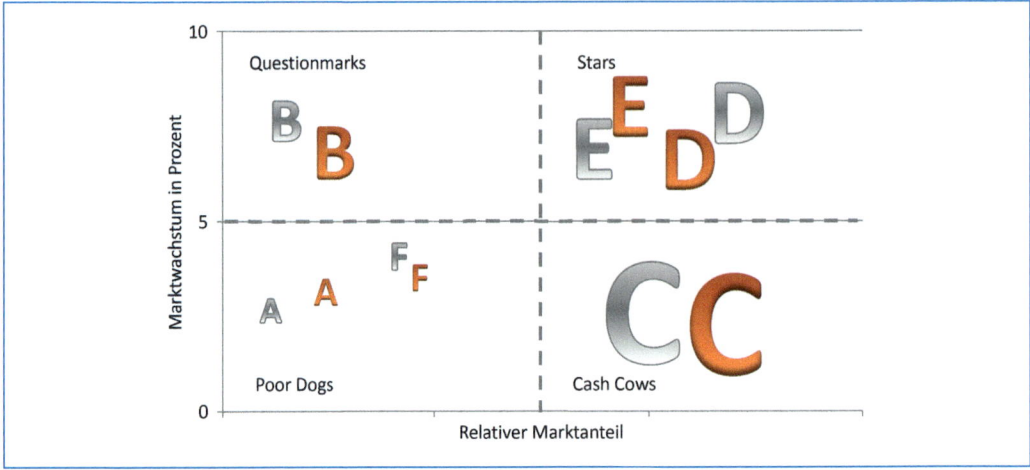

Abb. 11.3 BCG-Matrix mit relativem Marktanteil der jeweiligen Leistung (grau) und zeitlicher Veränderung (orange). Die Größe der Buchstaben (oder Kreise etc.) stellt den jeweiligen Anteil der Leistungen A-F an den Gesamtleistungen des Unternehmens dar, die farbliche Darstellung (orange) die Veränderung der Leistung im beobachteten Zeitraum (z.B. Umsatz der Leistung C = 100.000 Euro/Jahr, Umsatz der Leistung A = 10.000 Euro/Jahr). Cash Cows sind dabei besonders häufige oder umsatzstarke Leistungen des Anbieters, mit denen der Markt weitestgehend gesättigt ist, die aber dennoch eine wichtige Einnahmequelle für das Unternehmen Krankenhaus darstellen, z.B. die Endoprothetik

Eigenschaften besitzt diese? Was ist wesentlich an dieser Dienstleistung? Ist sie als Innovationen zu betrachten?
2. **Nutzen der Dienstleistungen:** Nutzen der angebotenen Leistung (*Kostenführerschaft oder Qualitätsführerschaft*, Service, Sicherheit, ökologische Vorteile, Zuverlässigkeit etc.).
3. **Abgrenzung zu den Mitbewerbern:** Beispiele hierfür sind: Innovative Dienstleistung, *Nischenleistung*, raschere Terminvergabe, höherer Service, modernere Ausstattung, höhere Sicherheit, qualifiziertere Mitarbeiter (Ärzte, Pflegekräfte etc.).

11.4.1 Versorgungs- und Leistungsspektrum

Das *Leistungsspektrum* des Unternehmens Krankenhaus wird in der *BCG-Matrix (Boston Consulting Group-Matrix)* anhand verschiedener Gegebenheiten analysiert. Die Leistungen (in ◘ Abb. 11.3 als Buchstaben) sowie die Veränderungen werden dabei grafisch dargestellt:
- **Umweltdimension:** Die Ordinate zeigt das *Marktwachstum* in der Zukunft.
- **Unternehmensdimension:** Die Abszisse bildet den *relativen Marktanteil* des Krankenhauses an den anfallenden Versorgungsleistungen des Krankenhauses ab.
- **Geschäftsfelder:** Die betrachteten Leistungsangebote werden in die BCG-Matrix eingefügt und lassen Rückschlüsse auf z.B. die Umsätze in den verschiedenen Leistungsangeboten zu.

Die vier Quadranten in der BCG-Matrix sind:
1. **Questionmarks (Fragezeichen):** Die Dienstleistungen wurden gerade eingeführt oder befinden sich in der frühen Wachstumsphase. Die Zukunft dieses Geschäftsfeldes ist ungewiss, es kann sich ebenso zu einem Erfolg wie zu einem Misserfolg entwickeln.
2. **Stars (Sterne):** Die Dienstleistung hat einen hohen relativen Marktanteil und ein hohes Marktwachstum. Stars tragen sich finanziell oft selbst.
3. **Cash Cows (Geldkühe):** Cash-Cows bewegen sich in einem reifen Markt, das Marktwachstum ist allerdings nicht mehr besonders stark. Überschüsse können abgezogen und in andere Geschäftsfelder investiert werden.

4. **Poor Dogs (Arme Hunde):** Geschäftsfelder, bei denen das Krankenhaus nur einen geringen Marktanteil erreicht. Der betreffende Markt wächst nur langsam oder stagniert sogar. Nur durch hohe Investitionen ist dieser geringe Marktanteil zu halten.

Als *relativen Marktanteil* bezeichnet man den Marktanteil des Dienstleisters Krankenhaus in Bezug zum stärksten Konkurrenten. Dieser berechnet sich:
Relativer Marktanteil = Marktanteil des Krankenhauses : Marktanteil des stärksten Konkurrenten
oder
Relativer Marktanteil = Umsatz des Krankenhauses : Umsatz des stärksten Konkurrenten.

Das *Marktwachstum* ist zu schätzen oder aufgrund vorliegender Daten zu ermitteln. Bei 10% Marktwachstum, wie in nachfolgender Abbildung, ist die Mitte der BCG-Matrix mit 5% zu kennzeichnen (◘ Abb. 11.3). Je höher der *Umsatz* für den betreffenden (Geschäfts-)Bereich ist, desto größer sollte der Buchstabe oder Kreis etc. (grau) ausfallen. In einem beschränkten Umfang ist die Matrix geeignet, um Veränderungen (orange) zu beobachten und in regelmäßigen zeitlichen Abständen neu einzuschätzen.

11.4.2 Produkt- und Dienstleistungsdiversifikation

Unter *Diversifizierung* versteht man die Ausweitung des Leistungsumfangs auf neue Produkte oder Dienstleistungen und/oder auf neue Märkte (»resource based view«). Diversifikationen sind Mittel zur Wachstumspolitik des Unternehmens *(Wachstumsstrategie)*. Eine Diversifikation kann dabei *intern oder extern* erfolgen. Interne Diversifikationen sind die Weiterentwicklung und Spezialisierung des Produktes oder des Leistungsportfolios, die Lizenznahme von Produkten oder von Dienstleistungen etc. *Externe Diversifikationen* sind z.B. die Gewinnung neuer Kooperationspartner, Joint Ventures[33] etc.

Die externe Diversifikation kann in unterschiedliche Richtungen erfolgen. Unter *horizontaler Diversifikation* versteht man die Ausweitung des Geschäftsfeldes um solche Leistungen, die mit den bisherigen in einem unmittelbaren Zusammenhang stehen. Beispiel: Erweiterung einer spezialisierten Patientenversorgung auf ein Selbstzahlerklientel. Auch der Zukauf von konkurrierenden Krankenhäusern zählt zur horizontalen Diversifikation.

Vertikale Diversifikationen sind die Aufnahme von Produkten oder Leistungen einer vor- oder nachgelagerten Produktions- oder Leistungsstufe. Sie treten beispielsweise für den Sektor Krankenhaus dann auf, wenn sich der Klinikträger bei einem Zulieferer für Krankenhausbedarf einkauft oder umgekehrt. (Mögliche Zulieferer finden sich z.B. in der Speiseversorgung, in der Versorgung mit Medikamenten, Verbandsmaterial, Implantaten oder Infusionslösungen etc.). Auch die Gründung eines MVZ oder der Zukauf einer Reha-Klinik, in denen Patienten vor-, mit- oder nachbehandelt werden, zählt zu den vertikalen Diversifikationen und ist u.a. bei privaten Krankenhausbetreibern zunehmend vorzufinden.

Bei *lateralen Diversifikationen* besteht zwischen alten und neuen Leistungsangeboten kein sachlicher Zusammenhang mehr. Diversifikationen können sich nicht nur auf Lieferanten und Anbieter, sondern auch auf Produkte, Dienstleistungen, Ressourcen einschließlich der Mitarbeiter etc. beziehen. Beispiel: Die Krankenhausküche versorgt das nahegelegene Altenheim mit Mittagessen für die Bewohner.

11.5 Einnahmensteuerung

Aufgabe des Krankenhausmanagements ist es, das Überleben des Unternehmens Krankenhaus am Markt zu sichern. Die Krankenhausreformen der letzten Jahre haben dazu geführt, dass Krankenhäuser wie andere Unternehmen wirtschaftlich geführt werden müssen. Wenn der Staat allerdings keinerlei Eingriffe in den Versorgungsmarkt vornehmen würde, könnten Krankenhäuser ihre Leistungsangebote und Preise selbst bestimmen wollen. Dies würde zur Folge haben, dass nur solche Leistungen angeboten würden, deren Preise die Kosten mindes-

---

33 Joint Venture = Tochtergesellschaft, an der zwei oder mehrere voneinander unabhängige Unternehmen beteiligt sind

tens decken würden, und Leistungen, die hohe Gewinne versprechen, würden über das notwendige Maß hinaus ausgeweitet.

> Ein rein am Markt orientiertes Gesundheitsmodell könnte sogar zum Ausschluss von Patienten mit geringer Kaufkraft und unzureichender sozialer Absicherung führen.

Staatliche Aufgabe ist daher die Regelung einer Versorgung aller Bürger mit notwendigen Gesundheitsleistungen zu möglichst geringen Kosten. Zur Erreichung seiner Ziele wird der Staat versuchen, die Verweildauer weiter zu kürzen und Krankenhausbetten abzubauen. Krankenhäuser müssen dies mit höheren Fallzahlen oder neuen Leistungen kompensieren.

Um das jeweilig notwendige *Budget* des Krankenhauses sicher zu stellen, musste dieses mit den Kostenträgern in jährliche Budgetverhandlungen treten. Durch die Einführung der DRGs wurde ein Vergütungssystem geschaffen, durch das alle Krankenhäuser weitestgehend gleich behandelt werden. Der generelle Zwang zu effizienter Leistungserbringung wird dabei jedoch durch die Möglichkeiten der Einnahmensteigerung durch *Mengenausweitungen* von Krankenhausleistungen teilweise kompensiert.

11.5.1 DRG- und InEK-Berechnungen

Für die Vergütung der allgemeinen Krankenhausleistungen wurde im Jahr 2003/2004 ein durchgängiges pauschaliertes Vergütungssystem eingeführt. Grundlage hierfür ist das *G-DRG-System (German-Diagnosis Related Groups-System)*, bei dem jeder stationäre Behandlungsfall mittels einer entsprechenden DRG-Fallpauschale vergütet wird. Die Umsetzung, Weiterentwicklung und Pflege des neuen Vergütungssystems wurde von den Selbstverwaltungspartnern im Gesundheitswesen – der *Deutschen Krankenhausgesellschaft*, der *Spitzenverbände der Krankenkassen* und der *Verband der privaten Krankenversicherung* – auf die *InEK GmbH*[34] als deutsches DRG-Institut übertragen.[35]

Circa 260 Krankenhäuser beteiligen sich an der jährlichen Kalkulation der DRGs. Mit Hilfe eines einheitlichen Kalkulationshandbuches werden *standardisierte Kostenträgerrechnungen* für jede *Fallgruppe* durchgeführt. Die *Vollkosten* werden auf die einzelnen Behandlungsfälle heruntergebrochen. Die beteiligten Krankenhäuser liefern pro Fall eine Matrix mit ca. 100 Modulen nach *Kostenarten* und *Kostenstellen*. Zusätzlich gehen *Verweildauer, Alter und Geschlecht, Häufigkeit von Prozeduren, Diagnosen und PCCL*[36] in die DRG-Berechnungen ein. Ausgenommen sind nicht im KHG oder KHEntgG[37] berücksichtigte Leistungen, Kosten für *Investitionen der Krankenhäuser* und deren *Abschreibungen*, *kalkulatorische Mieten, Zinsen* etc.[38]

> Ein pauschaliertes Entgeltsystem ist allerdings nur bedingt geeignet, eine brauchbare Berechnungsgrundlage über alle Gegebenheiten und Regionen abzubilden. Dabei divergieren die Bedingungen der Krankenhäuser ganz erheblich (unterschiedliche Einzugsgebiete, unterschiedliche bauliche Voraussetzungen, unterschiedliche Leistungsinhalte, unterschiedliches Patientenaufkommen etc.).

Bei der Kalkulation der *eigenen Kosten* eines Krankenhauses spielen zahlreiche, im DRG-System nicht berücksichtigte, z.B. bauliche und organisatorische Komponenten, aber auch regionale Besonderheiten eine wichtige Rolle. Über ein räumliches Areal weit verzweigte Kliniken haben vielfach *höhere Kostenstrukturen* als komplexe Klinik(neu)bauten. In manchen Regionen wird es zudem kaum noch möglich sein, spezialisiertes Personal in einem festen Einstellungsverhältnis zu beschäftigen. Die Anstellung von Leihkräften geht dabei mit einem erheblich *erhöhten finanziellen Ressourcenverbrauch* einher. In Großstädten wird aufgrund der höheren Lebenshaltungskosten oftmals ein *finanzieller Zu-*

---

34 Institut für das Entgeltsystem im Krankenhaus
35 Vgl. http://www.g-drg.de/cms/Das_Institut

36 PCCL (engl. Patient Clinical Complexity Level). Patientenbezogener Gesamtschweregrad in den Diagnosis Related Groups (DRG)
37 Krankenhausentgeltgesetz
38 Kalkulationsschritte zur Ermittlung der DRG-relevanten Fallkosten siehe Handbuch zur Kalkulation von Fallkosten (Deutsche Krankenhaus Verlagsgesellschaft 2007)

schlag zur Entlohnung gezahlt werden müssen, um Mitarbeiter überhaupt noch an das Krankenhaus locken zu können. Die zunehmende Verknappung auf dem Pflegekräfte-, aber auch auf dem Ärztemarkt führt zu einem Ungleichgewicht auf dem Arbeitsmarkt zugunsten der Beschäftigten *(Arbeitnehmermarkt)* mit zunehmendem *Arbeitskostendruck* für die Kliniken.

> Für den einzelnen Arbeitnehmer bieten eine hohe Nachfrage nach Arbeitskräften und eine Vollbeschäftigung zweifelsohne zahlreiche Vorteile. Bei hoher Nachfrage und niedrigem Angebot an Arbeitskräften bestimmt das geringe Angebot den Preis. Dies hat u.a. auch eine erhöhte Fluktuation unter den Mitarbeitern zur Folge. Gerade ein Wissensunternehmen Krankenhaus ist auf hochqualifizierte Mitarbeiter substanziell angewiesen. Ein hohe Fluktuation und ein ständiger Rückgang an qualifizierten Ärzten und an Pflegepersonal geht letztlich auch mit einem Qualitätsverlust für das einzelne Unternehmen Krankenhaus, aber auch gesamtgesellschaftlich einher.

11.5.2 Verweildauermanagement

Seit der Einführung der G-DRG wird in deutschen Krankenhäusern in Anlehnung an die Kalkulationssystematik des *Institutes für das Entgeltsystem im Krankenhaus (InEK)* die *Kostenträgerrechnung* als Steuerungsinstrument, zur Kosten-, Erlös- und Kodierqualitätskontrolle sowie für die darauf basierende strategische Ausrichtung wie Schwerpunktbildungen oder Rückzüge aus Leistungsbereichen eingesetzt. Deren Effizienz ist allerdings fraglich.

Die Kostenträgerrechnung ist ein Teilbereich der Kostenrechnung, der die Kosten direkt aus der *Kostenartenrechnung* (Einzelkosten) berechnet oder mit Hilfe von Kalkulationsverfahren aus der *Kostenstellenrechnung* übernimmt und pro *Kostenträger* über die gesamte Abrechnungsperiode oder pro Einheit des Kostenträgers *(Kostenträgerstückrechnung)* ausweist.

Andere Instrumente zur Effizienzsteigerung wie *Clinical Pathways*[39] dienen allenfalls der Verweildauerreduzierung. *Prozesskostenrechnungen*[40] zur Gestaltung effizienter Behandlungsabläufe, *Balanced Scorecard-Modelle*[41] mit finanziellen und nichtfinanziellen Kennzahlen zur Ursachen- und Wirkungskettenermittlung oder *SWOT-Analysen* zur Leistungs- und Umfeldanalyse bleiben im Krankenhaussektor oft ungenutzt bzw. ist deren Nutzung wenig bekannt. Dies widerspreche den Zielsetzungen der DRGs, nämlich Krankenhäusern einen Anreiz zur Effizienzsteigerung zu geben.[42]

Benchmarks[43] zum Vergleich mit anderen Krankenhäusern oder Betriebsstätten innerhalb eines Klinikverbundes werden häufig als Instrument der Personal- oder Ausgabensteuerung, aber auch beim Verweildauermanagement im Krankenhaus angewandt.

Zur Optimierung der Erlössituation versuchen Krankenhäuser, die InEK-Erlöse zu optimieren. Neben der korrekten Dokumentation der erlösoptimierenden PCCLs nutzen Kliniken dabei das Instrument der Verweildauerreduzierung. Die Reduzierung der Verweildauer eines DRG-Falles,

---

39 Clinical Pathways (klinische Behandlungspfade) dienen neben der Ablaufplanung und der Sicherstellung einer leitliniengerechten Behandlung auch der Bereitstellung von Informationen für die Kostenträgerrechnung bzw. die *Deckungsbeitragsrechnung*. Durch die strukturierte Dokumentation und Planung von Behandlungen, Operationen, Medikamentengaben, Krankenhausaufenthalte etc. kann ein klinischer Behandlungspfad als Instrument der *Plankostenrechnung* genutzt werden
40 Prozesskostenrechnung ist ein Teilbereich der Kostenrechnung. Der Kostenkalkulation werden *Gemeinkosten* (Gehälter z.B. der Verwaltung, Kosten für Gebäude, Abschreibungen, Energiekosten), sofern sie nicht ausschließlich für ein Produkt oder eine Dienstleistung eingesetzt werden, zugerechnet
41 Balanced Scorecard (BSC, engl.: ausgewogener Berichtsbogen) nach Kaplan Norton. Konzept zur Messung, Dokumentation und Steuerung der Aktivitäten eines Unternehmens im Hinblick auf seine Vision und Strategie
42 Vgl. Lüngen et al. (2009, S. 129-142)
43 Benchmark (engl. bench = Sitzbank, Werkbank; mark = Zeichen). Systematischer und kontinuierlicher Vergleich von Produkten, Dienstleistungen oder Prozessen im Unternehmen mit denen anderer Unternehmen bzgl. qualitativer und/oder quantitativer Kriterien, z.B. Verweildauer im Krankenhaus etc.

Tab. 11.4 Betriebswirtschaftliche Größen im Unternehmen

Zufluss		Abfluss	Bestandsgrößen
Einzahlung	-	Auszahlung	Zahlungsmittelbestand (Kasse + Girokonto)
Einnahme	-	Ausgabe	**Geldvermögen** (Geldbestand + kurzfristige Forderungen - kurzfristige Verbindlichkeiten)
Ertrag	-	Aufwand	**Gesamtvermögen** (Geldvermögen + Sachvermögen - Güterverbrauch)
Leistung	-	Kosten	**Betriebsnotwendiges Vermögen** (Ergebnis der betrieblichen Tätigkeit - dafür erforderlicher Werteverzehr)

z.B. einer sekundären Sectio caesarea mit einer mittleren Verweildauer von 5,3 Tagen auf eine Verweildauer von 4 Tagen führt zu einer verweildauerbezogenen Optimierung der Erlössituation um ca. 25%. Zur Optimierung der Erlöse berechnen Kliniken zunehmend Benchmarks zum Vergleich der Verweildauern der DRG-bezogenen Behandlungsfälle. Diese dienen dann auch zur internen Optimierung des jeweiligen InEK-Quotienten.

> Immer weitergehende Senkungen der Krankenhausverweildauern haben dabei, von vielen fast unbeachtet, eine unmittelbare lineare Auswirkung auf die Bettennutzung in deutschen Krankenhäusern. Dieses derzeitig häufig genutzte Steuerungsinstrument zur Erlössteigerung könnte sich in Zukunft auch negativ auf die Krankenhauslandschaft auswirken, da unbelegte Krankenhausbetten kurz- oder mittelfristig dem Rotstift zum Opfer fallen. Ständige Verweildauerreduzierungen führen dabei auch zu einer Anpassung der InEK-Kalkulation mit nachfolgendem Kellertreppeneffekt für die Vergütung der jeweiligen Leistung.

Nach der *Hill-Burton-Formel* errechnet sich der zukünftige Bettenbedarf (BD) einer Region an der Einwohnerzahl (E), an der Krankenhaushäufigkeit (KH), der Verweildauer (VD) und der Bettennutzung (BN):

$$BD = (E \times KH \times VD \times 100) : (BN \times 1.000 \times 365)$$

Aufgrund einer raschen Notfallversorgung sollten dabei die regionalen Erfordernisse berücksichtigt werden. Die gute Erreichbarkeit einer qualifizierten Gesundheitsversorgung stellt damit auch ein Qualitätsmerkmal in der stationären Krankenhausversorgung dar.[44] Bei rein ökonomischer Betrachtung dürfte dieser Aspekt aber nur geringe Berücksichtigung finden.

> Vor allem ländliche Versorger sind von einer zunehmenden Schließung ihrer Krankenhäuser aufgrund von Wettbewerbsnachteilen (fehlende Möglichkeit einer Rekrutierung von zusätzlichen Patienten durch die regionalen Gegebenheiten) und damit fehlenden positiven Skaleneffekten[45] bei einem Mangel an alternativen Einnahmemöglichkeiten bedroht.

11.6 Ausgabensteuerung

Unter Einnahme versteht man im betriebswirtschaftlichen Sinne eine Steigerung des Nettogeldvermögens eines Unternehmens. Das Gegenteil einer Einnahme eines Unternehmens ist eine Ausgabe. Ausgaben vermindern das Nettogeldvermögen eines Unternehmens. Weitere rechnerische Größen im Unternehmen sind: *Einzahlung und Auszahlung, Ertrag und Aufwand* sowie *Leistung und Kosten* (Tab. 11.4).

Den regelmäßigen Einnahmen eines Krankenhauses stehen regelmäßige Ausgaben gegenüber, die

---

44 Vgl. Steller (2012, S. 22-23)
45 Skaleneffekte: Die Steigerung der Produktionsmenge (und die hieraus resultierende Rendite) ist bei positiven Skaleneffekten größer als die Steigerung der eingesetzten Faktoren

das Ergebnis der betrieblichen Tätigkeit wesentlich beeinflussen. Zu den wesentlichen kurzfristigen Verbindlichkeiten des Unternehmens gehören u.a. die Personal- und die Sachkosten. Die Sachkosten betragen mehr als ein Drittel der Gesamtkosten und Aufwendungen des Krankenhauses. Personalkosten stellen den größten Werteverzehr mit etwa 60% der Kosten deutscher Kliniken dar (◘ Tab. 11.5).

11.6.1 Kosten- und Leistungsrechnung

Die *Kosten- und Leistungsrechnung (KLR,* Syn.: *Kosten- und Erlösrechnung KER, Kostenrechnung KoRe* oder *Betriebsergebnisrechnung BER)* ist ein wesentlicher Teil des *internen Rechnungswesens* des Unternehmen Krankenhaus. Sie beruht auf den vier Begriffen: *Ertrag, Leistung, Aufwand* und *Kosten*.

- **Ertrag:** Wertezuwachs in einem Unternehmen in einer festgelegten Zeitperiode (z.B. pro Jahr)
- **Leistung:** Gezielte Handlungen (Dienstleistungen, Produktion etc.), die zu einem Wertezuwachs führen
- **Aufwand:** Verbrauch von Gütern innerhalb einer bestimmten Zeitperiode (z.B. pro Jahr) auf Grundlage ihres Wertes
- **Kosten:** Verbrauch von Ressourcen (auch Humanressourcen) innerhalb einer festgelegten Zeitperiode (z.B. pro Jahr)

Die Kosten- und Leistungsrechnung stellt dem Unternehmen überwiegend *kurzfristige* Informationen über Ertrag, Leistungen, Aufwand und Kosten zu Verfügung. Damit ist sie Grundlage einer operativen Planung und ermöglicht einen einfachen Soll-Ist-Abgleich. Die Kosten- und Leistungsrechnung lässt sich einteilen in die *Kostenartenrechnung*, die *Kostenstellenrechnung* und die *Kostenträgerrechnung*:

- **Kostenartenrechnung:** Angefallenen Kosten werden von den Leistungen getrennt und ihrem Ursprung zugeordnet z.B. nach Produktionsfaktoren (Personal-, Dienstleistungs-, Rohstoff- und Materialkosten), nach Funktionen (Fertigung, Verwaltung, Beschaffung und Vertrieb) etc.
Einzelkosten werden dabei direkt einem bestimmten Prozess zugeschrieben, *Gemeinkos-*

ten können bestimmten Prozessen nicht genau zugerechnet werden, z.B. Versicherungskosten des Unternehmens o.ä.
- **Kostenstellenrechnung:** Verbindung zwischen der Kostenartenrechnung und der Kostenträgerrechnung. *Gemeinkosten* werden genauer analysiert und anteilig den einzelnen Bereichen zugeordnet. Hierdurch ist eine Analyse der Wirtschaftlichkeit über die Grenzen der einzelnen Abteilungen hinaus möglich.
- **Kostenträgerrechnung:** Soll die Herkunft der einzelnen Kostenpositionen genauer klären. Dabei wird unterschieden zwischen der *Kostenträgerzeitrechnung* (Kosten pro Periode) und der *Kostenträgerstückrechnung* (Kosten des einzelnen Stückes oder Produktes).

Langfristige Entscheidungen (> 5–10 Jahre) eines Unternehmens werden auf Grundlage der *Investitionsrechnung* getroffen, die berechnet, ob und ab welchem Zeitraum eine Investition lohnt, z.B. Neuerrichtung eines Dialysezentrums am Krankenhaus. Die Investitionsrechnung überprüft, ob ein bestimmtes Investitionsprojekt unter finanziellen Aspekten realisiert werden soll. Der strategischen Unternehmensplanung liegt immer eine Investitionsrechnung zugrunde.

Für *kurzfristige Entscheidungen* (< 1–2 Jahre) im Unternehmen bietet sich eine *Deckungsbeitragsrechnung* und für *kurz- bis mittelfristige Entscheidungen* (< 5 Jahre) die *Vollkostenrechnung* an. Die Deckungsbeitragsrechnung berücksichtigt nur die *variablen Kosten*, z.B. die zusätzlich anfallenden Kosten bei Hinzunahme eines weiteren externen Operateurs.

- **Deckungsbeitragsrechnung:** Erzielte Umsatzerlöse über DRG minus *variable Kosten* (Operateur, Implantate etc.) = *Deckungsbeitrag*
- **Vollkostenrechnung:** Deckungsbeitrag minus gesamte *fixe Kosten* des Krankenhauses (Personal-, Sachkosten etc.) = *Betriebsergebnis*

Die Kosten- und Leistungsrechnung unterliegt im Gegensatz zu der *externen Rechnungslegung* (= Buchführung, Regelungen hierzu im Handelsgesetzbuch HGB) nahezu keinen gesetzlichen Vorschriften und dient überwiegend (nur) zur internen Steuerung eines Unternehmens.

Tab. 11.5 Kosten und Aufwendungen der deutschen Krankenhäuser absolut in 1.000 Euro (Quelle: www.gbe-bund.de)

Kostenarten	Jahr						
	1996	2000	2005	2010	2011	2012	2013
Gesamtkosten und Aufwendungen	49.683.070	53.017.870	64.332.907	79.920.558[1)]	83.415.795	86.825.988	90.034.623
Personalkosten	33.437.833	35.168.197	40.957.758	47.463.378	49.485.917	51.860.879	53.825.553
Ärztlicher Dienst	6.928.380	7.700.413	10.392.370	13.901.239	14.729.248	15.768.032	16.671.295
Pflegedienst	13.195.801	13.792.315	14.005.417	15.150.485	15.708.848	16.181.227	16.510.181
Medizinisch-technischer Dienst	3.815.226	4.038.073	5.520.543	6.402.284	6.675.885	7.004.698	7.296.707
Funktionsdienst	2.975.422	3.256.995	3.933.180	4.631.966	4.870.612	5.115.804	5.302.704
Klinisches Hauspersonal	799.096	618.201	471.399	367.534	358.925	354.225	356.382
Wirtschafts- und Versorgungsdienst	2.272.025	2.073.305	1.875.516	1.612.720	1.607.176	1.612.818	1.614.035
Technischer Dienst	765.832	791.972	853.562	871.250	875.354	897.828	914.318
Verwaltungsdienst	2.039.162	2.184.813	2.708.927	3.061.219	3.160.629	3.341.223	3.477.344
Sonderdienste	175.902	155.411	207.577	227.567	241.626	255.044	267.500
Sonstiges Personal	229.241	196.977	310.418	386.793	338.090	374.841	385.038
Nicht zurechenbare Personalkosten	241.746	359.722	678.849	850.321	919.525	955.140	1.030.048
Sachkosten insgesamt	15.816.372	17.414.485	22.621.447	30.310.976	31.647.443	32.557.940	33.760.283
Lebensmittel und bezogene Leistungen	1.021.591	1.117.492	1.285.050	1.933.911	2.032.462	2.055.526	2.140.355
Medizinischer Bedarf zusammen	7.787.459	8.577.120	10.830.073	14.730.199	15.460.952	16.005.092	16.534.145
Wasser, Energie, Brennstoffe	1.102.004	1.059.760	1.502.671	2.009.736	2.057.357	2.135.956	2.273.459
Wirtschaftsbedarf	1.671.801	1.817.740	2.234.452	2.743.622	2.883.563	3.057.246	3.181.424
Verwaltungsbedarf	861.349	995.039	1.451.757	2.023.763	2.110.344	2.165.882	2.227.493
Zentrale Verwaltungsdienste	208.112	229.353	508.044	696.380	708.798	716.838	749.162
Zentrale Gemeinschaftsdienste	101.230	100.504	182.740	355.175	364.900	366.650	356.067
Steuern, Abgaben, Versicherungen	519.703	471.064	.	.	.	.	.

11.6.2 Personalsteuerung

Zur Personalsteuerung gehören die Prozesse *Personalplanung, Personalcontrolling, Personalmarketing, Personalauswahl, Personaleinsatz, Personalbeurteilung, Personalhonorierung und Vergütungssysteme, Leistungsmanagement, Personalentwicklung, Personaladministration, Personaldispensation* und *Personaleinsatz*. Das Personalmanagement dient, wie alle anderen Funktionen im Unternehmen, der *Erfüllung von Kundenanforderungen*[46] an ein Unternehmen oder eine Organisation.

> Mitarbeiter gehören zweifellos zu den teuersten, zugleich aber auch zu den wichtigsten Ressourcen des Wissensunternehmens Krankenhaus. Sie alleinig als Kostenfaktor zu verstehen, steht dem eigentlichen Auftrag einer Personalsteuerung entgegen.

- **Personalplanung:** Kurz-, mittel- und langfristige Berücksichtigung aller Maßnahmen, die notwendig sind, um dem Unternehmen zur Erreichung seiner Ziele die erforderlichen Mitarbeiter zur Verfügung zu stellen
- **Personalcontrolling:** Personalbestandsstatistiken, die auch eine Zukunftsbetrachtung mit Hilfe von Vorausschau- und Prognosedaten erlauben. Befasst sich in erster Linie mit finanziellen Personalaspekten. Hierzu gehört der Soll-Ist-Abgleich der Kosten (Soll) mit dem tatsächlichen betrieblichen Geschehen (Ist) sowie die Überwachung von Fehlzeiten und Überstunden oder unbesetzten Stellen
- **Personalmarketing:** Verbesserung der Bewerberansprache unter Nutzung klassischer als auch neuer Kanäle (z.B. Xing, Linkedin etc.), um möglichst viele geeignete Kandidaten für das Unternehmen zu gewinnen. Verbesserung

Sonstige Abgaben	239.621	244.876	237.761	234.282	.	.	.
Versicherungen	589.536	517.906	489.603	465.280	429.025	.	.
Pflegesatzfähige Instandhaltung	3.233.340	3.174.945	3.142.338	3.087.513	2.762.080	2.361.598	2.038.567
Wiederbeschaffte Gebrauchsgüter	40.952	50.871	46.915	45.446	59.517	124.177	103.454
Sonstige Sachkosten	2.194.729	2.066.153	2.112.451	1.985.670	1.170.705	560.640	401.103
Aufwendungen für nicht beim Krankenhaus angestelltes nichtärztliches Personal	708.815	637.593	607.486	544.998	.	.	.
Aufwendungen für nicht beim Krankenhaus angestellte Ärzte	592.826	681.027	660.365	564.005	.	.	.
Aufwendungen für ausgelagerte Leistungen (»outsourcing«)	2.726.366	2.417.744	2.217.162	1.915.018	.	.	.
Zinsen und ähnliche Aufwendungen	503.936	523.719	473.204	402.383	221.743	73.986	73.905
Steuern	141.873	150.347	150.827	143.371	74.877	.	.

---

46 Kundenanforderungen sind die Bedingungen eines Kunden oder Patienten an ein Produkt oder eine Dienstleistung. Sie sind Grundlage für die ökonomischen Abläufe am Markt, an dem die bestmögliche Erfüllung der Anforderungen des Kunden an ein Produkt oder eine Dienstleistung (z.B. Qualität, Preis) einen Wettbewerbsvorteil versprechen und die Befriedigung von zusätzlichen Bedürfnissen (»Nice-to-have«-Anforderungen) Einfluss auf die Kundenbindung haben kann

des Images des Unternehmens als attraktiver Arbeitgeber
- **Personalauswahl:** Auswahl von geeigneten internen oder externen Bewerbern für Arbeitsplätze unter Beachtung von wirtschaftlichen, rechtlichen, sozialen und ideologischen Rahmenbedingungen
- **Personaleinsatz:** Zuordnung von Arbeitsaufgaben zu vorhandenen Mitarbeitern mit dem Ziel einer möglichst genauen Deckung zwischen Anforderungs- und Qualifikationsprofil
- **Personalbeurteilung:** Planmäßige und systematische Beurteilung von Mitarbeitern durch Vorgesetzte nach definierten Kriterien in regelmäßigen Zeitabständen
- **Personalhonorierung:** Auswahl geeigneter Vergütungsverfahren wie Grundgehalt, variable Vergütungen, freiwillige Zusatzleistungen etc.
- **Leistungsmanagement:** (engl.: performance management). Steuerung der Leistungserbringung. Gemessen und gesteuert werden die Zeiteinheiten zur Erbringung von Leistungen und die Bindung von Ressourcen (phys.: Leistung = Arbeit : Zeit)
- **Personalentwicklung:** Auf den Bedarf und die Belange des Unternehmens abgestimmte berufsbegleitende Aus- und Weiterbildung von Mitarbeitern, die eine Qualifizierung der zur Verfügung stehenden Humanressourcen zum Ziel haben
- **Personaladministration:** Summe aller administrativen Aufgaben von der Einstellung bis zum Austritt eines Mitarbeiters (Arbeitsverträge, Vereinbarungen, Anmeldung Versicherungen, Bewilligungen, Arbeitszeugnisse, Absenzen, Erarbeiten von Qualifikationssystemen, Dispensationen etc.)
- **Personaldispensation:** Beendigung des Arbeitsverhältnisses zwischen Unternehmen und Mitarbeiter
- **Personaleinsatz:** Der Personaleinsatz im Krankenhaus stellt eine sowohl innerbetriebliche als auch gesamtgesellschaftliche Variable dar, die von den unterschiedlichen Interessengruppen (Arbeitgeber, Gewerkschaften, Krankenhausgesellschaften, Sozialversicherungsträger, Politik) teilweise sehr *kontrovers* diskutiert wird (▶ auch Kap. 36)

> **Generell gültige Instrumente einer konsequenten Personalbedarfsplanung in deutschen Krankenhäusern fehlen derzeit.**

Heute beträgt die Zahl der Vollkräfte im stationären Pflegedienst in deutschen Krankenhäusern 291.143, im Vergleich zu 282.890 im Jahr 2004. Angesichts einer Fallzahlsteigerung von 11% ist dieses Plus von 3% aber gering. Im ärztlichen Bereich wurden im Krankenhaus zwischen 2004 und 2012 ca. 28.000 Stellen (ein Anstieg von 25%) aufgebaut. Grund dafür war, dass die Vorschriften des Arbeitszeitgesetzes (ArbZG) zunehmend auch für Ärzte umgesetzt werden mussten, was die Neubesetzung der als Freizeit abzuleistenden Bereitschaftsdienstzeiten von Ärzten bedeutete. Als Konsequenz dieser Entwicklungen ist die rechnerische Personalbelastungszahl (Patienten pro Vollkraft im Jahr) der Ärzte von 143 auf 130 abgesunken, im pflegerischen Bereich ist hingegen ein Anstieg von 54 auf 59 Patienten je Pflegevollkraft zu verzeichnen. Hierbei ist zu bedenken, dass die Verweildauerverkürzung und die demografische Entwicklung der Patienten bei einer älter werdenden Gesellschaft mit einer Verdichtung der Arbeit (für alle beteiligten Berufsgruppen) verbunden sind.[47]

Aufgrund der wirtschaftlichen Rahmenbedingungen der Krankenhäuser sahen in einer Umfrage des Lehrstuhles für Medizinmanagement der Universität Duisburg-Essen im Frühjahr 2014 82% der Pflegedirektoren, 68% der Chefärzte und 51% der Geschäftsführer personelle *Defizite in der Pflege*. Bei der *menschlichen Betreuung* sehen sogar jeweils über 80% der Befragten vorliegende Defizite[48]. Eine aktuelle Studie stellte fest, dass Deutschland unter den europäischen Ländern zusammen mit Spanien und Polen die wenigsten Pflegekräfte einsetzt. So werden in Deutschland durchschnittlich 9,9 Patienten von einer Pflegekraft versorgt, in Norwegen und in den Niederlanden nur 3,7 bzw. 4,8 Patienten pro Pflegekraft und Schicht.[49]

---

47 Vgl. Thomas et al. (2014, S. 7-8)
48 Vgl. Reifferscheid et al. (2014)
49 Vgl. Aiken et al. (2013, S. 143–153a)

1992 wurde die Pflegepersonalregelung PPR als leistungsorientiertes Berechnungssystem für den Personalbedarf (Minutenbedarfsberechnung für definierte Pflegeleistungen) mit dem Ziel »einer ausreichenden, zweckmäßigen und wirtschaftlichen sowie an einem ganzheitlichen Pflegekonzept orientierten Pflege« (Gesundheitsstrukturgesetz GSG von 1993, Art. 13 §1 (3)) eingeführt. Die PPR wurde kurz darauf wieder abgeschafft. Sie wird aber heute in einigen Fällen in Krankenhäusern, obwohl inhaltlich veraltet, als internes Steuerungsinstrument noch genutzt.

Anhaltszahlen als Richtwerte für eine angemessene Personalbesetzung fehlen derzeit in Deutschland. In wenigen Ländern wie in Australien und in einigen Bundesländern der USA werden konkrete Anhaltszahlen bislang als (Mindest-) Personalbemessungsinstrument genannt. Als Ausnahme in Europa wurde in Belgien 1987 eine Personaldichte von 12 Krankenschwestern pro 30 Betten in einem Zeitraum von 24 Stunden als Vorgabe gesetzt. Diese Regelung gewährleistet durchschnittlich 7,5 Patienten pro Pflegekraft und Schicht. Bei einer deutlichen Verringerung des derzeitigen Betreuungsverhältnisses in deutschen Krankenhäusern müssten wesentlich mehr Pflegekräfte beschäftigt werden. Dies wäre mit erheblichen Kostensteigerungen verbunden. Umgekehrt würde es aufgrund der fehlenden pflegerischen Fachkräfte mehrere Jahre dauern, bis durch Ausbildung oder Einwanderung entsprechende Möglichkeiten erreicht würden.[50]

Eine Steigerung des Pflegepersonals in deutschen Krankenhäusern wäre nur zu erwarten, wenn eine zusätzliche Vergütung die Kosten für den Personalaufbau refinanziert und längerfristig sichert.[51] Die ist unter den derzeit rein ökonomisch orientierten Ansätzen der Versorgungssteuerung nicht zu erwarten.

Häufig eingesetzte Instrumente der Personalzumessung in deutschen Krankenhäusern beruhen derzeit auf *Benchmarks*. Die Verbreitung dieses oftmals v.a. in großen Krankenhausunternehmen genutzten Instrumentes beruht dabei offenbar auf der Simplizität und der leichten Verständlichkeit der jeweilig gesetzten Benchmarks. Eine Evidenz oder zumindest eine inhaltliche Begründung der gesetzten Benchmarks fehlt dabei oftmals. Besonderheiten der jeweiligen Krankenhausstrukturen, des Patientenklientels etc. bleiben zudem häufig unberücksichtigt. In Extremfällen orientieren sich Benchmarks zur Stellenbesetzung, z.B. im ärztlichen Dienst, an den Bewertungsrelationen des jeweiligen Leistungsspektrums unter Vernachlässigung der unterschiedlichen Kostenkalkulationen z.B. aus den InEK-Berechnungen. Stationsbesetzungen werden in günstigen Fällen nach Anforderungsprofilen klassifiziert (z.B. Intensiv- oder Bereichspflege), in weniger günstigen Fällen werden Personalzahlen für einzelne Abteilungen oder Krankenhäuser nach internen Schlüsseln oder immer häufiger nach der Haushaltssituation vorgegeben. Die hieraus resultierende z.T. mangelhafte Personalausstattung in den verschiedenen Bereichen ist dabei z.T. den unterschiedlichen Voraussetzungen in den Führungsebenen, z.T. den ökonomischen Zwängen der Krankenhäuser oder den fehlenden Humanressourcen geschuldet und ist Inhalt öffentlicher Kritik (▶ Kap. 36).[52]

11.7 Zusammenfassung und Empfehlung

Damit der Traumberuf Chefarzt nicht zum Albtraum wird, sind *betriebswirtschaftliche Kenntnisse* zur Einschätzung der aktuellen Lage und zur Steuerung des Krankenhauses erforderlich. Zahlreiche Gesundheitsreformen haben in den letzten Jahren zu grundlegenden Strukturveränderungen in der Krankenhauslandschaft in Deutschland geführt. Ziele der DRG-Einführung im Jahr 2004 waren, *die Liegezeit in deutschen Krankenhäusern zu verkürzen, die Vergütung von medizinischen Leistungen in Krankenhäusern zu vereinheitlichen, Überkapazitäten im Krankenhausbereich abzubauen und Kostensteigerungen zu begrenzen.*

---

50 Vgl. Thomas et al. (2014, S. 25)
51 Vgl. Instrumente zur Personalbemessung und -finanzierung in der Krankenhauspflege in Deutschland. https://www.verdi.de/%2B%2Bfile%2B%2B540975826f68445a4f000000/download/Personalbemessung_Studie_IBES_lang.pdf

52 Vgl. Deutsches Ärzteblatt (06.03.2015) Pflege: Nachtdienst in Krankenhäusern zum Teil deutlich unterbesetzt

Zur Vermeidung, dass entstehende Defizite eines öffentlichen Krankenhauses aus dem Haushalt des jeweiligen öffentlichen Trägers abzudecken sind, wurden in den letzten Jahren *Umwandlungen der Rechtsformen* der in öffentlicher Trägerschaft befindlichen Krankenhäuser aus der Form von Eigenbetrieben oder Regiebetrieben in privatrechtliche Formen, meistens in Form von gemeinnützigen Gesellschaften mit beschränkter Haftung (gGmbH) oder von Gesellschaften mit beschränkter Haftung (GmbH) und in Einzelfällen in Aktiengesellschaften (AG) forciert.

> **Von vielen fast unbemerkt hat damit ein tiefgreifender Umbau unseres Sozialstaates stattgefunden. Die öffentliche Hand zieht sich kontinuierlich aus der Gesundheitsversorgung, aber auch aus weiteren Geschäftsfeldern sozialer Dienstleistungen zurück.**

Bislang wurden viele Krankenhäuser noch als öffentliche Betriebe von Ländern oder Kommunen geführt. Öffentliche Betriebe und Unternehmen sind auf das Gemeinwohl ausgerichtet. Dabei steht das *Sachziel* des öffentlichen Auftrages, nicht das *Formalziel* (Kostendeckung oder Gewinnerzielung des Unternehmens) im Vordergrund. Private Unternehmen verfolgen gleichfalls in bestimmtem Umfang Sach- und Gemeinwohlziele, allerdings liegt hier der Fokus in erster Linie auf finanziellen Formalzielen, d.h. auf der Gewinnerzielung, um das Unternehmen Krankenhaus zielgerecht am Markt positionieren zu können.

> **Gewinnerzielungsabsichten gehen allerdings immer mit einem Ressourcenverbrauch einher. Dort, wo die einen von der unternehmerischen Tätigkeit profitieren, gibt es auch andere, die weniger profitieren oder gar Nachteile in Kauf nehmen müssen. Unternehmerisches Handeln impliziert damit auch stets eine Umverteilung auf den verschiedensten Ebenen. Krankenhäuser sind grundsätzlich als Dienstleistungsunternehmen anzusehen, die mit zahlreichen Anspruchsgruppen im Austausch stehen. Die Versorgung von Patienten ist dabei nur ein Teilbereich der unternehmerischen Aufgabe des Krankenhausträgers.**

Um am Markt bestehen zu können, stehen betriebswirtschaftlich Größen wie Kunden- bzw. Patientengewinnung und die *Einnahmenoptimierung* mit im Vordergrund der Aufgaben des Chefarztes. Patientenrekrutierung heißt aber auch, in den Wettbewerb mit Mitbewerbern einzutreten. Wettbewerb ist dabei das Streben von mindestens zwei Akteuren (Wirtschaftssubjekten) nach einem Ziel, in diesem Fall nach der Gunst, bestimmte Patienten in der eigenen Klinik behandeln zu können, wobei der höhere Zielerreichungsgrad eines Akteurs einen niedrigeren Zielerreichungsgrad des anderen zur Folge hat. Das Bestreben aller Marktteilnehmer ist dabei, *Wettbewerbsvorteile* gegenüber den Mitbewerbern zu erlangen.

Eine Marktanalyse ist geeignet, den realen Markt zu bestimmen, um die Nachfrage und die mögliche Marktentwicklung (Patientenaufkommen, Zuweisung etc.) einzuschätzen. Wichtig für die Marktanalyse ist auch die Frage, wohin sich der Krankenhausmarkt in Zukunft entwickelt wird. Mit Hilfe der *Umfeld- und Wettbewerbsanalyse* sind Markteintrittsbarrieren zu analysieren und die Attraktivität des eigenen Krankenhauses und der Mitbewerber einzuschätzen. Eine Umfeldanalyse ermöglicht zudem, die eigenen Leistungen strategisch zu planen, an den Markt anzupassen und dort, wo nötig, auf Veränderungen zu reagieren.

Neben einem gezielten *Einweiser-Marketing* stehen die *Analyse und Anpassung des Leistungsspektrums* des Unternehmens Krankenhaus mit im Mittelpunkt des unternehmerischen Handelns. Unter *Diversifizierung* versteht man die Ausweitung des Leistungsumfangs auf neue Produkte oder Dienstleistungen und/oder auf neue Märkte. Diversifikationen sind Mittel zur Wachstumspolitik des Unternehmens Krankenhaus (Wachstumsstrategie). Der Zukauf von konkurrierenden Krankenhäusern zählt zur *horizontalen Diversifikation*. Wettbewerber werden z.T. aufgekauft bzw. das Management wird übernommen. Dies bietet u.a. Synergievorteile und die Nutzung von »*economies of scale*« in vielen Bereichen. *Vertikale Diversifikationen* bedeuten für den Sektor Krankenhaus, dass sich z.B. der Klinikträger bei einem Zulieferer für Krankenhausbedarf einkauft oder umgekehrt. Auch die Gründung eines MVZ oder der Zukauf einer Reha-Klinik, in denen der Patient vor-, mit- oder nachbehandelt wird, zählen zu den vertikalen Diversifikationen und sind nicht nur bei privaten Krankenhausbetreibern zunehmend vorzufinden. Ziele von vertikalen Diversifikationen sind, Einweiser zu binden und die ambulante sowie die stationäre Versorgung und die AHB/Reha möglichst »aus einer Hand« anzubieten.

Den regelmäßigen Einnahmen eines Krankenhauses stehen regelmäßige Ausgaben gegenüber, die das Ergebnis der betrieblichen Tätigkeit wesentlich beeinflussen. Zu den wesentlichen kurzfristigen Verbindlichkeiten des Unternehmens gehören u.a. die *Personal-* und die *Sachkosten*. Der Umfang des Personaleinsatzes im Krankenhaus stellt eine sowohl innerbetriebliche als auch gesamtgesellschaftliche Variable dar, die von den unterschiedlichen Interessengruppen (Arbeitgeber, Gewerkschaften, Krankenhausgesellschaften, Sozialversicherungsträger, Politik) kontrovers diskutiert wird. Bei der *Kalkulation* der eigenen Kosten eines Krankenhauses spielen zahlreiche andere, im DRG-System nicht berücksichtigte, z.B. bauliche und organisatorische Komponenten, aber auch regionale Besonderheiten eine wichtige Rolle. Über ein räumliches Areal weit verzweigte Kliniken haben vielfach höhere Kostenstrukturen als komplexe Klinik(neu)bauten. Privatwirtschaftlich tätige Klinikbetreiber nutzen hier die vielfachen Möglichkeiten der Einflussnahme durch politikunabhängige kaufmännische Entscheidungen. Weniger lukrative Bereiche werden z.B. durch Zusammenlegung optimiert oder gar outgesourct[53].

Erklärungsansätze für die Expansion von privaten Krankenhausbetreibern sind zugleich deren z.T. ausgereifte Diversifikationen: weg von einem »Standardkrankenhaus« und hin zur Spezialisierung in der Leistungserbringung; zudem deren Optimierung der innerbetrieblichen Strukturen und der baulichen Komponenten, aber auch deren Kostenoptimierung, v.a. im Personalsektor. Ökonomische Optimierung muss dabei nicht unbedingt mit einer Ressourcenoptimierung korrelieren. Gerade im Bereich der Humanressourcen können das Fehlen von Reservekapazitäten und eine hohe Personalfluktuation in dem Wissensunternehmen Krankenhaus auch einen erheblichen Wettbewerbsnachteil zur Folge haben.

Immer weitergehende Senkungen der Krankenhausverweildauern haben, von vielen fast unbeachtet, eine unmittelbare lineare Auswirkung auf die Bettennutzung in deutschen Krankenhäusern. Dieses derzeitig häufig genutzte Steuerungsinstrument könnte sich in Zukunft auch negativ auf die Krankenhauslandschaft auswirken. Die erhebliche Verweildauerreduzierung der letzten Jahre führte dazu, dass im Jahr 2012 etwa ein Viertel der gut 500.000 Krankenhausbetten in Deutschland leer standen und viele Krankenhäuser sich gezwungen sahen, ihre Fallzahlen zu erhöhen, um weiterhin existieren zu können. Weitere Folgen der DRG-Einführung waren, dass kürzeren Verweildauern sowie Fallzahlsteigerungen zu einer Arbeitsverdichtung in den Kliniken führten. Rund 44% aller ländlichen Krankenhäuser schreiben derzeit Verluste. 40% der Kliniken erwarteten weitere Verschlechterungen ihrer Lage. Bis 2020 wird eine weitere *Marktbereinigung* durch Klinikfusionen oder Standort- und Abteilungsschließungen erwartet.

In der Gesundheitspolitik wird derzeit darüber diskutiert, ob Kliniken mit besserer Personalausstattung zusätzliche finanzielle Mittel erhalten sollen. Damit sollen Einrichtungen belohnt werden, die einen umfangreicheren Personalstamm vorhalten. Allerdings gibt es keine konkreten Vorschläge, in welcher Form dies umgesetzt werden soll. Von dem konkreten Beschluss der Regierungskoalition nach Einführung einer qualitätsbezogenen Vergütung *(Pay for Performance P4P)* könnten letztlich auch die privaten Leistungsanbieter profitieren, da hier oftmals inhaltlich weiter entwickelte Qualitätsmanagementinstrumente und Dienstleistungsdiversifikationen umgesetzt sind, als bei manchen regionalen Versorgern. Auch die bessere Kapitalausstattung, die erheblich höhere Verhandlungsmacht gegenüber Zulieferern, aber auch gegenüber weiteren Kooperationspartnern, eine ausgefeilte Logistik, in vielen Bereichen bereits umfangreich ausgebaute Netzwerkstrukturen und vieles andere mehr bietet privaten Krankenhausbetreibern inzwischen deutliche Wettbewerbsvorteile gegenüber der Konkurrenz.

---

53 Abgabe von unternehmerischen Aufgaben oder Strukturen an externe oder interne Dienstleister

> Es dürfte spannend bleiben, wohin der noch lange nicht beendete »Wettbewerb« im Gesundheitsmarkt in Zukunft noch führen wird. Für den zukünftigen Chefarzt bedeutet dies, sich der Realität zu stellen, die medizinisch-ethischen Aspekte des Berufes nicht zu vergessen und zugleich die ökonomischen Interessen seines Krankenhauses im Auge zu behalten. Und dann, wenn ethische oder ökonomische Fragen dieses erfordern, auch flexible Antworten bereit zu halten.

Literatur

Aiken LH, Sloane DM, Bruyneel L, van den Heede K, Sermeus W (2013) Nurses' reports of working conditions and hospital quality of care in 12 countries in Europe. International Journal of Nursing Studies 50(2)

Ekkernkamp A, Debatin J, Schulte B, Tecklenburg A (2013) Krankenhausmanagement: Strategien, Konzepte, Methoden. Medizinisch Wissenschaftliche Verlagsgesellschaft

Lüngen M, Hochhut C, Ernst C (2009) Wirtschaftliche Steuerung von Krankenhäusern in Zeiten der G-DRGs. In: Klauber J, Robra BP, Schellschmidt H (Hrsg) Krankenhaus-Report 2008/2009. Schattauer, Stuttgart

Raake A (2008) Strategisches Performance Measurement. Lit-Verlag

Reifferscheid A, Pomorin N, Wasem J (2014) Mittelknappheit im Gesundheitswesen (noch nicht publiziert)

Sens B, Wenzlaff P, Pommer G, Hardt H (2010) Auswirkungen der DRG-Einführung: Die Qualität hat nicht gelitten. Dtsch Ärztebl 107(1-2): A-25 / B-21 / C-21

Statistisches Bundesamt (2013) Gesundheit - Grunddaten der Krankenhäuser, S 8. www.destatis.de

Steller J (2012) Externe sektorenübergreifende Qualitätssicherung ESQS in der stationären Krankenhausversorgung in Deutschland – Ergebnisse, Probleme und mögliche Alternativen. Masterarbeit

Thomas D, Reifferscheid A, Pomorin N, Wasem D (2014) Instrumente zur Personalbemessung und -finanzierung in der Krankenhauspflege in Deutschland. Diskussionspapier im Auftrag der Vereinten Dienstleistungsgewerkschaft (ver.di)

Abkürzungen

AG	– Aktiengesellschaft
ArbZG	– Arbeitszeitgesetz
BCG	– Boston Consulting Group
BD	– Bettenbedarf
BER	– Betriebsergebnisrechnung
BN	– Bettennutzung
BPflV	– Bundespflegesatzverordnung
BWL	– Betriebswirtschaftslehre
CMI	– Case Mix Index
DKI	– Deutsches Krankenhausinstitut
EBITDA	– Earnings before interest, taxes, depreciation and amortization e. V.
FP	– Fallpauschale
G-DRG	– German Diagnosis Related Groups
GKV	– Gesetzliche Krankenversicherung
gGmbH	– Gemeinnützige Gesellschaft mit beschränkter Haftung
GmbH	– Gesellschaften mit beschränkter Haftung
GSG	– Gesundheitsstrukturgesetz
HD	– Hauptdiagnose
InEK	– Institut für das Entgeltsystem im Krankenhaus
KER	– Kosten- und Erlösrechnung
KHG	– Krankenhausfinanzierungsgesetz
KH	– Krankenhaushäufigkeit
KHEntgG	– Krankenhausentgeltgesetz
KLR	– Kosten- und Leistungsrechnung
KoRe	– Kostenrechnung
LBFW	– Landesbasisfallwert
mVWD	– mittlere Verweildauer
NPO	– Non-Profit-Organisation
PCCL	– Patient Clinical Complexity Level
SWOT	– Strengths, Weaknesses, Opportunities and Threats
VD	– Verweildauer

Im Wirtschaftlichkeits-Labyrinth verfangen? DRGs und ihre Folgen

Joachim Steller, Thomas Schwenzer

12.1 Aktuelle Rahmenbedingungen von Krankenhäusern – 146

12.2 Historie der Krankenhäuser und der Krankenhausfinanzierung – 148

12.3 Sinn und Zweck der Umstellung der Vergütung auf das DRG-System – 150

12.4 DRG-Kalkulation – 155
12.4.1 Rechnerische Eingangsgrößen in der DRG-Bewertung – 159
12.4.2 Unterschiede in den Basisfallwerten – 161
12.4.3 Anreize und Fehlanreize des DRG-Systems – 163
12.4.4 DRG-basierte Strategien des Unternehmens Krankenhaus – 167

12.5 Innerbetriebliche Konsequenzen aus den unterschiedlichen Basisfallwerten – 168

12.6 Kriterien für die Personalzumessung – 169

12.7 Auswirkungen des DRG-Systems auf die Versorgungslandschaft – 170

12.8 Zusammenfassung und Empfehlung – 172

Literatur – 172

Abkürzungen – 173

12.1 Aktuelle Rahmenbedingungen von Krankenhäusern

In der Volkswirtschaftslehre beschreibt der Begriff »Moral Hazard«, dass sich Individuen aufgrund ökonomischer Anreize an die jeweils gegebenen Rahmenbedingungen anpassen.[1] Beispiele in der Volkswirtschaftslehre sind z.B. Verhaltensänderungen von Versicherten in Abhängigkeit davon, ob ein Risiko versichert ist oder nicht, die immer wieder diskutierte verminderte Leistungsbereitschaft von Beamten aufgrund ihrer Unkündbarkeit und vieles andere mehr. Dieses Moral Hazard findet man auch in allen Gesundheitssystemen. Im alten Vergütungssystem mit tageweisen abteilungsbezogenen Pflegesätzen gab es keinen Anreiz, Patienten zeitnah aus dem Krankenhaus zu entlassen, im jetzt bestehenden DRG-System haben sich die Verhaltensweisen umgekehrt: Optimal für die Vergütung ist eine Entlassung innerhalb der Regelverweildauer, möglichst unter der durchschnittlichen Verweildauer, die für jede DRG ausgewiesen ist, weil dann in der Regel auch die Kosten niedriger sind als die kalkulierten Durchschnittskosten. Diese immanenten verhaltensbedingten Anpassungen an vorgegebene Regelwerke bedürfen zwangsläufig einer Überwachung (z.B. Qualitätssicherungsmaßnahmen), um eklatante Fehlsteuerungen zu verhindern.

Das seit 2004 eingeführte *DRG-Vergütungssystem* stellt grundsätzlich eine Vergütungsform dar, die eine eng an dem Kostenaufwand der erbrachten Leistung orientierte Vergütung ermöglichen soll, die dennoch pauschalierend ist. Vom Grundsatz her ist dieses Vergütungssystem mit Sicherheit besser und gerechter als das vorangegangene über Tagessätze pauschalierende System. Mit der Einführung des DRG-Systems hat die Politik aber auch das Ziel verbunden, Überkapazitäten im stationären Versorgungssystem abzubauen. Über eine systematische Unterfinanzierung sollte erreicht werden, dass schlecht funktionierende Krankenhäuser insolvent werden und aus dem Markt verschwinden.[2]

Tatsächlich hat dieser politisch verfolgte – wenn auch nie wirklich ausgesprochene Ansatz – bisher nur begrenzt funktioniert: Zwischen 2004 und 2014 sind 181 allgemeine Krankenhäuser (minus 10%; ◘ Abb. 12.1) und knapp 34.000 Betten (489.433 auf 455.496 Betten, minus 7%; ◘ Abb. 12.2) aus dem Versorgungssystem verschwunden. Die Anzahl stationär behandelter Patienten hat im gleichen Zeitraum von 16,3 Mio. auf 18,5 Mio. (plus 14%) zugenommen (◘ Abb. 12.3).[3]

Durch die *chronische Unterfinanzierung* hat die Ökonomie in den deutschen Krankenhäusern stark an Bedeutung gewonnen. Und es kann nicht ausgeschlossen werden, dass die ökonomischen Entscheidungen zumindest teilweise die eigentlich im Vordergrund ärztlichen und pflegerischen Handelns zu stehen habende Diagnostik und Therapie dominieren. Die Einführung der DRGs hat ganz zweifelsfrei durch die bestehende Unterfinanzierung zu vermehrten Spannungen zwischen den einzelnen Fächern, aber auch zwischen den medizinischen Fachabteilungen und der überwiegend kaufmännisch dominierten Geschäftsführung geführt. Kaum ein Fach ist der Auffassung, es sei im System adäquat abgebildet, und vielfach besteht die Auffassung, andere Fachdisziplinen als das eigene Fach seien im System besser abgebildet. Man ist an das von Machiavelli[4] geprägte »divide et impera« (»Teile und herrsche«) erinnert. Konservative Fächer fühlen sich z.B. oft gegenüber schneidenden Disziplinen und Fächern mit hoher Personalintensität benachteiligt im Vergleich zu solchen mit hohem Sachkostenanteil. Tatsächlich stehen aus der Perspektive von Krankenhausgeschäftsführungen *die* Disziplinen besonders im Fokus, die hohe Bewertungsrelationen ihrer Fälle aufweisen. Fächer mit niedrigen Bewertungsrelationen, wie z.B. die Geburtshilfe und Gynäkologie, werden hingegen oft stiefmütterlich behandelt. Dabei wird oft vergessen, dass hohen Bewertungsrelationen mit entsprechend hohen Erlösen auch hohe Kosten gegenüberstehen und trotz hoher Erlöse im Einzelfall nicht immer sichergestellt ist, dass auch Kostendeckung erreicht wird.

Eine besondere Problematik hat sich seit Einführung der DRGs auch dadurch ergeben, dass die *Investitionen in Krankenhäuser*, die nach der derzeit gültigen dualen Finanzierung über die Länder er-

---

1 Vgl. Baßeler et al. (2006, S. 468)
2 Vgl. Deutsches Ärzteblatt (2015)
3 Vgl. Gesundheitsberichterstattung des Bundes (2016)
4 Vgl. Machiavelli (2001)

12.1 · Aktuelle Rahmenbedingungen von Krankenhäusern

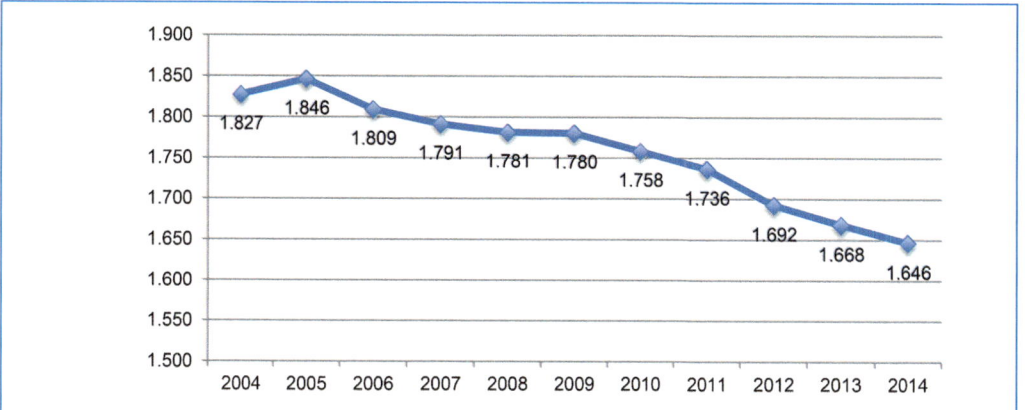

Abb. 12.1 Entwicklung der Anzahl allgemeiner Krankhäuser zwischen 2004 und 2014 (Quelle: Statistisches Bundesamt)

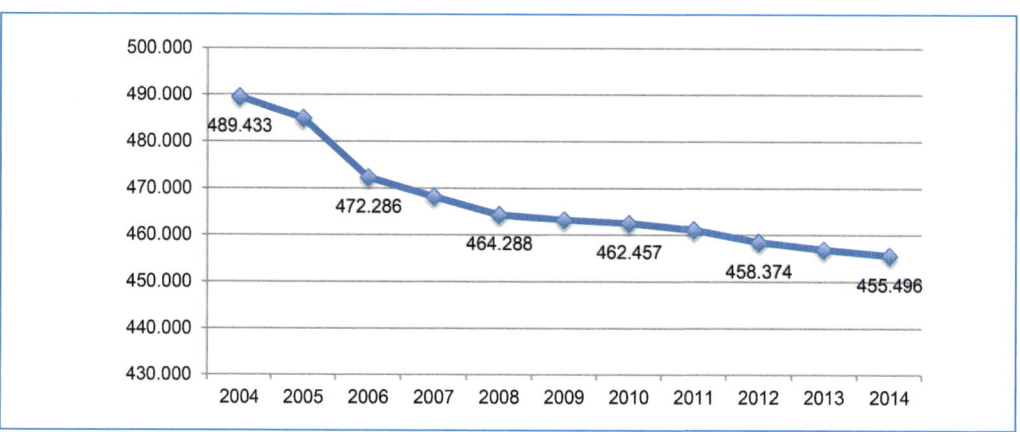

Abb. 12.2 Entwicklung der Bettenanzahl in allgemeinen Krankenhäusern zwischen 2004 und 2014 (Quelle: Statistisches Bundesamt)

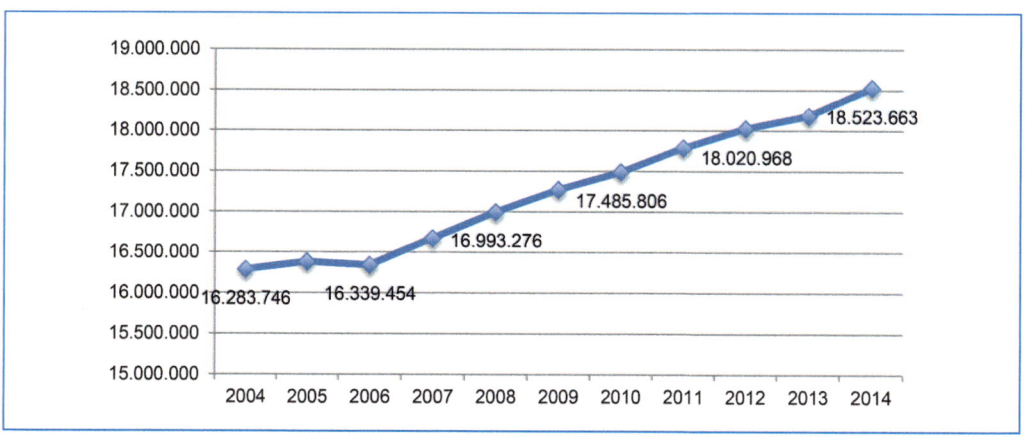

Abb. 12.3 Entwicklung der stationären Fallzahlen in allgemeinen Krankenhäusern zwischen 2004 und 2014 (Quelle: Statistisches Bundesamt)

folgen müssten, völlig unzureichend sind. Krankenhäuser sind heute gezwungen, aus den laufenden Erlösen, die über die Krankenkassen eigentlich nur für die Patientenversorgung zur Verfügung gestellt werden müssten, auch Investitionen in Gebäude und in apparative Ausstattung vorzunehmen. Typisch sind Vorgaben durch Geschäftsführungen an die ärztlichen Fachabteilungen, dass z.B. die Kosten 10 oder gar 15% unter den mittleren, durch das InEK kalkulierten Kosten liegen müssen und dass auch die in der InEK-Kalkulation hinterlegten Personalkosten um einen bestimmten Prozentsatz unterschritten werden müssen. Aus ökonomischer Sicht haben Krankenhausleitungen zu diesen Vorgaben praktisch keine Alternativen, weil die entsprechenden Investitionen der Länder ausbleiben. Die Auswirkungen auf die *Patientenversorgung*, besonders im Pflegebereich, sind erheblich. Schon 2012 hat der GKV-Spitzenverband darauf hingewiesen, dass sich die Länder schleichend aus der dualen Finanzierung verabschieden[5]: 2011 lagen die Investitionsmittel aller Bundesländer bei ca. 2,67 Mrd. Euro und somit um 156 Mio. Euro unter dem Vorjahreswert. Zehn Jahre zuvor betrugen die Krankenhausinvestitionen der Länder noch 3,39 Mrd. Euro, haben also in diesem 10-Jahres-Zeitraum um mehr als 20% abgenommen. Zwischen 1991 und 2011 sind die Krankenhausfördermittel von 1.300,78 Mrd. auf 1.201,78 Mrd. gesunken.[6] Bezogen auf die Gesamtwirtschaftsleistung Deutschlands sind die Investitionen von 0,24% am Bruttoinlandsprodukt in 1991 auf 0,10% in den Jahren 2012 und 2013 abgesunken.[7] Berücksichtigt man den durch den medizinischen Fortschritt und die zunehmend älter werdende Bevölkerung eigentlich stark steigenden *Investitionsbedarf*, muss man letztlich feststellen, dass hier ein *Systemversagen* vorliegt, weil die Krankenhäuser gezwungen werden, Investitionen aus den laufenden Betriebskosten zu bestreiten und so zwangsläufig die Personal- und Sachmittel unterfinanziert sind. Es bleibt abzuwarten, ob es in Zukunft einen kompletten Ausstieg aus der dualen Finanzierung geben wird und ob es Investitionszuschläge zur DRG-Vergütung des einzelnen Behandlungsfalls gibt. Das InEK kalkuliert jedenfalls bereits die Investitionskosten seit 2014 mit.[8]

Das DRG-System ist so aufgebaut, dass die Kostenkalkulation aus den Kalkulationshäusern mit einer zeitlichen Verschiebung von zwei Jahren Eingang in die Kalkulation der Bewertungsrelationen finden. Dies führt dazu, dass besonders personalintensive Fachabteilungen mit entsprechend fast zwangsläufigen Anstiegen der Vergütungen im Rahmen der tarifvertraglichen Anpassungen gegenüber Abteilungen mit hoher Sachkostenkomponente benachteiligt sind, weil bei den Sachkosten Preisanpassungen bei dem bestehenden Wettbewerbsdruck nicht automatisch Kostenerhöhungen nach sich ziehen und weil hier Abteilungen mit großen Mengenvolumina günstige Preisstaffeln aushandeln können und so Wettbewerbsvorteile erlangen.

12.2 Historie der Krankenhäuser und der Krankenhausfinanzierung

Erste Hospitäler wurden zu Beginn des 13. Jahrhunderts in Deutschland von Klöstern und Bischöfen gegründet, die Finanzierung erfolgte oft aus deren Vermögen. Dem folgten vereinzelte Gründungen von städtischen Bürgerhospitälern (Leprosorien, Pesthäuser, Anstalten für Geisteskranke) zur Betreuung von »Armen, Siechen und Bresthaften«, wenn diese keine Pflege in den Familien fanden. Die Finanzierung erfolgte über private Stiftungen sowie aus Steuermitteln der Gemeinden. Erst Anfang des 18. Jahrhunderts kamen die ersten »modernen« Krankenhäuser auf. Im Jahr 1710 wurde die Charité in Berlin zunächst als Pestkrankenhaus gegründet, 1784 kam es in Wien und 1799 in Leipzig zur Gründung staatlicher Universitätskliniken. Mit der Einführung des allgemeinen Landrechts in Preußen im Jahr 1794 nahm der Staat die Krankenhäuser unter seine Aufsicht.

Eine große Zunahme der Neugründungen von Krankenhäusern erfolgte im 19. Jahrhundert, um in der Bevölkerung die durch Kriege und Krankheiten entstandenen Leiden durch Pflege und Betreuung zu lindern, während die Anzahl der Ärzte und damit eine organisierte ärztliche Versorgung vorerst

---

5 Vgl. GKV-Spitzenverband (2012)
6 Vgl. Krankenhausgesellschaft (2012)
7 Vgl. Krankenhausgesellschaft (2014)

8 Vgl. InEK (2014)

noch begrenzt waren. Den Betrieb und die Trägerschaft von Krankenanstalten übernahmen in dieser Zeit in Deutschland überwiegend Kirchen und karitative Einrichtungen, erst später auch die Städte und Gemeinden.

Die *Sozialgesetzgebungen* des deutschen Reichskanzlers Otto von Bismarck gegen Ende des 19. Jahrhunderts waren ein Versuch, auf die rasanten gesellschaftlichen Veränderungen und die wachsende Ungleichheit und zunehmende soziale Not der Arbeiterschaft in Folge der Industrialisierung zu reagieren. 1883 verabschiedete der deutsche Reichstag das »Gesetz betreffend die Krankenversicherung der Arbeiter«.[9] Arbeiter bis zu einem Jahreseinkommen von 2.000 RM, und damit der überwiegende Teil der Arbeiterschaft, wurden Pflichtmitglieder in der Krankenversicherung. Die Versicherungskosten wurden durch Beiträge der Arbeitnehmer (2/3) und Arbeitgeber (1/3) gedeckt. Den Arbeitnehmern standen nunmehr freie ärztliche Behandlung und Arzneimittel zu, bei Erwerbsunfähigkeit erhielten sie ein Krankentagegeld in Höhe von 50% des Tageslohns.[10]

Die *Krankenhauspflege* war dabei für die Mitglieder der Arbeiterkrankenversicherung lediglich eine »Kann-Leistung« (§ 6 KVG von 1982, § 184 RVO von 1911).[11] Dennoch brachte diese Leistung den Krankenhäusern mit den versicherten Arbeitnehmern echte Einnahmen, wenngleich diese nicht kostendeckend waren. Anfang des 20. Jahrhunderts entwickelte sich das Krankenhaus »weg vom Armenhaus, weg von der generellen Isolationsanstalt armer Infektiöser, weg von einem Krankenhaus, in dem vornehmlich arme Kranke Ruhe und Erholung fanden, hin zu einer medizinisch-therapeutischen Heilanstalt für alle«. Moderne städtische Krankenhäuser sollten zahlungskräftige Patienten auch von weit her anziehen, wenngleich die Kosten für die Krankenhausbehandlung oftmals die Mittel der Handwerksmeister und Gewerbetreibenden als auch der Angehörigen des geistigen Standes überstiegen.[12]

Die *Krankenhausbehandlung* unterlag dabei einer prinzipiellen Kostenpflicht. Krankenhäusern waren besonders interessiert an Selbstzahlern, aber auch an Patienten, die ihren Aufenthalt über eine Bürgschaft oder eine Kassenmitgliedschaft bezahlen konnten. Aufgrund hoher Tarife waren Teile der Bevölkerung auch gezwungen, im Falle einer Krankenhausbehandlung Armenhilfe in Anspruch zu nehmen.[13]

Um die Kosten der Behandlungen nicht aus dem Ruder laufen zu lassen, versuchten staatliche Organe und Gemeinden, die Krankenhaustarife z.T. den tatsächlichen Kostenentwicklungen anzupassen bzw. diese zu reglementieren. Im Jahr 1898 lag die Festsetzung des Tagessatzes eines Krankenhauses bei 2,20 Mark, obwohl die Kosten laut eigenen Berechnungen der Krankenhäuser 2,60 Mark betrugen. Zugleich hatte die Bismarcksche Sozialgesetzgebung die Entstehung der teilweise noch heute bestehenden *Krankenversicherungsträger* zur Folge. Im Jahr 1913 gab es bereits 123 Krankenkassen, in denen sich auch die Gewerbetreibenden und die Angehörigen der Handwerksbetriebe versichern konnten, davon 44 Fabrik- und Betriebskrankenkassen, 27 Ortskrankenkassen, 22 Gemeindekrankenversicherungen, 12 Innungs- und Verbandskrankenkassen etc.[14]

 Bis zum Jahr 1936 bestand das System der Krankenhausfinanzierung aus einer freien Krankenhausfinanzierung[15], nach 1936 aus einer monistischen Krankenfinanzierung[16] und ab 1972 aus einem dualistischen System[17] zur Krankenhausfinanzierung.

---

9 1884 erfolgte die Einführung einer gesetzlichen Unfallversicherung, 1889 verabschiedete der Reichstag eine Alters- und Invaliditätsversicherung, 1891 wurde schließlich die gesetzliche Rentenversicherung eingeführt
10 Vgl. Bundesministerium für Arbeit und Soziales. https://www.in-die-zukunft-gedacht.de/de/page/68/epoche/129/epochen.html
11 Vgl. Labisch u. Spree (1996, S. 267)
12 Vgl. Labisch u. Spree (1996, S. 285-287)
13 Vgl. Labisch u. Spree (1996, S. 350)
14 Vgl. Labisch u. Spree (1996, S. 249-250)
15 Freie Krankenhausfinanzierung: Auf Grundlage des Sachleistungsprinzips wurden zwischen Krankenkassen und Krankenhäusern Pflegesätze vereinbart, die zugleich Investitions- und Betriebskosten sowie die Verzinsung des betriebsnotwendigen Kapitals berücksichtigten
16 Monistische Krankenhausfinanzierung: Krankenhäuser bestreiten sowohl Betriebsausgaben als auch Investitionsaufwendungen allein aus der Vergütung ihrer erbrachten Leistungen durch die Krankenversicherungen.
17 Dualistische (= duale) Krankenhausfinanzierung: Seit dem Krankenhausfinanzierungsgesetz von 1972 teilen sich Bundesländer und gesetzliche Krankenkassen die Krankenhausfinanzierung

Bis 1936 bestand in Deutschland eine *freie Krankenhausfinanzierung*. Auf Grundlage des Sachleistungsprinzips wurden zwischen den Kostenträgern und Krankenhäusern Pflegesätze vereinbart, die zugleich Investitions- und Betriebskosten sowie die Verzinsung des betriebsnotwendigen Kapitals berücksichtigten.

Zwischen 1936 und 1972 gab es in Deutschland ein rein monistisches Krankenhausfinanzierungssystem. Anhand von Planzahlen finanzierten die Krankenkassen alleine die bestehenden Krankenhäuser. Im Jahre 1936 reagierte der Staat auf die ständigen Steigerungen der Kosten für die Krankenhäuser mit einer Preisstoppverordnung.[18] Durch das Einfrieren der Vergütungen und der Einführung damit verbundener Höchstpreise wurde ein weiteres Wachstum im Krankenhauswesen gestoppt. In der Folge kam es bei vielen Krankenhäusern zu *Finanzierungslücken*. Trotz zahlreicher vermeintlich kostendämmender Gesetze kam es zu immer höheren Finanzierungsproblemen der Krankenhäuser. Bei mangelnder Selbstkostendeckung waren in den Jahren 1957 bis 1966 die Defizite der Krankenhäuser von 280 Mio. DM auf 840 Mio. DM gestiegen.[19] 1969 übertrug der Bund den Bundesländern die Verantwortung für die Krankenhäuser.

> Im Jahre 1972 befand sich das Gesundheitswesen in Deutschland aufgrund einer finanziellen Unterdeckung in einer schweren Krise. Mit dem Inkrafttreten des ersten Krankenhausfinanzierungsgesetzes (KHG) im Jahr 1972 erfolgte zukünftig die Krankenhausvergütung nach dem Prinzip der dualen Finanzierung. Dabei wurden die Investitionskosten[20] der Krankenhäuser im Zuge einer öffentlichen Förderung von dem jeweiligen Bundesland übernommen, während laufende Betriebskosten (Personal- und Sachkosten etc.) von den Krankenkassen getragen wurden.[21, 22]

Neben der wirtschaftlichen Sicherung der Krankenhäuser und einer bedarfsgerechten Versorgung der Bevölkerung waren sozial tragbare Pflegesätze Ziel und Zweck des damaligen KHG.

Auf Grundlage des *Selbstkostendeckungsprinzips* gab es erstmals einen gesetzlichen Anspruch auf Finanzierung des Krankenhauswesens, wobei alle anfallenden Kosten aus der dualen Mischfinanzierung gedeckt sein mussten. Unterschätzt wurde dabei der durch einen Investitionstau vorhandene Investitionsbedarf. Im Jahr 1984 wurde mit dem Krankenhausneuordnungsgesetz (KHNG) das Selbstkostendeckungsprinzip weitgehend, mit dem Gesundheitsstrukturgesetz (GSG) im Jahr 1993 vollständig abgeschafft.[23] Die Höhe der regelmäßig zu verhandelnden Pflegesätze wurde an die beitragspflichtigen Einnahmen der gesetzlichen Krankenversicherung (GKV) gekoppelt. Die Vergütung der stationären Krankenhausleistungen bestand in den Jahren 1993 bis 2002 aus einer Mischung aus Fallpauschalen, Sonderentgelten sowie Abteilungs- und Basispflegesätzen. Mit Einführung des Gesundheitsreformgesetzes (GRG) im Jahr 2000 und des Fallpauschalengesetzes (FPG) im Jahr 2002 wurde seit 2003 stufenweise ein *pauschaliertes Vergütungssystem* (Diagnosis Related Groups, DRG) für alle allgemeinen Krankenhausleistungen in deutschen Krankenhäusern eingeführt (◘ Tab. 12.1).[24]

12.3 Sinn und Zweck der Umstellung der Vergütung auf das DRG-System

Im Vergleich zu anderen Fallgruppenklassifikationssystemen hat das Diagnosis Related Groups-System eine längere Historie. Die *Diagnosis Related Groups* wurden ab dem Jahr 1967 an der Yale-University in Connecticut entwickelt. Ziel dieser Klassifikation war der Versuch der Übertragung industrieller Methoden der Qualitätssicherung auf Krankenhäuser. Krankenhausleistungen sollten messbar sein mit dem Ziel, Prozesse zu verbessern und gleichzeitig einen effizienten und effektiven Ressourcenverbrauch zu sichern. Seit 1983 wurden

---

18 Vgl. Goedereis (1999, S. 13)
19 Vgl. Goedereis (1999, S. 14)
20 Die Investitionskosten beinhalteten die Errichtungskosten (Neubau, Umbau, Erweiterungsbau) von Krankenhäusern, Kosten für die Anschaffung der zum Krankenhaus gehörenden Wirtschaftsgüter sowie die Kosten für die Wiederbeschaffung von Anlagegütern
21 Vgl. Janssen (1999, S. 61)
22 Vgl. Brüggemann (2005, S. 16-1)

23 Vgl. Janssen (1999, S. 64)
24 Vgl. Archut (2007)

◨ **Tab. 12.1** Wichtige gesundheitspolitische Gesetze und Verordnungen

Finanzierung	Datum	Gesetze und Verordnungen	Ziele und Folgen
1936 bis 1972 monistisches Finanzierungssystem	16.11.1936	Preisstoppverordnung	Eingriff des Staates in Preise des Gesundheitswesens, Folge: Unterfinanzierung des Gesundheitswesens, Stagnation des Ausbaus von Krankenhäusern
	26.06.1948	Preisfreigabeverordnung	Krankenhäuser konnten wieder Preise mit Krankenkassen vereinbaren, Widerspruch der Kostenträger
	18.12.1948	Pflegesatzanordnung	Anordnung über Höhe der Pflegesätze, Preisfixierung, Vorgabe von Kalkulationsregeln
	09.09.1954	Verordnung über Pflegesätze von Krankenanstalten	Beschränkung der Pflegesätze, Folge: Selbstkosten wurden nicht gedeckt
	12.05.1969	Einführung der konkurrierenden Gesetzgebung (Grundgesetzänderung)	Länder erhalten Zuständigkeit für das Gesundheitswesen
1972 bis 1993 dualistisches Finanzierungssystem	29.06.1972	Krankenhausfinanzierungsgesetz KHG	Ziele: wirtschaftliche Sicherung der Krankenhäuser, um eine bedarfsgerechte Versorgung der Bevölkerung zu gewährleisten; Krankenhäuser sollen leistungsfähig sein und eigenverantwortlich wirtschaften; tragbare Pflegesätze
	27.06.1977	Krankenversicherungs-Kostendämpfungsgesetz KVKG	Begrenzung der Leistungsnachfrage z.B. durch Zuzahlungen, kurzfristige Entlastung der GKV
	22.12.1981	Krankenhaus-Kostendämpfungsgesetz KHKG	Stärkere Beteiligung der Krankenhäuser und Krankenkassen an der Bedarfsplanung der Länder, stärkeres Mitspracherecht der Krankenkassen bei Festsetzung der Pflegesätze, Einführung finanzieller Anreize zum Krankenhausbettenabbau
	22.12.1981	Kostendämpfungs-Ergänzungsgesetz KVEG	Einschnitte für ambulante Leistungen, z.B. Zahnersatz, Heilmittel
	20.12.1984	Krankenhaus-Neuordnungsgesetz KHNG	Länder zukünftig alleine zuständig für KH-Finanzierung, Krankenkassen und Krankenhaus verhandeln Pflegesätze, nur »vorauskalkulierte Selbstkosten eines sparsam wirtschaftenden und leistungsfähigen Krankenhauses« sollen erstattet werden, Fallpauschalen und Sonderentgelte werden angedacht
	01.01.1989	Gesundheitsreformgesetz GRG	Beschränkung der Leistungen auf das medizinisch Notwendige, Einführung des Festbetragssystems für Arzneimittel und Hilfsmittel, höhere Rezeptgebühr, Kürzung des Kassenzuschusses für Brillen etc., Erweiterung der Wirtschaftlichkeitsprüfungen, Erhöhung von Zuzahlungen bei Arzneimitteln, Hilfsmitteln, Zahnersatz, Krankenhausaufenthalten und Fahrtkosten

◘ **Tab. 12.1** (Fortsetzung)

Finanzierung	Datum	Gesetze und Verordnungen	Ziele und Folgen
Finanzierung durch Fallpauschalen und Sonderentgelte mit dem Ziel einer monistischen Finanzierung	01.01.1993	Gesetz zur Sicherung und Strukturverbesserung der gesetzlichen Krankenversicherung (Gesundheitsstrukturgesetz GSG)	Ausgaben für ärztliche und zahnärztliche Behandlung, Arznei, Verbände sowie Heilmittel dürfen nicht höher als die Beiträge steigen, Finanzierung aller Kosten durch Preise (Fallpauschalen, Sonderentgelte), auch Investitionskosten werden anteilig über Preis abgedeckt; Budgeteinführung. Ziel: Monistische Finanzierung
	26.09.1994	Bundespflegesatzverordnung BPflV	Einführung neuer Entgeltformen, Abschaffung des Kostendeckungsprinzips. Einführung neuer Fallpauschalen für bestimmte Behandlungsfälle, Sonderentgelte für bestimmte Operationen und individuelles Budget für Krankenhäuser
	07.05.1996	Stabilitätsgesetz StabG	Gesetz zur Stabilisierung der Krankenhausausgaben, Folge: Gesamtbetrag 1996 darf pro Krankenhaus nicht höher sein als 1995, Aussetzung der Instandhaltungsfinanzierung, Aussetzung der letzten Stufe der Pflegepersonalregelung
	8.10.1996	Erstes GKV-Neuordnungsgesetz 1. NOG	Beitragserhöhung der Krankenkassen wurden mit erhöhten Zuzahlungspflichten der Versicherten verbunden
	1.11.1996	Beitragsentlastungsgesetz BeitrEntlG	Erhöhung der Zuzahlungspflichten für bestimmte Medikamente, Reduzierung der Erstattung für Zahnersatz, für Brillen etc., Senkung der Kassenbeiträge um 0,4% des Bruttoeinkommens
	01.01.1997	Zweites GKV-Neuordnungsgesetz 2. NOG	Höhere Zuzahlungen der Patienten, erhöhte Anforderungen an die Dokumentation, Aufhebung der Pflegepersonalregelung, Öffnung des Budgets für zusätzliche Leistungen
	20.11.1998	Vorschaltgesetz	Fortsetzung der Deckelung auf Basis des StabG von 1996, Verlängerung des Erlösabzugsverfahrens für Fallpauschalen und Sonderentgelte, Entfall des Instandhaltungszuschlages
	22.12.1999	GKV-Gesundheitsreformgesetz GKVRefG 2000	Budgetverschärfung für Arzthonorare, Arzneien und Krankenhäuser, Regress bei Überschreitung des Budgets, Zukünftige Einführung eines DRG-Systems
	19.12.2001	Arzneimittelbudget-Ablösungsgesetz ABAG	Ablösung des Arznei- und Heilmittelbudgets
	15.02.2002	Arzneimittelausgaben-Begrenzungsgesetz AABG	Begrenzung der Arzneimittelausgaben der gesetzlichen Krankenversicherung

Tab. 12.1 (Fortsetzung)

Finanzierung	Datum	Gesetze und Verordnungen	Ziele und Folgen
Einführung der diagnoseorientierten Fallpauschalen (Diagnosis Related Groups DRG)	23.4.2002	Fallpauschalengesetz FPG in Verbindung mit Krankenhausentgeltgesetz KHEntgG	Gesetz über die Entgelte für voll- und teilstationäre Krankenhausleistungen, Einführung eines durchgängigen pauschalierten Vergütungssystems für Krankenhäuser. Danach werden allgemeine Krankenhausleistungen überwiegend über diagnoseorientierte Fallpauschalen (Diagnosis Related Groups DRG) abgerechnet anstelle von tagesgleichen Pflegesätzen, Fallpauschalen, Sonderentgelten und Krankenhausbudgets
	05.11.2002	Beitragssatzsicherungsgesetz BSSichG	Verschärfung der Budgets für Arzthonorare und Krankenhäuser, Kürzung des Sterbegeldes etc.
	17.07.2003	Fallpauschalenänderungsgesetz FPÄndG	Ziel: Weiterentwicklung der bisherigen gesetzlichen Rahmenbedingungen der DRG-Einführung im Sinne eines lernenden Systems
	01.01.2004	GKV-Modernisierungsgesetz GKV-GMG	Änderung von Zuzahlungspflichten, Einführung eines Hausarztsystems, Fortbildungspflicht für Ärzte; Schaffung eines unabhängigen Instituts für Qualität und Wirtschaftlichkeit im Gesundheitswesen IQWiG, das die Therapie bestimmter Krankheiten bewertet. Zusammenlegung von Kassenärztlichen Vereinigungen KV, Arzneimittelpreisverordnung, Einführung von Festbeträgen für Analogpräparate, Straffung der Krankenkassenverwaltungen etc.
	15.12.2004	Zweites Fallpauschalenänderungsgesetz 2. FPÄndG	Änderung der Vorschriften zum diagnoseorientierten Fallpauschalensystem für Krankenhäuser etc.
	01.04.2007	GKV-Wettbewerbsstärkungsgesetz GKV-WSG	Einführung einer allgemeinen Versicherungspflicht, Ausbau medizinisch notwendiger Leistungen, z.B. Palliativversorgung und Rehabilitation, mehr Wettbewerb in der GKV
	25.3.2009	Krankenhausfinanzierungsreformgesetz KHRG	Refinanzierung der Tariflohnerhöhungen 2008/2009, Förderprogramm zur Verbesserung der Stellensituation in der Pflege, Verbesserungen in der Finanzierung der Psychiatrie, Finanzierung der Praxisanleitung bei der Ausbildung, Wegfall des GKV-Rechnungsabschlags
	01.01.2011	GKV-Finanzierungsgesetz GKV-FinG	Erhöhung des einheitlichen Beitragssatzes von 14,9 auf 15,5% des Bruttoeinkommens, Neugestaltung der Zusatzbeiträge mit Sozialausgleich; Anteil der GKV-Arbeitgeberbeiträge wird dabei auf 7,3% festgeschrieben; künftige Kostensteigerungen müssen die Versicherten über Zusatzbeiträge einkommensunabhängig finanzieren
	01.01.2012	GKV-Versorgungsstrukturgesetz GKV-VStG	Sicherstellung einer bedarfsgerechten medizinischen Versorgung; Planung von Verhältniszahlen von Arzt bzw. Therapeut je Einwohner; Möglichkeit der Stilllegung von Praxen bei einer Überversorgung, z.B. wenn Arzt oder Psychotherapeut Praxis aus Altersgründen aufgibt
	05.11.2015	Krankenhausstrukturgesetz KHSG	Gesetz zur Reform der Strukturen der Krankenhausversorgung; dieses soll am 01.01.2016 in Kraft treten; der G-BA wird beauftragt, Qualitätsindikatoren zur Struktur-, Prozess- und Ergebnisqualität zu entwickeln (planungsrelevante Indikatoren), die als Kriterien und Grundlage für Planungsentscheidungen der Länder dienen, Zu- und Abschläge für qualitätsbezogene Krankenhausleistungen; Einrichtung eines Pflegestellen-Förderprogramms; Fallzahlsteuerung und Zuschläge für die stationäre Notfallversorgung

sie für die Abrechnung der Medicare-Patienten in amerikanischen Krankenhäusern angewendet. Aus den diagnosebezogenen Fallgruppen entstand in der weiteren Entwicklung in den USA zunächst das Health Care Financing Administration-DRG-System (HCFA-DRG). Primäres Ziel des HCFA-DRG-Systems war die Darstellung der Kostenintensität der jeweiligen stationären Behandlungen für bestimmte Patientengruppen. Das spätere All-Patient-DRG-System (AP-DRG) berücksichtigte weitere Patientengruppen für die Kostenkalkulation und nahm wichtige Dimensionen wie Komplexität und Mortalität der Behandlung in die Fallkostenkalkulationen auf. Seit 1988 befasste sich Australien mit der Entwicklung eigener DRGs, die im Jahr 1992 als Australian National Diagnosis Related Groups (AR-DRG) publiziert wurden.[25]

> Mit dem Krankenhausfinanzierungsgesetz (KHG) von 1972 und der Bundespflegesatzverordnung (BPflV) von 1973 wurde in deutschen Krankenhäusern das Selbstkostendeckungsprinzip[26] zur Vergütung der erbrachten Leistungen des Krankenhauses beschlossen. Folge dessen war, dass unwirtschaftlich arbeitende Krankenhäuser keinerlei Anreiz dafür hatten, effizienter zu arbeiten und dass bereits effizient arbeitende Krankenhäuser auch nach dem Selbstkostendeckungsprinzip vergütet wurden und eine weitere Optimierung der Kostenstrukturen zugleich mit einer Reduzierung der Einnahmen einhergingen. Die Vergütung nach tagesgleichen Pflegesätzen hatte zudem im internationalen Vergleich bedeutend längere Liegezeiten in deutschen Krankenhäusern zur Folge.[27]

Mit dem Gesundheitsstrukturgesetz (GSG) 1993 und der Änderung der Bundespflegesatzverordnung (BPflV) 1995 wurde eine teilweise Abschaffung der Selbstkostendeckung beschlossen. Krankenhäuser hatten nunmehr lediglich einen Anspruch auf eine leistungsgerechte Vergütung über einheitliche Basispflegesätze sowie Abteilungspflegesätze. Neben tagesgleichen Pflegesätzen wurden ab 1996 definierte Krankenhausleistungen durch Fallpauschalen und Sonderentgelte (rund 20 bis 25 Prozent aller Krankenhausleistungen) pauschal vergütet. Bereits 1992 waren mit den Krankenhäusern *feste Budgets* vereinbart worden. Eine Ausweitung des Patientenaufkommens mit einer leistungsgerechten Vergütung war somit kaum mehr möglich.[28]

Im Rahmen des GKV-Gesundheitsreformgesetzes im Jahr 2000 und der Neufassung des Krankenhausfinanzierungsgesetzes (KHG) mit dem neuen § 17b KHG[29] wurden die Deutsche Krankenhausgesellschaft (DKG), die Spitzenverbände der Krankenkassen (GKV) und der Verband der privaten Krankenversicherung (PKV) mit der Einführung eines DRG-Systems beauftragt.

> Das neue DRG-Entgeltsystem ab 2003/2004 sollte nach Ansicht des Gesetzgebers das Leistungsgeschehen im Krankenhausbereich transparenter machen, die Wirtschaftlichkeit fördern und die im System tagesgleicher Pflegesätze angelegten Fehlanreize, insbesondere zur Verlängerung der Verweildauer, beseitigen.

Eine Verbindung der konkret erbrachten Leistungen mit der Vergütung sollte dazu beitragen, dass Ressourcen krankenhausintern wie auch krankenhausübergreifend bedarfsgerechter und effizienter eingesetzt würden. Das Geld sollte dabei den Leistungen folgen. Die *leistungsorientierte Vergütung* der Krankenhäuser würde nach Ansicht der Politik zu mehr Wettbewerb und zu einer am tatsächlichen Bedarf orientierten Entwicklung der Leistungsstrukturen und Leistungskapazitäten der Krankenhäuser führen.[30]

---

25 Vgl. Hübner u. Mittelsteadt (2002, S. 10-15)
26 Selbstkostendeckungsprinzip: Krankenhäuser berechnen ihre Pflegesätze nach den für Personal, Sachmittel und den laufenden Krankenhausbetrieb anfallenden Kosten
27 Vgl. https://www.gkv-spitzenverband.de/krankenversicherung/krankenhaeuser/drg_system/fragen_und_antworten_drg/fragen_und_antworten_drg.jp
28 Vgl. https://www.gkv-spitzenverband.de/krankenversicherung/krankenhaeuser/drg_system/fragen_und_antworten_drg/fragen_und_antworten_drg.jsp
29 Gesetz zur wirtschaftlichen Sicherung der Krankenhäuser und zur Regelung der Krankenhauspflegesätze, Einführung eines pauschalierenden Entgeltsystems für DRG-Krankenhäuser
30 Vgl. Braun u. Müller (2003)

Einen besonderen Stellenwert in dem DRG-Fallpauschalensystem hat dabei die *Qualitätssicherung*. Die dazu vorgesehenen Instrumente nach § 135a SGB V[31] und § 137 SGB V[32] zusammen mit der *Transparenz der Leistungen*[33] würden laut Gesetzgeber zu einer deutlichen Verbesserung der Qualität in der stationären Versorgung führen. Die Krankenhäuser wurden zugleich verpflichtet, ein einrichtungsinternes Qualitätsmanagement einzuführen und weiterzuentwickeln, zudem sich an Maßnahmen der vergleichenden Qualitätssicherung mit den Möglichkeiten staatlicher Intervention zu beteiligen.[34]

Auf den Krankenhaussektor entfiel im Jahr 2014 mit ca. 78,8 Mrd. Euro der größte Kostenblock aller Gesundheitsausgaben in Deutschland, der in den Jahren zuvor stetig gewachsen war.[35]

12.4 DRG-Kalkulation

Die Deutsche Krankenhausgesellschaft (DKG), die Spitzenverbände der Krankenkassen (GKV) und der Verband der privaten Krankenversicherung (PKV) einigten sich im Jahr 2000 auf das australische System Australian Refined Diagnosis Related Groups (Ar-DRG) als Grundlage für die Entwicklung eines German Diagnosis Related Groups-Systems (G-DRG) für die fallbezogene Vergütung von Krankenhausleistungen. Zudem wurde eine Weiterentwicklung des zukünftigen G-DRG-Systems auf der Basis empirischer Daten aus deutschen Krankenhäusern beschlossen.

Nachdem die Finanzierung der Systementwicklung mit dem DRG-Systemzuschlags-Gesetz im Jahr 2001 gesichert war, gründeten die Selbstverwaltungspartner das *Institut für das Entgeltsystem im Krankenhaus* (InEK GmbH), das im Jahr 2002 seine Arbeit zur Definition und Weiterentwicklung von Fallpauschalen aufnahm. Voraussetzung für die Nutzung des deutschen Klassifikationssystems war die eindeutige Zuordnung von Diagnose- und Prozedurenschlüssel zu den jeweiligen Fallkonstellationen. Im Auftrag des Bundesministeriums für Gesundheit (BM) überarbeitete das Deutsche Institut für medizinische Dokumentation und Information (DIMDI) den internationalen Diagnoseschlüssel (International Classification of Diseases, ICD), der derzeit in der Fassung ICD-10 gültig ist, für die Nutzung im deutschen DRG-System und ebenso den Operationen- und Prozedurenschlüssel (OPS), der derzeit in der Version 2016 gilt.

Das InEK-Institut veröffentlicht jährlich die aktuellen *Entgeltkataloge* mit Kodierrichtlinien und die zum Einsatz kommenden patientenbezogenen *Gesamtschweregradeinteilungen* (Patient Clinical Complexity Level, PCCL). Alle vollstationären und teilstationären Krankenhausleistungen werden danach mit den pauschalierten Entgelten des G-DRG-Systems abgegolten.[36] Zum 01.01.2013 erfolgte die Einführung eines pauschalierenden Entgeltsystems für psychiatrische und psychosomatische Einrichtungen, das in den Jahren 2013 bis 2016 optional angewendet werden soll.

Nach dem Krankenhausentgeltgesetz KHEntgG § 2 Abs. 1 sind unter dem Begriff »Krankenhausleistung« insbesondere die ärztlichen Behandlungen, die Krankenpflege, die Versorgung mit Arznei-, Heil- und Hilfsmitteln sowie Unterkunft und Verpflegung zusammengefasst. Zudem werden auch die vor- und nachstationären Leistungen bei der Kalkulation der Fallkosten berücksichtigt. Krankenhausleistungen sind die Leistungen, die für die »medizinisch zweckmäßige und ausreichende Versorgung des Patienten«[37] notwendig sind. Der Unterschied des DRG-Systems zur vorherigen Fallpauschalenregelung liegt darin, dass verschiedene ökonomische Schweregrade für die Vergütung des Behandlungsfalles gebildet werden. Die Bestimmung des *Schweregrades des Behandlungsfalles* ergibt sich aus den dokumentierten Nebendiagnosen (Patient Clinical Complexity Level, PCCL), dem Alter und dem Geschlecht etc. des Patienten.[38]

Für die korrekte Kodierung sind verschiedene Angaben zum Behandlungsfall erforderlich:

---

31 Verpflichtung zur Qualitätssicherung
32 Richtlinien und Beschlüsse zur Qualitätssicherung
33 Qualitätsberichterstattung
34 Vgl. Deutscher Bundestag, Drucksache 14/6893, S. 26
35 Vgl. Reifferscheid (2015, S. 3)

36 Vgl. Krankenhausfinanzierungsgesetz KHG § 17b
37 Vgl. Krankenhausentgeltgesetz KHEntgG § 2 Abs. 2
38 Vgl. Kalkulation von Fallkosten (2007)

Tab. 12.2 Beispiel für einen DRG-Kode: N21Z = Gebärmutterentfernung ohne erschwerende Zusatzdiagnosen (N = Hauptdiagnosegruppe, 21 = Prozedurenkode, Z = ökonomischer Schweregrad)

N	21	Z
Hauptdiagnosegruppe (Major Diagnostic Category, MDC): Insgesamt 23 Hauptdiagnosegruppen 9 steht für »nicht gruppierbar«	**Basis-DRG mit Prozedurenkodes:** 01–39 = operative Prozeduren 40–59 = interventionelle Prozeduren 60–99 = konservative Prozeduren	**Ökonomischer Schweregrad:** A = höchster Ressourcenverbrauch B = zweithöchster Ressourcenverbrauch C = dritthöchster Ressourcenverbrauch D = vierthöchster Ressourcenverbrauch Z = keine Unterteilung

- Hauptdiagnose
- Nebendiagnose(n)
- Prozedur(en)
- Beatmungsdauer
- Alter
- Geschlecht
- Gewicht
- Verweildauer
- Urlaubstage
- Gewicht des Neugeborenen
- Aufnahmegrund
- Entlassungsgrund etc.

Derzeit gibt es etwa 1.200 DRGs in Deutschland. Diese werden durch einen vierstelligen alphanumerischen *DRG-Kode* näher bezeichnet. Die Hauptdiagnose bewirkt eine Zuordnung in eine Hauptdiagnosegruppe. Der Buchstabe an erster Stelle des Kodes steht für eine der 23 Hauptdiagnosegruppen (Major Diagnostic Category, MDC), die darauffolgende zweistellige Nummer bezeichnet die Basis-DRG. Der Buchstabe an der vierten Stelle unterscheidet DRGs anhand ihres Ressourcenverbrauchs, Z steht dabei für Gruppen ohne Schweregradeinteilung (◘ Tab. 12.2).

Aufbau der DRGs: Für das erste Zeichen der Hauptdiagnosegruppe (Major Diagnostic Category, MDC) werden verschiedene Buchstaben des Alphabets verwendet, zu der die DRG gehört, während die Zahl »9« der Kennzeichnung von Fehler-DRGs und sonstigen DRGs vorbehalten ist. Die Hauptdiagnosegruppe ist eine Kategorie, die auf einem Körpersystem oder einer Erkrankungsätiologie aufbaut und mit einem speziellen medizinischen Fachgebiet verbunden ist. Es existieren 23 Hauptdiagnosegruppen. Die Ziffer »9« steht für eine nicht gruppierbare DRG.

Das jeweils zweite und dritte Zeichen einer DRG-Bezeichnung kennzeichnet die Basis-DRG. Diese besteht aus einer oder mehreren DRGs, die durch die gleiche Liste von Diagnose und Prozedurenkodes definiert sind.

Es existieren drei separate Bereiche der *Prozedurenkodes*:

- 01–39 = operative Prozeduren
- 40–59 = interventionelle Prozeduren
- 60–99 = konservative Prozeduren

Das vierte Zeichen einer jeden DRG-Bezeichnung dient der Einteilung der DRG bezogen auf den Ressourcenverbrauch. Sie gibt den ökonomische *Schweregrad* innerhalb einer Basis-DRG an und ist anhand unterschiedlicher Faktoren wie Diagnosen, Prozeduren, Entlassungsgrund, Alter und/oder patientenbezogener Gesamtschweregrad (PCCL) untergliedert:

- A = höchster Ressourcenverbrauch
- B = zweithöchster Ressourcenverbrauch
- C = dritthöchster Ressourcenverbrauch
- D = vierthöchster Ressourcenverbrauch
- Z = keine Unterteilung.[39]

Entscheidend für die Bestimmung des ökonomischen Schweregrades des Falles ist die Dokumentation aller *Komorbiditäten* (Comorbidity C, Nebendiagnosen) und der *Komplikationen* (Complication C). Jeder Diagnose wird ein CCL-Wert

---

[39] Vgl. G-DRG-Version 2015, Definitionshandbuch. http://www.g-drg.de/cms/content/view/full/5174

Tab. 12.3 Hauptdiagnosegruppen (Major Diagnostic Category, MDC)

MDC Nr.	Hauptdiagnose-gruppenkode	Beschreibung
MDC 00 (Prä MDC)	A	Sonderfälle (Beatmungsfälle, Transplantationen u.ä.) Besonders aufwändige Fälle werden direkt den Prä MDCs zugeordnet
MDC 01	B	Krankheiten und Störungen des Nervensystems
MDC 02	C	Krankheiten und Störungen des Auges
MDC 03	D	Krankheiten und Störungen des Ohres, der Nase, des Mundes und des Halses
MDC 04	E	Krankheiten und Störungen der Atmungsorgane
MDC 05	F	Krankheiten und Störungen des Herz-Kreislauf-Systems
MDC 06	G	Krankheiten und Störungen der Verdauungsorgane
MDC 07	H	Krankheiten und Störungen an hepatobiliärem System und Pankreas
MDC 08	I	Krankheiten und Störungen an Muskel-Skelett-System und Bindegewebe
MDC 09	J	Krankheiten und Störungen an Haut, Unterhaut und Mamma
MDC 10	K	Endokrine-, Ernährungs- und Stoffwechselkrankheiten
MDC 11	L	Krankheiten und Störungen der Harnorgane
MDC 12	M	Krankheiten und Störungen der männlichen Geschlechtsorgane
MDC 13	N	Krankheiten und Störungen der weiblichen Geschlechtsorgane
MDC 14	O	Schwangerschaft, Geburt und Wochenbett
MDC 15	P	Neugeborene
MDC 16	Q	Krankheiten des Blutes, der blutbildenden Organe und des Immunsystems
MDC 17	R	Hämatologische und solide Neubildungen
MDC 18A	S	HIV (AIDS)
MDC 18B	T	Infektiöse und parasitäre Erkrankungen
MDC 19	U	Psychische Krankheiten
MDC 20	V	Alkohol- und Drogengebrauch und alkohol- und drogeninduzierte psychische Störungen
MDC 21A	W	Polytrauma
MDC 21B	X	Verletzungen, Vergiftungen und toxische Wirkungen von Drogen und Medikamenten
MDC 22	Y	Verbrennungen
MDC 23	Z	Faktoren, die den Gesundheitszustand beeinflussen, und andere Inanspruchnahme des Gesundheitswesens
	9	Fehler-DRG, nicht gruppierbar

(Complication and Comorbidity Level) zugewiesen. Anschließend wird jedem Datensatz ein PCCL-Wert zugeordnet, d.h. eine Maßzahl für den kumulativen Effekt der dokumentierten Komorbiditäten und Komplikationen (CC). Hieraus wird der PCCL ermittelt. Der Patient Comorbidity-Complexity Level (PCCL, patientenbezogene Gesamtschweregradeinteilung) besteht aus vier Gruppen:

- PCCL 0 = keine relevante Komplikation oder Begleiterkrankung
- PCCL 1 = leichte Komplikation oder Begleiterkrankung
- PCCL 2 = mittlere Komplikation oder Begleiterkrankung
- PCCL 3 = schwere Komplikation oder Begleiterkrankung
- PCCL 4 = sehr schwere Komplikation oder Begleiterkrankung.

Eine weitere Einteilung der DRGs erfolgt in Partitionen. *DRG-Partition*en beinhalten Zusatzinformationen zu den Fallpauschalen:
- Partition O = operative Fallpauschalen
- Partition A = andere Fallpauschalen, z.B. Koloskopie
- Partition M = medizinische Fallpauschalen.

Jeder DRG ist ein Zahlenwert mit drei Nachkommastellen, die sog. *Bewertungsrelation* (BWR, Relativgewicht) zugeordnet, mit der die Fallpauschale berechnet wird. Je größer der durchschnittliche Behandlungsaufwand ist, desto höher ist dieser Wert (= Bewertungsrelation, Relativgewicht). Er lag im Jahr 2014 bei Hauptabteilungen zwischen ca. 0,135 und 64,137.[40]

> **DRG-relevante Begriffe**
> - **Bewertungsrelation BWR (= Relativgewicht):** Ausdruck dafür, in welchem Verhältnis der Ressourcenverbrauch einer DRG zum durchschnittlichen Ressourcenverbrauch aller DRG-Fälle (Relativgewicht = 1) steht
> - **Basisfallwert (= Baserate):** Grundlage für die einheitliche Vergütung der DRGs. Die Höhe des Landesbasisfallwerte LBFW verhandeln die Landesverbände der Krankenkassen und die Landeskrankenhausgesellschaften jedes Jahr für das folgende Jahr, z.B. für Baden-Württemberg 3.232,73 Euro für das Jahr 2015.
> - **Fallerlös (= Einzelfallvergütung):** Multiplikation der Bewertungsrelation (Relativgewicht) des DRG-Falles mit dem Basisfallwert plus/minus Zuschläge/Abschläge z.B. aufgrund Unter- oder Überschreiten der Grenzverweildauer: (Relativgewicht × Basisfallwert +/- Zu- und Abschläge)
> - **Fallmix (= Casemix CM):** Ökonomischer Fallmix, d.h. Summe aller Bewertungsrelationen der erbrachten DRG-Leistungen innerhalb einer Zeiteinheit pro Krankenhaus/Abteilung etc.: (Σ Relativgewichte)
> - **Fallmixindex (= Casemixindex CMI):** Durchschnittliche ökonomische Fallschwere, Ermittlung aller Bewertungsrelationen geteilt durch die Fallzahl pro Krankenhaus/Abteilung etc.: (Σ Relativgewichte : Fallzahl)
> - **Verweildauer:** Zeitraum, in dem ein Patient in einem Krankenhaus stationär behandelt wird. Definition laut § 1 Abs. 7 Verordnung zum Fallpauschalensystem für Krankenhäuser (KFPV): »Maßgeblich ... ist die Zahl der Belegungstage. Belegungstage sind der Aufnahmetag sowie jeder weitere Tag des Krankenhausaufenthalts ohne den Verlegungs- oder Entlassungstag ... ; wird ein Patient oder eine Patientin am gleichen Tag aufgenommen und verlegt oder entlassen, gilt dieser Tag als Aufnahmetag.«
> - **Untere Grenzverweildauer (uGVD):** Bestimmt, ab welcher Aufenthaltsdauer im Krankenhaus die Pauschalvergütung gilt. Wird unterhalb dieser Grenze stationär behandelt, so werden die nicht erbrachten Belegungstage von der DRG-Pauschale abgezogen (Kurzliegerabschläge).
> - **Obere Grenzverweildauer (oGVD):** Bestimmt, bis zu welcher Aufenthaltsdauer im Krankenhaus die Pauschalvergütung gilt. Wird oberhalb dieser Grenze behandelt, können Zuschläge gezahlt werden (Langliegerzuschläge).
> - **Mittlere Verweildauer (MVD):** Durchschnittliche Verweildauer eines DRG-Behandlungsfalles. Falls das Krankenhaus den

---

40 Vgl. https://www.dimdi.de/static/de/klassi/icd-10-gm/anwendung/zweck/g-drg/

12.4 · DRG-Kalkulation

Patienten vor Erreichen der mittleren Verweildauer verlegt, muss der DRG-Erlös um einen Verlegungsabschlag gemindert werden. Patienten gelten nach der DRG-Definition dann als verlegt, wenn zwischen Entlassung aus Krankenhaus A und Aufnahme in Krankenhaus B nicht mehr als 24 Stunden vergangen sind.
- **DRG-Abteilungs-/Klinikerlös:** Summe aller Relativgewichte multipliziert mit dem Basisfallwert plus/minus Zu- und Abschläge: (Σ Relativgewichte × Basisfallwert +/- Σ Zu- und Abschläge oder CMI × Fallzahl × Basisfallwert +/- Σ Zu- und Abschläge).

Ergänzt wird das G-DRG-System durch einen Katalog von *Zusatzentgelten* für besonders aufwändige Maßnahmen. Für neue Untersuchungs- und Behandlungsmethoden (NUB), die mit den Fallpauschalen und Zusatzentgelten nicht sachgerecht vergütet werden können, gelten Sonderregelungen.[41]

Das DRG-System ist ein lernendes System. Fallkosten werden regelmäßig überprüft und neu ermittelt. Derzeit nehmen ca. 250 Krankenhäuser an der Ermittlung von Fallkosten für das G-DRG-System teil. Das InEK-Institut berechnet und definiert aus den gelieferten Daten und Informationen:
- DRG-Fallgruppen mit Verweildauergrenzen
- Kodierrichtlinien
- Relativgewichte
- Zu- und Abschläge der jeweiligen Behandlungsfälle
- patientenbezogenen Gesamtschweregradeinteilungen (PCCL) etc.

und entwickelt:
- Entgeltsystem für stationäre Behandlungsfälle
- Entgeltsystem für psychiatrische und psychosomatische Einrichtungen
- leistungsorientierte Investitionspauschalen und
- Kalkulationen von Investitionsbewertungen etc.

12.4.1 Rechnerische Eingangsgrößen in der DRG-Bewertung

An der *Fallkostenkalkulation* können alle Krankenhäuser teilnehmen, soweit das Krankenhausentgeltgesetz (KHEntgG) hier Anwendung findet. Die hierfür zur Anwendung kommende Kostenzurechnung auf den Kostenträger »Behandlungsfall« basiert auf einem Vollkostenansatz auf Ist-Kosten-Basis, d.h. nur tatsächlich anfallende Kosten gehen in die Bewertung ein. Dabei werden alle Behandlungsfälle, Leistungen und Kosten des Krankenhauses innerhalb eines abgeschlossenen Kalenderjahres einbezogen, die nach den geltenden rechtlichen Bestimmungen unter den Vergütungsrahmen des G-DRG-Systems fallen. Die Kostenzurechnung auf den jeweiligen Kostenträger »Behandlungsfall« unterscheidet zwischen *Einzelkosten* und *Gemeinkosten*. Die Kalkulation bezieht alle Behandlungsfälle, Leistungen und Kosten des Krankenhauses ein, die unter die Vergütung des G-DRG-Systems fallen.

DRG-relevante Leistungen sind:
- vollstationäre Leistung
- teilstationäre Leistung
- vor- und nachstationäre Leistung, soweit nicht gesondert berechenbar
- stationäre Behandlungsleistungen für Studienpatienten
- Patientenbehandlungen in Kliniken der Berufsgenossenschaft und Bundeswehrkrankenhäusern, deren Kosten die GKV trägt.

Nicht DRG-relevante Leistungen sind:
- rein vorstationäre Leistungen
- Wahlleistungen
- Begleitpersonen mit nicht medizinisch begründeter Aufnahme
- Leistungen für Fälle in besonderen Einrichtungen gem. § 17b Abs. 1 S. 15 KHG[42]
- Gabe von Faktorpräparaten für Bluterpatienten
- Leistungen für Ausbildungsstätten
- Ambulanzleistungen

---

41 Vgl. https://www.dimdi.de/static/de/klassi/icd-10-gm/anwendung/zweck/g-drg/

42 Krankenhäuser, deren Leistungen insbesondere aus medizinischen Gründen, wegen einer Häufung von schwerkranken Patienten oder aus Gründen der Versorgungsstruktur mit den Entgeltkatalogen nicht sachgerecht vergütet werden, können von der Anwendung der DRG-Fallpauschalen ausgenommen werden

- weitere ambulante Leistungen wie ambulantes Operieren
- Leistungen im Rahmen der Integrierten Versorgung
- zusätzliche Leistungen im Rahmen strukturierter Behandlungsprogramme
- Leistungen für Rehabilitationseinrichtungen
- Begleitpersonen, Aufnahme nicht medizinisch begründet
- Leistungen für ausländische Patienten.[43]

> **Kostenträger, Kostenstellen, Kostenarten**
> - **Kostenträger:** Kostenträger sind definierte Dienstleistungen (bestimmte DRG) oder Produkte etc., denen jeweils die anfallenden Kosten bei der Verrichtung oder der Produktion zugeschrieben werden können.
> - **Kostenstellen:** Bei der Kostenstelle handelt es sich um den Ort der Kostenentstehung und der Leistungserbringung, im Krankenhaus z.B. Station, OP, Ambulanz etc.
> - **Kostenarten:** Unterteilung in Einzelkosten und Gemeinkosten. Einzelkosten können dem Kostenträger (Produkt, Dienstleistung) direkt zugerechnet werden (Löhne, Sachaufwand z.B. Material etc.). Gemeinkosten sind Kosten, die einem Kostenträger (Produkt oder Dienstleistung) nicht direkt zugerechnet werden können (z.B. anteilige Verwaltungskosten, Versicherungskosten etc.). Gemeinkosten werden genauer analysiert und anteilig den einzelnen Bereichen zugeordnet. Zusammen mit den Einzelkosten ergeben sie in der Kostenträgerrechnung die Gesamtkosten eines Produktes oder einer Dienstleistung.

Die Patientenbehandlung im Krankenhaus erfordert den Einsatz von *Personal- und Sachmittelressourcen*. Der Umfang der notwendigen Ressourcen ist in den beteiligten Kostenstellen für jeden einzelnen Fall zu erfassen. Anhand der Leistungsdaten werden die Kosten als Einzel- oder Gemeinkosten dem jeweiligen Fall zugerechnet.

Einzelkosten sind dem Behandlungsfall direkt und verursachungsgerecht zugeordnet. Diese sind relevant, wenn sie bei der Erbringung von Krankenhausleistungen entstehen. Der Summe der Einzelkosten liegen der *Ist-Verbrauch* an Ressourcen (tatsächlicher Verbrauch) sowie die Einzelkosten für ausgewählte teure Sachgüter zugrunde.

Gemeinkosten sind Kosten, die dem Kostenträger nicht verursachungsgemäß zugeordnet werden können. Wichtige Gemeinkosten sind Teile der Personalkosten, z.B. für die Verwaltung, die Hilfs- und Betriebsstoffkosten, Energiekosten, Werkzeugkosten, Abschreibungen und Instandhaltungs- und Reparaturkosten. Sie werden mit Hilfe von Kalkulationssätzen in der Kostenträgerrechnung dem Einzelfall zugerechnet.[44]

In der Praxis werden Personalkosten oft gesammelt und einer Kostenstelle zugeordnet. In die Personalkosten einzubeziehen sind:
- ärztlicher Dienst
- Pflegedienst
- medizinisch-technischer Dienst
- Funktionsdienst.

Direkte Kostenstellen erbringen die Leistungen direkt am Patienten. Im Rahmen der Kostenträgerrechnung werden diese direkt zugerechnet. Für die Verrechnung der DRG-relevanten Gemeinkosten dieser Kostenstellen werden Kalkulationssätze je Leistung gebildet.

Indirekte Kostenstellen erbringen Leistungen nicht unmittelbar am Patienten. Sie werden in die Kostenstellenverrechnung der DRG-Kalkulation einbezogen.

Als *nicht DRG-relevante Aufwendungen* sind von der DRG-Kalkulation auszugliedern:

---

43 Vgl. https://www.gkv-spitzenverband.de/media/dokumente/krankenversicherung_1/krankenhaeuser/drg/drg_entwicklung__kalkulation__falldaten/kalkulation/KH_DRG_Kalkulationshandbuch_Version_3_2007_09_18.pdf

44 Neben den echten Gemeinkosten gibt es die sog. unechten Gemeinkosten, die zwar prinzipiell zurechenbar wären, bei denen dies aber aus Wirtschaftlichkeits- bzw. Pratikabilitätsüberlegungen heraus nicht durchgeführt wird. Beispiele für unechte Gemeinkosten sind Kosten für Verbandstoffe und sonstiges Verbrauchsmaterial auf Station

- periodenfremde und außerordentliche Aufwendungen[45]
- Aufwendungen für Rückstellungen mit Ausnahme von Rückstellungen[46] für Urlaub und Mehrarbeit etc.

Weitere nicht DRG-relevante Aufwandsarten sind:
- dem (Chef-)Arzt zustehende privatärztliche Liquidationserlöse, falls das Krankenhaus das Liquidationsrecht ausübt
- Boni und Skonti
- zentrale Dienstleistungen sind nur relevant, wenn der Preis für diese Leistungen den Marktpreis nicht erheblich übersteigt
- Umlagen, die ohne entsprechende Leistungen erhoben werden (z.B. zur Finanzierung der Konzernverwaltung in einem Mischkonzern)
- Umlagen, die vom Krankenhausträger an seine Eigentümer zur Refinanzierung des Kaufpreises abzuführen sind
- Körperschaftsteuer und Solidaritätszuschlag
- Abgaben und Versicherungen, die Betriebsteile des Krankenhauses betreffen, die keine allgemeinen Krankenhausleistungen erbringen
- Zinsen in Zusammenhang mit Investitionen bei nicht geförderten Krankenhäusern
- Sachmittel für Ausbildungsstätten
- kalkulatorische Kosten[47] etc.

Weitere DRG-relevante Aufwandsarten sind dagegen:
- wiederbeschaffte Gebrauchsgüter
- Aufwendungen für die Beschaffung von Gebrauchsgütern
- Instandhaltungs- und Instandsetzungsaufwendungen

- Steuern, Abgaben, Versicherungen
- Zinsaufwendungen, wenn sie in Zusammenhang mit Betriebsmittelkrediten oder der Beschaffung von Gebrauchsgütern stehen
- Abschreibungen auf Vermögensgegenstände des Umlaufvermögens etc.[48]

12.4.2 Unterschiede in den Basisfallwerten

Seit 1969 fällt die Krankenhausfinanzierung in den Zuständigkeitsbereich der Länder. Grundsätzlich rechnen derzeit alle Krankenhäuser in einem Bundesland ihre Leistungen zu einem landeseinheitlichen Preisniveau (= Landesbasisfallwert, LBFW) ab.

Der DRG-Katalog 2016 wurde anhand der Kosten von 252 Krankenhäusern (davon 13 Universitätskliniken) und rund 3,7 Mio. Fällen kalkuliert und weist 1.220 Fallpauschalen und 179 Zusatzentgelte aus, die in Ausnahmefällen zusätzlich zu den Fallpauschalen abgerechnet werden können. Je Kliniksaufenthalt darf nur eine DRG abgerechnet werden.[49]

Die *Landesbasisfallwerte* (LBFW) werden jährlich zwischen den Kostenträgern und den Leistungserbringern auf Landesebene neu verhandelt. Die Bemessung der Pauschalen erfolgt auf der Grundlage der Verteilung des verfügbaren Budgets. Die DRG-Fallgruppen werden nach dem für die Behandlung ermittelten durchschnittlichen betrieblichen Aufwand ermittelt. Die auf DRG reduzierten Pauschalen stellen ein konsensbasiertes Umlagemodell[50] als Basis für die *Verteilung des tatsächlichen Gesamtbudgets* dar. Die ermittelten Kosten dienen dabei als Anhaltszahlen, aus denen eine Verteilung des zur Verfügung stehenden Budgets ermittelt wird.

Im Jahr 2005 wich der höchste LBFW (Berlin) um 17,1% vom niedrigsten ab. Rheinland-Pfalz

---

45 unregelmäßiger Aufwand oder Aufwand für außerbetriebliche Zwecke, der mit der Dienstleistung nicht unmittelbar im Zusammenhang steht
46 buchhalterische Rückstellung von voraussichtlichen zukünftigen Belastungen, z.B. für die Vergütung nicht genommener Urlaubstage
47 Kalkulatorische Kosten beinhalten Zusatzkosten und Anderskosten. Zusatzkosten sind Kosten, denen kein Aufwand gegenübersteht (z.B. Unternehmerlohn, kalkulatorische Zinsen für den Kapitaleinsatz). Anderskosten sind Kosten, denen ein Aufwand (z.B. buchhalterische Abschreibungen, Schadensausfälle etc.) in anderer Höhe gegenübersteht

48 Vgl. Kalkulation von Fallkosten (2007)
49 Vgl. http://www.bmg.bund.de/themen/krankenversicherung/stationaere-versorgung/krankenhausfinanzierung.html
50 Umlagemodell = Verteilung eines festen Budgets nach bestimmten Kriterien

hatte zuletzt den höchsten LBFW.[51] Im Jahr 2015 sind die LBFW wie folgt verteilt: Rheinland-Pfalz 3.396,00 Euro, Baden-Württemberg, Bayern, Bremen, Hamburg, Saarland 3.209,00 Euro bis 3.285,24 Euro, für alle übrigen Bundesländer liegt der Landesbasisfallwert bei 3.190,81 Euro.

Duale Krankenhausfinanzierung bedeutet, dass die Krankenkassen für die Behandlung der Patienten über die DRG-Fallpauschalen sowie über Zusatz- und Sonderentgelte aufkommen, die Länder hingegen Mittel für Bau-, Renovierungs- und Modernisierungsmaßnahmen der Krankenhäuser zur Verfügung stellen.[52] Dem Prinzip der Preisbildung für das Krankenhauswesen liegt das politische Gebot der Beitragsstabilität der GKV nach § 71 SGB V[53] zugrunde.

> Der Kliniks- oder Abteilungserlös errechnet sich aus der Summe aller Relativgewichte multipliziert mit dem Basisfallwert plus/minus Zu- und Abschläge bei Verweildauer-über- oder Unterschreitung:
> Σ Relativgewichte × Basisfallwert +/- Σ Zu- und Abschläge bzw.
> CMI × Fallzahl × Basisfallwert +/- Σ Zu- und Abschläge.
> Hinzu kommt die Abrechnung von Zusatz- oder Sonderentgelten z.B. für besonders kostenintensive Leistungen. Darüber hinaus rekrutieren Krankenhäuser weitere Zusatzeinnahmen, z.B. über Ambulanzen, aus Wahlleistungen und Privatliquidationen, über privat versicherte Patienten, evtl. aus Einnahmen aus Vermietung und Verpachtung (Arztpraxen, Wohnheime), aus Kapitaleinnahmen etc., denen allesamt zugleich aber auch Ausgaben für Personal, Instandhaltung, Zinsen etc. gegenüberstehen.

Die *DRG-Erlöse* berücksichtigen die Aufwendungen für:
- Personalkosten (Ärzte, Pflege etc., sog. »Weiße Dienste«)
- Sachmittelkosten
- Personal- und Sachkosten für die medizinische Infrastruktur
- Personal- und Sachkosten für die nichtmedizinische Infrastruktur.

Dabei unterscheiden sich Behandlungsabläufe zwischen verschiedenen DRGs maßgeblich hinsichtlich der anfallenden Personal- und Sachkosten. Manche DRG-Leistungen beinhalten hohe Personal- und relativ geringe Sachkosten, andere hohe Sach- und hohe Personalkosten oder andere hohe Sach- und geringe Personalkosten. Welche Auswirkungen der unterschiedliche Ressourcenverbrauch auf die DRG-Bewertung hat, soll mit den Beispielen Hysterektomie (Abb. 12.4, Abb. 12.5) und Knieendoprothese (Abb. 12.6, Abb. 12.7) demonstriert werden:

Eine *einfache Hysterektomie* mit einer durchschnittlichen Verweildauer von 4,6 Tagen führt zu einer Bewertungsrelation (= Relativgewicht) von 1,153. Ohne Zu- oder Abschläge beinhaltet diese für Baden-Württemberg einen Erlös von:

1,153 (Bewertungsrelation) × 3.232,73 Euro (Landesbasisfallwert) +/- Zu- und Abschläge (entfällt bei Erreichen der MVD) = 3.727,34 Euro (Gesamterlös).

Die Personalkosten für die erbrachten Behandlungsleistungen übersteigen bei dem Behandlungsfall Hysterektomie ohne erschwerende CC die Sachkosten und liegen damit deutlich unter der DRG-Kalkulation für operative Leistungen, die erheblich höhere Sachkosten z.B. durch Prothesen, Implantate o.ä. (wie in Abb. 12.7 am Beispiel der Knieendoprothese demonstriert wird) aufweisen.

Anders sieht dies in der endoprothetischen Chirurgie aus. Die Implantation einer Endoprothese am Kniegelenk mit einer durchschnittlichen Verweildauer von 11,2 Tagen führt zu einer Bewertungsrelation (= Relativgewicht) von 2,403. Ohne Zu- oder Abschläge bedeutet dies in Baden-Württemberg einen Erlös von:

2,403 (Bewertungsrelation) × 3.232,73 Euro (Landesbasisfallwert) +/- Zu- und Abschläge (entfällt bei Erreichen der MVD) = 7.768,25 Euro (Gesamterlös).

Die Endoprothetikleistungen beinhalten naturgemäß erheblich höhere Sachkosten für Implantate etc. und liegen damit deutlich über der DRG-Kalku-

---

51 Vgl. Rheinisch-Westfälisches Institut für Wirtschaftsforschung (2013)
52 duale Finanzierung = direkte Kosten über DRG-Erlöse, Investitionskosten über Zuschläge und Landesmittel
53 Beitragsstabilitätsgesetz

12.4 · DRG-Kalkulation

G-DRG-Report-Browser 2015							
N21Z Hysterektomie außer bei bösartiger Neubildung, ohne äußerst schwere oder schwere CC, ohne komplexen Eingriff, ohne Beckenbodenplastik oder komplexe Myomenukleation							
13 MDC 13 Krankheiten und Störungen der weiblichen Geschlechtsorgane		Anz. DRGs:	35	N:	52.680		
Fallzahl Normallieger	**Verweildauer**		**Geschlecht**	**Anteil (%)**	**PCCL**		**Alter (%)**
7073	Kurzlieger:	1,05 %			0:	85,68 %	< 28 Tage 0,00 % 30–39 Jahre 11,73 %
von MDC: 13,43 %	Normallieger:	94,25 %	Männlich:	0,03 %	1:	11,07 %	28 T.–1 Jahr 0,00 % 40–49 Jahre 57,08 %
von gesamt: 0,00 %	Langlieger:	4,69 %	Weiblich:	99,97 %	2:	3,22 %	1–2 Jahre 0,00 % 50–54 Jahre 17,67 %
Bewertungsrelation	1. Tag mit Abschlag	1	Unbestimmt:	0,00 %	3:	0,03 %	3–5 Jahre 0,00 % 55–59 Jahre 4,40 %
1,153	1. Tag mit zusätzlichem Entgeld:	9			4:	0,00 %	6–9 Jahre 0,00 % 60–64 Jahre 2,66 %
	Mittelere arithmetische Verweildauer:	4,6	Fallkosten				10–15 Jahre 0,04 % 65–74 Jahre 3,72 %
	Standardabweichung Verweildauer:	1,6	Arithmetischer Mittelwert:			3.237	16–17 Jahre 0,00 % 75–79 Jahre 0,93 %
			Standardabweichung:			696	18–29 Jahre 1,33 % >= 80 Jahre 0,44 %

Abb. 12.4 DRG-Pauschale für Hysterektomie ohne CC

lation der Hysterektomie. Allerdings geht in die Kalkulation des über doppelt so hohen Erlöses auch die deutlich längere Verweildauer der Endoprothetikpatienten ein.

Die vom InEK-Institut berechneten Kosten eines Behandlungsfalles decken nicht alle entstandenen Kosten für den Betrieb eines Krankenhauses ab. In den Landesbasisfallwerten ist daher ein *Zuschlag* kalkuliert, der weitere betriebsnotwendige Ausgaben des Krankenhauses finanzieren soll und der in Baden-Württemberg derzeit bei ca. 13 % der errechneten Personal- und Sachkosten des Behandlungsfalles liegt. In anderen Bundesländern kann dieser Prozentsatz höher oder niedriger ausfallen.

Entsprechend dem Prinzip der dualen Finanzierung werden notwendige Investitionskosten der Krankenhäuser zudem im Zuge einer öffentlichen Förderung von den Bundesländern in beschränktem Umfang weiterhin auf Antrag übernommen. Aufgrund begrenzter Haushaltsmittel ziehen sich die Bundesländer allerdings zunehmend aus der Krankenhausfinanzierung zurück. Seit 1991 ist das Fördervolumen für den stationären Sektor um 50% inflationsbereinigt zurückgegangen. Der derzeitige Investitionsstau für das deutsche Krankenhauswesen beläuft sich dabei auf ca. 15 Mrd. Euro.[54]

12.4.3 Anreize und Fehlanreize des DRG-Systems

Feste Krankenhausbudgets erwiesen sich in der Vergangenheit zumindest aus ökonomischer Sicht als wenig leistungsfördernd. Bei einem festen Budget spielte es keine Rolle, wie viele Patienten mit welcher Effektivität behandelt wurden und waren damit letztlich auch aus Beitragszahler- und Krankenkassensicht wegen der mangelhaften Kostenregulierung der Leistungserbringer abzulehnen. Ein Fallpauschalensystem ohne Gewichtung der Schweregrade könnte gleichfalls zum Nachteil der Beitragszahler und somit der Patienten sowie zu einer Abweisung der Krankenhausbehandlung von besonders schweren Behandlungsfällen führen, da diese möglicherweise mit einem höheren Ressour-

---
54 Vgl. Reifferscheid (2015, S. 5)

G-DRG-Report-Browser 2015

N21Z Hysterektomie außer bei bösartiger Neubildung, ohne äußerst schwere oder schwere CC, ohne komplexen Eingriff, ohne Beckenbodenplastik oder komplexe Myomenukleation

13 MDC 13 Krankheiten und Störungen der weiblichen Geschlechtsorgane   Anz. DRGs: 35   N: 52.680

Fallkosten	Personalkosten			Sachkosten						Personal-/Sachkosten		Summe
	Ärztlicher Dienst	Pflege-dienst	med. techn./Funktions-dienst	Arzneimittel		Implantate	übriger medizinischer Bedarf		med. Infrastruk-tur	nicht med. Infrastruk-tur	
				Gemein-kosten	Einzel-kosten		Gemein-kosten	Einzel-kosten			
	1	2	3	4a	4b	5	6a	6b	7	8	Summe
01. Normalstation	247,83	409,72	24,83	24,64	0,44	0,00	37,15	2,19	116,15	376,65	1239,60
02. Intensivstation	3,63	11,59	0,07	0,58	0,05	0,00	0,79	0,00	2,07	4,68	23,46
04. OP-Bereich	371,15	0,00	275,83	7,04	1,59	0,32	112,59	127,12	148,28	204,55	1248,47
05. Anästhesie	226,93	0,00	148,58	12,87	0,64	0,00	46,32	0,21	28,32	61,40	525,27
07. Kardiologische Diagnostik/Therapie	0,03	0,00	0,01	0,00	0,00	0,00	0,01	0,02	0,01	0,02	0,10
08. Endoskopische Diagnostik/Therapie	0,22	0,00	0,19	0,01	0,00	0,00	0,09	0,14	0,08	0,16	0,89
09. Radiologie	1,93	0,00	1,80	0,02	0,01	0,00	0,36	0,88	0,72	1,38	7,10
10. Laboratorien	12,73	0,00	31,85	0,97	1,84	0,00	19,37	35,44	4,40	16,86	123,46
11. Übrige diagnostiche und therapeutische Bereiche	19,52	0,64	24,69	0,38	0,00	0,00	2,76	2,78	4,67	13,60	69,04
Summe	883,97	421,95	507,85	46,51	4,57	0,32	219,44	168,78	304,70	679,30	3237,39

Abb. 12.5 Fallkostenverteilung für die DRG-Pauschale Hysterektomie ohne CC

12.4 · DRG-Kalkulation

G-DRG-Report-Browser 2015							
144B Implantation einer bikondylären Endoprothese oder andere Endoprothesenimplantation / -revision am Kniegelenk, ohne äußerst schweren CC							
08 MDC 08 Krankheiten und Störungen an Muskel-Skelett-System und Bindegewebe			Anz. DRGs: 141	N: 391.383			
Fallzahl Normallieger		Verweildauer		Geschlecht	PCCL		Alter (%)
16122		Kurzlieger:	0,08 %	Anteil (%)	0:	78,05 %	< 28 Tage 0,16 %
von MDC:	4,12 %	Normallieger:	94,91%	Männlich: 35,42 %	1:	10,52 %	28 T.–1 Jahr 2,82 %
von gesamt:	0,00 %	Langlieger:	5,02 %	Weiblich: 64,58 %	2:	7,27 %	1–2 Jahre 5,27 %
Bewertungsrelation		1. Tag mit Abschlag	3	Unbestimmt: 0,00 %	3:	4,16 %	3–5 Jahre 9,43 %
	2,403	1. Tag mit zusätzlichem Entgelt:	17		4:	0,00 %	6–9 Jahre 13,92 %
		Mittelere arithemtische Verweildauer:	11,2	Fallkosten			10–15 Jahre 37,77 %
		Standardabweichung Verweildauer:	2,3	Arithmetischer Mittelwert:		6.749	16–17 Jahre 19,90 %
				Standardabweichung:		1.051	18–29 Jahre 10,66 %
							>=80 Jahre 0,06 %

Abb. 12.6 DRG-Pauschale für Knieendoprothese ohne CC

cenverbrauch für das einzelne Krankenhaus einhergehen und damit rein ökonomisch betrachtet nicht kostendeckend sein könnten.

Dem gegenüber scheint die DRG-Vergütung als streng fallorientierte Vergütungsform gewisse Vorteile zu besitzen:
- Die Vergütung ist leistungsbezogen,
- sie wirkt tendenziell leistungssteigernd und
- kann Anreize für die jeweilige Leistungserbringung setzen.

Darüber hinaus setzt die DRG-Vergütung aber auch Anreize für:
- eine Fallzahlsteigerung und für eine Leistungserbringung über das medizinisch Erforderliche hinaus,
- eine Fehlkodierung zulasten einer Fehlsteuerung der jeweiligen Einzelfallvergütung.

Die Selektion von hoch bewerteten Fällen wie z.B. in der Endoprothetik kann zudem zur Fallzahlausweitung zugunsten hochvergüteter Leistungen führen. Tendenzen hierzu sind heute bereits sichtbar.

> Seit der Einführung der DRG-Kalkulation und -Abrechnung gibt es weder in den USA noch in dem zuvor als Vorbild betrachteten Australien und auch nicht in Deutschland Anhaltspunkte dafür, dass hierdurch die Kosten im Gesundheitswesen sinken. Zu beobachten ist allenfalls ein Verzögern des Anstiegs der Kostensteigerungsrate ohne Änderung der Dynamik.

Tendenziell beinhaltet das DRG-System eine Strategie der zunehmenden Maximierung von stationären Behandlungsfällen (Fallzahloptimierung). Neben der erbrachten und erlösten Fallzahl (Leistungsmenge) entscheidet auch die *Zusammensetzung* der Fälle (Leistungsstruktur) über den ökonomischen Erfolg des Leistungserbringers Krankenhaus.[55]

Durchschnittlich steigt seit Einführung des DRG-Systems die Summe aller Bewertungsrelationen der erbrachten DRG-Leistungen (Casemix, CM) um ca. drei Prozent jährlich. Um der weiteren Ausweitung der Leistungen begegnen zu können,

---
55 Vgl. Rau (2009, S. 232)

G-DRG-Report-Browser 2015

144B Implantation einer bikondylären Endoprothese oder andere Endoprothesenimplantation / -revision am Kniegelenk, ohne äußerst schweren CC

08 MDC 08 Krankheiten und Störungen an Muskel-Skelett-System und Bindegewebe Anz. DRGs: 141 N: 391.383

Fallkosten	Personalkosten			Sachkosten					Personal-/Sachkosten		Summe
	Ärztlicher Dienst	Pflegedienst	med. techn. /Funktionsdienst	Arzneimittel		Implantate	übriger medizinischer Bedarf		med. Infrastruktur	nicht med. Infrastruktur	
				Gemeinkosten	Einzelkosten	Einzelkosten	Gemeinkosten	Einzelkosten			
	1	2	3	4a	4b	5	6a	6b	7	8	
01. Normalstation	448,94	841,43	27,87	48,05	2,33	0,00	62,44	3,38	212,93	807,38	2.454,75
02. Intensivstation	28,55	90,51	0,65	7,02	0,25	0,00	11,94	0,17	12,11	37,84	189,04
04. OP-Bereich	398,03	0,00	275,14	10,25	10,85	1.504,60	153,06	138,05	168,88	216,19	2.875,05
05. Anästhesie	272,08	0,00	176,07	17,54	0,69	0,00	52,83	7,76	30,08	77,44	634,49
07. Kardiologische Diagnostik/ Therapie	0,19	0,00	0,12	0,01	0,00	0,18	0,05	0,13	0,04	0,09	0,81
08. Endoskopische Diagnostik/ Therapie	0,36	0,00	0,39	0,01	0,02	0,00	0,14	0,02	0,14	0,24	1,32
09. Radiologie	18,52	0,00	36,04	0,34	0,00	0,00	4,26	13,13	8,21	19,84	100,34
10. Laboratorien	4,25	0,00	29,30	2,00	16,75	0,00	20,59	32,22	2,96	12,00	120,07
11. Übrige diagnostiche und therapeutische Bereiche	32,64	3,61	202,68	2,15	0,00	0,00	8,52	19,88	11,02	92,76	373,26
Summe	1203,56	935,55	748,26	87,37	30,89	1.504,78	313,83	214,74	446,37	1.263,78	6.749,13

Abb. 12.7 Fallkostenverteilung für die DRG-Pauschale Knieendoprothese ohne CC

müssten aus Sicht der Krankenkassen die Anreize minimiert werden, die dazu führen, dass Krankenhäuser medizinisch nicht notwendige Leistungen weiterhin erbringen.

Die politische Intention, mit der DRG-Einführung eine Neusortierung der Krankenhauslandschaft einzuleiten, trifft v.a. kleinere Krankenhäuser. Für diese ist es deutlich schwieriger, weiterhin ökonomisch erfolgreich am Markt bestehen zu können. Geringere Chancen zur Spezialisierung, niedrigere Fallzahlen und der Auftrag zur Grundversorgung bei einem insgesamt hohen Versorgungsniveau erschweren die Situation für kleinere Häuser zusätzlich.[56]

Die *Unterfinanzierung eines Teils der Krankenhäuser* ist laut Simon erklärtes und zentrales Ziel des DRG-Systems, in dessen Folge es zur »Marktbereinigung« durch Schließung von Krankenhäusern und zum Bettenabbau kommt. Dem liege die Auffassung zugrunde, es gebe in Deutschland erhebliche Überkapazitäten im Krankenhausbereich.[57]

12.4.4 DRG-basierte Strategien des Unternehmens Krankenhaus

Zum Zeitpunkt der Einführung des DRG-Systems wurden verschiedene *strategische Ausrichtungen* für Krankenhäuser als ökonomisch sinnvoll betrachtet:
- Gründung von Ärztehäusern und Polikliniken an Krankenhäusern
- Verbesserung der internen Effizienz durch ein klinikadäquates Controlling
- Konzentration auf rentable, gewinnträchtige Leistungen
- Zusammenschluss des stationären mit dem ambulanten und rehabilitativen Sektor
- Fachärzte vermehrt in Krankenhäusern anstellen oder vertraglich binden
- Flexibilität in der Leistungserstellung
- ständige Überprüfung des Leistungsangebotes
- ständiger Kostenvergleich mit Erlösgrößen für »definierte Leistungspakete«

- Controlling über die Fall- bzw. Prozesskosten; bei negativen Kostendeckungsbeiträgen erfolgt eine Gegensteuerung
- Klinikabteilungen sollten sich einem ganzheitlichen, fachgebietsübergreifenden Leistungszielerstellungsprozess unterordnen und
- Erlöspotenziale außerhalb des sektoralen Budgets finden und erschließen.[58]

Die DRG-Einführung zwingt Krankenhäuser, ihre Kosten zu senken oder nicht lohnende Leistungen einzuschränken oder nicht mehr anzubieten. Die erfolgten Kostensenkungen und die Verweildauersenkungen finden dann Berücksichtigung in der zukünftigen DRG-Kalkulation und setzen Krankenhäuser somit erneut unter Druck. Die Logik dieses Systems führt letztlich zu einer *Abwärtsspirale* bzw. zum »Kellertreppen-Effekt«.[59]

> Die hieraus resultierende, überwiegend betriebswirtschaftliche Sichtweise führt dabei aber auch über eine Abkehr vom bisherigen reinen Versorgungsauftrag hin zu einem rein ökonomisch geführten Unternehmen Krankenhaus. Die Patientenverweildauer ist dabei in den letzten Jahren kräftig gesunken, Überkapazitäten wurden abgebaut, und es besteht ein wirtschaftlicher Zwang, dies weiterhin tun zu müssen. Zudem führt das DRG-Fallpauschalensystem tendenziell dazu, dass in Deutschland mehr lukrative Fälle, z.B. in der Endoprothetik, stationär behandelt werden, wobei ein möglichst hoher und schneller »Patientenumsatz« angestrebt wird.

Bei einer immer älter werdenden Gesellschaft und der damit verbundenen höheren Inanspruchnahme von Behandlungsleistungen muss hinterfragt werden, ob diese Entwicklung und die des immer weitergehenden Betten- und Personalabbaus sinnvoll ist. Derzeit nimmt die Prävalenz von Begleiterkrankungen wie Diabetes mellitus und Demenz zu, wodurch mittelfristig ein erhöhter Bedarf an stationären Leistungen besteht. Ein weiterer Treiber für

---

56 Vgl. Sens (2009, S. 73)
57 Vgl. Simon (2013)

58 Vgl. Clade (2003)
59 Vgl. Simon (2013)

die Nachfrage stationärer Leistungen ist der medizinisch-technische Fortschritt mit einer zukünftigen Zunahme innovativer medizinischer Leistungen.[60]

Neben der Optimierung der Behandlungsabläufe und der Kosten versuchen Krankenhäuser, ihre *Leistungen zu optimieren*. Nicht rentable Leistungen werden abgebaut oder eingeschränkt und rentable, möglichst elektive Leistungen an das Krankenhaus gezogen. Inzwischen ist es gängige Praxis, dass niedergelassene Ärzte durch sog. »*Konsiliararztverträge*« an das Krankenhaus gebunden werden. In diesen Verträgen ist oftmals die Verpflichtung des niedergelassenen Vertragsarztes, z.B. eines Orthopäden, zur Erbringung operativer Leistungen vereinbart. Anders als in anderen europäischen Staaten darf ein Krankenhaus in Deutschland seinen Versorgungsstatus aufgrund höchstrichterlicher Entscheidungen allerdings nur sehr eingeschränkt durch die Integration von niedergelassenen Vertragsärzten erweitern. Das Krankenhaus hätte in solchen Fällen gegenüber der Krankenkasse u.U. keinen Vergütungsanspruch. Durch eine arbeitsrechtliche Einbindung eines externen Arztes in einem höchstzulässigen Zeitumfang von bis zu 13 Stunden wöchentlich in das Krankenhaus kann diese Problematik umgangen werden.[61] Derzeit sind schätzungsweise über 2.500 niedergelassene Ärzte über Kooperationsverträge an Krankenhäusern angestellt. Allerdings bestehen hierbei länderspezifische rechtliche Besonderheiten, u.a. durch die geltende Berufsordnung, die zwingend zu beachten sind.

> Krankenhäuser stellen zunehmend externe Ärzte und niedergelassene Ärzte aus der eigenen oder der benachbarten Versorgungsregion und hin und wieder auch aus entfernteren Versorgungsgebieten für die Erbringung hochvergütete Leistungen ein und optimieren hierüber u.a. ihre Einnahmen und Leistungsstrukturen. Zum Teil umgangen wird dabei das Prinzip der Erbringung regionaler Versorgungsleistungen zugunsten eines Prinzips der Wirtschaftlichkeitsoptimierung des Leistungsanbieters.

12.5 Innerbetriebliche Konsequenzen aus den unterschiedlichen Basisfallwerten

Zur Ermittlung der *Abteilungsumsätze* und von *Abteilungsbudgets* berechnet man die Summe aller Relativgewichte multipliziert mit dem Basisfallwert plus/minus Zu- und Abschläge bei Verweildauerüber- oder Unterschreitung der jeweiligen Abteilung des Krankenhauses (Σ Relativgewichte × Basisfallwert +/- Σ Zu- und Abschläge bzw. CMI × Fallzahl × Basisfallwert +/- Σ Zu- und Abschläge). Hinzu kommt die Abrechnung von Zusatz- oder Sonderentgelten z.B. für besonders kostenintensive Leistungen sowie Einnahmen aus Privatliquidationen sowie aus Wahlleistungen etc.

Die *Zuordnung von abteilungsübergreifenden Leistungen* kann nach verschiedenen Berechnungsmethoden erfolgen. Aus den Abrechnungsregeln des DRG-Systems wird ein stationärer Behandlungsfall über eine einzige DRG vergütet. Sind mehrere Abteilungen an der Behandlung beteiligt, bietet sich eine innerbetriebliche Verrechnung z.B. über

- die Dual-Day-Mix-Index-Methode (DMI-Methode),
- das Erlössplitting auf Basis der InEK-Kalkulationsmatrix (DRG-Erlössplitting),
- die Aufwandsorientierte Verweildauermethode (AKVD-Methode) oder über
- klinikindividuelle Methoden

an.[62]

Alle Methoden der Zuordnung sind mit gewissen Unschärfen belastet. Die AKVD-Methode multipliziert die Bewertungsrelationen der behandelnden Abteilungen mit der jeweiligen Verweildauer und splittet den Erlös in der ermittelten Relation auf. Beispiel: Abteilung A mit 2,0 BWR × 3 Belegungstage für den gemeinsam behandelten Fall = 6, Abteilung B mit 3,0 BWR × 4 Belegungstage für den gemeinsam behandelten Fall = 12. Der DRG-Erlös von z.B. 9.000 Euro wird aufgeteilt im Verhältnis 6 : 12 = 1 : 2, damit für Abteilung A 3.000 Euro, für Abteilung B 6.000 Euro.

---

60 Vgl. Reifferscheid (2015, S. 8)
61 Vgl. Spaetgens (2010, S. 19-22)

62 Vgl. Zapp u. Terbeck (2014, S. 33)

Die *Personalplanung* der jeweiligen Fachabteilungen sollte sich idealerweise an den unterschiedlichen Kostenstrukturen und dem unterschiedlichen Personalbedarf der jeweiligen Abteilungen ausrichten. Als Orientierungshilfe könnte hier u.a. die InEK-Kalkulation dienen. Richtet sie sich dagegen lediglich am Gesamterlös der jeweiligen Abteilung aus, wie es mancherorts durchaus üblich ist, werden Abteilungen mit hohem Sachkostenanteil wie die Endoprothetik übermäßig begünstigt. In negativer Weise betroffen von dieser rein erlösorientierten Personalplanung sind dabei insbesondere die »Weißen Dienste«, vornehmlich das ärztliche und pflegerische Personal von Abteilungen mit geringeren fallbezogenen DRG-Erlösen, wie z.B. in der Geburtshilfe.

Die DRG-Vergütung führte laut Bundeszentrale für politische Bildung auch zu einer Reihe von problematischen Auswirkungen. Sie ging z.B. einher mit einer hohen *Arbeitsverdichtung*, insbesondere für das Pflegepersonal. Ärztinnen und Ärzte sowie die Pflege nähmen zunehmend Konflikte zwischen Versorgungsqualität und Kostendruck wahr.[63]

> Der Personalabbau der letzten Jahre aufgrund der immer weiter gesunkenen Verweildauer der Patienten im Krankenhaus, der v.a. in der Personalbesetzung deutlich spürbar ist, und die immer weitergehende »Verweildaueroptimierung« betreffen dabei insbesondere auch Abteilungen mit »niedrigen« Bewertungsrelationen und ohnehin schon niedriger Krankenhausverweildauer, wie etwa die Geburtshilfe oder auch die Pädiatrie mit hohen Vorhaltekosten für den Kreißsaalbetrieb oder die neonatologischen Versorgungseinheiten. Eine konsequente Rund-um-die-Uhr-Besetzung von kleineren Fachabteilungen mit qualifiziertem ärztlichen und pflegerischen Personal ist dabei bereits heute kaum noch wirtschaftlich möglich.

12.6 Kriterien für die Personalzumessung

Anhaltszahlen als Richtwerte für eine *angemessene Personalbesetzung* (Verhältnis von Pflegekräften pro Patient oder pro Bett) stehen derzeit nicht zur Verfügung. In deutschen Krankenhäusern herrscht derzeit ein Betreuungsverhältnis von ca. 13 Patienten pro examinierte Pflegekraft bzw. 10 Patienten pro Pflegekraft (inkl. der Pflegehelfer).[64] Als Steuerungsinstrument für die Personalbemessung dienen den Klinikleitungen oftmals sog. Benchmarks, die Abteilungen oder Kliniken auf selber Versorgungsstufe miteinander vergleichen. Die Abteilungen oder Kliniken mit der geringsten Personalausstattung gelten dabei häufig als vorbildlich, so dass deren Personalschlüssel auf andere übertragen werden.

Andere Modelle zur Personalsteuerung orientieren sich z.B. an der Kostenkalkulation der DRG-Fälle des InEK-Institutes. Die Berechnung des DRG-Leistungsanteils des Ärztlichen Dienstes oder des Pflegedienstes etc. verfolgt das Ziel, Verzerrungen zu vermeiden, die z.B. dadurch entstehen, dass Fachabteilungen mit hohem Sachkostenanteil bei der Personalbemessung gleichgesetzt werden mit Fachabteilungen, in deren Leistungsportfolio eher personalintensive DRG-Fälle eingehen.[65] Zur Berechnung der durchschnittlichen Kosten z.B. pro Vollkraft VK Ärztlicher Dienst wird die Summe alle Bruttopersonalkosten der ärztlichen VK der jeweiligen Abteilung ermittelt und diese in Relation zur Summe der effektiven Bewertungsrelationen BWR der entlassenen vollstationären Fälle aus der Fachabteilung gesetzt. Der prozentuale Anteil der Personalkosten z.B. Ärztlicher Dienst an den BWR der jeweiligen Abteilung wird anschließend entsprechend der InEK-Kostenrechnung auf die jeweiligen Kostenstellen (Normalstation, Intensivstation, OP-Bereich, Anästhesie etc., ◘ Abb. 12.5, ◘ Abb. 12.7) verteilt (◘ Tab. 12.4).

> Vorteil dieser Berechnung ist, dass personalintensive Leistungen entsprechende Berücksichtigung finden und hohe Sachkostenanteile bei der Personalplanung ausgeklam-

---

63 Vgl. Bundeszentrale für politische Bildung. http://www.bpb.de/politik/innenpolitik/gesundheitspolitik/72027/verguetung-von-krankenhausleistungen?p=all

64 Vgl. Thomas (2014, S. 26)
65 Vgl. Frieling u. Beck (2008)

Tab. 12.4 Gegenüberstellung der jeweiligen Kostenanteile der DRG N21Z (Hysterektomie) und der DRG I44B (Knieendoprothese). Während bei der Hystektomie der prozentuale Anteil der Personalkosten Ärztlicher Dienst überwiegt, liegen die Sachkosten bei der DRG Knieendoprothese deutlich höher

Pos.	DRG-Einnahmen und -Ausgaben	Abt. Gyn DRG N21Z	Abt. Ortho DRG I44B
1	Effektive Bewertungsrelation der entlassenen vollstationären Fälle der jeweiligen DRG	1,153	2,403
2	DRG-Erlös bei Landesbasisfallwert von 3.232,73 Euro	3.727,34 Euro	7.768,25 Euro
3	Anteil der Personalkosten Ärztlicher Dienst am Erlös	883,97 Euro	1.203,56 Euro
4	**Prozentualer Anteil der Personalkosten Ärztlicher Dienst am Erlös**	**23,72%**	**15,49%**
5	Prozentualer Anteil der Personalkosten Pflegerischer Dienst am Erlös	11,32%	12,04%
6	Prozentualer Anteil der Personalkosten med.-techn./Funktionsdienst am Erlös	13,62%	9,63%
7	**Prozentualer Anteil der Sachkosten am Erlös**	**11,79%**	**27,70%**
8	Prozentualer Anteil der Personal-/Sachkosten med. und nichtmed. Infrastruktur am Erlös	26,40%	22,01%
10	Prozentualer Anteil aller Personal-/Sachkosten am Erlös	86,85%	86,87%

mert sind. In diese InEK-orientierte Stellenberechnung gehen allerdings nur die DRG-Leistungen der jeweiligen Abteilung oder Klinik ein, weitere Leistungen wie Ambulanzleistungen, Wahlleistungen etc. bleiben hingegen ausgegliedert und müssen in der Stellenplanberechnung gesondert berücksichtigt werden.

Andere Modelle berücksichtigen in einer Kostenstellenrechnung mehr oder weniger die tatsächlich angefallenen Kosten einer Abteilung oder Klinik, wobei allerdings häufiger Vergleichsmodelle fehlen und die ermittelten Kosten oftmals keine Auskünfte über mögliche Ressourcenoptimierungen oder über eine drohende Überlastung der jeweiligen Mitarbeitergruppe geben.

> Hauptproblem aller Personalverteilungsmodelle ist, dass die Besonderheiten der jeweiligen Klinik oder Abteilung (Größe der Klinik, Infrastruktur, räumliche Verteilung der Abteilungen oder Institute, Vorhaltung besonderer Ressourcen, Logistik etc.) in vielen Berechnungs- oder Vergleichsmodellen kaum Beachtung finden.

12.7 Auswirkungen des DRG-Systems auf die Versorgungslandschaft

Welche Auswirkungen die Einführung des DRG-Systems auf das deutsche Gesundheitswesen gehabt hat, lässt sich exemplarisch gerade auch an der Geburtshilfe ableiten: Mit Einführung der DRGs ab dem Jahr 2004 ist ein deutlicher *Konzentrationsprozess* in der Geburtshilfe zu verzeichnen.[66] Im Jahr 2004 haben noch 952 Abteilungen Geburtshilfe betrieben, und es wurden 682.767 Kinder im Krankenhaus geboren, so dass daraus ein Mittelwert pro Abteilung von 717 Geburten resultierte. Im Jahr 2014 ist die Zahl der Abteilungen auf 725 Abteilungen gesunken, dies entspricht einem Rückgang von knapp 24%. Gleichzeitig ist die Geburtenzahl leicht um 1,5% angestiegen auf zuletzt 692.794 Entbindungen im Jahr 2014. Daraus resultiert eine mittlere Geburtenzahl von 956 Entbindungen pro Abteilung. Dies entspricht einem Anstieg von 33% (Abb. 12.8).

Dieser Konzentrationsprozess ist sicher teilweise ökonomisch bedingt, weil gerade in der Ge-

---

66 Vgl. Gesundheitsberichterstattung des Bundes (2016)

12.7 · Auswirkungen des DRG-Systems auf die Versorgungslandschaft

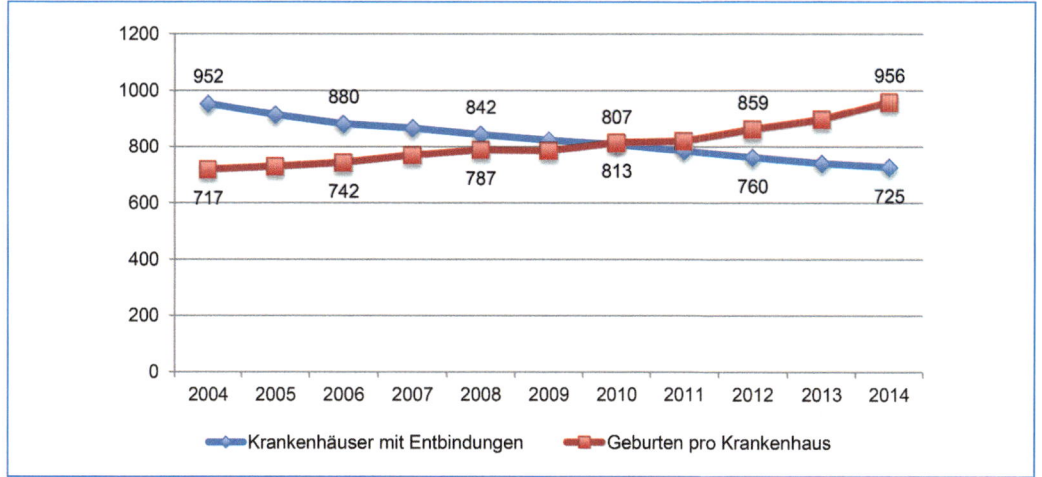

◘ **Abb. 12.8** Rückgang der Krankenhäuser mit Geburtshilfe bei gleichzeitigem Anstieg der Geburten pro Abteilung (Mittelwert: Geburtenzahl pro Anzahl Abteilungen) (Quelle: Statistisches Bundesamt)

burtshilfe *extrem hohe Fixkosten* bestehen (Ärzte, Hebammen etc. in 24-Stunden-Bereitschaft). Wahrscheinlich führt dieser Konzentrationsprozess auch zu einer entsprechenden Qualitätsverbesserung. Allerdings erfolgten auch 2014 noch 38,6% aller Entbindungen in Abteilungen mit weniger als 600 Entbindungen.[67] Diese Abteilungen haben gegenüber Abteilungen mit mehr als 1.000 Geburten deutliche Kostennachteile durch die hohen Vorhaltekosten und sind wahrscheinlich nicht kostendeckend zu finanzieren, so dass hier eine *Quersubventionierung* erfolgen muss, wenn man die Geburtshilfe weiter aufrechterhalten möchte. Eine derartige Quersubventionierung kann aus einer starken Gynäkologie heraus erfolgen, wenn hier entsprechende Fallzahlen mit hoher Bewertungsrelation generiert werden. Im Regelfall dürfte aber ein Quersubventionieren aus anderen Fachabteilungen erforderlich werden, wenn man die Abteilung für Gynäkologie und Geburtshilfe aufrechterhalten will. Mindestbesetzungen sowohl im ärztlichen als auch im pflegerischen Bereich und im Bereich der Hebammen sind zu beachten und entsprechend kostenintensiv. Es ist nachvollziehbar, dass in Abteilungen mit niedriger Geburtenzahl das DRG-System als besonders ungerecht empfunden wird,

weil hier eine Kostendeckung praktisch nicht erreicht werden kann. Dies ist politisch gewollt, wenn auch nicht explizit ausgesprochen. In vielen Bereichen Deutschlands würde eine Schließung von Geburtshilfe-Abteilungen mit Unterschreitung einer bestimmten Zahl an Geburten definitiv nicht zu einem Versorgungsmangel führen, allenfalls zu einer Reduzierung der Trägervielfalt. In ländlichen Strukturen mit dünner Besiedelung müssten dann *individuelle Versorgungszuschläge* gezahlt werden. Diese Systematik ist im DRG-System nicht vorgesehen und darf nicht mit dem derzeit an alle Krankenhäuser gezahlten Versorgungszuschlag nach § 8 Abs. 10 Krankenhausentgeltgesetz (KHEntgG)[68] verwechselt werden. Ähnliche *abteilungsspezifische Zuschläge* müssen zukünftig wahrscheinlich auch für andere Fachdisziplinen eingeführt werden, wenn über die gesamte Bundesrepublik Deutschland annähernd gleiche medizinische Versorgungsbedingungen besonders auch in der zeitkritischen Notfallversorgung (v.a. Unfälle, Stroke, Infarkt) aufrechterhalten werden sollen.

Vom Grundgesetz vorgegeben, stellt die *Schaffung gleichwertiger Lebensverhältnisse* in ganz Deutschland eine wesentliche Voraussetzung für

---

67 Vgl. Milupa Wissenschaftlicher Dienst (2015)

68 Gesetz über die Entgelte für voll- und teilstationäre Krankenhausleistungen (Krankenhausentgeltgesetz, KHEntgG 2002)

den sozialen und politischen Zusammenhalt unserer Gesellschaft dar.[69] Dazu gehört ganz elementar auch die Gesundheitsversorgung der Bevölkerung und hier besteht schon heute eine Imbalance in der Versorgung zwischen ländlichem Raum und den großstädtischen Agglomerationsräumen zumindest in zeitkritischen Behandlungsfällen, aber auch in Bezug auf die personelle und apparative Ausstattung. Die zukünftige Finanzierung der stationären, aber auch der ambulanten Gesundheitsversorgung muss Sorge dafür tragen, dass hier die Schere eher geschlossen wird als dass sie sich weiter öffnet.

12.8 Zusammenfassung und Empfehlung

Das seit 2004 eingeführte DRG-Vergütungssystem stellt eine Vergütungsform dar, die eine eng an dem Kostenaufwand der erbrachten Leistung orientierte Vergütung ermöglichen soll und die dennoch pauschalierend ist. Mit der Einführung des DRG-Systems hat die Politik aber auch das Ziel verbunden, Überkapazitäten im stationären Versorgungssystem abzubauen. Über eine systematische Unterfinanzierung sollte erreicht werden, dass schlecht funktionierende Krankenhäuser insolvent werden und aus dem Markt verschwinden. Aus der Perspektive von Krankenhausgeschäftsführungen haben die Disziplinen einen besonderen Fokus gewonnen, die hohe Bewertungsrelationen ihrer Fälle aufweisen. Fächer mit niedrigen Bewertungsrelationen, wie z.B. die Geburtshilfe und Gynäkologie, werden hingegen oft stiefmütterlich behandelt. Dabei wird oft vergessen, dass hohen Bewertungsrelationen mit entsprechend hohen Erlösen auch hohe Kosten gegenüberstehen und dass trotz hoher Erlöse im Einzelfall nicht immer sichergestellt ist, dass auch Kostendeckung erreicht wird.

Bis zum Jahr 1936 bestand das System der Krankenhausfinanzierung in Deutschland aus einer freien Krankenhausfinanzierung, nach 1936 aus einer monistischen Krankenfinanzierung und ab 1972 aus einem dualistischen System zur Krankenhausfinanzierung. Auf Grundlage des Gesundheitsreformgesetzes (GRG) aus dem Jahr 2000 und des Fallpauschalengesetzes (FPG) aus dem Jahr 2002 wurde seit 2003 stufenweise ein durchgängiges pauschaliertes Vergütungssystem (Diagnosis Related Groups, DRG) für alle allgemeinen Krankenhausleistungen in deutschen Krankenhäusern eingeführt. Dieses sollte nach Ansicht des Gesetzgebers das Leistungsgeschehen im Krankenhausbereich transparenter machen, die Wirtschaftlichkeit fördern und die im System tagesgleicher Pflegesätze angelegten Fehlanreize, insbesondere zur Verlängerung der Verweildauer, beseitigen.

Welche Auswirkungen die Einführung des DRG-Systems auf das deutsche Gesundheitswesen gehabt hat, lässt sich exemplarisch gerade auch an der Geburtshilfe ableiten: Mit Einführung der DRGs ab dem Jahr 2004 ist ein deutlicher Konzentrationsprozess in der Geburtshilfe zu verzeichnen. Im Jahr 2004 hatten noch 952 Abteilungen Geburtshilfe betrieben, und es wurden 682.767 Kinder im Krankenhaus geboren, so dass daraus ein Mittelwert pro Abteilung von 717 Geburten resultierte. Im Jahr 2014 ist die Zahl der Abteilungen auf 725 Abteilungen gesunken; dies entspricht einem Rückgang von knapp 24%. Zugleich stieg die Geburtenzahl auf 956 Entbindungen pro Abteilung. Kleine gynäkologisch-geburtshilfliche Abteilungen haben gegenüber Abteilungen mit mehr als 1.000 Geburten deutliche Kostennachteile durch die hohen Vorhaltekosten und sind ggf. nicht kostendeckend zu finanzieren, so dass hier eine Quersubventionierung erfolgen muss, wenn man die Geburtshilfe weiter aufrechterhalten möchte. Eine derartige Quersubventionierung kann aus einer starken Gynäkologie heraus erfolgen, wenn hier entsprechende Fallzahlen mit hoher Bewertungsrelation generiert werden. Die ökonomischen Fragestellungen sind gerade bei der Übernahme einer ärztlichen Leitungsfunktion in diesen und in ähnlich gelagerten Fachbereichen zu beachten.

Literatur

Archut C (2007) Krankenhauslandschaft in Deutschland - Finanzierungsstruktur Öffentlicher Krankenhäuser vs. Privater Kliniken. Grin, München. http://www.hausarbeiten.de/faecher/vorschau/111188.html

---

69 Vgl. Kersten et al. (2015)

Baßeler U, Heinrich J, Utecht B (2006) Grundlagen und Probleme der Volkswirtschaft (18. Aufl.). Schäffer-Poeschel, Stuttgart

Braun B, Müller R (2003) Auswirkungen von Vergütungsformen auf die Qualität der stationären Versorgung. GEK Schwäbisch-Gmünd

Brüggemann N (2005) Der Krankenhausbetriebsvergleich als Instrument für das Krankenhausmanagement. Bayreuth

Clade H (2003) Krankenhäuser: Strategien müssen sich ändern. Dtsch Ärztebl 100(31-32): A-2054 / B-1708 / C-1612

Deutsches Ärzteblatt (2015) Welche Krankenhäuser müssen schließen? Dtsch Ärztebl 112(24): B895–B87

Frieling M, Beck U (2008) Personalkennzahlen als Instrument der Unternehmenssteuerung. Das Krankenhaus. Kohlhammer, Stuttgart

GKV-Spitzenverband (2012) Bundesländer schleichen sich aus ihrer Verantwortung für die Krankenhausfinanzierung. Pressemitteilung. https://www.gkv-spitzenverband.de/presse/pressemitteilungen_und_statements/pressemitteilung_5888.jsp

Goedereis K (1999) Finanzierung, Planung und Steuerung des Krankenhaussektors: Dualistik und Monistik im Strukturvergleich. Eul, Stuttgart

Hübner M, von Mittelstaedt G (2002) Leitfaden DRG. Vergütungssystem für Klinikleistungen. Aventis Pharma

InEK (2014) Abschlussbericht zur Entwicklung der Investitionsbewertungsrelationen. http://www.g-drg.de/cms/Investitionsbewertungsrelationen_IBR_2014/Abschlussbericht_zur_Entwicklung_der_Investitionsbewertungsrelationen2

Janssen D (1999) Wirtschaftlichkeitsbewertung von Krankenhäusern: Konzepte und Analysen von Betriebsvergleichen. Kohlhammer, Stuttgart

Kalkulation von Fallkosten (2007) Handbuch zur Anwendung in Krankenhäusern. Deutsche Krankenhaus Verlagsgesellschaft, Düsseldorf

Kersten J, Neu C, Vogel B (2015) Der Wert gleicher Lebensverhältnisse. Friedrich-Ebert-Stiftung, Berlin

Krankenhausgesellschaft (2012) Bestandsaufnahme zur Krankenhausplanung und Investitionsfinanzierung in den Bundesländern. http://www.dkgev.de/dkg.php/cat/159/aid/9644/title/Bestandsaufnahme_zur_Krankenhausplanung_und_Investitionsfinanzierung_in_den_Bundeslaendern

Krankenhausgesellschaft (2014) Bestandsaufnahme zur Krankenhausplanung und Investitionsfinanzierung in den Bundesländern. http://www.dkgev.de/dkg.php/cat/159/aid/11446/title/Bestandsaufnahme_zur_Krankenhausplanung_und_Investitionsfinanzierung_in_den_Bundeslaendern_%28Stand%3A_Januar_2014%29

Labisch A, Spree R (1996) Einem jeden Kranken in einem Hospitale sein eigenes Bett: Zur Sozialgeschichte des Allgemeinen Krankenhauses in Deutschland im 19. Jahrhundert. Campus, Frankfurt

Machiavelli N (2001) Der Fürst. Insel, Frankfurt

Milupa Wissenschaftlicher Dienst (2015) Geburtsliste Deutschland 2013/2014. Friedrichsdorf

Rau F, Roeder N, Hensen P (2009) Auswirkungen der DRG-Einführung in Deutschland: Standortbestimmung und Perspektiven. Kohlhammer, Stuttgart

Reifferscheid A, Pomorin N, Wasem J (2014) Mittelknappheit im Gesundheitswesen (noch nicht publiziert)

Reifferscheid A, Thomas D, Pomorin N, Wasem J (2015) Strukturwandel in der stationären Versorgung. Krankenhaus-Report. Schattauer, Stuttgart

Rheinisch-Westfälisches Institut für Wirtschaftsforschung (2013) Wissenschaftliche Untersuchung zu den Ursachen unterschiedlicher Basisfallwerte der Länder als Grundlage der Krankenhausfinanzierung. Projektbericht. RWI, Essen

Sens B, Wenzlaff P, Pommer G, von der Hardt H (2009) DRG-induzierte Veränderungen und ihre Auswirkungen auf die Organisationen, Professionals, Patienten und Qualität. Zentrum für Qualität und Management im Krankenhaus, Hannover

Simon M (2013) Das deutsche DRG-System. Grundsätzliche Konstruktionsfehler. Dtsch Ärztebl 110(39): A-1782 / B-1572 / C-1548

Spaetgens M (2010) Der »Konsiliararzt«. Eine Bestandsaufnahme. Ärztepost. www.aerztepost.net

Thomas D, Reifferscheid A, Pomorin N, Wasem D (2014) Instrumente zur Personalbemessung und -finanzierung in der Krankenhauspflege in Deutschland. Diskussionspapier im Auftrag der Vereinten Dienstleistungsgewerkschaft (ver.di)

Zapp W, Terbeck J (2014) Kosten- versus Erlösverteilung im DRG-System. Springer Gabler, Wiesbaden

Abkürzungen

1. NOG	– Erstes GKV-Neuordnungsgesetz
2. NOG	– Zweites GKV-Neuordnungsgesetz
2. FPÄndG	– Zweites Fallpauschalenänderungsgesetz
AABG	– Arzneimittelausgabenbegrenzungsgesetz
ABAG	– Arzneimittelbudgetablösungsgesetz
AKVD-Methode	– Aufwandsorientierte Verweildauermethode
AP-DRG	– All-Patient-DRG-System
AR-DRG	– Australian National Diagnosis Related Groups
BeitrEntlG	– Beitragsentlastungsgesetz
BM	– Bundesministerium für Gesundheit
BPflV	– Bundespflegesatzverordnung
BSSichG	– Beitragssatzsicherungsgesetz
BWR	– Bewertungsrelation
CCL	– Complication and Comorbidity Level
CM	– Case-Mix

CMI	– Case-Mix-Index
DIMDI	– Deutsche Institut für medizinische Dokumentation und Information
DMI-Methode	– Dual-Day-Mix-Index-Methode
DKG	– Deutsche Krankenhausgesellschaft
DRG	– Diagnosis Related Groups
FPG	– Fallpauschalengesetz
FPÄndG	– Fallpauschalenänderungsgesetz
GSG	– Gesundheitsstrukturgesetz
GKV	– Gesetzliche Krankenversicherung
GRG	– Gesundheitsreformgesetz
GKV-FinG	– GKV-Finanzierungsgesetz
GKV-FQWG	– GVK-Finanzstruktur- und Qualitätsweiterentwicklungsgesetz
GKV-GMG	– Gesetz zur Weiterentwicklung der Finanzstruktur und der Qualität in der gesetzlichen Krankenversicherung
GKVRefG 2000	– GKV-Gesundheitsreformgesetz
GKV-VStG	– GKV-Versorgungsstrukturgesetz
GKV-WSG	– GKV-Wettbewerbsstärkungsgesetz
HCFA-DRG	– Health Care Financing Administration-DRG-System
ICD	– International Classification of Diseases
InEK	– Institut für das Entgeltsystem im Krankenhaus
IQTIG	– Institut für Qualitätssicherung und Transparenz im Gesundheitswesen
KHG	– Krankenhausfinanzierungsgesetz
KHNG	– Krankenhausneuordnungsgesetz
KHRG	– Krankenhausfinanzierungsreformgesetz
KHKG	– Krankenhauskostendämpfungsgesetz
KVEG	– Kostendämpfungsergänzungsgesetz
KVH	– Krankenversicherungsgesetz
KVKG	– Krankenversicherungskostendämpfungsgesetz
LBFW	– Landesbasisfallwert
MDC	– Major Diagnostic Category
MVD	– Mittlere Verweildauer
NUB	– Neue Untersuchungs- und Behandlungsmethoden
oGVD	– Obere Grenzverweildauer
OPS	– Operationen- und Prozedurenschlüssel
PCCL	– Patient Clinical Complexity Level
RM	– Reichsmark
RVO	– Reichsversicherungsordnung
SGB V	– Sozialgesetzbuch 5
StabG	– Stabilitätsgesetz
uGVD	– Untere Grenzverweildauer

»Zurück zum aufrechten Gang« – Wege für eine konkrete Zusammenarbeit zwischen Chefarzt und Geschäftsführung

Benno Stinner

13.1 Einleitung – 176

13.2 Verlust der Reputation – 176

13.3 Veränderung der Ökonomie – 177

13.4 Zwei Denkfehler der Kommunikation – 178

13.5 Zwei Reaktionstypen – 178

13.6 Ist es doch anders? – 179

13.7 Zurück zum aufrechten Gang – 180

13.8 Fazit und Empfehlung – 180

U. Deichert et al. (Hrsg.), *Traumjob oder Albtraum – Chefarzt m/w*,
DOI 10.1007/978-3-662-49779-1_13, © Springer-Verlag Berlin Heidelberg 2016

13.1 Einleitung

Das Verhältnis zwischen dem Chefarzt von heute und dem Krankenhausmanagement hat sich in den letzten Jahren relevant verändert. Wichtiger Hintergrund hierfür war u.a. die Tatsache, dass nach Zeiten der ökonomischen Freiheit und des Ersatzes aller Unkosten im Krankenhaus die dort agierende Leitung keinerlei Interesse daran hatte, die Leistungserbringung im Gesundheitswesen zu optimieren und deshalb im Wesentlichen tatsächlich eine »Verwaltung« der aktuellen Zustände war. Ein aktives Management fand praktisch nicht statt, am Ende des Jahres mussten lediglich die Kostenbelege bei den Vertretern der Krankenkassen abgeliefert werden, die dann diese Beträge zu erstatten hatten (Kostenerstattungsprinzip, ▶ Kap. 11 und 12). Die Chefärzte konnten in dieser Umgebung weitgehend medizinisch frei agieren, waren ohne Druck und in dieser Phase durch ihre Privatliquidation und Ermächtigungserlöse von der Krankenhausverwaltung so ökonomisch unabhängig, dass eine Einflussnahme auf die jeweiligen Personen praktisch nicht möglich war. Das rief zum damaligen Zeitpunkt einen bestimmten Typus der agierenden Personen auf den Plan: den *Krankenhausdezernenten*. Er war häufig derjenige, der in anderen Bereichen der Verwaltung nicht perfekt einzusetzen war und einen limitierten Ehrgeiz hatte. Daher konnte der Chefarzt »regieren« – und das sei kritisch angemerkt –, auch ohne sich relevant um die Klinik außerhalb der Ermächtigungssprechstunde, der berufsgenossenschaftlichen Sprechstunde oder der Behandlung von Privatpatienten kümmern zu müssen.

13.2 Verlust der Reputation

Die meisten »älteren« Chefärzte werden sich daran erinnern, aus welchen Arztbildern heraus sie ursprünglich einmal diesen Beruf gewählt haben. Sie haben noch das Bild vor Augen, wie es die damaligen Medien beschrieben. Das Bild eines Professor Sauerbruch aus seiner Biographie der 50er-Jahre zeigt einen autokratischen, aber gütigen Herrscher. Dieser Herrscher als Arzt und Chirurg ist in seinem Alltag unangefochten. Alle um ihn herum erstarren zwar vor Angst, aber eben auch vor Respekt der gütigen Person gegenüber. Im historischen Vergleich des aufgeklärten Absolutismus will er nur das Beste für seine Patienten (und Mitarbeiter).

Dem gegenüber entwickelte sich in den 1970er- und 1980er-Jahren immer mehr der Anspruch der Gesellschaft auf einen mündigen Patienten. Die öffentliche Diskussion zielte zunehmend dahin, dass der Patient nicht gütig aus der Hand des Arztes seine Therapie und seine Zukunft empfängt, sondern an allen Entscheidungen aktiv beteiligt sein will. Der »Halbgott in Weiß« hatte in der Öffentlichkeit langsam ausgedient, auch wenn er in den Medien noch existent war. Beigetragen dazu mag aber auch die Tatsache haben, dass sich im Berufsstand der Chefärzte das Bewusstsein für einen ökonomisch hohen Standard zwar schleichend stabilisiert hatte, dass aber das Bewusstsein für den immerwährenden Einsatz des Chefarztes für seine Patienten, wie ihn ein Sauerbruch eben auch demonstriert hat, für die Öffentlichkeit gefühlt weniger wurde.

Der ursprüngliche Konsens war einmal gewesen, dass ein Halbgott der sein darf, der immer für seine Patienten zur Verfügung steht, sei es am Wochenende, am Sonntag, an Weihnachten oder in der Nacht. Je mehr sich dieses Bild vom Halbgott langsam von der wahrgenommenen Realität abkoppelte, umso weniger Akzeptanz fand das autokratische Bild vom Arzt bei Medien und Gesellschaft, und umso schmerzlicher war das für die Kollegen, die nach wie vor dem fürsorglichen Ansatz nachkamen, sich aber um den Lohn der Gesellschaft betrogen sahen.

Unabhängig von der speziellen Berufsklasse des Arztes hat sich ein über dieses hinausgehender gesellschaftlicher *Wertewandel* eingestellt, der mehr das Eigenbedürfnis der Individualperson über die Bedürfnisse der Gemeinschaft in den Vordergrund stellt. Menschen, die sich für Dinge engagieren, für die sie kein Geld oder sonstige Gegenwerte erhalten, gelten als die »Dummen«; Werbeslogans wie »Ich bin doch nicht blöd« dominieren das öffentliche Grundgefühl. Dies hat besonders Berufsstände betroffen, deren Prinzip es ist, über die unmittelbare finanzielle Entlohnung hinaus für Werte einzustehen. Eine junge Krankenschwester muss heute ihren gleichaltrigen Freunden permanent erklären und sich dafür rechtfertigen, warum sie bereit ist, jedes zweite Wochenende zu arbeiten und dafür noch nicht einmal ein hohes Gehalt einzustreichen. Früher war sie hingegen ein hoch geachtetes Mitglied dieser Gesellschaft.

Einen Beitrag zum Verlust der Reputation der Berufe im Gesundheitswesen leisteten zudem Bücher wie »Hilflose Helfer« von Wolfgang Schmidbauer, die letztendlich aufzeigten, dass die »Heilberufler« ihren Beruf im Grunde genommen nur ausüben, um eigene Bedürfnisse zu befriedigen. Diese Entwicklung hat umgekehrt zu einer Veränderung des Bewusstseins der Heilberufe im Sinne eines mangelhaften Bekenntnisses zum Beruf geführt, der auch vor den Chefärzten keinen Halt gemacht hat, aber auch zu einem veränderten Verhältnis zum *Lebensmodell*. Wenn man heute nach wie vor fordern will, dass Chefärzte dieselbe Reputation genießen wie vor 30 oder 40 Jahren, dann kann man sich nicht darauf zurückziehen, auch geregelte Arbeitszeiten haben zu wollen oder das Prinzip der Work-Life-Balance für diesen Berufsstand in Anspruch nehmen zu können. Es ist nur folgerichtig, dass wenn der Berufsstand sich in den neuen Dimensionen der gesellschaftlichen Definition eines Lebensgefühls bewegt, er umgekehrt nicht einfordern kann, dass die entgegengebrachte ökonomische und gesellschaftliche Reputation dem entspricht, was zuvor an ein völlig anderes Lebensmodell gekoppelt war. Dabei sei ausdrücklich angemerkt, dass es sich hier um eine abstrakte Betrachtung und nicht um die eines einzelnen individuellen Verhaltens handelt. Auch heute sollte es nicht verwerflich sein, diesen Beruf zu »leben«, aber dazu muss man sich auch bekennen.

13.3 Veränderung der Ökonomie

Die grundsätzliche Veränderung der Krankenhausfinanzierung durch die Einführung der »Diagnosis Related Groups (DRG)« und der Krankenhausbudgets hat den Verteilungsmodus des vorhandenen Geldes im Gesundheitssystem elementar verändert. In den Zeiten der Kostenerstattung spielte ein Gesamtkrankenhausbudget keine Rolle. Im Prinzip konnten alle dort Tätigen ausreichend finanziell versorgt werden, und das führte insgesamt auch zu einer hohen Zufriedenheit im System. Die heutige Diskussion über Mengenausweitung und über neue Leistungsanreize in Chefarztverträgen ist eine direkte Folge der veränderten Umgebungsbedingungen. Die mengenbezogenen *Leistungsanreize* werden zwar mittlerweile gesellschaftlich sehr kritisch hinterfragt und sind in dieser Form auch nicht mehr erlaubt, man muss aber trotzdem reflektieren, was tatsächlich geschehen ist. Die Gruppe der Chefärzte, die für sich einen hohen moralischen Standard in Anspruch nimmt und sich weit davon entfernt wähnt, etwas zu tun, was nicht im unmittelbaren Sinne des Patienten ist, hat wohl auch messbar zu einer Erweiterung von Leistungserbringung beigetragen. Dies scheint mit all den Vorbehalten, die das methodisch hat, dazu geführt zu haben, dass mehr Leistungen erbracht wurden, wobei kritisch zu hinterfragen ist, ob diese immer nur medizinisch indiziert waren. Der moralische Aufschrei des Berufsstandes war groß. Vorwürfe bis hin zur Erpressung wurden laut, jedoch wäre auch hier kritisch zu hinterfragen, was den einzelnen Chefarzt zwingt, einen Bonus unbedingt haben zu müssen, wenn er dadurch in moralische und berufsethische Schwierigkeiten gerät. Dass aber in der Summe durch diese *Bonusregelungen* Effekte erzielt werden konnten, hat zumindest in der Öffentlichkeit dazu geführt, dass der Berufsstand einen Teil seiner moralischen Unantastbarkeit verloren hat.

Der Einwand, solche Fehlentwicklungen seien nur der Tatsache geschuldet, dass in vielen Bereichen das Liquidations- und Ermächtigungsprinzip abgeschafft worden ist, kann nur bedingt gelten. Der Verlust der Liquidation, der Ermächtigung oder der berufsgenossenschaftlichen Zulassung haben den einzelnen Arzt in der Tat abhängiger von einer Krankenhausleitung gemacht. Selbstkritisch ist aber anzumerken, dass auch eine Privatliquidation ein besonderes Anreizsystem darstellt, das auch Leistungen hervorbringen konnte, die u.U. nicht zwingend indiziert waren und vereinzelt auch einmal dazu führen konnte, dass der Fokus des jeweiligen Arztes sich weg von den Gesamtbelangen der Klinik hin zu den Belangen der Privat- oder Ermächtigungsversorgung wendete. Nun mag man feststellen, dass dieses alles bei moralisch völlig einwandfreien Menschen und Ärzten nicht vorkommt. Aber es lehrt die weit verbreitete Anwendung der

»individuellen Gesundheitsleistung« (IGeL), wie man sie überwiegend im ambulanten Bereich kennt, dass Ärzte in vielen Bereichen genauso auf ökonomische Anreizsysteme reagieren wie andere Personen dieser Gesellschaft auch – insbesondere wenn sie Betriebsverantwortung haben, ob als Abteilungsleiter oder Praxisinhaber.

Alle diese Aspekte haben zu einer Veränderung der Bewertung durch die Gesellschaft und einer Veränderung des Anforderungsprofiles an den Chefarzt geführt. Die Budgetzuordnung des Unternehmens Krankenhaus hat zu einem erhöhten ökonomischen Druck geführt, der zwangsläufig eine Optimierung der Abläufe notwendig gemacht hat, wodurch die ärztliche Führung über den reinen Bereich der Patientenbetreuung hinaus um einen Managementanteil erweitert werden musste. Für die Chefärzte der »älteren« Generation kam noch das zeitweilige vermehrte Angebot von Ärzten (Ärzteschwemme) hinzu, das zu einem individuellen Preisverfall für die Dienstleistung und zu einer Schwächung der Position geführt hat.

Diese gesellschaftlichen und ökonomischen Veränderungen haben zu dem *Paradigmenwechsel* geführt, dass Leitende Ärzte nur Angestellte im mittleren Management eines ganz »normalen« Dienstleistungsunternehmens sind. Zusätzlich hat die zunehmende Spezialisierung zu immer mehr Leitenden Ärzten geführt, so dass der alte Autokrat, der die komplette Chirurgie, Innere Medizin oder andere Fächer vertritt, heute praktisch überholt ist. Krankenhausunternehmen sehen sich heute oft nicht fünf klassischen Chefärzten gegenüber, sondern bei gleicher Betriebsgröße zehn Leitenden Ärzten, die konzeptionell und historisch das alte Grundgefühl eines Chefarztes mitbringen, aber schon durch ihre Anzahl in der Einzelposition an Bedeutung verloren haben.

13.4 Zwei Denkfehler der Kommunikation

Zwei *Denkfehler* dominieren dabei häufig die Kommunikation zwischen der Geschäftsführung und den Chefärzten, die beidseitig so stereotyp ausgebildet sind, dass sie einen vernünftigen Umgang miteinander komplett torpedieren können.

Auf der einen Seite steht der rein zahlenorientierte, »böse Krankenhausdirektor«. Diesem Direktor sind medizinische Belange fremd. Er hat den Paradigmenwechsel komplett internalisiert. Für ihn sind Chefärzte nur »Erfüllungsgehilfen«, die ihre Dienstleistungen möglichst optimal, ohne Komplikationen und ökonomisch perfekt anbieten müssen. Aus dieser Grundüberlegung heraus erwächst die Verhaltensphilosophie, dass man Leitende Ärzte einfach nur unter Druck setzen muss, weil sie leidensfähig sind und unter ausreichendem Druck das abliefern, was die Unternehmensleitung benötigt. Dieses Stereotyp lässt sich noch dadurch verschärfen, wenn ein erfahrener Direktor durch einen jugendlichen Betriebswirt mit Laptop als nachgeordneter Ansprechpartner der Chefärzte gegenüber der Unternehmensleitung ersetzt wird.

Dagegen steht das Stereotyp »guter Arzt«, dessen einziges Interesse es ist, für seine Patienten das Beste zu tun. Er ist frei von jeglichen eigenen ökonomischen Interessen. Der gute Arzt fühlt sich nur dem einzelnen Patienten in einer optimalen Versorgung verpflichtet und muss frei sein von jeglicher gesellschaftlicher Anforderung, die die Heiltätigkeit in einen gesamtwirtschaftlichen Zusammenhang stellt.

13.5 Zwei Reaktionstypen

Mit allem Vorbehalt der Vereinfachung zeigen sich dann auf den Seiten der Chefärzte und Leitenden Ärzte zwei typische Reaktionsmuster, die in ihrer unterschiedlich starken Ausprägung das sind, was der klischeehafte »böse Direktor« erwartet.

Hier ist zum einen der »trotzige Chefarzt«, der für sich in Anspruch nimmt, dass er immer und überall die »Medizin« machen können muss, die er persönlich für richtig hält. Dieser Typ beansprucht, grundsätzlich nicht an die ökonomische Dimension seiner Behandlung denken zu müssen und dass selbstverständlich diese völlige Unabhängigkeit für ihn mit keinen persönlichen Risiken verbunden sein darf und mit einer überdurchschnittlichen Vergütung bedient werden muss. Es ist offensichtlich, dass diese Forderung in dieser Absolutheit kaum Gültigkeit haben kann. Sie wird aber gerne mit dem Argument aufgewertet, dass das Ende jeder Kommunikation mit einer Geschäftsführung beinhaltet: Sonst sterben die Patienten!

Daneben muss es allerdings einen zweiten Typus geben, der in der Öffentlichkeit weder innerhalb der Gemeinschaft der Chefärzte auftritt, noch sonst irgendwo auffällig wird, weil ansonsten der verschärfte Umgang von Geschäftsführungen mit Chefärzten gar nicht möglich wäre. Dieser Typus des »angepassten« Chefarztes hat für sich entschieden, dass er unbedingt Chefarzt oder Leitender Arzt sein muss, auch wenn es dafür etwas weniger Geld gibt und auch wenn ihm klar ist, dass er dafür tun muss, was ihm die Rahmenbedingungen seiner Geschäftsführung vorgeben. Wenn heute immer wieder über das Karussell der Personen auf Chefarztpositionen philosophiert wird, so muss klar sein, dass wenn ein Chefarzt die Position wegen extrem schlechter Bedingungen oder unangemessener Einflussnahme einer Geschäftsführung verlässt, es doch eine Kategorie von Kollegen geben muss, die unter genau diesen widrigen Bedingungen eine solche Position wieder aufnehmen.

13.6 Ist es doch anders?

Ist es aber doch anders auf der Seite der Chefärzte? Ja, die Chefärzte erbringen nach wie vor den Heilungsprozess, der eine wichtige kulturelle und karitative Interaktion mit einem Patienten erfordert und häufig dessen elementarsten Lebensaspekte bis hin zum Tod beinhaltet. Nach wie vor ist es so, dass auch in den Zeiten des Internets, von Krankenhaus-Ratings und Qualitätszertifikaten die Patienten wegen eines einzelnen Arztes in ein Krankenhaus kommen und hier auf eine besondere, vertrauensvolle Beziehung setzen. Das begründet im unmittelbaren Rückschluss, dass der Arzt nach wie vor stolz auf diese ganz besondere Tätigkeit sein darf, wobei stolz nicht Hybris bedeuten soll und muss. Dieser Stolz darf aber ein Pfeiler für das *Selbstbewusstsein* und den Umgang der Chefärzte mit Geschäftsführungen bleiben.

Aber auch auf der Seite der Krankenhausdirektoren und Geschäftsführungen gelten die Stereotypen nur eingeschränkt. Es kann sein, dass der einzelne Ansprechpartner des Chefarztes nur ein Mitarbeiter im mittleren Management eines Unternehmens ist, dessen Karriere davon abhängt, dass er möglichst optimale ökonomische Zahlen ohne medizinische Nachhaltigkeit vorweisen kann. Grundsätzlich gilt aber für die einzelne Geschäftsführung, dass diese nicht das Krankenhausbudget bestimmt, nicht für Investitionsdefizite der Länder verantwortlich gemacht werden kann und mit unterschiedlichen Landesbasisfallwerten umgehen muss. Die Unternehmensführungen setzen letztendlich auf der Unternehmensebene das um, was die Gesellschaft als ökonomische Eckpunkte festgelegt hat. Sie haben also die Aufgabe, mit den Mitteln der Betriebswirtschaft ein Unternehmen zu führen, das für bestimmte Leistungen Preise erhält, deren Höhe sie nicht bestimmen, und das auf der anderen Seite Kostenentwicklungen wie etwa Tarifabschlüsse hat, deren Höhe sie ebenfalls kaum beeinflussen können. Dass in diesem Zyklus der Ökonomisierung ganz einfach betriebswirtschaftlich reagiert wird, nämlich Stückzahlen zu steigern und Stückkosten zu senken, ist nicht wirklich verwunderlich. Hinzu kommt, dass die duale Krankenhausfinanzierung ja eigentlich vorsieht, dass Investitionsgüter durch die Länder abgedeckt werden, dieses aber oft nur sehr unzureichend erfolgt. Das zwingt die Unternehmen dazu, Gewinne aus den laufenden DRG-Einnahmen in einem höheren Maße für Rückstellungen anzulegen als dieses eigentlich dem politischen Konsens entsprochen hat. Dies gilt ausdrücklich für alle Träger in der Bundesrepublik Deutschland gleichermaßen. Man kann aber gesellschaftlich und politisch hinterfragen, ob es Aufgabe eines Krankenhauses ist, über diese Bestandssicherung hinaus Gewinne zur *Dividendenausschüttung* an Aktionäre zu generieren. Hier stellt sich die philosophisch-ethische Frage, ob eine Gesellschaft Gesundheitsversorgung als *Daseinsvorsorge* definiert oder die politische Entscheidung trifft, diese Aufgabe an Privatunternehmen abzugeben. Trifft man diese politische und moralische Entscheidung, muss man akzeptieren, dass aus der Krankenhausleistung Gewinne abgezogen werden. Will man das nicht, muss man das Konzept politisch neu festlegen.

Was aber grundsätzlich bleibt, ist, dass sich auch Krankenhausleitungen zunächst einmal innerhalb dieser politischen Eckpunkte bewegen müssen, damit sie als wesentliches ökonomisches Ziel den Bestand des Unternehmens und damit auch letztendlich die Arbeitsplätze aller dort Beschäftigen – auch der Chefärzte (!) – erhalten können. Betrachtet man diese unterschiedlichen Anforderungen, so muss sich daraus nicht zwangsläufig ein unüberbrückbarer Konflikt zwischen Krankenhausleitung und Krankenhausärzten entwickeln, da von beiden erwartet werden muss, dass sie die Versorgung der Kranken und den Erhalt des Krankenhauses als gemeinsame Aufgabe von Führung betrachten.

13.7 Zurück zum aufrechten Gang

Beginnen wir also als Krankenhausärzte zunächst einmal bei uns selbst. Leitende Ärzte sind *Führungskräfte*, die sich nicht alleine mit einer gesellschaftlichen Veränderung zufriedengeben sollten, sondern die Aufgabe von Führungskräften ist die aktive Gestaltung von Gesellschaft und Umgebung. Das beinhaltet eine aktive *Vorbildfunktion* und auch eine aktive Bestimmung der eigenen Rolle. Wenn ein Stand für sich eine besonders hohe moralische Qualität in Anspruch nimmt, dann muss ein Stand das aufrecht tun und auch bei »unmoralischen Angeboten« »Nein« sagen können. Das kann im Einzelfall schwer sein und auch einmal mit persönlichen Nachteilen einhergehen, führt aber bei der aktuellen Arbeitsmarktlage 2015 kaum zur existenziellen Bedrohung, und es setzt Signale für den Umgang miteinander. Allen Beteiligten muss klar sein, dass eine Rückgewinnung der ärztlichen Autonomie nie mehr ohne Rücksicht auf ökonomische und gesellschaftliche Eckpunkte möglich sein wird, aber es bleibt die wichtige Aufgabe des Chefarztes, den Patienten vor der reinen Ökonomie zu schützen!

13.8 Fazit und Empfehlung

Krankenhäuser haben sich vom Ort der reinen Daseinsvorsorge zu ökonomisch strukturierten Unternehmen entwickeln müssen, um den Bestand der jeweiligen Einheit zu sichern. Dies hat zu einer erheblichen Verschiebung in der Kommunikation zwischen Unternehmensleitung und Chefärzten geführt, die teilweise zu einer deutlichen gegenseitigen Missachtung der Berufsgruppen und vielen kommunikativen Problemen geführt hat. In dieser besonderen Situation müssen Chefärzte Haltung und Verhalten überdenken, um eine gedeihliche Kommunikation mit der Unternehmensleitung zu erhalten oder wieder herbeizuführen. Sechs Leitsätze für den Chefarzt mögen im Alltag hierfür eine Hilfe sein:

1. Der Arzt ist als Erstes dem Patienten verpflichtet Ärztliches Tun hat sich in allererster Linie immer an der unmittelbaren Versorgung eines Patienten zu orientieren. Ärzte tragen Verantwortung für Leben und Gesundheit von Menschen, und es ist auch in der heutigen Zeit nicht altmodisch, sich an den Eid des Hippokrates zu erinnern.

2. Der Arzt ist sich seiner besonderen Stellung bewusst Patienten wollen auch in der heutigen Zeit ein vertrauensvolles Verhältnis zu ihrem behandelnden Arzt. Patienten kommen in Kliniken, weil Chefärzte in ihren Bereichen für eine bestimmte Medizin, für ein bestimmtes Klima und auch für die Art der Zuwendung stehen. Der Patient sucht, wenn er ins Krankenhaus kommt, den Kontakt zum Arzt und nicht zur Krankenhausleitung.

3. Ein Arzt trägt immer auch Verantwortung für das Ganze Die Bedingungen heutiger Krankenhausorganisationen sind aus einem gesellschaftlichen Konsens gewachsen, aus dem sich der einzelne Leitende Arzt oder Chefarzt nicht herauslösen kann. Ärztliches Handeln ist zunächst einmal geprägt von der Einzelverantwortung für einen Patienten und dessen Wohlergehen, die Aufgaben eines Arztes beinhalten darüber hinaus aber auch die Sorge für das Ganze. Auch er hat darauf zu achten, dass ökonomische Eckpunkte eingehalten werden, die angewendete Medizin in seinem Bereich angemessen ist und er einen Vergleich und eine Orientierung an anderen Versorgungseinrichtungen in seine Überlegungen mit einbezieht. In der Konsequenz bedeutet das nicht nur Verantwortung für den Patienten, sondern auch Verantwortung für die Mitarbeiter und für das Unternehmen.

4. Der Arzt sollte verstehen, wie der Andere denkt Viele Missverständnisse entstehen in der Kommunikation mit Unternehmensleitungen dadurch, dass die Terminologie und die grundsätzliche Haltung zu einzelnen Problemen unterschiedlich sind. Von einem Leitenden Arzt oder Chefarzt kann man erwarten, dass er in der Lage ist, verschiedene Ebenen einer Kommunikation zu trennen sowie die ökonomische Dimension seines Bereiches zu verstehen und zu reflektieren. Der Arzt muss erkennen, wie der Andere denkt. Erst wenn er in der Lage ist, dieses zu verstehen und zu benennen, kann er zu dem persönlichen Urteil kommen, ob er den Inhalt richtig oder falsch findet. Schon das unvoreingenommene Verstehen eröffnet häufig eine andere Stufe der Kommunikation. Diese Offenheit muss beiderseits sein. Ein Arzt darf im Gegenzug das Verstehen medizinischer Zusammenhänge auf Führungsebene einfordern.

5. Der Arzt sollte verstehen, warum der Andere etwas tut Motive für Handlungen von Menschen in Strukturen können extrem unterschiedlich sein. Die Frage, wie man mit Handlungsweisen umgeht, hängt wesentlich davon ab, dass auch hier benannt werden kann, warum etwas geschieht. Dabei sollte man nicht vernachlässigen, dass neben »sachlichen Gründen« persönliche Befindlichkeiten und Emotionen die Kommunikation so bestimmen, dass die eigentlichen sachlichen Argumente weit in den Hintergrund treten können. Das kommt auch in der Kommunikation zwischen den Leitenden Ärzten oder Chefärzten bzw. zwischen den verschiedenen Fachdisziplinen vor, die ja sehr wohl von persönlichen Komponenten, aber auch durch *Machtverhalten* bestimmt sind. Die Vorgehensweise, zu reflektieren, warum der Andere etwas tut, muss dadurch ergänzt werden, dass sich ein Arzt darüber klar wird, warum er selbst etwas tut. Auch hier ist die kritische Betrachtungsweise der eigenen Motive durchaus hilfreich. Sie macht die Kommunikation des Arztes erfolgreicher, weil er dadurch weniger verwundbar wird. Dabei kann es durchaus nützlich sein, dieses auch von einer unabhängigen dritten Person reflektieren zu lassen. Wenn ein Arzt nicht versteht, warum der Andere etwas tut und warum er es selber tut, wird die eigene kommunikative Position des Arztes schwächer, er ist leichter zu führen und vermag nicht umzusetzen, was er für richtig hält. Auch hier gilt, dass das Erkennen der Motive nicht zwangsläufig damit einhergehen muss, dass ein Arzt ein Motiv billigt, er kann aber benennen, ob er es für richtig oder falsch hält.

6. Begegnungen erfolgen auf Augenhöhe Es ist unter den heutigen Bedingungen nicht mehr zielführend, auf Strukturen zu beharren, die auf gesellschaftlichen und Lebensmodellen vergangener Zeiten beruhen. Es wird nicht mehr so sein, dass das alleinige Diktum des Chefarztes zur zwangsläufigen Ausführung eines willfährigen Verwaltungsangestellten führt. Genauso wenig darf sich der Chefarzt unter Einbeziehung aller obigen Überlegungen in die Rolle begeben, beliebig erpressbar zu sein und als einfacher Ausführungsgehilfe einer ökonomisch diktierten Unternehmensleitung fungieren. Wenn sich Ärzte dieser Augenhöhe bewusst sind und sich von der Erpressbarkeit zurückziehen, wird sich auch das Verhalten von Unternehmensleitungen vielleicht nicht heute, aber mittel- und langfristig ändern, da auch sie auf hochmotivierte und engagierte Chefärzte angewiesen sind. Augenhöhe heißt dabei Augenhöhe, nicht darüber, aber auch nicht darunter. Im Idealfall verstehen sich Chefärzte und Geschäftsführung dann wieder als Partner, die in den unterschiedlichen Dimensionen eines Unternehmens tätig sind, das Krankenhaus nach wie vor als einen Ort für kranke Menschen verstehen und dieses mit Verständnis für die Anliegen des Anderen gemeinsam gestalten.

Auf der Ebene der Gesamtgesellschaft sind Chefärzte und Geschäftsführungen eigentlich natürliche Partner, die gemeinsam gegenüber Kostenträgern, Politik und Gesellschaft Anforderungen formulieren sollen, um weiter gemeinsam ein optimales System der Gesundheitsversorgung für die einzelnen Patienten zu gewährleisten. Dieser Weg mag im Einzelfall schwierig sein, aber jeder Einzelne kann hierbei ein Zeichen setzen, das die Kommunikation mit der Geschäftsführung wieder gleichberechtigt und erfolgreich macht.

Chefarzt kann so der Traumjob sein, den wir alle doch mit viel Mühe erreichen wollten.

Aus Sicht von Verwaltung und Geschäftsführung

Kapitel 14 Der Chefarzt als Doppelagent?
Im Spannungsfeld zwischen Profession
und fachfremden Motiven – 185
Horst Imdahl

Kapitel 15 Wer möchte heute Geschäftsführer eines
Krankenhauses sein?
Wie die gemeinsame Führung gelingt – 201
Heinz Naegler

Der Chefarzt als Doppelagent? Im Spannungsfeld zwischen Profession und fachfremden Motiven

Horst Imdahl

14.1 Einleitung und Problemstellung – 186

14.2 Phasen der Krankenhausfinanzierung seit 1972 und die jeweils damit verbundenen handlungsbestimmenden Vorteilserwartungen der Chefärzte – 186
14.2.1 Die Phase der Selbstkostendeckung – 186
14.2.2 Die Phase der Budgetierung unter Aufgabe des Selbstkostendeckungsprinzips – 187
14.2.3 Die Umstellung der Betriebskostenfinanzierung auf DRGs – 188

14.3 Problemfelder ärztlichen Handelns unter DRG-Bedingungen – 189
14.3.1 Die Indikationsstellung – Ursache der Mengenentwicklung? – 189
14.3.2 Vertraglich vereinbarte Bonusregelungen mit Chefärzten – 191
14.3.3 Zuweiserpauschalen, Kopf- und Fangprämien – 192
14.3.4 Sectiones und Frühgeborene – 193
14.3.5 Weitere Problemfelder – 194

14.4 Zusammenfassung und Ausblick – Der Beitrag der Medizinethik und das ärztliche Ethos – 194

Literatur – 197

14.1 Einleitung und Problemstellung

In der letzten Zeit mehren sich die Stimmen, die darauf hinweisen, dass die zunehmende Ökonomisierung und Kommerzialisierung des Gesundheitswesens das ärztliche Berufsbild und damit die Rolle des Chefarztes im Plankrankenhaus verändern. So spricht Maio von der Änderung des Arzt-Patienten-Verhältnisses vom Vertrauensverhältnis zum Vertragsverhältnis (Maio 2014, S. 104 ff.). Er bestätigt damit den ehemaligen Aufsichtsratsvorsitzenden der Rhön-Klinikum AG, der bereits 2008 die auf Vertrauen basierte Beziehung zwischen Patient und Arzt für abgelöst erklärte; sie sei Basis der »alten Medizin«. Die »neue Medizin« als Massenphänomen kenne keine Vertrauens- und Beziehungsebene, »es handelt sich um Leistungsaustausch, nicht Beziehungsregulation« (Münch 2008).

Die »neue Medizin« und der damit verbundene neue Blick auf den Patienten als Kunde ist Folge der politisch gewollten Markt- und Wettbewerbsorientierung. »Das Krankenhaus wandelt sich von einer Fürsorgeanstalt zu einem Dienstleistungsunternehmen, das auf Kundenbindung angewiesen ist und seine Wettbewerbsfähigkeit am Markt durch spezifische Alleinstellungsmerkmale zu gewinnen sucht. Der Patient wird zum Produktionsfaktor, der möglichst gewinnbringend eingesetzt werden muss« (Flintrop 2006, S. A 3085).

Die steigende Marktorientierung und die wettbewerbsmäßige Überformung der Medizin führt damit zu der beschriebenen Veränderung des Arzt-Patienten-Verhältnisses in Richtung einer Nachfrager-Anbieter-, Käufer-Verkäufer- oder Kunde-Unternehmer-Beziehung. Der Gesetzgeber beschleunigte diesen Prozess durch die Umstellung der Betriebskostenfinanzierung der Krankenhäuser auf ein Fallpauschalensystem. Nach einer bis 2009 laufenden Phase, in der hausindividuelle Pauschalen sukzessive auf einen landesweit gültigen Basisfallwert angepasst wurden, gilt seit der »Scharfschaltung« des Systems landesweit für die gleiche Leistung der gleiche Preis. Die geänderten Finanzierungsregeln haben das Verhalten der Akteure nach und nach verändert. Krankenhäuser setzen verstärkt auf Effizienz; Gewinnstreben erhält in dem ehemals durch gemeinnütziges Handeln gekennzeichneten Bereich einen neuen, höheren Stellenwert. Ökonomische Erwägungen drohen die medizinischen zu dominieren, mindestens aber zu beeinflussen.

In der Ärzteschaft wird diese Entwicklung als Bedrohung gesehen. Hoppe forderte deshalb eine Arztautonomie, verstanden als eine Autonomie gegenüber den allfälligen Betreibern von Gesundheitseinrichtungen, mit der der Einmischung Dritter in die Arzt-Patienten-Beziehung ein Ende bereitet werden muss (vgl. Hoppe 2009, S. 6). Aber kommt diese Forderung nicht zu spät? Haben Chefärzte nicht schon seit langem ihre medizinischen Entscheidungen auch unter Berücksichtigung der jeweiligen finanziellen Rahmenbedingungen getroffen? Wie hat sich die Rolle des Chefarztes in den letzten Jahrzehnten in Abhängigkeit von der jeweiligen Finanzierung verändert?

Die Art der Finanzierung ist deshalb von großer Bedeutung, weil die Krankenhäuser in ihrer Preisgestaltung nicht frei sind, sondern seit Jahrzehnten staatlichen Vorgaben unterliegen. Von jeder Art der Finanzierung gehen beabsichtigte, gewollte Wirkungen, aber auch ungewollte aus. Die ärztliche Tätigkeit im Krankenhaus fand schon seit längerer Zeit in einem Spannungsfeld zwischen medizinischen und ökonomischen Zielen statt. Mit jedem Wechsel der Finanzierung veränderten sich auch die chefärztliches Handeln beeinflussenden Anreize, verstanden als handlungsbestimmende Vorteilserwartungen.

14.2 Phasen der Krankenhausfinanzierung seit 1972 und die jeweils damit verbundenen handlungsbestimmenden Vorteilserwartungen der Chefärzte

14.2.1 Die Phase der Selbstkostendeckung

Die erste Bundespflegesatzverordnung, die Verordnung PR 7/54 über die Pflegesätze von Krankenanstalten vom 31.08.1954 (Bundesanzeiger Nr.173), wurde im Jahre 1973 durch die Verordnung zur Regelung der Krankenhauspflegesätze vom 25.04.1973 (BGBl. I, S. 333) abgelöst, nachdem der vom Deutschen Bundestag in Auftrag gegebene Bericht der Bundesregierung über die finanzielle Lage der

Krankenanstalten in der Bundesrepublik Deutschland aus dem Jahr 1969 (die sog. Krankenhaus-Enquete) ergeben hatte, dass die Differenz zwischen den tatsächlich entstandenen Kosten und den Erträgen aus Pflegesätzen eine Größenordnung von ca. 800–900 Mio. DM erreicht hatte und damit eine dem jeweiligen medizinisch-technischen Standard entsprechende Versorgung der Bevölkerung nicht mehr sichergestellt werden konnte.

Nach einer Änderung des Grundgesetzes, durch die die Kompetenz für gesetzliche Regelungen zur wirtschaftlichen Sicherung der Krankenhäuser und der Krankenhauspflegesätze auf den Bund übergegangen war, wurde das Gesetz zur wirtschaftlichen Sicherung der Krankenhäuser und zur Regelung der Krankenhauspflegesätze vom 29.06.1972 (KHG) erlassen, das in weiten Teilen bis heute Gültigkeit besitzt. Danach wurden die Investitionskosten der Plankrankenhäuser von der öffentlichen Hand finanziert, während die Benutzerkosten, d.h. die Behandlungs- und Betriebskosten, von den Patienten bzw. deren Kostenträger, i.d.R. den Krankenkassen, getragen wurden (duale Finanzierung).

Für den Bereich der Benutzerkosten galt der Selbstkostendeckungsgrundsatz: »Nach § 17 Abs. 1 Satz 2 KHG 1972 waren die Krankenhauspflegesätze so zu bemessen, dass sie auf der Grundlage der Selbstkosten eines sparsam wirtschaftenden, leistungsfähigen Krankenhauses und einer Kosten- und Leistungsrechnung eine wirtschaftliche Betriebsführung ermöglichen und die medizinische und wirtschaftlich rationelle Versorgung durch die Krankenhäuser sichern« (Dettling u. Gerlach 2014, S. 176). Maßstab für die Höhe der individuellen tagesgleichen Pflegesätze waren danach die auf das einzelne Krankenhaus bezogenen Kosten bei wirtschaftlicher Betriebsführung.

Damit wurde die Ergebnissituation eines Plankrankenhauses (auch) in die Hände der Chefärzte gelegt. Neben der Höhe der Pflegesätze war die Aufenthaltsdauer des Patienten entscheidend für den Fallerlös: Je länger der Patient im Krankenhaus verweilte, desto höher war der Erlös. »Es kam nur darauf an, die Kapazitäten voll auszulasten und Patienten so lange wie möglich im Krankenhaus zu behalten«, stellte Maio rückblickend fest (Maio 2014a, S. 123). Die Chefärzte leisteten hierzu den entscheidenden Beitrag.

Der Anreiz zu einer Verweildauerverlängerung wurde mit der Verabschiedung der Bundespflegesatzverordnung vom 21.08.1985 (BGBl. I, S. 1666) gemildert, da nunmehr ein flexibles Budget mit tagesgleichen Pflegesätzen als Abschlagszahlungen eingeführt wurde. Bei Erlösabweichungen gegenüber der Kalkulation verblieben Mehrerlöse nicht mehr vollständig beim Krankenhaus, sondern wurden zu 75% an die Kostenträger zurückgeführt, während zur Deckung der variablen Kosten 25% der Mehrerlöse dem Krankenhaus verblieben (▶ auch Kap. 11 und 12).

14.2.2 Die Phase der Budgetierung unter Aufgabe des Selbstkostendeckungsprinzips

Mit dem Gesetz zur Sicherung und Strukturverbesserung der gesetzlichen Krankenversicherung (Gesundheitsstrukturgesetz GStrukG) vom 21.12.1992 (BGBl. I, S. 2266) wurde der Beitragssatzstabilität Vorrang vor einer angemessenen Krankenhausfinanzierung eingeräumt, um weiter steigende Beitragssätze durch steigende Pflegesätze zu verhindern. Damit wurde auch das Selbstkostendeckungsprinzip abgeschafft und ab dem Jahr 1996 durch ein vollkommen neues Vergütungssystem aus Basis- und Abteilungspflegesätzen sowie Fallpauschalen und Sonderentgelte, die unabhängig von den jeweiligen Selbstkosten des einzelnen Krankenhauses gezahlt wurden, ersetzt.

Als weitere Maßnahme wurden die Budgets gedeckelt, d.h. der jährliche Anstieg der Budgets wurde auf die Steigerungsrate der beitragspflichtigen Einnahmen der Krankenkassenmitglieder begrenzt. Dadurch wurde ein Mehr an Leistungen gegenüber dem Budget mit einer Kürzung der Vergütung bestraft, die aus dem Mehr entstandenen Mehrkosten also nicht vollständig erstattet, ein weniger an Leistungen mit nahezu konstantem Budget belohnt.

Als Folge der Budgetdeckelung und einer ab 1997 gültigen 1%igen pauschalen Kürzung der Krankenhausbudgets unternahmen die Krankenhäuser Anstrengungen, ihre wirtschaftliche Situation zu halten bzw. zu verbessern. Stellenabbau, Outsourcing, Stellenbefristungen und Privatisierungen von Krankenhäusern sollten diese Zielsetzung sichern. Simon stellt in diesem Zusammenhang fest, dass die durch diese Maßnahmen entstandene Atmosphäre wirtschaftlicher Verunsicherung den Boden bildete, auf dem die Bereitschaft wachsen konnte, patientenbezogene Entscheidungen an ökonomischen Zielen des Krankenhauses auszurichten (vgl. Simon 2001, S. 22). Hierzu diente in erster Linie eine Leistungssteuerung, die das Ziel hatte, die mit den Kostenträgern für den Budgetzeitraum vereinbarte Leistungsmenge punktgenau zu erreichen (die sog. Punktlandung). Diese Punktlandung konnte nur mit Hilfe der Ärzte erzielt werden, denen hierzu umfangreiche Informationen über die Kosten- und Leistungsentwicklung an die Hand gegeben wurden. Da, wo Ärzte nicht »mitspielten«, wurden gegen Ende der Budgetzeiträume Stationen geschlossen, teilweise mit dem Argument einer notwendigen Sanierung, um die Leistungsbudgets nicht zu überschreiten und wirtschaftlichen Schaden vom Haus abzuwenden.

Mit ihren Entscheidungen zur Aufnahme, Verlegung und Entlassung konnten Ärzte die Weichenstellungen zur Einhaltung der Leistungsbudgets vornehmen. »Die entscheidende Veränderung gegenüber der Situation vor 1993 liegt darin, dass es Fälle gibt, in denen Patienten nicht aufgenommen werden, obwohl der zuständige Arzt eine Krankenhausbehandlung für notwendig hält und das betreffende Krankenhaus sowohl sachlich als auch personell in der Lage wäre, den Patienten adäquat zu versorgen. Ausschlaggebend für die Abweisung oder sofortige Weiterverlegung des Patienten ist in diesen Fällen allein die Erwartung, dass die anfallenden Behandlungskosten durch die zu erzielenden Einnahmen nicht gedeckt werden« (Simon 2001, S. 37).

> Bereits zu Zeiten der Selbstkostendeckung und der Budgetierung haben (Chef-)Ärzte auch wirtschaftliche Erwägungen in ihre patientenbezogenen Entscheidungen einfließen lassen. Man darf unterstellen, dass umfassende Informationen der jeweiligen kaufmännischen Geschäftsführungen über den Stand der Budgetausnutzung und die Möglichkeiten zur Budgeteinhaltung diese Entwicklung gefördert haben.

14.2.3 Die Umstellung der Betriebskostenfinanzierung auf DRGs

Mit der Gesundheitsreform 2000 fiel die Entscheidung für die Einführung eines durchgängigen, leistungsorientierten und pauschalierenden Entgeltsystems für die Vergütung der allgemeinen Krankenhausleistungen (§ 17b KHG). Seit 2004 müssen die Krankenhäuser auf der Basis diagnosebezogener Fallpauschalen (DRGs, Diagnosis Related Groups) ihre stationären und teilstationären Leistungen abrechnen. Bei den DRGs handelt es sich um ein Patientenklassifikationssystem, das in einer klinisch relevanten und nachvollziehbaren Weise Art und Anzahl der behandelten Krankenhausfälle in Bezug zum jeweiligen Ressourcenverbrauch, also zu den mit der Behandlung dieser Diagnose verbundenen Kosten, setzt und dem Krankenhaus für diese Behandlungsfälle kostenbasierte und landesweit einheitliche Pauschalvergütungen garantiert, die im Normalfall die Aufwände eines durchschnittlichen Behandlungsfalles von der Aufnahme bis zur Entlassung decken.

Zur Ermittlung des Aufwandes je Behandlungsfall kalkuliert das Institut für das Entgeltsystem im Krankenhaus (InEK) aus den Kostendaten von über 300 Krankenhäusern für jede DRG ein Relativgewicht (auch Kostengewicht oder cm-Wert genannt), das durch Multiplikation mit dem in jährlichen Verhandlungen zwischen Krankenkassen und Krankenhäusern vereinbarten Basisfallwert den Erlös je Fall bestimmt.

Für jede DRG wird aus den Kalkulationsdaten ferner eine untere und eine obere Grenzverweildauer sowie eine mittlere Verweildauer ermittelt. Während es bei einer Verweildauer zwischen diesen beiden Polen den vollen DRG-Erlös gibt, gibt es bei Unterschreiten der unteren Grenzverweildauer Abschläge und bei Überschreiten der oberen Grenzverweildauer Zuschläge; unter wirtschaftlichen Gesichtspunkten ist eine Verweildauer zwischen der unteren Grenz- und der mittleren Verweildauer anzustreben, da hier mindestens Kostendeckung erwartet werden kann.

Damit orientiert sich der Erlös einer Behandlung nicht mehr an den individuellen Bedürfnissen des Patienten, sondern an der Zuordnung zu einer entsprechenden DRG und nahezu unabhängig vom jeweiligen Krankheitsverlauf. Dies führt zwangsweise zu einem auch von ökonomischen Aspekten beeinflussten Arzt-Patienten-Verhältnis. »Wir Ärztinnen und Ärzte werden zunehmend als Produktionsmittel instrumentalisiert und können unseren eigentlichen Auftrag am Patienten nicht mehr angemessen erfüllen. Dies führt zunehmend zu ethischen Konflikten, die kurative, heilende Medizin wird immer weiter marginalisiert« (Marburger Bund 2013). Damit wird das Spannungsfeld zwischen den eigenen ethischen Ansprüchen und den ökonomischen Zielen, zwischen Ethik und Ökonomie, deutlich: Der Arzt wird gleichzeitig mit moralischen und ökonomischen Forderungen konfrontiert, die meistens gegensätzliche Handlungsempfehlungen zulassen (▶ auch Kap. 12).

14.3 Problemfelder ärztlichen Handelns unter DRG-Bedingungen

14.3.1 Die Indikationsstellung – Ursache der Mengenentwicklung?

Der Arzt »schreibt« im DRG-System durch seine Kodierung die Rechnung. Er beeinflusst damit wesentlich das wirtschaftliche Ergebnis der Klinik. Dabei sind zwei Quellen einer möglichen Ergebnisbeeinflussung zu unterscheiden: die Aufnahme und die Aufnahmediagnose sowie die während des Aufenthaltes erbrachten Leistungen.

Die Aufnahme und die Aufnahmeindikation

Zwischen 2007 und 2012 stieg die Zahl der Krankenhausfälle von 17,2 Mio. auf 18,6 Mio.. Diese Entwicklung veranlasste die Bundesregierung, die Deutsche Krankenhausgesellschaft und den GKV-Spitzenverband anzuweisen, ein Gutachten zur Erklärung dieses Anstiegs in Auftrag zu geben. Das Gutachten liegt mittlerweile vor, auf Ursachen der Mengenentwicklung festlegen wollen sich die Gutachter aber nicht: »Die in den Jahren 2007 bis 2012 beobachtete Fallzahlentwicklung könnte durch eine Vielzahl von Einflüssen verursacht sein, die sich auf Veränderungen der Nachfrage nach Gesundheitsleistungen sowie Veränderungen des Angebotes von Gesundheitsleistungen zurückführen lassen« (Schreyögg u.a. 2014, S. 11).

Deutlicher wird einer der Co-Gutachter, Reinhard Busse, bei einem Vortrag zu dem Hintergrund und den Ergebnissen des Forschungsauftrages:

> Meine Schlussfolgerungen (stehen so nicht im Gutachten):
> Die stationären Fallzahlen in Deutschland sind – von sehr hohem Niveau – in den letzten Jahren stark gestiegen (und zwar ausschließlich Aufnahmen ohne Einweisung, sog. Notfälle), während sich – bei praktisch gleichbleibender Bettenzahl – die Verweildauern verkürzt haben. Diese Veränderung wird durch Nachfragefaktoren nur zu einem geringen Teil erklärt (insbesondere in bestimmten Regionen), während Angebotsfaktoren klar mit der Menge korrelieren. (Busse 2015)

Krankenhausintern wird in der Diskussion um die Fallzahlsteigerung im stationären Bereich auch der Begriff der »ökonomischen Indikation« zu Verdeutlichung der Motivation zur Aufnahme gebraucht. Bei privaten Trägern, die Investitionen in neue Gebäude getätigt haben, spricht man dann von der Amortisationsindikation.

Die abrechnungsrelevanten Leistungen

In Deutschland führen die Ärzte in Krankenhäusern immer mehr Operationen durch, berichtet das Statistische Bundesamt. »2013 lag die Zahl der chirurgischen Eingriffe bei 15,8 Mio., im Vergleich zum Jahr 2005 entsprach dies einem Plus von rund 30%« (Statistisches Bundesamt 2014).

Schlagzeilen wie »Das lukrative Geschäft mit unnötigen Operationen« (o.V. 2013), »Kliniken sanieren sich mit sinnlosen Operationen« (Heinemann 2014), »Ärzte und Kassen sorgen sich: Mengenboom bei Herzeingriffen« (Fricke 2015), »Ab in den OP, egal ob es nötig ist« (Maier-Borst 2014), »Ärzte-Initiative gegen heillose Rücken-OPs« (Blech 2011), »Herzklappen: Risikoreiche Operationsmethode boomt – finanzieller Gewinn als Motivation« (o.V. 2010a) begleiten diese Entwicklung, in der die Monethik der Ethik anscheinend die Vorfahrt genommen hat.

»Offensichtlich sind wir inzwischen an einem Punkt angekommen, wo der ökonomische Druck so stark ist, dass man im Zweifel lieber operiert«, sagt der Gesundheitsökonom Jürgen Wasem in einem Interview im Bayerischen Fernsehen (Bayerisches Fernsehen 2015). »Wer ins Krankenhaus eingewiesen wird, muss befürchten, weniger nach medizinischen als nach wirtschaftlichen Gesichtspunkten behandelt zu werden« (Elger 2011, S. 32). Und im »Focus« werden die Ärzte unmittelbar an den Pranger gestellt: »Klinikärzte operieren aus Geldgier mehr Patienten als nötig« (o.V. 2012).

Aber auch die Fachgesellschaften üben Kritik. Bereits 2010 warnte der damalige Präsident der Deutschen Gesellschaft für Chirurgie (DGCH), Reiner Gradinger, auf dem Chirurgenkongress: »Viel zu häufig wird die Entscheidung über Diagnose- und Therapieverfahren auf Grundlage der Vergütungszahlen entschieden« (Gaede 2010, S. 18). Und in einem Interview macht er Ärzten und Klinikverwaltungen konkrete Vorwürfe: »Wir leiden unter einer zunehmenden Kommerzialisierung der Medizin. Das heißt, es werden unnötige Eingriffe vorgenommen, weil sie Kliniken und Praxen Geld bringen« (O.V. 2010). Seine Beurteilung wird von Zahlen aus dem Krankenhausreport 2010 der Barmer GEK gestützt, der beispielsweise in der Hüft- und Knieendoprothetik Steigerungsraten von bis zu 86% ausweist (vgl. Barmer GEK 2010, S. 197 ff.).

»Vieles deutet darauf hin, dass in den Kliniken aufgrund ökonomischer Anreize medizinisch nicht notwendige Leistungen erbracht werden«, erklärt der stellvertretende Vorstandsvorsitzende des GKV-Spitzenverbandes, Johannes von Stackelberg (GKV-Spitzenverband 2012). Aber es zeigt sich, dass auch diese Problematik beispielsweise in der Schweiz schon diskutiert wurde, lange bevor die DRGs eingeführt wurden: »Während die Bevölkerung meint, das größte Problem läge darin, dass unfähige Ärzte das Richtige oder das Falsche falsch tun, scheint das Hauptproblem darin zu liegen, dass zunehmend das Falsche richtig gemacht werde, d.h. nicht wirklich indizierte Operationen technisch regelgerecht ausgeführt werden«, hatte schon 2004 der Präsident der Schweizerischen Gesellschaft für Orthopädie, Jürg Knessl, bei seiner Amtsübernahme gesagt (Knessl 2004, S. 2788).

Aktuell schlagen Ärzte und Kassenvertreter wegen vermeintlich unnötiger Eingriffe am Herzen Alarm. Der ökonomische Druck auf die Operateure sei enorm und Renditevorgaben von 15–20% die Regel, so der ehemalige Chefarzt der Wuppertaler Herzchirurgie Hartmut Gülker (vgl. Fricke 2015). »Die »Technik« besteht darin, dass die Indikationsstellungen beliebig ausgeweitet werden. (…) Ein weiterer Ansatz ist die Leistungsmehrung durch Leistungserbringung ohne leitliniengerechte Indikation« (Gülker 2014).

Zu den abrechnungsrelevanten Leistungen zählen auch diejenigen, die unter die im Jahr 2004 in Kraft getretene Mindestmengenregelung des Gemeinsamen Bundesausschusses fallen (Gemeinsamer Bundesausschuss 2015). Diese sieht vor, dass bestimmte Eingriffe nur in solchen Kliniken durchgeführt werden, in denen eine vorgegebene Mindestzahl pro Jahr erreicht wird. Dazu zählen zurzeit Lebertransplantationen, Nierentransplantationen, komplexe Eingriffe am Organsystem Ösophagus, komplexe Eingriffe am Organsystem Pankreas, Stammzelltransplantation, Kniegelenk-Totalendoprothesen, koronarchirurgische Eingriffe sowie die Versorgung von Früh- und Neugeborenen mit einem Geburtsgewicht < 1250g. Ziel der Mindestmengen ist vor allem die Gewährleistung einer angemessenen Versorgungsqualität sowie eine kontinuierliche Verbesserung des Versorgungsniveaus (a.a.O.). Einer Studie der Universität Witten/Herdecke zufolge, die Qualitätsberichte der Krankenhäuser der Jahre 2004, 2008 und 2010 auswertete, ignorierten viele Klinikärzte die Vorgaben des G-BA. Je nach Eingriffsart unterschreiten 5–45% der berichtenden Krankenhäuser die Mindestmengenvorgabe, beispielsweise in 2010 beim komplexen Eingriff am Pankreas 29% und beim komplexen Eingriff am Ösophagus 44% (vgl. de Cruppé u.a. 2014, S. 551). Einer Studie von Nimptsch und Mansky zufolge unterschreiten gar 302 von 429 Krankenhäusern, die eine komplexe OP an der Speiseröhre durchführen, die Mindestmenge von zehn pro Jahr (vgl. Nimptsch 2012, S. 1452). Diese Studien nahm die »Frankfurter Allgemeine Zeitung« zum Anlass, um darüber unter der Überschrift »Ungeübte Chirurgen in deutschen Kliniken« zu berichten. Insbesondere würde es die Wissenschaftler nachdenklich machen, dass Krankenhäuser mit ihren Angaben über die Erfüllung ihren Mindestmengen offenbar immer hart am Wind segeln: Man erfüllt die Vorgabe gerade eben so und liegt oft haarscharf über der Mindestmenge (vgl. Lenzen-Schulte 2014). Auch Trickserei bei der Dokumentation wird unterstellt: Steigt die Mindestmengenvorgabe, folgt die angegebene Fallzahl etlicher Krankenhäuser exakt nach und steigt im nächsten Jahr um etwa genauso viel an.

Ärzte wie Kliniken gehen hier in doppelter Hinsicht ein unnötiges Risiko ein, denn einerseits verliert das Krankenhaus beim Unterschreiten der Mindestmenge den Vergütungsanspruch und andererseits riskiert der Arzt strafrechtliche Konsequenzen. Der Bundesgerichtshof stellte bereits 2012 fest, dass unter Zugrundelegung einer streng formalen Betrachtungsweise ein Vermögensschaden allein bei Verletzung formaler Vorgaben des vertragsärztlichen, sozialrechtlichen oder gebührenrechtlichen Abrechnungsrechts bei weitgehendem Verzicht auf den Nachweis eines Vermögensschadens als strafwürdiges Fehlverhalten beurteilt werden wird (vgl. Braun 2014, S. 39).

14.3.2 Vertraglich vereinbarte Bonusregelungen mit Chefärzten

Die Ökonomisierung und Kommerzialisierung des Gesundheitswesens hat erwartungsgemäß auch die Einführung in der freien Wirtschaft üblicher Anreiz- und Motivationssysteme gefördert. So fand sich in der 8. Auflage des DKG-Mustervertrages für Chefärzte im § 8 Abs. 3 der Vorschlag, dem Chefarzt für das Erreichen in einer jährlich neu zu vereinbarenden Zielvereinbarung einen finanziellen Bonus dann zu gewähren, wenn er die festgelegten Eckpunkte erreicht.

» Gegenstände der Zielvereinbarung können insbesondere sein:
Zielgrößen für Sach- und Personalkosten seiner Abteilung,
Zielgrößen für Leistungen nach Art und Menge,
Einführung neuer Behandlungsmethoden,
Maßnahmen der Qualitätssicherung,
Inanspruchnahme nichtärztlicher Wahlleistungen,
Beteiligung an Strukturmaßnahmen,
Sonstige leistungsorientierte Regelungen.
(DKG 2007)

In der 9. Auflage (vgl. DKG 2013) fehlt der Hinweis auf die »Zielgrößen für Leistungen nach Art und Menge«. Die »sonstigen leistungsorientierten Regelungen« haben eine Klarstellung dergestalt erfahren, dass sie sich nicht auf Einzelleistungen nach Art und Menge beziehen.

Gleichwohl haben die Regelungen der 8. Auflage Wirkungen erzielt. So berichtet Unschuld von (christlichen und weltlichen) Krankenhäusern, die von ihren Leitenden Ärzten vertraglich festgeschrieben eine 5–10%ige Steigerung der stationären Patienten im Vergleich zum Vorjahr verlangen (vgl. Unschuld 2011, S. 81 f.). Angesichts einer letztlich begrenzten Zahl sinnvoll stationär zu behandelnder Patienten sei die Versuchung groß, Menschen allein aus wirtschaftlichen, nicht aber aus therapeutischen Gründen einen Krankenhausaufenthalt aufzuerlegen.

Es ist wahrscheinlich, dass der moralisch gutwillige Arzt, der aus Überzeugung und dem ärztlichen Ethos heraus (Chefarzt-)Verträge mit an Leistungszahlen orientierten Bonusregelungen ablehnt, in der Regel gegenüber den weniger moralischen Konkurrenten im Nachteil ist und aus dem Bewerberverfahren ausgeschieden wird. In diesem Dilemma wird er die Bonusregelung als Sachzwang akzeptieren (müssen), wenn er nicht dauerhaft als der moralisch Gutwillige das Ausscheiden aus dem Besetzungsverfahren in Kauf nehmen will. Kienbaum hat im Rahmen einer Vergütungsstudie zu den Chefarztgehältern ermittelt, dass in der Folge der DRG-Einführung nunmehr 45% aller Chefarztverträge Regelungen enthalten, nach denen sich das Chefarzteinkommen beim Erreichen wirtschaftlicher Ziele erhöht und dieser Anteil bis zu 50% des Gesamteinkommens ausmacht (vgl. Kienbaum 2011). Unter DRG-Bedingungen sind Chefärzte zu leitenden Angestellten mit erfolgsabhängiger Vergütung geworden, wobei Erfolg in erster Linie über das wirtschaftliche Ergebnis definiert wird.

Damit hat sich aber auch die Qualität der Boni geändert. Während ursprünglich mit dem Bonus eine durch den Einsatz und die Leistung des Chefarztes bedingte hinzugewonnene Attraktivität der Abteilung, gemessen an steigenden Patientenzahlen, honoriert wurde, wird heute der Bonus vereinbart, damit die Patientenzahl steigt. Aus der Leistungsanerkennung wird eine Leistungsforderung, aus dem ex-post-Danke ein ex-ante-Anreiz zur möglicherweise medizinisch nicht immer indizierten Leistungsausweitung.

Der Gesetzgeber hat mittlerweile auf diese Entwicklung reagiert und die Deutsche Krankenhausgesellschaft verpflichtet, »im Einvernehmen mit der Bundesärztekammer Empfehlungen abzugeben, die sicherstellen, dass Zielvereinbarungen, die auf finanzielle Anreize bei einzelnen Leistungen abstellen, ausgeschlossen sind. Die Empfehlungen sollen insbesondere die Unabhängigkeit medizinischer Entscheidungen sichern« (§ 136a SGB V).

In den Pressemitteilungen 2014 und 2015 zu den Vergütungsstudien gibt Kienbaum an, dass lediglich 17% (2014) bzw. 18% (2015) der Chefärzte Boni vereinbart haben (vgl. Kienbaum 2014, 2015). Die Gesetzesinitiativen haben Wirkung gezeigt.

14.3.3 Zuweiserpauschalen, Kopf- und Fangprämien

Zur veränderten Wahrnehmung des Arztberufes hat auch die öffentliche Diskussion um die Forderung nach und die Annahme von sog. Fang- oder Kopfprämien beigetragen. Damit sind die meist verdeckten Zahlungen von Krankenhäusern an niedergelassene Ärzte und andere Kliniken für die Zuweisung von Patienten gemeint. »Immer mehr Ärzte ‚verkaufen' ihre Patienten«, überschrieb die »Frankfurter Allgemeine Zeitung« einen Bericht und charakterisierte damit auch treffend den ethisch fragwürdigen Aspekt der Zahlung (vgl. Mihm 2009).

Die Zahlungen werden in Kooperationsverträgen zwischen niedergelassenen Ärzten und den Kliniken vereinbart, die grundsätzlich erlaubt, ja vom Gesetz sogar zur Verbesserung der Zusammenarbeit gefordert werden. In der Praxis werden die Verträge aber auch missbraucht, um Prämienzahlungen für Einweisungen zu verstecken. »Die Deutsche Urologische Gesellschaft sprach von Bezahlungen, die das Zehn- bis 20-Fache dessen ausmachen, was ein Urologe ansonsten pro Quartal für die Behandlung eines Patienten erhalte«, berichtet die »Frankfurter Rundschau« (Baumann 2011).

Die unzureichende Vergütung im kassenärztlichen Bereich führt auch ein Chirurg als Grund für seine Forderung an den Autor dieses Beitrags in seiner Funktion als Geschäftsführer einer Klinik an, um für die Nachsorge der Patienten eine zusätzliche Vergütung zu erzielen: »Wie Sie aus den Medien, von niedergelassenen Kollegen oder Krankenkassen möglicherweise erfahren haben, ist die Versorgung von gesetzlich versicherten Patienten im Rahmen der Vergütung durch Regelleistungsvolumen auf nunmehr 25,96 Euro pro Quartal gesunken. Unter dieser Honorarsituation sind wir zukünftig nicht in der Lage, eine den medizinischen Erfordernissen fachgerechte ärztliche Versorgung zu gewährleisten. Insbesondere sehen wir uns nicht länger in der Lage, Patienten in der zweiwöchigen poststationären Phase ohne entsprechende Honorierung nachzubetreuen. Zur Lösung dieser Problematik von DRG-Patienten gibt es die Möglichkeit der Vergütung auf der Basis der GOÄ. Andere Verrechnungsmodelle sind von uns durchaus denkbar.«

Bereits 2004 hatte Kühn behauptet, dass sich Ärzte bei ihren Entscheidungen, Empfehlungen, Verschreibungen, Über- und Einweisungen primär von den damit verbundenen persönlichen Gewinnchancen und -risiken leiten lassen würden (vgl. Kühn 2004, S. 25). Die Entwicklung bestätigt ihn.

Eine empirische Studie der Martin-Luther-Universität Halle-Wittenberg (GKV-Spitzenverband 2012) im Auftrag des GKV-Spitzenverbandes kam 2012 zu dem Ergebnis, dass jede vierte Klinik Ärzten »Fangprämien« für Patienten zahlt. 19% der befragten Ärzte gaben an, das Verbot, sich an der Zuweisung von Patienten zu bereichern, nicht zu kennen, obwohl nach der berufsrechtlichen Regelung des § 31 der (Muster-)Berufsordnung für die deutschen Ärzte (MBO-Ä) es den Ärzten verboten ist, sich für die Zuweisung von Patienten ein Entgelt oder andere Vorteile versprechen oder gewähren zu lassen.

Auch in der Schweiz, in der das Fallpauschalensystem SwissDRG auf der Basis der G-DRGs zum 01.01.2012 eingeführt wurde, spricht der Geschäftsführer der City Notfall AG, einer großen Notfallpraxis im Zentrum von Bern, öffentlich über Zuwendungen an Ärzte. Diese dort sog. Kick-backs – umgangssprachlich Schmiergelder – fließen, wenn Mediziner anderen Fachärzten oder Spitälern Patienten überweisen. Und er nennt Beispiele: Überweist die Gruppenpraxis J einen Patienten mit einer privaten oder halbprivaten Zusatzversicherung an das Privatspital S, zahlt diese 500 Franken (vgl. Seiler 2015).

Mittlerweile hat das Bundeskabinett ein Gesetz gegen Korruption im Gesundheitswesen beschlossen, wonach zukünftig jeder »Angehörige eines Heilberufes« mit einer Freiheitsstrafe von bis zu drei Jahren oder mit einer Geldstrafe bestraft wird, der einen Vorteil dafür fordert, sich versprechen lässt oder annimmt, dass er bei dem Bezug, der Verordnung oder der Abgabe von Arzneimitteln und Medizinprodukten oder bei der Zuführung von Patienten einen Anderen in unlauterer Weise bevorzugt oder in sonstiger Weise seine Berufspflichten verletzt.

Die Zuweisungsprämien, die niedergelassene Ärzte von anderen Ärzten, Kliniken, Laboren oder Sanitätshäusern für die Zuführung von Patienten erhalten, sind in der Begründung des Entwurfs ausdrücklich genannt.

14.3.4 Sectiones und Frühgeborene

Mit einer Kaiserschnittrate von rund 31,9% nimmt Deutschland im internationalen Vergleich einen der vorderen Plätze ein, während die Quote in Finnland und Schweden mit etwa 16,2% deutlich niedriger ausfällt. Aber es gibt auch in Deutschland regionale Unterschiede. So kommt der Kreis Landau in der Pfalz auf eine Quote von 50,7%, während Dresden 19,9% aufweist. Aber es scheint auch trägerspezifische Unterschiede zu geben: So berichtet die WAZ am 31.07.2015 unter der Überschrift »Mehr Kaiserschnitte als in anderen Kliniken« über das Helios-Klinikum Schwelm, in dem fast jedes zweite Kind per Kaiserschnitt auf die Welt geholt wird (vgl. Gruber 2015). Auch in Hamburg fällt eine deutliche Diskrepanz zwischen den öffentlichen und freigemeinnützigen Kliniken und den des privaten Klinikkonzerns Asklepios auf: Während das Universitätsklinikum Eppendorf auf 26,4%, das Amalie-Sieveking-Krankenhaus auf 25,8% und das Albertinen auf 27,2% kommen, landen die Asklepios-Kliniken durchschnittlich bei 38,4%, wobei die Raten in Altona mit 40,6% und Barmbeck mit 42% besonders hoch waren. Grund für die höhere Quote können in allen Fällen auch ökonomische Überlegungen sein, denn das Relativgewicht der unkomplizierten Sectio ist gegenüber der normalen, unkomplizierten Geburt um 0,27 höher, was bei einem Landesbasisfallwert von 3.220 Euro immerhin einen Mehrerlös von fast 870 Euro je Sectio ausmacht. Ein auf der Basis der 2010er-Daten durchgeführter Vergleich der Sectioraten von drei im Wettbewerb zueinander stehenden Kliniken in NRW, davon zwei kommunal und eines privat, alle drei Perinatalzentren Level 1, kam zu dem Ergebnis, dass die kommunalen Kliniken jährlich rund 420.000 Euro Mehrerlöse hätten erzielen können, wenn sie die gleiche Sectiorate wie der private Träger realisiert hätten.

Die in Nordrhein-Westfalen mit 33,6% über dem Bundesdurchschnitt liegende Sectiorate ließ die NRW-Gesundheitsministerin Barbara Steffens vermuten, »dass immer wieder zumindest ein Teil der Kaiserschnitt-Geburten ohne eindeutige medizinische Indikation durchgeführt wird« (Werdermann 2011).

Mit einer Sectio geht oftmals auch die Geburt eines Frühgeborenen einher. Der »Spiegel« berichtet, dass beim Expertenforum der Deutschen Gesellschaft für Kinder- und Jugendmedizin in Mainz Mediziner die Sorge äußerten, dass durch falsche Leistungsanreize manche Kliniken animiert werden könnten, Frühchen zur Welt zu bringen, obwohl es möglich gewesen wäre, die Geburt mit Medikamenten hinauszuzögern. Diese Sorge teilt auch die Deutsche Gesellschaft für Gynäkologie und Geburtshilfe: »Wenn die stationäre Aufnahme vor der Geburt nötig ist, dann erfolgt unabhängig von der Dauer nur eine pauschale Vergütung, erst nach sehr langer Zeit – zum Teil erst nach 30 bis 40 Tagen – erfolgt für die weitere Behandlung eine geringe tagesbezogene Kompensation. (…) Wenn ökonomische Anreize so gesetzt werden, dass Kinder möglichst kurz nach stationärer Aufnahme entbunden werden und es sogar finanzielle Belohnungen für Frühgeburten im Fallpauschalensystem gibt, ist das unseres Erachtens der falsche Regulierungsansatz« (Deutsche Gesellschaft für Gynäkologie und Geburtshilfe 2014).

Die »finanzielle Belohnung« kann noch optimiert werden, wenn das Neugeborene weniger als 750 g wiegt. So berichtet der GKV-Spitzenverband über eine statistisch nicht begründbare Häufung des

Geburtsgewichts von Frühgeborenen: »Auffallend viele Säuglinge wiegen 740 bis 749 g, so dass eine höherwertige DRG (P61D) abgerechnet werden kann. Ab einem Geburtsgewicht von 750 g wäre die DRG P62B abzurechnen« (GKV-Spitzenverband 2011). Die »Belohnung« beträgt ca. 23.000 Euro pro Neugeborenen. Auch Daten der Qualitätssicherung in Bayern haben ergeben, dass die Zahl der Neugeborenen in der Gewichtsklasse genau unterhalb der DRG-relevanten Schwellenwerte überproportional hoch ist, während die Zahlen oberhalb der Schwellenwerte »unerklärbar« niedrig ausfallen (vgl. Jauch 2014).

14.3.5 Weitere Problemfelder

Der heutige Arzt hat sich nicht nur mit den oben ausführlich dargestellten Problemfeldern zu befassen, sondern mit vielen weiteren, die das Spannungsfeld zwischen Ökonomie und beruflichem Ethos nahezu unüberschaubar machen. Einige Beispiele sollen das verdeutlichen.

Die Kostenträger beklagen seit Jahren die hohe Zahl an Notfall- bzw. Selbsteinweisungen. Eine kürzlich bekannt gewordene Forschungsarbeit der Münchener Gesundheitsökonomin Lenie Sundmacher ist zu dem Ergebnis gekommen, dass mehr als 3,7 Mio. Krankenhausfälle vermeidbar wären. Auch wenn hiermit zuallererst die Arbeit niedergelassener Ärzte kritisiert wird, so werden die Kliniken mit dem Vorwurf unnötiger Krankenhausbehandlungen konfrontiert.

Ein weiteres Problemfeld betrifft die im Zusammenhang mit der Einführung von Fallpauschalen ökonomisch vorteilhafte Fraktionierung der Behandlung. Ursächlich ist der Umstand, dass bei den G-DRGs nur die DRG für die Hauptbehandlung abgerechnet werden kann. Dies hat Auswirkungen auf die Therapie und führt zur Fragmentierung der Behandlung, zum Fallsplitting. Hierunter versteht man das Aufteilen einer medizinisch zusammengehörigen Behandlung auf zwei stationäre Aufenthalte mit dem Ziel, zwei DRGs abrechnen zu können und dabei Mehreinnahmen zu erzielen.

Der zunehmende Anteil privater Träger hat die Spielregeln im Krankenhaus spürbar verändert. Die Qualität von Handlungen und Einstellungen hat die Organisation Krankenhaus deutlich verändert (hierzu ausführlich Imdahl 2012). Die Sitten und Gebräuche, die Üblichkeiten sind andere geworden. Sie müssen sich an ihrem Beitrag zum wirtschaftlichen Erfolg messen lassen, denn *das* Ziel der Krankenbehandlung ist zweifelsohne die Gewinnerzielung. In diesem Zusammenhang kann man auch über den bereits realisierten Umfang von Rationierung und Priorisierung nicht nur in den privatisierten Krankenhäusern diskutieren.

Auch die Gründung Medizinischer Versorgungszentren durch Krankenhäuser wird in der Ärzteschaft nicht gerne gesehen. Die Kassenärztliche Bundesvereinigung und die Bundesärztekammer sehen vor allem die Beteiligung von ausschließlich ökonomisch motivierten Kapitalgebern kritisch. Es bestünde die Gefahr, dass sich die Behandlung der Patienten nicht primär an den medizinischen Anforderungen orientiert, sondern wirtschaftliche Interessen die medizinischen Belange überlagern und dominieren (vgl. Meißner 2011, S. 2064).

14.4 Zusammenfassung und Ausblick – Der Beitrag der Medizinethik und das ärztliche Ethos

Die fortschreitende Ökonomisierung und Kommerzialisierung des Gesundheitswesens wird von einer breiten Öffentlichkeit zunehmend mit Unbehagen verfolgt (vgl. dazu und im Folgenden ausführlich: Imdahl 2013, S. 42 ff.). Dazu tragen die o.a. Beispiele wie die zunehmende Zahl an Operationen genauso bei wie Medienberichte über Manipulationen bei der Organtransplantation, ärztliche Kunstfehler, Hygieneprobleme oder hohe Defizite meist kommunaler Krankenhäuser. Oft werden auch moralische Bedenken geltend gemacht. Nehmen wir insbesondere das Handeln der in den Kliniken Verantwortlichen in den Blick, so lassen sich im Krankenhaus zur ethischen Beurteilung zwei Moralvorstellungen feststellen, die nach dem Bedeutungsgewinn der Ökonomie in immer offenkundiger werdender Form in Konkurrenz geraten: die in der Regel von den patientennahen Diensten vertretene Pflichtethik und der vom Management vertretene Utilitarismus (vgl. Krüger u. Rapp

2006, S. 320). Die Anwendung der beiden Moraltheorien auf konkrete Handlungen ermöglicht in den meisten Fällen keine eindeutige moralische Beurteilung. »Jede dieser Theorien führt in bestimmten Fällen zu intuitiv fragwürdigen Konsequenzen, so dass eine durchgängige Anwendung bei keiner von ihnen plausibel erscheint« (Rauprich 2005, S. 14).

In der täglichen Praxis hat sich deshalb zur Beurteilung konkreter ethischer Probleme die Argumentation mit den auf Beauchamp und Childress zurückgehenden Prinzipien mittlerer Reichweite durchgesetzt (vgl. Beauchamp u. Childress 2013). Die Prinzipien der Fürsorge, der Nichtschädigung, der Autonomie und der Gerechtigkeit bilden den Kern des Ansatzes von Beauchamp und Childress.

Das Prinzip der Fürsorge (der Hilfeleistung, des Wohltuns, »beneficence«) beinhaltet die positive Verpflichtung – also das Gebot –, Handlungen zu realisieren, die das Wohlergehen insbesondere der anvertrauten Patienten zu fördern, sie davor zu bewahren, Schaden zu nehmen oder einen bereits erlittenen Schaden oder Nachteil wiedergutzumachen oder zu kompensieren (vgl. Vossenkuhl 2010, S. 176).

Das Prinzip der Fürsorge ist auch fester Bestandteil des ärztlichen Ethos (salus aegroti suprema lex). Es fordert, mit entsprechender Professionalität die gesundheitlich defizitäre Situation des Anderen zu verbessern. Schmidt-Wilcke leitet daraus z.B. die Verpflichtung für das Management ab, einen ausreichenden Personalbestand oder Sachmittel zur Verfügung zu stellen bzw. zu schaffen mit dem Ziel, die Therapie eines Patienten zu optimieren (vgl. Schmidt-Wilcke 2006, S. 385).

Ob das bei im Wettbewerb stehenden Krankenhäusern vollumfänglich möglich ist, muss bezweifelt werden. Denn freiwillige individualethische Sonderleistungen verschaffen genau denen Vorteile, die diese Sonderleistungen nicht erbringen. Also ist zu erwarten, dass diese Sonderleistungen nicht mehr erbracht werden. »Wohlwollen und Zuwendung gehen mehr und mehr zugunsten der Erlösmaximierung verloren« (Flintrop 2006, S. 3084).

» Ökonomische Prozesse, die die institutionelle Ebene des Gesundheitswesens steuern, wirken sich auch auf die professionelle Ebene des Arztes und seine Interaktion mit dem Patienten aus. Ein Arzt, der zunehmend auf externe Faktoren wie Kostenkontrolle Rücksicht nehmen muss, kann nicht mehr ausschließlich im Hippokratischen Sinn des »salus aegroti suprema lex« seinem Heil- und Fürsorgeauftrag nachkommen, der den Patienten und den Heilversuch seiner Krankheit an oberste Stelle des Handelns setzt. (Krause 2010, S. 92)

Das Prinzip des Nichtschadens (»nonmaleficence«) gehört zu den Grundwerten ärztlichen Handelns. Es beinhaltet die negative Verpflichtung – also das Verbot –, Handlungen zu realisieren, die anderen Personen schaden. Das Prinzip des Nichtschadens beinhaltet andererseits auch die positive Verpflichtung, andere nicht einem Schadensrisiko auszusetzen (vgl. Rauprich 2005, S. 20). Wehkamp fand im Rahmen des Ethik-Projektes am Klinikum Nürnberg sowie des Projektes »Ethik, Kommunikation, Kultur« am LBK Hamburg eine Vielzahl von Beispielen, wo wirtschaftlich motivierte Personal- oder Ressourcenknappheiten Patienten erheblich gefährden, und zog daraus den Schluss: »Wenn Wirtschaftlichkeit an der Profitabilität des eingesetzten Kapitals bewertet wird, birgt das in der Medizin die Gefahr, dass das Wohl des Patienten gegenüber dem wirtschaftlichen Erfolg der Einrichtung zurücktreten muss« (Wehkamp 2004, S. 14).

Personalknappheit kann dazu führen, dass medizinisch nicht indizierte oder sogar kontraindizierte Maßnahmen angeordnet werden, z.B. Blasenkatheder bei Patienten mit rezidivierenden Blaseninfekten oder PEG-Sonden bei Menschen, die zu unregelmäßig Nahrung aufnehmen (vgl. ebenda, S. 8), und dadurch Menschen Schaden zugefügt wird.

Die Gefahr einer Anordnung medizinisch nicht indizierter Maßnahmen kann auch Folge einer überwiegend an ökonomischen Zielen ausgerichteten Bonusvereinbarung sein. Die Bundesärztekammer hatte deshalb auch erhebliche Kritik geübt. Eine solche Anbindung der Chefarztvergütung birgt nach ihrer Überzeugung Risiken für die Patientenversorgung; sie widerspräche auch dem ärztlichen Berufsethos (Bundesärztekammer 2012). »Mit diesen Verträgen zählt nicht mehr der medizinische Erfolg der Chefärzte, sondern der ökonomische«, sagt Günther Jonitz, Präsident der Ärztekammer Berlin.

Seit der als Hamsterradeffekt diskutierten Leistungsausweitung im ambulanten Vertragsarztbereich, als die Einzelleistungsvergütung mit steigender Menge der abgerechneten Leistungen zu einem fallenden Punktwert führte und die betroffenen Ärzte mit immer weiteren Leistungsausweitungen versuchten, den Punktwertverfall so zu kompensieren, um ihr ehemaliges Einkommensniveau wenigstens halten zu können, darf man es als erwiesen ansehen, dass Ärzte im Verhältnis zu ihren Patienten auch eigene monetäre Bedürfnisse berücksichtigen.

Der ökonomische Erfolg des Gesundheitswesens ist ein Bereich des Fremden und Kollektiven, eine Sphäre der gesellschaftlichen Anonymität (vgl. dazu und im Folgenden Gethmann 2011, S. 33). Ökonomische Effizienz ist eine instrumentelle Größe, die für wirtschaftlichen Wohlstand konstitutiv ist. Das Ethos des Heilens appelliert an die zwischenmenschliche Barmherzigkeit und die Bereitschaft zum altruistischen Einsatz. Demgegenüber appelliert die Forderung nach Effizienz des Gesundheitswesens an den ökonomischen Egoismus und die Geldgier. Man gewinnt den Eindruck, dass ökonomischen Erwägungen bei der Behandlung der Patienten mittlerweile der Vorrang eingeräumt wird. Bordieu hat darauf hingewiesen, dass das Eindringen der ökonomischen Logik das Ethos von Ärzten verändern wird. Ihr bisher von Profiterwägungen weitgehend freies Berufsethos wird nun durch ökonomische Imperative irritiert und im Extremfall aufgelöst (vgl. Manzeschke 2012, S. 122).

Würden sich die oben besprochenen Probleme lösen lassen, wenn sich die Ärzte wieder verstärkt auf das ärztliche Ethos berufen und danach handeln würden? So wie sich jedes Vergütungssystem aus betriebswirtschaftlicher Sicht für das Krankenhaus optimieren lässt, so muss man den Umgang mit dem ärztlichen Ethos aus der Sicht des unter den gegebenen Rahmenbedingungen handelnden individuellen Arztes bewerten. Ärzte sind in erster Linie allein dem Wohlergehen des einzelnen Patienten, der sich ihnen anvertraut, verpflichtet. Was aber, wenn sich die Rahmenbedingungen verändern und die Ressourcen knapp werden? »Wenn die verfügbaren Ressourcen nicht mehr ausreichen, allen Patienten die erforderlichen medizinischen Maßnahmen zukommen zu lassen, muss der Arzt entscheiden, welcher Patient bei Diagnostik und Behandlung Vorrang genießen soll« (Wiesing u. Marckmann 2009, S. 52). Er ist, so Wiesing und Marckmann unter Bezugnahme auf Angell (1993), zum Doppelagenten geworden, »der neben den Interessen des einzelnen Patienten auch die Interessen anderer Patienten zu vertreten hat« (Wiesing u. Marckmann ebenda). Diesen Gedanken aufgreifend muss man sich allerdings fragen, ob die Rolle des Arztes unter DRG-Bedingungen mit der Charakterisierung eines Doppelagenten zutreffend und ausreichend beschrieben ist. Ist der Arzt nicht heute auch Anwalt der Mitarbeiterinnen und Mitarbeiter der Klinik? Ist er nicht auch sein eigener Anwalt? Ist es nicht moralisch vertretbar, dass der Arzt bei seinen patientenbezogenen Entscheidungen auch die wirtschaftliche Situation seines Arbeitgebers und damit die Sicherheit des eigenen Arbeitsplatzes und die seiner Mitarbeiterinnen und Mitarbeiter berücksichtigt? Unter diesen Bedingungen wird der (Chef-) Arzt zum doppelten Doppelagenten: Er hat neben den Interessen der sich ihm anvertrauenden Patienten auch die Interessen seines Arbeitgebers und dessen Mitarbeiter bei seinen Ressourcen verbrauchenden Entscheidungen zu berücksichtigen. Schließlich droht im Falle nachhaltiger Verluste eine spürbare Verschlechterung der Arbeitsbedingungen beispielsweise durch Outsourcing meist patientenferner Dienste, Stellenabbau, Notlagentarifverträge und bestenfalls schließlich der Verkauf an einen privaten, meist gewinnorientierten Träger, schlechtestenfalls die Schließung des Hauses.

Es ist nicht zu leugnen, dass es unnötige Aufnahmen, Diagnostik und nicht indizierte Operationen gibt. Unnötige Leistungen sind ein Qualitätsmangel an sich. Leider zwingt die derzeitige Betriebskostenfinanzierung die Krankenhäuser zu Fallzahlsteigerungen. Wer nicht mit dem Markt wächst, verschlechtert seine wirtschaftliche Position, da (noch) Fallzahlsteigerungen zu einem Abschlag beim Landesbasisfallwert führen. Der Gesetzgeber versucht zwar, durch die sog. Mehrleistungsabschläge Fallzahlsteigerungen die Attraktivität zu nehmen und diesen Prozess zu bremsen, aufhalten kann er ihn damit aber nicht.

Der Chefarzt ist mittlerweile Mitarbeiter eines Wirtschaftsunternehmens, das die soziale und karitative Einrichtung »Krankenhaus« hinter sich hat lassen müssen. Durch diese Entwicklung sind ärztliche Entscheidungen durch ökonomische Überlegungen überformt worden; Entscheidungen, die sich ausschließlich am Wohl des Patienten orientieren, werden eventuell ökonomisch bestraft. Das wirtschaftliche Wohl der Einrichtung steht über dem Wohl des Patienten. Gefordert werden muss ein Finanzierungssystem, das einerseits die gesamtwirtschaftlichen Möglichkeiten berücksichtigt und andererseits dem Arzt die Freiheit gibt, seine Entscheidungen im Sinne des Hippokratischen Eides und seines beruflichen Ethos' ausschließlich am Wohl der sich ihm anvertrauten Patienten zu orientieren.

Literatur

Angell M (1993) The doctor as a double agent. Kennedy Institute of Ethics Journal 3(3): 279–286
Barmer GEK (2010) Barmer GEK Report Krankenhaus 2010. Asgard, St. Augustin
Baumann D (2011) Korruption. Unter den Tisch gekehrt. http://www.fr-online.de/wirtschaft/korruption-unter-den-tisch-gekehrt,1472780,11356010.html (Zugriff: 30.11.2015)
Bayerischer Rundfunk (2015) Unnötige Operationen. Profit vor Patientenwohl? http://www.br.de/fernsehen/bayerisches-fernsehen/sendungen/kontrovers/operationen-kostendruck-unnoetig-100-html
Beauchamp TL, Childress JF (2013) Principles of Biomedical Ethics. New York
Blech J (2011) Ärzte-Initiative gegen heillose Rücken-OPs. Spiegel-Online.de. http://www.spiegel.de/wissenschaft/medizin/medizin-aerzte-initiative-gegen-heillose-ruecken-ops-a-790217.html (Zugriff: 01.12.2015)
Braun S (2014) Der ärztliche Abrechnungsbetrug. Zeitschrift für das Juristische Studium 1: 35–40
Bundesärztekammer (Hrsg) (2012) Statement von Dr. Frank Ulrich Montgomery, Präsident der Bundesärztekammer, zur aktuellen Berichterstattung über Bonuszahlungen bei Chefarztverträgen. Berlin
de Cruppé W, Malik M, Geraedts M (2014) Umsetzung der Mindestmengenvorgaben: Analyse der Krankenhausqualitätsberichte. Eine retrospektive Studie der Jahre 2004–2010. Dtsch Ärztebl 111(33-34): 549–555
Dettling HU, Gerlach A (Hrsg) (2014) Krankenhausrecht. C.H. Beck, München
Deutsche Gesellschaft für Gynäkologie und Geburtshilfe (2014) »Liegen« Schwangere mit drohender Frühgeburt zu kurz? Pressemitteilung vom 06.05.2014. http://www.dggg.de/startseite/nachrichten/liegen-schwangere-mit-drohender-fruehgeburt-zu-kurz/
Deutsche Krankenhausgesellschaft (Hrsg) (2007) Beratungs- und Formulierungshilfe Chefarztvertrag (8. Aufl.). Deutsche Krankenhaus Verlagsgesellschaft mbH
Deutsche Krankenhausgesellschaft (Hrsg) (2013) Beratungs- und Formulierungshilfe Chefarztvertrag (9. Aufl.). Deutsche Krankenhaus Verlagsgesellschaft mbH
Elger K (2011) Die Rechnung, bitte! Der Spiegel 39: 32 f.
Flintrop J (2006) Die ökonomische Logik wird zum Maß aller Dinge. Dtsch Ärztebl 103: A-3082–3085
Fricke A (2015) Ärzte und Kassen sorgen sich: Mengenboom bei Herzeingriffen. ÄrzteZeitung vom 15.07.2015, S. 18
Gaede K (2010) Fallzahlsteigerung. Das Geschäft mit dem Skalpell. kma Aug: 18–22
Gemeinsamer Bundesausschuss (2015) Regelungen des Gemeinsamen Bundesausschusses gemäß § 137 Abs. 3 Satz 1 Nr. 2 SGB V für nach § 108 SGB V zugelassene Krankenhäuser (Mindestmengenregelungen, Mm-R), zuletzt geändert am 18.06.2015, veröffentlicht im Bundesanzeiger (BAnz AT 27.07.2015 B1), in Kraft getreten am 28.07.2015
GKV-Spitzenverband (2011) Argumentationspapier für eine symmetrische Aufwandspauschale. Berlin. https://www.gkv-spitzenverband.de/media/dokumente/presse/pressemitteilungen/2011/2011-08-16_Krankenhausabrechnungen_17333.pdf (Zugriff: 23.11.2015)
GKV-Spitzenverband (2012) Mengenentwicklung im Krankenhausbereich – Anstieg der Operationen teilweise ökonomisch motiviert. Berlin. http://www.gkv-spitzenverband.de/presse/pressemitteilung_und_statements/Pressemitteilung_4614.jsp (Zugriff: 10.09.2012)
GKV-Spitzenverband (2012) Unzulässige Zusammenarbeit im Gesundheitswesen durch »Zuweisung gegen Entgelt«. Ergebnisse einer empirischen Studie im Auftrag des GKV-Spitzenverbandes. Berlin
Gruber A (2015) Helios. Mehr Kaiserschnitte als in anderen Kliniken. Westdeutsche Allgemeine Zeitung vom 31.07.2015. http://www.derwesten.de/staedte/schwelm/mehr-kaiserschnitte-als-in-anderen-kliniken-id10936036.html (Zugriff: 01.12.2015)
Gülker H (2014) Warum ist eine Zweitmeinung bei kardiologischen Eingriffen sinnvoll und notwendig? Vortrag am 15.12.2014 vor dem BKK-Dachverband. http://www.bkk-dachverband.de/fileadmin/veranstaltungen/141215/Vortrag_Guelker.pdf (Zugriff: 15.11.2015)
Heinemann P (2014) Kliniken sanieren sich mit sinnlosen Operationen. Die Welt vom 04.12.2014. http://www.welt.de/gesundheit/article134934655/Kliniken-sanieren-sich-mit-sinnlosen-Operationen.html (Zugriff: 01.12.2015)
Hoppe JD (2009) Die Patient-Arzt-Beziehung im 21. Jahrhundert. In: Katzenmeier C, Bergdolt K (Hrsg) Das Bild des Arztes im 21. Jahrhundert. Springer, Berlin, S 1-7
Imdahl H (2012) Die neuen Werkzeuge zur Gewinnerzielung im Krankenhaus. Ethik in der Medizin 24(2): 93–104
Imdahl H (2013) Ethische Implikationen von Kommerzialisierung und Ökonomisierung des Krankenhauses. Medizinethische Materialien 194. Bochum

Jauch KW (2014) Mindestmengenregelung gescheitert? Dtsch Ärztebl 111(33-34): 547–548

Kienbaum (Hrsg) (2011) Führungs- und Fachkräfte im Krankenhaus. Gummersbach

Kienbaum (Hrsg) (2014) Kienbaum-Studie zur Vergütung von Führungs- und Fachkräften in Krankenhäusern. http://www.kienbaum.de/desktopdefault.aspx/tabid-68/149_read-1275/148_read-194/ (Zugriff: 01.12.2015)

Kienbaum (Hrsg) (2015) Chefärzte verdienen knapp 100.000 Euro mehr als Krankenhaus-Geschäftsführer. Presseerklärung 73.2015. http://www.kienbaum.de/Portaldata/1/Resources/downloads/press/2015/73_2015_Verguetung_Krankenhaeuser_final.pdf (Zugriff: 01.12.2015)

Knessl J (2004) Der Arzt als Unternehmer. Schweizerische Ärztezeitung 85(51/52): 2787 f.

Krause F (2010) Der Patient als Kunde? Ethische Reflexionen zum Ideal der Patientenautonomie und dem Selbstverständnis der Medizin. In: Inhorn J (Hrsg) Richtlinien, Ethikstandards und kritisches Korrektiv. Eine Topographie ethischen Nachdenkens im Kontex der Medizin. Göttingen, S 91-103

Krüger C, Rapp B (2006) Behandlungsqualität – oberste Priorität. Dtsch Ärztebl 103: A 320–322

Kühn H (2004) Die Ökonomisierungstendenz in der medizinischen Versorgung. In: Elsner G et al. Markt versus Solidarität. Gesundheitspolitik im deregulierten Kapitalismus. VSA-Verlag, Hamburg

Lenzen-Schulte M (2014) Studie enthüllt Regelverstöße. Ungeübte Chirurgen in deutschen Kliniken. Frankfurter Allgemeine Zeitung vom 18.08.2014. http://www.faz.net/aktuell/wissen/studie-enthuellt-regelverstoesse-ungeuebte-chirurgen-in-deutschen-kliniken-13103912.html (Zugriff: 01.12.2015)

Maier-Borst H (2014) Ab in den OP, egal ob es nötig ist. Zeit online.de. http://www.zeit.de/wissen/gesundheit/2014-09/bertelsmann-stiftung-operation-haeufigkeit-studie (Zugriff: 01.12.2015)

Maio G (2014) Geschäftsmodell Gesundheit. Wie der Markt die Heilkunst abschafft. Suhrkamp, Stuttgart

Maio G (2014a) Medizin ohne Maß? Vom Diktat des Machbaren zu einer Ethik der Besonnenheit. Trias, Stuttgart

Manzeschke A (2012) Governance und Gesundheit – Beobachtungen zur strukturellen und kulturellen Veränderung in Krankenhäusern. Ethik in der Medizin 24: 117-124

Marburger Bund (2013) Stopp dem DRG-System in der jetzigen Form. Beschluss Nr. 4 der 124. Hauptversammlung des Marburger Bundes. Berlin. https://www.marburger-bund.de/sites/default/files/dateien/seiten/124.marburger-bund-hauptversammlung/beschluesse-gesamt-124.hv-extern.pdf (Zugriff: 23.11.2015)

Meißner M (2011) Medizinische Versorgungszentren: Aktiengesellschaften müssen draußen bleiben. Dtsch Ärztebl 108: A-1456–1460

Mihm A (2009) Immer mehr Ärzte »verkaufen« ihre Patienten. Frankfurter Allgemeine Zeitung vom 31.08.2009

Münch E (2008) DRGs – Chancen, Risiken und die tendenziellen Folgen für Anbieter, insbesondere Krankenhäuser. 5. Gesundheits-Symposium. http://www.rhoen-klinikum-ag.com/rka/cms/rka_2/deu/download/2008_0117_DRGs_Chancen_Risiken_und_die_tendenziellen_Folgen_fuer_Anbieter_insbesondere_Krankenhaeuser.pdf (Zugriff: 01.12.2015)

Nimptsch U, Mansky T (2012) Krankheitsspezifische Versorgungsmerkmale in Deutschland: Analyse anhand der Bundesauswertung der German Inpatient Quality Indicators (G-IQI). Dtsch Med Wochenschr 137: 1449–1457

Rauprich O (2005) Prinzipienethik in der Biomedizin – Zur Einführung. In: Rauprich O, Steger F (Hrsg) Prinzipienethik in der Biomedizin. Moralphilosophische und medizinische Praxis. Campus, Frankfurt, S 11–47

Reiners H (2011) Krank und pleite? Das deutsche Gesundheitssystem. Suhrkamp, Berlin

Schmidt-Wilcke HA (2006) Zur ethischen Verantwortung eines Krankenhausmanagements. Zeitschrift für medizinische Ethik 52: 379–389

Schreyögg J, Bäuml M, Krämer J, Dette T, Busse R, Geissler A (2014) Forschungsauftrag zur Mengenentwicklung nach § 17b Abs. 9 KHG. Endbericht

Seiler R (2015) Mit diesen vier unethischen Methoden verkaufen Ärzte ihre Patienten. www.watson.ch/!810391525 (Zugriff: 05.11.2015)

Simon M (2001) Die Ökonomisierung des Krankenhauses. Der wachsende Einfluss ökonomischer Ziele auf patientenbezogene Entscheidungen. Wissenschaftszentrum Berlin für Sozialforschung, Berlin

Statistisches Bundesamt (2014) Operationen in Krankenhäusern: Plus von 30% zwischen 2005 und 2013. Wiesbaden. https://www.destatis.de/DE/ZahlenFakten/ImFokus/Gesundheit/OperationenDeutschlandEntwicklung.html (Zugriff: 30.11.2015)

Unschuld PU (2011) Ware Gesundheit. Das Ende der klassischen Medizin. C.H. Beck, München

Vossenkuhl W (2010) Gerechtigkeit, Paternalismus und Vertrauen. In: Fateh-Moghadam B, Sellmaier S, Vossenkuhl W (Hrsg) Grenzen des Paternalismus. Kohlhammer, Stuttgart

Wehkamp KH (2004) Die Ethik der Heilberufe und die Herausforderungen der Ökonomie. Berliner Medizinische Schriften. Beiträge zu ethischen und rechtlichen Fragen der Medizin 49. Berlin

Werdermann F (2011) NRW über Durchschnitt. Riskanter Klinik-Trend: Jede dritte Geburt ein Kaiserschnitt. Ruhrnachrichten vom 11.09.2011. http://www.ruhrnachrichten.de/nachrichten/vermischtes/aktuelles_berichte/Riskanter-Klinik-Trend-Jede-dritte-Geburt-ein-Kaiserschnitt;art29854,1402643 (Zugriff: 01.12.2015)

Wiesing U, Marckmann G (2009) Freiheit und Ethos des Arztes. Karl Alber, Freiburg

Zentralinstitut für die kassenärztliche Versorgung in Deutschland (2015) Mehr als 3,7 Millionen Krankenhausfälle vermeidbar – Einsparpotenzial in Milliardenhöhe. http://www.zi.de/cms/presse/2015/27-oktober-2015/ (Zugriff: 01.12.2015)

Literatur

O.V. (2010) Chirurgen-Präsident kritisiert Gewinnstreben von Ärzten und Kliniken. http://www.focus.de/gesundheit/news/gesundheitssystem-chirurgen-praesident-kritisiert-gewinnstreben-von-aerzten-und-kliniken_aid_499773.html (Zugriff: 10.02.2011)

O.V. (2010a) Herzklappen: Risikoreiche Operationsmethode boomt – finanzieller Gewinn als Motivation. Finanz-Nachrichten.de vom 23.09.2010. http://www.mydrg.de/myDRG_archives/2010/ (Zugriff: 01.12.2015)

O.V. (2012) AOK-Krankenhausreport enthüllt: Klinikärzte operieren aus Geldgier mehr Patienten als nötig. Focus Online.de. http://www.focus.de/gesundheit/arzt-klinik/news/um-den-wirtschaftlichen-erfolg-zu-sichern-klinikaerzte-operieren-aus-geldgier-haeufiger-als-noetig_aid_877159.html (Zugriff: 01.12.2015)

O.V. (2013) Das lukrative Geschäft mit unnötigen Operationen. Die Welt vom 23.08.2013. http://www.welt.de/wirtschaft/article119324136/Das-lukrative-Geschaeft-mit-unnoetigen-Operationen.html (Zugriff: 01.12.2015)

O.V. (2013) Von wegen wenig Kaiserschnitte. Die Tageszeitung vom 21.11.2013. http://www.taz.de/Strittige-Zahlen/!5054404/ (Zugriff: 01.12.2015)

Wer möchte heute Geschäftsführer eines Krankenhauses sein? Wie die gemeinsame Führung gelingt

Heinz Naegler

15.1 Zur Ausgangssituation – 202

15.2 Erste persönliche Erfahrungen – 202

15.3 Der Charakter der Krankenhäuser hat sich geändert – 203

15.4 Die kulturellen Bedingungen der Leitungsarbeit und die Rolle der Chefärzte – 204

15.5 Empfehlungen für das Gestalten der Leitungsarbeit – 205

15.6 Versuch einer Antwort auf die eingangs gestellte Frage – 207

Literatur – 207

15.1 Zur Ausgangssituation

Die Rahmenbedingungen für die Betriebsführung von Krankenhäusern durch deren *Geschäftsführer* und für das Leiten der klinischen Abteilungen durch deren *Chefärzte* haben sich in den letzten Jahrzehnten spürbar verändert. Die Anforderungen an Geschäftsführer und Chefärzte und deren Rollen sind deshalb andere geworden. Die Zusammenarbeit zwischen Geschäftsführern und Chefärzten ist zunehmend durch Zielkonflikte geprägt und damit nicht einfacher als in früheren Zeiten. Dennoch kann es sehr zufriedenstellend sein, die Geschäftsführung eines Krankenhauses wahrzunehmen, wenn bestimmte Voraussetzungen, von denen später die Rede sein wird, gegeben sind.

Ein Krankenhaus durch Geschäftsführer und Chefärzte gemeinsam zu führen, wird vorliegend wie folgt interpretiert: Dem Geschäftsführer auf der einen und den Chefärzten auf der anderen Seite werden jeweils spezifische Leitungsaufgaben und Verantwortlichkeiten zugewiesen. Diese Verpflichtungen nehmen Geschäftsführer und Chefärzte jeweils gesondert und getrennt voneinander wahr. Die *Gemeinsamkeit* besteht darin, dass die beiden Aufgabenkategorien widerspruchsfrei aus der Mission des Krankenhauses abgeleitet worden sind; deren Wahrnehmen ist auf das Verwirklichen der dem Krankenhaus vorgegebenen Ziele gerichtet. Gemeinsam bedeutet auch, dass ein systematischer Informationsaustausch zwischen den beiden Akteuren die verschiedenen Planungsprozesse und das Umsetzen der Planungsergebnisse begleitet. Auch dazu später mehr.

15.2 Erste persönliche Erfahrungen[1]

Als Mitarbeiter der Firma Philips Electrologica GmbH leitete ich im Jahr 1974 eine Projektgruppe, deren Aufgabe es war, die Verwaltungen aller kommunalen Krankenhäuser in West-Berlin mit Anlagen der Mittleren Datentechnik auszustatten. Mein Gesprächs- und Verhandlungspartner für dieses Projekt war der Beauftragte des Senats von Berlin und spätere Verwaltungsdirektor eines der größeren, in dieses Projekt einbezogenen Krankenhäuser.

Zwar lernte ich bei dieser Gelegenheit vor allem, wie Krankenhausverwaltungen funktionieren. Sehr schnell wurde mir aber auch bewusst, dass sich die kulturellen Bedingungen der Leitungstätigkeit in einem Krankenhaus grundlegend von denen in Unternehmen anderer Wirtschaftszweige unterscheiden – auch von denen, die in dem Unternehmen praktiziert wurden, in dem ich nach dem Abschluss meines Studiums beruflich sozialisiert worden bin. Ich habe gesehen, dass es ausschließlich die Sorge um die ihnen anvertrauten Patienten ist, die Ärzte, Pflegende und die Vertreter anderer Berufsgruppen in den therapeutischen Teams dazu motiviert, sich mit großem Engagement der Wahrnehmung ihrer Aufgaben zu widmen. Auch ist mir nicht entgangen, dass es zwischen den Verwaltungsdirektoren und den Chefärzten *Spannungen* gab; deren Ursachen blieben mir damals allerdings verborgen.

Mein Interesse an einer Tätigkeit in der Gesundheitswirtschaft war geweckt. Und so war es für den schon erwähnten Gesprächspartner nicht sehr schwer, mich für eine Tätigkeit in einem der größeren kommunalen Krankenhäuser in Berlin – zunächst für drei Jahre als Controller – zu gewinnen. Meine Entscheidung wurde mir dadurch erleichtert, dass zum 01.01.1976 auf Initiative des damaligen Senators für Gesundheit ein neues Landeskrankenhausgesetz in Kraft treten sollte. Der Kern dieses Gesetzes war das Herauslösen der kommunalen Krankenhäuser aus den Bezirksverwaltungen und deren weitgehende Verselbstständigung. Auf der Grundlage dieser strukturellen Veränderungen ergaben sich für mich Karriereperspektiven nicht nur inhaltlicher, sondern auch struktureller Art, wie sie mir mein bisheriger Arbeitgeber nicht hätte bieten können.

Nach meiner dreijährigen Lehrzeit als Controller wurde ich zum Verwaltungsdirektor eines der größeren kommunalen Krankenhäuser in Berlin berufen. Als Bauherr eines Krankenhausneubaus hatte ich nun alle die Gestaltungsmöglichkeiten organisatorischer und struktureller Art, die ich mir

---

[1] Zusätzlich zu den persönlichen Erfahrungen werden die Aussagen von 30 Geschäftsführern verarbeitet, die im Rahmen des von K. H. Wehkamp und mir durchgeführten Projektes »Die Ökonomisierung patientenbezogener Entscheidungen im Krankenhaus« interviewt worden sind. Die in den vorliegenden Text integrierten Zitate sind mit einer Zitatnummer kenntlich gemacht.

als Folge meines Wechsels aus der Industrie in die Gesundheitswirtschaft erhofft hatte. Zwar musste ich meine Pläne mit einer sehr viel größeren Zahl von Personen und Institutionen abstimmen als dieses in meiner früheren Tätigkeit ohnehin schon notwendig war. Damit konnte ich aber umgehen.

15.3 Der Charakter der Krankenhäuser hat sich geändert

Zu Beginn meiner Tätigkeit im Gesundheitswesen waren die Krankenhäuser – bis auf die wenigen damals unter privater Trägerschaft stehenden – *bedarfswirtschaftlich organisiert*. Als Einrichtungen der Daseinsvorsorge und als Orte der Barmherzigkeit wurden sie von Gebietskörperschaften (Gemeinden, Landkreise, Bundesländer usw.) und freigemeinnützigen Institutionen (kirchliche Orden, Kirchengemeinden, Wohlfahrtsverbände usw.) getragen. Sie wurden (und werden in Einzelfällen ausnahmsweise auch jetzt noch) – wenn andere Finanzquellen nicht oder nicht ausreichend zur Verfügung standen (oder stehen) – von diesen finanziert. Ihr Bestand war (ist) damit gesichert.

Das primäre Ziel – oder in der Sprache der Ökonomen: das Sachziel – der Krankenhäuser war die *bestmögliche Behandlung* der Patienten. Dieses Ziel zu realisieren war die Aufgabe der Chefärzte. Die Aufgabe des Verwaltungsdirektors und seiner Mitarbeiter war es, die personellen, räumlichen und technischen Voraussetzungen dafür zu schaffen und zu erhalten; ferner gab es eine Reihe *formaler Aufgaben* (wie z.B. das Abrechnen der erbrachten medizinischen Leistungen mit den Krankenkassen, die Gehaltsabrechnung, der Einkauf und die Buchhaltung, die Instandhaltung der gebäudetechnischen sowie der informations- und medizintechnischen Ausstattung) wahrzunehmen.

Bis Anfang der 90er-Jahre galt für die Finanzierung der durch die Behandlung der Patienten verursachten Betriebskosten das sog. *Selbstkostendeckungsprinzip*. Die Krankenkassen mussten den Krankenhäusern die durch diese verursachten Betriebskosten erstatten. Wirtschaftliche Betriebsführung wurde dabei vorausgesetzt; das Nicht-Realisieren dieser Forderung konnte einem Krankenhaus von den Krankenkassen im Regelfall nicht nachgewiesen werden. Das Wort »Effizienz« der Patientenbehandlung existierte gewissermaßen nicht. Über das Begrenzen des Ressourceneinsatzes auf ein notwendiges Maß musste niemand nachdenken. Dieses Problem gab es vor allem auch deshalb nicht, weil es – im Gegensatz zur Gegenwart – ausreichend Bewerber für das Besetzen vakanter Stellen gab.

Entsprechend dem Willen der Bundesregierung haben sich der Charakter der Krankenhäuser und damit die Bedingungen für deren Steuerung geändert (8.12 »Noch vor einigen Jahren erfolgte die Steuerung der klinischen Abteilungen ausschließlich mit Hilfe der erbrachten medizinischen Leistungen. Jetzt stehen die wirtschaftlichen Ergebnisse (Kosten, Erlöse sowie CMI und Verweildauer) im Vordergrund. Von den Chefärzten wird verlangt, sich nach den Wirtschaftsplänen zu richten.«). Sie sind jetzt mehr *erwerbswirtschlich ausgerichtet*. Sie sind *Wirtschaftsbetriebe* und werden so behandelt; auch die Insolvenz ist nicht mehr ausgeschlossen. Von der Aktivierung und Intensivierung des Wettbewerbs auf dem Behandlungsmarkt des Gesundheitswesens verspricht sich der Gesetzgeber die weitere Steigerung der Behandlungsqualität, den effizienteren Einsatz knapper werdender – vor allem personeller – Ressourcen sowie den Abbau überflüssiger und damit nicht effizient nutzbarer Behandlungskapazitäten.

Diese Entwicklung wurde unterstützt durch das Ablösen des Selbstkostendeckungsprinzips durch die *Vorauskalkulation der Selbstkosten*. Die Krankenhäuser vereinbarten mit den Krankenkassen ein Budget für das jeweils nächste Wirtschaftsjahr. Dieses Budget wurde krankenhausintern auf die klinischen und anderen Abteilungen aufgeteilt und war nunmehr die Grundlage ärztlichen Handelns. Der finanzielle Spielraum der Krankenhäuser wurde weiter eingeengt durch die Umstellung der Krankenhausfinanzierung auf das *pauschalierende Entgeltsystem* (G-DRG-System) im Jahr 2004 (1.1 »Wir wurden gezwungen, mit den knappen Ressourcen sorgfältiger umzugehen. Ich möchte deshalb auch nicht mehr zu dem Selbstkostendeckungsprinzip zurückkehren, obwohl das Managen eines Krankenhauses damals einfacher war.«).

Immer deutlicher wird jetzt der Gegensatz zwischen den Unternehmen, die mehr erwerbswirtschaftlich organisiert sind und deren Strategie auf Gewinnerzielung und Wachstum – die Ökonomen bezeichnen diese Ziele als Formalziele des Krankenhauses – als Voraussetzung für die langfristige Sicherung des medizinischen Angebotes ausgerichtet ist, und jenen Krankenhäusern, deren Unternehmensziel primär die Deckung eines medizinischen Bedarfs ist und die die Gewinnerzielung als Instrument zur Realisierung dieses Ziels begreifen. Der Anteil der erwerbswirtschaftlich verfassten Krankenhäuser nimmt zu und damit der Anteil jener Krankenhäuser, bei denen unternehmerische sowie patienten- und mitarbeiterbezogene Entscheidungen durch Kriterien geprägt sind, die mehr am Formal- als am Sachziel orientiert sind. Das Befriedigen der Bedürfnisse des einzelnen Patienten trat hinter das Befriedigen gesellschaftlicher Interessen zurück.[2]

15.4 Die kulturellen Bedingungen der Leitungsarbeit und die Rolle der Chefärzte

Auf diese Veränderungen und auf die dadurch auch veränderten Anforderungen an die Fähigkeiten und Kenntnisse der Geschäftsführer waren viele von diesen nicht vorbereitet. Viele Krankenhäuser wurden weiterhin verwaltet. Die notwendigen strukturellen Anpassungen sowie das Zusammenspiel der verschiedenen Leitungsebenen des Krankenhauses mit dem Ziel, auf dem Behandlungsmarkt und dem Arbeitsmarkt bestehen zu können, unterblieben lange Zeit. Mit dem Erfolg, dass *Zielsetzungs- und Verteilungskonflikte* innerhalb der Krankenhäuser eine immer größere Rolle spielten und damit Kräfte banden, die für die Lösung der anstehenden Probleme effektiver hätten eingesetzt werden können. Die Leistungsfähigkeit der Krankenhäuser – vor allem in wirtschaftlicher Hinsicht – nahm ab.

Aber auch viele der Chefärzte haben diese Veränderungen lange Zeit ignoriert. Sie haben nicht wahrnehmen wollen, dass ihnen zusätzlich zu ihrer Verantwortung für die Behandlung der Patienten auch die Verantwortung für den effizienten Einsatz der für die Patientenbehandlung erforderlichen Ressourcen zugewiesen werden musste (50.7 »Die Verantwortung für das wirtschaftliche Ergebnis des Krankenhauses ist dezentralisiert. Die Chefärzte sind verantwortlich für das wirtschaftliche Ergebnis der von ihnen geleiteten Abteilungen.«). Dieser Schritt war notwendig geworden, weil über den größeren Teil des Ressourceneinsatzes – dazu zählen unter anderem die Mitarbeiter und die Materialien des medizinischen Bedarfs – nur die Ärzte entscheiden können, und nicht etwa der Geschäftsführer. Auch können nur die Chefärzte die Inanspruchnahme der Krankenhäuser durch Patienten und damit die Höhe der Erlöse beeinflussen. Weil aber viele der Chefärzte diese *neue Rolle* nicht angenommen haben, kam und kommt es immer wieder zu Konflikten, die vermeidbar sind – wie, dazu Näheres später. Mit dem Einsatz von Zielvereinbarungen, deren Zweckmäßigkeit umstritten ist (53.9 »Ärzte, die mit Geldscheinen motiviert werden müssen, sind die falschen.«), wird versucht, den Chefärzten das Verantworten des wirtschaftlichen Ergebnisses der von diesen geleiteten Abteilungen schmackhaft zu machen.

»Ich bin Arzt geworden, um Patienten bestmöglich behandeln zu können – alle anderen Leistungen, die ich als Chefarzt zusätzlich erbringen soll, sind mir lästig, sie hindern mich, Arzt zu sein.« So oder ähnlich äußern sich – einerseits gut nachzuvollziehen – nicht wenige Chefärzte und übersehen andererseits dabei, dass das *Anforderungsprofil* eines Chefarztes ein anderes ist als das eines Assistenz- oder Oberarztes. Der Chefarzt ist nicht nur für die Behandlung eines einzelnen Patienten verantwortlich, sondern vor allem auch für die Förderung der Mitarbeiter der von ihm geleiteten Abteilung, für das Gestalten der Strukturen und der Prozesse als Voraussetzung für die weitere Steigerung der Qualität und der Effizienz der Patientenbehandlung, für das Entwickeln von Behandlungsstandards, die auch betriebswirtschaftliche Aspekte berücksichtigen, und deren Anwendung sowie schließlich für die Kontrolle des Leistungs- und Kostengeschehens in seinem Verantwortungsbereich. Chefärzte engagieren sich somit für die Verbesserung des Leistungs- und Kostengeschehens im Krankenhaus

---

2 Beide Kategorien von Krankenhäusern findet man unter den Krankenhäusern sowohl in öffentlich-rechtlicher als auch in freigemeinnütziger als auch in privater Trägerschaft

insgesamt (3.19 »Diese [die Chefärzte – HN] sehen sich quasi als Unternehmer nicht nur für ihre Abteilung, sondern für das Krankenhaus insgesamt verantwortlich – und zwar nicht nur für die Qualität der Patientenbehandlung, sondern auch für deren Effizienz.«).

Chefärzte größerer klinischer Abteilungen sind im Regelfall nicht imstande, alle diese Leitungsaufgaben (in klinischen Abteilungen der Universitätskliniken kommen Aufgaben der Forschung und der Lehre hinzu) alleine wahrzunehmen. Sie bedürfen der *Unterstützung* durch ihnen zugeordnete Assistenten oder Controller. Der Chefarzt bleibt indessen der Chef und somit für all das verantwortlich, was in der von ihm geleiteten klinischen Abteilung geschieht.

Sehr schnell musste ich feststellen, dass meine Lehrzeit noch lange nicht zu Ende war. So musste ich lernen, damit zu leben, dass – was charakteristisch für Expertenbetriebe ist – die Leiter der klinischen Abteilungen reserviert gegenüber der Leitungs- und Organisationsarbeit sind. Die Chefärzte sehen sich primär den *Inhalten* ihrer Arbeit verpflichtet. Das Gestalten der Schnittstellen zu anderen Leistungsbereichen des Krankenhauses und damit der Organisation des Krankenhauses als Ganzes erwarten sie gewissermaßen als *Service* von Verwaltungsstellen, was nicht selten zu erheblichen Spannungen führt; die Akzeptanz der Ergebnisse der durch die Verwaltungsstellen vollzogenen Organisationsarbeit lässt – aus der Sicht der Chefärzte – zu wünschen übrig.

Was für mich auch neu war, ist das Streben der klinischen Abteilungen nach weitgehender *Autonomie*. Die Akteure der Leistungsbereiche verfolgen ihre eigenen professionellen Interessen und konzentrieren sich auf die Lösung bereichsinterner Probleme. Andererseits sind sie nach außen – nach außerhalb des Krankenhauses – orientiert. Sie pflegen intensive Beziehungen zu ihren Fachkollegen und leisten damit einen nicht zu unterschätzenden Beitrag zur Weiterentwicklung ihres Faches.

Ich musste schließlich feststellen, dass die Arbeit in einem Krankenhaus geprägt ist durch fachliche Abgrenzung und Arbeitsteilung auf der einen Seite und durch notwendige Kooperation und ein hohes Maß an Abhängigkeiten der verschiedenen Berufsgruppen voneinander auf der anderen Seite. Überlagert wird dieser Zustand durch das Bemühen einzelner Berufsgruppen um Emanzipation. Die Leitungsarbeit verlangt deshalb ein hohes Maß an *Integrationsarbeit* zur Überwindung der skizzierten Spannungen.

Ein Spezifikum des Krankenhauses ist auch, dass Ärzte, Pflegekräfte und andere Mitglieder der therapeutischen Teams zwei Arten von *Individualzielen* verfolgen: Sie sehen sich einerseits als Treuhänder ihrer Patienten und wollen deren bestmögliche Versorgung gewährleisten und das Erreichen dieses Ziels nicht gefährden, weil sie auch andere Bedürfnisse im Zusammenhang mit den Fällen ihrer patientenbezogenen Entscheidungen berücksichtigen müssen (5.15 »Wenn Mitarbeiter »ihre« Patienten aus finanziellen Gründen nicht mehr versorgen dürfen, führt dieses immer wieder zu deutlicher Unzufriedenheit der Mitarbeiter.«). Sie erwarten andererseits von ihrem Vorgesetzten, dass ihre persönlichen Bedürfnisse – unter anderem nach Wertschätzung und Sicherheit – befriedigt werden.

15.5 Empfehlungen für das Gestalten der Leitungsarbeit

Die auf *gegenseitiges Vertrauen* gegründete Zusammenarbeit zwischen Geschäftsführer und Chefärzten ist die Voraussetzung dafür, dass die skizzierten kulturellen Besonderheiten und deren negative Einflüsse auf die Qualität und die Effizienz der Patientenbehandlung überwunden werden. Und zwar überwunden werden zu Gunsten des gemeinsamen Leitens eines Krankenhauses (in dem in ▶ Abschn. 15.1 definierten Sinne). Erreicht werden soll damit auch, dass die Wahrnehmung der auf dieser Basis den Geschäftsführern und Chefärzten zugewiesenen Aufgaben von diesen als zufriedenstellend, zumutbar, erträglich und ausführbar erlebt werden können.

Wie aber kann dieses Vertrauen hergestellt und dauerhaft aufrecht erhalten werden? Unter anderem dadurch, dass von den beiden Partnern einige *Regeln* eingehalten werden:

Sachzielorientierung Ärztliches, aber auch unternehmerisches Handeln ist immer orientiert an dem Unternehmenszweck, an dem institutionellen Sinn des Krankenhauses.[3,4] Die Ergebnisse unternehmerischer Entscheidungen des Geschäftsführers sowie die patientenbezogener Entscheidungen der Ärzte und deren Umsetzung können nur dann als ethisch qualifiziert werden, wenn sie dazu dienen, Krankheiten, Leiden oder Körperschäden festzustellen, zu heilen oder zu lindern oder Geburtshilfe zu leisten[5] – oder mittelbar, indem die die Voraussetzungen dafür optimieren.

Das Befolgen dieser Regel bedeutet, dass den Mitarbeitern des Krankenhauses nur solche Aufgaben zugewiesen werden dürfen, die für diese nicht eine »ethische Zumutung«[6] darstellen. Und Letzteres ist immer dann der Fall, wenn den Mitarbeitern – direkt oder indirekt – aufgetragen wird, bei patientenbezogenen Entscheidungen nicht nur das Wohl der Patienten und die Gebote der Wirtschaftlichkeit, sondern auch die Interessen z.B. des Krankenhauseigentümers nach einer angemessen hohen Rendite oder die der Gesellschaft nach Begrenzung der Kosten des Gesundheitssystems zu berücksichtigen.

Formalzielorientierung Mit der Realisierung des Formalziels werden die Existenz des Krankenhauses und damit das Angebot an medizinischen Leistungen und an Arbeitsplätzen dauerhaft gesichert. Die Grundlage dafür sind positive wirtschaftliche Ergebnisse und als Voraussetzung dafür die effiziente Gestaltung der Behandlungs-, Support- und Betriebsführungsprozesse. Aus medizinischer Sicht unnötige Leistungen werden nicht erbracht. Der Einsatz der Ressourcen für das Realisieren medizinisch indizierter diagnostischer, therapeutischer und Pflegeleistungen wird auf das sachlich gebotene Maß begrenzt.

Förderung der argumentativen, dialogischen Verständigung Eine vertrauensvolle Zusammenarbeit zwischen dem Geschäftsführer und den Chefärzten setzt voraus, dass diese zur Offenheit zum Dialog, zur argumentativen Auseinandersetzung mit den von ihren Entscheidungen Betroffenen und zur ethischen Reflexion ihres Handelns imstande und bereit sind. Sie lassen ihre Meinung und ihre Ansprüche in Frage stellen. Sie können ihre Argumente in einer Sprache vortragen, die von den Betroffenen verstanden werden kann.

Ausgehend von generellen Planungsvorgaben des Geschäftsführers werden Planungsprozesse als *Gegenstromverfahren* organisiert (Nr. 58.17 »Die Vorgaben werden im Dialog mit den betroffenen erarbeitet und anschließend kommuniziert. Die Leistungsmengen werden breit kommuniziert und vorher mit den Chefärzten abgestimmt.«). Damit wird zweierlei erreicht: Der Sachverstand derjenigen, die die Pläne später umsetzen werden, wird in die Planung einbezogen; eventuell bestehende Umsetzungshindernisse werden rechtzeitig erkannt und können in das Planungsergebnis »eingepreist« werden. Die Akzeptanz der Pläne bei den Mitarbeitern ist hoch; schließlich sind es ihre Pläne, die sie umsetzen werden.

Die Realität ist in vielen Krankenhäusern noch eine andere (Nr. 59.11a »Die betriebswirtschaftlichen Vorgaben gehen von der Geschäftsführung des Konzerns aus und werden mittels eines Planungsbriefs verkündet.«).

Förderung der Mündigkeit der Stakeholder Die argumentative, dialogische Verständigung zwischen dem Geschäftsführer und den Chefärzten setzt nicht nur das Erfüllen struktureller und prozessualer Normen und einschlägige soziale Kompetenz bei den genannten Verhandlungspartnern voraus. Damit Geschäftsführer und Chefärzte ihre Interessen mit Erfolg geltend machen können, müssen diese auf der Basis einer kritischen Loyalität zusätzlich imstande sein, unternehmensintern für richtig gehaltene Definitionen kritisch in Frage zu stellen und differente Wahrnehmungen und für richtig gehaltene Revisionen auch gegen Widerstand zur Geltung zu bringen.[7]

---

3 Vgl. Steinmann H, Löhr A (1991) Einleitung: Grundfragen und Problembestände der Unternehmensethik. In: Steinmann H, Löhr A (Hrsg) Unternehmensethik (2. Aufl.). Stuttgart, S 14 f.
4 Vgl. Eichhorn S (2008) Krankenhausbetriebliche Grundlagen. In: Schmidt-Rettig B, Eichhorn S (Hrsg) Krankenhaus-Managementlehre – Theorie und Praxis eines integrierten Konzepts. Stuttgart, S 97
5 § 2 Ziffer 1. Krankenhausfinanzierungsgesetz – KHG
6 Steinmann H, Löhr A (1991) a.a.O., S 15

7 Vgl. Wittmann S (1994) Praxisorientierte Managementethik – Gestaltungsperspektiven für die Unternehmensführung. Hamburg, S 128

Dieses setzt voraus, dass ein *Betriebsklima* geschaffen und dauerhaft von allen Akteuren gelebt wird, das die Bereitschaft des Geschäftsführers und der Chefärzte zur Präsentation ihrer Anliegen und zur Offenlegung von Entwicklungen, die von diesen als Fehlentwicklungen wahrgenommen werden, fördert. Es trägt zu der Gewissheit bei, dass diese Offenheit nicht schadet und dass Willkür bei der Bewertung der von den Akteuren gegebenen Hinweise ausgeschlossen ist. Von zentraler Bedeutung in diesem Zusammenhang ist die Entwicklung einer *Fehlerkultur*, die Fehler nicht primär personalisiert, sondern vor allem und zuerst als Chance für die kontinuierliche Verbesserung von Strukturen und Prozessen und in deren Folge von Ergebnissen begreift. Die Mitarbeiter dürfen nicht als »Fehlerquelle«, sondern sollten als »Lösungsquelle« angesehen werden.

Beschränkung des Gewinnziels Mit der Forderung nach einer *Beschränkung des Gewinnziels* sind zwei Aspekte angesprochen:
- Zum einen fragt es sich, unter welchen Bedingungen ein Gewinn erwirtschaftet wird;
- zum anderen ist die Gewinnverwendung ethisch relevant.

Mit dem Grundpostulat »Beschränkung des Gewinnziels« wird gefordert, die Behandlungs-, Support- und Betriebsführungsprozesse so zu gestalten, dass Gewinne erwirtschaftet werden können, ohne gegen die Grundsätze einer guten Medizin zu verstoßen und ohne die Mitarbeiter unangemessen zu belasten.

Gewinne werden verwendet, um den Bestand des Krankenhauses und damit das Angebot an medizinischen Leistungen und an attraktiven Arbeitsplätzen dauerhaft zu sichern, um eine angemessene Verzinsung des im Krankenhaus gebundenen Kapitals und um einen Ausgleich der Risiken, die der Krankenhauseigentümer mit dem Betrieb eines Krankenhauses eingeht, gewährleisten zu können.

Begründungspflicht Das gelungene Management zeichnet sich dadurch aus, dass Entscheidungen des Geschäftsführers und der Chefärzte gegenüber den Betroffenen begründet werden und dass sie sich mittels guter Gründe verteidigen lassen.[8]

15.6 Versuch einer Antwort auf die eingangs gestellte Frage

Wenn Geschäftsführer und Chefärzte akzeptieren, dass sie für das Unternehmen als Ganzes gemeinsam verantwortlich sind, dass sie für dessen Leistungsfähigkeit und für dessen Bestand und damit für das Angebot medizinischer Leistungen auf hohem qualitativen Niveau und für das Angebot an attraktiven Arbeitsplätzen unterschiedliche, aufeinander abgestimmte Beiträge zu leisten haben, und wenn sie ihre Zusammenarbeit unter Berücksichtigung der erwähnten Empfehlungen organisieren, ist die Aufgabe eines Krankenhaus-Geschäftsführers höchst erstrebenswert. Er nimmt eine inhaltlich und emotional erfüllende und zugleich sehr anspruchsvolle und herausfordernde Aufgabe wahr – und dieses zusammen mit hochkompetenten, -motivierten und -engagierten Chefärzten klinischer Abteilungen.

Literatur

Eichhorn S (2008) Krankenhausbetriebliche Grundlagen. In: Schmidt-Rettig B, Eichhorn S (Hrsg) Krankenhaus-Managementlehre – Theorie und Praxis eines integrierten Konzepts. Stuttgart
Steinmann H, Löhr A (1991) Einleitung: Grundfragen und Problembestände der Unternehmensethik. In: Steinmann H, Löhr A (Hrsg) Unternehmensethik (2. Aufl.). Stuttgart
Wittmann S (1994) Praxisorientierte Managementethik – Gestaltungsperspektiven für die Unternehmensführung. Hamburg

---

8 Vgl. Steinmann H, Löhr A (1991) a.a.O., S 10 ff.

Aus Sicht von Ethik und Moral

IV

Kapitel 16 Der Eid und die Arbeitsteilung
– Wozu kann der hippokratische Eid
moderne Chefärzte ermutigen? – 211
Friedrich Heubel

Kapitel 17 Die doppelte Verantwortung und ihre Widersprüche
– Chefärzte zwischen Medizin und Betriebswirtschaft? – 227
Karl-Heinz Wehkamp

Kapitel 18 Ohne Zuwendung ist alles nichts
– Für eine Medizin der Zwischenmenschlichkeit – 241
Giovanni Maio

Kapitel 19 Integer bleiben?
– Leben und Beruf im Spannungsfeld von Glück, Moral
und gesellschaftlichem Anpassungsdruck – 249
Arnd Pollmann

Kapitel 20 Regelverletzung mit Folgen?
Corporate Compliance Management
im Medizinbetrieb – 269
Wilfried von Eiff

Der Eid und die Arbeitsteilung – Wozu kann der hippokratische Eid moderne Chefärzte ermutigen?

Friedrich Heubel

16.1 Einleitung – 212

16.2 Was steht wirklich im hippokratischen Eid? – 212

16.3 Worin besteht die Ethik des hippokratischen Eides? – 213

16.4 Was bedeutet das für uns heute? – 214
16.4.1 Was ist geblieben? – 214
16.4.2 Und was ist neu? – 215
16.4.3 Professionalität – 215
16.4.4 Die besondere Herausforderung – 217
16.4.5 Die Lasten auf der ärztlichen Professionalität – 217

16.5 Fazit – 219
16.5.1 Was tun? – 219
16.5.2 Ohnmacht und Macht der Chefärzte – 220

16.6 Anhang 1 – 221
16.6.1 Der vollständige Text des hippokratischen Eides – 221

16.7 Anhang 2 – 221
16.7.1 Medizinische Professionalität im neuen Jahrtausend – Eine ärztliche Charta – 221
16.7.2 Zusammenfassung – 224

Literatur – 225

U. Deichert et al. (Hrsg.), *Traumjob oder Albtraum – Chefarzt m/w*,
DOI 10.1007/978-3-662-49779-1_16, © Springer-Verlag Berlin Heidelberg 2016

16.1 Einleitung

Die Bedeutung und Interpretation des *hippokratischen Eids* in der heutigen Zeit ist offensichtlich etwas verschwommen. Dies zeigt sich exemplarisch in einem aktuellen Buchbeitrag: Hans-Peter Busch leitet seinen Artikel »Das Berufsbild Chefarzt im Wandel«[1] mit einem Absatz zur ärztlichen Ethik ein. Wie viele schreibende Ärzte führt er die ärztliche Ethik auf den hippokratischen Eid zurück. Er zitiert den hippokratischen Eid wie folgt:

— Ziel des ärztlichen Handelns ist die Wiederherstellung der Gesundheit und die Steigerung der Lebensqualität des Patienten.
— Bei ärztlichen Handlungen und Entscheidungen ist der Arzt nur dem Wohl des Patienten und seinem Gewissen verpflichtet (Weisungsunabhängigkeit in medizinischen und fachlichen Fragen).
— Nach eingehender Beratung werden die Entscheidungen mit Zustimmung des Patienten getroffen.

Fakt ist leider: Keiner dieser Sätze steht tatsächlich im hippokratischen Eid. Was also meint Busch wirklich? Versteht er diese Sätze vielleicht nicht als Zitate, sondern als Zusammenfassung des Kernbestands? Das widerspräche den historischen Fakten. »Steigerung der Lebensqualität« ist ein Begriff, den die griechische Antike nicht kannte. Er verdeckt zum Beispiel, dass der Arzt, der den Eid schwor, nicht nur zum Wohl des Kranken tätig sein, sondern ihn auch vor physischer und moralischer Selbstschädigung bewahren wollte. »Weisungsunabhängigkeit« kannte die Antike ebenfalls nicht, denn es gab keine »Weisungen«. Es gab weder ein gesetzlich geregeltes Gesundheitswesen, noch Krankenkassen, noch Krankenhäuser in unserem Sinne, noch eine innerärztliche Hierarchie.

Gibt es also überhaupt eine Verbindung zwischen dem hippokratischen Eid und unserer heutigen ärztlichen Ethik? Diese Verbindung gibt es m.E. in der Tat. Sie sieht zwar anders aus als viele erwarten würden, ist aber auf überraschende Weise konkret. Im Folgenden wird diese Verbindung nachgezeichnet. Der Artikel macht vier Schritte:

1. Was steht wirklich im hippokratischen Eid?
2. Was bedeutet das ethisch, also für eine reflektierte Moral?
3. Was ergibt sich daraus für uns heute und was nicht?
4. Fazit: Chefärzte als geborene Verteidiger ärztlicher Professionalität.

Angehängt sind Übersetzungen des vollständigen hippokratischen Eides sowie der Charter on Medical Professionalism, die meines Wissens der erste Text ist, der professionelle Pflichten gegenüber der Profession selbst enthält.

16.2 Was steht wirklich im hippokratischen Eid?[2]

Anders als unser ärztliches Standesrecht und auch anders als das in Wahrheit nicht persönlich geschworene »Gelöbnis« unserer Bundesärzteordnung beginnt der hippokratische Eid mit einer Anrufung der Götter und endet mit einer Selbstverdammung für den Fall des Wortbruchs. Genau in der Mitte des Textes steht: »Rein und gottgefällig werde ich mein Leben führen und meine Kunst ausüben.« Dieser zentrale Satz teilt den Eid in zwei Teile. Unmittelbar vor diesem zentralen Satz stehen eine *Selbstverpflichtung* zum Tun und eine zum Lassen. Die erste ist die wohl meistzitierte. Sie legt das Ziel des ärztlichen Handelns fest:

» Ich werde Ratschläge zur Lebensführung zum Nutzen der Kranken einsetzen nach meinem Können und Urteil; was aber Schaden und Unrecht betrifft, um sie fernzuhalten.

Schaden und *Unrecht* vom Kranken fernzuhalten meint an dieser Stelle nicht etwa den Schaden, den der Arzt möglicherweise selbst anrichten könnte. Gemeint ist vielmehr ein Schaden – und sogar Unrecht! – den der Kranke sich selbst antun könnte. Denn Schädigung durch ärztliches Handeln verbietet sich der Schwörende an späterer Stelle des Eides.

---

1 Busch (2012)

2 Die Übersetzung unterscheidet sich leicht von den Übersetzungen Deichgräber, Diller und Lichtenthaeler. Die Gründe dafür sind erläutert in Heubel (2015a, S. 71ff.). Der vollständige Text findet sich in Anhang 1

Außerdem wäre es ungereimt, dass der Arzt ausgerechnet durch Ratschläge zur Lebensführung den Kranken vor Schaden durch den Arzt bewahren können sollte.[3]

Vermutlich im Zusammenhang mit dem zu vermeidenden, sich selbst angetanen Unrecht folgt dann eine *negative Selbstverpflichtung*:

> Ich werde niemandem auf seine Bitte hin ein tödliches Medikament geben, noch werde ich einen solchen Rat erteilen. Ebenso werde ich keiner Frau ein abtreibendes Mittel geben.

Der Schwörende betrachtet offenbar den *Suizid* als ein Unrecht, das man sich selbst antut. Damit nimmt er eine ungewöhnliche Position ein, denn in der griechischen und römischen Antike galt der Suizid im Allgemeinen nicht als verwerflich. Aber der Schwörende bekräftigt seine Position durch die eben zitierte, darauffolgende Formel: »Rein und gottgefällig werde ich mein Leben führen und meine Kunst ausüben.«

Möglicherweise markiert diese Formel auch den Unterschied zwischen vollkommener Lebensführung und vollkommener Ausübung der »Kunst«, also der ärztlichen Tätigkeit. Denn erst jetzt, nach der Formel, folgen die *Unterlassenspflichten*, denen der Arzt sein eigenes berufliches Handeln unterwirft: kein vorsätzliches Unrecht, keine Schädigung, keine erotischen Handlungen, kein Geheimnisverrat. Als Selbstverpflichtungen nicht zum Tun, sondern zum Unterlassen sind sie präziser als unser »Gelöbnis«. Hervorzuheben ist die negative Selbstverpflichtung des Schneidens:

> Ich werde nicht schneiden, nicht einmal bei Steinleidenden, sondern ich werde den Männern weichen, die sich mit dieser Arbeit befassen.

Dieser Passus wirkt sowohl aus damaliger wie aus heutiger Sicht schwer verständlich. Denn es gab auch in der griechischen Antike das, was wir heute »kleine Chirurgie« nennen[4], und heute ist eine Medizin ohne Skalpell nicht denkbar. Demgegenüber stellt der Schwörende eines ganz klar: Er verdammt nicht jene, die – ob Ärzte oder nicht – anders als er selbst das Messer benutzen.

16.3 Worin besteht die Ethik des hippokratischen Eides?

Der Schwörende unterstellt sich unmittelbar der Autorität der Götter. Das ist für ihn die höchste denkbare Instanz. Wie bei jedem Eid verzichtet er auf eine Begründung oder Rechtfertigung seiner selbstauferlegten Pflichten. Alle Interpreten haben deshalb ein Problem mit der *geistesgeschichtlichen Einordnung* des Eides. Sicher scheint nur zu sein, dass er gerade nicht vom historischen Hippokrates stammt.[5] Für den Schwörenden ist der Einsatz für die Kranken allerdings oberste berufliche Pflicht – ebenso wie für eine ärztliche Ethik heute. Sie gehört für ihn zusammen mit dem moralisch vollkommenen Leben. Und der Eid ist von beeindruckender Strenge. Wir Heutigen fragen uns, wie es möglich sein soll, eine solche Haltung ohne eine unterstützende und kontrollierende berufliche Struktur durchzuhalten.

Tatsächlich ist, wer den hippokratischen Eid schwört, auch nicht allein. Denn vor dem zentralen Satz, noch bevor er sich auf das Wohl und die Integrität des Kranken verpflichtet, ordnet sich der Schwörende in einen Zusammenhang mit seinem Lehrer und seinen Kollegen ein. Er schwört:

> Den, der mich diese Kunst lehrt, meinen Eltern gleich zu achten und mein Leben in Gemeinschaft mit ihm zu leben und wenn er etwas nötig hat, ihm abzugeben, und seine Nachkommenschaft meinen männlichen Geschwistern gleichzustellen und sie diese Kunst zu lehren, wenn sie verlangen, sie zu lernen, ohne Entgelt und Vertrag; an Vorschriften, Vorträgen und allem übrigen Unterricht meine Söhne und die Söhne dessen, der mich unterrichtet, sowie Schüler, die sich vertraglich verpflichtet und einen Eid nach ärztlichem Brauch geleistet haben, teilnehmen zu lassen, aber keinen anderen.

In der antiken Familie hat der Vater die dominierende Position. Wenn der Schwörende seinen Lehrer seinen Eltern gleichstellt, verpflichtet er sich nicht nur, wenn nötig, zu deren materieller Unterhaltung, sondern unterwirft sich auch der *väterlichen Autorität*. Das heißt: Es ist nicht nur das schlichte familiäre Zusammenleben, sondern etwas Konzeptio-

---

3 So auch Edelstein (1969, S. 22/23)
4 Gordon (1949)

5 Leven (2005, S. 598)

nelles gemeint. Denn die Wendung »mein Leben in Gemeinschaft mit ihm zu leben« (bi/ou koinw/sasqai) kann auch übersetzt werden mit »an seiner Lebensweise teilzunehmen« oder »seine Lebensführung zu teilen«. Weiter: Wer den Eid schwört, verpflichtet sich, sowohl die Söhne seines Lehrers als auch seine eigenen Söhne zu unterrichten. Er weiß also, dass er selbst zur Vaterfigur und zum Lehrer werden wird, wenn die nächste Generation den Eid schwört. Dadurch entsteht ein eigentümlicher, sippenartiger *Verbund*. Dennoch ist, schließlich, der Beitritt zu diesem Verbund freiwillig. Insgesamt ist das heute schwer vorstellbar. Diese Ärzte binden sich aneinander nur durch die weitergegebene Lehre und eine familienartige Loyalität. Das lässt sich vergleichen mit einem geistlichen Orden, es fehlt aber ein gewählter Abt und eine Ordensregel, die den Tagesablauf formt.

Leicht zu übersehen, aber für das Verständnis entscheidend ist die *Abgrenzung*. Wer den Eid nicht schwört, wird von der Lehre ausgeschlossen. Lehrer und Vaterfigur sind aber ein und dieselbe Person. *Lehre* und *Lebensführung* zusammen sind also für den Schwörenden unerlässliche Bedingungen, die »Kunst« in der richtigen Weise zu treiben, und der Schwur vor den Göttern hebt die ärztliche Tätigkeit in die religiös-moralische Sphäre. Dabei stellt der Schwörende jedoch keine für andere gültige Norm auf und verhält sich nicht missionarisch.

16.4 Was bedeutet das für uns heute?

16.4.1 Was ist geblieben?

Gewandelt haben sich zwar nicht die Kerngehalte, aber doch die Bedingungen der ärztlichen Tätigkeit. Der antike Arzt arbeitete allein und auf sich gestellt. Es gab keine Fachgebiete, also auch keine Überweisungen. Der Kreislauf war noch nicht entdeckt, Infektionskrankheiten konnten nicht unterschieden werden. Es gab keine Antibiotika, keine Narkose, keine Asepsis, keine Neuro-, Brust- und Bauchchirurgie, nur Ansätze von Hygiene. Das alles haben wir heute, und die Spezialisierung geht ständig weiter. Dennoch bleibt, wie in der Antike, jeder ärztlich Tätige gefordert, *Diagnosen* zu stellen. Diese ärztliche Kernaufgabe, wenn auch im je eigenen Fach, ist durch nichts zu ersetzen. Auch die Tendenz weg vom Diagnostizieren und hin zur schlichten Auftragserfüllung in der »wunscherfüllenden Medizin« ändert daran nichts.

Diagnosen zu stellen ist nichts Triviales. Diagnostizieren heißt im Grundsatz, den einzelnen Krankheitsfall in eine übergeordnete Systematik, die aktuelle Nosologie einzuordnen. Davor sind mit dem Patienten anamnestische Daten, Symptome, Befunde und Eindrücke zu sammeln und auf ihre relative Wichtigkeit zu überprüfen. Wenn kein plausibles Bild entsteht, muss man über neue Informationen (»was fehlt uns noch?«) entscheiden und/oder die Verzweigungen der Nosologie verfolgen (»man muss nur dran denken«). Man muss gewärtig sein, dass das Bild offen bleibt. Oft hat man die Diagnose im Handumdrehen, manchmal bringt ein unerwartetes Detail die Lösung, manchmal liefert eine Fülle von unscheinbaren Daten nur eine Wahrscheinlichkeitsdiagnose, manchmal aber sieht man die Wahrheit erst in tabula. Dazu kommt: Je ernster die Prognose, desto fordernder wird die Kommunikation und das Diagnostizieren zu einer Sache des Verhandelns. Denn der Einsatz dient etwas Höchstpersönlichem, nämlich der *körperlich-seelischen Funktionsfähigkeit*, die die erste Vorbedingung für das menschliche Handeln überhaupt ist.

Patienten können, insbesondere bei chronischen Erkrankungen, Experten ihres eigenen Befindens sein. Aber selbst wenn sie alle Medizin studieren würden, können sie nicht zu diagnostischen Experten werden. Denn dafür braucht es nicht nur Wissen, sondern auch »durch Erfahrung geschärfte Urteilskraft«.[6] Diese kann nur innerhalb der ärztlichen Tätigkeit erworben werden, Exklusivität in

---

6 Immanuel Kant: »Ein Arzt daher, ein Richter, oder ein Staatskundiger kann viel schöne pathologische, juristische oder politische Regeln im Kopfe haben, in dem Grade, dass er selbst darin gründlicher Lehrer werden kann, und wird dennoch in der Anwendung derselben leicht verstoßen, entweder, weil es ihm an natürlicher Urteilskraft (obgleich nicht am Verstande) mangelt, und er zwar das Allgemeine in abstracto einsehen, aber ob ein Fall in concreto darunter gehöre, nicht unterscheiden kann, oder auch darum, weil er nicht genug durch Beispiele und wirkliche Geschäfte zu diesem Urteil abgerichtet worden. Dieses ist auch der einige und große Nutzen der Beispiele: daß sie die Urteilskraft schärfen« (Kritik der reinen Vernunft, Bd. II, S. 185.); »... Gesetze *a priori*, die freilich noch durch Erfahrung geschärfte Urteilskraft erfordern, um teils zu unterscheiden, in welchen Fällen sie ihre Anwendung haben, ...« (Grundlegung zur Metaphysik der Sitten, Bd. IV, S. 13/14)

diesem Sinne ist also unvermeidlich. Das bedeutet, dass nur die erfahrenen Fachkollegen untereinander Diagnosen und diagnostische Fähigkeiten beurteilen können. Und weil die körperlich-seelische Funktionsfähigkeit Vorbedingung für das menschliche Handeln ist, ist sie, bei der Verwiesenheit der Menschen aufeinander, auch Vorbedingung für soziale Kooperation.

16.4.2 Und was ist neu?

Wissenschaft und Technik machen Details der menschlichen Natur handhabbar. Die Funktionen des menschlichen Körpers werden nicht nur »verstanden«, sondern es wird auch aktiv in sie eingegriffen, oder sie werden kompensiert. Dass zum Beispiel im großen Stil Hüftgelenke ersetzt werden, die Zuckerverwertung durch Insulin ermöglicht oder die Kurz- und Weitsichtigkeit ausgeglichen wird, liegt an der relativ großen Zuverlässigkeit der Verfahren. Folgerichtig wächst mit dem medizinischen Fortschritt die Zahl der Experten, die die Verfahren beherrschen, und folgerichtig wachsen zwischen ihnen die Verständnis- und Kooperationsprobleme. Das ist ein völlig anderer Verbund als der des hippokratischen Eides. Kein Arzt beherrscht mehr die ganze Medizin. Die Medizin ist zu einem *arbeitsteiligen System* geworden.

Das verändert das Verhältnis zwischen den Ärzten. Sie teilen nicht mehr eine gemeinsame Lebensweise oder Lebensauffassung und auch nicht unbedingt eine Religion. Aber sie teilen weiter die selbstgewählte Bindung an den *gemeinsamen Zweck*, das gesundheitliche Wohl der Kranken. Neu ist: Für diesen gemeinsamen Zweck benutzen sie einander als Mittel. Das Verhältnis zwischen ihnen ist nicht mehr familiär, sondern *funktional*. Einer braucht die Kompetenz des Anderen. Das gilt zwar nicht für jeden Fall, aber der einzelne Arzt weiß, dass ihm der Verbund bei Bedarf zu Gebote steht und was er leisten kann. Und jeder Arzt hat sich mit dem Eintritt in den Beruf implizit bereit erklärt, die Kompetenzen der Kollegen zu nutzen und die seinen nutzen zu lassen.

Damit entsteht eine neue Art von *Verantwortung*. Denn man ist nicht nur verantwortlich für die Wahl seiner Zwecke, sondern auch für die Mittel, die man zu deren Verwirklichung benutzt. Der moderne Arzt ist demnach mitverantwortlich für das Funktionieren des Verbundes, das heißt für die Regeln der Kooperation und die Festlegung und Kontrolle der beruflichen Standards. Man muss sich im Interesse des Patienten aufeinander verlassen können. So wie der exzellente Chirurg kein exzellenter Chirurg ist, wenn er die Sterilität seiner Instrumente vernachlässigt, so ist der moderne Arzt kein guter Arzt, wenn er die *Sorge für den Verbund* vernachlässigt. Mitverantwortung heißt freilich nicht, dass der Einzelne für alles verantwortlich ist. Gebraucht wird sowohl die kritische, die wählende, die planende, die gestaltende, die erweiternde, die begrenzende und die durchsetzende Kompetenz. Wer was einbringt, ist der persönlichen Entscheidung überlassen. Nur die Haltung »ich mache meinen Job wie ich will und so gut ich kann, aber was die berufliche Umwelt tut, ist mir gleichgütig« lässt sich nicht mehr rechtfertigen.

Die Arbeitsteiligkeit verändert auch das *Verhältnis des Arztes zum Patienten*. Denn der einzelne Arzt tut nicht nur, was seinem Fach entspricht. Er rät dem Patienten auch, ob und wie er die hinter oder neben ihm stehende, für den Patienten unübersehbare Staffel von ärztlicher, pflegerischer und logistischer Expertise nutzen soll. Damit steht er in der Wahrnehmung der Patienten stellvertretend für den ärztlichen Verbund als ganzes. Aber der Verbund ist keine Person. Für den Patienten stellt sich also die Frage: Kann ich mich dem Verbund, den ich nicht übersehe, in der gleichen Weise anvertrauen wie »meinem« Arzt, den ich als Person vor mir sehe?

Mit anderen Worten: Hier geht es nicht mehr nur um persönliches, sondern um *Systemvertrauen*. Was kann uns in dieser Situation der hippokratische Eid noch sagen?

16.4.3 Professionalität

Dass berufsspezifische Leistungen nur von den Fachkollegen beurteilt werden können, zugleich aber das höchstpersönliche Leben des Individuums ebenso wie die soziale Umwelt formen, teilt die Medizin mit der Justiz und den Schulen. Jeder Bürger will wissen, über was er rechtlich gesichert verfügen kann und wo die Rechte anderer anfangen, und er muss es auch wissen, weil Kooperation anders nicht möglich ist. Weil aber nicht im Gesetz steht, was im Einzelnen mir gehört, braucht es einen Richter, der feststellt, was im Einzelfall Mein und Dein ist. Jeder Mensch will die Kulturtechniken beherrschen, die man in der Welt braucht, und wenn Kooperation gelingen soll, müssen sie zu einem Mindestmaß gemeinsam sein. Weil ich aber allein gar nicht weiß, wo ich mit dem Lernen anfangen soll oder was und wie mein Kind lernen sollte, braucht es Lehrer. Schließlich will jeder Mensch, wenn es nötig ist, die medizinischen Möglichkeiten nutzen, die in seiner Gesellschaft zur Verfügung stehen, und in einem kooperierenden Gemeinwesen müssen sie auch allen zur Verfügung stehen. Es braucht also Ärzte.

Gerichte, Schulen und das Gesundheitssystem sorgen dafür, dass dieses dreifache Muss sowohl allen zugute kommt als auch gegenüber allen durchgesetzt wird. Die Aufgaben dieser Einrichtungen werden durch Menschen erfüllt, die einen *Expertenstatus* haben. Sie arbeiten im Auftrag und im Interesse von Privatpersonen und zugleich im Auftrag und im Interesse des Gemeinwesens. Sie sollen private Wünsche erfüllen, aber indem sie Kooperationsfähigkeit ermöglichen, dienen sie zugleich dem Gemeinwohl. Sie machen kollektiv-abstrakte »Werte« wie Recht, Bildung und Gesundheit für den Einzelnen konkret.

Die Sozialwissenschaftler nennen diese Art von Beruf *Profession*.[7] Die in diesem Sinne Professionellen können sich wegen ihres Expertenstatus nur selbst kontrollieren, wegen ihres »Gemeinwohlbezugs« hat aber die Gesellschaft an der Kontrolle ein essentielles Interesse. Der Staat geht deshalb einen Mittelweg. Er verleiht den Professionen, zum Beispiel den Anwalts- und den Ärztekammern, das Recht, ihre beruflichen Standards selbst zu regeln. Er greift nur ein, wenn sie damit überfordert sind. Auf diese Weise ergibt sich ein *gestuftes System von Vertrauenssicherung*. Die Laien dürfen erwarten, dass ihr professioneller Kontaktpartner vertrauenswürdig ist, weil der professionelle Verbund auf die Einhaltung der selbstgegebenen Standards achtet. Der Verbund – die Profession – darf erwarten, dass

der Staat ihm die Unabhängigkeit garantiert, die er zum verantwortlichen Setzen professionsspezifischer Standards braucht. Und die Gesellschaft darf vom Staat erwarten, dass er eingreift, wenn Zweifel an der Angemessenheit oder der Durchsetzung der professionsspezifischen Standards aufkommen.

Dieses System der Vertrauenssicherung steht und fällt mit der Entschlossenheit der Professionellen. Denn zum professionellen Standard gehört die absolute *Priorität des Fremdinteresses vor dem Eigeninteresse*. Das professionelle Urteil soll freigehalten werden von Einflüssen und Anreizen, die die Priorität des Klienten- oder Patientenwohls in Frage stellen. Sobald die Professionellen zulassen, dass diese Priorität relativiert wird, untergraben sie die eigene Glaubwürdigkeit, verlieren die Rechtfertigung für die professionelle Autonomie und zwingen den Staat zum Eingriff. Denn nur durch eigenes Engagement können sie die Stellung der Profession bewahren, wegen ihrer Expertenrolle kann ihnen das niemand abnehmen. Aber es erfordert vom Professionellen ein bejahendes Bewusstsein von der Spezifik seiner Rolle. Freidson nennt dieses Bewusstsein »the soul of professionalism«.[8] Wenn der Geist des Professionalismus – wie wir im Deutschen eher sagen würden – sich verflüchtigt, beginnt von innen heraus die Deprofessionalisierung.

»Geist des Professionalismus« oder »professionelle Gesinnung« geraten leicht in den Geruch elitärer Überheblichkeit. Tatsächlich nimmt das professionstypische Handeln innerhalb des beruflichen Handelns eine auch moralisch unterscheidbare Stellung ein. Allerdings macht es den Professionellen nicht moralisch überlegen. Arzt und Ärztin sind nicht »bessere Menschen«. Die Fähigkeit, Fremdinteressen den Vorrang vor Eigeninteressen zu geben, also Selbstlosigkeit, ist auch außerhalb des Professionsberufs eine *Tugend*. Nur ist hier jeder Akteur frei, zu entscheiden, in welchen Fällen er welche Priorität setzt. Der Professionelle jedoch ist, nachdem er sich für seinen Beruf entschieden hat, gebunden. Innerhalb seiner beruflichen Aktivitäten – aber auch nur dort – dürfen die Laien die Selbstlosigkeit von ihm *erwarten*. Moralisch gesehen, hat

---

7 Eine Übersicht zu den Professionsmerkmalen gibt Kellnhauser (2012, S. 39)

8 Freidson (2001, S. 220 ff.); eine ausführliche Darstellung von Freidsons Konzeption findet sich in Heubel (2015a)

er mit dem Eintritt in den Beruf – auch ohne den rechtlichen Rahmen in Betracht zu ziehen – ein Versprechen abgegeben. Das geht dem hippokratischen Eid parallel. Wir haben im Eid sozusagen die Urform des Professionalismus.[9] Nur den Anspruch auf moralisch-religiöse Vollkommenheit, den der Schwörende an sich stellte, können wir heute nicht nachvollziehen.

16.4.4 Die besondere Herausforderung

Freidson nennt den Professionalismus »the third logic«. Er kontrastiert die professionalistische Logik mit der Logik des freien Marktes und der Logik der »bureaucracy«, gemeint ist die Verwaltung von Großorganisationen einschließlich des Staates.[10] Beide vernachlässigen tendenziell die tatsächlichen Bedürfnisse der Patienten. Im unregulierten Markt fallen diejenigen heraus, die nicht zahlen können, und die »Bürokratie« ist zu inflexibel und oberflächlich, um die Bedürfnisse vollständig zu erfassen. Tatsächlich nimmt innerhalb der Ärzteschaft die Kritik an der zunehmenden Marktförmigkeit der Gesundheitsversorgung und einer erdrückenden bürokratischen Kontrolle zu.[11] Aber auch die professionelle Logik hat eine typische Schwäche, nämlich die *Verführbarkeit durch ökonomische Anreize*.[12]

Dies ist in der Tat eine Last, unter der die ärztliche Profession in besonderer Weise leidet. Der für die klassischen Professionsberufe (Geistlicher, Richter, Lehrer, Arzt) charakteristische Dienst vollzieht sich im Medium der *Sprache*. Bei den Ärzten ist er jedoch zusätzlich mit *materiellem Aufwand* verknüpft. Zum Zweck des Diagnostizierens werden in Abhängigkeit vom vorliegenden Krankheitsbild bestimmte Produkte benutzt, z.B. Augenspiegel, biochemisches Testmaterial, bildgebende Geräte, bei der anschließenden Therapie in Abhängigkeit von der Diagnose weitere Produkte, z.B. Medikamente, Strahlen, chirurgisches Klein- und Großgerät. Zwar ist die Leistung des Diagnostizierens keine handelbare Ware, wohl aber sind die für Diagnose und Therapie genutzten Mittel handelbar und marktfähig. Über diese Mittel hat der Arzt die exklusive Verfügungsmacht. Er wählt sie aus und wendet sie an, je nachdem, was für den einzelnen Patienten erforderlich ist. Dieser Aufwand ist nicht nur in kommunikativer Hinsicht, sondern auch materiell *einzelfallspezifisch*. Vergleichbares gibt es allenfalls bei Lehrern, die einzelnen Schülern bestimmtes Lernmaterial zuordnen können. Wie sieht diese Last im Einzelnen aus?

16.4.5 Die Lasten auf der ärztlichen Professionalität

— Ärzte stellen die diagnostischen und therapeutischen Mittel nicht selbst her. Der *Arzt in eigener Praxis* investiert in Laborausstattung, Praxisräume und Personal. Die von der Praxis erbrachten Leistungen werden im Grundsatz von den Patienten – in der Regel über eine Versicherung – vergütet. Durch kluges Investieren, u.a. durch die Art der angeschafften technischen Geräte, ist der Umsatz der Praxis beeinflussbar. In vollem Umfang gilt das allerdings nur für Ärzte, die ausschließlich Privatpatienten behandeln. Diese Ärzte sind, was die freie Gestaltung ihrer Praxis bzw. Kanzlei betrifft, Rechtsanwälten vergleichbar. Wer jedoch zugleich Vertragsarzt ist, unterliegt Beschränkungen, die zwischen Kassenärztlicher Vereinigung und gesetzlichen Krankenkassen vereinbart werden. Sie begrenzen die Möglichkeiten, durch Leistungsausweitung den Praxisumsatz und damit das eigene Einkommen zu erhöhen. Denn Diagnosen und Therapien, deren Aufwand über das aus strikt ärztlicher Sicht Notwendige hinausgehen, würden tendenziell das Solidaritätsmodell der gesetzlichen Krankenkassen sprengen. Die Notwendigkeit, begrenzte Ressourcen möglichst zweckent-

---

9 Heubel (2015b)
10 Freidson (2001, S. 4, Fußnote 1)
11 Storm (2008), mit vier zustimmenden Leserbriefen von Jacob, Gebhardt, Tatschner, Mack in Dtsch Ärztebl 2008; 105(45): 2387-2388; Leidner 2009; Maio 2012. Eine Fülle von Befragungsergebnissen und Interviews mit Krankenhausmitarbeitern findet sich bei Braun et al. (2010, S. 73-237)
12 »And when occupations are in charge, their members may put oeconomic advantage ahead of the good of their clients.« (Freidson 2011, S. 2)

sprechend einzusetzen, hat also einen Effekt, der tendenziell auch dann eintreten würde, wenn alle niedergelassenen Ärzte der professionsspezifischen Logik folgen würden oder folgen könnten, innerhalb ihrer beruflichen Tätigkeit Eigeninteressen hintanzusetzen. Die zwischen Kassenärztlicher Vereinigung und Krankenkassen ausgehandelten Beschränkungen beseitigen allerdings allenfalls die Effekte, nicht aber die strukturelle Ursache des Anreizes. Denn das ist die grundsätzliche Bindung des ärztlichen Einkommens an normier- und abrechenbare Leistungen, seien sie pauschaliert oder nicht.

- Anders der *angestellte Arzt im Krankenhaus*. Er investiert nicht. Investor ist hier der Träger des Krankenhauses. Solange ökonomischer Wettbewerb zwischen den Krankenhäusern politisch gewollt ist, gilt jedoch grundsätzlich der gleiche Anreiz. Durch effizienzsteigerndes Investieren ist die Position des eigenen Hauses zu halten oder zu verbessern. Der einzelne Arzt kann, auch wenn er die Findigkeit eines Dr. House hat, durch eigenes ärztliches Handeln sein Einkommen nicht steigern. Der angestellte Arzt im Krankenhaus ist also eher dem Geistlichen, dem Richter und dem Lehrer vergleichbar, denen Kirchen, Gerichtsgebäude und Schulen zur Verfügung stehen. Die Professionslogik wird jedoch auf andere Weise konterkariert. Diagnosen generieren unmittelbar Kosten, und Diagnosen zu stellen ist das alleinige Recht der Ärzte. In der ökonomischen Logik des Krankenhausmanagements ist es deshalb rational, über den Einfluss auf die Ärzte Einfluss auf das Stellen von Diagnosen zu nehmen. Deshalb werden Chefärzte u.a. durch Boni oder leistungsabhängige Einkommensanteile veranlasst, kostengünstige Diagnosen zu vermehren und kostenungünstige zu vermeiden.[13] Die nächstliegende Methode ist die Mengenausweitung unter Nutzung von Skaleneffekten (wenn die Fixkosten gleichbleiben, ist die Steigerung der Fallzahl rational). Zwar gibt es auch hier Abschläge von den Erlösen bei exzessiver Fallzahlsteigerung, also den Versuch, den Effekt des Anreizes zu begrenzen – und auch hier wird scheinbar selbstverständlich an die normierbaren, abgrenzbaren Leistungen angeknüpft. Aber der professionslogische Sündenfall, der Appell an das Eigeninteresse, wird hier sogar absichtsvoll eingesetzt, und zwar von Nichtärzten.

- *Zwischen Haus- und Fachärzten* besteht ein chronischer Streit um die Verteilung der Honorarsumme. Fachärzte müssen in ihre typischerweise technisch anspruchsvolle Ausstattung mehr investieren als Hausärzte. Um ihre Investitionen zu refinanzieren, sind sie daher auf höhere Vergütungen angewiesen. Jede technische Weiterentwicklung erfordert deshalb neues Verhandeln zwischen den beiden Seiten. Was aber den allen Ärzten gemeinsamen und nur ihnen vorbehaltenen Kern der beruflichen Tätigkeit angeht, unterscheiden sich Haus- und Fachärzte nicht. Beide stellen in einem wissens- und erfahrungsabhängigen kommunikativen Verfahren Diagnosen zu dem Zweck, Menschen zu mehr Gesundheit zu verhelfen. Sie unterscheiden sich lediglich durch die zu diesem Zweck benutzten Mittel. Weil die strukturelle Vorgabe lautet »der niedergelassene Arzt investiert selbst in die Ausstattung seiner Praxis«, trägt der Facharzt ein besonderes persönliches finanzielles Risiko. Das widerspricht im Grundsatz der professionalistischen Logik, denn er ist gezwungen, auch innerhalb seiner professionellen Tätigkeit ein Eigeninteresse zu verfolgen. Man sieht hier deutlich die Aufgabe eines modernen Professionalismus. Das Eigeninteresse des investierenden Arztes samt dem chronischen Verteilungsstreit wäre in dem Moment vorbei, wo die technische Ausstattung gemeinschaftlich finanziert wird – wie etwa in einem Medizinischen Versorgungszentrum. Weil hier alle Beteiligten Ärzte sind, sollte die Strukturänderung eigentlich leicht fallen. Aber der gemeinsame »Geist des Professionalismus« müsste seine Aufgabe nicht wie nach dem hippokratischen Eid in gemeinsamer Lebensform und Lehrtradition, sondern in *gemeinsamer Organisationsverantwortung* sehen.

- Eine permanente Attacke auf die ärztliche Professionalität stellt die *Verführungskunst der*

---

13 Imdahl et al. (2015)

Hersteller dar. Vertreterbesuche, industriegesponserte Symposien in Sternehotels, Veröffentlichungen durch »Mietmäuler«, Anzeigen in ärztlichen und in Publikumszeitschriften und andere Aktivitäten sollen Ärzte zum Verschreiben von Medikamenten und zum Kauf von Geräten veranlassen. Die Vorschriften des Arzneimittel- und des Medizingerätegesetzes können durch unvollständige oder unseriöse Wiedergabe von Forschungsergebnissen umgangen werden. Hersteller unterliegen keinen professionellen Pflichten. Aus ihrer Sicht ist aggressives Marketing ein legitimes Mittel zum Erreichen ökonomischer Ziele. Ärzte, die sich im Sinne der Professionslogik ihr unabhängiges Urteil bewahren wollen, haben daher nicht nur das Problem, sich vom Eigeninteresse zu distanzieren, sondern auch die wenigen Weizenkörner von der vielen Spreu zu unterscheiden und für ihre Patienten zu nutzen. Auch da ist der einzelne Arzt auf kritische Initiativen angewiesen, die nur kollektiv sein können.

16.5 Fazit

16.5.1 Was tun?

Wir sind beim hippokratischen Eid gestartet und haben ihn mit der Wirklichkeit heutiger Ärzte konfrontiert. Die Selbstverpflichtungen, die der Schwörende nach diesem Eid eingeht, entsprechen bis auf das Abtreibungs- und das Schneideverbot heutigen ärztliche Normen. Wir können aber den umfassenden religiös-moralischen Selbstanspruch des Schwörenden nicht mehr nachvollziehen. Was diesen Typ von Selbstverpflichtungen angeht, liefert uns der hippokratische Eid also keine neue Begründung oder Rechtfertigung. Anders dagegen die im hippokratischen Eid enthaltene Urform des Professionalismus. Der dort gebildete Verbund liefert uns einen für die Gegenwart relevanten und auch moralisch qualifizierbaren Ansatz.

Das gemeinsame Bewusstsein einer speziellen beruflichen Verpflichtung gegenüber den Laien ist der Kern auch der modernen Idee einer Profession. Im Verbund des hippokratischen Eides ist dieses gemeinsame Bewusstsein durch eine familiäre und zugleich freiwillige Struktur verfestigt. Dieser Verbund betrifft die Weitergabe der Lehre und ein gemeinsames Lebens- und Berufsverständnis. Der moderne Verbund kann dagegen seine gemeinsame Aufgabe nur arbeitsteilig erfüllen. Die verschiedenen ärztlich Tätigen werden füreinander zum Mittel. Der Verbund muss deshalb über die Familienstruktur hinausgehen und die Arbeitsanteile aufeinander abstimmen. Zur Professionalität gehört jetzt also die Funktionalität des Verbundes, zur Professionalität des Einzelnen auch eine Mitverantwortung für den Verbund.[14,15]

Wer dies blauäugig oder weltfremd findet, muss sich die Alternativen klarmachen. Die Idee einer ärztlichen Profession (die ihre Standards selbst setzt, aber ihr Eigeninteresse relativiert) aufzugeben, würde bedeuten, dass der Staat keinen Grund mehr hätte, die berufliche Autonomie der Ärzteschaft rechtlich abzusichern. Ärzte würden zu einer Art von Ingenieuren, die ihre Leistungen nach gewerblichen Gesichtspunkten verkaufen. Die Kranken wären Kunden, die trotz der Unübersichtlichkeit der Medizin selbst entscheiden müssten, welche Leistung zu kaufen angezeigt ist. Es würde sich ein Beruf von ärztlichen Lotsen entwickeln, der ebenfalls gewerblich tätig wäre. Krankenkassen würden ihre Kapazitäten ausbauen, unseriöse Leistungsangebote abzulehnen. Einkommensschwache würden tendenziell nicht oder nur für einfache Leistungen versichert. Tendenziell würden nur Einkommensstarke Zugang zu anspruchsvollen Leistungen erhalten. Auf Dauer würde der Staat wegen der sozialen Spannungen und vermutlich auch wegen steigender Kosten intervenieren müssen. Das würde zwar bedeuten, dass Zugangschancen und finanzielle Lasten tendenziell gleichverteilt würden. Die Bedarfsgerechtigkeit der Versorgung würde aber tendenziell leiden, weil der Staat die Ermittlung der realen Bedarfe durch eine im Diagnostizieren unabhängige Ärzteschaft nicht ersetzen kann. Beide Extreme – Kommerzialisierung und staatliche Komplettversorgung – bedeuten Deprofessionalisierung der Ärzteschaft.

---

14 So auch die Verpflichtungen gegen die Profession im Medical Professionalism Project, s. Anhang 2

15 Zur ärztlichen Profession und zur Professionskultur s. Kettner und Heubel (2012, S. 142 f.), zu modernen professionellen Standards s. die Charter on Medical Professionalism im Anhang 2

Elemente beider Strukturmodelle sind im heutigen Gesundheitswesen präsent und werden von der Ärzteschaft zunehmend als bedrohlich wahrgenommen.[16,17] Aber es bleibt wahr, dass die Ärzteschaft als Profession nur überleben kann, wenn der »Geist der Professionalität« nicht nur als nostalgische Erinnerung und nicht nur als folgenlose Utopie lebendig bleibt. Mit anderen Worten: Was kann die Ärzteschaft zu seiner Erhaltung tun?

16.5.2 Ohnmacht und Macht der Chefärzte

Klar ist: Nur die Ärzteschaft selbst kann tätig werden.[18] Weder von der Politik, noch von der Wirtschaft, noch von den Kranken kann man eine Initiative erwarten. Diesen Akteuren fehlt die notwendige Sachkunde, und die Ebenen des vertrauenssichernden Systems hängen von einem ersten Schritt aufseiten der Ärzte ab, nämlich von der dem Publikum sichtbaren Entschlossenheit, *Patienteninteressen* den unbedingten Vorrang vor Eigeninteressen einzuräumen. Das heißt keineswegs, dass Ärzte in Sack und Asche gehen müssten. Es heißt nur, dass sie allen Anreizen eine Absage erteilen, die die Unabhängigkeit ihres für die Diagnose notwendigen Urteils schwächen, relativieren oder unterminieren können. Mit anderen Worten: Dass sie sich selbst *Regeln* geben, die, soweit möglich, solche Anreize ausschließen und die Einhaltung dieser Regeln wirksam überwachen. Denn die Einhaltung selbstgegebener Regeln ist das einzige Kriterium, das das Laienpublikum angesichts der Unübersehbarkeit der Medizin konkret beurteilen kann.

Die Chefärzte stehen hier in einer besonderen Verantwortung. *Diagnosen* zu stellen, ist das exklusive Recht und die exklusive Kompetenz von Ärzten. Diagnosen generieren unmittelbar Kosten. Chefärzte sind diejenigen Ärzte, die die Macht haben, Art und Grenzen der Diagnosen ihrer Mitarbeiter festzulegen. Sie haben also den originären Einfluss auf die Kosten und insofern auch eine reale Verfügungsmacht gegenüber dem Management – das umgekehrt nach der betriebswirtschaftlichen Logik die Diagnosen zu steuern sucht. Außerdem sind die Chefärzte stilbildend für ärztliche und nichtärztliche Mitarbeiter, was sich auf alle auswirkt, die später außerhalb der Abteilung tätig werden.

Tatsächlich aber stehen im Krankenhausalltag die Chefärzte als Einzelne einer Phalanx gegenüber. Kein Krankenhaus kann dem politisch gewollten und durch das DRG-System ermöglichten Wettbewerb um Kosteneffizienz entgehen. Die Chefärzte können ihre kostenträchtige Diagnostik und Therapie nur mit ihrer ärztlichen Expertise begründen. Ihnen gegenüber steht eine gesetzlich etablierte, anonyme, persönliches Ermessen im Grundsatz ausschließende Institution, die mit unter Umständen dramatischen betriebswirtschaftlichen Daten ihren Anspruch bekräftigt. Das Problem lässt sich deshalb nicht auf der individuellen Ebene lösen.

Das wäre anders, wenn die Chefärzte ebenfalls eine *Institution* bilden und als solche agieren würden – ähnlich wie die kassenärztliche Bundesvereinigung. Die Aufgabe ist allerdings nicht klein. Die Chefärzte eines Fachs müssten jeweils für ihr Fach gemeinsam bundesweite *Standards* gegen ärztlich unsinnige Fallzahlsteigerungen und für die Beseitigung eindeutiger Versorgungsmängel beschließen. Vermutlich wäre dazu erforderlich, dass die Fächer auch gemeinsam Standards für die Abgrenzung ihre jeweiligen Versorgungspraxis voneinander festlegen würden. Tendenziell würden sie den Wettbewerb von der bloßen Kosteneffizienz weg hin zur Versorgungsgüte verschieben. Und sie könnten bei der Krankenhausplanung der Länder mitreden. Ein *konsequent gemeinsames Auftreten* würde schon deshalb Einfluss haben, weil ihre Expertise für das Versorgungsgeschehen nicht bestritten werden kann. Sie könnten bei der Bevölkerung mit einem großen Vertrauensvorschuss rechnen, der der ganzen Ärzteschaft zugute käme. Und sie würden Maßstäbe auch für die Versorgung außerhalb des Krankenhauses setzen. Es braucht Mut – er würde sich aber auch lohnen. Deshalb: Chefärzte aller (Bundes)Länder, vereinigt Euch!

---

16 s. Literatur in Fußnote 11
17 Zur Transformation des Krankenhaussektors siehe auch Manzeschke (2012, S. 120 ff.).
18 Im gleichen Sinne argumentieren Hoppe (2010, S. 7), Strech (2014, S. 21), Thielscher (2013, S. 2259), Maio (2014, S. 119, 153), Erices et al. (2013, S. 111/112)

16.6 Anhang 1

16.6.1 Der vollständige Text des hippokratischen Eides

(1) Ich schwöre, Apollon, den Arzt, und Asklepios und Hygieia und Panakeia und alle Götter und Göttinnen zu Zeugen machend, dass ich erfüllen werde nach meinem Können und Urteil diesen Eid und diesen Vertrag:

(2) Den, der mich diese Kunst lehrt, meinen Eltern gleich zu achten und an meinem Leben teilnehmen zu lassen und wenn er etwas nötig hat, ihm abzugeben, und seine Nachkommenschaft meinen männlichen Geschwistern gleichzustellen und sie diese Kunst zu lehren, wenn sie verlangen, sie zu lernen, ohne Entgelt und Vertrag; an Vorschriften, Vorträgen und allem übrigen Unterricht meine Söhne und die Söhne dessen, der mich unterrichtet, sowie Schüler, die sich vertraglich verpflichtet und einen Eid nach ärztlichem Brauch geleistet haben, teilnehmen zu lassen, aber keinen anderen.

(3) Ich werde Ratschläge zur Lebensführung zum Nutzen der Kranken einsetzen nach meinem Können und Urteil; was aber Schaden und Unrecht betrifft, um sie fernzuhalten.

(4) Ich werde niemandem auf seine Bitte hin ein tödliches Medikament geben noch werde ich einen solchen Rat erteilen. Ebenso werde ich keiner Frau ein abtreibendes Mittel geben.

(5) Rein und gottgefällig werde ich mein Leben führen und meine Kunst ausüben.

(6) Ich werde nicht schneiden, nicht einmal bei Steinleidenden, sondern werde den Männern weichen, die sich mit dieser Arbeit befassen.

(7) In alle Hauswesen, in die ich komme, werde ich betreten zum Vorteil der Kranken, mich frei haltend von allem vorsätzlichen Unrecht, von aller Schädigung und insbesondere von lustvollen Handlungen an weiblichen und männlichen Körpern von Freien wie von Unfreien.

(8) Was ich etwa sehe oder höre im Laufe der Behandlung oder auch außerhalb der Behandlung über das Leben von Menschen, was man auf keinen Fall nach draußen tragen darf, werde ich für mich behalten, in der Überzeugung, dass es frevelhaft ist, über solche Dinge zu sprechen.

(9) Wenn ich diesen Eid erfülle und ihn nicht entkräfte, sei es mir vergönnt, mich des Lebens und der Kunst zu erfreuen, in ehrendes Angedenken gehalten bei allen Menschen auf alle zukünftige Zeit; wenn ich ihn übertrete und meineidig bin, sei das Gegenteil von all diesem mein Los.

16.7 Anhang 2

16.7.1 Medizinische Professionalität im neuen Jahrtausend – Eine ärztliche Charta[19]

Ärzte fühlen sich heute frustriert, weil Veränderungen in den Gesundheitssystemen nahezu aller industrialisierten Länder die Natur und die Werte medizinischer Professionalität im Kern bedrohen. Treffen zwischen der European Federation of Internal Medicine, dem American College of Physicians and American Society of Internal Medicine (ACP-ASIM) und dem American Board of Internal Medicine (ABIM) haben bestätigt, dass die Ansichten von Ärzten zur Professionalität in ganz verschiedenen Systemen der Gesundheitsversorgung gleichartig sind. Wir teilen die Meinung, dass die Verpflichtung der Medizin auf den Patienten durch äußere Kräfte des Wandels innerhalb unserer Gesellschaften herausgefordert wird.

In jüngster Zeit haben Stimmen aus vielen Ländern ein neues Verständnis von Professionalität zu fordern begonnen, nämlich eines, das bei der Reform von Gesundheitssystemen aktiv mitwirkt. Als Antwort auf diese Herausforderung haben die European Federation of Internal Medicine, die ACP-ASIM Foundation und die ABIM Foundation zusammen Anstrengungen unternommen, gegen Ende 1999 das »Medical Professionalism Project« ins Leben zu rufen. Diese drei Organisationen beauftragten Mitglieder, eine »charter« zu entwickeln, die einen Satz von Prinzipien enthalten sollte, deren Einhaltung alle medizinischen Professionellen anstreben können und sollen. Die Charta unterstützt die ärztlichen Bemühungen, sicherzustellen, dass die Gesundheitssysteme und die Ärzte, die in ihnen

---

19 Die Charta wurde zuerst von Köbberling ins Deutsche übersetzt. Neue Übersetzung F.H.

arbeiten, sowohl dem Patientenwohl als auch den grundsätzlichen Zielen der sozialen Gerechtigkeit verbunden bleiben. Darüber hinaus zielt die Charta darauf ab, auf verschiedene Kulturen und politische Systeme anwendbar zu sein.

Präambel

Professionalität ist die Grundlage des Kontrakts der Medizin mit der Gesellschaft. Er verlangt, die Interessen von Patienten über die des Arztes zu stellen, Standards von Kompetenz und Integrität festzulegen und zu erhalten und die Gesellschaft in Gesundheitsangelegenheiten fachlich zu beraten. Die Prinzipien und Verantwortlichkeiten medizinischer Professionalität müssen sowohl der Profession wie der Gesellschaft klar sein. Wesentlich für diesen Kontrakt ist das öffentliche Vertrauen in Ärzte, das von der Integrität sowohl der einzelnen Ärzte als auch der ganzen Profession abhängt.

Gegenwärtig wird die medizinische Profession mit einer Explosion von Technologie, sich verändernden Marktkräften, Problemen der Gesundheitsversorgung, Bioterrorismus und Globalisierung konfrontiert. Im Ergebnis finden es Ärzte zunehmend schwierig, ihre Verpflichtungen gegenüber Patienten und Gesellschaft zu erfüllen. Unter diesen Umständen wird es umso wichtiger, die fundamentalen und universellen Prinzipien und Werte medizinischer Professionalität zu bekräftigen, die von allen Ärzten zu verfolgende Ideale bleiben.

Überall ist der ärztliche Beruf in verschiedene Kulturen und nationale Traditionen eingebettet, aber seine Mitglieder teilen die Rolle des Heilers, deren Wurzeln bis Hippokrates zurückreichen. Faktisch muss der ärztliche Beruf mit komplizierten politischen, rechtlichen und Marktkräften kämpfen. Außerdem gibt es eine weite Variabilität von medizinischer Versorgung und Praxis, weswegen alle allgemeinen Prinzipien in sowohl komplexer wie subtiler Weise dargestellt werden können. Trotz dieser Unterschiede treten gemeinsame Themen hervor und bilden die Basis dieser Charta in Form von drei Grundprinzipien und als ein Satz von definitiven professionellen Pflichten.

Grundprinzipien

Prinzip des Vorrangs des Patientenwohls Dieses Prinzip beruht auf der Hingabe an den Dienst am Interesse des Patienten. Altruismus trägt zu dem Vertrauen bei, das für die Arzt-Patient-Beziehung zentral ist. Marktkräfte, gesellschaftlicher Druck und administrative Notwendigkeiten dürfen dieses Prinzip nicht beeinträchtigen.

Prinzip der Selbstbestimmung der Patienten Ärzte müssen die Selbstbestimmung der Patienten achten. Ärzte müssen ehrlich mit ihren Patienten umgehen und sie ermächtigen, einsichtsvolle Entscheidungen über ihre Behandlung zu treffen. Entscheidungen von Patienten über ihre Versorgung müssen absoluten Vorrang haben, soweit diese Entscheidungen sich im Rahmen ethischen Handelns halten und nicht zu Forderungen nach unangemessener Versorgung führen.

Prinzip der sozialen Gerechtigkeit Die medizinische Profession muss Gerechtigkeit im Gesundheitssystem fördern, einschließlich der fairen Verteilung für die Gesundheitsversorgung relevanter Ressourcen. Ärzte sollten aktiv dafür arbeiten, Diskriminierung in der Gesundheitsversorgung auszuschließen, gleichgültig ob sie auf Rasse, Geschlecht, sozioökonomischem Status, Ethnizität, Religion oder irgend einer anderen sozialen Kategorie beruht.

Ein Satz professioneller Pflichten

Verpflichtung zu professioneller Kompetenz Ärzte müssen sich zu lebenslangem Lernen verbunden und verantwortlich fühlen, das medizinische Wissen und die klinischen sowie Teamfähigkeiten aufrecht zu halten, die für das Erbringen qualitativ hoher Versorgung notwendig sind. Im weiteren Sinne muss die Profession als Ganzes sich darum bemühen, darauf zu achten, dass alle ihre Mitglieder kompetent sind und muss sicherstellen, dass Ärzten geeignete Verfahren zur Verfügung stehen, dieses Ziel zu erreichen.

Verpflichtung zur Ehrlichkeit gegenüber Patienten Ärzte müssen sicherstellen, dass Patienten vollständig und aufrichtig informiert sind, bevor der Patient der Behandlung zugestimmt hat und nachdem die Behandlung erfolgt ist. Diese Erwartung bedeutet nicht, dass die Patienten in jede noch so kleine Entscheidung über ihre Versorgung einzubeziehen sind, sie müssen vielmehr ermächtigt werden, über den therapeutischen Handlungsablauf zu entscheiden. Ärzte sollten auch einräumen, dass bei der Gesundheitsversorgung medizinische Fehler, die Patienten schädigen, tatsächlich mitunter vorkommen. Wann immer Patienten als Folge medizinischer Versorgung geschädigt werden, sollten sie sofort informiert werden, weil das zu unterlassen das Vertrauen von Seiten der Patienten und der Gesellschaft ernsthaft gefährdet. Über medizinische Fehler zu berichten und sie zu analysieren bietet die Basis für angemessene Vermeidung und Verbesserungsstrategien sowie für angemessene Entschädigung der verletzten Parteien.

Verpflichtung zu Vertraulichkeit in Patientenangelegenheiten Um das Vertrauen der und das Anvertrauen von Geheimnissen durch Patienten zu gewinnen, ist es notwendig, dass für das Offenlegen von Patienteninformationen passende Maßnahmen zum Vertrauensschutz gelten. Diese Verpflichtung erstreckt sich auch auf Gespräche mit Menschen, die in Vertretung von Patienten handeln, deren eigene Zustimmung nicht erreichbar ist. Die Verpflichtung zur Vertraulichkeit zu erfüllen ist angesichts der weit verbreiteten Anwendung elektronischer Informationssysteme zum Zusammenführen von Patientendaten und der zunehmenden Verfügbarkeit von genetischer Information dringender als je zuvor. Ärzte erkennen jedoch an, dass ihre Verpflichtung zur Vertraulichkeit gelegentlich übergeordneten Erwägungen im öffentlichen Interesse weichen muss (z.B. wenn Patienten andere gefährden).

Verpflichtung, angemessene Beziehungen zu Patienten zu wahren Angesichts der inhärenten Verletzbarkeit und Abhängigkeit von Patienten müssen bestimmte Beziehungen zwischen Ärzten und Patienten vermieden werden. Insbesondere sollten Ärzte niemals Patienten um irgendeines sexuellen Nutzens, persönlichen finanziellen Gewinns oder anderen privaten Zwecks willen ausnutzen.

Verpflichtung zur Verbesserung der Versorgung Ärzte müssen sich der dauernden Qualitätsverbesserung der Gesundheitsversorgung widmen. Diese Verpflichtung umfasst nicht nur, die klinische Kompetenz aufrechtzuerhalten, sondern auch, im Zusammenwirken mit anderen Professionellen medizinische Fehler zu vermindern, die Patientensicherheit zu erhöhen, die Überforderung von Gesundheitsressourcen zu minimieren und die Ergebnisse des Einsatzes zu verbessern. Ärzte müssen sich aktiv an der Entwicklung besserer Qualitätsmaße für die Versorgung und der Anwendung von Qualitätsmessungen beteiligen, um routinemäßig die Leistungsfähigkeit aller Personen, Institutionen und Systeme zu bewerten, die für die Gesundheitsversorgung verantwortlich sind. Ärzte müssen sowohl individuell wie durch ihre professionellen Vereinigungen Verantwortung für Hilfe bei der Schaffung und Einführung von Mechanismen übernehmen, die dazu bestimmt sind, zu dauernder Verbesserung der Versorgungsqualität zu ermutigen.

Verpflichtung, den Zugang zur Gesundheitsversorgung zu verbessern Medizinische Professionalität fordert, dass das Ziel aller Gesundheitssysteme die Verfügbarkeit eines gleichmäßigen und ausreichenden Versorgungsstandards sein soll. Ärzte müssen sich individuell und kollektiv darum bemühen, Schranken gegen faire Gesundheitsversorgung abzubauen. Innerhalb jedes Systems sollte der Arzt daran arbeiten, auf Bildungsstand, Gesetzen, Finanzen, Geographie und sozialer Diskriminierung beruhende Zugangsschranken zu eliminieren. Eine Verpflichtung zur Gleichbehandlung umfasst die Förderung von Public Health und präventiver Medizin ebenso wie das öffentliche Eintreten aufseiten jedes Arztes ohne Bedenken hinsichtlich des Eigeninteresse des Arztes oder des Berufs.

Verpflichtung zu gerechter Verteilung begrenzter Ressourcen Während sie sich der Notwendigkeiten individueller Patienten annehmen, wird von Ärzten zugleich verlangt, eine Gesundheitsversorgung zu erbringen, die auf klugem und kosteneffektivem Management begrenzter klinischer Ressourcen beruht. Sie sollten sich verpflichtet fühlen, mit anderen Ärzten, Krankenhäusern und Kostenträgern zusammenzuarbeiten, um Leitlinien für kosteneffektive Versorgung zu entwickeln. Die professionelle Verantwortung des Arztes für angemessenen Einsatz von Ressourcen erfordert gewissenhaftes Vermeiden überflüssiger Tests und Verfahren. Das Erbringen unnötiger Dienstleistungen setzt nicht nur Patienten dem Risiko vermeidbarer Schmerzen und Kosten aus, sondern vermindert auch die verfügbaren Ressourcen für andere.

Verpflichtung zu wissenschaftlicher Erkenntnis Ein Großteil des Kontrakts zwischen Medizin und Gesellschaft beruht auf der Integrität und dem angemessenen Gebrauch wissenschaftlicher Kenntnis und Technologie. Ärzte haben eine Pflicht, wissenschaftliche Standards aufrecht zu erhalten, Forschung zu fördern und neues Wissen zu schaffen sowie seine angemessene Anwendung zu sichern. Die Profession ist verantwortlich für die Integrität dieses Wissens, die auf wissenschaftlicher Evidenz und ärztlicher Erfahrung beruht.

Verpflichtung, durch Bewältigen von Interessenkonflikten Vertrauen zu bewahren Medizinische Professionelle und ihre Organisationen haben viele Gelegenheiten, ihre professionellen Verantwortlichkeiten durch Verfolgen privaten Gewinns oder persönlichen Vorteils zu gefährden. Solche Kompromisse sind besonders bedrohlich bei persönlichen oder strukturellen Interaktionen mit gewinnorientierten Industrien einschließlich der Hersteller von medizinischem Gerät, von Versicherungsgesellschaften und pharmazeutischen Firmen. Ärzte haben eine Verpflichtung, Interessenkonflikte zu erkennen, der Öffentlichkeit zu enthüllen und sich mit ihnen auseinanderzusetzen, die im Laufe ihrer professionellen Pflichten und Tätigkeiten auftreten. Beziehungen zwischen Industrie und Meinungsführern sollten offengelegt werden, insbesondere wenn die letzteren die Kriterien für Durchführung und Darstellung von klinischen Versuchen festlegen, Editorials oder therapeutische Leitlinien schreiben oder als Herausgeber von wissenschaftlichen Zeitschriften arbeiten.

Verpflichtungen gegenüber der Profession Als Mitgliedern einer Profession wird von Ärzten erwartet, dass sie gemeinsam daran arbeiten, die Patientenversorgung zu optimieren[20], einander mit Respekt zu begegnen und am Prozess der Selbstregulierung teilzunehmen, einschließlich der Korrektur und Disziplinierung von Mitgliedern, die professionelle Standards verfehlt haben. Die Profession sollte auch den Bildungs- und Normsetzungsprozess für derzeitige und zukünftige Mitglieder festlegen und organisieren. Ärzte haben sowohl individuelle wie kollektive Verpflichtungen, sich an diesen Prozessen zu beteiligen. Diese Verpflichtungen schließen den Einsatz für berufsinterne Bewertung und die Akzeptanz äußerer Überprüfung aller Aspekte ihrer beruflichen Leistung ein.

16.7.2 Zusammenfassung

Die Praxis der Medizin in der modernen Zeit wird in nahezu allen Kulturen und Gesellschaften von bislang unbekannten Herausforderungen bedrängt. Diese Herausforderungen zentrieren sich auf zunehmende Ungleichheiten in den legitimen Patientenbedürfnissen, die zur Befriedigung dieser Bedürfnisse notwendigen Ressourcen, die wachsende Abhängigkeit von Marktkräften, die die Gesundheitssysteme transformieren, und die Versuchung für Ärzte, ihre traditionelle Verpflichtung auf den Primat der Patienteninteressen aufzugeben. Um die Treue zu dem sozialen Kontrakt der Medizin in dieser unruhigen Zeit aufrechtzuerhalten, glauben wir, dass Ärzte ihre aktive Hingabe an die Prinzipien der Professionalität bekräftigen müssen, was nicht nur ihren persönlichen Einsatz für das Wohl ihrer Patienten, sondern auch kollektive Anstrengungen umfasst, das Gesundheitssystem zum Wohl der Gesellschaft zu verbessern. Diese Charta zur medizinischen Professionalität zielt darauf ab, zu einer solchen Hingabe zu ermutigen und einen Handlungsplan für die medizinische Profession zu fördern, der nach Umfang und Zweck universal ist.

---

20 Der englische Text hat hier »to maximise«. Es kann aber kaum die quantitative Ausweitung gemeint sein. Wenn maximale Qualität gemeint ist, ist »optimieren« die bessere Übersetzung

Literatur

Braun B, Buhr P, Klinke K, Müller R, Rosenbrock R (2010) Pauschalpatienten, Kurzlieger und Draufzahler – Auswirkungen der DRGs auf Versorgungsqualität und Arbeitsbedingungen im Krankenhaus. Hans Huber, Bern

Busch HP (2012) Das Berufsbild Chefarzt im Wandel. In: Busch HP (Hrsg) Management-Handbuch für Chefärzte. Thieme, Stuttgart, S 81-87

Deichgräber K (1933) Die ärztliche Standesethik des hippokratischen Eides. Quellen und Studien zur Geschichte der Naturwissenschaften und der Medizin 3: 79-99

Diller H (2004) Hippokrates. Schriften. Reclam, Stuttgart, S 8 ff.

Edelstein L (1969) Der hippokratische Eid. Artemis, Zürich

Erices R, Frewer A, Gumz A (2013) Strafbare Bestechlichkeit von Vertragsärzten und Ethik. Überlegungen zu Grauzonen der Korruption im Gesundheitswesen. Ethik Med 25: 103-113

Freidson E (2001) Professionalism. The third logic. Chicago: University of Chicago Press

Gordon BL (1949) Medicine throughout antiquity. Davis Comp., Philadelphia

Heubel F (2015a) Vom Berufsstand zur Profession. In: Heubel F (Hrsg) Professionslogik im Krankenhaus. Humanities Online, Frankfurt, S 13-33

Heubel F (2015b) The »soul of professionalism« im sogenannten hippokratischen Eid. In: Heubel F (Hrsg) Professionslogik im Krankenhaus. Humanities Online, Frankfurt, S 69-87

Hoppe JD (2010) Moral ist wichtiger als Mammon. Dtsch Ärztebl 107(1-2): 7

Imdahl H, Heubel F (2015) Anreizsteuerung im Krankenhaus und die Rolle der DRGs. In: Heubel F (Hrsg) Professionslogik im Krankenhaus. Humanities Online, Frankfurt

Kant I (1956) Kritik der reinen Vernunft. In: Weischedel W Immanuel Kant. Werke in sechs Bänden, Bd. II, IV. Wissenschaftliche Buchgesellschaft, Darmstadt

Kellnhauser E (2012) Krankenpflegekammern und Professionalisierung der Pflege. Zawada, Mönchengladbach

Kettner M, Heubel F (2012) Lob der Profession. In: Heubel F, Kettner M, Manzeschke A Schwerpunktheft Strukturwandel und therapeutische Interaktion im Krankenhaus. Ethik Med 24: 137-146

Köbberling J (2003) Charta zur ärztlichen Berufsethik. Z ärztl Fortbild Qual.sich (ZaeFQ) 97: 76-79

Leidner O (2009) Was sich nicht rechnet, findet nicht statt. Dtsch Ärztebl 106(28-29): 1456-1460

Leven KH (2005) Hippokratischer Eid. In: Gerabek W, Hage B, Keil G, Wegner W (Hrsg) Enzyklopädie Medizingeschichte. Walter de Gruyter, Berlin, S 598 f.

Lichtenthaeler C (2005) Text des Hippokratischen Eides. In: Leven (2005), S 599 f.

Maio G (2012) Ärztliche Hilfe als Geschäftsmodell. Dtsch Ärztebl 109(16): 804-807

Maio G (2014) Geschäftsmodell Gesundheit. Suhrkamp, Berlin

Manzeschke A (2012) Governance und Gesundheit – Beobachtungen zur strukturellen und kulturellen Veränderung in Krankenhäusern. In: Heubel F, Kettner M, Manzeschke A Schwerpunktheft Strukturwandel und therapeutische Interaktion im Krankenhaus. Ethik Med 24: 117-124

Medical Professionalism Project (2002) Medical professionalism in the new millenium. A physician charter. Annals Int Med 136: 243-246. http://annals.org/article.aspx?articleid=474090 (Zugriff: 09.01.2012)

Storm W (2008) Von Ärzten und Hampelmännern. Dtsch Ärztebl 105(38): 2003-2004

Strech D (2014) Der Abbau von Überversorgung als Teil der ärztlichen Berufsethik. Konzeptionelle Klärung und neue Perspektive. Z Gerontol Geriat 47: 17-22

Thielscher C (2013) Medizin muss Kontrolle über sich selbst zurückgewinnen. Dtsch Ärztebl 110(47): 2258-2559

Die doppelte Verantwortung und ihre Widersprüche – Chefärzte zwischen Medizin und Betriebswirtschaft?

Karl-Heinz Wehkamp

17.1 Wachsendes Unbehagen im Gesundheitswesen – Was ist los und woran liegt es? – 228

17.2 Chefarzt – Manager statt Kapitän? – 229

17.3 Der Chefarzt als Anwalt seines Patienten – Ein Auslaufmodell? – 229

17.4 Neue Krankenhausfinanzierung – Chefärzte unter der Herrschaft des Kaufmanns? – 231

17.5 Chefärzte im »Double-Bind« – Warum machen die das mit? – 233

17.6 Mitmachen, Widerstand leisten oder fliehen? – Chefärzte im Blick ihrer Assistenten und Oberärzte – 236

17.7 Der Chefarzt – Mehr bedauert als geachtet? – 237

17.8 Starke Chefärzte – Was zeichnet sie aus? – 238

17.9 Zusammenfassung und Empfehlungen – 239

Literatur – 239

17.10 Anhang: Studienergebnisse – 240

U. Deichert et al. (Hrsg.), *Traumjob oder Albtraum – Chefarzt m/w*,
DOI 10.1007/978-3-662-49779-1_17, © Springer-Verlag Berlin Heidelberg 2016

17.1 Wachsendes Unbehagen im Gesundheitswesen – Was ist los und woran liegt es?

Rudolf Virchows Konzept der Medizin als soziale Wissenschaft brachte mich nach Abschluss meines Soziologie-Studiums zur Medizin. Seit gut 35 Jahren bin ich nun beruflich in Krankenhäusern unterwegs, früher als Kliniker, danach bis heute als Wissenschaftler, Ethiker und Berater für das Management. Mein Respekt vor der Medizin, dem deutschen Gesundheitswesen und den dort arbeitenden Menschen ist groß. Im Vergleich zu »früher« kann die Medizin heute mehr, ist sie wirksamer und vielfach auch menschlicher geworden. Im internationalen Vergleich steht Deutschland sehr gut da. Aber gerade weil das so ist, bin ich in Sorge, denn ich beobachte eine *wachsende Unzufriedenheit* unter den Gesundheitsberufen, und – was noch schlimmer ist – ich beobachte einen *Erosionsprozess des Vertrauens in die Medizin*.

Mehr noch als die Bevölkerung sind es Ärzte selbst, die das *Vertrauensproblem* ansprechen. Sie berichten von kritischen wirtschaftlichen Einflussnahmen auf die Versorgungspraxis und einer wachsenden Kluft zwischen gemessener und erlebter Qualität. Ihre Probleme und Sorgen sehen sie weder von der Politik noch von den Führungskräften des Gesundheitssystems repräsentiert. Viele scheinen die Freude an der medizinischen Arbeit zu verlieren und sind verärgert, frustriert und resigniert. Auch den Pflegekräften geht es so, fast noch mehr als den Ärzten, ebenso wie vielen Mitarbeitern in Organisation, Management und Verwaltung. Wenn man im Krankenhaus wirklich vor Ort ist, mit den Mitarbeitern spricht und ihnen zuhört, sich die Versorgungsprozesse konkret anschaut und sich nicht primär auf Kennzahlen und Routinedaten verlässt, dann spürt man, dass etwas falsch läuft, dass Unehrlichkeiten an der Tagesordnung sind und dass Konflikte und Unzufriedenheit zunehmen. Chefärzte stehen dabei *im Brennpunkt der Veränderungen*, teils als Protagonisten, teils als deren Opfer, oft beides zugleich in derselben Person.

Es ist nicht leicht, die Entwicklungen offen zur Sprache zu bringen, und es ist schwer, sie zu verstehen und die richtigen Antworten zu finden. Das Stichwort »Ökonomisierung« steht schon seit vielen Jahren im Raum.[1] Aber es ist für die Analyse zu grob und zu oberflächlich, und es wird sehr unterschiedlich ausgelegt und verschieden definiert. *Wirtschaftlichkeit* im Sinne eines guten Verhältnisses zwischen Ressourceneinsatz und Ergebnis kann schließlich nur begrüßt werden. Dass ein Chefarzt heute stärker als noch vor 15 Jahren darauf achten soll, sparsam und sinnvoll mit den ihm anvertrauten Mitteln umzugehen, ist alles andere als verwerflich. Anders ist es allerdings, wenn betriebswirtschaftliche Kennzahlen und nicht medizinische Herausausforderungen das ärztliche Handeln bestimmen. Unakzeptabel ist es, wenn aus Gründen betriebswirtschaftlicher Vorteile oder zur Vermeidung von Verlusten für ein Krankenhaus Patienten nicht die Behandlung bekommen, die in ihrer Situation am besten für sie ist. Unaufrichtig ist es, wenn teure Zertifikate eine Behandlungsqualität vortäuschen, die nicht wirklich gegeben ist. Haben all die Kliniken etwas zu verbergen, die aufwändige Datenanalysen zur Qualitätssicherung erheben, aber eine unabhängige Versorgungsforschung nicht zulassen und ihren Mitarbeitern verbieten, öffentlich über Versorgungsprobleme zu sprechen?

Die Wurzel der Fehlentwicklungen, so meine Hypothese, liegt im Modus der »Gouvernementalität«[2], die erst das hervorbringt, was man »Ökonomisierung« nennt. Letztere wiederum umfasst spezifische Formen der *Leistungsbewertung* (DRG, Fallpauschalen) und der *Qualitätssicherung*, die für die Gesundheitsberufe und damit besonders für die Chefärzte neue Orientierungen mit sich bringen. Was also die vielen Probleme, Konflikte, Unzufriedenheiten und am Ende den Vertrauensverlust in die Medizin erzeugt, ist eher die Art und Weise sowie die Wissensbasierung der Steuerung oder Führung innerhalb der Kliniken durch das Management und seitens der Politik, im Rahmen des Gesundheitssystems und darüber hinaus.[3]

Der Schlüssel zum Verständnis und damit zur Veränderung kann in der Art und Weise gesehen werden, wie Steuerung, Führung und Gestaltungsmacht praktiziert werden, einschließlich der Wissensproduktion, auf die sich die Entscheider

---

1 Vgl. Wehkamp (2004)
2 Vgl. Foucault (2006)
3 Vgl. Bröckling et al. (2000)

beziehen. Der Zugriff auf dieses Phänomen ist im Deutschen erschwert durch das Fehlen eines entsprechenden Begriffs für das französische »gouvernementalité« und den englischen Begriff »governance«. Es scheint so, als würde die deutsche Sprache dazu beitragen, einen Schleier über die Techniken der Steuerung und Führung in Wirtschaft, Politik und Gesellschaft zu legen. Dabei wird genau durch die Praxis der Ausübung von (Gestaltungs-)Macht über Einschluss und Ausschluss von Menschen, Berufsgruppen, Themen und Erfahrungen, über Wertschätzung und Demütigung, Motivation und Resignation, Interesse und Desinteresse, Kooperation und Blockade entschieden. An den *Veränderungen*, denen die Chefarztposition ausgesetzt ist, können diese Zusammenhänge aus meiner Erfahrung heraus sehr deutlich gemacht werden.

17.2 Chefarzt – Manager statt Kapitän?

Chefarzt im deutschen Krankenhaus zu sein war noch nie ein einfacher »Job«. Aber Chefarzt zu werden war für viele Ärzte ein attraktives Ziel, die Krönung der Karriere. Gestaltungsmacht, Ansehen und freilich auch ein gutes Einkommen zeichneten seine Position aus. Dafür war man bereit, viel Freizeit zu opfern, nachts und im Urlaub jederzeit erreichbar zu sein, den Wohnort zu wechseln, die Familie zu belasten und manch andere Unannehmlichkeit in Kauf zu nehmen. Chefärzte waren *unumstrittene Herrscher* in ihren Abteilungen und im Krankenhaus. Das ist heute anders.

Mit den Veränderungen im deutschen Gesundheitswesen und damit auch im Krankenhaus ist auch die Rolle der Ärzte und besonders der Chefärzte einem Wandel unterzogen worden. Sprach man noch vor kurzem vom Gesundheits*system*, so sprechen heute Politiker, Ökonomen und Führungskräfte des Managements von der Gesundheits*wirtschaft* und vom Gesundheits*markt*. Die frühere Krankenanstalt mutierte zum Gesundheitsunternehmen, das sich im Wettbewerb mit anderen Unternehmen befindet. Patienten werden tendenziell zu Kunden oder im Sinne der Harvard-Ökonomin Regina Herzlinger zu »Health Care Consumers«.[4] Der Chefarzt gleicht nicht mehr wie früher dem Kapitän, sondern eher einem Manager, und oft ist es nicht mehr die Medizin, die im Vordergrund seiner Arbeit steht, sondern die Betriebswirtschaft.

Natürlich vollziehen sich all diese Veränderungen nicht gleichmäßig und erst recht nicht konfliktfrei. Für ältere Chefärzte sind sie oft *schlichtweg ein Elend*, dem sie sich teils widersetzen, teils durch Ignoranz und Desinteresse zu entziehen versuchen, was allerdings immer weniger gelingt (▶ hierzu auch Kap. 37). Andere versuchen, die Entwicklungen positiv zu sehen und trotz schwieriger Bedingungen an den Veränderungen mitzuarbeiten (▶ hierzu auch Kap. 9). Vielfach wird aber auch heftig um Macht, Einfluss, Geld und auch um gute Medizin gekämpft. Insgesamt, so scheint mir, ist in den vergangenen Jahrzehnten das Klima in den deutschen Krankenhäusern rauer geworden. Es gab Entwicklungen zum Guten wie zum Schlechten, für die Medizin und ihre Repräsentanten. Die *Unzufriedenheit* ist jedoch auf allen Ebenen gestiegen.

17.3 Der Chefarzt als Anwalt seines Patienten – Ein Auslaufmodell?

Mein erster »Chef« war im Hause gefürchtet. Groß gewachsen und mit scharfer Redeweise wurde ihm sein Spitzname nach einem seiner chirurgischen Lieblingsinstrumente verliehen. Laut und energisch forderte er während seiner OPs gern die lange Klemme mit dem scharfem Verschluss: »Lang – scharf!« Als absoluter Anfänger musste oder durfte ich als zweiter Assistent an seinen Operationen teilnehmen. Das Motto »Haken halten – Schnauze halten!« war bekannt und wurde, wenn auch leicht ironisch, offen zur Verhaltensleitlinie der Assistenten erklärt. Am Fußende des OP-Tischs stehend sah ich ihm staunend zu, wie er elegant das Peritoneum mit großen Stichen verschloss, während er freundlich mit der OP-Schwester plauderte. Über dem großen Netz befand sich indes noch ein Bauchtuch, das ich offenbar dank meiner Position besser sehen konnte als der Chef und seine »erste Hand«. Ich traute mich aber nicht, darauf hinzuweisen, denn

---

4 Vgl. Herzlinger (1997)

ich war mir sicher, dass dies als vorlaut empfunden worden wäre und dass der Chef es sowieso rechtzeitig entfernen würde. Dann verschwand mit dem letzten Stich das grüne Stück Stoff unter dem Bauchfell. Ich räusperte mich und sagte kurz: »Da drinnen ist noch ein Tuch.« Totenstille im OP. Er zog langsam eine Augenbraue hoch, wortlos, sah mich mit großen Augen erstaunt an, dann die OP-Schwester, dann den ersten Assistenten. Dann atmete er tief ein, löste die Naht, zog das Bauchtuch heraus, reichte es der Schwester und führte die OP wortlos zuende. Zu seinen folgenden OPs ließ er mich immer wieder einteilen. Gesprochen wurde über den Vorfall nie.

Ich habe gut acht Jahre mit ihm gearbeitet, mich öfter über ihn geärgert und fand ihn nicht selten unmöglich im Umgang mit Menschen, aber ich fühlte mich absolut sicher bei ihm.

Wenn es im OP zu kritischen Situationen kam, die auch vom diensthabenden OP-Oberarzt nicht mehr gemeistert werden konnten, dann wurde »Lang-Scharf« gerufen, und »Lang-Scharf« stand – wenn er im Hause war – innerhalb weniger Minuten neben dem OP-Tisch und machte sich ein Bild von der Lage, während er noch die Händedesinfektion vornahm. So weit ich mich erinnern kann, löste er jedes Problem.

Einmal, als er nachts zu einer Sectio gerufen wurde, kam er so schnell mit dem Auto zur Klinik und in den OP, dass die Polizei, die ihn wegen zu hoher Geschwindigkeit verfolgte, erst einige Minuten später an der OP-Tür stand, um seine Personalien aufzunehmen. Es wurde auch erzählt, dass er kurz vor Weihnachten mitbekam, wie eine Stationsschwester nachts betrunken in einem Restaurant saß und von Suizid redete. Er hat sie persönlich dort abgeholt. Sie war noch viele Jahre in der Klinik tätig.

Früher dachte ich wirklich, alle Chefärzte wären so wie er, und alle Abteilungen würden so funktionieren wie unsere. Ein Chefarzt glich einem Kapitän mit einem *Ethos*: Er war der erste und letzte Mann an Bord! Er hatte durchaus einige Merkwürdigkeiten, aber er lebte den hippokratischen Eid, auch wenn er ihn nie erwähnte und auch wenn wir Ärzte noch nicht einmal im Medizinstudium von diesem Eid gehört hatten. Heute weiß ich, dass dem leider nicht so ist. Nicht dass es nicht immer noch solche »Kapitäne« gäbe – es gibt sie noch. Aber es gibt offenbar auch nicht wenige, die als erste von Bord gehen, wenn es kritisch wird, weil sie ausgepowert sind und ihnen alles egal ist.[5] Andere schaffen es nicht, ihre Ärzte zur Frühbesprechung oder zu einer regelmäßigen Visite zu motivieren[6], und wiederum andere setzen konsequent betriebswirtschaftliche Vorgaben nach Erhöhung der Fallzahlen durch grenzwertiges Beugen von Indikationen um.[7] Auch gestandene Ordinarien lassen sich unter Verweis auf die Weisungsbefugnis der Geschäftsführung von dieser verbieten, z.B. über den kritischen Einfluss betriebswirtschaftlicher Vorgaben auf die medizinischen Entscheidungen offen zu sprechen.[8]

Zu den Grundpflichten der Chefärzte gehört traditionell die Sorge um gute Qualität der Patientenversorgung. Zu den Selbstverständlichkeiten der medizinischen Qualitätssicherung (die früher allerdings diesen Namen noch nicht trug) gehörten Qualifikationen, die der Chef vorbildlich für alle Ärzte verkörperte: Anamnese, körperliche Untersuchung, Verlaufsbeobachtung bei Patienten, regelmäßige Visiten, klarer Tagesablauf, strenges Beachten der Zeiten, strukturierte Besprechung, klare Verantwortlichkeiten, strukturierte Ausbildung, schrittweises Anlernen unter persönlicher Anleitung erfahrener Kollegen und Oberärzte, Vorstellen aller Patientinnen beim Chef oder dem leitenden Oberarzt usw. Die *Sicherstellung* dieser Basispraxis aller Medizin ist heute nach Ansicht sehr vieler Kliniker stark gefährdet.[9] Vieles von dem scheint heute angesichts der wirtschaftlich begründeten beschleunigten Abläufe und der permanenten Personalknappheit nicht mehr möglich zu sein. Das heute gesetzlich eingeführte »Qualitätsmanagement« trägt nicht selten dazu bei, *Qualitätsmängel* erst zu erzeugen (durch Dokumentationsregeln und schematisch eingesetzte Leitlinien) oder zu verdecken (indem Routinedaten hohe Qualität suggerieren, die faktisch nicht vorhanden ist). Chefärzte als medizinische Letztverantwortliche haben es heute schwerer, für eine hohe Qualität der Medizin und eine hohe Patientensicherheit zu sorgen, während

---

5 Fall belegt (2011)
6 Fall belegt (2015)
7 viele Fälle belegt (2013-2015)
8 Fall belegt (2014) Univ. Klinik
9 Dies ergibt sich aus Hunderten (!) von ausführlichen Gesprächen mit Ärzten und Pflegekräften im Rahmen eigener Studien und Projekte des vergangenen Jahrzehnts

ihnen die dazu erforderlichen Ressourcen an Zeit, Personal und Geld nicht zur Verfügung gestellt werden.

Freilich gab es immer auch Chefärzte, die ihre Abteilungen wie eigene Fürstentümer betrachteten und im Sinne absoluter Herrschen auftraten. Wenn solche Charaktere es heute schwerer haben als in früheren Zeiten, so ist dies meiner Erfahrung nach zu begrüßen. Oft sind es »rote Zahlen« ihrer Abteilungen, die dann Eingriffe seitens der Klinikleitung in ihre Souveränität zur Folge haben. Schreiben sie allerdings »schwarze Zahlen«, so bleibt es schwierig, sie für selbstkritische und kooperative Verhaltensweisen zu gewinnen.

17.4 Neue Krankenhausfinanzierung – Chefärzte unter der Herrschaft des Kaufmanns?

Das deutsche Medizinmodell galt lange Zeit als vorbildlich in der Welt. Die Medizin und ihre Repräsentanten wurden durch ein Gesundheitssystem organisiert und finanziert, das sich nach den Möglichkeiten der Medizin richtete. Der Bürger hatte ein gesetzlich festgeschriebenes Anrecht auf eine dem Stand der medizinischen Wissenschaft und Kunst gemäße Behandlung. Ärzte standen in der Verantwortung gegenüber ihren Patienten. Der Staat sah sich in der Pflicht, die fachgerechte medizinische Behandlung grundsätzlich zu gewährleisten, indem er eine darauf abzielende Rechts- und Finanzierungsordnung erließ. Die Verwaltungen hatten in diesem System Aufgaben der konkreten Organisation zu leisten. Sie waren dienende Einrichtungen. Ihre Verantwortlichkeit bezog sich auf die Sicherstellung der Rahmenbedingungen medizinischer Praxis. Im Krankenhaus entsprach diesem Modell die klassische Dreierführung bestehend aus dem Ärztlichen Direktor, der Pflegedirektion und der Verwaltungsdirektion. Dem Modell entsprechend war die ärztliche Position in der Klinikleitung dominant.

Dieses »deutsche Medizinmodell« wurde um die Jahrtausendwende abgeschafft, ohne dass – so scheint es – allen Akteuren (und schon gar nicht der Bevölkerung) die Bedeutung der Veränderung ausreichend klar geworden ist. In den meisten Kliniken wurde die Leitungsverantwortung von der medizinischen und pflegerischen Seite hin zur Verwaltungsseite verschoben. Dem lag die politische Entscheidung zugrunde, dass sich die Kliniken nicht mehr selbstverständlich darauf verlassen können, dass die ihnen entstehenden Kosten durch staatliche Autorität ersetzt werden. Kliniken können fortan insolvent werden und müssen, um dies zu verhindern, sich auf die *unternehmerischen Ziele* Gewinn und Verlustvermeidung konzentrieren, egal, ob sie im Non-Profit-Bereich oder im privatwirtschaftlichen Feld tätig sind.

Die Finanzierungsverantwortung ging also vom Staat tendenziell zur Mesoebene, zu den Verwaltungen über, die sich damit gleichzeitig in ein aktives Management verwandeln mussten. Das Krankenhaus als »Unternehmen im Wettbewerb um knappe Ressourcen« wird fortan von einer Geschäftsführung geleitet, die häufig in Personalunion mit der kaufmännischen Leitung besteht. Diese *Machtverschiebung* bedeutet für die Chefärzte eine ungewohnte Unterordnung unter eine betriebswirtschaftlich handelnde Gesamtleitung. Damit ist jedoch neben einem Verlust an Gestaltungs- und Entscheidungsmacht zugleich eine Erweiterung der Aufgaben und Verantwortlichkeiten verbunden, auf die ein Arzt normalerweise nicht vorbereitet ist. Diese Erweiterung besteht in einem zu leistenden aktiven *Beitrag zur finanziellen Ertragslage* des Unternehmens.

Die *politischen Gründe* für diese Veränderungen im Gesundheitssystem und im Krankenhaus sind vielfältig, aber überwiegend wirtschaftlicher Art. Kontinuierlich wachsende medizinische Potenziale und zunehmender Versorgungsbedarf einer älter werdenden Bevölkerung erfordern Ausgabenbegrenzungen für die Zwangsabgaben der Bürger (Krankenversicherung) und die Kosten des sozialen Gesundheitssystems. Die wirtschaftlichen Einschränkungen dienen also auch dem Erhalt seiner Finanzierbarkeit als soziales Teilsystem unserer Gesellschaft. Gleichzeitig wird jedoch auch der Weg zu einer stärkeren Privatisierung der Gesundheitsversorgung bei paralleler Betonung der Eigenverantwortung der Bürger für ihre Gesundheit geebnet.

Betrachtet man das Gesundheitssystem als ein »Public Health System«, das also primär auf den Schutz der Bevölkerungsgesundheit gerichtet ist, so kann man das neue Aufgabenspektrum der leitenden Ärzte als eine *Verbindung von patienten- und bevölkerungsorientierten Aufgaben* betrachten. Dies entspricht durchaus der ärztlichen Berufsordnung, wonach der Arzt der Gesundheit seines Patienten und der Gesundheit der ganzen Bevölkerung dient. So gesehen wäre nichts einzuwenden gegen die vorgenommene Stärkung des Gesundheitssystems gegenüber der patientenbezogenen Medizin, gäbe es da nicht eine Reihe ungelöster Probleme.

Dass Ärzte und damit auch Chefärzte Medizin studiert haben und Medizin praktizieren wollen ist kein Geheimnis. Sie haben in der Regel wenig Kenntnisse von Betriebswirtschaft, Volkswirtschaft und Gesundheitspolitik. Viele interessiert das einfach nicht, und viele versuchen, dies nachzuholen, müssen dann aber erkennen, dass die Wirtschaftswissenschaften und selbst die Gesundheitspolitik wenig Kenntnisse von der Medizin haben und keine Gespür dafür entwickelt haben, wie die Medizin »tickt«. Dazu müsste die *Ethik der Medizin* beachtet werden, was leider kaum der Fall (was aber auch durch eine gewisse Praxisferne der akademischen Ethik nicht verwunderlich) ist.

Umgekehrt ist vielfach den Geschäftsführungen und dem kaufmännischen Management die Medizin fremd. Die Führungskräfte der »Gesundheitswirtschaft« sind an Gewinn und Märkten orientiert, und sie wissen vielfach nicht genau, was genau an der »Front« vor sich geht. Unendliche viele Ärzte und Pflegende wünschen sich, dass die Führungskräfte wenigstens einmal einen Nachtdienst in der Notaufnahme oder auf Station mitgemacht hätten. Ausbildungstechnisch, wissenschaftlich und ethisch (mit Bezug auf Ziele und Werte) klaffen also *Abgründe* zwischen beiden Bereichen. In der Folge ist das gegenseitige Verständnis für die Aufgaben und Arbeitsweisen der Anderen gering. Faktisch sind die Fronten oft schroff bis feindselig, was aber in der Regel nicht zugegeben wird (▶ Kap. 37).

Politik und Management treffen ihre Entscheidungen häufig auf der Grundlage von Zahlen und Daten. Statistiken, Kennzahlen und sog. Benchmarks spielen zwangsläufig eine große Rolle, weil ihr Erfolg oder Misserfolg hier letztendlich an Geldwerten, bezogen auf Einnahmen und Ausgaben, Gewinnen und Verlusten gemessen wird. Ärztliche Entscheidungen werden zwar auch zunehmend durch quantitative Studienergebnisse unterstützt, es bedarf aber stets der individuellen Anamnese, Untersuchung und Verlaufsbeobachtung. Erfolg und Misserfolg zeigen sich in der Heilung einer Erkrankung, einer Wiederherstellung von Funktionsstörungen, besserer Lebensqualität, zufriedenen Patienten und anderen, vorwiegend *qualitativen Phänomenen*, die sich selten exakt messen lassen (▶ auch Kap. 6.3.1).

In der Person des Chefarztes treffen nun beide konträre Welten aufeinander. Der Chefarzt muss Vermittlungen herstellen, die sowohl dem Wohle seiner Patienten als auch dem Wohle seiner Abteilung und des ganzen Krankenhausunternehmens dienen. Das ist schwer, manchmal unmöglich, insbesondere dann, wenn das politische System der Krankenhausfinanzierung für eine kontinuierliche Knappheit sorgt mit dem Ziel, durch den Wettbewerb *die Zahl deutscher Krankenhäuser zu reduzieren*.

Das größte ungelöste Problem ist meiner Ansicht nach ein ethisches. Es besteht darin, dass beide Seiten – die der Geschäftsführung und die medizinische – nicht wissen, wie ihre jeweiligen Ziele konkret umgesetzt werden können, ohne sich gegenseitig ins Gehege zu kommen. Was ist zu tun, um das Ziel »wirtschaftliche Existenzsicherung des Unternehmens« und das Ziel »bestmögliche Versorgung von Patienten« optimal zu balancieren? Dies ist auch ein Konflikt zwischen dem individuellen Patienteninteresse und dem Bevölkerungsinteresse. In einem Fall gilt es, den Gesundheitsnutzen im Gesundheitssystem zu optimieren, also utilitaristisch zu denken und zu handeln, im anderen Fall gilt es, elementare ärztliche Pflichten gegenüber dem Patienten einzuhalten und ihm vor allem nicht zu schaden.

Damit wird deutlich, dass zwischen dem Wohl des Patienten und dem Wohl des Unternehmens keine grundsätzliche Harmonie besteht, sondern dass immer wieder neu aufflammende Konflikte Lösungsstrategien verlangen. Und es wird deutlich, dass der Kern dieses Konfliktes *ethischer Natur* ist, der sich mit der wissenschaftlichen Gesundheitsökonomie niemals lösen lässt. Wie sind Einzel- und Gesamtinteresse konkret zu balancieren? Was darf eine Behandlung kosten? Was tun, wenn eine fachgerechte medizinische Behandlung dem Krankenhaus Defizite beschert? Wie viel Geld aus den Gesamterlösen soll für das Personal und wie viel für Investitionen (z.B. in Medizintechnologie) ausgegeben werden? Ist es akzeptabel, einem bedürftigen Patienten Behandlungen vorzuenthalten, um das Gesamtsystem bezahlbar zu halten?

Chefärzte stehen mehr noch als die Geschäftsführer und kaufmännischen Führungskräfte im Zentrum genau dieser Konflikte. Da wäre neben medizinischen und gesundheitsökonomischen Qualifikationen auch eine *medizinethische Kompetenz* von hohem Nutzen. Diese würde nicht in einem dogmatischen Insistieren auf »hippokratischen Werten« bestehen, sondern in einer geschulten Reflexivität je angemessener Wert- und Zielvorstellungen und in einem konstruktiven Umgang mit Konflikten und Dilemmata.

Hippokrates allein reicht in dieser Situation nicht zur Orientierung aus. In der griechischen Antike gab es zwar eine Medizin, aber es gab kein Gesundheitssystem im heutigen Sinne. Die wichtige Frage der Finanzierung und Finanzierbarkeit ist nicht Bestandteil des Eides.

Wenn ein Chefarzt Einzel- und Kollektivinteressen gegeneinander abwiegen muss, stehen zumeist nicht medizinische Ethik und »Ökonomie« gegenüber, sondern Medizinethik und »Public Health-Ethik«. In diesem Spannungsfeld muss der Chefarzt Entscheidungen im Sinne von Priorisierungen vornehmen, die von der deutschen Politik mehrheitlich verweigert werden.

Freilich nützt die ganze Kompetenz und Reflexivität des Chefarztes wenig, wenn er nicht auf gleichermaßen qualifizierte und verhandlungsbereite kaufmännische Leitungspersonen trifft. Diese gibt es zweifellos, aber in der Regel werden grundlegende Entscheidungen über Ressourcen von den kaufmännischen Spitzen »top-down« und nicht im Gegenstromverfahren getroffen. Dann muss der Chefarzt entscheiden, wo er die *Grenzen der Kooperation* zieht und wo er in den Konflikt gehen muss. Vielfach ist am Ende aber auch *Machtlosigkeit* einzugestehen. Er steht zwar rechtlich in der Letztverantwortung für die direkte medizinische Entscheidung, hat aber nur begrenzten Einfluss auf die Ressourcen, die er für eine gute medizinische Leistung benötigt. Die politische Entscheidung für eine betriebswirtschaftliche Führung im Krankenhaus versetzt ihn in die zweite Reihe. Wohl dem Chefarzt, der eine verlässliche, dialogische, umfassend qualifizierte kaufmännische Direktion als sein Gegenüber (und nicht als sein »Über«) hat. Dies gilt freilich auch umgekehrt. Auch ein Chefarzt sollte über solche Eigenschaften verfügen. Von der Persönlichkeit und Qualifikation beider Partner hängt es am Ende ab, ob der Chefarztposten erfüllend ist oder ein Albtraum.

17.5 Chefärzte im »Double-Bind« – Warum machen die das mit?

Seit 1990, nachdem ich meine klinische Tätigkeit zugunsten von Forschung und Lehre sowie klinischer Ethikberatung verlassen hatte, habe ich bis zum heutigen Tag mit zahllosen Klinikern und Chefärzten Gespräche (zumeist als qualitative Interviews) geführt, gemeinsame Veranstaltungen durchgeführt, medizinethische und ökonomische Probleme erörtert, in Konflikten vermittelt und ärztliche Führungskräfte gecoacht. Dadurch verfüge ich über eine in zeitlicher Hinsicht lückenlose Erfahrung mit den Veränderungsprozessen im Gesundheitssystem und im Krankenhaus. Durchgängig bin ich mit Klinikmitarbeitern aller Berufe und Dienstgrade im Gespräch, teils einzeln, teils in Gruppen, teils in Vortrags- und Diskussionsveranstaltungen, in Führungskonferenzen oder durch teilnehmende Beobachtung bei Visiten, Stationsübergaben oder auch im OP. Die gesammelten Erfahrungen gehen nun in eine Studie ein, die seit 2013 läuft und gemeinsam mit meinem Forschungskollegen Heinz Naegler[10] und mir durchgeführt wird. Hier geht es um etwas, was es nach Ansicht vieler Führungskräfte und Politiker gar nicht gibt bzw. nicht geben darf: Einflüsse ökonomischer Faktoren auf patientenbezogene Entscheidungen.[11] Man kann wohl mit Sicherheit sagen, dass hier eine entscheidende Wurzel für die Probleme liegt, mit denen Chefärzte konfrontiert werden und denen sie ausgesetzt sind.

---

10 Prof. Dr. Heinz Naegler, Berlin, langjähriger Generaldirektor der Wiener Krankenanstalten, Herausgeber vieler Bücher über Krankenhausmanagement

11 Die Studie ist noch nicht vollständig abgeschlossen; zum Studiendesign vgl. Naegler u. Wehkamp (2014)

Die Anforderungen an Chefärzte haben sich in den vergangenen Jahrzehnten stark verändert. Ihre Gestaltungs- und Entscheidungsspielräume wurden teils erweitert, teils vermindert. Der klassische »Kapitän« mit seinem »Kapitänsethos« wurde abgelöst durch einen »Managertypus«, der – so scheint es – seine neue Rolle noch nicht richtig gefunden hat, auch weil das Krankenhausmanagement sich grundlegenden ethischen Fragen zum Verhältnis von Wohl des Einzelnen (Patienten) und Wohl der Bevölkerung (bzw. von Krankenhausunternehmen, Gesundheitssystem, Gesellschaft) noch nicht gestellt hat. Der begeisterte Chirurg ist heute mehr in Sitzungen und Leitungskonferenzen als im Operationssaal. Das gilt in ähnlicher Weise für die meisten Chefärzte. Nur allzu oft sind sie heute primär Agent der Unternehmenserlöse und – wenn man den gesammelten Berichten glaubt – immer öfter unter Beugung oder Verletzung medizinethischer Grundwerte.

Wenn Heinz Naegler und ich über unseren mittlerweile 60 Interviewprotokollen sitzen, berichtet er von seinen Gesprächen mit Geschäftsführern, ich von Gesprächen mit Ärzten und von einigen interprofessionellen Fokusgruppen. Die Seite der Geschäftsführung sieht sich glaubhaft in der Verantwortung für das wirtschaftliche Überleben des Klinikums, die meisten Ärzte sehen sich nicht weniger überzeugend in der Verantwortung für ihre Patienten. Die »Kaufleute« äußern überzeugt, dass die den Häusern auferlegte Gewinnorientierung nicht zu Lasten medizinethischer Werte gehe. Bislang haben alle befragten Ärzte das Gegenteil behauptet. Unabhängig von der Frage, wer hier Recht hat oder die Situation »objektiver« sieht, lässt sich eine unumstrittene Aussage machen: Zwischen den betriebswirtschaftlichen und den medizinischen Führungskräften gibt es diametral entgegengesetzte Einschätzungen.

Ich trage z.B. den Bericht eines Assistenzarztes (4. Berufsjahr, Klinik der Maximalversorgung) vor: »In der Kardiologie soll beim Ultraschall nach Möglichkeit eine Mitralklappeninsuffizienz nachgewiesen werden. Das ist eine Anordnung! Und wenn du nichts siehst, sollst du xxxx spritzen, damit sie besser zum Vorschein kommt.«[12] Oder: »Wenn die Neonatologie zu viele freie Betten hat, dann macht er (der Chef) die Sectio beim Frühchen schon mal ein paar Tage vorher. Das sagte mir ein Facharzt – und die Oberärztin stand dabei und hat nicht widersprochen.«[13] Oder: »Der Geschäftsführer weist darauf hin, dass »da noch vierzig Hüften« liegen – »die müssen bis Weihnachten weg!«[14] Ich lese also diese Berichte vor, teils empört, teils sprachlos. Und Heinz Naegler antwortet: »Warum machen die Ärzte das?« Ich erwidere dann: »Ja, weil sie unter einem enormen wirtschaftlichen Druck durch die Unternehmensleitung stehen.« Und er gibt erneut zurück: »Aber warum geben sie dem denn nach?! Sie dürfen das doch nicht! Und die haben doch alle Mittel in der Hand!« Nein, sie dürfen es nicht, aber viele tun es. Aber mächtig fühlen sie sich dabei nicht, sondern »weisungsgebunden«. Das bestätigen uns in nahezu allen Interviews die Assistenz- und Oberärzte, aber auch Chefärzte mit Blick auf ihre Kollegen – und manchmal auch im Rückblick auf ihre eigene Praxis, wenn sie der Klinik den Rücken gekehrt haben.

Naegler und ich trugen unsere Zwischenergebnisse bei den Berliner Wirtschaftsgesprächen im Beisein einiger Spitzenfunktionäre des deutschen Krankenhauswesens vor.[15] Zunächst antworteten einige der Sprecher, ganz so schlimm könne es doch nicht sein, es seien sicher Einzelfälle, und die von uns gewählte Forschungsmethode sei ja sowieso nicht repräsentativ. Das teilnehmende Publikum reagierte darauf mit deutlichem Unmut. Daraufhin drehte sich die Diskussion. Wenn es nicht zu leugnen ist, dass sehr viele Krankenhausärzte von teilweise krassen Verletzungen medizinethischer Positionen sprechen, warum machen die Ärzte dann mit? Sie sollten doch wissen, dass die Beugung von Indikationen ethisch unakzeptabel und auch juristisch verboten ist! Warum sorgen Chefärzte nicht dafür, dass am Krankenbett nur die Medizin entscheidet und nicht der Casemix-Index, die Belegungsquote oder schlicht die Ertragslage des Hauses?

An diesen Szenen zeigt sich das *Dilemma des Chefarztes* im deutschen Krankenhaus, das seit

---

12 wörtliches Protokoll, Studie (2015)

13 mündliche Mitteilung, Studie (2015)

14 Interview, Studie (2014)

15 Berliner Wirtschaftsgespräche vom 23.10.2014 und Spreestadt-Forum (TU-Berlin), 03.11.2014

einer durch die Politik weitgehend übernommenen gesundheitsökonomischen Definition zum Kern der »Gesundheitswirtschaft« erklärt wird und dem »ersten Gesundheitsmarkt« zugeordnet wurde.[16] Der Chefarzt steht eben nicht nur in der medizinischen Verantwortung gegenüber seinen Patienten, er steht auch in der wirtschaftlichen Verantwortung für seine Abteilung und damit für das gesamte »Gesundheitsunternehmen«, wie das ehemalige Krankenhaus jetzt heißt. Darüber hinaus wird von ihm ein volkswirtschaftlicher Beitrag erwartet, indem er im absoluten Zentrum der neu konstruierten Gesundheitswirtschaft verortet wird.

Das recht junge Paradigma »Gesundheitswirtschaft« verweist zu Recht auf die volkswirtschaftliche Bedeutung der Kliniken und des Gesundheitswesens, trägt aber durch unkritische Verallgemeinerung durch die »Entscheider« in Politik und Systemmanagement zur stillschweigenden Umdefinition eines sozialen Versorgungssystems in ein Marktsegment bei. Für die Medizin bedeutet dies die Nötigung zur Todsünde. Schon Seneca hatte vor dem Arzt gewarnt, der sich Arbeit verschafft[17], und auch ein Soziologe von internationalem Rang, Talcott Parsons, hatte in seinem Werk »The Social System«[18] darauf hinweisen, dass das ärztliche Berufsethos gegenüber der Geschäftswelt einen *klaren Trennungsstrich* zieht bzw. ziehen muss.

> The »ideology« of the profession lays great emphasis on the obligation of the physician to put the »wellfare« of the patient above his personal interests, and regards »commercialism« as the most serious and insideous evil which with it has to contend. The line therefore is drawn vis-a-vis business. The »profit motive« is to be drastically excluded from the medical world.[19]

Diese Position, die von den meisten Ärzten und der Ärzteschaft insgesamt geteilt wird, ist stillschweigend und ohne Diskurs von den Protagonisten der Gesundheitswirtschaft in Politik und Management ins Gegenteil verkehrt worden. Ärzte im Krankenhaus sind systematisch und ohne Diskurs darüber in die Erwirtschaftung von Unternehmensgewinnen bzw. in die Verlustvermeidung eingebunden, und zwar unabhängig davon, ob es sich um privatwirtschaftliche, frei-gemeinnützige oder öffentliche Träger handelt. Dies gilt in erster Linie für die Chefärzte.

Chefärzte stehen im Zentrum eines bislang *ungelösten Konflikts*. Neben dem unbestritten Handlungsziel des Patientenwohls ist auch das Ziel der wirtschaftlichen Zukunftssicherung des Krankenhauses ethisch akzeptabel. Das Problem ist nur, dass beide Ziele nicht reibungslos zueinander passen. Zwar gibt es etliche theoretische Modelle, die das Verhältnis von ökonomischen Zielen und Werten zu medizinethischen Werten prinzipiell als harmonisierbar bezeichnen, die praktische Wirklichkeit zeigt jedoch ein anderes Bild. Geschäftsführung und medizinische Seite stehen in einem starken Spannungsfeld, sehr häufig in einem Konfliktfeld. Dieses wird jedoch häufig verleugnet, und die damit verbundenen negativen Auswirkungen auf die Patientenversorgung werden durch Zertifizierungen, Qualitätsberichte und Routinedaten eher zugedeckt als konstruktiv bearbeitet. Denn die von uns so zahlreich gesammelten Berichte »dürfen nicht sein. Schon aus Gründen des Wettbewerbs der Krankenhäuser«.[20]

Die Situation des Chefarztes lässt sich exakt mit dem sozialpsychiatrischen Theoriemodell des »Double-Bind« beschreiben.[21] Er bekommt eine doppelte Botschaft, die in sich widersprüchlich ist und – was sie besonders gefährlich macht – oft nicht kommentiert werden darf. Die Leugnung macht die Doppelbotschaft pathogen. Die betroffene Person »dreht durch«. Sie muss zwar keine manifeste Schizophrenie[22] entwickeln, aber sie kann letztlich die Lage nur aushalten, wenn sie sich klar für eine Rangfolge entscheidet oder das Dilemma offen thematisiert. Wirtschaftliche Ziele zum Wohle des Hauses, des Unternehmens oder gar der Aktionäre stehen dann leider oft an erster Stelle, auch deshalb,

---

16 Vgl. Goldschmidt u. Hilbert (2009)
17 Vgl. Seneca (2014): »Die größte Niederträchtigkeit eines Arztes besteht darin, sich Arbeit zu verschaffen.«
18 Vgl. Parsons (1951)
19 Vgl. Parsons (1951, S. 435)

20 Protokollnotiz Univ. Klinik, Studie (2012)
21 Vgl. Watzlawik et al. (1967)
22 Aussage eines Controllers, Studie (frei-gemeinnützige Klinik, 2015)

weil dies in Zielvereinbarungen seitens der Vorstände verlangt wird und weil dieses Ziel ja auch durchaus »ethisch« sein kann.

17.6 Mitmachen, Widerstand leisten oder fliehen? – Chefärzte im Blick ihrer Assistenten und Oberärzte

Chefärzte müssen heute sehr robust sein. Auf der einen Seite sind sie nach wie vor den absurdesten juristischen Vorwürfen ausgesetzt, die durch geschäftstüchtige Anwälte und Rechtsschutzversicherungen gefördert werden. Eine gern skandalisierende Presse trägt nicht selten dazu bei, ein Klima des Misstrauens und der Verunsicherung zu erzeugen. Andererseits müssen sie oft mit sehr knappen Ressourcen einem hohen Qualitätsanspruch genügen, sehen sich aber auch genötigt, offenbar ethisch grenzwertige Methoden der Indikationsstellung einzusetzen. Wenn sie der Aufforderung der kaufmännischen Geschäftsführung nach »kreativeren Indikationen« nicht nachkommen wollen, müssen sie bereit sein, ihrer Kündigung ins Auge zu sehen.[23] Da wundert es nicht, wenn von Chefärzten zunehmend mehr zu hören ist, wie froh sie sind, wenn sie in den Ruhestand gehen können oder dass der sich freuen kann, der noch einen »alten Vertrag« hat.[24] Man könne sich gar nicht vorstellen, wer einem alles in die medizinische Arbeit hereinredet und was da von einem seitens des Managements verlangt wird.[25]

Wenn man die Situation von Chefärzten heute sozialwissenschaftlich beschreiben will, so sollte man nicht nur diese selbst befragen. Interessant sind auch die Berichte von Assistenz- und Oberärzten über ihre Chefs bzw. über die Situation in ihren Abteilungen. Daraus geht hervor, dass Chefärzte Anordnungen der Geschäftsführung an ihre Teams weitergeben (müssen), dass sie dies teils glatt, teils halbherzig umsetzen, dass sie teils in den Widerstand gehen oder ihren Posten verlassen und teils »kaufmännischer als der Kaufmann« sind. Nur ein einziger (Chef-)Arzt gab überzeugend an, dass in seiner (wirtschaftlich sehr gut dastehenden) Privatklinik ökonomische Einflussnahmen konsequent ausgeschlossen und geächtet sind. In den öffentlichen Kliniken, in denen er zuvor gearbeitet hatte, sei dies allerdings anders gewesen, ein Grund für ihn, den städtischen Betrieb zu verlassen.[26]

Chefärzte mit »alten Verträgen« fühlten sich in ihrer Rolle auch noch relativ wohl. Sie wurden von ihren Assistenzärzten oft als besonders vorbildlich beschrieben. Die von ihnen praktizierte Medizin sei entspannter, patientenfreundlicher und ehrlicher. Zuwartende, den Patienten in seinem Krankheits- und Heilungsverlauf beobachtende und begleitende Medizin sei hier spürbar häufiger zu finden. Das Insistieren auf DRG-optimierenden Entlassungen sei hier nicht der Fall.[27]

» Bei uns dürfen Patienten länger liegen, wenn sie wollen, und mir ist nie vorgehalten worden, wenn ich mal jemanden, der das gerne wollte, übers Wochenende im Haus behalten habe. Da hält uns auch unser Chef dazu an. Der ist noch einer vom alten Stil.[28]

Solche Chefärzte sind gegenüber der Direktion entweder stark, klar und dialogisch, oder aber sie verweigern jede Kooperation mit den Vorständen, was dann nicht selten zu wirtschaftlichen Schäden für die Klinik führt, manchmal aber auch für Patienten zum Problem wird. In einer Klinik gehen wirtschaftliche Vorgaben direkt und ausschließlich von der kaufmännischen Leitung aus:

» Das kommt von der Leitung, nicht von den Chefärzten und Oberärzten. Viele Chefs gehen eh bald in den Ruhestand. Einige interessieren sich für nichts mehr... [29]

In Häusern mit wirtschaftlichen Problemen oder mit hoher Gewinnorientierung bei gleichzeitig wenig sensiblem Management ist der *wirtschaftliche Druck* auf Geschäftsführung und Chefärzte besonders hoch. Die DRG-Entgelte müssen optimiert, der Casemix-Index gesteigert, die Fallzahlen erhöht

---

23 Fall belegt, Studie (2015)
24 viele Berichte, Studie (2006-2015)
25 Fall belegt (2014) Univ. Klinik

26 Interview Studie (2015)
27 Interview Studie (2015)
28 Interview Studie (2015)
29 Interview Studie (2015)

und die Belegung optimiert werden. Unsere Interviews zeigen auf, dass die Anordnungswege von der Unternehmensspitze bis hin zur Basis eher linear als dialogisch, eher top-down als kollegial erfolgen.

17.7 Der Chefarzt – Mehr bedauert als geachtet?

Die Chefärzte sind in diesen Prozessen die *strategische Umschlagsstelle*, an der die wirtschaftlich motivierten Ziele in medizinische Handlungsanweisungen umgesetzt werden. Dadurch wird auch der *Stab der Verantwortlichkeit* von der Geschäftsführung an die Ärzte übergeben. Geschäftsführung und Kaufmann dürfen sich ja bekanntlich nicht in medizinische Fachentscheidungen einmischen, und der Arzt darf keine Anordnungen von nichtärztlichen Fachkräften übernehmen. Aber durch die Gestaltung der Rahmenbedingungen medizinischer Arbeit einschließlich der zur Verfügung gestellten personellen und materiellen Ressourcen greift die betriebswirtschaftlich motivierte Zielorientierung auf die Medizin über. Damit »macht« das Management Medizin, wenn auch bevorzugt indirekt. Faktisch steht es damit auch in der Verantwortung für die Medizin[30], juristisch ist es jedoch der Chefarzt, der für die medizinische Entscheidung am Patienten verantwortlich ist.

» Die Anordnungen gehen grundsätzlich von der Chefin aus, die das ihrerseits von der Leitung bekommen hatte. Mit Angabe, dass sonst ihre Abteilung abgeschafft wird, wenn wir nicht genügend rentabel sind... Die Unternehmensleitung sorgt dafür, dass solche Anordnungen möglichst von Ärzten kommen, damit sie selbst aus dem Schneider ist, wenn mal was passiert... [31]

Ein Mittel der Wahl, um Ärzte auf betriebswirtschaftliche Ziele zu verpflichten, sind *Zielvereinbarungen*. Diese sind offenbar je nach konkreter Ausgestaltung teils sinnvoll, teils ethisch unakzeptabel. Offenbar gibt es Kliniken, in denen Ärzte mit Gehaltsminderungen bestraft werden, wenn sie die Notaufnahme von Patienten zu oft abmelden. Der einzelne Arzt wird hier absichtlich in einen Konflikt zwischen seinen eigenen wirtschaftlichen Interessen, eine verantwortliche medizinische Versorgung sowie eine vertretbare Belastung des ärztlichen und pflegerischen Personals gestellt.

Ein anderes Mittel besteht in der *Förderung der Konkurrenz* zwischen Chefärzten, die teilweise – nach Aussage eines Chefarztes – untereinander um die Gunst der Geschäftsführung konkurrieren.

» Oh ja – da gibt es Chefs, die dafür sorgen, dass sie nur Kurzlieger bekommen – und alles, was den Ertrag der Abteilung schmälern könnte, wird abgewiesen – es wird mehr abgewiesen als aufgenommen, wenn das die Jahresbilanz fördert. (…) Das ist wie »House of Gods« (…) und wenn man als Chef eben nicht so viel dem Haus einbringt, gilt man als Schlaffi (…) also interner Wettbewerb: »Wer bringt die höchsten Einnahmen?«[32]

» Der Geschäftsführer hat monatlich den Abteilungen Tabellen zugeschickt, wo alle Abteilungen mit allen betriebswirtschaftlichen Zahlen vergleichbar waren, wo es um Erfüllung oder Nichterfüllung von Sollwerten ging. Der Geschäftsführer hat es geschafft, alle Chefärzte gegeneinander auszuspielen – das hat viel Unmut erzeugt.[33]

Häufig haben uns Assistenzärzte von *Demütigungen* berichtet, die ihre Chefs durch das kaufmännische Management hinnehmen mussten. Dies geschieht offenbar teilweise durch direkten Druck u.a. auch durch Lautstärke und Drohungen, teils durch Ausschluss von Informationen. Ein Facharzt berichtet:

» Kaufmännischer Geschäftsführer setzt die Leute stark unter Druck, wenn sie Überlastungsanzeigen an ihn richten. Das Personal wird derartig runtergefahren, dass man manche Dinge nicht mehr verantworten kann. In Spitzenbelastungen herrscht dann das Chaos. Die Aufnahmestation als Vorhof zur Hölle. Manchmal drohen sie direkt, nicht nur

---

30 Vgl. Khushfs (2004) Management makes medicine. Vortrag am 22.01.2004 am Allgemeinen Krankenhaus Altona (Hamburg)
31 Interview Studie (2015)
32 Interview (Chefarzt) Studie (2015)
33 Interview Studie (2014)

den Chefärzten. Sie würden die Abteilung schließen, wenn nicht genug Patienten aufgenommen werden. Jetzt steigt die Belegung ständig, so dass wir überall einige Gangbetten haben. Gleichzeitig schließen sie Intensivstationen der Kardiologie, kürzen die andere Intensiv. Das machen die jetzt, weil bald mehr Pflegekräfte eingesetzt werden müssen – dann scheint sich die Intensiv nicht mehr so zu lohnen. Früher waren die Patienten nach Herzkatheter einige Tage auf Intensiv – jetzt nur noch ein paar Stunden. Wir haben echte Knappheit an Intensivbetten. Der Chef einer Intensiv traut seinen Augen nicht, weil plötzlich zwei Männer kommen und die Monitore von den Betten abbauen, ohne dass man ihm das gesagt hätte. Solche Entscheidungen trifft offenbar der Kaufmann.[34]

Aus der Sicht eines Assistenzarztes (Facharzt) ist der Chefarzt eine *bedauernswerte Person*, da er – anders als der Assistent – den wirtschaftlichen Vorgaben nicht individuell ausweichen kann.[35]

» Was meine persönlichen Freiheitsgrade in Bezug auf medizinische Entscheidungen betrifft, so würde ich (nach Schulnoten) schon noch eine 2 geben – das habe ich mir mühevoll erarbeitet, dafür muss man sich sehr behaupten. Beim Chef würde ich realistisch maximal eine 4, wahrscheinlich eine 5 geben. Das ist sehr realistisch eingeschätzt. Das ist auch das Dilemma. Der Chef, der eigentlich für den Zusammenhalt einer Abteilung sorgen muss, der ist völlig machtlos, der kann gar nicht mehr dafür sorgen, dass es der Abteilung gut geht. (…)

Bei den eigenen Mitarbeitern kann ein Chefarzt dann auch sein *Ansehen* verlieren. Ein Arzt beschreibt die Anordnungskette:

» Geschäftsführer, Chefarzt, Oberarzt, Fallmanager. Ein Chefarzt ist doch heute nichts mehr wert – der hat doch letztlich nichts zu entscheiden. (…)

---

34 Interview (Studie 2015)
35 Assistenzarzt, konfessionelles Krankenhaus, Interview Studie (2014)

Mag diese Aussage auch extrem sein und keineswegs verallgemeinert werden dürfen, so zeigt sie doch die Gefahr auf, die für Chefärzte entstanden ist, seitdem »die Verwaltung« das letzte Sagen hat.

17.8 Starke Chefärzte – Was zeichnet sie aus?

Chefarzt zu sein bedeutet die Übernahme von fachlicher, organisatorischer und auch finanzieller *Verantwortung* in einem hoch komplexen multiprofessionellen und sich dynamisch entwickelnden Klinikum. Die ethische und soziale Dimension dieser Aufgaben bildet keinen gesonderten Bereich, sondern ist »quer« dazu in allein Bereichen integriert.

Die Aufgaben können nicht im Alleingang gelöst werden. Sie fordern interdisziplinäre und interprofessionelle *Kooperation*, aber auch die *Bereitschaft und Fähigkeit zum Konflikt*. Gerade in Zeiten tief greifender Veränderungen geht es um das konstruktive Einbringen in widersprüchliche, oft chaotische und in vielfacher Hinsicht unfertige soziale Felder. Die Medizin kann dabei von dem Motto eines international gefeierten Spitzenorchester lernen: »Hochleistung braucht Dissonanz.«[36]

Bislang sind die Ausbildungs- und Qualifizierungswege für diese Aufgaben unzureichend. Eine vom medizinischen Fachjournal »The Lancet« einberufene internationale Kommission fordert in ihrem Memorandum »Education of Health Professionals for the 21st Century«[37] eine »neue globale Initiative zur Reform der Ausbildung von Gesundheitsfachleuten«[38]. Hier ist von einem »allgemein gültigen Wertekatalog der sozialen Verantwortung«[39] die Rede, der sich auf die medizinischen ebenso wie die Gesundheitsberufe des Managements bezieht.[40] Wenn hier von der kompetenten Mitarbeit an »patienten- und bevölkerungsorientierten Gesundheitssystemen«[41] gesprochen wird, bedeutet dies zweifellos auch die Integration ökonomischer Überlegungen in die Entscheidungsprozesse. Die darin

---

36 Vgl. Schulz u. Schmidt (2011)
37 Vgl. Lancet (2010)
38 Vgl. Careum-Stiftung (2011)
39 ebd. S. 8
40 Vgl. auch Naegler (2011)
41 ebd. S. 7

enthaltenen Dilemmata und Fallstricke lassen sich durch ethische Qualifikation besser bewältigen.

Freilich müssen wir alle noch viel voneinander lernen, vielfach auch im Selbststudium, weil die Mühlen der Ausbildungsreform langsam mahlen. Auch die Politik muss dazulernen. Wenn sie die Letztentscheidung im Krankenhaus einem kaufmännischen Management überlässt, das von einer medizin- und ethikfremden Betriebswirtschaftslehre geprägt ist, wird sie in Kauf nahmen müssen, dass in der Versorgungspraxis das Wohl des Unternehmens und der Gesundheitswirtschaft mit dem Wohl des Patienten in Konflikt gerät.

Der Chefarzt muss primär das Wohl seines und seiner Patienten vertreten. Sofern ökonomische Aspekte dabei berücksichtigt werden müssen, ist deren ethische Legitimität zu prüfen. Beachtet man den Grundsatz der Wirtschaftswissenschaften, dass alle Ressourcen *prinzipiell* begrenzt sind, dann gilt es auch zu akzeptieren, dass das, was dem einen Patienten zukommt, dem anderen nicht mehr zur Verfügung steht. Politisch bedeutet dies dann die Notwendigkeit der Priorisierung auf der Makroebene. Auf der Ebene der direkten Patientenversorgung ist dies faktisch längst unvermeidlich, zumeist aber intransparent und planlos.

Ob »Chefarzt« ein Traumberuf sein kann oder ein Albtraum, das hängt in hohem Maße von einem selbst ab. Nur leider nicht allein. Denn auch dem bestens qualifizierten und kommunikativ begabten Chef kann das Berufsleben »zur Hölle« geraten, wenn er in seinen Entscheidungen von Funktionsträgern abhängig ist, die vollkommen andere Interessen und Ziele vertreten als es das Ethos der Medizin verlangt (vgl. hierzu Kap. 19.1, S. 251 rechte Spalte Mitte). Was das im Einzelfall konkret bedeutet, lässt sich nicht von vornherein bestimmen. Die Diskursfähigkeit aller Partner ist deshalb von entscheidendem Gewicht.

17.9 Zusammenfassung und Empfehlungen

Im Spannungsfeld zwischen einer hoch anspruchsvollen Medizin und den systembedingten betriebswirtschaftlichen Gewinnerwartungen des Krankenhausunternehmens müssen Chefärzte aktuell zwei Zielen dienen, die nicht konfliktfrei zusammengehen. Ethisch und rechtlich stehen sie in der Verantwortung für die Versorgung ihrer Patienten. In Hinblick auf die dafür erforderlichen personellen und materiellen Mittel sind sie kaufmännisch handelnden Geschäftsführungen unterstellt. Damit sind sie in hohem Maße auf eine vorgesetzte Leitung angewiesen, deren Management fachlich, ethisch, kommunikativ und diskursiv auf hohem Niveau ist. Ihrerseits müssen sie ebenfalls über ihre medizinische Kompetenz hinaus in der Lage sein, medizinische Entscheidungen mit Blick auf Patientenwohl und Unternehmenswohl abzuwägen und zu verhandeln. In manchen Situationen ist auch klarer Widerstand gegen eine Ökonomisierung der Medizin vonnöten, wo diese den ethischen Grundsatz des »Primum nil nocere« verletzt. Im Zuge eines sich verändernden Selbstverständnisses aller Gesundheitsberufe müssen Chefärzte aktuell jene Aufgabe lösen, welche die Politik sich zu beantworten weigert: mit begrenzten Mitteln eine bestmögliche Medizin zu verantworten, die faktisch *unter* dem durch die wissenschaftliche Medizin und Pflege möglichen Niveau liegt. Dazu braucht es medizinische, ethische und ökonomische Kompetenz und die Bereitschaft und Fähigkeit zur Abwägung unterschiedlicher Interessen.

Literatur

Bröckling U, Krasmann S, LemkeT (Hrsg) (2000) Gouvernementalität der Gegenwart. Suhrkamp, Frankfurt a.M.

Careum-Stiftung (2011) Education of Health Professionals for the 21st Century - Eine neue globale Initiative zur Reform der Ausbildung von Gesundheitsfachleuten. Careum, Zürich

Foucault M (2006) Sicherheit, Territorium, Bevölkerung – Geschichte der Gouvernementalität I; Die Geburt der Biopolitik - Geschichte der Gouvernementalität II. Suhrkamp, Frankfurt a.M.

Frank J, Chen L et al. (2010) Health professionals for a new century: transforming education to stengthen health systems in an independent world. Lancet 376: 1923-1958

Goldschmidt A, Hilbert J (2009) Von der Last zur Chance – Der Paradigmenwechsel vom Gesundheitswesen zur Gesundheitswirtschaft. In: Goldschmidt A, Hilbert J (Hrsg) Gesundheitswirtschaft in Deutschland. Wikom, Wegscheid, S 20-40

Herzlinger R (1997) Market Driven Health Care. Perseus Books, New York

Naegler H (2011) Management der sozialen Verantwortung im Krankenhaus. Medizinisch-wissenschaftliche Verlagsgesellschaft, Berlin

Naegler H, Wehkamp KH (2014) Die Ökonomisierung patientenbezogener Entscheidungen im Krankenhaus – Zur Mengenentwicklung in deutschen Krankenhäusern. Monitor Versorgungsforschung 4: 43-51

Schuz C, Schmidt A (2011) Hochleistung braucht Dissonanz – Was Teams vom 5-Sekunden-Modell der Deutschen Kammerphilharmonie Bremen lernen können. Wiley, Weinheim

Seneca (2014) Der Weise ist sich selbst genug. Reclam, Stuttgart, S 162

Watzlawick P, Beavin JH, Jackson DD (1969) Menschliche Kommunikation. Hans Huber, Berlin, S 194-203

Wehkamp KH (2004) Die Ethik der Heilberufe und die Herausforderungen der Ökonomie. Berliner medizinethische Schriften. Humanitas, Berlin

17.10 Anhang: Studienergebnisse

Veränderungen der Arztrolle
- Die Ärzte sehen sich mit der Forderung konfrontiert, im ärztlichen Verhalten und Entscheiden neben der Orientierung am Wohl des Patienten auch wirtschaftliche Interessen des Krankenhauses oder eines Gesundheitsunternehmens zu berücksichtigen.
- Deutlich ist ein Machtverlust der behandelnden Ärzte zu erkennen. Dies zeigt sich bei Einstellungen und Entlassungen von Mitarbeitern, bei Fragen der Therapie, der Organisation und in den eigenen Verträgen.
- Positives Unternehmertum wird vielfach eingefordert: »Da wird man passiv zum Unternehmer. (…), ein Stück Unternehmertum wird per Vertrag auf dich übertragen, und dann überträgt sich die Logik des Unternehmens auf den Arzt.« (ein Chefarzt)
- Die Veränderungen im Rollenverständnis vollziehen sich jedoch nicht gradlinig, sondern sind mit Konflikten sowohl beim Einzelnen als auch innerhalb der Mitarbeiterschaft verbunden.

»Die Verantwortung für das wirtschaftliche Ergebnis des Krankenhauses ist dezentralisiert. Die Chefärzte sind verantwortlich für das wirtschaftliche Ergebnis der von ihnen geleiteten Abteilungen.« (Ein Geschäftsführer)

»Entscheidungen werden dezentralisiert, um Mitarbeiter durch eigenständiges Handeln zu entlasten. Chefärzte werden immer mehr in die Routine einbezogen – das ist gut und richtig.« (Ein Geschäftsführer)

»Das ist der (!) Stress, unter dem der Chef jeden Tag steht, und den überträgt er 1:1 auf seine Assistenten und Oberärzte.« (Ein Assistenzarzt)

Quelle: Naegler H, Wehkamp KH (2015/16): Studie »Ökonomisierung patientenbezogener Entscheidungen im Krankenhaus«. Zwischenergebnis auf Basis von 60 Leitfadeninterviews mit Ärzten und Geschäftsführern. Berlin, Bremen. (Zu weiteren Chefarzt-Aussagen ▶ auch Kap. 36 und 37)

Veränderter Charakter des Krankenhauses
- Aspekte der Wirtschaftlichkeit, der Erlösoptimierung und des Marketings prägen zunehmend den Charakter des Krankenhauses und der Medizin.
- Zusammengefasst sprechen die Interviews dafür, dass das Krankenhaus entgegen vielfacher Beteuerungen vom »Patienten im Mittelpunkt«, der eine »ganzheitliche Zuwendung« erfahre, eher als eine Reparaturanstalt für »schwere Fälle« anzusehen ist, deren eigene wirtschaftliche Erhaltungsinteressen auch zu Ungunsten des einzelnen Patienten ausschlagen können.

Charakter der Medizin
Als »Umwertung nach ökonomischen Gesichtspunkten« bezeichnet ein Chefarzt die Situation. Ein anderer Arzt spricht von einer »Bewertung der Arbeitsqualität nach Gewinn, wenn es bei den Patienten darauf ankommt, wie viel Geld sie bringen.«

Quelle: Zwischenfazit, vorgetragen auf dem »Spreestadt-Forum« in Berlin (2015), den »Berliner Wirtschaftsgesprächen« an der TU-Berlin (2015) und einem Symposium von Universität Bremen und Senator für Gesundheit Bremen (2015)

Ohne Zuwendung ist alles nichts – Für eine Medizin der Zwischenmenschlichkeit[1]

Giovanni Maio

18.1 Einleitung – 242

18.2 Zuwendung als Anerkennung des Patienten in seiner Unverwechselbarkeit – 242

18.3 Zuwendung als Aufwertung des kranken Menschen – 242

18.4 Der Verwandlungscharakter der Zuwendung – 243

18.5 Die Kostbarkeit des Gesprächs – 244

18.6 Die Bedeutung des Zuhörens – 244

18.7 Medizin als Verbindung von Sachlichkeit und Zwischenmenschlichkeit – 246

Literatur – 248

---

1 In weiten Teilen überarbeitete Version des Kapitels 9 aus Maio G (2015) Den kranken Menschen verstehen. Für eine Medizin der Zuwendung. Herder, Freiburg

U. Deichert et al. (Hrsg.), *Traumjob oder Albtraum – Chefarzt m/w*,
DOI 10.1007/978-3-662-49779-1_18, © Springer-Verlag Berlin Heidelberg 2016

18.1 Einleitung

In der Behandlung von kranken Menschen kommt es nicht allein auf die Technik, auf die Applikation einer bestimmten Methode an, sondern vor allem darauf, in welchem Beziehungsgeschehen Therapien erfolgen. Diese *Beziehung* hat weniger etwas mit einer bestimmten Handlung zu tun als mit der ihr zugrunde liegenden Haltung. Heilung ist in einem wesentlichen Sinne als Resultat einer Interaktion zu verstehen, die unabdingbar auf eine *personale Zuwendung* angewiesen ist. So kann es bei der Behandlung hilfsbedürftiger Menschen nicht allein um das Anbieten von Sachleistungen oder um das Anpreisen neuester Behandlungsmethoden gehen. Hilfe ist kein Konsumgut und keine erwerbbare Fertigware – konkrete Hilfe ist vielmehr etwas, was sich im Dialog nach und nach herauskristallisieren muss. Denn erst, wenn der Helfende sich auf die Lebenswelt des Hilfesuchenden einlässt, wenn er sich für die unverwechselbare Besonderheit des Anderen öffnet und sich von ihr leiten lässt, kann deutlich werden, wohin die gemeinsame Reise gehen kann. Ohne die *Begegnung mit dem Patienten* gäbe es gar keinen Anhalt dafür, welche Intervention, welche Methode, welches Verfahren zu wählen ist, da sich die Indikation zu einem Verfahren nicht allein aus objektiven Fakten ergibt, sondern aus der Verbindung dieser objektiven Fakten mit der konkreten Patientengeschichte. Ohne Begegnung ist keine Indikation möglich; ohne sie entspräche die Wahl der weiteren Therapieverfahren letztlich der reinen Willkür oder den Vorlieben des Therapeuten, wäre aber nicht die angemessene Antwort auf die konkrete Situation des leidenden Menschen. Jeder reflektierte Arzt weiß, dass die Begegnung mit einer Patientin oder einem Patienten immer aufs Neue die Konfrontation mit einem Menschen darstellt, der für den Helfenden noch nie da war, nicht nur nicht in seiner Sprechstunde, sondern auch nicht in seinen Lehrbüchern und befragten Studien: Jeder Patient ist einmalig und erfordert eine singuläre Antwort, die nur gegeben werden kann, wenn der Therapeut weiß, *wer* ihm da gegenübersitzt.

18.2 Zuwendung als Anerkennung des Patienten in seiner Unverwechselbarkeit

Die Begegnung mit dem kranken Menschen steht nicht zuletzt auch deshalb im Zentrum der Heilung, weil man nur innerhalb einer Begegnung echte Zuwendung schenken kann. Denn von Zuwendung kann man nur dann sprechen, wenn die damit verbundene Ansprache einer ganz spezifischen Person gilt und keinem standardisierten »Fall«. Martin Buber bringt das schön auf den Punkt, wenn er schreibt, dass jede Begegnung »ein neues Gesicht« hat. Die Begegnung ist also immer eine Begegnung mit einer ganz bestimmten Person in einer ganz bestimmten Situation, und dieser situative Charakter der Begegnung geht unweigerlich mit einer Beanspruchung des Begegnenden einher: Man schuldet dem Anderen eine *Antwort*. Werner Faber spricht zu Recht vom »beanspruchenden Charakter der Begegnung«[2], weil sie uns eine situativ angemessene und von Engagement und persönlicher Verantwortungsübernahme getragene Antwort abverlangt – und keine beiläufige oder unverbindliche Reaktion. Zuwendung innerhalb einer so verstandenen Begegnung bedeutet also, als Person einer anderen Person gegenüberzutreten und sich von ihr dazu aufgerufen zu fühlen, sich für sie in einer authentischen Weise zu interessieren und einzusetzen. Sie hat somit viel mehr als nur die Funktion, die weiteren, auf den Patienten zugeschnittenen Therapieschritte vorzubereiten. Zuwendung entfaltet aus sich heraus eine heilsame Kraft, die es genauer zu beleuchten gilt, da sie von unserem derzeitigen Gesundheitssystem so sehr unterschätzt wird. Worin liegt diese heilsame und damit therapieunterstützende Kraft der Zuwendung?

18.3 Zuwendung als Aufwertung des kranken Menschen

Die Zuwendung holt den Anderen aus der Anonymität, macht ihn zu etwas Besonderem und lässt ihn

---

2 Faber W (1969) Zum Problem der Begegnung. Anthropologische und pädagogische Anmerkungen. In: Ders (Hrsg) Pädagogische Kontroversen (Bd. 1). Fink, München, S 123-138 (hier: 129)

in einem neuen Licht erscheinen – und zwar nicht in erster Linie vor uns, sondern *vor sich selbst*. Sie veredelt den Anderen und stellt darin ein Gegenmittel zu der virulenten Bedrohung einer Selbststereotypisierung des kranken Menschen dar; sie macht ihn nicht klein, sondern groß und birgt auf diese Weise das Potenzial zur Entfaltung seiner Persönlichkeit. Allein dadurch, dass wir durch unsere Zuwendung zum Ausdruck bringen, dass er so sein darf wie er ist, lernt er, sich selbst (in seiner Krankheit) anzunehmen. Begegnung und verstehende Zuwendung stellen eine tiefe Form der *Wertschätzung* dar, die den Patienten selbst verändert. Man kann es auch so sagen: Unser Verhältnis zu ihm strahlt aus auf sein Verhältnis zu sich selbst. Denn Menschen in Not befinden sich fast immer in einer Situation der Demoralisierung, in der sie ihr Grundvertrauen in die Welt und in sich selbst verloren haben. In dieser Situation der Bedrängnis kann die Zuwendung ein Antidot, ein »Gegengift«, sein, weil sie dem Patienten genau diese Fähigkeit zurückverleiht.

Aber die Zuwendung hat nicht nur zur Folge, dass man Bestätigung erfährt und sich der Welt und seiner selbst neu vergewissern kann. Im Gefühl des Angenommenseins stößt man zugleich in eine Tiefenschicht des Denkens vor, in der man es – häufig erstmals – wagt, das Bisherige zu hinterfragen. Jeder echte Dialog bringt die Dinge ins Wanken, unterzieht sie einer Neuordnung, weil man sukzessive abläßt von den eigenen Verdrängungsmechanismen und davon, eine Rolle spielen, sich inszenieren, sich positionieren zu wollen. Die in der Zuwendung vermittelte Versicherung, so sein zu dürfen, wie man ist, weist die eigene Angst in Schranken und erlaubt es, Fassaden infrage zu stellen. Der Andere bestärkt mich so auch im kritischen Blick auf mich selbst, und zwar einfach dadurch, dass ich im Bewusstsein, dass mir jemand zuhört, lerne, mir selbst zuzuhören.

18.4 Der Verwandlungscharakter der Zuwendung

Gabriel Marcel hat Verstehen und Zuwendung als eine Wohltat bezeichnet, von der »eine geheimnisvolle Anregung zur Schöpfung«[3] ausgeht. Damit bringt er die entscheidende Wirkung der Zuwendung zum Ausdruck, die darin besteht, dass der Mensch durch ein verstehendes Gegenüber dazu befähigt werden kann, sich mit widrigen Lebensumständen nicht zufrieden zu geben, sondern sie kreativ zu gestalten. Das ist mit *schöpferischer Kraft* gemeint. Sie erschließt sich in dem Moment, wo dem Hilfesuchenden bewusst wird, dass sich das, was in ihm steckt, nicht einfach »aufdecken« und berechnen lässt (und ihm umgekehrt auch nicht abgesprochen werden kann!), sondern als eine unverfügbare Entfaltungsquelle in ihm schlummert, die Marcel zu Recht als »Geheimnis« bezeichnet. Sie ist ein Geheimnis, weil wir nie im Voraus wissen können, welches Potenzial an *Bewältigungsstrategien* wir aus unserem tiefsten Inneren freilegen können. Die in der Zuwendung verwirklichte Zwischenmenschlichkeit kann einen Zugang zu diesem Potenzial bahnen, weil der Dialog mit dem Anderen das Bewusstsein schärft und das Erleben verdichtet. *Zwischenmenschlichkeit* hat eine erlebnisverdichtende Wirkung und eröffnet die Chance, in eine Tiefe vorzudringen, die uns als im Hier und Jetzt gefangenen Einzelwesen verschlossen bleibt.

Im Gespräch mit Patienten gilt es, sich immer wieder klarzumachen, dass diese im Grunde danach suchen, sich selbst zu verstehen, weil sie sich durch Krankheit oder andere widrige Erfahrungen fremd geworden sind. Auf diesem Weg zum *Verständnis des eigenen Selbst* brauchen wir eine andere Person, die dieses Verstehen-Wollen mit uns teilt. Denn das Verlangen, sich zu verstehen, kann ohne ein Gegenüber nicht gestillt werden. Jeder von uns ist von Geburt an mit einer ursprünglichen Kraft zu Entfaltung und Wachstum ausgestattet. Sie kann jedoch nur dann zur vollen Blüte gelangen, wenn wir auf einen anderen Menschen stoßen dürfen, über den wir uns selbst kennenlernen und erfahren können. Der Andere stellt die notwendige Bedingung für die Entfaltung der in uns schlummernden Kraft zur Weiterentwicklung dar. Nur so können wir die Bedeutung von Verstehen und Zuwendung in ihrer ganzen Tragweite erfassen.

---

3 Marcel G (1961) Das ontologische Geheimnis. Reclam, Stuttgart, S 44

18.5 Die Kostbarkeit des Gesprächs

Von hier aus gilt es, noch einmal auf das Verstehen und das Gespräch zurückzukommen. Bei Emmanuel Levinas findet sich ein Satz, der die Bedeutsamkeit des *Gesprächs* wunderbar engführt und zusammenfasst: »Eine Person verstehen heißt schon mit ihr sprechen.«[4] Damit bringt Levinas zum Ausdruck, dass der Moment des Sprechens mit dem Anderen bereits impliziert, dass man gewillt ist, ihn er selbst sein zu lassen. Das Sprechen-Lassen bedeutet in gewisser Hinsicht schon die Annahme der Andersheit des Anderen, denn sonst würde man einfach auf ihn einreden. Ihn ausreden zu lassen, ihm zuzuhören bedeutet, ihm seine eigene Bedeutung zu belassen, ihn als jemanden anzuerkennen, der uns etwas zu sagen hat. So wird auch verständlich, warum die Philosophin und Pflegeforscherin Hjördis Nerheim *Kommunikation* wie folgt definiert: »Kommunikation im eigentlichen Sinne heißt nicht Austausch von Sprache, sondern Erweiterung der Perspektive auf das eigene Leben durch den Kontakt mit dem anderen.«[5] Nicht nur Verstehen, sondern echtes Miteinander-Sprechen verwandelt.

Aber – so müssen wir kritisch fragen – findet so ein Gespräch im echten Sinne überhaupt statt in der modernen Medizin? Wir Ärzte haben zweifellos eine größere Sensibilität für die Notwendigkeit des Gesprächs zu verzeichnen, und auch im Studium finden sich nunmehr entsprechende Lehreinheiten. Und doch wird das Gespräch viel zu häufig auf eine zweckrationale Gesprächstechnik reduziert. So werden angehenden Ärztinnen und Ärzten beispielsweise Techniken vermittelt, wie sie sprechen müssen, um einen guten »Outcome« zu erzielen, oder mit welchen rhetorischen Mitteln man Empathie signalisieren kann. Es wird ihnen also nicht beigebracht, wie sie sich aufschließen können für die Erlebniswelt des kranken Menschen, sondern wie sie Emotionen nutzen können für den Behandlungserfolg. Ähnlich wie beim Kundengespräch wird auf diese Weise eine neue »Gesprächskultur« etabliert, eine Kultur des inszenierten Gesprächs bzw. des Gesprächsmanagements, was eigentlich nichts anderes darstellt als eine Kultur des unauthentischen, des strategischen Gesprächs. Wenn man lernt, Worte nicht verstehend, sondern rein strategisch einzusetzen, droht die Gefahr, das Gespräch zur Fassade, ja bisweilen gar zur Sprechblase verkommen zu lassen. Das aber hat weder etwas mit *Beziehungsmedizin* noch mit Verstehen oder gar Zuwendung zu tun.

Eine sprechende Beziehungsmedizin kann nur dann realisiert werden, wenn wir das Wort nicht als Funktion, nicht als zweckrationales Mittel betrachten, sondern als eine »Gabe«, mit der primär eine *Verbundenheit* mit dem Anderen zum Ausdruck gebracht wird.[6] Es macht einen großen Unterschied, ob man das Sprechen in der Medizin als Strategie oder als Ausdruck der Wertschätzung, des Anrufens, der Resonanz versteht. So wichtig Strategie und Informationsvermittlung auch sein mögen – sie allein lassen die Beziehung verkümmern. Zu einer Beziehung kann es erst kommen, wenn das Wort jenseits seiner intentionalen Funktion als eine Gabe verstanden wird, mit der dem Anderen vermittelt wird, dass er uns anspricht und grundsätzlich Bedeutung für uns hat.

18.6 Die Bedeutung des Zuhörens

Und doch ist es mit dem Wort nicht getan. Denn noch grundlegender als das Sprechen ist das *Zuhören*. Wohl der größte Schwachpunkt der modernen Medizin ist, dass in ihr nicht nur die Bedeutung des Gesprächs abgewertet wird, sondern noch viel gravierender die Bedeutung des Zuhörens. Das Zuhören gerät »aus dem Blick«, weil man in der Medizin die visuelle Perspektive favorisiert und die auditive Leistung übersieht. Evidenz ergibt sich unter der Vorherrschaft eines okularen Paradigmas allein aus der »Autopsie«, allein aus der Sichtbarmachung von Struktur und Materie, nicht jedoch aus der *Hörbarmachung*. Erst dieser »Optozentrismus« (Lothar Quandt) lässt den Arzt dafür anfällig werden, in die reine Beobachterperspektive hineinzugleiten und den Patienten zu einem beobachtbaren

---
4 Levinas E (1995) Zwischen uns. Versuche über das Denken an den Anderen. Hanser, München, S 17
5 Nerheim H (2001) Die Wissenschaftlichkeit der Pflege. Huber, Bern, S 201
6 Maio G (2012) Mittelpunkt Mensch – Ethik in der Medizin. Ein Lehrbuch. Schattauer, Stuttgart

und auf seine ausweisbaren Befunde reduzierten Objekt zu machen. Das ist ein grundlegendes Problem der modernen Medizin. Sie entfremdet sich auf diese Weise immer weiter von der eigentlichen Erlebniswelt des Patienten, weil diese eben nur gehört, nicht jedoch optisch dargestellt werden kann. Pointiert könnte man sagen: Was der Patient hat, können wir sehen, wer er ist, können wir nur hören.

Vor diesem Hintergrund ist es umso wichtiger, das Verstehen nicht primär mit dem sichtbaren, dokumentierbaren und verifizierbaren Sprechen in Verbindung zu bringen, sondern noch viel grundlegender mit dem gekonnten Zuhören. Unsere Sprache ist voll von visuellen Paradigmata; so sprechen wir von »mentaler Repräsentation«, von Vorstellen, von inneren Bildern, aber um wirklich zu verstehen, sind eher Begriffe wie Innewerden, Innerlichkeit oder Resonanz von Bedeutung. Als Resultat einer naturwissenschaftlichen Vereinseitigung gibt die moderne Medizin dem Betrachten, Dokumentieren, Abbilden, Nachweisen und Beziffern den Vorzug und vernachlässigt dabei das *Hören*, denn das Gehörte lässt sich eben nicht so einfach belegen und als »Evidenz« verwerten. Die Tendenz zur Vernachlässigung des Hörens hängt nicht nur mit der naturwissenschaftlichen Vereinseitigung der Medizin zusammen, sondern ebenso mit deren Ökonomisierung, durch die Rechenschafts-, Nachweis- und Dokumentationspflichtigkeit zum Alltag der Medizin geworden sind. Statt von Resonanz wird von »Transparenz« und »Evidenz« gesprochen, die ihrerseits der Lichtmetaphorik und einem darin verankerten Primat des Sehens entlehnt sind und schon als Wort suggerieren, dass es nichts Wesentliches zu hören gibt.

Die *Qualität des Hörens* lässt sich nicht belegen, und so fällt es immer nachhaltiger aus der modernen Medizin, die sich als qualitätsgesicherter Produktionsbetrieb versteht, heraus. Denn im Gegensatz zum Sehen ist das Hören an einen bestimmten Moment gebunden. Man hört immer im Jetzt; das Gehörte lässt sich nicht »einfrieren« wie ein Bild. So bleibt es unweigerlich flüchtig und ephemär. Und doch wird eine Medizin, die nur noch sieht und nicht mehr hört, oberflächlich, denn das Hören spricht uns in viel tieferen Schichten an als das Sehen. Das hängt damit zusammen, dass es stärker mit unserer Leiblichkeit verbunden ist. Wenn ich höre, dann höre ich mit dem ganzen *Leib*; es dringen Schallwellen in mich ein, die Vibrationen auslösen und meinen Leib verändern. Das Hören stellt eine gewisse Form der Einverleibung dar. Es ist das Aufnehmen einer ganzen Atmosphäre, die in der Stimmlage mitschwingt und die sich möglicherweise mehr über Pausen zu verstehen gibt als über das Ausgesprochene. Das Visualprimat der modernen Medizin führt so à la longue zum Verlust einer »akroamatischen«, sich aus dem Hören-Können speisenden Vernunft. Wer aber nur noch sehen will, wird blind, ohne es zu merken.

Dieses *Erblinden* durch die reine Fixierung auf das Sehen hängt damit zusammen, dass wir dem visuellen Paradigma folgend vornehmlich auf das Bestimmt-Konkrete achten. Was sich nicht in dieser Weise herausheben lässt, wird übersehen. *Sehen* hängt immer mit Sichtbarmachen zusammen, mit einem Aussuchen und mit Rastern. Mit dem Auge durchforsten wir ein Gelände und suchen uns den Punkt aus, den wir genauer betrachten wollen. Beim Hören dagegen sind wir nicht primär auf etwas Bestimmtes und Konkretes ausgerichtet, sondern aufgeschlossen für das, was sich uns gibt. Das rezeptiv-pathische Moment des Hörens schließt uns auf für das Unbestimmte, das Nicht-Feststellbare, für das, was sich uns im Vollzug des Hörens unmittelbar zu verstehen gibt und nicht erst als punktförmiges Etwas diskriminiert werden muss, um erfasst werden zu können. Wenn wir jemandem zuhören, können wir nur selten einen konkreten Wortlaut dingfest machen, der uns zum Verstehen befähigt hätte – wir fassen vielmehr das Gesamte des in die Zeit ausgebreiteten Gehörten mit all seinen Schwingungen auf und haben durch die Aufnahme dieses Prozesshaften etwas verstanden, was uns das Auge nie hätte vermitteln können. Um es mit den Worten des Neurologen, Psychologen und Philosophen Erwin Strauss zu sagen: »Im Sehen erfassen wir das Skelett der Dinge, im Hören ihren Puls.«[7] Hier wird nochmals deutlich, wie essenziell dieser offene Modus des Hörens für ein wirkliches Verstehen ist.

Das Hören ist nicht zuletzt deshalb so essenziell, weil man unter dem Vorrang des Optischen dazu

---

7 Strauss E (1956) Vom Sinn der Sinne. Ein Beitrag zur Grundlegung der Psychologie. Springer, Berlin, S 398

neigt, den Anderen aus der Distanz zu sehen. Das Sehen ist im Grunde ein distanzierender Sinn. Und zugleich ist es ein egozentrischer Sinn. Ich kann sehen oder wegsehen, ich kann das sehen und jenes überblenden oder in der Unsichtbarkeit belassen, kurz: Ich selbst entscheide, was ich sehen möchte. Beim Hören ist es anders: Hören ist eine Mischung aus Aktivität und Erleiden; hörend werde ich erfasst, ich bin dem Hören in gewisser Weise ungeschützt ausgesetzt. Und vor allem: Hörend nehme ich von mir selbst Abstand, denn ich richte mich aus auf den Anderen. Hören ist im besten Sinne ein Hin-Hören, ein intentionales Geschehen und zugleich ein Sich-Aussetzen. Hans Jonas bezeichnet es als ein Einverständnis damit, »dass etwas außerhalb meiner Kontrolle geschieht«.[8] Hinhörend setze ich mich aus, bin also beim Anderen und nicht mehr nur bei mir. Das macht das Hören – vielleicht noch mehr als das Sprechen – zu etwas *Dialogischem*. Denn Hören bedeutet ja nicht einfach, ein Wort entgegenzunehmen; es stellt die Grundbereitschaft dar, das Gesagte auf mich wirken zu lassen. Heidegger drückt das so aus: »Das Hören-Können schafft nicht erst die Beziehung des Einen zum Anderen, die Gemeinschaft, sondern setzt sie voraus.«[9]

Zu Recht wurde das Hören auch als »Tauchsinn« oder »Umgebungssinn«[10] beschrieben. Im Begriff des *Tauchsinns* kommt sehr schön zum Ausdruck, dass man immer etwas Ganzes mithört. Man erfasst das Wort nicht als ein punktuelles Gebilde, sondern vernimmt in ihm zugleich eine Stimmung, ein Tempo, ein mögliches Zittern oder Aufbrausen der Stimme, also die ganze Atmosphäre, die sich als Wort nicht dokumentieren lässt und doch unweigerlich mitschwingt. »Wer hört«, so Johann Gottfried Herder, »der hört eine Welt«.

Die moderne Medizin verfällt zunehmend einer Atmosphäre der Übertönung: Sie trägt sich zu Markte, betreibt ihr eigenes Marketing, wird immer schriller und lauter im Anpreisen ihrer Verfahren. Zugleich hält sie die Vertreter der Heilberufe an, allein dem Primat des Sehens zu folgen, und lässt das Zuhören verkümmern und den Patienten verstummen.[11] Eine verstummen machende und zugleich gehörlose Medizin! Diesem unheilvollen Trend muss mit einer neuen Einübung ins Zuhören und einer neuen Aufwertung des Hörens als Ausdruck echter Aufmerksamkeit begegnet werden.

18.7 Medizin als Verbindung von Sachlichkeit und Zwischenmenschlichkeit

Die gegenwärtigen Strukturveränderungen der modernen Medizin verweisen auf die zentrale Frage, ob die Arzt-Patient-Beziehung als eine zwischenmenschliche Beziehung oder als eine kompetenzorientierte Dienstleistung zu betrachten ist. Ist die Beziehung zwischen einem hilfsbedürftigen Menschen und einem professionellen Helfer der bedingungslosen Zuwendung verpflichtet oder der Äquivalenz? Geht es ihr um pflichtgemäßen Ausgleich oder um wohlwollende Hingabe? Das Besondere der Medizin liegt vielleicht darin, dass sie das Eine wie das Andere sein kann, vielleicht zu sein hat. Jedes Ausspielen des Einen durch das Andere stünde unter Ideologieverdacht. Das hat einfach damit etwas zu tun, dass die Medizin sowohl eine Kompetenz zur Begründung erforderlich macht, die sich aus Regeln und verallgemeinerbarem Wissen ableitet, wie sie zugleich eine konkrete Kompetenz zur Entscheidung verlangt, die auf eine Interpretation derjenigen Situation angewiesen ist, in der sich die Patientin oder der Patient befindet. Während die *Begründungskompetenz* auf Sachwissen rekurriert, kommt man im Blick auf die *Entscheidungskompetenz* innerhalb einer singulären Situation letztlich nur mit einem hermeneutischen Wissen weiter. Medizin ist somit eine Praxis im stetigen Dazwischen – zwischen Regel und Besonderheit, zwischen Auswendiggelerntem und der Fähigkeit zur Impro-

---

8 Jonas H (1973) Organismus und Freiheit. Ansätze zu einer philosophischen Biologie. Vandenhoeck & Ruprecht, Göttingen, S 202

9 Heidegger M (1999) Hölderlins Hymnen »Germanien« und »Der Rhein«. Frankfurt a. M., Vittorio Klostermann, S 72

10 Schulze H (2007) Hören des Hörens. Aporien und Utopien einer historischen Anthropologie des Klangs. Paragrana 16(2): 240-244 (hier: 244)

---

11 Duden B (2013) Über Formen des Verstummens in der Begegnung des Patienten mit der Medizin. In: Moğul T, Simon A (Hrsg) Intensiv erleben – Menschen in klinischen Grenzsituationen. Berlin, LIT, S 101-109

visation, zwischen Ableiten aus Bekanntem und schöpferischem Entwurf. Die Behandlung von kranken Menschen ist eine höchst anspruchsvolle Praxis, in der immer von Neuem eine umfassende Synthese zu vollbringen ist.

Die Medizin nimmt aber auch deswegen eine Sonderstellung ein, weil sie nach ihrer einen Seite in einem radikal unpersönlichen Rahmen erfolgt: Sie ist bezifferbar, ein Verwaltungsakt, der dokumentiert und an Behörden weitergegeben wird. Sie hat etwas Formelles und Formalisiertes an sich, da sie nach Schemata vorgeht, die von institutionell vorgegebenen Regeln, von Sachlichkeit, Objektivität und Wissenschaftlichkeit getragen werden. Nach ihrer anderen Seite hat sie jedoch eine zutiefst persönliche Komponente: Sie lebt von *Zwischenmenschlichkeit*, hat mit Intimität zu tun, verlangt Nähe, emotionale Wärme und – vor allem – einfühlsames Verstehen. Diese beiden Seiten zusammenzubringen stellt eine hohe Anforderung dar, die im Alltag nicht immer erfüllt wird, die aber als anzustrebendes Ideal niemand in Frage stellen wird.

Die nahezu unauflösbare Ambivalenz dieser Beziehung schwingt in dem Spannungsfeld von »formell« und »informell«, sie hat etwas mit dem grundlegenden Anspruch auf Augenhöhe in einer strukturell asymmetrischen Beziehung zu tun. Dazu gehört auch die Verquickung von persönlichem Helfen-Wollen und professioneller Erwerbstätigkeit: In der Medizin stoßen die altruistische *Helferbeziehung* und die abrechenbare *Dienstleisterbeziehung* aufeinander, und nicht zuletzt diese Spannung macht sie anfällig dafür, in die eine wie in die andere Richtung auszuschlagen.

Das größte Spannungsverhältnis aber ist darin begründet, dass sie ohne persönliche Nähe nicht fruchten wird und doch nicht im rein Persönlichen aufgehen kann. Die Beziehung zwischen Arzt und Patient ist *keine rein persönliche Beziehung*, da sie nicht – wie etwa die Freundschaft – auf echter Gegenseitigkeit beruht. Sobald der Arzt den Patienten um Rat für seine eigenen Probleme angehen wird, hört er auf, Arzt zu sein. Sie ist aber auch deswegen keine rein persönliche Beziehung, weil sie in der Regel eine Beziehung auf Zeit ist, die man als eine sozial etablierte gesellschaftliche Praxis betrachten muss. Und doch kommt die Arzt-Patient-Beziehung ohne Nachfühlen und emotionale Wärme, wie sie für private Beziehungen charakteristisch sind, nicht aus. So verlangt die *therapeutische Beziehung* dem Arzt im Grunde genommen eine Doppelrolle ab: Einerseits ist er als professioneller Helfer und fachmännischer Experte gefragt, andererseits wird er diese Rolle nicht gut erfüllen können, wenn er sich nicht zugleich als Mensch in der Begegnung versteht. Kranke Menschen zu behandeln impliziert eine Verbindung aus Technik, analytischer Verstandestätigkeit und kreativer Herzenstätigkeit. Das macht die Aufgabe des Arztes zu so einer großen Herausforderung.

Eine Polarisierung zwischen *Technik* und *Beziehung* führt vor diesem Hintergrund nicht weiter. Es geht in der Behandlung von Patienten nicht um die Frage »Entweder-Oder«, sondern um das rechte Maß, um ein komplementäres Verhältnis. Technik ist unverzichtbar – aber sie bedarf der Beziehung, um wirklich zu greifen. Die Beziehung steht also nicht als Ersatz für die Technik, sondern als Voraussetzung für deren Erfolg. Je vertrauenswürdiger, je verständnisvoller, je empathischer eine Ärztin oder ein Arzt empfunden werden, desto mehr wird die technische Anwendung ihre Wirkung entfalten. Das gilt nicht nur für die Apparatetechnik, die Medikation oder den Eingriff, sondern ebenso für die Gesprächstechnik, die Therapie- und Analysetechnik. Auch diese spezifisch psychotherapeutischen »Techniken« werden hilflose Manöver bleiben, wenn es den Therapeuten nicht gelingt, eine von Vertrauen und Wärme getragene Beziehung zu ihren Patienten aufzubauen.

Wir können bei einem Patienten alles Mögliche untersuchen, anordnen und behandeln, und doch bleiben all diese Herangehensweisen fruchtlos, wenn sie nicht von Zuwendung begleitet sind. Denn all diese Verrichtungen können nicht vermitteln, worum es beim *Verstehen* geht: um die Zusicherung, dass die betreffende Person es wert ist, sich mit ihr zu beschäftigen. Nicht selten ist Aktionismus der verzweifelte Versuch, diese Botschaft zu transportieren; wenn das aktive Tun jedoch nicht eingebettet ist in eine verstehende Beziehung, funktioniert diese Vermittlung nicht. Das ist der eigentliche Grund für die Unverzichtbarkeit der verstehenden Zuwendung. Nur über sie wird dem hilfesuchenden Menschen hinreichend verdeutlicht, dass er uns wichtig ist und dass das, was er fühlt und denkt, nicht abgetan, sondern als bedeutsam anerkannt wird. Vielleicht ist es letztlich wichtiger, zu wissen, *wer* die Person ist, die eine Krankheit hat, als die Krankheit, von der sie betroffen ist, einer Kategorie zuordnen zu können. Genau das könnte man als *Schlussfolgerung* ziehen: Ob ein Mensch unter chronischen Schmerzen leidet, ob er Krebs hat oder eine beginnende Demenz – immer ist er dazu herausgefordert, einen Umgang mit diesen Phänomenen zu erlernen, der es ihm erlaubt, neue Gestaltungsräume für sich zu entdecken und sich der Krankheit trotz der mit ihr verbundenen Einschränkungen nicht ausgeliefert zu fühlen. Im Zuge der Industrialisierung und Ökonomisierung der Medizin geht nicht weniger verloren als der Blick für die Notwendigkeit einer Haltung des Beistandes. Durch sie vermitteln wir dem kranken Menschen Anerkennung, und dies lässt in ihm ein Gefühl der *heilsamen Selbstachtung* aufkommen. Das ist der eigentliche »Wirkfaktor« einer Medizin der Zuwendung.

Literatur

Duden B (2013) Über Formen des Verstummens in der Begegnung des Patienten mit der Medizin. In: Moğul T, Simon A (Hrsg) Intensiv erleben – Menschen in klinischen Grenzsituationen. Berlin, LIT, S 101-109

Faber W (1969) Zum Problem der Begegnung. Anthropologische und pädagogische Anmerkungen. In: Ders (Hrsg) Pädagogische Kontroversen (Bd. 1). Fink, München, S 123-138 (hier: 129)

Heidegger M (1999) Hölderlins Hymnen »Germanien« und »Der Rhein«. Frankfurt a. M., Vittorio Klostermann, S 72

Jonas H (1973) Organismus und Freiheit. Ansätze zu einer philosophischen Biologie. Vandenhoeck & Ruprecht, Göttingen, S 202

Levinas E (1995) Zwischen uns. Versuche über das Denken an den Anderen. Hanser, München, S 17

Maio G (2012) Mittelpunkt Mensch – Ethik in der Medizin. Ein Lehrbuch. Schattauer, Stuttgart

Maio G (2015) Den kranken Menschen verstehen. Für eine Medizin der Zuwendung. Herder, Freiburg

Marcel G (1961) Das ontologische Geheimnis. Reclam, Stuttgart, S 44

Nerheim H (2001) Die Wissenschaftlichkeit der Pflege. Huber, Bern, S 201

Schulze H (2007) Hören des Hörens. Aporien und Utopien einer historischen Anthropologie des Klangs. Paragrana 16(2): 240-244 (hier: 244)

Strauss E (1956) Vom Sinn der Sinne. Ein Beitrag zur Grundlegung der Psychologie. Springer, Berlin, S 398

Integer bleiben?
– Leben und Beruf im Spannungsfeld von Glück, Moral und gesellschaftlichem Anpassungsdruck

Arnd Pollmann

19.1 Einleitung – 250

19.2 Zur Unterscheidung von Ethik, Moral und gesellschaftlichen Anforderungen – 252

19.3 Exemplarische Integritätskonflikte im medizinischen Berufsalltag – 255

19.4 Philosophische Bestimmungen des Integritätsbegriffs – 258

19.5 Keine falschen Vorentscheidungen! – 261

19.6 Grenzen des Anstands? – 264

19.7 Fazit – 266

Literatur – 267

19.1 Einleitung

»Hier stehe ich, ich kann nicht anders!« – Wir schreiben das Jahr 1521. Martin Luther ist vor den Reichstag nach Worms bestellt. Von der Amtskirche in Rom der Ketzerei beschuldigt, sollen die weltlichen Reichstagsabgeordneten nun über sein weiteres Schicksal entscheiden. Man legt ihm seine Bücher vor, und er wird gefragt, ob er deren Autor sei. Luther bejaht dies. Der kaiserliche Orator setzt nach: Ob er die darin enthaltene Lehre widerrufe? Daraufhin gibt der Reformator zu Protokoll: »Wenn ich nicht mit Zeugnissen der Schrift oder mit offenbaren Vernunftgründen besiegt werde, so bleibe ich von den Schriftstellen besiegt, die ich angeführt habe, und mein Gewissen bleibt gefangen in Gottes Wort. (...) Widerrufen kann und will ich nichts, weil es weder sicher noch geraten ist, etwas gegen sein Gewissen zu tun«.[1] Und wenn man der historischen Überlieferung Glauben schenken will, so beschließt Luther seine Verteidigungsrede mit dem berühmten und schon bald zum geflügelten Wort für einen unerschütterlichen Willen avancierenden Bekenntnis: »Hier stehe ich, ich kann nicht anders! Gott helfe mir, Amen.«[2]

Wie genau ist diese leidenschaftliche Konfession zu verstehen? Hat Luther vor dem Reichstag in Worms – im strikten semantischen Sinne – die »Wahrheit« gesagt? Offenbar nicht, denn selbstverständlich *hätte* Luther anders gekonnt. Er hätte genau das tun können, was die Abgeordneten von ihm erwarteten und wozu auch viele Freunde ihm geraten hatten: die eigene Lehre widerrufen und damit den Kopf aus der drohenden Schlinge ziehen. Er hätte anders *gekonnt*, so muss also festgestellt werden, doch er hat es nicht anders *gewollt*. Luthers Entschluss und damit sein Wille, das zu seiner Zeit herrschende kirchliche Unrecht zu benennen, war derart felsenfest, sein Vertrauen auf Gott so unerschütterlich und der Ruf seines Gewissens derart stark, dass er den inneren Drang, trotz größter Gefahren für Leib und Leben zu seinen bisherigen Worten und Taten zu stehen, als einen seltsamen Zwang erlebte: als einen existenziellen Zwang, den ihm niemand anderes als er selbst auferlegte, als einen *zwanglosen Zwang* also; auch wenn das zunächst ein wenig paradox klingen mag.[3] Vor den Reichstag in Worms bestellt, wird Luther von einer inneren Nötigung, einem unbedingtes »Muss« heimgesucht, das offenbar *zugleich* auch Ausdruck seiner ganz persönlichen, ihm von Gott geschenkten Freiheit ist – einer Freiheit im Vertrauen auf das eigene Gewissen vor sich und dem Herrn; einer letztlich »unvertretbaren« Freiheit zur Entscheidung des je eigenen Lebens. Gott möge ihm dabei zwar beistehen, doch am Ende muss sich Luther *selbst* entscheiden. Und er tut das auch: Standhaft, unbestechlich und überzeugt von dem, was er für den einzig richtigen Weg hält, weigert er sich, das zu tun, was man von ihm erwartet hätte und was seine Gegner, ja, selbst noch seine Verbündeten und Freunde für das einzig Richtige hielten.

Man fragt sich: Wie einsam, aber auch entschlossen muss ein Mensch in einer derart folgenschweren Entscheidungssituation sein, in der das jeweils eigene Selbst in riskanter Totalopposition zum Rest der Welt entweder gerettet oder aber geopfert wird? Mit dieser Frage sind wir beim ethisch-philosophischen Hauptthema der nun folgenden Überlegungen angelangt: beim *standhaltenden Wollen*. Gemeint ist ein Wille, der nur insofern nicht anders »kann«, als er – zwanglos – *muss*. Der standhaltende Wille wird zwar »genötigt«, doch er nötigt sich selbst, sodass von negativen Phänomenen wie »Entfremdung« oder »Heteronomie«, so wie das sonst bei Zwang so üblich ist[4], keine Rede sein kann. Ein sich selbst freiwillig auferlegtes »Gesetz« des Handelns, dem man folgt, auch gegen Widerstände, nur weil man selbst es für »vernünftig« hält, ist, wie einst schon Immanuel Kant so treffend feststellte, »Autonomie« (alt.-griech. autós = »Selbst« und nómos = »Gesetz«) und damit Selbstgesetzgebung.[5] Aufgrund der Freiwilligkeit entsprechender Entscheidungen büßt die vermeintliche

---

1 Der genaue Wortlaut der Verteidigungsrede ist abgedruckt in Luther (1883ff.)
2 Dass Luther seine Verteidigungsrede tatsächlich mit genau diesen Worten beschlossen hat, ist Legende. In den einschlägigen Textausgaben fehlt der berühmte Ausspruch.
3 Aus »säkularer« Sicht sind für diese Idee besonders die philosophischen Studien Harry Frankfurts einschlägig, s. Frankfurt (1988, 1999)
4 Siehe dazu das Kapitel »Zwang« in Pollmann (2010)
5 Kant (1990ff., S. 439ff.)

Nötigung ihren Zwangscharakter ein, auch wenn sie trotzdem etwas seltsam Zwingendes behält. Der standhaltende Wille tut das, was er tun muss – notfalls eben auch gegen Widerstände oder Risiken in Kauf nehmend –, weil es das ist, was die Person selbst für das einzig Richtige hält. Sie mag sich zu diesen Handlungen »gedrängt« sehen, dennoch handelt sie »aus freien Stücken«, weil sie selbst sich letztlich zu diesen Entscheidungen drängt.

Eben dieser begriffliche und bislang hier nur skizzierte Zusammenhang zwischen äußerem Entscheidungsdruck und innerer Nötigung wird im Folgenden unter dem Stichwort personaler »Integrität« herausgearbeitet werden. Der Integritätsbegriff meint ein ethisch-existenzielles Streben nach Standhaftigkeit, nach Selbstgesetzgebung und Unbestechlichkeit, von dem historische Helden, wie beispielsweise Luther, Zeugnis ablegen, von dem aber keineswegs bloß herausragende Persönlichkeiten oder eben Helden beseelt sind. Vielmehr ist anzunehmen, dass in dem Willen, ein integrer Mensch zu sein, ein durchaus verallgemeinerbares, ja, alltägliches Bedürfnis selbstverantwortlicher *Personen* zum Ausdruck kommt; und zwar das Bedürfnis, sich im Vollzug des jeweils eigenen Lebens bei dem, was man sagt und tut, möglichst »treu« zu bleiben.[6] Als beinahe ebenso alltäglich wird sich dabei der auch philosophisch häufig untersuchte Umstand erweisen, dass sich die Hindernisse, die sich dem integren Leben in den Weg stellen, strukturell ähneln: Das Streben nach einem individuell »gelingenden«, »guten« oder gar »glücklichen« Leben kollidiert bisweilen nicht nur mit konkreten Bedenken der »Moral«, sondern nur zu oft auch mit dem, was man »gesellschaftliche Anforderungen«, »soziale Zwänge« oder auch »gesellschaftlichen Anpassungsdruck« nennt. Der ethisch-existenzielle Wunsch, das eigene Leben in Selbsttreue und Selbstbestimmung zu führen, droht gelegentlich daran zu zerschellen, dass sich das autonome Subjekt gesellschaftlich dominanten (System-)Imperativen ausgesetzt sieht, die es vom jeweils selbst gesetzten Kurs abbringen wollen. So hat sich die Integrität von Personen besonders angesichts von Hindernissen zu erweisen, angesichts derer die integre Person, so wie Luther, deutlich mehr Entschlusskraft aufzubringen hätte als etwa jene Person, die der Satiriker Karl Valentin einmal das Folgende bekennen ließ: »Mögen hätte ich schon wollen, aber dürfen hab ich mich nicht getraut.«

Wir werden im nächsten Abschnitt zunächst mit einigen elementaren Begriffsklärungen beginnen und hier vor allem die häufig miteinander verwechselten Termini »Ethik«, »Moral« und »gesellschaftliche Anforderungen« systematisch differenzieren. In Bezug auf Letztere ist freilich gegenüber dem 16. Jahrhundert, als sich Luthers Integrität gegen die Übermacht der katholischen Kirche zu beweisen hatte, ein systembedingter Kategorienwechsel angezeigt, falls die Analyse speziell auch auf heutige Integritätskonflikte Anwendung finden soll, die unsere Alltagswelt und zudem auch unsere Berufswelt prägen: Heute geht der systembedingte Anpassungsdruck – zumindest hierzulande – kaum noch von autoritären kirchlichen Obrigkeiten aus. Vielmehr muss sich das integre Leben zumeist an der Dominanz dezidiert *ökonomischer* Imperative beweisen, die einem das Leben auf ganz eigene Weise »zur Hölle machen« können. Dieses integritätsbedingte Leiden an der »kapitalistischen Wirtschaftsweise« und deren lebensweltlicher Vormachtstellung sind es, die im nächsten Abschnitt anhand eher alltäglicher Beispiele illustriert und zudem auf die dezidiert medizin- und berufsethische Thematik des vorliegenden Buches zugespitzt werden sollen. Trotz dieser thematischen Fokussierung werden die diskutierten Beispiele *verallgemeinerbare* Lösungswege aufzeigen, auf denen lebensweltliche und berufliche Konflikte im Spannungsfeld von Glück, Moral und gesellschaftlichem Anpassungsdruck *typischerweise* entschieden werden. Bevor jedoch geklärt werden kann, inwiefern der Integritätsbegriff in dem besagten Spannungsfeld zu vermitteln weiß, muss zuvor gezeigt werden, was wir aus philosophischer Sicht unter diesem Begriff zu verstehen haben. Erst danach kann dann das Phänomen personaler Integrität als ein »Modus« des Lebens gedeutet werden, in dem es nicht zuletzt eben auch darauf ankommt, und zwar jeweils situativ, zwischen dem ethisch Guten, dem moralisch Richtigen und dem uns gesellschaftlich Abverlangten zugunsten des »alles in allem Besten« zu entscheiden. Dabei wird abschlie-

---

6 Die folgenden Überlegungen stützen sich wesentlich auf Pollmann (2005)

ßend deutlich werden, dass personale Integrität an ihre bedrohlichste Grenze gerade nicht auf dem Gebiet der abstrakten Moral, sondern der eher konkreten »Sitten« der jeweiligen Gemeinschaft stößt.

19.2 Zur Unterscheidung von Ethik, Moral und gesellschaftlichen Anforderungen

Das Streben nach ethisch-existenzieller Selbsttreue stößt im Alltag bisweilen auf Widerstände. Nahezu jeder Mensch, d.h. nicht nur herausgehoben Persönlichkeiten wie etwa Luther, dürfte die Erfahrung kennen, dass der jeweils eigene Lebensplan und mithin das, was einem in diesem Leben zutiefst wichtig erscheint, mit den moralischen oder auch »sittlichen«[7] Anforderungen der Gesellschaft kollidiert; etwa dann, wenn sich die eigene Freiheit über festgefahrene Konventionen hinwegsetzen will. Umgekehrt können wir erleben, dass die Erfüllung gesellschaftlicher Verhaltenserwartungen nicht selten auf Kosten unseres jeweils individuellen Glücks geht, z.B. dann, wenn man zugunsten der Familie oder des Arbeitgebers mit eigenen Anliegen oder Plänen »zurücksteckt«. Ein Konflikt zwischen ethischen Fragen nach dem *individuell* guten Leben und Klärungsproblemen hinsichtlich dessen, was mit Rücksicht auf *andere* geboten ist, kann demnach kaum verschwiegen werden. Moralisch zu sein oder sittlich konform zu leben, *kann* manche Menschen zwar zufrieden stimmen, doch weder macht die Moral notwendig oder auch nur wahrscheinlich glücklich, noch ist das glückliche Leben durchweg mit der Moral und den konkreten Anforderungen der Gesellschaft verträglich.[8]

Um etwaigen Verwechselungen und entsprechenden Missverständnissen vorzubeugen, sei hier aber zunächst geklärt, was mit dem terminologischen Unterschied von »Ethik« und »Moral« gemeint ist und wie sich diese jeweils zur dritten Kategorie »gesellschaftliche Anforderungen« verhalten. Ein Blick auf die etymologischen Wurzeln der Begriffe »Ethik« und »Moral« scheint zu deren Differenzierung zunächst kaum etwas beizutragen, bedeuten beide Termini doch ursprünglich so viel wie »Sittenkunde«. Gleichwohl – und dies wird sich dann eben doch bei deren Differenzierung als bedeutsam erweisen – akzentuiert der aus dem Altgriechischen hergeleitete Begriff der Ethik (von *ēthos* = »sittlicher Charakter«) den Aspekt *individueller Lebensführung*. Dagegen zielt der aus dem Lateinischen stammende Terminus der Moral (von *mos* = »Brauch, Sitte«) primär auf *Regeln des sozialen Miteinanders*. Nach einer ersten, fachphilosophisch recht geläufigen Unterscheidung versteht man daher unter »Moral« die Menge aller lebensweltlich eingespielten Normen und Regeln des friedlichen und gerechten Zusammenlebens. Der Begriff »Ethik« hingegen übernimmt die Funktion einer Disziplinenbezeichnung, die auf jenen Teilbereich der Philosophie gemünzt ist, in dem die Moral des Alltags kritisch hinterfragt und auf plausible bzw. rationale Begründungen hin geprüft wird. Demnach ist die Ethik, wie es etwa bei Ernst Tugendhat heißt, eine philosophische Disziplin, der es um die philosophisch-systematische Reflexion auf Fragen der Moral des Alltags geht.[9]

Nun hat aber diese erste terminologische Unterscheidung einen offenkundigen Nachteil: Die uns an dieser Stelle interessierende Differenz von Moral und Glück lässt sich auf Anhieb gar nicht darin wiederfinden. Denn wenn die Ethik primär an einer kritischen Reflexion auf Regeln friedlichen und gerechten Miteinanders interessiert ist, so stellt sich umgehend auch auf konzeptioneller Ebene die Frage, wie genau hier philosophische Fragen nach dem individuellen Glück hineinspielen. Eben diese Unklarheit will eine zweite terminologische Unterscheidung ausräumen, die in den letzten beiden Jahrzehnten vor allem durch das diskursethische Werk von Jürgen Habermas an Popularität gewonnen hat.[10] Nach Habermas steht der Begriff der Ethik ausdrücklich und allein für die Beschäftigung mit der Frage nach dem individuell »guten Leben«, während der Moralbegriff für universalistische Theorien der »Gerechtigkeit« reserviert sein soll.

---

7 Der etwas altertümlich anmutenden Begriff »Sitte« steht hier für eine kulturell tradierte und gesellschaftlich eingespielte Handlungsnorm oder Lebensweise
8 Zu diesem »skandalösen Verhältnis« siehe vor allem Seel (1995)
9 Tugendhat (1993)
10 Habermas (1991)

Auf eine kurze Faustformel gebracht: Im Zuge ethischer Reflexion fragt sich der Mensch, was gut (im Sinne von förderlich) für *ihn* und sein gelingendes Leben ist, im Zuge moralischer Reflexion hingegen erkundigt er sich nach dem, was gut (im Sinne von anständig) mit Rücksicht auf *alle* wäre. Diese Unterscheidung mag auf Anhieb unkompliziert und praktikabel klingen, bei genauerem Hinsehen hat aber auch sie einen entscheidenden Makel. Die Gegenüberstellung von gutem Leben und gerechter Moral fällt darin derart strikt aus, dass der erwähnte Konflikt *zwischen* diesen beiden Perspektiven theoretisch gar nicht mehr nachzuvollziehen ist. So ist Habermas der Auffassung, dass die Beantwortung der Frage nach dem jeweils individuellen Glück aufgrund des modernen »Pluralismus« unterschiedlichster Lebensstile jedem einzelnen Individuum selbst überlassen bleiben sollte; woraus zugleich folgt, dass sich die *Philosophie* sinnvoll allein noch mit Problemen einer Moral der Gerechtigkeit, d.h. mit Regeln fairen Zusammenlebens, zu beschäftigen habe, wenn sie dem Vorwurf entgehen will, ihre Leserinnen und Leser in ethischen Fragen »paternalistisch« zu bevormunden.

Hätte Habermas mit dieser Einschätzung Recht, so wäre ein philosophisch *integrierter* Standpunkt, der den nicht selten problematischen Zusammenhang zwischen Glück und Moral zu erhellen versuchte, damit bereits auf konzeptioneller Ebene ausgeschlossen. Daher erscheint es sinnvoll, einer dritten terminologischen Unterscheidung zu folgen, für die in der fachphilosophischen Debatte vor allem das Werk von Bernard Williams steht.[11] Auch Williams will zunächst unter einer Theorie der Moral die philosophische Behandlung der Frage verstanden wissen, was mit Rücksicht auf andere Menschen geboten ist. In der philosophischen Ethik jedoch soll es um die bereits von Sokrates aufgeworfene Frage gehen, »wie man leben soll, um gut zu leben«. Auf den ersten Blick scheint sich diese dritte Differenzierung von der zweiten gar nicht zu unterscheiden, geht es doch in beiden Fällen um eine Ethik des guten Lebens.[12] Doch bei genauerem Hinsehen markiert die Verwendung des Indefinit-pronomens in der sokratischen Frage »wie *man* leben soll, um gut zu leben« einen philosophisch entscheidenden Unterschied: Die Frage nach dem Guten wird hier bei Williams nicht, wie in der Diskursethik von Habermas, aus der letztlich unvertretbaren Perspektive eines nach individuellem Glück strebenden Einzelsubjekts gestellt, sondern aus der Sicht des Philosophen, der nach dem Guten im menschlichen Leben *schlechthin* fahndet. Ethikerinnen und Ethiker, so Williams, fragen angesichts der weltanschaulichen Pluralität möglicher Lebensvollzüge nach universellen Bedingungen »des« Guten.

In eben dieser philosophisch verallgemeinernden Perspektive umfasst die Ethik sowohl Fragen nach dem individuellen Glück als auch Fragen nach dem für alle Gerechten, da es in Fragen der Gerechtigkeit nicht zuletzt darum gehen muss, die jeweils unterschiedlichen Vorstellungen von individuellem Glück in ein *friedliches Miteinander* zu integrieren.[13] Entsprechend hat es die philosophische Ethik immer schon mit der Möglichkeit von Konflikten zwischen bloß subjektiven Glücksvorstellungen und intersubjektiv begründeten Anforderungen der Gerechtigkeit und damit zwischen »präferenziellen« und »moralischen« Überlegungen zu tun, die, wie oben bereits angedeutet, keineswegs deckungsgleich oder auch nur miteinander verträglich sind. Individuelle Menschen verfolgen ihr Glück nicht selten direkt auf Kosten der Moral, während die Moral uns ihrerseits verbindliche Pflichten auferlegt, deren Befolgung auch dann geboten erscheint, wenn dies auf Kosten unseres individuellen Glücks ginge. Zumindest unter modernen Bedingungen eines lebensweltlichen Pluralismus erweist sich die – noch für die antike Ethik typische – Hoffnung als philosophisch verfehlt, der gemeinte Konflikt könne nachhaltig »versöhnt« werden. Stattdessen, so sagt etwa Martin Seel, müsse eben diese Hoffnung zugunsten einer »agonalen« Ethik aufgegeben werden, die den Wettstreit beider Perspektiven ernst nimmt und überdies auch gelten lässt.[14]

Was aber darüber hinaus bislang fast gänzlich fehlt, das ist ein philosophisches Konzept, welches

---

11 Williams (1985)
12 Nur dass Williams, im Gegensatz zu Habermas, auch hier die Philosophie noch für zuständig hält

13 Dazu und für das Folgende siehe Seel (1995, bes. Kap. 1)
14 Im Anschluss an diese Auffassung Seels (1995) siehe auch Pollmann (1991)

den gemeinten Konflikt weniger auf der abstrakten Ebene philosophischer Theoriestreitigkeiten als vielmehr aus der existenziellen Sicht derjenigen zu beschreiben versuchte, die Konfliktsituationen der gemeinten Art tagtäglich durchzustehen und zu meistern haben. Es ist der Begriff *personaler Integrität*, der uns an eben diesem Punkt weiterhelfen soll, denn die Beschäftigung mit der systematischen Frage, was genau wir unter einer integren Person zu verstehen haben, wird uns Auskunft darüber geben, was im ethischen Widerstreit von Glück und Moral auf dem Spiel steht und wie man entsprechende Entscheidungsnöte im Alltag erlebt. Ein adäquates Bild dieser Entscheidungskonflikte ergibt sich allerdings erst dann, wenn wir noch eine weitere Unterscheidung berücksichtigen, die sich aus dem Umstand ergibt, dass Philosophinnen und Philosophen in ihren Theorien unter »Moral« oft etwas geringfügig anderes verstehen, als das für die alltagssprachliche Verwendung des Moralbegriffs typisch ist. Denn wer von »Moral« spricht, kann zunächst zweierlei meinen: a) eine Moral, die die Mitglieder einer jeweils *bestimmten* Gemeinschaft miteinander teilen und durch die sie sich von anderen Gemeinschaften unterscheiden, oder aber b) eine Moral, die Rechte und Pflichten tendenziell *aller* Menschen festzuschreiben versucht. Was ist der Unterschied?

Die allermeisten Menschen dürften im Alltag ein »partikularistisches« Moralverständnis aufweisen, nach dem die Binnenmoral der jeweils eigenen Gruppe oder Kultur gegen die Binnenmoral anderer Gruppen und Kulturen abgegrenzt werden kann (oder gar muss).[15] Ein Moralverständnis ist *partikularistisch*, wenn es die Mitglieder der jeweils eigenen Gemeinschaft ausdrücklich favorisiert und die jeweils »hier vor Ort« vorherrschenden Sitten und Gebräuche anderen, »fremden« Traditionen gegenüber als prinzipiell zu bevorzugen erachtet. Die moderne Philosophie der Moral verwendet den Begriff jedoch anders. Philosophinnen und Philosophen gehen heute mehrheitlich davon aus, dass allein noch ein »universelles« Moralverständnis zeitgemäß sei, dem zufolge sämtliche Menschen weltweit als gleichermaßen achtungswürdig zu gelten haben. Damit ist die Hoffnung verknüpft, dass – trotz aller kulturellen Unterschiede – so etwas wie *allgemeinmenschliche Moralvorstellungen* benannt werden können, die die engen Grenzen von partikularen Gruppen und Kulturen »transzendieren« bzw. übersteigen. Zu einer solchen Universalmoral gelangt, wer sich im Zuge seiner moralischen Reflexionen konsequent aus der Perspektive der »Unparteilichkeit« heraus betrachtet: Entspricht das, was ich tue, dem, was mit Rücksicht auf beliebige andere Menschen geboten wäre? Wer aber sind diese »beliebigen anderen«? Meine Familie? Meine Freunde? Meine Landsleute? Die Bewohner des Kontinents, auf dem ich lebe? Warum sollten meine moralischen Unparteilichkeitserwägungen an Grenzen, die letztlich kontingent sind, halt machen? Ist ein fremder Mensch irgendwo auf dieser Welt moralisch weniger wertvoll als z.B. meine Nachbarin oder mein Mitbürger? Hat eine »richtig« verstandene Moral nicht gerade den global entgrenzten Sinn, gleiche Rechte und Pflichten *aller* Menschen weltweit aufzeigen und begründen zu wollen?

Ganz gleich, ob man selbst den Moralbegriff in der ersten oder aber in der zweiten Bedeutung verwenden will: Die analytische Unterscheidung zwischen einer Binnenmoral »unserer« Gruppe oder Kultur und einer Universalmoral »der Menschheit« bleibt bedeutsam, weil – wie wir im nächsten Abschnitt noch genauer sehen werden – eine Vielzahl sehr alltäglicher Integritätskonflikte als »Zerrissenheit« zwischen diesen beiden moralischen Perspektiven beschrieben werden können. Erinnern wir uns an Luther: Die katholisch dominierte Gesellschaft, in der er lebte und seinen Beruf als Theologe ausübte, forderte von Luther unter Androhung der Verbannung, dass er seine Schriften und seine Lehre widerrufe. Doch Luther sah sich aus Gründen seiner Integrität zu diesem Widerruf außerstande, weil ihn offenbar eine »höhere«, ihm von Gott diktierte Moral der christlich zu einenden Menschheit zu einer fundamentalen Kritik der überkommenen (und auch verkommenen) Partikularmoral katholischer Obrigkeiten anhielt. Ähnliche *Integritätskonflikte* ergeben sich auch heute, und zwar zuhauf, wenngleich die Dominanz kirchlich exekutierter Moralvorstellungen – zumindest hierzulande – etwas abgenommen hat. Stattdessen sind

---

15 Vgl. den Streit um Flüchtlinge, Zuwanderung und Integration unter Berufung auf eine vermeintliche »Leitkultur«

es heute vor allem *ökonomische Systemimperative*. z.B. Sparsamkeit, Enthaltsamkeit, Effizienz, Fleiß, Flexibilität, Reformbereitschaft, Geschwindigkeit, Multi-Tasking usw., die immer häufiger als *die* dominante Partikularmoral kapitalistisch geprägter Gesellschaften erscheinen und dabei nicht selten mit alternativen universalmoralischen Erwägungen kollidieren, was gut und gerecht mit Blick auf »den« Menschen im Singular wäre.[16] Die konkrete Gestalt partikularer und gesellschaftlich dominanter Sittlichkeitsvorstellungen mag sich ändern, deren Konflikt mit einer Universalmoral sämtlicher Menschen weltweit bleibt jedoch erhalten. Daher werde ich von nun an den Begriff der Moral für eine kontexttranszendierende Universalmoral der Menschheit reservieren, während ich mit Blick auf jeweils partikulare und sittliche Verhaltensanforderungen der Gemeinschaft verallgemeinernd von »gesellschaftlichen Anforderungen« sprechen möchte.[17]

19.3 Exemplarische Integritätskonflikte im medizinischen Berufsalltag

In der Praktischen Philosophie im Allgemeinen und in der Angewandten Medizinethik im Besonderen dienen *dramatische Beispiele* (Sterbehilfe, Schwangerschaftsabbruch, Embryonenforschung, Keimbahninterventionen etc.), in der Regel dazu, existenziell bedrohliche, dilemmatische oder gar strikt aporetische, d.h. unentscheidbare, Entscheidungskonflikte kenntlich zu machen, in denen das Denken und Handeln der betroffenen Akteure zu scheitern drohen. *Alltägliche Beispiele* von Entscheidungsnöten handeln hingegen von »normalen« Situationen, die meist ohne größere existenzielle Gefahren für die Betroffenen zu meistern sind, in denen das Leben, zumeist jedenfalls, erhalten bleibt oder gar gelingt; auch wenn dabei temporär Frustrationen entstehen mögen oder gar schmerzliche Kompromisse zu machen sind. Selbst wenn die jeweils betroffenen Personen angesichts auch dieser Entscheidungssituationen gelegentlich ein wenig ratlos sein mögen, so wird es dabei dennoch um recht gewöhnliche und eben nicht um außergewöhnliche Herausforderungen der alltäglichen Lebens- und Berufspraxis gehen. Anders gesagt: Während Extremfälle dabei behilflich sein mögen, Ausnahmen und Grenzen unserer Denk- und Handlungsweisen aufzuzeigen, veranschaulichen alltägliche Beispiele die allgemeinen Funktionsweisen und Gesetzmäßigkeiten unserer Lebenspraxis. Da sich im Folgenden auch das philosophische Integritätsproblem primär als ein Alltagsproblem und weniger als Herausforderung einiger weniger »tragischer Helden« erweisen wird, wollen wir bei dessen Explikation im Rahmen dezidiert medizinethischer Kontexte entsprechend auch auf weniger dramatische Beispiele zurückgreifen. Die nun folgenden Beispiele sind fiktiv und auch ein wenig holzschnittartig, um spätere Differenzierungen deutlicher hervortreten zu lassen.

Beispiel 1
Die neue Leitung einer orthopädischen Klinik drängt ihre behandelnden Ärztinnen und Ärzte zu einer Erhöhung der »Fallzahlen«. Insbesondere im Bereich der Wirbelsäulenoperationen, so heißt es in den entsprechenden Verhandlungen um gemeinsame Zielvereinbarungen, sei deutlich »Luft nach oben«, da in der Bevölkerung nicht nur die Sensibilität für entsprechender Rückenleiden, sondern zugleich auch die Bereitschaft wachse, diesen Leiden operativ zu begegnen. Da auf der Station zudem das Gerücht kursiert, es werde in naher Zukunft Personal abgebaut, sieht sich die Orthopädin A. gedrängt, dem ökonomisch induzierten Druck ihres Arbeitgebers nachzugeben. Sie ist sich im Klaren darüber, dass eine vermehrte Indikationsstellung mit Blick auf

---

16 Man muss an dieser Stelle gar nicht so weit gehen, den Kapitalismus als dominante »Religion« unserer Zeit zu interpretieren. Wichtig ist an dieser Stelle nur, dass dem besagten ökonomischen Anpassungsdruck derzeit in etwa die sozialintegrative Kraft und lebensweltliche Dominanz zukommen, die zu Zeiten Luthers von der katholischen Kirche ausgingen

17 Selbstverständlich kann es – je nach moralischem Entwicklungsstand der betreffenden Gesellschaft – Überschneidungen zwischen Forderungen der (Universal-) Moral und konkreten gesellschaftlichen Anforderungen geben. Die Rede von einem »moralischen Entwicklungsstand« impliziert die an den Moralpsychologen Lawrence Kohlberg angelehnte These, dass partikulare Gemeinschaften jeweils soziohistorische »Fortschritte« in Richtung einer universellen Moral der Unparteilichkeit machen können

Wirbelsäulen-OPs sowohl aus moralischer als auch aus berufsethischer Sicht problematisch ist. Dies bringt zwar der Klinik in der Summe ökonomische Vorteile, den einzelnen Patientinnen und Patienten jedoch wird voraussichtlich weniger Zeit und gegebenenfalls auch weniger Sorgfalt gewidmet. Überdies werden wohl vermehrt Operationen vorgenommen, die ohne den entsprechenden Druck nicht vorgenommen werden würden, weil man das Leiden z.B. auch durch manuelle Therapie, Krankengymnastik etc. behandeln könnte. Die Ärztin kann dieses Vorgehen zwar nur schwer mit ihrem moralischen Gewissen und ihrer Integrität als Ärztin vereinbaren, aber ihre Furcht vor dem Verlust des Arbeitsplatzes überwiegt.

Beispiel 2

Der ambulante Krankenpfleger B. sieht sich in seiner Arbeit tagtäglich einem enormen und frustrierenden Zeitdruck ausgesetzt. Er ist Pfleger »von ganzem Herzen«, gewissenhaft, pflichtbewusst und fleißig, sodass ihn die alltägliche Erfahrung, seinen teilweise schwerkranken Patientinnen und Patienten nicht gerecht zu werden, deprimiert und unglücklich macht. Er fühlt sich mit sich selbst »uneins«. Gleichwohl weiß natürlich auch er, wie teuer die ambulante Pflege ist; dass mit der demographischen Entwicklung immer mehr Menschen pflegebedürftig werden; dass die Personaldecke im eigenen Betrieb »dünn« ist und überdies viel zu viel Zeit für lästigen Papierkram verloren geht. Aber er findet es ungerecht, dass seine bedürftigen und oft auch einsamen Patientinnen und Patienten nicht die Pflegeaufwendungen erhalten, die ihnen, moralisch gesehen, zustehen. B. hat deshalb oft das Gefühl, als »Komplize« in ein insgesamt unmoralisches Pflegesystem verstrickt zu sein. Die persönliche Gefahr in Kauf nehmend, am Ende selbst zu erkranken, weil die körperliche und psychische Belastung im Beruf einfach zu groß wird, beschließt er dennoch, auch weil er sich dazu moralisch verpflichtet fühlt, einen Teil seiner Freizeit zu opfern und nicht-vergütete Überstunden zu machen.

Beispiel 3

Die an einer Universitätsklinik als Oberärztin angestellte Gynäkologin C. stößt zunehmend auf Schwierigkeiten, Beruf und Familie, »Kittel und Kind« miteinander zu vereinbaren. C. hat mit ihrem ebenfalls berufstätigen Mann zwei Kinder im Alter von vier und sechs Jahren; die Familienplanung ist aber noch nicht endgültig abgeschlossen. Ihre Arbeitszeiten jedoch bringen privat immer wieder erhebliche organisatorische Probleme und damit auch beruflichen Stress mit sich. C. ist sich bewusst, dass sie kein Einzelfall ist, die Zahlen sprechen für sich: Etwa nur 8% der Chefarztpositionen an deutschen Kliniken sind von Ärztinnen besetzt.[18] Es steht außer Frage, dass Fragen der Familienplanung hier eine zentrale Rolle spielen. Auch C. wird daher sehr nachdenklich, als man ihr einen weiteren beruflichen Aufstieg in Aussicht stellt. Als sie einst das Studium aufnahm, wollte sie unbedingt »Karriere« machen, aber heute fühlt sie sich eben auch ihrer Familie gegenüber in der Pflicht und daher zunehmend »zerrissen«. Zudem haben sich ihre persönlichen Wünsche und Prioritäten, seit die Kinder da sind, leicht verschoben. Der stressige Klinikalltag erweist sich nicht immer nur als befriedigend, sondern teilweise als regelrecht »entfremdend«. Gern möchte C. auch wieder etwas mehr ihr privates Glück genießen. Schweren Herzens lehnt sie daher das Aufstiegsangebot ab. Wenig später verlässt sie die Klinik ganz und lässt sich als Frauenärztin in eigener Praxis nieder.

Beispiel 4

Der Allgemeinmediziner D. nimmt gelegentlich Zuwendungen von pharmazeutischen Unternehmen sowie von Herstellern medizinischer Diagnosegeräte entgegen. Dies führt in seiner eigenen Praxis zu einer gewissen Tendenz, vornehmlich ganz bestimmte Medikamente zu verschreiben oder diagnostische Verfahren anzuwenden, die aus medizinischer Sicht gar nicht notwendig wären. Zudem hält D. gut dotierte Vorträge vor industriellen und gesundheitspolitischen Lobbygruppen, in denen er sich ebenfalls für die betreffenden Medikamente und Geräte stark macht. Manchmal fühlt D. zwar eine gewisse Ambiva-

---

18 Geschlechtsspezifische Unterschiede im Karriereverlauf manifestieren sich in der universitären Frauenheilkunde auf besonders drastische Weise. 2011 gab es in Deutschland nur zwei universitäre Chefärztinnen für Gynäkologie (etwa 4% von mehr als 30 Universitätskliniken), während der dortige Anteil an weiblichen Assistenzärztinnen bei etwa 77% lag; siehe dazu die Umfrage von Hancke et al. (2011) und Kap. 29

lenz in sich, ob sein Verhalten nicht doch moralisch anrüchig ist; schließlich agiert er weder gegenüber den Krankenkassen noch gegenüber seinen Patientinnen und Patienten transparent. Er weiß zudem, dass dieses Agieren nicht gerade im Sinne des ökonomischen Wettbewerbs ist. Meist jedoch wischt D. diese Bedenken mit dem Hinweis fort, konkurrierenden Unternehmen stünde es ja frei, sich ebenfalls bei ihm erkenntlich zu zeigen. Zudem achtet er streng darauf, dass sein Handeln im rechtlich tolerablen Rahmen bleibt und er niemandem direkt schadet. Im Vordergrund steht für ihn schlicht ein alter Lebenstraum: Er möchte sich ein altes Bauernhaus in der Provence kaufen. Und schon bald wird er es sich leisten können.

Beginnen wir die Diskussion dieser vier Fallbeispiele mit der Frage, in welcher Hinsicht sie sich unterscheiden. Gibt es eine aufschlussreiche *strukturbedingte* Differenz zwischen ihnen?

ad 1: In Fällen des ersten Typs entscheidet sich die betroffene Person dazu, dem ökonomischen und gesellschaftlichen Druck nachzugeben, die Fallzahlen zu erhöhen und ihre moralischen Bedenken gegenüber ihren Patientinnen und Patienten zurückzustellen. Wie ihre Entscheidung aus spezifisch ethischer Sicht, d.h. mit Blick auf das Gelingen ihres persönlichen Lebens, zu bewerten ist, lässt sich auf den ersten Blick bzw. von außen schwer entscheiden: Die Ärztin gibt dem äußeren Druck vor allem deshalb nach, weil sie um ihren Arbeitsplatz fürchtet und dessen Verlust fraglos schlecht für sie wäre. Zugleich aber plagt die Ärztin ein schlechtes Gewissen, und auch dieses schlechte Gewissen trübt ihr Glück. Mit eben dieser ethischen Zerrissenheit weist das Beispiel Ähnlichkeiten zu Fällen des zweiten Typs auf, die sich aber zugleich auch signifikant unterscheiden.

ad 2: Auch Krankenpfleger B. tut sich ersichtlich schwer mit seiner Entscheidung: Es ließe sich, einerseits, nur schwer mit seinem ethischen Selbstverständnis, seiner Integrität als einem gewissenhaften Pfleger vereinbaren, seine Patientinnen und Patienten aus Zeitgründen im Stich zu lassen. Andererseits geht er aber auch ein persönliches und gesundheitliches Risiko ein, wenn er einen Teil seiner außerberuflichen Regenerationszeit der moralischen Pflichterfüllung opfert. Auch B. ist also hin- und hergerissen. Der zentrale Unterschied zum ersten Beispiel liegt hier allerdings darin, dass er seine moralischen Bedenken gegenüber den Patientinnen und Patienten gerade *nicht* zurückstellt, obgleich der ökonomisch induzierte Zeit- und Kostendruck enorm ist. Zugleich aber wäre im Fall von B. erst noch zu diskutieren, ob er sich diesem Druck tatsächlich *widersetzt* oder ob er sich den ökonomischen Zwängen am Ende nicht sogar *beugt*, indem er diesen auf dem Wege der »Selbstausbeutung« nachgibt.

ad 3: Während sich Ärztin A. dem systemisch bedingten Druck zuungunsten moralischer Pflichten fügt, Krankenpfleger B. hingegen dezidiert moralische Überzeugungen über präferenzielle Klugheitserwägungen obsiegen lässt, deutet sich im Fall der Gynäkologin C. die Möglichkeit von ethisch-moralischen *Kompromissen* an: Die junge Ärztin und Mutter möchte weder auf ihren Beruf, noch auf ihre Freiheit zur Familienplanung verzichten, sodass sie mit dem Weggang aus der Klinik und der Eröffnung einer eigenen Praxis eine Lösung wählt, die *beide* Orientierungen zu einem gewissen Recht kommen lässt; wenngleich – wie das für Kompromisse typisch ist – auf jeweils nur eingeschränkte Weise.[19] Mit ihrer Karriere an der Klinik scheint es vorbei zu sein, dennoch wird sie ihre Tätigkeit in eigener Praxis immer noch so sehr in Anspruch nehmen, dass das Familienleben weiterhin ein wenig zu kurz kommen wird.

ad 4: Der Allgemeinmediziner D. hingegen entscheidet sich am deutlichsten für seinen ganz persönlichen Vorteil und damit für sein individuelles Glück. Kompromisse macht er nur insofern, als er darauf achtet, keine Straftaten zu begehen. Den ökonomischen Wettbewerbsdruck im Gesundheitssystem weiß er für sich zu nutzen; in der Auslegung dessen, was man »Patientenwohl« nennt, zeigt er sich flexibel; ein gewisses »Tricksen« gegenüber den Krankenkassen, die ja ihrerseits auch nicht gerade solidarisch gegenüber niedergelassenen Ärztinnen und Ärzten agieren, hält er für legitim. Sein Beruf ist ihm zuvorderst Gelderwerb, und er benötigt dieses Geld, um sich seinen Lebenstraum zu erfüllen. Aus der Beobachterperspektive mag D. nicht unbedingt sympathisch wirken, aber eine gewisse

---

19 Benjamin (1990)

Konsequenz im Denken und Handeln ist ihm kaum abzusprechen.[20]

Freilich ist mit den dargelegten Strukturunterschieden der vier Falltypen noch immer nicht viel über das Wesen jener subjektiven ethisch-moralischen Reflexionsprozesse ausgesagt, in denen sich lebensweltlichen Entscheidungen der genannten Art anbahnen. Gezeigt ist lediglich, *dass* Konflikte zwischen präferenziellen Überlegungen zum eigenen Glück, moralischen Erwägungen in Bezug auf zwischenmenschliche Pflichten und sonstigen gesellschaftlich oder eben ökonomisch induzierten Verhaltensanforderungen entstehen können; nicht aber, wie diese Konflikte von den Betroffenen erlebt und entschieden werden und was dabei jeweils auf dem Spiel steht. In der Darstellung der vier Fallbeispiele sind zwar Formulierungen und personale Zustandsbeschreibungen aufgetaucht, die bereits auf das Problem personaler Integrität bzw. auf deren Fehlen hinzuweisen scheinen: »mit sich selbst uneins«, »zerrissen«, »entfremdet«, »verstrickt« usw. Bevor wir jedoch genauer klären können, inwiefern der Integritätsbegriff genau an dieser Stelle konzeptionell zu vermitteln weiß, muss zunächst gezeigt werden, was wir überhaupt unter einem Leben in Integrität bzw. unter einer integren Person zu verstehen haben.

19.4 Philosophische Bestimmungen des Integritätsbegriffs

Orthopädin A., Krankenpfleger B., Gynäkologin C. und Allgemeinmediziner D. treffen wichtige Entscheidungen im Spannungsfeld von Glück, Moral und gesellschaftlichen Anforderungen: Handelt es sich jeweils um die Entscheidungen *integrer* Personen oder lassen diese eher – zumindest einige von ihnen – Integrität vermissen? Nicht nur ist festzustellen, dass der *Integritätsbegriff* bislang äußerst selten einmal einer genaueren philosophischen Untersuchung unterzogen worden ist. Überdies ist die zweifellos verwirrende Beobachtung zu machen, dass sein Gebrauch insgesamt äußerst uneinheitlich ausfällt.[21]

Im rhetorischen Vordergrund steht meist der Bezug auf eine ethisch-existenzielle »Selbsttreue« von Personen, die gegeben ist, solange die betreffenden Personen – auch gegen gesellschaftliche Widerstände – eine Leben in Einklang mit jenen Überzeugungen und Wertvorstellungen führen, die sie jeweils selbst für ihr Leben als leitend und bestimmend auffassen. Dementsprechend mangelt es einer Person an Integrität, sobald diese ihren Überzeugungen und Wertvorstellungen auf massive Weise »untreu« wird.

Rasch jedoch gesellt sich zu dieser ersten Begriffsverwendung eine fast ebenso geläufige zweite Bedeutung des Integritätsbegriffes, deren Verwandtschaft auf den ersten Blick allerdings ungeklärt anmutet und die immer dann anklingt, wenn etwa in grund- und menschenrechtlichen Zusammenhängen von der Gefahr einer Verletzung der »Integrität von Leib und Leben« die Rede ist. Im Zuge dieser Begriffsverwendung meint man mit Integrität offenbar so etwas wie physische und/oder psychische »Unversehrtheit«. In der ersten Bedeutung ethisch-existenzieller Selbsttreue wird von einer Person behauptet, sie sei »unbestechlich«, sie habe »Charakter« und feste Überzeugungen, von denen sie sich nicht leicht wird abbringen lassen. Sie »steht« zu dem, was sie tut und sagt.[22] Dagegen kommt in der zweiten Bedeutung ein eher defensiver Gebrauch des Begriffs zum Tragen, demzufolge die Integrität von Personen gegen Angriffe von außen geschützt werden muss. Hier trägt der Integritätsbegriff dem Umstand Rechnung, dass Personen verletzliche und schutzbedürftige Wesen sind, die sich um die »Intaktheit« ihres ethisch-existenziellen Lebensvollzugs sorgen.[23] Wie passen diese beiden Begriffsverwendungen zusammen?

Betrachten wir zunächst das Charakterattribut der *Selbsttreue*. Nach Auffassung von Bernard Williams sind für die Integrität des Menschen wertbehaftete »Grundvorhaben« und »Selbstverpflichtungen« entscheidend, aus denen sich die ethisch-existenzielle Identität der betreffenden Person zusammensetzt.[24] Gemeint sind zentrale Anliegen und Lebensprojekte der Person, die tief in

---

20 Auch die Entscheidungen von A., B. und C. mögen einem unsympathisch oder auch nur unklug vorkommen
21 Ich habe dieses Problem ausführlich behandelt in Pollmann (2005, Kap. 2)

22 Williams (1984, Kap. 1-3)
23 Dazu exemplarisch Honneth (1990)
24 Williams (1984)

deren Selbstverständnis verwurzelt sind und die von ihr insofern als identitätsstiftend und kategorisch verbindlich angesehen werden, als der Person der »Sinn« des jeweils eigenen Lebens abhanden käme, wenn ihr diese Grundvorhaben und Selbstverpflichtungen abhanden kämen (etwa das hippokratische Selbstverständnis von A., das moralische Pflichtbewusstsein von B., die familiäre Verbundenheit von C., aber auch der lang gehegte Lebenstraum von D.). Von eher profanen und zweitrangigen Präferenzen und Bedürfnissen unterscheiden sich derart »integrale« Selbstverpflichtungen durch ihre existenzielle Wichtigkeit und Dringlichkeit. Während man auf die Befriedigung so mancher alltäglicher Wünsche notfalls auch verzichten kann, würde eine Person aufhören, diejenige zu sein, für die sie sich hält, wenn sich ganz plötzlich ihre zentralen Grundvorhaben und Selbstverpflichtungen verflüchtigen würden. Ihr käme die ethisch-existenzielle Grundorientierung im Leben abhanden und damit eben zugleich auch ihre Integrität als Person.

Mit derart integralen Grundüberzeugungen und Selbstverpflichtungen im Leben nimmt das substanzielle Selbstbild einer Person Konturen an; wobei mit diesen Konturen zugleich auch die *Grenzen* markiert sind, die unter keinen Umständen verletzt werden dürfen, wenn die Person ihren individuellen Persönlichkeitskern nicht verfehlen will (so die Gefahr bei A., B., C. *und* D.). Daher sind diese ethischen Selbstverpflichtungen nicht nur als ein wichtiger Bestandteil ihrer persönlichen Integrität zu deuten, sondern zugleich auch als ein sich selbst gegebenes *Versprechen*, diese Ideale möglichst niemals zu betrügen. Der individuelle Wunsch nach Selbsttreue, d.h. nach einem Leben in Einklang mit Werten und Idealen, von denen man zutiefst überzeugt ist, lässt uns »unbedingte Verpflichtungen« gegenüber uns selbst erkennen.[25] Würden wir diese Überzeugungen mutwillig korrumpieren, wären wir nicht länger das, was wir zu sein wünschen. Daher ist mit diesen Selbstverpflichtungen, wie Harry Frankfurt sagt, eine »volitionale Notwendigkeit«[26] gesetzt: Aus der Binnenperspektive der jeweils mit einer existenziellen Entscheidungssituation konfrontierten Person geht von diesen Überzeugungen eben jener ganz zu Anfang bereits erwähnte »zwanglose Zwang« aus, der von den Betroffenen nicht etwa als Unfreiheit, sondern als ein genuiner Ausdruck *von* Freiheit empfunden wird. Die integre Person wird sich daher – in aller Regel jedenfalls – in für sie wichtigen Entscheidungssituationen gegenüber etwaigen Alternativen, die einen ethischen Kurswechsel mit sich bringen würden, ablehnend verhalten.[27]

Was aber hat es mit dem zweiten zentralen Integritätsaspekt – dem der *Unversehrtheit* – auf sich? Wie bereits angedeutet, kommt hier ein eher »defensiver« Begriffsgebrauch zum Tragen, der auf den Umstand rekurriert, dass die Integrität von Personen in physischer und psychischer Hinsicht auf elementare Weise verletzt werden kann. Wenn in diesem Sinne von der psychophysischen Schutzbedürftigkeit personaler Integrität die Rede ist, dann wird dabei auf eine seelische und/oder leibliche *Minimalgrenze* angespielt, von der behauptet wird, dass sie von anderen Menschen übertreten und missachtet werden kann. Demnach ist die Integrität einer Person – im Sinne der Unversehrtheit – nur dann vorhanden, wenn sich die betreffende Person in Abgrenzung zu ihren Mitmenschen als weitgehend »intakt«, »ganz«, »heil«, »eins« oder »unteilbar« erfährt; ähnlich wie ein Staatsgebilde, dessen »territoriale Integrität« von der Unversehrtheit seiner Grenzen gegenüber anderen Staaten abhängig ist.

Diese für die Integrität der Person maßgebliche Abgrenzbarkeit und Unterscheidbarkeit in psychophysischer Hinsicht kann aus Sicht der Betroffenen als eine Art *Ganzheitserfahrung in Raum und Zeit* interpretiert und dabei in mindestens vier Dimensionen aufgefächert werden[28]: Zunächst ist der sehr grundlegende Umstand zu bedenken, dass jeder Mensch einen eigenen psychophysischen Organismus darstellt und daher schon in dieser überaus objektiv und empirisch gut feststellbaren Hinsicht von anderen Menschen zu unterscheiden ist. Daraus folgt, zweitens, dass jeder Mensch *subjektive*, d.h. ganz eigene Erfahrungen sammelt, die sich mit anderen Mitmenschen nicht, im strikten Sinne,

---

25 Korsgaard (1996, bes. S. 102)
26 Siehe Fußnote 3
27 Calhoun (1995)
28 Für das Folgende siehe Flanagan (1991, S. 61f.). Dort sind allerdings nur die drei ersten Dimensionen aufgeführt

»austauschen« lassen. Zu berücksichtigen ist, drittens, dass jedes personale Leben *Selbstbewusstsein* im Sinne einer – mehr oder weniger – reflektierten Einstellung zu eben jenem subjektiven Erfahrungszusammenhang aufweist. Darüber hinaus muss jede Person, viertens, als eine letztlich »unvertretbare Einzelne« aufgefasst werden, die sich die Verantwortung für ihre Äußerungen und Handlungen letztlich von niemandem wird abnehmen lassen können.[29]

Mit diesen vier zentralen Dimensionen psychophysischer Unterschiedenheit sind Minimalbedingungen menschlichen Personseins und damit personaler Integrität benannt. Sie formen das reflexive Bewusstsein von Personen, eine ethisch-existenzielle Einheit darzustellen, deren Grenzen weithin unangetastet bleiben müssen, damit ihr Bewusstsein, eine individuelle und unvertretbare Person zu sein, aufrechterhalten werden kann. Ob aber diese Grenzen tatsächlich heil und unversehrt sind, wird nicht zuletzt davon abhängen, ob die Betroffenen in ihrer Umwelt entsprechend auch günstige Lebensbedingungen vorfinden. So werden Störungen in der Wahrnehmung der eigenen psychophysischen Integritätsgrenzen vor allem durch konkrete Angriffe und Verletzungen durch andere Menschen oder aber durch einen gesellschaftlichen Druck von außen hervorgerufen (wie etwa im Fall von A. und B., deren systembedingte »Zerrissenheit« geradezu körperlich, in jedem Fall aber seelisch spürbar sein dürfte).[30] Selbstredend wird kaum ein Mensch in psychophysischer Hinsicht als *vollständig* intakt gelten können. Dennoch ist mit dem Integritätsaspekt der Unversehrtheit ein »empfindlicher Punkt« markiert, an dem die Integrität einer Person teilweise oder auch ganz verloren gehen kann. Mit dem regulativen Ideal der Unversehrtheit ist demnach die Minimalgrenze integren Personseins benannt, die von außen, zumindest weitgehend, unangetastet bleiben muss, damit ein Mensch sich um sein weiteres Wohlergehen kümmern kann.[31]

Fraglich ist nun allerdings, ob und gegebenenfalls wie diese beiden sehr unterschiedlichen Bedeutungen des Integritätsbegriffes – Selbsttreue und Unversehrtheit – so aufeinander bezogen werden können, dass sie nicht länger als unterschiedliche Begriffe, sondern als zwei sich wechselseitig ergänzende Dimensionen einer einzigen Konzeption personaler Integrität verstehen lassen. Ein erster Zusammenhang ergibt sich dann, wenn man die Auffassung teilt, dass ein Mensch Integrität in einem *umfassenden* Sinn dann und nur dann besitzt, wenn er sich im Vollzug seines Lebens zugleich als weitgehend selbsttreu *und* unversehrt erfährt, wobei es sich um ein wechselseitiges Bedingungsverhältnis zu handeln scheint: Nur wenn ein Mensch ein Leben in ethischer Selbsttreue führt, zumindest weitgehend, wird sich auf Seiten der betroffenen Person zugleich auch die existenzielle Gewissheit einstellen können, eine insgesamt intakte Existenz vorweisen zu können. Wenn sich die Person hingegen in für sie fundamentalen Hinsichten untreu wird, indem sie etwa ihre wichtigsten Grundüberzeugungen korrumpiert oder aber weil äußere Umstände sie dazu nötigen, so läuft die Person Gefahr, das eigene Leben fortan als versehrt empfinden zu müssen. Nicht selten haben diese Menschen dann retrospektiv mit der bitteren Einsicht zu kämpfen, dass die einstige Preisgabe ihrer Wertüberzeugungen einen tiefen Riss im Leben bewirkt hat, der sich lebensgeschichtlich niemals wieder ganz hat reparieren lassen.

Auf der anderen Seite werden sich Menschen, die ein Leben in Selbsttreue erstreben, als psychophysisch annähernd unversehrt erfahren müssen, ja, die individuelle Gewissheit, psychophysisch hinreichend intakt zu sein, scheint geradezu die notwendige Bedingung einer selbstbestimmten Realisierung dessen zu sein, was eine Person zu eben derjenigen Person macht, als die sie sich gern sehen möchte. Anders gesagt: Ein Leben, das in zentralen Hinsichten ungewollt psychophysische Verletzungen erleidet, kann schwerlich als ein selbstbestimmtes oder autonomes Leben in Selbsttreue bezeichnet werden. Opfer z.B. von Unfällen oder Gewaltverbrechen erleben ihre psychophysische Versehrtheit nur zu oft als einen geradezu demütigenden *Kontrollverlust*, der ihre Selbstbestimmung und damit ihre Integrität als Person nachhaltig unterminiert.

So lassen sich die bisherigen Überlegungen wie folgt zusammenfassen: Personen besitzen Integrität

---

29 Die Idee der »Unvertretbarkeit« stammt von Wingert (1993)
30 Pollmann (2005, Kap. 4)
31 Wingert (1993, S. 168)

in einem umfassenden Sinne dann und nur dann, wenn es ihnen möglich ist, von inneren und äußeren Zwängen relativ unversehrt, ein Leben in Einklang mit dem eigenen standhaltenden Wollen zu führen. Anders gesagt: Aus Sicht der jeweils Betroffenen geht personale Integrität mit einer psychophysischen Stimmung der Intaktheit einher, die geradezu untrennbar mit der Gewissheit verknüpft ist, ein Leben in selbstverantworteter Selbsttreue zu führen (bei A. und B. dürfte diese Stimmung eher »auf der Kippe« stehen, während sich C. und – irritierender Weise – auch D. alles in allem »eins« mit sich fühlen werden).

An dieser Stelle sind jedoch sogleich zwei wichtige konzeptionelle Vorbehalte anzumelden, deren Nichtbeachtung zu Missverständnissen führen könnte: Zum einen sollte man sich die Integrität einer Person weniger als eine *Eigenschaft* vorstellen, die Personen entweder haben oder aber vermissen lassen. Vielmehr handelt es sich um einen in Realisierung begriffenen und mal mehr, mal weniger verwirklichten *Anspruch* an sich selbst und andere. Als empirisch konkrete Personen besitzen Menschen daher immer schon »mehr oder weniger« Integrität, und sicherlich wird kaum ein Mensch in beiden Hinsichten – Selbsttreue und Unversehrtheit – als vollständig intakt gelten können. Der zweite konzeptionelle Vorbehalt betrifft das anvisierte Wechselverhältnis der beiden unterschiedlichen Integritätsaspekte. Mit Blick auf die Frage nämlich, was eine Person zu einer integren Person macht, lässt dieses Wechselverhältnis von Selbsttreue und Unversehrtheit aufschlussreiche Ausnahmen zu: Es sind Fälle denkbar, z.B. im Rahmen von persönlicher Auflehnung, politischem Widerstand oder gar Krieg, in denen sich eine charakterfeste Person dazu gezwungen sehen mag, psychophysische Verletzungen bis hin zu ihrem eigenen Tod in Kauf zu nehmen, nur um ihre Selbsttreue zu bewahren (man nehme Krankenpfleger B.). In umgekehrten Extremsituationen, etwa angesichts von Nötigung, Erpressung, gesellschaftlichem Zwang oder gar Folter, mögen sich Menschen, die nach Integrität streben, dazu genötigt sehen, einige Aspekte ihrer Selbsttreue aufzugeben, um eben dadurch ihre »Haut« und damit ihre Unversehrtheit zu retten (wie im Fall von Ärztin A.).

In derart dramatischen Fällen wird jeweils ein Aspekt der eigenen Integrität *geopfert*, nur um dadurch den jeweils anderen Integritätsaspekt zu bewahren, und beides mal ist die Integrität der betreffenden Person allein dadurch zu »retten«, dass sie andererseits beschädigt wird. Wie kompliziert es auch sein mag, die genauen Grenzen dieser dialektischen Bewegung zu bestimmen, deutlich wird dabei das Folgende: Die Integritätsaspekte Selbsttreue und Unversehrtheit mögen zwar wechselseitig aufeinander verweisen, sie besitzen jedoch zugleich auch eine gewisse Unabhängigkeit voneinander. Sie dürfen daher weder als begriffliche Äquivalente noch als gänzlich differente Begriffe von Integrität missverstanden werden. Es handelt sich vielmehr um jeweils irreduzible und doch eng miteinander verknüpfte, um relativ unabhängige und doch sich wechselseitig ergänzende Dimensionen ein und derselben Integritätsidee.

19.5 Keine falschen Vorentscheidungen!

Inwiefern aber trägt die soeben umrissene *kombinierte* Integritätskonzeption zum Verständnis des Widerstreits von Glück, Moral und gesellschaftlichen Anforderungen bei? Erinnert sei hier zunächst noch einmal an die vier genannten Beispiele, ohne dass es dabei aber um *abschließende Urteile* über diese vier Personen gehen soll, weil entsprechende abschließende Urteile aus Gründen, die später noch erörtert werden sollen, aus Sicht der Integritätsanalyse ohnehin nicht legitim erscheinen:

ad 1: Orthopädin A. gibt schweren Herzens, aber auch ein wenig ängstlich, dem ökonomischen Druck nach, der auf ihrem Arbeitsplatz lastet. Sie verletzt damit sowohl moralische Verpflichtungen gegenüber ihren zukünftigen Patientinnen und Patienten als auch ihr berufsethisches Selbstverständnis als Ärztin. Hätte man das Gegenteil von ihr verlangen können? Vielleicht. Doch wer hier spontan und systemkritisch mit »ja« antworten möchte, wird zugleich begründen müssen, erstens, dass an der eigenen Selbsttreue notfalls auch auf Kosten ihres Arbeitsplatzes und damit teilweise gravierender individueller Konsequenzen festzuhalten sei, und, zweitens, wie die systemisch bedingten Arbeitsverhältnisse, z.B. an einer Klinik, so organisiert werden können, dass die Herrschaft ökonomischer Imperative nicht einfach auf dem Rücken des Personals und damit meist auch auf Kosten der Qualität ihrer Arbeitsleistung ausgeübt wird.[32]

ad 2: Krankenpfleger B. löst seinen ethisch-moralischen Handlungskonflikt auf dem Wege der Selbstausbeutung. Er fügt sich dem Zeit- und Kostendruck seines Berufs, doch er tut dies vor allem deshalb, weil er sich seinen Patientinnen und Patienten gegenüber in der moralischen Pflicht fühlt. Ist das heroisch oder idiotisch? Auch hier fällt es schwer, von außen zu beurteilen, ob sein Handeln eher ein Ausdruck von Integrität oder aber eines Mangels an Integrität ist. Gleichwohl können wir B. unterstellen, dass er mit seiner Entscheidung ringt, diese nicht vorschnell trifft, und dass er sich dabei um einen Weg bemüht, mit dem er – alles in allem – »leben« kann. Wer ihm daher vorwerfen möchte, etwa nach Art eines Gewerkschaftsfunktionärs, B. trage mit seinem Fehlverhalten lediglich zur Reproduktion einer ungerechten Arbeitswelt bei, wird zugleich von B. verlangen müssen, dass er moralisch tief verwurzelte Überzeugungen mit Blick auf seine Patientinnen und Patienten aufgeben muss.

ad 3: Die Gynäkologin C. bemüht sich um einen Kompromiss zwischen ihren Orientierungen an Familie und Beruf, indem sie sich aus der Klinik zurückzieht und eine eigene Praxis eröffnet. Es wird C. sehr wohl bewusst sein, dass stressbedingte Reibungsverluste damit keineswegs vollends der Vergangenheit angehören; was ja zugleich bedeutet, dass die beiden für sie zentralen Orientierungen an Familie und Beruf jeweils nur bedingt zu ihrem Recht kommen werden. Aber hätte man von ihr erwarten dürfen, und zwar »in dieser Welt«, in der die Vereinbarkeit von Familie und Karriere bekanntermaßen schwer fällt oder sogar misslingen muss, dass C. jeweils eine ihrer fundamentalen Grundorientierungen der anderen opfert, nur um dadurch ein durchweg konsistentes[33] Selbstbild aufrechterhalten zu können? Wer hier spontan mit »ja« antworten möchte, wird sich im Gegenzug fragen lassen müssen, ob er den Wert und die Kraft ethisch-existenzieller Grundüberzeugungen kennt.

ad 4: Der Allgemeinmediziner D. stellt, wie schon angedeutet, einen leicht irritierenden Sonderfall dar: D. agiert am Rande der Legalität, seine egoistische Persönlichkeit wirkt zudem »bestechlich«[34]; womit er sicherlich das Gegenteil von einer integren Person wäre, die sich ja gerade nicht durch äußere Verlockungen von ihrem ethisch-existenziellen Kurs abbringen lässt. Ob wir es aber im Fall von D. mit einer entsprechend wankelmütigen Person zu tun haben, die Integrität vermissen lässt, ist gar nicht ausgemacht. Dazu müsste sich D. durch die Zuwendungen der Pharmaindustrie etc. von Lebensorientierungen abbringen lassen, die ihm wichtig sind. Klar scheint in seinem persönlichen Fall aber lediglich der Umstand zu sein, dass es *eine* Grundorientierung in seinem Leben gibt – gemeint ist sein Lebenstraum –, die ihm *wichtiger* als alles andere ist, und diese Grundorientierung verfolgt er konsequent. D. mag einem aufgrund seines Egoismus unsympathisch erscheinen, aber büßt er bereits deshalb seine *Integrität* ein? Anders gefragt: Haben nur sympathische, nicht-egoistische Menschen, die denken und tun, was auch wir selbst, als urteilende Beobachter, entsprechend gut finden würden, einen integren Charakter? Können nicht auch »Schurken« Integrität besitzen?[35]

Die vier diskutierten Beispiele gehen mit konzeptionellen Verunsicherungen einher: Es lässt sich offenbar nicht schon von außen bestimmen, ob eine Person Integrität besitzt oder nicht; das Streben

---

32 Man denke hier auch an das Thema »Whistleblower«
33 Zum wichtigen Unterschied zwischen durchweg »konsistenten« und hinreichend »kohärenten« Selbstbildern siehe Pollmann (2005, Kap. 3)
34 Zum begrifflichen Problemgehalt der »Bestechung« siehe das entsprechende Kapitel in Pollmann (2010)
35 In meinem Buch (Pollmann 2005) vertrete ich die These, dass die Integrität einer Person keine Frage der sympathischen Übereinstimmung ist. Es gibt unzählige Beispiele für Menschen, denen wir persönliche Integrität attestieren können oder sollten, obwohl sie Dinge tun oder sagen, die wir, teilweise zutiefst, ablehnen: Ein progressiver »Linker« kann einen »strammen« Konservativen schätzen und integer finden; eine überzeugte Fleischesserin mag eine ebenso überzeugte Veganerin bewundern; ein Polizist kann eine gewisse Hochachtung vor der Konsequenz eines Ganoven haben; eine entnervte Lehrerin mag die rebellische Beharrlichkeit ihrer nervtötenden Schülerin wertschätzen. Insofern ist das Integritätskonzept als weitgehend »formal« zu verstehen: Es kann mit sehr unterschiedlichen Inhalten gefüllt werden; auch wenn es »irgendwo« moralische Grenzen zu geben scheint. Mehr dazu im nächsten Abschnitt

19.5 · Keine falschen Vorentscheidungen!

nach Integrität scheint vielmehr zuvorderst eine *innere* Angelegenheit zu sein. Was sich folglich dennoch von außen bestimmen lässt, ist der Umstand, dass man hier allzu voreilige Schlüsse vermeiden sollte: Eine Person hat oder aber verliert ihre Integrität nicht schon deshalb, weil sie sich im Konfliktfall für ihr persönliches Glück und gegen die Moral entscheidet. Eine Person hat oder verliert ihre Integrität aber auch nicht schon dann, wenn sie sich gegen ihr Glück und für die Moral oder auch andere gesellschaftliche Anforderungen entscheidet. Und außerdem gilt: Ein Mensch hat oder verliert seine Integrität nicht schon allein aufgrund des Umstandes, dass er im Zuge einer ethischen Kompromissbildung jeweils Zugeständnisse an verschieden Grundorientierungen oder Anforderungen macht. Die *doppelte These* muss vielmehr lauten: Eine Person bewahrt ihre Integrität dann, und nur dann, wenn sich ihre Entscheidungen – alles in allem und wie immer diese Entscheidungen im Einzelnen ausfallen mögen –, in ihr ethisch-existenzielles Gesamtselbstbild fügen, und entsprechend verliert ein Mensch an Integrität allein in solchen Situationen, in denen die Person *selbst* weiß, dass die betreffenden Entscheidungen unvernünftig sind, nicht zu ihr »passen« und diesem Selbstbild ernsthaft Schaden zufügen. Demnach – und dieser Umstand wird im Folgenden noch etwas eingehender betrachtet werden – zeigt personale Integrität sich in der Art und Weise, wie Personen derartige Konflikte *durchstehen*.

Ganz gleich nämlich, ob die betreffende Person sich im konkreten Einzelfall für ihr unmittelbares Wohlbefinden entscheidet, ob sie der Moral den Vorzug gibt, gesellschaftliche Anforderungen erfüllt oder aber einen ethisch-moralischen Kompromiss eingeht: Entscheidend für personale Integrität ist allein der Umstand, dass die Person genau das tun muss und tut, was sie in Anbetracht ihres im Laufe des Lebens erworbenen Selbstbildes für das *alles in allem Beste* hält.[36] Das Streben nach Integrität darf nicht so verstanden werden, als müssten sich die Betroffenen *immer* für das eigene Glück entscheiden *oder* für die Moral *oder* für sonstige gesellschaftliche Verhaltenserwartungen – und damit gegen die jeweils anderen Grundorientierungen. Das Streben nach einem integren Leben verbietet auch nicht schon von vornherein jede Art von Kompromiss.[37] Personale Integrität meint vielmehr die Fähigkeit und Flexibilität, weder starr nur auf das eigene Glück zu schauen noch rigoristisch der Moral zu folgen noch blind sich gesellschaftlichen Verhaltenserwartungen zu unterwerfen, sondern sich in strittigen Fällen stets für jene Alternative zu entscheiden, für die – nach reiflicher Überlegung – die insgesamt besten Gründe sprechen. Demnach beinhaltet das Streben nach Integrität die stete Bemühung, alle wichtigen der sich widerstreitenden Perspektiven so miteinander zu vermitteln oder gar in Einklang zu bringen, dass sich daraus auf Dauer *ein möglichst kohärentes, integriertes und verlässliches Selbstbild* ergibt.[38]

Integer zu sein, das bedeutet also, nach eingehender Selbstprüfung genau das zu tun, was man in der jeweiligen Situation und vor dem Hintergrund eines inhaltlich bestimmten Selbstbildes, das es zu bewahren gilt, für das insgesamt Beste hält. Das integre Leben ist demnach von dem Vermögen getragen, in ethisch-moralischen Konfliktsituationen *mit guten Gründen* so zu entscheiden, dass sich die jeweilige Entscheidung in das eigene existenzielle Selbstbild integrieren lässt; wobei dann auch anschließend an dieser Entscheidung konsequent, wenngleich »zwanglos«, festzuhalten wäre, solange keine anderen, und zwar besseren, Gründe vorliegen, die tatsächlich für einen Kurswechsel plädieren.

Da es sich bei diesen selbstkritischen Prüfungsverfahren um hochkomplexe Vorgänge handelt – auch wenn diese in der Alltagswelt gelegentlich blitzschnell vonstatten gehen –, müssen wir uns an dieser Stelle mit dem Hinweis begnügen, dass zu einem besseren Verständnis dieser These eine Theorie der »lebensgeschichtlichen Selbstverständigung« benötigt wird.[39] Wichtig ist an dieser Stelle aber vor allem, dass jene »guten« oder »besten«

---

36 Dazu auch Halfon (1989)

37 Es gibt »vernünftige«, aber auch »faule« Kompromisse. Letztere zeichnen sich dadurch aus, dass sich die jeweils vermittelten Entscheidungsalternativen am Ende kaum mehr wiedererkennen lassen
38 McFall (1987)
39 Dazu mehr in Pollmann (2005, Kap. 3)

Gründe, die am Ende den Ausschlag geben sollen, zunächst bloß *subjektiv* gute oder beste Gründe sind, und zwar in dem Sinn, dass ein potenzielles Gegenüber diese Gründe zwar vor dem Hintergrund der jeweils sich rechtfertigenden Person nachvollziehen, aber nicht notwendig auch teilen oder sich zu eigen machen muss. Die Theorie muss hier, so gut es geht, dem verständlichen Hang widerstehen, diese jeweils subjektiv guten oder besten Gründe von vornherein »objektiv« reglementieren zu wollen, z.B. durch den Hinweis, dass bestimmte Dinge sich in »unserer« Gesellschaft einfach nicht »schicken« oder durch die Warnung, dass die betroffene Person mit ihrem Denken und Handeln aus einem wie auch immer gearteten »Konsens« ausschert. Denn es gehört geradezu zum *Wesen* personaler Integrität, dass diese nur zu oft direkt gegen den gesellschaftlichen Mainstream und die Übermacht bloß tradierter Verhaltenserwartungen erkämpft und bewahrt werden muss.

Man sollte es sich nicht anmaßen, sozusagen *in Stellvertretung*, alle nur erdenklichen ethisch-moralischen Konfliktsituationen bereits im Voraus bzw. auf dem Papier entscheiden zu können. Eine Theorie der Integrität hätte vielmehr der Einsicht Rechnung zu tragen, dass es dazu ganz bestimmter Vermögen und Verstandesleistungen bedarf, damit die Betroffenen *selbst* derartige Konflikte entscheiden können, und zwar jeweils vor dem Hintergrund ihrer ganz persönlichen Integrität. Der Integritätsbegriff bietet demnach den Schlüssel zum Verständnis lebensweltlicher Entscheidungssituationen, in denen die Betroffenen autonom und unvertretbar zu ergründen haben, ob sie – salopp gesagt – in erster Linie an sich selbst, an die Moral oder an sonstige gesellschaftliche Verhaltenserwartungen denken sollten. Aber der Integritätsbegriff kann und soll die betreffenden Reflexionsprozesse, die letztlich eben unvertretbar zu vollziehen sind und mit denen sich die Betroffenen ruhig auch ein wenig »schwer« tun sollen, nicht schon vorwegnehmen.

19.6 Grenzen des Anstands?

Kommen wir abschließend auf den Einwand zurück, die Integrität von Personen müsse eine »objektive« moralische Grenze haben. Bereits im Fall des Allgemeinmediziners D. verspürt man ein gewisses Zögern, ob sein egoistisches Verhalten mit Integrität vereinbar ist. Dafür scheint er etwas *zu* egoistisch zu sein.[40] Anders geartet und doch ähnlich unklar ist der Fall der Orthopädin A.: Man mag ihre Angst vor dem Verlust des Jobs verständlich finden, ja, vermutlich würden es ihr viele Menschen in einer vergleichbaren Situation gleich tun. Aber handelt A. nicht dennoch auf eine Weise, die uns unsicher werden lässt, ob sie noch länger Integrität besitzt? Hätte sich A. hierzu nicht doch etwas eindeutiger gegen den ökonomischen induzierten Druck auf ihrer Station erklären oder sogar auflehnen müssen? Während also D. dazu tendiert, sich etwas zu *wenig* den legitimen gesellschaftlichen Verhaltenserwartungen seiner Umwelt anzupassen, tendiert A. dazu, etwas zu *sehr* gesellschaftlich angepasst zu sein. Offenbar sind wir bei der Beurteilung einer Person und deren Integrität keineswegs frei von intersubjektiven Vorbehalten; jedenfalls dann nicht, wenn wir das – alles in allem – *Vernünftige* ignoriert sehen. Und mit Blick auf dieses »Vernünftige« scheint es eine doppelte Toleranzschwelle zu geben, die es abgrenzt von einem Zuviel und einem Zuwenig an Anpassung. Lässt sich diese *doppelte Toleranzschwelle* noch etwas genauer markieren?

Die Dringlichkeit der Klärung dieser Frage zeigt sich mit Blick auf ein mögliches »Zuwenig« an Rücksicht auf gesellschaftliche Anforderungen heute in breiter politischer Öffentlichkeit vor allem dort, wo – wie etwa im Fall des religiös motivierten Fundamentalismus, aber auch seiner rechtsradikalen Gegner –, Wertüberzeugungen ins monströse Extrem gesteigert werden. *Fundamentalistische Fanatiker* gleich welcher Couleur sind gewillt, und zwar weitgehend unbeirrt und notfalls mit Gewalt, ihre vermeintlich heilsbringenden Pläne auch gegen gesellschaftliche Widerstände zu verwirklichen. Auch mag es tatsächlich den in der

---

40 Was, wenn es sich z.B. um einen Mafiosi à la »Der Pate« handelt? Auch dieser weist ggf. beide der oben diskutierten Integritätsaspekte (Selbsttreue und Unversehrtheit) auf. Dennoch wird man als Beobachter vermutlich auch hier zögern, diesem Verbrecher Integrität im umfassenden Sinn zuzuerkennen, und zwar aufgrund seiner Verbrechen. Oder um es auf die Spitze zu treiben: Kann es einen integren Nazi geben?

Moralphilosophie bisweilen diskutierten »rationalen Nazi«[41] geben, der sich am Ende auch selbst, und damit auf sehr konsequente Weise, in ein Konzentrationslager einweisen würde, falls er erfahren sollte, dass seine Großmutter Jüdin gewesen ist. Können Fanatiker dieser Art Integrität besitzen? Verstößt nicht die Rigorosität, mit der sie ihre Überzeugungen exekutieren, gegen elementare Intuitionen, die für uns *ebenfalls* notwendig mit dem Integritätsbegriff verknüpft zu sein scheinen? Auf den ersten Blick mag diese Frage vielleicht »rhetorisch« anmuten, bei genauerem Hinsehen jedoch lässt sie sich nur schwer beantworten. Der lebensweltliche Punkt, an dem eine aus Sicht der Integrität wünschenswerte Konsequenz in praktischen Wahnsinn umschlägt, lässt sich nicht einfach vorwegbestimmen. Ist ein politischer Widerstandskämpfer, der sein Leben riskiert, um einen blutrünstigen Diktator zu beseitigen, integer oder verrückt? Warum sind wir uns dann in aller Regel bei der Verurteilung von religiösen Selbstmordattentätern so sicher?[42]

Das spiegelbildliche Problem eines »Zuviel« an Anpassung führt uns unmittelbar zu unseren Beispielen zurück, in denen die Protagonisten auf jeweils ihre Weise mit dem – für heutige Lebensumstände typischen – Umstand zu kämpfen haben, dass sie durch einen teilweise massiven ökonomischen Druck von ihren Glücks- und Moralvorstellungen abgebracht werden sollen. Wieviel systembedingte Anpassung verträgt die Integrität einer Person? Im Fall des Krankenpflegers B. war bereits festgestellt worden, dass er sich mit seiner moralisch begründeten Selbstausbeutung dem ökonomischen Druck beugt und dadurch eine Grenze überschreitet, indem er die eigene Integrität bereits in psychophysischer Hinsicht in Gefahr bringt. Die Gynäkologin C. hingegen entscheidet sich zu einem Kompromiss zwischen Karriere und Familie, beugt sich dabei gerade *nicht* dem Druck karrierebedingter Anpassung und beweist eben auch dadurch, dass die Integrität von Personen eine Grenze des »Zuviel« an Anpassung hat, die C. in ihrem Fall keinesfalls zu überschreiten bereit ist.

Daraus folgt eine etwas vage und abstrakt anmutende, zugleich aber systematisch wichtige Einsicht: In aller Regel[43] wird eine Person, die nach Integrität strebt, ein Interesse daran haben, in der Gemeinschaft, in der sie lebt, nicht als völlig »unangepasst« zu gelten. Sie wird aber – ebenfalls in aller Regel[44] – zugleich auch ein vitales Interesse daran haben, die betreffende Anpassung nicht so weit zu treiben, dass von ihrer Individualität und Integrität nicht mehr viel übrig ist. Die philosophische Vagheit dieser Bestimmung erklärt sich aus dem Umstand, dass sich diese doppelte Grenze der Anpassung auf abstrakt theoretischem Wege gar nicht unabhängig von den konkreten sittlichen Wertvorstellungen der jeweiligen Gemeinschaft vorherbestimmen lässt, in denen das betreffende Leben integer geführt werden soll. Fragen nach den zumutbaren und mit Integrität zu vereinbarenden Toleranzgrenzen der gesellschaftlichen Anpassung stellen sich in einem religiösen Gottesstaat anders als unter einem faschistischen Terrorregime oder aber in einer freiheitlichen Demokratie. Sie sind unter der Ägide sozialistischer Planwirtschaft anders zu beantworten als in Gesellschaften, deren Reproduktion kapitalistisch und marktwirtschaftlich organisiert ist oder aber durch mafiöse Clanstrukturen oligarchisch bzw. kleptokratisch beherrscht wird. Was innerhalb einer jeweils konkreten Gemeinschaft im Einzelnen als gesellschaftlich »tolerabel« oder aber als »Zumutung« für jeden Menschen, der nach Integrität strebt, gilt, hängt wesentlich von der konkreten Sittlichkeit eben jener Lebensumstände ab, in denen es zu entsprechenden Integritätskonflikten kommt. Diese Grenze integren Lebens wird weniger durch das bestimmt, was *idealiter* – im Sinne einer abstrakten Philosophenmoral universeller Achtung – vernünftigerweise geboten wäre, sondern vielmehr durch das, was *de facto* in den jeweiligen Kontexten für sittlich tolerierbar oder gerade noch erträglich gehalten wird.

---

41 Das Beispiel geht zurück auf Hare (1983, z.B. S. 130)
42 Die spontane Antwort dürfte meist lauten: Weil letzterer auch »Unschuldige« töten, während ersterer einen blutrünstigen Diktator umbringen will. Aber dies erklärt die widerstreitenden Urteile nur zum Teil (auch der politische Widerstandskämpfer mag »Kollateralschäden« in Kauf nehmen)

43 Sieht man hier einmal ab von Extremisten, Fanatikern oder auch exzentrischen Künstlern
44 Hier wären die Ausnahmen: Konformisten, »Knechte«, Feiglinge

Die zuletzt genannten Extrembeispiele – Terroristen, Nazis, Mafiosi – dürfen den Blick nicht dafür trüben, dass die Integritätsgrenze des in sozialer Hinsicht Tolerierbaren im Alltag eher selten überschritten wird. Erinnern wir uns ein letztes Mal an die Protagonisten in unseren Beispiele, die (mit Ausnahme von C. vielleicht) ihre Integrität in Gefahr bringen. Orthopädin A. beugt sich dem Druck der Klinikleitung, weil sie Angst um den Verlust ihres Arbeitsplatzes hat. Krankenpfleger B. geht den Weg der Selbstausbeutung, weil er dies für seine moralische Pflicht gegenüber seinen Patientinnen und Patienten hält. Allgemeinmediziner D. lässt sich durch Zuwendungen der Pharmaindustrie etc. in seiner Meinung über adäquate Medikamente und Behandlungsmethoden beeinflussen, weil er sich einen lang gehegten Lebenstraum erfüllen will. Wie schon gesagt: Das Verhalten dieser Personen muss einem nicht sympathisch sein. Man wird das Verhalten dieser drei Personen vielleicht *kritisieren* können. Aber ist das betreffende Verhalten deshalb bereits *intolerabel*? Es bewegt sich weitgehend im Rahmen dessen, was gewöhnlichen Menschen moralisch gerade noch erträglich erscheint, auch wenn man als Beobachter selbst von einer Welt träumen mag, in der ein solches Verhalten nicht länger möglich oder auch notwendig wäre.

19.7 Fazit

Dies führt uns am Ende zurück zu Martin Luther, mit dessen Bekenntnis vor dem Reichstag in Worms diese Überlegungen begonnen haben. In dessen zitierter Verteidigungsrede hieß es: »Wenn ich nicht mit Zeugnissen der Schrift oder mit offenbaren Vernunftgründen besiegt werde, so bleibe ich von den Schriftstellen besiegt, die ich angeführt habe, und mein Gewissen bleibt gefangen in Gottes Wort.« Luther haftet nicht dogmatisch und blind an seinem früheren Wort, seinen früheren Taten und Entscheidungen. Will man ihm Glauben schenken, so signalisiert er die Bereitschaft, sich mit guten Gründen vom Gegenteil seiner bisherigen Auffassungen überzeugen zu lassen. Er ist deshalb kein Fundamentalist oder Extremist. Solange aber keine derartigen Gründe vorliegen, wird er standhaft bleiben und Selbsttreue demonstrieren, weil, wie er hinzufügt, »es weder sicher noch geraten ist, etwas gegen sein Gewissen zu tun«. Damit ist der Reformator einerseits ein typisches Beispiel dafür, was es heißt, die eigene Integrität, auch gegen Widerstände, zu bewahren, ohne dabei starrköpfig oder gar fanatisch zu werden. Andererseits stellt sich jedoch sogleich auch die Frage, ob sein Verhalten sittlich tolerabel gewesen ist; ob Luther sich am Ende nicht doch hätte anpassen müssen. Was sagt die historische Tatsache, dass ihn die Amtskirche als »Ketzer« ausgestoßen hat, über seine Integrität aus? Seine damaligen Gegner werden ihm diese Integrität vermutlich abgesprochen haben, weil sie Luthers Verhalten gerade nicht für tolerabel hielten. Warum aber sind wir »Heutigen« dennoch von dessen Integrität überzeugt?

Unsere ethischen, moralischen und auch sittlichen Wertvorstellungen haben sich gewandelt. Und der entscheidende Punkt hierbei ist: Luther *selbst* hat zu diesem Wertewandel beigetragen, indem er die Moral seiner Zeit *ausdehnte*.[45] Die sittliche Toleranzgrenze, die der vor den Reichstag gerufene Reformator selbst als einzig gültig anerkannt hat, *transzendierte* die apodiktischen Glaubenssätze der katholischen Amtskirche in Richtung einer zur damaligen Zeit noch weitgehend imaginären, reformierten Christengemeinde, die den letztlich unchristlichen Dogmatismus Roms hinter sich gelassen hätte. Damit stellt sich der Integritätskonflikt Luthers nicht in der gleicher Weise dar wie in den vier oben diskutierten Fallbeispielen aus heutiger Zeit. Denn der Reformator argumentiert nicht allein vor dem Hintergrund seiner eigenen subjektiven Wertüberzeugen, wenn er sich gegen die herrschende katholische Sittlichkeit stellt. Vielmehr handelt er im Lichte einer *anderen*, einer besseren, einer zukünftigen Sittlichkeit. Für Luther fallen Glück, Moral und Sittlichkeit *zusammen*, und zwar in dem utopischen Wunschbild eines allein auf Gott vertrauenden Lebens inmitten einer reformierten, »wahren« Kirchengemeinde. Abgesehen davon, dass wir heute – unter Vorzeichen des weltanschaulichen Pluralismus – auf eine solche Deckungsgleichheit von Glück, Moral und Sittlichkeit nicht länger hoffen sollten, weil diese Kongruenz allein

---

45 So wie heute etwa ein Edward Snowden seiner Zeit voraus ist

noch um den Preis von Dogmatismus, Zwang und Terror zu sichern wäre: Was lässt sich aus dem Beispiel Luthers lernen?

Jede Zeit hat *ihre* Integritätskonflikte, und wenn der Verdacht nicht vollends von der Hand zu weisen ist, dass die kapitalistische Ökonomie und die mit ihr einhergehende Drohung, in Armut und Bedeutungslosigkeit abzustürzen, heute in vielen Menschen ähnliche Ängste auslöst wie frühere katholische Drohungen mit einer handfesten Hölle, dann stellt sich unweigerlich die Frage, mit welcher »Utopie« sich integre Menschen heute dem säkularisierten Fegefeuer ökonomischer Systemimperative entgegenstemmen sollen. Anders gefragt: Benötigt man nicht eine gewisse Vorstellung davon, dass eine »andere Welt möglich« ist, wenn man sich dem ökonomischen Druck unserer Tage auf integre Weise widersetzen will? Man benötigt eine solche Vorstellung tatsächlich, und das Beispiel der Gynäkologin C. weist hier in *eine* von zwei möglichen Richtungen: Sie wählt den Weg einer gewissen *Privatisierung* und damit des Rückzugs aus einem Leben, dass unter ökonomischen Zwängen ächzt. Was aber wäre der andere Weg? Diesen Weg zeigen uns herausragende Persönlichkeiten auf, die ihr integres Leben in den Dienst einer politischen *Überwindung* jener drückenden Systembedingungen stellen, in denen ein gelingendes Leben geradezu unmöglich erscheint. Eine integre Person *muss* nicht schon den heroischen Weg wählen, wie das Beispiel von C. beweist, aber nur dann, *wenn* hinreichend viele Menschen *sich politisch entsprechend auflehnen*, wird das integre Leben auch für viele andere wahrscheinlicher. Aus Sicht der Philosophie bedeutet dies: Das Leben in Integrität ist keineswegs nur eine Frage der philosophischen Ethik, sondern zugleich auch ein Problem kritischer Sozialphilosophie, die gesellschaftliche Zwänge und Fehlentwicklungen diagnostizieren hilft, sofern diese dem integren Leben vieler heute lebender Menschen im Wege stehen.

Literatur

Benjamin M (1990) Splitting the Difference. Compromise and Integrity in Ethics and Politics. Kansas University Press, Lawrence

Calhoun C (1995) Standing for Something. Journal of Philosophy 5: 235-260

Flanagan O (1991) Varieties of Moral Personality. Harvard University Press, Cambridge

Frankfurt H (1988) The Importance of What We Care About. Cambridge UP, Cambridge

Frankfurt H (1999) Necessity, Volition and Love. Cambridge UP, Cambridge

Habermas J (1991) Erläuterungen zur Diskursethik. Suhrkamp, Frankfurt a.M.

Halfon M (1989) Integrity. Temple University Press, Philadelphia

Hancke K, Toth B, Kreienberg R (2011) »Karriere und Familie – unmöglich?« Dtsch Ärztebl 108(41): A2148-2152 http://www.aerzteblatt.de/archiv/109208/Umfrage-Karriere-und-Familie-unmoeglich (Zugriff: 12.10.2015)

Hare RM (1983) Freiheit und Vernunft. Suhrkamp, Frankfurt a.M.

Honneth A (1990) Integrität und Mißachtung. Merkur 501: 1043-1054

Kant I (1900ff.) Grundlegung zur Metaphysik der Sitten [1785]. Akademie-Ausgabe (Bd. IV). de Gruyter, Berlin

Korsgaard CM (1996) The Sources of Normativity. Cambridge UP, Cambridge

Luther M (1883ff.) Werke. Kritische Gesamtausgabe (Bd. 7). Böhlau, Weimar

McFall L (1987) Integrity. Ethics 98: 5-20

Pollmann A (1999) Gut in Form. Die neuere Debatte um eine Ethik des »guten Lebens« im Überblick. Deutsche Zeitschrift für Philosophie 4: 673-692

Pollmann A (2005) Integrität. Aufnahme einer sozialphilosophischen Personalie. Transcript, Bielefeld

Pollmann A (2010) Unmoral. Ein philosophisches Handbuch. C.H. Beck, München

Seel M (1995) Versuch über die Form des Glücks. Suhrkamp, Frankfurt a.M.

Tugendhat E (1993) Vorlesungen über Ethik. Suhrkamp, Frankfurt a.M.

Williams B (1984) Moralischer Zufall. Hain, Königstein i.T.

Williams B (1985) Ethics and the Limits of Philosophy. Fontana, London

Wingert L (1993) Gemeinsinn und Moral. Suhrkamp, Frankfurt a.M.

Regelverletzung mit Folgen? Corporate Compliance Management im Medizinbetrieb

Wilfried von Eiff

20.1 Begriff – 270

20.2 Menschliches Verhalten und Compliance-Risiken – 270

20.3 Das Fraud Triangel Model – 270
20.3.1 Dimension – Gelegenheit – 271
20.3.2 Dimension – Innere Rechtfertigung – 273
20.3.3 Dimension – Anreiz/Motivation bzw. Druck/Motiv – 273
20.3.4 Das klassische Beispiel: Titanic-Desaster – 274

20.4 Compliance-Management im Krankenhaus – 274
20.4.1 Informationsasymmetrien und Agenturproblem – 274
20.4.2 Typische Risikofelder eines Krankenhauses – 277

20.5 Fazit – 281

Literatur – 282

20.1 Begriff

Der Begriff »Compliance« ist als medizinischer Begriff seit langem bekannt. Er beschreibt das *kooperative Verhalten eines Patienten* im Rahmen seiner Behandlung (Therapietreue). Ärztliche Anweisungen sind für den Behandlungserfolg maßgeblich und damit vom Patienten zu befolgen. Der Patient hat sich damit an *Verhaltensregeln*, die ihm durch den Arzt auferlegt werden, zu halten, um für sich eine »gute« Compliance herzustellen. Diese ist im Rahmen einer etwaigen Arzthaftung bedeutend für den Patienten, da seine Ansprüche ggf. über ein Mitverschulden gekürzt werden können, wenn er seiner Compliance(-Obliegenheit) nicht ausreichend nachgekommen ist.[1] Patienten-Compliance ist eine Voraussetzung für den Therapieerfolg und trägt dazu bei, dass überflüssige Kosten für die Solidargemeinschaft (z.B. verursacht durch Wiederholungsbehandlungen als Folge nicht eingenommener Medikamente) vermieden werden.

Hiervon zu unterscheiden ist Compliance im unternehmerischen Sinn, die im Folgenden behandelt wird. In diesem Zusammenhang bedeutet Compliance die *Sicherstellung des regelkonformen Verhaltens* in den typischen Risikobereichen des Medizinbetriebs bzw. Klinikmanagements und denen sich daraus ergebenden Aufgaben und Entscheidungsfeldern. Damit verbunden ist die Anforderung, durch organisatorische/personalpolitische Maßnahmen dafür zu sorgen, dass bereits im Vorfeld Gesetzesverstöße und Regelverletzungen durch Mitarbeiter der Einrichtung unterbunden werden. Dieser Sicherstellungsauftrag gehört zur Überwachungssorgfalt der Leitungsorgane, da davon auszugehen ist, dass rechtswidrige Handlungen durch unzureichende Organisation und nicht-institutionalisierte Kontrolle grundsätzlich erst möglich werden.

20.2 Menschliches Verhalten und Compliance-Risiken

Erkenntnisse der Behavioural Economics zeigen: Das menschliche Verhalten ist rational und irrational zugleich. Das liegt u.a. daran, dass in den westlich geprägten Zivilisationsgesellschaften eine Tendenz besteht, Güter zu ökonomisieren, d.h., ihnen einen durch Preise ausgedrückten materiellen Wert zuzuordnen. Ein derart ökonomisches Gut wird in seinem Wesen verändert, sozusagen »materialisiert«: Marktnormen verdrängen Sozialnormen. Materielle Werte haben dann im Vergleich zu ethischen sowie spirituellen Werten ein deutliches Übergewicht: Geld schlägt Moral.[2]

Das zeigt das Beispiel eines Kindergartens[3], dessen Leitung die Eltern dazu bewegen wollte, ihre Kinder pünktlich abzuholen, indem eine Geldstrafe für verspätetes Abholen vertraglich vereinbart wurde. Der Effekt: Die Zahl der verspäteten Abholungen stieg an, weil die Eltern das Gefühl hatten, für eine zusätzliche Dienstleistung der Kindergärtnerinnen in Form von Überstunden extra bezahlen zu müssen. Zuvor hatten die Eltern bei verspäteten Abholungen ihres Kindes ein schlechtes Gewissen, da sie die Mitarbeiterinnen davon abhielten, pünktlich in den Feierabend zu gehen und möglicherweise deren Hilfsbereitschaft auszunutzen. Der Gutscharakter dieser Dienstleistung »Gefälligkeit im Ausnahmefall« hatte sich durch die Einführung der Strafzahlung grundlegend zur bezahlten Dienstleistung verändert und damit »ökonomisiert«. Compliance hängt also insbesondere davon ab, inwieweit Regeln für den Fall eines Verstoßes eine Bestrafung vorsehen, die als Vertragsbestandteil aufgefasst wird.

20.3 Das Fraud Triangel Model

Nach dem »Fraud Triangel Model«[4] kommen vorsätzliche *Regelverletzungen* zustande durch Gelegenheit, Rechtfertigungsmöglichkeit und Druck/Motiv. Die Dimensionen »beabsichtigter Verstöße« führen insbesondere dann zu Fraud Behaviour (engl. für betrügerisches Verhalten), wenn sie simultan auftreten (◘ Abb. 20.1).

---

1 Vgl. Krüger (2012, S. 236 f.)
2 Vgl. Sandel (2012)
3 Vgl. Ariely (2010)
4 Vgl. Cressey (1953)

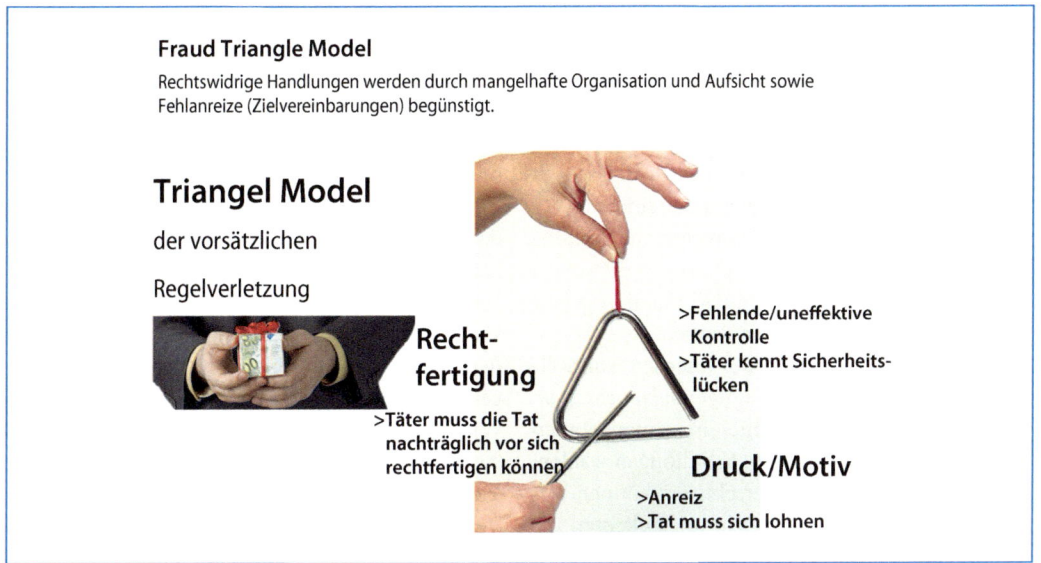

Abb. 20.1 Vorsätzliche Regelverletzungen (Korruption) werden durch die Organisation und die Unternehmenskultur begünstigt (Quelle: von Eiff in Anlehnung an Cressey 1953)

20.3.1 Dimension – Gelegenheit

Die Dimension »Gelegenheit« setzt bei den unternehmensinternen, strukturellen Gründen an. Lückenhafte organisatorische Rahmenbedingungen sowie keine oder unwirksame interne Kontrollen, oft in Kombination mit von einer Person langjährig bekleideten Position, sind die Hauptursachen. Weitere Gründe sind die Vernachlässigung der Dienstaufsicht, starke Aufgabenkonzentration auf eine Person und zu große Ermessensspielräume in Zusammenhang mit ungenauen Regeln oder unklarer Kommunikation. Generell liegt eine häufige Fehlerquelle in der mangelnden Transparenz über Arbeitsabläufe, Zuständigkeiten sowie Freigabeverfahren. Erst dadurch kommt es zu Informationsasymmetrien und nicht klar abgegrenzten Verantwortungsbereichen.

Gelegenheiten bieten sich aufgrund von *Fehlern im System*, insbesondere Lücken im Überwachungssystem. Wenn eine Produktauswahlentscheidung (z.B. für einen Ablationskatheter) unkontrolliert durch eine zweite Person von einem Einkäufer alleine getroffen werden könnte, kann dies den Einkäufer dazu verleiten, einen Lieferanten zu bevorzugen, von dem er Zuwendungen erhält oder dem er aus anderen (z.B. privaten) Gründen besonders zugeneigt ist. Um die »Gelegenheit« für Korruption zu vermeiden, sollten Präventionsinstrumente für eine transparente, klar definierte Organisation, eine zielorientierte Personalauswahl und vereinfachte Meldewege implementiert werden.

Funktionstrennung stellt eine organisatorische Präventionsmaßnahme dar, die aufgrund ihrer Bedeutung in allen Forderungen nach Korruptionsprävention enthalten ist. Die Trennung anweisender und ausführender Funktionen sowie Aufgaben durch unterschiedliche Mitarbeiter soll sicherstellen, dass Korruption nicht ohne kooperierende Mitarbeiter begangen werden kann und damit über den Aufbau einer organisatorischen und der Sozialkontrolle unterliegenden Hemmschwelle reduziert wird. Nur wenn der praktischen Umsetzung unüberwindbare Schwierigkeiten entgegenstehen, was häufig in kleineren Krankenhäusern aufgrund der fehlenden Mitarbeiterressourcen der Fall ist, sollte dieses Instrument durch eine intensivere Aufsicht ersetzt werden. Auch auf diesem Wege kann vermieden werden, dass beispielsweise ein Arzt eigenmächtig und ohne Absprache oder Zustimmung anderer Abteilungen oder Mitarbeiter weitreichende Beschaffungsentscheidungen faktisch trifft, indem er die Funktionalitätskriterien eines Medikalprodukts einseitig festlegt.

Auch *Zugangsberechtigungen* sind ein wirksames Kontrollinstrument zur Korruptionsprävention, sofern die Verantwortlichkeiten durch korrekte und umfangreiche Stellenbeschreibungen klar geregelt sind, so dass Entscheidungsspielräume eindeutig definiert sind. Werden die Zugriffsrechte laufend aktualisiert, können »Überberechtigungen« (z.B. wegen eines Chefarztwechsels), die die Korruptionsgefahr erheblich erhöhen, vermieden werden.

Ein weiterer Grundsatz des internen Kontrollsystems (IKS) ist die vollständige *Dokumentation*. Weil Täter oft Bereiche mit einer mangelnden Dokumentation für korrupte Handlungen wählen, da sie dort leichter Spuren verschleiern können, unterstützen lückenlose Aufzeichnungspflichten die Verhinderung von dolosen Handlungen. Im Krankenhaus sollte beispielsweise bei Auftragsvergaben darauf geachtet werden, dass die Angebote der verschiedenen Lieferanten auf Basis vorab festgelegter Leistungskriterien verglichen und die Gründe für die Entscheidung dokumentiert werden.

Bei der *Personalrotation* handelt es sich um ein wichtiges Präventionsinstrument, vor allem in korruptionsgefährdeten Tätigkeitsfeldern wie dem Einkauf. Dies liegt an der Tatsache, dass die langjährige Bekleidung der gleichen Position die Gefahr des Ausnutzens von erkannten Schwächen im System erhöht. Allerdings sind deren Umsetzung im Krankenhaus auch Grenzen gesetzt. Gründe dafür liegen zum einen wiederum in der Größe des Krankenhauses und zum anderen in der Tatsache, dass der Austausch von Ärzten aufgrund ihres Fachwissens, insbesondere bei Spezialisten, u.U. mit Qualitätsverlusten in der Patientenversorgung einhergeht. Aus diesem Grund ist die Personalrotation im Bereich der Ärzteschaft nicht als standardmäßige Korruptionspräventionsmaßnahme zu empfehlen, sondern sollte eher bei konkreten Verdachtsmomenten vorgenommen werden.

Eine effektive *Dienst- und Fachaufsicht* und die damit Hand in Hand gehende Notwendigkeit von transparenten Regeln und Abläufen stellen zielführende Kontrollinstrumente zur Korruptionsvermeidung dar. Antikorruptionsrichtlinien, die die konkrete Alltagssituation im Krankenhaus aufgreifen und beispielsweise standardisierte Genehmigungsformulare enthalten, machen Korruptionsprävention für alle Mitarbeiter verständlich und leichter umsetzbar und unterstreichen deren Bedeutung. Eindeutig definierte Prozesse verringern Entscheidungsspielräume, was zu einer Reduktion von Kompetenzkonflikten zwischen Medizinern und der Krankenhausverwaltung führt.

Das Instrument des *Pre-Employment-Screening*, das einen Beitrag dazu leisten kann, potenziell riskante Bewerber abzulehnen, sollte zumindest in besonders korruptionsgefährdeten Arbeitsbereichen standardmäßig zur Personalauswahl genutzt werden. Auch wenn in kleineren Krankenhäusern einige Maßnahmen, wie z.B. das umfangreiche Einholen von Auskünften, nicht für jede Neueinstellung eines Arztes machbar bzw. sinnvoll sind, sollten andere Vorkehrungen, wie das Überprüfen der Echtheit von Zeugnissen oder das Ansprechen des Ethik-Kodexes des Krankenhauses im Vorstellungsgespräch, routinemäßig getroffen werden. Solche Maßnahmen sind sehr gut umsetzbar und tragen in erheblichem Maß zur Korruptionsprävention bei.

Zur Erhöhung der Aufdeckungswahrscheinlichkeit von Korruption ist zudem die Einrichtung eines *Whistleblowing-Systems* fundamental. Hierbei handelt es sich um ein System, durch das ein Hinweisgeber Missstände bekannt machen kann, die er in einem Tätigkeitsfeld bemerkt hat. Um unternehmensinternes Wissen über korrupte Handlungen verwerten zu können, sollten durch die Schaffung von Möglichkeiten vertraulicher Anzeigen Meldewege vereinfacht werden. Wird ein solches Whistleblowing-System so ausgestaltet, dass für Mitarbeiter ein Anreiz zur Hinweisgebung besteht, stellt es ein sehr wirksames Instrument zur Korruptionsprävention dar und kann ohne großen Aufwand in jedem Krankenhaus eingesetzt werden. Je nach Art und Größe ist in kleineren Krankenhäusern die Einrichtung einer internen oder externen Stelle eines Ombudsmannes sinnvoller, wohingegen sich in größeren Krankenhäusern zudem eine Whistleblower-Hotline oder ein Online-Tool (ähnlich einem CIRS-Meldesystem) anbieten.

Neben diesen eher an strukturellen Korruptionsursachen und der Dimension »Gelegenheit« ansetzenden Instrumenten spielt die Schaffung einer Unternehmenskultur eine wesentliche Rolle bei der Verhinderung der Dimensionen »innere Rechtfertigung« und »Anreiz/Motivation«.

20.3.2 Dimension – Innere Rechtfertigung

Organisatorische Rahmenbedingungen und offizielle Anreizsysteme können dazu führen, dass Fehler bzw. nicht-Compliance-gerechte Verhaltensformen automatisch entschuldbar sind, weil sie ursächlich immer einer nicht änderbaren Systembedingung zugerechnet werden können. Die Zahlung von *Kopfprämien an Zuweiser* wird damit begründet, dass es »alle so machen« und dass mit dieser Zahlung keinerlei Qualitätsprobleme einhergehen. Diese Darstellung eines Verhaltens als »allgemein üblich« ist eine Gefahr für die Compliance-Kultur, da sie in allen Bereichen Einzug findet. So wird z.B. aus wirtschaftlichen Gründen »überall« der Bereitschaftsdienst durch einen Rufdienst ersetzt, oder es setzen »alle« ermächtigten Ärzte Assistenzärzte ein, um entlastet zu werden. Die *kostenlose Überlassung von medizinischen Geräten* vom Krankenhaus an den Vertragsarzt wird mit der Verbesserung der Behandlungsqualität im Netzverbund begründet. Die Dimension der *Rechtfertigung* wird teilweise durch subjektive Komponenten, wie z.B. Charakter und Wertvorstellung des Tätertyps, beeinflusst, hängt zudem aber auch von den kulturellen Rahmenbedingungen im Unternehmen ab. Der Täter versucht, seine Handlungen rational zu rechtfertigen, um das Auseinanderfallen zwischen »ehrbarem Bürger« in der Selbstwahrnehmung und einem »Kriminellen« in der Fremdwahrnehmung zu reduzieren. Häufige Umstrukturierungen und Personalabbau führen zu Anonymität und einer sinkenden Loyalität sowie Identifikation mit dem Arbeitgeber. Und selbst wenn ein neuer Geschäftsführer unzulässige Abrechnungspraktiken vorfindet, möchte dieser oftmals kein »Spielverderber« sein und hat Schwierigkeiten, die bisherigen Verhaltensweisen zu beenden. Fehlende Wertschätzung und Anerkennung der Arbeit gehen mit Frustration und beruflicher Enttäuschung einher. Besonders negativ wirkt sich aus, wenn Unternehmenswerte nicht gelebt werden bzw. das Management nicht als gutes Vorbild vorangeht. Die Unternehmenskultur als beeinflussbarer Faktor sollte daher so ausgestaltet sein, dass Mitarbeitern die Rechtfertigung erschwert wird. Wichtig ist, dass durch Vorleben der Führung sowie durch eigene partizipative Organisationsgestaltung dem Faktor »Transparenz« ein hoher Gestaltungswert beigemessen wird: *Transparenz* über Ziele, Aufgaben, Arbeitsergebnisse, Bestechungsversuche Dritter, Verbesserungsvorschläge, Umgang mit Fehlern und Reaktion auf abweichende Meinungen.

20.3.3 Dimension – Anreiz/Motivation bzw. Druck/Motiv

Die Ursachen der Komponente »Anreiz/Motivation« liegen zum Teil in der Privatsphäre des Täters begründet. Im Wesentlichen wird dieser dritte Faktor stark durch die Rahmenbedingungen im Unternehmen bestimmt und hier insbesondere, wenn über die Führung Druck erzeugt wird, bestimmte Handlungen zu vollziehen oder implizite Anreize geschaffen werden, die Fraud-Verhalten »begründbar« und damit entschuldbar machen. Sieht sich ein Mitarbeiter z.B. einem *Druck durch Zielvorgaben* ausgesetzt oder entstehen Interessenkonflikte aufgrund eines ergebnisorientierten Vergütungs- bzw. Sanktionssystems, so hat das Unternehmen nicht zieladäquate Anreizstrukturen und verleitet Mitarbeiter zu »Fraud«. Der Einkauf bestellt beispielsweise mehr als nötig und erhält höhere Rabatte, damit der Einkaufsleiter seine Zielvereinbarungen erreicht.

Die Schaffung eines positiven Arbeitsklimas sowie die Etablierung von Ethik-Richtlinien tragen dagegen zur Unterstützung der Wertekultur bei. Schulungen, die diese kommunizieren und somit Mitarbeiter für Korruption sensibilisieren, sollten daher Teil des Präventionssystems im Krankenhaus sein. Als dessen Grundlage fungiert eine gelebte *Unternehmenskultur*, in der die Geschäftsführung mit gutem Beispiel vorangeht und klare Signale setzt. Denn nur auf diesem Fundament können Kontrollmaßnahmen und z.B. das bereits genannte Whistleblowing-System ihre Wirksamkeit vollständig entfalten. Druck durch Vorgesetzte (z.B. Geschäftsführer), die vom Arzt verlangen, Patienten grundsätzlich nicht unterhalb der Grenzverweildauer zu entlassen und diese Anweisungen mit einem Anreiz-/Sanktionssystem verbinden (Wettbewerb der Stationen um die geringste Zahl von Unterlieger-Patienten), sorgen offiziell für ein Motiv für Non-Compliance-Verhalten. Vor diesem

Captain Smith

... wurde durch den Schiffseigner subtil unter Druck gesetzt, das »Blaue Band der Meere« für die schnellste Atlantiküberquerung anlässlich einer Jungfernfahrt zu erreichen.

Funkoffizier Philipps

... Schloss sich unerreichbar für Dritte in seine Funkkabine ein, um die Telegramme von Lady Astor ungestört bearbeiten zu können.

Ausguck Fred Fleet

... kümmerte sich nicht darum, die Eisberge rechtzeitig zu erspähen, weil ihm vorher nicht gezeigt wurde, wo die Ferngläser deponiert waren. (Er hätte auch nachfragen können.)

Officer Murdoch

... machte das, worauf er trainiert wurde: Er stellte die Motoren auf volle Kraft zurück, anstatt die Geschwindigkeit zu erhöhen, um den Eisberg zu umfahren.

Abb. 20.2 Klassisches Beispiel für das Fraud Triangle Model ist das Titanic-Desaster

Hintergrund ist zu empfehlen, Zielvorgaben nicht an ökonomischen Größen (z.B. Steigerung der Fallzahlen) zu orientieren, sondern an Leistungskriterien der medizinischen Qualität (z.B. Reduktion von Infektionsraten) oder der Patientenorientierung (z.B. Anzahl Beschwerden pro 100 Patienten).

20.3.4 Das klassische Beispiel: Titanic-Desaster

Klassisches Beispiel für das Fraud Triangel Model ist das Titanic-Desaster (Abb. 20.2). Der *Ausguck* (Lookout) kümmerte sich nicht darum, die Eisberge rechtzeitig auszuspähen, weil ihm vorher nicht gezeigt wurde, wo die Ferngläser deponiert waren (er hätte auch nachfragen können). Der *Bordfunker* schloss sich unerreichbar für Dritte in seiner Funkkabine ein, um die Telegrammliste von Lady Astor mit höchster Priorität ungestört bearbeiten zu können. Der *Kapitän* wurde vom Reeder unter Druck gesetzt, das »Blaue Band der Meere« für die schnellste Atlantiküberquerung anlässlich einer Jungfernfahrt zu erreichen. Und der *Offizier* stellte die Motoren zurück statt die Geschwindigkeit zu erhöhen, weil er darauf trainiert worden war. Dieser Mix aus Druck/Motiv (Blaues Band), Rechtfertigungsmöglichkeit (Lady Astors Aufträge) und Gelegenheit (nicht-erfolgte Einweisung in die Aufgabe als Ausguck als »offizielle« Entschuldigung für sträfliche Untätigkeit) führte zum Titanic-Desaster. Hinzu kam ein weiterer Faktor, der »Fraud Behaviour« begünstigt: Überoptimismus (»overoptimism and overconfidence«)[5], der in der Einstellung gründet, nicht entdeckt zu werden bzw. von den Folgen regelwidrigen Verhaltens verschont zu bleiben. Im Fall des Titanic-Desasters war es der überoptimistische Glaube an die Unsinkbarkeit der Titanic, der den Reeder veranlasste, die Fläche des Sonnendecks zu vergrößern und dafür auf Rettungsboote zu verzichten – die dann im Havariefall fehlten.

20.4 Compliance-Management im Krankenhaus

20.4.1 Informationsasymmetrien und Agenturproblem

Ein Compliance-System hat in erster Linie die Aufgabe, Informationsasymmetrien in einem System (System Krankenhaus, klinische Abteilung als

---

5 Dieses Phänomen wird z.B. in der Theorie der M&A-Transaktionen herangezogen, um Fusionsfehlentscheidungen und überhöhte Kaufpreise zu erklären

20.4 · Compliance-Management im Krankenhaus

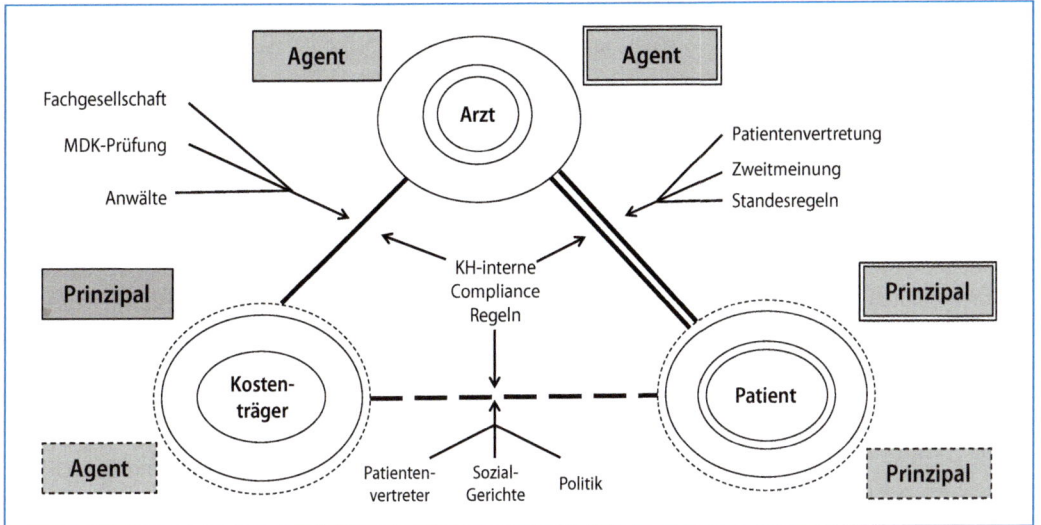

Abb. 20.3 Die Überwindung von Informationsasymmetrien reduziert die Gelegenheit zu »Moral Hazard«-Verhalten

System, Gesundheitssystem) zu mindern bzw. zu verhindern, indem Transparenz über Art und Wirkungen individuellen Entscheidungsverhaltens hergestellt wird. Das Basisproblem (»Agenturproblem«) besteht darin, dass eine Person (Prinzipal, hier z.B. der Patient), die den Arzt mit der Durchführung von Aufgaben (hier: Diagnose- und Behandlungsmaßnahmen) beauftragt, sich nicht sicher sein kann, inwieweit die beauftragte Person (Arzt) völlig in ihrem Sinne (Patienteninteresse) handelt. Beispielsweise indem Leistungen durchgeführt werden, die medizinisch nicht angemessen sind, aber Kosten für die Solidargemeinschaft verursachen oder für den Patienten (»Individuelle Gesundheitsleistungen, IGeL«) mit persönlichen Ausgaben verbunden sind. Aufgrund des medizinischen Informationsvorsprungs des Arztes (= Agent) gegenüber dem Patienten (= Prinzipal, i.d.R. Nicht-Mediziner) kommt es zu dem Phänomen der »angebotsinduzierten Nachfrage«. Dieses für bilaterale Vertragssituationen auf freien Wettbewerbsmärkten typische Risiko ist im Gesundheitswesen aufgrund der komplexen Transaktions- und Finanzierungsstruktur dreifach ausgeprägt (Abb. 20.3).

Der Arzt ist zum einen gegenüber dem Patienten in der Agenten-Rolle. Er ist aber auch in der Agenten-Rolle gegenüber der regulierenden Krankenkasse. Er meldet der Kasse die von ihm erbrachten Leistungen, wobei die Kasse im Hinblick auf die Beurteilung von Umfang und Notwendigkeit dieser Leistungen einen Informationsnachteil hat. Im Verhältnis zwischen Kassen und Versichertem (Patient) nimmt die Kasse die Rolle des Agenten ein, der im Bedarfsfall (Krankheitsfall) die Kostenübernahme erklärt (oder verweigert), die Vertrags-/Budgetverhandlungen mit den Ärzten führt und die Abrechnung von Leistungen erledigt. *Agenturprobleme* können wie folgt typisiert werden:

Bevor man eine Vertragsverpflichtung eingeht, besteht i.d.R. Unsicherheit über die Eigenschaften des Vertragspartners (medizinische Qualität des Arztes, ethisches Bewusstsein). Daraus (»Hidden Characteristics«) resultiert die Gefahr der falschen Auswahl (»Adverse Selection«). Nach Vertragsabschluss kann das Phänomen der »Hidden Information« auftauchen: Der Prinzipal (Patient) ist nicht sicher, ob der Agent (Arzt) seinen Informationsvorsprung zu seinem Nutzen einsetzt. Oder es tritt ein Informationsnachteil vom Typ »Hidden Action« ein: Der Prinzipal kann das Aktivitätsniveau des Agenten nicht einschätzen. Aus diesen beiden Typen von Informationsasymmetrien folgt das Problem des »Moral Hazard« (= moralisches Risiko).

Die Lösung von Agenturproblemen im Gesundheitssystem erfolgt über drei verschiedene Ansätze. Es wird ein *Anreizsystem* eingerichtet, das die Interessen von Prinzipal und Agent verbindet (Managed Care, Pay for Performance). Vertraut man auf den Markt als Kontroll- und Anreizsystem, so geht man davon aus, dass jeder Agent bestrebt sein wird, Reputation und einen guten Ruf herzustellen. Darauf aufbauend ist er dann in der Lage, vorteilhafte Verträge (z.B. Arzt und Krankenkasse schließen einen Sektoralvertrag ab) auszuhandeln. Ein Ansatz, der offensichtlich Schwächen hat, weil Akteure dadurch nicht abgehalten werden, einseitige finanzielle Interessen zu verfolgen. Der Handlungsspielraum des Agenten wird durch Regelvorgaben (z.B. Behandlungsleitlinien, RKI-Empfehlungen, G-BA-Entscheidungen) eingeengt, oder Kontrollinstanzen werden etabliert.

Die Funktion der Kontrolle haben einerseits *MDK*[6]*-Prüfverfahren*, durch die das Informationsgefälle zwischen dem behandelnden Arzt/Krankenhaus und dem zur Zahlung verpflichteten Kostenträger reduziert werden soll. Durch Transparenz über Leistungs- und Kostenstrukturen sowie die jederzeitige Möglichkeit zur Überprüfung des klinischen Leistungsgeschehens durch den MDK wird ein nicht-vertrags-/gesetzkonformes Verhalten »nach Vertragsabschluss« erheblich eingeschränkt (Vermeidung von »Moral Hazard-Effekten« = auf einseitigen Vorteil gerichtetes, nicht-vertragskonformes Verhalten in dem Bewusstsein, dass dies verborgen bleibt i.S. einer »Hidden Agenda«). Andererseits übernehmen *Patientenvertreter* und *Sozialgerichte* (manchmal auch Gesetzgeber und Politik) die Funktion, Informations- und Machtgefälle zwischen Patienten und Kostenträgern zu verringern. So sieht das Patientenrechtegesetz (§ 13 Abs. 3a SGB V) eine Stärkung der Rechte des Patienten gegenüber Kostenträgern vor. Informationsgefälle zwischen Patienten und Ärzten werden wirkungsvoll über die Etablierung von Zweitmeinungsverfahren abgebaut. Auch Pay-for-Performance-Verträge mit herausragenden Krankenhäusern, medizinische Versorgungsportale, Digital Health Services (z.B. iWatch, helius Funksensor, 23andMe, Biotronik Home Monitoring) und Qualitätsberichte (Qualitätssicherung mit Routinedate) tragen zur Reduktion von Informationsgefällen bei (CAVE: der Patient mit medizinischem Internet-Halbwissen).

Die Elemente eines Compliance-Systems sind Grundsätze, Handlungsmaximen, Regeln, Organisationsformen, Verfahrensweisen und Instrumente. Ethische Handlungsmaximen (z.B. »primum nihil nocere«) gelten für behandelnde Ärzte, Einkäufer, Controller und letztlich jeden Mitarbeiter gleichermaßen. Der Einkäufer, der das billigste Produkt beschafft und die Funktionalitäts- und Handlungsrisiken ignoriert, verstößt gegen diesen Grundsatz ebenso wie Mitarbeiter, die einen Kollegen mobben oder Geschäftsführer, die mit leitenden Ärzten Bonusregelungen für Mindestmengen bei Operationen vereinbaren. Regeln sind die Voraussetzung für ein funktionierendes Sozialsystem. Regeln müssen konsensbasiert und transparent sein, und sie müssen zweckgerichtetes Verhalten belohnen sowie zweckstörendes Verhalten bestrafen.

Regeln sollten dem Einzelnen die Konsequenzen seines eigenen Tuns oder Unterlassens vor Augen halten, und es muss klar ersichtlich sein, welche persönlichen Konsequenzen mit diesem Tun oder Unterlassen verbunden sind. Regeln umfassen folgende Elemente: Wer setzt die Regeln fest und über welches Verfahren? Nach welchen Kriterien werden die Regeln bestimmt? Wie und in welchen Zeitabständen werden Regeln überprüft? Was ist regelhaft zu tun? Was ist regelhaft zu unterlassen? Welche Sanktionen drohen bei einem Regelverstoß?

Normen geben als generelle Handlungsempfehlungen Orientierung für Verhalten im Ausnahmefall, wenn ein akutes Problem eine sofortige Entscheidung verlangt, die aus Zeitmangel nicht an die nächst höhere Führungsebene zurückdelegiert werden kann (z.B. die Entscheidungsregel »im Zweifel für den Patienten«).

Das *Führungskonzept der Delegation* sowie das *Organisationsprinzip der Delegation fallabschließender Verantwortung* sorgen für eine schnittstellenarme und damit einfacher zu koordinierende und zu kontrollierende Ablauforganisation, die keiner Koordinationsbürokratie bedarf (Prinzip der autonomen Selbststeuerung) und weniger fehleranfällig ist.

Die Organisation nach dem *Center-Prinzip*[7] ermöglicht einerseits eine konsequente Kunden- (Patienten-/Angehörigen-) Orientierung und wirkt

---

6 Medizinischer Dienst der Krankenkassen

7 von Eiff (1992, S. 31-59)

andererseits motivierend durch die Möglichkeit, Ergebnisse durch eigene Entscheidungen zu beeinflussen (= Einheit von Aufgabe, Kompetenz und Verantwortung als ethisch wirksames, organisatorisches Gestaltungsprinzip).

Das *Mehr-Augen-Prinzip* stellt sicher, dass Entscheidungen überprüfbar und sachlich fundierter werden.

Die Verwendung des *Ausschlussprinzips* (z.B.: kein Patient wird aus Ertragsgründen stationär aufgenommen bzw. über die untere Grenzverweildauer hinaus behandelt, wenn es dafür keine medizinische Begründung gibt) erleichtert die Entscheidungsfindung im Klinikalltag.

20.4.2 Typische Risikofelder eines Krankenhauses

Aus der Besonderheit des Krankenhausbetriebs – nämlich für gesundheitlich beeinträchtigte, immungeschwächte Patienten diagnostische sowie therapeutische Leistungen invasiver und nicht-invasiver Art durchzuführen – resultieren eine Reihe typischer *Risikofelder* wie z.B. Einkauf und Logistik, Hygienemanagement, Zusammenarbeit zwischen Krankenhaus und Industrie (Forschungskooperationen, Weiterbildung), Fehler im klinischen Behandlungsprozess, Betrieb von Medizintechnik, Einsatz von Medikalprodukten, Datenschutz, Arzneimittelsicherheit und Medizin-Controlling, Abrechnungsfehler und MDK-Prüfungen, aber auch Presse-/Öffentlichkeitsarbeit sowie Marketing. Hier handelt es sich um Arbeits- und Entscheidungsfelder, die in besonderem Maß anfällig sind für Non-Compliance-Verhalten bzw. in denen bei Vorliegen einer Compliance-Verletzung der Patient in besonderer Weise gefährdet bzw. fehlinformiert wird. Nachfolgend werden drei ausgewählte Bereiche näher reflektiert.

Gefährdungsbereich Einkauf

Der Bereich *Einkauf und Logistik* (= Beschaffungsmanagement) ist in besonderer Weise der Gefahr von Compliance-Verletzungen ausgesetzt, durch die gegen medizin-ethische Grundregeln verstoßen wird und die zu Patientengefährdungen, aber auch finanziellen Risiken für das Krankenhaus führen können, so z.B. der Einkauf billiger Medikalprodukte, die im klinischen Betrieb Funktionsrisiken aufweisen. Dieses Einkäuferverhalten kann motiviert sein durch persönliche Vorteilnahme bei Auftragsvergabe an einen bestimmten Lieferanten. Dieses Verhalten ist andererseits dann zu erwarten, wenn Zielvereinbarungen über Einsparpotenziale geschlossen werden, deren Erreichung mit *Bonuszahlungen* verbunden ist. Oder es wird aus Kostengründen auf die Umsetzung von RKI-Anforderungen verzichtet, was z.B. im Hygienebereich zu Patientengefährdungen führt. Als Instrument zur transparenten Erfassung und Bewertung des Gefährdungsbereichs Einkauf hat sich der »Risikoatlas: Einkauf«[8] bewährt (Tab. 20.1). Dieser ist eine strukturierte Bestandsaufnahme potenzieller Gefährdungen des Medizinbetriebs bzw. der Unternehmensposition durch Fehler im Einkauf.

Über die Nutzung eines Risikoatlas hinausgehend ist zu empfehlen, *Beschaffungsentscheidungen* nach transparenten Regeln (z.B. Ausschreibungsverfahren) und eindeutigen Kriterien zu vollziehen. Insbesondere bei der Kriterienselektion ist darauf zu achten, dass berechtigte Patienteninteressen Berücksichtigung finden (z.B. Gefährdungspotenzial von Medikalprodukten aufgrund eingeschränkter Funktionalität, mangelhafter Robustheit, etc.), die Anforderungen des Nutzers erfüllt (z.B. einfache, sichere Handhabung) und Rationierungseffekte vermieden werden (Abb. 20.4).[9]

Gefährdungsbereich Hygiene

Der Bereich der *Hygiene* gilt unter dem Aspekt der Compliance als besonders sensibel. Im Bereich Hygienemanagement und Infektiologie geht es um die Dokumentation und Bewertung nosokomialer Infektionen und Erreger mit spezifischen Resistenzen gemäß § 23 Infektionsschutzgesetz (IfSG). Mangelhafte Hygiene ist eine wesentliche Ursache für nachhaltige gesundheitliche Schädigungen von Patienten und verursacht hohe Folgekosten im Krankenhaus (Ergänzungstherapien, Kittelpflege) sowie in den Systemen der sozialen Sicherung (Arbeitsunfähigkeit, Krankenversicherungskosten). Aus verschiedenen Studien und Expertenbefragun-

---
8 Vgl. von Eiff (2014a, S. 209)
9 Vgl. von Eiff (2014b, S. 229–241)

■ Tab. 20.1 Der Risikoatlas macht Risiken transparent und erschwert dadurch unethisches Verhalten

interne Risiken	Risikobereiche	externe Risiken
Lernkurveneffekte Korruption Handhabung Design Hygiene Poka Yoke	klinische Risiken	gesetzliche Änderungen Anforderungen RKI Qualitätsschwankungen Anforderungen Berufsverbände
Outsourcing Rating-Status Kostenstruktur Insourcing Korruption	ökonomische Risiken	M+A von Wettbewerbern Währungsrisiken Rohstoffpreise/Energie Lieferanteninsolvenz Verletzlichkeit der Lieferkette
fehlender strategischer Einkauf mangelnde Teilplanungen mangelnde Berücksichtigung von Planungsinterdependenzen globale Beschaffungsstrategie Wiederaufbereitung/Reparatur	strategische Risiken	innovative Prozeduren Naturkatastrophen innovative Produkte innovative Organisationsformen

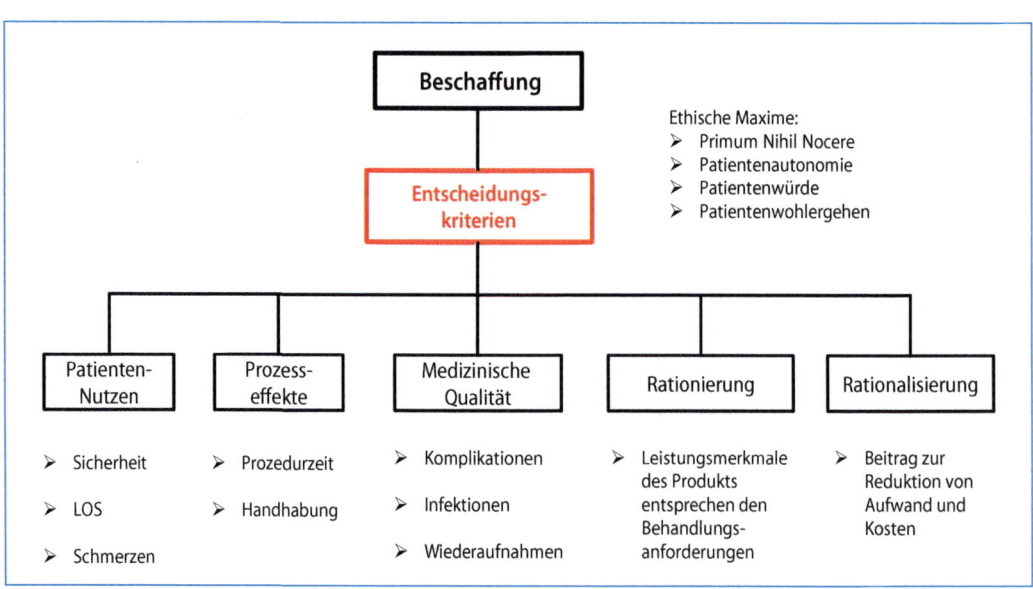

■ Abb. 20.4 Entscheidungskriterien für ganzheitliche Beschaffungsentscheidungen im Krankenhaus

gen geht hervor, dass – bei hoher Dunkelziffer und nicht immer eindeutiger Studienlage – die Vermutung besteht, wonach jährlich in deutschen Krankenhäusern zwischen 400.000 und 800.000 Patienten von nosokomialen *Infektionen* betroffen sind; etwa 50% der Fälle gelten als vermeidbar. So bewegen sich die Kosten für einen MRSA-Patienten zwischen 800 und 150.000 Euro, bei einem Mittelwert von ca. 5.000 Euro. Eingriffsverursachte Infektionen (Surgical Site Infections, SSI) verlängern die Liegezeit im Durchschnitt um etwa neun Tage.

Obwohl die Vermeidung von Infektionen medizinische, ökonomische und patientenbezogene Vorteile bringt, führen Kostendruck und Fehleinschätzungen in den Krankenhäusern dazu, dass konsequente vorbeugende *Hygienemaßnahmen* unterbleiben. Die Problematik ist vielschichtig: Hygienesichernde Maßnahmen verursachen ausgabenwirksame Kosten (z.B. MRSA-Screening, Dispenser, Toiletten), denen keine direkt zurechenbaren kurzfristigen Einsparungen gegenüberstehen. Ein Verzicht auf hygienesichernde Maßnahmen entlastet das aktuelle Budget, ohne dass negative Konsequenzen sofort feststellbar wären. Außerdem existiert ein kontraproduktives Anreizsystem: Infektionen erhöhen den Behandlungsaufwand und können zu einem höheren DRG-Entgelt führen. Hygienesichernde Maßnahmen sind so effektiv, wie sie von den Mitarbeitern konsequent umgesetzt werden.

Einstellung und Verhalten lassen sich aber nicht durch Appelle in Richtung Hygienebewusstsein verändern, sondern eher über Rahmenbedingungen, die ein hygieneförderliches Verhalten »provozieren«. In der Theorie des Change Managements bzw. des »geplanten organisatorischen Wandels« steht die Frage im Mittelpunkt, welche Gestaltungsdimensionen Einfluss auf Verlauf und Erfolg von Veränderungsprozessen haben und wie Non-Compliance in Form von Änderungswiderständen überwindbar ist. Die erste Gestaltungsdimension betrifft das Einsetzen von *Führungspersonen mit Vorbildfunktion,* die als Experten gelten und gute Kommunikatoren sind, die andere Personen in ihrem sozialen Umfeld für eine Idee begeistern und beeinflussen können. Die zweite Gestaltungsdimension (*Verankerung*) geht davon aus, dass Handlungsempfehlungen (Botschaften) nicht aufgrund ihrer Sachlichkeit und zwingenden Logik aufgenommen und umgesetzt werden, sondern es bedarf einer »Verankerung« der Botschaft, was durch »Emotionalisierung der Sachbotschaft« (Problembetroffenheit; Erinnerungsfähigkeit) erreicht wird. Die dritte Gestaltungsdimension basiert auf der verhaltenswissenschaftlichen Erkenntnis, dass Menschen durch ihr *Umfeld* (Setting) zu Handlungen veranlasst werden. In der klinischen Praxis gibt es grundsätzlich zwei komplementäre Möglichkeiten, auf das Hygieneverhalten Einfluss zu nehmen: etwa durch das Einrichten eines »Zusammentreff-Faktors«, der ständig z.B. an den Gebrauch von Sterilium zur Händedesinfektion erinnert und gleichzeitig den Vorgang der Händedesinfektion durch Vorhandensein eines Spenders direkt am »Arbeitsplatz Patientenbett« leicht zugänglich ermöglicht. Flankierend können Vereinbarungen zum Hygieneverhalten in Arbeitsverträge aufgenommen werden, und es ist möglich, auf Technologien zurückzugreifen, die den Vorgang der Händedesinfektion (z.B. vor Betreten des Raumes) überwachen.

Gefährdungsbereich: Fehlerhaftes Verhalten im klinischen Betrieb

Fehler in der Patientenbehandlung sind nicht nur ein Indikator für mangelhafte medizinische Qualität oder auch ein Indiz für ablauforganisatorische Mängel, sondern sind insbesondere auch Ausdruck eines *fehlenden Fehlerbewusstseins* der handelnden und entscheidenden Personen. Dieses Fehlerbewusstsein ist Kern der *Fehlerkultur*, also der Art und Weise, wie mit Fehlern umgegangen wird und in welchem Umfang Patientenrisiken billigend in Kauf genommen werden. Es geht im Wesentlichen um die Frage, inwieweit die Einstellung vorherrscht, Fehler jederzeit rechtzeitig erkennen und verhindern zu können, dies auch für den Fall des Eintretens ungeplanter fehlerfördernder Ereignisse (z.B. Notfälle, Zwischenfälle, Geräteausfall, Personalengpässe). *Fehler* sind insofern das Ergebnis einer ereignisanfälligen Organisation und das Resultat einer nachlässigen oder nicht an klaren Sicherheitsstandards orientierten Arbeitsweise. Beide auf das Entstehen von Fehlern wirkenden Einflussbereiche (Organisation und individuelle Einstellung zu Fehlern) sind damit ein Indiz dafür, welche Rolle *ethische Maximen* spielen und wie fest diese im Denken und Handeln der Mitarbeiter verankert sind. Darüber hinaus zeigt sich, in welcher Konkurrenzbeziehung ethische Handlungsmaximen und wirtschaftliche Zwänge zueinander stehen. Schließlich geht das Fehlerbewusstsein auch einher mit der Bereitschaft, Nachlässigkeiten bei Kleinigkeiten zuzulassen (quasi als normal anzusehen) und der mangelhaften Bereitschaft, die eigene Arbeitsweise an Sicherheitsstandards zu orientieren und notwendige, die Sicherheit steigernde Reorganisationen aktiv mitzutragen. Die Fehlerkultur ist damit Aus-

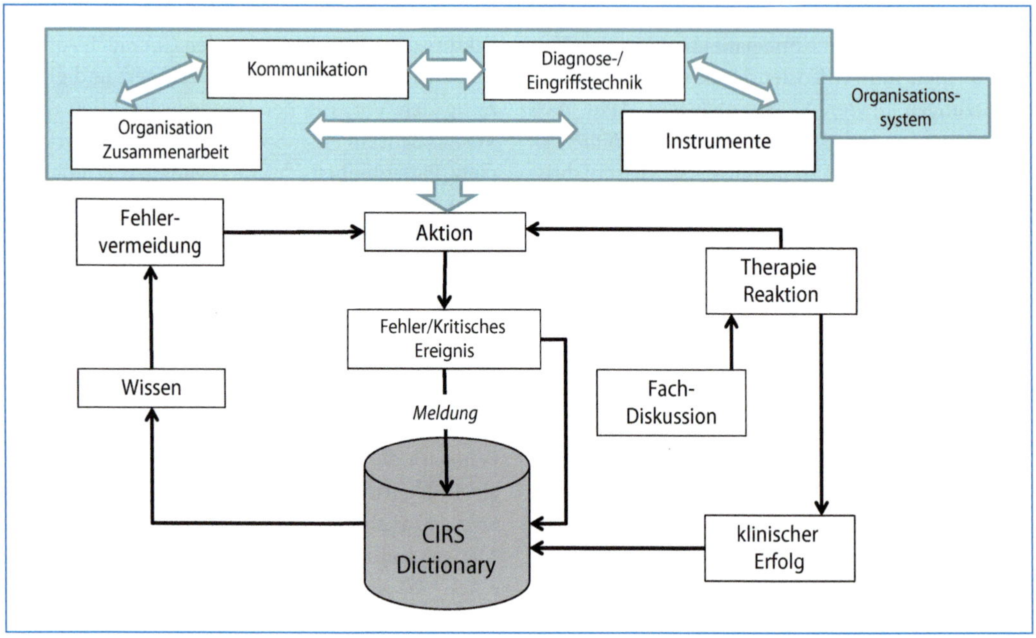

Abb. 20.5 Das CIRS ist ein zentraler Bestandteil einer gelebten Compliance-Kultur im Medizinbetrieb

druck des ethischen Bewusstseins einer Organisation und ihrer Mitarbeiter im klinischen Alltag. Das Fehlerphänomen ist ein grundsätzliches Problem der Unternehmenskultur und damit der Einstellungen und Werthaltungen von Management und Mitarbeitern.

Das Management hat Rahmenbedingungen zu schaffen, die fehlervermeidend wirken (z.B. an dem Behandlungsaufkommen orientierte Ausstattung mit Personal und Sachmitteln, Überprüfung von Arbeitsabläufen auf Patienten gefährdende Schwachstellen). Mitarbeiter sind angehalten, Fehlerpotenziale zu melden (z.B. Mitarbeiten am CIRS) sowie Fehler zu identifizieren und unverzüglich transparent zu machen (z.B. Morbiditäts- und Mortalitätsgespräch).

Die *Fehleranalyse* ist eine unabdingbare Voraussetzung für wirksame Fehlerpräventionsmaßnahmen. Das wichtigste Konzept, um eine vorbehaltlose, vorwurfsfreie und objektive Evaluation von Fehlern und Beinahe-Fehlern durchzuführen, ist das Critical Incident Reporting System. Durch Anonymität wird die Meldebereitschaft gesteigert. Kernstück ist ein interdisziplinäres, berufsgruppenübergreifendes Auswertungsteam, das die Fälle anhand der Kriterien Mortalität, Eintrittsbedingungen (organisatorisch, personell, patientenbezogen), Häufigkeit u.a. bewertet. Ziel ist das Erkennen von typischen, meist systembezogenen Faktoren, die durch organisatorische und technische Maßnahmen abgestellt werden können. Ideal ist es, aus den CIRS-Daten einen Dictionary aufzubauen, der als Wissensbasis individuelles sowie organisatorisches Lernen ermöglicht (◘ Abb. 20.5).

Die individuelle Einstellung zum Fehler wird wesentlich geprägt durch die organisations-strukturellen (fehlerrelevante Arbeitsabläufe, eingesetzte Materialqualität, Sicherheit und Handhabung von Medizintechnik) und organisations-kulturellen (Führungsstil, Fehlerkultur, Kommunikationsverhalten) Rahmenbedingungen (◘ Abb. 20.6). Nachlässigkeiten im Arbeitsverhalten bewirken Fehlermöglichkeiten; ob es aufgrund der Fehlermöglichkeiten zu einem faktischen Fehler und in der Folge zu einem adversen Ereignis kommt, wird durch Technik, Material und Organisation wesentlich beeinflusst. Letztlich ist es eine Frage des ethischen Bewusstseins mit dem die *medizin-ethischen Handlungsnormen* »primum nihil nocere«, Patientenwürde, Patientenautonomie und Wohlergehen

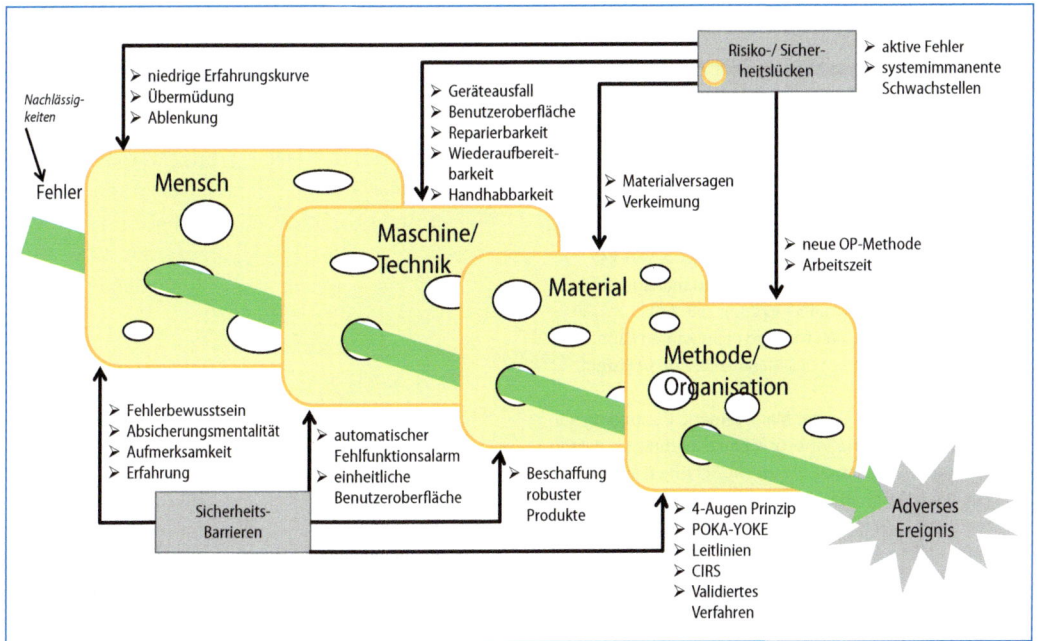

◘ Abb. 20.6 Die organisationsstrukturellen und organisationskulturellen Rahmenbedingungen bestimmen die individuelle Einstellung zum Fehler und damit das ethische Bewusstsein (Quelle: von Eiff in Anlehnung an Reason 2000, S. 768 ff.)

des Patienten im klinischen Alltag umgesetzt werden. Und dieses ethische Bewusstsein zeigt sich in der Bereitschaft zur Fehlertransparenz und zur Unterstützung von Reorganisationsmaßnahmen zur Verbesserung der Arbeitsabläufe.

20.5 Fazit

Aufgrund der besonderen Gefährdungspotenziale im Gesundheitswesen ist Korruptionsprävention eine elementare Führungsaufgabe. Wertschöpfungs- und Kooperationsbeziehungen zwischen Krankenhäusern und Industrie sind notwendig, um Innovationen zu entwickeln sowie Change Management-Prozesse bei der Umstellung auf neue Technologien reibungslos zu gestalten. Compliance-Regeln sollen sicherstellen, dass jedwede Aktionen mit Zuwendungscharakter an dritte Personen unterbleiben, die möglicherweise Einfluss auf Beschaffungsentscheidungen nehmen. Der Adressatenkreis von Compliance-Regeln ist weit gefasst, da das *Buying Center Krankenhaus* aus einer Mehrzahl von Personen unterschiedlicher Funktion und verschiedenartiger Rollen (u.a. Initiator, Ratgeber, Begutachter, Entscheider, Anwender) besteht. In der Praxis ist festzustellen, dass diese Compliance-Regeln auch Aktivitätsbereiche betreffen, die bislang als Marketingmaßnahme i.S. des Customer Relationship verstanden wurden. Dies betrifft z.B. Schulungs- und Weiterbildungsmaßnahmen, die vom Hersteller finanziert werden, Honorarzahlungen und Spesenübernahmen für Vorträge auf Kongressen oder die kostenlose Überlassung von Eintrittskarten. Insbesondere bei wissenschaftlichen Studien (z.B. bezüglich der Kostenwirksamkeit und klinischen Effektivität eines Medizinproduktes), die von Industriefirmen finanziell unterstützt werden, ist darauf zu achten, dass das Studiendesign nach anerkannten Standards bzgl. Zielen/Beurteilungskriterien erfolgt und »Ergebnisoffenheit« sichergestellt ist. Das Korruptionsphänomen ist aber nicht auf einzelne exponierte Bereiche wie Einkauf und Hygienemanagement beschränkt, wenn man unter Korruption jedes ethisch verwerfliche Fehlverhalten subsumiert, das gegen die medizin-ethischen Grundregeln (»primum nihil nocere«; Gerechtigkeit; Fürsorge/Wohlbefinden; Autonomie) verstößt.

Literatur

Ariely D (2010) Denken hilft zwar, nützt aber nichts. Warum wir immer wieder unvernünftige Entscheidungen treffen. Droemer Knaur, München

Cressey DR (1953) Other people's money: study in the social psychology of embezzlement. Glencoe, Free Press, Michigan.

Krüger M (2012) Compliance im Gesundheitswesen – Grundlagen und aktuelle Entwicklung. KV 2012: 236-242

Reason J (2000) Human error: models and management. British Medical Journal 320(7237): 768-770

Sandel MJ (2012) Was man für Geld nicht kaufen kann. Die moralischen Grenzen des Marktes (5. Aufl.). Ullstein, Berlin

von Eiff W (1992) Cost Center Management. Controlling von Leistungs-, Informations- und Entscheidungsprozessen nach dem Cost Center-Prinzip. In: Schulte C (Hrsg) Effektives Kostenmanagement. Methoden und Implementierung. Schäffer-Poeschl, Stuttgart, S 31-59

von Eiff W (2014a) Geschäftsethik und Corporate Compliance. In: von Eiff W (Hrsg) Ethik und Ökonomie in der Medizin. medhochzwei-Verlag, Heidelberg, S 199-210

von Eiff W (2014b) Beschaffungsmanagement und ethisches Handeln: Patientenorientierung und Nachhaltigkeit im Krankenhaus-Einkauf. In: von Eiff W (Hrsg) Ethik und Ökonomie in der Medizin. medhochzwei-Verlag, Heidelberg, S 229-241

Aus Sicht der Berater

Kapitel 21 Wo sind die Pferdefüße?
Der Chefarztvertrag – Zeitgemäß und abgesichert – 285
Marc Rumpenhorst

Kapitel 22 Bestehen im juristischen Spannungsfeld?
Kompetenter Umgang mit den rechtlichen
Herausforderungen der Chefarzttätigkeit – 307
Andreas Pollandt

Kapitel 23 Was ist dem Krankenhaus recht?
Grundzüge des Krankenhausrechts – 349
Marc Rumpenhorst

Kapitel 24 Wann wird's brenzlig? Schleudersitz Chefarzt! – 373
Norbert Müller

Kapitel 25 Gut abgesichert? Der Versicherungsfallschirm – 387
Ingrid Wegner, Jörg Haverkamp, Markus Schon

Kapitel 26 Umgangssicher? Knigge für Chefs – 405
Claudia Widmann

Kapitel 27 Adäquates Mundwerk?
Wer etwas zu sagen hat, sollte reden können
– Kommunikation für Chefärzte – 421
Pamela Emmerling

Kapitel 28 Wie forme ich ein Team?
Führung als Gestaltungsaufgabe – 445
Cornelia Harms-Schulze

Kapitel 29 Von der Führungslast zur Führungslust!
Der weibliche Erfolg an der Spitze – 471
Stephanie Ekrod, Nicola Schoo

Kapitel 30	**Kurswechsel – Nur ein Anfangszauber?** **Chancen und Risiken des Change** – 483 *Jens Hollmann, Adam Sobanski*	
Kapitel 31	**Vorsicht, Absturzgefahr?** **Wie Krisenkommunikation den Aufprall** **dämpfen kann** – 497 *Franca Reitzenstein*	
Kapitel 32	**Noch am Glühen oder schon ausgebrannt?** **Zwischen »Deprimiertsein« und Depression** – 513 *Ulrich Leutgeb*	
Kapitel 33	**Wie findet der Chefarzt sein Glück?** **Wege aus dem Stress und zur Leistungsbalance** – 519 *Jens Hollmann, Angela Geissler*	

Wo sind die Pferdefüße? Der Chefarztvertrag – Zeitgemäß und abgesichert

Marc Rumpenhorst

21.1 Einleitung – 287

21.2 Musterverträge der DKG – 287

21.3 Der Chefarzt als leitender Angestellter? – 287

21.4 Dienstverhältnis – 288
21.4.1 Arbeitsort und Versetzungsvorbehalt – 288
21.4.2 Beschreibung des Verantwortungsbereiches – 288

21.5 Dienstaufgaben im Bereich der Krankenversorgung – 289
21.5.1 Stationäre Behandlung – 289
21.5.2 Privat- und KV-Ambulanz – 289
21.5.3 Institutsleistungen im ambulanten Bereich – 290

21.6 Bereitschafts- und Rufbereitschaftsdienst – 290
21.6.1 Organisation – 290
21.6.2 Teilnahmeverpflichtung – 291

21.7 Mitwirkungsrecht in Personalangelegenheiten – 291

21.8 Vergütung – 292
21.8.1 Festvergütung – 292
21.8.2 Liquidationsrecht für gesondert berechenbare wahlärztliche Leistungen – 293
21.8.3 Nutzungsentgelt im dienstlichen Aufgabenbereich – 295
21.8.4 Beteiligungsvergütung – 296
21.8.5 Bonusvergütung und Zielvereinbarung – 297

U. Deichert et al. (Hrsg.), *Traumjob oder Albtraum – Chefarzt m/w*,
DOI 10.1007/978-3-662-49779-1_21, © Springer-Verlag Berlin Heidelberg 2016

21.9	Mitarbeiterbeteiligung	– 300
21.10	Entwicklungsklausel und AGB-Recht	– 301
21.10.1	Wirksamkeit – 302	
21.10.2	Einschränkung und Streichung – 302	
21.10.3	Einbußen und Schwellenwert – 303	
21.11	Vertragsdauer, Beendigung und Kündigung	– 303
21.11.1	Befristung – 303	
21.11.2	Probezeit – 303	
21.11.3	Kündigungsfrist – 304	
21.11.4	Rentenalter und Erwerbsminderung – 304	
21.12	Nebentätigkeitserlaubnis und Nutzungsvertrag	– 304
21.12.1	Nebentätigkeit – 304	
21.12.2	Nutzungsvertrag – 304	
21.13	Vertragsprüfung und -beratung	– 305
	Literatur – 305	

21.1 Einleitung

Der Chefarztvertrag ist ein – von den Anwendungsbereichen der im Krankenhausbereich einschlägigen Tarifverträgen angenommener – Dienstvertrag im Sinne der §§ 611 ff. BGB. Seine Besonderheit liegt darin begründet, dass die Tätigkeit des Chefarztes im Krankenhaus in der Vergangenheit wesentlich von freiberuflichen Elementen geprägt war. So war der Chefarzt berechtigt, im Rahmen einer als Nebentätigkeit genehmigten »eigenen Praxis« wahlärztliche und ambulante Leistungen zu erbringen. Diese Elemente freiberuflicher Tätigkeit gehen auch heutzutage noch erkennbar in der Gestaltung des Chefarztvertrages auf.

21.2 Musterverträge der DKG

Der Gestaltung von Chefarztverträgen liegt regelmäßig die Beratungs- und Formulierungshilfe »Chefarztvertrag« der Deutschen Krankenhausgesellschaft (DKG) zugrunde. Tendenziell ist der Entwicklung der DKG-Musterverträge die Abkehr von freiberuflichen Elementen des Chefarztes einerseits und die Verschiebung der Prioritäten der dem Chefarzt obliegenden Aufgaben von der rein ärztlich-medizinischen Verantwortung hin zu einer ökonomisch-unternehmerischen Verantwortung andererseits zu entnehmen.

Im Zuge der Entwicklung von der 5. zur 6. Auflage (2002) hat die DKG der Beteiligung des Chefarztes an den Liquidationseinnahmen des Krankenhausträgers aus gesondert berechenbaren wahlärztlichen Leistungen den Vorrang vor der Einräumung des »eigenen« Liquidationsrechtes zugunsten des Chefarztes eingeräumt. Die Vergütung ist ergänzt worden durch einen Bonus in Abhängigkeit von der Einhaltung eines internen Abteilungsbudgets korrespondierend mit der stärkeren Betonung der wirtschaftlichen Verantwortung des Chefarztes.[1]

Diesen Weg ist die DKG dann von der 6. Auflage zur 8. Auflage (2007) weitergegangen mit einer Abkehr von medizinischen Prioritäten hin zu ökonomischen Vorgaben. Zudem sind bis dahin als Nebentätigkeit genehmigte Leistungen im ambulanten Bereich in den Dienstaufgabenkatalog des Chefarztes integriert worden, so dass jegliche Elemente einer freiberuflichen Tätigkeit aufgegeben wurden. Dementsprechend ist der Dienstaufgabenkatalog in der aktuellen 10. Auflage (2015) ausgeweitet worden. Hinsichtlich der Vergütung rückt die Bonusvergütung in Abhängigkeit von der Erreichung jährlich zu vereinbarender Ziele in den Fokus.[2]

Wenngleich die Empfehlungen der DKG nicht verbindlich sind, lehnen sich viele der den Chefarztbewerbern angebotenen Verträge an das Muster der DKG an, so dass sich die nachfolgende Betrachtung an diesem Vertragsmuster orientiert. Darüber hinaus erhalten Besonderheiten aus anderen »üblichen« Verträgen, beispielsweise der privaten Klinikketten, ebenfalls Einzug in die Darstellung, wie beispielsweise der nachfolgende Punkt (»Der Chefarzt als leitender Angestellter?«).

21.3 Der Chefarzt als leitender Angestellter?

Zu den häufig gestellten Fragen gehört sicherlich die, ob der Leitende Arzt auch leitender Angestellter ist. Hintergrund ist, dass der Arbeitgeber – trotz einer nach dem Kündigungsschutzgesetz (KSchG) unwirksamen (!) Kündigung – die Auflösung des Arbeitsverhältnisses mit dem leitenden Angestellten gegen Zahlung einer vom Gericht unter Berücksichtigung der Dauer des Beschäftigungsverhältnisses festzusetzenden Abfindung grundlos (!) erfolgreich beantragen kann. Im Ergebnis kann sich der Arbeitgeber relativ einfach trotz unwirksamer Kündigung von seiner Verpflichtung zur Weiterbeschäftigung lösen. Diese Einschränkung des Kündigungsschutzes hätte selbstverständlich sowohl prozessual als auch wirtschaftlich erhebliche negative Auswirkungen für den Chefarzt.

Das Bundesarbeitsgericht hat entschieden, dass Chefärzte grundsätzlich keine leitenden Angestellten im Sinne des § 14 KSchG sind. Denn Voraus-

---

1 Jansen C, Arbeitsgemeinschaft Medizinrecht im Deutschen Anwaltverein (2008) In: Luxenburger B, Beeretz R, Dahm FJ, Harneit P, Ratzel R, Schulz-Hillenbrand R, Stegers C (Hrsg) Deutscher AnwaltVerlag, Bonn

2 Jansen a.a.O.

setzung ist die Befugnis eines leitenden Angestellten, selbstständig Arbeitnehmer einstellen oder entlassen zu dürfen.

Die zur Qualifizierung zum leitenden Angestellten im Sinne des KSchG erforderlichen Befugnisse, nämlich selbstständig ärztliches Personal einzustellen oder zu entlassen, müssen dem Chefarzt auch tatsächlich zustehen; allerdings genügt nicht jede Einstellungs- und Entlassungsbefugnis. So liegen die Voraussetzungen bei Angestellten, deren Personalkompetenz quantitativ nur von untergeordneter Bedeutung für den Betrieb ist, nicht vor.[3]

Grundsätzlich sind Chefärzte also keine leitenden Angestellten; da die Qualifizierung zum leitenden Angestellten jedoch auch von den zugrunde liegenden vertraglichen Regelungen abhängig ist, ist eine Prüfung im Einzelfall unentbehrlich.

21.4 Dienstverhältnis

Die Formulierung der Begründung des Dienstverhältnisses im regelmäßig ersten Paragraphen des Dienstvertrages lautet oft wie folgt oder sehr ähnlich – »Herr/Frau Dr. med. wird mit Wirkung zum 01.01.201x als Leitender Arzt/Chefarzt der Medizinischen Klinik I der xy-Krankenhaus gGmbH angestellt« und wirft damit bereits zwei klärungs- und ggf. änderungs- oder ergänzungsbedürftige Fragen auf, nämlich nach dem Arbeitsort und dem Verantwortungsbereich.

21.4.1 Arbeitsort und Versetzungsvorbehalt

Aus der Regelung des Dienstverhältnisses sollte sich mit hinreichender Deutlichkeit der Arbeitsort ergeben. Bei der Beispielsformulierung kämen nämlich sämtliche Krankenhäuser bzw. Betriebsstätten, die zu der Gesellschaft, der xy-Krankenhaus gGmbH, gehören bzw. zukünftig gehören werden, als Arbeitsort in Betracht. Insofern könnte der Arzt in jedem Haus bzw. in jeder Betriebsstätte der Gesellschaft – auch gleichzeitig und ortsübergreifend mit den sich hieraus ergebenden zusätzlichen Risiken in haftungsrechtlicher Hinsicht und Problemen bei der persönlichen Leistungserbringung – eingesetzt werden, ohne dass sich hieraus Vergütungs- oder Ausgleichsansprüche ergäben.

Auf der anderen Seite darf nicht übersehen werden, dass bei dieser Vertragsgestaltung im Falle der Schließung der vom Chefarzt geleiteten Abteilung ggf. ein Anspruch auf Weiterbeschäftigung in einer entsprechenden Abteilung der anderen zur Gesellschaft/Arbeitgeberin gehörenden Häuser und Betriebsstätten bestünde und ggf. eine Sozialauswahl getroffen werden müsste.

Teilweise behalten sich Krankenhausträger auch ausdrücklich vor, dem Arzt einen anderen gleichwertigen Arbeitsplatz in entsprechender (leitender) Position in einem anderen Betriebsteil oder Betrieb des Krankenhauses oder in einem anderen Krankenhaus des Krankenhausträgers, auch an anderen Orten, zuzuweisen. Ein derartiger Versetzungsvorbehalt ist bei Krankenhausträgern, die über mehrere Betriebsstätten bzw. Häuser verfügen, durchaus nachvollziehbar und bedeutet für den Arzt ebenfalls die vorstehend aufgeführten Vor-und Nachteile.

21.4.2 Beschreibung des Verantwortungsbereiches

Soweit dem Chefarzt, wie in dem Beispiel, die Leitung der »Medizinischen Klinik I« übertragen wird, sollte sich über die Bezeichnung der vom Arzt geleiteten Krankenhausabteilung hinaus eine nähere Beschreibung des Leistungsspektrums seines Verantwortungsbereiches – insbesondere in Abgrenzung zu Kliniken und Abteilungen benachbarter Fachgebiete – ergeben, um ggf. spätere Zuständigkeitsstreitigkeiten zu vermeiden. Die exakte Beschreibung sämtlicher der einer Klinik zugeordneten Verantwortungsbereiche empfiehlt sich insbesondere auch dann, wenn der Arzt für wahlärztliche Leistungen liquidationsberechtigt ist oder an den Liquidationseinnahmen des Krankenhausträgers aus wahlärztlichen Leistungen beteiligt wird, damit die seiner Klinik zugeordneten Leistungen und Bereiche unmissverständlich von diesem variablen Vergütungsbestandteil umfasst sind.

---

3 BAG, Beschluss vom 10.10.2007 – 7 ABR 61/06 – und vom 05.05.2010 - 7 ABR 97/08; Müller u. Rumpenhorst (2011)

21.5 Dienstaufgaben im Bereich der Krankenversorgung

21.5.1 Stationäre Behandlung

Zu den Dienstaufgaben im Bereich der Krankenversorgung gehört die Erbringung sämtlicher stationärer Leistungen, also sowohl allgemeiner Krankhausleistungen als auch wahlärztlicher Leistungen.

21.5.2 Privat- und KV-Ambulanz

Im Rahmen ihrer Vertragsmuster geht die DKG dazu über, dem Chefarzt sämtliche ärztlichen Tätigkeiten als Dienstaufgaben zu übertragen. Nach traditioneller, bis vor wenigen Jahren ganz überwiegend üblicher Vertragsgestaltung wurden die ambulante Beratung und Behandlung von Selbstzahlern und gesetzlich Versicherten im Rahmen einer persönlichen Ermächtigung zur Teilnahme an der vertragsärztlichen Versorgung, die nicht-stationäre Gutachtertätigkeit sowie sonstige ambulante Konsiliartätigkeiten als Nebentätigkeiten genehmigt.[4] Diese Leistungen waren dementsprechend nicht Bestandteil der Dienstaufgaben. Da Dienstaufgaben einerseits und genehmigte Nebentätigkeiten andererseits miteinander korrespondieren, ist eine exakte Abgrenzung zwischen Dienstaufgaben und Nebentätigkeiten im Rahmen der Vertragsgestaltung erforderlich. Die dem Chefarzt als Dienstaufgabe obliegenden Tätigkeiten im Rahmen der Krankenhausbehandlung werden deshalb katalogartig im Dienstvertrag aufgeführt.[5]

Differenzierung zwischen Dienstaufgaben und Nebentätigkeiten

In rechtlicher Hinsicht ist die Differenzierung zwischen Dienstaufgaben und genehmigten Nebentätigkeiten in verschiedener Hinsicht von Bedeutung:

Die den Dienstaufgaben zugeordneten Leistungen obliegen dem Chefarzt als Arbeitnehmer. Umfang und Organisation dieser Tätigkeit, insbesondere der Ambulanztätigkeit, haben daher grundsätzlich nach den Vorgaben des Krankenhausträgers unter Berücksichtigung der sich aus der ärztlichen Unabhängigkeit in Fragen der Diagnostik und Therapie ergebenden Grenzen zu erfolgen.

Die aus den dem Arzt als Dienstaufgabe obliegenden Tätigkeiten erzielten Einnahmen und Honorare stehen dem Krankenhausträger zu. Soweit der Arzt an den diesbezüglichen Einnahmen des Krankenhausträgers beteiligt wird, handelt es sich aufgrund der hiermit verbundenen Eingliederung in die betriebliche Organisation des Krankenhausträgers um Einkünfte aus unselbständiger Tätigkeit, also aus abhängiger Beschäftigung, die der Lohnversteuerung unterliegen.

Dagegen ist die Erbringung von Leistungen im Rahmen genehmigter Nebentätigkeiten »freiwillig«. Inhalt, Organisation und auch Umfang der als Nebentätigkeit genehmigten Leistungen bestimmt der Arzt selbst. Aus der Zuordnung von einzelnen ärztlichen Leistungen zur Nebentätigkeit folgt systemimmanent, dass die Honorare aus diesen Leistungen dem Arzt zustehen, er also insoweit liquidationsberechtigt ist und lediglich vertraglich vereinbarte Nutzungsentgeltabgaben an den Krankenhausträger abzuführen hat. Diese Einnahmen aus genehmigten Nebentätigkeiten sind als freiberufliche Einnahmen zu qualifizieren und unterliegen somit der Einkommensversteuerung mit der Möglichkeit der Absetzung von Betriebsausgaben.

Anwendung in den Vertragsverhandlungen

Für die Vertragsverhandlungen ergeben sich aus den vorstehend geschilderten Unterschieden zwischen Dienstaufgaben einerseits und Nebentätigkeiten andererseits folgende Möglichkeiten:

Zunächst könnte auf die Genehmigung der ambulanten Beratung und Behandlung von Selbstzahlern und von gesetzlich versicherten Patienten im Rahmen einer persönlichen Ermächtigung zur Teilnahme an der vertragsärztlichen Versorgung, der nicht-stationären Gutachtertätigkeit und/oder einer Konsiliartätigkeit hingewirkt werden. Sofern der Klinikträger bereit sein sollte, eine Nebentätigkeitserlaubnis für diese Leistungen zu erteilen,

---

[4] DKG (1996) Beratungs- und Formulierungshilfe: Chefarztvertrag (5. Aufl.). Deutsche Krankenhausverlagsgesellschaft mbH, Düsseldorf

[5] Vgl. § 4 in DKG (ab 2002) Beratungs- und Formulierungshilfe: Chefarztvertrag (ab 6. Aufl.). Deutsche Krankenhausverlagsgesellschaft mbH, Düsseldorf

bedarf es über die schriftliche Nebentätigkeitserlaubnis hinaus einer zusätzlichen Vereinbarung zwischen Krankenhaus und Arzt, dem sog. Nutzungsvertrag; hierin verpflichtet sich der Krankenhausträger dem Arzt gegenüber, die zur Ausübung der genehmigten Nebentätigkeiten erforderlichen Ressourcen in Form von Räumlichkeiten, Einrichtungen, Geräten und Verbrauchsmaterialien sowie ggf. auch ärztlichem als auch nicht-ärztlichem Personal gegen Zahlung eines meist pauschalierten Nutzungsentgeltes zur Verfügung zu stellen.

Sofern sich die Genehmigung der Privat- und KV-Ambulanz nicht als Nebentätigkeit verhandeln lassen sollte, sollte zumindest auf eine Beteiligung an den diesbezüglichen Einnahmen des Trägers – spiegelbildlich zu dem Dienstaufgabenkatalog – im Rahmen der Vergütung hingewirkt werden.

Die Zuordnung der KV-Ambulanz zu den Dienstaufgaben bei entsprechender Beteiligung des Arztes an den diesbezüglichen Einnahmen des Trägers hätte mitunter auch den Vorteil, dass hinsichtlich etwaiger Regressforderungen der Kassenärztlichen Vereinigung oder der Krankenkassen die Grundsätze der – abgestuften – Arbeitnehmerhaftung gelten, der Arzt – je nach Verschuldensmaßstab – also nicht allein verantwortlich und regresspflichtig ist (▶ auch Kap. 6.4.3).

21.5.3 Institutsleistungen im ambulanten Bereich

Zu den dem Arzt übertragenen Dienstaufgaben im ambulanten Bereich gehören auch die sog. Institutsleistungen. Hierbei handelt es sich um solche ambulanten Leistungen, welche das Krankenhaus als grundsätzlich stationäre Einrichtung aufgrund spezieller gesetzlicher Ermächtigung als Institution erbringen darf. Insbesondere zu nennen sind insoweit das ambulante Operieren und die stationsersetzenden Eingriffe gemäß § 115b SGB V sowie die Leistungen der ambulanten spezialfachärztlichen Versorgung gemäß § 116b SGB V, die psychiatrische Institutsambulanz (§ 118 SGB V) als auch die geriatrische Institutsambulanz (§ 118a SGB V).

Bei den Institutsleistungen handelt es sich überwiegend um Krankenhausleistungen, die insoweit nicht als Nebentätigkeit genehmigt werden können.[6] Deshalb ist grundsätzlich auch keine Beteiligung des Arztes an den diesbezüglichen Einnahmen vorgesehen, auf die hingewirkt werden sollte, insbesondere dann, wenn der zulassungsrechtlich notwendige Bedarf für die Erteilung einer persönlichen Ermächtigung fehlt, weil das Krankenhaus diese Leistungen als ambulante Institutsleistungen, beispielsweise im Rahmen des ambulanten Operierens gemäß § 115b SGB V, erbringt.

21.6 Bereitschafts- und Rufbereitschaftsdienst

Der Chefarzt hat regelmäßig den Bereitschaftsdienst und die Rufbereitschaft seiner Abteilung organisatorisch sicherzustellen[7] und ist ggf. verpflichtet, »an solchen Diensten« oder an der Rufbereitschaft »im Ausnahmefall«, »erforderlichenfalls« oder »turnusgemäß im Wechsel mit den übrigen hierfür vorgesehenen Fachärzten seiner Abteilung« teilzunehmen.

21.6.1 Organisation

Hinsichtlich der Organisation des Bereitschafts- und Rufbereitschaftsdienstes empfiehlt es sich, auf die Aufnahme einer Klausel hinzuwirken, nach der der Krankenhausträger für eine hinreichende Personalstärke im ärztlichen Bereich zu sorgen hat, die eine rechtskonforme Organisation des Bereitschafts-/Rufbereitschaftsdienstes, insbesondere unter Beachtung des Arbeitszeitgesetzes, ermöglicht. Ferner sollte sich der Chefarzt nicht bereits dienstvertraglich allgemein und generell verpflichten, den Bereitschafts- und/oder Rufbereitschaftsdienst auch fach- oder ortsübergreifend zu organisieren, da derartige Entscheidungen dem Einzelfall vorbehalten bleiben sollten.[8]

---

6 Ausnahme: Die geriatrische Institutsambulanz ist auch als Ermächtigung des Arztes vorgesehen
7 zum fachübergreifenden Bereitschaftsdienst s. Müller u. Rumpenhorst (2015)
8 zum fachübergreifenden Bereitschaftsdienst vgl. LG Augsburg Urteil vom 30.09.2004 - 3 KLs 400 Js 109903/01; Müller u. Rumpenhorst (2015)

21.6.2 Teilnahmeverpflichtung

Soweit der Chefarzt den Bereitschafts- und Rufbereitschaftsdienst zu organisieren und an »solchen Diensten«, also auch am Bereitschaftsdienst, teilzunehmen hat, ist diese Regelung eher unüblich und vor dem Hintergrund der umfangreichen Dienstaufgaben des Chefarztes im Übrigen kaum sachgerecht und deshalb auf die Teilnahme allenfalls am Rufbereitschaftsdienst zu beschränken.

Die für den Teilnahmeumfang des Arztes am Rufdienst häufig verwendeten Formulierungen »im Ausnahmefall«, »erforderlichenfalls«[9] oder »turnusgemäß« stellen eine unterschiedliche Frequenz der Teilnahmeverpflichtung des Chefarztes dar, bergen aber immer auch die Gefahr, zu unbestimmt zu sein[10]; das Risiko liegt für den Chefarzt darin, dass unklar ist, an bis zu wie vielen Diensten er monatlich oder jährlich teilnehmen muss und dass die Teilnahmefrequenz von dem Stellenplan bzw. der Besetzung des Stellenplans abhängig ist. Für den Krankenhausträger besteht die Gefahr der Unwirksamkeit aufgrund einer nicht ausreichend bestimmten Verpflichtung nach dem Recht für Allgemeine Geschäftsbedingungen (AGB-Recht).[11] Deshalb empfiehlt sich eine klare Regelung, an bis zu wie vielen Diensten der Arzt maximal teilnehmen muss, wenn nicht ausreichend qualifizierte Ärzte zur Teilnahme am Rufbereitschaftsdienst zur Verfügung stehen.

Der Verhandlungserfolg ist maßgeblich abhängig von der Größe der Krankenhausabteilung und der Anzahl der zur Verfügung stehenden, zur Teilnahme am Rufdienst qualifizierten Fachärzte. Gegebenenfalls lässt sich auch perspektivisch verhandeln, dass der Arzt ab Erreichen eines bestimmten Lebensalters nicht mehr an den Diensten teilnehmen muss.

Zudem sollte auf die Vergütung der vom Arzt geleisteten Dienste hingewirkt werden, nicht zuletzt auch, um dem Interesse des Krankenhausträgers, hier eine unnötige Verlagerung der Dienste auf den Chefarzt vorzunehmen, entgegenzuwirken.

---

9 zur Auslegung vgl. LAG Baden-Württemberg Urteil vom 16.12.2004 - 3 Sa 30/04
10 vgl. LAG Düsseldorf, Urteil vom 06.05.2010 – 13 Sa 1129/09; a.A. LAG Hamm Urteil vom 15.03.2013 – 18 Sa 1802/12
11 §§ 307 ff. BGB

21.7 Mitwirkungsrecht in Personalangelegenheiten

Die Mitwirkungsrechte des Chefarztes in Personalangelegenheiten sollten über das – häufig angebotene – Recht zur Stellungnahme, Unterbreitung von Vorschlägen oder Anhörung erweitert werden. Es empfiehlt sich, bei den für den Arzt wichtigen Entscheidungen zu vereinbaren, dass entweder Einvernehmen mit dem Chefarzt erzielt werden muss oder dass von den jeweiligen Stellungnahmen und Vorschlägen des Arztes seitens des Krankenhauses nur aus wichtigem Grund abgewichen werden darf. Die insofern erweiterten Mitwirkungsrechte des Arztes sollten sich dann auch ausdrücklich auf Personalmaßnahmen hinsichtlich nicht-ärztlicher Mitarbeiter in exponierter Stellung, insbesondere auch auf die Besetzung des Chefarztsekretariats, beziehen.

Sicherlich wäre es durchaus wünschenswert, die zur Einhaltung der gesetzlichen Arbeitszeit notwendigen Stellen durch den Krankenhausträger festzuschreiben. Erfahrungsgemäß ist eine solche Forderung jedoch nur äußerst schwer durchsetzbar, wenngleich dies an der Notwendigkeit nichts zu ändern vermag. Zu beachten ist jedoch, dass der Krankenhausträger letztlich immer verpflichtet ist, die zur Einhaltung der gesetzlichen Arbeitszeiten notwendigen Stellen vorzuhalten. Problematisch ist jedoch in diesem Zusammenhang immer die Frage, welches Volumen hierfür tatsächlich notwendig ist. Sollte jedoch eine Patientenversorgung mit den vorhandenen – besetzten – Stellen nicht mehr zu gewährleisten sein, ohne ständig arbeitszeitgesetzliche Regelungen zu missachten, sollte der Chefarzt den Arbeitgeber dann zukünftig unmittelbar schriftlich darauf hinweisen – nicht zuletzt auch, um sich bei Überprüfungen der Einhaltung der Höchstgrenzen des Arbeitszeitgesetzes durch die zuständigen Ämter exkulpieren zu können. Sollten die schriftlichen Hinweise auf arbeitszeitgesetzliche Verstöße nicht fruchten und der Arbeitgeber keinerlei Abhilfe schaffen, müssten in Abstimmung mit fachkundiger Rechtsberatung weitere Schritte zur Einhaltung des Arbeitszeitgesetzes, beispielsweise durch Leistungsreduzierung nach Androhung, überlegt werden. Schließlich wird dem Chefarzt regelmäßig auferlegt, auf die Einhaltung der Arbeitszeiten der Mitar-

Tab. 21.1 Spannen der Arztgehälter von Chefärzten nach Fachabteilungen (in Tausend Euro)

	Innere Medizin	Radiologie	Chirurgie	Anästhesie/ Intensivmed.	Gynäkologie/ Geburtshilfe	Pädiatrie/Kinderklinik
Unteres Quartil	173	147	179	143	153	146
Median	241	235	236	172	192	172
Oberes Quartil	434	399	316	303	255	213
Durchschnitt	349	330	305	285	235	194

beiter seiner Abteilung zu achten. Verstöße gegen die Vorgaben des Arbeitszeitgesetzes sind bußgeld- und strafbewehrt. Insofern sollte zumindest auf eine ersatzlose Streichung der Übertragung entsprechender Pflichten, was schwierig ist, oder zumindest auf eine Einschränkung oder Änderung dahingehend hingewirkt werden, dass der Arzt nicht auch für die Einhaltung der Arbeitszeiten der nicht-ärztlichen Mitarbeiter verantwortlich ist.

21.8 Vergütung

Die Vergütung des Chefarztes stellt eine rechtlich und historisch bedingte Besonderheit im Arbeitsrecht dar.[12] Diese Besonderheit liegt begründet in dem sog. Liquidationsrecht für die gesondert berechenbaren wahlärztlichen Leistungen. Als Liquidationsrecht bezeichnet man das Recht, für bestimmte, persönlich erbrachte ärztliche Leistungen eine besondere Vergütung fordern zu können.[13] Das Liquidationsrecht soll dem Chefarzt ein dem niedergelassenen Facharzt vergleichbares Einkommen garantieren.[14] Zudem stellt das Liquidationsrecht eine unmittelbar leistungsbezogene Vergütung und damit einen Anreiz für den Chefarzt dar, durch eigene Leistungssteigerung die Höhe seiner Vergütung beeinflussen zu können.

Das spiegelbildliche Pendant zur Liquidationsberechtigung des Arztes ist die sog. Beteiligungsvergütung. In diesem Fall liegt das Liquidationsrecht auf Seiten des Krankenhausträgers, und der Arzt wird an den Liquidationseinnahmen des Krankenhausträgers aus wahlärztlichen – und im Einzelnen zu vereinbarenden ambulanten – Leistungen in zu verhandelnder prozentualer Höhe beteiligt. Nach den Empfehlungen der DKG wird die Vergütung des Chefarztes komplettiert durch eine auf der Erreichung jährlich zu vereinbarender Ziele basierenden Bonusvergütung.

Nach der Kienbaum-Studie zur Vergütung von Führungs- und Fachkräften in Krankenhäusern ergeben sich aus Daten von 123 Krankenhäusern mit Vergütungsinformationen zu 2.081 Ärztinnen und Ärzten folgende Jahreseinkommen der Chefärzte im Jahre 2013[15] (Tab. 21.1):

21.8.1 Festvergütung

Der Festvergütung kam in der Vergangenheit eine nur untergeordnete Rolle zu, weil der Chefarzt den wesentlichen Teil seines Einkommens aus den Liquidationseinnahmen für die gesondert berechenbaren wahlärztlichen und ambulanten Leistungen bestritt. Regelmäßig wurde die Festvergütung

---

12 vgl. Jansen in: Festschrift 10 Jahre Arbeitsgemeinschaft Medizinrecht im DAV, S. 519, s. Fn. 1
13 Wern (2005, S. 176)
14 Genzel H (2002) In: Laufs A, Uhlenbruck W, Handbuch des Arztrechts (3. Aufl.). C.H. Beck, München, § 91 Rz. 1, S. 869 f.
15 Veröffentlichung von Dr. Andrea Piro, Karriereberatung/ Coaching Saarbrücken. www.piro-karriereberatung.de/ kolumne-gesundheitswesen/7046-kienbaum-verguetungsreport-2015-was-chefaerzte-und-fuehrungskraefte-in-krankenhaeusern-verdienen.-studie-einkommen-chefaerzte

entsprechend der höchsten Vergütungsgruppe des für den Krankenhausträger einschlägigen Tarifvertrages vereinbart.[16]

Zunehmend wird die Festvergütung individuell, also losgelöst von tarifvertraglichen Entgeltgruppen, vereinbart. Hintergrund ist u.a., dass die vom Marburger Bund verhandelten Tarifverträge (TV-Ärzte) keine selbstständige Entgeltgruppe für den Chefarzt vorsehen. Die höchste Entgeltgruppe der TV-Ärzte ist die des Leitenden Oberarztes. Deshalb finden sich zunehmend Verträge, nach der die Festvergütung des Chefarztes oberhalb der Vergütung nach der höchsten Entgeltgruppe TV-Ärzte individuell vereinbart wird.

Hierbei ist aus Sicht des Arztes zu beachten, dass die individuell vereinbarte Vergütung zunächst statisch ist, sofern sie nicht ausdrücklich mit einer echten Wertsicherungsklausel abgesichert wird, damit zukünftige Tarifsteigerungen zum Ausgleich eines im Übrigen drohenden Kaufkraftverlustes dem Arzt zugute kommen. Insoweit wäre es erforderlich, eine Dynamisierungsklausel in den Vertrag aufzunehmen. Diese könnte beispielsweise, wie folgt, aussehen:

» Die Vergütung erhöht sich entsprechend den jeweiligen prozentualen Steigerungsraten der jeweils höchsten Entgeltgruppe, jeweils höchste Stufe, derzeit EG IV, Stufe TV-Ärzte/VKA in der jeweils gültigen als auch nachfolgenden Fassung, zzgl. etwaiger Einmalzahlungen.

21.8.2 Liquidationsrecht für gesondert berechenbare wahlärztliche Leistungen

Die Einräumung des Liquidationsrechtes für die gesondert berechenbaren wahlärztlichen Leistungen im stationären Bereich berechtigt den Chefarzt, seine Honorare für die Erbringung wahlärztlicher Leistungen unmittelbar gegenüber dem wahlärztliche Leistungen in Anspruch nehmenden Patienten zu liquidieren.[17] Die wahlärztliche Behandlung unterscheidet sich inhaltlich von den »allgemeinen Krankenhausleistungen« (§ 2 KHEntgG) dadurch, dass der Patient sich durch Zahlung einer gesonderten Vergütung einen Anspruch auf persönliche Betreuung durch einen bestimmten Arzt seines Vertrauens, der ihm nach Stellung, Kenntnissen und Erfahrungen besonders qualifiziert erscheint und damit auch die Kontinuität in der Person des Leistungsträgers hinzukauft.[18]

Rückgang und Wegfall der Liquidationseinnahmen

Mit der Einräumung des Liquidationsrechtes wird dem Chefarzt die Möglichkeit eingeräumt, Liquidationseinnahmen zu erzielen. Mit der Einräumung des Liquidationsrechtes als Vergütungsbestandteil[19] geht die Verpflichtung des Krankenhausträgers einher, die Voraussetzungen für die Erzielung von Liquidationseinnahmen in Form des Angebots und Abschlusses von Wahlarztvereinbarungen zu schaffen.[20] Darüber hinaus übernimmt der Krankenhausträger jedoch keine Gewähr für den Umfang der Inanspruchnahme gesondert berechenbarer wahlärztlicher Leistungen sowie für die Höhe und den Eingang der Einnahmen des Arztes. Bei einem Rückgang der Liquidationseinnahmen des Chefarztes entstehen gegenüber dem Krankenhausträger grundsätzlich keine Ausgleichsansprüche, die üblicherweise auch ausdrücklich ausgeschlossen werden. Bei einem Wegfall des Liquidationsrechtes dürfte eine Vertragsanpassung nach den Grundsätzen mit der Störung der Geschäftsgrundlage gemäß § 313 BGB vorzunehmen sein, wenn diese nicht ebenfalls vertraglich ausgeschlossen ist, worauf zu achten ist.

---

16 Wern (2005, S. 175)
17 Wern (2005, S. 177 und 183)
18 BAG, Urt. v. 09.01.1980 – 5 AZR 71/1978; OLG Stuttgart, Urteil v. 13.11.1994 – 14 U 48/1992 (MedR 1995, Seite 320 (322); OLG Düsseldorf Urt. v. 16.02.1995 – 8 U 33/1994; BGH Urt. v. 19.02.1998, III ZR 169/97, BGH, Urt. v. 16.10.2014, III ZR 85/14
19 Pflichtverletzungen des Krankenhausträgers mit der Folge von Liquidationseinbußen sind unter dem Gesichtspunkt des Annahmeverzuges – und nicht des Schadensersatzes – zu lösen, vgl. BAG, Urt. v. 22.03.2001 – 8 AZR 536/00
20 Wern (2005, S. 204)

Exkurs

Persönliche Leistungserbringung
Bei der Erbringung wahlärztlicher Leistungen im stationären Bereich ist der Grundsatz der persönlichen Leistungserbringung zu beachten. U.a. aus § 4 Abs. 2 Satz 1 GOÄ folgt, dass »der Arzt (…) Gebühren nur für selbstständige ärztliche Leistungen berechnen [kann], die er selbst erbracht hat oder die unter seiner Aufsicht nach fachlicher Weisung erbracht wurden (eigene Leistung)«.

Delegation
Die Möglichkeit der Delegation als Ausnahme vom Grundsatz der persönlichen Leistungserbringung unterscheidet sich von der Stellvertretung dadurch, dass die Delegation eine eigene Mitwirkung des Wahlarztes erfordert. Ferner setzt die Zurechnung einer unter Inanspruchnahme Dritter erbrachten Leistung als eigene Leistung voraus, dass
- es sich überhaupt um eine delegationsfähige Leistung, also nicht um eine Kern-/Hauptleistung handelt,
- es sich nicht um von der Delegation nach § 4 Abs. 2 Satz 3 GOÄ ausgenommene Leistungen handelt,
- der die Leistung delegierende Arzt die Leistungserbringung beherrscht und
- an der Leistungserbringung eigenverantwortlich mitgewirkt hat.

Die Delegation von sog. Kern- oder Hauptleistungen steht nicht im Einklang mit der Erbringung wahlärztlicher Leistungen. Kern-/Hauptleistungen sind nach überwiegender Auffassung nicht delegierbar; allenfalls in Form der Stellvertretung zulässig. Hierzu gehören in den »schneidenden Fachrichtungen« die Erbringung der Operationsleistung bzw. die invasiven Eingriffe sowie im Bereich der Anästhesie die Intubation im Rahmen der ITN und die Ausleitung der Anästhesie.[21]

Von der Möglichkeit der Delegation ausdrücklich ausgenommen sind nach § 4 Abs. 2 Satz 3 GOÄ
- Leistungen nach den Nummern 1 bis 62 GOÄ innerhalb von 24 Stunden nach der Aufnahme und innerhalb von 24 Stunden vor der Entlassung,
- Visiten nach den Nummern 45 und 46 des Gebührenverzeichnisses während der gesamten Dauer der stationären Behandlung sowie
- Leistungen nach den Nummern 56, 200, 250, 250 a, 252, 271 und 272 des Gebührenverzeichnisses während der gesamten Dauer der stationären Behandlung.

Diese Leistungen können nur durch den Wahlarzt oder dessen vor Abschluss des Wahlarztvertrages dem Patienten benannten ständigen ärztlichen Vertreter persönlich erbracht werden.
Die für die Zurechnung als eigene Leistung erforderliche Ausübung der »Aufsicht nach fachlicher Weisung« (§ 4 Abs. 2 S. 1 GOÄ) setzt zunächst voraus, dass der Arzt die für die Leistungserbringung erforderlichen Kenntnisse und Fähigkeiten besitzt. So können Leistungen nicht berechnet werden, die der Arzt selbst in Ermangelung entsprechender Kenntnisse nicht fachgerecht durchführen und dementsprechend auch das (nicht-) ärztliche Personal nicht anleiten und überwachen kann. Folglich genügt ein rein organisatorisches Weisungsrecht nach überwiegender Auffassung nicht, um dem Arzt Leistungen seiner Mitarbeiter via Delegation als eigene Leistungen zuzurechnen.
Die Ausübung der Aufsicht erfordert grundsätzlich die persönliche Erreichbarkeit bzw. Anwesenheit des Arztes. Es genügt insoweit nicht, lediglich das hinzugezogene Personal generell zu beaufsichtigen, sondern die Leistungserbringung hat unter der Aufsicht des Wahlarztes zu erfolgen. Hinzuweisen ist in diesem Zusammenhang auf § 5 Abs. 5 GOÄ, nach dem bei wahlärztlichen Leistungen, die weder von dem Wahlarzt noch von dessen vor Abschluss des Wahlarztvertrages dem Patienten benannten ständigen ärztlichen Vertreter persönlich erbracht werden, der Gebührensteigerungssatz zu mindern ist.

Stellvertretung
Die Stellvertretung erfolgt – im Unterschied zur Delegation – ohne eigene Mitwirkung des vertretenen Wahlarztes. Die Stellvertretung ist auch bei Haupt-/Kernleistungen möglich. Unter formellen Gesichtspunkten ist zu differenzieren zwischen der Vertretung durch einen Arzt bei unvorhersehbarer und bei vorhersehbarer Verhinderung des Wahlarztes; die Stellvertretung bei vorhersehbarer Verhinderung ist mit dem Patienten in einem gesonderten Stellvertretervertrag zu vereinbaren und kann nicht wirksam in der Wahlarztvereinbarung geregelt werden.[22] Die Nichteinhaltung der formellen Voraussetzungen birgt das Risiko des Honorarausfalls, des Vorwurfs des Abrechnungsbetruges[23] sowie der fehlenden Einwilligung des Patienten in den durch einen anderen Arzt als den Wahlarzt vorgenommenen Heileingriff.[24] Vor diesem Hintergrund sollte vertraglich geregelt und spätestens mit Antritt der neuen Chefarztstelle geklärt werden, wer organisatorisch für den Abschluss der – rechtlich zu überprüfenden – Stellvertretervereinbarung zuständig und verantwortlich ist.
Cave! Der Grundsatz der persönlichen Leistungserbringung gilt für den Chefarzt als Wahlarzt unabhängig davon, ob er liquidationsberechtigt oder beteiligt ist oder nicht an den Liquidationseinnahmen aus wahlärztlichen Leistungen partizipiert.

---

21 Hoffmann H, Kleinken B (2010) Gebührenordnung für Ärzte – Kommentar (3. Aufl., 36. Lieferung) Stand: Juli 2015. Kohlhammer, Stuttgart. § 4 Ziff. 5.2; für psychiatrische Leistungen vgl. OLG Oldenburg Urteil vom 14.12.2011 - 5 U 183/11 und OLG Celle Urteile vom 15.06.2015 - 1 U 97/14 und 1 U 98/14

22 BGH, Urteil vom 20.12.2007 - III ZR 144/07; Müller NH, Rumpenhorst M, Arzt und Krankenhaus 02/2008, 03/2008 und 04/2015

23 BGHSt, Urteil vom 25.01.2012 - 1 StR 45/11

24 OLG Braunschweig Urteil vom 25.09.2013 - 1 U 24/12; a.a.O. OLG Hamm Urteil vom 21.10.2013 - 7 U 17/2

21.8.3 Nutzungsentgelt im dienstlichen Aufgabenbereich

Von den Einnahmen hat der Chefarzt regelmäßig ein vertraglich zu vereinbarendes Nutzungsentgelt an den Krankenhausträger abzuführen. Das Nutzungsentgelt setzt sich begrifflich zusammen aus der Kostenerstattung und dem sog Vorteilsausgleich.[25]

Kostenerstattung

Der Inhalt der Kostenerstattung ist seit Inkrafttreten des »Gesetzes zur Strukturreform im Gesundheitswesen« 1993 zum 01.01.1996 vorgegeben. Der Chefarzt hat dem Krankenhausträger gemäß § 19 Abs. 2 Satz 1 KHEntgG die auf die Wahlleistungen entfallenden, nach § 7 Abs. 2 Satz 2 Nr. 4 der BPflV (in der bis zum 31.12.2012 geltenden Fassung!) nicht-pflegesatzfähigen Kosten zu erstatten.

Mit den Pflegesätzen und dem Budget wurden bzw. werden[26] gemäß § 7 Abs. 1 BPflV die allgemeinen Krankenhausleistungen vergütet. Gemäß § 7 Abs. 2 BPflV (a.F.) durften bzw. dürfen mit dem Budget und den Pflegesätzen keine Leistungen abgegolten werden, die nicht zu den allgemeinen Krankenhausleistungen gehören. Deshalb waren bzw. sind von den zwischen Krankenhausträgern und Krankenkassen vereinbarten Gesamtbeträgen die sog. nicht-pflegesatzfähigen Kosten abzuziehen, § 7 Abs. 2 BPflV (a.F.). Diese Mindereinnahme des Krankenhauses hatte bzw. hat der liquidationsberechtigte Chefarzt durch die ihm regelmäßig dienstvertraglich auferlegte Kostenerstattung i.S.d. § 24 BPflG bzw. § 19 KHEntgG auszugleichen.[27]

Mit der Einführung des Fallpauschalensystems und mit In-Kraft-Treten des KHEntgG vom 23.04.2002[28] ist die Kostenausgliederungspflicht gemäß § 7 Abs. 2 BPflV für die Krankenhäuser, die ihre Leistungen nach dem KHEntgG abrechnen, entfallen, weil sich keine vergleichbare Regelung im KHEntgG findet. Dagegen ist der Arzt, soweit er wahlärztliche Leistungen gesondert berechnen kann, nach wie vor verpflichtet, dem Krankenhaus die auf diese Wahlleistungen entfallenden, nach § 7 Abs. 2 Satz 2 Nr. 4 der BPflV (a.F.) nicht-pflegesatzfähigen Kosten zu erstatten, § 19 Abs. 2 Satz 1 KHEntgG. Diese Regelung war zunächst für die Dauer der ursprünglich vorgesehenen Konvergenzphase bis Ende 2006 befristet, nach Verlängerung der Konvergenzphase ist die Befristung aufgehoben worden. Trotz des Verweises auf eine nicht mehr anwendbare Vorschrift der BPflV gilt die Kostenerstattungspflicht fort.

Diese Kosten sind gemäß § 7 Abs. 2 Satz 2 Ziff. 4 BPflV (a.F.) pauschaliert worden und belaufen sich auf 40 v. H. der Gebühren für die in den Abschnitten A, E, M, O des Gebührenverzeichnisses genannten Leistungen und auf 20 v. H. der Gebühren für die in den übrigen Abschnitten des Gebührenverzeichnisses genannten Leistungen.

Maßgeblich sind die Gebühren vor Abzug der Gebührenminderung nach § 6a Abs. 1 Satz 1 GOÄ. Das Erfordernis dieser Gebührenminderung beruht darauf, dass bestimmte Behandlungskosten kalkulatorisch sowohl in die Gebühren nach der GOÄ eingeflossen sind als auch bei der Bemessung der Pflegesätze bzw. Fallpauschalen, die der wahlärztliche Leistungen in Anspruch nehmende Patient gleichfalls entrichtet, Berücksichtigung fanden.

Dies würde zu einer doppelten Kostenerstattung führen, die unzulässig ist. Deshalb sind die Gebühren bei stationären privatärztlichen Leistungen gemäß § 6a Abs. 1 Satz 1 GOÄ pauschal um 25% zu mindern.

Honorarminderung und Kostenausgliederung bedeuten im Einzelnen Folgendes: Die Summe der nach der GOÄ berechneten Gebühren, der sog. Bruttorechnungsbetrag, wird auf der Honorarrechnung ausgewiesen und mit dem Hinweis auf die Verpflichtung zur Gebührenminderung gemäß § 6a Abs. 1 Satz 1 GOÄ um 25% reduziert. Sodann sind die sog. nicht-pflegesatzfähigen Kosten auszugliedern bzw. zu erstatten in Höhe von 20% bzw. 40% des Bruttorechnungsbetrages, also der Summe der Gebühren vor Abzug der Honorarminderung nach § 6a GOÄ. Bezogen auf die Bruttoliquidationseinnahmen, also die tatsächlichen Zahlungseingänge (Bruttorechnungsbetrag – 25% Honorarminde-

---

25 § 7 Abs. 2 Nr. 5 BPflV, § 16 Abs. 2 KHG
26 seit dem 01.01.2004 nur noch die in der Ausnahmeregelung des § 17b Abs. 1 Satz 1 KHG aufgeführten Einrichtungen für psychiatrische, psychosomatische und psychotherapeutische Leistungen
27 Wern (2005, S. 139 und 140)
28 verkündet als Art. 5 des Fallpauschalengesetzes – FPG vom 23.04.2002 (BGBl. I S. 1412)

Tab. 21.2 Beispielrechnung

(1)	Bruttorechnungsbetrag	100,00 Euro
(2)	./. Honorarminderung § 6 a GOÄ 25 %	25,00 Euro
(3)	Bruttohonorareinnahmen	75,00 Euro
(4)	./. Kostenerstattung 20 %/40 % von (1)	20,00 €/40,00 Euro
(5)		55,00 €/35,00 Euro
(6)	./. Vorteilsausgleich von (1), (3) oder (5) Bsp.: 20 % von (3)	15,00 Euro
(7)		40,00 €/20,00 Euro
(8)	./. Mitarbeiterbeteiligung /Pool	
(9)	./. Abrechnungskosten	

rung) ergibt sich somit eine Ausgliederungsverpflichtung in Höhe von 26,6% (= 20% des Bruttorechnungsbetrages) bzw. 53,2% (= 40% des Bruttorechnungsbetrages) (◘ Tab. 21.2).[29]

Vorteilsausgleich

Über die Verpflichtung zur Kostenausgliederung hinaus erhält der Krankenhausträger einen Anteil an den Liquidationseinnahmen, den sog. Vorteilsausgleich. Der Vorteilsausgleich ist gesetzlich nicht geregelt. Lediglich in den für Beamte geltenden Nebentätigkeitsverordnungen beispielsweise des Landes NRW ist die Verpflichtung des Chefarztes zur Abführung eines Vorteilsausgleichs in Höhe von 20% der Bruttohonorareinnahmen vorgesehen. Im Übrigen ist der Vorteilsausgleich zwischen Krankenhausträger und Chefarzt frei verhandelbar. Dies gilt sowohl für die prozentuale Höhe als auch für die Bemessungsgrundlage (Bruttoliquidationseinnahmen vor oder nach Abzug der Kostenerstattung) sowie für eine mögliche Regelung zur pro- oder degressiven Staffelung des Vorteilsausgleiches.

Das Nutzungsentgelt kann auch insgesamt pauschaliert werden; in diesem Fall empfiehlt sich eine Klarstellung, dass mit der Pauschale auch die sich aus dem Krankenhausentgeltgesetz ergebende Kostenerstattung abgegolten ist.

Steuerrechtliche Hinsicht

In steuerrechtlicher Hinsicht gelten die Liquidationseinnahmen des Chefarztes aus gesondert berechenbaren wahlärztlichen Leistungen seit der Entscheidung des Bundesfinanzhofes vom 05.10.2005[30] als Einnahmen aus abhängiger Beschäftigung, die der Lohnversteuerung unterliegen. Die Erbringung wahlärztlicher Leistungen obliege dem Chefarzt grundsätzlich als Dienstaufgabe; er erbringe die Leistungen eingegliedert in die Organisation des Krankenhauses und für das Krankenhaus, weshalb ihr Elemente freiberuflicher Tätigkeit wie das die freiberufliche Tätigkeit auszeichnende unternehmerische Risiko fehlten; schließlich würden sich die Kosten in Form der Abgaben an den Einnahmen bemessen und somit das unternehmerische Risiko begrenzen.[31]

Nach der steuerrechtlichen Gleichbehandlung von Liquidationseinnahmen aus eigenem Liquidationsrecht und Beteiligung an den Liquidationseinnahmen des Krankenhausträgers gibt es kaum mehr einen rechtlichen Unterschied zwischen der Einräumung des Liquidationsrechts und der Beteiligung an den Liquidationseinnahmen.

21.8.4 Beteiligungsvergütung

Gesondert berechenbare wahlärztliche Leistungen im stationären Bereich

Seit der 6. Auflage der Beratungs- und Formulierungshilfe Chefarztvertrag empfiehlt die DKG den Krankenhäusern vorrangig, dem Chefarzt nicht das Liquidationsrecht für die gesondert berechenbaren wahlärztlichen Leistungen im stationären Bereich einzuräumen, sondern die wahlärztlichen Leistungen selbst zu liquidieren und den Chefarzt an diesen Einnahmen aus gesondert berechenbaren wahlärztlichen Leistungen zu beteiligen. Abrechnung und Einzug der Liquidationseinnahmen aus gesondert

---

29 vgl. Jansen a. a. O., S. 522
30 BFH Urt. v. 05.10.2005 – VI R 152/01; a.A. FG Düsseldorf, Urt. v. 22.10.2007 – 3 V 1703/07 A (L)
31 BFH Urt. v. 05.10.2005 – VI R 152/01

berechenbaren wahlärztlichen Leistungen liegen somit beim Krankenhausträger.[32]

Der Krankenhausträger beteiligt den Chefarzt an diesen Einnahmen in vertraglich vereinbarter Höhe. Besonderes Augenmerk ist neben dem Prozentsatz der – im Vertrag auszuformulierenden – Bemessungsgrundlage geschuldet:

- Bruttorechnungsbetrag ist die Summe der Gebühren vor Abzug der 25%igen Honorarminderung nach § 6a GOÄ.
- Bruttohonorareinnahmen[33] sind die Summe der tatsächlichen Zahlungseingänge beim Krankenhausträger oder Dritten ohne jegliche Abzüge.
- Nettohonorareinnahmen sind die Summe der tatsächlichen Zahlungseingänge nach vertraglich konkret zu definierenden Abzügen, beispielsweise der Kostenerstattung nach dem Krankenhausentgeltgesetz und/oder der Mitarbeiterbeteiligung und/oder den Abrechnungskosten etc.

In Abhängigkeit von der Bemessungsgrundlage kann ein hoher Prozentsatz einen geringeren Anteil des Chefarztes bedeuten als eine niedrigere Beteiligung.

Die Beteiligung des Chefarztes an den Liquidationseinnahmen des Krankenhauses lässt sich – ebenso wie der Vorteilsausgleich im Falle der Liquidationsberechtigung – staffeln.

Ambulante und weitere Leistungen

Über die Beteiligung an den Liquidationserlösen aus wahlärztlichen Leistungen hinaus kann der Arzt auch an den Einnahmen aus ambulanten Leistungen beteiligt werden, sofern diese Leistungen den Dienstaufgaben zugeordnet und nicht als Nebentätigkeit (Liquidationsrecht des Chefarztes) genehmigt werden. Bei der Gestaltung der Beteiligungsvergütung ist dann konkret zu regeln, an den Einnahmen aus welchen Leistungen, beispielsweise der/den

- ambulanten Beratung und Behandlung von Selbstzahlern,
- ambulanten Beratung und Behandlung von gesetzlich Versicherten (KV-Ermächtigung),
- D-Arztambulanz,
- ambulanten Notfallbehandlung von Selbstzahlern (Notfallambulanz),
- Institutsleistungen im ambulanten Bereich (§§ 115b, 116b SGB V etc.) oder
- nicht-stationären Gutachtertätigkeit etc.

der Chefarzt zu beteiligen ist. Erfahrungsgemäß ist die Beteiligung des Arztes an den Einnahmen aus Institutsleistungen schwierig oder nur in geringerer Höhe zu verhandeln, weil es sich um Krankenhausleistungen handelt, die der Arzt auch auf nachgeordnete Fachärzte delegieren kann.

Hinsichtlich der Höhe der prozentualen Beteiligung des Chefarztes an den Einnahmen des Krankenhausträgers aus ambulanten Leistungen sind keine der Honorarminderung gemäß § 6a GOÄ und der Kostenerstattung nach dem Krankenhausentgeltgesetz vergleichbaren gesetzlichen Regelungen zu berücksichtigen. Das bedeutet allerdings nicht, dass die Bemessungsgrundlage nicht auch um bestimmte – individualvertraglich vereinbarte – Abzüge reduziert werden kann, so dass diese ebenso Beachtung verdient wie im stationären Bereich.

21.8.5 Bonusvergütung und Zielvereinbarung

Die Bonusvergütung, basierend auf der Erreichung jährlich zu vereinbarender Ziele, ist in den vergangenen Jahren als weiterer Vergütungsbestandteil im Bereich von Chefarztverträgen – ergänzend oder auch die Partizipation an wahlärztlichen Einnahmen ersetzend – hinzugetreten.

Dem Chefarzt wird bei Erreichung jährlich zu vereinbarender oder vorgegebener Ziele die Auszahlung eines Bonusbetrages in Aussicht gestellt. Gegenstand der jährlich zu schließenden Zielvereinbarungen waren/sind Zielgrößen für

- Sach- und Personalkosten der Abteilung,
- Leistungen nach Art und Menge,
- Verweildauern sowie die Einführung neuer Behandlungsmethoden,

---

32 Dies hindert den Krankenhausträger jedoch nicht, dem Chefarzt die Vorbereitung der Honorarforderung mit Spezifikation aufzuerlegen, vgl. § 9 Abs. 1 Satz 2 der DKG-Formulierungshilfe Chefarztvertrag (10. Aufl.), 2015

33 Alt.: Bruttoliquidationserlöse

- Maßnahmen und Ergebnisse der Qualitätssicherung,
- die Inanspruchnahme nichtärztlicher Wahlleistungen, Beteiligung an Strukturmaßnahmen oder auch sog. weiche Ziele wie Zuweiser-, Patienten- oder Mitarbeiterzufriedenheit.

Leistungsbezogene Zielvereinbarungen

Die Zulässigkeit derartiger Bonus- und früher auch Malus-Regelungen war bereits in der Vergangenheit nicht unumstritten.[34] Die Verknüpfung von wirtschaftlichen Vorgaben und Zielen mit der Vergütung des Chefarztes droht, gegen die ärztliche Unabhängigkeit zu verstoßen.[35] Der Chefarzt soll seiner Behandlungspflicht ohne Rücksicht auf die durch ein internes Budget gesetzten Grenzen oder wirtschaftlichen Ziele ausschließlich medizinischen Erwägungen nachkommen. Die berufsrechtlich normierte ärztliche Therapiefreiheit als Ausfluss der ärztlichen Berufsfreiheit im Sinne des Art. 12 GG muss gewährleisten können, dass der Chefarzt ohne rechtliche bzw. finanzielle Nachteile die Behandlung seiner Patienten ausschließlich an dem medizinischen Standard ausrichten kann. Konsequenterweise müsste dann auch eine reine Bonusvergütung unzulässig sein, soweit sie von der Erfüllung ökonomischer Vorgaben abhängig ist, weil auch insofern finanzielle Anreize die ärztliche Unabhängigkeit zu berühren geeignet sind.[36]

Das Arbeitsgericht Kempten hatte bereits mit Urteil vom 30.06.1999 entschieden, dass auch durch ein an Belegzahlen anknüpfendes reines Bonussystem Chefärzte zum Verstoß gegen ihre ärztlichen Pflichten zum Nachteil von Patienten verleitet werden. Denn ein Bonus für Belegzahlen belohne den Chefarzt für etwas, dass er bei strikter Wahrung seiner ärztlichen Pflichten nicht gewährleisten könne.[37]

Der Gesetzgeber hat, reagierend auf den sog. Organspende-Skandal[38] – ein Oberarzt des Universitätsklinikum Göttingen soll für jede transplantierte Leber einen Bonusbetrag erhalten und deshalb Patientendaten verändert haben –, eine Regelung ins SGB V durch das Krebsfrüherkennungs- und -registergesetz (KFRG)[39] aufgenommen. Mit dem neuen § 136a SGB V (Förderung der Qualität durch die Deutsche Krankenhausgesellschaft) hat der Gesetzgeber die Deutsche Krankenhausgesellschaft beauftragt, »in ihren Beratungs- und Formulierungshilfen für Verträge der Krankenhäuser mit Leitenden Ärzten bis spätestens zum 30.04.2013 im Einvernehmen mit der Bundesärztekammer Empfehlungen abzugeben, die sicherstellen, dass Zielvereinbarungen, die auf finanzielle Anreize bei einzelnen Leistungen abstellen, ausgeschlossen sind. Die Empfehlungen sollten insbesondere die Unabhängigkeit medizinischer Entscheidungen sichern.«[40]

Für den Fall, dass die Empfehlungen der DKG bis zum 30.04.2013 nicht vorliegen oder sich das Krankenhaus nicht an sie hält, hat es im Rahmen seines Qualitätsberichtes anzugeben, für welche Leistungen leistungsbezogene Zielvereinbarungen getroffen wurden (§ 135 c Abs. 2 SGB V in der Fassung des Krankenhausstrukturgesetzes).

Der Bundesärztekammer und dem Verband der Leitenden Krankenhausärzte Deutschlands e.V. ging die gesetzliche Regelung, beschränkt auf Boni für »einzelne« Leistungen, nicht weit genug. Bundesärztekammer und Verband der Leitenden Krankenhausärzte Deutschlands e.V. richteten eine gemeinsame Koordinierungsstelle zur (anonymen) Überprüfung von Zielvereinbarungen und zur Veröffentlichung und Einschätzung der Ergebnisse ein.[41] Mit dem am 05.11.2015 durch den Bundestag beschlossenen Gesetz zur Reform der Strukturen der Krankenhausversorgung (Krankenhausstrukturgesetz-KHSG)[42] hat der Gesetzgeber die Förderung der Qualität durch die Deutsche Krankenhausgesellschaft in dem neuen § 135 c SGB V um »Leistungsmengen, Leistungskomplexe oder Messgrößen« erweitert.

---

34 ArbG Kempten Urt. v. 30.06.99 – 4 Ca 477/09; Flintrop (2012); Wern (2005, S. 134 f. m.w.N.)
35 Flintrop (2012); Wern (2005, S. 134 f. m.w.N.)
36 Debong u. Andreas (1998)
37 ArbG Kempten Urt. v. 30.06.99 – 4 Ca 477/09
38 Süddeutsche Zeitung vom 03.08.2012
39 BT-Drs. 17/12221
40 BT-Drs. 17/12221, S. 18 f
41 www.bundesaerztekammer.de/fileadmin/user_upload/download/zielvereinbarungen.pdf
42 BT-Drs. 18/5867 (Gesetzentwurf), BT-Drs. 18/6586 (Beschlussempfehlung und Bericht)

Der Gesetzgeber zielt auf die allgemein bekannten Zielvereinbarungen ab, nach der der Arzt für eine bestimmte Operation oder Leistung jeweils einen bestimmten Betrag erhält, wodurch die ärztliche Unabhängigkeit bei der Frage der medizinischen Indikation dieser Leistungen generell beeinflusst und beeinträchtigt werden könnte. Ob die Vereinbarung tatsächlich zu einer Beeinflussung des Arztes führt, ist unerheblich, da bereits dem Anschein einer potenziellen Einflussnahme auf die Entscheidung des Arztes begegnet werden soll.

Verfahrensregeln

Die vertragliche Gestaltung setzt sich regelmäßig zusammen aus einer Rahmenvereinbarung im Dienstvertrag zur Bonusvergütung auf Basis jährlich zu erreichender Ziele und der jährlich zu schließenden Zielvereinbarung. Die dienstvertragliche Rahmenvereinbarung gilt auf Dauer, die Zielvereinbarung regelmäßig nur für den vereinbarten Zielzeitraum, üblicherweise ein Kalenderjahr. In der Rahmenvereinbarung kann die Höhe des Bonusbetrages bei voller Zielerreichung geregelt werden. Es sollten Regelungen sowohl zum Abschluss der Zielvereinbarung als auch für den Fall, dass keine Einigung zustande kommt, zu Auszahlungsmodalitäten und zu den zu vereinbarenden Zielen im Sinne einer beispielhaften Aufzählung getroffen werden.[43] Die Zielvereinbarung enthält sog. harte und/oder weiche Ziele unter Berücksichtigung der ärztlichen Unabhängigkeit.[44]

Soweit der Bonusvergütung eine Zielvereinbarung – in Abgrenzung zur einseitigen Zielvorgabe – zugrunde liegt, sollte die auf Dauer geltende arbeitsvertragliche Rahmenvereinbarung neben der Höhe des jährlichen Bonusbetrages Verfahrensregeln zum Abschluss der Zielvereinbarung, zur Zielfeststellung und zur Auszahlung des Bonusbetrages enthalten. Klare Regelungen zum Zustandekommen der Zielvereinbarung helfen, (sich jährlich wiederholende) Konflikte zu vermeiden, die schlussendlich zu Auseinandersetzungen über Schadensersatzansprüche etc. führen und das Betriebsklima zudem unnötig belasten.

Einige Beispiele

» Nähere Einzelheiten zur Höhe des Bonus und den Auszahlungsmodalitäten werden in einer mit dem Krankenhausträger zu schließenden Zielvereinbarung festgelegt.

Grundsätzlich könnte der Arzt erwarten, dass der Krankenhausträger eine Vereinbarung mit den seiner Ansicht nach erreichenswerten Zielen anbietet. Bei der vorstehenden Formulierung wird allerdings die Zielvereinbarung »mit dem Krankenhausträger« geschlossen, was bedeutet, dass die Initiativpflicht zum Abschluss der Zielvereinbarung, also zur Führung von Zielvereinbarungsgesprächen, vom Arzt auszugehen hat. Werden dagegen die näheren Einzelheiten in einer mit dem Arzt zu schließenden Zielvereinbarung festgelegt, liegt die Initiativlast beim Krankenhausträger. Die Frage der Verteilung der Initiativlast hat Bedeutung für Schadensersatzansprüche des Arztes, wenn keine Zielvereinbarung zustande kommt oder erst während des laufenden Zielzeitraumes vorgeschlagen wird. Es empfiehlt sich also, im Arbeitsvertrag ein Verfahren festzuschreiben, nach dem der Krankenhausträger bis zu einem bestimmten Zeitpunkt eine Zielvereinbarung unterbreiten bzw. zu einem Zielvereinbarungsgespräch eingeladen haben muss.

» Kommt eine Einigung über die zu erreichenden Ziele nicht zustande, entscheidet der Krankenhausträger.

Problematisch ist die auf der Erreichung jährlich zu vereinbarender Ziele basierende Bonusvergütung dann, wenn eine Einigung über die zu erreichenden Ziele nicht zustande kommt. Ohne entsprechende Ziele kann der Arzt die Bedingung der Bonusvergütung nicht erfüllen, so dass auch der Anspruch auf den Bonus entfällt. Den Parteien bliebe allenfalls, der dann strittigen Frage nach Entschädigungs-/Ausgleichsansprüchen nachzugehen. Die vorstehende Formulierung würde dem Krankenhaus die (einseitige) Vorgabe der (nicht konsentierten) Ziele ermöglichen. Dies würde sich demotivierend auf den Arzt auswirken, den Bonus gefährden und somit schlussendlich keiner Partei dienlich sein. Vielmehr würde eine derartige Formulierung ihren Schatten vorauswerfen, nämlich auf die Zielvereinbarung; eine Verhandlung über die zu erreichenden

---

43 Rumpenhorst (2013a)
44 Rumpenhorst (2013b)

Ziele auf Augenhöhe ist dann nämlich nicht gegeben, wenn der Krankenhausträger die Ziele im Falle der Nichteinigung einseitig vorgeben kann. Hierdurch wird dem Arzt faktisch jegliches Mitspracherecht verwehrt. Stattdessen empfehlen sich ggf. folgende Regelungen:

» Die Zielvereinbarung gilt jeweils so lange, bis sie durch eine neue Zielvereinbarung ersetzt wird.

Um die Parteien zu Verhandlungen und zu einer Vereinbarung zu »zwingen«, könnte im Rahmen der Verfahrensregeln zur Zielvereinbarung alternativ aufgenommen werden, dass im Falle der Nichteinigung über die im Folgejahr zu erreichenden Ziele sich sowohl die Messgröße der Ziele der laufenden Zielvereinbarung als auch die Bonusvergütung im selben Verhältnis reduzieren. Im jeweiligen (weiteren) Jahr ohne Abschluss einer neuen Zielvereinbarung vermindern sich die Bonusvergütung als auch die Messgrößen der Ziele der aktuellen Zielvereinbarung um jeweils x % der ursprünglichen Bonusvergütung und Ziele. Derartige Klauseln setzen allerdings voraus, dass zunächst Ziele vereinbart werden, die absolut – und nicht prozentual – messbar sind.

Darüber hinaus sollte der Arbeitsvertrag Regelungen zur Feststellung der Ziele bzw. des Erreichungsgrades der Ziele beinhalten.

» Die Zielerreichung wird ... vom Krankenhausträger festgestellt. Der Krankenhausträger entscheidet ebenso im Falle der Nichteinigung bezüglich der Feststellung der Zielerreichung.[45]

Zur Vermeidung von Auseinandersetzungen über die Erreichung der vereinbarten Ziele empfehlen sich objektiv messbare, quantifizierbare Ziele. Vorsorglich sollte in diesem Zusammenhang auch eine Klausel aufgenommen werden, nach der der Bonus bei anteiliger Zielerreichung anteilig ausgezahlt wird.

» Sollte der Arzt länger als ... Wochen arbeitsunfähig sein, ermäßigt sich der mögliche Auszahlungsbetrag ab der 1. Krankheitswoche für jede angefangene Woche um 1/52.[46]

Die Reduzierung der Bonusvergütung im Krankheitsfall trotz Erreichung der vereinbarten Ziele benachteiligt den Arzt unangemessen. Derartige Vereinbarungen sind – zumindest während der Dauer der gesetzlichen Entgeltfortzahlung – unwirksam.[47] Jedoch auch der umgekehrte Fall (der Arzt erreicht die Ziele aufgrund krankheitsbedingter Abwesenheit nicht) benachteiligt den Arzt stärker als im Falle der Liquidationsberechtigung oder Beteiligungsvergütung. Denn der liquidationsberechtigte Arzt erhält die Einnahmen aus den von seinem Vertreter erbrachten gesondert berechenbaren wahlärztlichen Leistungen auch während der Dauer seiner krankheitsbedingten Arbeitsunfähigkeit in voller Höhe bis zu einer zu vereinbarenden Dauer von beispielsweise 26 Wochen der Arbeitsunfähigkeit. Für die Bonusvergütung wäre es insoweit interessengerecht, dass sich die zu erreichenden Ziele im Verhältnis zur Dauer der Arbeitsunfähigkeit entsprechend reduzieren.

21.9 Mitarbeiterbeteiligung

Der liquidationsberechtigte sowie nunmehr auch der an den Liquidationseinnahmen des Krankenhausträgers beteiligte Arzt[48] soll die nachgeordneten ärztlichen Mitarbeiter seiner Abteilung, die ihn bei der Erbringung gesondert berechenbarer, wahlärztlicher Leistungen unterstützen, an den Einnahmen aus diesen Leistungen angemessen beteiligen.[49] Aus den berufsrechtlichen Standesregelungen der Ärzte lassen sich jedoch keine durchsetzbaren Ansprüche der nachgeordneten Ärzte auf

---

45 DKG (2007) Beratungs- und Formulierungshilfe: Chefarztvertrag (8. geänderte Aufl.). Deutsche Krankenhausverlagsgesellschaft mbH, Düsseldorf. Beispiel einer Zielvereinbarung, Fn. 39 zu § 8, Ziff. 3, S. 24. Ziff. 3

46 DKG (2007) Beratungs- und Formulierungshilfe: Chefarztvertrag (8. geänderte Aufl.). Deutsche Krankenhausverlagsgesellschaft mbH, Düsseldorf. Beispiel einer Zielvereinbarung, Fn. 39 zu § 8, Ziff. 6, S. 25
47 BAG, Urteil vom 15.02.1990 – 6 AZR 381/88
48 seit der (Muster-)Berufsordnung für die in Deutschland tätigen Ärztinnen und Ärzte in der Fassung der Beschlüsse des 114. Deutschen Ärztetages 2011 in Kiel
49 BAG, Urteil vom 05.06.2014 - 2 AZR 615/13

angemessene Beteiligung herleiten.[50] So handelt es sich bei den Berufsordnungen um Satzungsrecht der Kammern, gestützt auf die Heilberufegesetze der Länder, das keine zivilrechtlichen Ansprüche verbindlich regeln bzw. begründen kann.[51] Verstöße gegen die Mitarbeiterbeteiligung können die Ärztekammern also allenfalls mit den ihnen zur Verfügung stehenden Sanktionsmitteln, wie z.B. der Rüge, ahnden.

Aus diesem Grund sahen sich einzelne Länder veranlasst, in den Landeskrankenhausgesetzen gesetzliche Regelungen zur Beteiligung der (ärztlichen) Mitarbeiter an den Liquidationseinnahmen aus gesondert berechenbaren wahlärztlichen und ambulanten Leistungen (§ 27 LKG Rheinland Pfalz) zu treffen.[52] Die landeskrankenhausgesetzlichen Regelungen richten sich im Rahmen ihres Anwendungsbereiches, von dem Krankenhäuser in kirchlicher Trägerschaft ausgenommen sind, an die Krankenhausträger – und nicht an den einzelnen liquidationsberechtigten bzw. an den an den Liquidationseinnahmen des Krankenhausträgers beteiligten Chefarzt. Der Krankenhausträger wird im Rahmen der landeskrankenhausgesetzlichen Regelungen verpflichtet, auf eine entsprechende Beteiligung der ärztlichen Mitarbeiter durch den liquidationsberechtigten/beteiligten Chefarzt hinzuwirken und ggf. vertraglich zu regeln.[53] Das bedeutet, dass sich auch aus den landeskrankenhausgesetzlichen Regelungen keine unmittelbaren Ansprüche der nachgeordneten Ärzte auf Beteiligung ergeben.[54] Es bedarf also einer vertraglichen Umsetzung zwischen Krankenhausträger und Chefarzt; nur diese kann Grundlage der Mitarbeiterbeteiligung sein.[55]

Insoweit kann auch auf eine Regelung zwischen Chefarzt und Krankenhausträger hingewirkt werden, nach der der Krankenhausträger einen bestimmten Anteil der Liquidationseinnahmen aus wahlärztlichen (und ambulanten) Leistungen zur Mitarbeiterbeteiligung zur Verfügung stellt. Die Verteilung der vom Krankenhausträger zur Verfügung gestellten Mittel sollte dann allerdings ausschließlich im Ermessen des Chefarztes stehen; anderenfalls verlöre der Chefarzt sein Steuerungs- und Motivationsinstrument.

Aus diesem Grund und um die Begründung unmittelbarer Ansprüche der nachgeordneten Mitarbeiter gegen den Chefarzt zu vermeiden, sollte der Chefarzt seine Mitarbeiter nicht in immer gleicher Höhe, sondern variierend beteiligen und die Beteiligung mit einem Begleitschreiben versehen, dass es sich um Leistungen in Erfüllung standesrechtlicher Pflichten nach der Berufsordnung handelt, die keinen Anspruch für die Zukunft begründen. Diese Formulierung setzt voraus, dass keine anderslautenden vertraglichen Regelungen im Verhältnis des Chefarztes zum Krankenhausträger bestehen, weshalb auch eine dienstvertragliche Verpflichtung zur Mitarbeiterbeteiligung immer den Zusatz »in Erfüllung standesrechtlicher Pflichten« enthalten sollte.

21.10 Entwicklungsklausel und AGB-Recht

Im Rahmen der für Chefarztverträge typischen Entwicklungsklausel behält sich der Krankenhausträger vor, strukturelle und organisatorische Änderungen vornehmen zu dürfen. Bei der Entwicklungsklausel handelt es sich um eine Erweiterung des arbeitgeberseitigen Direktionsrechtes.[56] Im Einzelnen behält er sich vor, den Umfang der Abteilung sowie die Zahl und Aufteilung der Betten in der Abteilung zu ändern, die Ausführung bestimmter Leistungen von der Abteilung ganz oder teilweise abzutrennen und anderen Fachabteilungen, Funktionsbereichen, Instituten oder Ärzten zuzuweisen, weitere selbstständige Fachabteilungen, Funktionsbereiche oder Institute – auch gleicher Fachrichtung – im Krankenhaus neu einzurichten, zu unterteilen oder zu schließen und weitere Ärzte – auch gleicher Fachrichtung – als leitende Ab-

---

50 vgl. BAG, Beschluss vom 16.06.1998 – 1 ABR 67/97
51 BAG Urt. v. 20.07.2004 – 9 AZR 570/03 (NZA 2005, 952)
52 ferner: Baden Württemberg (§ 34 LKHG BW), Hessen, (§ 14 Abs. 2 HKHG i.V.m. Durchführungsverordnung), Mecklenburg Vorpommern, § 45 Abs. 2 bis 4 LKG MV, Sachsen (§ 24 Abs. 2 Sächs KHG)
53 BAG Urt. v. 03.08.1983 – 5 AZR 306/81
54 Wern (2005, S. 154); BAG a.a.O.
55 Wern (2005, S. 154); BAG a.a.O.

56 Reinecke (2005); BAG a.a.O.

teilungsärzte einzustellen oder als Belegärzte zuzulassen.[57]

Für den Fall, dass der Krankenhausträger in rechtmäßigerweise von der Entwicklungsklausel Gebrauch macht, sind Entschädigungsansprüche ausgeschlossen, sofern die Einnahmen des Chefarztes nicht unter 60–70% der durchschnittlichen Einkünfte aus der Festvergütung der Liquidationseinnahmen aus gesondert berechenbaren wahlärztlichen Leistungen/der Beteiligungsvergütung der vergangenen zwei bis drei Jahre sinken.[58]

21.10.1 Wirksamkeit

Das Bundesarbeitsgericht hatte in der Vergangenheit keine Zweifel an der grundsätzlichen Wirksamkeit dieser Entwicklungsklausel.[59]

Mit Inkrafttreten des Schuldrechtsmodernisierungsgesetzes zum 01.01.2002 und der dort vorgesehenen Anwendbarkeit des für Allgemeine Geschäftsbedingungen (AGB) geltenden Rechts auch auf arbeitsvertragliche Klauseln ist die frühere Rechtsprechung des Bundesarbeitsgerichts zu (auf der Entwicklungsklausel fußenden) Umstrukturierungsmaßnahmen allerdings überholt.[60] Die Wirksamkeit von Entwicklungsklauseln und Rechtmäßigkeit von Entwicklungsmaßnahmen richtet sich seit dem 01.01.2002 also grundsätzlich nach den strengen Anforderungen des AGB-Rechts. Diesem Prüfungsmaßstab hat die von der DKG bis einschließlich zur 6. Auflage der Beratungs- und Formulierungshilfe empfohlene Fassung der Entwicklungsklausel nicht mehr genügt, da der grundlose, jederzeitige Vorbehalt der Änderung des übertragenen Zuständigkeits- und Verantwortungsbereiches eine unangemessene Benachteiligung des Arztes darstelle.[61] Voraussetzung der Unwirksamkeit dürfte allerdings sein, dass der Chefarzt im Rahmen der Vergütungsregelungen an den Liquidationseinnahmen aus wahlärztlichen und/oder ambulanten Leistungen partizipiert, so dass sich Änderungen des vertraglich übertragenen Zuständigkeitsbereiches dann auch auf die zugesicherte Vergütung auswirken können.

Nachdem erstmals das Arbeitsgericht Paderborn[62] den Verstoß gegen das für AGB geltende Recht und damit die Unwirksamkeit der bis dahin von der DKG empfohlenen Entwicklungsklausel festgestellt hatte, hat die DKG die bislang von ihr empfohlene Entwicklungsklausel um einen dritten Absatz ergänzt, der bestimmte, die strukturelle oder organisatorische Änderung rechtfertigende Gründe beinhaltet, um dem Transparenzgebot Genüge zu tun. Demzufolge sind strukturelle und organisatorische Änderungen sachlich dann geboten, wenn sie der Aufrechterhaltung oder Verbesserung der Leistungsfähigkeit bzw. Wirtschaftlichkeit des Krankenhauses dienen oder eine neue strategische Ausrichtung der Abteilung bzw. des Krankenhauses bedeuten.[63] Zu der Frage, ob die Entwicklungsklausel in der neuen Fassung den Anforderungen an das für AGB geltende Recht genügen wird, hat sich noch keine Rechtsprechung gebildet.

21.10.2 Einschränkung und Streichung

In den Vertragsverhandlungen wäre auf eine möglichst weitgehende Einschränkung bis hin zur Streichung der Entwicklungsklausel hinzuwirken, was

---

57 § 16 Abs. 1, DKG (2007) Beratungs- und Formulierungshilfe »Chefarztvertrag« der DKG (8. Aufl.). Deutsche Krankenhausverlagsgesellschaft mbH, Düsseldorf
58 § 16 Abs. 2, Beratungs- und Formulierungshilfe »Chefarztvertrag« der DKG, 6. Aufl., 2002; § 16 Abs. 3 Beratungs- und Formulierungshilfe »Chefarztvertrag« der DKG, 7. Aufl., 2005
59 BAG, Urteil vom 28.05.1997 – 5 AZR 125/96
60 Hümmerich K, Bergwitz C (2005) Abschied von der chefärztlichen Entwicklungsklausel. MedR, S. 185; zu den unterschiedlichen Auffassungen zur Wirksamkeit der Entwicklungsklausel nach Inkrafttreten des Schuldrechtsmodernisierungsgesetzes in der frühen Literatur, vgl.: Wagener A, Hauser A (2006) Das Ende der chefärztlichen Entwicklungsklausel? Das Krankenhaus 1: 19 ff. m.w.N.
61 ArbG Heilbronn, Urt. v. 04.09.2008 – 7 Ca 214/08 (MedR 2009, S. 99; Arzt und Krankenhaus 01/2009); ArbG Hagen, Urt. v. 05.09.2006 – 5 (2) Ca 2811/05; ArbG Bamberg Urt. v. 20.05.2009 – 3 Ca 931/08; ArbG Heilbronn Urt. v. 04.09.2008 – 7 Ca 214/08 (MedR 2009, S. 99; Arzt und Krankenhaus 01/2009); a.A. VGH Baden-Württemberg Beschl. v. 15.10.2010 – S 1935/10
62 ArbG Paderborn, Urt. v. 12.04.2006 – 3 Ca 2300/05; Rumpenhorst M (2006)
63 § 15 Abs. 2, DKG (2006) Beratungs- und Formulierungshilfe: »Chefarztvertrag« der DKG (7. Aufl.). Deutsche Krankenhausverlagsgesellschaft mbH, Düsseldorf

allerdings aufgrund der erfahrungsgemäß geringen Verhandlungsbereitschaft der Krankenhausträger in diesem Punkt äußerst schwierig ist. Erfolgversprechender kann es daher u.U. sein, statt der unmittelbaren Einschränkung oder Streichung der Klausel oder einzelner Regelungen die Entwicklungsklausel um positive Festschreibungen zu ergänzen, nach denen bestimmte Aufgabenbereiche, Spezialgebiete etc., welche für den Arzt persönlich in fachlicher, finanzieller oder sonstiger Hinsicht von besonderer Bedeutung sind, ausschließlich im Einvernehmen mit dem Arzt geändert werden dürfen. Ebenso kann eine nicht unerhebliche Einschränkung auch durch die Aufnahme einer Klausel erreicht werden, nach der durch derartige Entwicklungsmaßnahmen die Weiterbildungsbefugnis des Arztes nicht beeinträchtigt werden darf.

21.10.3 Einbußen und Schwellenwert

Aus rechtlichen Gründen beschränkt die Entwicklungsklausel bei Verträgen mit Liquidationsberechtigung oder Beteiligungsvergütung diesbezügliche Einbußen des Arztes, allerdings häufig negativ dergestalt formuliert, dass Entschädigungsansprüche des Arztes ausgeschlossen seien, wenn seine Vergütung für die Tätigkeit im dienstlichen Aufgabenbereich wenigstens 70% der durchschnittlichen Vergütung aus Festvergütung und Liquidationsrecht/Beteiligungsvergütung erreiche.[64]

Zunächst sollte die Entschädigungsklausel positiv dahingehend formuliert werden, dass sich der Krankenhausträger bei einem Absinken der Liquidationseinnahmen des Arztes aufgrund von Entwicklungsmaßnahmen unter einen möglichst hoch anzusetzenden Schwellenwert (z.B. 90%), bezogen auf die bisherigen durchschnittlichen Einkünfte der vergangenen drei bis fünf Jahre, verpflichtet, die entsprechenden Fehlbeträge bis zu diesem Schwellenwert auszugleichen.

Soweit sich die (Frage der) Entschädigung an der Summe aus Festvergütung, die von derartigen Entwicklungsmaßnahmen ohnehin nicht betroffen ist und daher nicht gesondert abgesichert werden muss, und der Liquidationsberechtigung/Beteiligungsvergütung bemisst, sollte nur auf die variable Vergütung abgestellt werden, da nur diese potenziell betroffen und somit abzusichern ist. Im Übrigen, also bei Einbeziehung der Festvergütung in die Berechnung, wären die allein abzusichernden variablen Einnahmen je nach Verhältnis von Festvergütung und Liquidationseinnahmen zu einem wesentlich geringeren Prozentsatz »abgesichert«.

21.11 Vertragsdauer, Beendigung und Kündigung

Der Chefarztvertrag wird regelmäßig auf unbestimmte Zeit geschlossen.

21.11.1 Befristung

Die Befristung des Arbeitsvertrages mit einem Chefarzt ist eher selten. Hier gelten die gesetzlichen Regelungen, nach denen eine Befristung bis zur Dauer von zwei Jahren grundlos möglich ist und im Übrigen eines Sachgrundes nach dem Teilzeit- und Befristungsgesetz (TzBfG) bedarf.

21.11.2 Probezeit

Die Vereinbarung einer sechsmonatigen Probezeit ist üblich. Die Probezeit besagt ausschließlich, dass das Arbeitsverhältnis unter Einhaltung einer besonders kurzen Kündigungsfrist (zwei Wochen zur Monatsmitte oder zum Monatsende) beendet werden kann, wenn nicht – wie so häufig – individuell eine längere Kündigungsfrist (regelmäßig von einem Monat zum Monatsende) vereinbart wird.

Unabhängig von der Vereinbarung einer Probezeit kann das Arbeitsverhältnis während der ersten sechs Monate – auch durch den Arbeitgeber – grundlos gekündigt werden, weil das Kündigungsschutzgesetz, nach dem eine arbeitgeberseitige Kündigung nur aus verhaltens- und personenbedingten Gründen sowie dringenden betrieblichen Erfordernissen gerechtfertigt ist, erst nach sechsmonatigem Bestand des Arbeitsverhältnisses

---

64 § 15 Abs. 3, DKG (2006) Beratungs- und Formulierungshilfe: »Chefarztvertrag« (ab 7. Aufl.). Deutsche Krankenhausverlagsgesellschaft mbH, Düsseldorf

Anwendung findet. Wird also keine Probezeit vereinbart, kann der Arbeitgeber das Arbeitsverhältnis gleichwohl grundlos kündigen. Umfassenden Schutz erführe der Arzt erst dann, wenn vereinbart würde, dass das Kündigungsschutzgesetz mit Vertragsbeginn oder mit Unterzeichnung Anwendung fände.

21.11.3 Kündigungsfrist

Die Kündigungsfrist in Chefarztverträgen beläuft sich regelmäßig auf sechs Monate zum Ende eines Kalendermonats und stellt als individualvertragliche Verlängerung der gesetzlichen Fristen einen zusätzlichen Schutz des Arztes dar; allerdings ist er grundsätzlich auch an die Einhaltung der Frist gebunden, sofern er sich aus dem Dienstverhältnis lösen möchte.

Unabhängig von der Regelung der Kündigungsfrist gilt das Kündigungsschutzgesetz nach sechsmonatigem Bestand des Arbeitsverhältnisses, ohne dass dies ausdrücklich vertraglich erwähnt werden müsste.

21.11.4 Rentenalter und Erwerbsminderung

Das Arbeitsverhältnis endet ohne Kündigung, wenn der Arzt das gesetzliche Regelrentenalter erreicht – sofern der Vertrag eine entsprechende Vereinbarung vorsieht; im Übrigen würde das Arbeitsverhältnis auch darüber hinaus gelten und erst durch wirksame Kündigung, einvernehmliche Aufhebung oder eben Tod des Arbeitnehmers enden.

Mit Blick auf die stufenweise Anhebung des gesetzlichen Regelrentenalters empfiehlt sich hier, auf den Zeitpunkt abzustellen, zu dem der Arzt eine abschlagsfreie Altersrente des für ihn zuständigen Ärzteversorgungswerkes beanspruchen kann, um etwaige Versorgungslücken aus unterschiedlichen Staffelungen des Regelrentenalters zu vermeiden.

Hinsichtlich der Beendigung des Arbeitsverhältnisses ohne Kündigung wegen Erwerbsminderung sollte dergestalt differenziert werden, dass das Arbeitsverhältnis ausschließlich bei Bewilligung einer unbefristeten Rente wegen voller Erwerbsminderung endet, bei Bewilligung einer befristeten Rente wegen voller Erwerbsminderung lediglich ruht und bei Bewilligung einer befristeten oder unbefristeten Rente wegen teilweiser Erwerbsminderung entsprechend der fortbestehenden Leistungsfähigkeit weiter besteht, also weder endet noch ruht.

21.12 Nebentätigkeitserlaubnis und Nutzungsvertrag

21.12.1 Nebentätigkeit

Wenngleich die Versorgung von stationären Patienten einschließlich der Erbringung von teil-, prä- und poststationären Leistungen im Sinne des § 116a SBG V Dienstaufgaben des Chefarztes sind, kann die ambulante Beratung und Behandlung von Selbstzahlern (Privat-Ambulanz) und gesetzlich versicherten Patienten im Rahmen einer persönlichen Ermächtigung zur Teilnahme an der vertragsärztlichen Versorgung (KV-Ambulanz) grundsätzlich der Nebentätigkeit des Chefarztes zugeordnet werden. Als Nebentätigkeiten bieten sich ferner die nicht-stationäre Gutachtertätigkeit sowie die Teilnahme an und Durchführung von klinischen Arzneimittelprüfungen, Anwendungsbeobachtungen und Medizinproduktestudien sowie Lehraufträge, Vortragstätigkeiten, Veröffentlichungen und Beraterverträge an. Um diese als Nebentätigkeit genehmigten Leistungen ist der Dienstaufgabenkatalog zu bereinigen.

21.12.2 Nutzungsvertrag

Die Genehmigung von Nebentätigkeiten erfordert regelmäßig den Abschluss eines sog. Nutzungsvertrages zwischen Krankenausträger und Chefarzt. Der Krankenhausträger verpflichtet sich gegenüber dem Chefarzt die zur Ausübung der genehmigten Nebentätigkeiten erforderlichen Krankenhausressourcen wie Räumlichkeiten, Einrichtungen, Gerätschaften und Verbrauchsmaterialien, aber auch ärztliches sowie nicht-ärztliches Personal gegen Zahlung eines – meist pauschalierten – Nutzungsentgeltes zur Verfügung zu stellen. Das Nutzungsentgelt setzt sich zusammen aus Kostenerstattung und Vorteilsausgleich. Gesetzliche Vorgaben zur Höhe oder Berechnung des Nutzungsentgeltes existieren im Bereich der ambulanten Nebentätigkeiten nicht.[65] Das Krankenhaus ist lediglich krankenhausfinanzierungsrechtlich gehalten, eine kostendeckende Kostenerstattung zu vereinbaren.

Die Kostenerstattung kann exakt unter verursachungsgerechter Zuordnung der durch die Ausübung der genehmigten Nebentätigkeiten entstandenen Kosten anhand des Nutzungstarifvertrages der Deutschen Krankenhausgesellschaft (DGK-NT) berechnet oder bezogen auf die Einnahmen pauschaliert werden. Erfolgt die Bemessung der Kostenpauschale unter Inbezugnahme des DKG-NT, ist zu beachten, dass von den dort festgesetzten Kosten nach der sog. Spalte 6 die Kosten für die Inanspruchnahme des ärztlichen Dienstes sowie der Arztschreibkräfte nicht erfasst sind. Diesbezügliche Kosten werden regelmäßig ergänzend pauschaliert. Hierbei dürfen jedoch wegen der Unzulässigkeit der doppelten Kostenerstattung keine Kosten pauschaliert werden, die bereits mit dem in Bezug genommenen DKG-NT abgegolten sind.

21.13 Vertragsprüfung und -beratung

Die vorstehenden Ausführungen erläutern einen Chefarztvertrag sowie seine Besonderheiten im Vergleich zu übrigen Arbeitsverträgen und -verhältnissen anhand des von der DKG empfohlenen Vertragsmusters. Es versteht sich von selbst, dass die Ausführungen Allgemeingültigkeit und deshalb keine individuelle Gültigkeit, insbesondere nicht unter Berücksichtigung der unterschiedlichen Anforderungen verschiedener Fachrichtung, haben (können). Sie erläutern sowohl die Bedeutung der wichtigsten vertraglichen Formulierungen als auch ihren gesetzlichen Hintergrund und helfen sie in den Kontext des typischen Tätigkeitsfeldes eines Chefarztes einzuordnen. Hieraus ergeben sich dann selbstverständlich auch konkrete Handlungsempfehlungen bei Vertragsverhandlungen bis hin zu konkreten Formulierungsvorschlägen. Natürlich müssen und können nicht sämtliche der angesprochenen Punkte im Sinne des Chefarztes erfolgreich verhandelt und verändert werden, um einen akzeptablen Vertrag zu erhalten. Deshalb ersetzen die Erläuterungen des Chefarztvertragsmusters keine individuelle Prüfung und Beratung des einzelnen Bewerbers und Kandidaten. Erst hier kann auf krankenhausspezifische Unterschiede in der Vertragsgestaltung sowie auf die fachlichen und »häuslichen« Besonderheiten konkret eingegangen werden.

Literatur

DAV Arbeitsgemeinschaft im Medizinrecht (2008) Medizinrecht heute: Erfahrungen, Analysen und Entwicklungen. Festschrift 10 Jahre Arbeitsgemeinschaft Medizinrecht im DAV. DeutscherAntwaltVerlag, Bonn

Debong B, Andreas M (1998) Der Chefarztdienstvertrag - die arbeitsrechtliche Situation in den neuen Ländern. ArztRecht 11(14): 11 ff.

DKG (1996) Beratungs- und Formulierungshilfe: Chefarztvertrag (5. Aufl.). Deutsche Krankenhausverlagsgesellschaft mbH, Düsseldorf

DKG (2002) Beratungs- und Formulierungshilfe: Chefarztvertrag (7. Aufl.). Deutsche Krankenhausverlagsgesellschaft mbH, Düsseldorf

DKG (2007) Beratungs- und Formulierungshilfe: Chefarztvertrag (8. Aufl.). Deutsche Krankenhausverlagsgesellschaft mbH, Düsseldorf

Flintrop J (2012) Boni für Chefärzte. Dtsch Ärztebl 109(7): A-298

Hoffmann H, Kleinken B (2015) Gebührenordnung für Ärzte - Kommentar, Loseblattsammlung (3. Aufl.). Stuttgart

Hümmerich K, Bergwitz C (2005) Abschied von der chefärztlichen Entwicklungsklausel. Medizinrecht, S. 185

Laufs A, Uhlenbruck W (2002) Handbuch des Arztrechts (3. Aufl.). C.H. Beck, München

Müller NH (2014) Aus gegebenem Anlass - Wahlärztliche Leistungen/Stellvertretung/Delegation. Arzt und Krankenhaus 4: 133 ff.

Müller NH, Rumpenhorst M (2008) Stellvertretung bei wahlärztlichen Leistungen. Arzt und Krankenhaus 3: 88 ff.

Müller NH, Rumpenhorst M (2011) Ist der Leitende Arzt per se auch leitender Angestellter? Arzt und Krankenhaus 1: 27 ff.

Müller NH, Rumpenhorst M (2013a) Der Bonusanteil des Chefarzt-Einkommens, Teil 1: Fallstricke im Arbeitsvertrag. Chefärztebrief 10: 3 ff.

Müller NH, Rumpenhorst M (2013b) Der Bonusanteil des Chefarzt-Einkommens, Teil 2: Fallstricke in der Zielvereinbarung. Chefärztebrief 11: 5 ff.

Müller NH, Rumpenhorst M (2015) Fachübergreifender Bereitschaftsdienst. Chefärztebrief 4: 9 ff.

---

65 Wern (2005, S. 138)

Piro A (o. J.) www.piro-karriereberatung.de/kolumne-gesundheitswesen/70-kienbaum-verguetungsreport-2015-was-chefaerzte-undfuehrungskraefte-in-kranken-haeusern-verdienen

Reinecke G (2005) Gerichtliche Kontrolle von Chefarztverträgen. NJW, S. 3383 ff.

Rumpenhorst M (2006) Arbeitsgericht Paderborn: Altklausel unwirksam! - noch nicht rechtskräftig, aber wegweisend. Arzt und Krankenhaus 7: 220 ff.

Rumpenhorst M (2008) Vertretung bei wahlärztlichen Leistungen. Arzt und Krankenhaus 2

Rumpenhorst M (2013a) Der Bonusanteil des Chefarzt-Einkommens, Teil 1. Chefärztebrief 10: 3 ff.

Rumpenhorst M (2013b) Der Bonusanteil des Chefarzt-Einkommens, Teil 2. Chefärztebrief 11: 5 ff.

Wagener A, Hauser A (2006) Das Ende der chefärztlichen Entwicklungsklausel? Das Krankenhaus 1: 19ff.

Wern S (2005) Die arbeitsrechtliche Stellung des leitenden Krankenhausarztes. Saarbrücken

Bestehen im juristischen Spannungsfeld? Kompetenter Umgang mit den rechtlichen Herausforderungen der Chefarzttätigkeit

Andreas Pollandt

22.1 Einleitung – 309

22.2 Allgemeines Arztrecht – 310
22.2.1 Patientenrechtegesetz – 310
22.2.2 Delegation ärztlicher Aufgaben an (nicht)ärztliche Mitarbeiter – 312
22.2.3 Medizinrechtliche Compliance in Kooperationen – 314
22.2.4 Ärztliche Schweigepflicht – 319

22.3 Arzthaftungsrecht – 322
22.3.1 Haftung für Behandlungsfehler – 323
22.3.2 Haftung für Aufklärungsfehler – 325
22.3.3 Empfehlungen für den Chefarzt – 328

22.4 Krankenversicherungsrecht – 328
22.4.1 Teilnahme an der vertragsärztlichen Versorgung – 329
22.4.2 Teilnahme über eine vertragsärztliche Zulassung – 330
22.4.3 Teilzulassung – 330
22.4.4 Ermächtigung – 332
22.4.5 Wirtschaftlichkeitsprüfung – 334
22.4.6 Off-Label-Therapien – 338

U. Deichert et al. (Hrsg.), *Traumjob oder Albtraum – Chefarzt m/w*,
DOI 10.1007/978-3-662-49779-1_22, © Springer-Verlag Berlin Heidelberg 2016

22.5	Planung und Durchführung klinischer Arzneimittelstudien – rechtliche Aspekte – 343	
22.5.1	Investigator Initiated Trials (IIT) – 343	
22.5.2	AMG-Novellen – 344	
22.5.3	Vertragliche Fragen im Bereich der klinischen Prüfung – 345	
22.5.4	Klinische Prüfungen und Krankenversicherungsrecht – 345	
22.5.5	Empfehlungen für den Chefarzt – 346	
22.6	Abkürzungsverzeichnis – 347	

22.1 Einleitung

Nach Angaben der Bundesrechtsanwaltskammer waren am 01.01.2015 bundesweit rund 1.500 Fachanwälte für Medizinrecht tätig. Auf den Internetseiten der Anwaltsauskunft des Deutschen Anwaltvereins weisen etwa 350 Rechtsanwälte auf ihre Expertise in der Beratung und Vertretung von Chefärzten hin. Rechtlich interessierten Chefärzten werden neben einer individuellen Beratung juristische Weiterbildungen, Zeitschriften und Newsletter zum Thema »Chefarztrecht« angeboten. Für die nach Angaben der Bundesärztekammer im Jahr 2014 rund 15.100 leitenden Ärzte im stationären Bereich gibt es demnach viele Möglichkeiten, sich auf die juristischen Herausforderungen der Chefarzttätigkeit vorzubereiten oder aktuelle Rechtsprobleme ihrer Chefarzttätigkeit in Angriff zu nehmen.

Ein »Chefarztrecht« als eigenständigen Rechtsbereich gibt es allerdings nicht. Zwar kennt die Fachanwaltsordnung der Bundesrechtsanwaltskammer für die Fachanwaltschaft Medizinrecht den Bereich »*Chefarztvertragsrecht*« (§ 14b Nr. 6 FAO). Im Übrigen ist das Chefarztrecht aber eine Zusammenstellung typischer, berufsbezogener Rechtsfragen, die unabhängig von der fachärztlichen Ausrichtung grundsätzlich für jede Chefarzttätigkeit relevant sind oder zumindest relevant werden können. Die maßgeblichen Rechtsnormen stammen aus verschiedenen Rechtsgebieten. Es gibt durchaus spezielle, auf den Chefarzt bezogene Rechtsnormen (z.B. Nichtanwendung des Arbeitszeitgesetzes auf Chefärzte, § 18 Abs. 1 Nr. 1 ArbZG). Überwiegend sind es aber allgemein rechtliche Vorgaben aus dem *allgemeinen Arztrecht oder Krankenversicherungsrecht*, die unter den mehr oder minder besonderen Bedingungen der Chefarzttätigkeit dem Bestand des Chefarztrechts zugeordnet werden. Neben diesen typischen Rechtsfragen der Chefarzttätigkeit kann sich ein Chefarzt allerdings vor besondere rechtliche Herausforderungen in Bereichen wie dem *Strahlenschutz-, Medizinprodukte- oder Arzneimittelrecht* gestellt sehen. In diesen spezialisierten Bereichen des Medizinrechts ist der Zugang zu weiterführenden rechtlichen Informationen deutlich schwieriger.

Weiterhin wird die Ausgestaltung der Chefarzttätigkeit stark durch Rechtsgrundlagen geprägt, die den Rechtskreis des Chefarztes zwar nur mittelbar tangieren, aber erhebliche praktische Auswirkungen auf den Praxisalltag haben. So wirken das *Krankenhausplanungsrecht* und die *krankenhausrechtlichen Vergütungsgrundlagen* maßgeblich auf die wirtschaftliche Situation des Krankenhausträgers ein. Das hat wiederum wesentliche Auswirkungen für die Chefarzttätigkeit, sowohl für die eigene Arbeitsbelastung als auch für die Ressourcen nachgeordneter Ärzte und nicht-ärztlichen Personals. Auch der eigene Rechtskreis des Chefarztes wird tangiert. Das gilt etwa für die Gestaltungsmöglichkeiten und Umsetzung des Chefarztdienstvertrages. Die rechtliche Ausgestaltung der Chefarzttätigkeit und ihre rechtlichen Einflussgrößen sind also nicht nur in medizinischer, sondern auch in rechtlicher Hinsicht sehr heterogen und das Ergebnis eines komplexen Zusammenspiels ganz verschiedener Faktoren, die unmittelbar oder mittelbar den Rechtskreis des Chefarztes betreffen und von ihm in unterschiedlichem Umfang steuerbar sind.

Der Rechtskreis jedes Chefarztes unterliegt im Zuge der stetigen Änderungen in nahezu allen Rechtsgebieten rechtlichen Veränderungen. Die relevanten Rechtsgebiete entwickeln sich mit unterschiedlichen Geschwindigkeiten. Gehört das Krankenversicherungsrecht zu einem sich in ständigem Wandel befindlichen Rechtsgebiet, sind die Strukturen etwa des Arzthaftungsrechts verhältnismäßig stabil. Aber auch dort ist mit dem Patientenrechtegesetz seit einiger Zeit eine teilweise neu gestaltete Rechtssituation entstanden. Was folgt also aus der Vielschichtigkeit und steten Rechtsentwicklung im juristischen Umfeld des Chefarztes für die Frage des kompetenten Umgangs mit den rechtlichen Herausforderungen der Chefarzttätigkeit?

Stets aktuelle und zutreffende Kenntnisse aus dem Bereich des Chefarztrechts und damit zumindest der typischen Rechtsfragen für die Chefarzttätigkeit wären ein Optimalfall. Nur eine begrenzte Anzahl von Chefärzten wird jedoch ein lebhaftes Interesse und die notwendige Zeit für die durchaus arbeitsintensive Beschäftigung mit rechtlichen Themen aufbringen. Das gilt umso mehr, wenn es sich um rechtliche Themenkreise handelt, die nur potenziell interessant sind, aktuell für den Chefarzt aber keine praktische Bedeutung haben. Vor diesem Hintergrund könnte ein Chefarzt bereits dann sehr viel erreichen, wenn er sich weniger um ein reines Wissen juristischer Fakten bemüht, es ihm aber gelingt, ein rechtliches Gespür und Verständnis für juristische Problemstellungen zu entwickeln sowie rechtliche Herausforderungen und Risiken als solche zu erkennen. Eine sowohl im medizinischen als auch juristischen Bereich wichtige berufliche Qualität kann es sein, zur richtigen Zeit die richtigen Fragen zu stellen. Dass ein juristischer Informations-, Klärungs- und eventuell auch Handlungsbedarf rechtzeitig erkannt wird, ist oft entscheidend und vergleichbar wichtig wie eine rechtzeitige medizinische Diagnose.

Ein juristisches Basiswissen ist hierbei unumgänglich. Der vorliegende Beitrag stellt deshalb eine Auswahl verschiedener, für die Chefarzttätigkeit relevanter Rechtsthemen dar. Er soll grundlegende rechtliche Informationen vermitteln. Es geht nicht um juristische Tiefenschärfe, sondern um ein von einem Chefarzt als Nichtjuristen zu erfassendes und in bestimmtem Umfang zu erinnerndes Maß an juristischen Informationen. Eine weiterführende Bearbeitung rechtlicher Probleme wird im konkreten Fall oft notwendig sein. Voraussetzung hierfür ist aber zunächst, dass man die rechtlichen Probleme als solche rechtzeitig erkennt. Hierfür können Bausteine eines juristischen Basiswissens sehr hilfreich sein.

22.2 Allgemeines Arztrecht

Unter dem Oberbegriff »allgemeines Arztrecht« lassen sich *berufsbezogene Rechtsnormen für die ärztliche Tätigkeit* zusammenfassen, die grundsätzlich bei jeder ärztlichen Tätigkeit zu beachten sind. Wie die Gesetzesbegründung zum Gendiagnostikgesetz (BT-Drs. 16/3233) zeigt, lässt sich das allgemeine Arztrecht in einer sehr weiten Definition als Bestand aller berufs- und tätigkeitsbezogenen Regelungen für Ärzte verstehen, die nicht in spezialgesetzlichen Regelungen geregelt worden sind. Das allgemeine Arztrecht lässt sich systematisch insbesondere von der *spezialgesetzlichen Regelung des (Vertrags-)Arztrechts* unterscheiden, das für die ärztlichen Leistungen im GKV-System gilt.

Kernbestandteil des allgemeinen Arztrechts ist das ärztliche Berufsrecht, das für jeden Arzt aufgrund seiner obligatorischen Mitgliedschaft in der örtlich zuständigen Ärztekammer rechtsverbindlich ist (z.B. § 2 Abs. 1 HeilberG NRW). Die folgende Auswahl von Rechtsthemen weist mit den Ausführungen zum Patientenrechtegesetz, der Delegation an (nicht)ärztliche Mitarbeiter, der medizinrechtlichen Compliance und ärztlichen Schweigepflicht zentrale Bezüge zum ärztlichen Berufsrecht auf. Nicht selten erstreckt sich eine rechtliche Thematik jedoch über mehrere Rechtsgebiete. Das gilt auch für die drei genannten Rechtsthemen, die neben dem ärztlichen Berufsrecht auch krankenversicherungsrechtliche, wettbewerbsrechtliche und strafrechtliche Bereiche tangieren. Das wird bereits im Rahmen des Patientenrechtegesetzes sehr deutlich, das – im Schwerpunkt – zivilrechtliche Regelungen trifft, gleichzeitig jedoch eine ganze Reihe weiterer Rechtsgebiete tangiert (z.B. das Krankenversicherungsrecht des SGB V). Im hier relevanten Zusammenhang mit dem allgemeinen Arztrecht konzentriert sich die Betrachtung des Patientenrechtegesetzes aber auf die gesetzlichen Regelungen zum Arzt-Patienten-Verhältnis.

22.2.1 Patientenrechtegesetz

Entstehung des Patientenrechtegesetzes

Das Patientenrechtegesetz heißt vollständig »Gesetz zur Verbesserung der Rechte von Patientinnen und Patienten« (PatRechteG), stammt vom 20.02.2013 und ist nach Veröffentlichung im Bundesgesetzblatt am 25.02.2013 (BGBl. I, 277) am Folgetag in Kraft getreten. Patientenrechte sind eine vergleichsweise populäre Rechtsmaterie. Es findet sich eine Vielzahl von Veröffentlichungen, die vielstimmig, oft interessengeleitet und noch öfter eine Momentaufnahme des jeweiligen Diskussionsstandes innerhalb und außerhalb des mit dem PatRechteG abgeschlossenen Gesetzgebungsverfahrens sind.

Das seit Februar 2015 vorliegende Patientenrechtegesetz ist das Ergebnis einer langfristigen rechtspolitischen Entwicklung. Die Anfänge der Diskussion um die Verschriftlichung und Zusammenfassung der zivilgerichtlichen Rechtsprechung, die mit einer Vielzahl von Einzelfallentscheidungen die Rechtsmaterie des Arzthaftungsrechts geprägt hat, reichen bis in die 70er-Jahre des letzten Jahrhunderts zurück. Die erste und zweite Charta »Patientenrechte in Deutschland heute« und das koalitionsvertragliche Vorhaben einer Kodifizierung der Patientenrechte im Jahr 2009 lenkte das Patientenrechtegesetz in gesetzgeberische Bahnen.

Überblick über die Inhalte des Patientenrechtegesetzes

Es bietet sich an, das Patientenrechtegesetz als gesetzliche Regelung des *Behandlungsverhältnisses zwischen Arzt und Patient* in Erinnerung zu behalten. Das ist der Schwerpunkt der gesetzlichen Regelung. Mit dem PatRechteG wurden aber auch wichtige Neuregelungen im Recht der gesetzlichen Krankenversicherung (SGB V) sowie Novellierungen der (zahn-) ärztlichen Zulassungsverordnungen, des Krankenhausfinanzierungsgesetzes, der Bundesärzteordnung und der Patientenbeteiligungsverordnung vorgenommen, die gleichermaßen auf der Linie der Stärkung der Patientenrechte liegen.

Gesetzgebungstechnik am Beispiel des Patientenrechtegesetzes

Die verschiedenen Bestandteile des PatRechteG machen eine *Gesetzgebungstechnik* deutlich, die in allen Rechtsbereichen anzutreffen ist und mit der ein Chefarzt folglich in unterschiedlichen Zusammenhängen in Kontakt kommen kann. Das PatRechteG ist ein Gesetz, das andere Gesetze ändert und ergänzt, welche die geltende Rechtslage dokumentieren. Die durch das PatRechteG normierten Rechte und Pflichten im Behandlungsverhältnis zwischen Arzt und Patient ergeben sich deshalb aus dem Bürgerlichen Gesetzbuch (BGB), dem das PatRechteG im Titel »Dienstvertrag und ähnliche Verträge« in einen neuen Untertitel »*Behandlungsvertrag*« (§§ 630a ff. BGB) hinzugefügt hat. Es handelt sich um speziellere Regelungen eines Dienstverhältnisses, dessen allgemeine zivilrechtliche Vorgaben sich aus §§ 611 ff. BGB ergeben (§ 630b BGB).

Während das PatRechteG vom 25.02.2013 so wie es im Bundesgesetzblatt veröffentlicht worden ist, dauerhaft unverändert bleiben wird, können die §§ 630a ff. BGB schon durch die nächste Gesetzesnovelle wieder geändert werden. Die geltende Rechtslage ist deshalb nicht dem PatRechteG, sondern der aktuellen Fassung jener Normen zu entnehmen, die mit dem PatRechteG geändert und ergänzt worden sind.

Wesentliche Inhalte des Patientenrechtegesetzes

Die Inhalte der §§ 630a ff. BGB lassen sich aufgrund des geringen Umfangs der Vorschriften schnell erfassen. Wie für Juristen bietet es sich auch für den Chefarzt generell an, die Rechtslage primär anhand des relevanten Gesetzestextes zu erfassen.

Die Eingangsvorschrift in § 630a BGB regelt die vertragstypischen Pflichten des Behandlungsvertrages und weist in ihrem zweiten Absatz auf den im ärztlichen Bereich geltenden Facharztstandard hin. Eine Abweichung hiervon ist auf der Grundlage einer Vereinbarung mit dem Patienten möglich. Gerade in diesen Fällen erlangen die mit dem Patientenrechtegesetz teilweise *erweiterten Informations-, Aufklärungs- und Mitteilungspflichten* in den §§ 630c, 630e, 630f BGB besondere Bedeutung.

Das gilt etwa für die Mitteilungspflicht des Arztes im Hinblick auf Umstände, die die Annahme eines Behandlungsfehlers begründen, falls der Arzt diesbezüglich vom Patienten gefragt wird oder dies zur Abwendung einer (weiteren) gesundheitlichen Gefahr des Patienten erforderlich ist (§ 630c Abs. 2 BGB). Zur wirtschaftlichen Aufklärung des Arztes enthält § 630c Abs. 3 BGB eine konkretisierende Regelung.

Die Aufklärung des Patienten wurde in § 630e Abs. 2 Nr. 1 BGB dahingehend erleichtert, dass die mündliche Aufklärung durch den behandelnden Arzt oder durch eine Person erfolgen kann, die über die zur Durchführung der Maßnahme notwendige Ausbildung verfügt. Der in § 630e Abs. 2 Nr. 1 BGB enthaltene Begriff »Ausbildung« hat den im Gesetzgebungsverfahren zunächst verwendeten Begriff »Befähigung« ersetzt, und damit stellt sich die Frage, ob jeder ausgebildete Mediziner aufklärungsberechtigt ist. Die hiermit verbundene Rechtsfrage ist im Hinblick auf die juristischen Herausforderungen der Chefarzttätigkeit ein Beispiel für die Grenzen des notwendigen juristischen Basiswissens. Nicht jede rechtliche Zweifelsfrage muss ein Chefarzt selbst klären können. Werden solche Fragen relevant, bietet sich der Rückgriff auf die internen Juristen des Krankenhausträgers oder ggf. auf externe Rechtsberatung an.

Wichtig für die medizinische Praxis ist der Umstand, dass *Aufklärungsformulare* verwendet werden können. Die Aufklärung hat jedoch stets mündlich zu erfolgen (§ 630e Abs. 2 Satz 1 Nr. 1 BGB). Aufklärungsformulare sind die Dokumentation der Aufklärung und Einwilligung des Patienten. Damit sind sie wichtige, im Streitfall zum Beweis geeignete Dokumente. So haben auch Patienten Anspruch auf Aushändigung von Abschriften der Unterlagen, die im Zusammenhang mit der Aufklärung oder Einwilligung unterzeichnet wurden (§ 630e Abs. 2 Satz 2 BGB). Ein vergleichbarer Anspruch des Patienten besteht nach § 630g BGB auf die Einsichtnahme bzw. Abschriften der Patientenakte, soweit medizinische Gründe oder Rechte Dritter nicht entgegenstehen. Nach § 630g Abs. 2 Satz 2 BGB besteht für den Behandelnden ein Anspruch auf Erstattung der mit der Einsichtnahme des Patienten verbundenen Kosten.

Fall aus der Praxis (Bundesgerichtshof, Urteil vom 20.01.2015, Az. VI ZR 137/14)

Aus dem Sachverhalt Ein Patient verlangte Auskunft über die Privatanschrift eines bei der Klinik beschäftigten Arztes, um diesem eine Schadenersatzklage zustellen zu können.

Aus den Gründen Der Grundsatz von Treu und Glauben (§ 242 BGB) kann eine Auskunftspflicht begründen. Es dürfen nur solche Angaben verlangt werden, die für die Geltendmachung des Hauptanspruchs tatsächlich benötigt werden. Im Streitfall ist die begehrte Auskunft zur Verfolgung von Ansprüchen aus der ärztlichen Behandlung aber nicht erforderlich. Zwar hat der Patient gegenüber Arzt und Krankenhaus grundsätzlich auch außerhalb eines Rechtsstreits Anspruch auf Einsicht in die ihn betreffenden Krankenunterlagen, soweit sie Aufzeichnungen über objektive physische Befunde und Berichte über Behandlungsmaßnahmen (Medikation, Operation etc.) betreffen. Dieser Anspruch ergibt sich aus dem durch grundrechtliche Wertungen geprägten Selbstbestimmungsrecht und der personalen Würde des Patienten, die es verbieten, ihm im Rahmen der Behandlung die Rolle eines bloßen Objekts zuzuweisen. Der Bundesgerichtshof hat es auch für rechtlich bedenklich gehalten, dass einem Patienten nicht mitgeteilt worden ist, wer sein Operateur war und sich der betreffende Arzt weder vor noch nach der Operation mit dem Patienten in Verbindung gesetzt hat. Eine solche Auskunft steht dem Patienten zu. Die Klinik ist deshalb grundsätzlich gehalten, dem Patienten den Namen des ihn behandelnden Arztes mitzuteilen.

Darum geht es im Streitfall jedoch nicht. Der vom Patienten geltend gemachte Anspruch richtet sich nicht auf die Einsicht in seine Behandlungsunterlagen. Auch hat die Klinik dem Kläger die Namen der ihn behandelnden Ärzte bereits mitgeteilt. Die darüber hinaus verlangte Mitteilung der Privatadresse des Arztes ist für den Kläger zur Verfolgung seiner Ansprüche im konkreten Fall nicht erforderlich, da auch eine Zustellung der Klage an die Arbeitsadresse möglich ist.

Empfehlung an den Chefarzt

Das Hauptaugenmerk des Patientenrechtegesetzes liegt auf der Verbesserung der Transparenz der geltenden Rechtslage. Die Möglichkeit, sich die §§ 630a ff. BGB mit ihrer überschaubaren Anzahl rechtlicher Regelungen anzusehen, sollten nicht nur Patienten, sondern auch Ärzte nutzen. Die Vorschriften enthalten neben allgemeinen rechtlichen Vorgaben auch eine Reihe ausdrücklicher Vorgaben für die ärztliche Praxis.

22.2.2 Delegation ärztlicher Aufgaben an (nicht)ärztliche Mitarbeiter

Die ärztliche Behandlung erfolgt in der Regel arbeitsteilig. Für die vom Chefarzt zu verantwortende stationäre Krankenhausbehandlung gilt das in praktisch allen Behandlungsfällen. In diesen Behandlungsfällen findet eine Delegation einzelner Behandlungsaufgaben sowohl auf vertikaler als auch auf horizontaler Ebene statt. Von einer *vertikalen Arbeitsteilung* spricht man bei der Einbeziehung nichtärztlicher Mitarbeiter in den Behandlungsablauf, die unter Aufsicht und Verantwortung des behandelnden Arztes stattfindet. Bei einer *horizontalen Arbeitsteilung* erfolgt die Einbeziehung ärztlicher Kollegen in den Behandlungskontext. Die Einbeziehung ärztlicher Kollegen ist durch den Vertrauensgrundsatz geprägt, also dem Vertrauen, dass die ärztlichen Kollegen eine dem Facharztstandard ihres Fachgebiets entsprechende ärztliche Behandlung durchführen.

Delegation an nichtärztliche Mitarbeiter

Die Frage der Zulässigkeit der Delegation einer ärztlichen Leistung an einen nichtärztlichen Mitarbeiter wird auf gesetzlicher Grundlage nur in einzelnen Rechtsgebieten ausdrücklich beantwortet. Der Gesetzgeber hat sog. »echte« Arztvorbehalte in § 7 Abs. 2 Transfusionsgesetz, § 13 Abs. 1 Betäubungsmittelgesetz, §§ 48, 49 Arzneimittelgesetz abgeordnet.

In allen anderen Fällen geht es um die Reichweite des Approbationsvorbehalts (§ 2 Abs. 1 BÄO, § 1 Heilpraktikergesetz) und die einzelfall- oder fallgruppenbezogene Bewertung, welche ärztlichen Tätigkeiten von approbierten Ärzten persönlich durchgeführt werden müssen (Kernbereichstätigkeiten). Soweit keine ärztlichen Kernbereichstätigkeiten vorliegen, geht es um die weitere Frage, unter welchen Voraussetzungen eine Delegation stattfinden kann.

Die Entscheidung dieser Fragen kann nur das Ergebnis einer medizinisch-fachlichen Bewertung sein. Im Rahmen dieser Bewertung sind objektive und subjektive, persönliche und pflegerische Qualifikationen, organisatorische Vorsichtsmaßnahmen und Aspekte der Überwachung zu berücksichtigen. Man kann es also auch als ärztliche Kernbereichstätigkeit ansehen, darüber fachkundig zu entscheiden, ob im konkreten Behandlungsfall eine Delegation ärztlicher Tätigkeiten in Betracht kommt. Allgemeine, grundlegende Informationen lassen sich etwa der Stellungnahme der BÄK und KBV vom 29.08.2008 zur Delegationsfähigkeit ärztlicher Leistungen entnehmen (Möglichkeiten und Grenzen der Delegation ärztlicher Leistungen, DÄBl. 2008, A 2173).

Unter dem Aspekt der Wirtschaftlichkeit der GKV-Versorgung ist die Delegation auf nichtärztliche Mitarbeiter in den letzten Jahren aus der ärztlichen Sphäre merklich in den Bereich der gesetzlichen Krankenversicherung gerückt. Nach § 28 Abs. 1 Satz 2 SGB V wird auf Verbandsebene zwischen der KBV und dem GKV-SV festgelegt, welche Leistungen nichtärztliche Mitarbeiter grundsätzlich nach ihrem Ausbildungsprofil erbringen können und welche konkreten Qualifikationsvoraussetzungen hierfür erfüllt werden müssen. Die Anforderungen für die Delegation ärztlicher Leistungen an nichtärztliche Mitarbeiter sind in Anlage 24 BMV-Ä geregelt. Die dort enthaltenen Beschreibungen sind nicht abschließend, sondern sollen als beispielhafte Aufzählung dienen.

Delegation an nachgeordnete Ärzte

Die Delegation von Behandlungsaufgaben an nachgeordnete ärztliche Mitarbeiter ist mit Blick auf die eingangs genannten Varianten der Delegation eine aus juristischer Sicht differenziert zu betrachtende Mischform. Die Anforderungen und Charakteristika der vertikalen und horizontalen Arbeitsteilung ändern sich je nach Ausgestaltung des Behandlungsverhältnisses.

Im Rahmen von Behandlungsverträgen (§§ 630a ff. BGB) verbleibt die Verantwortung für die Behandlung wie bei der vertikalen Arbeitsteilung bei dem delegierenden Arzt, der nach § 278 Satz 1 BGB das Verschulden der von ihm in die Behandlung einbezogenen sog. Erfüllungsgehilfen wie eigenes Verschulden zu vertreten hat. Ob der delegierende Chefarzt Vertragspartner des Behandlungsvertrages ist, hängt von den Rahmenbedingungen der jeweiligen Behandlung ab (stationär, ambulant, Krankenhausaufnahmevertrag mit/ohne Wahlleistungsvereinbarung). Aber auch außerhalb von Behandlungsverträgen sind *Organisations-, Auswahl- und Überwachungspflichten* zu beachten. Werden diese Pflichten erfüllt, greift der Grundsatz, dass der delegierende Arzt auf die dem Facharztstandard entsprechende Durchführung der Behandlung seines Kollegen vertrauen durfte. Dann greift der allgemeine Grundsatz, dass der behandelnde Arzt die Behandlung nach dem Facharztstandard sicherstellen muss (▶ auch Kap. 21, S. 294; Exkurs).

Fall aus der Praxis (Bundesgerichtshof, Urteil vom 07.11.2006, Az. VI ZR 206/05)

Aus dem Sachverhalt Die Patientin nimmt einen Chefarzt auf Schadensersatz in Anspruch. Sie hatte vor ihrer Operation zwei Aufklärungsgespräche mit einem nachgeordneten Arzt geführt. Streitig ist, ob dabei eine ordnungsgemäße Risikoaufklärung erfolgte.

Aus den Gründen Ein Arzt haftet grundsätzlich für alle den Gesundheitszustand des Patienten betreffenden nachteiligen Folgen, wenn der ärztliche Eingriff nicht durch eine wirksame Einwilligung des Patienten gedeckt ist. Indessen setzt eine wirksame Einwilligung des Patienten dessen ordnungsgemäße Aufklärung voraus. Wenn der behandelnde Arzt entschuldbar eine wirksame Einwilligung des Patienten angenommen hat, kann zwar seine Haftung für nachteilige Folgen der Behandlung nicht wegen fehlender Rechtswidrigkeit seines Verhaltens, möglicherweise aber mangels Verschuldens entfallen. Voraussetzung dafür ist, dass der Irrtum des Behandlers nicht auf Fahrlässigkeit (§ 276 Abs. 2 BGB) beruht. Diese wird bei einer Übertragung der Aufklärung auf einen anderen Arzt nur dann zu verneinen sein, wenn der nicht selbst aufklärende Arzt durch geeignete organisatorische Maßnahmen und Kontrollen sichergestellt hat, dass eine ordnungsgemäße Aufklärung durch den damit betrauten Arzt gewährleistet ist.

An die Kontrollpflicht des behandelnden Arztes, der einem anderen Arzt die Aufklärung überträgt, sind strenge Anforderungen zu stellen. Dies muss erst recht gelten, wenn der Operateur als Chefarzt Vorgesetzter des aufklärenden Arztes und diesem gegenüber überwachungspflichtig und weisungsberechtigt ist. Zu den Pflichten eines Chefarztes gehört es nämlich, für eine ordnungsgemäße Aufklärung der Patienten seiner Klinik zu sorgen

Empfehlung an den Chefarzt

Der Beispielsfall illustriert die organisatorische Verantwortung des Chefarztes, dessen Entscheidungen zu Auswahl, Einsatz und Überwachung nichtärztlicher Mitarbeiter nicht nur in der Sache richtig, sondern ggf. auch nachweisbar richtig gewesen sein müssen. Eine Objektivierung und Begründung von Delegationsentscheidungen anhand der genannten normativen Vorgaben und der von BÄK, KBV und den Fachgesellschaften veröffentlichten Leitlinien ist spätestens im juristischen Streitfall sehr hilfreich (▶ Kap. 21, S. 294).

22.2.3 Medizinrechtliche Compliance in Kooperationen

Der Begriff der »Compliance« bezieht sich im medizinischen Kontext auf die Therapietreue des Patienten. Im betriebswirtschaftlich-rechtlichen Sinne geht es der Compliance generell um die Regeltreue, also die Einhaltung aller gesetzlichen und außergesetzlichen Regelwerke. An den Arzt werden in verschiedenen Rechtsgebieten Verhaltensanforderungen gerichtet. Sie lassen sich unter den Oberbegriff der medizinrechtlichen Compliance fassen. Im Mittelpunkt der Normen steht das Ziel, die ärztliche Behandlung im Interesse der Patienten allein an medizinischen Erfordernissen auszurichten und von wirtschaftlichen Interessen des Arztes oder Dritter freizuhalten (▶ auch Kap. 20).

Kooperationen im Gesundheitswesen

Der auf Basis von Kooperationen zwischen Arzt und Industrie stattfindende Wissens- und Leistungstransfer bietet für das Gesundheitswesen unverzichtbare Vorteile. Das GKV-System sieht Kooperationen als Schlüssel für die Entwicklung moderner, wirtschaftlicher Versorgungsformen (besondere Versorgungsformen, § 140a SGB V). Eine effektive Weiterentwicklung des medizinischen Wissens ist ohne Kooperationen zwischen Arzt und Industrie (z.B. im Rahmen klinischer Prüfungen) nicht vorstellbar.

Kooperationen im Gesundheitswesen sind deshalb notwendig und erwünscht (BÄK, DÄBl. 2004, A 297). Es gilt jedoch die rechtlichen Rahmenbedingungen einzuhalten, die unzulässige Kooperationsinhalte unterbinden sollen. Die Abgrenzung zulässiger und unzulässiger Kooperationsinhalte ist allerdings nur in eindeutigen Fällen einfach, denn Kooperationen bilden sehr vielschichtige Sachverhalte ab und können gleichzeitig unterschiedliche Ziele verfolgen, die unmittelbar oder mittelbar, durch einzelne Absprachen oder im Zusammenwirken mehrerer Absprachen erreicht werden sollen. Die Problematik macht das »Gesetz zur Bekämpfung von Korruption im Gesundheitswesen« (Korruptionsbekämpfungsgesetz) deutlich, das sich momentan im Gesetzgebungsverfahren befindet.

Kooperationen aus berufsrechtlicher Perspektive

Das Berufsrecht des Chefarztes ergibt sich aus landesrechtlichen Normen in Verbindung mit den Regelungen der Ärztekammer, dessen Mitglied der Chefarzt ist. Im Vordergrund stehen die Berufsordnungen der Ärztekammern. Diese orientieren sich weitgehend an den Inhalten der von der Bundesärztekammer beschlossenen »(Muster-)Berufsordnung für die in Deutschland tätigen Ärztinnen und Ärzte (MBO-Ä)«, deren Vorschriften teilweise durch Kommentierungen der Bundesärztekammer erläutert werden.

Eine Regelung zu Kooperationen enthält § 33 Abs. 1 MBO-Ä. Eine Kommentierung der ersten Fassung der Vorschrift vom 12.08.2003 findet sich im Deutschen Ärzteblatt vom 30.01.2004 (Seite A 297 f.). Hinweise auf den Hintergrund der später in die MBO-Ä eingefügten Änderungen lassen sich den Erläuterungen im Anhang der MBO-Ä entnehmen.

§ 33 MBO-Ä etabliert für Kooperationen zwischen Arzt und Industrie den *Grundsatz eines angemessenen Leistungs-Gegenleistungs-Verhältnisses (Äquivalenz)*. Die ärztlichen Leistungen müssen den finanziellen Gegenleistungen der Industrie- bzw. Leistungserbringerseite entsprechen. Hierbei sind etwa Schwierigkeitsgrad, Zeitaufwand, Kompetenz auf der ärztlichen Seite ebenso zu berücksichtigen wie die Verwendbarkeit und tatsächliche Verwendung der ärztlichen Leistungen auf der Industrieseite. Gleichzeitig dient eine verpflichtende Schriftformerfordernis der Transparenz der Rechtsbeziehung. Die Verträge über die Zusammenarbeit sollen der Ärztekammer vorgelegt werden. Eine Vorlage- bzw. Publikationspflicht kann sich aus anderen Rechtsgrundlagen ergeben (§ 67 Abs. 6 Satz 4 AMG für AWB).

Diese berufsrechtlichen Beschränkungen werden in vergleichbarer Weise in den Industrie-Kodizes (z.B. ▶ www.fsa-pharma.de) abgebildet. Diese enthalten öffentlich verfügbar wesentlich detailliertere Vorgaben und zudem eine fallbezogene Entscheidungspraxis, die dem Chefarzt jedenfalls dann Anhaltspunkte für eine vertiefte berufsrechtliche Angemessenheitsprüfung bieten können, wenn in seinem Ärztekammerbezirk über die Berufsordnung hinaus keine praxisbezogenen Erläuterungen vorhanden sind.

Berufsrechtlich wird der rechtliche Rahmen von Kooperationen darüber hinaus durch eine Reihe von Verboten abgesteckt. § 31 Abs. 1 MBO-Ä verbietet den sog. »Verordnungskauf« und soll die persönliche Unabhängigkeit des Arztes von Dritten gewährleisten. Nicht jedes Entgelt im Zusammenhang mit ärztlichen Zuweisungen oder Verordnungen ist eine unerlaubte Zuweisung im Sinne dieser Vorschrift. Ein Beispiel für zulässige Entgelte sind Honorare für die Durchführung klinischer Arzneimittelprüfungen i. S. d. §§ 40 ff. AMG. Studienhonorare haben notwendig einen Umsatzbezug, weil die wesentliche Leistung des Arztes die im Studienplan vorgeschriebene Patientendokumentation ist und diese eine vorhergehende Behandlung mit dem Prüfpräparat voraussetzt. Forschungskooperationen sind also zulässig, sofern die gesetzlichen Voraussetzungen eingehalten werden und die Vergütung des Arztes eine angemessene Höhe nicht überschreitet. Im Bereich der AWBs hat der Gesetzgeber zur Sicherstellung der Einhaltung dieser Vorgaben Sonderregelungen in §§ 106 Abs. 2 Satz 10 SGB V, 67 Abs. 6 AMG geschaffen. In diesen Vorschriften ist neben der Transparenz also eine besondere Berücksichtigung der AWBs im Rahmen der Wirtschaftlichkeitsprüfung vorgesehen.

Nach § 31 Abs. 2 MBO-Ä dürfen Ärzte Patienten nicht ohne hinreichenden Grund an bestimmte Anbieter gesundheitlicher Leistungen verweisen. § 31 Abs. 1 Satz 5 SGB V hat das Leistungserbringerwahlrecht des Patienten für die Apotheken explizit gesetzlich festgeschrieben. Nach Auffassung des BGH liegt eine unzulässige »Verweisung« schon in der bloßen Empfehlung für bestimmte Leistungserbringer, die der Arzt ungefragt erteilt (BGH, U. v. 13.01.2011, Az. I ZR 111/08). Eine solche Empfehlung ist aber zulässig, wenn ein hinreichender Grund hierfür besteht. Qualitätsgründe können einen solchen Grund darstellen, aber nur dann, wenn der Anbieter gerade aufgrund der speziellen Bedürfnisse des einzelnen Patienten für diesen besondere Vorteile der Versorgungsqualität bietet. Eine allgemein höhere fachliche Kompetenz eines Anbieters genügt also nicht.

§ 32 MBO-Ä untersagt unerlaubte Zuwendungen, wenn hierdurch der Eindruck erweckt wird, dass die Unabhängigkeit der ärztlichen Entscheidung beeinflusst wird. Aus dem Bereich der unerlaubten Zuwendung werden in § 32 MBO-Ä verschiedene Zuwendungstatbestände herausgelöst (Zuwendungen sozialgerichtlicher Grundlage; angemessene fortbildungsbezogene Zuwendungen). Die an dieser Stelle berufsrechtlich von einer sehr weit gefassten Norm untersagten Zuwendungen werden etwas detaillierter auch im Rahmen der GKV erfasst (§ 128 SGB V).

Kooperationen aus GKV-Perspektive

Das SGB V öffnet den Weg zu Kooperationen unter Beteiligung von Arzt und Industrie (Selektivverträge, § 140a SGB V; Beitritt zu Rabattverträgen, § 130a Abs. 8 i. V. m. § 106 SGB V) und beschreibt unzulässige Kooperationsformen und -inhalte (§ 73 Abs. 7 SGB V, Verbot der Zuweisung gegen Entgelt; § 128 SGB V, unzulässige Zusammenarbeit; § 305a SGB V, unzulässige Weitergabe von Verordnungsdaten).

Der § 128 SGB V weist enge Bezüge zu den oben im Überblick dargestellten berufsrechtlichen Regelungen auf. Der Gesetzgeber sah die berufsrechtlichen Regelungen und die Verhaltenssteuerung über die Drohung einer berufsgerichtlichen Sanktionierung aufgrund des als defizitär empfundenen Verfolgungsdrucks als unzulänglich an.

Aus dem mit dem GKV-OrgWG vom 15.12.2008 in das Krankenversicherungsrecht eingefügten § 128 SGB V und durch die 15. AMG-Novelle vom 17.07.2009 auf die Arzneimittelversorgung ausgeweiteten § 128 SGB V ergibt sich für den ambulanten Bereich vor allem ein Zuwendungsverbot, das neben Vertragsärzten auch für Ärzte in Krankenhäusern (z.B. ermächtigte Ärzte) gilt. Die Verordnung von Arznei-, Hilfs- und Heilmitteln soll grundsätzlich unbeeinflusst von finanziellen Interessen erfolgen (BT-Drs. 16/10609, S. 73). Undurchsichtige und missbrauchsanfällige Vergütungsbeziehungen zwischen Leistungserbringern und Vertragsärzten sollen verhindert werden (BT-Drs. 16/13428, S. 139). Die Vorschrift enthält einen weit gefassten Zuwendungsbegriff, der unter anderem auch die unentgeltliche oder verbilligte Überlassung von Geräten und Materialien und Durchführung von Schulungsmaßnahmen, die Gestellung von Räumlichkeiten oder Personal oder die Beteiligung an den Kosten hierfür erfasst.

Kooperationen aus strafrechtlicher Perspektive

Der BGH hat bereits im Jahr 2004 im Fall eines Vertragsarztes, der in einer sog. Kick-back-Konstellation unter Verstoß gegen das Wirtschaftlichkeitsprinzip Hilfs- und Arzneimittel verordnete und sich dadurch Vorteile verschaffte, auf die Strafbarkeit nach § 266 StGB für eine strafbare Untreue hingewiesen (BGH, B. v. 27.04.2004, Az. 1 StR 165/03). Ausgangspunkt der aktuellen Rechtsentwicklungen zu einem Korruptionsbekämpfungsgesetz waren dann später Verurteilungen des Landgerichts Hamburg für eine Bestechung und Bestechlichkeit im geschäftlichen Verkehr nach § 299 StGB, weil Rückvergütungen in Form einer Prämie in Höhe von 5% für die im jeweiligen Quartal verordneten Arzneimittel gezahlt wurden (LG Hamburg, U. v. 09.12.2010, Az. 618 KLs 10/09). Das bis zum großen Senat für Strafsachen des BGH (§ 132 GVG, besetzt mit dem Präsidenten und je zwei Mitgliedern der Strafsenate des BGH) gelangte Verfahren (B. v. 29.03.2012, Az. GSSt 2/11, siehe unten der praktische Fall) führte jedoch zu einer Aufhebung der Verurteilung nach § 299 StGB mit der rechtspolitischen Folge, die Korruptionstatbestände des StGB für Angehörige der Heilberufsgruppen gesetzlich neu zu regeln. Das ist Gegenstand des Korruptionsbekämpfungsgesetzes, das sich aktuell im Gesetzgebungsverfahren befindet.

Korruptionsbekämpfungsgesetz[1]

Der derzeitige Entwurf der Bundesregierung in der Fassung der BR-Drs. 360/15 sieht u.a. die Einfügung der neuen §§ 299a, 299b StGB vor. § 299a StGB-E (Bestechlichkeit im Gesundheitswesen) lautet in seiner Entwurfsfassung:

(1) Wer als Angehöriger eines Heilberufs, der für die Berufsausübung oder die Führung der Berufsbezeichnung eine staatlich geregelte Ausbildung erfordert, im Zusammenhang mit der Ausübung seines Berufs einen Vorteil für sich oder einen Dritten als Gegenleistung dafür fordert, sich versprechen lässt oder annimmt, dass er bei der Verordnung oder der Abgabe von Arznei-, Heil- oder Hilfsmitteln oder von Medizinprodukten oder bei der Zuführung von Patienten oder Untersuchungsmaterial
1. einen anderen im inländischen oder ausländischen Wettbewerb in unlauterer Weise bevorzuge oder
2. seine berufsrechtliche Pflicht zur Wahrung der heilberuflichen Unabhängigkeit verletze,

wird mit Freiheitsstrafe bis zu drei Jahren oder mit Geldstrafe bestraft.

---

1 Seit Juni 2016 in Kraft

(2) Ebenso wird bestraft, wer als Angehöriger eines Heilberufs im Sinne des Absatzes 1 einen Vorteil dafür fordert, sich versprechen lässt oder annimmt, dass er bei dem Bezug von Arznei-, Heil- oder Hilfsmitteln oder Medizinprodukten, die zur Abgabe an den Patienten bestimmt sind, seine berufsrechtliche Pflicht zur Wahrung der heilberuflichen Unabhängigkeit verletze.

§ 299b StGB-E bestraft die Geberseite komplementär zu der nach § 299a StGB-E strafbaren Nehmerseite. § 299a Abs. 1 StGB-E bestraft die Vorteilsnahme im Zusammenhang mit der Verordnung und Abgabe von Arznei-, Heil-, Hilfsmitteln und Medizinprodukten oder die Zuführung von Patienten oder Untersuchungsmaterial. Absatz 2 betrifft hingegen die Vorteilsnahme (nur) beim Bezug von Arznei-, Heil-, Hilfsmitteln und Medizinprodukten. Somit unterliegt die Vorteilsgewährung im Zusammenhang mit der Verordnung von Arzneimitteln anderen Regelungen als beim Bezug von Arzneimitteln.

Bestraft wird nach der neuen Regelung nicht allein die Annahme eines Vorteils, sondern – vereinfacht gesagt – die Annahme eines Vorteils als Gegenleistung dafür, dass der Arzt einen Anderen bei der Verordnung oder Abgabe von Arzneimitteln (oder anderen Produkten) bevorzugt und diese Bevorzugung entweder unlauter erfolgt oder die berufsrechtliche Pflicht zur Wahrung der heilberuflichen Unabhängigkeit verletzt.

Täter des § 299a StGB-E können nur Angehörige eines Heilberufs sein, der für die Berufsausübung oder die Führung der Berufsbezeichnung eine staatlich geregelte Ausbildung erfordert. Dazu gehören insbesondere die Angehörigen akademischer Heilberufe, wie Ärzte und Apotheker. Voraussetzung für den Tatbestand ist weiterhin das Versprechen, die Forderung oder die Annahme eines Vorteils. Nach der Begründung des Gesetzentwurfes unterfallen dem Tatbestand sämtliche Vorteile, unabhängig davon, ob es sich um materielle oder immaterielle Zuwendungen handelt und ob es sich um einen Vorteil für den Täter oder einen Dritten handelt. Der *Vorteilsbegriff* deckt jede Zuwendung ab, auf die der Täter keinen Rechtsanspruch hat und die seine wirtschaftliche, rechtliche oder persönliche Lage objektiv verbessert (BGH, U. v. 11.04.2001, Az. 3 StR 503/00).

Als strafrechtlich relevante Vorteile nennt der Gesetzentwurf ausdrücklich die Einladung von Ärzten zu Kongressen und die Übernahme der Kosten von Fortbildungsveranstaltungen. Dieser Umstand verdeutlicht mit Blick auf die obigen Ausführungen zur berufsrechtlichen Compliance, wo gerade solche Vorteile – unter bestimmten Voraussetzungen – als berufsrechtlich legitimierte Zuwendungen genannt worden sind (§ 31 Abs. 2 MBO-Ä), dass das Vorliegen eines Vorteils zwar eine Voraussetzung der Strafbarkeit nach § 299a StGB-E ist, aber sich erst bei Hinzutreten weiterer Tatbestandsmerkmale ein strafrechtliches Unwerturteil ergeben kann. Gleiches gilt für den Abschluss eines Vertrages mit angemessener Leistung und Gegenleistung. Der Vorteil liegt hier in dem Vertragsabschluss und der Verdienstmöglichkeit, obwohl der Arzt dafür eine angemessene Gegenleistung zu erbringen hat. Daher sind auch Verträge zur Teilnahme an klinischen Studien oder Anwendungsbeobachtungen (AWB) tatbestandsmäßige Vorteile.

Tathandlung ist auf der Nehmerseite nicht nur die Annahme, sondern auch die Forderung oder das Sich-versprechen-Lassen des Vorteils. Dieser tatsächliche Vorgang erfüllt den Straftatbestand des § 299a StGB-E jedoch nur dann, wenn ein unzulässiger Zusammenhang (Unrechtsvereinbarung) zwischen der Vorteilsgewährung und der Verordnung von Arzneimitteln usw. besteht.

Der Arzt muss den Vorteil als Gegenleistung für eine zumindest beabsichtigte unlautere Bevorzugung im Wettbewerb oder für einen ebenfalls zumindest beabsichtigten Verstoß gegen seine berufsrechtliche Pflicht zur Wahrung seiner heilberuflichen Unabhängigkeit annehmen. Die inhaltliche Verknüpfung von Vorteil und Gegenleistung wird als »Unrechtsvereinbarung« bezeichnet. Sie ist das Kernelement des Strafrechtstatbestandes, das äußerlich durchaus vergleichbare Vorgänge als strafwürdig oder nicht strafwürdig kennzeichnet.

Damit kommt der *Unrechtsvereinbarung* eine erhebliche Bedeutung bei der Frage zu, ob sich eine Strafbarkeit aus dem Korruptionsbekämpfungsgesetz ergibt. Wann die Schwelle zu einer strafrechtlich relevanten Unrechtsvereinbarung überschritten wird, ist jedoch nicht in allen Fällen eindeutig zu bestimmen. Das wird besonders deutlich im Zusammenhang mit sozialrechtlich ermöglichten oder gar erwünschten Kooperationen. In den Gesetzesmaterialien zum Korruptionsbekämpfungsgesetz wird versucht, eine Grenze zwischen erlaubten und unerlaubten Praktiken im Rahmen von Kooperationen zu ziehen. Deshalb heißt es in den Materialien, dass die berufliche Zusammenarbeit gesundheitspolitisch grundsätzlich gewollt sei und auch im Interesse des Patienten liege (BR-Drs. 360/15, S. 15). Ohne Hinzutreten weiterer Umstände könne die Honorierung heilberuflicher Leistungen im Rahmen zulässiger beruflicher Zusammenarbeit grundsätzlich nicht den Verdacht begründen, dass die Einräumung der zugrunde liegenden Verdienstmöglichkeiten als Gegenleistung für die Zuweisung des Patienten erfolgen solle und eine Unrechtsvereinbarung vorliege. Ebenso wenig könne ohne das Hinzutreten weiterer Umstände aus dem Vorliegen von auf wechselseitigen Zuweisungen auf ein konkludent verabredetes Gegenleistungsverhältnis zwischen den Zuweisungen und damit auch von Unrechtsvereinbarungen geschlossen werden (BR-Drs. 360/15, S. 15 f.).

Im Umkehrschluss folgt daraus, dass bei Hinzutreten weiterer Umstände durchaus auf eine Unrechtsvereinbarung geschlossen werden kann, und die Gesetzesmaterialien lassen offen, wann entsprechende Umstände vorliegen und wann nicht. So können Vergütungsabsprachen im Rahmen von Kooperationen eine Steuerungswirkung haben, bestimmte Leistungen zu erbringen oder zu unterlassen. Weil bestimmte Leistungen häufig mit bestimmten Produkten vergesellschaftet sind, stellt sich die Frage, ob dies bereits »weitere Umstände« darstellen, die zu Strafbarkeitsrisiken führen. Solche Konstellationen sind leicht vorstellbar und auch in der Praxis häufig, so z.B. wenn im Rahmen von integrierten Versorgungsverträgen die Verwendung bestimmter Produkte durch Rabattverträge mit den Krankenkassen unterstützt werden und die beteiligten Leistungserbringer einen Teil des Rabattes erhalten. Auch bei sonstigen Bonusabsprachen ist dies ohne weiteres denkbar.

Auswirkungen des Korruptionsbekämpfungsgesetzes für Krankenhausärzte

Rechtspolitischer Anlass für die Einführung der §§ 299a, 299b StGB-E war die Schließung einer Strafbarkeitslücke bei niedergelassenen Ärzten, die infolge des Beschlusses des Großen Senats für Strafsachen vom 29.03.2012 (Az. GSSt 2/11) sichtbar wurde (praktischer Fall, siehe unten). Das Korruptionsbekämpfungsgesetz erfasst aber bei weitem nicht nur niedergelassene Ärzte, sondern alle Ärzte und darüber hinaus alle in den Anwendungsbereich einbezogenen Heilberufsgruppen. Ob für Krankenhausärzte ein vergleichbarer rechtspolitischer Regelungsbedarf bestand, ist zweifelhaft, weil korruptive Praktiken anders als bei niedergelassenen Ärzten durch die §§ 331 ff. StGB bestraft werden können. Die Krankenhausärzte, die bei kirchlichen Krankenhausträgern und bei Privatkliniken beschäftigt waren, unterfielen zwar nicht den §§ 331 ff. StGB, aber immerhin § 299 StGB, dem der neue § 299a StGB in weiten Teilen nachgebildet ist.

Allerdings kann man verschiedene Ausführungen zur freien Gestaltung des Arzt-Patienten-Verhältnisses im Beschluss des Großen Senates für Strafsachen vom 29.03.2012 (Az. GSSt 2/11) durchaus auf Krankenhausärzte übertragen. Das gilt gerade für Chefärzte, deren Chefarztdienstvertrag ihnen in medizinischen Belangen ausdrücklich die alleinige Verantwortung für therapeutische Entscheidungen überträgt. Daher bestehen im therapeutischen Bereich ebenso wie bei den niedergelassenen Ärzten berechtigte Zweifel, ob die Straftaten im Amt nach §§ 331 ff. StGB Anwendung finden.

Praktische Bedeutung erlangt diese Rechtsfrage zwar nicht im Hinblick auf die Strafbarkeit korruptiver Praktiken an sich, denn wie festgestellt finden die neuen §§ 299a, 299b StGB-E auch auf Krankenhausärzte Anwendung. Diese Tatbestände unterscheiden sich aber in einem Punkt ganz wesentlich von den §§ 331 ff. StGB. Im Rahmen der Vorteilsnahme nach § 331 StGB konnte nämlich die Annahme eines Vorteils durch eine *Dienstherrengenehmigung* nach § 331 Abs. 3 StGB gerechtfertigt werden. Eine solche Dienstherrengenehmigung sieht § 299a StGB-E schon deshalb nicht vor, weil die Norm andere Schutzziele verfolgt. Weder den unlauteren Wettbewerb noch Berufsrechtsverstöße im Sinne des § 299a StGB-E kann ein Klinikträger als Behörde im Sinne des § 331 Abs. 3 StGB »im Rahmen ihrer Befugnisse« genehmigen. Dennoch wird einer Dienstherrengenehmigung zumindest unter dem Verschuldensaspekt eine entlastende Funktion zukommen müssen, wenn man berücksichtigt, dass der BGH in einem Urteil vom 23.05.2002 (Az. 1 StR 372/01) dem Dienstherren aus »fürsorglichen, aber auch aus aufsichtsrechtlichen Erwägungen« eine Beratungspflicht auferlegt, die sich jedenfalls auf solche Rechtsfragen erstrecken sollte, die so eng im Zusammenhang mit einer Genehmigung nach § 331 Abs. 3 StGB stehen wie die Strafbarkeit aus § 299a StGB-E, also einem mit dem genehmigungspflichtigen Vorgang gleichermaßen verbundenen, weiteren Korruptionstatbestand.

Fall aus der Praxis (Bundesgerichtshof, Beschluss vom 29.03.2012, Az. GSSt 2/11)

Aus dem Sachverhalt Eine Pharmareferentin wurde erstinstanzlich nach § 299 StGB wegen Bestechung im geschäftlichen Verkehr verurteilt. Unter der Bezeichnung »Verordnungsmanagement« hatte das Pharmaunternehmen ein Prämiensystem etabliert. Der verschreibende Arzt erhielt 5% der Herstellerabgabepreise als Prämie, wenn er Arzneimittel des Unternehmens verordnete. Die Zahlungen wurden als Honorar für fiktive wissenschaftliche Vorträge ausgewiesen.

Auf die Revision der Pharmareferentin zum Bundesgerichtshof wurde dem Großen Senat für Strafsachen die Frage vorgelegt, ob ein niedergelassener, für die vertragsärztliche Versorgung zugelassener Arzt Amtsträger im Sinne der Straftaten im Amt (§§ 331 ff. StGB) ist und für den Fall der Verneinung dieser Frage, ob ein solcher Arzt in diesen Fällen Beauftragter eines geschäftlichen Betriebs im geschäftlichen Verkehr im Sinne des § 299 StGB ist.

Aus den Gründen Der niedergelassene, für die vertragsärztliche Versorgung zugelassene Arzt handelt bei der Verordnung von Arzneimitteln nicht als ein für die Wahrnehmung von Aufgaben der öffentlichen Verwaltung bestellter Amtsträger und auch nicht als Beauftragter eines geschäftlichen Betriebes.

Das Arzt-Patienten-Verhältnis wird wesentlich von Elementen persönlichen Vertrauens geprägt. Sowohl der Gegenstand als auch die Form und die Dauer der Behandlung sind einem bestimmenden Einfluss der Krankenkasse entzogen und ergeben sich allein in dem jeweiligen persönlich geprägten Verhältnis zwischen Patient und Vertragsarzt. In diesem Verhältnis steht der Gesichtspunkt der individuell geprägten, auf Vertrauen sowie freier Auswahl und Gestaltung beruhenden persönlichen Beziehung im Vordergrund.

Vor dem Hintergrund der seit längerem im strafrechtlichen Schrifttum geführten Diskussion sowie im Hinblick auf gesetzgeberische Initiativen zur Bekämpfung korruptiven Verhaltens im Gesundheitswesen verkennt der Große Senat für Strafsachen nicht die grundsätzliche Berechtigung des Anliegens, Missständen, die – allem Anschein nach – gravierende finanzielle Belastungen des Gesundheitssystems zur Folge haben, mit Mitteln des Strafrechts effektiv entgegenzutreten. Die Anwendung bestehender Strafvorschriften, deren Tatbestandsstruktur und Wertungen der Erfassung bestimmter Verhaltensweisen im Zusammenhang mit der Erbringung von Gesundheitsleistungen nach den Vorschriften der gesetzlichen Krankenversicherung als strafrechtlich relevant entgegenstehen, auf der Grundlage allein dem Gesetzgeber vorbehaltener Strafwürdigkeitserwägungen, ist der Rechtsprechung jedoch versagt.

Empfehlungen für den Chefarzt

Die Entwicklung zum Korruptionsbekämpfungsgesetz zeigt beispielhaft, dass es sich bei der medizinrechtlichen Compliance um einen Rechtsbereich handelt, der sich seit einigen Jahren stetig weiterentwickelt. Gerade in diesem Rechtsbereich ist die eingangs dieses Beitrags angesprochene Sensibilität für mögliche rechtliche Konfliktsituationen von erheblicher Bedeutung. Ob strafrechtliche Risiken in allen Fällen über eine Dienstherrengenehmigung ausgeschlossenen werden können, ist aufgrund der unterschiedlichen Schutzrichtung des Korruptionsbekämpfungsgesetzes fraglich. Die Dienstherrengenehmigung lässt sich jedoch als Mindestbedingung eines rechtssicheren Vorgehens mit dem Ziel begreifen, das Verhalten des Chefarztes nicht nur strafgerichtsfest, sondern ermittlungsfest auszugestalten, also bereits einem Anfangsverdacht der Staatsanwaltschaft entgegenzutreten.

22.2.4 Ärztliche Schweigepflicht

»Ich werde alle mir anvertrauten Geheimnisse auch über den Tod des Patienten hinaus wahren« (Auszug aus der sog. Genfer Deklaration des Weltärztebundes, basierend auf dem Eid des Hippokrates). Eine ähnliche Formulierung ist dem Gelöbnis zu entnehmen, dass der MBO-Ä vorgeschaltet ist. § 9 MBO-Ä und die jeweiligen Berufsordnungen der Ärztekammern enthalten konkretisierende Regelungen zur ärztlichen Schweigepflicht.

Die Schweigepflicht des Arztes lässt sich als Patientenrecht verfassungsrechtlich aus den Grundrechten der Menschenwürde und dem allgemeinen Persönlichkeitsrecht (Art. 1, 2 GG) herleiten. Mit dieser hohen Bedeutung der ärztlichen Schweigepflicht korrespondiert das Zeugnisverweigerungsrecht des Arztes (z.B. § 53 StPO, § 383 ZPO) und das hiermit korrespondierende Beschlagnahmeverbot von Krankenunterlagen (§ 97 StPO).

Der Bruch der Schweigepflicht ist strafrechtlich sanktioniert (Verletzung von Privatgeheimnissen, § 203 Abs. 1 Nr. 1 StGB). Dieser Strafnorm unterliegt der Arzt und seine »berufsmäßig tätigen Gehilfen« (§ 203 Abs. 3 Satz 2 StGB), also die vom Chefarzt in die Behandlung einbezogenen nichtärztlichen Berufsgruppen. Nach § 9 Abs. 3 MBO-Ä haben Ärzte ihre Mitarbeiter über ihre Pflicht zur Verschwiegenheit zu belehren und die Belehrung schriftlich festzuhalten.

Der ärztlichen Schweigepflicht nach § 9 MBO-Ärzte unterfällt alles, was dem Arzt anvertraut worden oder ihm sonst bekannt geworden ist und erstreckt sich auf alle Dokumentationen dieser Informationen (z.B. Aufzeichnungen, Röntgenaufnahmen, Untersuchungsbefunde). Der Schweigepflicht unterliegt bereits der Umstand, dass ein Patient einen bestimmten Arzt aufsucht (siehe Fall aus der Praxis, U. v. 11.08.2006, Az. 14 U 45/04).

Grenzen der Schweigepflicht

Keine Schweigepflichtverletzung nach § 203 StGB liegt vor, wenn der Arzt zur Offenbarung befugt ist. Auch § 9 MBO-Ä sieht verschiedene Konstellationen vor, in denen der Arzt Informationen aus dem Arzt-Patienten-Verhältnis offenbaren darf. Das ist der Fall, wenn er von der Schweigepflicht entbunden worden ist oder wenn die Offenbarung zum Schutz eines höherwertigen Rechtsguts notwendig ist oder für den Arzt gesetzliche Auskunfts- oder Anzeigepflichten bestehen.

Fallgruppen zur ärztlichen Schweigepflicht

Schweigen gegenüber Angehörigen des Patienten
Der Anspruch des Patienten auf Einhaltung der ärztlichen Schweigepflicht gilt nicht nur gegenüber beliebigen Dritten, sondern auch und gerade gegenüber Angehörigen, Bekannten, Arbeitskollegen usw. des Patienten. Aufgrund der Nähe der Beteiligten zueinander kann es für den Arzt jedoch gerade im Familienkreis des Patienten schwierig sein, einzuschätzen, ob der Patient stillschweigend mit einer Offenbarung, z.B. gegenüber Angehörigen einverstanden ist. Als Abwägungsaspekte kommen insbesondere die Art der Informationen und die Bedeutung der Informationsweitergabe für die Behandlung des Patienten oder Dritte in Betracht. Lassen sich Zweifelsfälle nicht durch Rücksprache mit dem Patienten klären, muss sich der Arzt im Sinne der berufsrechtlichen Regelung am höherwertigen Rechtsgut orientieren, also überprüfen, welche Gefährdungen die Informationsweitergabe vermeiden soll und wie konkret die Gefahrenlage ist.

Gefährdungen durch das Schweigen Die bereits in der obigen Fallgruppe auftauchende Schwierigkeit der Abwägung verschiedener Rechtsgüter verschärft sich, wenn der Wille des Patienten dem Arzt bekannt und darauf gerichtet ist, höher- oder gleichwertige Rechtsgüter Dritter zu gefährden. Etwa im Fall einer AIDS-Erkrankung, die der Arzt nach dem Willen des Patienten gegenüber dessen Lebensgefährtin verschweigen soll. Das OLG Frankfurt hat die Pflicht zur Information der Lebensgefährtin bejaht (OLG Frankfurt, U. v. 05.10.1999, Az. 8 U 67/99). Gleiches gilt etwa im Fall einer HCV-Infektion (OLG München, U. v. 18.12.1997, Az. 1 U 5625/95). Juristisch sind diese Fälle von dem Hintergrund des § 34 StGB (rechtfertigender Notstand) zu sehen. Wenn ein Rechtsverstoß (Bruch der Schweigepflicht) notwendig ist, um eine Gefährdung höherwertiger Interessen zu verhindern, eröffnet die Rechtsordnung diese Möglichkeit. Die praktische Schwierigkeit liegt dann bei der Frage, ob der Rechtsverstoß wirklich »notwendig« war. Der Arzt muss also zunächst den (dokumentierten) Versuch unternehmen, den Patienten zu einem adäquaten Verhalten zu veranlassen.

Schweigen und PKV-Abrechnung Soweit Chefärzte im Nebentätigkeitsbereich ambulante Behandlungsleistungen über privatärztliche Verrechnungsstellen abrechnen, ist die Übermittlung von Patientendaten zur Abrechnungsstelle nur möglich, wenn eine ausdrückliche Patienteneinwilligung vorliegt. Ein stillschweigendes Einverständnis wird man nicht annehmen können.

Schweigen gegenüber ärztlichen Leistungen Bei der Weiter- und Nachbehandlung des Patienten (z.B. im Wege der Überweisung) müssen die in die Patientenversorgung einbezogenen Ärzte die für ihre Behandlungsaufgaben medizinisch notwendigen Informationen erhalten. Der konkrete Umfang und Inhalt der notwendigen Informationen unterliegt einer medizinischen Bewertung. Bei medizinisch notwendigen Informationen kann von einem stillschweigenden Einverständnis des Patienten ausgegangen werden (§ 9 Abs. 4 MBO-Ärzte).

Schweigen nach Versterben des Patienten Die ärztliche Schweigepflicht endet nicht mit dem Tod des Patienten (vgl. §§ 9 Abs. 1 Satz 1 MBO-Ärzte, 203 Abs. 4 StGB). Soweit dem Arzt kein ausdrücklich geäußerter Wille des verstorbenen Patienten bekannt ist, muss er nach seinem mutmaßlichen Willen entscheiden (BGH, U. v. 04.07.1984, Az. IVa ZB 18/83). Praktische Bedeutung kann der mutmaßliche Wille bei der Frage erlangen, ob der Patient als Erblasser zum Zeitpunkt der Testamentserrichtung testierfähig gewesen ist (§ 2229 Abs. 4 BGB). Sowohl im Fall der Testierfähigkeit als auch bei fehlender Testierfähigkeit kann der Arzt von einem mutmaßlichen Willen des Patienten ausgehen, die Information zu offenbaren. In beiden Fällen geht es um die Absicherung, dass im wohlverstandenen Interesse des Erblassers sein tatsächlicher Wille zur Geltung kommt. Auch Informationen, die zur Realisierung von Versorgungs-, Versicherungs- oder Rentenansprüchen dienen, lassen sich ohne weiteres mit dem mutmaßlichen Willen des Patienten vereinbaren.

Schweigen gegenüber Versicherungen Allgemeine Schweigepflichtentbindungserklärungen gegenüber privaten Kranken-, Unfall- und Lebensversicherungen beeinträchtigen das grundrechtlich geschützte Interesse des Versicherungsnehmers an informationeller Selbstbestimmung (BVerfG, B. v. 23.10.2006, Az. 1 BvR 2027/02). Ärzte sollten auf einer konkreten Schweigepflichtentbindungserklärung des Patienten bestehen. Es liegt dann in der Hand des Patienten, in welchem Umfang er den Arzt von der Schweigepflicht entbindet.

Schweigen und Anonymität Die Weitergabe anonymisierter Informationen lässt keinen Rückschluss auf die Identität des konkreten Patienten zu und ist deshalb kein Bruch der Schweigepflicht. Was eine ausreichende Anonymisierung ist, wird gerade im Bereich der klinischen Forschung kontrovers diskutiert. Umstritten ist insbesondere, ob die Ersetzung des Patientennamens durch die Patienteninitialen mit der Verwendung des Geburtsjahres (oder sogar des Geburtsdatums) dazu führt, dass dadurch der Patient faktisch anonym wird.

Gesetzliche Offenbarungspflichten

Eine Vielzahl entsprechender Vorschriften finden sich im Sozialversicherungsrecht. Schon die §§ 60 ff. SGB I zeigen, dass der Versicherte, der Leistungen einer Sozialversicherung beansprucht, die dafür notwendigen Daten offenlegen muss. Die an der vertragsärztlichen Versorgung teilnehmenden Leistungserbringer müssen nach §§ 294 ff. SGB V eine Vielzahl von abrechnungs- und prüfungsrelevanten Daten übermitteln. Weitere gesetzliche Mitteilungspflichten ergeben sich beispielsweise aus §§ 6 bis 10 Infektionsschutzgesetz.

Ferner kann sich eine Offenbarungspflicht des Arztes aus § 138 Abs. 1 StGB ergeben. Diese Vorschrift unterstellt einen bestimmten Katalog von Straftaten einer Anzeigepflicht. Zu diesen Katalogtaten gehört auch der Totschlag i. S. d. § 212 StGB. Die Anzeigepflicht setzt aber voraus, dass der Arzt von einem Plan eines Totschlags Kenntnis erhält. Solche Tatsachen werden einem Arzt in der Regel nicht bekannt sein, so dass § 138 Abs. 1 StGB einen geringen Anwendungsbereich hat. Das gilt auch deshalb, weil der Totschlag mindestens mit bedingtem Vorsatz geplant sein muss und die strafgerichtliche Rechtsprechung im Hinblick auf die Hemmschwelle vor Tötungshandlungen hohe Anforderungen an das Vorliegen des Vorsatzes stellt.

Entbindung von der ärztlichen Schweigepflicht

Entbindet der Patient den Arzt von der Schweigepflicht, so ist dieser zur Offenbarung befugt. Wirksam ist auch die mündliche Schweigepflichtentbindung, aber aus Dokumentationsgründen ist eine schriftliche Erklärung des Patienten sinnvoll. Eine mutmaßliche Einwilligung in die Offenbarung kann nur angenommen werden, wenn der Patient sich früher nicht eindeutig geäußert hat und er zweifelsfrei und erkennbar kein Interesse an der Wahrung des Geheimnisses (mehr) hat (BGH, U. v. 10.07.1991, Az. VIII ZR 296/90).

Fall aus der Praxis (Oberlandesgericht Karlsruhe, Urteil vom 11.08.2006, Az. 14 U 45/04)

Aus dem Sachverhalt Die Patientin nahm an einer ärztlich verordneten Tanztherapie teil. Bei Tanzübungen kollidierte sie mit einem Mitpatienten, kam zu Fall und zog sich erhebliche Verletzungen zu. Sie verlangt Auskunft über Nachnamen und Anschrift des Mitpatienten.

Aus den Gründen Grundsätzlich ist richtig, dass sich aus einem Behandlungsvertrag ein Auskunftsanspruch der Patientin zu Umständen ergeben kann, die für die Durchsetzung ihrer Rechte von Bedeutung sind. Ein Auskunftsanspruch besteht dennoch nicht, weil der Name des Mitpatienten zu dem durch § 203 Abs. 1 Nr. 1 StGB geschützten Rechtsgütern gehört. Dazu gehört auch der Umstand, dass sich der Patient überhaupt einer ärztlichen Behandlung unterzogen hat.

Die Bekanntgabe des vollständigen Namens und der Anschrift des Mitpatienten wäre zulässig, wenn dieser darin eingewilligt hätte. Der Patientin obliegt der Beweis hierfür. Ohne oder gegen den Willen des Mitpatienten wäre die Lüftung des Geheimnisses seiner Identität im hier zu entscheidenden Fall allenfalls aufgrund einer zugunsten der Klägerin ausgehenden Interessenabwägung bei Vorliegen eines Notstandes gemäß § 34 StGB gerechtfertigt. Hier geht es um die Abwägung von gegenüber verschiedenen Patienten bestehenden und miteinander kollidierenden Pflichten des Arztes. Angesichts der substanziellen Bedeutung, die der ärztlichen Schweigepflicht für das Verhältnis zwischen Arzt und Patient zukommt, ist die Nebenpflicht des Arztes, Patienten bei der Durchsetzung ihrer Rechte durch Auskünfte zu unterstützen, nachrangig.

Empfehlungen für den Chefarzt

Die ärztliche Schweigepflicht schützt ein wichtiges Rechtsgut des Patienten, das verfassungsrechtliche Grundlagen hat. Ein Offenbarungsrecht hat der Arzt grundsätzlich nur, wenn eine gesetzliche Verpflichtung besteht oder der Patient ausdrücklich oder mutmaßlich damit einverstanden ist. Ausnahmsweise kann sich für den Arzt ein Offenbarungsrecht aus der Notstandsregelung des § 34 StGB ergeben. Mit den Schwierigkeiten der in ihren Details sehr komplexen Rechtslage und Rechtsprechung wird der Chefarzt in üblichen Behandlungssituationen wohl nicht konfrontiert. Hier kann es zunächst allein darum gehen, Konfliktfälle überhaupt als solche zu erkennen und dann ggf. mit ärztlichen Kollegen und/oder z.B. der Rechtsabteilung der Klinik praktikabel zu lösen. Eine Aufgabe ist zudem die Überprüfung der im Verantwortungsbereich des Chefarztes liegenden alltäglichen Übermittlungswege von Patientendaten und der standardisierten Absicherung schriftlicher Einwilligungen von Patienten in jenen Fällen, in denen ein Rückgriff auf den mutmaßlichen Willen nicht stattfinden kann oder zumindest nicht rechtssicher ist. Beispiele sind etwa besondere Übermittlungswege in Selektivverträgen oder sonstigen besonderen Versorgungsformen sowie klinischen Prüfungen.

22.3 Arzthaftungsrecht

Das Arzthaftungsrecht knüpft an vorwerfbare, für einen Patientenschaden ursächliche Behandlungs- und Aufklärungsfehler an. Vorwerfbar sind Vorsatz oder Fahrlässigkeit (§ 276 Abs. 1 BGB). Das Arzthaftungsrecht hat keine sanktionierende Zielrichtung, sondern dient dem Ausgleich von Vermögensschäden des Patienten (§ 249 BGB). Bei einer Verletzung des Körpers und der Gesundheit kann zudem wegen des Schadens, der nicht Vermögensschaden ist, eine »billige Entschädigung in Geld«, also ein sog. Schmerzensgeld gefordert werden (§ 253 Abs. 2 BGB).

Die in einer Vielzahl zivilgerichtlicher Entscheidungen in Form von Einmal- oder Rentenzahlungen festgestellten Schmerzensgeldbeträge lassen sich verschiedenen, im Buchhandel erhältlichen Kompendien entnehmen. Sie reichen in Abhängigkeit von der Schwere der Verletzung vom zwei- bis in den sechsstelligen Euro-Bereich. Das nach freiem richterlichen Ermessen bestimmte Schmerzensgeld (§ 287 ZPO) hat eine Ausgleichs- und Genugtuungsfunktion und ist damit wertungsabhängig. Anhand der vorhandenen Rechtsprechung in vergleichbaren Fällen lässt sich ein Eindruck gewinnen, mit welchen Werten die Zivilgerichte konkrete Verletzungen einschätzen. Die jeweilige Höhe des Schadensersatzanspruchs bezieht sich dagegen auf die individuell angefallenen und nachweisbaren Vermögensschäden, unabhängig davon, welche Vermögensschäden in einer vergleichbaren Situation bei einem anderen Patienten angefallen sind.

Das Arzthaftungsrecht basiert auf *vertraglichen* und/oder *deliktischen Haftungsgrundlagen*, die jeweils dem Zivilrecht zugeordnet werden. Vertragliche Haftungsansprüche setzen voraus, dass ein Behandlungsvertrag mit dem Patienten besteht (§ 630a BGB). Das ist bei ambulanten Patienten eines Chefarztes der Fall. Bei stationären Patienten kommt es darauf an, ob der Chefarzt z.B. über eine Wahlleistungsvereinbarung neben dem Krankenhaus selbst Vertragspartner des Behandlungsvertrages geworden ist (interner Verweis).

Soweit zwischen Chefarzt und Patient ein *Behandlungsvertrag* besteht, kommt es arzthaftungsrechtlich nicht auf den Versicherungsstatus des Patienten an. § 76 Abs. 4 SGB V ordnet ausdrücklich an, dass die Übernahme der Behandlung auch im GKV-Bereich den behandelnden Arzt zur Sorgfalt nach den Vorschriften des bürgerlichen Vertragsrechts verpflichtet. Das sind seit dem Patientenrechtegesetz insbesondere die Vorschriften der §§ 630a ff. BGB. Neben der einleitenden Basisvorschrift mit der Definition vertragstypischer Pflichten eines Behandlungsvertrages (§ 630a BGB) geraten aus der Perspektive des Arzthaftungsrechts insbesondere § 630d BGB (Einwilligung), § 630e BGB (Aufklärungspflichten) und § 630h BGB (Beweislast bei Haftung für Behandlungs- und Aufklärungsfehler) ins Blickfeld.

Eine Absicherung gegen Haftungsrisiken erfolgt über *Berufshaftpflichtversicherungen*. Ebenso wie das Vorliegen eines Behandlungsvertrages, richtet sich die Reichweite des Versicherungsschutzes nach der Zuordnung der ärztlichen Behandlung. Der Tätigkeitsbereich des Chefarztes für das Krankenhaus ist von dem eigenen ärztlichen Tätigkeitsbereich zu unterscheiden. Berufsrechtlich besteht für den Chefarzt im eigenen Tätigkeitsbereich nach § 21 MBO-Ä eine Pflicht zum Abschluss hinreichender Berufshaftpflichtversicherungen, deren Fehlen nach § 6 Abs. 1 Nr. 5 BÄO zur Anordnung des Ruhens der Approbation führen kann. Die Reichweite des über das Krankenhaus vermittelten Versicherungsschutzes gegen Haftungsrisiken wird im Chefarztdienstvertrag vereinbart (interner Verweis).

22.3.1 Haftung für Behandlungsfehler

Der Chefarzt schuldet nach langjähriger zivilgerichtlicher Rechtsprechung eine Behandlung nach dem im Zeitpunkt der Behandlung allgemein anerkannten *Facharztstandard*. Hieraus resultieren etwa besondere Aufsichtspflichten bei der Behandlung durch Ärzte in der Facharztausbildung (z.B. in der Chirurgie: BGH, U. v. 27.09.1983, Az. VI ZR 230/81; U. v. 10.03.1992, Az. VI ZR 64/91). Seit Inkrafttreten des Patientenrechtegesetzes ordnet § 630a Abs. 2 BGB als vertragstypische Pflicht des Behandlungsvertrages an, dass die Behandlung nach den zum Zeitpunkt der Behandlung bestehenden, allgemein anerkannten fachlichen Standards zu erfolgen hat.

Welche Anforderungen die Behandlung nach dem Facharztstandard im konkreten Behandlungsfall stellt, lässt sich nur medizinisch beantworten. Richtlinien des G-BA können als normative Festsetzung eines bestimmten Standards verstanden werden (KG Berlin, U. v. 02.10.2003, Az. 20 U 402/01, für die Behandlungsvorgaben der Mutterschaftsrichtlinien). Darüber hinaus ist ein Rückgriff auf Leitlinien der medizinischen Fachgesellschaften naheliegend. Diese sind aber weder rechtsverbindliche Vorgaben, noch können sie ein Sachverständigengutachten ersetzen. Sie haben einen fachlich-medizinischen Informationscharakter (OLG Naumburg, U. v. 25.03.2002, Az. 1 U 111/01). Daraus folgt, dass auch eine ärztliche Behandlung im Widerspruch zu Leit- oder Richtlinien der medizinischen Fachgesellschaften im konkreten Behandlungsfall dem Facharztstandard entsprechen und behandlungsfehlerfrei sein kann. Je aktueller und breiter die Datenlage der auf Basis der evidenzbasierten Medizin entwickelten Leit- und Richtlinien der medizinischen Fachgesellschaften ist, desto schwieriger dürfte es für den Chefarzt sein, zur Überzeugung eines medizinischen Sachverständigen und des Zivilgerichts darzustellen, dass ein alternativer Behandlungsansatz ebenfalls lege artis war. Das gilt allemal deshalb, da dieser alternative Behandlungsansatz offenkundig im konkreten Fall nicht allein Gegenstand einer medizinisch-wissenschaftlichen Diskussion ist, sondern – je nach Beweislage – zu einem Patientenschaden geführt hat oder zumindest geführt haben könnte, der Gegenstand des Arzthaftungsprozesses ist.

Angesichts der umfangreichen zivilgerichtlichen Rechtsprechung in Arzthaftungssachen lassen sich fachgebietsbezogen Aussagen dazu treffen, in welchen Fallgruppen und Behandlungssituationen sich Behandlungsfehlerrisiken im Schwerpunkt realisiert haben. Zugang zu einer fachspezifischen Rechtsprechungsübersicht bieten ggf. die ärztlichen Berufsverbände oder die interne/externe rechtliche Beratung des Krankenhausträgers, bei dem der Chefarzt tätig ist. Im Rahmen der vorliegenden, fachgebietsübergreifenden Darstellung soll an dieser Stelle nur auf die für Krankenhausträger und Chefärzte allgemein besonders relevante Thematik des sog. Organisationsverschuldens hingewiesen werden.

Das *Organisationsverschulden* liegt bei einem Mangel geeigneter organisatorischer Maßnahmen vor, um den im Arzthaftungsprozess geltend gemachten Behandlungsfehler zu verhindern. Der Krankenhausträger haftet für Organisationsfehler der Chefärzte gleichermaßen wie für eigenes Verschulden im Hinblick auf Organisations-, Kontroll- und Koordinationspflichten. Hier geht es um Fragen einer sinnvollen Organisation der ärztlichen Behandlung und Aufklärung in einer Krankenhausabteilung unter Berücksichtigung der jeweiligen Qualifikation der ärztlichen und nichtärztlichen Mitarbeiter. Das im Patienteninteresse zu gewährleistende Maß organisatorischer Regelungen orientiert sich an den unterschiedlichen Ausrichtungen und Kapazitäten der Krankenhäuser unterschiedlicher Versorgungsstufen (Maximal-, Regel- oder Grundversorgung im Sinne des Krankenhausplanungsrechts). Arzthaftungsrechtlicher Anknüpfungspunkt bleibt dabei immer die Gewährleistung des Facharztstandards.

Die Beweislage und die Beweislast haben wie in jedem Zivilprozess auch im Arzthaftungsprozess erhebliche Bedeutung für den Prozessausgang. Der Patient als Kläger hat grundsätzlich alle anspruchsbegründenden Tatsachen einschließlich der Ursächlichkeit des Behandlungsfehlers für den eingetretenen Schaden zu beweisen. Dieser Nachweis kann für den Patienten sehr schwierig bis unmöglich sein. Die zivilgerichtliche Rechtsprechung hat deshalb Beweiserleichterungen bis hin zur Beweislastumkehr zu Lasten des Arztes in Abhängigkeit von der Schwere eines nachweislichen Behandlungsfehlers entwickelt. In den Fällen des sog. »groben Behandlungsfehlers« hat der Arzt nachzuweisen, dass der Schaden des Patienten nicht auf den groben Behandlungsfehler zurückzuführen ist (BGH, U. v. 27.04.2004, Az. VI ZR 34/03). Mit § 630h BGB hat der Gesetzgeber durch das Patientenrechtegesetz *Beweislastregelungen* gesetzlich normiert. Danach gilt:

- Ein Fehler des Behandelnden wird vermutet, wenn sich ein allgemeines Behandlungsrisiko verwirklicht hat, das für den Behandelnden voll beherrschbar war und das zur Verletzung des Lebens, des Körpers oder der Gesundheit des Patienten geführt hat.
- Hat der Behandelnde eine medizinisch gebotene wesentliche Maßnahme und ihr Ergebnis nicht in der Patientenakte aufgezeichnet oder hat er die Patientenakte nicht im gesetzlich vorgesehenen Zeitraum aufbewahrt, wird vermutet, dass er diese Maßnahme nicht getroffen hat.
- War ein Behandelnder für die von ihm vorgenommene Behandlung nicht befähigt, wird vermutet, dass die mangelnde Befähigung für den Eintritt der Verletzung des Lebens, des Körpers oder der Gesundheit ursächlich war.
- Liegt ein grober Behandlungsfehler vor und ist dieser grundsätzlich geeignet, eine Verletzung des Lebens, des Körpers oder der Gesundheit

der tatsächlich eingetretenen Art herbeizuführen, wird vermutet, dass der Behandlungsfehler für diese Verletzung ursächlich war. Dies gilt auch dann, wenn es der Behandelnde unterlassen hat, einen medizinisch gebotenen Befund rechtzeitig zu erheben oder zu sichern, soweit der Befund mit hinreichender Wahrscheinlichkeit ein Ergebnis erbracht hätte, das Anlass zu weiteren Maßnahmen gegeben hätte, und wenn das Unterlassen solcher Maßnahmen grob fehlerhaft gewesen wäre.

Fall aus der Praxis (Bundesgerichtshof, Urteil vom 29.10.1985, Az. 6 ZR 85/84)

Aus dem Sachverhalt Ein (möglicherweise) übermüdeter Oberarzt operierte den Patienten mit der Folge, dass es zu einer kompletten Lähmung des rechten Beines kam. Das Krankenhaus hat einen Behandlungsfehler bestritten und vorgetragen, der Oberarzt sei ein erfahrener Operateur gewesen, der sorgfältig ausgesucht und überwacht worden sei. Bereits deshalb scheide die Haftung des Krankenhauses aus.

Aus den Gründen Das Krankenhaus ist von seiner Haftung für den Oberarzt – dessen sorgfältige Auswahl unterstellt – entlastet, wenn es beweisen kann, dass kein Ursachenzusammenhang zwischen einer etwaigen Vernachlässigung der gebotenen Überwachungspflicht und einem Behandlungsfehler des Oberarztes besteht.

Nicht jeder Behandlungsfehler im Krankenhaus löst eine Haftung des Krankenhauses aus, wenn das Krankenhaus nicht sichergestellt hat, dass Ärzte nach einem anstrengenden Nachtdienst übermüdet operieren. Vielmehr kann das Krankenhaus darlegen und beweisen, dass der Oberarzt den Patienten auch dann operiert hätte, wenn durch die erforderlichen Anweisungen und Überwachungsmaßnahmen sichergestellt worden wäre, dass Ärzte nicht ohne ausreichende Erholungsmöglichkeit sofort wieder als Operateure eingeteilt werden.

22.3.2 Haftung für Aufklärungsfehler

Neben Behandlungsfehlern erstreckt sich die Arzthaftung auf Aufklärungsfehler. Die ärztliche Behandlung und der hiermit verbundene ärztliche Eingriff in die körperliche Integrität des Patienten stellt eine Körperverletzung dar (ständige Rechtsprechung des BGH, U. v. 12.03.1991, Az. VI ZR 232/90). Das Berufsrecht fordert dementsprechend ausdrücklich die Aufklärung des Patienten (§ 8 MBO-Ä).

Die Aufklärung des Patienten hat verschiedene Zielrichtungen und Hintergründe. Die Pflicht zur *Risikoaufklärung* knüpft an eine verfassungsrechtlich fundierte Rechtsstellung des Patienten an. Der Arzt darf den Patienten aufgrund seines Selbstbestimmungsrechts nicht ohne Einwilligung behandeln. Eine Einwilligung kann aber nur wirksam sein, wenn ein Patient weiß, worin er einwilligt.

Fehlt es an einer Aufklärung oder war die Aufklärung unzulänglich, dann ist die daraufhin erklärte Einwilligung des Patienten im Regelfall unwirksam. Das Fehlen einer Aufklärung des Patienten wäre aus haftungsrechtlicher Sicht nur dann unbeachtlich, wenn diese ausnahmsweise aufgrund besonderer Umstände entbehrlich ist. Diese Situation kann insbesondere bei unaufschiebbaren Maßnahmen auftreten oder wenn der Patient auf die Aufklärung ausdrücklich verzichtet hat (§ 630e Abs. 3 BGB). Ein solcher Verzicht kommt in Betracht, wenn ein Patient bereits über ausreichende Informationen verfügt, um wirksam in die Behandlung einzuwilligen. Solche Informationen können auf vorangehende Aufklärungsgespräche mit dem Patienten bei früheren Behandlungen oder auf einer Vorbildung des Patienten beruhen (z.B. Patient ist Arzt). Eine Einwilligung des Patienten nach einer – aufgrund der Vorkenntnisse des Patienten – kürzer gefassten Aufklärung dürfte einem Verzicht jedoch aus Gründen der Rechtssicherheit immer vorzuziehen sein. Der Verzicht ist keine formelhaft wirksame Erklärung, sondern seine Wirksamkeit setzt präsente, korrekte und konkrete Informationen des Patienten voraus. Diese kann der Arzt nur dann feststellen, wenn er sich vergewissert. Damit ist der Arzt aber bereits in einer Situation des Aufklärungsgesprächs und kann auch eine »normale« Einwilligung des Patienten einholen.

Die auf einer unwirksamen Einwilligung basierende Heilbehandlung ist für den Chefarzt sehr risikoreich. Verlief die ärztliche Behandlung erfolgreich, besteht eine gute Erfolgsaussicht für den

Nachweis, dass der Patient auch bei einer ordnungsgemäßen Aufklärung in die Behandlungsmaßnahme eingewilligt hätte (§ 630h Abs. 2 Satz 2 BGB). Bleibt der Behandlungserfolg aus oder entspricht er zumindest nicht den subjektiven Erwartungen des Patienten, fällt der Nachweis einer hypothetischen Einwilligung des Patienten bereits erheblich schwerer. Realisieren sich aber allgemeine Behandlungsrisiken oder liegt möglicherweise ein Behandlungsfehler vor, dann rückt der Nachweis einer hypothetischen Einwilligung des Patienten in weite Ferne. Soweit der Patient in einem solchen Fall Haftungsansprüche geltend macht, könnte also selbst der Nachweis einer aus medizinischer Sicht in jeder Beziehung dem Facharztstandard entsprechenden Behandlung nicht mehr zur Abwendung der Arzthaftung führen. Der Aufklärungsfehler trägt die Haftung allein.

Vor diesem Hintergrund besteht also im Ergebnis für den Chefarzt ein guter Grund, die Aufklärungsgespräche sorgfältig zu führen und zu dokumentieren. Dass haftungsrechtlich durch das (zivilrechtliche) Rechtsinstitut der hypothetischen Einwilligung (§ 630h Abs. 2 Satz 2 BGB) ein gewisser Schutz gewährt wird, sollte nicht zu der Vorstellung verleiten, dass in erfolgreichen Behandlungsfällen bei praxisnaher Betrachtung auch bei unzulänglicher Aufklärung nicht viel passieren kann. Mit der eingangs dargestellten Einschätzung, dass der ärztliche Heileingriff eine tatbestandsmäßige Körperverletzung ist, ist die zivilrechtliche Rechtsprechung nämlich nicht alleine. Auch die strafgerichtliche Rechtsprechung sieht das so (vgl. nur BGH, U. v. 28.11.1957, Az. 4 StR 525/57, wobei es hierzu ein vielfältiges juristisches Meinungsbild gibt), und ob auch das Strafrecht auf ein vergleichbares Korrektiv wie die zivilrechtliche Beweislastregelung des § 630h Abs. 2 Satz 2 BGB zurückgreift, ist keineswegs sicher.

Neben der Risikoaufklärung trifft den Arzt die *wirtschaftliche Aufklärungspflicht* (OLG Hamm, U. v. 14.03.2001, Az. 3 U 197/00). Bereits seit längerem sah das Gesetz eine wirtschaftliche Aufklärungspflicht bei Honorarvereinbarungen im Bereich der GOÄ vor, denn hier muss der Patient informiert werden, dass beim Abschluss von Honorarvereinbarungen möglicherweise die Erstattung der Vergütung durch die Erstattungsstellen nicht in vollem Umfang gewährleistet ist (§ 2 Abs. 2 Satz 2 GOÄ). Auch im Bereich der Aufklärung wurde mit dem Patientenrechtegesetz eine Verschriftlichung der von der zivilgerichtlichen Rechtsprechung entwickelten Grundsätze vorgenommen, so dass sich heute die zentralen rechtlichen Vorgaben zum Inhalt der ärztlichen Aufklärung aus § 630e BGB ergeben.

Danach ist der Chefarzt verpflichtet, den Patienten über sämtliche für die Einwilligung wesentlichen Umstände aufzuklären. Dazu gehören insbesondere Art, Umfang, Durchführung, zu erwartende Folgen und Risiken der Maßnahme sowie ihre Notwendigkeit, Dringlichkeit, Eignung und Erfolgsaussichten im Hinblick auf die Diagnose oder die Therapie. Bei der Aufklärung ist auch auf Alternativen zur Maßnahme hinzuweisen, wenn mehrere medizinisch gleichermaßen indizierte und übliche Methoden zu wesentlich unterschiedlichen Belastungen, Risiken oder Heilungschancen führen können.

Die Aufklärung muss mündlich durch den Behandelnden oder durch eine Person erfolgen, die über die zur Durchführung der Maßnahme notwendige Ausbildung verfügt. Ergänzend kann auch auf Unterlagen (Aufklärungsformulare) Bezug genommen werden, die der Patient in Textform erhält. Dem Patienten sind Abschriften von Unterlagen, die er im Zusammenhang mit der Aufklärung oder Einwilligung unterzeichnet hat, auszuhändigen. Zudem muss die Aufklärung für den Patienten verständlich sein und so rechtzeitig erfolgen, dass der Patient seine Entscheidung über die Einwilligung wohlüberlegt treffen kann.

Fall aus der Praxis (Oberlandesgericht Nürnberg, Beschluss vom 30.04.2015, Az. 5 U 2282/13)

Aus dem Sachverhalt Die Patientin nimmt u.a. einen Chefarzt der orthopädischen Abteilung als Operateur sowie die an der Operation beteiligten Assistenten auf Schadensersatz in Anspruch. Sie macht neben Behandlungsfehlern geltend, dass es an der erforderlichen Risikoaufklärung gefehlt habe.

Die Patientin sprach in einem Vorgespräch die Möglichkeit einer Nervenschädigung bei dem beabsichtigten Eingriff an, wurde aber dahin beruhigt, dass die betreffenden Nerven nicht im Operationsgebiet lägen und deshalb nicht gefährdet seien. Später erteilte die Patientin schriftlich ihre Einwilligung in die vorgesehene Operation auf einem standardisierten Aufklärungsbogen. Dieser Aufklärungsbogen enthält eine Aufzählung möglicher Komplikationen; genannt werden auch »sehr selten Nervenverletzungen«. Der aufklärende Arzt vermerkte handschriftlich in dem für »ärztliche Anmerkungen zum Aufklärungsgespräch« vorgesehenen Feld: »Vorgehen nach Befund«, »BLD«, »Beschwerdepersistenz«, »Infektion, Wundheilungsstörung«, »Materialbruch«, »Schmerzen«.

Nach dem Eingriff wurde eine »hochgradige/subtotale Axonotmesis des peronealen Anteils des Nervus ischiadicus« festgestellt mit »langwieriger ungünstiger Prognose«; eine Reinnervation der Fußheber könne, falls überhaupt, in 1,5 bis 2 Jahren erwartet werden.

Aus den Gründen Unter dem Gesichtspunkt eines Behandlungsfehlers ist die Klage unbegründet. Es ergibt sich jedoch eine Haftung aus einer unzureichenden Aufklärung der Patientin über das Risiko einer schwerwiegenden Nervenschädigung. Die Operation war daher rechtswidrig.

Nach ständiger Rechtsprechung des Bundesgerichtshofs bedürfen ärztliche Heileingriffe grundsätzlich der Einwilligung des Patienten, um rechtmäßig zu sein. Diese Einwilligung kann nur wirksam erteilt werden, wenn der Patient über den Verlauf des Eingriffs, seine Erfolgsaussichten, seine Risiken und mögliche Behandlungsalternativen mit wesentlich anderen Belastungen, Chancen und Gefahren im Großen und Ganzen aufgeklärt worden ist, um das Selbstbestimmungsrecht des Patienten und sein Recht auf körperliche Unversehrtheit zu wahren. Für die Risikoaufklärung im Besonderen gilt, dass eine exakte medizinische Beschreibung der in Betracht kommenden Risiken nicht erforderlich ist, dem Patienten aber eine allgemeine Vorstellung von dem Ausmaß der mit dem Eingriff verbundenen Gefahren vermittelt werden muss. Dabei ist auch über sehr seltene Risiken aufzuklären, die im Fall ihrer Verwirklichung die Lebensführung schwer belasten und trotz ihrer Seltenheit für den Eingriff spezifisch, für den Laien aber überraschend sind.

Dabei genügt die Aushändigung eines Informationsblattes, das mit einem Einwilligungsformular verbunden sein kann, grundsätzlich nicht; derartige schriftliche Hinweise können das Aufklärungsgespräch vorbereiten, aber nicht ersetzen. Ein vom Arzt und dem Patienten unterzeichnetes Einwilligungsformular ist allerdings ein Indiz für den Inhalt des Aufklärungsgesprächs, und zwar in positiver als auch negativer Hinsicht.

Im vorliegenden Fall enthält das unterzeichnete Einwilligungsformular neben zahlreichen anderen Hinweisen auf mögliche Komplikationen auch einen Hinweis auf Nervenverletzungen, die dauerhafte Störungen wie beispielsweise eine Teillähmung des Beines verursachen könnten. Der aufklärende Arzt hatte darüber hinaus geschildert, wie er generell Aufklärungsgespräche für vergleichbare Operationen führe; er spreche in solchen Fällen stets das Blutungsrisiko, das Risiko einer Nervenverletzung, das Thromboserisiko, das Infektionsrisiko und die Möglichkeit einer Prothesenlockerung und eines Knochenbruchs an. Zudem nehme er unter den »ärztlichen Anmerkungen zum Aufklärungsgespräch« stets die Punkte auf, die er grundsätzlich dem Patienten gegenüber anspreche.

Das Risiko einer Nervenverletzung war im Gegensatz zu anderen Punkten aber nicht handschriftlich vermerkt worden. Auch wenn der aufklärende Arzt nicht gehalten ist, bei Verwendung von Aufklärungsbögen sämtliche von ihm gegebenen mündlichen Erläuterungen stichwortartig schriftlich zu vermerken, begründet das Fehlen solcher Angaben, die der aufklärende Arzt nach eigenen Angaben üblicherweise aufzeichnet, Zweifel daran, ob das Aufklärungsgespräch insgesamt den üblichen Inhalt hatte, also hier auch das Risiko einer Nervenverletzung erfasste. Zwar kommt in Betracht, dass der Arzt entsprechend seiner ständigen Übung das Nervenschädigungsrisiko tatsächlich mündlich erwähnt, die ebenso übliche handschriftliche Notiz bei den »Anmerkungen« aber unterlassen hat, was für die Wirksamkeit der Aufklärung ohne Bedeutung wäre. Ebenso möglich und keineswegs von vornherein weniger wahrscheinlich ist aber auch, dass der Risikohinweis ausnahmsweise unterblieben ist und aus diesem Grund der entsprechende handschriftliche Vermerk fehlt. Damit ist der Nachweis der Durchführung der erforderlichen Aufklärung nicht geführt.

Darüber hinaus ist der Senat der Auffassung, dass die in dem verwendeten Einwilligungsformular gegebenen Hinweise zum Nervenschädigungsrisiko inhaltlich keine zutreffende Unterrichtung über die Risiken des beabsichtigten Eingriffs geben konnten. Dass eine Nervenbeschädigung nicht nur – unter Umständen dauerhafte – Funktionsbeeinträchtigungen nach sich ziehen kann, wovon die Patientin bei Unterstellung einer formblattgemäßen Aufklärung unterrichtet worden ist, sondern auch dauerhafte und erhebliche Schmerzen erzeugen kann, kann nicht als allgemein bekannt vorausgesetzt werden. Der lapidare Hinweis »Schmerzen«, den der aufklärende Arzt laut seiner handschriftlichen Eintragung der Klägerin gegeben hatte, war in dieser allgemeinen Fassung ungenügend. Zudem stellte die formularmäßige Aufklärung bezüglich der Risikodichte eine Verharmlosung der tatsächlichen Risikoeintrittswahrscheinlichkeit dar.

22.3.3 Empfehlungen für den Chefarzt

Der professionelle Umgang mit dem Arzthaftungsrecht wird dem Chefarzt im Hinblick auf das Haftungsrisiko wegen Behandlungsfehlern leichter fallen. Trotz juristischer Aspekte wie etwa den Beweislastregelungen des § 630h BGB geht es in erster Linie um medizinische Anforderungen im konkreten Behandlungsfall und damit um die Kernkompetenz des Chefarztes. Wie der praktische Fall zeigt, ist auch die Aufklärung eng mit den jeweiligen medizinischen Anforderungen verknüpft und kann bis dahin reichen, dass Inhalte eines Aufklärungsformulars aus medizinischer Sicht als unzulänglich beurteilt werden. Die Haftung wegen Aufklärungsfehlern ist dennoch juristischer geprägt. Die §§ 630d, 630e, 630h BGB enthalten gemeinsam mit der einschlägigen Rechtsprechung Anforderungen an Inhalte, Ablauf und Nachweis der wirksamen Aufklärung, die sich allein mit medizinischer Sachkompetenz nicht erschließen lassen. Die beim Chefarzt liegende organisatorische Verantwortung für seine Abteilung sollte sensibel für die juristischen Einflüsse auf die Wirksamkeit der Aufklärung sein und Aufklärungsgesprächen den Stellenwert einräumen, den sie aus juristischer Sicht haben. Ein *Aufklärungsmangel* steht arzthaftungsrechtlich gleichberechtigt neben groben Behandlungsfehlern.

22.4 Krankenversicherungsrecht

Das Krankenversicherungsrecht ist das prägende Leistungsrecht des deutschen Gesundheitswesens. Mit etwa 70 Mio. Versicherten sind über 90% der Bevölkerung bei einer der ca. 123 Krankenkassen (Stand: Juli 2015) gesetzlich krankenversichert. Die Mitglieder der Krankenkassen werden über die gesetzliche Versicherungspflicht (§ 5 SGB V), die freiwillige Versicherung (§ 9 SGB V) und die Familienversicherung (§ 10 SGB V) in die gesetzliche Krankenversicherung einbezogen.

Das Recht der gesetzlichen Krankenversicherung ist im 5. Buch der gesetzlichen Sozialversicherung, dem SGB V normiert. Hervorzuheben sind die Regelungen der §§ 11 bis 68 SGB V, in denen die Leistungen der gesetzlichen Krankenversicherung beschrieben sind. § 39 SGB V regelt den Anspruch der Versicherten auf die Krankenhausbehandlung. In den §§ 69 bis 140h SGB V werden die Rechtsbeziehungen der Krankenkassen zu den verschiedenen Leistungserbringern des SGB V geregelt. Das sehr umfassende sog. Leistungserbringungsrecht der gesetzlichen Krankenversicherung ist eng mit dem Sachleistungsprinzip des SGB V verbunden, das Krankenkassen dazu verpflichtet, ihren Versicherten die Versicherungsleistungen durch die Leistungserbringer unmittelbar zu Verfügung zu stellen (§ 2 Abs. 2 Satz 3 SGB V).

Die §§ 107 ff. SGB V betreffen die Einbeziehung der Krankenhäuser in das System des SGB V. Die ambulante, vertragsärztliche Versorgung ist in den §§ 95 ff. SGB V normiert und erfasst in § 116 SGB V insbesondere die ambulante Behandlung durch Krankenhausärzte im Wege der sog. Ermächtigung. Insgesamt betreffen die Regelungen vornehmlich den Zugang, die inhaltliche Ausgestaltung der medizinischen Versicherungsleistungen und die Vergütung der Leistungserbringer. Komplexe Vergütungsregelungen finden sich vor allem im Krankenhausbereich (vgl. aus der Vielzahl der vergütungsbezogenen Regelungen nur § 7 Krankenhausentgeltgesetz und den Fallpauschalenkatalog) und im vertragsärztlichen Bereich mit dem sog. Einheitlichen Bewertungsmaßstab, der als Bestandteil der Bundesmantelverträge zwischen der KBV und dem GKV-Spitzenverband vereinbart wird.

Zum SGB V kommt eine Vielzahl untergesetzlicher Regelungen mit ebenfalls normativer Wirkung hinzu. Von besonderer Bedeutung ist die Normsetzung des Gemeinsamen Bundesausschusses (G-BA), der in Richtlinien die Einzelheiten der gesetzlich vorgegebenen, zweckmäßigen und wirtschaftlichen Versorgung der Versicherten festlegt. Ergänzt wird die konkretisierende Gestaltung des Rechtsrahmens der GKV durch sog. Kollektivverträge. Auf Bundes- und Landesebene werden die im SGB V enthaltenen gesetzlichen Vorgaben der einzelnen Leistungsbereiche der GKV unter Beteiligung der Verbände der Krankenkassen und Leistungserbringer im Detail vereinbart.

Die *Rechtsquellen des Krankenversicherungsrechts* sind weitgehend frei verfügbar. Das gilt für das SGB V selbst, aber auch für einen Großteil der untergesetzlichen Regelungen. Über die Internetseiten des G-BA (▶ www.g-ba.de), der Kassenärztlichen Bundesvereinigung (▶ www.kbv.de) und des GKV-Spitzenverbandes (▶ www.gkv-spitzenverband.de) lassen sich die aktuellen, bundesweit geltenden Regelungen einsehen. Regionale Regelungen werden von den Kassenärztlichen Vereinigungen, Krankenkassen und Landeskrankenhausgesellschaften ebenfalls im Internet publiziert. Lassen sich bereits hier größere Unterschiede im Hinblick auf die Transparenz und Aktualität der Publikation der geltenden Rechtslage feststellen, gilt dies insbesondere für die weiteren, durch nichtärztliche Leistungserbringer getragenen Leistungsbereiche des SGB V.

Da das Leistungs- und Leistungserbringungsrecht der gesetzlichen Krankenversicherung bei einem Großteil der Krankenhauspatienten eine Rolle spielt, können rechtliche Bezüge des Chefarztes zu diesem Rechtsgebiet in sehr unterschiedlichen Zusammenhängen auftreten. Darüber hinaus haben die Einflüsse des GKV-Systems und der Krankenkassen im Rahmen des Krankenhausrechts (interner Verweis) wie insbesondere die Ausgestaltung der Rahmenbedingungen für Krankenhausleistungen, einschließlich Vergütung und Wirtschaftlichkeitsprüfung, für den Arbeitsalltag des Chefarztes faktisch prägende Wirkung.

Im Folgenden stehen Rechtsfragen im Zusammenhang mit der vertragsärztlichen Versorgung im Vordergrund. Diese kann zur Tätigkeit des Chefarztes für das Krankenhaus hinzutreten. Ob es sich um eine weitgehend frei zu gestaltende Nebentätigkeit des Chefarztes handelt oder der Chefarzt auf Basis seines Chefarztdienstvertrages oder sonstiger Vereinbarungen in enger Abstimmung mit dem Krankenhaus tätig wird, hängt von der Gestaltung im Einzelfall ab. Ein weiteres berufliches Standbein des Chefarztes im Bereich der ambulanten, vertragsärztlichen Versorgung bietet Chancen, aber auch Risiken wie z.B. die Wirtschaftlichkeitsprüfung.

22.4.1 Teilnahme an der vertragsärztlichen Versorgung

Das Krankenversicherungsrecht hat die Grenzen zwischen dem stationären und dem ambulanten Versorgungssektor in den letzten Jahren an vielen Stellen geöffnet. Krankenhäuser und Krankenhausärzte können heute in sehr unterschiedlichen Konstellationen außerhalb der vollstationären Patientenversorgung tätig sein. So eröffnen die §§ 117 ff. SGB V verschiedenen Ambulanzen einen unmittelbaren Zugang zur ambulanten Versorgung, § 115a SGB V die vor- und nachstationäre Behandlung, § 115b SGB V das ambulante Operieren und § 116b SGB V – konzipiert als eigener Versorgungssektor – die ambulante, spezialfachärztliche Versorgung. Ein weiterer Zugang zur vertragsärztlichen Versorgung ist die Teilnahme des Krankenhauses an Selektivvertragsformen der besonderen Versorgung, deren vertragliche Grundlagen auch abweichend von den Vorschriften des SGB V, Krankenhausfinanzierungs- und Krankenhausentgeltgesetzes ausgestaltet werden können (§ 140a Abs. 2 SGB V).

Erhebliche praktische Bedeutung für Krankenhäuser hat die seit etwas über zehn Jahren bestehende Möglichkeit der Gründung *Medizinischer Versorgungszentren (MVZ)*. Nach § 95 Abs. 1 Satz 1 SGB V nehmen MVZ ebenso wie zugelassene Ärzte, ermächtigte Ärzte und ermächtigte Einrichtungen an der vertragsärztlichen Versorgung teil. MVZ können auch durch zugelassene Krankenhäuser gegründet werden (§ 95 Abs. 1a SGB V). Da gleichzeitig die zuvor bestehende Unvereinbarkeit einer gleichzeitigen stationären und ambulanten Tätigkeit der Krankenhausärzte aufgehoben wurde (§ 20 Abs. 3 Satz 2 Ärzte-ZV), ist die Tätigkeit in einem MVZ des Krankenhauses für Krankenhausärzte eine Alternative gegenüber dem »klassischen« Weg der Teilnahme des Chefarztes an der ambulanten vertragsärztlichen Versorgung über die Ermächtigung (§ 116 SGB V).

Der Zulassungsstatus des MVZ hat den Vorzug der Dauerhaftigkeit, Planbarkeit und Leistungsbreite, während die Ermächtigung weiterhin eine gegenüber Vertragsärzten nachrangige, befristete Zugangsmöglichkeit des Chefarztes zum Vertragsarztsystem bietet. Zwar können auch Zulassungen unter bestimmten Voraussetzungen befristet werden (§§ 95 Abs. 7, 98 Abs. 2 Nr. 12, § 19 Abs. 3 Ärzte-ZV), um perspektivisch die Entstehung und Festschreibung von Überversorgung zu reduzieren. Die *Ermächtigung* ist aber regelhaft befristet (§ 31 Abs. 7 Ärzte-ZV) und in der Regel an die Überweisung von Vertragsärzten geknüpft (BSG, U. v. 28.10.1986, Az. 6 RKa 11/86).

Der Chefarzt kann über ein Angestelltenverhältnis bei einem MVZ tätig werden oder über eine Teilzulassung auf freiberuflicher Basis. Soweit erkennbar eröffnen die von Krankenhäusern gegründeten MVZ allerdings nur die Angestelltenvariante. Bei einer Teilzulassung wäre der Chefarzt nicht an das MVZ des Krankenhauses gebunden, denn die Teilzulassung erlaubt auch unabhängig vom Krankenhausträger eine Niederlassung im Zulassungsbezirk. »Unabhängig« allerdings nur im vertragsarztrechtlichen Sinn, denn eine solche ambulante Tätigkeit des Chefarztes muss mit den arbeitsvertraglichen, insbesondere zeitlichen Verpflichtungen des Chefarztdienstvertrages vereinbar sein. Sie ist ohne oder gar gegen den Willen des Krankenhauses schwer vorstellbar.

22.4.2 Teilnahme über eine vertragsärztliche Zulassung

Die MVZ der Krankenhäuser unterliegen dem vertragsarztrechtlichen Zulassungsrecht. Auch die Tätigkeit eines Chefarztes in einem MVZ ist damit auf die Rahmenbedingungen dieses Rechtsgebiets festgelegt. Da davon auszugehen ist, dass die Zulassung eines MVZ federführend von dem Krankenhaus begleitet wird, kommt der Chefarzt mit diesem Rechtsgebiet vornehmlich bei einer eigenen Teilzulassung unmittelbar in Kontakt.

Die Rechtsquellen des vertragsarztrechtlichen Zulassungsrechts sind die §§ 95 bis 122 SGB V sowie in der Zulassungsverordnung für Vertragsärzte (Ärzte-ZV). Ein erster Überblick über die Inhalte und Anforderungen der vertragsärztlichen Versorgung lässt sich beispielsweise anhand des Bundesmantelvertrages-Ärzte gewinnen. Hierbei handelt es sich um einen rechtsverbindlichen Kollektivvertrag der Bundesebene im vertragsärztlichen Bereich, der zwischen der Kassenärztlichen Bundesvereinigung und dem GKV-Spitzenverband vereinbart wird (§ 87 SGB V). Die teilweise sehr praxisnahen Regelungen sind für jeden Nichtjuristen schnell zu erfassen und lesbar. Er ist auf den oben genannten Internetseiten der KBV, einschließlich seiner zahlreichen Anlagen in seiner aktuellen Version frei verfügbar.

22.4.3 Teilzulassung

Das vertragsärztliche Zulassungsverfahren setzt einen Antrag bei dem für den Chefarzt örtlich zuständigen Zulassungsausschuss voraus, der von den Kassenärztlichen Vereinigung und den Krankenkassen in den Zulassungsbezirken errichtet wurde (§ 96 SGB V). Praxisbezogene Hinweise, einschließlich der einzureichenden Formulare und Kosten, finden sich auf den Internetseiten der Kassenärztlichen Vereinigungen. Der Zulassungsausschuss besteht aus Vertretern der Ärzte und Krankenkassen in gleicher Anzahl. Der Zulassungsausschuss genehmigt bei Vorliegen der Zulassungsvoraussetzungen die Teilnahme an der vertragsärztlichen Versorgung durch einen Zulassungsbescheid. Sollte der Zulassungsausschuss einen Antrag auf Teilnahme an der vertragsärztlichen Versorgung ablehnen, ist ein Widerspruch zum Berufungsausschuss (§ 97 SGB V) möglich. Ebenso wie die Zulassungsausschüsse sind auch die Berufungsausschüsse paritätisch besetzt; den Vorsitz eines Berufungsausschusses führt ein unabhängiger Vorsitzender mit der Befähigung zum Richteramt.

Die vertragsärztliche Zulassung hat verschiedene allgemeine Voraussetzungen. Der Antragsteller muss fachlich geeignet sein, an der vertragsärztlichen Versorgung teilzunehmen. Grundvoraussetzung dafür ist die Eintragung in das Arztregister (§ 95a SGB V). Hierfür ist wiederum Voraussetzung zunächst einmal die Approbation als Arzt und der erfolgreiche Abschluss entweder einer allgemeinmedizinischen Weiterbildung oder einer gemeinschaftsrechtlich anzuerkennenden Qualifikation. Die Eintragung in das Arztregister erfolgt auf Antrag des Arztes bei der zuständigen Kassenärztlichen Vereinigung. Zusätzlich müssen dabei die gem. § 18 Abs. 2 Ärzte-ZV geforderten Dokumente und Erklärungen (z.B. polizeiliches Führungszeugnis) beigefügt werden.

Die Ärzte-ZV legt in §§ 20 und 21 Ärzte-ZV Kriterien fest, bei deren Vorliegen ein Arzt für die vertragsärztliche Tätigkeit »ungeeignet« im Rechtssinne ist. Allgemeine Bedeutung hat insbesondere für den Chefarzt die Frage der erforderlichen Verfügbarkeit für die vertragsärztliche Tätigkeit. Der Arzt muss für die Ausübung der vertragsärztlichen Tätigkeit in dem seinem Versorgungsauftrag entsprechenden Maße zur Verfügung stehen (§ 20 Abs. 1 Ärzte-ZV). Welchen konkreten zeitlichen Umfang die Ärzte-ZV für die Vertragsarzttätigkeit fordert, hat das BSG mehrfach beschäftigt (BSG, U. v. 23.03.2011, Az. B 6 KA 11/10 R, U. v. 30.01.2002, Az. B 6 KA 20/01 R). Danach steht eine anderweitige Erwerbstätigkeit (hier die Chefarzttätigkeit) der vertragsärztlichen Zulassung nicht entgegen, wenn die anderweitige Erwerbstätigkeit bei einer Teilzulassung auf 26 Wochenstunden und bei einer Vollzulassung auf 13 Wochenstunden begrenzt ist. Zuletzt hat das Bayerische Landessozialgericht (U. v. 14.01.2015, Az. L 12 KA 44/14) für den Fall eines Chefarztes (Pathologie) einschränkend festgestellt, dass eine Vollzeitbeschäftigung der Eignung für die Vertragsarztzulassung generell entgegensteht. Danach kommt für den Chefarzt nur eine – anhand der im konkreten Einzelfall zu prüfenden Arbeitsbelastung der Chefarzttätigkeit – hälftige Teilzulassung in Betracht.

Ein entscheidendes Kriterium für die Ausgestaltung und Erfolgsaussichten des vertragsärztlichen Zulassungsverfahrens ist das Vorliegen von *Zulassungsbeschränkungen*. Im Fall der sog. Überversorgung (§ 101 SGB V) ist der Zugang zum Vertragsarztsystem deutlich beschränkt (§ 103 SGB V).

Auch in diesem Fall gibt es jedoch verschiedene Optionen für den Einstieg in die vertragsärztliche Tätigkeit. Neben der sog. Sonderbedarfszulassung (§§ 36 ff. Bedarfsplanungs-RL), dem Jobsharing in der Angestellten- oder Freiberuflervariante (§ 101 Abs. 1 Nr. 4, 5 SGB V) besteht insbesondere die Möglichkeit, über ein Nachbesetzungsverfahren die Zulassung eines ausscheidenden Vertragsarztes zu übernehmen, nachdem mit diesem Arzt zuvor eine Einigung über die Übertragung der bestehenden Praxis (oder des Praxisanteils) und deren Wert (z.B. nach der sog. Ärztekammer-Methode) gefunden wurde. Diese zivilrechtliche Vereinbarung hat einen sachgebundenen Kontext und damit auch vertragstypische Inhalte. Wenn ein Praxisanteil erworben wird, tritt der Arzt zudem in die gesellschaftsvertragliche Verbindung ein, die bei einer Berufsausübungsgemeinschaft in aller Regel bereits als schriftlicher Gesellschaftsvertrag vorhanden ist. Dennoch unterliegen die zivilrechtlichen Vereinbarungen mit dem ausscheidenden Arzt und zukünftigen Mitgesellschaftern grundsätzlich der Vertragsfreiheit und können vielfältig angepasst und individuell ausgestaltet werden. Das gilt jedoch nicht für die vertragsärztliche Zulassung, also den zentralen Bezugspunkt und die Voraussetzung aller zivilrechtlichen Vereinbarungen im Zuge der Praxisnachfolge. Die vertragsarztrechtliche Zulassung kann entgegen der verbreiteten Auffassung nicht »verkauft« werden, denn sie liegt in der Hoheit des Zulassungsausschusses, der zunächst darüber zu entscheiden hat, ob überhaupt ein Nachbesetzungsverfahren stattfindet und – soweit das der Fall ist – bei einer Mehrzahl von Bewerbern anhand gesetzlicher Kriterien eine Auswahl zu treffen hat.

In § 103 Abs. 3a SGB V hat der Gesetzgeber die Möglichkeit eines *Nachbesetzungsverfahrens* in den letzten Jahren zunehmend eingeschränkt. Wenn eine Nachbesetzung des Sitzes aus Versorgungsgründen nicht erforderlich ist, soll der Zulassungsausschuss den Antrag auf Nachbesetzung des Vertragsarztsitzes ablehnen. Ob im konkreten Fall ein Privilegierungstatbestand greift und wie der Chefarzt gemeinsam mit dem abgebenden Arzt die geplante Nachfolge in den Vertragsarztsitz fördern kann, lässt sich nur anhand der konkreten Situation feststellen. Einen ersten Einblick in dieses Thema für den Chefarzt bietet die Lektüre des § 103 Abs. 3a SGB V in seiner aktuellen Fassung.

Ein vertragsärztliches Nachbesetzungsverfahren kann sich als Wettbewerb zwischen mehreren Bewerbern erweisen. Bewerben sich mehrere Ärzte um einen Vertragsarztsitz, hat der Zulassungsausschuss die Bewerberliste auszuwerten und nach pflichtgemäßem Ermessen denjenigen Bewerber auszuwählen, der die Praxis fortführen soll. Hierbei sind u.a. berufliche Eignung, Approbationsalter und Dauer der ärztlichen Tätigkeit zu berücksichtigen, ebenso wie die Tatsache, ob der Bewerber Ehegatte, Kind oder angestellter Arzt des bisherigen Vertragsarztes oder bisheriger Partner der Berufsausübungsgemeinschaft ist (§ 103 Abs. 4 Satz 5 SGB V). Zudem ist in § 103 Abs. 4 Satz 7 SGB V festgelegt worden, dass die Dauer der ärztlichen Tätigkeit um die Zeiten verlängert wird, in denen die ärztliche Tätigkeit wegen der Erziehung von Kindern oder der Pflege pflegebedürftiger naher Angehöriger in häuslicher Umgebung unterbrochen worden ist. Im Fall der Nachfolge in eine Gemeinschaftspraxis hat der Zulassungsausschuss die Interessen der verbleibenden Gemeinschaftspraxispartner bei der Bewerberauswahl angemessen zu berücksichtigen.

22.4.4 Ermächtigung

Gemäß § 95 Abs. 1 Satz 1 SGB V nehmen auch ermächtigte Ärzte an der vertragsärztlichen Versorgung teil. Wenn bestimmte Leistungen im vertragsärztlichen Bereich nicht im notwendigen Umfang im Planungsbereich erbracht werden, kann der Zulassungsausschuss eine *Ermächtigung* aussprechen. Ermächtigte Ärzte sind grundsätzlich zugelassenen Vertragsärzten gleichgestellt. Sie rechnen die von ihnen erbrachten ambulanten Leistungen mit der jeweils zuständigen Kassenärztlichen Vereinigung ab. Grundsätzlich gelten für die Ermächtigung von Ärzten die gleichen Voraussetzungen hinsichtlich der fachlichen und persönlichen Eignung wie bei der Zulassung eines niedergelassenen Vertragsarztes. Der Krankenhausträger muss bei der Ermächtigung einer seiner Krankenhausärzte zustimmen.

Die Ermächtigung verhält sich gegenüber der vertragsärztlichen Zulassung (insbesondere auch der Sonderbedarfszulassung) subsidiär. Ein bestehender Bedarf an bestimmten vertragsärztlichen Leistungen ist vorrangig durch zugelassene Vertragsärzte abzudecken. Die Möglichkeit der Ermächtigungen für ärztlich geleitete Einrichtungen (sog. Institutsermächtigungen) ist wiederum zur Ermächtigung eines Arztes subsidiär. Die *Institutsermächtigung* setzt nach der Rechtsprechung des BSG voraus, dass die vertragsärztliche Versorgung nicht durch eine Ermächtigung von Krankenhausärzten gem. § 116 SGB V sichergestellt werden kann (vgl. BSG, U. v. 26.01.2000, Az. B 6 KA 51/98 R).

Der Zulassungsausschuss spricht die Ermächtigung unter den Voraussetzungen des § 31 Abs. 7 Ärzte-ZV nur für einen begrenzten zeitlichen Umfang, für bestimmte medizinische Leistungen und nur unter der Voraussetzung der Überweisung durch niedergelassene (Fach-)Ärzte aus. Dem Ermächtigungsbescheid des Zulassungsausschusses ist die konkrete Reichweite der Ermächtigung zu entnehmen.

Gemäß § 120 Abs. 1 Satz 1 SGB V werden die im Krankenhaus erbrachten ambulanten ärztlichen Leistungen der ermächtigten Krankenhausärzte nach den für Vertragsärzte geltenden Grundsätzen aus der vertragsärztlichen Gesamtvergütung vergütet. Der Krankenhausträger rechnet also mit der Kassenärztlichen Vereinigung ab, welcher die Vergütung nach Abzug der Kosten des Krankenhauses und eines etwa vereinbarten Vorteilsausgleichs an den Krankenhausarzt weiterleitet. Die Beauftragung einer externen Abrechnungsgesellschaft ist hierbei nicht ausgeschlossen. Der Krankenhausarzt muss seine Einnahmen gesondert versteuern.

Der ermächtigte Krankenhausarzt muss sich also bei der Vergütung den gleichen Regelungen unterwerfen wie ein niedergelassener Vertragsarzt. Für ihn gelten somit auch die *Wirtschaftlichkeitsprüfungsregelungen* und sämtliche Vorgaben, die sonst im ambulanten vertragsärztlichen Bereich für die Verordnung von Leistungen zulasten der Krankenkassen gelten.

Die Leistungen der Hochschulambulanzen, der psychiatrischen Institutsambulanzen und der sozialpädiatrischen Zentren werden unmittelbar von der Krankenkasse vergütet (vgl. § 120 Abs. 2 Satz 1 SGB V). Die Vergütung wird dabei von den Landesverbänden der Krankenkassen und den Ersatzkassen gemeinsam und einheitlich mit den

Hochschulen oder Hochschulkliniken, den Krankenhäusern oder den sie vertretenen Vereinigungen im Land vereinbart. Die Gesamtvergütungen sind auf der Grundlage der für die Leistungen der Polikliniken gezahlten Vergütungen entsprechend zu bereinigen. Die Leistungen der ambulanten spezialfachärztlichen Versorgung werden unmittelbar von der Krankenkasse vergütet (§ 116b Abs. 6 Satz 1 SGB V).

Fall aus der Praxis (Bundessozialgericht, Urteil vom 27.11.2014, Az. B 3 KR 12/13 R)

Aus dem Sachverhalt Streitig ist die Vergütung von Medikamenten, die von der Krankenhausapotheke abgegeben wurden. Die Krankenhausapotheke gehört zu einem zugelassenen Krankenhaus mit einer Vereinbarung über die Abgabe von Arzneimitteln an ambulant behandelte Patienten.

Ein zur Teilnahme an der vertragsärztlichen Versorgung ermächtigter, bei der Klägerin angestellter Krankenhausarzt in der Ermächtigungsambulanz führte bei der Versicherten eine Chemotherapie durch, bei der ihr Medikamente aus der Krankenhausapotheke verabreicht wurden. Aufgrund von Komplikationen wurde die Patientin bis zum nächsten Tag stationär aufgenommen.

Aus den Gründen Die Medikamente sind nicht von der Abrechnung der nachfolgenden Krankenhausbehandlung umfasst. Der Krankenhausarzt war gemäß § 116 SGB V zur Teilnahme an der vertragsärztlichen Versorgung ermächtigt und führte die Behandlung auf der Basis dieser Ermächtigung als ambulante Chemotherapie unter Einsatz der hierfür medizinisch erforderlichen Medikamente durch. Für Krankenhausärzte, die nach § 116 SGB V zur Teilnahme an der vertragsärztlichen Versorgung der Versicherten ermächtigt sind, gelten nach der ständigen Rechtsprechung des BSG grundsätzlich dieselben Bestimmungen und Anforderungen wie für Vertragsärzte, soweit sie im ambulanten vertragsärztlichen Bereich tätig werden.

Die als ambulante Chemotherapie geplante und begonnene Behandlung ist nicht dadurch zu einer stationären Behandlung geworden, dass die Versicherte aufgrund von Komplikationen noch am gleichen Tag stationär aufgenommen werden musste. Eine ambulant durchführbare und so auch geplante und begonnene ambulante Behandlung durch ermächtigte Krankenhausärzte wird nicht nachträglich aufgrund einer anschließenden stationären Behandlung im Krankenhaus, die wegen einer unvorhergesehenen Komplikation notwendig wurde, zum Bestandteil einer einheitlichen vollstationären Krankenhausbehandlung.

Die eindeutige Zuordnung der ambulanten Behandlung durch ermächtigte Krankenhausärzte zur vertragsärztlichen Versorgung und nicht zu den Krankenhausleistungen ergibt sich bereits aus dem Wortlaut der Vorschrift. Die ambulanten Leistungen der nach § 116 SGB V tätig werdenden Krankenhausärzte sind daher trotz ihrer engen Beziehungen zum Krankenhaus nicht dem Krankenhaus zuzurechnen. Die Krankenhausärzte werden im Rahmen ihrer Ermächtigung nicht für das Krankenhaus tätig, sondern erbringen im eigenen Namen eine vertragsärztliche Leistung auf eigene Rechnung. Schon aufgrund dieser personellen, organisatorischen und häufig auch räumlichen Trennung zwischen der ambulanten Behandlung durch Krankenhausärzte in der Ermächtigungsambulanz und den Leistungen des Krankenhauses kann eine als ambulante Behandlung begonnene Therapie grundsätzlich nicht durch nachträgliche Ereignisse zu einer stationären Leistung des Krankenhauses werden.

Das kann anders zu beurteilen sein, wenn sich an eine zunächst ambulant begonnene Therapie in den Räumen des Krankenhauses typischer- und vorhersehbarerweise eine stationäre Aufnahme anschließt, die Behandlung also richtigerweise von vornherein stationär hätte durchgeführt werden müssen.

Empfehlungen für den Chefarzt

Die Teilnahme des Chefarztes an der vertragsärztlichen Versorgung bietet aus rechtlicher Sicht Chancen und Risiken. Es gibt eine ganze Reihe von Zugangswegen eines Krankenhauses in die vertragsärztliche Versorgung, in die ein Chefarzt als Angestellter einbezogen werden kann; sei es unmittelbar über seinen Chefarztdienstvertrag mit dem Krankenhaus oder aufgrund eines weiteren Arbeitsvertrages mit einem MVZ des Krankenhauses. Die Ermächtigung des Krankenhausarztes ist konzeptionell ein Weg in die eigenständige und eigenverantwortliche Teilnahme am GKV-System. Hier wird sich ein Chefarzt die Frage stellen müssen, ob und in welchem Umfang eine Absicherung des Krankenhausträgers gegen die Risiken (z.B. Wirtschaftlichkeitsprüfung) der selbstverantwortlichen Tätigkeit im GKV-System möglich und wünschenswert ist. Das gilt insbesondere dann, wenn wirtschaftliche Vorteile der Ermächtigung auch dem Krankenhausträger zu Gute kommen. In welcher Richtung eine Absicherung erfolgen kann, zeigen etwa die nachfolgend beschriebenen Risiken der Wirtschaftlichkeitsprüfung.

22.4.5 Wirtschaftlichkeitsprüfung

Sowohl die Krankenhausbehandlung (§ 113 SGB V) als auch die vertragsärztliche Tätigkeit (§ 106 SGB V) unterliegen einer *Wirtschaftlichkeitsprüfung*. Von beiden Arten der Wirtschaftlichkeitsprüfung kann ein Chefarzt betroffen sein. Steht er bei einer an ihn z.B. als ermächtigten Arzt (§ 116 SGB V) adressierten Wirtschaftlichkeitsprüfung persönlich im Fokus der Prüfgremien, kann das mit einem solchen Prüfverfahren verbundene wirtschaftliche Risiko sehr empfindlich sein.

Regresse sind im Grundsatz verschuldensunabhängig. In aller Regel besteht kein Regress-Versicherungsschutz und ggf. auch keine Unterstützung von Seiten des Krankenhauses. Insbesondere Wirtschaftlichkeitsprüfungen bei Arzneimittelverordnungen können eine erhebliche Höhe erreichen, wenn es sich bei dem Fachgebiet des Chefarztes um ein verordnungsintensives Gebiet handelt. Dieses Gefahrenpotenzial macht die Sorge von Ärzten verständlich, zu einem Regress wegen unwirtschaftlicher Verordnungs- oder Behandlungsweise herangezogen zu werden (▶ auch Kap. 6, S. 56).

Angesichts der seit Jahren durchschnittlich recht niedrigen Zahlen von Wirtschaftlichkeitsprüfungsverfahren und Regressen und der Bestrebungen des Gesetzgebers, in bestimmten Umfang einen sichtbaren Schutz vor Regressen zu schaffen und unberechtigte Regressängste abzubauen, scheint die Regressvermeidung typischerweise stark ausgeprägt zu sein. Die Tendenz, Regressrisiken zu überschätzen, ist nachvollziehbar, da konzeptionell nur die Überschreitung, nicht jedoch die Unterschreitung des nach dem Wirtschaftlichkeitsgebot der GKV (§ 12 SGB V) erforderlichen Versorgungsumfangs bei einer Wirtschaftlichkeitsprüfung z.B. nach Richtgrößen oder Durchschnittswerten auffällig wird. In beiden Fällen wird die Reichweite des Versichertenanspruchs jedoch gleichermaßen verfehlt. Im Interesse der Patienten sollten die mit den Wirtschaftlichkeitsprüfungsverfahren verbundenen Risiken realistisch wahrgenommen werden. Das setzt in erster Linie Grundkenntnisse über die Funktionalität und Inhalte der Prüfverfahren voraus.

Die Wirtschaftlichkeitsprüfung vertragsärztlicher Leistungen ist eine nach § 106 SGB V gesetzlich vorgeschriebene Prüfung. Insbesondere das ärztliche Verordnungsverhalten wird einer Überprüfung unterzogen. § 106 Abs. 2 SGB V sieht bei der Überprüfung der Wirtschaftlichkeit der Versorgung die Prüfung ärztlich erbrachter und ärztlich verordneter Leistungen bei Überschreitung der Richtgrößenvolumina nach § 84 SGB V vor (sog. Auffälligkeits- oder Richtgrößenprüfung), sowie andererseits eine arztbezogene Prüfung ärztlich erbrachter und ärztlich verordneter Leistungen auf der Grundlage von arztbezogenen und versichertenbezogenen Stichproben, die mindestens 2% der Ärzte je Quartal umfassen (Zufälligkeitsprüfung).

Durchgeführt wird die Wirtschaftlichkeitsprüfung durch die Gemeinsamen Prüfgremien von Krankenkassen und Kassenärztlichen Vereinigungen (Prüfungsstelle bzw. Beschwerdeausschuss). Sowohl Prüfungsstelle als auch Beschwerdeausschuss sind eigenverantwortlich tätige Einrichtungen, die von der Kassenärztlichen Vereinigung und den Krankenkassen eingerichtet wurden und die für die Beurteilung der Wirtschaftlichkeit wesentlichen Sachverhalte feststellen und entscheiden, ob der Arzt gegen das Wirtschaftlichkeitsgebot verstoßen hat, und die sodann die erforderlichen Maßnahmen gegen den Vertragsarzt festlegen.

Richtgrößenprüfung

Für die Prüfung der Arzneimittelverordnungsweise ist vorrangig die Prüfung nach *Richtgrößen* vorgesehen. Richtgrößen sind regional vereinbarte Werte und stellen Orientierungszahlen für den Arzt dar, an denen er sein Verordnungsverhalten ausrichten kann. Richtgrößen werden jährlich festgesetzt in vertraglichen Vereinbarungen zwischen der Kassenärztlichen Vereinigung, den Landesverbänden der Krankenkassen und den Ersatzkassen. Die arztgruppenspezifisch und differenziert nach Versichertengruppen (Mitgliedern/Familienmitgliedern und Rentnern; in manchen Kassenärztlichen Vereinigungen wird noch eine weitere Differenzierung nach Altersgruppen vorgenommen, so z.B. in Bayern, Thüringen, etc.) festgelegten Richtgrößen spiegeln nicht das ärztliche tatsächliche Verordnungsverhalten wider. Sie haben lediglich Orientierungscharakter. Richtgrößen werden mit ihrer amtlichen Veröffentlichung der Richtgrößenvereinbarung im jeweiligen KV-Bezirk formal rechtlich wirksam. Ist eine Veröffentlichung nicht rechtzeitig bis zum 31.12. des Vorjahres erfolgt, gelten die Vorjahresrichtgrößen so lange weiter, bis eine neue Vereinbarung veröffentlicht wurde.

In der *Richtgrößenprüfung* werden am Ende eines Kalenderjahres alle Verordnungskosten zusammengefasst und mit seinen fachgruppenbezogenen Richtgrößenvolumen abgeglichen. Gesetzlich ist mittlerweile auch eine quartalsweise Prüfung der Richtgrößen möglich, sodass eine zeitnahe Prüfung erfolgen kann. Richtgrößenprüfungen sollen gem. § 106 Abs. 2 SGB V in der Regel für nicht mehr als 5% der Ärzte einer Fachgruppe durchgeführt werden. Die Festsetzung eines den Krankenkassen zu erstattenden Mehraufwandes muss innerhalb von zwei Jahren nach Ende des geprüften Verordnungszeitraumes erfolgen.

Praxisbesonderheiten

Bestimmte Arzneimittel sind im Rahmen der Richtgrößenprüfung privilegiert: So stellen z.B. die Verordnung bestimmter Präparate oder der Einsatz von Arzneimitteln bei bestimmten Krankheitsbildern sog. *Praxisbesonderheiten* dar, deren Verordnungskosten zugunsten des Vertragsarztes im Rahmen einer Richtgrößenprüfung bzw. Wirtschaftlichkeitsprüfung berücksichtigt werden müssen. Unter Praxisbesonderheiten versteht man Umstände, die sich zwingend und objektiv auf das Verordnungs- und Behandlungsverhalten auswirken und in den Praxen der Vergleichsgruppe typischerweise nicht oder nicht in derselben Häufigkeit vorkommen. Diese Situation kann z.B. bei einem Chefarzt auftreten, der im Rahmen seiner vertragsärztlichen Tätigkeit ein besonderes, verordnungsintensives Patientenklientel betreut.

Die Prüfungsstelle ist verpflichtet, vorab die anerkannten Praxisbesonderheiten von den Verordnungskosten des Arztes vor Einleitung eines Prüfverfahrens abzuziehen. Hier sind insbesondere die regionalen Vereinbarungen zu berücksichtigen (Prüfvereinbarung, Arznei- und Heilmittelvereinbarung, Richtgrößenvereinbarung), die sich auf den Internetseiten der jeweiligen Kassenärztlichen Vereinigung abrufen lassen. Die Anlagen der Richtgrößenvereinbarungen enthalten mitunter bestimmte Indikationen und/oder Wirkstoffe, die regelmäßig als Praxisbesonderheiten anerkannt werden. Diese sind oftmals mittels sog. Pseudoabrechnungsziffern (Symbolziffern) in der Abrechnung kenntlich zu machen, so dass diese von der Prüfungsstelle vorab bereits berücksichtigt werden können. Alle anderen Praxisbesonderheiten muss der Arzt entsprechend der Regelungen der einschlägigen Prüfvereinbarung substantiiert vortragen. Entscheidend ist nicht die Darstellung besonders kostenintensiver Versorgungsfälle, sondern kostenintensiver Versorgungsfälle, die es bei Ärzten der Vergleichsgruppe nicht oder nicht in vergleichbarem Umfang gibt. Aufschlussreiche Daten über Vergleichswerte arztgruppenspezifisch häufigster Diagnoseschlüssel kann man z.B. beim Zentralinstitut der Kassenärztlichen Bundesvereinigung (▶ www.zi-berlin.de) finden. Eine andere Zielrichtung des Vortrags ist der Hinweis auf innovative Spezialpräparate, die bei der anhand von Vergangenheitsdaten vorgenommenen Festsetzung der Richtgrößen noch keine (hinreichende) Berücksichtigung gefunden haben, aber in der Versorgungspraxis des Prüfzeitraums bereits zum allgemein anerkannten Stand in der Medizin gehörten.

Dokumentation

Jeder fundierte Vortrag in einem ggf. erst Jahre später stattfindenden Wirtschaftlichkeitsprüfungsverfahren ist von der Qualität der *Dokumentation* des Arztes abhängig. Nur anhand einer vorliegenden Dokumentation lässt sich eine Begründung von individuellen, nicht vorab automatisch anerkannten Praxisbesonderheiten patientenindividuell fassen. Je detaillierter und konkreter die Praxisbesonderheit dargelegt ist, desto höher ist auch die Wahrscheinlichkeit, dass diese von der Prüfungsstelle entsprechend anerkannt wird. Die hiermit als Aspekt des Regressschutzes auftretende Notwendigkeit einer sorgfältigen Dokumentation bedeutet spätestens nach Inkrafttreten des Patientenrechtsgesetzes keine wahrnehmbare Mehrarbeit mehr, denn § 630f Abs. 2 BGB enthält Anforderungen an den Inhalt der Patientenakte, mit der sich auch eine Verteidigung im Prüfungsfall bestreiten lassen wird. § 630f Abs. 2 BGB bestimmt den Inhalt der Dokumentation des Arztes wie folgt: »…sämtliche aus fachlicher Sicht für die derzeitige und künftige Behandlung wesentlichen Maßnahmen und deren Ergebnisse…, insbesondere die Anamnese, Diagnosen, Untersuchungen, Untersuchungsergebnisse, Befunde, Therapien und ihre Wirkungen, Eingriffe und ihre Wirkungen…«.

Absicherung und Genehmigungsantrag

Im Zusammenhang mit Vorsichtsmaßnahmen zur Regressverteidigung stellt sich die Frage, ob nicht die größte Rechtssicherheit für den Arzt erreicht werden kann, wenn er sich die Verordnungen von der Krankenkasse des Versicherten vorab genehmigen lässt. Aus Rechtsgründen ist dieser Weg grundsätzlich verschlossen. Der Bundesmantelvertrag-Ärzte sieht in § 29 Abs. 1 BMV-Ä vor, dass die Verordnung von Arzneimitteln in der Verantwortung des Vertragsarztes liegt und die Genehmigung von Arzneimittelverordnungen durch die Krankenkasse unzulässig ist. Nur in bestimmten Fällen, in denen beispielsweise ein fachlich umstrittener Off-Label-Use in Betracht kommt, kann zur Vermeidung von Regressen eine vorherige Abklärung mit der jeweiligen Krankenkasse in Betracht kommen (BSG, U. v. 31.05.2006, Az. B 6 KA 53/05 B). Eher als ein »Genehmigungsantrag« des Arztes kommt erkennbar im Randbereich des Leistungsspektrums der GKV liegenden Fällen ein *Leistungsantrag* des Versicherten in Betracht. Ein solcher Leistungsantrag wäre auch Voraussetzung eines Kostenerstattungsanspruchs des Versicherten, soweit die Krankenkasse die Leistung zu Unrecht ablehnt (§ 13 Abs. 3 SGB V).

Rechtsfolgen und Rechtsschutz

Bei Überschreitung des Richtgrößenvolumens von mehr als 15% leitet die Prüfungsstelle vom Amts wegen ein *Richtgrößenprüfungsverfahren* ein. Der Arzt wird schriftlich von der Prüfungsstelle darüber informiert, und es wird ihm Gelegenheit zur Stellungnahme (unter Fristsetzung) eingeräumt. Die von der Prüfungsstelle gesetzte Frist kann ggf. verlängert werden, was schriftlich bei der Prüfungsstelle beantragt werden sollte. An dieser Stelle gibt es Gelegenheit, Praxisbesonderheiten darzulegen. Nach Eingang der ärztlichen Stellungnahmen entscheidet die Prüfungsstelle über den weiteren Fortgang des Verfahrens. Ein Regress kommt erst bei einer durch Praxisbesonderheiten nicht gerechtfertigten Richtgrößenüberschreiten von mehr als 25% in Betracht. Bei einer Überschreitung bis zu 25% hat sich der Arzt einer Pharmakotherapieberatung zu unterziehen. Bei einer Überschreitung der Richtgröße von weniger als 15% ist das Richtgrößenprüfungsverfahren beendet.

Gegen einen Bescheid der Prüfungsstelle hat der Arzt die Möglichkeit, *Widerspruch* einzulegen, soweit er belastet ist. Dieses Rechtsmittel muss er schriftlich binnen eines Monats nach Zustellung des ihn belastenden Regressbescheides beim Beschwerdeausschuss einlegen. Diese Widerspruchsfrist ist zwingend einzuhalten, da der Beschluss der Prüfungsstelle ansonsten bestandskräftig wird. Er muss einen Widerspruch nicht (sofort) begründen. Ein Widerspruch ohne Begründung dürfte aber keine Erfolgsaussichten haben. Der Widerspruch hat aufschiebende Wirkung (§ 106 Abs. 5 SGB V). Sofern der Beschwerdeausschuss entscheidet, dass der von der Prüfungsstelle ausgesprochene Regress gerechtfertigt ist, kann Klage beim zuständigen Sozialgericht eingelegt werden. Die Klage hat keine aufschiebende Wirkung, d.h. der Regressbetrag kann noch vor der rechtskräftigen Entscheidung des Sozialgerichts von der Kassenärztlichen Vereinigung mit einer laufenden Honorarforderung verrechnet oder gesondert in Rechnung gestellt werden, falls das nicht möglich ist. Von dieser Möglichkeit muss die Kassenärztliche Vereinigung aber keinen Gebrauch machen.

Vor dem Beschwerdeausschuss besteht für den Arzt im Rahmen einer mündlichen Verhandlung die Möglichkeit, persönlich angehört zu werden. Diese Möglichkeit sollte der Arzt immer nutzen, selbst dann, wenn medizinische Aspekte im Prüfverfahren nur eine untergeordnete Rolle spielen.

Die mündliche Verhandlung vor dem Beschwerdeausschuss bietet nicht nur die Möglichkeit, das Prüfverfahren einvernehmlich kurzfristig zu beenden, sondern auch die Chance, die Verordnungsentscheidungen den fachfremden Kollegen im Ausschuss und den nichtärztlichen sonstigen Mitgliedern überhaupt erst verständlich zu machen. Gegen den Bescheid des Beschwerdeausschusses, der spätestens fünf Monate nach seiner Sitzung erstellt sein muss, können alle Beteiligten, einschließlich der Krankenkasse und Kassenärztlichen Vereinigung, binnen eines Monats nach Zustellung Klage vor dem zuständigen Sozialgericht erheben. Ein Anwaltszwang existiert nicht, aber die Vertretung in eigener Sache in einem vielen Ärzten ungewohnten verfahrensrechtlichen Umfeld kann eine anwaltliche Vertretung auch dann sinnvoll machen, wenn es auch vor dem Sozialgericht weiterhin im Kern um medizinische Fragen geht.

Weitere Prüfarten

Neben den an Durchschnittswerten oder Richtgrößen orientierten Prüfverfahren gibt es weitere Gegenstände der Wirtschaftlichkeitsprüfung und weitere Prüfarten. Gegenstand der Wirtschaftlichkeitsprüfung können auch Honorarforderungen, veranlasste physikalisch-medizinische Leistungen, Sprechstundenbedarfsverordnungen, Feststellungen von Arbeitsunfähigkeitsbescheinigungen sowie die Überprüfung seines Verordnungsverhaltens sein. Als Prüfmethoden kommt auch die *Stichprobenprüfung* in Betracht. Dieser gesetzlich verpflichtenden Prüfmethode müssen mindestens 2% der Ärzte je Quartal unterzogen werden im Hinblick sowohl auf ärztliche als auch auf ärztlich verordnete Leistungen.

Zudem kommt als weitere Prüfung die *Einzelfallprüfung* in Betracht, die auf Antrag der Krankenkassen bzw. ihrer Verbände oder der jeweiligen Kassenärztlichen Vereinigung erfolgt. Grundlage der Prüfung ist hier ein von der Prüfungsstelle zu prüfender Verstoß gegen das Gebot der Wirtschaftlichkeit im konkreten Einzelfall. Diese Prüfart erlangt besondere praktische Bedeutung in den Fällen des sog. *Off-Label-Use*. Die Verteidigung des Arztes ist in diesem Fall nicht auf Verordnungsvolumina im Verhältnis zu der Vergleichsgruppe gerichtet, sondern bezieht sich auf die Rechtfertigung seiner medizinischen Entscheidung unter dem Blickwinkel des Wirtschaftlichkeitsgebots der GKV.

Neben den verschuldensunabhängigen Prüfarten der Wirtschaftlichkeitsprüfung des § 106 SGB V gibt es auch die bei einer Schlichtungsstelle liegende Prüfung zur Feststellung eines sonstigen Schadens (§ 49 BMV-Ärzte). Hier geht es um Schadensersatzansprüche, welche eine Krankenkasse gegen einen Vertragsarzt aus der schuldhaften Verletzung vertragsärztlicher Pflichten geltend macht, soweit diese nicht bereits einem anderen Prüfverfahren zugeordnet sind. Für ermächtigte Krankenhausärzte sind diese Prüfverfahren vor allem deshalb relevant, weil es hier u.a. um Schadensersatzansprüche wegen eines Verstoßes gegen das *Gebot der persönlichen Leistungserbringung* gehen kann (§ 49 Abs. 2 BMV-Ä). Zwar eröffnen die verschiedenen Rechtsquellen, aus denen sich das Gebot zur persönlichen Leistungserbringung ergibt (z.B. § 15 Abs. 1 BMV-Ä; § 32 Abs. 1 Ärzte-ZV, § 19 Abs. 1 MBO-Ä), die Möglichkeit, auch die Leistungen ärztlicher Mitarbeiter ohne Verstoß gegen das Gebot der persönlichen Leistungserbringung in die Behandlung des Patienten einzubeziehen. Ein nach § 116 SGB V ermächtigter Arzt hat aus der Perspektive jedoch keine ärztlichen Mitarbeiter, sondern ist allein Adressat der Ermächtigung.

Fall aus der Praxis (Bundessozialgericht, Urteil vom 20.03.2013, Az. B 6 KA 17/12 R)

Aus dem Sachverhalt Streitig ist ein Regress der Krankenkasse gegen einen ermächtigten Krankenhausarzt wegen fehlerhafter Ausstellung von Arzneiverordnungen. Bei drei (Erst-)Verordnungen liegt kein Überweisungsschein (= Abrechnungsschein) mit der Angabe einer der Verordnung zugrunde liegenden ärztlichen Behandlung vor; eine Verordnung weist keine Unterschrift auf; drei Verordnungen sind nicht vom beklagten Arzt, sondern von einem anderen Arzt des Krankenhauses unterzeichnet.

Aus den Gründen Die Prüfgremien entscheiden über die Wirtschaftlichkeit vertragsärztlicher Verordnungen. In den dargestellten Konstellationen ist unzweifelhaft ein Schaden eingetreten. Dem kann nicht ein hypothetischer alternativer Geschehensablauf entgegengehalten werden, etwa mit dem Vorbringen, die Verordnung sei inhaltlich sachgerecht gewesen, und bei sachgerechter Ausstellung der Verordnung wären der Krankenkasse dieselben Kosten entstanden. Im Vertragsarztrecht ist kein Raum, einen Verstoß gegen Gebote und Verbote, die nicht bloße Ordnungsvorschriften betreffen, durch Berücksichtigung eines hypothetischen alternativen Geschehensablaufs als unbeachtlich anzusehen; denn damit würde das vertragsarztrechtliche Ordnungssystem relativiert.

In sechs der sieben umstrittenen Verordnungsfälle ist auch die weitere Voraussetzung, dass eine verschuldete Pflichtverletzung vorliegen muss, zu bejahen. Schuldhaft insbesondere in den drei Fällen, in denen die Krankenkasse geltend macht, ihr liege kein Überweisungsschein mit Angabe einer der (Erst-)Verordnung zugrunde liegenden ärztlichen Behandlung vor. Es gehört zum Verantwortungsbereich des Arztes, dass die Krankenkassen mit Verordnungskosten nur für korrekte Verordnungen belastet wird.

Ermächtigten Ärzten ist die Dienstleistung des Krankenhauses zuzurechnen. Aus dem Zusammenhang dieser Regelungen folgt, dass sich die ermächtigten Krankenhausärzte ein Verschulden des Krankenhausträgers bei der Weiterverarbeitung und Weitergabe der ihm zugeleiteten Unterlagen bzw. Daten zurechnen lassen müssen.

Bei den drei Verordnungen, bei denen der Krankenhausarzt den Patienten Verordnungsblätter ohne seine persönliche Unterzeichnung aushändigen ließ, ist ihm ebenfalls jeweils eine schuldhafte Pflichtverletzung anzulasten. Es lag nämlich jeweils ein Verstoß gegen das Gebot persönlicher Leistungserbringung vor. Diesem Gebot kommt großes Gewicht zu. Es gilt nicht nur für die Behandlungs-, sondern auch für die Verordnungstätigkeit des Arztes.

Die aufgeführten Pflichtverletzungen sind auch als verschuldet anzusehen. Die Regelungen des BMV-Ä und der AMVV muss jeder Vertragsarzt und ebenso jeder ermächtigte Arzt kennen.

Empfehlungen für den Chefarzt

Der Gesetzgeber hat die Wirtschaftlichkeitsprüfung des Vertragsarztrechts in den vergangenen Jahren deutlich eingeschränkt. Die Zahlen der Wirtschaftlichkeitsprüfungen und Regresse sind zurückgegangen. Statistiken zu Richtgrößenprüfungen weisen wenige Regresse und niedrige Regresssummen aus. Rationalisieren lassen sich die weit verbreiteten Regresssorgen von Vertragsärzten deshalb nur im Hinblick auf Prüfarten wie z.B. Einzelfallprüfungen von hochpreisigen Arzneimittelverordnungen.

Eine Professionalisierung im Umgang mit diesem Risiko ist für ärztliche Fachgruppen mit hochpreisigen, insbesondere auch im Bereich des Off-Label-Use liegenden Arzneimittelverordnungen unabdingbar. Ein routinierter Umgang setzt praktische Erfahrungen mit der Erstattungspraxis der Krankenkassen voraus, die sich erst im Laufe der Zeit erwerben lassen. Bei allen ärztlichen Fachgruppen gelten aber die gleichen Grundsätze: Unerlässlich ist eine aussagekräftige Dokumentation, die medizinische Begründung der Notwendigkeit (z.B. Unwirksamkeit bisheriger Therapien, unvertretbare Nebenwirkungen, Kontraindikationen) und Orientierung an den oben dargestellten Grundsätzen der sozialgerichtlichen Rechtsprechung. Medizinische Darlegungspflichten reichen bis in das Prüfverfahren. Ein Nachschieben von Gründen im sozialgerichtlichen Verfahren ist grundsätzlich nicht mehr möglich.

22.4.6 Off-Label-Therapien

Die Leistungen der Krankenkassen und Leistungserbringer haben dem allgemein anerkannten Stand der medizinischen Erkenntnisse zu entsprechen (§§ 2 Abs. 1 Satz 3, 70 Abs. 1 SGB V). Der Arzt ist zudem mit Übernahme der Behandlung zur Sorgfalt nach den Vorschriften des Bürgerlichen Gesetzbuches verpflichtet (§ 76 Abs. 4 SGB V). Der in § 630a Abs. 2 BGB definierte Facharztstandard gilt auch in Behandlungsverhältnissen gesetzlich krankenversicherter Patienten. Entspricht die ärztliche Behandlung nicht dem Facharztstandard, bestehen Ansprüche der Patienten auf Schadenersatz und Schmerzensgeld, soweit die weiteren Voraussetzungen des Arzthaftungsrechts vorliegen.

Das Leistungsspektrum der GKV umfasst die Arzneimittelversorgung (§§ 27 Abs. 1 Satz 1 Nr. 3, 31 Abs. 1 SGB V). Entspricht der zulassungsüberschreitende Einsatz eines Arzneimittels (Off-Label-Use) dem allgemein anerkannten Facharztstandard, wäre es in Anbetracht der oben genannten Grundsätze eigentlich folgerichtig, dass sich die Arzneimittelleistungen der GKV auf den Off-Label-Use erstrecken. Eine solche allgemeine Schlussfolgerung trifft jedoch nicht zu.

Mit dem zulassungsüberschreitenden Einsatz von Arzneimitteln im GKV-Bereich beschäftigen sich verschiedene Regelungen des SGB V:

§ 35c Abs. 1 SGB V sieht vor, dass Expertengruppen im Auftrag des G-BA oder des BMG Bewertungen zum Stand der wissenschaftlichen Erkenntnis über die Anwendung von zugelassenen Arzneimitteln für Indikationen und Indikationsbereiche abgeben, für die sie nach dem Arzneimittelgesetz nicht zugelassen sind. Solche Bewertungen liegen zu verschiedenen Wirkstoffen und Indikationen vor. Sie sind in der Anlage VI zur AMR in einem Teil A (verordnungsfähig) und Teil B (nicht verordnungsfähig) aufgelistet. Soweit die Anlage VI reicht, liegt eine Konkretisierung des Leistungsumfangs der GKV im Bereich des Off-Label-Use von Arzneimitteln vor.

Eine weitere ausdrückliche Regelung trifft das SGB V für die zulassungsüberschreitende Anwendung von Arzneimitteln in klinischen Prüfungen (§ 35c Abs. 2 SGB V). Wird das in der Vorschrift vorgesehene Verfahren der Einbindung des G-BA eingehalten, besteht auch in diesen Fällen ein gesetzlich fundierter Anspruch des Versicherten auf eine Off-Label-Therapie.

Diese beiden Rechtsgrundlagen sollte ein Chefarzt kennen und konsultieren, der erstmalig einen bestimmten Off-Label-Einsatz von Arzneimitteln zu Lasten der Krankenkassen erwägt. Ist die im konkreten Behandlungsfall vorgesehene Off-Label-Therapie in der Anlage VI zur AMR bereits bewertet worden oder handelt es sich um einen Fall des § 35c Abs. 2 SGB V, wäre ein Rückgriff auf die im Folgenden dargestellten richterrechtlich entwickelten Voraussetzungen des Off-Label-Use entbehrlich. Auch zu Grenzfällen vor Inkrafttreten eines G-BA-Beschlusses zur Ergänzung der Anlage VI der AMR bei bereits vorliegender oder in Vorbereitung befindlicher Entscheidung der Expertengruppe ist bereits eine Rechtsprechung des BSG vorhanden (z.B. BSG, U. v. 03.07.2012, Az. B 1 KR 25/11 R).

Für eine Vielzahl von Off-Label-Therapien ist auf diesem Weg jedoch keine rechtssichere Verordnung möglich, weil sie (bislang) nicht bewertet und in Anlage VI der AMR abgebildet sind. Damit ist der Anwendungsbereich der richterrechtlich entwickelten Voraussetzungen des Off-Label-Use eröffnet und ein Abgleich der im konkreten Behandlungsfall vorliegenden Rahmenbedingungen mit den Anforderungen, insbesondere der BSG-Rechtsprechung, erforderlich. Die hiermit verbundenen Unsicherheiten der Rechtsanwendung lassen sich nur dann etwas erleichtern, wenn zu einem vergleichbaren medizinischen Sachverhalt bereits eine sozialgerichtliche Rechtsprechung vorliegt. Da der Off-Label-Use von Arzneimitteln die sozialgerichtliche Rechtsprechung seit Jahren immer wieder beschäftigt, liegt durchaus eine reichhaltige Entscheidungspraxis vor. Über eine Internetrecherche kann sich der Chefarzt einen Überblick verschaffen. Eine intensivere Recherche in nicht-öffentlichen juristischen Datenbanken verlangt wiederum die Einbeziehung krankenhausinterner/-externer Rechtsberatung. Fachbezogene Hinweise lassen sich darüber hinaus ggf. auch aus Leitlinien der ärztlichen Fachgesellschaften entnehmen (z.B. AWMF, S 1-Leitlinie 015/057 – Off-Label-Use in Gynäkologie und Geburtshilfe, Stand März 2013).

Die Voraussetzungen der Off-Label-Therapien im GKV-Bereich hat das BSG in einer wegweisenden Entscheidung vom 19.03.2002 (Az. B 1 KR 37/00 R) grundlegend beschrieben. Danach müssen im konkreten Behandlungsfall und im Zeitpunkt der Behandlungsentscheidung für den Off-Label-Use folgende drei Voraussetzungen kumulativ erfüllt sein:

- Es handelt sich um die Behandlung einer schwerwiegenden (lebensbedrohlichen oder die Lebensqualität auf Dauer nachhaltig beeinträchtigenden) Erkrankung.
- Es ist keine andere Therapie verfügbar.
- Aufgrund der Datenlage besteht die begründete Aussicht, dass mit dem Arzneimittel ein Behandlungserfolg (kurativ oder palliativ) erzielt wird. Diese Aussicht darf nicht allein die subjektive Einschätzung des Arztes sein oder gar nur die Erfahrung, dass das Arzneimittel bei dem Patienten tatsächlich eine positive Wirkung hatte, sondern es müssen Forschungs-

ergebnisse vorliegen, die erwarten lassen, dass das Arzneimittel für die betreffende Indikation zugelassen werden kann. Davon kann ausgegangen werden, wenn entweder die Erweiterung der Zulassung bereits beantragt ist und die Ergebnisse einer kontrollierten klinischen Prüfung der Phase III (gegenüber Standard oder Placebo) veröffentlicht sind, die eine klinisch relevante Wirksamkeit respektive einen klinisch relevanten Nutzen bei vertretbaren Risiken belegen, oder
- außerhalb eines Zulassungsverfahrens gewonnene Erkenntnisse veröffentlicht sind, die über Qualität und Wirksamkeit des Arzneimittels in einem neuen Anwendungsgebiet zuverlässige, wissenschaftlich nachprüfbare Aussagen zulassen und aufgrund derer in den einschlägigen Fachkreisen Konsens über einen voraussichtlichen Nutzen im vorgenannten Sinne besteht.

Alle drei Voraussetzungen können medizinisch umstritten sein. Besonders zu beachten ist aber die dritte Voraussetzung, die wesentlich enger gestaltet ist, als Ärzte es im Allgemeinen erwarten. Die dort beschriebene *Zulassungsreife* erfasst die Situation, dass ein Arzneimittel im Vorfeld einer bevorstehenden arzneimittelrechtlichen Zulassungserweiterung angewandt werden kann, wenn die wissenschaftlich-medizinische Datenlage bereits vorliegt und veröffentlicht wurde. Diese Situation wird in der Vielzahl leitlinienbezogener Off-Label-Anwendungen nicht vorliegen. Dagegen scheint die zweite Alternative großzügiger zu sein, denn ein Konsens der medizinischen Fachkreise lässt sich etwa anhand medizinischer Leitlinien ermitteln, und insoweit bewegt sich der Chefarzt fachlich auf dem eigenen, medizinisch bekannten Terrain.

Mit Urteil vom 26.09.2006 (Az. B 1 KR 1/06 R) hat das Bundessozialgericht die dritte Voraussetzung jedoch enger gefasst. Sowohl die innerhalb als auch die außerhalb eines arzneimittelrechtlichen Zulassungsverfahrens ermittelten wissenschaftlichen Erkenntnisse über den Nutzen und die Risiken des Arzneimittels in der Off-Label-Indikation müssen auf Basis einer vergleichbaren medizinischen Evidenz vorliegen. Auch außerhalb eines Zulassungsverfahrens gewonnene Erkenntnisse müssen auf dem Niveau von Phase-III-Studien vorhanden sein. Ob die medizinische Fachliteratur und Leitlinien der ärztlichen Fachgesellschaften im konkreten Fall eine empfohlene Off-Label-Anwendung auf eine derartige Evidenz stützen, ist – möglichst im Vorfeld der Off-Label-Behandlung – zu prüfen und wird nicht selten zu verneinen sein.

In dieser Situation kommt eine Leistung der GKV grundsätzlich nur noch unter Berücksichtigung des sog. »Nikolaus-Beschluss« des BVerfG vom 06.12.2005 (Az. 1 BvR 347/98) in Betracht. Die vom Bundesverfassungsgericht in dieser Entscheidung aufgestellten Grundsätze sind heute in § 2 Abs. 1a SGB V gesetzlich normiert. Danach gelten bei lebensbedrohlichen, regelmäßig tödlich verlaufenden oder vergleichbar schweren Erkrankungen herabgesetzte Anforderungen an den Evidenznachweis der Arzneimitteltherapie, soweit keine dem allgemein anerkannten Stand der medizinischen Erkenntnisse entsprechende Behandlungsalternative (mehr) vorhanden ist. Es genügt dann eine nicht ganz entfernt liegende Aussicht auf Heilung oder auf eine spürbare positive Einwirkung auf den Krankheitsverlauf.

In der Folgezeit hat das BSG die ursprünglich im Jahr 2002 entwickelten Anforderungen an einen Off-Label-Use zunehmend konkretisiert und, soweit sich nicht bereits unter Anwendung der Off-Label-Kriterien ein Leistungsanspruch des Versicherten ergab, in einer ergänzenden Prüfung untersucht, ob sich ausnahmsweise ein Leistungsanspruch aus verfassungsrechtlicher Perspektive nach Maßgabe des Beschlusses des Bundesverfassungsgerichts vom 06.12.2005 ergab. Insoweit waren insbesondere die vom Bundesverfassungsgericht aufgestellten Anforderungen an die Schwere des Krankheitsbildes von Bedeutung:
- BSG, U. v. 04.04.2006 (Az. B 1 KR 7/05) – Bei lebensbedrohenden, regelmäßig tödlich verlaufenden Erkrankungen kommt eine Versorgung mit nicht zugelassenen Arzneimitteln in Betracht, wenn die vom BVerfG im Beschluss vom 06.12.2005 aufgestellten Grundsätze vorliegen. Eine positive Auswirkung auf den Krankheitsverlauf ist schon dann zu bejahen, wenn zumindest das Fortschreiten der Krankheit aufgehalten oder Komplikationen verhindert werden.

- BSG, U. v. 04.04.2006 (Az. B 1 KR 12/04) – Bestätigung der Anwendung der Kriterien des Beschlusses des BVerfG vom 06.12.2005, aber Ablehnung des ersten Kriteriums einer lebensbedrohlichen, regelmäßig tödlich verlaufenden Erkrankung bei einer MAD-Mangel-Myopathie.
- BSG, U. v. 14.12.2006 (Az. B 1 KR 12/06 R) – Bestätigung der Anwendung der Kriterien des Beschlusses des BVerfG vom 06.12.2005, Konkretisierung des Notstandcharakters einer lebensbedrohlichen, regelmäßig tödlich verlaufenden Erkrankung, Übertragung auf den nicht kompensierbaren Verlust eines wichtigen Sinnesorgans oder einer herausgehobenen Körperfunktion, Ablehnung der Voraussetzungen bei einer Friedreichschen Ataxie.
- BSG, U. v. 30.06.2009 (Az. B 1 KR 5/09 R) – Bestätigung der Anwendung der Kriterien des Beschlusses des BVerfG vom 06.12.2005, aber Ablehnung des ersten Kriteriums einer lebensbedrohlichen, regelmäßig tödlich verlaufenden Erkrankung bei der ADHS im Erwachsenenalter.
- BSG, U. v. 13.10.2010 (Az. B 6 KA 48/09 R) – Die nicht ganz entfernt liegende Aussicht auf einen Heilungserfolg kann nur vorliegen, wenn das Arzneimittel auf die lebensbedrohliche Erkrankung selbst einwirkt und nicht (nur) darauf gerichtet ist, Behandlungsfolgen (hier Appetitlosigkeit mit Folge der körperlichen Auszehrung) abzumildern.

Auch im Hinblick auf die ursprünglichen drei Kriterien der Off-Label-Therapien gab es im Laufe der Zeit fallbezogen weitere Urteile des Bundessozialgerichts. Hierzu gehören beispielsweise:

- BSG, B. v. 03.11.2010 (Az. B 6 KA 35/10 B) – Nicht nur die Überschreitung des Anwendungsgebiets, sondern auch eine höhere Dosierung als in der arzneimittelrechtlichen Zulassung vorgesehen, ist ein Off-Label-Use, der die drei Voraussetzungen des BSG erfüllen muss.
- BSG, B. v. 27.06.2012 (Az. B 6 KA 72/11 B) – Ist eine arzneimittelrechtliche Zulassung abgelehnt worden, kommt eine Verordnungsfähigkeit von Arzneimitteln unter den Voraussetzungen des Off-Label-Use nicht in Betracht. Das gilt auch für Hochschulambulanzen.
- BSG, U. v. 03.07.2012 (Az. B 1 KR 25/11 R) – In Seltenheitsfällen kommt ein Off-Label-Use oder Compassionate-Use in Betracht, wenn wissenschaftlich-medizinische Nachweise zu den Erfolgsaussichten fehlen (Anschluss an BSG, U. v. 19.10.2004; Az. B 1 KR 27/02 R), weil es diese aufgrund der Singularität des Krankheitsbildes nicht geben kann. In diesem Urteil werden die Anforderungen an einen Seltenheitsfall definiert und insbesondere abgelehnt, einen Seltenheitsfall entsprechend des für Orphan Drugs geltenden Arzneimittelrechts zu definieren.
- BSG, U. v. 02.09.2014 (Az. B 1 KR 4/13 R) – Welche Anforderungen an die in § 2 Abs. 1a SGB V enthaltene Voraussetzung eines nicht ganz entfernt liegenden Behandlungserfolgs zu stellen sind, hängt auch von der Schwere der Erkrankung ab. Grundsätzlich können wissenschaftliche Verlaufsbeobachtungen, unterstützt durch Parallelbeobachtungen im Rahmen von Tierversuchen und wissenschaftliche Erklärungsmodelle geeignet sein, Indizien für den Behandlungserfolg zu liefern.

Die kurz dargestellten Entscheidungen sind eine Auswahl aus der insgesamt sehr vielfältigen sozialgerichtlichen Rechtsprechung. Zu den letztinstanzlichen Urteilen und Beschlüssen des BSG kommt eine Vielzahl erst- und zweitinstanzlicher Entscheidungen der Sozialgerichte und Landessozialgerichte hinzu. Einen Gesamtüberblick über die sozialgerichtliche Rechtsprechung lässt sich kaum gewinnen – selbst für einen Chefarzt mit Fokus auf einem spezialisierten medizinischen Fachgebiet, weil die Rechtsprechung zwar einzelfallbezogen ist, aber Grundsätze enthält, die sich fachübergreifend auf den Off-Label-Use in allen medizinischen Fachgebieten erstreckt.

Wichtig ist im Zusammenhang mit Off-Label-Therapien das Bewusstsein, dass das Krankenversicherungsrecht die Zweckmäßigkeit und Wirtschaftlichkeit der Arzneimittelanwendung grundsätzlich nur innerhalb des nach § 21 Abs. 1 AMG bestehenden, arzneimittelrechtlichen Zulassungsumfangs annimmt. Allein die Anwendung innerhalb der arzneimittelrechtlichen Zulassung macht eine Arzneimittelverordnung des Chefarztes noch nicht wirtschaftlich, sie ist aber eine wesentliche Voraussetzung der wirtschaftlichen Verordnungsweise (§ 9 Abs. 1 Satz 6 AMR). Auch bei einem In-Label-Use kann die Wirtschaftlichkeitsprüfung nach § 106 SGB V einsetzen. Deshalb ist in beiden Fallgruppen jedenfalls bei kostenintensiven Arzneimitteltherapien zu prüfen, ob sich aus der vorhandenen Rechtslage Hinweise für die Verordnungsfähigkeit ergeben.

Im Bereich des Off-Label-Use bieten sich die oben genannten Prüfungsschritte (§ 35c Abs. 1, Anlage VI AMR; Rechtsprechung) an. Lässt sich hieraus kein Hinweis entnehmen und fehlt jede Vorerfahrung des Chefarztes bzgl. des Standpunkts einer Krankenkasse im Hinblick auf eine konkrete Off-Label-Medikation, kommt mit dem Beschluss des BSG vom 31.05.2006 (Az. B 6 KA 53/05 B) in den Fällen eines fachlich umstrittenen Off-Label-Use eine Vorabprüfung der vertragsärztlichen Verordnung durch die Krankenkasse in Betracht. § 2 Abs. 1 a SGB V enthält für die von dieser Norm erfassten Fälle die ausdrückliche gesetzliche Anordnung, dass auf Antrag des Leistungserbringers oder Versicherten bei der Krankenkasse vorab eine *Kostenübernahmeerklärung* bei der Krankenkasse erteilt wird. Scheitert die Bestätigung der Leistungsbereitschaft der Krankenkasse auf allen Wegen, kommt die Verordnung des Arzneimittels auf Privatrezept in Betracht, und der Versicherte kann die Ablehnung der Krankenkasse im Rahmen eines Kostenerstattungsverfahrens überprüfen lassen (§ 13 Abs. 3 SGB V). Gerade in den Fällen der klärungsbedürftigen, kostenintensiven Off-Label-Anwendungen ist dieser Weg vielen Versicherten aus finanziellen Gründen jedoch verschlossen. Dann bleibt nur noch die Möglichkeit eines auf die Leistungsgewährung gerichteten Eilverfahrens vor dem zuständigen Sozialgericht, was angesichts der Verfahrenslaufzeit in den von § 2 Abs. 1a SGB V erfassten Notstandssituationen allerdings allein unter dem Zeitaspekt schwierig sein kann.

Fall aus der Praxis (Bundessozialgericht, Beschluss vom 03.11.2010, Az. B 6 KA 35/10 B)

Aus dem Sachverhalt Ein Arzt wendet sich gegen einen Regress wegen unwirtschaftlicher Verordnung von Arzneimitteln. Auf Antrag der Krankenkasse hatte der Prüfungsausschuss gegen ihn u.a. wegen Verordnungen übermäßig hoher Dosen von Nitraten einen Regress festgesetzt. Der Arzt habe bei der Verordnung von Nitraten die Dosierungsempfehlungen sowohl der Roten Liste als auch der Fachinformation um mehr als das Doppelte überschritten. Das von ihm zur Rechtfertigung angeführte, von ihm selbst entwickelte Konzept einer »bisher unbekannte(n) Möglichkeit der Behandlung von Myokardinsuffizienz und kardialen Erregungsleitungsstörungen« sei weder wissenschaftlich anerkannt, noch habe er dafür Ergebnisse randomisierter kontrollierter Studien anführen können. Allein seine eigenen Erfahrungen aus seinem beruflichen Alltag sowie aus Tierversuchen reichten nicht aus.

Aus den Gründen Aus der Rechtsprechung des Bundessozialgerichts (U. v. 27.06.2007, Az. B 6 KA 44/06 R) ergibt sich, dass eine Dosierung, die über die Therapieempfehlungen der Roten Liste und der Fachinformation weit hinausgeht, grundsätzlich rechtswidrig ist. Eine Ausnahme wird für den Fall erwogen, dass es für die Abweichung eine medizinische Rechtfertigung gibt, was etwa aufgrund von Besonderheiten im zugrunde liegenden Behandlungsfall denkbar sein kann. Eine solche Besonderheit will der Arzt mit den von ihm angeblich in jedem der Behandlungsfälle erzielten Behandlungserfolgen begründen. Indessen verkennt er, dass vor allem eine neue Behandlungsmethode vor ihrer Anwendung zunächst anerkannt sein muss. Dies geschieht entweder im Verfahren gemäß § 135 Abs. 1 SGB V durch eine entsprechende Richtlinie des Gemeinsamen Bundesausschusses oder im Arzneimittelzulassungsverfahren gemäß dem Arzneimittelgesetz.

Zu der Zulassung nach dem AMG gehört auch die Vorgabe der Dosierung. Der Einsatz eines Arzneimittels abweichend von dem Inhalt der Zulassung stellt einen Off-Label-Use dar. Welche Kriterien für einen ausnahmsweise rechtmäßigen Off-Label-Use gelten, hat das Bundessozialgerichts in seiner Rechtsprechung wiederholt dargelegt. Danach müssen neben weiteren Voraussetzungen Eignung und Unbedenklichkeit im Sinne einer Aussicht auf einen Behandlungserfolg fundiert belegt sein. Solche Belege liegen für den Einsatz von

Nitraten nicht vor. Es lassen sich keine Ergebnisse randomisierter kontrollierter Studien anführen, sondern nur die Erfahrungen des Arztes aus seinem beruflichen Alltag und aus Tierversuchen.

Schließlich hat der Arzt auch keinen Erfolg mit seinem Vorbringen, sein Behandlungskonzept habe sich zwischenzeitlich durchgesetzt. Es ist auf das Verordnungsjahr abzustellen, und es kommt nicht darauf an, ob sich in der Folgezeit ein Behandlungskonzept durchgesetzt haben könnte (zum maßgeblichen Zeitpunkt, Bundessozialgericht, U. v. 28.02.2008, Az. B 1 KR 15/07 R).

Empfehlungen für den Chefarzt

Off-Label-Therapien gehören in verschiedenen ärztlichen Fachgebieten zum Praxisalltag. Damit gehen auch Erfahrungswerte im Hinblick auf die Erstattungspraxis der Krankenkassen, die allgemeinen Anforderungen des GKV-Systems an den Off-Label-Use und ggf. auch Vorerfahrungen aus Wirtschaftlichkeitsprüfungsverfahren einher. Je weniger Erfahrungswerte vorliegen, desto größer ist das Risiko, die komplexen Anforderungen des Krankenversicherungsrechts an eine rechtssichere Off-Label-Therapie fehlerhaft einzuschätzen. Der Chefarzt muss sich also jedenfalls vor dem kostenintensiven Off-Label-Einsatz eines Arzneimittels gemeinsam mit dem Patienten darum bemühen, soweit wie möglich Rechtssicherheit zu schaffen. Das führt zu der oben geschilderten Prüfungsreihenfolge, beginnend mit der Konsultation der Anlage VI AMR bis hin zu der Überlegung, ob eine Verordnung auf Privatrezept in Betracht kommt (▶ Kap. 6.4.3, S. 54 und ▶ Kap. 25.2.4, S. 393f).

22.5 Planung und Durchführung klinischer Arzneimittelstudien – rechtliche Aspekte

Für Arzneimittel und Medizinprodukte sind die Anforderungen für klinische Studien detailliert geregelt. Auf europäischer Ebene wird der rechtliche Rahmen durch Richtlinien des Europäischen Parlaments vorgegeben, die der nationale Gesetzgeber in Deutschland über Novellen und Änderungsgesetze des AMG und MPG umsetzt. Die EU-Richtlinien gelten in der Regel nicht unmittelbar, sondern bedürfen einer solchen nationalen Umsetzung, bevor sie wirksam werden. Das nationale Recht ist richtlinienkonform auszulegen.

Die *EU-Kommission* bemüht sich auch unterhalb der Richtlinien um eine Harmonisierung des Rechts der Mitgliedsstaaten, z.B. durch den Erlass von Anleitungen (»detailed guidance«). So lassen sich wichtige Anleitungen der EU-Kommission zu den Themen »application, monitoring and pharmacovigilance, quality of the investigational medicinal product, inspections und additional informations« etwa dem EudraLex Volume 10 entnehmen.

Die Rechtsqualität der »detailed guidance« der EU-Kommission wird kontrovers diskutiert. Klarheit herrscht dagegen, soweit die EU-Kommission Q&A-Papiere veröffentlicht. Diese sind nicht rechtlich verbindlich, wie die EU-Kommission z.B. in den Guidance Documents Applying to Clinical Trials (ENTR/F/2/FS D (2008) 41047) zum Volume 10 in einer »important notice« unmissverständlich selbst klargestellt hat. Auch ohne rechtliche Verbindlichkeit können die Guidance-Papiere der EU die Verwaltungspraxis der Ethikkommissionen und Bundesoberbehörden aber prägen und eine hohe faktische Verbindlichkeit gewinnen.

Wesentliche Bedeutung haben die Grundsätze zur *Good Clinical Practice* (GCP). Art. 1 Abs. 2 der Richtlinie 2001/20/EG nimmt auf die *Gute klinische Praxis* als Katalog international anerkannter ethischer und wissenschaftlicher Qualitätsanforderungen Bezug, also die ICH-GCP-Leitlinien (CPMP/ICH/135/95). Die ICH-GCP-Leitlinie stellt einen wissenschaftlichen Standard für Erkenntnisgewinne im Rahmen von Arzneimittelstudien dar. Die GCP-Grundsätze sollen Patientenschutz und die Validität der gewonnenen Daten gewährleisten.

22.5.1 Investigator Initiated Trials (IIT)

Die arzneimittelrechtlich erforderliche GCP-Konformität klinischer Prüfungen gilt nicht nur für arzneimittelrechtliche Zulassungsstudien, sondern auch für ärztlich initiierte, nicht-kommerzielle klinische Prüfungen (Investigator Initiated Trials, IIT). Diese werden durch die aus den GCP-Grundsätzen folgenden bürokratischen Anforderungen vor erhebliche Herausforderungen gestellt.

BfArM und PEI haben die Bekanntmachung zu nicht-kommerziellen klinischen Studien vom 21.10.2009 erlassen und darin im Wesentlichen die für diese Studien geltenden rechtlichen Rahmenbedingungen zusammengefasst. Zutreffend ist auf die Notwendigkeit der Einhaltung der GCP-Grundsätze hingewiesen worden. Bereichsausnahmen für IITs gibt es nicht.

22.5.2 AMG-Novellen

Mit der 15. AMG-Novelle waren für den Bereich der klinischen Arzneimittelprüfung einige Änderungen verbunden, die auch für die mit klinischen Prüfungen befassten Chefärzte von Bedeutung sein können. Nach § 40 Abs. 1 Satz 3 Nr. 5 AMG muss eine klinische Prüfung von einem »angemessen qualifizierten Prüfer« durchgeführt werden. § 7 Abs. 3 Nr. 6 GCP-V sieht daher die Vorlage geeigneter Qualifikationsnachweise (z.B. Lebensläufe) der Prüfer vor. Einige Ethikkommissionen interpretierten in der Vergangenheit diese Regelungen so, dass jeder Prüfarzt eine mindestens zweijährige Erfahrung aufweisen muss. Diesen ist der Gesetzgeber nun entgegengetreten und hat die gesetzliche Regelung präzisiert. Danach muss nur der leitende Prüfer die mindestens zweijährige Erfahrung in der klinischen Prüfung von Arzneimitteln aufweisen. Bei einer monozentrischen Prüfung gilt das nur für den Hauptprüfer. Für die anderen Prüfer genügt daher eine »angemessene Qualifikation«. Ethikkommissionen verlangen hierfür vielfach GCP-Prüfarztkurse, wobei zu Inhalt, Umfang und Dauer dieser Kurse zwischen den Ethikkommissionen keine Einigkeit besteht.

Prinzipiell ist es daher zu befürworten, dass der Vorstand der Bundesärztekammer »Empfehlungen zur Bewertung der Qualifikation von Prüfern und Geeignetheit von Prüfstellen durch Ethik-Kommissionen bei klinischen Prüfungen nach dem AMG« veröffentlicht hat. Es werden jedoch größtenteils nur die gültigen Normen mit kurzen Erklärungen aufgeführt.

Mit der nachfolgenden 16. AMG-Novelle wurden weitere Änderungen und Konkretisierungen vorgenommen. Während früher zwischen dem Prüfer (»der Prüfer ist in der Regel ein für die Durchführung der klinischen Prüfung beim Menschen in einer Prüfstelle verantwortliche Arzt oder in begründeten Ausnahmefällen eine andere Person, deren Beruf aufgrund seiner wissenschaftlichen Anforderungen und der seiner Ausübung voraussetzenden Erfahrung in der Patientenbetreuung für die Durchführung von Forschungen am Menschen qualifiziert«, § 4 Abs. 25 Satz 1 AMG) und dem Hauptprüfer (»Wird eine Prüfung in einer Prüfstelle von mehreren Prüfern vorgenommen, so ist der verantwortliche Leiter der Gruppe der Hauptprüfer«, § 4 Abs. 25 Satz 3 AMG a. F.) differenziert wurde, gibt es seit dem Inkrafttreten der sog. 16. AMG-Novelle nur noch einen Prüfer pro Prüfstelle. Wird eine klinische Prüfung in einer Prüfstelle von einer Gruppe von Personen durchgeführt, so ist der Prüfer nunmehr der für die Durchführung verantwortliche Leiter dieser Gruppe (§ 4 Abs. 25 Satz 2 AMG). Der Begriff des Hauptprüfers ist damit weggefallen. Der Gesetzesbegründung zu § 4 Abs. 25 AMG n. F. (vgl. BT-Drs. 17/9341, S. 74) ist insoweit zu entnehmen:

> Mit den Änderungen zur Prüferdefinition in Abs. 25 Satz 2 wird das Konzept eines verantwortlichen Prüfers je Prüfstelle umgesetzt. In der Praxis führte die bisher geltende Definition bei Fluktuation von Ärztinnen und Ärzten, die Prüftätigkeiten im Team wahrnehmen, vor allem bei in Krankenhäusern durchgeführten klinischen Prüfungen und bei Prüfungen mit einer Vielzahl von Prüfzentren zu einem hohen Melde- und Prüfaufwand. Der Aufwand betraf Sponsoren und prüfende Stellen, wie Landesbehörden und Ethik-Kommissionen gleichermaßen. Die Konzentration der Verantwortlichkeiten bei einem Prüfer vereinfacht und beschleunigt das Verfahren bei der nachträglichen Einbeziehung eines neuen Mitglieds der Prüfgruppe.

Vor Inkrafttreten der sog. 16. AMG-Novelle war (jeder) Prüfer, der in einer Prüfstelle die klinische Prüfung verantwortlich durchgeführt hat, sofern er hierfür die in § 4 Abs. 25 AMG (alter Fassung) erforderlichen Voraussetzungen erfüllte. Der nunmehr (einzige) Prüfer im Sinne des § 4 Abs. 25 AMG muss nach § 40 Abs. 1 a AMG n. F. nunmehr mindestens einen Stellvertreter mit vergleichbarer

Qualifikation benennen. Im Rahmen der allgemeinen Anzeigepflichten nach § 67 Abs. 1 Satz 6 AMG ist nur noch der Prüfer sowie sein Stellvertreter namentlich gegenüber der zuständigen Behörde zu nennen.

Aktuelle nationale Neuregelungsvorhaben im arzneimittelrechtlichen Kontext gehen auf die EU-Verordnung 536/2014 vom 16.04.2014 zurück. Gegenwärtig liegt ein Referentenentwurf eines 4. AMG-Änderungsgesetzes vom 25.11.2015 vor.

22.5.3 Vertragliche Fragen im Bereich der klinischen Prüfung

Jede klinische Arzneimittelprüfung muss nach § 40 Abs. 1 Satz 3 Nr. 1 AMG einen Sponsor haben, also eine Person, die die Gesamtverantwortung für die Veranlassung, Organisation und Finanzierung der klinischen Prüfung übernimmt (§ 4 Abs. 24 AMG).

Auch bei IIT-Verträgen finden häufig englischsprachige Vertragsmuster Anwendung, obwohl der Vertrag deutschem Recht unterliegen soll. Dies weist Risiken auf, derer man sich bewusst sein sollte. Finden nämlich typische Klauseln des ausländischen Rechts Verwendung, dann werden diese auch nach dem jeweiligen ausländischen Rechtsverständnis und nicht etwa nach deutschem Recht ausgelegt, was zu unerwünschten »juristischen Nebenwirkungen« führen kann.

Einen häufigen Streitpunkt bei Vertragsverhandlungen stellen die Publikation der Studienergebnisse und die Nutzungsrechte von Studienergebnissen dar. Gestützt auf die Deklaration von Helsinki in ihrer aktuellen Fassung besteht weitgehende Einigkeit darüber, dass ein Ausschluss der *Publikation von Studienergebnissen* bei IITs nicht zulässig ist. Soweit es um die Schutzrechte für Erfindungen im Rahmen von Studien geht, stellt sich die Frage, wem diese letztlich zustehen sollen. Hier tritt häufiger ein Widerstreit zwischen den Interessen der Kliniken einerseits und den Interessen des industriellen Förderers andererseits zutage. Verwendung sollten typische Arbeitnehmererfindungsklauseln finden.

Jede klinische Arzneimittelprüfung untersteht der *Genehmigungspflicht*. Die Genehmigungsbedürftigkeit kann sich aus verschiedenen Gesichtspunkten bei verschiedenen Stellen ergeben. Neben der Genehmigung der arzneimittelrechtlichen Bundesoberbehörde bestehen unter den jeweiligen Voraussetzungen Genehmigungserfordernisse durch die federführende Ethikkommission und die Notwendigkeit einer betäubungsmittelrechtlichen Umgangsgenehmigung, einer Strahlenschutzgenehmigung, arbeitsrechtlichen Genehmigung und erstattungsrechtlichen Bewilligung nach § 35c SGB V durch den G-BA.

Nach der EG-Richtlinie 2001/20/EG entscheidet die federführende Ethikkommission innerhalb der gesetzlichen Fristen über das Vorliegen der AMG-Voraussetzungen. Mitberatende Ethikkommissionen sollen die Eignung des Prüfers und der jeweiligen Prüfstelle begutachten. Sie haben aber durchaus die Möglichkeit, auch zum Studienvorhaben als solches Stellung zu nehmen. In einigen öffentlichen Krankenhäusern verlangt aber der Träger (bzw. Dienstherr), dass eine klinische Prüfung nur durchgeführt werden darf, wenn diese zuvor durch die Institution selbst geprüft worden ist. Teilweise wird »Ethikkommissionen« diese Aufgabe übertragen. Diese Ethikkommissionen werden dann nicht auf Grundlage des AMG tätig, sondern nach Maßgabe des Arbeitgebers bzw. des Dienstherrn.

22.5.4 Klinische Prüfungen und Krankenversicherungsrecht

Erstattungsrechtlich ist seit einigen Jahren nach § 35c SGB V ein Weg eröffnet, dass auch bei ambulanten Behandlungen im Rahmen klinischer Prüfungen eine Abrechnung zu Lasten der Krankenkassen stattfinden kann. Diese Vorschrift ermöglicht es nicht-kommerziellen Sponsoren, eine Erstattung für die in einer Studie eingesetzten Arzneimittel für den Fall zu erhalten, dass diese off-label eingesetzt werden. Dies gilt aber nur, sofern hierdurch eine therapierelevante Verbesserung der Behandlung einer schwerwiegenden Erkrankung im Vergleich zu den bestehenden Behandlungsmöglichkeiten zu erwarten ist. Der G-BA ist mindestens zehn Wochen vor dem Beginn der Arzneimittelverordnung zu informieren und kann innerhalb von acht Wochen widersprechen, sofern die gesetzlichen Voraussetzungen nicht erfüllt sind.

§ 35c SGB V regelt zwar nicht ausdrücklich die Zulässigkeit des *In-Label-Use* in Studien. In den Gesetzesmaterialien zum GKV-WSG hat der Gesetzgeber aber klargestellt, dass der In-Label-Use im Rahmen der Regelungen des SGB V und des AMG weiterhin zulässig sei. Durch die Verwendung des Wortes »weiterhin« ist klargestellt, dass dies auch schon in der Vergangenheit gegolten hat. Da die Verordnungsfähigkeit nur innerhalb »der Regelungen des SGB V« gegeben ist, müssen aber die sonstigen Erstattungsvoraussetzungen gegeben sein. Insbesondere darf die Verordnung nicht unwirtschaftlich i. S. d. § 12 SGB V sein.

Fall aus der Praxis (Landessozialgericht Niedersachsen-Bremen, Urteil vom 05.03.2014, Az. L 3 KA 85/11)

Aus dem Sachverhalt Ein Chefarzt wendet sich gegen die Verhängung eines Arzneimittelregresses. Er hatte zu Lasten der Krankenkasse ein Arzneimittel im Wege des Off-Label-Use für eine Versicherte verordnet, die im Rahmen einer klinischen Studie der Phase III behandelt wurde. Er macht u.a. geltend, die Versicherte hätte nach dem Stand der medizinischen Erkenntnisse auch ohne Teilnahme an der klinischen Studie gleichermaßen behandelt werden müssen.

Aus den Gründen Die Verordnung des Arzneimittels war unzulässig, weil Erprobungen von Arzneimitteln jedenfalls auf Basis der im Zeitpunkt der Verordnung geltenden Arzneimittelrichtlinien des G-BA (Quartal I/2004) auf Kosten des Versicherungsträgers unzulässig waren. Mit »Erprobung« sind nicht nur solche Präparate gemeint, die nicht dem allgemein anerkannten Stand der medizinischen Erkenntnisse entsprechen.

Ein solcher Verordnungsausschluss verletzt auch kein höherrangiges Recht. Aus den für den stationären Bereich geltenden § 137c SGB V oder § 8 KHEntG lässt sich nicht ableiten, dass die Verordnung von Arzneimitteln im Rahmen klinischer Studien allgemein dem Gesetz entspricht. Den genannten Regelungen sind keine Rechtswirkungen beizumessen, die über den dort jeweils geregelten Teilbereich hinausgehen. Auch das BSG hat festgehalten, dass Grundlagenforschung und klinische Studien grundsätzlich nicht zu Lasten der GKV durchgeführt werden sollen und insbesondere die vertragsärztliche Verordnungsfähigkeit eines Arzneimittels zu Lasten der GKV für die Zeit der klinischen Prüfung ausscheidet.

Auch aus § 35c Abs. 2 SGB V, wonach Versicherte unter bestimmten Voraussetzungen Anspruch auf Versorgung mit zugelassenen Arzneimitteln in klinischen Studien haben, ergibt sich nichts anderes. Die Vorschrift ist erst durch das GKV-WSG vom 26.03.2007 eingeführt worden und zum 01.04.2007 in Kraft getreten. Mit der Regelung ist beabsichtigt worden, die Versorgung von Patientinnen und Patienten in bestimmten Fällen gegenüber der bisherigen Rechtslage zu verbessern.

22.5.5 Empfehlungen für den Chefarzt

Die Beteiligung an klinischen Prüfungen kann ein wesentlicher Aufgabenbereich eines Chefarztes sein. Die Rechtsfragen im Kontext klinischer Prüfungen reichen von komplexen arzneimittelrechtlichen Fragen bis hin zu erstattungsrechtlichen Themen. Den gesamten rechtlichen Kontext kann der Chefarzt nicht überblicken. Er sollte feststellen, welche interne/externe Rechtsberatung die seinen Rechtskreis unmittelbar betreffenden Fragen geprüft hat bzw. prüfen kann und ihm als Ansprechpartner für juristische Fragestellungen zur Verfügung steht. Der eigene Rechtskreis des Chefarztes ist insbesondere dann tangiert, wenn er sich z.B. in erstattungsrechtlicher Sicht in das Risiko einer Wirtschaftlichkeitsprüfung begibt. Das gilt in begrenztem Umfang für Klinische Prüfungen, vornehmlich aber für NIS/AWB, weil diese regelhaft nicht auf Kosten des Sponsors, sondern im Rahmen der Regelversorgung stattfinden. Diese unterliegen bei Vorliegen der Voraussetzungen des § 67 Abs. 6 AMG Transparenzpflichten und einer hervorgehobenen Wirtschaftlichkeitsprüfung (§ 106 Abs. 2 Satz 10 SGB V).

22.6 Abkürzungsverzeichnis

a. F.	– alte Fassung
Abs.	– Absatz
AMG	– Arzneimittelgesetz
AMR	– Arbeitsmedizinische Regeln
AMVV	– Arzneimittelverschreibungsverordnung
ArbZG	– Arbeitszeitgesetz
Ärzte-ZV	– Ärzte-Zulassungsverordnung
AWB	– Anwendungsbeobachtung
AWMF	– Arbeitsgemeinschaft der Wissenschaftlichen Medizinischen Fachgesellschaften
Az.	– Aktenzeichen
B. v.	– Beschluss vom
BÄK	– Bundesärztekammer
BÄO	– Bundesärzteordnung
BfArM	– Bundesinstitut für Arzneimittel und Medizinprodukte
BGB	– Bürgerliches Gesetzbuch
BGBl	– Bundesgesetzblatt
BGH	– Bundesgerichtshof
BMV-Ä	– Bundesmantelvertrag-Ärzte
BR-Drs.	– Bundesrats-Drucksache
BSG	– Bundessozialgericht
BT-Drs.	– Bundestags-Drucksache
BVerfG	– Bundesverfassungsgericht
DÄBl	– Deutsches Ärzteblatt
FAO	– Fachanwaltsordnung
G-BA	– Gemeinsamer Bundesausschuss
GCP	– Good Clinical Practice
GG	– Grundgesetz
GKV	– Gesetzliche Krankenversicherung
GKV-OrgWG	– Gesetz zur Weiterentwicklung der Organisationsstrukturen in der gesetzlichen Krankenversicherung
GKV-SV	– GKV-Spitzenverband (Spitzenverband Bund der Krankenkassen)
GKV-WSG	– GKW-Wettbewerbsstärkungsgesetz
GOÄ	– Gebührenordnung für Ärzte
GVG	– Gerichtsverfassungsgesetz
HeilbeG NRW	– Heilberufsgesetz Nordrhein-Westfalen
ICH-GCP	– International Conference on Harmonisation of Technical Requirements for Registration of Pharmaceuticals for Human Use – Good Clinical Practice
IIT	– Investigator Initiated Trial
KBV	– Kassenärztliche Bundesvereinigung
KG	– Kammergericht
KHEntG	– Krankenhausentgeltgesetz
KV	– Kassenärztliche Vereinigung
LG	– Landgericht
MBO-Ä	– Musterberufsordnung der Bundesärztekammer für die in Deutschland tätigen Arztinnen und Ärzte
MPG	– Medizinproduktegesetz
MVZ	– Medizinische Versorgungszentren
n. F.	– neue Fassung
NIS	– Nicht-interventionelle Studie
OLG	– Oberlandesgericht
PatRechteG	– Patientenrechtegesetz
PEI	– Paul-Ehrlich-Institut
SGB V	– 5. Buch Sozialgesetzbuch – gesetzliche Krankenversicherung
StGB	– Strafgesetzbuch
StGB-E	– Strafgesetzbuch-Entwurf
StPO	– Strafprozessordnung
U. v.	– Urteil vom
ZPO	– Zivilprozessordnung

Was ist dem Krankenhaus recht? Grundzüge des Krankenhausrechts

Marc Rumpenhorst

23.1 Begriff des »Krankenhauses« – 350
23.1.1 Krankenhaus i.S.d. KHG – 350
23.1.2 Krankenhaus i.S.d. SGB V – 350
23.1.3 »Krankenhaus« im Bereich der PKV – 351
23.1.4 Krankenhausarten – 353
23.1.5 Krankenhausträger – 353

23.2 Die Krankenhausleistungen – 353
23.2.1 Arten der Krankenhausbehandlung – 353
23.2.2 Ambulante Krankenhausleistungen – 354
23.2.3 Belegärztliche Leistungen – 355

23.3 Leistungs- und Leistungserbringungsrecht – 355
23.3.1 Vergütung vollstationärer Krankenhausbehandlung dem Grund nach (SGB V) – 355
23.3.2 Der Medizinische Dienst der Krankenversicherung – 358

23.4 Das Krankenhausplanungsrecht – 360
23.4.1 Ziel der Krankenhausplanung – Funktion des Krankenhausplans – 360
23.4.2 Inhalt des Krankenhausplans – 360
23.4.3 Voraussetzungen der Planaufnahme – 362
23.4.4 Auswahlentscheidung – 363
23.4.5 Feststellung der Planaufnahme – 363

23.5 Grundzüge des Krankenhausfinanzierungsrechts – 364
23.5.1 Einleitung – 364
23.5.2 Anwendungsbereich und Förderungsfähigkeit – 364
23.5.3 Förderung von Investitionen – 364
23.5.4 Grundzüge des Pflegesatzrechts – Vergütung nach dem KHEntgG – 365
23.5.5 G-DRG – 366
23.5.6 Pflegesatzverfahren – 370

Literatur – 372

Abkürzungen – 372

U. Deichert et al. (Hrsg.), *Traumjob oder Albtraum – Chefarzt m/w*,
DOI 10.1007/978-3-662-49779-1_23, © Springer-Verlag Berlin Heidelberg 2016

23.1 Begriff des »Krankenhauses«

23.1.1 Krankenhaus i.S.d. KHG

Nach der Legaldefinition des § 2 Nr. 1 Krankenhausfinanzierungsgesetz (KHG) sind Krankenhäuser:

> Einrichtungen, in denen durch ärztliche und pflegerische Hilfeleistungen Krankheiten, Leiden, Körperschäden festgestellt, geheilt oder gelindert werden sollen oder Geburtshilfe geleistet wird und in denen die zu versorgenden Personen untergebracht und verpflegt werden können.

Wenngleich dieser sehr weit gefassten Begriffsbestimmung kaum weitergehende rechtliche Bedeutung zukommen kann[1], kann festgehalten werden, dass Krankenhäuser i.S.d. § 2 Nr. 1 KHG begrifflich folgende Voraussetzungen erfüllen müssen:
- ärztliche und pflegerische Hilfeleistungen,
- Heilung oder Linderung von Krankheiten, Leiden oder Körperschäden,
- Möglichkeit der Unterbringung und Verpflegung.

Die Begriffsmerkmale müssen kumulativ vorliegen.[2] Diese Voraussetzungen erfüllen sowohl Krankenhäuser, Vorsorge- und Rehabilitationseinrichtungen als auch Kurkliniken. Zwischen diesen Einrichtungen differenziert § 2 Nr. 1 KHG zunächst nicht. Dennoch behandelt das Krankenhausfinanzierungsrecht diese Einrichtungen nicht gleich, sondern unterscheidet im Rahmen des Geltungsbereiches nach den auf »Krankenhäusern« anwendbaren Vorschriften.[3]

Mit dem Merkmal der Unterbringung und Verpflegung grenzt sich das »Krankenhaus« i.S.d. KHG lediglich zur ambulanten Versorgung durch niedergelassene Ärzte und andere Heilberufe ab.[4]

23.1.2 Krankenhaus i.S.d. SGB V

Eine Differenzierung zwischen Akutkrankenhäusern und Vorsorge- und Rehabilitationseinrichtungen bietet erst das Leistungs(erbringungs)recht nach dem SGB V.

Nach § 107 Abs. 1 SGB V werden Krankenhäuser – anknüpfend an die Vorschrift des § 2 Abs. 1 KHG[5] – dahingehend definiert, dass es sich um Einrichtungen handelt, die

> 1. der Krankenhausbehandlung und der Geburtshilfe dienen,
> 2. fachlich-medizinisch unter ständiger ärztlicher Leitung stehen, über ausreichende, ihrem Versorgungsauftrag entsprechende diagnostische und therapeutische Möglichkeiten verfügen und nach wissenschaftlich anerkannten Methoden arbeiten,
> 3. mit Hilfe von jederzeit verfügbarem ärztlichen, Pflege-, Funktions- und medizinisch-technischen Personal darauf eingerichtet sind, vorwiegend durch ärztliche und pflegerische Hilfeleistungen Krankheiten der Patienten zu erkennen, zu heilen, Verschlimmerungen zu verhüten (…)
> [und in denen]
> 4. die Patienten untergebracht und verpflegt werden können.[6]

Die Definition des Krankenhauses erfolgt im Wesentlichen durch die Aufgabe der Krankenhausbehandlung i.S.d. § 39 SGB V und ist auch im Zusammenhang mit bzw. zur Abgrenzung von Vorsorge- und Rehabilitationseinrichtungen i.S.d. § 107 Abs. 2 SGB V zu sehen. Wenngleich auch Vorsorge- und Rehabilitationseinrichtungen ein »Krankenhaus« im Sinne des § 2 Nr. 1 KHG sein könnten, wird durch die Differenzierung nach § 107 SGB V klargestellt, dass sie keine Krankenhäuser i.S.d. SGB V sein können.[7]

Die Differenzierung zwischen Krankenhaus einerseits und Vorsorge- und Rehabilitationseinrichtung andererseits ist wichtig für die Anwendbarkeit des SGB V sowie des Krankenhausfinanzie-

---

1 Quaas u. Zuck (2005), § 23 Rz. 35
2 Quaas u. Zuck (2005), § 23 Rz. 35
3 Vgl. 23.5.2, S. 364
4 BVerwG DVBl 1981, 260

5 BT-Drs. 11/2237, 196
6 § 107 Abs. 1 SGB V
7 Rehborn in Ratzel u. Luxenburger (2008), §§ 29 II 2., S. 1188 f

rungsrechts (KHG und KHEntgG), das an anderer Stelle die Rehabilitationseinrichtung zwar nicht definiert, aber vom Anwendungsbereich ausnimmt.

Das *Krankenhaus* muss fachlich-medizinisch *unter ständiger ärztlicher Leitung* stehen; hierdurch kommt – in Abgrenzung zur »ärztlichen Verantwortung« in der Vorsorge- und Rehabilitationseinrichtung – zum Ausdruck, dass sowohl die Organisation der gesamten Betriebsabläufe als auch die einzelne Behandlung nach einem ärztlichen Behandlungsplan unter ärztlicher Leitung stehen muss. Es dominiert somit die ärztliche Tätigkeit.[8]

Zudem muss das Krankenhaus über ausreichende, dem Versorgungsauftrag entsprechende Diagnostik und therapeutische Möglichkeiten sowie über eine seiner Aufgabenstellung entsprechende operative Mindestausstattung verfügen. Soweit das Krankenhaus jederzeit verfügbares ärztliches sowie Pflege-, Funktions- und medizinisch-technisches Personal vorhalten muss, bedeutet dies für die ärztliche Präsenz, dass zumindest ein ständig rufbereiter, fachlich geeigneter Arzt für die Behandlung zur Verfügung steht.[9]

Krankenhäuser unterscheiden sich von *Vorsorge- und Rehabilitationseinrichtungen* ferner durch eine andere Aufgabenstellung und insbesondere durch den Umfang des Erfordernisses der ärztlichen Anwesenheit.[10] Die unterschiedlichen Ziele der stationären Versorgung von Patienten in Krankenhäusern einerseits und in Vorsorge- und Rehabilitationseinrichtungen andererseits verdeutlichen, dass es sich um Einrichtungen unterschiedlicher Qualität – nämlich im Hinblick auf die *Intensität der ärztlichen Präsenz* – handelt.[11]

Das definitorische Unterscheidungs- und Abgrenzungskriterium bleibt also die Art der Behandlung und der Schwerpunkt der angewandten Methode[12] aus einer Gesamtsicht des Leistungsspektrums der einzelnen Einrichtung.[13]

23.1.3 »Krankenhaus« im Bereich der PKV

Im Bereich der privaten Krankenversicherung gilt anders als im GKV-Bereich nicht das Sachleistungsprinzip, sondern das Prinzip der Kostenerstattung. Der private Versicherer erstattet dem Versicherten die ihm entstandenen Behandlungskosten nach vereinbartem Tarif und den regelmäßig in Bezug genommenen allgemeinen Versicherungsbedingungen, die üblicherweise den Musterbedingungen für die Krankheitskosten- und Krankenhaustagegeldversicherung (MB/KK) des Verbandes der Privaten Krankenversicherung entsprechen. Nach § 4 Abs. 4 MB/KK erstattet die Private Krankenversicherung »bei medizinisch notwendiger stationärer Heilbehandlung« die Kosten »öffentlicher oder privater Krankenhäuser, die unter ständiger ärztlicher Leitung stehen, über ausreichende diagnostische und therapeutische Möglichkeiten verfügen und Krankengeschichten führen«.

»Gemischte Anstalt« im Sinne des § 4 Abs. 5 MB/KK

Von der uneingeschränkten Erstattungspflicht sind die privaten Krankenversicherungen dann ausgenommen, wenn die stationäre Behandlung in einer sog. *gemischten Anstalt* erbracht werden; insoweit bedarf es vor Beginn der Behandlung einer schriftlichen Zusage des Versicherers. Bei gemischten Anstalten handelt es sich um Einrichtungen zur Heilbehandlung, die *auch* Kuren bzw. Sanatoriumsbehandlungen durchführen oder Rekonvaleszenten aufnehmen.[14] Die grundsätzlich bestehende freie Krankenhauswahl wird im Fall einer gemischten Anstalt durch die sog. »Sanatoriumsklausel« durch eine vor Behandlungsbeginn erforderliche schriftliche Zusage des Versicherers eingeschränkt.

Die Vorschrift soll den – insoweit beweispflichtigen – Versicherer, der nur eine klinische Behandlung, nicht aber auch Kur- oder Sanatoriumsbehandlungen finanzieren muss, bei einem stationären Aufenthalt in einer Anstalt, die beide Möglichkeiten bietet, von der nachträglichen, oft schwierigen Überprüfung freistellen, ob eine notwendige Heilbehandlung oder – wenn auch nur teilweise – eine Kur- oder Sa-

---

8 Genzel in Laufs u. Uhlenbrock (2002), § 83 Rz. 23
9 Genzel in Laufs u. Uhlenbrock (2002), § 83 Rz. 13, BSGE 28, 199
10 Quaas u. Zuck (2005), § 23 Rz. 42
11 Quaas u. Zuck (2005), §23 Rz. 41
12 Vgl. im einzelnen Quaas u. Zuck (2005), § 23 Rz. 46 ff
13 Genzel in Laufs u. Uhlenbrock (2002), § 83 Rz. 18

14 Vgl. Leber (2009)

natoriumsbehandlung stattgefunden hat. Zur Einordnung als »gemischte Anstalt« genügt bereits, dass die Einrichtung sowohl Rehabilitationswesen als auch akut Behandlungsmaßnahmen anbietet.[15]

§ 30 GewO und Privat(patienten)klinik

Unter *Privatkliniken* werden Einrichtungen außerhalb der gesetzlichen Krankenversorgung verstanden. Sie werden nicht in die Krankenhausplanung einbezogen, sondern bedürfen einer Konzession nach der Gewerbeordnung; bei § 30 GewO handelt es sich um eine Regelung, die der gesundheitlichen Gefahrenabwehr dient.[16] So ist die Erteilung einer Konzession zu versagen, wenn Tatsachen vorliegen, welche die ausreichende medizinische und pflegerische Versorgung der Patienten als nicht gewährleistet erscheinen lassen und bauliche oder technische Einrichtungen den gesundheitspolizeilichen Anforderungen nicht entsprechen.

Die Privatklinik ist vom Geltungs- und Anwendungsbereich der Investitionskostenförderung und des Pflegesatzrechts und damit der Fallpauschalenvergütung nach dem Krankenhausentgeltgesetz ausgeschlossen, so dass die Vergütung für die Krankenhausbehandlung grundsätzlich frei vereinbar ist.

Bei sog. *Privatpatientenklinik* handelt es sich um eine nach § 30 GewO konzessionierte Einrichtung, deren Zweck ausschließlich die Behandlung von selbstzahlenden Patienten ist, allerdings – und das ist die Besonderheit im Gegensatz zur »reinen« Privatklinik – *in Trägerschaft eines Plankrankenhauses*. Die Privatpatientenklinik als rechtlich selbstständige Person bekommt Räumlichkeiten, Einrichtungen, Geräte und ggf. auch ärztliches sowie nichtärztliches Personal seitens des Plankrankenhauses zur Verfügung gestellt[17], kann aber außerhalb der gesetzlichen Vergütung sowie des Budgets abrechnen.

Der Bundesgerichtshof[18] hat es grundsätzlich für zulässig erachtet, dass ein Plankrankenhaus als alleiniger Gesellschafter eine Privatklinik als Tochtergesellschaft betreibe, die bei der Berechnung der Höhe ihrer Entgelte nicht an die Regelungen des Krankenhausentgeltrechts gebunden sei. Privatkliniken, welche keinen Anspruch auf öffentliche Investitionsförderung haben, könnten nämlich im Umkehrschluss auch nicht auf die Einhaltung der vergütungsbegrenzenden Bestimmungen des Krankenhausentgeltgesetzes verpflichtet werden.[19]

Im Zuge des zum 01.01.2012 in Kraft getretenen GKV-Versorgungsstrukturgesetzes[20] werden nunmehr allerdings Privatpatientenkliniken der zwingenden gesetzlichen Krankenhausvergütung unterworfen, wenn diese »in räumlicher Nähe« zu dem Plankrankenhaus liegen und »mit diesem organisatorisch verbunden« sind.[21] Eine räumliche Nähe in diesem Sinne ist ausweislich der Gesetzesbegründung dann gegeben, »wenn die Einrichtung z.B. auf dem gleichen Gelände oder in geographischer Nähe zum Plankrankenhaus (z.B. »Nachbarschaftsgelände«) angesiedelt ist«.[22] Die erforderliche organisatorische Verbindung zwischen Plankrankenhaus und Privatklinik liegt nach der Gesetzesbegründung regelmäßig auch dann vor, »wenn diese durch rechtliche Grundlagen wie z.B. über eine gemeinsame Trägerschaft verankert ist oder in sonstiger organisatorischer Weise besteht (z.B. durch Nutzung des gleichen Personals oder durch Nutzung von gemeinsamer Infrastruktur).[23]

---

15 OLG Koblenz Beschl. v. 04.03.2004 – 10 O 839/03; a.A OLG Karlsruhe Urteil vom 02.03.2006 – 12 U 244/05: Fraglich, ob § 4 Abs. 5 MMB/KK noch ausreichend bestimmt oder nicht unwirksam ist gemäß § 307 Abs. 1 BGB vor dem Hintergrund der Entwicklung der Medizin hin zur Frührehabilitation als integrierter Bestandteil einer stationären Heilbehandlung
16 Rehborn in Ratzel u. Luxenburger (2008), § 29 Rz. 22, S. 1189
17 Hierbei ist zu beachten, dass das Plankrankenhaus durch die Zurverfügungstellung von mit öffentlichen Mitteln geförderten Einrichtungen die Fördermittel zweckwidrig verwendet und ggf. anteilig zurückzugewähren hat
18 BGH Beschluss vom 21.04.2011 – III ZR 114/10
19 BGH Beschluss vom 21.04.2011 – III ZR 114/10
20 GKV-Versorgungsstrukturgesetz vom 22.12.2011, BGBl Teil I Nr. 70 vom 28.12.2011
21 § 17 Abs. 1 Satz 5 und 6 KHEntgG in der Fassung vom 01.01.2012 des GKV-Versorgungsstrukturgesetzes
22 BT-Drs. 17/8005, S. 173 f
23 BT-Drs. 17/8005, S. 173 f; die gegen die Neuregelung gerichteten Verfassungsbeschwerden hat das BVerfG nicht zur Entscheidung angenommen, weil die Neuregelung weder gegen die durch Art. 12. GG geschützte Berufsfreiheit noch gegen die durch Art. 14 GG geschützte Eigentumsgarantie verstieß, BVerfG Beschluss vom 20.08.2013 – 1 BvR 2402/12 und 1 BvR 2684/12

23.1.4 Krankenhausarten

Auch Krankenhäuser i.S.d. § 107 Abs. 1 SGB V unterscheiden sich wiederum nach *Aufgabenstellung* oder *Funktionen* bzw. Art der Leistungserbringung des einzelnen Krankenhauses.[24] Wenngleich sich eine weitere Binnendifferenzierung aus dem Gesetz nicht ergibt, ist zu unterscheiden zwischen Krankenhäusern, bei denen die stationären Versorgungsaufgaben vorrangig sind (Allgemeinkrankenhäuser und Fachkrankenhäuser), und solchen, bei denen Forschungs- und Ausbildungsaufgaben vorrangig sind, wie z.B. Hochschulkliniken.[25] Darüber hinaus gibt es Belegkrankenhäuser[26] und Praxiskliniken sowie Tageskliniken.[27]

Im Rahmen der Krankenhausplanung werden in einzelnen Bundesländern die an der Akutversorgung teilnehmenden Krankenhäuser nach Leistungsfähigkeit und -spektrum unterschieden in Häuser der Maximalversorgung, der Schwerpunktversorgung oder der Grund- und Regelversorgung.

23.1.5 Krankenhausträger

Träger von Krankenhäusern können sowohl öffentliche als auch freigemeinnützige und private Einrichtungen sein. Der Grundsatz der Trägervielfalt verlangt, dass insbesondere die wirtschaftliche Sicherung von freigemeinnützigen und privaten Krankenhäusern zu gewährleisten ist.[28] Nach dieser Privilegierung müssen bei Auswahlentscheidungen insbesondere im Rahmen der Krankenhausplanung und -finanzierung freigemeinnützige und private Krankenhausträger bevorzugt berücksichtigt werden.[29]

23.2 Die Krankenhausleistungen

23.2.1 Arten der Krankenhausbehandlung

Der Anspruch auf Krankenbehandlung umfasst nach § 27 Abs. 1 Satz 2 Nr. 5 SGB V auch die *Krankenhausbehandlung*. Diese wird gemäß § 39 Abs. 1 Satz 1 SGB V vollstationär, teilstationär, vor- oder nachstationär (§ 115 a SGB V) sowie ambulant (§ 115 b und § 116 b SGB V) erbracht. Die akutstationäre Behandlung umfasst zudem auch die im Einzelfall erforderlichen und zum frühestmöglichen Zeitpunkt einsetzenden Leistungen zur Frührehabilitation.[30]

Vollstationäre Behandlung

Die *vollstationäre Krankenhausbehandlung* erfordert gemäß § 39 Abs. 1 Satz 2 SGB V die Aufnahme in einem zugelassenen Krankenhaus. Unter *Aufnahme* ist die physische und organisatorische Eingliederung des Patienten in das spezifische Versorgungssystem des Krankenhauses zu verstehen.[31] Als Abgrenzungskriterien genügten in der Vergangenheit das Vorliegen des Erfordernisses einer Operation bzw. einer Vollnarkose oder der postoperativen Lagerung im Ruhebett. Nach § 115 b SGB V werden jedoch Operationen unter Vollnarkose mit postoperativer Überwachung auch ambulant erbracht, so dass diese Merkmale nicht mehr für eine Abgrenzung zwischen vollstationärer und ambulanter Behandlung dienen können. *Ambulante Operationen* sind demnach grundsätzlich »alle operativen Eingriffe, bei denen der Patient sowohl die Nacht vor als auch – bei planmäßigem Verlauf – die Nacht nach dem Eingriff im eigenen Bett, also nicht im Krankenhaus verbringt«.[32] Maßgebliches Abgrenzungskriterium zwischen vollstationärer und ambulanter Behandlung ist die geplante Aufenthaltsdauer.

Ausgehend von der *geplanten Aufenthaltsdauer* handelt es sich auch dann um eine vollstationäre Krankenhausbehandlung, wenn der Patient notwendigerweise für mindestens einen Tag und eine

---

24 s. im Einzelnen: Genzel in Laufs u. Uhlenbrock (2002), § 83 Rz. 30 ff
25 Quaas u. Zuck (2005), § 23 Rz. 52
26 Quaas u. Zuck (2005), § 23 Rz. 54
27 Quaas u. Zuck (2005), § 23 Rz. 55
28 § 1 Abs. 2 KHG
29 Genzel in Laufs u. Uhlenbrock (2002), § 85 Rz. 1 ff

30 § 39 Abs. 1 Satz 3 SGB V
31 BSG Urt. v. 04.03.2004 – B 3 KR 4/03 R
32 BSG Urt. v. 04.03.2004 – B 3 KR 4/03 R m. w. N.

Nacht aufgenommen werden sollte, die geplante stationäre Behandlung dann jedoch abgebrochen hat. Die notwendigerweise als stationäre Behandlung geplante, aber abgebrochene Versorgung ist eine vollstationäre Krankenhausbehandlung und dann auch als solche zu vergüten, während ein geplanter ambulanter Eingriff bei medizinisch notwendig werdender Aufnahme eines Patienten zu einer vollstationären Krankenhausbehandlung wird.[33]

Teilstationäre Behandlung

Die *teilstationäre Behandlung* ist ein Weniger gegenüber der vollstationären Behandlung und soll damit die Lücke zwischen vollstationärer und ambulanter Behandlung schließen, wenn die vollstationäre Behandlung nicht mehr geboten, die ambulante Behandlung aber auch noch nicht ausreichend ist.[34] Die erforderliche Behandlung verlangt keinen zeitlich durchgängigen Aufenthalt, ist aber dennoch durch die Krankenhausaufnahme gekennzeichnet.[35]

Im Unterschied zur ambulanten und zur vor- bzw. nachstationären Behandlung erfordert die teilstationäre Behandlung – ebenso wie die vollstationäre – die Aufnahme in das Krankenhaus; die Inanspruchnahme des Krankenhauses ist hier allerdings zeitlich beschränkt, also ohne »Rund-um-die-Uhr-Versorgung«, aber dennoch unter Inanspruchnahme der medizinisch-organisatorischen Infrastruktur eines Krankenhauses.[36]

Vor- und nachstationäre Behandlung

Die *vor- und nachstationäre Behandlung* ist nach § 115 a Abs. 2 Satz 1 SGB V gesetzlich definiert. Es handelt sich um eine zeitlich beschränkte, im Zusammenhang mit einer vollstationären Behandlung stehende ambulante Versorgung.[37] Die prästationäre Behandlung dient zur Klärung der Erforderlichkeit einer vollstationären Krankenhausbehandlung bzw. zu deren Vorbereitung nach Verordnung von Krankenhausbehandlung durch einen Vertragsarzt;[38] die poststationäre Behandlung soll im Anschluss an eine vollstationäre Krankenhausbehandlung die Behandlungsergebnisse sichern bzw. festigen. Ziel der prä- bzw. poststationären Behandlung ist, die Dauer der vollstationären Krankenhausbehandlung abzukürzen und damit dem Wirtschaftlichkeitsgebot Rechnung zu tragen.[39]

23.2.2 Ambulante Krankenhausleistungen

Besondere gesetzliche Regelungen ermächtigen das Krankenhaus, als grundsätzlich stationäre Einrichtung auch Leistungen im ambulanten Bereich zu erbringen. Als Leistungen sind insoweit zu nennen das sog. ambulante Operieren und die stationsersetzenden Maßnahmen gemäß § 115b SGB V und die ambulante spezialfachärztliche Versorgung gemäß § 116b SGB V; ferner kann das Krankenhaus über den persönlich ermächtigten Krankenhausarzt gemäß § 116 SGB V oder eine Institutsermächtigung gemäß § 116a SGB V an der ambulanten vertragsärztlichen Versorgung teilnehmen. Darüber hinaus kommen besondere Institutsermächtigungen zur Teilnahme an der ambulanten Versorgung in Betracht, wie u.a. für die Psychiatrische Institutsambulanz gemäß § 118 SGB V sowie für die Geriatrische Institutsambulanz gemäß § 118a SGB V.

Während die Krankenhäuser durch die gesetzliche Regelung zum ambulanten Operieren bereits ermächtigt sind, entsprechende Leistungen zu erbringen und unmittelbar gegenüber den Krankenkassen abzurechnen, ohne dass es einer Ermächtigung durch den Zulassungsausschuss (§ 96 SGB V) bedarf, sind die persönliche Ermächtigung und die Institutsermächtigung grundsätzlich bedarfsabhängig, die Psychiatrische und Geriatrische Institutsambulanz wiederum nicht.

---

33 BSG Urt. v. 19.09.2013 – B 3 KR 34/12 R; BSG Urt. v. 17.03.2005 – B 3 KR 11/04
34 Szabados (2009, S. 11)
35 Szabados (2009, S. 12)
36 BSG Urt. v. 28.02.2007 – B 3 KR 17/06 R
37 BSG Urteil vom 17.09.2013 – B 1 KR 21/12 R.
38 BSG Urt. v. 14.10.2014 – B 1 KR 28/13 R; Urt. v. 17.09.2013 – B 1 KR 21/12 R
39 BT-Drucks. 12/3608, S. 102

23.2.3 Belegärztliche Leistungen

Stationäre Leistungen erbringen Krankenhäuser grundsätzlich – durch »eigene«, also beim Krankenhaus angestellte Ärzte – oder durch *Belegärzte*.

Der Belegarzt ist ein nicht am Krankenhaus angestellter Vertragsarzt, der berechtigt ist, seine Patienten im Krankenhaus unter Inanspruchnahme der hierfür bereitgestellten Dienste, Einrichtungen und Mittel vollstationär oder teilstationär zu behandeln, ohne hierfür vom Krankenhaus eine Vergütung zu erhalten.[40] Die belegärztlichen Leistungen werden aus der vertragsärztlichen Gesamtvergütung vergütet.[41] Für die sog. Hotelleistungen in Form von Pflege und Unterkunft erhält das Krankenhaus eine Fallpauschale, die geringer ist als die Hauptfachabteilungsfallpauschale, die auch die vom Krankenhaus erbrachten ärztlichen Leistungen abgilt.

Der Belegarzt muss zur Teilnahme an der vertragsärztlichen Versorgung zugelassen und als Belegarzt anerkannt sein.[42] Die belegärztliche Tätigkeit setzt ferner voraus, dass das nach § 108 SGB V zugelassene Krankenhaus für das jeweilige Fachgebiet eine Belegabteilung nach Maßgabe der Gebietsbezeichnung der WBO in Übereinstimmung mit dem Krankenhausplan bzw. dem Versorgungsvertrag vorhält.[43]

Seit Inkrafttreten des Krankenhausfinanzierungsreformgesetz gibt es den Belegarzt mit Honorarvertrag, der für seine ärztlichen Tätigkeiten ein – gesondert zu vereinbarendes – Honorar vom Krankenhaus erhält. Nach dem Willen des Gesetzgebers handelt es sich bei diesen Leistungen dann jedoch nicht um vertragsärztliche Leistungen.[44]

23.3 Leistungs- und Leistungserbringungsrecht

Der Anspruch des gesetzlich Versicherten auf Krankenhausbehandlung besteht nur in einem zugelassenen Krankenhaus, § 39 SGB V. Die Krankenkassen dürfen die Krankenhausbehandlung ebenfalls nur durch zugelassene Krankenhäuser i.S.d. § 108 SGB V erbringen lassen. Dies sind zum einen Krankenhäuser, die nach landesrechtlichen Vorschriften als Hochschulklinik anerkannt sind, Krankenhäuser, die in den Krankenhausplan eines Landes aufgenommenen sind (Plankrankenhäuser), oder Krankenhäuser, die einen Versorgungsvertrag mit den Landesverbänden der Krankenkassen und den Verbänden der Ersatzkassen abgeschlossen haben.

23.3.1 Vergütung vollstationärer Krankenhausbehandlung dem Grund nach (SGB V)

Der *Anspruch auf Vergütung* für eine vollstationäre **Krankenhausbehandlung** ergibt sich aus § 109 Abs. 4 S. 3 SGB V und setzt also zunächst voraus, dass der Versicherte einen Anspruch auf vollstationäre Krankenhausbehandlung gegenüber seiner Krankenkasse gemäß § 39 SGB V hat.

Der Anspruch auf eine vollstationären Krankenhausbehandlung in einem zugelassenen Krankenhaus ist als Ultima ratio der Krankenhausbehandlung und gemäß § 39 Abs. 1 Satz 2 SGB V nur gegeben, »wenn die Aufnahme nach Prüfung durch das Krankenhaus erforderlich ist, weil das Behandlungsziel nicht durch teilstationäre, vor- und nachstationäre oder ambulante Behandlung (...) erreicht werden kann«.

Die vollstationäre Krankenhausbehandlung setzt also voraus:
- die Aufnahme[45],
- die Erforderlichkeit/Notwendigkeit der Aufnahme,
- die Behandlung in einem zugelassenen Krankenhaus.

Prüfung der (Notwendigkeit der) Aufnahme durch das Krankenhaus

Die Erforderlichkeit der Aufnahme zur Behandlung in einem zugelassenen Krankenhaus verlangt – neben den versicherungsrechtlichen Voraussetzungen gemäß der §§ 5 ff. SGB V – zunächst eine

---

40 § 121 Abs. 2 SGB V, § 18 KHEntgG
41 § 121 Abs. 3 Satz 1 SGB V
42 § 40 BMV-Ä
43 Köhler-Hoffmann in JurisPK-SGB V, § 121 SGB V Rz. 29
44 BT-Drs. 16/11429, 64

45 s.o. 23.2.1, S. 353

behandlungsbedürftige Krankheit im Sinne des § 27 Abs. 1 Satz 1 SGB V.

Die *Notwendigkeit der vollstationären Krankenhausbehandlung* besteht dann, wenn der Behandlungserfolg nur durch eine stetige Verfügbarkeit von qualifiziertem ärztlichen und pflegerischen Personal erreicht werden kann.[46] Wenngleich der niedergelassene Vertragsarzt die Erforderlichkeit *seiner* Behandlung selbst prüfen darf, darf sich das Krankenhaus auf dessen Beurteilung, ob eine vollstationäre Krankenhausbehandlung notwendig ist, nicht verlassen.[47] Insofern hat das Krankenhaus die Erforderlichkeit seiner Eintrittspflicht im Rahmen der stationären Krankenhausbehandlung selbst zu prüfen.[48]

Durch Beschluss vom 25.09.2007 hat der *Große Senat des BSG* die Notwendigkeit der vollstationären Behandlung wie folgt definiert:

> 1. Ob einem Versicherten vollstationäre Krankenhausbehandlung zu gewähren ist, richtet sich nach den medizinischen Erfordernissen. Reicht nach den Krankheitsbefunden eine ambulante Therapie aus, so hat die Krankenkasse die Kosten eines Krankenhausaufenthaltes auch dann nicht zu tragen, wenn der Versicherte aus anderen, nicht mit der Behandlung zusammenhängenden Gründen eine spezielle Unterbringung oder Betreuung benötigt und wegen des Fehlens einer geeigneten Einrichtung vorübergehend im Krankenhaus verbleiben muss.
> 2. Ob eine stationäre Krankenhausbehandlung aus medizinischen Gründen notwendig ist, hat das Gericht im Streitfall uneingeschränkt zu überprüfen. Es hat dabei von dem im Behandlungszeitpunkt verfügbaren Wissens- und Kenntnisstand des verantwortlichen Krankenhausarztes auszugehen. Eine »Einschätzungsprärogative« kommt dem Krankenhausarzt nicht zu.[49]

Zugelassenes Krankenhaus

Der Anspruch des gesetzlich Versicherten auf vollstationäre Krankenhausbehandlung besteht gemäß § 39 Abs. 1 SGB V in einem *zugelassenen Krankenhaus*. Das sind nach § 108 SGB V Hochschulkliniken, die nach den landesrechtlichen Vorschriften anerkannt sind, Krankenhäuser, die in den Krankenhausplan aufgenommen sind (Plankrankenhäuser gemäß § 108 SGB V) und Krankenhäuser, die einen Versorgungsvertrag mit den Landesverbänden und den Ersatzkassen nach § 109 SGB V abgeschlossen haben. Kein Anspruch gemäß § 39 SGB V i.V.m. § 107 Abs. 1 SGB V steht demnach in Vorsorge- und Rehabilitationseinrichtungen, Sanatorien und Kuranstalten, Psychotherapeutischen oder Heilpädagogischen Kinderheimen, Alten- und Pflegeheimen oder Pflegeabteilungen von Krankenhäusern zu.[50]

Verordnung durch Vertragsarzt

Die vollstationäre Krankenhausbehandlung ist gemäß § 39 Abs., § 73 Abs. 2 Nr. 4, Abs. 4 SGB V *durch einen Vertragsarzt zu verordnen*. Die Einweisung als formale Leistungsvoraussetzung begründet allerdings noch keinen Anspruch des Versicherten auf eine vollstationäre Krankenhausbehandlung bzw. des Krankenhauses auf entsprechende Vergütung gegenüber der Krankenkasse.[51]

Inhalt, Umfang und Qualität der Krankenhausbehandlung

Die Krankenhausbehandlung umfasst im Rahmen des Versorgungsauftrages des Krankenhauses alle Leistungen, die im Einzelfall nach Art und Schwere der Krankheit für die medizinische Versorgung der Versicherten im Krankenhaus notwendig sind, insbesondere ärztliche Behandlung, Versorgung mit Arznei-, Heil- und Hilfsmitteln etc., § 39 Abs. 1 Satz 3 SGB V.

Die Leistungen des Krankenhauses müssen *ausreichend, zweckmäßig* und *wirtschaftlich* sein; sie dürfen das Maß des Notwendigen nicht überschreiten, § 12 SGB V. Dieses allgemeine Wirtschaftlichkeitsgebot wird konkretisiert durch § 137 c SGB V, nach dem der Gemeinsame Bundesausschuss den Auftrag hat, Untersuchungs- und Behandlungsmethoden, die zu Lasten der gesetzlichen Versicherung im Rahmen der Krankenhausbehandlung ange-

---

46 BSG E 47, 83 (84); 59, 157 (166); 92, 300 (305)
47 Szabados (2009, S. 16)
48 Schneider in Schulin (1994), § 22 Rz. 78
49 Großer Senat BSG Beschluss vom 25.09.2007 – GS 1/06

50 Szabados (2009, S. 22)
51 Szabados (2009, S. 10)

wandt werden bzw. angewandt werden sollen, daraufhin zu überprüfen, ob sie für eine ausreichende, zweckmäßige und wirtschaftliche Versorgung der Versicherten unter Berücksichtigung des allgemein anerkannten Standes der medizinischen Erkenntnisse erforderlich sind.[52]

Die *Qualität der Krankenhausbehandlung* war bislang nicht Gegenstand sozialrechtlicher oder krankenhausrechtlicher Regelungen. Im Rahmen einer »Qualitätsoffensive«[53] hat sich die Bundesregierung vorgenommen, die Qualität der stationären Versorgung zu verbessern.[54] Mit dem Gesetz zur Weiterentwicklung der Finanzstruktur und der Qualität in der gesetzlichen Krankenversicherung (GKV FQWG)[55] und dem Gesetz zur Reform der Strukturen der Krankenhausversorgung (KHSG)[56] (Krankenhausstrukturgesetz) hat der Gesetzgeber die Koalitionsvereinbarung umzusetzen begonnen, indem er u.a. ein Qualitätsinstitut gegründet, den Medizinischen Dienst der Krankenversicherung mit der Überprüfung der Qualitätsrichtlinien des Gemeinsamen Bundesausschusses beauftragt, Vorgaben für die Qualitätsberichte der Krankenhäuser erstellt, Qualitätsvorgaben in der Krankenhausplanung der Länder ermöglicht, Qualitätszuschläge und -abschläge in der Krankenhausvergütung installiert und ein Modellvorhaben zu Qualitätsverträgen zwischen Krankenkassen und einzelnen Krankenhäusern für vier vom Gemeinsamen Bundesausschuss ausgewählte planbare Leistungen vorgesehen hat.

Der *Gemeinsame Bundesausschuss* (§ 91 SGB V) wird gemäß §136b Abs. 1 Nr. 4, Abs. 8 SGB V Leistungen oder Leistungsbereiche festlegen, zu denen die Krankenkassen gemäß § 110a SGB V Verträge zur Förderung einer qualitativ hochwertigen stationären Versorgung (Qualitätsverträge) schließen sollen. Ziel der Qualitätsverträge ist die Erprobung, inwieweit sich eine weitere Verbesserung der Versorgung mit stationären Behandlungsleistungen, insbesondere durch die Vereinbarung von Anreizen sowie höherwertigen Qualitätsanforderungen, erreichen lässt.[57]

Der Gemeinsame Bundesausschuss wird darüber hinaus ermächtigt bzw. beauftragt, gemäß § 136 SGB V Richtlinien zur Qualitätssicherung bzw. gemäß § 136a SGB V zur Qualitätssicherung in ausgewählten Bereichen, insbesondere der Hygiene (Abs. 1), in der psychiatrischen und psychosomatischen Versorgung (Abs. 2) und dem Qualitätsmanagement, zu bestimmen und gemäß § 136b SGB V zur Qualitätssicherung im Krankenhaus zu fassen, die für die Krankenhäuser unmittelbar verbindlich sind, Mindestmengenfestlegungen enthalten (Abs. 3 und 4) und Vorrang vor den Landesverträgen nach § 112 SGB V haben.

Ferner wird der Gemeinsame Bundesausschuss zur Förderung der Qualität ein gestuftes System von Folgen der Nichteinhaltung von Qualitätsanforderung nach den §§ 136 bis 136c SGB V festlegen, § 137 SGB V. Entsprechende Maßnahmen können nach Vorstellung des Gesetzgebers Vergütungsabschläge, der Wegfall des Vergütungsanspruchs für Leistungen, bei denen Mindestanforderungen nach § 136 Abs. 1 Nr. 2 SGB V nicht erfüllt sind, die Information Dritter über die Verstöße oder die einrichtungsbezogene Veröffentlichung von Informationen zur Nichteinhaltung an Qualitätsanforderungen sein.

Durch das FQWG ist der Gemeinsame Bundesausschuss gemäß § 137a SGB V bereits beauftragt worden, ein fachlich unabhängiges, wissenschaftliches Institut für Qualitätssicherung und Transparenz im Gesundheitswesen im Rahmen einer Stiftung privaten Rechts zu gründen. Das Institut wird im Auftrag des Gemeinsamen Bundesausschusses zur Messung und Darstellung der Versorgungsqualität, zur notwendigen Dokumentation für die einrichtungsübergreifende Qualitätssicherung, zur Veröffentlichung der Ergebnisse der Qualitätssicherung etc. tätig.

---

52 BSG Urt. v. 19.03.2002 – B 1 KR 1/02R; Koch in JurisPK § 137 c Rdz. 7
53 Koalitionsvertrag CDU, CSU und SPD 2013, S. 55 f. www.cdu.de/sites/default/files/media/dokumente/koalitionsvertrag.pdf
54 Koalitionsvertrag CDU, CSU und SPD 2013, S. 55 f. www.cdu.de/sites/default/files/media/dokumente/koalitionsvertrag.pdf
55 GKV-Finanzstruktur- und Qualitäts-Weiterentwicklungsgesetz vom 21.07.2014, BGBl I Nr. 33 (2014), S. 787
56 Krankenhausstrukturgesetz vom 05.11.2015 BT-Drs. 18/5372

57 Krankenhausstrukturgesetz, BT-Drs. 18/5372, S. 89

23.3.2 Der Medizinische Dienst der Krankenversicherung

Die Krankenkassen sind in den durch §§ 275 f. SGB V bestimmten Fällen verpflichtet, bei Erbringung von Leistungen, insbesondere zur Prüfung von Voraussetzungen, Art und Umfang der Leistung, sowie bei Auffälligkeiten zur Prüfung der ordnungsgemäßen Abrechnung, eine gutachtliche Stellungnahme des Medizinischen Dienstes der Krankenversicherung (Medizinischer Dienst, MDK) einzuholen.

MDK: Prüfung der Leistungsvoraussetzung und Abrechnung

Gegenstand der Prüfung sind vor allem medizinische Fragen im Zusammenhang mit der Prüfung von Voraussetzungen, Art und Umfang der zu erbringenden Leistungen sowie Abrechnungsprüfungen vor dem Hintergrund der Fallpauschalenvergütung nach dem DRG-System.[58] § 275 SGB V sieht eine verdachtsabhängige Einzelfallprüfung vor, die eine *Auffälligkeit* voraussetzt. Auffälligkeiten sind dann anzunehmen, wenn die Abrechnung und/oder die vom Krankenhaus zur ordnungsgemäßen Abrechnung vollständig mitgeteilten Behandlungsdaten und/oder weitere zulässig von der Krankenkasse verwertbare Informationen konkrete Fragen nach der – insbesondere sachlich-rechnerischen – Richtigkeit der Abrechnung und/oder nach der Beachtung des Wirtschaftlichkeitsgebotes aufwerfen, die die Krankenkasse aus sich heraus ohne weitere medizinische Sachverhaltsermittlung und -beurteilung durch den MDK nicht bewerten kann; diese Auffälligkeiten hat die Krankenkasse im Zweifelsfall zu belegen.[59]

Die *Prüfung* muss nach § 275 Abs. 1c Satz 2 SGB V innerhalb einer *Frist von längstens 6 Wochen* nach Eingang der Abrechnung der Krankenhausbehandlung bei der Krankenkasse durch die Krankenkasse eingeleitet und durch den MDK dem jeweiligen Krankenhausträger – formlos – angezeigt werden[60], anderenfalls kann das Krankenhaus die Herausgabe der Behandlungsunterlagen an den MDK verweigern und die Krankenkasse keine weiteren Einwendungen erheben. Der Ablauf der 6-Wochen-Frist wirkt sich auch auf ein sich ggf. anschließendes Gerichtsverfahren – nämlich als Beweisverwertungsverbot – zu Lasten der Krankenkasse aus.[61]

Die *Auskunfts-, Prüf- und Mitwirkungspflichten* von Krankenhaus, Krankenkasse und MDK bestehen also auf 3 Ebenen: Auf der *1. Stufe* der Sachverhaltserhebung hat das Krankenhaus zunächst die Angaben nach § 301 Abs. 1 SGB V zu übermitteln, u.a. den Grund der Aufnahme sowie die Einweisungsdiagnose und Aufnahmediagnose. Erschließen sich aufgrund dessen die Notwendigkeit der Krankenhausbehandlung oder der weiteren Abrechnungsvoraussetzungen den Mitarbeitern der Krankenkasse nicht selbst, hat die Krankenkasse auf der *2. Stufe* der Sachverhaltserhebung ein Prüfungsverfahren nach § 275 Abs. 1 Nr. 1 SGB V einzuleiten und beim MDK eine gutachterliche Stellungnahme einzuholen, die auf der Grundlage der vom Krankenhaus der Krankenkasse zur Verfügung gestellten Unterlagen – also insbesondere den Angaben nach § 301 SGB V – sowie ggf. mit vom Versicherten überlassenen Unterlagen zu erstellen ist (§ 276 Abs. 1 Satz 2 SGB V). Lässt sich auch unter Auswertung dieser Sozialdaten ein abschließendes Ergebnis nicht finden, so hat das Krankenhaus schließlich auf der *3. Stufe* der Sachverhaltserhebung auf eine von der Krankenkasse ordnungsgemäß eingeleitete Prüfung dem MDK auch alle weiteren Angaben zu erteilen und Unterlagen vorzulegen, die im Einzelfall zur Beantwortung der Prüffrage der Krankenkasse benötigt werden.[62] Verweigert das Krankenhaus die Herausgabe der für die MDK-Prüfung erforderlichen Unterlagen, hat die Krankenkasse gegen das

---

58 Sichert in Becker u. Kingrenn (2012), Rdz. 11
59 BSG Urteil vom 18.07.2013 – B 3 KR 22/12 R. mit weiteren Beispielen
60 Nebendahl in Becker u. Kingrenn (2012), Rdz. 12
61 BSG, Urteil vom 21.03.2013 – B 3 KR 28/12R – Rdz. 11. Während das Bundessozialgericht bisher verlangt hat, dass die Beauftragung des MDK sowie die Anzeige beim Krankenhaus durch den MDK kumulativ innerhalb der 6-Wochen-Frist erfolgen müssen (BSG, Urteil vom 16.05.2012 – B 3 KR 14/11 R;13.11.2012 – B 1 KR 24/11 R; BSG Urteil vom 21.03.2013 – B 3 KR 28/12 R), genügt es nach aktueller Rechtsprechung, wenn die Prüfanzeige durch die Krankenkasse erfolge (BSG, Urteil vom 27.11.2014 – B 3 KR 7/13 R; BSG, Urteil vom 17.12.2013 – B 1 KR 14/13 R)
62 § 276 Abs. 2 Satz 1 Halbsatz 2 SGB V

Krankenhaus einen gerichtlich durchsetzbaren Herausgabeanspruch auf unmittelbare Übermittlung der Sozialdaten und Herausgabe der Unterlagen an den MDK.[63]

Diese nachgelagerte Mitwirkungspflicht des Krankenhauses entfällt gemäß § 275 Abs. 1c Satz 2 SGB V allerdings, wenn die Krankenkasse die Vorgaben zur Einleitung eines Prüfverfahrens nach § 275 Abs. 1 Nr. 1SGB V nicht eingehalten hat.[64]

Zur Vermeidung von gerichtlichen Auseinandersetzungen über das Ergebnis einer Abrechnungsprüfung nach § 275 Abs. 1 c SGB V gelten seit dem 01.08.2013 die Regelungen zur Durchführung eines *Schlichtungsverfahrens* vor einem Schlichtungsausschuss auf Landesebene, § 17 c Abs. 4 KHG.[65] Während bei Streitigkeiten, die eine Forderung ab 2.000 Euro[66] betreffen, der Schlichtungsausschuss angerufen werden *kann, muss* der Schlichtungsausschuss bei Vergütungsstreitigkeiten bis zu einem Wert von 2.000 Euro zwingend angerufen werden, bevor eine Klage zum Sozialgericht erhoben werden kann. Die Neuregelung soll die Sozialgerichte entlasten und schnellere Entscheidungen ermöglichen.

Um einer ungezielten und übermäßigen Einleitung von Begutachtungen durch die Krankenkassen entgegenzuwirken, hat der Gesetzgeber in § 275 Abs. 1c S. 3 SGB V Satz 3 eine *Aufwandspauschale in Höhe von 300 Euro* normiert, die von der prüfungseinleitenden Krankenkasse an das Krankenhaus zu entrichten ist, für den Fall, dass die Einzelfallprüfung nicht zu einer Minderung des Abrechnungsbetrags durch die Krankenkasse führt.

MDK: Kontrolle der Qualitätsanforderungen

Die Aufgaben des MDK sind im Zusammenhang mit der Neustrukturierung der Qualitätssicherungsregelungen gemäß §§ 135 b bis 137 SGB V in der Fassung des Krankenhausstrukturgesetzes erweitert worden. § 275 a SGB V überträgt dem MDK die neue Aufgabe der Durchführung der Kontrolle der Qualitätsanforderungen des G-BA in den nach § 108 SGB V zugelassenen Krankenhäusern. Voraussetzung ist, dass der MDK hierzu von einer Stelle beauftragt wird, die über konkrete und belastbare Anhaltspunkte für eine Nichteinhaltung der Qualitätsanforderungen oder über Verstöße gegen Dokumentationspflichten verfügt. Auftraggeber dieser Kontrollen sind daher die in § 275 a Abs. 3 SGB V genannten und in Richtlinie nach § 137 Abs. 3 SGB V näher zu bestimmenden Stellen. Hierfür kommen grundsätzlich die Landesgesellschaften für Qualitätssicherung oder das Institut für Qualitätssicherung nach § 137 a SGB V in Frage.[67] Die Anhaltspunkte, die die Kontrollen rechtfertigen, sind dem MDK in dem Auftrag mitzuteilen. Das Nähere zu diesen Anhaltspunkten ist – soweit die Qualitätssicherung des G-BA betroffen ist – in der Richtlinie zu konkretisieren (vgl. § 137 Abs. 3 SGB V). Ferner obliegt es dem G-BA und den Ländern, durch geeignete Festlegungen Vorgaben zum Prüfumfang und zum Prüfungsinhalt zu machen.[68]

Die Kontrollen können sowohl angekündigt erfolgen, um den Kontrollaufwand zu reduzieren und sicherzustellen, dass seitens des Krankenhauses die nötigen Ansprechpartner verfügbar sind und die erforderlichen Unterlagen bereit liegen, oder auch unangemeldet durchgeführt werden.

Art und Umfang der vom MDK durchzuführenden Kontrollen bestimmen sich abschließend nach dem konkreten Auftrag. Gegenstand dieser Aufträge können gemäß § 275 a Abs. 2 SGB V die Einhaltung der Qualitätsanforderungen nach den §§ 135 b, 136 bis 136 c SGB V, die Kontrolle der Richtigkeit der Dokumentation der Krankenhäuser im Rahmen der externen stationären Qualitätssicherung und die Einhaltung der Qualitätsanforderungen der Länder, soweit dies landesrechtlich vorgesehen ist, sein.

---

63 § 276 Abs. 2 Satz 1 Halbsatz 2 SGB V; BSG, Urteil – 18.07.2013 - B 3 KR 22/12 R; BSG, Urteil vom 27.11.2014 – B 3 KR 7/13 R

64 BSG, Urteil vom 27.11.2014 – B 3 KR 7/13 R; BSG, Urteil vom 21.03.2013 – B 3 KR 28/12R – Rdz. 11; Urteil vom 13.11.2012 – B 1 KR 24/11 R; Urteil vom 22.04.2009 – B 3 KR 24/07 R

65 Gesetz zur Beseitigung sozialer Überforderung bei Beitragsschulden in der Krankenversicherung (Beitragsschuldengesetz, BT-Drs. 17/13079, 17/13947)

66 je Abrechnungsfall; die Verbindung mehrerer streitiger Forderungen ist unzulässig

67 BT-Drs. 18/5372, S. 104
68 BT-Drs. 18/5372, S.101

23.4 Das Krankenhausplanungsrecht

Im Rahmen der öffentlichen Daseinsvorsorge hat der Staat sicherzustellen, dass für alle Bürger quantitativ und qualitativ ausreichende stationäre Versorgungseinrichtungen zur Verfügung stehen. Wesentliches Instrument zur Umsetzung dieser staatlichen Verantwortung ist die Krankenhausplanung.[69] In den Krankenhausplan aufgenommene Krankenhäuser nehmen an der Investitionskostenförderung und der Versorgung gesetzlich Versicherter teil.

23.4.1 Ziel der Krankenhausplanung – Funktion des Krankenhausplans

Ziel der Krankenhausplanung ist die wirtschaftliche Sicherung der Krankenhäuser, um eine bedarfsgerechte Versorgung der Bevölkerung mit leistungsfähigen, eigenverantwortlich wirtschaftenden Krankenhäusern zu gewährleisten und zu sozialtragbaren Pflegesätzen beizutragen.[70]

Die Krankenhausplanung ist das *Investitionslenkungs- und Steuerungsinstrument* zur Verwirklichung der vorgenannten Ziele des KHG durch Verknüpfung von Krankenhausplanung mit öffentlicher Investitionsförderung.[71] Denn nach § 8 Abs. 1 KHG haben Krankenhäuser nur dann einen Anspruch auf öffentliche Förderung, soweit und solange sie in den Krankenhausplan des Landes aufgenommen sind. Die Entscheidung über Aufnahme bzw. Nichtaufnahme in den Krankenhausplan eines Landes ist aufgrund der damit verknüpften öffentlichen Investitionsförderung für einzelne Krankenhäuser von existenzieller Bedeutung.

Krankenhausplanung bedeutet die Bestimmung der für eine bedarfsgerechte Versorgung der Bevölkerung erforderlichen Krankenhäusern nach Standort, Bettenzahl und Fachrichtung sowie ggf. Versorgungsstufe.[72] In den Krankenhausplan aufgenommene Krankenhäuser sind also zur bedarfsgerechten Versorgung der Bevölkerung notwendig und haben somit nach Maßgabe des KHG gemäß § 8 Abs. 1 KHG Anspruch auf öffentliche Förderung. Ferner sind in den Krankenhausplan aufgenommene Krankenhäuser berechtigt – und auch verpflichtet – gesetzlich Krankenversicherte zu behandeln.

Um den sich ständig ändernden Bedürfnissen und Anforderungen an Krankenhäuser gerecht zu werden, sind die Krankenhausplanung und damit auch der Krankenhausplan stetig im Fluss.

Eine »dauerhafte« Festschreibung eines bestimmten Status quo[73] gibt es in der Krankenhausplanung – als einem kontinuierlichen Prozess – nicht. Das bedeutet, dass bei jeder Entscheidung über die Aufnahme bzw. Nichtaufnahme eines Krankenhauses gemäß § 8 Abs. 2 KHG eine in der Vergangenheit bereits erfolgte Aufnahme eines Krankenhauses grundsätzlich erneut zur Disposition steht.

Im Übrigen hätten die eine Neuaufnahme in den Krankenhausplan begehrenden Krankenhäuser keine Chance, in den Krankenhausplan aufgenommen zu werden und somit auch an der öffentlichen Investitionsförderung teilzuhaben. Hiermit wird einer »Versteinerung der Krankenhauslandschaft« vorgebeugt.[74]

23.4.2 Inhalt des Krankenhausplans

Das KHG überträgt die Verpflichtung zur Aufstellung von Krankenhausplänen den Ländern. Bei der Aufstellung der Krankenhauspläne kommt den Ländern ein breiter Spielraum zu, der eine sehr detaillierte Planung ebenso erlaubt wie lediglich eine Rahmenplanung.

Die notwendigen Inhalte eines Krankenhausplanes sind dem KHG nicht ausdrücklich zu entnehmen. So ist es vielmehr Aufgabe der Länder, die Einzelfestlegungen des Plans, dessen grundlegende Zielaussagen, die Bestimmung der Versorgungsgebiete sowie die Struktur der Versorgung zu regeln. Der Krankenhausplan ist jedoch zur Verwirklichung der in § 1 KHG genannten Ziele bestimmt,

---

69 Thomae in Ratzel u. Luxemburger (2008), § 29 Rz. 42
70 § 1 Abs. 1 KHG
71 vgl. § 8 Abs. 1 KHG
72 Szabados (2009, S. 89)
73 Quaas u. Zuck (2005), § 24 Rz. 354
74 Quaas u. Zuck (2005), § 24 Rz. 354; VGH Baden-Württemberg Beschl. v. 06.11.2001 – 9 S 772/01

so dass die Länder den Inhalt des Krankenhausplans nach dem § 1 KHG zu entnehmenden Planungszweck aufzustellen haben. Das bedeutet, der Plan soll eine *qualitativ hochwertige, patienten- und bedarfsgerechte Versorgung* der Bevölkerung und die Leistungsfähigkeit der Krankenhäuser ermöglichen, die Wirtschaftlichkeit der Krankenhäuser gewährleisten und zu sozialtragbaren Pflegesätzen beitragen.[75]

Welche Krankenhäuser – mit welchem Leistungsangebot – hierzu geeignet sind, ist Gegenstand des Krankenhausplans sowie der Krankenhausplanung, die bestimmte Mindestinhalte aufweisen muss: ausgehend von der Krankenhauszielplanung die Bedarfsprognose, die Krankenhausanalyse i.S.e. Ist-Analyse sowie die Versorgungsentscheidung.[76]

Krankenhauszielplanung

Aus § 8 Absatz 2 KHG folgt, dass der Krankenhausplan eine Festlegung der Ziele enthalten muss, die das Land mit einen Bedarfsplan verfolgt und an denen sich bei einer notwendigen Auswahl zwischen mehreren Krankenhäusern die zuständige Landesbehörde zu orientieren hat.[77]

Durch die *Krankenhauszielplanung* soll erreicht werden, dass sich die richtigen Krankenhäuser am richtigen Platz befinden.[78] Unter Beachtung des Grundsatzes der Vielfalt der Krankenhausträger hat die Planungsbehörde die Sicherstellung der Krankenhausversorgung in qualitativer und quantitativer Hinsicht durch leistungsfähige und wirtschaftlich arbeitende Krankenhäuser festzulegen.[79]

Bedarfsanalyse bzw. -prognose

Die *Bedarfsanalyse* ist die Beschreibung des zu versorgenden Bedarfs der Bevölkerung an Krankenhausbetten. Sie erfordert einerseits die Ermittlung des gegenwärtig zu versorgenden Bedarfs sowie andererseits die Feststellung des zukünftigen Bedarfs an Krankenhausleistungen. Ausgehend von dem gegenwärtigen Bedarf an Krankenhausversorgung ist die zukünftige Auslastung der Krankenhäuser unter Berücksichtigung von Bevölkerungsentwicklung, Altersstrukturen, Morbiditätsstatistiken, Krankenhausinanspruchnahmen, Verweildauern und Fallzahlentwicklungen zu einem bestimmten Zeitpunkt zu prognostizieren.[80] Im Rahmen der Bedarfsanalyse soll keine Steuerung der Krankenhausversorgung vorgenommen werden, sondern auf die zukünftige Entwicklung von Nutzung und Auslastung von Krankenhäusern zur Bemessung der vorzuhaltenden Kapazitäten geschlossen werden.[81]

Im Rahmen des sog. zulässigen Verfahrens der *Trendextrapolation zur Bedarfsermittlung*[82] schließt die Planungsbehörde von der in den vergangenen Jahren entwickelten und beobachteten Nutzung und Auslastung von Krankenhäusern auf die zukünftige Entwicklung und bemisst danach die vorzuhaltenden Kapazitäten. Die der Bedarfsprognose zugrunde liegenden Schätzungen dürfen nicht willkürlich erfolgen und müssen auf nachvollziehbaren Parametern und tatsächlichen Gegebenheiten unter angemessener Berücksichtigung sich wandelnder Verhältnisse beruhen. Der Bedarf an Krankenhausleistungen ist bezogen auf die Fachgebiete – und nicht bezogen auf einzelne Krankheitsbilder – zu ermitteln.[83]

Krankenhausanalyse

Die *Krankenhausanalyse* ist eine Ist-Analyse, die die tatsächlichen Versorgungsbedingungen der einzelnen Krankenhäuser, die in den Krankenhausplan aufgenommen worden sind, nach Standort, Kapazitäten und Fachrichtungen beschreibt. Dabei ist das Land an die Bettenverteilung, wie sie zum Zeitpunkt der Beurteilung gegeben ist, gebunden.[84]

Versorgungsentscheidung

Die Ergebnisse der Zielplanung, der Bedarfsanalyse und der Krankenhausanalyse als Planungsprozess fließen dann in die *Versorgungsentscheidung*. Auf der Grundlage der Krankenhauszielplanung und der Bedarfsprüfung der Krankenhausanalyse ist im

---

75 § 1 Abs. 1 KHG in der Fassung des Krankenhausstrukturgesetzes BT-Drs. 18/5327
76 BVerwGE 72, 38; Prütting (2009), § 12 Rz. 8
77 Thomae in Ratzel u. Luxenburger (2008), § 29 Rz. 58
78 BVerwG Urt. v. 25.07.1985 - 3 C 25/94 - NJW 1986, 796 (797)
79 Prütting (2009), § 12 Rz. 13; Szabados (2009, S. 92)

80 Prütting (2009), § 12 Rz. 11
81 VG Karlsruhe Urt. v. 24.06.2004 – 2 K 2871/02
82 BVerwG Beschl. v. 31.05.2000 – 3 B 53.99 – DVBl 2000, 163
83 VGH Baden-Württemberg Urt. v. 24.01.1995 – 9 S 2821/92
84 Prütting (2009), § 13 Rz. 10

Krankenhausplan letztlich festzulegen, mit welchen Krankenhäusern der festgestellte Bedarf versorgt werden soll.[85] Die Versorgungsentscheidung bedeutet die Aufnahme eines Krankenhauses oder die Nichtaufnahme eines Krankenhauses. Gemäß § 8 Abs. 2 Satz 1 KHG besteht ein Anspruch auf (Feststellung der) Aufnahme in den Krankenhausplan und damit in das Investitionsprogramm (grundsätzlich) nicht.[86]

23.4.3 Voraussetzungen der Planaufnahme

Die Aufnahme in den Krankenhausplan setzt voraus, dass das Krankenhaus qualitativ hochwertig, patienten- und bedarfsgerecht, leistungsfähig sowie wirtschaftlich ist.[87]

Bedarfsgerecht ist ein Krankenhaus, wenn es in der Lage ist, einen vorhandenen Bedarf zu befriedigen, es ist also bedarfsgerecht, wenn die von dem Krankenhaus angebotenen Leistungen – zunächst auch neben bzw. anstelle von anderen Krankenhäusern – notwendig sind, um den vorhandenen Bettenbedarf in dessen Einzugsbereich zu decken, weil im Übrigen eine Bettenunterdeckung bestände. Eine Bedarfsdeckung durch andere Krankenhäuser bleibt auf dieser Prüfungsebene zunächst unberücksichtigt.

Das bedarfsgerechte Krankenhaus ist *leistungsfähig* im Sinne des § 1 KHG, wenn das Leistungsangebot dauerhaft die Anforderungen erfüllt, die nach dem Stand der Kenntnisse der medizinischen Wissenschaft und dem Auftrag aus dem Feststellungsbescheid, mit dem das Krankenhaus in den Krankenhausplan aufgenommen werden soll, an ein Krankenhaus dieser Art zu stellen sind.[88] Entscheidend ist, ob die nach medizinischen Erkenntnissen erforderliche personelle, räumliche und medizinische Ausstattung vorhanden ist.[89] Die Leistungsfähigkeit eines Krankenhauses bestimmt sich also nach der Zahl der Fachabteilungen verschiedener Fachrichtungen, der Zahl der angestellten Fachärzte in den einzelnen Fachabteilungen und dem Verhältnis dieser Zahl zur Bettenzahl sowie dem Vorhandensein der erforderlichen räumlichen und fachmedizinisch-technischen Einrichtungen. Das Maß der erforderlichen Leistungsfähigkeit ist mithin stets in Bezug auf die Art der Versorgung, der das Krankenhaus dienen soll, zu sehen.[90]

Das die Aufnahme in den Krankenhausplan begehrende Krankenhaus soll zu *sozialtragbaren Pflegesätzen* beitragen, also *wirtschaftlich* bzw. *kostengünstig* sein. Gemäß § 6 Abs. 1 KHG sind die Länder bei der Aufstellung von Krankenhausplänen verpflichtet, auch die Folgekosten, insbesondere die Auswirkung ihrer Entscheidungen auf die Pflegesätze, zu berücksichtigen. Bei der Einschätzung der Wirtschaftlichkeit kommt es allerdings nicht allein auf die Höhe der Entgelte und Pflegesätze an, sondern auch auf die Höhe der Fallkosten unter besonderer Berücksichtigung der Aufgabenstellung des Krankenhauses.

Durch das Krankenhausstrukturgesetz wird das Zielkriterium der *qualitativ hochwertigen und patientengerechten Versorgung* in die Krankenhausplanung eingeführt. Der weitere Gestaltungsprozess der Krankenhausplanung erfordert neben dem Ziel der bedarfsgerechten Versorgung auch die Verankerung von Aspekten der Qualitätssicherung bei der stationären Versorgung. Als patientengerecht ist eine Versorgung anzusehen, die sich an den Wünschen der Patienten orientiert, auch für die Dauer ihrer Eingliederung in die Krankenhausorganisation und während ihrer medizinischen Behandlung als Personen mit individuellen Bedürfnissen wahrgenommen zu werden.[91]

Die Aufstellung der Krankenhauspläne nach § 6 KHG ist unter Verwirklichung auch des in § 1 Abs. 1 KHG neu aufgenommenen Zielkriteriums an einer qualitätsgesicherten Krankenhausversorgung aus-

---

85 BVerwG Urt. v. 25.07.1985 – 3 C 25/94 - NJW 1986, 796 (797); Stollmann u. Hermanns (2006)
86 Im Fall einer festgestellten Bedarfsunterdeckung besteht ein Anspruch auf Feststellung der Planaufnahme, weil sich der Anspruch auf Auswahl gem. § 8 Abs. 2 KHG im Lichte des Art. 12 Abs. 1 GG (Berufsfreiheit) zu einem direkten Planaufnahmeanspruch verdichtet
87 § 1 KHG in der Fassung des Krankenhausstrukturgesetzes BT-Drs. 18/5327
88 Stollmann u. Hermanns (2006, S. 4)

89 BVerfG, Beschl. v. 12.06.1990 – 1 BVR 355/86
90 BVerwG Urt. v. 14.11.1985 – 3 C 41/84
91 Krankenhausstrukturgesetz vom 05.11.2015, BT-Drs. 18/5372, S. 54

zurichten. Insofern sieht § 6 Abs. 1 a KHG nunmehr vor, dass die Empfehlungen des Gemeinsamen Bundesausschusses (G-BA) zu den planungsrelevanten Qualitätsindikatoren Bestandteil der Krankenhauspläne werden. Der G-BA beschließt nach § 136 c Abs. 1 SGB V (in der Fassung des Krankenhausstrukturgesetzes) planungsrelevante Qualitätsindikatoren zur Struktur-, Prozess- und Ergebnisqualität und übermittelt die Beschlüsse zu diesen Qualitätsindikatoren als Empfehlungen an die zuständigen Landesbehörden für die Krankenhausplanung. Die Länder haben im Rahmen ihrer Planungshoheit die Möglichkeit, durch Landesrecht die Geltung der planungsrelevanten Qualitätsindikatoren entweder generell oder teilweise auszuschließen; im Falle eines generellen Ausschlusses entfalten die planungsrelevanten Qualitätsindikatoren keine Rechtsverbindlichkeit in dem jeweiligen Land. Darüber hinaus erlaubt § 6 Abs. 1a KHG den Ländern, auch weitere Qualitätsanforderungen in ihre Krankenhausplanung aufzunehmen.[92]

23.4.4 Auswahlentscheidung

Beanspruchen mehr bedarfsgerechte, leistungsfähige und wirtschaftliche Krankenhäuser die Aufnahme in den Krankenhausplan als zur Bedarfsdeckung erforderlich, also im Falle der Bedarfsüberdeckung, ist eine *Auswahl* zwischen mehreren Krankenhäusern notwendig. Die zuständige Landesbehörde entscheidet dann unter Berücksichtigung der öffentlichen Interessen und der Vielfalt der Krankenhausträger nach pflichtgemäßem Ermessen, welches Krankenhaus den – vorstehend skizzierten – Zielen der Krankenhausplanung des Landes am besten gerecht wird.

Erst bei der Frage, welches von mehreren in gleicher Weise bedarfsgerecht, leistungsfähig sowie wirtschaftlich betriebenen Krankenhäusern im Rahmen einer Auswahlentscheidung in den Plan aufgenommen wird, steht der Feststellungsbehörde ein *Ermessensspielraum* zu.[93] Die Auswahlentschei-

dung der Feststellungsbehörde ist gerichtlich nur eingeschränkt überprüfbar, nämlich dahingehend, ob die Landesbehörde von einem zutreffenden und vollständig ermittelten Sachverhalt ausgegangen ist, ob sie einen sowohl im Rahmen der Gesetze wie auch der Beurteilungsermächtigung und damit auch der in Bezug genommenen Planungsziele haltenden Beurteilungsmaßstab zutreffend angewandt hat und ob für ihre Entscheidung keine sachfremden Erwägungen bestimmend gewesen sind.[94]

23.4.5 Feststellung der Planaufnahme

Die Aufnahme oder Nichtaufnahme eines Krankenhauses in den Krankenhausplan eines Landes wird gemäß § 8 Abs. 1 Satz 3 KHG durch Bescheid festgestellt. Mit Aufnahme in den Krankenhausplan wird das Krankenhaus gleichfalls in die Investitionsförderprogramme aufgenommen. Der *Feststellungsbescheid* setzt die bedarfsplanerischen Festlegungen des Krankenhausplans hinsichtlich Aufgabenstellung und Strukturen für das einzelne Krankenhaus um.

In der Regel weisen die Feststellungsbescheide neben dem Krankenhausträger den Standort des Krankenhauses, das Versorgungsgebiet, die Bettenzahl sowie die Art der Abteilungen nach Fachrichtungen aus.[95] Der *Versorgungsauftrag* gehört nicht zu den Einzelfestlegungen der Feststellungsbescheide. Mangels gesetzlicher Definition sowie fehlender Konkretisierung im Feststellungsbescheid ist der Versorgungsauftrag zu bestimmen anhand der Leistungen, die typischerweise dem Gebiet einer planausgewiesenen Abteilung nach der ärztlichen Weiterbildungsordnung zuzuordnen sind.[96]

---

92 Krankenhausstrukturgesetz vom 08.11.2015, BT-Drs. 18/5372, S. 54
93 BVerfG Beschl. v. 04.03.2004 – 1 BvR 88/00
94 Stollmann u. Hermanns (2006, S. 5), unter Verweis auf: BVerwG Urt. v. 14.11.1985 – 3 C 41/84
95 Vgl. Thomae in DAV: Festschrift 10 Jahre Arbeitsgemeinschaft Medizinrecht im DAV, S. 646
96 OVG Lüneburg, Urt. v.12.06.2013 – 13 LC 173/10; OVG NRW, Bschl. v. 11.03.2011 – 13 A 1745/10; LSG NRW, Urt. v. 16.06.2008 – L 5 KR 19/07; VG Stuttgart, Urt. v. 01.03.2007 – 4 K 3404/06; VG Minden Urt. v. 05.12.2005 – 3 K 3627/02

23.5 Grundzüge des Krankenhausfinanzierungsrechts

23.5.1 Einleitung

Nachdem bis in die 1970er-Jahre die Finanzierung der Krankenhäuser ausschließlich über die Pflegesätze erfolgte, stellte das Krankenhausfinanzierungsgesetz (KHG) vom 29.06.1972 die Krankenhausfinanzierung auf zwei Säulen. Im Rahmen der sog. *dualen* bzw. *dualistischen Finanzierung* werden die *Investitionskosten* öffentlich gefördert (§ 4 Nr. 1 KHG), zur Finanzierung der notwendigen *Betriebskosten* erhalten die Krankenhäuser leistungsgerechte Erlöse aus Pflegesätzen (§ 4 Nr. 2 KHG). Nachdem nach der früheren monistischen Finanzierung die Krankenhäuser wirtschaftlich nicht leistungsfähig waren und ihr finanzielles Aufkommen unzureichend war, verfolgte das Krankenhausfinanzierungsgesetz die wirtschaftliche Sicherung der Krankenhäuser zur Gewährleistung der bedarfsgerechten Versorgung mit leistungsfähigen und eigenverantwortlich wirtschaftenden Krankenhäusern (§ 1 Abs. 1 KHG).

23.5.2 Anwendungsbereich und Förderungsfähigkeit

Das Krankenhausfinanzierungsgesetz schließt bestimmte, in § 3 KHG im Einzelnen benannte Krankenhäuser vom Anwendungsbereich und weitere in § 5 KHG benannte Einrichtungen von der Förderungsfähigkeit aus. Das Krankenhausfinanzierungsrecht findet demnach keine Anwendung u.a. auf Krankenhäuser der Träger der allgemeinen Rentenversicherung und der gesetzlichen Unfallversicherung mit Ausnahme von Fachkliniken zur Behandlung von Erkrankungen der Atmungsorgane, soweit sie der allgemeinen Versorgung der Bevölkerung mit Krankenhäusern dienen.[97] Zu den nicht-förderungsfähigen Krankenhäusern, für die das Krankenhausfinanzierungsrecht, insbesondere das Pflegesatzrecht aber gilt, gehören u.a. nach dem Hochschulbauförderungsgesetz geförderte Krankenhäuser, Vorsorge- und Rehabilitationseinrichtungen sowie Krankenhäuser, die nicht die in § 67 Abgabenordnung (AO) bezeichneten Voraussetzungen erfüllen. Nach dieser Vorschrift aus dem Gemeinnützigkeitsrecht sind nur solche Krankenhäuser nicht förderungsfähig, bei denen nicht mindestens 40% der jährlichen Belegungstage auf Patienten entfallen, bei denen nur Entgelte für allgemeine Krankenhausleistungen berechnet werden. Somit sind sämtliche in den Krankenhausplan aufgenommenen Krankenhäuser förderungsfähig.

23.5.3 Förderung von Investitionen

Die Investitionskosten der Krankenhäuser werden von den Ländern entsprechend den bundesrechtlichen Vorgaben gemäß § 9 KHG und den landesrechtlichen Regelungen öffentlich gefördert, § 4 Nr. 1, § 11 KHG. Differenziert wird zwischen der sog. *Einzelförderung* von bestimmten Investitionskosten auf Antrag des Krankenhausträgers und zweckgebundener Mittelverwendung sowie der *Pauschalförderung* sog. kurzfristiger Anlagegüter, die nach freiem Ermessen des Krankenhauses im Rahmen der Wiederbeschaffung kurzfristiger Anlagegüter oder sog. kleiner baulicher Maßnahmen eingesetzt werden können.[98]

Im Rahmen der *Einzelförderung* werden Investitionskosten für die Errichtung von Krankenhäusern einschließlich der Erstausstattung mit den für den Krankenhausbetrieb notwendigen Anlagegütern gemäß § 9 Abs. 1 KHG gefördert. Hiervon erfasst sind die Kosten des Neubaus, des Umbaus und des Erweiterungsbaus sowie der Anschaffung von Anlagegütern außerhalb einer Errichtung. Allerdings ist die Wiederbeschaffung von Anlagegütern mit einer durchschnittlichen Nutzungsdauer von bis zu drei Jahren (Gebrauchsgüter) pflegesatzfähig, also nicht zu fördern.[99] Für die Abgrenzung der Anlagegüter nach Nutzungsdauer ist die Abgrenzungsverordnung zu beachten. Hiernach ist genauestens zu unterscheiden zwischen Investitions- und (nicht-förderungsfähigen) Instandhaltungskosten, also Kosten der Erhaltung oder der

---

97 § 3 Satz 1 Ziff. 4 KHG

98 Rehborn in Ratzel u. Luxenburger (2008), § 29 Rdz. 177
99 § 17 Abs. 4 Nr. 1 KHG i.V.m. § 3 Abs. 1 Nr. 1 b Abgrenzungsverordnung

Wiederherstellung von Anlagegütern des Krankenhauses. Der Investitionskostenbegriff umfasst diesen Erhaltungsaufwand nicht (vgl. § 4 Abgrenzungsverordnung).[100]

Krankenhäuser haben Anspruch auf Förderung, soweit und solange sie in den Krankenhausplan eines Landes und bei Investitionen nach § 9 Abs. 1 Nr. 1 KHG in das Investitionsprogramm aufgenommen sind, § 8 Abs. 1 Satz 1 KHG.

Voraussetzungen für die Förderung sind also die Aufnahme in den Krankenhausplan und die Aufnahme in das Investitionsprogramm gemäß § 6 Abs. 1 KHG. Weder auf die Förderung noch auf die Aufnahme in das Investitionsprogramm nach § 6 Abs. 1 KHG besteht ein Rechtsanspruch. Die Aufnahme in den Krankenhausplan begründet lediglich eine *Anwartschaft* auf Förderung der Errichtungskosten.[101]

Das Investitionsprogramm ist eine interne Verwaltungsmaßnahme ohne Außenwirkung: ein Verwendungsplan.[102] Es dient der Vorbereitung der Entscheidung über die Bewilligung. Somit ergeht gegenüber dem Krankenhaus kein Akt der Verwaltung, der es von der Aufnahme in das Investitionsprogramm in Kenntnis setzt.[103]

23.5.4 Grundzüge des Pflegesatzrechts – Vergütung nach dem KHEntgG

Die laufenden Betriebskosten des Krankenhauses werden durch Pflegesätze finanziert, also durch »die Entgelte der Benutzer oder ihrer Kostenträger für stationäre und teilstationäre Leistungen des Krankenhauses«, § 2 Nr. 4 KHG.

Entwicklung des Pflegesatzrechts

Nach Einführung der sog. dualistischen Krankenhausfinanzierung sollten die Erlöse aus den Pflegesätzen die Selbstkosten eines sparsam wirtschaftenden und leistungsfähigen Krankenhauses decken.[104] Das in §§ 4, 17 KHG in der bis zum 31.12.1992 geltenden Fassung angelegte Selbstkostendeckungsprinzip sollte gewährleisten, dass zwar nicht die tatsächlich entstandenen, aber doch die Kosten eines vernünftig wirtschaftenden Krankenhauses ersetzt werden. Das Selbstkostenprinzip löste eine erhebliche Steigerung der Ausgaben aus: Nicht möglichst kurze Verweildauern der Patienten, sondern lange und unwirtschaftliche Behandlungen wurden belohnt.

Zum 01.01.1993 wurde eine Budgetierung der Kosten für die stationäre Krankenhausbehandlung durch §§ 6, 12 BPflV eingeführt unter dem Grundsatz der Beitragssatzstabilität (§ 141 Abs. 2 SGB V). Das jährlich zu vereinbarende Budget richtete sich nach der Gesamtsumme der eingenommenen Entgelte eines bestimmten Ausgangsjahres und erhöhte sich nur unter den Voraussetzungen des § 6 Abs. 2 BPflV. Gleichzeitig wurden die bislang einheitlichen Pflegesätze angepasst. Mit der Bundespflegesatzverordnung vom 26.09.1994 trat an deren Stelle ein für alle Abteilungen gleich geltender Basispflegesatz, zu dem besondere abteilungsabhängige Pflegesätze zu addieren sind. Hauptmerkmal dieses neuen Finanzierungssystems sind auf der einen Seite ein Mischsystem aus Fallpauschalen und Sonderentgelten und auf der anderen Seite die auf der Grundlage des Krankenhausbudgets vereinbarten tagesgleichen Pflegesätze.[105]

Grundlegend geändert wurde die Finanzierung der Betriebskosten dann durch das GKV-GRG (GKV-GRG 2000) mit dem Ziel, ein *Fallpauschalensystem* zu entwickeln und bis zum Jahre 2003 einzuführen. Ziel der Vergütung nach Fallpauschalen bzw. Diagnosis Related Groups (DRG) ist die Vergütung je Behandlungsfall sowie die Angleichung unterschiedlicher Kosten unterschiedlicher Krankenhäuser und damit die Festsetzung eines gleichen Preises für gleiche Leistung.[106]

Psych-Entgeltgesetz

Mit dem »Gesetz zur Einführung eines pauschalierenden Entgeltsystems für psychiatrische und psychosomatische Einrichtungen (Psych-Entgeltge-

---

100 Dietz u. Bofinger (2015, S. 80)
101 Rehborn in Ratzel u. Luxenburger (2008), § 29 Rz. 174
102 Dietz u. Bofinger (2015), § 8 KHG, S. 65
103 Dietz u. Bofinger (2015), § 8 ErL IV. 8.1, S. 65
104 Rehborn in Ratzel u. Luxenburger (2008), § 29 Rz. 183 ff

105 Zur Entwicklung des Pflegesatzrechts s. Szabados (2009, S. 122–124)
106 Rehborn in Ratzel u. Luxenburger (2008), § 29 Rz. 189 f

setz, PsychEntgG)«[107] vom 21.07.2012 wird ab 2013 schrittweise eine leistungsorientierte Krankenhausvergütung im Bereich der Psychiatrie und Psychosomatik eingeführt.

Die Vertragsparteien auf Bundesebene hatten den gesetzlichen Auftrag gemäß § 17d Abs. 4 KHG erhalten, die Grundstrukturen des Vergütungssystems sowie des Verfahrens zur Ermittlung der Bewertungsrelationen auf Bundesebene und die ersten Entgelte und deren Bewertungsrelationen zu vereinbaren. Das auf Fallpauschalen basierende Vergütungssystem soll dann beginnend ab 2013 bis 2018 *budgetneutral* umgesetzt werden.[108] Hieran schließt sich die sog. *Konvergenzphase* an, in der die Einrichtungen schrittweise an das neue, landesweit einheitliche Preisniveau (Landesbasisentgeltwert) angeglichen werden. Am Ende der Konvergenzphase soll für alle Leistungserbringer innerhalb eines Landes der gleiche Preis für die gleiche Leistung gelten.

23.5.5 G-DRG

Für die Vergütung der Krankenhäuser sieht § 17 b Abs. 1 Satz 1 KHG[109] ein durchgängiges leistungsorientiertes und pauschalierendes Vergütungssystem vor. Bei der Umfassung des gesamten Leistungsspektrums sollen gleichartige Fälle zu einer Fallgruppe zusammengefasst und nach Abhängigkeit von Entgelt und Leistung vergütet werden. Das Vergütungssystem selbst, insbesondere der sog. DRG-Katalog oder Fallpauschalenkatalog, ist zwischen den Spitzenverbänden der Krankenkassen, dem PKV-Verband und der Deutschen Krankenhausgesellschaft zu vereinbaren und im Hinblick auf medizinische Entwicklungen, Kostenentwicklungen, Verweildauerverkürzungen und Leistungsverlagerungen anzupassen. Ausgehend von dieser Vorgabe haben sich die DKG, die Spitzenverbände der Krankenkassen und der PKV-Verband darauf verständigt, das australische System, ein sog. *eindimensionales System*, das eine Abrechnung mehrerer DRGs nebeneinander nicht vorsieht, zu übernehmen (DRG / BWR × Basisfallwert = Vergütung / Euro-Betrag).[110]

Das Fallpauschalensystem wird jährlich weiterentwickelt und angepasst durch Vereinbarung der Partner der Selbstverwaltung auf Bundesebene. Mit der Entwicklung des Fallpauschalenkataloges ist das Institut für das Entgeltsystem im Krankenhaus (InEK) betreut.

Entgelte für allgemeine Krankenhausleistungen

Die allgemeinen Krankenhausleistungen umfassen nach § 2 Abs. 1 KHEntgG »neben der ärztlichen Behandlung, Krankenpflege, Unterkunft und Verpflegung auch die Versorgung mit Arznei-, Heil- und Hilfsmitteln, die für die Versorgung im Krankenhaus notwendig sind«.

Nach § 17 b Abs. 1 KHG i.V.m. § 7 KHEntgG werden die allgemeinen Krankenhausleistungen abgerechnet mit:

- **Fallpauschalen** nach dem auf Bundesebene vereinbarten Entgeltkatalog (§§ 7 Satz 1 Nr. 1, 9 KHEntgG),
- **Zusatzentgelten** nach dem auf Bundesebene vereinbarten Entgeltkatalog (§§ 7 Satz 1 Nr. 2, 9 KHEntgG),
- **ergänzenden Entgelten** bei der Überschreitung der Grenzverweildauer der Fallpauschalen (§§ 7 Satz 1 Nr. 3, 9 Abs. 1 Satz 1 KHEntgG),
- **Zu- und Abschlägen** nach § 17 b Abs. 1 a KHG (§ 7 Satz 1 Nr. 4 KHEntgG, § 17b Abs. 1 KHG),
- Entgelten für Leistungen, die noch nicht von den auf Bundesebene vereinbarten Fallpauschalen und Zusatzentgelten erfasst werden (§§ 7 Satz 1 Nr. 5, 6 Abs. 1 KHEntgG),

---

107 BGBl. 2012 I. Nr. 35, 1613-1634
108 § 17d Abs. 4 KHG
109 Für psychiatrische und psychosomatische Einrichtungen bzw. Abteilungen ist gemäß § 17d KHG ein durchgängiges, leistungsorientiertes und pauschalierendes Vergütungssystem auf der Grundlage von tagesbezogenen Entgelten einzuführen. Die Vertragsparteien auf Bundesebene sind beauftragt worden, bis zum Ende des Jahres 2009 die Grundstrukturen des Vergütungssystems sowie des Verfahrens zur Ermittlung der Bewertungsrelationen und bis zum 30.09.2012 die ersten Entgelte und Bewertungsrelationen zu vereinbaren, so dass nach budgetneutraler Einführung und Konvergenzphase bis 2019 nach landesweit geltenden Basisfallwerten abgerechnet werden kann, § 17 d Abs. 4 KHG
110 Zur Fortschreibung der Fallpauschalenvereinbarungen s. www.g-drg.de, www.dkgev.de

- Entgelten für **neue Untersuchungs- und Behandlungsmethoden** (§§ 7 Satz. 1 Nr. 6, 6 Abs. 2 KHEntgG),
- **Qualitätssicherungszuschlägen** (§§ 7 Satz 1 Nr. 7, 8 Abs. 4 KHEntgG, 17 b Abs. 1 Satz 5 KHG),
- sog. **DRG-Systemzuschlägen** (§ 7 Satz 1 Nr. 8 KHEntgG, 17 b Abs. 5 KHG).[111]

Der Fallpauschalenkatalog 2016

Der Fallpauschalenkatalog 2016 für DRGs mit Bewertungsrelationen (Anlage 1 der Fallpauschalenverordnung 2016) besteht wie in den vergangenen Jahren aus drei Teilen. Er enthält in Teil a) die DRGs für Hauptabteilungen, in Teil b) die DRGs für Belegabteilungen und in Teil c) die DRGs für die teilstationäre Versorgung. Die Anlagen 3 a und 3 b enthalten die nicht mit dem Fallpauschalenkatalog vergüteten voll- und teilstationären Leistungen. Die Anlagen 2, 4, 5 und 6 führen weiterhin die bewerteten und unbewerteten Zusatzentgelte auf. Für Hauptabteilungen (Anlage 1 Teil a) und 3 a)) gibt es im Jahr 2016 insgesamt 1.215 vollstationäre DRGs, davon 1.173 DRGs bewertet und 42 unbewertet, aufgegliedert in 590 Basis-DRGs.[112]

Die Fallpauschale – »DRG«

(▶ auch Kap. 12.4)

Die *DRG-Zuordnung* erfolgt nach Diagnosen und Prozeduren mit Hilfe verschiedener Schlüssel (ICD-10-GM bzw. OPS-301[113]) unter Berücksichtigung sog. Allgemeiner und Spezieller Kodierrichtlinien für die Verschlüsselung von Krankheiten und Prozeduren.[114] Das DRG-System in Deutschland besteht aus meist organbezogenen Hauptdiagnosegruppen, wie Krankheiten und Störungen des Nervensystems, des Auges, im HNO-Bereich, der Atmungsorgane, des Kreislaufsystems etc.[115]

Innerhalb der Hauptdiagnosegruppe ist zwischen drei verschiedenen sog. *Partitionen* zu unterscheiden (O = Operative Fallpauschalen, M = Medizinische Fallpauschalen, A = Andere Fallpauschalen wie z.B. Koloskopien und Gastroskopien)[116] Die Zuordnung zu einer Partition hängt davon ab, ob und welche Prozeduren durchgeführt wurden. Die Zuordnung zu den einzelnen DRGs erfolgt in erster Linie nach der sog. Hauptdiagnose, der Diagnose, die nach Analyse als diejenige festgestellt wurde, die hauptsächlich für die Veranlassung der stationären Krankenhausaufenthaltes des Patienten verantwortlich ist.[117]

Die Notation einer DRG setzt sich aus vier Zeichen zusammen. Das erste Zeichen gibt die Zugehörigkeit der DRG zur *Hauptdiagnosegruppe* an. Jeder Hauptdiagnosegruppe (z.B. »Krankheiten und Störungen an Muskel-Skelett-System und Bindegewebe«) ist ein Buchstabe (z.B. »E«) zugeordnet. Das zweite und dritte (numerische) Zeichen einer DRG bildet gemeinsam mit dem ersten Buchstaben die sog. *Basis-DRG*. Hier werden Leistungen zusammengefasst, denen grundsätzlich ähnliche Diagnose- und Prozedurencodes zugrunde liegen. Je nach Partition werden der Basis-DRG die Zahlen 01 bis 39 für die operativen, 60 bis 99 für die medizinischen und 40 bis 49 für andere Partitionen zugewiesen.[118]

Das vierte Zeichen der DRG, die Buchstaben A bis I und Z, stellt den Grad des Ressourcenverbrauchs dar, das *Patient Clinical Complexity Level* (PCCL). Die klinische Komplexität innerhalb einer Basis-DRG wird insbesondere durch Nebendiagnosen und/oder besonders komplizierte Eingriffe sowie alter- oder patientenbezogene Gesamtschweregrad bestimmt.[119] »A« steht für die höchste Komplexität; gibt es eine Basis-DRG mit dem Ressourcenverbrauch A, gibt es dieselbe Basis-DRG mindestens immer auch mit einem geringeren Res-

---

111 aufgehoben durch das Krankenhausstrukturgesetz vom 05.11.2015
112 Brändle u. Schlottmann (2015)
113 Internationale statistische Klassifikation der Krankheiten und verwandter Gesundheitsprobleme der WHO; Operationen- und Prozedurenschlüssel wurde vom Deutschen Institut für Medizinische Dokumentation und Information (DIMDI) erstellt und seit 1996 zunächst nur zur Verschlüsselung operativer Eingriffe angewendet. Seit 2004 wird der OPS eingesetzt, um allgemein medizinische Prozeduren im Krankenhaus zu verschlüsseln. Seit 2005 wird der OPS auch im Bereich des ambulanten Operierens angewendet.
114 Deutsche Kodierrichtlinie, jährlich herausgegeben vom Institut für das Entgeltsystem im Krankenhaus (InEK)

115 Vgl. im Einzelnen Rehborn in: Handbuch Medizinrecht § 29 Rz. 195
116 Rehborn in Ratzel u. Luxenburger (2008), § 29 Rz. 197
117 Rehborn in Ratzel u. Luxenburger (2008), § 29 Rz. 197
118 Rehborn in Ratzel u. Luxenburger (2008), § 29 Rz. 198 ff
119 Rehborn in Ratzel u. Luxenburger (2008), § 29 Rz. 198 ff

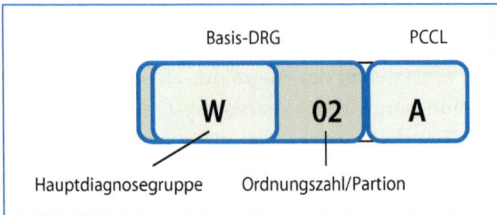

Abb. 23.1 DRG-Zuordnungssystem

sourcenverbrauch B und ggf. weiteren Unterteilungen. Gibt es eine Basis-DRG nur einmal, also ohne verschiedene Komplexitäten, erhält die DRG den Buchstaben Z (Abb. 23.1).[120]

Die DRGs unter Berücksichtigung der Partition sowie des Grades des Ressourcenverbrauchs ergeben eine Bewertungsrelation, die als Multiplikationsfaktor mit der Komplexität des Behandlungsfalles korreliert und multipliziert mit dem Basisfallwert die Vergütung des Krankenhauses für eine bestimmte Leistung ergibt.[121]

Die Spannweite der Bewertungsrelationen im Fallpauschalenkatalog 2016 beläuft sich von 0,141 als kleinste Bewertungsrelation bis zu 68,208 als maximale Bewertungsrelation.[122]

Zu- und Abschläge

Soweit allgemeine Krankenhausleistungen nicht oder noch nicht in die Fallpauschalenvergütung (DRG) einbezogen werden können, weil der Finanzierungstatbestand nicht in allen Krankenhäusern vorliegt, sind gemäß § 17b Abs. 1a KHG[123] bundeseinheitliche Regelungen für Zu- oder Abschläge zu vereinbaren, insbesondere für

- die Notfallversorgung,
- die besonderen Aufgaben von Zentren und Schwerpunkten für die stationäre Versorgung von Patienten, insbesondere die Aufgaben von Tumorzentren und geriatrischen Zentren sowie entsprechenden Schwerpunkten (§ 2 Abs. 2 Satz 2 Nr. 4 KHEntgG), (§ 5 Abs. 2 KHEntgG in der Fassung des Krankenhausstrukturgesetzes),
- die von G-BA festgelegten Leistungen bzw. Leistungsbereiche mit außerordentlich guter oder unzureichender Qualität (§ 5 Abs. 3 a KHEntgG in der Fassung des Krankenhausstrukturgesetzes), im Sinne des § 136 b Abs. 1 Satz 1 Nr. 5 und Abs. 9 SGB V in der Fassung des Krankenhausstrukturgesetzes,
- die Beteiligung der Krankenhäuser an Maßnahmen zur Qualitätssicherung auf der Grundlage der §§ 136 und 136 b SGB V in der Fassung des Krankenhausstrukturgesetzes,
- befristete Zuschläge für die Finanzierung von Mehrkosten aufgrund von Richtlinien oder Beschlüssen des G-BA,
- die Finanzierung der Sicherstellung einer für die Versorgung der Bevölkerung notwendigen Vorhaltung von Leistungen (§ 5 Abs. 2 KHEntgG in der Fassung des Krankenhausstrukturgesetzes),
- die Aufnahme von Begleitpersonen nach § 2 Abs. 2 Satz 2 Nr. 3 KHEntgG,
- den Ausbildungszuschlag (§ 17 a Abs. 6 KHEntgG).

Die Zusatzentgelte

Der Fallpauschalenkatalog 2016 umfasst 179 *Zusatzentgelte*.[124]

Durch Zusatzentgelte werden aufwändige Einzelleistungen ausgeglichen, die in sehr unterschiedlicher Häufigkeit von den Krankenhäusern erbracht werden und deshalb einer pauschalierten Vergütung unzugänglich sind. Das Gleiche gilt für Leistungen, die ohne regelhaften Bezug zu einer Fallgruppe über viele Fallgruppen streuen. Damit sollen ergänzende Vergütungen über Zusatzentgelte zu einer verbesserten Homogenität der Fallgruppen beitragen.[125] Medizinisch-fachlich lassen sich bei den Zusatzentgelten vier Leistungskomplexe unterscheiden: teure Medikamente einschließlich Blutprodukte und Stammzellen, teure Sachmittel, besondere diagnostische Verfahren und besondere therapeutische Verfahren.[126]

Rechtlich unterscheiden sich die Zusatzentgelte in bundeseinheitlich kalkulierte Zusatzentgelte, § 9

---

120 Rehborn in Ratzel u. Luxenburger (2008), § 29 Rz. 198 ff
121 Rehborn in Ratzel u. Luxenburger (2008), § 29 Rz. 198 ff
122 Brändle u. Schlottmann (2015, S. 1140)
123 in der Fassung des Krankenhausstrukturgesetzes vom 05.11.2015
124 Brändle u. Schlottmann (2015, S. 1152)
125 Brändle u. Schlottmann (2015, S. 1152)
126 Brändle u. Schlottmann (2015, S. 1152)

Abs. 1 Satz 2 KHEntgG i.V.m. § 17 Abs. 1 Satz 12, Abs. 2 KHEntgG, sowie krankenhausindividuell vereinbarte Zusatzentgelte, § 6 Abs. 1 Satz 1, Abs. 2 a i.V.m. Abs. 3 KHEntgG. Letztere sind in den Anlagen 2 bis 6 zur Fallpauschalenvereinbarung geregelt.

Insgesamt ergeben sich aus dem Fallpauschalenkatalog 2016 99 Zusatzentgelte gemäß § 17 b KHG, also mit kalkulierter und bundeseinheitlich festgelegter Vergütung. 80 Zusatzentgelte gemäß § 6 Abs. 1 KHEntgG sind unbewertet und werden krankenhausindividuell vereinbart.[127]

InEK-Kalkulation (▶ auch Kap. 11.5.1)

Die Gewichtung der einzelnen Fallpauschale beruht auf der vom Institut für das Entgeltsystem im Krankenhaus (InEK) durchgeführten Auswertung der Daten von bundesweit ca. 250 sog. Referenzkrankenhäusern einschließlich ca. 12 Universitätskliniken, die im Rahmen einer betriebswirtschaftlichen Kostenträgerrechnung für sämtliche ihrer Behandlungsfälle je Fallpauschale ermittelt haben, welche Kosten für die jeweilige Behandlung entstanden sind.[128] InEK unterteilt die Kosten je Behandlungsfall in 11 verschiedene Kostenbereiche nach Station, OP-Bereich, Anästhesie, Radiologie etc. und in 10 verschiedene Kostenarten nach Personalkosten, wiederum differenziert nach ärztlichem und Pflege- sowie medizinisch-technischem Dienst, und Sachkosten differenziert nach Arzneimitteln, Implantaten etc. Nach dieser sog. InEK-Kostenmatrix können also die je Fallpauschale im Durchschnitt den Referenzkrankenhäusern entstehenden Kosten abgelesen und den unterschiedlichen Kostenbereichen und -arten zugeordnet werden. Die Durchschnittskosten geteilt durch den Basisfallwert ergeben die Gewichtung der einzelnen DRGs im Fallpauschalenkatalog (▶ Kap. 12).

Abrechnungsregelungen

Aus den vorstehend skizzierten Regelungen lässt sich bereits erahnen, dass die Ermittlung der richtigen Fallpauschale zur Abrechnung der erbrachten Leistungen weiterer Regelungen und Vorgaben bedarf:

Die *Deutschen Kodierrichtlinien* werden von den Partnern der Selbstverwaltung auf Bundesebene, also dem GKV-Spitzenverband, der Deutschen Krankenhausgesellschaft und dem Verband der privaten Krankenversicherung, jährlich beschlossen. Die Kodierrichtlinien schreiben in den allgemeinen Kodierrichtlinien für Prozeduren (DKR P001) vor, »dass alle signifikanten Prozeduren, die vom Zeitpunkt der Aufnahme bis zum Zeitpunkt der Entlassung vorgenommen wurden und im OPS abbildbar sind, zu kodieren sind. Dieses schließt diagnostische, therapeutische und pflegerische Prozeduren ein.«[129] Weiter heißt es: »Die Deutschen Kodierrichtlinien beziehen sich aus Gründen der Übersichtlichkeit zumeist auf einen durchgängigen stationären Aufenthalt. Gleichwohl muss ein stationärer Aufenthalt nicht zwingend einem Abrechnungsfall gemäß Abrechnungsbestimmungen entsprechen. Bei einer Zusammenführung mehrerer Krankenhausaufenthalte zu einem Abrechnungsfall bzw. bei der Einbeziehung vor- oder nachstationärer Leistungen nach den geltenden Abrechnungsbestimmungen sind sämtliche Diagnosen und Prozeduren auf den gesamten Abrechnungsfall zu beziehen. Das hat ggf. zur Folge, dass mehrere Prozeduren unter Addition der jeweiligen Mengenangaben zu einer Prozedur zusammenzuführen sind.«[130]

Die Richtlinien legen also nicht nur fest, dass, sondern auch wie die Prozeduren, also Diagnosen und Therapien einschließlich Operationen und Pflege bei stationär behandelten Patienten zu erfassen sind. An konkreten Beispielsfällen erläutern die Richtlinien die Kodierung von Haupt- und Nebendiagnosen, Folgezuständen und geplanten Folgeeingriffen, akuten und chronischen Krankheiten, Aufnahmen zur Operation, die nicht durchgeführt wird, Verdachtsdiagnosen etc. In dem Teil »spezielle Kodierrichtlinien« der Deutschen Kodierrichtlinien werden fachspezifische Vorgaben nach einzelnen Fachgebieten erteilt.

Basisfallwert

Der *Basisfallwert* multipliziert mit den Bewertungsrelationen (DRG) ergibt die betragsmäßige Vergütung für die erbrachte stationäre Krankenhaus-

---

127 Brändle u. Schlottmann (2015, S. 1152)
128 Brändle u. Schlottmann (2015, S. 1140)

129 Köhler, Brändle u. Schlottmann (2014)
130 DKR für 2015 – allgemeine Kodierrichtlinien

leistung. Zur Bestimmung des Basisfallwertes vereinbaren der GKV-Spitzenverband, der Verband der privaten Krankenversicherung und die Deutsche Krankenhausgesellschaft einen einheitlichen Basisfallwert gemäß § 10 Abs. 9 KHEntgG und zur schrittweisen Angleichung der unterschiedlichen Basisfallwerte der Länder einen einheitlichen Basisfallwertkorridor in Höhe von + 2,5% bis - 1,25% um den einheitlichen Basisfallwert gemäß § 10 Abs. 8 Satz 1 KHEntgG. Für das Jahr 2015 belief sich der einheitliche Basisfallwert auf 2.991,53 Euro, der Basisfallwertkorridor von 2.954,14 Euro bis 23.066,32 Euro. Ab 2016 werden die Basisfallwerte oberhalb des einheitlichen Basisfallwertkorridors in sechs gleichen Schritten zwischen 2016 und 2021 an die obere Grenze des Basisfallwertkorridors angepasst. Unterschreiten die Landesbasisfallwerte die untere Korridorgrenze, werden sie in einem Schritt an die untere Korridorgrenze in 2016 angeglichen.[131]

23.5.6 Pflegesatzverfahren

Die nach Maßgabe dieses Gesetzes für das einzelne Krankenhaus zu verhandelnden Pflegesätze werden zwischen dem Krankenhausträger und den Sozialleistungsträgern vereinbart.[132] Während bis zur Berechnung der Vergütung der Krankenhausleistungen durch Fallpauschalen tagesgleiche Pflegesätze für die jeweiligen Abteilungen eines Krankenhauses verhandelt, vereinbart und genehmigt wurden, ergibt sich die Vergütung nunmehr aus den Fallpauschalen, also aus den von den Bundesverbänden gemäß § 9 Abs. 1 Satz 1 Nr. 1 KHEntgG zu vereinbarenden Entgeltkatalogen und Bewertungsrelationen für die einzelnen Fallgruppen multipliziert mit dem von den Landesverbänden nach § 10 KHEntgG zu vereinbarenden landesweit geltenden Basisfallwert. Diese Bemessungsfaktoren werden auf Bundes- bzw. Landesebene vereinbart und sind damit nicht Gegenstand der Verhandlungen mit dem einzelnen Krankenhaus. Während der Konvergenzphase, also der schrittweisen Angleichung des krankenhausindividuellen Basisfallwertes an den landesweit geltenden Basisfallwert, sind die krankenhausindividuellen Fallpauschalen (Pflegesätze) für das einzelne Krankenhaus verhandelt worden.[133] Die Einführung des Fallpauschalensystems zur Vergütung von allgemeinen Krankenhausleistungen hat die Pflegesatzverhandlungen und Pflegesatzvereinbarungen nicht entbehrlich gemacht.

Das Pflegeverfahren im weiteren Sinne umfasst die Pflegesatzverhandlungen, das Schiedsstellenverfahren und das Genehmigungsverfahren.

Vertragsparteien

Vertragsparteien des Pflegesatzverfahrens sind die Krankenhausträger sowie die Krankenkassen.[134] Die Krankenkassen sind selbstständig beteiligt, soweit auf sie allein im Jahr vor Beginn der Pflegesatzverhandlungen mehr als 5% der Belegungs-/Berechnungstage des jeweiligen Krankenhauses entfallen. Krankenkassen, auf die weniger als 5% der Belegungs-/Berechnungstage des jeweiligen Krankenhauses entfallen, können Arbeitsgemeinschaften bilden, die an den Pflegesatzverhandlungen beteiligt sind, soweit auf ihre Mitglieder in der Summe im Jahr vor Beginn der Pflegesatzverhandlungen mehr als 5% der Belegungs-/-Berechnungstage des Krankenhauses entfallen.[135]

Zum Abschluss der Entgeltvereinbarung bedarf es zudem der Zustimmung der Landesverbände der Krankenkassen und des Landesausschusses des PKV-Verbandes, die fingiert wird, wenn die Mehrheit der Beteiligten nicht innerhalb von zwei Wochen nach Vertragsschluss widerspricht.[136]

Form, Zeitraum und Laufzeit

Die Vereinbarung bedarf der Schriftform.[137]

Die Vereinbarung soll für zukünftige Zeiträume getroffen werden, was in der Praxis jedoch nicht immer möglich ist.

Die Pflegesatzvereinbarung wird regelmäßig für die Dauer eines Kalenderjahres getroffen.[138]

---

131 Krankenhausstrukturgesetz vom 08.11.2015, BT-Drs. 18/5372, S. 80
132 § 18 Abs. 1 Satz 1 KHG
133 Vgl. Dietz u. Bofinger (2009, S. 198)
134 § 18 Abs. 2 KHG
135 §18 Abs. 2 Nr. 2 KHG
136 § 18 Abs. 1 Satz 4 KHG
137 § 11 Abs. 1 Satz 4 KHEntgG
138 § 18 Abs. 3 Satz 1 KHG

Gegenstand der Pflegesatzvereinbarung

Die Pflegesatzvereinbarung muss als zwingenden Inhalt ausdrücklich und schriftlich
- den Gesamtbetrag,
- das Erlösbudget,
- die Summe der Bewertungsrelationen,
- den krankenhausindividuellen Basisfallwert,
- Zu- und Abschläge,
- sonstige Entgelte,
- Mehr- oder Mindererlösausgleich

regeln.[139]

Das Erlösbudget umfasst die Erlöse aus Fallpauschalen sowie aus Zusatzentgelten.[140] Die Vertragsparteien müssen sich über Art und Menge der im Pflegesatzzeitraum voraussichtlich anfallenden Leistungen einigen.[141] Die Höhe der Fallpauschalen ist nicht Gegenstand der Pflegesatzvereinbarung. Sie ist lediglich das Produkt der von den Vertragsparteien auf Bundesebene vereinbarten Bewertungsrelationen und dem Basisfallwert. Die der Pflegesatzvereinbarung zugrunde liegenden voraussichtlichen Leistungen sind aus dem Blatt E 1 der Anlage zum KHEntgG ersichtlich, wenngleich diese Aufzählung keineswegs bedeutet, dass damit die zulässigen Fallpauschalenleistungen nach Art und Anzahl bindend vereinbart worden und abweichende Leistungen nicht zulässig seien. Im Übrigen müsste das Krankenhaus ganzjährig Patienten abweisen, die einer Behandlung nicht vereinbarter Art bedürften bzw. wenn das »Plan-Soll« erfüllt ist.[142] Das Blatt E 1 dient allein der Kalkulation. Die Vertragsparteien müssen die Summe der Bewertungsrelationen kalkulieren, ohne dass das Krankenhaus an diese Zahl der voraussichtlichen Behandlungsfälle gebunden wäre. Die einzige pflegesatzrechtliche Bindung liegt darin, dass das Krankenhaus seinen Versorgungsauftrag nicht überschreiten darf. Umgekehrt dürfen die Krankenkassen durch die Pflegesatzverhandlung und -vereinbarung den – krankenhausplanungsrechtlichen – Versorgungsauftrag nicht einschränken. Ob das Krankenhaus auch die sich aus einem bestimmten Versorgungsauftrag ergebenden Abrechnungsvoraussetzungen des Operationen- und Prozedurenschlüssels (OPS)[143] erfüllt, ist nicht Gegenstand des Pflegesatzverfahrens, sondern der Leistungsabrechnung und -vergütung im Einzelfall vorbehalten. Die Budgetfeststellung kann bei einem Streit um Abrechnungsvoraussetzungen nach OPS grundsätzlich allein auf den Versorgungsauftrag, für den die Festlegungen des Krankenhausplans i.V.m.[144] den Bescheiden zu seiner Durchführung sind, abstellen.[145]

Im Übrigen darf das Krankenhaus die errechneten Fallpauschalen unabhängig davon erheben, ob sie der Art und Menge nach bei der Vorauskalkulation berücksichtigt worden sind oder nicht. Von einer zulässigen Abweichung gehen die Regelungen über den Ausgleich von Mehrerlösen und Mindererlösen geradezu aus. Sie regeln die Folgen, wenn vorauskalkulierte Leistungen und Ist-Leistungen voneinander abweichen. Hierfür bildet die vereinbarte Art und Anzahl nach Blatt E 1 die Grundlage.[146]

Pflegesatzverhandlungen, Schiedsstellenverfahren und Genehmigung

Die *Aufnahme von Pflegesatzverhandlungen* hat regelmäßig innerhalb von sechs Wochen ab schriftlicher Aufforderung einer Vertragspartei zu erfolgen.[147] Nach Ablauf dieser Frist ist jede Vertragspartei zur Anrufung der Schiedsstelle berechtigt. Nimmt eine Vertragspartei die Pflegesatzverhandlungen innerhalb von sechs Wochen nach schriftlicher Aufforderung nicht auf, oder einigen sich die Vertragsparteien ganz oder teilweise nicht, entscheidet auf Antrag einer Vertragspartei die *Schiedsstelle* nach § 18a Abs. 1 KHG. Die Entscheidung der Schiedsstelle selbst entfaltet allerdings noch keine Wirksamkeit, sondern bedarf der Genehmigung der zuständigen Landesbehörde.

Wird die Genehmigung eines Schiedsspruchs versagt, ist die Schiedsstelle auf Antrag verpflichtet, unter Beachtung der Rechtsauffassung der Genehmigungsbehörden erneut zu entscheiden.[148] Gegen

---

139 § 11 Abs. 1 Satz 1 KHEntgG
140 Dietz u. Bofinger (2009, 2015), § 11 KHEntgG I. 5. S. 178
141 Dietz u. Bofinger a.a.O.
142 Dietz u. Bofinger a.a.O., S. 179
143 s.o. Teil 3 IV. 4.4, S. 71 ff
144 in Verbindung mit
145 OVG Koblenz, Urteil vom 24.06.2014 – 7 A 11124/13. OVG
146 Dietz u. Bofinger a.a.O., S. 180
147 § 18 Abs. 4 KHG
148 BVerwG – 3 C 49/01, DVBl. 2003, 674

die Entscheidungen der Genehmigungsbehörde ist der Verwaltungsrechtsweg eröffnet.[149] Klagebefugt ist die durch die Entscheidung der Genehmigungsbehörde beschwerte Partei, deren Antrag die Genehmigungsbehörde also nicht entsprochen hat.[150]

Literatur

Becker U, Kingreen T (2012) SGB V - Kommentar (3. Aufl.). München
Brändle G, Köhler N, Schlottmann N (2014) Das G-DRG-System. Das Krankenhaus 12: 1199 ff.
Brändle G, Schlottmann N (2015) Das G-DRG-System. Das Krankenhaus 12: 1140 ff.
Dietz O, Bofinger W (2009) KHG, BPflV und Folgerecht – Kommentare, Wiesbaden. § 18 KHG II. 1., S 198
Dietz O, Bofinger W (2015) Krankenhausfinanzierungsgesetz, Bundespflegesatzverordnung und Folgerecht – Kommentar (lose Blattsammlung). Wiesbaden
Köhler N, Brändle G, Schlottmann N (2014) Deutsche Kodierrichtlinie (DKR) für das G-DRG-System 2015. Das Krankenhaus 12: 1211 ff.
Laufs A, Uhlenbrock W (2002) Handbuch des Arztrechts (3. Aufl.). München
Leber W (2009) Das Risiko »gemischte Anstalt«. Das Krankenhaus 1: 51
Prütting D (2009) Krankenhausgestaltungsgesetz NRW – Kommentar (3. Aufl.). Stuttgart
Quaas M, Zuck R (2005) Medizinrecht. München
Quaas M, Zuck R (2014) Medizinrecht (3. Aufl.). München
Ratzel R, Luxenburger B (2008) Handbuch Medizinrecht. München
Schlegel R, Engelmann K, Voelzke T (2012) Juris Praxiskommentar SGB V - gesetzliche Krankenversicherung (2. Aufl.). Saarbrücken
Schulin B (1994) Handbuch des Sozialversicherungsrechts, Bd. 1: Krankenversicherungsrecht. München
Stollmann F, Hermanns CD (2006) Die jüngere Rechtsprechung zum Krankenhausrecht, Heft 1. DVBl, S 1 ff.
Szabados T (2009) Krankenhäuser als Leistungserbringer in der gesetzlichen Krankenversicherung. Berlin

Abkürzungen

BWR	– Bewertungsrelation
DIMDI	– Deutsches Institut für Medizinische Dokumentation und Information
DKG	– Deutsche Krankenhausgesellschaft
DRG	– Diagnosis Related Groups
GeWO	– Gewerbeordnung
GKV FQWG	– GKV-Finanzstruktur- und Qualitäts-Weiterentwicklungsgesetz
ICD10	– International Statistical Classification of Deseases and Related Health Problems
InEK	– Institut für das Entgeltsystem im Krankenhaus
KHEntgG	– Krankenhausentgeltgesetz
KHG	– Krankenhausfinanzierungsgesetz
KHSG	– Krankenhausstrukturgesetz
MB/KK	– Musterbedingungen für die Krankheitskosten
MDK	– Medizinischer Dienst der Krankenversicherung
OPS	– Operationen- und Prozedurenschlüssel
PCCL	– Patient Clinical Complexity Level
PKV	– Private Krankenversicherung
SGB	– Sozialgesetzbuch
WBO	– Weiterbildungsordnung

---

149 § 18 Abs. 5 Satz 2 KHG
150 Ein Widerspruchsverfahren findet gem. § 18 Abs. 5 Satz 3 Halbs. 1 KHG nicht statt

Wann wird's brenzlig? Schleudersitz Chefarzt!

Norbert Müller

24.1 Einleitung – 374

24.2 Betriebswirtschaftliche Frühwarnindikatoren – 374

24.3 Fehlverhalten als Frühwarnindikator – 375

24.4 Rechtliche Ausgangssituation – 375

24.5 Kündigungsarten – 376
24.5.1 Personenbedingte Kündigung – 376
24.5.2 Verhaltensbedingte Kündigung – 376
24.5.3 Betriebsbedingte Kündigung – 376
24.5.4 Außerordentliche Kündigung – 377
24.5.5 Änderungskündigung – 377

24.6 Typische betriebliche Einzelfälle – 378
24.6.1 Gehaltskürzung – 379
24.6.2 Änderungskündigung zur Gehaltsreduzierung – 379
24.6.3 Budgetüberschreitung und Unrentabilität – 379
24.6.4 Wirtschaftlichkeitsgebot – 380

24.7 Typische Risiken für verhaltensbedingte Kündigungen – 380
24.7.1 Grundsätzliches – 380
24.7.2 Belegungsrückgang – 381
24.7.3 Exkurs Ermächtigung – 382
24.7.4 Außerdienstliches Verhalten des Chefarztes – 383
24.7.5 Gesellschaftsunübliches Verhalten – 383
24.7.6 Begehung von Ordnungswidrigkeiten oder Straftaten – 383
24.7.7 Chefärztliche Tätigkeit im Dienst von Krankenhäusern mit kirchlichen Trägern – 384
24.7.8 Dokumentationsmängel – 385

24.8 Zusammenfassung und Empfehlungen – 385

Abkürzungen – 386

U. Deichert et al. (Hrsg.), *Traumjob oder Albtraum – Chefarzt m/w*,
DOI 10.1007/978-3-662-49779-1_24, © Springer-Verlag Berlin Heidelberg 2016

24.1 Einleitung

Die Situation des Chefarztes zu Beginn seiner Tätigkeit in einem Krankenhaus ist durchaus mit allseits bekannten professionellen sportlichen Aktivitäten vergleichbar. Das Unternehmen Krankenhaus beabsichtigt aufgrund unzureichender aktueller Umstände in einer individuellen Fachabteilung durch die Berufung eines neuen Chefarztes diese Abteilung für die Zukunft besser aufzustellen und zu profilieren. Oft wird daher der nach langwierigem Auswahlprozedere auserwählte Chefarzt – oft, ohne dass er es weiß – mit überfrachteten *Erwartungshaltungen* belastet. Wie ein neuer Trainer beim Bundesligaverein, der die Rettung aus der aktuellen desolaten Situation des Vereins (der Fachabteilung) herbeiführen soll, wird ein solcher Chefarzt oft als »Messias« erwartet. Anders jedoch als oft in der Bundesliga stehen dem »neuen Mann« nur selten adäquate Möglichkeiten zur Verfügung. Äußerst enge räumliche, apparative, personelle und insbesondere wirtschaftliche Ressourcen bei gleichzeitiger Erwartung der Steigerung der Qualität und selbstverständlich auch gleichzeitiger Steigerung der wirtschaftlichen Prosperität des Hauses schließen einander zumeist aus. Wenn auch oft mit zahlreichen Versprechungen seitens des Arbeitgebers angeworben, stellt sich in der Realität die Situation zumeist dann doch – zumindest nach einigen Monaten – different dar.

Bedauerlicherweise kann auch der neue Chefarzt nicht »zaubern« und ist daher naturgemäß nicht in der Lage, mit immer weniger Mitteln immer mehr Patienten qualitativ auf dem neuesten wissenschaftlichen Stand zu behandeln bei gleichzeitiger Sicherstellung nennenswerter Gewinne aus dieser Tätigkeit für das Unternehmen bzw. den Konzern.

Dies führt dann gerade in der heutigen Zeit wiederholt dazu, dass auch die weitere Entwicklung mit der eingangs beschriebenen sportlichen Situation nicht selten vergleichbar ist. Wenn das erwartete Unmögliche doch nicht »zur vollsten Zufriedenheit« des Arbeitgebers realisiert werden kann, befindet sich der Chefarzt sehr schnell auf einem Schleudersitz, selbst wenn er sich objektiv betrachtet weder medizinisch noch persönlich etwas hat zu schulden kommen lassen. Nach dem Prinzip »einer muss ja Schuld haben« trifft es dann häufig bei der *Frage der Verantwortlichkeit* den Chefarzt, unabhängig von der Frage einer tatsächlichen, erst recht rechtlichen, Verantwortlichkeit. Sehr oft beginnt dieses Spiel dann von neuem nach dem Prinzip »neue Besen kehren gut«, und es wird nach einem derartigen »Fehlgriff« dann schnell ein neuer Messias gesucht.

Auch wenn selbstverständlich die eingangs beschriebene Situation nicht regelhaft existent ist, muss doch in der jüngeren Vergangenheit eben aufgrund des zunehmenden Wettbewerbs gerade im Gesundheitswesen, welcher systemimmanent von der Politik gesteuert und auch gewollt ist, um sich selbst ggf. vor unliebsamen politischen Entscheidungen zu drücken, eine deutliche Zunahme derartiger Fallkonstellationen in den letzten Jahren konstatiert werden.

Auch wenn der potenziell betroffene Chefarzt sich naturgemäß gegenüber den beschriebenen Rahmenbedingungen nur bedingt zur Wehr setzen kann, gibt es doch zur Vermeidung persönlich erheblich nachteiliger Konsequenzen sowie im Hinblick auf eine etwaige Prophylaxe zumindest einige typische *Frühwarnindikatoren*, die der Chefarzt berücksichtigen sollte, um in einer solchen Situation zumindest nicht gänzlich unvorbereitet und überrascht mit im Ergebnis auch rechtlich nicht unerheblichen Vorwürfen konfrontiert zu werden.

24.2 Betriebswirtschaftliche Frühwarnindikatoren

Typische Konstellationen, bei denen derartige Intentionen des Unternehmens erfolgen, sind *Geschäftsführerwechsel*.

Neue Geschäftsführer haben häufig »neue Ziele und Visionen«, aber anstatt der Empfehlung eines Altkanzlers zu folgen, wonach jemand mit Visionen einen Arzt aufsuchen sollte, wollen diese oft die Visionen verwirklichen. Durch neue Chefärzte sollen ihre Ziele und Visionen endlich zum Wohle des Unternehmens umgesetzt werden. Klappt dies, ist der Geschäftsführer erfolgreich, wenn nicht, war der Chefarzt schuld. In derartigen Situationen sollten daher potenziell betroffene Chefärzte besonders sensibilisiert für Stimmungsschwankungen und

Prioritätensetzungen der neuen Geschäftsführung sein und hier »geschickt agieren«. Dies kann selbstverständlich immer nur situativ beurteilt und bewertet werden.

Ebenso ist ein typischer Frühwarnindikator, der im Folgenden nicht selten zu der Intention eines Wechsels auf Chefarztpositionen führt, die intendierte *Teilung, Schließung* oder *Zusammenlegung* von Fachabteilungen, oft auch im Zusammenhang mit Fusionen mit Nachbarkrankenhäusern, Privatisierungen und Betriebsübergängen.

Gerade wenn derartige Entscheidungen anstehen, sollte der jeweilige Chefarzt besonders aufmerksam die unternehmerischen Ziele verfolgen und – soweit möglich – versuchen, sich in die Gestaltung der zukünftigen Unternehmens- und Strukturänderungen einzubringen. Nur wer bei derartigen Entwicklungen mit »an Bord ist«, hat unter Umständen die Möglichkeit, auch mit zu steuern oder zumindest dem Steuermann für seine Kursbestimmung nicht unerhebliche und ggf. auch zum eigenen Vorteil und Schutz wichtige Informationen zuzutragen.

Sich der Umgestaltung frühzeitig zu verschließen, auch wenn rechtlich hierzu die Möglichkeit bestünde, ist erfahrungsgemäß zumeist kontraproduktiv. Wer nicht mit an Bord ist bei derartigen Gestaltungen, hat von vornherein die Möglichkeit des Mitsteuerns aus der Hand gegeben.

Dies muss nicht bedeuten, dass man für einen selbst nachteiligen Veränderungen in Form des Ansteuerns falscher Ziele dann folgen muss. Aber auch diese sind immer nur für den Betroffenen zu bemerken, wenn er eben mit auf der Brücke steht und sieht, wohin dieses Schiff trotz seiner gegenteiligen Empfehlungen plötzlich ggf. steuert. Einer zunächst *kooperativen Haltung* ist daher einer generellen Verweigerungshaltung grundsätzlich der Vorzug zu geben.

Darüber hinaus sind naturgemäß als Frühwarnindikatoren gerade in Zeiten zunehmender wirtschaftlicher Engpässe für die betroffenen Krankenhäuser und aufgrund der bei vielen Krankenhausträgern erwarteten erheblichen Ansprüche an eine mögliche Gewinnmaximierung die *vergütungsrelevanten Faktoren des Chefarztvertrages* bedeutsam. Oft erwecken sehr gute Verträge mit im Ergebnis sehr guten Bezügen, selbst wenn diese allein aufgrund exzellenter Leistungen auch zu Gunsten des Unternehmens erzielt werden, erhebliche Begehrlichkeiten auf Unternehmensseite. Auf derartige Konstellationen angesprochen sollte ebenfalls äußerst sensibel und konstruktiv reagiert werden.

24.3 Fehlverhalten als Frühwarnindikator

Nicht zuletzt sind naturgemäß gerade bei der Intention eines Chefarztwechsels seitens des Unternehmens mögliche *Vertragspflichtverletzungen* und der Vorwurf *vertragswidrigen Fehlverhaltens* als Frühwarnindikatoren zu nennen.

Gerade wenn ein jahrelang beanstandungsfrei bestehendes Beschäftigungsverhältnis plötzlich mit Vorwürfen durch den Arbeitgeber belastet wird, die hinsichtlich ihrer Bedeutung eher als »nebensächlich« qualifiziert werden können und bisher auch wurden, sollten derartige Zeichen frühzeitig erkannt werden. Hier bewegt sich unter Umständen etwas in die falsche Richtung, so dass frühzeitig auch an dieser Stelle durch situativ richtige Verhaltensweisen unter Umständen gegengesteuert, zumindest aber die Ausgangssituation für zukünftige Verhandlungen erheblich verbessert werden kann.

24.4 Rechtliche Ausgangssituation

Um beurteilen zu können, welchen typischen Risiken im Hinblick auf eine *Kündigung* des Chefarztvertrages ein Chefarzt ausgesetzt ist, bedarf es zunächst einiger grundlegender Darlegungen hinsichtlich der Struktur des Kündigungsschutzes sowie des Kündigungsschutzgesetzes.

So ist zunächst ausdrücklich darauf hinzuweisen, dass auch ein Chefarzt Arbeitnehmer ist und damit nach ununterbrochener Beschäftigungszeit von sechs Monaten – unabhängig von Probezeitvereinbarungen – der Anwendung des *Kündigungsschutzgesetzes* unterfällt. Dies hat zur Folge, dass eine Beendigung eines derartigen Anstellungsvertrages der vollen arbeitsgerichtlichen Kontrolle unterfällt und nur dann gerechtfertigt wäre, wenn personenbedingte, verhaltensbedingte oder betriebsbedingte Kündigungsgründe existent sind und einer Weiterbeschäftigung im Unternehmen entgegen stehen.

24.5 Kündigungsarten

24.5.1 Personenbedingte Kündigung

Bei der *personenbedingten* Kündigung ist der Chefarzt aus persönlichen Gründen nicht in der Lage, seine arbeitsvertraglichen Verpflichtungen ordnungsgemäß zu erfüllen.

Hauptanwendungsbereich der personenbedingten Kündigung sind Fälle der Berufs- oder Erwerbsunfähigkeit, wobei auch die sog. krankheitsbedingte Kündigung rechtlich zum Teil unter diese Kündigungsgruppe subsumiert wird.

Schon an dieser Stelle muss jedoch darauf hingewiesen werden, dass die rechtlichen Anforderungen für *krankheitsbedingte* Kündigungen erheblich sind und zumeist erst nach längeren Jahren wiederholter erheblicher krankheitsbedingter Ausfallzeiten überhaupt eine solche Kündigung gerechtfertigt sein könnte.

Zudem ist auch bei gesundheitlichen Beeinträchtigungen gerade im Chefarztbereich immer wieder zu relativieren, inwieweit eine vorhandene, unter Umständen auch dauerhafte gesundheitliche Beeinträchtigung der Erfüllung der arbeitsvertraglichen Pflichten entgegensteht. An dieser Stelle kommt dem Chefarzt sein äußerst umfassendes Spektrum an Aufgaben und Zuständigkeiten, auch vertraglichen Pflichten, wiederum zu Gute. Auch ein chirurgischer Chefarzt, der ggf. aufgrund einer Hepatitis-C-Infektion operativ nicht mehr tätig sein darf, ist nicht per se nicht mehr in der Lage, seine arbeitsvertraglichen Pflichten zu erfüllen. Letztlich ist er vor allem als Chefarzt beschäftigt und nicht als Operator, so dass zahlreiche weitere Aufgaben verbleiben, die er selbstverständlich trotz einer ggf. bestehenden gesundheitlichen Beeinträchtigung weiterhin erbringen kann.

24.5.2 Verhaltensbedingte Kündigung

Für eine *verhaltensbedingte* Kündigung bedarf es eines schweren vorwerfbaren Fehlverhaltens seitens des Chefarztes. Der Chefarzt muss eine Pflicht aus seinem Chefarztvertrag in erheblicher Weise verletzt haben. Eine verhaltensbedingte Kündigung ist immer nur das letzte zur Verfügung stehende Mittel seitens des Arbeitgebers, um den Verstoß zu sanktionieren. Gibt es auch mildere Mittel, sind diese einzusetzen.

Als Konsequenz hieraus ist bei einer verhaltensbedingten Kündigung regelmäßig eine *Abmahnung* erforderlich. Eine Abmahnung besteht aus arbeitsrechtlicher Sicht aus drei Elementen:
- Der Arbeitgeber weist den Arbeitnehmer auf seine vertraglichen Pflichten hin und macht ihn auf deren Verletzung konkret aufmerksam.
- Der Arbeitnehmer wird aufgefordert, sich in Zukunft vertragstreu zu verhalten.
- Für den Fall einer erneuten Pflichtverletzung wird die Kündigung angedroht.

24.5.3 Betriebsbedingte Kündigung

Gemäß § 1 Abs. 3 KSchG bedarf es für eine *betriebsbedingte* Kündigung eines dringenden betrieblichen Erfordernisses, das einer Weiterbeschäftigung entgegensteht, sowie einer richtigen Sozialauswahl.

Betriebliche Gründe für eine Kündigung können sowohl auf innerbetrieblichen als auch auf außerbetrieblichen Umständen beruhen.

Als *innerbetriebliche Gründe* kommen z.B. Rationalisierungsmaßnahmen und Zusammenlegung von Abteilungen in Betracht.

Als *außerbetriebliche Umstände* sind z.B. Auslastungsmangel, Umsatzrückgang, Gewinnverfall und Unrentabilität ebenso denkbar wie Schließungen von Fachabteilungen.

Die betrieblichen Gründe müssen sodann zu einem Wegfall des Arbeitsplatzes führen. Dabei ist z.B. eine unternehmerische Entscheidung grundsätzlich geschützt und kann von den Arbeitsgerichten nur eingeschränkt kontrolliert werden. Sie unterliegt nur der *Missbrauchskontrolle*, ob sie offensichtlich unsachlich, unvernünftig oder willkürlich ist.

Der *arbeitsgerichtlichen Kontrolle* fällt hingegen die Überprüfung zu, ob die behaupteten inner- oder außerbetrieblichen Gründe und deren konkrete Auswirkungen auf die Arbeitsplätze tatsächlich nachweisbar vorliegen. Die Darlegungs- und Beweislast für die inner- und außerbetrieblichen Ursachen und auch für die Auswirkungen der unternehmerischen Entscheidung auf die Arbeitsplätze trägt der Arbeitgeber.

Sollte der Arbeitgeber an irgendeiner Stelle in der Einrichtung oder in einer anderen Einrichtung des gleichen Trägers eine zu besetzende oder eine künftig freie Stelle haben, ist er verpflichtet, diese freie Stelle dem Chefarzt anzubieten. Dieses Angebot muss vor Ausspruch der Beendigungskündigung erfolgen. Hierzu ist er nach dem sog. Ultima-Ratio-Prinzip verpflichtet. Unterlässt er dies, ist die ausgesprochene *Beendigungskündigung* unwirksam trotz des Wegfalls des chefärztlichen Arbeitsplatzes, weil er nicht zuerst das mildere Mittel der Weiterbeschäftigung zu geänderten Bedingungen gesucht hat.

Daher ergibt sich gerade in der heutigen Zeit bei zahlreichen privaten Trägern, die über verschiedene Krankenhausstandorte verfügen, unter Umständen auch über den Weg der vom Bundesarbeitsgericht durchaus für möglich erachteten Konzernbetrachtungsweise ein potenzielles Risiko für eine Unwirksamkeit einer ausgesprochenen Kündigung trotz Stilllegung der Abteilung oder des Krankenhauses und ersatzlosem Wegfall des Arbeitsplatzes an diesem Krankenhaus.

Auch ist zu erwähnen, dass es sich bei der anzubietenden Stelle nicht unbedingt um eine Chefarztstelle handeln muss. Aus arbeitsrechtlicher Sicht käme auch irgendeine ärztliche Position in dem Krankenhaus in Frage, soweit der Chefarzt hierfür qualifiziert, wenn auch unter Umständen deutlich überqualifiziert ist. Von Bedeutung ist weiterhin, dass es nicht darauf ankommt, ob der Chefarzt eine ihm angebotene Stelle auch tatsächlich annehmen würde. Wichtig ist allein, ob der Arbeitgeber dem Chefarzt diese Stelle angeboten hat. Allein das Unterlassen des Anbietens führt bereits zu einer *Unwirksamkeit der Beendigungskündigung*, soweit die Stelle nicht von vornherein als unzumutbar qualifiziert werden muss.

Sehr oft wird der Chefarzt bei vorangehenden Unterredungen mit der Geschäftsführung oder Personalabteilung mit einem prospektiven Wegfall seiner Stelle als Chefarzt konfrontiert. In diesen Gesprächen wird dann gleichzeitig eine anderweitige Beschäftigungsmöglichkeit als Oberarzt oder Assistenzarzt in anderen Fachabteilungen mehr oder weniger beiläufig angeboten. Selbst wenn der Chefarzt derartige Tätigkeiten nicht für opportun hält, sollte er in diesen Gesprächen eine solche anderweitige mögliche Tätigkeit nicht als »uninteressant« ablehnen. Vielmehr ist es wichtig, darauf hinzuweisen, dass er sich – und sei es allein zur Vermeidung von Arbeitslosigkeit – durchaus derartige Angebote im Detail überlegen würde, so diese schriftlich konkretisiert werden. Nur bei einem solchen Vorgehen kann der Chefarzt sich auch später darauf berufen, man habe ihm eine anderweitig vakante Stelle nicht angeboten. Dies stellt dann einen *Verstoß gegen das Ultima-Ratio-Prinzip* dar, was dann zur Unwirksamkeit der Beendigungskündigung führt, selbst wenn tatsächlich die Arbeitsstelle als Chefarzt vollständig in Wegfall gerät.

24.5.4 **Außerordentliche Kündigung**

Im Gegensatz zur ordentlichen Kündigung führt die *außerordentliche* Kündigung zur sofortigen (sog. fristlosen) Beendigung des Arbeitsverhältnisses. Voraussetzung ist gemäß § 626 Abs. 1 BGB, dass ein wichtiger Grund vorliegt und dass die Kündigung innerhalb von zwei Wochen ab Kenntnis des wichtigen Grundes ausgesprochen wird, gemäß § 626 Abs. 2 BGB. Aufgrund des Ultima-Ratio-Prinzipes ist es gerade vor dem Ausspruch einer außerordentlichen Kündigung zumeist notwendig, eine Abmahnung auszusprechen.

24.5.5 **Änderungskündigung**

Eine »Teilkündigung« einzelner Arbeitsbedingungen ist unzulässig. Gegenstand der Kündigung kann immer nur das Arbeitsverhältnis als Ganzes sein. Möglich ist aber eine Änderungskündigung, wenn der Arbeitgeber nicht nur im Rahmen bestehender vertraglicher Rechte und Pflichten via des ihm zustehenden Weisungs- und Direktionsrechtes geringfügige Modifikationen vornehmen will. Die inhaltliche Veränderung im Rahmen bestehender Rechte und Pflichten kann durch die Ausübung des Direktionsrechtes erfolgen. Die Übertragung weiterer zusätzlicher, vertraglich nicht fixierter Pflichten und/oder die Wegnahme bzw. Beschneidung vertraglich bestehender Rechte und Pflichten ist dem Weisungsrecht jedoch entzogen und kann nur im Wege einer Änderungskündigung erfolgen.

Gemäß § 2 KSchG beinhaltet eine Änderungskündigung die Kündigung des Arbeitsverhältnisses verbunden mit dem Angebot zur Fortsetzung des Arbeitsverhältnisses zu geänderten Arbeitsbedingungen.

Als Folge einer Änderungskündigung stehen dem Chefarzt drei Reaktionsmöglichkeiten zu:

- Der Chefarzt kann das Änderungsangebot annehmen. Die Kündigung ist dann nicht mehr relevant, da sich der Arbeitgeber und der Chefarzt auf die geänderten Arbeitsbedingungen geeinigt haben.
- Der Chefarzt kann das Änderungsangebot ablehnen. Die Änderungskündigung wird dann zur Beendigungskündigung.
- In Fällen, in denen das Kündigungsschutzgesetz Anwendung findet, hat der Chefarzt die Möglichkeit, das Änderungsangebot unter Vorbehalt anzunehmen und Änderungsschutzklage zu erheben, gemäß § 2 KSchG. Das Arbeitsgericht prüft dann die soziale Rechtfertigung der Änderungskündigung gemäß § 1 Abs. 2 und Abs. 3 KSchG. Je nach Ausgang des Verfahrens muss der Chefarzt unter geänderten Arbeitsbedingungen weiterarbeiten, oder er kann wieder seine alten Arbeitsbedingungen verlangen.

In diesem Kontext ist insbesondere auch auf die Entscheidung des BAG vom 21.04.2005, in NZA 2005, S. 1289 ff., zu verweisen. Danach hat das BAG die Grundsätze der Zumutbarkeit der Weiterbeschäftigung für den Arbeitnehmer deutlich weiterentwickelt und deutlich auch zu Lasten des Arbeitgebers verschoben.

Nach dieser Entscheidung muss eine freie Stelle auch dann noch vor Ausspruch einer Beendigungskündigung angeboten werden, wenn der Arbeitnehmer diese zuvor bereits schriftlich abgelehnt hat. Dies ist nur dann nicht der Fall, wenn der Arbeitnehmer unmissverständlich und eindeutig klargestellt hat, er wolle die Stelle nicht haben. Da die Darlegungslast hierfür der Arbeitgeber trägt, ist es im Falle der Existenz anderweitiger freier Stellen oft anzutreffen, dass derartige Stellen vor Ausspruch einer Beendigungskündigung schriftlich dem Arbeitnehmer angeboten werden. Dies gilt insbesondere auch bei Chefärzten, da man nicht dem Trugschluss erliegen sollte, letztlich ist doch die zumeist immer vakante Stelle als Assistenzarzt – ggf. sogar als Weiterbildungsassistent in einer anderen Abteilung – ohnehin unzumutbar und müsse daher nicht angeboten werden. Nach der Rechtsprechung des BAG kann ein solches Arbeitsangebot nur dann unterbleiben, wenn bei vernünftiger Betrachtung nicht mit einer Annahme des neuen Vertragsangebotes gerechnet werden könne und ein derartiges Angebot vielmehr beleidigenden Charakter haben würde (so auch BAG, Urteil vom 21.09.2006, AZ: 2 AZR 607/05 in NZA 2007, S. 431). Hiervon ist aber allein schon deshalb nicht auszugehen, da die Bezüge, die hieraus zu erzielen wären, sicherlich oberhalb der Arbeitslosengeldbezüge liegen und zumindest für einen Übergangszeitraum gegenüber der Arbeitslosigkeit »das deutlich kleinere Übel darstellen«.

Auch dies macht nochmals deutlich, dass der Chefarzt – schon allein aus taktischen Gründen – niemals »brüsk« eine anderweitige ärztliche Tätigkeit ablehnen sollte. Konkrete Angebote schriftlich zu fordern, um dann entsprechend reagieren zu können, eröffnet zahlreiche Möglichkeiten und verbessert zudem die Verhandlungsposition erheblich.

24.6 Typische betriebliche Einzelfälle

Im Fall einer angespannten wirtschaftlichen Situation des Krankenhauses kann eine betriebsbedingte Kündigung aufgrund von inner- und außerbetrieblichen Umständen möglich werden. Zu innerbetrieblichen Gründen sind z.B. Rationalisierungsmaßnahmen und Umgestaltung von Abteilungen zu zählen. Zu außerbetrieblichen Umständen werden z.B. Belegungsrückgang, Umsatzmangel, Gewinnverfall oder Unrentabilität gerechnet. Im schlimmsten Fall kann es zur Schließung der Abteilung oder sogar der gesamten Einrichtung kommen.

24.6.1 Gehaltskürzung

Einer der charakteristischen Fälle ist der der Entscheidung des Bundesarbeitsgerichtes vom 01.07.1999. Hierbei geht es um die Änderungskündigung zum Zwecke der *Gehaltsreduzierung* des Chefarztes. Das Bundesarbeitsgericht verweist darauf, dass die Gesamtrentabilität des Betriebes, also nicht allein die Rentabilität einzelner Abteilungen, in Frage gestellt sein muss und dass ohne Senkung der Personalkosten Beendigungskündigungen unvermeidbar wären. Weiterhin verweist das Bundesarbeitsgericht darauf, »(...) dass es nicht zur Gehaltsreduzierung einzelner Gruppen der Beschäftigten kommen darf, z.B. der Chefärzte, sondern der Arbeitgeber muss durch einen umfassenden Sanierungsplan alle Arbeitnehmer, dazu gehört auch die Verwaltung, gleichmäßig belasten«.

Auf dieser Grundsatzentscheidung basieren auch die weiteren Entscheidungen der Instanzgerichte. So hat das Arbeitsgericht Kempten mit Urteil vom 30.06.1999, AZ: 4 Ca 477/99 L, eine Änderungskündigung zum Zwecke der Gehaltsreduzierung eines Chefarztes für unwirksam erklärt:

» Angesichts einer insbesondere durch innere Verrechnungen mit der Zentrale hervorgerufenen Verlustsituation sind die mit der Änderungskündigung beabsichtigten Einsparungen nicht geeignet, nennenswert zum Abbau der vorgetragenen Verluste beizutragen. Darüber hinaus ist eine Gehaltsreduzierung um 35% unzumutbar, auch wenn dem Chefarzt im Wege einer Gleitklausel angeboten worden ist, entsprechend der Belegungszahlen sein Gehalt wieder aufzubessern.

24.6.2 Änderungskündigung zur Gehaltsreduzierung

Voraussetzungen:
- Der Gesamtbetrieb arbeitet unrentabel.
- Ohne Gehaltsreduzierung ist eine Beendigungskündigung unvermeidlich.
- Es muss ein umfassender Sanierungsplan mit aussagekräftigen Daten vorliegen.
- Arbeitnehmer, die einzelvertraglich ein höheres Gehalt vereinbart haben, müssen auch nach der Reduzierung noch ein höheres Gehalt behalten.

24.6.3 Budgetüberschreitung und Unrentabilität

In vielen Chefarztarbeitsverträgen ist eine sog. *Budgetklausel* enthalten, die den Chefarzt zwingen soll, sich an finanzielle Vorgaben in seiner Behandlungstätigkeit zu halten.

Solche in Chefarztverträgen aufgeführten Budgetklauseln sind allerdings oftmals unzulässig, denn aufgrund des § 1 Abs. 2 Bundesärzteordnung sind dem Chefarzt Diagnose- und Therapiefreiheit garantiert. Dies gilt auch, wenn durch medizinische Leistungen ersichtlich ein Budget überschritten würde. Auch entgegenstehende Vorgaben des Arbeitgebers wären insoweit irrelevant. Die Rechtsprechung vertritt hierzu die eindeutige Auffassung: »(...) die Therapiewahl kann nicht von haushaltsrechtlichen Erwägungen abhängig gemacht werden« (so u.a. Arbeitsgericht Gelsenkirchen, AZ: 1 Ca 45/96).

Weiterhin kann eine Budgetklausel auch dadurch unwirksam werden, dass dem Chefarzt eine verschuldensunabhängige Haftung auferlegt wird, in dem er für jede – auch für eine nicht von ihm zu vertretende – Budgetüberschreitung haften soll.

Verhaltensbedingte Kündigungen mit der bloßen Begründung der *Budgetüberschreitung* sind damit unwirksam.

Nach Ansicht des LAG Frankfurt, AZ: 12 Sa 568/89, muss der Arbeitgeber konkret und im Einzelnen darlegen, »(...) worin das kündigungsrelevante Versagen des Arbeitnehmers im Einzelnen bestand, welche Fehl- und Schlechtleistungen ihm zur Last gelegt werden und welche Mängel in fachlicher und persönlicher Hinsicht vorhanden sind«.

Dass gerade Budgetüberschreitungen zahlreiche mehr oder weniger vom Chefarzt zu beeinflussende Ursachen haben können, macht deutlich, dass in praxi ein solcher von der Rechtsprechung geforderter konkreter Nachweis und eine konkrete Zuordnung zum einzelnen Chefarzt und zu dessen konkreten Versagen kaum möglich ist.

24.6.4 Wirtschaftlichkeitsgebot

In den meisten Chefarztverträgen ist zumindest ein sog. *Wirtschaftlichkeitsgebot* enthalten, bei dem sich der Chefarzt verpflichtet, »auf die Einhaltung des Budgets hinzuwirken«. In diesem Fall ist eine verhaltensbedingte Kündigung des Chefarztes mit der Begründung der Unwirtschaftlichkeit seiner Tätigkeit nicht zwangsläufig, aber doch zumeist unwirksam. Auch hierzu besagt die Rechtsprechung des LAG Frankfurt: »Mit der vertraglich übernommenen Pflicht des Chefarztes, bei seiner gesamten Tätigkeit darauf hinzuwirken, dass das im Rahmen des Versorgungsauftrages des Krankenhauses vorgegebene Leistungsangebot nach wirtschaftlichen Grundsätzen erbracht wird und der Verpflichtung des Chefarztes zu ausreichender, zweckmäßiger und wirtschaftlicher Behandlungsweise, ist nicht die Übernahme einer Garantie in Form des vertraglich vereinbarten Einstehenmüssens für den wirtschaftlichen Erfolg (...)«.

Unabdingbar ist für eine derartige Kündigung ein monokausaler Nachweis seitens des Arbeitgebers, dass eine Budgetüberschreitung auf ein konkretes Fehlverhalten bzw. Versäumnis des Chefarztes zurückzuführen ist, mithin bei rechtmäßigem Alternativverhalten die Budgetüberschreitung vermieden worden wäre. Ein Rückschluss aus einer Budgetüberschreitung auf ein Fehlverhalten ist arbeitsrechtlich nicht zulässig, wird jedoch mangels Möglichkeit eines monokausalen Nachweises zumeist versucht.

24.7 Typische Risiken für verhaltensbedingte Kündigungen

Im Bereich verhaltensbedingter Kündigungen ist die Behandlung aller denkbarer Fallkonstellationen, die hier in Betracht kommen, kaum möglich. Dies ist schlicht der Komplexität und Vielschichtigkeit der Chefarzttätigkeit geschuldet, aus welcher sich bekanntlich zahlreiche, nicht nur medizinische Pflichten ergeben und korrespondierend damit auch Risiken, in denen gegen all diese denkbaren und dem Chefarzt obliegenden Pflichten verstoßen werden könnte. Zu den typischen Schlagwörtern in diesen Bereichen möglicher verhaltensbedingter Kündigungsgründe gehören folgende:

- Behandlungsfehler,
- Belegungsrückgang,
- Unwirtschaftlichkeit,
- Budgetüberschreitung,
- Nicht-Erreichen von Zielvorgaben,
- Privatisierung,
- Hygienemängel,
- Organisationsfehler,
- Überwachungsfehler,
- krankheitsbedingte Fehlzeiten,
- außerdienstliches Verhalten,
- persönliche Ermächtigung,
- Wahlleistungsproblematiken,
- Abrechnungsfehler im stationären und/oder ambulanten Bereich,
- Betriebsübergang,
- »Mobbing«,
- Rufdienstteilnahme,
- Arbeitszeitverstöße von Mitarbeitern,
- Nebentätigkeiten,
- Vortragsvergütungen,
- Urlaube und Kongressteilnahmen,
- Dokumentationsmängel,
- krankheitsbedingte Beeinträchtigungen (z.B. Parkinson, Hepatitis, Schwerbehinderung),
- etc.

Die vorstehende Aufzählung hat naturgemäß keinen auch nur ansatzweisen Anspruch auf Vollständigkeit, beleuchtet jedoch hinreichend die Komplexität der möglichen Fallkonstellationen.

24.7.1 Grundsätzliches

Unabhängig davon, dass in jeder einzelnen der vorstehend schlagwortartig aufgezeigten Risikobereiche eine individuelle Betrachtung notwendig ist, kann zumindest im Hinblick auf die hierin auch liegenden Vorwürfe einer möglichen – rechtlich betrachtet – »Schlechtleistung« eine grundsätzliche rechtliche Betrachtung helfen und beruhigen.

Alle *Vorwürfe* im Bereich verhaltensbedingter Kündigungsgründe, die sich letztlich darauf zurückführen lassen, dass dem Arbeitnehmer eine im Vergleich zu anderen Mitarbeitern, anderen Fachabteilungen, anderen Krankenhäusern, etc.

schlechtere Leistung, häufig als irgendein Durchschnitt, vorgeworfen wird, sind rechtlich für eine wirksame verhaltensbedingte Kündigung nicht geeignet.

Der Arbeitnehmer, auch der Chefarzt, schuldet nicht den Erfolg seiner Tätigkeit – und dies gilt sowohl im medizinischen Bereich als auch im Bereich aller anderen Pflichten –, sondern allein ein stetes Bemühen um den Erfolg. Dies ist darin begründet, dass der Arbeitsvertrag rechtlich ein *Dienstvertrag* und kein Werkvertrag ist. Der Werkvertrag ist – typischerweise bei Handwerksleistungen – dadurch gekennzeichnet, dass der Werkunternehmer den Erfolg seiner Tätigkeit schuldet. Ist das Werk nicht korrekt erstellt, steht ihm u.a. keine Vergütung zu.

Demgegenüber ist der *Arbeitsvertrag* als Dienstvertrag dadurch gekennzeichnet, dass der Dienstvertragsnehmer (Arbeitnehmer) lediglich die Erbringung der vertraglich geschuldeten Dienste vornehmen muss. Insoweit ist es folglich ausreichend, wenn er im Hinblick auf die gewollten Erfolge seiner Dienste stets bemüht ist.

Dies hat das Bundesarbeitsgericht sehr anschaulich in seinem Urteil vom 17.01.2008, Az: 5 AZR 536/06, mit dem plakativen Satz zusammengefasst: »Ein Arbeitnehmer muss tun, was er soll, und zwar so gut, wie er kann.«

Dies macht mithin bereits deutlich, dass einige typische Risikobereiche eines Chefarztes als rechtlich relevanter Vorwurf und damit Basis für eine Abmahnung und auch ggf. verhaltensbedingte Kündigung schlicht nicht geeignet sind und damit auch für den betroffenen Chefarzt kein nennenswertes Risiko darstellen, auch wenn sicherlich der Anspruch des betroffenen Chefarztes ein anderer sein dürfte.

Hierzu gehören die oft anzutreffenden Vorwürfe einer vermeintlich hohen Komplikationsrate, einer nicht korrekten Dokumentation, insbesondere auch im Hinblick auf abrechnungsrelevante Faktoren für die DRG, die Nichteinhaltung von Zielvorgaben, Budgetüberschreitungen und Belegungsrückgänge.

In all diesen Bereichen muss der Chefarzt (Arbeitnehmer) tun, was er soll, und zwar so gut, wie er kann. Tut er dies, hat er seine vertraglichen Pflichten erfüllt und kann aufgrund der vorstehend angegebenen Vorwürfe nicht wirksam verhaltensbedingt gekündigt werden.

24.7.2 Belegungsrückgang

Gerade zum Vorwurf des *Belegungsrückgangs* existiert bereits seit vielen Jahren eine auch in der aktuellen Rechtsprechung immer wieder zitierte »Grundsatzentscheidung« im Hinblick auf den Vorwurf vertragswidrigen Fehlverhaltens wegen erheblichen Belegungsrückganges in einer Fachabteilung.

Gemäß Urteil des Landesarbeitsgerichtes Frankfurt vom 21.12.1989, AZ: 12 Sa 568/89, schuldet der Chefarzt dem Krankenhausträger keinen bestimmten Erfolg, sondern nur ein auf Erfolg ausgerichtetes Bemühen. Das Landesarbeitsgericht Frankfurt hat in seinem Urteil ausdrücklich festgelegt, dass »selbst wenn man annehmen wollte, ein Belegungsrückgang hänge mit der Leistung der Abteilung und der Person des Chefarztes zusammen, folgt daraus keineswegs zwingend, dass bestimmtes vertragliches Fehlverhalten des Chefarztes für die Entwicklung maßgebend war«.

Der Chefarzt schuldet als Dienstvertragsnehmer gem. § 611 BGB gegenüber dem Arbeitgeber nicht unbedingt einen bestimmten Erfolg, sondern nur ein *erfolgsorientiertes Arbeiten*. Im Gegensatz dazu schuldet ein Werkvertragsnehmer gem. § 651 BGB den Erfolg seiner Arbeit. Eine verhaltensbedingte Kündigung mit der Begründung eines Belegungsrückganges ist insofern unwirksam, da der Chefarzt nicht die bestimmte Leistung oder den Erfolg einer bestimmten Belegung schuldet, sondern lediglich eine leistungsorientierte Arbeitstätigkeit, die er – wenn auch erfolglos – erbracht hat.

Für den Fall, dass der Chefarzt jedoch grob unwirtschaftlich und grob leistungsdefizitär arbeitet, ist die Möglichkeit einer verhaltensbedingten Kündigung sehr wohl gegeben, da es sich dabei um eine Störung des Arbeitsvertrages handelt. Auch hier gelten jedoch die vorstehenden Ausführungen im Hinblick auf eine monokausale Zuordnung und Verknüpfung zwischen konkretem Fehlverhalten und daraus monokausal resultierender Unwirtschaftlichkeit.

Pauschale Rückschlüsse und Unterstellungen, wonach der Krankenhausträger aus einer unbefriedigenden Entwicklung oder der unwirtschaftlichen Situation auf ein erhebliches Fehlverhalten bzw. eine Schlechtleistung des Chefarztes schließt, sind unzulässig. Es bedarf einer exakten Darlegung, worin das Versagen des Arbeitnehmers konkret bestehen soll.

24.7.3 Exkurs Ermächtigung

Quell steter Freude im Zusammenhang mit möglichen verhaltensbedingten Kündigungen und damit typischer Risikobereich eines Chefarztes ist eine persönliche *KV-Ermächtigung*. Immer dann, wenn die Intention eines Chefarztwechsels auf Unternehmensebene besteht, wird gerade im Hinblick auf die Verbesserung der Verhandlungsposition im Bereich der KV-Ermächtigung nach möglichen rechtlich relevanten Fehlern und Versäumnissen gesucht. Dies ist jedoch auch schlicht der Tatsache geschuldet, dass in diesen Bereichen sehr oft auch formal-rechtlich beanstandenswerte Fehlverhalten existent sind. Dies wiederum liegt zumeist nicht daran, dass der ermächtigte Chefarzt in diesen Bereichen mit krimineller Energie handelt, sondern vielmehr daran, dass sich in der Vergangenheit aufgrund der Rahmenbedingungen oft Verhaltensweisen »eingebürgert« haben, die formal-rechtlich nicht korrekt sind.

Die bloße Tatsache, dass dies vermeintlich alle tun, ist als Rechtfertigungsgrund im Einzelfall naturgemäß nicht geeignet. Wie letztlich jedem ermächtigten Arzt bekannt ist, obliegt diesem gerade im Bereich einer KV-Ermächtigung eine höchstpersönliche Pflicht zur Leistungserbringung, die nur in eng begrenzten Ausnahmesituationen zulässige Ausnahmen erfährt. Hierzu gehört die Vertretung im Urlaubs- und Krankheitsfall, wobei selbst dann vorher in Abhängigkeit von den einzelnen KV-Bezirken der jeweilige Vertreter zuvor der KV namentlich zu benennen ist und an die diesbezüglichen Dokumentationspflichten, insbesondere auch im Rahmen der späteren Abrechnung und der Sammelabrechnung, besonders hohe Anforderungen zu stellen sind. Ferner ist dann auch bei den späteren Abrechnungen, insbesondere bei den zugehörigen Sammelerklärungen, noch einmal peinlichst genau auf die Einhaltung dieser Vorgaben zu achten und Vertreterleistungen entsprechend ausdrücklich zu benennen oder aber *nicht* abzurechnen.

Wenn in diesen Bereichen Fehler und Versäumnisse vorliegen, kann dies schnell zum Vorwurf vertragswidriger Abrechnungen und damit zu verhaltensbedingten Kündigungsgründen sowie ggf. zu strafrechtlichen Weiterungen führen.

Auch muss ausdrücklich darauf hingewiesen werden, dass die Pflichten hinsichtlich der persönlichen Leistungserbringung gerade im Ermächtigungsbereich auch unabhängig von den spezifischen Interessen des Unternehmens und/oder des Patienten sind. Einbestellte Patienten zur Ermächtigungsambulanz durch den dort anwesenden Oberarzt behandeln zu lassen, weil man selbst noch im OP war, wo kein anderer übernehmen konnte, ist menschlich sowohl gegenüber dem zu operierenden Patienten als auch gegenüber dem einbestellten Patienten nicht nur verständlich, sondern vorbildlich auch aus Unternehmersicht, gleichwohl rechtlich als Rechtfertigung schlicht ungeeignet. Wenn diese Konstellation eintritt, ist zumindest sicherzustellen, dass derartige vom Oberarzt erbrachte Leistungen nicht als eigene Ermächtigungsleistungen abgerechnet werden.

Auch der Hinweis darauf, dass die Qualität der Leistungserbringung im Rahmen der Ermächtigung durch den die Leistung durchführenden Oberarzt ebenso gut sei, spielt hier keine Rolle. Bei der Frage der Abrechnung der *persönlich ermächtigten Leistung* geht es nicht um die Qualität, sondern allein um die Person des Leistungserbringers, der nur persönlich bei eigener Leistung zur Abrechnung ermächtigt (zugelassen) ist. Damit ist auch die Vermeidung weiterer längerer Wartezeiten zu Gunsten der Patienten kein irgendwie geartetes Argument.

Dies gilt im Übrigen ebenso auch für das sicherlich oft zutreffende Argument »Ich kann doch nicht alles selbst machen, da fehlt die Zeit«. Dies gilt auch dann, wenn der Arbeitgeber auf das Erlangen einer Ermächtigung besonderen Wert legt und sich hierdurch eine weitere erhebliche Arbeitsverdichtung ergibt.

Schließlich ist auch das ebenfalls oft anzutreffende Argument »Das machen doch alle so, das geht gar nicht anders« faktisch und menschlich nachzuvollziehen, rechtlich jedoch irrelevant und allenfalls als Geständnis zu werten. Zudem würde dies auch noch einmal deutlich machen, dass dieser Chefarzt hier sogar vorsätzlich handelt, was die beschriebenen strafrechtlichen Weiterungen nach sich ziehen dürfte.

24.7.4 Außerdienstliches Verhalten des Chefarztes

Die Verpflichtungen des Arbeitnehmers gegenüber seinem Arbeitgeber enden grundsätzlich dort, wo sein privater Bereich beginnt. Die Gestaltung des *privaten Lebensbereiches* steht außerhalb der Einflusssphäre des Arbeitgebers und wird durch arbeitsvertragliche Pflichten nur insoweit eingeschränkt, als sich das private Verhalten auf den betrieblichen Bereich auswirkt und dort zu Störungen führt. Berührt *außerdienstliches Verhalten* den arbeitsvertraglichen Pflichtenkreis nicht, so ist der Arbeitgeber nicht berechtigt, seine Missbilligung über ihm bekannt gewordene Umstände aus der Privatsphäre des Arbeitnehmers durch den Ausspruch einer Kündigung zu äußern. Dies gilt umso mehr, wenn diese Umstände dem Intimbereich des Arbeitnehmers zuzuordnen sind. Der Arbeitgeber ist durch den Arbeitsvertrag nicht zum Sittenwächter über die in seinem Betrieb tätigen Arbeitnehmer berufen.

Obwohl das außerdienstliche Verhalten des Chefarztes somit nicht in direktem Zusammenhang mit seinen aus dem Arbeitsvertrag sich ergebenden Pflichten steht, kann es trotzdem zu arbeitsrechtlichen Konsequenzen führen. Zu beachten ist, dass der Chefarzt durch seine hierarchische Stellung im Krankenhausbetrieb und seine Position eine besondere Vertrauensbasis in der Öffentlichkeit genießt.

Daher können in Abhängigkeit von der individuellen Sachlage gerade bei exponierten Positionen und Persönlichkeiten unter Umständen berechtigte Bedürfnisse des Arbeitgebers vorliegen, die diesen zum Ausspruch von Kündigungen berechtigen, eben weil der arbeitsvertragliche Pflichtenkreis berührt wird, so etwa wegen Auswirkungen des privaten Lebenswandels auf die Zusammenarbeit der Mitarbeiter, insbesondere aufgrund der Vorgesetztenfunktion, wegen Auswirkungen auf den Betriebsfrieden sowie auf Kundenbeziehungen (einweisende Ärzte) und den allgemeinen Ruf und das Renommee einer Fachabteilung, wodurch mittelbar auch die ökonomische Basis des Arbeitgebers beeinträchtigt sein kann.

24.7.5 Gesellschaftsunübliches Verhalten

Zu den »*gesellschaftsunüblichen*« *Verhalten* gehören solche, die in der Öffentlichkeit eine schlechte Bewertung erzielen, ohne dass sie in irgendeiner Weise die dienstlichen Pflichten des Chefarztes berühren würden. Beispielhaft ist hier eine häufige »Trunkenheit« des Chefarztes in seiner Freizeit, insbesondere in der Öffentlichkeit, zu nennen.

Auch im Rahmen von mehr oder weniger privaten Abteilungsfeierlichkeiten, typischerweise aus Anlass von Weihnachtsfeiern, muss der Chefarzt seiner exponierten Stellung und seiner Vorbildfunktion Rechnung tragen. So kann eine mehr oder weniger gelungene Striptease-Darbietung auch zu vorgerückter Stunde und in leicht alkoholisiertem Zustand einen Kündigungsgrund für den Arbeitgeber darstellen, erst recht für den öffentlichen oder kirchlichen Arbeitgeber.

Nach Ansicht des Bundesarbeitsgerichtes, Urteil vom 08.06.2000, AZ: 2 AZR 638/99, hat insbesondere »(...) ein Angestellter des öffentlichen Dienstes sein außerdienstliches Verhalten so einzurichten, dass das Ansehen des öffentlichen Arbeitgebers nicht beeinträchtigt wird«.

Auch für Dritte sichtbares Fehlverhalten im Rahmen von Weihnachtsfeierlichkeiten etc. mögen für präsidiale Aufgaben eines internationalen Fußballvereines akzeptabel sein, können jedoch bei exponierten Chefarztpositionen durchaus eine gefährliche Eigendynamik auch in arbeitsrechtlicher Hinsicht entwickeln.

24.7.6 Begehung von Ordnungswidrigkeiten oder Straftaten

Die arbeitsrechtlichen Sanktionsmaßnahmen sind abhängig von der Schwere der jeweiligen *Ordnungs-*

widrigkeit bzw. *Straftat*. Grundsätzlich ist aber zu sagen, dass Ordnungswidrigkeiten wie Geschwindigkeitsüberschreitungen im Straßenverkehr meist keine arbeitsrechtlichen Auswirkungen haben, wohingegen begangene Straftaten, gleichgültig, ob Vergehen oder Verbrechen, erhebliche Folgen nach sich ziehen können. Dabei ist zu beachten, dass es gleichgültig ist, ob die Straftat oder Ordnungswidrigkeit dienstlich oder außerdienstlich begangen wurde. Beispielsweise stellt der Einsatz von familiärer Gewalt unter Umständen einen verhaltensbedingten Kündigungsgrund dar, obgleich er außerhalb der Tätigkeit des Chefarztes verübt wurde; ebenso Trunkenheitsfahrten mit Personenschäden, die in der Öffentlichkeit (Presse) bekannt werden.

24.7.7 Chefärztliche Tätigkeit im Dienst von Krankenhäusern mit kirchlichen Trägern

Im Falle einer chefärztlichen Tätigkeit in einem Krankenhaus eines *kirchlichen Trägers* wird auch das außerdienstliche Verhalten des Chefarztes weitaus höher bewertet. Dies insbesondere, da in Chefarztverträgen mit kirchlichen Trägern zumeist die jeweilige kirchliche Grundordnung ausdrücklich als Vertragsinhalt in Bezug genommen ist, zumindest jedoch ein bestimmtes Verhalten, welches mit der jeweiligen Glaubens- und Sittenlehre der betreffenden Kirche übereinstimmt, in der Präambel ausdrücklich gefordert wird.

Typische Verstöße können auch im 21. Jahrhundert möglicherweise sein:

- die außerdienstliche Beteiligung an Abtreibungen oder Leistung von Euthanasie, auch wenn im Ausland oder sogar im Inland ohne strafrechtliche Verfolgung,
- Kirchenaustritt,
- die Scheidung einer kirchlich geschlossenen Ehe,
- eine Wiederheirat,
- eine nichteheliche Lebensgemeinschaft,
- die Begründung einer gleichgeschlechtlichen Lebenspartnerschaft,
- ein nicht nach kirchlich konformen Verhalten ausgerichtetes Familienleben.

Im Falle aller dieser außerdienstlichen Verhaltensmuster ist unter Umständen mit einer Kündigung zu rechnen, da bei einem kirchlichen Träger oftmals die *Glaubens- und Moralvorstellungen* der Kirche wesentlicher Vertragsbestandteil sind. Eine Verletzung dieser stellt einen Vertragsbruch dar und kann deshalb mit einer verhaltensbedingten ggf. sogar außerordentlichen Kündigung sanktioniert werden.

Gerade aufgrund des besonderen Spannungsverhältnisses im kirchlichen Bereich sind unter Umständen selbst durchaus gesetzeskonforme Verhaltensweisen geeignet, zu einer Kündigung zu führen. So hat das Bundesarbeitsgericht bereits mit Entscheidung vom 07.10.1993, AZ: 2 AZR 296/93, festgestellt: »Es kann einen wichtigen Grund zur fristlosen Kündigung eines Chefarztes in einem katholischen Krankenhaus darstellen, wenn dieser mit seinen Behandlungsmethoden (homologe Insemination) gegen tragende Grundsätze des geltenden Kirchenrechts verstößt.«

Aber nicht nur die Beteiligung an oder Durchführung derartiger gegen geltendes Kirchenrecht verstoßender Behandlungsmethoden, sondern auch schon eine öffentliche Stellungnahme hierzu können zu einer Kündigung seitens des kirchlichen Arbeitgebers berechtigen.

So hat BAG mit Urteil vom 15.01.1986, AZ: 7 AZR 545/85 die ordentliche Kündigung eines Arztes wegen eines sog. Loyalitätsverstoßes für wirksam erklärt. Der Arzt hatte einen in der Zeitschrift »Stern« veröffentlichten Leserbrief mit weiteren etwa 50 Personen unterzeichnet, der eine äußerst kritische Stellungnahme zum Schwangerschaftsabbruch beinhaltete.

Das durch vorstehende Beispiele aus der Vergangenheit abzuleitende und in der Rechtsprechung akzeptierte Selbstbestimmungsrecht der Kirchen und die daraus resultierenden Konsequenzen sind auch in der heutigen Zeit weiter aktuell. Ausgeweitet werden müssen derartige Probleme gerade bei kirchlichen Trägern insbesondere auch im Zusammenhang mit wissenschaftlicher Forschung und der Durchführung von Studien, beispielsweise im Kontext der Stammzell- und Genforschung.

Voraussetzung ist jedoch insoweit immer, dass im Arbeitsvertrag auch konkret auf die Einhaltung der jeweiligen *kirchlichen Grundordnungen* verwiesen wird. Da aber auch in einem solchen Falle kein rechtlicher Automatismus bei einer Kündigung im Falle von Verstößen gegen die Grundordnung greift, empfiehlt es sich, spätestens seit der zu begrüßenden Entscheidung des BAG hinsichtlich des katholischen Chefarztes in derartigen Konstellationen frühzeitig professionellen Rechtsrat einzuholen, um sowohl betriebsintern als auch extern eine professionelle Vorgehensweise und Kommunikation zur Vermeidung von Eskalationen und möglichen Sanktionen in Anspruch zu nehmen. Gerade auch aufgrund der jüngst angepassten kirchlichen Grundordnung sind nunmehr in derartigen Konstellationen frühzeitig Gestaltungsmöglichkeiten eröffnet, die trotz der vorstehend geschilderten Umstände den Erhalt des Arbeitsplatzes zu unveränderten Bedingungen ermöglichen können.

Zudem verbessert die frühzeitige Nutzung der bestehenden Möglichkeiten auch die Erfolgsaussichten in einem später entstehenden Rechtsstreit aufgrund erfolgter Kündigung ganz erheblich.

24.7.8 Dokumentationsmängel

Die ärztliche Dokumentation ist eine vertragliche Verpflichtung des jeweils behandelnden Arztes, deren Nichteinhaltung insbesondere bei Chefärzten zu weitreichenden arbeitsrechtlichen Konsequenzen führen kann. Insbesondere fehlerhafte OP-Protokolle, bei denen der Chefarzt als Operateur auftaucht, obwohl er die Operation nicht oder nicht im Wesentlichen durchgeführt hat, stellen unter Umständen weitreichende Vertragspflichtverletzungen dar. In derartigen Fällen liegt der Verdacht einer beabsichtigten Täuschung der typischerweise privaten Krankenversicherung im Hinblick auf die persönliche Leistungserbringung nahe, was – sofern sich derartige Fälle häufen und sich aufgrund der Gesamtumstände ein schwerwiegender dringender Tatverdacht darlegen lässt – bekanntlich, wie ausgeführt, zum Ausspruch einer sog. *Verdachtskündigung* führen kann.

Aber auch unabhängig hiervon können festgestellte Dokumentationspflichtverletzungen zumindest zu Abmahnungen und im Wiederholungsfalle sicherlich auch zu Kündigungen führen. Die Rechtsprechung verweist hier, so u.a. BAG mit Urteil vom 17.06.1998, AZ: 2 AZR 599/97 darauf,

» (...) dass eine ordnungsgemäße Dokumentation sämtlicher ärztlicher Maßnahmen heute im Arzthaftungsrecht von ausschlaggebender Bedeutung für die Entlastung des Krankenhausträgers bei schadenstiftenden Behandlungsergebnissen ist. (...) Es ist somit erforderlich, dass die Dokumentation jeweils vollständig bis spätestens zum Ende des einzelnen Behandlungsabschnitts vorliegen müsse. Geschehe dies nicht oder werde gar falsch dokumentiert, so kehre sich die Beweislast zu Ungunsten des Krankenhausträgers um. Zu berücksichtigen ist, dass bereits der Nachweis, dass ein Arzt in mehreren Einzelfällen eines Operationstages Dokumentationen nachträglich erstellt und inhaltlich falsch dokumentiert hat, genügt, um den Beweiswert sämtlicher Dokumentationen dieses Arztes erheblich zu erschüttern. Die damit verbundene nachträgliche Haftungsgefahr des Krankenhausträgers ist erheblich.

Derartige Fehler und Versäumnisse sind nach Ansicht des Bundesarbeitsgerichtes ferner insbesondere bei Chefärzten differenziert zu bewerten. So hat das BAG in vorgenannter Entscheidung weiter deutlich gemacht:

» Das Landesarbeitsgericht wird diesem Umstand nach der Zurückverweisung Bedeutung beizumessen und außerdem zu würdigen haben, dass jedenfalls wegen der Vorbildfunktion der Klägerin in ihrer Eigenschaft als verantwortliche Chefärztin der Anästhesieabteilung dieses Haftungsrisiko nicht gering zu veranschlagen ist.

24.8 Zusammenfassung und Empfehlungen

Die vorstehend wiedergegebenen verschiedenen Kündigungsgründe, die dem Krankenhausträger letztlich im Ergebnis nur in eng begrenzten Fällen überhaupt die Möglichkeit zum Ausspruch von wirksamen Kündigungen eröffnen, sind im beruflichen Alltag gleichwohl niemals zu vermeiden. Wer jedoch die dargestellten Risikobereiche kennt und somit entsprechend für etwaige Risiken sensibilisiert ist, kann durch bedachtes Agieren das Auslösen des Schleudersitzes oft vermeiden.

Bei aller möglichen Prophylaxe ist jedoch – ähnlich wie in der Medizin – gleichwohl nicht zu vermeiden, dass es zum Ausspruch von Kündigungen kommt oder im Vorfeld derartiger Kündigungen aufgrund vermeintlichen oder tatsächlichen Fehlverhaltens Trennungsabsichten kommuniziert werden.

Spätestens zu diesem Zeitpunkt ist es zwingend erforderlich, professionellen Rechtsrat einzuholen, um dann im weiteren Verlauf keinerlei unnötigen Fehler zu begehen, die sowohl die Verhandlungssituation als auch das Ergebnis sowie die potenziellen Reaktionsmöglichkeiten verschlechtern.

Im Falle des Ausspruchs einer Kündigung oder ggf. im Falle der vorherigen schriftlichen Anhörung zu einer beabsichtigten Kündigung sollte der betroffene Chefarzt diese Schriftstücke allenfalls in Empfang nehmen und ggf. den Empfang mit Datum quittieren. Hiervon muss er sich jedoch dann auch eine Kopie aushändigen lassen.

Bei etwaigen Gesprächen, in die der Chefarzt häufig unvorbereitet gebeten wird (durchaus gewollt), sollte dieser keinerlei Einlassungen zur Sache tätigen, auch wenn er situativ das Gefühl hat, durch eine entsprechende sofortige Stellungnahme die Angelegenheit bereinigen zu können. Sofern man durch Klarstellungen tatsächlich eine Bereinigung herbeiführen kann, ist dies auch ein oder zwei Tage später nach entsprechender Vorbereitung und Einholung qualifizierten Rechtsrates noch genauso möglich. Wenn dies dann nicht mehr möglich sein soll, wird eine wie auch immer geartete sofortige Stellungnahme sicherlich erst recht niemals eine Klärung herbeiführen, sondern vielmehr eher zusätzliche Risiken mit sich bringen. Unter Umständen rechtfertigt sich der Chefarzt in einem solchen unvorbereiteten Gespräch für Dinge, die ihm bisher noch gar nicht in dieser Form vorgeworfen wurden und/oder in dieser Form dem Arbeitgeber überhaupt noch nicht bekannt waren.

Sollte es ggf. zu einer sofortigen Freistellung kommen, sollte sich der Betroffene diese schriftlich geben lassen und – so dies nicht erfolgt – dann im Nachgang die mündlich erklärte Freistellung schriftlich mit Empfangsbestätigung gegenüber dem Arbeitgeber bestätigen.

Alle dann notwendigen weiteren Schritte können nur unter Berücksichtigung der individuellen Situation und Beachtung der häufig divergierenden Intentionen der Betroffenen, sowohl auf Arbeitgeber- als auch Arbeitnehmerseite, sachgerecht vorbereitet und durchgeführt werden.

Dies sollte dann zumindest dazu führen, dass der unangenehme Schleudersitz Chefarzt im Ergebnis zu einem Rettungsmittel wird, welches eine weiche Landung auch bei Verlust der bisherigen Position ermöglicht.

Inwieweit dann im Rahmen von Beendigungsvereinbarungen tatsächlich die Landung als weich empfunden wird, ist naturgemäß immer auch subjektiv determiniert – unabhängig von den konkreten individuellen Einzelumständen.

Hierbei spielen dann typischerweise neben der möglichen Sicherung einer zumindest zeitlichen überschaubaren Weiterbeschäftigung, um ggf. berufliche Alternativen zu erreichen, auch ganz erheblich wirtschaftliche Fragen eine Rolle. Es muss jedoch davor gewarnt werden, die Beantwortung nach der Frage einer »weichen Landung« ausschließlich von einer Summe »X« abhängig zu machen. Zeitpunkt des Ausscheidens, Tätigkeiten und Möglichkeiten bis zum Ausscheiden, Möglichkeiten eines vorzeitigen Ausscheidens bei beruflichen Alternativen, Zeugnis- und Zwischenzeugnisregelungen sowie abgestimmte interne und externe Erklärungen zum Ausscheiden, Fortsetzung, Abgabe oder Mitnahme von Ambulanztätigkeiten, Regelungen zur Altersversorgung und die oft im beiderseitigen Interesse liegende Vermeidung unnötiger öffentlicher Auseinandersetzung sowie ggf. daraus resultierender rechtlicher Weiterungen sind in Abhängigkeit vom konkreten individuellen Einzelfall für die weitere berufliche und private Zukunft des betroffenen Chefarztes ebenso bedeutsam. Nur dann kann im Falle der Betätigung der Schleudersitzes hoffentlich von einer weichen Landung gesprochen werden.

Abkürzungen

AZR – Aktenzeichen Zivilrecht
BAG – Bundesarbeitsgericht
BGB – Bürgerliches Gesetzbuch
KSchG – Kündigungsschutzgesetz
LAG – Landesarbeitsgericht
NZA – Neue Zeitschrift für Arbeitsrecht

Gut abgesichert?
Der Versicherungsfallschirm

Ingrid Wegner, Jörg Haverkamp, Markus Schon

25.1	Einleitung	– 389
25.2	Die Haftpflichtversicherung	– 389
25.2.1	Die Haftung des Arztes	– 390
25.2.2	Praktische Ausgestaltung des Versicherungsschutzes	– 390
25.2.3	Versicherungswechsel	– 392
25.2.4	Berücksichtigung von Besonderheiten im Haftpflichtvertrag	– 393
25.2.5	Ärztliche Nebentätigkeiten	– 395
25.2.6	Eintritt eines Schadenfalls	– 395
25.3	Rechtsschutzversicherung	– 395
25.3.1	Kostenrisiko	– 396
25.3.2	Geltungsbereich	– 397
25.3.3	Versicherungsumfang	– 397
25.3.4	Nebenberufliche Tätigkeit	– 398
25.3.5	Leistungsausschlüsse	– 398
25.4	Regressversicherung	– 399
25.4.1	Leistungen der Regressversicherung	– 399
25.4.2	Versicherungsumfang	– 399
25.4.3	Leistungsausschlüsse	– 400
25.5	Absicherung der eigenen Arbeitskraft	– 400
25.5.1	Die erste Säule der Altersvorsorge	– 400
25.5.2	Die zweite und dritte Säule der Altersvorsorge	– 400
25.5.3	Berufsunfähigkeitsversicherung	– 400
25.5.4	Absicherung für den Todesfall	– 401
25.5.5	Dread-Disease-Absicherung	– 401

U. Deichert et al. (Hrsg.), *Traumjob oder Albtraum – Chefarzt m/w*,
DOI 10.1007/978-3-662-49779-1_25, © Springer-Verlag Berlin Heidelberg 2016

25.5.6	Unfallversicherung	– 402
25.5.7	Pflegevorsorge	– 402
25.5.8	Private Krankenversicherung	– 402
25.5.9	Krankentagegeld	– 402

25.6 Absicherung sonstiger Sachrisiken bei freiberuflicher Nebentätigkeit (eigene Praxisräume) – 403

25.6.1	Inventarversicherung	– 403
25.6.2	Elektronikversicherung	– 403
25.6.3	Betriebsunterbrechungsversicherung	– 403
25.6.4	Praxisausfallversicherung	– 404

25.7 Fazit und Empfehlung – 404

Literatur – 404

25.8 Abkürzungen – 404

25.1 Einleitung

»Durch das Menschliche entstehen Fehler.« Diese Erkenntnis hat der römische Autor und Rhetoriker Seneca der Ältere bereits vor 2000 Jahren formuliert. In der ärztlichen Tätigkeit treffen menschliche Fehlbarkeit und der Umgang mit dem höchsten Gut, dem menschlichen Leben und seiner Gesundheit, aufeinander. Entsteht aufgrund einer ärztlichen Tätigkeit ein Schaden, kann daraus eine Haftung des Arztes für den Schaden resultieren.

Die Inanspruchnahme von Arzt oder Krankenhausträger für Versäumnisse in der Aufklärung und Fehler bei der Behandlung von Patienten gewinnt zunehmend an Bedeutung. Die Gründe hierfür sind unterschiedlicher Natur. Dabei spielt die wachsende Bereitschaft des Patienten, auftretende Komplikationen nicht mehr als schicksalsbedingt hinzunehmen, sondern auch gerichtlich überprüfen zu lassen, eine wesentliche Rolle. Hierbei werden zunehmend spektakuläre Fälle medienwirksam aufbereitet und damit zum Teil das in Jahrzehnten auf Vertrauen aufgebaute Arzt-Patienten-Verhältnis mit einer Konfliktträchtigkeit belegt (▶ Kap. 31).

Mittlerweile ist über die letzten Jahre eine dramatische Verteuerung bei Aufwendungen zu Personenschäden zu verzeichnen. Diese Entwicklung wird insbesondere geprägt durch die Kostentreiber stetig steigender Pflegekosten, die Heilbehandlungskosten und den Ausgleich von erlittenen Erwerbsschäden, die steigende Lebenserwartung der Geschädigten infolge des medizinischen Fortschritts, den Trend in der Rechtsprechung zur professionellen Rund-um-Pflege Schwerstgeschädigter in häuslicher Pflege durch professionelle Kräfte, die systematischen Regresse der Sozialversicherungsträger und zunehmend aktiver – in der Arzthaftung spezialisierter – Anwälte. Auch über das neu formulierte Patientenrechtegesetz sind verstärkte Auswirkungen auf das Anspruchsverhalten von Patienten zu erwarten.[1]

Hier lauern somit für den Arzt *existenzielle Risiken*, so dass zur Sicherung der beruflichen und privaten Zukunft die Installation eines adäquaten Haftpflichtversicherungsschutzes dringend erforderlich ist.

Auch weitere Bereiche der Absicherung sollte der Chefarzt bedenken, um seine persönlichen Risiken zu minimieren. Die Versicherungsbranche bietet eine Vielzahl von Produkten, auf die der Arzt nach seinen individuellen Bedürfnissen sinnvollerweise zurückgreifen kann, wie beispielsweise die Rechtsschutzversicherung, die Regressversicherung oder Produkte zur Absicherung der eigenen Arbeitskraft.

25.2 Die Haftpflichtversicherung

Eine unverzichtbare Notwendigkeit! Der Chefarzt sieht sich im Rahmen seiner beruflichen Tätigkeit elementaren *Haftungsrisiken* ausgesetzt. Dabei gibt es in der Praxis die unterschiedlichsten Konstellationen, die ihre jeweiligen Haftungsverteilungen vorsehen. Insofern muss stets anhand der konkreten Situation beurteilt werden, inwieweit der Chefarzt bei einem Schadensersatz- und Schmerzensgeldanspruch eines Patienten einer persönlichen Haftung unterworfen ist. Unverzichtbar ist, gerade auch vor dem Hintergrund der stetig steigenden Kosten und Schadenaufwendungen im Heilwesensegment, die Einrichtung eines passenden Haftpflichtversicherungsschutzes für die betroffenen Tätigkeitsbereiche des Arztes.

Der Gegenstand der *Haftpflichtversicherung* formuliert sich über §1 Nr. 1 der Allgemeinen Haftpflichtbedingungen (AHB) wie folgt:

> Der Versicherer gewährt dem Versicherungsnehmer Versicherungsschutz für den Fall, dass er wegen eines während der Wirksamkeit der Versicherung eingetretenen Schadenereignisses, das den Tod, die Verletzung oder Gesundheitsbeschädigung von Menschen (Personenschaden) oder die Beschädigung oder Vernichtung von Sachen (Sachschaden) zur Folge hatte, für diese Folgen aufgrund gesetzlicher Haftpflichtbestimmungen privatrechtlichen Inhalts von einem Dritten auf Schadensersatz in Anspruch genommen wird.

Die gesetzlichen Haftpflichtbestimmungen privatrechtlichen Inhalts ergeben sich aus dem Bürgerlichen Gesetzbuch (BGB).

Nachdem die Kodifizierung der gängigen Rechtsprechung über die Einführung des Patientenrechte-

---
[1] vgl. Hellberg u. Lonsing (2010)

gesetztes per 26.02.2013 erfolgte, können über die §§ 630 a bis h BGB nun spezielle Regelungen zur ärztlichen Behandlung herangezogen werden.

Daneben sind außerhalb des Vertragsrechts auch die Regelungen des *Deliktsrechts* (§ 823 Abs. 1 BGB) im Rahmen der zivilrechtlichen Arzthaftung zu berücksichtigen (▶ auch Kap. 6.4.3, S. 52 und Kap. 22.4).

25.2.1 Die Haftung des Arztes

Die *Arzthaftung* basiert auf den in der nachfolgenden Übersicht dargestellten Grundlagen (◘ Tab. 25.1).

In der praktischen Arbeit des Chefarztes können sich verschiedene Konstellationen ergeben, in der unterschiedliche Haftungszuordnungen vorzunehmen sind. Enorm wichtig für den Arzt ist es, dass dann bestenfalls alle Tätigkeitsbereiche mit entsprechendem Haftpflichtversicherungsschutz versehen sind. Insofern ist im Detail die Risikolage zu prüfen, um mögliche Deckungslücken zu vermeiden.

Für den Chefarzt sind üblicherweise die folgenden Behandlungskonstellationen relevant (◘ Tab. 25.2).

25.2.2 Praktische Ausgestaltung des Versicherungsschutzes

Es zeigt sich nach dem bisher Gesagten, dass die Abgrenzung der Haftungsverantwortlichkeiten mitunter komplex ist. Zur Überprüfung eines hinreichenden *Versicherungsschutzes* ist daher angeraten, Fachleute in das Thema einzubeziehen, die unter Berücksichtigung der individuell mit dem Krankenhausträger bestehenden vertraglichen Vereinbarungen, des Chefarztdienstvertrags, der Nebentätigkeitserlaubnis usw. den versicherungstechnischen Bedarf analysieren und entsprechend benötigte Haftpflichtdeckungen bei einem Risikoträger installieren können.

Die Versicherungswirtschaft sieht für den Chefarzt eine Reihe *versicherbarer Varianten* vor:
- dienstliche und gelegentlich außerdienstliche ambulante Tätigkeit (einschließlich ambulanter Praxisvertretungen),
- dienstliche und freiberufliche ambulante konservative Tätigkeit,
- dienstliche und freiberufliche ambulante operative Tätigkeit,
- dienstliche und freiberufliche ambulante und stationäre Tätigkeit,

◘ **Tab. 25.1** Grundlagen der Arzthaftung

Schadensersatzanspruch des Patienten	
Vertragliche Inanspruchnahme Behandlungsvertrag	**Deliktische Inanspruchnahme** Unerlaubte Handlung
Leistungspflicht des Arztes: Lege artis ausgeführte ärztliche Tätigkeit; Behandlung nach den zum Zeitpunkt der Behandlung bestehenden, allgemein anerkannten fachlichen Standards	
Grundlage: Behandlungsfehler (z.B. in den Bereichen Diagnose, Therapie, Organisationsfehler, Übernahmeverschulden, Aufklärungsfehler) = Verstoß gegen die anerkannten Regeln der Heilkunde aufgrund Außerachtlassung derjenigen Sorgfalt, die von einem ordentlichen, pflichtgetreuen Arzt der in Rede stehenden Fachrichtung in der konkreten Situation erwartet werden kann	Grundlage: Eingriff in die körperliche Unversehrtheit ist eine Körperverletzung Eingriff (Körperverletzung) ist nur bei rechtswirksamer Einwilligung des Patienten zulässig
Umfang des Schadensersatzes: Materieller Schaden (Behandlungskosten, Verdienstausfall, vermehrte Bedürfnisse usw.) Immaterieller Schaden (Schmerzensgeld)	
Anspruch gegen den Vertragspartner	Anspruch gegen den behandelnden Arzt persönlich
Vertragliche und deliktische Ansprüche sind mit gleichlautenden Rechtsfolgen nebeneinander anwendbar	

25.2 · Die Haftpflichtversicherung

Tab. 25.2 Behandlungskonstellationen

Verantwortlichkeiten bei Inanspruchnahme des Chefarztes wegen Behandlungsfehler

Aktivität	Status	Vertragspartner/ Haftung
Stationäre Behandlung gesetzlich versicherter Patienten	Totaler Krankenhausaufnahmevertrag	Vertragliche Haftung: Krankenhausträger (*) Deliktische Haftung: Chefarzt nur bei persönlichem Verschulden eigener Behandlungstätigkeit (*)
Stationäre Behandlung von Privatpatienten	Totaler Krankenhausaufnahmevertrag mit Arztzusatzvertrag (Wahlleistungen)	Vertragliche Haftung: Krankenhausträger für alle Krankenhausleistungen einschl. ärztlicher Behandlung und Chefarzt für ärztliche Behandlung einschl. Behandlungspflege (gesamtschuldnerische Haftung (*)) Deliktische Haftung: Chefarzt bei persönlichem Verschulden eigener Behandlungstätigkeit (*)
Stationäre belegärztliche Behandlung	Gespaltener Krankenhausaufnahmevertrag	Vertragliche Haftung für Krankenhausleistungen: i.d.R. Krankenhausträger Vertragliche und deliktische Haftung für ärztliche Leistung: Belegarzt (**)
Ambulante Behandlung durch den Chefarzt	Ermächtigungsambulanz	Vertragliche Haftung: der Chefarzt (**) Deliktische Haftung: der Chefarzt bei eigenem Verschulden (**)
	Institutsambulanz	Vertragliche Haftung: Krankenhausträger (*) Deliktische Haftung: Chefarzt nur bei persönlichem Verschulden eigener Behandlungstätigkeit (*)
	Privatambulanz	Vertragliche Haftung im Rahmen der Nebentätigkeitserlaubnis: der Chefarzt (**) Deliktische Haftung: der Chefarzt bei eigenem Verschulden (**)

(*) Versicherungsschutz bietet hier in der Regel der Haftpflichtversicherungsvertrag des Krankenhausträgers, der auch die Mitversicherung der persönlichen gesetzlichen Haftpflicht für Schäden in Ausübung der dienstlichen Verrichtung umfasst.
Hinweis: Der Chefarzt sollte sich vom Krankenhausträger vor Aufnahme der Tätigkeit den bestehenden Versicherungsschutz schriftlich bestätigen lassen, soweit der Versicherungsschutz nicht bereits ausdrücklich über den Chefarztdienstvertrag belegt ist.
(**) Der Chefarzt bzw. Belegarzt sollte vor Aufnahme der Tätigkeit einen adäquaten Versicherungsschutz sichergestellt haben.

- freiberufliche ambulante konservative Tätigkeit,
- freiberufliche ambulante operative Tätigkeit,
- freiberufliche ambulante und stationäre Tätigkeit,
- nur gelegentliche außerdienstliche ambulante Tätigkeit (ohne Praxisvertretungen).

Die Absicherung der dienstlichen Tätigkeit des Chefarztes soll im Weiteren nicht näher betrachtet werden. Von dem ausgehenden Regelfall, dass dieses Risiko häufig über den Haftpflichtversicherer des Krankenhausträgers abgesichert ist, werden im Folgenden die besonderen Aspekte hinsichtlich der *freiberuflichen außerdienstlichen Nebentätigkeit* erörtert.

Teilweise enthalten die Haftpflichtverträge des Krankenhausträgers nicht nur die Versicherung der dienstlichen Tätigkeit des Arztes, sondern auch die Deckung für die gesetzliche Haftpflicht aus der erlaubten ambulanten Nebentätigkeit der hierzu ermächtigten Chef- und Oberärzte. In jedem Fall ist aber der Bedarf einer eigenen Haftpflichtversicherung zu prüfen.

Hierbei ist vor allem darauf zu achten, dass die eigene ärztliche Tätigkeit umfassend und richtig definiert und vertraglich dokumentiert wird. Eine turnusgemäße Überprüfung und Analyse des ärztlichen Tätigkeitsfeldes ist unerlässlich. Dies gilt auch im Hinblick auf ggf. zwischenzeitlich aufgelaufene, gesetzliche Neuregelungen. Neue versicherungsrelevante Fragen sollten immer frühzeitig aufgegriffen werden.

Welche Versicherungssumme ist notwendig? Bevor diese Frage entschieden wird, sollte sich der Arzt unbedingt darüber im Klaren sein, dass er im Schadensfall mit dem Privatvermögen haftet, sollte der Schadenersatz die Versicherungssumme übersteigen. Die Schadenersatzverpflichtungen aus ärztlichen Haftungsfällen steigen seit Jahren kontinuierlich an. Belegt wird dies durch aktuelle Studien, u.a. des Gesamtverbandes der Deutschen Versicherungswirtschaft (GDV). Dies liegt daran, dass von den Gerichten höhere Schmerzensgeldbeträge ausgeurteilt werden und der Verdienstausfall höher bewertet wird. Vor allem aber an deutlich gestiegenen Kosten für Behandlung und Pflege betroffener Patienten.

Empfehlung Aufgrund der nach wie vor steigenden Schadensaufwendungen im Bereich der Berufshaftpflichtversicherung sollte aktuell (2015) eine Versicherungssumme im Bereich der Personen- und Sachschäden von mindestens 5 Mio. Euro (2-fach maximiert im Versicherungsjahr) nicht unterschritten werden. Grundsätzlich muss jeder Versicherungsnehmer seine persönliche Risikosituation selbst einschätzen. Je höher jedoch die abgeschlossene Deckungssumme ist, desto geringer ist die Gefahr, im Schadenfall mit seinem Privatvermögen für mögliche Ersatzansprüche einstehen zu müssen. Hohe Versicherungssummen sollten vor allem in den Hochrisikobereichen wie z.B. Gynäkologie und Geburtshilfe, Orthopädie, Chirurgie und Unfallchirurgie oder Anästhesie abgeschlossen werden (genaue Zahlen hierzu in Kap. 6.4.3, S. 52). Zu berücksichtigen ist dabei, dass die Regulierung eines Personenschadens oftmals eine längere Zeitspanne umfasst und deshalb die Versicherungssummen auch den zukünftigen Kostenentwicklungen bzw. -änderungen hinreichend Rechnung tragen müssen. Dieser Umstand führt derzeit dazu, dass vermehrt Verträge mit höheren Versicherungssummen, z.B. 7,5 Mio. Euro oder 10 Mio. Euro, mit Tendenz nach oben, abgeschlossen werden.

Maximierung In aller Regel gilt bei den Versicherungssummen eine 2-fach-Maximierung. Wenn z.B. eine Versicherungssumme von 5 Mio. Euro als vereinbart gilt, kann diese Summe maximal zweimal pro Jahr in voller Höhe ausgeschöpft werden. Die Schadensfälle eines Versicherungsjahres dürfen zusammen addiert 10 Mio. Euro nicht übersteigen.

Laufzeit und Kündigung Die meisten Arzthaftpflichtverträge haben eine einjährige Vertragslaufzeit vereinbart. Eine Kündigungsmöglichkeit ergibt sich unter Beachtung der dreimonatigen Kündigungsfrist zur Hauptfälligkeit eines Vertrages. Der Vertragsablauf ist im Versicherungsschein definiert. In der Regel verlängert sich der Vertrag automatisch um ein weiteres Jahr, soweit nicht vorher der Vertrag im Rahmen der geltenden Kündigungsfristen gekündigt wird. Einzelne Konzepte sehen auch eine längere Vertragslaufzeit vor.

Bei jeder Erhöhung der Versicherungsprämie durch die Versicherung steht dem Versicherungsnehmer ein außerordentliches Kündigungsrecht zu. Wenn sich nicht gleichzeitig der Versicherungsumfang ändert, kann der Versicherungsnehmer den Vertrag innerhalb eines Monats nach Zugang der Beitragsrechnung zum Zeitpunkt des Wirksamwerdens der Erhöhung kündigen. Eine Kündigung muss immer schriftlich erfolgen.

Eine weitere außerordentliche Kündigungsmöglichkeit besteht zudem nach einem Leistungsfall. Auch hier gilt es, genaue Fristen zu beachten.

25.2.3 Versicherungswechsel

Folgende Punkte sollten zwingend beachtet werden:
- Der Wechsel muss in einem nahtlosen zeitlichen Übergang erfolgen, d.h. zwischen dem Ablauf des bisherigen und dem Beginn des neuen Vertrages sollte keine zeitliche Lücke vorhanden sein. Ansonsten entsteht eine sog. Deckungslücke. Der Arzt als Versicherungsnehmer haftet bei einem in dieser Zeit eintretenden Schaden persönlich, und zwar mit dem Privatvermögen.
- Ist der nahtlose zeitliche Übergang erfüllt, sind Deckungslücken vor diesem Hintergrund zunächst ausgeschlossen. Tritt ein Schaden ein,

gilt zur Ermittlung des Schadenzeitpunktes im Bereich der Heilwesenhaftpflichtversicherung die sog. Schadenereignistheorie. Macht etwa ein Patient nach einem Versicherungswechsel einen Ersatzanspruch aus einer Behandlung geltend, die noch zum Zeitpunkt des Bestehens des Vorvertrages durchgeführt wurde, muss sich auch noch der Vorversicherer mit diesem Fall befassen. Für zukünftig geltend gemachte Fälle ist der neue Versicherer zuständig. Entscheidend ist jeweils, welcher Versicherer zum Zeitpunkt der schadenverursachenden Behandlung Risikoträger des Versicherungsvertrages war. Danach ist sichergestellt, dass sich der Vorversicherer auch nach einem Versicherungswechsel noch mit solchen Schadenfällen befassen muss, die zeitlich in seinen Bereich fallen.

- Es muss darauf geachtet werden, dass dem neuen Versicherer ein eventuell vorliegender Schadensverlauf bekannt ist. Im Angebotsverfahren wird häufig standardmäßig die Tarifprämie angeboten und eine Vorschadenfreiheit vorausgesetzt. Verträge mit Vorschäden bedürfen jedoch einer individuellen Betrachtung. Das Bestehen von Vorschäden kann zu höheren Prämien, der Einarbeitung von Selbstbehalten oder der Ablehnung der Risikozeichnung durch einen neuen Versicherer führen. Werden dem neuen Versicherer bewusst Vorschäden verschwiegen, kann dies zur nachträglichen Kündigung des Vertrages bis hin zur Versagung des Versicherungsschutzes im Schadensfall führen.
- Grundsatz: »Keine Kündigung vor einer verbindlichen Zusage des neuen Versicherers.«

25.2.4 Berücksichtigung von Besonderheiten im Haftpflichtvertrag

Über die grundsätzlich zugrundeliegenden allgemeinen Versicherungsbedingungen sind die standardisierten generellen Vertragsregelungen für alle Risikogruppen (d.h. Facharztgebiete) erfasst. Die Deckungsqualität des Vertrages ergibt sich jedoch aus den *besonderen Vertragsbedingungen* für spezielle ärztliche Risikogruppen. Die Konzepte sind sorgfältig zu analysieren, damit die Regelungen für spezielle Behandlungsmethoden oder Besonderheiten wie z.B. den Off-Label-Use, erweiterter Strafrechtsschutz und kosmetische Eingriffe, nicht außen vor bleiben.

Off-Label-Use

Bezüglich der Zulässigkeit von bestimmten Anwendungen von Arzneimitteln im *Off-Label-Use* gibt es oft – auch in den entsprechenden medizinischen Kreisen – unterschiedliche bis widersprüchliche Auffassungen. Auch die vom Gemeinsamen Bundesausschuss eingesetzte Arbeitsgruppe Off-Label-Use gibt nicht für jeden Fall eine entsprechende Rechtssicherheit.

Namhafte deutsche Versicherer haben, um den Versicherungsnehmern Rechtssicherheit über die Mitversicherung derartiger Behandlungen zu geben, in ihren Bedingungswerken für die Arzthaftpflichtversicherung entsprechende Klauseltexte aufgenommen.

Mit dieser Regelung wird in den Bedingungen erstmals eine Klarstellung geschaffen, die die Verantwortung für den Off-Label-Use eines Arzneimittels in der Entscheidungshoheit des Arztes belässt und die ohnehin erforderliche Aufklärung des Patienten durch den Arzt beschreibt. Damit wird der Versicherungsschutz für den Arzt auch in den Fällen sichergestellt, wenn ein Pharmaunternehmen Einschränkungen in der Verwendung des zugelassen Arzneimittels getroffen hat.

Einigkeit besteht in allen Fachkreisen darüber, dass der *Aufklärung der Patienten* im Falle eines Off-Label-Use und/oder Compassionate-Use von Arzneimitteln eine besondere Bedeutung zukommt (◘ Tab. 25.3).

> **Beispiel eines Klauseltextes für die Anwendung von Arzneimitteln im Off-Label-Use und im Compassionate-Use**
> Im Rahmen einer in der Heilkunde anerkannten mitversicherten Behandlungen gilt für die Anwendung von Arzneimitteln im Off-Label-Use und Compassionate-Use:
> Der Versicherungsnehmer (*) ist verpflichtet, den Patienten über die vorstehenden An-

Tab. 25.3 Begriffsbestimmung Off-Label-Use und Compassionate-Use

Off-Label-Use:	Compassionate-Use
Anwendung von Arzneimitteln außerhalb des in der Zulassung von den zuständigen nationalen oder europäischen Behörden genehmigten Gebrauchs	Anwendung von nicht zugelassenen Arzneimitteln, die kostenlos für eine Anwendung bei Patienten zur Verfügung gestellt werden, die an einer zu einer schweren Behinderung führenden Erkrankung leiden oder deren Krankheit lebensbedrohend ist und die mit einem zugelassenen Arzneimittel nichtzufriedenstellend behandelt werden können. Nicht unter die vorgenannten Anwendungen fällt die Durchführung von versicherungspflichtigen klinischen Prüfungen gemäß § 4 Abs. 23 AMG i. V. m. § 40ff. AMG

wendungen ordnungsgemäß aufzuklären und dies zu dokumentieren, insbesondere über:
- die fehlende arzneimittelrechtliche Zulassung für das betreffende Anwendungsgebiet,
- möglicherweise verfügbare Arzneimittel mit einer Zulassung für das betreffende Anwendungsgebiet,
- wesentliche Unterschiede in Bezug auf Chancen und Risiken der vorstehenden Anwendungen im Vergleich zu Behandlungsalternativen, und
- Kontraindikationen, bekannte (auch seltene) Risiken und die Tatsache, dass noch nicht bekannte Risiken der Anwendung bestehen können.

Auf die Rechtsfolgen gem. Ziff. 26 AHB bei der Verletzung einer dieser Obliegenheiten wird verwiesen.
(*) Anmerkung: hier also der Chefarzt etc.
Hinweis: Zu Off-Label-Use ▶ auch Kap. 6.4.3, S. 54 und Kap. 22.4.6

Kosmetische Behandlungen

Zumeist sind *kosmetische Eingriffe* nur dann mitversichert, sofern sie medizinisch indiziert sind. In der Regel werden für rein kosmetische Eingriffe dem Risiko entsprechende Zuschlagsprämien vereinbart.

Für rein kosmetisch indizierte Behandlungen und Eingriffe, die aus ästhetischen Gründen zur Beseitigung von Schönheitsfehlern vorgenommen werden und nicht der Verbesserung von körperlichen Funktionen dienen, besteht meist nur Versicherungsschutz unter der Voraussetzung, dass eine ordnungsgemäße Aufklärung gewährleistet wird und die Dokumentierung mit Hilfe von anerkannten Aufklärungsbögen erfolgt.

> Risikoträchtige Behandlungen werden meist unterschiedlich eingestuft und können bei verschiedenen Versicherungen auch komplett vom Versicherungsschutz ausgeschlossen sein, z.B. plastische Operationen wie Brustkorrekturen, Liposuktionsbehandlungen (Fettabsaugung), Bauchdeckenplastik, Gesäß- und Reithosenplastik, operative Face-Liftings.
> Bei derartigen Behandlungen muss separat geprüft werden, ob und in welcher Form ein adäquater Versicherungsschutz erlangt werden kann.
> Achtung: In der Regel ist eine Absicherung einzelner Behandlungsrisiken (sog. Ausschnittsdeckung) allerdings nicht möglich.

Erweiterter Strafrechtsschutz

Eine weitere wichtige Komponente, die im Versicherungskonzept enthalten sein sollte, ist die Mitversicherung des *erweiterten Strafrechtsschutzes*. Denn es ist denkbar, dass neben der Durchsetzung eines zivilrechtlichen Ersatzanspruches im Vorfeld auch ein Strafverfahren gegen den Arzt durchgeführt wird. Dieser Umstand und die Einrichtung einer adäquaten Verteidigung sind mit entsprechenden Kosten verbunden. Bei Mitversicherung des erweiterten Strafrechtsschutzes werden in einem Strafverfahren wegen eines Ereignisses, das einen unter den Versicherungsschutz fallenden Haftpflichtanspruch zur Folge haben kann, die

Gerichtskosten sowie die gebührenordnungsmäßigen Kosten der Verteidigung übernommen.

25.2.5 Ärztliche Nebentätigkeiten

Für den Arzt sind *weitergehende Nebentätigkeiten* denkbar, welche abgeklärt und ggf. gesondert im Haftpflichtvertrag der Klinik aufgeführt oder über einen eigenen Versicherungsvertrag des Chefarztes abgesichert werden müssen:
- gelegentlich außerdienstlich z.B. Erste-Hilfe-Leistungen bei Unglücksfällen,
- Behandlungen in Notfällen, Freundschaftsdienste im Bekannten-/Verwandtenkreis,
- gelegentliche Betreuung von Koronarsportgruppen,
- gelegentliche Blutentnahmen,
- gelegentliche Psychotherapien,
- gelegentliche Impfungen inkl. medizinischer Reiseberatungen,
- gelegentliche Behandlung mit Akupunktur oder traditionell chinesischer Medizin (TCM),
- gelegentliche medizinische Gutachtertätigkeit,
- gelegentliche kassenärztliche Bereitschafts-, Not- und Sonntagsdienste,
- gelegentliche Notarztdienste – keine Dienste in der Notfallambulanz in Krankenhäusern,
- gelegentliche Begleitung von Intensivpatienten innerhalb Deutschlands,
- gelegentliche Einsätze bei Sport-, Musik- und Kulturveranstaltungen,
- gelegentliche Schiffsarzttätigkeit (nur konservative Behandlungen),
- gelegentliche Rückholdienste aus dem In- und Ausland.

25.2.6 Eintritt eines Schadenfalls

Beim Vorwurf eines Behandlungsfehlers kann auf den entsprechenden Versicherungsvertrag zugegriffen werden; der Versicherer befasst sich in dem Fall umgehend mit der Abwicklung bzw. der Schadenabwehr. Doch in der Praxis stellt sich oft die Frage, wann die Anzeigepflicht des Arztes beginnt.

Nach § 104 des Versicherungsvertragsgesetzes (VVG) gilt für die Haftpflichtversicherung eine *Anzeigepflicht* des Versicherungsnehmers innerhalb einer Woche für Tatsachen, die seine Verantwortlichkeit gegenüber Dritten zur Folge haben können. Auch wenn beispielweise Ersatzansprüche erhoben oder Anträge auf Schlichtungsverfahren gestellt werden zu Ereignissen, in denen ein Behandlungsfehler von vornherein als völlig abwegig erscheinen, so sind diese Umstände dem Versicherer zu melden. Andernfalls besteht die Gefahr, den Versicherungsschutz wegen einer Obliegenheitsverletzung zu verlieren. Die Haftpflichtversicherung kann sich nämlich auf *Leistungsfreiheit* berufen, wenn wegen der verspäteten Meldung des Schadens keine Möglichkeit gegeben ist, den Versicherungsfall festzustellen oder den Schaden durch eigene Verhandlungen mit dem Geschädigten zu mindern.[2]

Hinsichtlich der Kommunikation im Schadenfall sind verschiedene Kriterien einzuhalten; auch ein reibungsloses Zusammenwirken zwischen Chefarzt und seinen Interessenvertretern ist von größter Wichtigkeit. Das nachfolgende Schaubild zum Verhalten im Schadenfall zeichnet die einzelnen Kommunikationswege und Zuständigkeiten der jeweiligen Parteien auf (Abb. 25.1).

25.3 Rechtsschutzversicherung

Die Anzahl der Gesetze und Verordnungen nimmt zu. Immer häufiger wird der Chefarzt sowohl beruflich als auch privat mit einer komplizierten nationalen und europäischen Rechtsordnung konfrontiert. Die Klagebereitschaft steigt, und rasch kann aus einer Alltäglichkeit ein kostspieliger und langwieriger Gerichtsprozess entstehen.

Während die Haftpflichtversicherung den Chefarzt von begründeten Ansprüchen Dritter freistellt oder unbegründete Ansprüche abwehrt (passiver Rechtsschutz), hilft die *Rechtsschutzversicherung*, aktiv die Interessen des Versicherten zu vertreten. Auf dem deutschen Versicherungsmarkt waren 47 Rechtsschutzversicherer im Jahr 2014 gelistet.[3] Die

---

2 vgl. Halstrick (2011)
3 lt. Gesamtverband der Deutschen Versicherungswirtschaft e.V. (GDV) (2015)

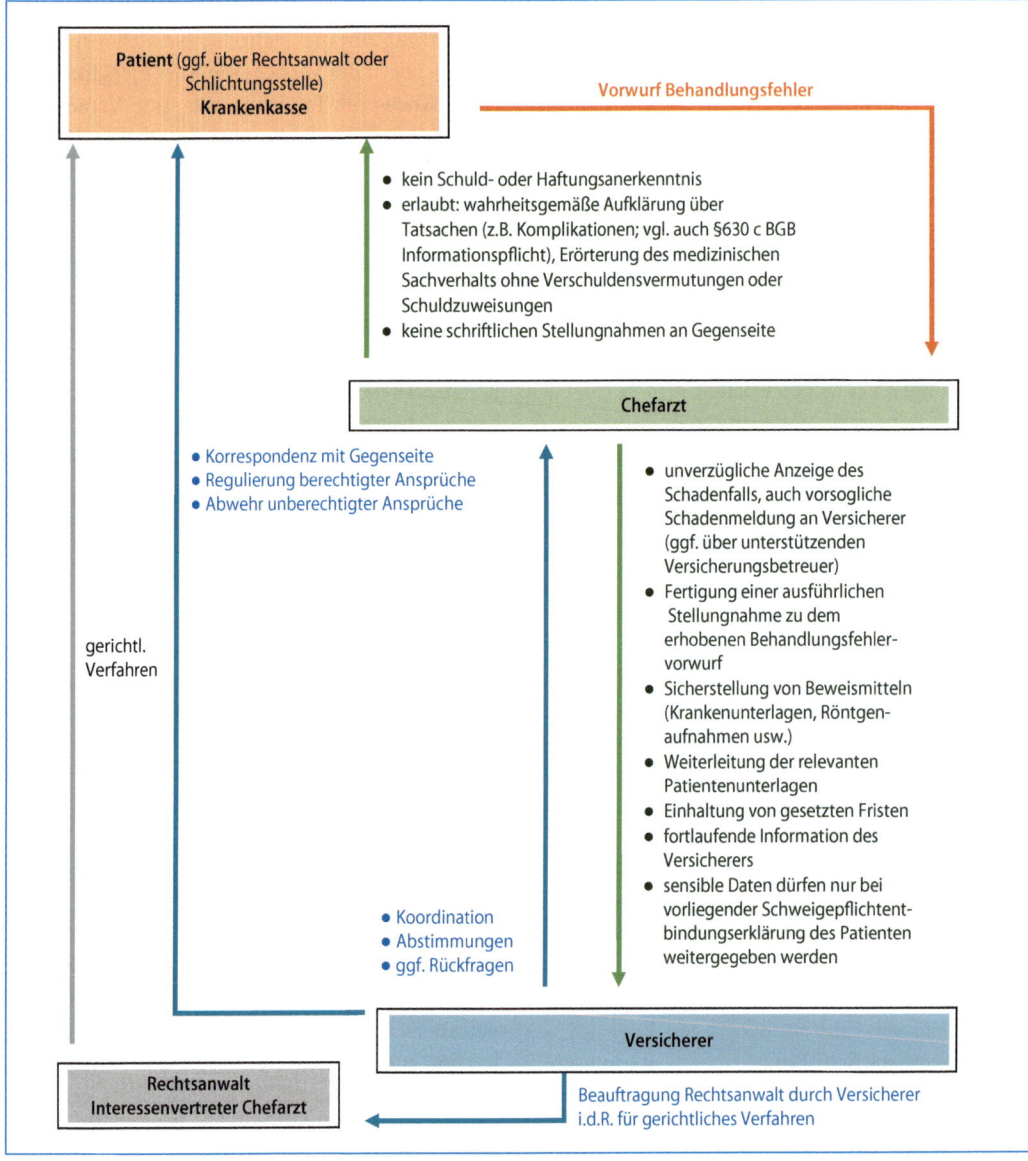

Abb. 25.1 Der Personenschaden: Verhalten im Schadenfall

Versicherungsprämien im Bereich der Rechtsschutzversicherung für den Chefarzt stellen sich zum Teil sehr unterschiedlich dar. Bei der Auswahl einer geeigneten Rechtsschutzversicherung gilt es, den geeigneten Tarif zu finden, gerade dann, wenn der Chefarzt z.B. eine freiberufliche Nebentätigkeit ausübt.

25.3.1 Kostenrisiko

Das *Kostenrisiko* eines Rechtsstreites wird von der Rechtsschutzversicherung abgedeckt. Sie sorgt dafür, dass der Versicherte nicht aus Kostengründen auf sein Recht verzichten muss.

Die Rechtsschutzversicherung übernimmt bis zu der im Vertrag vereinbarten *Deckungssumme*:

- die gesetzlichen Anwaltsgebühren des vom Versicherten frei wählbaren Rechtsanwaltes,
- die Gerichtskosten,
- die eventuellen Zeugengelder und Honorare für Sachverständige und
- die Kosten des Gegners, soweit der Versicherte diese übernehmen muss.

Der Chefarzt kann sich mit einer Rechtsschutzversicherung als Versicherungsnehmer im Rahmen seiner angestellten beruflichen Tätigkeit, im Privat- und im Verkehrsbereich sowie im Wohnungsrechtsschutz absichern.

Mitversichert sind in der Regel auch der Ehe-/Lebenspartner, die minderjährigen Kinder und die unverheirateten, volljährigen Kinder, bis diese erstmalig eine auf Dauer angelegte berufliche Tätigkeit ausüben und hierfür ein leistungsbezogenes Entgelt erhalten.

25.3.2 Geltungsbereich

Der *Versicherungsschutz* besteht in der Regel für die Wahrnehmung rechtlicher Interessen in Europa. Steuerrechtsschutz und Sozialgerichtsrechtsschutz werden nur vor deutschen Gerichten gewährt.

Weltweiter Versicherungsschutz besteht bei Auslandsaufenthalten oft bis zu sechs Monaten. Hierbei werden die Rechtskosten bis zu einer im jeweiligen Versicherungsvertrag genannten Versicherungssumme für Gericht und Anwalt übernommen.

25.3.3 Versicherungsumfang

Im Folgenden werden die wichtigsten Bestandteile eines umfangreichen Versicherungsschutzes für einen angestellten Arzt im Bereich der Rechtsschutzversicherung aufgeführt und beschrieben. Bei Vertragsabschluss sollte darauf geachtet werden, dass diese Anforderungen erfüllt sind.

Der *Arbeits-Rechtsschutz* dient der Wahrnehmung rechtlicher Interessen aus Arbeitsverhältnissen. Hierzu zählen z.B. Auseinandersetzungen wegen Kündigung, Zeugniserteilung, unrichtiger Entlohnung, Arbeitszeitfragen oder Urlaubsanspruch.

Der *Disziplinar- und Standes-Rechtsschutz* hilft bei der Verteidigung in disziplinar- und standesrechtlichen Verfahren.

Der *Straf-Rechtsschutz* unterstützt bei der Verteidigung gegen den Vorwurf, fahrlässig eine Straftat begangen zu haben wie beispielsweise bei einer fahrlässigen Körperverletzung.

Im privaten Bereich besteht beim Vorwurf folgender *Vorsatzstraftaten* rückwirkend Rechtsschutz, wenn das Ermittlungsverfahren eingestellt wird: Hausfriedensbruch, Beleidigung, Sachbeschädigung, Steuerhinterziehung.

Beim Abschluss einer Rechtsschutzversicherung sollte zudem darauf geachtet werden, dass auch der erweiterte Straf-Rechtsschutz im Rahmen des Berufsrechtsschutzes enthalten ist. Dieser schützt bei der Verteidigung gegen den Vorwurf, im beruflichen Bereich ein Vergehen vorsätzlich begangen zu haben, solange keine rechtskräftige Verurteilung wegen Vorsatz erfolgt.

Der Bestandteil Rechtsschutz für eine *nebenberufliche selbstständige Tätigkeit* gilt für eine gelegentliche Tätigkeit als Notarzt oder Gutachter, auch im Rahmen einer Praxisvertretung.

Für die Verteidigung gegen den Vorwurf einer Ordnungswidrigkeit wird der *Ordnungswidrigkeiten-Rechtsschutz* benötigt. Er hilft beispielsweise bei der Abdeckung der Kosten einer Rechtsstreitigkeit aus einer Geschwindigkeitsüberschreitung oder Missachtung einer roten Ampel.

Der *Schadenersatz-Rechtsschutz* dient der gerichtlichen und außergerichtlichen Geltendmachung eigener Schadenersatzansprüche wegen erlittener Personen-, Sach- oder Vermögensschäden (Beispiel: Der Versicherte wird mit seinem Fahrzeug in einen Unfall verwickelt oder als Fußgänger, Radfahrer oder Benutzer öffentlicher Verkehrsmittel verletzt).

Bei der Wahrnehmung rechtlicher Interessen vor deutschen Sozialgerichten hilft der sog. *Sozialgerichts-Rechtsschutz*. Er kann in Anspruch genommen werden u.a. im Streitfall bei der Anrechnung von Beitragsmonaten, Ersatz- und Ausfallzeiten in der Rentenversicherung, Anerkennung von Berufskrankheiten bzw. Arbeitsunfällen, Streitigkeiten wegen Erwerbs- bzw. Berufsunfähigkeit, Mutterschutz, Arbeitslosengeld.

Für steuer- und abgaberechtliche Auseinandersetzungen vor deutschen Finanz- und Verwaltungsgerichten wird der *Steuer-Rechtsschutz* vor Gerichten benötigt (Beispiel: Die Kfz-Steuer wurde falsch berechnet oder die Werbungskosten in der Einkommensteuererklärung wurden nicht anerkannt).

Der Bestandteil *Vertrags- und Sachenrecht* gilt im Privat- und im Verkehrsbereich für Streitigkeiten aus Verträgen des täglichen Lebens bzw. rund ums Fahrzeug (Beispiel: Es entstehen Streitigkeiten bei einem Kaufvertrag wie bei der Anschaffung von Wohnungseinrichtungen, Elektrogeräten, Schmuck oder Kunstgegenständen).

Der *Verwaltungs-Rechtsschutz* dient der Wahrnehmung rechtlicher Interessen im privaten Bereich vor deutschen Verwaltungsgerichten. Beim Verwaltungs-Rechtsschutz in Verkehrssachen erhält der Versicherte Versicherungsschutz für verkehrsrechtliche Auseinandersetzungen vor Verwaltungsbehörden und Verwaltungsgerichten. Der Versicherungsschutz hilft beispielsweise bei Streitigkeiten nach einem Führerscheinentzug mit der Verwaltungsbehörde.

Der Rechtsschutz für *Opfer von Gewalttatstrafen* deckt die Kosten als Nebenkläger oder Zeuge in Ermittlungs- und Strafverfahren gegen den Täter, für den Täter-Opfer-Ausgleich und für Ansprüche nach dem Sozialgesetzbuch oder dem Opferentschädigungsgesetz.

Über den *Immobilien-Rechtsschutz* sind die Kostenrisiken von Rechtsstreitigkeiten für Eigentümer oder Mieter von selbstgenutzten Gebäuden und Grundstücken abgesichert. Nachbarschafts- und Mietstreitigkeiten sind damit versichert. Für vermietete Einheiten kann ebenfalls Versicherungsschutz gegen einen Mehrbeitrag beantragt werden.

> **Die Deckungssumme sollte 1 Mio. Euro je Rechtsschutzfall nicht unterschreiten. Für Strafkautionen sollte nach Möglichkeit eine Versicherungssumme in Höhe von 200.000 Euro zur Verfügung stehen.**

25.3.4 Nebenberufliche Tätigkeit

Übt der Chefarzt eine erlaubte nebenberufliche Tätigkeit aus, so muss er darauf achten, dass diese im Rechtsschutzvertrag mit abgesichert ist. Dies sollte er bei der Antragstellung mit dem Rechtsschutzversicherer bzw. seinem Versicherungsberater abklären. Übt der Arzt eine freiberufliche Tätigkeit aus, so benötigt er in der Regel eine *Erweiterung des Rechtschutzes* analog der Rechtsschutzversicherung für den niedergelassenen Arzt. Dann wird der Berufs-Rechtsschutz für Selbstständige eingeschlossen.

In diesem Fall sind auch Rechtsstreitigkeiten abgedeckt, die im Zusammenhang mit einer freiberuflichen Tätigkeit stehen (wie z.B. gerichtliche Auseinandersetzungen wegen Honorarforderungen, Abrechnungen mit den Krankenkassen, Vorwurf der Körperverletzung).

Einige Rechtsschutzversicherer bieten den zusätzlichen Abschluss eines professionellen Forderungsmanagements an. Der Arzt kann ein eventuelles Mahnverfahren in die Hände von entsprechenden Inkassospezialisten abgeben.

25.3.5 Leistungsausschlüsse

Die Rechtsschutzversicherung übernimmt in erster Linie die Anwalts- und Gerichtskosten, so dass der Chefarzt seine rechtlichen Interessen wahrnehmen kann und das Prozessrisiko minimiert wird. Sie erstattet dagegen keine Bußgelder oder Entschädigungen, die aufgrund eines Prozesses auf den Arzt zukommen.

Die Rechtsschutzversicherung unterstützt den Versicherungsnehmer bei der Geltendmachung von Ansprüchen aus gesetzlichen Haftpflichtbestimmungen. Sie tritt dagegen nicht ein, wenn der Versicherte selbst mit Ansprüchen aus gesetzlichen Haftpflichtbestimmungen konfrontiert wird. Hierfür benötigt der Betroffene eine entsprechende Haftpflichtversicherung.

Ebenfalls werden in der Regel Rechtsstreitigkeiten aus dem Familien- oder Erbrecht beim Versicherungsumfang ausgeschlossen. Das Gleiche gilt bei Streitigkeiten aus dem Bau-, Wettbewerbs- und Urheberrecht.

Auch vom Versicherungsschutz ausgeschlossen sind Rechtsstreitigkeiten, die sich vor dem Versicherungsbeginn ereignet haben.

> **Da unter Umständen besondere Gefahrenverhältnisse auftreten können, fordern die Rechtsschutzversicherungen üblicherweise**

eine Wartezeit. Leistungen aus dem Vertrag können erst nach Ablauf gewisser Fristen in Anspruch genommen werden. Eine dreimonatige Wartezeit gilt oft für den Bereich Arbeits-, Steuer-, Sozial-, Vertrags- und Mietrecht. Sofern eine Vorversicherung bereits bestanden hat, so verzichtet der übernehmende Rechtsschutzversicherer bei einem Wechsel des Versicherers in der Regel – sofern beantragt – auf die Wartezeit.

25.4 Regressversicherung

Rechnet der Chefarzt seine freiberufliche Nebentätigkeit ab, so schützt ihn die *Regressversicherung* vor möglichen Regressen der Kassenärztlichen Vereinigungen und der Gesetzlichen Krankenversicherungen. Sie bietet dem Arzt Sicherheit vor finanziellen Einbußen und Unterstützung bei der Prüfung und möglichen Abwehr der Forderungen. Dies gewinnt zunehmend an Bedeutung, denn der Kostendruck im Gesundheitswesen veranlasst die Kassenärztlichen Vereinigungen und die Gesetzlichen Krankenversicherungen immer häufiger dazu, Regressforderungen gegen Ärzte zu erheben.

Die *Regressforderungen* steigen sowohl in der Anzahl als auch in der Höhe. Das Instrument der Wirtschaftlichkeitsprüfung wird durch die Kassenärztlichen Vereinigungen und die Krankenversicherungen zunehmend offensiver gehandhabt. In dieser Situation sind zeit- und geldaufwändige Konflikte vorprogrammiert. Neben den Schadensersatzforderungen stehen für den Arzt zusätzlich Anwalts- und Gerichtskosten im Raum. Sich in einer solchen Situation erfolgreich zu behaupten, ist ohne professionelle Hilfe kaum möglich. Bei derartigen Regressforderungen bietet eine Ärzte-Regressversicherung einen adäquaten Schutz.

25.4.1 Leistungen der Regressversicherung

Wird eine Regressforderung an den freiberuflichen Arzt gestellt, erfolgt durch die Versicherung zunächst einmal die Prüfung der Sach- und Rechtslage. Stellt sich heraus, dass die Forderungen gegen den Arzt unberechtigt sind, übernimmt die Regressversicherung die juristische Abwehr unberechtigter Forderungen.

Hierbei umfasst die Regressversicherung einen Rechtsschutz durch alle Prüfungs- und Beschwerdeinstanzen. Im Unterschied zu einer Rechtsschutzversicherung gilt dies auch für die sog. *Vorverfahren*, bei denen die Versicherung die Kosten für eine anwaltliche Vertretung trägt. Die Vorverfahren haben im Falle von Regressforderungen eine besonders wichtige Bedeutung. In diesen hat ein Arzt die Möglichkeit, Verteidigungsargumente vorzubringen, auf die er sich in einem anschließenden Gerichtsverfahren berufen kann. Hat er diese Argumente nicht bereits im Vorverfahren eingebracht, werden sie im Gerichtsverfahren zumeist nicht mehr zugelassen. Diese Konstellation zeigt, wie wichtig eine anwaltliche Unterstützung bereits vor einer möglichen gerichtlichen Auseinandersetzung ist.

Erweisen Sich die Forderungen gegen den Arzt als berechtigt, so erfolgt die Übernahme berechtigter Forderungen durch die Versicherung abzüglich einer vereinbarten Selbstbeteiligung. Durch einen finanziellen Ausgleich schützt die Versicherung somit das Vermögen des Arztes im Schadensfall.

25.4.2 Versicherungsumfang

Eine umfangreiche Regressversicherung schützt den freiberuflichen Arzt vor Schadensersatzforderungen bei unwirtschaftlicher Verordnungsweise von Arznei-, Heil- und Hilfsmitteln entsprechend des Kassenarztrechtes und der Arzneimittelrichtlinien.

Die Versicherungsleistung sollte auch die unwirtschaftliche Auftragsüberweisung zur Diagnostik und Therapie absichern, ebenso wie die unwirtschaftliche Veranlassung von Sach-, Labor- und Röntgenleistungen oder ähnlicher Leistungen Dritter.

Der Durchschnittswert einer Regressforderung – ermittelt für das Einzugsgebiet der Kassenärztlichen Vereinigung Bayern im Jahr 2012 – beträgt 10.220 Euro.[4] (▶ Kap. 6.4.3, S. 56).

Die Versicherungssumme der Regressversicherung sollte 150.000 Euro betragen, so dass sie selbst

---

4 Stoschek (2013)

außergewöhnlich hohe Forderungen zuverlässig abfedern kann.

Nach dem Ende der Laufzeit der Versicherung sollte die ausgewählte Regressversicherung den Arzt noch zwei Jahre lang gegen Forderungen, die aufgrund einer Pflichtverletzung innerhalb der Laufzeit erhoben werden, schützen.

25.4.3 Leistungsausschlüsse

Kein Versicherungsschutz besteht, wenn der Arzt bewusst sein Arznei- oder Heilmittelbudget überschreitet oder er eine Unwirtschaftlichkeit wissentlich verursacht.

Regressforderungen gegen den Arzt, die auf Sachverhalten beruhen, die vor dem Beginn des Versicherungsschutzes verursacht wurden, sind nicht Gegenstand der Versicherung.

Wurde in den letzten zwei Jahren vor Beginn des Versicherungsschutzes ein Verhalten beanstandet und durch den Arzt unverändert fortgesetzt, deckt die Versicherung die Forderungen, die auf diesem Verhalten beruhen, ebenfalls nicht ab.

25.5 Absicherung der eigenen Arbeitskraft

Die Grundvoraussetzung für ein Leben in gewohnten Standards sind regelmäßig wiederkehrende monatliche Einkünfte. Dem angestellten Arzt wird dies in erster Linie durch sein Gehalt und im Anschluss an sein Berufsleben mittels einer Rente gewährleistet. Gleichwohl sind zusätzliche private Absicherungen möglich und sinnvoll.

25.5.1 Die erste Säule der Altersvorsorge

Für angestellte Ärzte übernimmt das *berufsständische Versorgungswerk* die Aufgaben der gesetzlichen Rentenversicherung, von der sich die meisten angestellten Ärzte befreien lassen. Die Versorgungswerke leisten im Ruhestand die finanzielle Grundversorgung. Die durchschnittliche Altersrente beispielsweise der Nordrheinischen Ärzteversorgung betrug im Jahr 2013 monatlich 2.853 Euro. Dabei wurden im Jahr 2013 neu zugesagte Altersrenten bereits auf durchschnittlich 2.706 Euro abgesenkt.[5]

Falls dem angestellten Arzt diese Grundversorgung nicht ausreicht, um den gewünschten Lebensstandard nach dem Berufsende aufrecht zu erhalten, ergeben sich zwei Möglichkeiten, diese erste Säule der Altersversorgung zu ergänzen.

25.5.2 Die zweite und dritte Säule der Altersvorsorge

Als zweite Säule der Altersvorsorge kommt eine *betriebliche Altersversorgung* in Frage. Diese können der Arbeitgeber und der Arbeitnehmer mit gemeinsamen Beiträgen finanzieren. Sie erweitert die finanziellen Spielräume im Anschluss an das Berufsleben, wahlweise durch eine zusätzliche monatliche Rentenzahlung oder eine einmalige Kapitalleistung.

Die dritte Säule der Altersvorsorge stellt eine *private Rentenversicherung* dar. Auch hier werden monatlich, vierteljährlich oder jährlich Beiträge einbezahlt, und die Auszahlung kann im Ruhestand als eine lebenslange monatliche Rente oder als einmaliger Betrag erfolgen.

> **Die Vorsorgebeiträge zur Altersvorsorge können zu steuerlichen Vorteilen führen. In der Einzahlungsphase vermindern sie die Steuerlast. In der Auszahlungsphase sind die Einkünfte aus einer betrieblichen oder einer privaten Rentenversicherung allerdings zu versteuern. Da das Einkommen in der Einzahlungsphase in den allermeisten Fällen höher ist als in der Auszahlungsphase, entsteht per Saldo ein steuerlicher Vorteil.**

25.5.3 Berufsunfähigkeitsversicherung

Im Falle einer *Berufsunfähigkeit* besteht grundsätzlich eine Absicherung über die berufsständischen Versorgungswerke. Diese Absicherung ist jedoch an relativ enge Bedingungen geknüpft.

---

5 Schlingensiepen (2014)

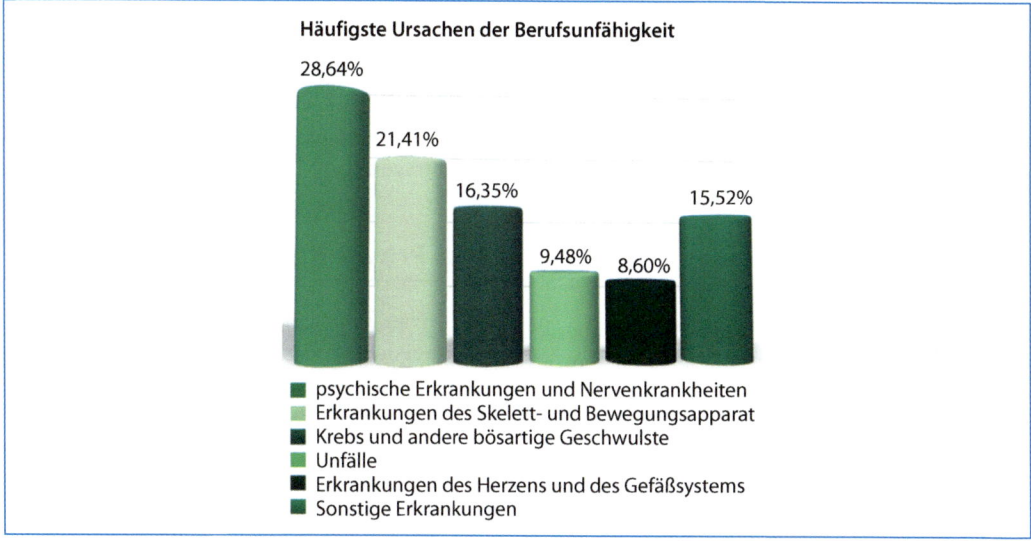

Abb. 25.2 Häufigste Ursachen der Berufsunfähigkeit (modif. nach Morgen u. Morgen, Stand 4/2015)

Eine *private Berufsunfähigkeitsversicherung* fasst den Versicherungsfall der Berufsunfähigkeit wesentlich weiter und kann zudem in der Leistungshöhe individuell auf den persönlichen Lebensstandard zugeschnitten werden. Es sollten 75% des jeweiligen Einkommens als Rentensumme gewählt werden. So werden gravierende Einkommenseinbußen vermieden für den Fall, dass der ärztliche Beruf in Gänze oder teilweise nicht mehr ausgeübt werden kann.

Folgendes Schaubild zeigt die häufigsten Ursachen für eine Berufsunfähigkeit in Deutschland.

Nicht jede Berufsunfähigkeitsversicherung ist dabei gleichermaßen für den Arzt geeignet. Manche Verträge enthalten sog. *Verweisungsklauseln*, die eine Zahlung ausschließen, solange die versicherte Person bzw. der Arzt noch in der Lage ist, einer anderen Tätigkeit als seinem zuletzt ausgeübten Beruf nachzugehen. Verträge mit *Meldefristen* sollten ebenfalls gemieden werden. Nur so werden die Rentenzahlungen ohne Wartezeiten – ganz gleich, wann die Berufsunfähigkeit angezeigt wird, also auch rückwirkend – ausgezahlt.

> Die Berufsunfähigkeitsversicherung ist in der heutigen Zeit im Hinblick auf die Absicherung der Arbeitskraft des Arztes unabdingbar. Die Auswahl des richtigen Versicherungsschutzes ist von enormer Bedeutung, damit die negativen wirtschaftlichen Folgen einer Berufsunfähigkeit entsprechend gemildert werden.

25.5.4 Absicherung für den Todesfall

Im *Todesfall* können für die Angehörigen neben dem menschlichen Verlust auch finanzielle Notlagen entstehen. Als Vorsorge für diesen Fall kann eine *Risikolebensversicherung* dienen. Sie leistet den Hinterbliebenen die Auszahlung der vereinbarten Versicherungssumme für den Todesfall. Mit dieser Versicherung kann beispielsweise auch ein Hypothekendarlehen abgesichert werden.

25.5.5 Dread-Disease-Absicherung

Auch schwere Erkrankungen, wie ein Schlaganfall, eine Krebserkrankung oder ein Herzinfarkt, können das Einkommen beeinträchtigen und gleichzeitig Kosten (z.B. für einen Umbau des Hauses oder der Wohnung) verursachen. Für diesen Fall kann eine *Dread-Disease-Versicherung* abgeschlossen werden, die bereits bei der Diagnosestellung gewisser Krankheiten eine Kapitalauszahlung gewährt. Dieser Betrag kann dann eingesetzt werden, um sich von einem Spezialisten nach Wahl behandeln zu lassen oder um für eine gewisse Zeit beruflich kürzer zu treten.

25.5.6 Unfallversicherung

Die finanziellen Einbußen durch Unfälle können durch eine *Unfallversicherung* abgedeckt werden. Die Versicherungsleistung bemisst sich dabei an den bleibenden Folgen des Unfalls und kann als Einmalzahlung oder in fortlaufenden Zahlungen vereinbart werden.

Für Ärzte bestehen besondere Versicherungsangebote, die sich durch bessere Leistungen von den Standardverträgen unterscheiden. Dies gilt insbesondere für die verbesserte Gliedertaxe, die höhere Versicherungsleistungen z.B. bei Verlust der Sehfähigkeit oder eines Daumens gewährleistet.

Ebenso können Infektionsfolgen und Gesundheitsschäden durch Röntgen- und Laserstrahlen versichert werden.

Kapitalleistungen können bereits ab einer 1%igen Invalidität vereinbart werden, Unfallrenten ab einer 50%igen Invalidität. Eine Unfallversicherung übernimmt oft auch Bergungskosten und Kosten für kosmetische Operationen bis zu im Vorfeld definierten Summen. Der Versicherungsschutz einer privaten Unfallversicherung gilt in der Regel weltweit und rund um die Uhr.

Sollte für den Chefarzt eine Unfallversicherung über den Arbeitgeber bestehen, so empfiehlt es sich, die Deckungsinhalte im Hinblick auf einen ausreichenden Versicherungsschutz zu überprüfen.

25.5.7 Pflegevorsorge

Eine grundlegende Absicherung möglicher Pflegekosten ist durch die gesetzliche *Pflegeversicherung* gegeben. Die Obergrenze der Leistungen liegt hier zurzeit bei 1.612 Euro in der Pflegestufe III bzw. bei 1.995 Euro im besonderen Härtefall.[6] Diese Beträge decken je nach Ausmaß der Pflegebedürftigkeit die Kosten nur teilweise ab. Die Differenz zu den tatsächlichen Aufwendungen müssen selbst oder eventuell durch die Kinder übernommen werden. Um für diesen Fall vorzubeugen, kann eine private *Pflegerentenversicherung* abgeschlossen werden.

Es gilt: Je früher eine private Pflegerentenversicherung abgeschlossen wird, desto niedriger fallen die Beiträge aus.

25.5.8 Private Krankenversicherung

Eine private *Krankenversicherung* oder eine private Zusatzversicherung zur gesetzlichen Krankenversicherung sorgen in der Regel für ein größeres Leistungsspektrum im Krankheitsfall.

Zu diesen Leistungen zählen u.a. der Ausgleich von Arzthonoraren bis zum Höchstsatz oder auch darüber hinaus sowie die Erstattung der Kosten für Arznei- und Hilfsmittel. In der stationären Behandlung kann je nach Tarif zwischen Zweibett- oder Einzelzimmer gewählt und privatärztliche Behandlung in der Klinik in Anspruch genommen werden. Neben der Erstattung der Kosten für Zahnbehandlungen können je nach Tarif auch die Teilerstattung der Kosten für Zahnersatz und Kieferorthopädie vertraglich vereinbart werden. Die Versicherungsmodelle sind flexibel: Je nach gewünschtem Leistungsumfang und der Höhe des Selbstbehaltes sind hier sehr individuelle Policen möglich.

25.5.9 Krankentagegeld

Eine längere Erkrankung kann nach Ende der Lohnfortzahlung durch den Arbeitgeber ebenfalls zu Einkommenseinbußen führen. Für diesen Fall wird die *Krankentagegeldversicherung* angeboten. Sie übernimmt die Auszahlung eines individuell vereinbarten Tagegeldes nach Ablauf der Karenzzeit – bei angestellten Ärzten in der Regel nach sechs Wochen –, so dass kontinuierliche Einkünfte gewährleistet sind.

> **Die skizzierten privaten Absicherungen ergänzen die berufsständische Altersrente und die gesetzliche Krankenversicherung. Welche Vorsorge in welchem Umfang sinnvoll ist, ist abhängig von der persönlichen Lebenssituation, aber auch von den individuellen Plänen für die Zukunft.**

---

6 lt. Bundesministerium für Gesundheit (2015)

25.6 Absicherung sonstiger Sachrisiken bei freiberuflicher Nebentätigkeit (eigene Praxisräume)

Sofern der Chefarzt eine freiberufliche Nebentätigkeit ausübt, bei der er eine eigene Einrichtung, eigene Waren und Vorräte oder auch eigene Medizintechnik einsetzt, so kann er die hier vorhandenen Werte und weitere Vermögenseinbußen im Schadenfall über eine Inventar-, Elektronik- oder Betriebsunterbrechungs- bzw. Praxisausfallversicherung absichern.

25.6.1 Inventarversicherung

Neben der technischen und kaufmännischen Betriebseinrichtung zählen auch Möbel, Bilder, Teppiche, elektrische Geräte und Vorräte zum Inventar.

Als versichert gelten über die *Inventarversicherung* in erster Linie die Gefahren
- Feuer, Blitzschlag, Explosion,
- Leitungswasser,
- Sturm und Hagel,
- Einbruchdiebstahl,
- Vandalismus nach einem Einbruch

bis zur Höhe der vereinbarten Versicherungssumme.

Auf Antrag kann auch das Risiko »erweiterte Elementargefahren« mit abgedeckt werden. Hierzu zählen Schäden aufgrund von Überschwemmung, Rückstau, Erdbeben, Erdrutsch oder Schneedruck.

Die Inventarversicherung übernimmt die Kosten für die Wiederbeschaffung oder den Wiederaufbau der versicherten Sachen.

25.6.2 Elektronikversicherung

Über die *Elektronikversicherung* kann pauschal Versicherungsschutz beantragt werden für alle an einem bestimmten Versicherungsort vorhandenen elektronischen Anlagen und Geräte, die sich mit der Kommunikations-, Informations- oder Medizintechnik oder sonstigen elektrotechnischen Gerätschaften befassen.

Gerade im Bereich teurer Medizintechnik kann der Elektronikversicherung eine hohe Bedeutung beigemessen werden.

Im Rahmen der Elektronikversicherung können Schäden durch
- Bedienungsfehler, Ungeschicklichkeit, Fahrlässigkeit,
- Überspannung, Induktion, Kurzschluss,
- Blitzschlag, Explosion oder Implosion,
- Wasser, Feuchtigkeit, Überschwemmung,
- Vorsatz Dritter, Sabotage,
- Schäden durch Feuer, Leitungswasser, Einbruchdiebstahl/Vandalismus, Sturm/Hagel

abgesichert werden.

Als nicht versichert gelten über die Elektronikversicherung u.a. Hilfs- und Betriebsstoffe, Haushalts- und Küchengeräte, Werkzeuge aller Art, Verbrauchsstoffe und Arbeitsmittel wie Kühlmittel und Toner sowie sonstige Teile, die während der Lebensdauer der versicherten Sache mehrfach gewechselt werden müssen.

Bei der Ermittlung der benötigten Versicherungssumme ist der jeweilige Neuwert (Listenpreis) anzusetzen.

25.6.3 Betriebsunterbrechungsversicherung

Der Begriff »*Betriebsunterbrechung*« bezieht sich auf die Unterbrechung bzw. Störung von Prozessen in einem Unternehmen.

Wird der im Versicherungsschein bezeichnete Betrieb infolge eines entschädigungspflichtigen Sachschadens unterbrochen, so ersetzt der Versicherer den dadurch entstehenden Unterbrechungsschaden. Dieser setzt sich zusammen aus dem entgangenen Betriebsgewinn und dem Aufwand an fortlaufenden Kosten.

Versicherte Schadensereignisse können beispielsweise Feuer, Leitungswasser, Sturm, Einbruch oder Betriebsschäden an Anlagen sein.

25.6.4 Praxisausfallversicherung

Unterhält der Chefarzt im Rahmen seiner freiberuflichen Nebentätigkeit einen Praxisbetrieb, so kann er die fortlaufenden Betriebskosten wie mögliche Löhne und Gehälter, Mieten, sonstige Bürokosten und Kreditzinsen zusätzlich über eine sog. *Praxisausfallversicherung* abdecken.

Die Praxisausfallversicherung ersetzt nach einer individuell vereinbarten Karenzzeit die versicherten fortlaufenden Betriebskosten für den Fall, dass der Arzt aufgrund einer Krankheit oder eines Unfalls für eine bestimmte Zeit ausfällt.

25.7 Fazit und Empfehlung

Die Absicherung von beruflichen und privaten Wagnissen über entsprechende Versicherungsprodukte ermöglicht heutzutage einen weitreichenden Schutz des Chefarztes vor zum Teil existenziellen Risiken.

Bei der Auswahl des adäquaten Versicherungsschutzes sollte dabei im Vorfeld grundsätzlich eine sorgfältige Risikoanalyse vorgenommen und aus der Vielzahl von Produkten der ganz individuell benötigte Bedarf ermittelt werden.

Es ist zu empfehlen, dass der Versicherungsfallschirm durch versierte Fachleute gepackt wird.

Abkürzungen

AHB – Allgemeine Versicherungsbedingungen für die Haftpflichtversicherung
AGG – Allgemeines Gleichbehandlungsgesetz
AMG – Arzneimittelgesetz
BGB – Bürgerliches Gesetzbuch
GDV – Gesamtverband der Deutschen Versicherungswirtschaft e.V.
TCM – Traditionell chinesische Medizin
VVG – Versicherungsvertragsgesetz

Literatur

Halstrick C (2011) Wann beginnt die Anzeigepflicht des Arztes? Frauenarzt 52: 22
Hellberg N, Lonsing M (2010) Dramatische Teuerung von Personenschäden im Heilwesen. Versicherungswirtschaft 6: 421 ff.
Hellberg N, Lonsing M (2012) Personenschäden verteuern sich dramatisch. Versicherungswirtschaft 13: 962 ff.
Schlingensiepen I (2014) Ärzteversorgung kämpft um Rendite. Ärztezeitung.de vom 10.12.2014
Stoschek J (2013) Regress. Ärztezeitung.de vom 15.07.2013

Umgangssicher? Knigge für Chefs

Claudia Widmann

26.1 Einleitung – 407

26.2 Begrüßung – 407

26.3 Verabschieden – 408

26.4 Handschlag – 408

26.5 Hand verweigern – 409

26.6 Bekannt machen – 409

26.7 Duzen und Siezen – 409

26.8 Körperhaltung – 410

26.9 Der erste Eindruck – 410

26.10 Dresscode – 412

26.11 Small Talk – 413

26.12 Die Visitenkarte – 413

26.13 Im Meeting – 414

26.14 Das Telefonat – 415

26.15 Die Videokonferenz – 416

26.16 Korrespondenz – 416

U. Deichert et al. (Hrsg.), *Traumjob oder Albtraum – Chefarzt m/w*,
DOI 10.1007/978-3-662-49779-1_26, © Springer-Verlag Berlin Heidelberg 2016

26.17	Konflikte höflich lösen	– 418
26.18	Feedback geben	– 418
26.19	Das gemeinsam genutzte Büro	– 419
26.20	Andere Länder, andere Sitten	– 419
26.21	Umgang mit Malheurs	– 420
	Literatur	– 420

26.1 Einleitung

> Lerne den Ton der Gesellschaft anzunehmen, in der du dich befindest. (Knigge 1790)

Genau darum ging es Freiherr von Knigge – um den Umgang der Menschen miteinander. Sein Buch ist also zeitlos. Natürlich ist sein mehr als 200 Jahre altes Werk nicht in unserer heutigen modernen Sprache geschrieben, und einige seiner Regeln sind auf die heutige Zeit nicht übertragbar. So schreibt er z.B. vom Umgang mit Frauenzimmern. Stellen Sie sich vor, Sie nennen Ihre Frau oder Kollegin heute »Frauenzimmer«. Das würde Ihnen, wenn es gut läuft, nur den Ruf eines unangenehmen Chauvinisten einbringen.

Dennoch, der Gedanke Umgangsformen zu etablieren, die den Umgang miteinander erleichtern und die immer von *gegenseitiger Wertschätzung* geprägt sind, ist moderner denn je.

So ist heute das Ende Ihrer Karriereleiter erreicht, sobald sichtbar wird, dass Sie im Umgang mit Kunden und Kollegen nicht über die nötigen Soft Skills verfügen. Einstellungsgespräche finden in Restaurants statt – sind Sie auch in Gesellschaft vorzeigbar, und wissen Sie Konversation zu machen? Begeistern Sie im Small Talk mit Ihren Vorgesetzten und Kollegen mit der Frage nach dem Wetter? Sie begrüßen die jüngste Dame in einer Runde zuerst, weil sie im Vergleich am ältesten aussieht? Autsch!

Egal, welchen Ton Sie in einer Gesellschaft gerade annehmen sollten, ob im Business oder privat, es gibt einige *Regeln und Rituale*, die Sie kennen und erkennen sollten. Diese verschaffen Ihnen Sicherheit und somit Freiheit, sich auf Ihre Umgebung zu konzentrieren. Sie müssen sich nicht mehr fragen, ob Sie etwas falsch gemacht haben oder warum Ihr Gegenüber so gehandelt hat. Sie wissen, ich habe mich richtig verhalten: mit der nötigen Wertschätzung und mit Respekt.

Besonders im beruflichen Umfeld, in Ihrer Klinik, wird Ihnen Ihr *nachhaltiges und höfliches Verhalten* mit großem Erfolg gedankt. Schaffen Sie die Basis für wertschätzende Kommunikation und für ein ebensolches Verhalten auch bei Kollegen und Vorgesetzten.

Damit Sie die Möglichkeit haben, auch einfach mal nachschlagen zu können, habe ich verschiedene, oft gefragte Situationen geschildert, in denen Ihnen die Kenntnis der *Etikette* Sicherheit geben soll, um eine schwierige Situation unangestrengt zu meistern.

26.2 Begrüßung

Begrüßungsrituale sind ein »heißes Thema«. Mit der *Begrüßung* steht und fällt jede weitere Kommunikation. Die Dame in einer Runde, die Sie als die Älteste identifiziert haben, wird nicht unbedingt das weitere Gespräch mit Ihnen suchen. Der Ärztliche Direktor, den Sie nicht erkannt haben, wird nicht den Vorsitz Ihres Fan-Clubs übernehmen, wenn Sie die Stationsschwester bei der Begrüßung bevorzugt haben. Alles kleine Riffe, die man gezielt umschiffen kann.

Was alles noch einfacher macht: Im beruflichen Umfeld begegnen sich Mann und Frau auf Augenhöhe. »Ladies first« dürfen Sie hier also komplett vergessen!

Es ist immer der *Ranghöhere*, der das Recht hat, als erster zu erfahren, mit wem er es zu tun hat. Begegnet Ihnen also der Geschäftsführer mit seiner Sekretärin, begrüßen Sie den Herrn Geschäftsführer zuerst. Die Themen »Alter« und »Ladies first« sind also schon mal keine mehr, sofern Sie sich im beruflichen Umfeld bewegen, denn hier zählt nur die Hierarchie.

Was aber, wenn Sie Ihrem Chef auf dem Flur, dem Parkplatz oder auf der Straße begegnen? Hier grüßt derjenige zuerst, der den jeweils Anderen zuerst sieht. Es muss Ihnen also nicht unangenehm sein, wenn Ihr Chef zuerst einen Gruß ausspricht oder Ihnen freundlich zunickt, denn er war halt schneller.

Als Begrüßung eignet sich z.B. die *Tageszeit*: »Guten Morgen«, »Guten Tag« und »Guten Abend«. Hier dürfen regionale Unterschiede berücksichtigt werden. Es sollte allerdings niemals zu salopp klingen. Was Sie aber aus Ihrem Wortschatz streichen sollten, ist das immer noch verbreitete und meist laut hinaustrompetete »Mahlzeit!«.

Ein »Schön, Sie zu sehen« oder »Wie geht es Ihnen?« zeugen von Interesse. Sprüche wie »Alles fit?« oder die neuerdings aktuelle Kurzform »Alles gut?« sind hingegen ausschließlich dem privaten Bereich vorbehalten.

Treffen Sie auf Kollegen während der Mittagspause in einem Restaurant oder in der Kantine, unterbrechen Sie sie nicht beim Essen, sondern signalisieren Sie z.B. durch ein kurzes Nicken und Blickkontakt, dass Sie die Kollegen wahrgenommen haben. Einen Gruß können Sie auch noch später aussprechen. Denn es ist grob unhöflich, das Essen oder ein Gespräch zu unterbrechen.

> **Praxistipp**
>
> Üben Sie Ihren Handschlag. Fester Stand, die gesamte Hand erfassen und angemessen zudrücken. Denn dieser sagt schon viel über Sie aus und kann den Verlauf eines Gesprächs oder einer Verhandlung beeinflussen.

26.3 Verabschieden

Das schönste Meeting geht einmal zu Ende, und der Zeitpunkt der *Verabschiedung* ist gekommen.

In diesem Fall ist es wieder so, dass der Ranghöhere die Hand reicht und sich verabschiedet. Gerne mit ein paar mehr freundlichen Worten als nur »Auf Wiedersehen«.

Bedanken auch Sie sich für das anregende Gespräch oder das informative Meeting, oder freuen Sie sich einfach, Ihr Gegenüber mal wieder gesehen zu haben.

Sollten Sie bis zu diesem Zeitpunkt keine Gelegenheit gehabt haben, die *Visitenkarten* auszutauschen, ist jetzt Ihre letzte Chance – Sie sollten Ihrem Gesprächspartner nicht winkend hinterherlaufen müssen.

> **Praxistipp**
>
> Sagen Sie nicht nur einfach »Auf Wiedersehen«, sondern bedanken Sie sich, z.B. für das Gespräch, das Wiedersehen, die Informationen oder das Treffen.

26.4 Handschlag

Der Handkuss ist »out«, und »Bussi Bussi« im beruflichen Umfeld ist absolut tabu – Gott sei Dank! Aber auch hier gilt: Der Ranghöhere entscheidet, ob er Ihnen die Hand geben möchte. Stürzen Sie nicht wie ein übereifriger Küchenverkäufer auf Ihren Chef zu und strecken ihm Ihre Hand entgegen. *Er gibt das Signal zum Händedruck, nicht Sie.*

Sie reagieren darauf mit einem festen *Händedruck*, der die gesamte Hand Ihres Gegenübers einnimmt. Sorgen Sie für einen festen Stand, und denken Sie daran: Es heißt »Handschlag«. Dauerschütteln, flüchtiges Streifen der Hand, »Knochenbrecher« und »kalter Waschlappen« sind nicht die angemessene Art und Weise, um eine gute Beziehung zu beginnen und aufzubauen. Achten Sie vor allem bei Frauen auf beringte Hände.

Weiterer *Berührungen zur Begrüßung* bedarf es nicht. Legen Sie nicht die zweite Hand auf oder ergreifen den Unterarm oder die Schulter Ihres Gegenübers. Schulterklopfen z.B. ist die geeignete Form der Begrüßung auf dem Sportplatz.

Sind Sie aufgeregt, mussten Sie sich beeilen, um pünktlich zu sein, oder haben Sie »einfach so« feuchte Hände? Dann sollten Sie ein Taschentuch in der Hosentasche dabeihaben und sich rechtzeitig vor dem Handschlag die Hand etwas trocknen.

Ein bisschen Distanz sollten Sie walten lassen. Die Faustregel für eine angemessene Distanz sowohl bei der Begrüßung als auch während eines Gespräches ist der locker ausgestreckte Arm.

Eine Gruppe bis zu fünf Personen sollten Sie auf jeden Fall mit Handschlag begrüßen. Mehr Personen aber nicht, denn sonst wird das Begrüßungsritual jeden zeitlichen Rahmen sprengen. Wenn Sie allerdings nicht sicher sind, wer der Ranghöchste der Gruppe oder die älteste Frau ist, möchte ich Ihnen einen Tipp geben: Kündigen Sie an, der Einfachheit halber beim Nächsten zu beginnen und im Uhrzeigersinn weiter die Hand zu reichen. Gefahr erkannt, Gefahr gebannt. So beleidigen oder degradieren Sie niemanden, und alle werden Sie in guter Erinnerung behalten.

> **Praxistipp**
>
> Auch in lockerer Runde und wenn es noch so lässig und bequem erscheint: Hände aus den Hosentaschen. Nach dem Handschlag und einigen netten Worten dürfen Sie die Hand wieder in die Hosentasche stecken.

26.5 Hand verweigern

Die Hand abzulehnen, die Ihnen entgegengereicht wird, ist grob unhöflich. Sind Sie in der Position des Ranghöheren, seien Sie tolerant. Ihr Gegenüber ist vielleicht noch nicht so sicher auf dem Business-Parkett unterwegs oder schlicht nervös.

Sollte es allerdings so sein, dass eine Erkältung Sie nicht komplett in die Knie zwingt und Sie dennoch zur Arbeit gehen, kommentieren Sie eine *Verweigerung der Hand* und lassen Ihr Gegenüber über das Risiko, angesteckt zu werden, entscheiden.

> **Praxistipp**
>
> Die zur Begrüßung gebotene Hand zu verweigern, ist grob unhöflich.

26.6 Bekannt machen

»Tag, ich bin die Frau Knigge« ... Nein, so bitte nicht! Korrekt wäre hingegen: »Guten Tag, mein Name ist Monika Muster, ich bin Ärztin in der Nephrologie.« Bitte nennen Sie Ihren *Vor- und Zunamen*, wenn Sie sich vorstellen. Seien Sie mutig, und geben Sie etwas von sich preis. Wenn Sie jetzt noch verraten, wo und wie man Sie einordnen kann, ist dies von Vorteil für den weiteren Gesprächsverlauf.

Sollten Sie sich auf einem Kongress oder bei einer Tagung aufhalten, ist es schön, wenn Sie noch ein, zwei Sätze über sich sagen: Warum Sie dort sind, was Sie erwarten, was Ihnen gefällt oder auch nicht. So haben Sie auch gleich einen perfekten Einstieg für ein gutes Small Talk-Gespräch geschaffen.

Ihr vielleicht weniger offen veranlagtes Gegenüber wird es Ihnen danken, und Sie haben einen richtig guten ersten Eindruck hinterlassen und vielleicht einen Freund gewonnen.

Sollten Sie die Funktion eines *Moderators* innehaben, der Menschen untereinander bekannt machen soll – machen Sie es genauso, z.B.: »Darf ich bekannt machen? Michael Muster, Chefarzt in der Onkologie und Teilnehmer der Studie ABC, die heute vorgestellt wird.« Sie dürfen die Gesprächspartner auch einander mit Titel bekannt machen. Richten Sie sich hier nach der Situation und den Menschen. Denn heute gilt eher die Regel des »Understatements«. Lasset die anregenden Fachgespräche beginnen!

Möchten Sie zum *Small Talk* auffordern, ist es von Vorteil, wenn Sie von einem oder mehreren Gesprächspartnern etwas Privates wissen. Sie können dann auf Hobbies oder Urlaubsreisen verweisen, z.B. »Darf ich bekannt machen? Michael Muster. Herr Muster ist ein ebenso begeisterter Mallorca-Urlauber wie Sie, Herr Meister.« Ein schöner Einstieg in eine anregende Small Talk-Runde.

> **Praxistipp**
>
> Ärzte untereinander stellen sich niemals mit ihrem Titel vor. Also auch auf einem medizinischen Kongress, auf dem fast ausschließlich Ärzte zu erwarten sind, stellen Sie sich nur mit Ihrem Vor- und Zunamen vor.

26.7 Duzen und Siezen

Hier verhält es sich ähnlich wie bei der Begrüßung. Sollte der allgemeine Ton in Ihrer Klinik nicht das »Du« vorsehen, bietet immer der Ranghöhere das »Du« an. Arbeiten Sie auf gleicher Ebene zusammen, ist es der Dienstälteste, der das »Du« anbietet.

Überlegen Sie aber genau, ob Sie dieses »Du« annehmen möchten. Denn einmal »Du«, immer »Du«. Das Verhältnis zu Ihrem Chef wird sich durch das Duzen sicherlich verändern, und ein »Du« darf niemals zurückgenommen werden.

Sie dürfen ein angebotenes »Du« auch höflich und mit einem Dankeschön für das entgegengebrachte Vertrauen ablehnen. Oder bitten Sie sich Bedenkzeit aus, weil Sie vielleicht noch nicht so lange zusammenarbeiten. Sie könnten z.B. Beispiel sagen: »Herr Müller, ich danke Ihnen und freue mich, dass Sie mir das Du anbieten. Da wir aber noch nicht so lange zusammenarbeiten, möchte ich Sie bitten, mir einige Tage Bedenkzeit zu geben, um mir Gedanken über Ihr Angebot zu machen.«

Anders nach der Weihnachtsfeier – Ihr Chef hat vielleicht vergessen, dass er mit Ihnen das 15. Glas Sekt auf das Du erhoben hat? Warten Sie, bis er Sie tatsächlich mit »Du« anspricht. Sollte er das nicht tun, hüllen Sie am besten den Mantel des Schweigens über die letzte Weihnachtsfeier, und haben Sie Verständnis.

> **Praxistipp**
>
> Einmal Du, immer Du. Ein angebotenes Du darf höflich abgelehnt werden.

26.8 Körperhaltung

Freiherr von Knigge empfiehlt in seinem Buch die stets aufrechte *Körperhaltung*. Auch heute wird eine straffe und gerade Körperhaltung mit Kompetenz und Zuverlässigkeit verbunden.

Wer sich lümmelig in einen Bürostuhl fläzt, erweckt den Eindruck der Geringschätzung seines Gegenübers. Er scheint nicht interessiert an Ihrer Person und an Ihrem Anliegen.

Ernsthafte und wichtige Themen verlieren an Gewicht, wenn Sie nicht aufrecht und gerade heraus vorgetragen werden.

Sie sollen nicht den Eindruck erwecken, einen Besenstiel im Kreuz zu haben. Zeigen Sie sich dennoch mit aufrechtem und sicherem Gang.

Liebe Damen, es schmeichelt Ihrer Silhouette, wenn Sie Ihren Körper straffen, die Schultern etwas nach hinten ziehen und für einen festen Stand sorgen, wobei ein Bein leicht nach vorne gestellt sein sollte. Die Arme hinter dem Körper zu verschränken macht ein Hohlkreuz und einen dicken Bauch, übrigens auch bei Männern.

Auch beim Sitzen sollten Sie auf Ihre Körperhaltung achten: Sitzen Sie gerade und mit aufrechtem Oberkörper. In einem Stuhl zusammenzusinken oder vornübergebeugt an einem Stehtisch zu lehnen, wirkt gelangweilt und geringschätzend. Ist die Sitzhöhe recht hoch, sollten Sie auf das Übereinanderschlagen der Beine verzichten, denn das beeinträchtigt das aufrechte Sitzen, und Sie beginnen vielleicht, auf Ihrem Sitz hin und her zu rutschen. Das lenkt Sie und Ihr Gegenüber vom Gespräch ab.

Wenn Frauen einen Rock tragen, sollten sie, wenn Sie sitzen, immer mal wieder den Sitz des Rockes überprüfen. Denn rutscht dieser vielleicht zu hoch, könnte Ihr Gesprächspartner dies falsch deuten.

Wenn Herren sich setzen und die Beine übereinanderschlagen, achten Sie bitte darauf, dass nicht das nackte Bein zwischen Strumpf und Hose herausblitzt. Deshalb empfiehlt sich ein Kniestrumpf.

> **Praxistipp**
>
> Ihre Körperhaltung ist mindestens genauso wichtig wie Ihr Outfit. Eine aufrechte, gespannte Körperhaltung vermittelt Kompetenz und Seriosität.

26.9 Der erste Eindruck

Der *erste Eindruck*, den Sie abgeben, ist entscheidend dafür, ob sich Ihr Gesprächspartner mit Ihnen beschäftigen wird. Daher ist es natürlich essenziell, die allgemein gültigen Umgangsformen zu kennen und anzuwenden.

Der erste Wimpernschlag entscheidet über den Grad der Sympathie, die Sie ausstrahlen, und diese geht einher mit Kompetenz und Authentizität. Diese Empfindung, die Sie in der ersten Sekunde Ihrer Begegnung haben, bleibt in Ihrem Gehirn erst mal verankert.

Anschließend kommt die zweite Chance, von denen viele behaupten, es gäbe sie gar nicht. Jetzt haben Sie ungefähr zwei Minuten Zeit, um den ersten Eindruck zu bestätigen oder aufzubessern. Leichter ist es natürlich, einen guten Eindruck zu bestätigen, als einen weniger guten Eindruck aufzubessern. Beides ist möglich. Also überzeugen Sie Ihr Gegenüber innerhalb dieser Zeit von sich als Person. Nach diesen zwei Minuten ist die Eindrucksbildung beendet, und es bleibt erst mal dabei.

Abb. 26.1 Bunte Socken – gerne, aber nicht immer und überall

Der Situation wird ein wenig an Stress genommen, wenn Sie daran denken, dass Sie das Gleiche mit Ihrem Gegenüber machen.

Unterbewusste Faktoren, die Sie nicht beeinflussen können und die dennoch auf Ihr Gegenüber einwirken, sind z.B. Geruch, Hautbeschaffenheit, Stimme, Körpersprache und Kleidung (obwohl dies natürlich Geschmackssache ist).

Versuchen Sie doch, auf den ersten guten Eindruck Einfluss zu nehmen, den Sie hinterlassen möchten. Überlegen Sie sich vorab, wo Sie der gegebene Anlass hinführt, in welchem Rahmen Sie sich bewegen werden und welche Menschen mit welchem Status Sie dort höchstwahrscheinlich treffen werden. Was ist Ihre Rolle? Mit welchen Erwartungen werden Sie konfrontiert werden, und welche Erwartungen haben Sie? Wenn Sie diese Informationen parat haben, sind Sie schon ein ganzes Stück weiter. So können Sie z.B. Ihr Outfit dem Anlass anpassen und sich Gesprächsthemen überlegen, Sie haben ggf. ein Präsent für den Gastgeber, oder Sie verhalten sich zurückhaltend und spielen sich nicht in den Vordergrund.

Erwartungen zu erfüllen, ist wahrscheinlich leichter, als Sie dachten. Denn alle Teilnehmer oder Gäste, die zu einem Anlass geladen werden, haben die gleichen Erwartungen wie Sie.

Passen Sie Ihr Verhalten dem gegebenen Anlass an: ohne zu schauspielern und so authentisch wie möglich, innerhalb der vorgegebenen Grenzen, die ein Anlass bietet. Dann kann nichts schiefgehen. Seien Sie aber auch zum Ende der Begegnungen hin aufmerksam, denn wenn der *letzte Eindruck*, den Sie hinterlassen (z.B. eine korrekte Verabschiedung), misslingt und dieser nicht dem ersten guten Eindruck entspricht, welchen Ihr Gegenüber von Ihnen hatte, haben Sie alles Vertrauen verspielt, und es bedarf hoher Anstrengung, dieses wieder aufzubauen.

Nebenbei: In der Psychologie werden die beschriebenen Wahrnehmungsvorgänge als Primacy-Effekt, Halo-Effekt und Recency-Effekt bezeichnet.

> **Praxistipp**
>
> Einen ersten Eindruck gewinnt man bereits nach einem Wimpernschlag. Für die zweite Chance stehen ca. zwei Minuten zur Verfügung. Wenn das Ende perfekt wird, hat der gute Eindruck bestand.

Bunte Socken sind zur Zeit total angesagt, wie Abb. 26.1 zeigt. Dennoch sind auch sie einem Dresscode bzw. bestimmten Branchen vorbehalten, wie Sie erfahren werden, wenn Sie das Kapitel weiterlesen.

Tab. 26.1 Die drei wichtigsten Business Dresscodes im Überblick

	Business (offiziell)	Business Casual (z.B. Bürotag ohne Geschäftskontakt)	Casual (bequem)
Damen	Kostüm oder Anzug in gedeckter Farbe Bluse oder T-Shirt nicht zu offenherzig Nylonstrümpfe in Hautfarben Schuhe mit Absatz Haare zusammengesteckt dezenter Schmuck keine auffälligen Nageldesigns Gürtel und Tasche passen farblich zu den Schuhen Schultertasche, keine Rucksäcke 2–3 geknöpfte Sakkos (im Stehen oberster Knopf geschlossen, im Sitzen alle Knöpfe offen)	Stoffhose Rock, endet mindestens eine Handbreit über dem Knie modische Bluse oder Pullover Nylonstrümpfe in Hautfarben Ballerinas sind erlaubt Hier dürfen Sie die straffen Regeln in gewissen Grenzen brechen	gepflegte Jeans Peeptoes und Sandalen Sommerkleid, allerdings keine Spaghettiträger oder schulterfrei
Herren	Anzug in gedeckter Farbe Hemd, darunter ein T-Shirt Krawatte (keine Motive, keine Spangen, endet mit dem Beginn der Gürtelschnalle) Kniestrümpfe (einen Ton dunkler als der Anzug) Lederschuhe zum Schnüren gepflegte Haare und Bart dezenter Schmuck Gürtel und Tasche passen farblich zu den Schuhen Schultertasche, Aktentasche, keine Rucksäcke 2–3 geknöpfte Sakkos (im Stehen oberster Knopf geschlossen, im Sitzen alle Knöpfe offen)	Lassen Sie die Krawatte zu Hause gepflegtes Polohemd Pullover, Strickjacke Kombination aus Stoffhose und Sakko Loafer sind erlaubt Sie dürfen die straffen Regeln angemessen brechen	gepflegte Jeans und Chinos Freizeithemd auch Button-Down, keine kurzen Ärmel Pullover Sneakers sind erlaubt, aber keine Tennissocken

26.10 Dresscode

Es gibt drei *Dresscodes*, die Sie kennen sollten: Business, Business Casual und Casual:

- Business: Dieser ist sicherlich der wichtigste für Sie.
- Business Casual: Wenn Sie einmal einen Bürotag ohne Geschäftskontakte planen.
- Casual: Bequem, aber die Jogginghose hat dennoch keinen Ausgang.

Bitte bedenken Sie, dass Sie sich immer noch im Arbeitsumfeld bewegen und Ihre Klinik oder Ihr Unternehmen repräsentieren.

Das Thema Dresscode ist genauso vielfältig wie die aktuelle Mode und füllt ganze Bücher. Dafür fehlt uns hier der Platz. Ich habe Ihnen dennoch eine kleine Tabelle zum schnellen Entschlüsseln der wichtigsten Codes erstellt (Tab. 26.1).

Sollten Sie *Schmuck* tragen wollen, sollte dieser dezent gewählt sein. Sie sollten nicht wie ein Christbaum glitzern und leuchten. Erlaubt sind sowohl bei Frauen wie auch bei Männern *fünf Accessoires*. Hierzu zählen auch die auffällige Haarspange, die Brille und die sichtbare Gürtelschnalle. Tragen Sie jetzt noch Ohrringe (zählt als eins) und einen Ring, haben Sie die fünf schon erreicht. Für die Damenwelt ist diese Regelung etwas schwierig, wenn Sie vielleicht noch eine Kette, eine Uhr und einen dekorativen Schal tragen möchten.

Ein *gepflegtes, sauberes Erscheinungsbild* ist absolut essenziell für Ihren Berufsalltag und Ihre

Karriere. Körperhygiene und ein angenehmer Körpergeruch sind dabei genauso wichtig wie ein gebügeltes Hemd und ein gut sitzender Rock.

> **Praxistipp**
>
> Was gerade aktuell getragen wird, können Sie in Modebeilagen von Zeitungen und Zeitschriften sehen. Auch ein Schaufensterbummel hilft bei der Orientierung im Modedschungel.

26.11 Small Talk

»Schönes Wetter heute« ist bestimmt der bekannteste, aber trotzdem kein guter Small Talk-Einstieg! Dabei hat Small Talk eine so wichtige Bedeutung für Ihr Netzwerk und Ihre damit verbundene berufliche Zukunft.

Small Talk – das kleine Gespräch zwischen zwei Menschen soll eine positive Atmosphäre schaffen, in der es sich gerne weiterreden und diskutieren lässt. Hier kann man Akzente setzen, was die eigenen persönlichen Ziele betrifft, oder selbst etwas über die Kompetenzen des Gesprächspartners erfahren.

Nehmen Sie eine offene Körperhaltung an, und machen Sie ein freundliches Gesicht. Damit können Sie eventuelle Schüchternheit überspielen und müssen nicht selbst auf die Jagd nach Gesprächspartnern gehen, sondern Sie werden als Gesprächspartner gefunden.

Sind Sie auf einer Veranstaltung, ist ein *guter Einstieg* immer die Umgebung, die Anreise oder die Veranstaltung selbst. Vielleicht ist das Nennen Ihres Namens, Ihrer Funktion oder Ihrer Klinik schon Einstieg genug. Ansonsten gelten z.B. Bücher, Urlaub, Hobbys, Kinder (nicht Erziehung!) sowie Kochen bzw. Essen immer als gute und neutrale Themen.

So wie es gute Themen gibt, gibt es auch *Tabuthemen*, mit denen Sie sich Ihre neue, vielleicht gewinnbringende Bekanntschaft komplett kaputt machen können. Sport (z.B. Fußball) ist kein gutes Gebiet, weil Sie oder Ihr Gesprächspartner eventuell dem »falschen« Verein angehören. Politik kann genau wie Religion zum großen Streit führen. Kindererziehung (z.B. Jasper Juul oder Winterhoff) – das kann böse enden. Krankheit, Tod, Sex und Lästern sind Themen, die sich ebenfalls als Gesprächskiller erweisen können.

Also bevorzugen Sie besser den Stau, die verspätete Bundesbahn während der Anreise oder das Programm als Einstieg in das kleine Gespräch.

Das *Wetter* sollte nur dann als Einstieg dienen, wenn Ihnen so gar nichts einfällt oder Ihr Gegenüber auf kein anderes Thema anspringt. Denn das könnte Sie als ungeübten Small Talker enttarnen oder Sie als totalen Langweiler aussehen lassen. Das möchte doch keiner – es sei denn, Sie gelten schon als »Meister des Small Talks«, wie der Herr in ◘ Abb. 26.2.

◘ **Abb. 26.2** Der wahre Meister des Small Talks

> **Praxistipp**
>
> Wenn Sie eher schüchtern sind und nicht so gut Gespräche beginnen können, sollten Sie andere Menschen über Ihre offene Körperhaltung und ein freundliches Lächeln dazu einladen, mit Ihnen Kontakt aufzunehmen.

26.12 Die Visitenkarte

Die *Visitenkarte* ist Ihr persönliches Aushängeschild. Sie sollten sie stets parat haben, aber bitte nicht achtlos in die Jacke oder gar ins Portemonnaie gesteckt. Ihre Visitenkarte soll vielmehr den gleichen gepflegten Eindruck vermitteln wie Sie selbst.

Also ohne Flecken, Knicke, Risse oder gar handschriftlich (z.B. mit einer neuen Durchwahl) verbessert. Bewahren Sie Ihre Visitenkarte in einem schlichten Lederetui auf.

Treffen Sie auf einen Ihnen unbekannten Gesprächspartner, übergeben Sie zu Anfang des Gesprächs Ihre Karte. So hat Ihr Gegenüber Zeit, sich Ihren Namen einzuprägen. Die Visitenkarte wird überreicht und nicht einfach auf den Tisch gelegt, denn letzteres zeigt Ihrem Gegenüber eine gewisse Geringschätzung.

Übergeben Sie die Karte so, dass Ihr Gesprächspartner die Möglichkeit hat, diese schnell zu überfliegen, um festzustellen, ob er Ihren Namen und ggf. Ihre Position richtig verstanden hat.

Sparen Sie sich unnütze Informationen auf Ihrer Karte wie: »Sie erreichen mich unter...« oder »Ich bin für Sie da am ...«.

Auch Sie sollten die Ihnen übergebene Visitenkarte mit hoher Wertschätzung behandeln und sie nicht sofort und ohne sie zu lesen in die Tasche stecken. Bloß nicht in die Hosentasche, mehr Geringschätzung geht nicht. Dieses Gespräch ist eigentlich schon beendet!

Heben Sie die Karte ebenfalls in Ihrem Etui auf. Stecken Sie sie aber nach hinten, damit Sie nicht versehentlich mal die falsche zücken.

Wenn Sie anhand der Visitenkarte sehen, dass Ihr Gesprächspartner einen Doktortitel hat, aber sich nicht mit Titel vorgestellt hat, dann gilt: Sprechen Sie Ihr Gegenüber ab sofort mit Titel an, bis Sie aufgefordert werden, den Titel wegzulassen. Dann lassen Sie den Titel auch konsequent weg.

> **Praxistipp**
>
> Ihre Visitenkarte sollte immer parat, sauber und ordentlich sein. Bevor Sie eine überreichte Visitenkarte wegstecken, lesen Sie sie aufmerksam.

26.13 Im Meeting

Kommen Sie zu einer Besprechung, hat auch hier das altbekannte »Ladies first« Pause. Frauen wie Männer bewegen sich auf Augenhöhe. Es stehen also alle auf, sofern Sie sich mit Handschlag begrüßen.

Stehen Sie noch in lockerer Runde, sind Ihre Small Talk-Fähigkeiten gefragt. Wenn Sie alle Teilnehmer in der Runde kennen, ist es einfach, und es gibt sicherlich immer Dinge zu besprechen. Kennen Sie sich untereinander nicht, wird es spannend.

Sie können natürlich ein freundliches »Guten Tag« in die Runde rufen. Förderlicher für den positiven ersten Eindruck ist es aber, sich mit Handschlag zu begrüßen und sich mit vollem Namen, Abteilung, ggf. Klinik bekannt zu machen. Freude darüber auszudrücken, bei dem Meeting dabei zu sein, schadet nicht.

Für Zu-spät-Kommer: Versuchen Sie, von unterwegs Ihre *Verspätung* mitzuteilen. Es ist kein Beinbruch, sich mal zu verspäten. Den Unfall auf der Autobahn können Sie nicht vorhersehen. Gelingt Ihnen dies nicht, betreten Sie den Meeting-Raum leise, und setzen Sie sich hin, ohne viel Aufmerksamkeit auf sich zu ziehen. Unterbrechen Sie auf keinen Fall die Präsentation oder den Vortrag. Unterdrücken Sie den Reiz, laut »T'schuldigung« in die Runde zu rufen. In der Pause oder am Ende der Veranstaltung ist Zeit, sich zu entschuldigen.

Nehmen Sie an einem Zwei-Personen-Meeting teil, sind die vorgenannten Regeln der Höflichkeit selbstverständlich. Versuchen Sie, Ihren Gesprächspartner oder sich selbst so zu platzieren, dass Sie sich nicht komplett gegenübersitzen. Vielleicht über Eck am Tisch. Ein breiter Meeting-Tisch schafft nur unnötig große Distanz.

Klappen Sie nicht direkt Ihren *Laptop* auf. Hören Sie stattdessen zunächst aufmerksam zu, und fragen Sie, ob es störend ist, handschriftliche Notizen zu machen. Sollte es gar nicht anders gehen, können Sie auch Ihren Laptop aufklappen, aber sprechen Sie dies vorher ab. Im Idealfall öffnen Sie Ihren Laptop, wenn Sie tatsächlich etwas zu zeigen haben.

Für alle Meetings gilt – *Handy* aus! Das Handy darf nur im Notfall und mit vorheriger Ankündigung, begleitet von der Bitte um Verständnis für eine Ausnahmesituation, angeschaltet sein.

> **Praxistipp**
>
> Vermeiden Sie zu große Distanzen zwischen den Teilnehmern. Berücksichtigen Sie das bei der Sitzordnung.

26.14 Das Telefonat

Das *Telefon* ist ein immer wichtiger werdender Teil unseres Berufslebens geworden, nicht erst seit dem ersten Mobiltelefon. Vieles kann mithilfe des Telefons auf die Schnelle geklärt werden, und sogar Konferenzen per Telefon, teilweise über Kontinente hinweg, sind keine Seltenheit mehr. Das Gespräch, das den Augenkontakt erfordert, ist hingegen seltener geworden.

Dennoch, Ihr Telefonpartner merkt, was los ist, auch wenn er Sie nicht sehen kann. Nehmen Sie gerade einem Patienten Blut ab und hören nur halb zu, oder tippen Sie nebenher an einem Bericht, oder haben Sie sogar das Gespräch auf »laut« gestellt, damit die ganze Station den »dummen Fragen des Herrn Meier« lauschen kann – all das bekommt der Telefonpartner mehr oder weniger mit.

»Telefon-Knigge« ist vielleicht nicht die richtige Überschrift, denn Knigge hat diese Erfindung leider verpasst. Dennoch sollten auch hier ein paar *Umgangsformen* gelten. Schließlich repräsentieren Sie auch am Telefon sich selbst und Ihre Klinik.

Beginnen Sie die Begrüßung mit dem Unwichtigsten, und steigern Sie sich dann allmählich zum wichtigsten Punkt, z.B.: Guten Tag (an die Tageszeit angepasst), Ihre Klinik, (Abteilung, wenn notwendig) sowie Ihr Vor-und Zuname. Das genügt, denn sowohl der Anrufer als auch der Angerufene erleben eine »Schrecksekunde«, wenn sich jemand meldet. Also besser, wir überhören die Tageszeit als den Namen der Klinik oder des Ansprechpartners. Dies erspart uns das lästige Nachfragen (»Wie war noch gleich Ihr Name«)?

Kennen Sie das? »Hallo, einen wunderschönen guten Tag, Sie haben das Hotel Zum Alpenglühen in Garmisch-Partenkirchen erreicht, mein Name ist Isabell von Lichtenstein-Sulzbach, schön, dass Sie anrufen, was kann ich für Sie tun?« Uff! Lange Schachtelsätze, nerven und vergiften die Atmosphäre, schon bevor Sie Ihr Anliegen losgeworden sind. Verzichten Sie daher besser darauf, und fassen Sie sich kurz.

Widmen Sie dem Anrufer genauso viel Aufmerksamkeit wie in einem persönlichen Gespräch. Stellen Sie die Nebenarbeiten ein, und konzentrieren Sie sich auf das Gespräch. Falls Sie nebenher etwas in den Computer eingeben müssen (z.B. eine Patienten- oder Vorgangsnummer), sollten Sie Ihren Gesprächspartner darüber informieren, denn er hört Ihr Tippen und denkt, es habe nichts mit ihm und seinem Anliegen zu tun.

Während des Gespräches sollten Sie den Anrufer wissen lassen, dass Sie noch da sind und zuhören. Ein eingeworfenes »Ja«, »Hmm« oder »Verstehe« signalisiert Ihre Anwesenheit.

Wenn Sie nicht der richtige Ansprechpartner sind – kein Problem. Entschuldigen Sie sich dafür, und stellen den Anrufer zum richtigen Kollegen durch. Alles bitte mit Ansage, z.B.: »Dieses Thema betrifft meinen Kollegen Herrn Schuster aus der Verwaltung, ich stelle Sie sofort durch, er wird Ihnen weiterhelfen.« Sie sollten sicher sein, dass Ihre Informationen stimmen. Herr Schuster sollte willig sein, dem Anrufer zu helfen. Kommt das Gespräch zurück, bieten Sie einen Rückruf innerhalb eines realistischen Zeitraums an. Der Anruf sollte dann auch erfolgen, oder eine Mitteilung, warum der Anruf sich verzögert.

Wenn Sie Herrn Schulz über das Telefonat informieren, verzichten Sie darauf, Herrn Schulz eine »Negativ-Brille« aufzusetzen. Zusatzinformationen wie z.B. »Die begriffsstutzige Frau Reiter hat schon wieder angerufen« sind überflüssig und lassen das Telefonat wahrscheinlich in eine ganz andere Richtung verlaufen.

Beenden Sie ein Telefonat mit der Zusammenfassung des Gespräches, einem Dank und einer höflichen Verabschiedung. »Tschüüüß« ist zwar umgangssprachlich, aber nicht höflich!

Schmeißen Sie bitte nicht den Hörer auf die Gabel, und drücken Sie den Anrufer nicht noch während des Abschiedes weg. Das hinterlässt den Eindruck der Geringschätzung.

Vermeiden Sie, soweit es geht, Störgeräusche wie sie etwa durch große Ohrringe, die an den Hörer klappern, Radiogeräusche, laute Gespräche im Hintergrund, Tippen, Essen, Rauchen, Trinken und Nase-Hochziehen erzeugt werden.

Sollte das Gespräch unterbrochen werden, ist es der Anrufer, der es erneut versucht, den Gesprächspartner zu erreichen. Haben Sie Geduld. Rufen Sie nicht selbst sofort wieder an, dann hat der Anrufer u.U. eine besetzte Leitung, und Sie kommen nie zusammen.

Und noch ein Tipp: Immer lächeln – auch wenn es niemand sieht (wie etwa am Telefon).

> **Praxistipp**
>
> Der Anrufer kann Sie nicht sehen. Lassen Sie ihn daher teilhaben an dem, was Sie vielleicht nebenher machen.

26.15 Die Videokonferenz

Die *Videokonferenz* ist eine gute Lösung für spontane, kostengünstige, länderübergreifende, umweltfreundliche Meetings, denn Reisezeit, Reisekosten oder Jet-Lag müssen nicht berücksichtigt werden.

Bequem ist sie natürlich auch noch. Bedenken Sie aber bitte, dass man Sie sieht. Auch wenn es schwerfällt, sollten Sie Business-taugliche Kleidung tragen, wenn Sie von zu Hause aus an einer Videokonferenz teilnehmen.

Die Videokonferenz bedarf einiger Disziplin, damit keine Missverständnisse entstehen. Denn auch bei aller modernen Technik ist eine Videokonferenz immer nochmal etwas anderes als ein Gespräch, in dem man sich gegenübersitzt.

Halten Sie sich an einige wenige *Regeln* jenseits der klassischen Knigge-Regeln wie z.B. Pünktlichkeit, aufmerksames Zuhören, aussprechen lassen sowie keine unnötigen Störungen.

Sind Sie der Organisator oder Moderator? Dann checken Sie die *Technik* rechtzeitig vor Beginn der Konferenz. Fünf Minuten vor dem Start ein größeres Problem beheben zu wollen, ist meist nicht von Erfolg gekrönt. Die Konferenz dann kurzfristig absagen zu müssen, ist für alle sehr ärgerlich.

Sie sollten nicht zu viele Teilnehmer einladen, damit Sie nicht den Überblick verlieren.

Geben Sie sich und den weiteren Teilnehmern die Chance, sich gut vorzubereiten. Schreiben Sie eine Agenda, und halten Sie sich daran.

Sollten sich die Teilnehmer fremd sein, planen Sie eine kurze *Vorstellungsrunde* ein.

Geben Sie allen Beteiligten Zeit zu antworten, denn unter Umständen gibt es Zeitverzögerungen bei der Übertragung.

Vermeiden Sie unnötige Störgeräusche. Denn vor allem wenn Sie ein Headset tragen, sind z.B. raschelndes Papier, das Abstellen von Gläsern und Tassen oder das Trommeln mit den Fingern auf dem Tisch extrem unangenehm und lenken vom eigentlichen Geschehen ab.

Es ist grob unhöflich, nebenbei auf dem Smartphone E-Mails zu checken, zu telefonieren oder zu tuscheln.

Vermeiden Sie Widerspruch und Missverständnisse, indem Sie zeitnah allen Teilnehmern ein *Protokoll* zukommen lassen.

Die Regeln für eine Videokonferenz gelten ebenso für ein Gespräch via Skype. Heute wird z.B. eine Vielzahl an Vorstellungsgesprächen via Skype geführt. Warum auch nicht? Möchten Sie auch hier einen guten Eindruck hinterlassen, sollten Sie damit schon bei Ihrem Namen beginnen. Geben Sie sich keinen mehr oder weniger lustigen Spitznamen. »Max Müller« mag sich vielleicht langweilig anhören, aber was denken Sie, wenn Sie »Couchpotatoe16« anrufen?

Überlegen Sie sich vorher, mit wem Sie skypen möchten und was Ihr Gesprächspartner im *Hintergrund* des Raums, in dem Sie sitzen, zu sehen bekommt. Der Wäscheständer und der laufende Fernseher im Hintergrund wirken nicht besonders seriös. Räumen Sie daher auf, setzen Sie sich in ein »offizielles« Zimmer (z.B. in Ihr Büro), und zeigen Sie insgesamt nur einen kleinen Ausschnitt des Raums.

> **Praxistipp**
>
> Die Telefonkonferenz oder das Skype-Interview bedürfen der Disziplin und der klassischen Knigge-Regeln. Achten Sie auch auf Ihr Äußeres und den Hintergrund, den Ihr Gesprächspartner auf seinem Bildschirm sieht.

26.16 Korrespondenz

Ein *Brief* beginnt mit der korrekten Anrede. Kennen Sie den Adressaten persönlich oder privat, und duzen Sie sich, ist gegen ein fröhliches »Hallo« oder »Ihr Lieben« nichts einzuwenden. Soll es ein

Tab. 26.2 Die wichtigsten Briefanreden und Briefanschriften im Überblick

Titel	Person	Briefanrede	Briefkopf
Doktor med.	Michael Müller	Sehr geehrter Dr. Müller,	Herrn Dr. med. Michael Müller
Professor	Hans Hansen	Sehr geehrter Herr Professor Hansen,	Herrn Professor Hans Hansen
Professor Doktor phil.	Ellen Ellers	Sehr geehrte Frau Professor Ellers,	Frau Professor Dr. phil. Ellen Ellers
Freiherr von	Theodor Taunus	Sehr geehrter Herr Freiherr von Taunus,	Herrn Theodor Freiherr von Taunus

geschäftlicher Briefwechsel werden, ist ein »Hallo« oder »Guten Tag« natürlich zu wenig.

Kennen Sie diese anonymen Kommentarfelder auf Internetseiten? Hier ist ein freundliches »Guten Tag« immer gerne gesehen. Mehr geht ja auch nicht, denn Sie wissen ja nicht, bei wem und wo auf dieser Welt Ihre E-Mail ankommt.

Zurück zum *Geschäftsbrief*. Dieser beginnt immer mit »Sehr geehrter Herr/Sehr geehrte Frau«. Kommt dann nur noch ein Nachname, ist es einfach. Anders bei einem Doktortitel. Dieser darf als »Dr.« abgekürzt werden, ein Professor-Titel allerdings nicht. Möchten Sie an »Herrn Professor Doktor Diplom-Ingenieur Ackermann-Schlüter« schreiben, dürfen Sie das »Dr.« und den »Diplom-Ingenieur« weglassen. Es wird nur der höchste Titel (in dem Fall »Professor«) verwendet.

Zum guten Schluss verabschieden Sie sich bitte »Mit freundlichen Grüßen«. Nur »Schönen Gruß« oder gar nur »Gruß« ist zu wenig. Auch wenn es Schreiben gibt, die man am liebsten mit »Auf nimmer Wiedersehen« beenden möchte, wahren Sie bitte die höfliche Form. Man weiß ja nie.

Bei der Briefanschrift kommen zusätzlich noch Titel und/oder Abschlüsse wie »Dipl.-Ing.«, »Dr. rer. nat.« oder Ähnliches vor (z.B. Frau Professor Dr. med. dent. Hildegard Richter, Herr Dipl.-Ing. Karl-Heinz Zimmermann). Nennen Sie den Vornamen, sofern Sie ihn kennen.

Zwischen Betreff und Gruß sollten Sie sich kurzfassen und mit Floskeln sparsam umgehen.

Ein im Privaten mit der Hand geschriebener Brief zeugt von hoher Wertschätzung für den Empfänger.

Für einen schnellen Überblick, habe ich die wichtigsten Briefanreden und Briefanschriften in einer kleinen Übersicht zusammengefasst (Tab. 26.2).

Sie haben sich die Mühe gemacht und haben einen Brief mit einer höflichen Anfrage oder einer Reklamation formuliert. Jetzt erwarten Sie natürlich zeitnah eine Antwort. Hier ist es schwierig, zu sagen, dass man innerhalb von zwei, drei oder fünf Werktagen eine Antwort erwarten kann. Überlegen Sie sich bitte, an wen Sie geschrieben haben. Zum Beispiel an eine große Klinik oder an einen großen Konzern? Muss hier vielleicht noch in Fachabteilungen recherchiert werden? Wird die Post zentral gescannt und weiterverteilt? Bedenken Sie zudem den Postweg. In einem solchen Fall sollte man einen Zwischenbescheid nach einer Woche erwarten können.

Bei einer E-Mail verkürzt sich vielleicht der Weg. Die Arbeitsschritte für eine kompetente Antwort bleiben aber die gleichen. Allerdings sollte man eine kurze Rückmeldung mit dem Hinweis auf die Bearbeitung zeitnah erwarten können. Für eine Email gelten grundsätzlich die gleichen Anforderungen, wie für eine anderweitige schriftliche Korrespondenz. Leider hat sich eingebürgert, dass (z.T. vertrauliche) Emailinhalte vom Empfänger an Dritte weiter geleitet werden, ohne dass der Emailabsender dies beabsichtigte. Dies ist keinesfalls akzeptabel und widerspricht dem Prinzip einer vertrauensvollen Korrespondenz.

SMS oder WhatsApp sind zwei sehr schnelle Kommunikationswege. Hier wird man keine langen Anfragen stellen oder Sachverhalte ausführlich beschreiben. Eine zeitnahe Antwort auf eine kurze Frage am selben Tag ist sicherlich machbar.

> **Praxistipp**
>
> Ein Doktor kann zum »Dr.« werden, ein Professor aber nicht zum »Prof.«.

26.17 Konflikte höflich lösen

Was sind wirkliche Konflikte und wie entstehen sie? Und vor allem: Wie sind sie aus der Welt zu schaffen? Weit verbreitete Konflikte unter Kollegen sind z.B. die Urlaubsplanung oder freie Brückentage. Nicht weniger Konfliktpotenzial birgt das nichtaufgeräumte Geschirr. Sofern es das eigene ist, kann dies mit Namen versehen werden, und schon ist das Problem gelöst. Aber was ist mit den schmutzigen Gläsern von Patienten und Besuchern?

Lösungen finden Sie vor allem mit *ehrlicher Kommunikation* – was sich allerdings als einigermaßen schwierig erweist, wenn Emotionen mitspielen und diese unter Kontrolle gehalten werden sollten, um eine Eskalation zu verhindern.

Jetzt fragen Sie sich vielleicht, warum Emotionen zurückgehalten werden sollen. Denn Sie sind vielleicht der Meinung: Ein richtiges Gewitter reinigt die Luft, und dann ist es vorbei. Das Problem bei diesem Vorgehen ist, dass oftmals verletzende und wenig konkrete Worte verwendet werden und sich am Schluss alle wieder vertragen und entschuldigen, aber das Problem am Ende doch nicht gelöst ist.

Daher ein Tipp von Freiherr von Knigge, der kein Verfechter des Duells zur endgültigen Lösung von Problemen war: Lösen Sie Probleme mit konkreten und wertschätzenden Worten.

Achten Sie in Ihrer Kommunikation darauf, sich *klar auszudrücken*, um Ihrem Gesprächspartner keine Interpretationsspielräume zu ermöglichen. Streichen Sie Wörter wie »würde«, »könnte« und »sollte«. Seien Sie konkret, und sagen Sie: »Ich möchte gerne mit Ihnen sprechen«, »Bringen Sie mir bitte…« oder »Der Behandlungsraum muss noch vorbereitet werden«. Dann ist klar, was Sie wollen – ohne unhöflich zu sein.

Kritisch äußern dürfen Sie sich selbstverständlich auch. Schildern Sie so neutral wie möglich die Situation, um die es geht, oder das Verhalten des Kollegen. Sprechen Sie über die Wirkung, die die Situation oder das Verhalten auf Sie haben. Äußern Sie einen Vorschlag, um in der Zukunft entsprechende Situationen zu vermeiden oder Verhalten zu ändern. Lassen Sie Ihrem Gegenüber die Möglichkeit, das Besprochene zu überdenken und eine gemeinsame Lösung zu finden.

Sie werden nie alle Missverständnisse vermeiden können. Seien Sie dennoch achtsam, was Ihre Art der Kommunikation betrifft, und seien Sie sensibel für Fallen, die während einer Konversation auf Sie warten.

> **Praxistipp**
>
> Kritik neutral und wertschätzend äußern. Die Wirkung beschreiben. Gemeinsam eine Lösung finden. »Killerphrasen« vermeiden.

26.18 Feedback geben

Feedback ist ein wichtiges Instrument für die Weiterentwicklung eines Mitarbeiters, eines Teams oder einer ganzen Abteilung. Richtig formuliert wirkt es Wunder.

Sätze wie »Dein Vortrag gestern war ja unter aller Kanone« oder »Meinst Du nicht, Du hast Dich da im Ton vergriffen?« sollten Sie vermeiden und auch nicht unkommentiert akzeptieren, wenn sie Ihnen an den Kopf geworfen werden.

Ein Feedback-Gespräch sollte immer unter vier Augen und niemals mit Publikum stattfinden, am besten mit einem zeitnahen, vereinbarten Termin, so dass beide Seiten ausreichend Zeit einplanen können.

Positives Feedback beginnt immer mit »Ich finde«, gefolgt von der Darstellung der Situation, und geht weiter mit einer Begründung. Seien Sie offen für ein wertschätzendes Feedback. Setzen Sie sich gemeinsam mit der Situation auseinander, sodass am Schluss beide Parteien ein gutes Gefühl und etwas dazugelernt haben.

Das schönste Feedback, das Sie geben können, ist ein *Kompliment*, sei es für ein Outfit oder für gute Arbeit während einer stressigen Situation. Der Empfänger wird sich in jedem Fall freuen und motiviert sein, weitere stressige Situationen zu meistern.

Bedanken Sie sich sowohl für ein kritisches Feedback-Gespräch als auch für ein schönes Kompliment.

> **Praxistipp**
>
> Sie müssen sich nicht erklären, wenn Sie ein Kompliment erhalten. Ein einfaches »Danke, es freut mich, dass Sie das sagen« reicht völlig.

26.19 Das gemeinsam genutzte Büro

Heutzutage ist es üblich, dass sich mehrere Mitarbeiter ein Büro oder einen Arbeitsplatz teilen. Hier hat jeder sein kleines Reich, in dem er herrscht, aber eben nicht ganz allein. Daher muss man sich mit den Kollegen irgendwie zusammenraufen und Rücksicht walten lassen. Hier gibt es großes Konfliktpotenzial.

Es gibt Büros und Abteilungen mit zehn Personen und mehr, wo man sich mit Handschlag oder mit einer Umarmung begrüßt und dafür auch neben dem Schreibtisch wartet, bis ein Telefonat beendet ist. Das ist nicht nötig und kostet wertvolle Arbeitszeit. Grüßen Sie, wenn Sie ein Großraumbüro betreten, einmal in den Raum, und den, der Sie nicht wahrgenommen hat, grüßen Sie einfach später.

Verzichten Sie so gut es geht auf *Störgeräusche*. Damit sind z.B. lautstarke Telefonate, das Telefonieren über den Lautsprecher, das laute Abspielen von YouTube-Videos oder das Laufenlassen eines Radios gemeint. Das laute Zurufen von Informationen von Schreibtisch zu Schreibtisch sollten Sie ebenfalls vermeiden. Schreiben Sie stattdessen eine E-Mail, oder besuchen Sie Ihren Kollegen an seinem Platz.

Zum Thema Essen und Gerüche: Essen Sie nicht an Ihrem Arbeitsplatz, und setzen Sie die Kollegen nicht unangenehmen Gerüchen aus. Das gilt auch für Besucher und Patienten.

Nehmen Sie außerdem Rücksicht auf die Menschen, die das Büro sauber halten müssen. Lassen Sie keinen Müll liegen, und geben Sie dem Reinigungspersonal die Möglichkeit, seinen Job zu erledigen.

Hinterlassen Sie einen aufgeräumten und sauberen Arbeitsplatz. Vereinbaren Sie mit Ihren Kollegen eine Clean Desk Policy.

Zu den leidigsten Themen gehören die volle Spülmaschine und der letzte Kaffee in der Maschine. Der höfliche Umgang miteinander gebietet es, dass Sie Ihre schmutzige Tasse selbst wegräumen, und wenn Sie den letzten Kaffee genommen haben, kochen Sie bitte frischen. Bei Zuwiderhandlungen hilft nur ein strikter Putzplan.

> **Praxistipp**
>
> In einem gemeinsam genutzten Büro geht es nur mit gegenseitiger Rücksicht und Kompromissen. Ruhe, Sauberkeit und ein aufgeräumtes Erscheinungsbild sollten selbstverständlich sein.

26.20 Andere Länder, andere Sitten

Wir bewegen uns heute in einer multikulturellen Gesellschaft. Wir arbeiten mit Menschen aus dem europäischen Ausland und aus Übersee zusammen. Dies bietet viele Chancen, Neues zu lernen und über den Tellerrand hinaus zu schauen.

Im beruflichen Umfeld geht es oft schnell und hektisch zu, und es ist meist keine Zeit, um sich auf unterschiedliche Kulturen einzustellen. Stattdessen agieren wir »Deutsch« und erwarten, dass unser Handeln und unsere Werte von den Mitarbeitern aus anderen Ländern verstanden werden. Wenn Sie die Grundlagen des höflichen Verhaltens beachten, werden Sie kaum Probleme in der interkulturellen Zusammenarbeit haben.

Unterschiede zwischen Ihnen und ihren Mitarbeitern aus anderen Ländern können sich auf die Dimensionen Kultur, Kommunikation bzw. die zugrundeliegende Sprache, rechtliche und politische Aspekte, vorhandene Technologien, Infrastruktur und auf persönliche Aspekte beziehen. Diese müssen in Betracht gezogen werden, um nicht in interkulturelle Fettnäpfchen zu treten.

Alle Menschen erwarten Respekt und einen freundlichen Umgangston und wollen wahrgenommen werden. Gibt es dennoch deutliche Unterschiede, fragen Sie doch einfach, wie man diese vielleicht mit einem Kompromiss lösen kann. Vielleicht sollten Sie dem weniger geübten Teamplayer Aufgaben übergeben, für die er alleine verantwortlich sein kann. Dem Kollegen, der eine hierarchische Führung schätzt, sollten Sie klare Anweisungen »von oben« erteilen. Da Pünktlichkeit nicht überall eine Tugend ist, sollten Sie die wichtigsten Themen einer Besprechung an den Schluss stellen.

Generell gilt: Machen Sie keine Scherze über kulturelle Unterschiede. Diese können verletzend sein und entsprechen nicht dem Gedanken der gegenseitigen Wertschätzung.

26.21 Umgang mit Malheurs

Viele Malheurs, die man so kennt und die in der Knigge-Welt dokumentiert sind, haben mit *Essen* zu tun. Aber mit der Tischetikette haben die Malheurs noch kein Ende. Im Folgenden einige Beispiele:

Die offene Hose beim Herrn: Nehmen Sie den Betroffenen beiseite, und bitten ihn, seine Kleidung zu kontrollieren. Er wird Sie schon verstehen. Kennen Sie den Herrn, dann schicken Sie ihm eine nette Kurznachricht auf sein Mobiltelefon.

Die Laufmasche bei den Damen: Abhilfe kann hier eine Ersatzstrumpfhose schaffen. Diese gehört in jede Damentasche. Sie haben keine? Dann halten Sie durch, bis der Albtraum zu Ende ist und Sie nach Hause gehen können. Die Strumpfhose einfach wegzulassen, ist keine Alternative, weil sie zum kompletten und korrekten Business-Outfit dazugehört.

Ein hässliches Geschenk: Sie haben Gäste zu einem mehr oder weniger wichtigen Business-Diner eingeladen. Wie es sich gehört, bringt jeder Gast ein kleines Geschenk mit. Sie werden gebeten, Ihre Geschenke zu öffnen, und der Schenkende steht voller Vorfreude vor Ihnen und ist zuversichtlich, das passendste Geschenk des Abends ausgesucht zu haben. Dies ist der Zeitpunkt, an dem Sie die Schauspielerei der Authentizität vorziehen sollten. Zeigen Sie bloß nicht, dass Sie noch nie etwas so Unnützes und Hässliches wie dieses »Ding« gesehen haben. Die Wertschätzung, die Sie Ihrem Gast schulden, ist weit wichtiger als der Drang, »Was ist das denn?« zu schreien. Bedanken Sie sich bei dem Gast so wertschätzend wie bei allen Gästen, die etwas Schönes mitgebracht haben, und entsorgen Sie das »Ding« heimlich bei nächster Gelegenheit. Aber bitte nicht weiterschenken, denn das ist absolut tabu.

Körpergeräusche, egal wie geartet, sollten Sie nicht kommentieren und nicht belächeln. Passiert ist passiert. Eine knappe Entschuldigung des Verursachers, und man geht wieder zur Tagesordnung über.

Wenn Sie einen Namen vergessen haben, sollten Sie nicht zu lange grübeln, denn je mehr Sie grübeln, umso geringer wird die Chance, sich zu erinnern. Signalisieren Sie stattdessen Interesse an Ihrem Gegenüber, entschuldigen Sie sich, und fragen höflich nach dem Namen. Seien Sie charmant, dann wird Ihnen schnell verziehen.

> **Praxistipp**
>
> Ein kleineres Malheur lässt sich auch einfach mal weglächeln.

Alles in allem geht es immer um das gegenseitige wertschätzende Verhalten.

Knigge wollte Sie nicht in ein Korsett aus starren Verhaltensweisen stecken. Sein Ansinnen war vielmehr, Sicherheit zu vermitteln, um in jeder Umgebung und Situation den richtigen Ton zu treffen und um jedem Menschen mit der nötigen Wertschätzung und Höflichkeit zu begegnen, die er verdient. Die Grundlage für gegenseitige Wertschätzung liegt in höflichem Verhalten und freundlicher Kommunikation.

Literatur

Knigge AF (1790) Über den Umgang mit Menschen. Salzwasser

Adäquates Mundwerk? Wer etwas zu sagen hat, sollte reden können – Kommunikation für Chefärzte

Pamela Emmerling

27.1	Gespräch am Rande der Konferenz	– 423
27.1.1	Anfang – Veränderung – Gelingen	– 424
27.2	Die ersten 100 Tage	– 424
27.2.1	Körpersprache für Chefärzte	– 424
27.2.2	Wie haben Sie das bisher geregelt?	– 425
27.3	Change Management	– 425
27.3.1	Wer Strukturen verändern will, muss mit den Menschen sprechen	– 426
27.3.2	Vertrauen führt	– 426
27.3.3	Stärken Sie das fehlende Element	– 426
27.3.4	Jede Minute im persönlichen Gespräch macht den Chefarzt zum Opinionleader	– 426
27.3.5	Mit Metakommunikation in Führung gehen	– 426
27.3.6	Impact – Der Joker, der sich vorbereiten lässt	– 427
27.4	Patientenkontakt	– 427
27.4.1	Körperhaltung für Chefärzte	– 428
27.4.2	Aktives Zuhören	– 428
27.4.3	Holen Sie sich ein »Ja« ab	– 428
27.4.4	30 Sekunden Werbung für die Klinik	– 429
27.4.5	Verschiedene Patiententypen	– 429
27.4.6	Giftschrank – Toxische Haltungen in der Kommunikation	– 430
27.4.7	Sprechen Sie Patientendeutsch	– 431
27.4.8	Partizipative Entscheidungsfindung – Viel mehr als ein Schlagwort	– 431
27.4.9	Gut informierte Patienten sind gut zu behandeln	– 431
27.4.10	Der Arzt, der Patient und seine Familie	– 431

U. Deichert et al. (Hrsg.), *Traumjob oder Albtraum – Chefarzt m/w*,
DOI 10.1007/978-3-662-49779-1_27, © Springer-Verlag Berlin Heidelberg 2016

27.5	Mitarbeitergespräche – 432
27.5.1	Schlechte Kommunikation dauert genauso lange wie gute – 434

27.6	Verwaltungschef – 434
27.6.1	Kommunikation vor Kooperation – 434
27.6.2	Self-fulfilling prophecy – 434
27.6.3	Herrsche und teile – 435

27.7	Kollegen – 436
27.7.1	Kollegialität ist nicht Freundschaft… – 436
27.7.2	…aber kann es werden – 436
27.7.3	Sechs Seelen wohnen, ach, in meiner Brust – 437
27.7.4	Das spontane Kind – 437
27.7.5	Das angepasste Kind – 437
27.7.6	Das trotzige Kind – 437
27.7.7	Das kritische Eltern-Ich – 437
27.7.8	Das helfende Eltern-Ich – 438
27.7.9	Das Erwachsenen-Ich – 438
27.7.10	Transaktionsanalyse – 438

27.8	Vom weiblichen Teil der Hochleistung – 438
27.8.1	Allein unter vielen – 439
27.8.2	Wenn die Stimme heller klingt – 439

27.9	Selbstbeobachtung – 440
27.9.1	Chefarzt, ärgere dich nicht! – 440
27.9.2	Kommunikation ist kein Managementtool, sondern eine innere Haltung – 440
27.9.3	Sich selbst und andere führen – 441
27.9.4	Sollen Chefärzte fröhlich sein? – 441
27.9.5	Motivation: Mythen und Wahrheiten – 441
27.9.6	Selbstachtsamkeit ist kein Ferienjob, sondern tägliche Hygiene – 442
27.9.7	Vernachlässigen Sie nicht Ihr »inneres Team« – 442
27.9.8	Emotionale Intelligenz – 442

27.10	Chancen und Fazit – 442
27.10.1	Kommunikation ist eine erlernbare Technik – 443
27.10.2	Jede lange Reise beginnt mit einem Schritt – 443
27.10.3	Vier Versprechen – 443

Literatur – 444

27.1 Gespräch am Rande der Konferenz

> Um sprechen zu lernen, brauchen wir zwei bis drei Jahre. Um zuhören zu können Jahrzehnte.

Die Konferenz ist interessant wie jedes Jahr und führt Chefärzte aus der gesamten Bundesrepublik zusammen. Die Plenarsitzungen bieten wichtige aktuelle Themen, und um die Poster entstehen engagierte Diskussionen. Besonders freuen sich viele, auf altbekannte Gesichter zu treffen, und jeder nutzt nach Möglichkeit den interdisziplinären Austausch.
Vier Chefärzte stehen beieinander und sprechen über eine junge Kollegin, die in Kürze ein Klinikum leiten soll.
»Na, die wird sich noch umschauen. Ich erinnere mich noch genau, mit wie vielen Ideen ich damals ins Haus gestürmt bin.«
Der Chirurg schmunzelt: »Ja, jeder Neuzugang will eine kleine Revolution in den berühmten ersten 100 Tagen.«
Der Kollege, der sich besonders in der Fortbildung engagiert, bemerkt: »Allein mit dem Begriff ›Change Management‹ hat man schon manche altgediente OP-Schwester vergrämt.«
Aber alle sind sich einig, dass die Veränderungen in der modernen Medizin permanente Anpassung erfordern. Nicht umsonst geben sie einen großen Teil ihrer freien Zeit für Fort- und Weiterbildung her.
»Und letztlich«, wirft der Urologe ein, »geht es ja um die Patienten. Wobei die in den vergangenen Jahren immer fordernder geworden sind. Natürlich sind wir Dienstleister, aber es ist doch der Ton, der die Musik macht. Früher hat mir der Kontakt mit den Patienten am meisten Freude gemacht, heute bin ich manchmal froh, wenn mich administrative Aufgaben aus der ersten Reihe nehmen.«
Der Chirurg muss wieder lachen: »Ja, der Feindkontakt, da habe ich es gut, ich brauche keine Kommunikation, ich trage Mundschutz bei der Arbeit. Und wenn mein Anästhesist alles gut vorbereitet hat, sagen meine Patienten auch nichts während der gesamten OP.«
Nachdenklich sagt ein anderer Chefarzt: »Wie wenig Anteil hat meine medizinische Ausbildung heute noch an meinen täglichen Aufgaben! Manchmal denke ich, mit einem Managementstudium könnte ich vieles eleganter bewältigen.«
»Genau, besonders die Führungsaufgabe erfordert viel Fingerspitzengefühl. Meine Mitarbeiter wollen permanent meine kommunikative Kompetenz, nicht nur in den berühmten Mitarbeitergesprächen.«
Wieder schlägt der Chirurg eine heitere Tonart an: »Bei uns im Team weiß jeder, wie es gemeint ist, auch wenn der Ton mal rauer ist. Aber wenn ich einen Joker hätte, wüsste ich schon, welchen Gesprächskontakt ich abwählen würde.«
Jetzt müssen auch die anderen lachen und sagen wie aus einem Mund: »Der wirtschaftliche Direktor – der natürliche Feind des Chefarztes…«
Der älteste Kollege in der Runde widerspricht: »Es war nicht leicht und hat jahrelange Annäherung gebraucht, aber heute kann ich sagen, wir respektieren einander, mein Verwaltungschef und ich.«
Aber wenn sich erst mal die Gräben gebildet haben, leidet auch das Kollegenteam darunter, dieses Phänomen kennen alle. Überhaupt scheint die Kommunikation mit den Kollegen ein Schlüsselmoment zu sein, besonders auch was die Darstellung der Klinik nach außen betrifft.
Die junge Kollegin und zukünftige Chefärztin ist zu der Gruppe gestoßen.
Wieder ergreift der erfahrene Chefarzt das Wort: »Die Medizin entwickelt sich rasant – wir lernen mit. Die Begegnung mit den Menschen erfordert ständige Erneuerung – wir entwickeln uns mit. Heute bin ich fest davon überzeugt, dass es die Selbstbeobachtung ist, die uns mitwachsen lässt. Ich habe mir vor vielen Jahren professionelles Coaching geholt. Das machen doch fast alle Hochleister, auch im Sport und in der Wirtschaft. Und heute ist es wirklich mein Traumjob, trotz der täglichen Krisen.«
Die Ärztin nimmt den letzten Satz auf und erzählt, im Chinesischen habe das Wort für Krise zwei Teile, der erste Teil bedeute »Gefahr«, der zweite aber »Chance«. Nachdenklich lächeln die »alten Hasen«, ganz pfiffig hat die junge Kollegin das gemacht, mit einer Metapher das Gespräch aufgegriffen und sich ins Spiel gebracht. An dem Gerücht, dass Frauen ein Händchen für Kommunikation haben, scheint etwas dran zu sein. Wenn sie diesen Stil beibehalten kann, steht ihrer Zukunft nichts im Weg.

27.1.1 Anfang – Veränderung – Gelingen

Die Stichworte aus dem Gespräch bilden die Unterkapitel und sind nach den Ansprechpartnern gegliedert. Auch wenn Techniken bestimmten Gesprächspartnern zugeordnet werden, lassen sie sich an vielen Stellen einsetzen.

Ob man sich selbst etwas kocht, nur das Rezept liest oder gar nur die Speisekarte, dazwischen liegen Welten. Aber auch das Lesen über Kommunikation bringt Vorteile, wenn man sich darauf einlässt, die eigenen Muster zu hinterfragen.

Ärztliche Kommunikation auf 20 oder 25 Seiten, da hätte Jules Verne auch seine Reise um die Welt in drei Stunden erleben können. Vieles wird hier angerissen in der Hoffnung, dass sich der geneigte Leser selbst auf den Weg macht. Dafür stehen ihm die Titel der Literaturliste zur Verfügung.

Lange galt *Kommunikation* als schmückendes Beiwerk zum medizinischen Kerngeschäft. Heute können wir beobachten, dass aus zwei Richtungen das Gespräch aus der Softskill-Ecke befreit und in den Rang gehoben wird, der ihm zusteht. Der Konkurrenzdruck zwingt Kliniken und Ärzte auf die Suche nach effektiven Methoden der Patientenbindung. Die *Neurowissenschaften* können zeigen, welche gehirnbiologischen Folgen Führungsverhalten hat. So wird klar, dass Empathie mit zum handfesten Führungswissen gehört. Unter dem Begriff »Neuroleadership« nutzen Führungskräfte der Wirtschaft seit geraumer Zeit das Wissen, das auch Chefärzten zur Verfügung stehen sollte. Deshalb findet sich zu jedem Stichwort ein Impuls aus dem Bereich der neurowissenschaftlichen Forschung.

Cave! Die hier vorgestellten Techniken sind ohne Respekt eingesetzt manipulativ, funktionieren auch im Leben außerhalb der Klinik und sind mit Wertschätzung angewendet ein Segen.

> **Kommunikation ist eine Kernkompetenz.**

27.2 Die ersten 100 Tage

> Es gibt keine zweite Chance für den ersten Eindruck.

Woran erkennt man einen Chefarzt? An seiner überdurchschnittlich ausgeprägten Art, Menschen zu behandeln. Wobei gezeigt werden kann, warum sich das Wort »behandeln« genauso auf die Kommunikation wie den medizinischen Aspekt bezieht.

Ausgewählt für eine Chefarztstelle wird ein Kandidat oft wegen herausragender Leistungen auf seinem Fachgebiet, Techniken oder Wissensstände in einem medizinischen Bereich. Seine Reputation wird mit seinem Start ins Haus implementiert, danach warten aber in der chefärztlichen Routine auch ganz andere Aufgaben. Und mit der Bugwelle des guten Rufes, der ihm vorauseilt, steht der neue Chef eines Tages vor seinen zukünftigen Mitarbeitern.

27.2.1 Körpersprache für Chefärzte

Mit ernster Miene betont der neue Chefarzt, wie froh er sei, nun an dieser Klinik zu arbeiten. Seine Zuhörer sind irritiert.

Immer, wenn sich das gesprochene Wort und die nonverbalen Signale widersprechen, wird der Zuhörer sich auf die *Körpersprache* verlassen. Nur Kongruenz überzeugt.

Das erste Treffen mit dem neuen beruflichen Umfeld ist bestimmt kein leichter Moment, zu viel steht auf dem Spiel. Gerade weil es jetzt ernst wird, sollte es heiter zugehen. Wer weiß, dass beim ersten Kontakt mit einem Menschen neben dem Inhalt des Gesagten hauptsächlich verbale und nonverbale Elemente Wirkung haben, wird sich gerne ein Lächeln und einen empathischen Ton leisten. Unter Stress übernimmt manchmal eine Art Autopilotsystem die Kommunikation. Wer dadurch keine Nachteile haben will, wird einen Vertrauten bitten, mit wertschätzendem Feedback den »blinden Fleck« zu erhellen.

Während jeder im Team nur diesen einen neuen Chef kennen lernen will, muss sich der Chefarzt auf viele unterschiedliche Menschen einstellen. So bleibt für die ersten Kontakte eine *authentische*

Haltung die sicherste Möglichkeit für konstruktive Begegnungen. Sich »besonders« versiert, nett oder durchsetzungsstark darzustellen, kann wie eine Hypothek auf der kommenden, jahrelangen Kooperation lasten. Oscar Wilde hat das in dem Satz zusammengefasst: »Sei du selbst! Alle anderen sind bereits vergeben.«

Erstkontakte unterliegen besonderen Gesetzen, und im Normalfall wird eine Menge Energie darauf verwendet, den jeweiligen Status zu ermitteln und zu festigen. Das trifft in diesem Fall nicht zu, denn die Rangfolge gilt als vereinbart.

In der ersten Teamsitzung weist der neue Chefarzt noch einmal darauf hin, dass »es nichts Besonderes sei, dass ausgerechnet er nun die Klinik leite, schließlich seien sie ja mehr oder weniger alle gleich, und ihn habe es nun – haha – getroffen.« Die Oberärzte schauen sich heimlich untereinander an.

Auch wer sein halbes Leben auf diesen Moment hingearbeitet hat, ist vielleicht geneigt, den großartigen Moment durch entschuldigende Worte bescheiden wirken zu lassen. Das erzeugt in den Ohren der Zuhörer eine Dissonanz und klingt nicht nach dem »Primus inter pares«. Besonders Frauen in Führungspositionen haben die Neigung, Erfolge geradezu zu entschuldigen, eine fatale »Spirale« für spätere Führungsaufgaben.

Mit jeder Veränderung in einem Team ergeben sich *neue Konstellationen*. Wie bei einem Mobile müssen durch die Bewegung eines einzigen Teils sich alle Teile neu an einem Platz einfinden. Der Wechsel in der Chefarztposition berührt eine Klinik und ein Team sozusagen an den Grundfesten. Also wird die Art, wie in den ersten Tagen miteinander umgegangen wird, den Stil für lange Zeit prägen. Darin liegt eine große Chance, denn viele Altlasten aus der Epoche des Vorgängers können jetzt modifiziert werden. Dabei ist jeder klug beraten, der bewährte alte Muster erfragt und übernimmt.

27.2.2 Wie haben Sie das bisher geregelt?

» Ich weiß nicht, was ich gesagt habe, bevor ich die Antwort meines Gegenübers gehört habe. (Paul Watzlawick)

»Ich kann erkennen, wie Sie das bisher gemacht haben, und ich möchte das gerne mit einigen Impulsen verbinden, die ich selbst für zielführend halte.«

In der ersten Zeit werden Fragen die ständige Kommunikationshaltung sein. Besonders die *offene Frage* ermöglicht einen hilfreichen Austausch. Im zweiten Schritt erfolgt der Abgleich mit den eigenen Vorstellungen, der dann behutsam übersetzt werden muss. Dabei sollte der »Deus ex machina«-Effekt vermieden werden, auch wenn manch frisch ausgebildeter Kollege vor Ideen sprüht. Was lange halten soll, muss behutsam und nachhaltig installiert werden. Menschen ändern ihre Überzeugungen und ihr Verhalten nur dann, wenn sie einen Nutzen für ihr eigenes Muster darin erkennen können. Es ist also die Bringschuld des neuen Chefs, den Sinn der Änderungen ausreichend zu kommunizieren. Was dabei ausreichend ist, bestimmt nicht der Sprecher, sondern erst die Reaktion des Gesprächspartners zeigt den Erfolg.

> **Kommunikation ist Selbstmarketing.**

Neuroleadership
Default-Mode-Network ist der Ausdruck für den Zustand des Gehirns bei diffuser oberflächlicher Wachsamkeit. Stress für eine kurze Zeit entspricht durchaus dem Herausforderungswunsch des menschlichen Gehirns. Nur als Dauerzustand kommt es zu den schädlichen Auswirkungen, die mit Stress assoziiert sind.

27.3 Change Management

» Man muss den Menschen die Wahrheit nicht wie einen Lappen ins Gesicht schlagen, sondern wie einen Mantel hinhalten, damit sie hineinschlüpfen können.

Es wurde gezeigt, dass am Anfang gelingende Kommunikation zentrales Element des *Selbstmarketing*s ist, später prägt der Chefarzt mit seiner Interaktion den Stil des Hauses.

27.3.1 Wer Strukturen verändern will, muss mit den Menschen sprechen

Lernende Organisationen wie Kliniken befinden sich in einem permanenten Wandel. Ständig drängen von außen Anforderungen ins Haus, aber die maßgeblichen Antworten werden immer von der Führungsebene ausgehen müssen. Dabei ist die *Verständigung im Gespräch* der entscheidende Erfolgsindikator, denn ohne motivierte Menschen kann es keine positiven Veränderungen geben. Viele gute Ideen hatten mit schlimmen Geburtswehen zu kämpfen oder sind gleich ganz gescheitert, weil das Projekt mangelhaft kommuniziert wurde.

Wer sind die *Kommunikationspartner* für den Chefarzt?
- Patienten: Sie wollen gehalten, geheilt werden und vertrauen.
- Teamkollegen: Sie wollen angeleitet werden und vertrauen.
- Der Verwaltungschef: Er will Antworten und auf einen erfolgreichen Weg vertrauen.

27.3.2 Vertrauen führt

So unterschiedlich die Bedürfnisse der Adressaten sind, ein Element funktioniert wie das Fundament für gelingende Kommunikation: *Vertrauen*. Es wird nicht dadurch erreicht, indem man ständig davon spricht. Es ist eher kontraproduktiv, den Begriff oft im Mund zu führen. Im Klinikalltag kann sich Vertrauen bilden, wenn drei Komponenten vorliegen: Verlässlichkeit, Berechenbarkeit, Loyalität. Ehrlichkeit wird dabei als Kernkompetenz vorausgesetzt.

27.3.3 Stärken Sie das fehlende Element

Eine Analyse der Ist-Situation zeigt, woran es am meisten fehlt: Ist das Klima durch Cliquenbildung belastet, setzen Sie auf *Loyalität*. Gibt es Verunsicherungen durch unklare Entscheidungsstrukturen, schaffen Sie Berechenbarkeit durch *Transparenz*. Und wenn das Teamklima an mangelnder Verlässlichkeit krankt, versprechen Sie auch notfalls kleine Schritte, die aber halten Sie unbedingt ein. Sollte ein Versprechen oder eine Erwartung doch nicht eingelöst werden können, muss das offen thematisiert werden (Bambus-Strategie, ▶ Abschn. 27.4.10).

Vertrauen ist nicht etwas, was sich Mitarbeiter nach Jahren verdienen, sondern immer eine Vorleistung des Chefarztes.

Die Meisterklasse des Managements besteht auch in der Delegation, nur eines lässt sich nicht delegieren: das *persönliche Gespräch*. Es bleibt mächtiges Instrument der Personalsteuerung und der Wertevermittlung

Ob es um Mitarbeiterführung, Motivationssteigerung, Wissensvermittlung oder Verhaltensänderung geht, immer wird es das persönliche Gespräch sein, mit dem Ziele erreicht werden. Die Informationen durch Mailings oder das Intranet haben nur selten Impulscharakter und ersetzen nie das Gespräch mit Augenkontakt.

27.3.4 Jede Minute im persönlichen Gespräch macht den Chefarzt zum Opinionleader

Damit die Ziele der ersten »Sturm und Drang«-Phase auch nachhaltig verankert werden können, empfiehlt sich die *Minimum-Maximum-Strategie*. Vor jedem wichtigen Gespräch legt man sich kurz zurecht, was man unbedingt (Minimum) erreichen will, unter dieser Marge wird man sich nicht zufrieden geben. Aber man entwirft auch ein optimales Ziel (Maximum), das sich in einer glückhaften Stunde erreichen lässt, auch wenn es noch ein weiter Weg bis zum Ziel ist.

27.3.5 Mit Metakommunikation in Führung gehen

Eine effiziente Technik in Einzel- wie in Gruppengesprächen ist die *Metakommunikation*, das Sprechen über das Gespräch.

»Ich glaube, wir haben uns im Moment festgefahren und brauchen einen Impuls, die Dinge aus einer anderen Sicht zu sehen.« Mit dem überraschten Gesprächspartner kann eine Neuorientierung folgen, ein Schub an neuen Ideen, statt dass alle ständig die gleichen Argumente betonieren.

»Nachdem ich Ihnen gut zugehört habe, kann ich drei Einwände heraushören.« Dem empörten Beschwerdeführer wird klar, dass der Chefarzt ihn ernst nimmt.

Mit Metakommunikation lassen sich Gespräche steuern, beschleunigen oder im Ablauf verdeutlichen. So behält man die Gesprächsführung auch in schwierigen Situationen.

27.3.6 Impact – Der Joker, der sich vorbereiten lässt

Kritikpunkte erfordern besonderes Feingefühl im Umgang mit anderen Menschen. Dabei wird jeder Chefarzt seinen eigenen Stil entwickeln. Mangelnder Erfolg der Gespräche ruft deutlich nach Verbesserung der Strategien. In heiklen Situationen sind oft *Impacts* das Mittel der Wahl: Durch den kreativen Einsatz von Alltagsdingen als Anschauungsmaterial für eine Botschaft lässt sich oft mehr erreichen als mit vielen Worten.

Dem Oberarzt, der sich um alles in der Welt nicht auf brisante Themen einlässt, wird feierlich eine »heiße Kartoffel« überreicht, allerdings in Form eines großen Knäuels Alufolie. Man bittet darum, die Silberkugel als Ansporn für ein offenes Wort zu betrachten. Das befreiende Lachen zeigt, dass die Botschaft angekommen ist. Wer der Technik nur schwer glauben kann, sollte es auf einen Versuch ankommen lassen. Der Chef einer großen Bank bewahrt seine »heiße Kartoffel« bis zum heutigen Tag in seiner Schublade auf.

Allerdings gibt es keine Technik, die immer und garantiert funktioniert. Es gilt, dem Gesprächspartner zu begegnen, so wie er das in dieser Situation braucht. Hochleister neigen manchmal zu dem Irrtum, alle müssten sich auf sie einstellen. Dabei wird Führungsstärke durch den Grad des flexiblen Eingehens auf andere bewiesen.

Missverständnisse haben tausend Gründe, aber den einen Weg, der zum gegenseitigen Verständnis führt, den muss die Führungskraft finden.

Wie es in der Medizin Placebos gibt, so finden sich auch in der Kommunikation Sätze, die ohne eigentlichen Inhalt wie Platzhalter *strategische Vorteile* in kritischen Situationen bewirken können.

»So sehen Sie das.« Experimentieren Sie mal mit den Betonungen: Auf »So« betont, zeigt es Erstaunen und kritische Distanz, auf »Sie« schon deutlich härter den krassen Unterschied zur eigenen Haltung. Und der Ton eröffnet eine Skala von freundlichem Erstaunen bis hin zu eiskalter Abwehr. Auf alle Fälle verschafft er dem Sprecher Distanz bei Vorwürfen oder Ideen, die so unmöglich scheinen, dass man Zeit für die Antwort braucht.

Die *Deeskalation* wird eine Hauptaufgabe sein, wenn »der Neue« alles ändern will. Auch wenn die Position des Chefarztes ein Durchregieren aller Beschlüsse erlauben würde, ratsam ist das nicht. Denn Ärger verhindert Lösung, und eine emotionale Aufladung führt selten zum Ziel.

Am Ende werden alle ein Bild und eine Meinung haben vom neuen Chef. »Der ist schon richtig fürs Haus, der hat frischen Wind reingebracht.« Das wäre ein Ausdruck gelungenen *Change Managements*.

> **Kommunikation prägt den Stil des Hauses.**

Neuroleadership
Umstrukturierung in einem Team kann aus neurobiologischer Sicht zur Aktivierung des Schmerzareals im Gehirn führen. Es müssten neue Erregungsmuster ausgeprägt werden, um den Veränderungen positive Impulse abzuringen.

27.4 Patientenkontakt

> Sie sollten Vertrauen zu Ihrem Arzt haben wie zu einem Kapitän auf einem Schiff! Aber der Kapitän befindet sich ja mit auf dem Schiff. (Mark Twain)

Viele Chefärzte wünschen sich mehr Zeit für den direkten *Patientenkontakt*, aber viele andere Aufgaben nehmen einen immer größeren Raum ein. Und dann ist da die *Chefarztvisite*, Tageshöhepunkt für die einen, lästige Pflicht für andere. Gelingende Kommunikation am Bett des Patienten gehört sicher in die Meisterklasse der Gesprächstechnik.

Denn die Voraussetzungen sind nicht ganz leicht. Die Positionen können unterschiedlicher nicht sein: Der eine Mensch liegt, der andere steht und kann das Zimmer jederzeit wieder verlassen. Der eine spürt die Befindlichkeiten seines Körpers, der andere kennt den medizinischen Hintergrund der Erscheinungen. Ein *Gespräch auf Augenhöhe* ist das nicht. Das muss der Chefarzt berücksichtigen, wenn er das Gespräch empathisch steuern will.

Manchem Arzt ist das ganze Ausmaß der schwierigen Gesprächssituation erst klar geworden, als er selbst einmal Patient war. Wobei man davon ausgehen kann, dass die Mediziner ihren Kollegen mit besonderer Wahrnehmung beobachtet haben.

27.4.1 Körperhaltung für Chefärzte

Auch die *Körperhaltung* entscheidet über den Erfolg. Wenn sich z.B. die Schultern des Chefarztes dem Patienten zuwenden, nimmt der einen aufmerksamen Zuhörer wahr.

Besondere Aufmerksamkeit des Patienten finden außerdem die Augen und die Hände des Chefarztes. Ein italienischer Mensch wird gerne bestätigen, dass man nur mit den Händen sprechen kann. Aber auch für alle anderen gilt: *Gestik* kann unterstreichen, was jemand sagt, und so Zuhörer »berühren«. Die Augen gelten als das Fenster zur Seele. Wer am Patienten vorbeischaut, darf sich nicht wundern, wenn das Gespräch an Konzentration verliert. *Augenkontakt* kann beruhigen, zur Mitarbeit animieren und gibt dem Patienten Sicherheit.

»Der Doktor hat mich gar nicht richtig angeschaut.« Dieser Satz sollte im praktischen wie im übertragenen Sinne der Vergangenheit angehören.

Die Kunst der *Pause* ist für Anfänger sicher eine Klippe, aber die daraus folgende, gelassene Souveränität wird nicht nur dem Patienten wohltun, sondern wird auch von den begleitenden Assistenzärzten wahrgenommen.

Auf die Begrüßung erfolgt die *Einstiegsfrage* nach der aktuellen Befindlichkeit. Viele Ärzte befürchten, dass Patienten nun ihre Lebensgeschichte erzählen wollen und unterbrechen den Redefluss. Leider tun sie das in der Regel viel zu früh. Untersuchungen zeigen, dass ein Patient ungehindert durchschnittlich nur 50 Sekunden sprechen würde, bereits aber nach 18 Sekunden vom Arzt unterbrochen wird.

27.4.2 Aktives Zuhören

In vielen Fällen liegen zwischen dem, was Patienten hören wollen, und dem, was der Chefarzt sagen muss, ganze Welten – wahrhaft keine optimalen Bedingungen. Damit es doch gut gelingen kann, beginnt alles mit der Technik des *aktiven Zuhörens* durch den Arzt. Gerade wegen der drängenden Zeittaktung ist es entscheidend, absolute Zuwendung zu signalisieren. Das kann z.B. durch eine Sekunde des Abwartens zu Beginn der Begrüßung geschehen. Wer bereits im Türrahmen anfängt zu sprechen und die erste Antwort erhält, bis er am Bett angekommen ist, hat Eile mit Flüchtigkeit verwechselt. Es kann dann kaum noch zu einem konzentrierten Dialog kommen (▶ Kap. 18.6, S. 244).

27.4.3 Holen Sie sich ein »Ja« ab

Für den folgenden Schritt gelten die Techniken des *Paraphrasierens* und *Verbalisierens* als eine solide Basis. Die Wiederholung des wichtigsten Teils der Patientenaussage mit den eigenen Worten schafft eine gemeinsame Plattform. Dieser kleine Trick hat mächtige Wirkung, denn er provoziert das erste »Ja« beim Gesprächspartner. »Ja«, der Arzt hat verstanden und »Ja«, es kann weitergehen mit dem Gespräch. Als nächsten Schritt kann sich eine Verbalisierung anbieten. Dabei wird der emotionale Hintergrund der Äußerung benannt. Damit soll das erste »Ja« wiederholt und qualitativ verstärkt werden. Dabei ist es ratsam, einen ganz großen Begriff wie Angst zu vermeiden, schließlich soll ja keine Eskalation riskiert werden. Besser geeignet sind Worte wie »irritiert«, »beunruhigt« oder »verärgert«. Die folgenden Beispiele zeigen ausgehend von einer Patientenäußerung die beiden Schritte.

»Herr Professor, seit ich die neuen Medikamente nehme, kann ich nachts kein Auge mehr zumachen!«

»Sie schlafen mit den neuen Tabletten nicht so gut?«

Der Patient nickt erleichtert.

»Das ist ja unangenehm, und das macht Ihnen Sorge?«

»Ja«, steigt der Patient ein, »was kann man denn da machen?«

Nach dieser Eröffnung wird sich der Patient auf die neuen Anweisungen des Arztes einlassen. Ein erwachsenes Gespräch beginnt. Hätte der Arzt beruhigt (»Das kann am Anfang schon mal so wirken«) oder gedroht (»Sie müssen auch schon mal mit den Nebenwirkungen fertig werden, sonst kann ich auch nicht helfen…«), käme es zur Eskalation oder zur Abwendung.

Mögliche *Einstiegssätze* in das Aktive Zuhören:

Arzt paraphrasiert Wiedergabe mit eigenen Worten	Arzt verbalisiert Benennung des zugrundeliegenden Gefühls
»Mit anderen Worten…« »Wenn ich Sie richtig verstanden habe, geht es um…« »Ihnen ist wichtig, dass…« »Sie legen Wert auf…« »Für Sie kommt es sehr darauf an, dass…« »Ich habe jetzt verstanden, dass Sie…«	»Sie befürchten jetzt, dass…« »Sie sind misstrauisch, ob…« »Sie ärgern sich über…« »Sie sind noch nicht sicher, wieweit…« »Sie sind erschrocken über…«

»Das sind ja alles sehr konstruktive Ideen, aber die Zeit…«, diesen Satz hören Trainer in Seminaren oft, und er verknotet zwei Aspekte auf unselige Art und Weise. Ein kluger Arzt hat einmal gesagt: »Ich habe so wenig Zeit, ich muss meinen Patienten länger zuhören.« Und in dieser Relation stecken tatsächlich viel mehr Chancen. Denn wessen Zeit kostbar ist, der muss sich gerade um effiziente und effektive Strategien bemühen. Zum Glück ist das erlernbar.

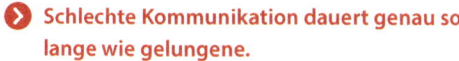 Schlechte Kommunikation dauert genau so lange wie gelungene.

27.4.4 30 Sekunden Werbung für die Klinik

Zum Kosten-Nutzen-Faktor: Das Gespräch aus unserem Beispiel dauert keine 30 Sekunden und wirkt besser als jede teure Anzeigenkampagne, die die Klinik schalten kann. Früher rechnete man, dass dieser Patient etwa elf Menschen in seinem Umfeld davon erzählen würde, wie er behandelt wurde und so zum Werbeträger für das Haus wird. Heute sind über die sozialen Netzwerke schnell ein paar tausend »Likes« zusammengekommen, die im Gegensatz zur Anzeige auf ewig abrufbar sind.

Bevor wir Techniken darstellen, mit denen sich aus einem Chefarzt mit wenig Zeit ein Mentor des Gesprächs machen lässt, sei noch ein Impuls vorgeschaltet. Zehntausende Gespräche führt ein Arzt in seinem Berufsleben, viele hundert Patienten sieht er allein im Laufe weniger Wochen. Der Patient hingegen spricht vielleicht nur ein- oder zweimal in seinem Leben mit einem Chefarzt, und seine Erwartungen sind in vielen Fällen unermesslich. Der Chefarzt, der diese komplementäre Situation im Hinterkopf behält, kann manche Klippe vermeiden. Überzogene Erwartungen dürfen weder frühzeitig abgewehrt noch am Ende enttäuscht werden. Es ist ein gleichsam pädagogischer Auftrag, den Patienten langsam aus seiner Abhängigkeit in eine selbstgewählte Autonomie zu führen.

Bereits 1994 stellte Thomas Ripke fest: »So lautet der übliche Rat an uns Ärzte: Nehmt Euch mehr Zeit für Eure Patienten! Dieser Rat macht uns je nach Naturell aggressiv oder verursacht ein schlechtes Gewissen, löst aber nicht unser Problem, denn wir haben nicht mehr Zeit« (Emmerling 2015, S. 133).

Da weder Aggression noch ein schlechtes Gewissen zum Ziel führen, stellt sich die Frage, mit welchen Techniken der Chefarzt trotz knapper Zeit ein *konstruktives Gespräch* führen kann.

27.4.5 Verschiedene Patiententypen

Mit manchen Menschen versteht man sich auf Anhieb. Ohne viel Mühe kann man ihnen Ideen und Pläne erklären. Als ob sie die gleiche Sprache beherrschten, kann man auch ihre Fragen begreifen und beantworten. Wieso klappt das nicht mit allen Menschen?

Wie die Anamnese erst die Diagnose ermöglicht, sollte jeder Arzt in der Lage sein, rasch zu erkennen, wen er da vor sich hat als Gesprächspartner. Aus den vielen *Typologien* der Literatur hat sich besonders das DISG-Modell als praxistauglich erwiesen.

Wie viele Systeme teilt es die Menschen in vier Gruppen ein. Das soll nicht zum »Schubladendenken« führen, sondern erkennen lassen, welche Art der Ansprache ein Patient braucht, um zu Erkenntnis und Compliance zu gelangen.

- Da gibt es den »dominanten« Typ, der extrovertiert und aufgabenorientiert ist. Energisch und zielbewusst geht er die Dinge an, und so soll auch mit ihm gesprochen werden. Small Talk oder viele Details würden ihn eher irritieren. Ordnen wir ihm die Farbe Rot zu.
- Der »initiative« Typus[1] ist ebenfalls extrovertiert, aber eher menschenorientiert. Er braucht eine andere Art der Ansprache. Es darf gerne etwas freundlicher zugehen, ein Lachen öffnet das Herz und den Verstand. Stellen wir uns hier die Farbe Gelb vor.
- »Stetig« wird der Mensch genannt, der introvertiert und menschenorientiert ist. Er hört auf alles, was Vertrauen auslöst. Neues muss bei ihm mit angemessener Bedenkzeit ausgestattet werden, sonst blockt er ab. Zu ihm passt die Farbe Grün.
- Der letzte Typ, der als »gewissenhaft« bezeichnet wird, ist introvertiert und aufgabenorientiert. Bestens organisiert hat er hohe Ansprüche an sich und die anderen. Unsicherheiten scheinen in seinen Augen Schwäche zu signalisieren. Ordnen wir diesem Typ die Farbe Blau zu.

Ein bereits operierter Patient muss einen zweiten Eingriff haben. Im Folgenden einige Vorschläge, wie die schwierige Aufgabe auf die unterschiedlichen Adressaten zugeschnitten werden kann:
D – »Herr Rot, eine zweite OP stellt für Sie eine Belastung dar, ganz klar, aber ich will Ihnen die Notwendigkeit und auch die Chancen aufzeigen.«
I – »Frau Gelb, mit einer einfachen OP ist es bei Ihnen offenbar nicht getan. Zum Glück gibt es jetzt eine neue, erweiterte Technik, die wir benutzen werden.«
S – »Herr Grün, ich habe Sie als verlässlichen Patienten kennengelernt. Wir müssen eine zweite OP andenken.«
G – »Frau Blau, für den folgenden Schritt brauchen Sie Bedenkzeit. Wir müssen uns mit der Entscheidung für eine zweite OP beschäftigen, und ich werde Ihnen alle Informationen geben, die Sie für eine perfekte Aufklärung brauchen.«

Spannend ist die Frage, welcher Typ man selber ist. So ließe sich auch die Gruppe von Patienten ausmachen, mit der Verständnis sozusagen automatisch funktioniert. Das ist aber rechnerisch nur ein Viertel der Menschen – viel zu wenig für einen Chefarzt.

27.4.6 Giftschrank – Toxische Haltungen in der Kommunikation

Wie die Medizin kennt auch die Kommunikation den »Giftschrank«. Darin sind rhetorische Elemente, die toxische Wirkung haben und gut kuratiert werden müssen, wie z.B.:
- Trösten und Beschwichtigen,
- Drohen und Anklagen,
- Rationalisieren,
- Ablenken.

Trost zu spenden scheint auf den ersten Blick doch etwas Gutes zu sein, aber selten hilft es dem Patienten weiter, wenn ihm gesagt wird, es sei alles nicht so schlimm. Für ihn ist es das eben doch, auch wenn der erfahrene Mediziner die Lage professionell anders einschätzen kann. Der Patient nimmt nur wahr, dass er nicht gehört wird und wendet sich ab.

Die *Beschwichtigung* im Beschwerdefall gießt sogar oft noch Öl ins Feuer. Wer auf den Satz »Das ist ja nicht auszuhalten« entgegnet, das müsse man doch nicht so eng sehen, kann beobachten, wie sich der Gesprächspartner verschließt, denn er hat gemerkt, dass seine Situation nicht verstanden wird.

Eine *Drohung* oder eine *Anklage* sind schon allein deshalb zu vermeiden, weil die ungleiche Kommunikationssituation zwischen Patient und Arzt damit extrem angespannt wird. Sicher müssen manchmal Konsequenzen aufgezeigt werden, aber wer die Allianz für den Patienten will, der kann keine Energie auf Drohungen setzen.

Patienten beklagen sich häufig über einen Mangel an Empathie (▶ Kap. 1 und Kap. 30). Das tun sie besonders dann, wenn der Arzt sich auf das Feld der *rationalen Gründe* zurückzieht. Er ist dort nicht mehr erreichbar, und der Patient steht allein da. Alles erklären zu wollen heißt dann auch, Verantwortung und Vertrauen abzuwählen. Besonders intellektuelle Hochleister neigen zu diesem Verhalten. Beobachten Sie einfach die Reaktion: Der Pa-

---

[1] Auch »geselliger« Typus genannt

tient schaltet auf Durchzug, und wenn man Glück hat, sagt er hinterher: »Ja, der Doktor hat mir das erklärt, aber verstehen konnte ich das eh nicht.« Adhärenz sollte man dann aber nicht erwarten.

Eher auf Patientenseite zu finden, ist die Technik des *Ablenkens*. In bestimmten Gesprächssituationen springen sie plötzlich aus der Spur und versuchen mit einem Scherz oder einer Anekdote die Situation zu entschärfen. Auch dann wird eine Lösung im Gespräch verschoben oder sogar verhindert. Wem das oft passiert, kann sich mit der Technik der Transaktionsanalyse helfen (▶ Abschn. 27.7, S. 437f).

Es wird ständig **über** Patienten gesprochen, in der Teamsitzung und auch bei Einzelbesprechungen. Das darf aber auf keinen Fall *vor* dem Patienten selber geschehen. Wer von einem Patienten hörte »Hallo, ich bin auch noch da«, hat sich gerade einen dicken Lapsus erlaubt. Wo liegt der Mittelpunkt der Diskussion? In der Stationsbesprechung bei Fällen, bei der Visite bei Menschen. Es ist wichtig, sich auch in Abwesenheit des Patienten so zu äußern, dass er es hören könnte, von der Namensnennung (»der Herr Müller« statt »die Galle von Zimmer 5«) bis zur Bewertung der medizinischen Situation. Denn ein ständiges Switchen zwischen verschiedenen Tonarten führt zu Fehlern und kostet Kraft.

27.4.7 Sprechen Sie Patientendeutsch

Fair ist das nicht. Da hat man ein halbes Leben die komplette medizinische Fachterminologie erlernt, und dann soll man wieder rückübersetzen in das Alltagswissen des Patienten. In den angelsächsischen Ländern ist es ein Qualitätsmerkmal von Wissenschaftlern, komplexe Systeme ganz einfach zu erklären.

27.4.8 Partizipative Entscheidungsfindung – Viel mehr als ein Schlagwort

Dem alten Bild des patriarchalischen Chefarztes entsprach, dass seine Entscheidungen fundiert, unfehlbar und richtig waren und schon gar nicht von Patienten zu hinterfragen waren. In diesen Zeiten hatte man Glück, wenn eine Schwester einem hinterher wenigstens kurz erklärte, was da gerade »von ganz oben« beschlossen worden war. Diese Zeiten sind vorbei. Patienten wollen heute mit in die Entscheidung über ihre Behandlung einbezogen werden, und das ist auch gut so.

27.4.9 Gut informierte Patienten sind gut zu behandeln

Was für den autoritären Arzt noch undenkbar war, soll jetzt in eine Schrittfolge gesetzt werden, die medizinische Zielvorstellungen mit den Bedürfnissen des Patienten in Einklang bringen will. Was zunächst nach zeitlicher Verzögerung klingt, wird sich umgekehrt in einen Motor verwandeln, denn der beteiligte Patient trägt ja auch Mitverantwortung für das Geschehen. Jede Minute, die ein Arzt in die gemeinschaftliche Entscheidungsfindung investiert, zahlt sich doppelt aus, weil hohe Compliance-Raten den Erfolg verstärken.

»Herr Müller, ich freue mich, wenn Sie Fragen stellen, dann kann ich mit Ihnen über alle wichtigen Punkte sprechen.«

Laut einer Umfrage der Bertelsmann-Stiftung ist mehr als die Hälfte der Patienten an einer aktiven Einbeziehung in den Entscheidungsprozess interessiert und betrachtet dies als ein Zeichen einer gelingenden Arzt-Patient-Beziehung.

27.4.10 Der Arzt, der Patient und seine Familie

Manch ein Arzt würde am liebsten nur Singles behandeln, zu oft schon hat er sich an den teils unsachlichen und übermäßigen Forderungen von *Angehörigen* abgearbeitet. Dabei können die Familienmitglieder wichtige Helfer sein im Heilungsprozess. Mit der *Bambus-Strategie* konnte schon mancher aus den »gewetzten Messern« von Angehörigen ein wichtiges Instrument für die Allianz für den Patienten schmieden.

Menschen wehren Vorwürfe ab, das ist gewissermaßen auf der Festplatte so vorinstalliert. Die Bambus-Strategie dreht das um. Der erste Schritt besteht in der Bestätigung. Nach diesem ungewöhnlichen Start folgen Anerkennung und die

Erwähnung der Möglichkeit von Mängeln. Es wird Bereitschaft signalisiert, die Situation zu klären. Manchmal kommt es mitten im Gespräch zu einer Eskalation, Empörung mündet in Schreierei, oder es fließen sogar Tränen. Dann ist die Umlenkung der Emotionen die Aufgabe des Gesprächsleiters. Und zum Schluss einigen sich die Gesprächspartner auf eine sachgerechte Lösung.

Bambus ist ein Akronym aus folgenden Schritten zu einer konstruktiven Beschwerdeklärung:

- B = Bestätigung
- A = Anerkennung
- M = Möglichkeit von Mängeln
- B = Bereitschaft zur Lösung
- U = Umkehr von Emotionen
- S = Sachgerechte Lösung

In der praktischen Anwendung könnte das so aussehen:

Der Ehemann einer Patientin hat sich bitter beklagt, dass seine Frau die Tabletten nicht gut verträgt und der behandelnde Arzt ihr erst nach mehrfachem Fragen andere Tabletten gegeben habe. Der Stationsarzt kann und will sich dem erbosten Mann nicht mehr stellen. Der Chefarzt nimmt sich einige Minuten, und in einer ruhigen Ecke führt er folgendes Gespräch:
»Herr Müller, ich habe gehört, dass es Schwierigkeiten gab. Und ich finde es gut, dass Sie sich zu Wort melden.« (B)
Der Mann ist verdutzt, denn er hatte etwas anderes erwartet.
»Wir sind angewiesen auf die Rückmeldung der Angehörigen, denn in einem so großen Haus ist nicht immer alles im Blick.« (A)

Jetzt macht sich bei dem Angehörigen Erleichterung breit, denn man scheint ihm zuzuhören.
»Es kann tatsächlich sein, dass es Verzögerungen bei den neuen Tabletten gab, aber das ist nicht in Sinne unseres Hauses.« (M)
Der Mann sieht jetzt seine Stunde gekommen und lädt noch mal nach: Auch die neuen Tabletten hätten massive Nebenwirkungen.
»Ich werde persönlich mit dem Stationsarzt die Tabletten der letzten Tage noch einmal überprüfen, damit wir Sicherheit haben können.« (B)
Da kippt das Gespräch, und der ältere Herr fängt fast an zu weinen. Unter Tränen erzählt er, dass sein Bruder durch falsche Medikamente vor zwei Jahren gestorben sei, und er habe nun solche Angst.
»Ich sehe, wie Sie das mitnimmt. Gerade deshalb ist es wichtig, dass wir eine gute Lösung finden.« (U)
Als der Chefarzt sieht, dass der Mann sich wieder gefangen hat, schließt er ab:
»Ich fasse mal zusammen: Ich überprüfe die Medikation, und Sie besprechen mit Ihrer Frau, dass sie sich jederzeit an mich oder den Stationsarzt wenden kann. Ist das so für Sie eine gute Lösung?« (S)
Der alte Herr bedankt sich, und beide haben das Gefühl, ein wichtiges Ziel erreicht zu haben.

> **Kommunikation erhöht die Compliance-Rate.**

Neuroleadership
Open-Window-Phänomen nennen die Neurowissenschaftler den Effekt, der zur drastischen Verschlechterung des Immunsystems führt, wenn der Patient das Gefühl erlebt, der Situation hilflos gegenüber zu stehen. Der Distress führt von erhöhter Virulenz bis zur Neigung zu Herzinfarkten.

27.5 Mitarbeitergespräche

> Ihr müsst die Menschen lieben, wenn ihr sie ändern wollt. (Johann Heinrich Pestalozzi)

Neben dem medizinischen Wissen stellt die *Kompetenz in Rhetorik und Kommunikation* eine Schlüsselqualifikation auch in der Personalpolitik dar. Das zeigt sich spätestens im Umgang mit den Mitarbeitern, auf deren Schultern ja auch der Erfolg der Klinik liegt.

Ein Team ist so stark wie das schwächste Mitglied, und genau mit dem wird sich der Chefarzt intensiv beschäftigen müssen. Damit sich das nicht auf Abmahnen, Antreiben und Aushalten beschränkt, braucht er präzise Strategien.

Beginnt man mit der Anweisung als erstem Schritt, zeigen sich die zwei Koordinaten »kühl vs. freundlich« und »unklar vs. klar«. Erst wenn die Anweisungen des Chefs freundlich und klar *genug* sind, kann der Mitarbeiter angemessen reagieren. Dies dauert zwei Sekunden länger, ist aber etwa 20-mal so wirksam. Wer die Anweisung mit der Frage »Haben Sie das verstanden?«, abschließt, kann sich die Antwort sparen. Ein reflektorisches »Ja« zeigt gar nichts. Besser ist die abschließende Frage »Was erscheint Ihnen jetzt als das Wichtigste?« Jetzt soll der Mitarbeiter mindestens einen Punkt aus dem Gesagten herausfiltern und kann wirklich zeigen, ob er verstanden hat.

- Old School: Haben sie das verstanden?
- Erfolg: Was erscheint Ihnen am wichtigsten?

Bleiben wir noch einen Moment bei dem Mitarbeiter, der nicht proaktiv seine Stelle ausfüllt, sondern im Leistungsspektrum das Schlusslicht bildet. Egal, wie weit ihm das selbst bewusst ist, das Gespräch mit dem Chef wird ihn sicherlich bedrücken, und dann kann es sein, dass er sich zurückzieht auf Positionen wie »So haben wir das noch nie gemacht« oder eine kleine Schweigeminute. Wer ihn jetzt bedrängt in der Hoffnung, ihn aus der Lethargie zu reißen und plötzlich zu motivieren, wird den Teufelskreis verstärken.

Positive Gesprächsführung heißt hier, etwas zu finden, das diesen Menschen auszeichnet, damit man ihn dort abholen kann, wo er gerade ist. Vielleicht kann man auf bereits Geleistetes hinweisen oder berichten, dass sich andere Mitarbeiter lobend geäußert haben. Wer jetzt einwirft, an diesem Mitarbeiter gäbe es doch gar nichts Lobendes zu erwähnen, ist in dieser Situation nicht in der Lage, das Steuer herumzureißen. Diese Strategie ist eine Bringschuld, denn sie gibt eine Vorleistung an Vertrauen, die erst eine Veränderung ermöglicht. Knapp ausgedrückt: Wer einen anderen für verloren hält, hat ihn schon verloren.

Besonders hüten muss man sich vor den Folgen des *Halo-Effekts*. Oft überstrahlt eine kleine Information über einen Menschen alles weitere, was es noch wahrzunehmen gäbe. Nur weil jemand als Hochseeangler in seiner Freizeit Heldentaten vollbringt, ist das nicht automatisch auch in der Klinik seine Rolle. Und auch wenn von einem Mitarbeiter bekannt ist, dass er im Heim aufgewachsen ist, bedeutet diese bedauerliche Tatsache nicht, dass er nicht teamfähig sein kann.

Cave! Auch kleine Lichter können den falschen Weg leuchten.

Oft gilt es, einen Mitarbeiter von etwas zu überzeugen, was sicher auf Widerstand stoßen wird. Die meisten Menschen bereiten sich dann mit einigen handfesten Argumenten vor und sind enttäuscht, wenn trotzdem beim Gesprächspartner die Abwehrschilde hochfahren. Das Akronym WAVE steht für eine kluge Technik, die in Einzelgesprächen und vor Gruppen als Überzeugungsarbeit beinahe eine Erfolgsgarantie bietet:

- W = Widerstände sammeln,
- A = Argumente vorbereiten,
- V = Verlockende Formulierungen entwickeln,
- E = Erfolgserwartung aufbauen.

Je mehr Aufmerksamkeit man den zu erwartenden Widerständen widmet, umso besser ist die Positionierung der Eröffnung. Zudem spüren alle, dass der Chef nicht leichtfertig top-down Anweisungen verteilt, sondern den Mitarbeitern offen gegenübertritt. Nach dieser ersten positiven Überraschung kommen dann die Argumente, besser wenige gute als eine lange Liste. Um die Maßnahme auf eine feste Basis zu stellen, ist der dritte Schritt wichtig. Verlockende Formulierung klingt etwas nach Marketing, aber entspricht dem Wunsch des Menschen, sich auf ein neues Ziel einlassen zu können. Geschafft ist es, wenn man im letzten Schritt eine Erfolgserwartung teilen kann. In der Praxis könnte das so aussehen:

Zum zweiten Mal in fünf Jahren wird eine neue Software eingeführt.
»Vielleicht fragen Sie sich, warum Sie nun schon wieder ein neues System lernen sollen. Und der Eine oder Andere befürchtet, dass es wieder die üblichen Übertragungsprobleme geben wird.« (W)

»Das neue Programm hat drei entscheidende Vorteile:…« (A)
»Wir sind dann ganz vorne, was Schnelligkeit und Effizienz betrifft.« (V)
»Und ich sehe uns auch dieses Jahr wieder an der Spitze beim Ranking der Kliniken in Norddeutschland.« (E)

27.5.1 Schlechte Kommunikation dauert genauso lange wie gute

In den Trainings befürchten Manager manchmal, mit so viel Vorbereitung zeitlich überfordert zu sein. Wir rechnen dann den Aufwand gegen, den eine schlecht kommunizierte Anweisung nach sich zieht, und kommen auf ein Mehrfaches. Aber es ist nicht nur die Kosten-Nutzen-Rechnung, die diese Technik prädestiniert. Wer häufig den *Perspektivenwechsel* im Kopf trainiert, wird professionelle Überzeugungsarbeit leisten und sein eigenes Standing optimieren.

Menschen von etwas zu überzeugen, bedeutet immer, sich auf sie einzulassen und ihre Beweggründe mit einzubeziehen. Nicht allen Menschen fällt es leicht, andere so nah an sich heran zu lassen. Dann ist die dünne, kühle Luft in der Einsamkeit an der Spitze einer Klinik gerade recht. Aber niemand ist in der Medizin eine Insel, große Leistungen werden nur im Team erreicht (▶ Kap. 6.3.3). Die Selbstwirksamkeit eines Chefarztes wird nur durch Kommunikation gesteigert.

> **Kommunikation ist Mitarbeiterführung.**

> **Neuroleadership**
> Cortisol wird langsamer abgebaut als Oxytocin, was dazu führt, dass Kritik viel länger wirksam bleibt als Lob.

27.6 Verwaltungschef

» Keiner ist für das Problem, aber alle sind für die Lösung verantwortlich.

»Wenn es nur die Patienten und die kooperativen Kollegen gäbe, mein Job wäre das Paradies, stattdessen…«

Wissen Sie, was ein Chefarzt an dieser Stelle sagen wird? Von dem überproportional aufgeblähten Verwaltungsapparat wird die Rede sein, von permanenter Überforderung und vom Zerriebenwerden zwischen den Fronten. Alles wäre zu lösen, hätte man genug Zeit, aber so hetzt man von Gespräch zu Meeting und löscht wie ein Feuerwehrmann die Schwelbrände.

27.6.1 Kommunikation vor Kooperation

Während 70% aller Geschäftsführer die Zusammenarbeit mit den Leitenden Ärzten als positiv einschätzen, halten viele Chefärzte den Kaufmännischen Direktor für ihren natürlichen Feind (▶ Kap. 37). Sie misstrauen der Geschäftsleitung doppelt so häufig wie umgekehrt, das Gleiche gilt für die persönliche Wertschätzung (Tonus et al. 2011, 2013).

»Und dann der Geist, der stets verneint. Wir nennen ihn alle ‚Dr. Euro', weil er nur anerkennt, was sich auch rechnet. Neulich habe ich ihn auf einem privaten Fest getroffen und ihn als sehr nett erlebt, wer hätte das gedacht? Aber wenn ich in der Teamsitzung spreche, und er fängt an, sich Notizen zu machen, dann bekomme ich ganz unschöne Gedanken. Das ist aber auch der Moment, wo die Kollegen zu einem stehen, das ist ja sonst nicht immer der Fall.«

Die oben genannte Studie kann eindeutig aufzeigen, dass es einen direkten Zusammenhang zwischen wirtschaftlichem Erfolg und *Kooperation* zwischen ärztlicher und kaufmännischer Leitung gibt. Konstruktive Wertschätzung und lösungsorientierte Gespräche sind hier also keine romantische Harmonievorstellung, sondern die einzig zielführende Haltung. Vor die Kooperation haben die Götter die Kommunikation gesetzt, Anlass genug, sich Gedanken darüber zu machen (▶ Kap. 13 und ▶ Kap.15).

27.6.2 Self-fulfilling prophecy

In den 70er-Jahren unternahm ein amerikanischer Soziologe ein Experiment, das später als der *Rosenthal-Effekt* in die Literatur Eingang fand. Er gab Studenten Ratten für ein Geschicklichkeitsexperiment und einer Kontrollgruppe Ratten mit einem durch Züchtung erreichten höheren IQ. Die Gruppe mit den intelligenteren Ratten hatte die deutlich besseren Ergebnisse. In Wirklichkeit aber waren die Ratten nach dem Zufallsprinzip ausgesucht, und es gab keine »dummen« und »klugen« Ratten. Ähnliche Resultate erzielte Rosenthal in einer Grundschulklasse. Die Schüler, die einem Lehrer zu Beginn des Schuljahres als besonders intelligent benannt worden waren, hatten am Ende des Jahres höhere Leistungen in allen Bereichen. Was in der Schule mit der Besserbehandlung der intelligenten Schüler zu erklären war, ließ sich im Tierversuch damit erklären, dass auch hier die Haltung des Versuchsleiters die Ergebnisse maßgeblich bestimmte. Diesen Sonderfall der »self-fulfilling prophecy« sollten alle Führungskräfte kennen und weitgehend berücksichtigen.

Nach dem Ausflug in die Soziologie beginnt die erste Sitzung mit dem kaufmännischen Direktor der Klinik. Der Chefarzt hat schon von den Kollegen gehört, es handele sich um einen knallharten Verhandler, der nur durch Sachargumente zu überzeugen sei. Forschung und Lehre oder ethische Standards akzeptiere er nur dann, wenn sie sich wirtschaftlich vertreten ließen. Zunächst wollte sich der Chefarzt deshalb auch mit Zahlen und einer Excel-Tabelle »bewaffnen«. Dann erinnerte er sich an seine Kernkompetenz, zusammen mit seinem motivierten Team Patienten zu heilen. Er hat einen Brief einer dankbaren Patientin mitgebracht und legt ihn vor sich auf den Tisch. Jedes Mal, wenn er seine Argumente darlegt, wirft er einen Blick darauf.

Aus den Gegenargumenten des Verwaltungschefs spiegelt er den Teil, der ihn selbst stärkt. In der internen Nachbesprechung herrscht allgemeines Staunen, wie zugänglich die Verwaltung heute gewesen sei. Man habe wohl »einen guten Tag erwischt« (▶ Kap. 6.4.2, S. 51).

27.6.3 Herrsche und teile

> Alle Kriege enden mit Verhandlungen. Warum also nicht gleich verhandeln? (Jahawaral Nehru)

Es ist bitter, wenn der Chefarzt, der Verantwortung für ein großes Team hat, sich plötzlich selbst einer anderen Meinung beugen soll. Der Diskurs mit der Verwaltung ist der Punkt, wo die Souveränität des Chefarztes endet. Je nach Persönlichkeitsstruktur geht jeder damit anders um. Eine Erweiterung stellt die Technik der *Mediation* dar, die im Folgenden vorgestellt wird.

Wer die divergierenden Standpunkte als Gegensätze annimmt, wird immer die eine gegen die andere Seite aufstellen. Unter den bewährten Techniken hat sich die Mediation als fähig herausgestellt, unterschiedliche Standpunkte lösungsorientiert zu verbinden:

- Aus Positionen werden Interessen.
- Aus Beurteilungen werden Problembeschreibungen.
- Man erkennt, welche Bedürfnisse hinter möglichen Schuldzuweisungen stecken können.
- Man lernt, aus den Situationen der Vergangenheit für die Zukunft.
- Aus dem Erkennen der gemeinsamen Probleme erwachsen Lösungsansätze.

Die folgende Übersicht stellt mögliche Situationen nach der Modifikation dar.

Auffällig ist, dass sich der gewandelte Kurs gut an der Wortwahl ablesen lässt.

Viele Rechtschutzversicherungen übernehmen für Privatleute bereits die Kosten einer Mediation, aber auch im öffentlichen Bereich wird die Technik immer wichtiger. Der Bau des Münchner Flughafens wurde durch eine Mediation mit den Anwohnern begleitet.

Aber man muss es vielleicht gar nicht bis zum Streit kommen lassen, wenn man rechtzeitig die Denkweise der Mediation in seine Verhandlungstaktik einfließen lässt. Was in der Medizin die Prophylaxe ist, kann in der Kommunikation durch den Chefarzt einen malignen Verlauf aufhalten.

> **Kommunikation kommt noch vor Kooperation.**

Neuroleadership
Ob ein Mensch körperliche Schmerzen oder Statusverlust in einer emotionalen Diskussion erleidet, in beiden Fällen wird die Insula, das Schmerzzentrum, aktiviert. Durch diese Aktivität wird die rationale Reflexion nachhaltig gehemmt.

Impulse der Mediation	statt:	lieber:
Positionen > Interessen	Das Team weigert sich, mit den ständig wachsenden Patientenzahlen konfrontiert zu werden.	Wir brauchen, um gute Arbeit leisten zu können, verlässliche Zahlen für einen mittelfristigen Zeitraum.
Beurteilungen > Problembeschreibungen	Das sind doch alles hohle Versprechen. Wie oft ist das schon zugesagt und nie eingehalten worden?	Wir brauchen zusätzliche Sicherheit, damit wir in einem vertrauensvollen Verhältnis miteinander reden können.
Schuldzuweisungen > Bedürfnisse	Niemand kümmert sich um unsere familiären Verhältnisse. Es ist hier doch allen egal, wenn unsere Familien den Bach runtergehen.	Wir hören den Ärger und auch die große Sorge um den Erhalt des Familienlebens. Wir wollen, dass man das bei der Dienstplanung besser berücksichtigt.
Vergangenheit > Zukunft	Das ist doch alles seit zwei Jahren schon nicht auszuhalten. Nie erhält man rechtzeitig die Informationen.	Wir brauchen eine bessere Informationspolitik. Nach so langer Zeit sollten wir gemeinsam einen Modus finden, der das besser regelt. Wäre es für Sie hilfreich, wenn wir von heute die relevanten Infos ins Intranet stellen?
Individuelle Probleme > gemeinsame Lösungen	Jeder kämpft doch hier auf einsamem Posten. Ich frage mich manchmal, wie die Anderen das alle aushalten mit den ständigen Überstunden.	Wie uns geht es vielen, die mit der erhöhten Belastung kämpfen. Die Überstundenregelung ist da ein Beispiel. Aber die Anpassung der Arbeitsbedingungen an die neue Struktur ist unser aller Thema. In einer Umfrage sollten alle Bedürfnisse ermittelt werden, damit eine gemeinsame Lösung erarbeitet werden kann.

27.7 Kollegen

Alle Chefärzte waren mal in einem Kollegenteam. Ihre Erfahrungen bringen sie in die neue Position mit. Gab es eine vertrauensvolle Offenheit, oder duckten sich alle unter einer unberechenbaren Leitung? Von der ärztlichen zur chefärztlichen Kommunikation sind es eigentlich nur wenige Schritte. Jedes Wort liegt jetzt per se auf der Goldwaage, umso mehr müssen *Respekt* und *Vertrauen* die Koordinaten sein.

»Ich erinnere mich ja noch gut an meine Zeit in der Assistenz. Dann möchte ich den jungen Kollegen sagen, haltet durch, aber das kann man ja auch nicht machen.«

Warum eigentlich nicht? Autorität entsteht nicht durch die Abwesenheit von Gefühlen, und durch ein aufmunterndes Wort verliert niemand Respekt.

27.7.1 Kollegialität ist nicht Freundschaft…

»Lehre mich, es selbst zu tun« – diese Worte der großen Maria Montessori, die in der Pädagogik Symmetrie auf Augenhöhe verwirklichte, fehlt manchen kollegialen Kontakten. Es muss ja nicht gleich eine Freundschaft entstehen, aber die Menschen, mit denen man sein Arbeitsleben verbringt, verdienen uneingeschränkten Respekt. Das ist keine kritiklose Sozialromantik, sondern die Voraussetzung für ein erwachsenes Miteinander.

27.7.2 …aber kann es werden

Sie brauchen sich nur daran zu erinnern, wie es Ihnen ging, wenn Ihr damaliger Chefarzt Sie kritisierte, übersah oder lobte. Noch wichtiger als Ihr Gefühl ist auch Ihre damalige Reaktion. Wer vergleicht, wie sich gelobte und missachtete Kollegen verhalten, weiß, was er als Chef zu tun hat.

Aber in jedem Team gibt es Situationen, in denen Kritik angebracht ist. Es ist Old School, Kritik in einem Sandwich aus Lob zu verpacken. Das hat dazu geführt, dass Mitarbeiter wie Kollegen Schnappatmung bekommen, wenn der Chef ein Gespräch mit einem pauschalen Lob eröffnet. Tragfähiger ist da der direkte Einstieg mit dem Problem, wobei es wieder der Ton ist, der die Musik macht (Dreischritt-Methode). *Fehlerkultur* gehört zu den Top-Management-Themen und zeigt etwas über den Reifegrad eines Teams, das der Chefarzt mit seinem Führungsstil prägt.

27.7.3 Sechs Seelen wohnen, ach, in meiner Brust

Die Fallbesprechung läuft ein bisschen zäh, als der Assistenzarzt einen Witz über eine Patientin macht. Sofort reagiert die Oberärztin mit einem Einspruch: So könne man nicht mit Menschen umgehen. Jetzt kommen die Anderen dem Spaßvogel zu Hilfe: Das sei ja wohl erlaubt, ein bisschen Spaß wäre wohl das Mindeste. Der Chefarzt hat stumm zugehört, und dann reicht es ihm: »So, meine Herrschaften, jetzt ist die Schulpause zu Ende, und alle hören wieder auf, sich wie Drittklässler zu benehmen!« Obwohl sein Appell zur Vernunft funktioniert, sind alle gedrückt, irgendetwas ist aus dem Ruder gelaufen.

Manch seltsamer Verlauf in Gesprächen lässt sich mit der *Transaktionsanalyse* erklären, einem bewährten System zur Verhaltensänderung und zum Aufbau autonomer Beziehungen.

In jedem Menschen stecken Elemente seiner Entwicklung, die sich oft in unpassenden Situationen aktivieren, oft als Reaktion auf etwas, was ein Anderer gesagt hat.

27.7.4 Das spontane Kind

Da gibt es einen *kindlichen Anteil*, der vor allem *spontan* denkt und Spaß haben will. Über die Konsequenzen möchte er sich keine Gedanken machen, nur das Jetzt zählt.

Vielleicht fällt Ihnen jetzt ein Kollege ein, der auch in ungeeigneten Momenten zu Späßen neigt. Noch wichtiger ist die Frage, wann Sie selbst tendenziell über die Stränge schlagen.

»Ach, wir machen das jetzt einfach mal so.«

27.7.5 Das angepasste Kind

Die Oberärztin aus dem Beispiel entspricht dem kindlichen Anteil, der durch Erziehung geprägt unbedingt das Richtige tun will. Wie im Reflex weist sie auf das angemessene Verhalten hin. Menschen, die sich häufig entschuldigen, sind auch im *Angepassten-Kind-Modus* unterwegs.

Wer in Ihrem Umfeld duckt sich häufig unter die Erwartung der anderen? Und wie gehen Sie selbst mit Anpassung um?

»Das kann man doch nicht machen!«

27.7.6 Das trotzige Kind

Nicht alle Menschen reagieren auf einen Einwand einsichtig, manchmal aktiviert sich dann eine Antireaktion. Wie ein Kind, das mit dem Fuß aufstampft, tritt der kritisierte Mensch in eine Trotzhaltung.

Wann haben Sie zuletzt eine solche Trotzhaltung erlebt? Was kann Sie selbst zum *trotzigen Kind* machen?

»Jetzt mache ich das gerade nicht!«

Neben den *Kind-Ich*-Formen gibt es auch zwei Ausprägungen des *Eltern-Ichs*. Die können die wirklichen Eltern nachahmen, sind aber in ihrer Erscheinung in Gesprächen deutlich verborgener, weil sie auf den ersten Blick vernünftiger wirken.

27.7.7 Das kritische Eltern-Ich

Wie ein strenger Vater hatte der Chefarzt sein Team zurechtgewiesen, als es über die Stränge schlug. Dabei schien es, als sei er der Einzige, der wisse, was richtig ist, und ihm selbst würde so etwas nie passieren. Das *kritische Eltern-Ich* hat stark normative Züge, aber es signalisiert auch deutlich: Ich bin okay, du bist nicht okay.

Wer hat Sie zuletzt so behandelt, und wie ist es Ihnen dabei ergangen?

»So geht das ja gar nicht, mein Lieber!«

27.7.8 Das helfende Eltern-Ich

Dem kritischen Eltern-Ich kann man es nie recht machen, dagegen ist das *helfende Eltern-Ich* eine Quelle des Mitleids und der Unterstützung, aber auch der Bevormundung. Der Chefarzt, der dem jungen Kollegen das Schreiben der Berichte abnimmt, weil der es nun immer noch nicht lernen wollte, hilft ja nur auf den ersten Blick. In Wahrheit hält er den anderen klein. Was wie Unterstützung aussieht, ist eigentlich Wachstumshemmung.

Haben Sie mal Angehörige von Patienten erlebt, die den Patienten für völlig hilflos hielten? Was haben Sie getan?

»Kommen Sie, ich mach' das mal für Sie!«

Gäbe es nur diese fünf Ego-States, die Missverständnisse hätten bereits die Weltherrschaft übernommen. Aber es gibt eine Form, die Lösungen bietet.

27.7.9 Das Erwachsenen-Ich

Die Haltung heißt hier: »Ich bin okay, du bist okay.« Daraus ergibt sich eine respektvolle, offene Haltung. Auch Vielfalt und Andersartigkeit können akzeptiert und beantwortet werden. Ein Mensch in diesem Modus ist ein Segen für sich und sein Umfeld. Wenn man das im Dauerzustand fahren könnte, es wäre der perfekte Chefarzt-Modus. Leider funken die anderen fünf Ich-Zustände bei jedem von uns immer mal dazwischen, aber allein das Wissen um dieses System hilft schon.

Wenn es in Gesprächen zu Lösungen kam, war immer mindestens einer der Gesprächspartner im *Erwachsenen-Ich* unterwegs.

»Wie können wir eine Lösung finden?«

27.7.10 Transaktionsanalyse

Die Transaktionsanalyse bietet noch viel mehr, ganze Choreographien lassen sich beobachten. Wenn z.B. in einem Team viele spontane Kind-Ichs sind, mutiert der Chef oft automatisch zum Kritischen-Eltern-Ich. Angepasste Kinder hingegen provozieren das Helfende-Eltern-Ich.

Aber immer gibt es einen Weg in den grünen Bereich: das Erwachsenen-Ich. Es respektiert andere auch in ihrer Andersartigkeit, fragt nach Lösungen und Wegen und denkt zielorientiert. Es stellt gewissermaßen den Gegenpol dar zum Zerrbild des egozentrischen Chefarztes, der alle tyrannisiert.

Manager geben an, etwa 85% der Zeit im Kritischen-Eltern-Ich zu agieren. Im nächsten Schritt können sie erkennen, dass sie ihr Team so für immer unmündig halten. Erst das Erwachsenen-Ich wird wie ein Entwicklungshelfer arbeiten und wirken.

Zuletzt ein paar Fragen, die viel Gesprächsstoff bieten können. Stellen Sie sich Ihr Team als eine Person, einen einzelnen Menschen vor.

- Welcher Typ von Mensch wäre das?
- Aus welchem Ich-Zustand heraus würde diese Person vornehmlich agieren und reagieren?
- Wie sehen Sie sich selbst im Team?
- Wie stark sind bei Ihnen die einzelnen Ich-Zustände ausgeprägt?
- Wenn Sie sich selbst und Ihr Team vergleichen, welche Schlüsse lassen sich ziehen?
- Wofür wird man in Ihrem Team »bestraft«, wofür »belohnt«?
- Wenn Ihr Team ein Motto hätte, wie könnte es heißen?
- Wie beeinflusst das Ihr Verhalten?

> **Kommunikation macht aus einer Gruppe ein Team.**

> **Neuroleadership**
> Die Ausschüttung des Neurotransmitters Dopamin ist auch abhängig von der Erwartungshaltung des Menschen. Ein unerwartetes Lob führt zu einer viel höheren Ausschüttung.

27.8 Vom weiblichen Teil der Hochleistung

Es ähnelt einem Offenbarungseid, speziell etwas zu Chefärztinnen zu schreiben. Denn solange das geschieht, wird klar, dass die Dinge noch nicht zum Besten stehen. Dabei hatte der Satz »Die Medizin ist weiblich« doch schon seit Jahren auf die Tatsache hingewiesen, dass über 63% aller Medizinstudenten Frauen sind. In der Chefetage kommen aber nach wie vor weniger als 10% an. Es ist sicher zu kurz gegriffen, wenn man jetzt nur an Doppelbelastung und Familienplanung denkt. Eher muss man von der »gläsernen Decke« sprechen, die in Krankenhäusern wie in Großkonzernen immer noch Frauen am Aufstieg im Wege steht. Mit zwei Aspekten wollen wir uns beschäftigen: Wie tut eine Chefärztin einer Klinik besonders gut? Wie können sich Frauen in der Kooperation mit den Kollegen kommunikativ optimal aufstellen?

27.8.1 Allein unter vielen

Wer mit den Worten »Ach, das spielt doch heute alles keine Rolle mehr« das Thema abtut, betrachte folgendes Phänomen: Eine Gruppe, die nur aus Männern besteht, verändert sich mit dem Dazukommen einer einzigen Frau komplett. Der Ton ändert sich, als habe beim Tanzen die Musik gewechselt. Das ist weniger eine Frage der sexuellen Attraktion, sondern eher der Selbstdarstellung der Menschen. Das gleiche Phänomen lässt sich umgekehrt beobachten: Taucht ein Mann in einer Frauengruppe auf, verändert sich augenblicklich die Umdrehung der Gruppe. Während der einzelne Mann die Situation oft genießt (die Sprache umschreibt das seltsamerweise mit »Hahn im Korb«), muss sich die Frau ganz anders aufstellen. Kennt sie aus ihrer Familie (z.B. als Mädchen mit drei Brüdern) die Situation, ist sie leicht in der Lage, den Fokus von der Geschlechter- zur Funktionsrolle zu wechseln. Aber allzu oft gelingt das nicht, und sie wird im Chor der Herren zur kleinen Stimme. Besonders die Kollegen, die im Team nicht an den ersten Stellen stehen, werden vielleicht versuchen, ihre eigene Position zu verbessern, indem sie die Frau degradieren. Das geschieht oft gar nicht bewusst, sondern ist eher dem mächtigen Druck des Konkurrenzkampfes geschuldet. Es hat schon Ärzte gegeben, die sich im privaten Umfeld bei ihrer Kollegin für den rüden Ton in der Klinik entschuldigt haben mit dem Hinweis, das sei eben alles kein Rosengarten.

Genau dieser rüde Ton aber zwingt viele weibliche Hochleister in die Knie. Besonders weil sie sich für einen heilenden Beruf entschieden haben, sind Frauen auf *wertschätzende Kommunikation* angewiesen. Sie halten es – völlig zurecht – für die einzige Möglichkeit, respektvoll miteinander umzugehen. Und an dieser Stelle sind sie den Patienten näher als die meisten ihrer Kollegen und daher auch erfolgreicher. Wer den Alltag in der Medizin bloß für ein Wettrennen um die beste Diagnose hält, kann leicht das Wichtigste aus den Augen verlieren.

Es geht also um nichts weniger als um eine Änderung des Stils im Umgang miteinander. Das soll eine Frau in einer Männerdomäne schaffen? Laut einer MLP-Studie sind nur 8% aller Chefärzte weiblich. Ein Klinikkonzern hat sich um eine eigene Flexi-Quote bemüht und einen Anteil von 28% in den ärztlichen Führungspositionen geschaffen.

Aber immer noch sind im mittleren Management auf dem Sektor der Pflege die Frauen so sehr in der Überzahl, dass ein unreflektierter Blick dies für eine gottgegebene Aufteilung halten mag.

Immer mehr Chefärzte erleben das Potenzial weiblichen Arbeitens als Chance für die Gruppe. Dabei müssen sie ihre Kolleginnen oft ermutigen, den Platz einzunehmen, der ihnen zukommt. Der Chefarzt, der sich um eine weibliche Besetzung eines Postens bemüht, erfüllt damit kein politisches Konzept, sondern komplettiert das Standing des Teams.

Wo viele männliche Kollegen Einfluss, Macht und die Spitzenposition sehen, geht es den meisten weiblichen Führungskräften um einen erfüllenden Beruf mit möglichst vielen Gestaltungsfreiräumen. Welcher Mann würde dazu »Nein« sagen? Es geht in Teams ja nicht um ein Entweder-oder-, sondern um das Sowohl-als-auch-Prinzip. Das kann man von Frauen und klugen Männern lernen.

In gelingenden Konstellationen wirkt der weibliche Anteil an der Hochleistung in der Chefetage weit über das Team und die Patienten hinaus. Die Außenwirkung einer Klinik kann durch eine Frau existenziell verbessert werden.

27.8.2 Wenn die Stimme heller klingt

»Auf mich hört ja eh keiner.« Diesen Satz sagt manche Ärztin nach der Teamsitzung. Und ein Coach wird ihr erst dann effektiv helfen können, wenn sie sich dazu entscheidet, eine neue Rolle einzunehmen. Die Ärztin wird lernen müssen, die lange Strecke der unangenehmen Situationen als Aufruf zu verstehen, das nun zu wandeln. Dabei geht es nicht um eine Art Thatcher-Effekt, wo sich eine Frau in einer männlich dominierten Welt möglichst anpasst.

Ein gesichertes Vorgehen ist dagegen das *Mentoring*. In der Ärztekammer Bad Segeberg habe ich vor vielen Jahren dieses erfolgreiche System des Lernens im Dialog kennen gelernt. Dabei führt besonders in der Weiterbildungszeit eine erfahrene Ärztin eine junge Kollegin durch den Dschungel der Anforderungen. Neben der Karriere wird die psychosoziale Komponente im Blick gehalten. Viele männliche Chefärzte fragen das erst nach Jahren der Berufstätigkeit von ihren persönlichen Trainern ab. Und die Mentorinnen haben von den Männern gelernt: Mit 10% wird die Leistung gewichtet, gefolgt von 30% Selbstdarstellung und 60% Beziehungsnetzwerk. So geht »Chefärztin«, und wie klingt nun weibliche Kommunikation?

Wer sich zu einem Kind hinunterbeugt, wird seine Stimme automatisch ein wenig erhöhen, das klingt zugewandt und weicher. An einer kleinen Fistelstimme ist aber schon manche Karriere beinahe gescheitert. Dabei ist es mit Training möglich, die *Stimmlage* zu modifizieren.

In der Teamsitzung könnte die Stimme der weiblichen Führungskraft in etwa wie die Glocke des Vorsitzenden wirken, wenn er die Kontrahenten zur Ruhe ermahnt. Die hellere Stimmlage ist nicht länger Zeichen weiblicher Attitüde, sondern Signal einer empathischen Kommunikation.

Von klein auf lernen Jungen die Auseinandersetzung und Mädchen den Dialog. Es ist an der Zeit, das Beste aus beiden Prinzipien in den Chefetagen zu verankern (▶ Kap. 29).

> **Empathische Kommunikation ist weiblich.**

> **Neuroleadership**
> Die Suche nach positiven Impulsen ist eine der Hauptfaktoren der Gehirnaktivität. Die Aktivierung des Nucleus accumbens erfolgt maßgeblich durch soziale Anerkennung, Vertrauen und die Sicherheit durch eine Gruppe.

27.9 Selbstbeobachtung

» Du musst selbst zu der Veränderung werden, die du in der Welt sehen willst.
(Mahatma Gandhi)

Für Hochleister ist es seit langem üblich, durch Supervision oder Coaching die eigenen Möglichkeiten zu optimieren. Ein vertrauensvolles Verhältnis zu einem Berater kann die Kommunikation und das gesamte Standing aufwerten. Da werden dann auch folgende Fragen erarbeitet: Mit welcher Zielgruppe spreche ich tendenziell am liebsten? Welche Gesprächspartner würde ich am liebsten abwählen, wenn ich könnte?

Es gilt, sich klar zu machen, dass diese positive oder negative Voreinschätzung mächtigen Einfluss auf den Gesprächsverlauf und die Ergebnisse haben wird (vgl. Halo-Effekt, S. 433 und Rosenthal-Effekt, S. 434). Wer sich das bewusst macht, kann es wenden; denn Führungskräfte haben nicht die Wahl zwischen Sympathie und Antipathie. Es geht um eine Entscheidung für professionelle Empathie.

27.9.1 Chefarzt, ärgere dich nicht!

Viele Menschen ärgern sich im Verlauf eines Gesprächs, sagen aber aus – falsch verstandener – Rücksichtnahme nichts dazu und äußern dann, wenn das Fass überläuft, Dinge, für die sie sich entschuldigen müssen. Dieses Desaster in drei Akten ist für Führungskräfte kein gangbarer Weg. Bereits im Moment der Entstehung sollte der Unmut benannt werden. Die Rücksichtnahme bezieht sich auf die Art des Vortrags und die Bereitschaft, gemeinsam eine Lösung zu finden. So wird eine Eskalation verhindert, die zu unschönen Explosionen führen kann.

27.9.2 Kommunikation ist kein Managementtool, sondern eine innere Haltung

In drei Schritten lässt sich diese *konstruktive Deeskalation* erreichen:
- Zunächst wird das nicht-akzeptable Verhalten beschrieben,

- dann nennt der Sprecher seine Gefühle dazu
- und zeigt im letzten Schritt die Wirkung auf, die das Verhalten hat.

So könnte das in der Praxis klingen: Der neue Oberarzt verhindert mit seinen impulsiven Ideen den gewohnten Ablauf der Teamsitzung.
- Old School: »Das stört uns jetzt, lassen Sie das mal, wir hatten schon genug Themen, bevor Sie kamen.«
- Erfolg durch Dreischritt-Methode: »Dr. Meier, wenn Sie so viele neue Ideen einbringen, fühle ich mich irritiert, weil wir mit unserem Plan durcheinander kommen.«

Die erste Variante wird aus einem unstrukturierten Helfer einen klaren Verweigerer machen, das ist eine Hypothek auf die kommende Zeit. In der zweiten Variante werden mit nur wenigen Worten mehr folgende Positionen klar: Der Chefarzt leitet die Sitzung. Änderungen brauchen seine Zustimmung. Neue Ideen müssen besser sein als der Plan bisher.

27.9.3 Sich selbst und andere führen

Am Beginn jeder Optimierung kommunikativer Fähigkeiten steht naturgemäß die *Selbstbeobachtung*. Wer dazu nicht bereit ist, dem können weder Techniken noch Tricks helfen. Besonders die Fähigkeit, andere Menschen einzuschätzen (vgl. DISG, ▶ Abschn. 27.4.5), setzt eine selbstreferentielle Haltung voraus, sonst wird man zu einer Belastung für das Umfeld. Umgekehrt ist das Gespräch auch ein dauerndes Trainingsangebot für die eigenen Ressourcen und Chancen.

> Das Ziel sollten nicht Helfer sein, deren Belastbarkeit aus zusammengebissenen Zähnen besteht, sondern solche, die mit sich und ihren Schwächen im Reinen sind, Fürsorge auch auf sich selbst verwenden können, Fröhlichkeit kennen und in sich ruhen – kurz, Menschen, die geben können, weil sie selbst genug haben. (Matthias Burisch)

Wer bereits mit dem Begriff »Selbstbeobachtung« Schwierigkeiten hatte, den stört auch am Zitat von Matthias Burisch vielleicht einiges.

27.9.4 Sollen Chefärzte fröhlich sein?

Was passiert, wenn sie es nicht sind, davon können Tausende Mitarbeiter in Kliniken ein Lied singen. Sowohl in der Kommunikation wie auch in der Kooperation werden sich dann Gräben auftun, die viel unnötige Kraft kosten. Deshalb muss eine Führungspersönlichkeit die eigene Gestimmtheit mit der gleichen Sorgfalt beachten wie die hygienischen Auflagen. Eine Art persönliches Qualitätsmanagement erst versetzt den Chefarzt in die Lage, angemessen und erfolgsorientiert zu arbeiten. Das beginnt mit der morgendlichen Begrüßung der Mitarbeiter und kann mit einem Dank am Ende der Schicht für die gezeigte Leistung aufhören. Die ungeheure Wirkung von *spezifischem Lob* wird jeder erleben, der sich darauf einlässt. Dazu muss er mit sich »im Reinen« sein, wie Burisch schreibt. Sonst verkommt die Zuwendung zur Manipulation, die für ein paar pauschale Worte höchste Motivation erwartet.

27.9.5 Motivation: Mythen und Wahrheiten

Wie steht es um die eigene *Motivation*? Es konnten gute Erfolge mit dem sog. Antreiber-Test erzielt werden, was die Bewusstheit über die eigene Motivationslage betrifft. (Emmerling 2015). Erst aus der Grundhaltung »Ich bin okay – du bist okay« heraus kann wertschätzender Umgang mit anderen Menschen gelingen.

Man kann andere Menschen nicht einfach so motivieren, indem man ihnen »Tschakka« zuruft. Aufmunternde Sätze ohne innere Überzeugung sind Nullnummern. Intrinsische Motivation aber, das Glühen für eine Aufgabe, für eine Verantwortung, das kann andere Menschen inspirieren, es einem nachzutun. So wird der Chefarzt zum Vorbild, an dem sich Kollegen, Mitarbeiter und Patienten wohltuend orientieren können. Diese Verantwortung ist sehr groß, und es kann sie nur der tragen, der gut auf sich selbst achtet.

27.9.6 Selbstachtsamkeit ist kein Ferienjob, sondern tägliche Hygiene

Wer jetzt ans Bäume-Umarmen und seltsame esoterische Praktiken denkt, recherchiere doch mal die Burnout-Rate bei Chefärzten. *Stress* ist ein wichtiges Thema (▶ Kap. 32).

Welche Signale zeigen mir Überarbeitung und Erschöpfung? Viele Topmanager bemerken nicht, dass Fehlreaktionen wie ein rüder Ton oder überzogene Kritik in Wahrheit Signale eigener Überlastung sind. Wer die Signale bei sich erkennt, kann sie erst mal ernst nehmen, ohne sie zu bewerten oder mit einer sofortigen Reaktion zu beantworten.

»Noch sieben Wochen bis zum Urlaub, aber ich laufe schon auf Ersatztank.«

Nicht die Ferien sind die Zeit für *Selbstachtsamkeit*, sondern der Arbeitsalltag. Wer im Klinikalltag keine Zeit für Reflexion und Konzentration einbaut, wird sich und/oder andere schädigen (▶ Kap. 33).

27.9.7 Vernachlässigen Sie nicht Ihr »inneres Team«

Schulz von Thun, der berühmte Hamburger Kommunikationsexperte, spricht vom »inneren Team«, wenn er die verschiedenen inneren Einflüsse meint, die einen Menschen in seinen Entscheidungen bestimmen. Die gegensätzlichen Positionen sind als innere Stimmen entweder ein quälender Lärm oder – mit höherem Reifegrad – ein konstruktives Feld für Klarheit und Entscheidungen. Wer sich im Außen keinen Berater leisten kann oder will, findet hier den inneren Dialog. Legt man die gleichen Massstäbe für Kongruenz und Wertschätzung an, die in den vergangenen Kapiteln benannt wurden, kommt es zu einem fruchtbaren inneren Austausch. Führungskräfte, die ihr inneres Team gut im Griff haben, können »aus dem Bauch heraus« entscheiden, ohne sich im Dickicht der Intuition zu verlieren. Ihr Team im Außen schätzen sie dann übrigens in seiner Vielfältigkeit auch mehr.

27.9.8 Emotionale Intelligenz

Um in die Position eines Chefarztes zu kommen, braucht man Leistungswillen und Intelligenz. Doch praktischer Erfolg im Berufsalltag ist damit nicht zwingend gegeben, denn dazu braucht es die *emotionale Intelligenz*. Aus den Arbeiten von Daniel Goleman konnten bereits seit 1995 Manager erfahren, dass es folgende Elemente sind, die aus einem hochkarätigen einen effizienten Opinionleader machen. Die fünf Dimensionen der emotionalen Intelligenz sind:

- Selbstwahrnehmung: »Wie gut kann ich meine Stärken und Schwächen einschätzen?«
- Selbstkontrolle: »Wie steht es bei mir mit Vertrauen und Anpassung an Veränderungen?«
- Selbstmotivation: »Wie stark sind mein Erfolgswille und meine optimistische Einstellung zur eigenen Leistung?«
- Empathie: »Kann ich gut andere Menschen fördern, habe ich interkulturelle Sensibilität?«
- Soziale Kompetenz (erst auf der fünften Stufe der Entwicklung warten Eigenschaften wie Teamfähigkeit, Kommunikationsgeschick und Überzeugungskraft): »Wie steht es mit meiner Fähigkeit, andere für Visionen zu begeistern und Veränderungen herbeizuführen?«

> **Kommunikation ist Ausdruck emotionaler Intelligenz.**

> **Neuroleadership**
> Achtsamkeit galt lange nur als Übung für die Meditation. Die Psychoneuroimmunologie weist klar den Bezug zur Leistungsfähigkeit nach. Der positive Umgang mit Veränderungen ist der Lohn für die Hochleister, die sich um Mindfulness bemühen.

27.10 Chancen und Fazit

> Jeder Mensch ist dazu bestimmt, ein Erfolg zu sein, und die Welt ist dazu bestimmt, diesen Erfolg zu ermöglichen. (Unesco-Bericht, Paris 1972)

Das Team ist um ein Brainstorming gebeten worden für eine Laudatio zum Jahrestag des berühmten Chefarztes, dessen Namen die Klinik trägt. In diesem Jahr wäre er 100 Jahre alt geworden, und das Haus bereitet eine Gedenkfeier vor. Von den älteren Kollegen haben ihn noch manche erleben dürfen, und sie sollen jetzt sagen, was den großen alten Herrn ausgemacht hat.

»Als junger Oberarzt soll er sich manchmal noch fast um Kopf und Kragen geredet haben, aber dann hat er sich in all den Jahren ständig weiterentwickelt. Seine Patienten haben ihn verehrt, wir Kollegen konnten von ihm lernen, und auch der Verwaltungschef ist ihm auch in schwierigen Verhandlungen mit Hochachtung begegnet.«

»Aber wie ist ihm das gelungen?«, wollen die jungen Assistenzärzte wissen.

»Speziell war seine Art, mit den Menschen zu sprechen: Er hat alle – ohne Ausnahme – mit Respekt behandelt. Wenn er einen schlechten Tag hatte, hat er uns morgens vorgewarnt, dann haben wir ihn in Ruhe gelassen, aber lange hat das nie gedauert, dann war er wieder der Alte.«

Der Chirurg wirft ein: »Im OP von heute würde er sich wohl kaum noch zurechtfinden, nur die Menschen und ihre Bedürfnisse sind die Gleichen geblieben. Die Technik hat sich gewandelt, aber er hat immer gesagt, das Wort sei das mächtigste Placebo von allen.«

»Ich glaube, sein Geheimnis war, dass man im Gespräch mit ihm immer den Eindruck hatte, er sei in diesem Moment an nichts anderem interessiert als gerade an diesem Gespräch und seinem Gegenüber, als könne sich in diesem Moment alles entscheiden.«

Trainer würden dem Chefarzt Empathie, Authentizität und Wertschätzung attestieren. Hier gilt wie bei dem Begriff »Vertrauen«: Man muss die Worte gar nicht verwenden, die Haltung ist ein Erfolgsgarant im Umgang mit Menschen auch in schwierigen Situationen.

27.10.1 Kommunikation ist eine erlernbare Technik

Vielleicht war der große alte Herr eine Naturbegabung, aber die gute Meldung ist: Man kann das erlernen. Mit der Bereitschaft, die *Wertschätzung* für den Partner mit der eigenen Art und dem Ziel eines Gesprächs abzugleichen, lassen sich ohne Übergriffe Lösungen erreichen. Dann steht nicht der Kampf um Positionen im Vordergrund, sondern die Passung, die eine Win-win-Situation ermöglicht.

Wer etwas zu sagen hat, sollte reden können und mehr noch: Er sollte trainieren, sich selbst und den Gesprächspartner in eine lösungsorientierte Haltung zu bringen. Ergebnisse aus solchen Gesprächen sind nachhaltig und kosten weniger Energie als permanenter Kampf.

27.10.2 Jede lange Reise beginnt mit einem Schritt

Was am ersten Tag mit der Vorstellung vor dem neuen Team begann, ist eine Reise über viele Jahre. Das tägliche Learning-by-doing in mehr als 200.000 Gesprächen wird begleitet von dem Ringen um die kommunikative Entwicklung.

27.10.3 Vier Versprechen

Sehr verdichtet finden sich im Werk von Miguel Ruiz vier Wege, die wirklich vielversprechend sind:
- Seien Sie wahrhaftig mit Ihren Worten.
- Nehmen Sie nichts persönlich.
- Ziehen Sie keine voreiligen Schlüsse.
- Tun Sie immer Ihr Bestmögliches.

> **Kommunikation ist die Chance.**

> **Neuroleadership**
> Das menschliche Gehirn hat zwei Ziele: Schmerz zu vermeiden und Wohlbefinden zu erreichen. Nach diesem Schema richten sich unsere Aktivitäten und Gedanken. Wenn das Gehirn der Chef im menschlichen Organismus ist, sollte sich der Chefarzt diesem Führungsprinzip anschließen.

Literatur

Bucka-Lassen E (2011) Das schwere Gespräch. Deutscher Ärzte-Verlag, Köln

Emmerling P (2015) Ärztliche Kommunikation. Schattauer, Stuttgart

Harris TA (2011) Ich bin o.k., Du bist o.k. Rowohlt, Reinbek

Hollmann J, Geissler A (2012) Leistungsbalance für Leitende Ärzte – Selbstmanagement. Springer, Heidelberg

Horger-Thies S (2012) 100 Minuten für konstruktive Teamarbeit. Springer, Berlin

Kaczmarczyk L (2010) Führungshandbuch für Ärztinnen. Springer, Berlin

Lown B (2004). Die verlorene Kunst des Heilens. Schattauer, Stuttgart

Satir V (2001) Meine vielen Gesichter. Kösel, München

Schulz von Thun F, Stegemann W (2008) Das Innere Team in Aktion. Rowohlt, Reinbek

Sprenger RK (2002) Vertrauen führt. Campus, Frankfurt a.M.

Tonus C, Ansorg J, Löbus P, Krug A (2013) Kommunikation und Konfrontation zwischen chirurgischen Chefärzten und der Krankenhaus-Geschäftsleitung in Deutschland. BDC online

Wie forme ich ein Team? Führung als Gestaltungsaufgabe

Cornelia Harms-Schulze

28.1 Kommunikation – 446
28.1.1 Die Kunst der Mitarbeitermotivation
– Zwischen Wertschätzung und Einschüchterung – 446
28.1.2 Das Problem mit der Wahrnehmung – 449
28.1.3 Über den Umgang mit Verantwortung – 451
28.1.4 Über den Umgang mit Kritik – Konfliktmanagement – 454

28.2 Organisation – 459
28.2.1 Effektive Führung durch gezielte Personalentwicklung – 459
28.2.2 Teambildung – Bildung im Team – 462
28.2.3 Mitarbeiterjahresgespräche
als Motivations- und Entwicklungsinstrument – 465

U. Deichert et al. (Hrsg.), *Traumjob oder Albtraum – Chefarzt m/w*,
DOI 10.1007/978-3-662-49779-1_28, © Springer-Verlag Berlin Heidelberg 2016

28.1 Kommunikation

Kliniken haben ihre eigene Gesprächs- und Führungskultur, denn es besteht eine besondere Verbindung zwischen Qualitätsmanagement und Ethik. In doppelter Weise geht es hier um Verantwortung – gegenüber Patienten und gegenüber Mitarbeitern. Die Aufgabe von *Führung* besteht heutzutage in der Zukunftssicherung, in der Menschenführung, der Sicherung des Patientenwohls und dem Management der gesamten Klinik.

Die generelle Ökonomisierung der Arbeitsprozesse fordert alle an diesem Prozess Beteiligten in besonderer Weise heraus. Sie ist häufig ein Hindernis für eine Gesprächskultur, die Führungskräfte und Mitarbeiter in einen konstruktiven Dialog bringt. Zudem ist partnerschaftliche *Kommunikation* gefragt, die auch mit dem veränderten Arbeitsverständnis der jüngeren Generation umgeht (Stichwort: Work-Life-Balance). Ein kommunikativer Umgang mit Mitarbeitern ist zwingend erforderlich, da die Bewältigung der hohen Arbeitsdichte und die Komplexität der Aufgaben sonst kaum zu schaffen sind. Den permanenten Prozess der Leistungs- und Kostenoptimierung im Blick zu haben und zugleich eine Abteilungskultur zu schaffen, die auch einen konstruktiven Umgang mit Fehlern und Problemen zulässt, das ist die zentrale Herausforderung von Führung. Kommunikation spielt dabei eine besondere Rolle (▶ Kap. 27).

28.1.1 Die Kunst der Mitarbeitermotivation – Zwischen Wertschätzung und Einschüchterung

Personalentwicklungskonzept ist notwendig

Die Anforderungen an leitende Krankenhausärzte beziehen sich schon seit einigen Jahren vermehrt nicht nur auf ihr Fachwissen, sondern auch auf ihre Fähigkeiten beim *Personal- und Qualitätsmanagement*. Mangelhafte Mitarbeiterführung, Kompetenzkonflikte, Informationslücken und Verständigungsfehler tragen dazu bei, dass ineffizient gearbeitet wird und immer mehr junge Ärzte frustriert und demotiviert zurückgelassen werden, die Klinik wechseln oder ins Ausland gehen. Geänderte Denk- und Verhaltensmuster der neuen Medizinergeneration erfordern ein strukturiertes *Personalentwicklungskonzept*, das die Mitarbeiterbindung erhöht und die leitenden Ärzte sowohl unterstützt als auch entlastet in ihrem Bemühen, ihre Klinik aktiv und attraktiv zu gestalten.

Kampfverhalten kostet mehr Kraft als es freisetzt

Es geht im Klinikalltag immer mehr darum, dass fachbezogenes und fächerübergreifendes Denken sich ergänzen müssen. Die sich daraus ergebende Abstimmung von Arbeitsprozessen und die Entwicklung von Instrumenten zur Gestaltung der Zusammenarbeit müssen die Rollen und Potenziale der Beteiligten in eine lebendige und organische Beziehung setzen. Alleinige Besitzstandswahrung, der Kampf um Status, Anerkennung und Führungsanspruch, Abgrenzung oder Konkurrenz unter den beteiligten Berufsgruppen und Fachdisziplinen sind grundsätzlich wenig hilfreich – nicht nur, wenn es um das Wohl der Patienten geht. Ein solches *Kampfverhalten* kostet mehr Kraft als es freisetzt.

Motivation entsteht aus Wertschätzung und Empathie

Die Arbeit aller Berufsgruppen in einer Klinik erfordert erhebliche Kraftanstrengungen. Eine wesentliche Quelle dafür ist *Motivation* – und die entsteht nicht aus Kampf, Druck und Erniedrigung, sondern aus Wertschätzung, Respekt und Empathie. Um diese Kraftquellen aus der Kommunikation erschließen zu helfen, braucht es ein Kommunikationsverhalten, das sich an dem individuellen Wissens- und Verhaltensprofil des Mitarbeiters orientiert und Entwicklungspotenziale entdeckt.

Probleme einer Assistenzärztin führen zur Kündigung

Sie sind Chefarzt des chirurgischen Bereiches einer großen Klinik. Sie haben eine Assistenzärztin in Ihren Reihen, von der Sie anfangs viel gehalten haben. Sie war in den ersten Monaten voller Enthusiasmus. Mit den meisten Kollegen kam sie persönlich und fachlich gut zurecht. Doch in letzter Zeit fällt Ihnen auf, dass sie besonders pünktlich ihren Dienst beenden will und nicht bereit ist, für Kollegen mal einzuspringen. Außerdem wirkt sie insgesamt irgendwie desinteressiert. Auch während der OPs stellt sie sich vermehrt ungeschickt und zögerlich an. Das haben Sie ihr auch an Ort und Stelle lautstark deutlich gemacht. So könnten Sie sie nicht gebrauchen. Beschwerden von Patienten gab es in den letzten Wochen ebenfalls, diese Ärztin sei unfreundlich und gehe nicht auf das ein, was die Patienten wollten. Ihnen drängt sich der Eindruck auf, die Mitarbeiterin sei für diese Arbeit einfach nicht geeignet. Sie wollen mit ihr darüber reden, doch sie kommt Ihnen mit ihrem Wunsch nach Kündigung zuvor. Was ist hier passiert?

Anforderungen werden zu »Überforderungen«
Eine neue junge Mitarbeiterin freut sich auf ihre neuen Aufgaben. Sie bringt sich so ein, wie sie denkt, dass es richtig sei. Anfangs geht das auch gut, doch schnell stellen sich Frustrationen ein. Es gibt für fachliche Fragen keinen Ansprechpartner, dadurch entwickeln sich Anforderungen leicht zu Überforderungen. Gleichzeitig wirken die Zurechtweisungen im OP stark verunsichernd auf die Mitarbeiterin. Sie schüren Versagensängste und mindern die Sicherheit. Wird dieses Erleben nicht aufgefangen und bearbeitet, sind häufig zwei Verhaltensvarianten zu beobachten: Der Mitarbeiter zieht sich zurück und wirkt lustlos, unsicher und desinteressiert oder meckert ständig an allem und jedem rum.

Was ist in diesem Fall zu tun?
Die Grundvoraussetzung für Leistung ist Motivation. Natürlich ist die fachliche Kompetenz Ihrer Mitarbeiter eine notwendige Bedingung, entscheidend aber ist, auf welche Weise diese Kompetenz in berufliche Erfahrung eingeht. Deshalb kommt es darauf an, inwieweit die Leistung eines Mitarbeiters durch die Interaktion zwischen Führungskraft und Mitarbeiter gefördert werden kann. Es ist Ihre Entscheidung, welchen Führungsstil Sie anwenden wollen. Sie können sich für ein Führungsverhalten entscheiden, das die Potenziale der Mitarbeiter freisetzt, oder für eines, das durch Druck und angstauslösende Bemerkungen die Entwicklungspotenziale unterdrückt. Die motivierende Wirkung folgender Faktoren wäre in unserem Beispiel sicher hilfreich gewesen:

- **Unterstützung geben:** Dem Mitarbeiter Ihre »Fehlerkultur« nahebringen. Verdeutlichen, dass es Entwicklung ohne Fehler nicht gibt. Die dafür nötige Unterstützung geben (und dabei individuelle Reifegrade berücksichtigen).
- **Gemeinsame Ziele entwickeln:** Den Mitarbeiter unterstützen und Sachzwänge schaffen, die die natürliche Motivation befördern. (Qualität der Arbeit durch gemeinsame Zielentwicklung zu steigern, fördert die Eigenverantwortung und Verbindlichkeit.)
- **Feedbackgespräche beispielhaft führen:** Erfolge messbar machen. Leistung aufzeigen und sie damit für den Mitarbeiter erfahrbar machen (beispielhaft argumentieren). (Feedbackgespräche führen, nicht nur bei negativer Rückmeldung.)
- **Sich Zeit für den Mitarbeiter nehmen:** Interesse für den Mitarbeiter und seine Arbeit zeigen und sich Zeit für den Mitarbeiter nehmen. (Kenntnis der Stärken und Schwächen befördert einen zielgerichteten Motivationsprozess.)

Mitarbeitermotivation ist ein ständiger Prozess von Mitarbeiterentwicklung

Beinahe jedes Mitarbeitergespräch – egal welchen Inhalts – ist im Grunde auch ein Motivationsgespräch. Die *Motivation von Mitarbeitern* kann aber nicht allein mit einem guten Gespräch erreicht werden, sondern ist ein ständiger Prozess von Mitarbeiterentwicklung, dem sich die Führungskraft permanent stellen muss. Welche Ebenen die Motivation der Mitarbeiter bestimmen und welche Verhaltensweisen sich eher motivierend oder demotivierend auswirken, schauen wir uns im Folgenden (▶ Übersicht) etwas genauer an:

> **Ebenen der Motivation**
>
> **Ebene 1: Beziehung des Mitarbeiters zur Führungskraft**
> - **Sachlichkeit und Emotionalität bestimmen den Leistungswillen:** Die rein sachliche Ebene ist auf Dauer zu wenig, um den Mitarbeiter zu Leistung zu motivieren. Auch die emotionale Qualität des Führungsverhaltens, das empathische Hineindenken in den Arbeitsalltag der Mitarbeiter, spielt eine nicht unerhebliche Rolle für den Leistungswillen. Ebenso die Wertschätzung, die sich im zuverlässigen Einhalten von Versprechungen und dem Akzeptieren von eigenen Sichtweisen des Mitarbeiters zeigt.

- **Schuldzuweisungen vermeiden:** Das Vermeiden von Schuldzuweisungen und indirekter Strafstimuli wie Ungeduld, ironische Bemerkungen, Unhöflichkeiten.
- **Veränderung gemeinsam gestalten:** Das gemeinsame Entwickeln von Veränderungen und Teilhaben-Lassen an Veränderungsprozessen und betrieblichen Informationen.

Ebene 2: Qualitätsverbesserung und Leistungssteigerung braucht Gestaltungswillen

Die Qualität von Mitarbeitern bestimmt sich immer durch das Zusammenspiel von mehreren Faktoren: Fachwissen, Berufserfahrung, soziale Kompetenzen. Deshalb ist die Verbesserung von Leistungen der Mitarbeiter ein ständiger Prozess des Bemühens und der Auseinandersetzung. Wenn Sie etwas als einfach und selbstverständlich empfinden, ist es für Sie oft umso unverständlicher, wenn ein Mitarbeiter lange braucht, um Verbesserungen zu erreichen. Sie werden dann vielleicht ungeduldig, lassen den Anderen nicht ausreden oder brechen das Gespräch ab. Doch Mitarbeiterentwicklung heißt, sich ermüdenden Fragen, Einwänden und Missverständnissen zu stellen, nicht aufzugeben und immer wieder zu versuchen, den Anderen zu gewinnen.

Ebene 3: Sich selbst weiterentwickeln, sich selbst verwirklichen

Ohne Veränderung gibt es nur Stillstand, und Stillstand bedeutet Lähmung. Voll erfüllend ist eine Arbeit dann, wenn dem Mitarbeiter Gelegenheit gegeben wird, sich selbst weiterzuentwickeln. Aus der Erwartung, die jede Klinik an ihre Mitarbeiter hat (sich mit den Unternehmenszielen zu identifizieren, sie auf Abteilungsebene weiterzuentwickeln und die Ergebnisse zu verbessern), entstehen wiederum Erwartungen auf Seiten der Mitarbeiter an die Klinik (und stellvertretend an ihre direkte Führungskraft). Diese beziehen sich auf das Aufzeigen von Perspektiven im Unternehmen, die regelmäßige Weiterbildung und Höherqualifizierung, Mitarbeiterjahresgespräche, Karrieregespräche, Unterstützung privater Pläne.

Für die Führungskraft bedeutet dies, »Fordern« und »Fördern« der Mitarbeiter durch diese Motivationsinstrumente in eine Balance zu bringen.

Das »Fordern« und »Fördern« in eine Balance bringen

Was auf Gesprächsebene schief laufen kann, auch wenn es gut gemeint ist, sehen wir an folgendem Beispiel:

Was beim Mitarbeitergespräch falsch gemacht werden kann

Der Oberarzt Dr. Wieland hat seit einem Jahr ein Leistungstief. Sein Chef, Prof. Dr. Lange, führt das folgende Gespräch mit ihm. In den Anmerkungen wird aufgezeigt, welche Wirkung manche Aussagen des Chefarztes auf den Oberarzt haben und wie man es eventuell besser machen könnte.

L.: Guten Tag, Herr Wieland. Wie geht's?

W.: Naja, im Moment ist die Arbeitsbelastung extrem hoch...

L.: Ich habe das Gefühl, dass Sie zurzeit nicht so sonderlich glücklich sind. Ich finde, wir sollten uns genauer darüber unterhalten, und am besten fangen wir gleich damit an. (Anm.: Druck wird aufgebaut.) Ich habe mir Gedanken über Ihre zurückliegenden OPs gemacht. Die Patienten mussten häufig zweimal operiert werden. Ich sehe das Problem darin, dass Sie sich bei manchen Operationen nicht genügend Routine erworben haben. Wie viel Schultergelenkoperationen haben Sie schon gemacht? (Anm.: Kränkung und Widerspruch des Mitarbeiters selbst eingeleitet. Fragen nach den Hintergründen wäre angebracht, Ursachensuche steht hier im Vordergrund, Mitarbeiter soll Problem und Lösung selbst definieren.)

W.: Ja, so neun bis zehn.

L.: So viele. Das kann ich mir beim besten Willen nicht vorstellen. Sie haben meines Wissens doch höchstens vier gemacht. (Anm.: Baut kein Vertrauen auf – Aussage akzeptieren und hinterfragen.)

W.: Nein, das stimmt nicht, ich habe im letzten Jahr etwa zehn solcher OPs gemacht, und das hat gut geklappt. Ich glaube die zurückliegenden Schwierigkeiten lagen an den nicht vorhersehbaren Komplikationen. (Anm.: Hier wäre Ursachensuche noch mal möglich gewesen.)

L.: Und warum sind dann Ihre Kollegen erfolgreicher? Kann es nicht daran liegen, dass die einfach besser sind als Sie? (Anm.: Kränkung, Druck und Schüren von unnötiger Konkurrenz.)
W.: Also, ich weiß nicht?
L.: Ich finde, Sie müssen sich unbedingt mehr fortbilden. Was halten Sie davon, wenn Sie an der nächsten Fortbildungsveranstaltung teilnehmen. Das ist doch eine vernünftige Maßnahme, finden Sie nicht auch? (Anm.: Chefarzt wird zum Problemlöser – Verantwortung beim Mitarbeiter lassen und Lösungsideen erfragen.)
W.: Wenn Sie meinen, kann ich das mal probieren, aber ich weiß nicht, ob das Problem damit in den Griff zu kriegen ist. (Anm.: Mitarbeiter macht zaghaft deutlich, dass er diesen Lösungsweg für falsch hält. Hier wäre ebenfalls die Möglichkeit gewesen, Lösungsideen zu erfragen.)
L.: Das bekommen wir schon hin. Kopf hoch, Herr Wieland, es kommen auch wieder bessere Tage. (Anm.: Appelle an das Leistungsverhalten von Mitarbeitern nützen wenig. Besser ist immer das Klären von Hinderungsgründen.)

Fazit

Der Fachkräftemangel ist auch in den Kliniken angekommen. Hohe Arbeitsdichte und ständige Veränderungen fordern von Mitarbeitern der Kliniken hohen Einsatz. Darüber hinaus rufen junge Mediziner nach einer verbesserten Work-Life-Balance. Ein anderes Berufsverständnis gegenüber der Medizinergeneration vor ihnen wird hier deutlich. Sie möchten sich nicht mehr entscheiden zwischen Familie und Beruf. Deshalb werden flexible Arbeitszeitmodelle benötigt. Wie können wir trotz dieser Rahmenbedingungen berufliches Selbstvertrauen stärken und Arbeitsbedingungen so gestalten, dass Mitarbeiter motiviert ihren Arztberuf ausüben?

Die Entscheidung junger Ärzte, in welcher Klinik sie ihre Weiterbildung machen wollen, ist nicht nur von den fachlichen Angeboten und dem Standort einer Klinik abhängig, sondern auch von den Bedingungen im zukünftigen Klinikalltag. Am Anfang ihres Berufsalltages spielt die gezielte Einführung in die unterschiedlichen Abteilungen eine wichtige Rolle, ebenso wie die Begleitung während ihrer gesamten Weiterbildung.

Häufig fehlen aber für die *Einarbeitung* junger Ärzte verbindliche medizinische Lerninhalte (Einarbeitungskataloge). Eine Begleitung im Berufsalltag lässt (auch) aus Personalnot zu wünschen übrig. Die Anleitung von neuem Personal will außerdem gelernt sein. In dieser Hinsicht qualifizierte Oberärzte können als ärztlichen Mentoren hier den Chefarzt unterstützen.

Zu guter Führung gehört eine bewusste Entscheidung der leitenden Ärzte für einen bestimmten Führungsstil. Gebraucht wird eine Führung, die nicht nur reagiert auf das, was täglich passiert, sondern die gestalten und motivieren will, die Mitarbeiter zielorientiert lenkt und ihnen gleichzeitig Raum gibt, ihren eigenen Weg zu gehen.

28.1.2 Das Problem mit der Wahrnehmung

Sie wollen den Assistenzarzt fördern, aber er fühlt sich kontrolliert und abgelehnt

Stellen Sie sich folgende Situation vor: Sie haben einen Assistenzarzt, den Sie besonders fördern wollen, weil Sie in ihm größeres Potenzial sehen als bei anderen. Sie verlangen viel von ihm, z.B. mehr als die üblichen Fortbildungen zu besuchen. In Teamsitzungen sprechen Sie ihn häufig direkt an und erwarten qualifizierte Antworten. Im OP trauen Sie ihm viel zu, doch nicht immer bewältigt er alles nach Ihren Vorstellungen – was Sie, wenn Sie ehrlich sind, ärgert. Trotzdem sind Sie zuversichtlich, dass sich das mit der Zeit bessern wird.

Eines Tages wird Ihnen zugetragen, dass dieser Mitarbeiter sich von Ihnen stark kontrolliert fühlt. Er hat den Eindruck, Sie mögen ihn nicht besonders und wollen ihn vor anderen bloßstellen – das steigere nicht gerade seine Motivation. Was Sie als Fördermaßnahmen meinen, wird vom Assistenten als Schikane verstanden. Wie kommt es zu dieser unterschiedlichen Wahrnehmung?

Die Wahrnehmung der Anderen entspricht oft nicht der eigenen

Wenn von »Wirklichkeit« die Rede ist, gehen wir meist davon aus, dass es sich dabei um das Ergebnis unserer Beobachtung handelt und dass diese genau die Wirklichkeit aller Menschen widerspiegelt, wenn sie nur richtig hinsehen würden. Aber ist das richtig? Unser Alltagsbewusstsein stellt fest, dass die *Wahrnehmung* der Anderen sich zuweilen von der eigenen enorm unterscheidet, bis hin zum Gegenteil. Spätestens in Konfliktsituationen werden Sie bei dem Versuch stolpern, den Anderen von Ihrer Wahrnehmung überzeugen zu wollen. Auch wenn Sie denken, Sie müssten nur Ihre Argumente verbessern oder nach neuen sinnen, wird das nicht klappen. Warum?

Jeder glaubt nur an die eigene Wirklichkeit

Obwohl Sie beide dieselben Situationen, dieselben Tatsachen erleben, unterscheiden sich Ihre Wahrnehmungen davon diametral. Unser Alltagsbewusstsein interpretiert und bewertet unmittelbar, was es sieht und hört. Wahrnehmung lässt sich weder dekretieren noch lässt sich darüber streiten, weil niemandem vorzuschreiben ist, was er für »wahr« nimmt. In Konfliktfällen wird das häufig übersehen, denn jeder geht davon aus, dass es nur eine Wirklichkeit gibt, nämlich die eigene.

Gespräche lösungsorientiert führen

Was bedeuten die unterschiedlichen Wirklichkeiten für Ihre Kommunikationshaltung? Nachfolgend hierzu ein Beispiel:

Probleme mit dem Oberarzt

Sie sind Chefarzt in einer chirurgischen Abteilung einer großen Klinik. Ihr Oberarzt ist offensichtlich unmotiviert, er macht Ihrer Meinung nach »Dienst nach Vorschrift«. Er geht Ihnen aus dem Weg und kommt nicht mehr zu Ihnen, um sich mit Ihnen auszutauschen. In Teamsitzungen geht er in Opposition zu Ihnen. Gleichzeitig häufen sich Beschwerden von Patienten über ihn. Die letzte Beschwerde nehmen Sie zum Anlass, um mit ihm zu reden. Eine Patientin hat sich in ihren Wünschen nicht ernst genommen gefühlt. Sie ist der Meinung, es sei im Behandlungsverlauf nur darum gegangen, den Vorstellungen des Oberarztes zu folgen.

Sie suchen das Gespräch

Das Gespräch gestaltet sich wie folgt: Sie schildern Ihrem Oberarzt die Beschwerdegründe und verlangen von ihm eine Stellungnahme. In dem Gespräch wird deutlich, dass er nach seiner Darstellung mit der Patientin gesprochen und ihr Diagnosestellung und Behandlungsverlauf erklärt hat. Doch auch diese Patientin müsse begreifen, dass man im Stationsalltag nicht unendlich viel Zeit habe, sich jedem Patienten ständig zu widmen. Auch habe es wohl an der Schwere der Krankheit bzw. der psychischen Belastung der Patientin gelegen, dass sie sich beschwert habe.

Erst hören Sie zu, dann versuchen Sie, Ihren Oberarzt zu überzeugen, das sei ja alles schön und gut, doch irgendwie müsse die Patientin ja zu ihrem Eindruck gekommen sein. Und schließlich sei die Klinik auf Patienten angewiesen. Es sei daher notwendig, sich auf die Patienten einzustellen. Mit mehr Engagement sei das bestimmt möglich. (Dies erinnert Sie nämlich an Ihren eigenen Eindruck: Ihr Oberarzt ist in letzter Zeit unmotiviert. Dies erwähnen Sie aber nicht.)

Jeder besteht auf seiner Sichtweise

An dieser Stelle nimmt das Gespräch eine häufig absehbare Wendung. Je mehr Sie auf Ihrer Sichtweise bestehen, desto mehr kommt der Schuldbegriff ins Spiel. So verkommt ein Gespräch, das gut angefangen hat, zu einem Streitgespräch, in dem es nur noch darum geht, wer recht hat – oder im Umkehrschluss, wem die Schuld zuzuschreiben ist. Unglücklicherweise kommt auch noch Ihr eigener unterschwelliger Konflikt mit dem Oberarzt dazu, der Sie für die Patientin einnimmt. Die Lösung des Konfliktes bleibt auf der Strecke.

Überlegungen für die Praxis

Der Grad Ihrer emotionalen Beteiligung hat Einfluss auf das Fenster Ihrer Wahrnehmung, das heißt der Bereich, den Sie dadurch nicht sehen können, entzieht sich folglich Ihrer Kenntnis. Erhöhen Sie Ihre Kenntnisse über die eigentliche Situation dadurch, dass Sie gemeinsam mit Ihrem Mitarbeiter versuchen, die wirklichen Ursachen für die Beschwerde herauszufinden und der Frage nachzugehen, was der Anteil des Arztes an der Unzufriedenheit dieser Patientin ist. Inwieweit spielt z.B. das Ausmaß des Vertrauens der Patientin eine Rolle bei der Bereitschaft, den Vorstellungen eines Arztes zu folgen, oder andersherum: Wie kann man Patienten motivieren, Empfehlungen des Arztes anzunehmen?

Kein »Krieg« in Ihrer Abteilung

Ihnen ist als Chefarzt mit einem aus Schuldzuweisungen resultierenden »Krieg« in der Abteilung am wenigsten gedient. Selbst der menschliche Körper funktioniert nur durch die Kooperation aller Zellen. Nachfolgend daher eine Liste (▶ Übersicht) mit wichtigen Hinweisen für Ihre *Mitarbeitergespräche*:

> **Elemente gesunder Mitarbeiterkommunikation**
> - Konzentrieren Sie sich auf das eigentliche Ziel. (Ist Ihr Ziel, deutlich zu machen, wie schlecht der Andere sich verhalten hat, oder geht es darum, Lösungswege zu entwickeln, die im nächsten Patientengespräch hilfreich sind?).
> - Konzentrieren Sie sich auf die Lösungsmöglichkeiten, das heißt auf die Veränderung, nicht auf den Streit.
> - Sollten Sie mit Schuldzuweisungen arbeiten, können Sie den Widerstand des Anderen getrost sich selbst zuschreiben.
> - Vorsicht: Nicht über die unterschiedlichen Wahrnehmungen streiten, denn diese sind und bleiben im Zweifelsfall unterschiedlich. Es geht darum, eine Lösung zu finden, in der möglichst alle Beteiligten vorkommen.
> - Spüren Sie Widerstand Ihres Gesprächspartners (»ja, aber…« etc.), dann erfragen Sie erst den Grund des Widerstandes, anstatt immer besser überzeugen zu wollen.
> - Lassen Sie Ihren Gesprächspartner ausreden. Hören Sie nicht nur zu, um zu antworten.
> - Suchen Sie gemeinsam eine Lösung. Damit beteiligen Sie Ihr Gegenüber an der Verantwortung.
> - Die gemeinsame Lösung minimiert mögliche Widerstände.

Fazit

Durch das bewusste Entscheiden für eine »gemeinsame Lösung«, minimieren Sie mögliche Widerstände Ihres Gesprächspartners. Fühlt Ihr Gesprächspartner sich nicht ernst genommen, wird er Ihnen beweisen wollen, wie ernst es ihm ist. Damit entfernen Sie sich jedoch vom eigentlichen Thema des Gespräches. Fragen Sie stattdessen nach der »Wirklichkeit« Ihres Mitarbeiters. Die »Wirklichkeit« Ihres Mitarbeiters ist neben Ihrer Wirklichkeit ebenfalls Grundlage für das Gespräch. Gewinnen Sie Einsichten aus der Perspektive Ihres Gegenübers für Ihr eigenes Verhalten. Denn nur die Handlung ist sichtbar – die Absicht dahinter bleibt häufig verborgen. Dadurch ergeben sich immer Interpretationsspielräume für den Anderen. Erarbeiten Sie gemeinsam mit dem Mitarbeiter die zu erreichenden Ziele und die entsprechenden Wege dorthin.

28.1.3 Über den Umgang mit Verantwortung

Fähigkeit zur Delegation von Aufgaben

Soll das Übernehmen von *Verantwortung* keine bloße Worthülse und das Zuschreiben von Verantwortlichkeit mehr als Schuldzuweisung sein, schaut man sich am besten einmal das Wort selbst an: Verantwortung, deutlicher noch im Englischen (respons(a)bility), im Französischen (respons(h)abilité) oder Spanischen (respons(h)abilidad), bedeutet »die Fähigkeit zu antworten«. Die Fähigkeit, Schuld zuzuweisen oder Ausflüchte zu finden, ist damit nicht gemeint. Von Diktieren oder Herrschen ist da auch nicht die Rede, sondern von dem, was einen aufgeklärten Herrscher auszeichnen würde: das Talent, Antworten auf elementare Fragen zu finden. Man kann darunter auch Folgendes fassen: »die Fähigkeit zu antworten« weiterzugeben und zu organisieren, also Verantwortung zu delegieren.

Aus Mitarbeitern ein Team, aus Teillösungen eine Gesamtlösung machen

Führung in einer Klinik hat zunächst die Aufgabe, aus Mitarbeitern ein Team, aus Teillösungen eine Gesamtlösung und aus Einzelhandlungen eine Organisation zu entwickeln, dem Gesamtziel ethisch fundierter Wirtschaftlichkeit verpflichtet. Es versteht sich von selbst, dass dabei divergierende Interessen und Ziele der Mitarbeiter diese Anliegen zu einer großen Aufgabe machen, die nicht nur organisatorischer Natur ist, sondern auch ein hohes Maß an sozialen Kompetenzen verlangt.

Im Konfliktfall die Schuld nicht immer beim Anderen suchen

Kommunikation als Medium spielt hier eine zentrale Rolle. Das meint nicht nur das Kennen und Anwenden von Gesprächsstrategien. Eine wesentliche Herausforderung stellen im klinischen Bereich von allen akzeptierte unternehmensethische Grundsätze dar. Sie sollen uns z.B. motivieren, im Konfliktfall unseren eigenen Anteil zu entdecken und die Schuld nicht immer beim Anderen zu suchen. Damit wird eine Voraussetzung geschaffen, der Lösung eines Konfliktes näher zu kommen. Schwierigkeiten liegen erfahrungsgemäß nicht in der Akzeptanz dieser Aufgaben, sondern in der Überwindung des Eigeninteresses zugunsten des Patientenwohls.

Kooperation mit anderen Abteilungen

Sie sind Leitender Oberarzt der Thoraxchirurgie. Sie haben dafür gesorgt, dass Ihre Abteilung am Vortag ihren OP-Plan erstellt und dem OP-Manager zukommen lässt. Am nächsten Morgen erscheinen Sie pünktlich zur ersten OP, die im geplanten Zeitrahmen verläuft. Danach verlassen Sie den OP, um andere Aufgaben zu erledigen. Sie sind überzeugt, es noch pünktlich zur nächsten OP zu schaffen. Doch es kommt alles anders. Erst werden Sie von einem Kollegen aufgehalten, und dann werden Sie noch zu einem Privatpatienten gerufen. So müssen Sie erst umständlich gesucht werden, wodurch sich die nächste OP unnötig verzögert und sich die Narkosezeit für den Patienten erhöht.

In der nächsten Teamsitzung beschwert sich der Anästhesist über Ihr Verhalten. Ihre Antwort ist schnell formuliert. Ihnen fällt die letzte Woche ein, in der Sie öfter warten mussten, bis der Patient narkotisiert war. Außerdem haben Sie immer so viel zusätzliche Dinge zu tun, irgendwann muss das ja erledigt werden. Der Anästhesist wirft Ihnen vor, dass sich alle ständig nach Ihnen richten müssten, und wenn Sie in Zukunft nicht pünktlicher sind, dann muss die Narkose eben wieder ausgeleitet werden.

Was müssen wir tun, damit das nicht noch mal passiert? Jeder hat Gründe für sein Verhalten, doch sie tragen nicht zur Lösung bei. Auffallend ist hier, dass jede der beteiligten Personen gute Gründe für ihr Verhalten hat, doch leider tragen sie zur Lösung nicht bei, eher zur Abwehr von Schuld. Aber anstelle von Schuld und ihrer Abwehr sollte die zukunftweisende Frage treten, die eher einen konstruktiven Dialog zulässt: Was müssen wir tun, damit uns das nicht noch einmal passiert?

Instrumente zur Ausgestaltung der Kooperation entwickeln

Die Antwort lautet in diesem Fall: Instrumente zur Ausgestaltung der Kooperation entwickeln. Das hört sich einfach an, ist es aber nicht, denn sie beziehen sich nicht allein auf die technische oder hierarchische Organisation. Vor allem aber müssen die Beteiligten selbst ihr Rollenverständnis und ihren Willen zum Dialog überprüfen. Positionen und Ansprüche weichen dann dem gemeinsamen Interesse, den Patienten optimal zu versorgen.

Erfolgreiche Mitarbeiterführung ohne Motivation ist undenkbar

Folgende Fragen sind zu klären: Welches Verständnis haben die Dienstleister untereinander? Wer leistet wem welchen Dienst? Lässt der Operateur narkotisieren oder lässt der Anästhesist operieren? Erst die bewusste Auseinandersetzung mit diesen Fragen lässt Synergien zum Vorteil einer partnerschaftlichen Zusammenarbeit bei der Erfüllung des gemeinsamen Behandlungsauftrages entstehen Der Mensch handelt nicht ohne Grund, und er unterlässt auch eine Handlung nicht ohne Grund. Erfolgreiche Mitarbeiterführung ohne Motivation ist undenkbar.

Leistungstief eines Oberarztes
Der Oberarzt führt die Fehler auf Komplikationen zurück

Ihr Oberarzt hat seit einem halben Jahr ein Leistungstief. Sie führen ein Gespräch mit ihm und nehmen sich vor, ihm ordentlich ins Gewissen zu reden. Patienten, die von ihm operiert wurden, mussten häufig ein zweites Mal operiert werden. Sie sehen das Problem in der fehlenden Routine. Hinzu kommt Ihrer Meinung nach die fehlende Bereitschaft, entsprechende Fortbildungen zu besuchen. Im Gespräch formulieren Sie Ihre Einschätzungen und die Forderung nach mehr Fortbildung und Engagement. Ihr Oberarzt ist anderer Meinung. Er behauptet, dass die Schwierigkeiten an den nicht vorhersehbaren Komplikationen lagen. Doch Sie lassen sich nicht beirren und bestehen auf Ihrer Einschätzung.

Der Oberarzt reagiert mit einer Kündigung

Zum Schluss des Gespräches treffen Sie mit ihm die Vereinbarung, dass er demnächst an einer bestimmten Fortbildung teilnimmt. Sie haben das Gefühl, Ihr Mitarbeiter hat Sie nun verstanden. Sie verabschieden ihn mit den Worten: »Sie kriegen das schon hin, davon bin ich überzeugt.« Einige Monate später trägt Ihr Oberarzt Ihnen den Wunsch nach Kündigung vor. Was wurde hier falsch gemacht?

Kritik äußern und gleichzeitig wertschätzend sein

Auffallend ist, dass es im Gespräch vorrangig um das Thema »Wie überzeuge ich andere von meiner Sicht der Dinge?« ging. Außerdem hat der Chefarzt natürlich sofort Lösungen für diese Probleme. Das ist doch richtig, denken wir, er ist ja schließlich der Chefarzt. Was dabei schief gelaufen ist, lässt die Kündigung vermuten. Wir suchen also nach einer Strategie, die es uns möglich macht, Kritik zu äußern, dabei wertschätzend zu sein und die Mitarbeiter gleichzeitig zu motivieren, etwas zu verändern.

Mitarbeiter an der Lösungssuche beteiligen

Die Lösung: Mitarbeiter sollten zu Anfang des Gesprächs die Möglichkeit haben, ihre Sicht der Dinge darzustellen (Wertschätzung) und sollten an der Lösungssuche (Verantwortungsbewusstsein stärken) beteiligt werden, dann bauen Sie keine Widerstände auf.

Niemals dem Anderen etwas aufdrängen, von dem er nicht überzeugt ist

Wenn Sie versuchen, den Anderen zu überzeugen, obwohl er etwas anders sieht, erzeugen Sie dadurch unnötigen Widerstand. Die Konsequenz ist häufig der Rückzug im Gespräch. Sie haben den trügerischen Eindruck, er sei einverstanden, weil er nichts mehr entgegnet. Oder ein Streitgespräch entsteht, bei dem die Lösungen vernachlässigt werden. Beides löst das Problem nicht – im Gegenteil.

Abschließend einige Tipps zum *Kritikgespräch*:

Tipps zum Kritikgespräch

- Im Kritikgespräch geht es um Motivation zur Verhaltensänderung des Mitarbeiters.
- Schildern Sie eigene Beobachtungen und Eindrücke, und erfragen Sie gezielt die Eindrücke des Mitarbeiters.
- Akzeptieren Sie die eventuell andere Sicht Ihres Mitarbeiters.
- Betreiben Sie gemeinsame Ursachenforschung.
- Erarbeiten Sie neue Ziele gemeinsam.
- Formulieren Sie Umsetzungsschritte gemeinsam.
- Bieten Sie Unterstützung auf dem Weg der Veränderung an.
- Grundsätzlich gilt die Gesprächsregel: Lieber fragen statt sagen, denn Fragen sind die Voraussetzung für Verantwortung.

Fazit

Mitarbeiter wollen bei Entscheidungen und Lösungsfindungen einbezogen werden. Sie wollen gut informiert werden. Sie wollen nicht nur Ziele und Aufträge vorgegeben bekommen, sondern wissen, warum etwas getan werden soll und warum gerade auf diese Art und Weise. Sie wollen eine Führung, die ein Augenmerk darauf hat, wann es genug ist, wann die Belastungsgrenze der Mitarbeiter erreicht ist. Gleichzeitig wollen sie eine Führung, die sich durchsetzen kann, wenn es erforderlich ist, die Regeln schafft, damit eine Zusammenarbeit gelingen kann. Auf den ersten Blick ein Widerspruch: Einerseits wollen sie Partner sein mit all ihren Ansprüchen, und andererseits brauchen sie Orientierung und Führung. Wie kann das gelingen?

Es gibt zwar jede Menge Gesprächsregeln und -strategien anzubieten, aber das bloße Erlernen und Befolgen von Regeln hält meist dem anstrengenden Alltag nicht stand. Sonst passiert im Gespräch doch wieder das, was wir vermeiden wollten, worum wir uns gerade so bemühen, es besser zu machen. All das erfordert von einer Führungskraft eine innere Haltung, die sich dieses Widerspruches bewusst ist und trotzdem die innere Bereitschaft hat, Gestaltungsprozesse mit allen Beteiligten gemeinsam voranzubringen.

Die innere Haltung, das *Menschenbild*, das Bild, das wir von den Menschen haben, die uns begegnen, bestimmt unser Handeln. Wie sehe ich andere Menschen? Begreife ich sie als Gegner? Verstehe ich die Welt als Kampfplatz, in der ich mich ständig behaupten muss? Oder ist der Andere für mich ein

Partner, mit dem es um gemeinsame Lösungen geht? Entscheidend wird die Erkenntnis sein, dass die positiven Potenziale – allen ökonomischen Rationalisierungsdruck zum Trotz – in den Beteiligten selbst liegen, d.h. in ihrer Sicht auf ihre Arbeit, ihr Leben, ihre Patienten und ihre Mitarbeiter. Mit anderen Worten: ihr Menschenbild.

28.1.4 Über den Umgang mit Kritik: Konfliktmanagement

Anregungen zur Verbesserung der Streitkultur

Streit gehört zum Klinikalltag, weil Mitarbeiter unterschiedliche Interessen und Ziele haben. Konflikte stellen sich ein, wenn ein Mitarbeiter oder eine Gruppe sich durchsetzt und andere auf der Strecke bleiben. Werden neue Mitarbeiter eingestellt oder Leitungsfunktionen neu besetzt, fürchten die anderen Mitarbeiter nicht selten den Verlust ihres Status oder Kompetenzbereichs.

In diesem Abschnitt geht es um Anregungen zur Verbesserung der *Streitkultur*. Es gilt, den Blick auf Konflikte zu erweitern, damit die darin liegenden Chancen genutzt werden können. Konflikte haben positives Potenzial, denn sie machen Probleme deutlich. Werden sie nur verdrängt, entstehen Reibungsverluste, Intrigen und böswillige Unterstellungen.

Schauen wir uns folgende Situation genauer an:

Aggressiver Stationsarzt, daher wird eine Kollegin befördert

In Ihrer Abteilung gibt es einen Stationsarzt, der Ihrer Meinung nach nicht hinreichend engagiert ist. Er unterstützt nie Ihre Vorschläge, sondern untergräbt nicht offen, sondern durch irgendwelche hergeholten Bedenken den Veränderungsprozess Ihrer Abteilung. Außerdem haben Sie den Eindruck, dass Ihre Anordnungen (z.B. konsiliarische Untersuchungen) von ihm unterlaufen werden. Um Ausreden ist er nie verlegen. Gleichzeitig beendet er seinen Dienst immer überpünktlich und ist selten bereit, Überstunden zu machen.
Nun ist eine Oberarztstelle freigeworden. Obwohl Ihr Stationsarzt sehr gut in das Anforderungsprofil dieser Stelle passt, entscheiden Sie sich für eine junge, motivierte Mitarbeiterin. Sie hat zwar nicht so viel Erfahrung, und der Umgang mit den Patienten lässt manchmal noch zu wünschen übrig, doch mit dieser Entscheidung ist Ihnen wohler zumute, weil mit ihr weniger Konflikte zu erwarten sind.

Stationsarzt lenkt Aggressionen auf die Kollegin

Die weiteren Konsequenzen können wir uns leicht vorstellen: Der Stationsarzt wird nun noch aggressiver und somit für die Abteilung unproduktiv. Gleichzeitig hat er ein weiteres Opfer: Er lenkt seine Aggressionen zusätzlich auf die Kollegin. Der Teufelskreis von Macht und Widerstand schaukelt sich zwischen ihnen hoch, Lösungen werden nicht mehr gesucht. Wo Sie durch Ihre Besetzung Konflikte zu reduzieren beabsichtigten, tut sich nun ein völlig neues Konfliktfeld auf.

An welcher Stelle und zu welchem Zeitpunkt hatten Sie *Einflussmöglichkeiten*? Warum haben Sie diese nicht wahrgenommen? Wie können Sie überhaupt bei der Lösung von Konflikten vorgehen?

Zuallererst sei betont: Nicht gelöste Probleme schaffen andauernde Unzufriedenheit und führen zu weiteren Konflikten. Die sachlichen Probleme werden durch Emotionen wie »Feindbilder« und »Vorverurteilungen« überlagert. Der Grad der Eskalation hängt davon ab, wie massiv die Interessen der Beteiligten verletzt worden sind.

Welche Einflussmöglichkeiten des Vorgesetzten gibt es?

Im Beispielfall hatte es den Anschein, als ob Konfliktbereitschaft und -fähigkeit nicht vorhanden waren. Es gab kein offenes Gespräch zur Klärung des Verhaltens des Mitarbeiters. Möglicherweise waren Verleugnung und Verdrängung daran beteiligt. Vielleicht spielte aber auch folgender Gedankengang für den Chefarzt eine Rolle, sich für die Mitarbeiterin zu entscheiden: »Sollen denn die Anderen denken, man müsse nur genug meckern, dann bekomme man auch eine Beförderung? Das untergräbt doch meine Führungsposition.«

Nehmen wir aber mal an, Sie machen alles ganz anders als Ihr Kollege im obigen Beispiel: Sie lassen nicht viel Zeit ins Land gehen und nutzen das Verhalten Ihres Stationsarztes, um herauszufinden, was dahinter steckt. Sie treten in einen Dialog mit Ihrem Stationsarzt ein, denn erst dieser bietet die Möglichkeit, eventuelle Chancen, die sich aus dem Konflikt ergeben, produktiver zu nutzen.

1. Konflikte erkennen, akzeptieren und einordnen

Zur Bearbeitung von Konflikten stehen uns *drei Ebenen* zur Verfügung, die uns unterstützen, einen lösungsorientierten Dialog zu führen. Der erste Schritt besteht darin, die Ebenen zu unterscheiden und auf der Ebene Lösungssuche zu betreiben, der die Konflikte entstammen: die Absichtsebene (z.B. verschiedene Ziele), die Beziehungsebene (z.B. Neid) und die Sachebene (z.B. unterschiedlicher Informationsstand).

Formulierungsbeispiele	Bemerkungen
Absichtsebene: »Ich habe in letzter Zeit den Eindruck, dass Sie häufig nicht mit den Veränderungsmaßnahmen einverstanden sind, oder täusche ich mich?« **Beziehungsebene:** »Habe ich Sie zu wenig in die Entscheidungsfindung einbezogen?« **Sachebene:** »Habe ich Ihnen keine Gelegenheit gegeben, um Ihre Vorstellungen zu äußern? Gab es Informationen, die Ihnen nicht rechtzeitig zur Verfügung standen?«	Finden Sie heraus, was der Mitarbeiter denkt: Geht es ihm um mehr Verantwortung, will er etwas an der Zusammenarbeit ändern, haben Sie ihn in der Vergangenheit durch zu wenig Wertschätzung verletzt oder seine Vorschläge zu schnell abgetan? Erfahren Sie die wirklichen Interessen des Mitarbeiters, dann können Sie anschließend gemeinsam überlegen, wie Sie damit umgehen wollen.

2. Konflikte offen austragen

Für die Führungskraft bedeutet das in ersten Linie: *offenes Zuhören*. Konflikte berühren Gefühle. Der Grad der Eskalation hängt davon ab, wie stark die Interessen der Mitarbeiter – und natürlich auch die eigenen – verletzt worden sind. Beziehen sie sich daher auf die Interessen der Beteiligten und nicht auf Ihre Position.

Formulierungsbeispiele	Bemerkungen
»Was waren Ihre Beweggründe, meinen Vorschlag nicht anzunehmen?« »Ich hatte den Eindruck, dass Sie sich über meine Entscheidung geärgert haben.« »Ich höre daraus, dass diese Lösung für Sie nicht in Frage kommt. Was sind Ihre Alternativen?« »Da haben Sie recht. An der Stelle müssen wir uns besser organisieren. Haben Sie einen Vorschlag?« »Wenn Sie an unsere Zusammenarbeit denken, was lässt sich aus Ihrer Sicht ändern?«	Sind Kritikpunkte berechtigt oder die Vorschläge bedenkenswert, so ist es notwendig, dies auch zu formulieren. Das schafft Vertrauen und eine gute Basis für den weiteren Dialog.

3. Der Konfliktpartner ist gleichberechtigt

Wer im Konfliktfall seine Interessen durchsetzt, wird immer einen Verlierer zurücklassen. Bedenken Sie: Die Verlierer sind meist die Gegner von morgen. Die Entscheidung, meinen Gesprächspartner nicht als Gegner anzusehen, sondern als Gleichberechtigten mit gleichem Recht auf seine eigene Meinung, ist der erste Schritt, etwas zu verändern.

Formulierungsbeispiele	Bemerkungen
»Auf welche gemeinsamen Ziele und Interessen können wir uns einigen?« »Wie können wir sicherstellen, dass alle anderen nicht auf der Strecke bleiben?« »Welche Umsetzungsschritte sollten wir festlegen?«	Finden Sie einen Weg, damit der Mitarbeiter das bekommt, was er braucht (z.B. mehr Entscheidungsspielraum), um motiviert weiterarbeiten zu können. Ihr Ziel besteht darin, den Veränderungsprozess in Ihrer Abteilung in Gang zu halten, und nicht, sich durchzusetzen.

> »Wie gehen wir damit um, wenn etwas nicht so klappt, wie wir uns das vorgenommen haben (in Bezug auf Konflikte und Maßnahmen)?«
> »Auf welche Widerstände könnten wir stoßen, wenn wir diesen Weg gehen?«

> Gleichberechtigt zu sein heißt auch, den Mitarbeiter in die Lösungssuche mit einzubeziehen, den Blick für die Anderen zu öffnen und die Verantwortung für die Umsetzung zu teilen, was gleichzeitig das Umsetzungsinteresse des Mitarbeiters erhöht. Sind beide an der Lösung beteiligt, so liegt auch die Verantwortung bei Nicht-Gelingen auf beiden Schultern.

Wie entstehen Konflikte und welche Lösungsmöglichkeiten gibt es?

Mitarbeiter nicht gegeneinander ausspielen Wenn Mitarbeiter sich Ihren Anweisungen widersetzen, ist die Versuchung groß, sie gegeneinander auszuspielen oder den Druck zu verstärken. Sie rufen jeden einzelnen zu sich und sichern ihm Privilegien zu, wenn er sich auf Ihre Seite schlägt. Sie halten Informationen zurück oder lassen sie nur bestimmten Mitarbeitern zukommen Sie bilden sich ein, damit Vertrauen zu schaffen. Oberflächlich gesehen klappt das manchmal sogar, doch fördert dieses Verhalten nicht Ihre Anerkennung als Mensch und Führungskraft – im Gegenteil.

Anstoßen lösungsorientierter Lernprozesse und Identifikation für neue Ziele initiieren Unsere Vorstellungen stoßen häufig auf Widerstand, und daraus ergeben sich Auseinandersetzungen, die unterschiedlich ausgehen. Mal sind wir Sieger, mal Verlierer, und manchmal finden wir einen Kompromiss. Doch Ihr Alltag als Führungskraft ist natürlich in dieser Feststellung nicht gänzlich beschrieben, denn schon Konfliktgespräche fordern von uns ein Konfliktmanagement, das im Mitarbeiter das Anstoßen eines lösungsorientierten Lernprozesses und eventuell das Öffnen und die Identifikation für neue Ziele initiiert.

Selbstkritik und Feedbackfähigkeit sind notwendig So benötigen Führungskräfte als wichtigste Voraussetzung für das Führen von Konfliktgesprächen die Fähigkeit zur *Selbstkritik* und ein tolerantes Umgehen mit aufrichtigem *Feedback* anderer, um die eigene Wahrnehmung überprüfen zu können. Anhand eines Beispiels betrachten wir dazu das Vorgehen eines Chefarztes:

Kundenorientierung sollte verstanden und gelebt werden

Nehmen wir an, sie sind seit zwei Jahren Chefarzt einer Frauenklinik. Sie hatten sich gefreut, diese Aufgabe zu übernehmen, denn Sie wollten endlich eine Klinik nach Ihren Vorstellungen gestalten. Im ersten Jahr Ihrer Führungstätigkeit war Ihr Ziel, Ihren beiden Abteilungen – der Geburtshilfe und der Gynäkologie – ein gemeinsames Profil zu geben. »Kundenorientierung« sollte von Ihren Mitarbeitern verstanden und gelebt werden. Auf allen Teamsitzungen und durch Ihr eigenes Beispiel machten Sie deutlich, was Sie darunter verstehen.

Bonus für die loyalen Mitarbeiter am Jahresende

Doch nach einem Jahr müssen Sie feststellen, dass der anscheinend größte Teil Ihres Personals immer noch nicht verstanden hat oder verstehen will, worum es Ihnen geht. Einige Ihrer Mitarbeiter setzen einfach Ihre Anordnungen nicht um bzw. haben immer wieder Ausreden. Sie wollen die Sache positiv angehen und lassen diejenigen, die sich Ihnen gegenüber Ihrer Meinung nach loyal verhalten, am Jahresende einen Bonus zukommen, um so gleichzeitig diejenigen zu bestrafen, die sich Ihnen widersetzen.

Unruhe im Team, bei geringen Anlässen kommt es zu Konflikten

Nach einem Vierteljahr herrscht immer noch Unruhe im Team – so Ihr Empfinden. Bei dem geringsten Anlass kommt es zu Konflikten. Gespräche mit Ihnen finden nicht statt. Als eine Ihrer Hebammen aus gänzlich anderen Gründen zu Ihnen kommt, fragt sie am Ende der Unterredung, ob einige aus der Abteilung wirklich am Ende letzten Jahres einen Bonus bekommen haben. Sie sind erleichtert, dass offenbar endlich jemand das Ziel ihrer Maßnahme verstanden hat, denn diese Hebamme gehörte nicht zu den »Prämierten«. Die »Strafe« war also angekommen – aber hat es Ihnen etwas genützt? Sind Sie Ihrem Ziel nähergekommen?

Ungleichbehandlung führte zu Unruhe und noch größerer Ablehnung

Versetzen Sie sich einmal in die Lage der Mitarbeiter. Natürlich hatte sich die Ungleichbehandlung schnell herumgesprochen, die Konkurrenz unter den Mitarbeitern ungezügelt geschürt und sie so unproduktiv gegeneinander aufgebracht. Die mit Malus versehenen Mitarbeiter fühlen sich von Ihnen abgelehnt und reagieren ihrerseits mit Ablehnung Ihnen gegenüber. Außerdem machen sie untergründig Stimmung gegen Sie, was bei Ihnen nur als ein amorphe Unruhe ankommt. Ihre positiv gedachte Maßnahme ist also gründlich »schiefgegangen«.

Wie entstehen Konflikte?

Verunsicherung darüber, was auf sie zukommt Wie hätte es anders gehen können? Am besten gehen wir noch mal zum Anfang zurück: Ein Mensch übernimmt eine neue Aufgabe. Er ist bemüht, alles sehr gut zu machen, er weiß auch schon, wie es gehen soll und hat dementsprechend Energie. Er bringt neue Ideen mit und möchte sie lieber heute als morgen umsetzen. Doch auf wen trifft diese neue Führungskraft? Meistens auf Menschen, die verunsichert sind, was mit der neuen Führung auf sie zukommt.

Befürworter und Gegner Die einen wünschen sich, dass alles so bleibt wie es ist, besonders ihr eigenes Arbeitsgebiet betreffend. Die Ankündigung von Veränderungen bringt schnell Verlustängste hervor. Sie haben sich mit der vorherigen Führungskraft gut verstanden, der Führungswechsel bedeutet für sie Verlust, dessen Verarbeitung Zeit braucht. Das lassen sie die neue Führungskraft spüren, sie sind erst einmal im Widerstand. Die Anderen hoffen, dass nun alles anders wird, und bekunden dem neuen Chef schnell ihre Loyalität.

Bedürfnislagen prallen aufeinander

Keine Gelegenheit, die eigenen Bedürfnisse klar zu äußern Wir stellen fest: Mindestens drei *Bedürfnislagen* prallen aufeinander – die des Chefarztes und die der unterschiedlichen Mitarbeiter. Niemand fühlt sich richtig »mitgenommen«. Es gab keine Gelegenheit, die eigenen Bedürfnisse klar zu äußern und einen kommunikativen Austausch stattfinden zu lassen. Widerstand wurde damit produziert. Die Mitarbeiter hatten wahrscheinlich das Gefühl, dass sie sehr engagiert sind und sich doch ständig auf neue Patientinnen einstellen. Das Thema »Kundenorientierung« haben sie als Kritik an ihrer zurückliegenden Arbeit verstanden. Eine gemeinsame Entwicklung gab es nicht. Die wäre eingeleitet worden, wenn Workshops und Einzelgespräche stattgefunden hätten, in denen es darum gegangen wäre, was jeder Einzelne und das ganze Team zur Weiterentwicklung brauchen, um dann auch die Vorstellungen des Chefarztes zur Kundenorientierung zu implementieren.

Wie gehen Sie vor, wenn Sie einen Konflikt lösen wollen?

Einzelgespräche zur Konfliktlösung Doch jetzt ist das Kind in den Brunnen gefallen. Dabei wollen Sie es aber nicht bewenden lassen. Nehmen wir an, Sie planen als Erstes Einzelgespräche zur Konfliktlösung und zur Einleitung einer neuen Verständigung. Wie sollten Sie vorgehen, was ist zu beachten?

Bei der Aufarbeitung von Konflikten ist die Unterscheidung zwischen Sach- bzw. Zielkonflikten und emotionalen Konflikten von Bedeutung, weil der sachliche Aspekt eines Konflikts häufig nicht allein durch Kommunizieren gelöst werden kann. Denn ist es erst zu einem Konflikt gekommen, überlagert die emotionale Ebene die sachliche Ebene. Die meisten emotionalen Konflikte sind aus einem Sach- oder Zielkonflikt entstanden! (◘ Tab. 28.1)

Unterschiedliche Wirklichkeiten übersetzen, um Annäherung herzustellen Während der Objektivierungsphase ist es notwendig, auf die emotionale und die Sachebene einzugehen und sie deutlich anzusprechen und voneinander zu trennen. Es muss herausgearbeitet werden, ob es um die Unvereinbarkeit von Zielen der Konfliktpartner geht, die möglicherweise nur durch einen Kompromiss geregelt werden können, oder ob das Verhalten des Vorgesetzten von den Mitarbeitern z.B. als fehlende Wertschätzung interpretiert worden ist. Hier gilt es, sich die unterschiedlichen Wirklichkeiten zu »übersetzen«, um darüber eine Annäherung herzustellen.

Machen Sie sich die Unterschiede von Ich- und Du-Botschaften bewusst Es ist hilfreich für die Durchführung von Konfliktgesprächen, sich die Unterschiede von Ich- und Du-Botschaften bewusst

Tab. 28.1 Konfliktlösungsschema

Vorbereitung	Die Führungskraft bereitet sich auf das Gespräch vor, indem sie sich fragt: – Welche Vorstellungen/Ziele hatte ich, welche hatte der Konfliktpartner? – Welche Gefühle hat der Konflikt in mir ausgelöst? – Welche Gefühle hat der Konflikt möglicherweise in dem Anderen ausgelöst? – Welche Gemeinsamkeiten gibt es zwischen uns? – Was könnte im Gespräch schiefgehen? – Wie will ich damit umgehen? – Welche Lösung hätte ich gerne? – Welche Zugeständnisse will ich an welcher Stelle machen?
Objektivierung	Es ist notwendig, den emotionalen Konflikt auf die ursprünglich sachliche Ebene zurückzuführen, um einer Lösung näher zu kommen. Im Gespräch ist auf Folgendes zu achten: – Raum geben für die Sichtweise und den Ärger des Gegenübers. – Argumente und Erwartungen zulassen. – Durch Fragen ein besseres Verständnis für die Wirklichkeit des Anderen entwickeln. – Die Sicht des Anderen akzeptieren. – Zum Schluss die eigene Sicht/Wirklichkeit vortragen.
Lösungen sammeln	Den Gesprächspartner nach seinen Lösungsalternativen fragen, nicht bewerten; eigene hinzufügen
Lösungen erarbeiten	Lösungsalternativen gemeinsam auf ihre Umsetzbarkeit prüfen: – Was könnte bei der Umsetzung der verschiedenen Lösungswege passieren? – Wie könnten die Beteiligten reagieren? – Wie könnten wir damit umgehen?
Vereinbarungen treffen	Verbindliche Umsetzungsschritte planen, Verantwortlichkeiten übernehmen und übergeben, Zeitfenster festlegen.

zu machen. Sie können das Verständnis des Gesprächspartners wecken oder ihn mit der Verantwortung für Ihre Gefühle belasten – was wiederum zu Abwehr und damit nicht zur Lösung beiträgt.

Ich-Botschaften sind eher unterstützend für die Annahme von Kritik Prinzipiell kann man sagen, dass bei der Formulierung von Kritik die Ich-Botschaften eher unterstützend für das Annehmen der Kritik sind, weil sie das Gefühl ausdrücken und gleichzeitig den Entstehungsgrund für das Gefühl nennen. Nicht der Vorwurf ist wichtig, sondern das Deutlich-Machen der Konsequenzen für das eigene Erleben. Du-Botschaften dagegen formulieren eher Vorwürfe (◘ Tab. 28.2).

Konzentriert man sich also auf die Beschreibung des eigenen Erlebens und nicht auf die Interpretation bzw. Bewertung des Handelns des Gesprächspartners (Vorwurf), so ist die Chance größer, ins Gespräch zu kommen. Im umgekehrten Fall leiten Sie das Abwehren bzw. die Verteidigung des Vorwurfs selbst ein.

Fazit
In diesem Abschnitt ging es um Ambivalenzen, Schwierigkeiten und ihre Überwindung im Führungsalltag. Deutlich geworden ist, dass Konflikte auch Chancen für die Weiterentwicklung aller Beteiligten bergen. Das eigene Ego steht uns dabei fast immer im Weg. Gesprächsstrategien und Analysemethoden spielen eine wichtige Rolle, um es zu überwinden, den Kern des Konfliktes herauszuarbeiten und sich einer Lösung anzunähern. Individuelle Präferenzen des persönlichen Konfliktlösungsverhaltens müssen erkannt werden, damit die nötige Distanz gefunden werden kann, die zur Kompromiss- oder Konsensfindung gebraucht wird.

◻ **Tab. 28.2** Ich-Botschaften und Du-Botschaften

Ich-Botschaft	Du-Botschaft
Ich bin verärgert, dass der Termin nicht eingehalten worden ist, weil mich das mit dem gesamten nachfolgenden Tagesablauf in Schwierigkeiten bringt.	Sie haben den Termin wie immer nicht eingehalten.
Es kostet mich sehr viel Zeit, dass ich ständig Fragen von Assistenzärzten beantworten muss. Ich bitte Sie, mir zu erläutern, wie Sie die Assistenzärzte anleiten wollen.	Sie leiten die Assistenzärzte nicht vernünftig an.
Ich bin total unter Druck, weil Sie Ihre Aufgaben nicht erledigt haben. So ist es für mich schwierig, weiterzuarbeiten.	Sie haben schon wieder Ihre Aufgaben nicht erledigt.
Ich bedaure es, dass wir hier jetzt nicht weiterkommen.	Mit Ihnen kann man kein vernünftiges Gespräch führen.
Es verletzt mich, wenn Sie mich anschreien.	Schreien Sie nicht so.
Es ist schwierig für mich, etwas zu erklären, wenn ich nicht ausreden darf und Ihnen dadurch wichtige Informationen nicht geben kann.	Unterbrechen Sie mich nicht ständig.
Es ärgert mich, wenn Sie Verabredungen nicht einhalten, weil...	Sie haben sich schon wieder nicht an unsere Verabredungen gehalten.

28.2 Organisation

Die Herausforderungen für Kliniken haben sich verändert. Im Vordergrund stehen schnellere und wirtschaftlichere Behandlungen von kranken Menschen. Dies hat natürlich Konsequenzen für die Organisation. Flache Hierarchien, hohe Selbstständigkeit der einzelnen Bereiche und schnittstellenübergreifende Steuerung über gemeinsame Ziele und Strategien gewinnen an Bedeutung. Personalrotation muss gewährleistet werden, um eventuelle Ausfälle schnell ersetzen zu können. *Kooperation* ist hier das Schlüsselwort. Andererseits werden Einzelleistungen und Einzelverantwortung gefördert und prämiert, die es manchmal schwierig machen, wirkliche Kooperation interdisziplinär zu etablieren. Dazu bedarf es einer Organisation, die ihre Arbeitsprozesse entwickelt und ständig modifiziert. Es werden Mitarbeiter gebraucht, die motiviert sind, unter diesen Voraussetzungen zu arbeiten. Das geht nur über die Einführung von Arbeitsformen, die es möglich machen, den Einzelnen, aber auch das ganze Team an der Bewältigung von Problemen und der Entwicklung neuer Strukturen zu beteiligen.

28.2.1 Effektive Führung durch gezielte Personalentwicklung

Was braucht der Mitarbeiter, um sich individuell zu entwickeln?

Eine effektive Unternehmens- und Mitarbeiterführung, die die Mitarbeiter begeistert und zu selbstverantwortlichem Handeln führt, benötigt Führungskräfte, die sich nicht nur fragen, was das Unternehmen braucht, um im Wettbewerb zu bestehen und was sie dazu beitragen können. Es werden vielmehr Führungskräfte gesucht, die sich auch fragen, was der Mitarbeiter braucht, um sich individuell zu entwickeln und gleichzeitig ein Teammitglied zu werden, das dann dem Erreichen der Unternehmensziele dienlich ist.

Das setzt voraus, dass die Führungskraft nicht nur genau ihre eigenen Ziele kennt, sondern auch Klarheit hat, wie sie ihre Mitarbeiter dorthin »mitnehmen« will. Und an dieser Stelle fängt die Herausforderung an, wie folgendes Beispiel zeigt:

Widerstand wird produziert

Sie sind Chefarzt einer internistischen Abteilung und haben beschlossen, gemeinsam mit Ihren Mitarbeitern an einer Seminarreihe teilzunehmen, in der es um die Verbesserung der Kommunikation mit Patienten und ihren Angehörigen gehen soll. Sie haben es sich alles so einfach gedacht. So sind Sie davon ausgegangen, dass jeder Interesse hat, seinen Stress im Arbeitsalltag, der durch schlechte Kommunikation zustande kommt, zu minimieren. Doch im Laufe des ersten Seminartages zeigt sich: Wenn Sie deutlich formulieren, wie Sie sich die Kommunikation vorstellen, wächst der Widerstand der Mitarbeiter dadurch, dass sie ständig entgegnen, dies oder das ginge nicht, weil...

Außerdem wird Ihnen jetzt erst richtig klar, warum manche Ihrer Mitarbeiter mehr Patientenbeschwerden provozieren als andere: Offensichtlich haben sie kein akzeptables Kommunikationsverhalten – und das nicht nur Patienten und Angehörigen, sondern auch Kollegen gegenüber. Sie haben ein Problem mit einem Patienten oder Kollegen und auch gleich die entsprechende Schuldzuweisung parat. So sind sie immer Opfer der Umstände, und es entsteht bei ihnen das Gefühl, nicht selbst bestimmen zu können.

Kritik wird zurückgewiesen, bevor sie geprüft ist
Deshalb sind sie unmotiviert, wie Ihnen scheint. Selbst Kritik von Kollegen oder Patienten wird offensichtlich schon zurückgewiesen, bevor sie geprüft ist. Die entsprechende Einstellung gegenüber den Wünschen und Bedürfnissen der Patienten, so wie Sie es erwarten, ist ebenfalls nicht vorhanden. Gleichzeitig fällt Ihnen auf, dass die Mitarbeiter untereinander Dinge völlig unterschiedlich handhaben und dass Absprachen auch interdisziplinär anscheinend völlig willkürlich getroffen werden.

Die Problemanalyse

Fehlende Struktur und mangelnde Abstimmung erschweren das Arbeiten Eigentlich wollten Sie ja nur das Kommunikationsverhalten Ihrer Mitarbeiter durch Vermittlung von entsprechenden Gesprächsregeln verbessern. Doch nach diesem Seminar und den oben genannten Eindrücken steht für Sie fest, dass es um viel mehr geht. Nicht nur das Zwischenmenschliche lässt zu wünschen übrig, sondern auch die fehlende Struktur innerhalb der Abteilung und mangelnde Abstimmung mit anderen Abteilungen erschweren das gemeinsame Arbeiten für den gemeinsamen Behandlungsauftrag. Sie nehmen daraufhin eine *Problemanalyse* vor und entwickeln daraus ein verbindliches internes Kommunikationssystem für Ihre Abteilung.

Jeder hat seine eigene Sichtweise
- Die Kommunikation und die Kooperation zwischen Ihren Mitarbeitern bzw. den Kollegen aus anderen Bereichen und Ihnen ist gestört; dies äußert sich in Ablehnung, Widerstand, Gereiztheit und Undiszipliniertheit.
- Einigen Mitarbeitern fehlt es an Informationen über die Schwierigkeiten, mit denen die Anderen zu kämpfen haben. Jeder hat seine eigene Sicht.
- Es kommt zu Machtspielen zwischen den Beteiligten (Kollegen, Mitarbeitern, Patienten und deren Angehörigen) und zu gegenseitigen Schuldzuweisungen.
- Es gibt keine gemeinsame Entscheidungsfindung. Die Folgen, die daraus entstehen: Motivation schwindet; Resignation und das Gefühl, dass sich wieder mal nichts ändert, machen sich breit.
- Kenntnisse über Gesprächsregeln und -strategien fehlen.
- Es gibt unterschiedliche Wertvorstellungen.

Implementierung von Teamsitzungen, Mitarbeitergesprächen und Gesprächen mit anderen Abteilungen

Eine gemeinsame Fehlerkultur schaffen Die Problemanalyse zeigt: Die Basis, auf der Kommunikation stattfinden kann, erfordert zuallererst eine *Organisationsstruktur*, die alle Beteiligten regelmäßig an einen Tisch holt und ihnen die Möglichkeit gibt, konstruktiv – also lösungsorientiert und nicht schuldzuweisend – miteinander zu sprechen. Komplexe Situationen zu analysieren, verschiedene Gruppen und Mitarbeiter zu verstehen und zusammenzubringen und gleichzeitig konstruktiv mit Konflikten umzugehen, benötigt die Implementierung von mindestens *drei Bausteinen* als Teil einer Führungs- und Dialogkultur:
- regelmäßige Teamsitzungen (auch mit Vertretern anderer Berufsgruppen),
- Mitarbeiterjahresgespräche,
- regelmäßige Gespräche mit anderen Abteilungen (interdisziplinär).

Regelmäßige Teamsitzungen Sie erfordern eine klare Moderationsstruktur, gerade wenn es um das Bewältigen von Störungen im Arbeitsalltag geht. Es reicht nicht aus, sich die unterschiedlichen Wahrnehmungen vorzuwerfen. Vielmehr muss strukturiert aufgearbeitet werden, für wen es welche Probleme gibt und welche Ursachen dahinter stecken. Dann gilt es, gemeinsam Ideen zur Lösung zu entwickeln, um danach gemeinsam zu entscheiden, welche die beste für alle Beteiligten ist. Auf keinen Fall darf vergessen werden, einen gemeinsamen Termin zur Kontrolle festzusetzen, ob und was umgesetzt wurde und gegebenenfalls nachzubessern ist.

Zugleich ist es nötig, *Regeln für den Umgang mit Konflikten* zu finden. Wesentliche Orientierungspunkte dafür sind:
- keine Verteidigung, Gegenangriff oder Herunterspielen, um die Objektivierung des Konfliktes voranzutreiben.
- Fragen nach Hintergründen, um den Konfliktpartner zu verstehen,
- Anerkennung bzw. Akzeptanz des Konfliktes,
- Konfliktpartner um Lösungsvorschläge bitten,
- eventuell Lösungsalternativen entwickeln,
- Einigung auf eine mögliche Lösung,
- Vereinbarungen zur Umsetzung treffen,
- Umsetzungskontrolle festlegen.

Allen Mitarbeitern soll diese Methodik bekannt sein und von allen verbindlich eingesetzt werden. Dafür trägt die Führungskraft die Verantwortung.

Mitarbeiter- und Zielvereinbarungsgespräche *Mitarbeiterjahresgespräche* sollten als eine gezielte und systematische Form der Personalentwicklung zur Leistungssteigerung in Kliniken beitragen. Sie können den einzelnen Mitarbeiter motivieren, vorausgesetzt, sie werden verantwortlich geführt. Dies funktioniert nur, wenn die Führungskraft sich
- auf einen wirklichen Dialog einlässt, bei dem das Fragen als Gesprächsstrategie im Vordergrund steht,
- Systematik und Konsequenz in den Gesprächen zeigt,
- Klarheit über Anforderungen und Erwartungen schafft,
- gemeinsam mit dem Mitarbeiter Vorschläge und Lösungswege erarbeitet,
- Informationen nicht als Machtinstrument gebraucht, sondern allen zur Verfügung stellt.

Regelmäßige Gespräche mit anderen Abteilungen Spezifische Sichtweisen und Kompetenzen auch anderer Berufsgruppen prallen aufeinander, weil gemeinsam bewertet, geplant, entschieden und gehandelt werden muss. Deshalb müssen Arbeitsprozesse aufeinander abgestimmt und gleichzeitig Instrumente zur Gestaltung der Kooperation entwickelt werden. Das geht nur gemeinsam. Das Verständnis der Prozesse, der Mitarbeiter und Kollegen ist eine Voraussetzung für die interdisziplinäre Zusammenarbeit, um den spezifischen Bedürfnissen der Patienten besser gerecht zu werden. Auch diese Gespräche müssen einer bestimmten Struktur folgen, wenn sie effektiv werden sollen.

Der behandelnde Arzt entscheidet über die Anderen hinweg

Eine 80 Jahre alte Dame mit einem bekannten unheilbaren und das Leben in absehbarer Zeit beendenden Grundleiden wird unmittelbar aus einem Altenheim ins Krankenhaus eingeliefert. Sie hat eine schwere Lungenentzündung, die sie ohne Medikamente und künstliche Beatmung sicherlich nicht überstehen wird. Eine Patientenverfügung oder Vorsorgevollmacht liegt bei der Aufnahme noch nicht vor, Angehörige sind noch nicht verfügbar.
Werden Antibiotika gegen die Lungenentzündung verabreicht und eine Beatmung auf der Intensivstation eingeleitet, oder wird darauf verzichtet? Sterben wird sie in absehbarer Zeit ohnehin. Ohne intensivmedizinische Behandlung stürbe sie früher, aber dafür vielleicht auch menschenwürdiger.
Der aufnehmende junge Arzt gibt die Anweisung, Antibiotika zu verabreichen und die Beatmung einzuleiten. Der erfahrene Oberarzt ist jedoch anderer Meinung. Es entsteht eine Auseinandersetzung über die Therapieentscheidung.

Eine Gesprächsstruktur dient zur Unterstützung der Diskussion

In der nachfolgenden interdisziplinären Teamsitzung wird versucht, die Diskussion darüber wieder aufzunehmen. Die folgende *Gesprächsstruktur* dient dabei zur Unterstützung der Diskussion und dem Austausch der unterschiedlichen Sichtweisen:

1. Differenzierung der Patientensituation – Motivsituation – Ziele/Erwartungen	Problemfeststellung: Welche Situation liegt vor? Welche Reaktionen erzeugt die Situation (wo findet Identifikation, wo Abgrenzung statt)? Welche Perspektiven haben die in den Fall involvierten Personen? Welche ethischen Prinzipien sind relevant und wie werden sie beachtet oder verletzt? Um welche Ebenen geht es (medizinische, juristische, philosophische-theologische)?
2. Handlungsmöglichkeiten	Welche Handlungsmöglichkeiten bestehen? Vor- und Nachteile der einzelnen Handlungsmöglichkeiten? Was wird riskiert, was wird erwartet?
3. Ergebnis	Mit welcher Begründung wird welche Entscheidung getroffen?

Fazit

Eine Führungskraft entscheidet als Vorbild über gelebte Werte und Grundsätze in ihrer Abteilung.

Führungskräfte müssen komplexe Konstellationen bewältigen, und das geht am besten durch partizipative Führungsstrukturen. Führungshandeln braucht Rahmenbedingungen, die jeder Mitarbeiter kennen sollte. Strukturen, die einen regelmäßigen Austausch zwischen Mitarbeitern untereinander und Führungskraft möglich machen, helfen, unnötige Konflikte zu vermeiden.

Effizienz und Effektivität und die damit verbundenen Anforderungen an Mitarbeiter in Bezug auf Unterordnung und Einsatzwillen können nicht als selbstverständlich vorausgesetzt werden. Allein das Implementieren solcher Sitzungen reicht nicht aus, um Informationen auszutauschen und um gemeinsame Ziele zu entwickeln und umzusetzen.

Schon mit der gewählten Sitzungs- bzw. Gesprächsstruktur und dem Implementieren von Konfliktlösungsstrategien macht eine Führungskraft deutlich, welche Werte und Grundsätze sich in ihrer Abteilung durchsetzen sollen. Hier werden Entwicklungsprozesse auf kommunikativer Ebene häufig erst in Gang gesetzt. Kommunikation und Strukturen, in denen sie stattfinden soll, dienen nicht nur dem Austausch, sondern auch der Verteilung von Verantwortung, wobei die Wertebasis der Mitarbeiter und letztendlich auch die der Führungskraft immer Einfluss auf das Gesprächsverhalten nimmt. Damit lenkt, gestaltet und entwickelt eine Führungskraft ihre Abteilung.

28.2.2 Teambildung – Bildung im Team

Zusammenarbeit der Abteilungen hängt entscheidend von der Führung ab

Die Leistungsfähigkeit einer Klinik hängt weitgehend davon ab, wie gut die Zusammenarbeit zwischen den einzelnen Abteilungen, den einzelnen Mitarbeitern und den Berufsgruppen klappt. Die Führungskräfte der Abteilungen spielen eine wesentliche Rolle, wenn es um das Zusammenspiel eines Teams untereinander und mit anderen Teams geht. Welchen Führungsstil Sie dabei wahrnehmen wollen, hängt ganz von Ihrer persönlichen Entscheidung ab. Wenn Sie nach einer Abteilungskultur suchen, die zugleich Leistung garantiert und die Interessen alle Mitarbeiter berücksichtigt, dann finden Sie hier einige Ideen dazu. Zunächst ein Beispiel:

Selbstständiges Arbeiten der Mitarbeiter erwünscht

Sie sind Chefarzt einer internistischen Abteilung. Seit etwa einem Jahr bekleiden Sie diese Position. Sie haben eigentlich noch nicht intensiver darüber nachgedacht, wie Sie Ihre Rolle als Chef ausfüllen wollen. Insgeheim jedoch wünschen Sie sich, dass Ihre Mitarbeiter selbstständig und eigenverantwortlich handeln, zumindest die Oberärzte der einzelnen Abteilungen. Sie wollen Ihnen nicht ständig sagen, was sie tun oder lassen sollen. Sie wollen Ergebnisse, und nur im Notfall sollen Ihre Mitarbeiter sich an Sie wenden. Doch wenn Sie das Verhalten der Mitarbeiter in Gedanken durchgehen, fällt Ihnen einiges auf, das Sie gerne anders hätten:

Einzelne Mitarbeiter kommen öfter zu Ihnen, um sich bei Ihnen zu beklagen, wer ihnen mal wieder Böses getan hat. Sie werden gebeten, doch mal mit

28.2 · Organisation

denjenigen zu reden, die Ärger machen. Bei einem Mitarbeiter haben Sie das Gefühl, dass er Sie gerne auflaufen lässt, weil er Ihre Position auch gerne gehabt hätte. Insgesamt empfinden Sie Ihre Mitarbeiter als zu unselbstständig. Außerdem stellen Sie fest, dass die Mitarbeiter ohne Kontrolle ihre Aufgaben nicht korrekt oder gar nicht erledigen.

Viele Zweiergespräche, Angst vor Gruppengesprächen

Ihre Situation hat sich so entwickelt, dass Sie mittlerweile viel Zeit für Zweiergespräche aufwenden. Sie glauben, in diesen Gesprächen öffnen sich die Mitarbeiter eher, und Sie können so leichter Einfluss auf ihr Verhalten gewinnen. Gruppengespräche scheuen Sie, weil Sie fürchten, es könnten Spannungen zutage treten, und Sie es nicht schaffen, diese zu schlichten. Was ist passiert?

Die Mitarbeiter wurden unbewusst für ihr Verhalten belohnt

Grundsätzlich können wir feststellen: Ihr Arbeitsalltag ist ganz anders, als Sie es sich wünschen. Der Grund dafür liegt möglicherweise darin, dass die Mitarbeiter Ihnen in den vielen Einzelgesprächen ihr Herz ausgeschüttet haben und Sie sich als Führungskraft anfänglich geschmeichelt gefühlt haben. Wahrscheinlich haben Sie dann auch viele Dinge in die Hand genommen und versucht, sie zu lösen. Die Mitarbeiter wurden so von Ihnen unbewusst für ihr unselbstständiges Verhalten belohnt. Gleichzeitig haben Sie dieses Verhalten dadurch provoziert und verstärkt. (Führungskräfte fühlen sich schnell verantwortlich und zum Handeln veranlasst, ohne zu überlegen, welche möglichen Konsequenzen sich daraus ergeben.)

Alte Verhaltensmuster verlassen und neue Strategie umsetzen

Suchen wir also nach einer Strategie, die Ihre eigentlichen Vorstellungen von Mitarbeiterführung bzw. Führen eines Teams unterstützt. Dabei geht es um die Stärkung der Eigenverantwortlichkeit, das Klären von Erwartungen und Anforderungen und um das Umgehen mit Konflikten. Die Veränderung Ihres Führungsverhaltens soll Impuls für die Veränderung des Verhaltens der Mitarbeiter sein. Wobei damit zu rechnen ist, dass es anfänglich zu Konfrontationen mit den Mitarbeitern kommen kann. Unsicherheiten können entstehen, weil der Chef das gewohnte Verhaltensmuster verlassen hat. Dafür ist es nützlich, erst einmal die *Entwicklungsprozesse* zu betrachten, die für ein Team typisch sind. Jede Phase bedarf bestimmter Voraussetzungen, die geklärt und auf den Weg gebracht werden müssen.

Phase	Voraussetzungen für die Entwicklung Es kommt darauf an, dass...
Testphase Mitarbeiter machen sich vertraut und beginnen, sich zu etablieren	– die Ziele geklärt werden, – die Ziele transparent werden, – man sich Zeit füreinander nimmt, – jeder Mitarbeiter seinen Platz findet, – Gespräche stattfinden, – jeder die Gründe für die Zusammenarbeit im Team erkennt und anerkennt, – jeder Mitarbeiter erkennt, dass er gebraucht wird, – mögliche Ängste ernst genommen werden.
Kampfphase Mitarbeiter erkämpfen sich einen Platz im Team	– geklärt wird, wie zusammengearbeitet wird, – gemeinsame Regeln der Zusammenarbeit (Entscheidungsfindung, Problemlösung) gefunden werden, – Ziele überprüft werden (Modifizierung), – Werte und Grundsätze überprüft werden, – Kontrollregeln festgelegt werden.
Organisationsphase Die Mitarbeiter haben sich strukturiert	– inhaltliche Zusammenarbeit und kommunikatives Miteinander nach Regeln funktionieren, – alle Vereinbarungen schriftlich getroffen werden, – Interessen und Stärken der Mitarbeiter berücksichtigt werden, – Bewertung von Vorschlägen und Ideen nach festgelegten Kriterien funktioniert, – lösungsorientiert zusammengearbeitet wird.

Phase	Voraussetzungen für die Entwicklung Es kommt darauf an, dass...
Integrationsphase Das Team ist arbeitsfähig	– das Team nach außen hin positiv vertreten wird, – regelmäßige Besprechungen durchgeführt werden, – die Aufgaben und die Rolle des Teams innerhalb der Gesamtorganisation geklärt werden, – jeder sich mit dem Team identifiziert.

Fördern von Offenheit, Engagement und Problemlösungsvermögen

Sind bestimmte Punkte von den Mitarbeitern nicht bewältigt, tritt das Team auf der Stelle und kann sich nicht hin zur nächsten Phase weiterentwickeln. Die Verantwortung dafür und für das Fördern von Offenheit, Engagement und Problemlösungsvermögen in ihrer Abteilung tragen die Führungskräfte in nicht unerheblichem Maße – jedenfalls bis die Selbststeuerungskräfte der Mitarbeiter so gewachsen sind, dass ein Teil der Verantwortung von allen übernommen werden kann.

Neuer Arbeitsstil: Verantwortung bei den Mitarbeitern belassen

Was heißt das für unser Beispiel? Noch mehr Einzelgespräche, in denen jetzt Ziele und Regeln festgelegt werden? Weit gefehlt! Es geht hier um einen *Arbeitsstil*, der die ganze Gruppe gleichzeitig anspricht, die Verantwortung für bestimmte Dinge bei den Mitarbeitern belässt und ihnen die Gelegenheit gibt, Wünsche zu äußern, sich mit anderen auszutauschen, Verabredungen zu treffen und Prozesse lösungsorientiert zu beeinflussen.

Workshop durchführen, Erwartungen formulieren, Umsetzung erarbeiten

Aufgrund der oben genannten Problemlage bietet sich ein Workshop an, der den Mitarbeitern die Gelegenheit bietet, eigene Erwartungen zu formulieren und diese mit denen der Anderen abzugleichen. In diesem Zusammenhang sollten gleich Umsetzungsschritte in den Arbeitsalltag geplant werden. Besonders hilfreich ist ein Moderator von außen. Er ist nicht involviert und hat das nötige Handwerkszeug, um mit möglichen aufkommenden Konflikten umzugehen. Ob Sie als Chefarzt dabei sind, bleibt Ihnen überlassen. Zu bedenken ist, dass manche Mitarbeiter sich nicht offen äußern, wenn die Führungskraft dabei ist. Der Vorteil Ihre Anwesenheit wiederum wäre, dass Sie die Möglichkeit haben, vor Ihrem gesamten Team Ihre Erwartungen und Wünsche zu äußern. Zusätzlich können die unterschiedlichen Wirklichkeiten der Hierarchieebenen übermittelt werden (Chefarzt, Oberarzt, Assistenzarzt), die damit zu gegenseitigem Verständnis beitragen.

Gesprächs- und Umgangsregeln gemeinsam erarbeiten

Nachfolgend wird eine Moderationsstruktur vorgestellt, die es allen Beteiligten leicht macht, miteinander ins Gespräch zu kommen. Voraussetzung für die erfolgreiche Durchführung sind *Gesprächs- und Umgangsregeln*, die zuvor von allen gemeinsam festgelegt werden und an die sich jeder zu halten hat. Gearbeitet wird im Plenum, in Kleingruppen und einzeln.

Beispielmoderation 1 an der Pinnwand

Was hindert mich daran, so effektiv zu arbeiten, wie ich mir das wünsche?	Was hindert unser Team daran, so effektiv zu arbeiten, wie ich mir das wünsche?	Was gefällt uns an unserem Team, so dass wir es erhalten sollten?	Was sollten wir ändern, um das Funktionieren unseres Teams zu verbessern?

- Jeder Mitarbeiter hat vier Karten zur Verfügung, auf denen er zu jeder Frage ein Stichwort formuliert. (Die Anzahl der Karten kann erweitert werden.)
- Sind alle in Einzelarbeit damit fertig, stellen die Mitarbeiter ihre Karten vor und heften diese untereinander an die Pinnwand.
- Vereinbarung: Die anderen Mitarbeiter dürfen an dieser Stelle nur Fragen zum Verständnis formulieren.
- Die letzte Spalte mit den Antworten bildet die Arbeitsgrundlage für die Kleingruppenarbeit. Die Mitarbeiter ordnen sich themenorientiert zu.
- In den Kleingruppen gibt es wieder eine Arbeitsvorlage.

Beispielmoderation 2 an der Pinnwand (Kleingruppe)

Problem	Ursache	Ziel	Weg

- Ein Moderator wird aus der Kleingruppe gestellt.
- Der Moderator schreibt auf Zuruf die Ergebnisse stichwortartig in die erste Spalte (Problem).
- Gemeinsam wird über die Ursachen diskutiert. Die Ergebnisse werden in dieser Spalte festgehalten.
- Danach wird die Zielformulierung vorgenommen.
- Unter »Weg« ist die genaue Ausformulierung der Umsetzungsschritte zu verstehen
- Ergebnisse werden im Plenum vorgestellt und eventuell nachgebessert.

Fazit

»Teamarbeit« ist eine notwendige, weil zeitgemäße, humane und erfolgreiche Form der Arbeitsorganisation, die gerade in Kliniken mit ihrer hohen Schnittstellenproblematik nicht wegzudenken ist. Teams müssen, wenn sie gut funktionieren sollen, entwickelt werden. Regelmäßige Workshops zur Teamentwicklung sind nötig, um die Kontakte der Teammitglieder untereinander zu fördern, mögliche Konflikte festzustellen sowie eine kritische Überprüfung und Optimierung der Zusammenarbeit und der Leistung des Teams vorzunehmen. Idealerweise ist dies ein Methode, die in weiten Teilen durch das Team selber funktioniert. Teamentwicklung ist die initiale Aufgabe jeder Führungskraft unter aktiver Mitwirkung aller Teammitglieder.

28.2.3 Mitarbeiterjahresgespräche als Motivations- und Entwicklungsinstrument

Kommunikationsprozesse zwischen Chefarzt, Oberarzt und Assistenzarzt

Mitarbeiterjahresgespräche können als eine gezielte und systematische Form von Personalentwicklung zur Leistungssteigerung in Kliniken beitragen. Sie können den einzelnen Mitarbeiter motivieren, vorausgesetzt, sie werden verantwortlich geführt. Durch sie können endlich im Arbeitsalltag häufig vernachlässigte regelmäßige Kommunikationsprozesse zwischen Chefarzt, Oberarzt und Assistenzarzt initiiert werden. Auf diese Weise finden Gespräche nicht nur dann statt, wenn etwas schief gelaufen ist. Mitarbeiterjahresgespräche können Orientierung vermitteln über strategische Planungen der eigenen Abteilung und darüber, an welcher Stelle sich der Mitarbeiter darin wiederfindet und sich einbringen kann.

Ein verbindliches Beurteilungssystem wird benötigt

Dafür braucht es – schon aus sozialhygienischen Gründen – ein für alle verbindliches *Beurteilungssystem*, in dem Defizite wie auch Stärken der Mitarbeiter besprochen werden, um gemeinsam Schritte zur Entwicklung des Mitarbeiters daraus abzuleiten.

Zwei Ansätze für Mitarbeiterjahresgespräche

Zielvereinbarungen und merkmalorientierte Leistungsbewertung Grundsätzlich wird bei Mitarbeiterjahresgesprächen zwischen zwei Methoden zur Feststellung von Leistung und der Planung von zukünftigen Vorhaben unterschieden: Die Methode der Zielvereinbarungen und die Methode der systematischen Leistungsbewertung (merkmalorientiert). Vertreter der entsprechenden Arbeitnehmergruppen sind an dem Prozess der Implementierung und Erstellung von Anforderungskatalogen zu beteiligen.

Zielorientiertes Mitarbeiterjahresgespräch Wenden wir uns erst dem *zielorientierten Verfahren* zur Mitarbeiterbeurteilung zu. Hier geht es darum, ganz individuell und auf den einzelnen Mitarbeiter bezogen dessen Leistungspotenzial einzuschätzen, seine Stärken festzustellen und optimal im Sinne des Unternehmens einzusetzen sowie seine Schwächen zu analysieren und Maßnahmen zu vereinbaren, um diese auszugleichen.

Beispiel für ein zielorientiertes Mitarbeitergespräch Als Grundlage für ein zielorientiertes Mitarbeiterjahresgespräch wird ein Formular entwickelt, das der Mitarbeiter vor dem Gespräch ausfüllt und das z.B. auszugsweise so aussehen könnte:

A	Name:
	Abteilung:
	Zeitraum:
	Name des Vorgesetzten:
B	Wie schätzen Sie – gemessen an den vereinbarten persönlichen und Team-Zielen des vergangenen Jahres – Ihre Leistung ein? (als Grundlage kann ein entsprechender Anforderungskatalog dienen)
C	Stellungnahme des Vorgesetzten und Vereinbarungen: Hervorragende Leistung: Voll anforderungsgerechte Leistung: Verbesserungsbedürftige Leistung:
D	Mit welchen Maßnahmen hat Ihr Vorgesetzter Sie unterstützt, und was würde Ihnen in der Zukunft helfen?
E	Bemerkungen (Dieses Feld dient dazu, Unstimmigkeiten etc. festzuhalten.)
F	Langfristige Ziele – Teilschritte – Aktionsplan

Benennung von Situationsbeispielen aus dem Arbeitsalltag

Der Mitarbeiter schätzt sich »frei formuliert« unter Zuhilfenahme des Anforderungskataloges und seiner Zielvereinbarungen aus dem Vorjahr ein. Das ausgefüllte Formular bekommt die Führungskraft. Es dient beiden als Grundlage des Mitarbeitergespräches. Wichtig für den Verlauf des Gespräches ist die Benennung konkreter Situationsbeispiele aus dem Arbeitsalltag. Je konkreter ein Beispiel, desto besser können Fehler aufgezeigt, Ursachen geklärt und zukünftige Maßnahmen formuliert werden.

Unstimmigkeiten in einer separaten Spalte eintragen

Am Ende des Gespräches gibt der Vorgesetzte schriftlich seine Stellungnahme ab und hält die gemeinsam getroffenen Vereinbarungen fest. Unstimmigkeiten werden in der dafür vorgesehenen Spalte eingetragen. Danach sind die Unterschriften beider Gesprächspartner notwendig. Vertreter der entsprechenden Arbeitnehmergruppen sind an dem Prozess der Implementierung und Erstellung von Anforderungskatalogen zu beteiligen. Dadurch wird eine größere Akzeptanz unter den Mitarbeitern für das ganze Verfahren der Mitarbeiterjahresgespräche hergestellt.

Orientierungspunkte im Gespräch

Der Mitarbeiter ist an der Erarbeitung der Ziele beteiligt, denn das fördert die Motivation.

Konkrete Ziele sind der Bezugspunkt für Leistung, Leistungskontrolle und Leistungsmotivation. Dies verschafft dem Mitarbeiter und seinem Vorgesetzten die notwendige Orientierung. Entsprechende Prozesse zur Zielrealisierung müssen im Detail besprochen werden. Anforderungen sollen deutlich gemacht, Gefahren aufgezeigt und Unterstützungsmaßnahmen definiert werden, sodass größtmögliche Klarheit über den Weg zum Ziel sowie über Stolpersteine und deren Überwindung besteht.

Beispiel für ein merkmalorientiertes Mitarbeitergespräch Bei der merkmalorientierten Leistungsbewertung geht es im Grundsatz darum, die Leistungen des Mitarbeiters im Vergleich zu anderen Mitarbeitern zu beurteilen. Systematische Mitarbeiterbeurteilung ist ein Instrument, um Leistungsdefizite frühzeitig zu erkennen oder ihnen vorzubeugen, Ursachen dafür herauszufinden und Gegenmaßnahmen zu planen. Dieses Verfahren zur Beurteilung von Leistung und Verhalten ist ein eher beschreibendes, und zwar anhand von zuvor festgelegten Kriterien (Anforderungsprofilen) für eine Berufsgruppe. Hier erfolgt die Beurteilung stärker nach festgelegten Regeln, die aber wiederum das Gefühl des Ausgeliefertseins an die Führungskraft vermindern.

Vorgesetzte und Mitarbeiter geben ihre Einschätzungen ab Zur Vorbereitung auf ein merkmalorientiertes Mitarbeiterjahresgespräch dient folgendes Formular, in dem zuerst der Mitarbeiter und dann die Führungskraft ihre eigene Einschätzungen durch Ankreuzen abgeben (vor dem gemeinsamen Gespräch; MA = Mitarbeiter; V = Vorgesetzter):

Beobachtungskategorie	Definition	Voll ausgeprägt	ausgeprägt	Teilweise ausgeprägt
Betriebsbezogene Aufgaben	Entwickelt abteilungsbezogene Ziele und Strategien.	MA V	MA V	MA V
	Stimmt Abteilungsziele mit übergeordneten Zielen und Visionen ab.	MA V	MA V	MA V
	Steuert und koordiniert Prozesse.	MA V	MA V	MA V
	Beurteilt entstehende Kosten auf dem Weg zum Arbeitsziel.	MA V	MA V	MA V
	Organisiert und optimiert Arbeitsabläufe.	MA V	MA V	MA V

Orientierungspunkte für das Gespräch

- Gesprächsgegenstand sind im Wesentlichen die Punkte, an denen die Einschätzungen divergieren.
- Im Vordergrund steht die Ursachensuche für die unterschiedlichen Einschätzungen, um gemeinsam nach Maßnahmen der Leistungssteigerung und Möglichkeiten der Veränderung zu suchen.
- Danach sind Vereinbarungen für die Zukunft zu treffen und Unterstützungsmaßnahmen konkret zu formulieren.
- Die Ergebnisse des Gespräches sind ebenfalls schriftlich festzuhalten.

Gesprächsverhalten der Führungskraft

Standortbestimmung, Klärung der Prozesse und Zieldefinitionen Die Führungskraft stellt in erster Linie Fragen und versucht damit, den Mitarbeiter zu animieren sich Themen wie seinem Aufgabenverständnis, der Ursachenforschung für Fehler und deren Lösung eigenverantwortlich zu erarbeiten. Dabei muss sie sich in ihrem Gesprächsverhalten auf drei Ebenen konzentrieren: Standortbestimmung, Klärung der Prozesse, Zieldefinitionen. Beispiele für Fragen und Hilfsmittel:

Standortbestimmung	Klärung der Prozesse	Zieldefinitionen
Was haben Sie im letzten Jahr erreicht?	Wo sind Schnittstellen zu anderen Abteilungen?	Ziele der Abteilung und Ziele des Mitarbeiters sollten im Grundsatz übereinstimmen.
Was war unterstützend?	Wie können Prozesse optimiert werden?	Ziele präzise formulieren (z.B.: nicht »freundlicher sein«, sondern festlegen, was »freundlicher« im Arbeitsalltag meint)
Was war behindernd?	Wer muss was dazu tun?	Ziele müssen messbar sein, um kontrolliert zu werden.
Wo sehen Sie Ihre Grenzen, und warum?	Wie sieht Ihr eigener Anteil aus?	Zielerreichung muss überprüft und anerkannt werden, sonst entsteht Demotivation.
Wie planen Sie Ihren Arbeitsalltag?	Wo setzen Sie Prioritäten?	Definierte Ziele müssen gänzlich in den Möglichkeiten des Mitarbeiters liegen.

Ist die Objektivität im Beurteilungsverfahren gewährleistet? Mitarbeiter werden genau darauf achten, wie und warum so und nicht anders beurteilt wird. Vorgesetzte werden stärker in die Pflicht genommen, nicht zuletzt durch das systematische Verfahren, das Vereinbarungen nachprüfbar macht. Die Gewährleistung der *Objektivität* im Beurteilungsverfahren ist ein großer Wunsch aller Beteiligten. Allerdings ist dies nicht hundertprozentig realisierbar, weil es immer Menschen sind, die beurteilen und wahrnehmen. Es stellt sich immer wieder heraus, dass Führungskräfte, wenn die notwendigen methodischen und sozialen Fähigkeiten nicht vorhanden sind, im Gespräch eher zu Vermeidungsstrategien neigen, wenn sie befürchten, mit einer Gesprächssituation nicht umgehen zu können. Daher bedarf das Ansprechen von Leistungsschwächen einer erhöhten Gesprächskompetenz und eines hohen Maßes an Konfliktfähigkeit der Führungskraft, die entwickelt und trainiert werden müssen.

Übrigens: Auch die Weiterbildungsordnung schreibt jährliche Gespräche zwischen dem Weiterbilder und dem Weiterzubildenden zum Stand seiner Weiterbildung vor. Nutzen Sie diese Gelegenheit, und bauen Sie diese Gespräche zu einem umfassenden »Mitarbeiterjahresgespräch« im obigen Sinne aus!

Mit dem Mitarbeiter in einen offenen Dialog kommen Mit welchen Hürden eine Führungskraft im Mitarbeiterjahresgespräch umzugehen hat und was notwendig ist, um den Entwicklungsprozess des Mitarbeiters voran zu treiben, wird im Folgenden beispielhaft dargestellt.

Das Gespräch steht und fällt damit, ob es Ihnen gelingt, den Mitarbeiter zu öffnen und über bislang unangesprochene Dinge, die Ihnen oder Ihrem Mitarbeiter wichtig sind, in einen wirklichen Dialog zu kommen. Nur dann entsteht eine Atmosphäre, in der Meinungsverschiedenheiten ausgesprochen und lösungsorientiert geklärt werden, unterschiedliche Sichtweisen aufgedeckt und Standpunkte bewegt, Kompromisse gefunden werden und so eine konstruktive Zusammenarbeit auf den Weg gebracht wird.

Informationen fließen nicht, Absprachen werden nicht eingehalten
Nehmen wir an, Sie sind Chefarzt in der Radiologie. Sie haben eine Chefsekretärin, die für die Privatabrechnung etc. zuständig ist, und zwei zusätzliche Bürokräfte, die sich um die Kassenabrechnung etc. kümmern. Die Bürokräfte sind seit etwa einem Jahr bei Ihnen, die Chefsekretärin, Frau Peters, seit Jahren. Die beiden Mitarbeiterinnen beschweren sich immer wieder über die Sekretärin, dass Informationen nicht fließen und die Absprachen für die gegenseitigen Vertretungen (z.B. bei Überstundenabbau) nicht funktionieren und immer wieder zu Ärger führen. Eigentlich sind Sie mit allen drei Mitarbeiterinnen zufrieden. Ihre Sekretärin ist zwar etwas unzugänglich Ihrer Meinung nach, doch trotzdem wäre es Ihnen am liebsten, wenn die drei das untereinander lösen würden. Noch in der letzten Woche forderten Sie Ihre Chefsekretärin auf, sie solle doch mal darauf achten; solche Konflikte seien doch wirklich unnötig. Sie haben schon genug mit dem anderen Personal zu tun. Leider hat sich danach nichts geändert, ganz im Gegenteil, die Stimmung unter den Mitarbeiterinnen ist sogar noch angespannter. In den jährlichen Mitarbeitergesprächen müssen Sie daher dieses Thema noch mal mit Ihren Mitarbeiterinnen ansprechen. Grundlage für die Gespräche sind die Beurteilungsbögen des zurückliegenden Jahres einschließlich der Selbsteinschätzungsbögen Ihrer Mitarbeiterinnen. Zuerst steht das Gespräch mit Frau Peters an.

28.2 · Organisation

Folgende Formulierungen eigenen sich für das Mitarbeitergespräch:

Beispielformulierung	Bemerkungen
Guten Tag, Frau Peters, es freut mich, dass Sie gekommen sind. Nehmen Sie Platz: Mögen Sie Kaffee oder Wasser?	Hier beeinflussen Sie gleich zu Anfang die Atmosphäre des Gespräches.
Das waren anstrengende Wochen, mit den ganzen Abrechnungen. Ich bin froh, dass ich Sie habe. Das funktioniert wirklich gut mit meinen Abrechnungen.	Es gibt immer etwas, auch bei schwierigen Mitarbeitern, um einen motivierenden Start zu finden.
Heute möchte ich mir für Sie Zeit nehmen, Frau Peters, um zu besprechen, wie Ihre Arbeit bzw. unsere Zusammenarbeit und die mit den Kollegen funktioniert. Für mich war es nicht einfach, Sie mit dem Bogen für das vergangene Jahr zu beurteilen; in der langen Zeit ist viel passiert. Natürlich bin ich trotzdem zu einem Ergebnis gekommen. Wie ist es denn Ihnen mit Ihrer Selbsteinschätzung ergangen?	Formulieren Sie, worum es Ihnen heute geht. Machen Sie deutlich, dass Sie sich wirklich Gedanken um den Mitarbeiter gemacht haben. Halten Sie Ihren Einstieg so kurz wie möglich, und geben Sie durch entsprechende Fragen Raum zur Rückmeldung.
Ich schlage vor, wir legen die beiden Bögen nebeneinander und sehen gemeinsam, wo es Unterschiede in Ihrer und meiner Einschätzung gibt und was wir beide dagegen tun wollen. Ist das in Ordnung für Sie?	Hier geht es darum, eine Möglichkeit des Vergleiches der Einschätzungsbögen zu schaffen. Gleichzeitig ist hier deutlich zu machen, dass Unterschiede in der Einschätzung ganz normal sind und dass es nur auf den Umgang damit – also die Lösung – ankommt.

Möglicher weiterer Verlauf des Gesprächs:

Beispielformulierung	Bemerkungen
Bei dem Punkt »Initiative zeigen« sehen Sie sich kritischer als ich. Meine Einschätzung fällt positiver aus, weil ich immer wieder feststelle, dass Sie Terminierungsprobleme zwischen Patienten und Mitarbeitern aus unserer Abteilung selbst lösen. Doch mich interessiert, wieso Sie zu der Einschätzung kommen?	Das Selbstbild der Mitarbeiterin ist kritischer als Ihr Fremdbild. An dieser Stelle gibt es Raum zur Motivation der Mitarbeiterin. Aber es darf auf keinen Fall vergessen werden, die Frage nach dem Grund der unterschiedlichen Einschätzung zu stellen. Es könnten z.B. Probleme mit anderen Mitarbeitern dahinter stecken, die es dem Mitarbeiter schwer machen, Initiative zu zeigen.
In dem Bereich »Beschwerdemanagement« haben Sie sich besser bewertet als ich. Bei mir steht ein Kreuz bei »verbesserungswürdige Leistung«, weil Sie einerseits auf die Beschwerden von Patienten eingehen, andererseits machen Sie bei der Klärung schnell einen ungeduldigen Eindruck. Ich denke da an Frau Müller, die unzufrieden mit der Behandlung der zuständigen Ärztin war. Ich erwarte von Ihnen, dass Sie die Beschwerde annehmen, an mich weiterleiten und der Patientin nicht erzählen, dass wir in Arbeit ersticken. Der Patient muss immer das Gefühl haben, wir haben genug Zeit für ihn, um ihn nicht zu verlieren.	Das Selbstbild ist besser als Ihr Fremdbild. Hier ist Klarheit und gleichzeitig Vorsicht geboten, um nicht zu demotivieren. »Verbesserungswürdig« ist noch nicht »schlecht«. Bringen Sie Beispiele, die Ihre Bewertung untermauern, und zeigen Sie die Auswirkungen auf. Gleichzeitig ist es wichtig, zu beschreiben, wie es optimal aussehen soll.
Jetzt möchte ich aber von Ihnen wissen, wie Sie diese Situationen erleben.	Diese Frage ist wichtig, um herauszufinden, ob die Mitarbeiterin Unterstützung (z.B. durch eine entsprechende Fortbildung) braucht.

Bei dem Thema »Zusammenarbeit« habe ich Sie schlechter eingeschätzt als Sie sich. Ich möchte Ihnen erklären warum, das so ist. Ich meine, Sie könnten den beiden jüngeren Kolleginnen mehr Informationen zukommen lassen. Es ist für mich unnötige Arbeit, wenn die beiden zu mir kommen und mir Fragen stellen, die ich Ihnen schon beantwortet habe.
Offensichtlich herrscht auch Unsicherheit bei der Umsetzung der Vertretungsregelungen, die wir vorher alle zusammen besprochen haben. Was hat Sie bewogen, sich bei der »Zusammenarbeit« positiver einzuschätzen?

Sie sollten nie mehr als zwei Argumente anführen, um den Mitarbeiter nicht zu überfordern. Sonst schicken Sie ihn zu stark in die Verteidigungshaltung. Halten Sie Ihre Äußerungen so kurz wie möglich, denn in Kritiksituationen ist es häufig schwierig für den Kritisierten, langen Erklärungen zu folgen. Machen Sie deutlich, dass Sie auch an der Einschätzung des Mitarbeiters interessiert sind. Welche Argumente ausschlaggebend sind, orientiert sich allein an den betrieblichen Belangen. Ursachenforschung ist hier angesagt, damit der Arbeitsablauf danach gemeinsam geplant und verbessert werden kann. Halten Sie angestrebte Verbesserungen als Ziele und die Umsetzungsschritte dorthin schriftlich fest.

Der Gesprächsabschluss

Erinnerung an gemeinsam geplante Maßnahmen In der Abschlussphase des Gespräches ist es wichtig, Übereinstimmungen noch einmal zu formulieren. Häufig nehmen Mitarbeiter, wenn es um Kritik gegangen ist, das Positive schwer auf. Hier besteht Gelegenheit, noch mal zu motivieren. Halten Sie auch Kompromisse fest, damit der Mitarbeiter deutlich wahrnimmt, an welcher Stelle Sie auf ihn zugegangen sind. Fassen sie zusammen, welche konkreten Maßnahmen Sie gemeinsam mit dem Mitarbeiter geplant haben, denn pauschale Absichtserklärungen sind schwer zu überprüfen und nützen dem Mitarbeiter häufig wenig.

Den Mitarbeiter nach Möglichkeiten der Unterstützung fragen Fragen Sie den Mitarbeiter nach Möglichkeiten der Unterstützung Ihrerseits. Vielleicht hat er ja auch Wünsche an Sie. (Ob Sie die gewünschte Unterstützung auch leisten wollen oder andere Möglichkeiten anbieten, entscheiden Sie.) An dieser Stelle kann das Gemeinsame – nämlich die Qualität der Abteilung voranzutreiben – nochmal herausgestellt werden.

Geben Sie am Schluss Ihre Einschätzung darüber ab, wie Sie das Gespräch erlebt haben: Wo war es kooperativ, wo schwierig? Machen Sie klar, dass Sie trotzdem sehr viel Wert auf diese Form der Gespräche legen, und bedanken sich für die Offenheit. Fragen Sie danach, wie der Mitarbeiter das Gespräch erlebt hat.

Vorbildfunktion durch eigenen konstruktiven Umgang mit Kritik Vergessen Sie nicht, dass es in den meisten Fällen für Mitarbeiter aufgrund ihres Abhängigkeitsverhältnisses Ihnen gegenüber schwierig ist, ihre wirkliche Meinung kundzutun. Wollen Sie Ihre Mitarbeiter dazu ermutigen? Das geht nur durch Ihren eigenen konstruktiven Umgang mit Kritik und Ihrem entsprechenden Verhalten gegenüber dem Mitarbeiter in der zukünftigen Zusammenarbeit.

Fazit

Mitarbeiter mögen argwöhnen, dass es sich bei Mitarbeiterjahresgesprächen um ein reines Kontrollinstrument handelt. Führungskräfte mögen diese Gespräche als eine zusätzliche Belastung empfinden. Doch wenn sie richtig und regelmäßig geführt werden, sind sie ein Entwicklungsinstrument, durch das sich Konflikte vermeiden und die Zusammenarbeit in den Abteilungen gestalten lassen. Welche Chancen darin liegen, die interne Kommunikation zu verbessern und Arbeitsabläufe zu optimieren, zeigt sich erst, wenn die Führungskraft

- einen wirklichen Dialog mit dem Mitarbeiter zulässt,
- Systematik und Konsequenz in den Gesprächen zeigt,
- Klarheit über Anforderungen und Erwartungen schafft,
- gemeinsam mit dem Mitarbeiter Vorschläge und Lösungswege erarbeitet,
- Informationen nicht als Machtinstrument gebraucht, sondern allen zur Verfügung stellt.

Dafür werden Chefärzte als Führungskräfte benötigt, die den Mut haben, diese Form der Offenheit in der Kommunikation zu praktizieren. Sie werden am Ende des Tages feststellen, dass Gestaltungsprozesse gemeinsam mit motivierten Mitarbeitern viel leichter voranzubringen sind.[1]

---

1 Der Inhalt stammt in Teilen aus der Sonderausgabe des Chefärzte-Briefes »Personalmanagement für Chefärzte 2010« des IWW

Von der Führungslast zur Führungslust! Der weibliche Erfolg an der Spitze

Stephanie Ekrod, Nicola Schoo

29.1 Einleitung – 472

29.2 Die männlich geprägte Organisationskultur – Phantasiekonstrukt oder erlebte Realität? – 472
29.2.1 Was ist männlich und was ist weiblich? – 472
29.2.2 Die männlich geprägte Organisationskultur – 473
29.2.3 Doing Gender – Womit Frauen sich den Weg an die Spitze erschweren – 474

29.3 Die »4 Erfolgsfelder im Beruf« – 475
29.3.1 Kommunikation – 475
29.3.2 Selbstmanagement in Rollenvielfalt – 476
29.3.3 Selbstpositionierung und -marketing – 477
29.3.4 Vision und Ausrichtung – 478

29.4 Auf dem Weg in die Zukunft – 479
29.4.1 Warum Coaching hilft – 480
29.4.2 Was Unternehmen tun können – 480
29.4.3 Der Beitrag von Frauen – 480

29.5 Ein Ausblick in die Zukunft – Das neue Zusammenwirken von Mann und Frau – 480

Literatur – 482

U. Deichert et al. (Hrsg.), *Traumjob oder Albtraum – Chefarzt m/w*,
DOI 10.1007/978-3-662-49779-1_29, © Springer-Verlag Berlin Heidelberg 2016

29.1 Einleitung

Chefarzt zu sein, ist bestimmt nicht einfach. Aus der Sicht eines Nichtmediziners erscheinen die mit diesem Beruf verbundenen Umstände ohnehin fast aberwitzig. Sicherlich können persönliche Leidenschaft, die hohe Sinnhaftigkeit der Aufgabe, das Ansehen in der Bevölkerung und der mögliche Lebensstandard eine starke Motivation auslösen. Die tägliche Belastung hingegen erscheint enorm. Angefangen vom geforderten Einsatz und dem Engagement über die damit verbundene Verantwortung für Leib und Leben von Menschen bis hin zu dem auch in diesem Buch beschriebenen Spannungsfeld zwischen Wirtschaftlichkeit und Patientenorientierung. Ganz zu schweigen von den rechtlichen Fallstricken, die mit diesem Beruf zusammenhängen. Insgesamt stellen all diese Aspekte über lange Strecken sicherlich eine hohe persönliche Herausforderung dar. Als Außenstehender fragt man sich schnell: Wie bleiben Chefärzte in diesem Job eigentlich gesund? (▶ Kap. 33).

Offenbar drängt sich diese Frage nicht nur Außenstehenden auf. Zunehmend wird es schwieriger, Chefarztstellen zu besetzen. Dies ist unter anderem an Veröffentlichungen wie beispielsweise in der Zeitschrift »Frauenarzt« ablesbar. Dort hieß es bereits 2014, dass deutschlandweit für mehr als über 100 Frauenkliniken keine Chefärzte mehr zu finden sind (Frauenarzt 2014). Wobei eine Spezies tatsächlich noch schwieriger zu finden ist als Chefärzte, nämlich Chefärztinnen.

Wie in der Wirtschaft, so sind auch in der Medizin die weiblichen Spitzenführungskräfte rar gesät. Folgende Zahlen sind heute zu finden: Derzeit beträgt der Frauenanteil der berufstätigen Mediziner rund 45%. Der Anteil von Chefärztinnen wird auf 8–10% geschätzt (Deutscher Ärztinnenbund 2014). Dass das nicht besser wird, obwohl der weibliche medizinische Nachwuchs derzeit bei ca. 63% liegt, zeigt eine neueste Umfrage des Marburger Bundes aus Bayern. Darin wird aufgezeigt, dass 47% der Klinikärztinnen erwägen, ihre aktuelle Tätigkeit aufzugeben (Deutscher Ärztinnenbund 2016). Ein rein bayrisches Phänomen? Davon ist wohl kaum auszugehen. Die Zukunft wird also nicht rosiger. Ganz aktuell lässt sich auf jeden Fall feststellen: Obwohl ca. die Hälfte aller Mediziner weiblich ist, ist nicht jede zweite, sondern nur höchstens jede zehnte *Führungsposition* mit einer Frau besetzt. Warum ist das bloß so?

Als Business-Coaches dürfen wir seit vielen Jahren Männer wie Frauen in beruflichen Fragen täglich begleiten. Dabei bekommen wir nicht nur einen eindrucksvollen Einblick in die jeweils sehr individuellen Biografien und persönlichen Herausforderungen, sondern auch in unterschiedlichste Unternehmen, Organisationen und Systeme. Eine Erkenntnis aus den Erfahrungen unserer täglichen Arbeit drängt sich dabei schon lange auf: In historisch gewachsenen, eher männlich geprägten Organisationsstrukturen kostet Frauen der Aufstieg deutlich mehr persönliche Energie und ist damit tatsächlich schwerer als für die fachlich gleichermaßen qualifizierten Kollegen.

Nehmen wir einmal an, dem ist so, dann ist das die schlechte Nachricht. Die gute Nachricht lautet: Es gibt tatsächlich relativ einfache Möglichkeiten, dem Problem Abhilfe zu leisten. Und die noch bessere Nachricht ist, dass es sich für beide Geschlechter lohnt, die Voraussetzungen für eine gemischtere Führungsstruktur (Gender Balanced Leadership) zu schaffen. Nicht nur, dass der Spaßfaktor steigen könnte – was aber natürlich eine sehr persönliche Sichtweise ist –, sondern vor allem lässt sich nicht von der Hand weisen, dass die faktischen Ergebnisse besser werden (McKinsey 2007). Eine *gemischte Führungsstruktur* ist damit im wahrsten Sinne des Wortes ein Gewinn für alle Beteiligten. Für Männer wie für Frauen. Nur sind wir leider noch weit davon entfernt.

29.2 Die männlich geprägte Organisationskultur – Phantasiekonstrukt oder erlebte Realität?

Zunächst, was soll das eigentlich sein: die »männliche geprägte Organisationskultur«? Gibt es sie überhaupt? Und wenn ja, woran können wir sie erkennen?

29.2.1 Was ist männlich und was ist weiblich?

Wer nach der Unterscheidung von *männlichen und weiblichen Attributen* googelt, bekommt zahlreiche interessante Einträge. Ganz zuvorderst landet man beispielsweise bei Elitepartner.de. In der klassischen Genderforschung gibt es zu diesem Aspekt eine Fülle von Material. Natürlich wird hier zunächst gefragt, ob die Unterscheidung zwischen männlichen und weiblichen Attributen mittlerweile nicht obsolet geworden sei (Preuk 2012). Fast überall wird betont, dass schließlich jede Frau männliche Anteile aufweist und jeder Mann weibliche. Ganz individuell eben sehr unterschiedlich. Was unserer Meinung nach einer lebensnahen Erfahrung entspricht.

Darüber hinaus wird jedoch beschrieben, dass es Unterschiede gibt, die über den rein körperlichen Unterschied hinausgehen. Hier wird kontrovers diskutiert, ob es an der biologischen Beschaffenheit liegt (genetisch, hormonell bedingt) oder ob die Unterschiedlichkeit von Mann und Frau ein rein gesellschaftliches Konstrukt ist – ausschließlich und allein durch Erziehung entstanden. Über so vieles kann man sich dann trefflich streiten. Wir wollen diesen wissenschaftlichen Diskurs an dieser Stelle jedoch gar nicht vertiefen. Denn hier kommt es zunächst nur darauf an zu untersuchen, ob es auch heute noch *gesellschaftliche Stereotype* von männlichem und weiblichem Verhalten gibt. Und die scheint es durchaus zu geben.

Für uns ist das immer wieder persönlich erlebbar, wenn wir in unseren Vorträgen zur *Gender Awareness* die Zuhörer danach befragen, welches stereotype Verhalten im Job welchem Geschlecht zuzuordnen ist. Die Antworten erfolgen mit einer überraschend hohen Übereinstimmung. Hier die meistgenannten Attribute, die dem einen und dem anderen Geschlecht zugeordnet werden (Tab. 29.1).

Unabhängig von der Frage, ob Frauen und Männer tatsächlich so sind, wie es die beiden Tabellenseiten beschreiben, können wir feststellen, dass diese Attribute vielen Menschen gleichermaßen als »weiblich« bzw. »männlich« erscheinen.

Bei der Frage, wie eine *männlich geprägte Organisationskultur* aussieht, untersuchen wir, welche Handlungslogik und welche Werte das Alltagsgebaren in Unternehmen aufgrund von geschriebenen und ungeschriebenen Gesetzten prägen. Verkürzt: Handeln die Menschen in der Organisation vorrangig nach den Beschreibungen der rechten oder der linken Tabellenseite?

Tab. 29.1 Unterschiede von Frauen und Männern im Beruf (gesellschaftliche Stereotype)

Frauen	Männer
Emotionaler	Rationaler
Empathischer	Abgrenzender
Multitasking-fähiger	Fokussierter
Beziehungsorientierter	Ergebnisorientierter
Teamorientierter	Zielorientierter
Selbstkritischer	Selbstzufriedener
Harmoniebedürftiger	Wettkampforientierter
Aufgabenorientierter	Hierarchie- und Status-orientierter

29.2.2 Die männlich geprägte Organisationskultur

In »Reinvent Organizations« beschreibt Frederic Laloux eindrucksvoll die evolutionäre Entwicklung menschlicher Organisationsformen von Menschheitsgedenken an bis heute: angefangen von archaischen, tribalen Strukturen über traditionell konformistische Einheiten, wie sie auch heute noch vielfach in Regierungsbehörden, dem Militär, in religiösen Systemen und öffentlichen Schulen zu finden sind, bis hin zu den modernen, leistungsorientierten Organisationsformen. Er zeigt auch auf, wie sich mittlerweile seit ca. 20 bis 30 Jahren ganz neue, postmoderne Unternehmen entwickeln, die er als integrale Organisationsformen beschreibt (vielfach in der Literatur auch als »agile« Unternehmen bekannt).

Unternimmt man einen Abgleich dieser verschiedenen Organisationsformen mit männlichen und weiblichen Attributen, überrascht es eigentlich nicht, dass die weiblichen Attribute die Unternehmenskulturen erst ab den postmodernen Formen beginnen mitzuprägen. Dass Frauen wie selbstverständlich am Forschungs- und Wirtschaftsleben teilnehmen und es deutlich mitgestalten, ist schließlich auch nicht länger als maximal 50 Jahre der Fall. Gerade mal ein Wimpernschlag, gemessen an der Zeit, die vergangen ist, seitdem Menschen begonnen haben, sich in Systemen zu organisieren.

Die eindeutig vorherrschende Organisationskultur ist allerdings – so Laloux – das moderne, leistungsorientierte System. Von der Wall Street bis hin zum Kleinunternehmen, so schreibt er, folgen diese Organisationen zum großen Teil den hier genannten *Paradigmen* (Laloux 2015):
- Ziel ist es, besser zu sein als die Konkurrenz,
- Abgrenzung und Positionierung im Wettbewerb,
- Profitmaximierung ist die Grundlage des Unternehmens,
- Expansion und Verdrängung von Wettbewerbern sind Überlebensmechanismen,
- Hierarchische Strukturen prägen das System,
- Management durch Zielvorgaben,
- Anweisungen von oben nach unten,
- Vorgabe von dem, was getan wird; Freiheit bei dem, wie es getan wird,
- Kulturell werden Entschlossenheit, Zielstrebigkeit, Stärke und Rationalität bevorzugt,
- Zweifel, Verletzlichkeit, Emotionalität und Intuition werden als eher »fehl am Platz« empfunden.

Die weit überwiegende Anzahl von Organisations- und Unternehmensformen ist daher eindeutig *von männlichen Attributen* geprägt.

Ist das schlimm? Nein auf keinen Fall. Die modernen, leistungsorientierten Systeme, die sich von diesen Paradigmen haben leiten lassen, entwickelten sich im vergangenen Jahrhundert zu hoher Reife. Sie waren überaus erfolgreich und ermöglichten einen enormen Zuwachs an Produktivität, Wohlstand, Bildung und Gesundheit.

Heutzutage wird es mit diesen Ansätzen jedoch zunehmend schwerer, die erforderliche Beweglichkeit und Innovationskraft bei stetig wachsender Dynamik und Komplexität zu gewährleisten. Mit ihnen gelingt es auch immer weniger, Leidenschaft und Kreativität in einer neuen Generation von Mitarbeitern zu entfachen, die in ihrer Tätigkeit größeren Gestaltungsspielraum, eine anders definierte Form von Lebensqualität und mehr Sinnhaftigkeit erwarten. Die Zukunft wird daher sicherlich »integraler« und »agiler« – wie auch immer man es benennen mag. Feststellbar an dieser Stelle ist jedoch: Die überwiegenden Organisationssysteme agieren auch heute noch nach den klassischen, männlichen Stereotypen.

29.2.3 Doing Gender – Womit Frauen sich den Weg an die Spitze erschweren

Nur was haben Stereotype – also kollektive Vorstellungen – überhaupt mit dem Handeln von Individuen zu tun? Sind es etwa *Stereotype*, die Frauen das Weiterkommen in männlich geprägten Umfeldern erschweren? Wenn man es ganz verkürzt darstellen will: Ja. So ist es.

Dabei könnte man doch eigentlich annehmen, dass es mittlerweile ziemlich egal ist, was die Gesellschaft denkt. Denn individuell ist die Freiheit heute schließlich so groß, dass sowohl Frauen als auch Männer sich schon lange nicht mehr davon lenken lassen, was gesellschaftliche Vorgaben uns nahelegen.

Ein fataler Trugschluss! Zumindest in der Hinsicht, als dass die gesellschaftliche Vorstellung in unserem Unterbewusstsein oftmals eine viel größere Bedeutung einnimmt, als wir bereit sind zu glauben. In unserem Unterbewusstsein spielen *Geschlechtsstereotype* nach wie vor eine mächtige Rolle. Sie lenken unsere inneren Bewertungen, unsere Gefühle, unser Handeln und damit im Ergebnis auch unsere Erfolge. Dass wir von gesellschaftlichen Bildern unbewusst gelenkt werden, ist quasi eine psychische Grundtatsache, die wir nicht abwählen können (Ekrod 2015). Denn letztlich werden wir alle mit diesen gesellschaftlichen Bildern konfrontiert. Wenn wir als Frau im Beruf eher Verhaltensweisen an den Tag legen, die in der rechten Tabellenspalte stehen (die der Männer), werden wir tendenziell als unweiblich empfunden. Umgekehrt werden Männer, die mehr Verhaltensweisen der linken Tabellenspalte zeigen, tendenziell als zu weiblich empfunden. Das heißt, wir sind zwar frei darin, das eigene Verhalten zu wählen, was wir aber nicht wählen können ist, welche *Bewertung* dieses Verhalten von außen erfährt.

Als »unweiblich« bewertet zu werden, versuchen viele Frauen nicht nur wegen der Gefahr des äußeren Etiketts zu vermeiden, sondern weil es auch innerlich eine Anstrengung erfordert, sich gegen die »geschlechtliche Rolle« zu verhalten. Geschlecht ist schließlich ein bedeutender Identifikationsfaktor.

Dieses Phänomen wird auch als »Doing Gender« bezeichnet (Hess-Kortmann 2013). Damit ist gemeint, dass wir durch unser alltägliches Verhalten unser Geschlecht (re-)produzieren, indem wir uns entsprechend der normativen Vorgaben sozialadäquat verhalten – das heißt so, wie es der eigenen Geschlechtskategorie angemessen erscheint. Die Wechselwirkung von Erwartung und Verhalten sorgt sodann für die Perpetuierung des eigenen geschlechtlichen Rollenbilds. Auf diese Weise bestätigen wir das jeweilige Bild und vertiefen es weiter. Natürlich tun dies nicht nur die Frauen, sondern die Männer genauso. Doing Gender ist weder weiblich noch männlich, sondern menschlich. Und obwohl die Wirtschaft und die äußeren beruflichen Bedingungen sich immer rasanter verändern, bleiben die geschlechtsspezifischen Verhaltens- und Rollenbilder hartnäckig bestehen oder wandeln sich schon allein auf Grund dieses Phänomens allenfalls im Schneckentempo.

29.3 Die »4 Erfolgsfelder im Beruf«

In unserer Arbeit als Coaches und Führungskräftetrainerinnen konnten wir vor allem »4 Erfolgsfelder« ausmachen – Handlungsfelder also, die für das berufliche Weiterkommen in modernen, leistungsorientierten Organisationsformen besonders wichtig sind (Handlungsfelder: Kommunikation, Selbstmanagement, Selbstpositionierung sowie Vision und Ausrichtung). Sie gelten für Männer und Frauen gleichermaßen. Wie wir in diesen »4 Erfolgsfeldern« agieren, hängt deutlich mehr von alten Rollenbildern und unbewussten Glaubenssätzen ab, als wir das gemeinhin annehmen. Gerade in den männlich geprägten Unternehmensstrukturen führen typisch weibliche, unbewusste Handlungsweisen eher zu »4 Frauenfallen«, und das kostet unglaublich viel Energie!

Also schauen wir uns diese 4 Erfolgsfelder nun genauer an:

29.3.1 Kommunikation

Kommunikation ist alles. Vor allem in der Welt der »Wissensarbeiter« ist unsere Kommunikationsfähigkeit das alles entscheidende Werkzeug für unseren beruflichen Erfolg.

Frauen gelten ja gemeinhin als kommunikationsstark und sind es auch. Neben dem gesagten Wort haben viele Frauen starke Antennen für Zwischentöne und nonverbale Kommunikation. Auch das ist eine Stärke. Häufig bedeuten die vielen aufgenommenen Signale jedoch eine Belastung, denn sie müssen ja sortiert, interpretiert und verarbeitet werden. Viele Frauen kennen die nicht enden wollenden, energiezehrenden inneren Monologe, bei denen sie überlegen, wie jemand wohl etwas gemeint haben könnte. Ständig auf Empfang zu sein birgt für viele Frauen die Gefahr, als »Interpretationskönigin« unnötige Energie zu verbrauchen. Eine Tatsache die gerade in männlich geprägten Unternehmen eher zur Falle als zum Erfolgsfeld wird. Befragt man einen Mann zu diesen *inneren Interpretationsmonologen*, so reagieren viele mit Unverständnis. »Mach dir doch keinen Kopf…«, »Das ist nichts Persönliches…«, »Stell' doch auf den Modus »da rein… da raus«…«, »Nimm' dir das nicht zu Herzen…« und so weiter. Für uns Frauen ist das leichter gesagt als getan. Umso wichtiger ist, dass Frauen die dahinterliegenden psychischen Mechanismen verstehen und Möglichkeiten erlernen, mit denen sie Stress und psychischen Belastungen wirkungsvoll begegnen können. Im Folgenden ein Beispiel aus der Klinik:

Eine Ärztin möchte schon seit einiger Zeit die Fachabteilung wechseln, um ihr Wissen zu erweitern. Allerdings plagt sie der Gedanke, wie ihr Chef auf die Kündigung reagieren könnte. Sie schätzt ihn sehr und möchte ihn auf keinen Fall enttäuschen. Gedanklich spielt sie das Kündigungsgespräch schon seit Wochen durch, und doch wagt sie den konkreten Schritt nicht. Langsam merkt sie, wie sehr ihr die ganze Situation unter die Haut geht. Als Teilnehmerin in unserem Kommunikationsseminar bringt sie dieses Anliegen ein. Am zweiten Tag des Seminars arbeiten wir mit einem männlichen »Sparringspartner«. Er übernimmt in einer Art Rollenspiel den männlichen Part und ermöglicht den Teilnehmerinnen, verschiedene Situationen nachzustellen, Lösungen auszuprobieren und ein Feedback zu erhalten. Unsere Teilnehmerin probt mit ihm das Kündigungsgespräch. Wortreich versucht sie ihm zu erklären, warum sie in eine andere Abteilung wechseln möchte. Irgendwann unterbricht er sie und fragt, was genau

sie ihm eigentlich sagen wolle. Erst jetzt sagt sie in einem schlichten Satz, dass sie kündigen möchte. Im reflektierenden Nachgespräch fragt unser Mann: »Warum so wortreich? Eine Kündigung ist doch nichts Persönliches, sondern ein reiner Geschäftsvorgang. Das Gespräch bräuchte aus meiner Sicht nur drei Minuten zu dauern.« Erst konnte sie es gar nicht glauben. Eine Kündigung ist nichts Persönliches? Sie hatte sich doch solche Mühe gegeben, ihn nicht zu verletzen!
Im weiteren Verlauf übt sie die für sie passende Gesprächsvariante. Drei Wochen nach dem Seminar erzählt sie von ihrem Kündigungsgespräch mit ihrem wirklichen Chef. Tatsächlich hat sie das Gespräch entsprechend knapp geführt. Er habe völlig unemotional reagiert und ihr zudem noch zu ihrer guten beruflichen Entscheidung gratuliert. Für ihn ist es in der Tat nichts Persönliches gewesen. Das Drama hat sich nur in ihrem Kopf abgespielt.

Hinzu kommt, dass Frauen in den gehobeneren Positionen immer häufiger, mitunter sogar ausschließlich, mit Männern in ihrem Arbeitsumfeld zu tun haben. Die *Sprachsysteme*, und daran gekoppelt auch das entsprechende Verhalten von Männern und Frauen, sind jedoch sehr unterschiedlich ausgeprägt. Es kommt schließlich nicht von ungefähr, dass Begriffe wie Durchsetzungsstärke, Rang- und Statusbewusstsein, Machtansprüche oder Territorialverhalten Frauen vielfach schon allein sprachlich gesehen befremdlich erscheinen und erst recht das dazugehörige Verhalten.

Hier sind Missverständnisse geradezu vorprogrammiert! Während Frauen sich gerne auf der akademischen Ebene wortreich austauschen wollen, kommunizieren Männer oft kurz und knapp. Manchmal reicht ein flapsiger Satz oder ein Schulterklopfen, und alles ist geklärt. Für viele Frauen ist das absolut undenkbar. Sie bewerten diese Art zu kommunizieren als zu banal, wenig geistreich und geradezu verletzend und sehen die Kraft nicht, die in solchen Interaktionen steckt.

Um in einem Berufsumfeld, in dem im Führungskreis durchaus auch mit harten Bandagen gekämpft wird, unnötige Belastungen zu vermeiden und um nicht sprachlos oder gar handlungsunfähig zu sein, sondern mit einem selbstbewussten, weiblichen Auftritt eigene Akzente zu setzen, ist es wichtig, die *Sprach- und Spielregeln* im Job zu kennen und zu beherrschen – auch die der Männer, und zwar nicht, um nachzuahmen, sondern um als Frau bewusst zu gestalten!

29.3.2 Selbstmanagement in Rollenvielfalt

Frauen sind oft »Allesmacherinnen« und in der Steigerungsform »Allesgleichzeitigmacherinnen«. Häufig geben sie in etliche Bereiche viel Aktivität hinein, und doch fällt es ihnen schwer, Unterstützung anzunehmen. Multitasking ist zwar auf der einen Seite eine tolle Fähigkeit, manchmal aber eben auch ein echter Fallstrick. Denn gerade in den Leitungspositionen zählt die *Konzentration auf das Wesentliche*. Hier erzielen vor allem die Personen die besseren Ergebnisse, die Wichtiges von Unwichtigem schnell trennen können, die gut delegieren und abgeben können und die sich an unwichtiger Stelle auch mal erlauben zu denken: »Besser erledigt statt perfekt!«.

Für viele Frauen ist das eine echte Herausforderung. Mit den guten, praktischen Tipps des Zeit- und Selbstmanagements kommt viele Frauen allein nicht weiter, wenn es sozialisationsbedingt innere Antreiber zu überwinden gilt, vor allem solche, die Frauen gebieten, hilfsbereit und rücksichtsvoll, fleißig und lieb und/oder perfekt und stark zu sein, und zwar in all ihren Rollen.

In unseren Seminaren erleben wir regelmäßig Frauen, die gerade in Teamsituationen mit anderen Männern immer wieder dazu neigen, unliebsame Jobs oder organisatorische Fleißarbeiten im Hintergrund zu übernehmen. So schreiben sie z.B. das Protokoll für eine Sitzung, nehmen allein schon deshalb nicht so aktiv an der Fachdiskussion teil und laden sich im Gegenzug auch noch zusätzliche Arbeit auf. Dazu ein weiteres Beispiel aus der Klinik:

Eine Ärztin klagt über die hohe Arbeits- und Dienstbelastung in ihrer Abteilung. Sie ist im vierten Weiterbildungsjahr Chirurgie und braucht für ihren Facharzt noch einige Operationen. Wegen ihrer zweijährigen Tochter arbeitet sie seit einiger Zeit nur noch halbtags. Das erschwert ihre Einteilung für interessante OPs ohnehin schon. Häufig macht sie mittags Überstunden, um eine OP noch zu Ende zu führen. Zusätzlich belasten sie die unliebsamen Diskussionen über die Dienstverteilung. Obwohl sie nur halbtags arbeitet, macht sie die volle Anzahl an Diensten mit, mit fatalen Folgen für ihren OP-Katalog. Denn tagsüber ist sie mehr im Freizeitausgleich als in der Klinik und somit auch kaum noch im OP. Wenn ein Kollege sie dann bittet, einen Dienst zu übernehmen, fällt es ihr unglaublich schwer, solche Anfragen mit »nein« zu beantworten. In ihrem inneren System wirkt ein starker Appell: »Sei hilfreich!« Das Ablehnen einer solchen Anfrage ist in diesem System sehr unangenehm. Wenn sie den Kollegen hängen ließe, hätte sie ein ganz schlechtes Gewissen. Problematisch wird nun allerdings, dass ihr Mann sich beschwert, da er ständig in der Nacht alleine die Tochter versorgen muss und nun die Forderung geäußert hat, sie solle als Mutter viel mehr bei ihrem Kind sein. Der Druck ist in letzter Zeit für sie fast unerträglich, und zum Operieren kommt sie kaum noch.

Viele Frauen haben eine starke negative Bewertung über Menschen, die nicht hilfsbereit sind, die in solchen Situationen »nein« sagen und, in ihren Augen, egoistisch nur an sich denken. Sicherlich ist *Hilfsbereitschaft* eine tolle Eigenschaft, und viele Menschen und auch Unternehmen profitieren von dieser enormen Einsatzkraft. Allerdings hat das eindeutig Grenzen. Manchmal nehmen solche Mechanismen geradezu bizarre Formen an, wie folgendes Beispiel zeigt:

Eine sehr engagierte Lehrerin ist an einem Mammakarzinom erkrankt und hat jetzt eine pathologische Fraktur im Bereich der Hüfte erlitten. Sie ist dennoch sehr positiv gestimmt und erzählt uns von ihrem anstrengenden Job sowie von ihrem Wunsch, Stunden zu reduzieren. Bisher habe ihr Chef sie allerdings immer wieder gebeten, auf voller Stelle weiterzumachen, und sie habe ihm das einfach nicht abschlagen können. Deshalb sei sie so dankbar für ihre Krankheit. Denn mit der Erkrankung, sagt sie, habe sie eine gute Rechtfertigung erhalten, um »nein« zu sagen.

Unglaublich! Müssen wir erst so krank werden, um endlich »nein« sagen zu dürfen?

Es ist demnach kein Wunder, dass Frauen weitaus häufiger von *Burnout* betroffen sind als Männer. Hier gilt es dringend, die inneren Antreiber zu erkennen und abzuschalten sowie einen kraftvollen Umgang mit widersprüchlichen Erwartungen und Interessenskonflikten zu erlernen.

29.3.3 Selbstpositionierung und -marketing

Viele von uns, insbesondere Frauen, haben früh gelernt: »Eigenlob stinkt!« – »Bescheidenheit ist eine Zier!« Immer wieder erleben wir bei unseren Vorträgen, dass viele Frauen genau diesen Mechanismus bestätigen. Von Kindesbeinen an verlernen wir, über unsere *Stärken* zu sprechen – mit fatalen Folgen, denn als »Bescheidenheitsheldin« wird es gerade im männlich geprägten Berufsumfeld extrem schwer, voranzukommen. Dass das Sprichwort noch weitergeht, scheinen viele Frauen kaum verinnerlicht zu haben. »Bescheidenheit ist eine Zier, doch weiter kommt man ohne ihr«, heißt es nämlich im Volksmund. Wie wahr!

Frauen und Männer können ihre Ergebnisse im Geschäftsleben durch Worte und Taten beeinflussen. Mehr Einflussmöglichkeiten haben wir Menschen nicht. Also kommt es nicht nur darauf an, zu handeln, sondern auch darauf, darüber zu sprechen. Sonst müssen wir doppelt so viel tun, um gleichermaßen voranzukommen. Viele Frauen verzichten auf die wichtige Möglichkeit, über ihre Stärken und Erfolge zu sprechen. Häufig haben sie auch komplett vergessen, dass sie überhaupt Stärken besitzen. Wie ein stilles, inneres Gesetz wirkt es in ihnen: Sie vermeiden es, sich herauszustellen, und hoffen darauf, entdeckt zu werden. Statt Erfolg, Stärke, Status, Einfluss oder gar Macht haben bei ihnen Inhalte, Aufgaben und Teamharmonie oberste Priorität. Im Krankenhausalltag funktionieren diese Handlungsmaxime bis zur mittleren Hierarchieebene ausgezeichnet – allerdings verlangen sie viel Einsatz und Kraft, welche dann manchmal für den nächsten Karriereschritt fehlt. Dazu folgendes Beispiel aus der Klinik:

Eine Kollegin erfüllt alle Kriterien, um sich zur Facharztprüfung für Innere Medizin anzumelden. Immer wieder verschiebt sie den Prüfungstermin. Langsam wird ihr Chef ungehalten, denn er möchte ihr gerne mehr Verantwortung übertragen. Doch gerade dieser Punkt bereitet ihr Sorge. Auf Anweisung etwas wegzuarbeiten, das traut sie sich zu. Aber die Dinge selber in die Hand nehmen? Andere anleiten? Ist sie dafür überhaupt gut genug? Reichen ihre Qualifikationen? Ist sie nicht viel zu leicht durch alles hindurchgekommen? Bisher ist in ihrem Werdegang alles gut gelaufen. Sehr gut sogar. In der Schule hat sie immer wieder Bestleistungen erreicht und mit einer Abiturnote von 1,1 abgeschlossen. Auch im Studium hat alles gut funktioniert, und sie hat viel Anerkennung und Zuspruch von allen Seiten erhalten. Während ihrer Zeit als Assistenzärztin ist sie eine allseits geschätzte und viel gelobte Kollegin geworden. Innerlich schleicht sich jedoch mehr und mehr der Gedanke ein, dass sie gar nicht so gut ist, wie alle um sie herum denken. Jeder Zuspruch von außen verschärft ihr inneres Dilemma. Anstatt die Anerkennung von außen wirklich anzunehmen, kommt es ihr vor, als würde es sich um eine Verwechslung handeln. Als wäre sie eine Schwindlerin, die alle nur an der Nase herumführe. Sie lebt zunehmend in der Angst, dass ihre eigentliche Inkompetenz entdeckt wird.

Sheryl Sandberg, die COO[1] von »Facebook«, beschreibt in ihrem Buch »Lean in« dieses Phänomen eindringlich und kennt diese seltsamen Gefühle auch aus eigener Erfahrung (Sandberg 2013). Das Ganze hat zudem einen Namen: »Hochstaplersyndrom«. Warum Frauen davon häufiger betroffen sind? Weil sie sich häufig von Kindesbeinen an von ihren Stärken und Ressourcen abkoppeln. Während Jungen sich deutlich mehr in Wettkampfspielen üben und dabei lernen, sich und ihre Stärken herauszustellen, bekommt unter Mädchen meist diejenige mehr Zuneigung, die ihr Licht unter den Scheffel stellt. Je besser also die eigenen Ergebnisse werden, desto wichtiger wird es für Frauen, sie herunterzuspielen. Irgendwann kann Anerkennung von außen nicht mehr helfen, denn innerlich sind viele Frauen dann schon wie »ein Fass ohne Boden«. Lob von anderen verstärkt sogar den Gedanken, dieser Anerkennung gar nicht würdig zu sein, und verschlimmert das Gefühl von Schuld.

---

1 COO – Chief Operating Officer

Wieder Zugang zu den eigenen Stärken zu erhalten und diese dann auch zum Ausdruck bringen zu dürfen, senkt den eigenen inneren Druck beträchtlich. Es macht sogar Freude! Immer wieder erleben wir in unseren Seminaren, wie befremdlich es für Frauen ist, positiv über sich selber zu denken und dann auch noch darüber zu sprechen.

Eine Führungskraft, die innerlich nicht an sich glaubt, hat es im Arbeitsalltag schwer. Insofern ist es wichtig, dass weibliche Führungskräfte ihre inneren Muster sowie ihre Denk- und Handlungsweisen um neue Möglichkeiten erweitern – zumindest dann, wenn sie wieder an sich glauben wollen, um für herausfordernde Situationen gut gewappnet zu sein, oder wenn sie mehr Einfluss darauf nehmen möchten, welche Entwicklungschancen sie erhalten. Aber auch hier gilt wieder: Wichtig ist es, den »eigenen weiblichen Weg« zu finden und die eigenen Stärken zu zeigen.

29.3.4 Vision und Ausrichtung

Der Alltag ist so voll mit Arbeit! Oft hetzt man von einem Punkt zum nächsten. Da bleibt wirklich nicht viel Zeit, sich mal in Ruhe zurückzulehnen und sich Gedanken über die Zukunft zu machen. Wo führt das alles bloß hin? Wie weit will ich eigentlich kommen? Was soll die nächste Station sein?

Das sind Fragen, die sich Frauen im Berufsalltag eher selten stellen. Denn als »Meisterinnen des Alltags« haben sie oft keine Vision für sich selbst. Innerlich beschäftigt sind sie viel eher mit Fragen wie: »Schaffe ich die Arbeit? Komme ich gut an? Werde ich gemocht? Wie sieht es mit der Teamharmonie aus?« Das sind absolut wichtige Fragen, und doch sind sie mehr darauf ausgerichtet, den Tag gut zu überstehen, als womöglich in Führungspositionen aufzusteigen. Wer sich keine Ziele setzt oder nicht hin und wieder eine größere *Vision* entwickelt, der droht auf längere Sicht, innerlich leer zu laufen. Ohne Ziele gibt es nämlich kein Ankommen. Ohne Vision fehlt der tiefere Sinn. Damit verzichten viele Frauen auf wichtige »innere Auflader«, die sie weitertragen, wenn es mal zwischendurch eng wird und die sie für Anstrengung und Mühen wunderbar entlohnen können. Hierzu nochmal ein Beispiel aus der Klinik:

Eine Fachärztin für Frauenheilkunde und Geburtshilfe hat es bis ganz nach oben geschafft. Sie ist seit gut einem Jahr Chefärztin einer Abteilung mit 90 Betten. Allerdings gibt es seit einem Viertel Jahr Probleme mit der Personalleitung. Man wirft ihr vor, sie sei den Patientinnen und ihrem Team gegenüber zu wenig einfühlsam, und es fehle ihr an weiblicher Empathie. Über diesen Vorwurf ist sie zutiefst enttäuscht. Nach einiger Zeit der Auseinandersetzung kündigt sie und meldet sich erst einmal arbeitslos.

Auf die Frage, was denn nun ihre Vorstellung sei, was sie für eine Vision habe oder was für Ziele sie erreichen wolle, schaut sie recht ratlos drein. Mit solchen Dingen habe sie sich bisher so gut wie gar nicht beschäftigt. Die meisten Karriereschritte hätten sich bisher eher automatisch ergeben. Sie sei sich nicht einmal sicher, ob sie überhaupt Chefärztin habe werden wollen. Es sei für sie irgendwie logisch gewesen, einfach immer weiterzugehen. Aber anscheinend sei sie »da oben« auch nicht richtig. Insgesamt fühle sie sich total gescheitert.

In unseren Seminaren lassen wir die Teilnehmerinnen auf ihr bisheriges Leben zurückblicken, um sich bereits erreichte *Erfolge* bewusst zu machen. Viele Frauen haben dabei den Gedanken, überhaupt nichts geleistet zu haben. Sie haben einfach nur die ihnen gestellten Aufgaben erfüllt, mehr nicht. Was ist das schon? Auch ausgesprochen hochqualifizierten Frauen geht das häufig so. Sich eigene Erfolge bewusst zu machen ist allerdings unglaublich wichtig, denn die Freude über die erreichten Etappenziele wirkt wie ein starker Energieauflader.

Die Ärztin aus dem obigen Beispiel hat sich im Seminar zunächst ihre bereits erreichten Erfolge bewusst gemacht. Dies ist neben vielen anderen Schritten ein wichtiger Punkt, um wieder in die eigene Kraft zu finden. Des Weiteren hat sie sich mit ihren persönlichen Wünschen und mit ihrer Vision auseinandergesetzt. Dadurch ist es ihr möglich geworden, wieder eine Sinnhaftigkeit in ihrem Leben zu sehen und eigene, kraftvolle Entscheidungen zu treffen. Mittlerweile leitet sie wieder als Chefärztin eine Abteilung – nun in dem Wissen, dass es genau das ist, was sie will.

Das Phänomen, sich selber keine *Ziele* zu setzen, sondern von außen welche gesetzt zu bekommen, kennen viele Frauen. Doch statt zwischendurch innezuhalten und die Richtung zu überprüfen, klettern viele Frauen emsig jahrelang eine Leiter immer weiter nach oben bzw. häufig wie auf einem Klettergerüst auf gleicher Höhe von links nach rechts. Sie tun dies, ohne hin und wieder zu überprüfen, ob die Leiter noch an der richtigen Wand steht, bzw. ohne zu klären, wohin sie auf dem Klettergerüst überhaupt wollen.

Ziele und Visionen sind enorm wichtig, denn sie dienen als eigener *innerer Kompass*. Sie sind wichtige Wegweiser, um die zahlreichen Außeneinflüsse und Anforderungen in ihrer Bedeutung richtig einschätzen zu können. Wer nicht ständig von anderen fremdgesteuert sein will, sondern das Ruder im wahrsten Sinne des Wortes »selbstbewusst« in der Hand behalten möchte, braucht eine kraftvolle Vorstellung von der eigenen Ausrichtung!

29.4 Auf dem Weg in die Zukunft

Selbstverständlich kennen auch Männer die hier beschriebenen Handlungsweisen, die Frauen das Berufsleben deutlich erschweren können. In männlich geprägten, leistungsorientierten Organisationsstrukturen haben Frauen jedoch weitaus häufiger damit zu tun. Ihr innerer (eben weiblich ausgerichteter) Wertekanon kollidiert dann mit den äußeren Erfolgsfaktoren. Wie kann es also gelingen, dass zukünftig mehr Frauen bereit sind, auch Führungspositionen in Krankenhäusern zu besetzen und z.B. Chefärztinnen zu werden?

Dinge können sich auf verschiedenen Wegen ändern, von außen oder von innen und natürlich auch auf beiden Wegen gleichzeitig. Wenn sich die äußeren Umstände ändern, wenn Krankenhäuser es schaffen, eine agilere Unternehmenskultur zu entwickeln, Hierarchien abzuflachen und das kollegiale Miteinander zu fördern und Job-Sharing sogar bis hin zum Top-Sharing zu ermöglichen, dann werden sie automatisch für Frauen attraktiver, und es kann ihnen gelingen, mehr Frauen auch nach der Assistenzarztzeit im Krankenhaus zu halten. Dann werden die Aufstiegschancen für Frauen deutlich besser. Doch wie viel Zeit wird es noch brauchen? Wie lange wird es noch dauern, bis sich die äußeren Barrieren ändern?

29.4.1 Warum Coaching hilft

Brauchen wir *Coaching* überhaupt? Darauf gibt es eine klare Antwort: Nein. Und doch lebt es sich mit Coaching häufig deutlich besser. Coaching ermöglicht den Abbau der inneren Barrieren, bei Männern und Frauen gleichermaßen. Dies geschieht durch Selbstreflexion sowie durch das Herausfinden und die wertfreie Betrachtung eigener und geschlechtsspezifischer gedanklicher Muster. Werden solche *inneren Muster* erkannt und erweitert, entstehen kraftvolle, neue Handlungsmöglichkeiten. Diese sind dann nicht von außen aufgesetzt, sondern von innen heraus entwickelt und verstanden.

In unseren Seminaren erleben wir regelmäßig, wie stark Frauen von diesen Möglichkeiten profitieren. Das Arbeiten in der gleichgeschlechtlichen Gruppe ermöglicht es, innere Muster nicht nur als eigene Themen wahrzunehmen, sondern auch als geschlechtstypische Bewertungen zu erkennen. Das mildert den Druck auf die Einzelne enorm und stärkt das Verständnis für sich selbst, für andere Frauen und auch für Männer.

Frauen können jederzeit damit anfangen, die inneren Barrieren abzubauen sowie die »typischen Frauenmuster« zu untersuchen und zu erweitern, die ihnen die Arbeit in einem männlich geprägten Umfeld besonders schwer machen. Nicht etwa, um aus Frauen Männer zu machen, und auch nicht, um aus Frauen »360°-Angebote« und damit Männer überflüssig zu machen, sondern um Frauen in diesem Umfeld zu stärken. Darüber hinaus um es zu ermöglichen, dass die weiblichen Stärken besser sichtbar werden, so dass männliche und weibliche Stärken besser zusammenwirken können, und um zu bewirken, dass zukünftig mehr Frauen bereit sind, Führungspositionen zu übernehmen. Denn das steigert erwiesenermaßen die Innovationskraft und auch die Wirtschaftlichkeit von Unternehmen!

29.4.2 Was Unternehmen tun können

Was braucht es, um Coaching sinnvoll nutzen zu können? Damit Coaching nicht ins Leere läuft, braucht es eine *Absicht*, für die es sich lohnt, Zeit und Geld zu investieren. Diese Absicht braucht es sowohl für die Unternehmen als auch für die Personen, die an einem Coaching-Seminar teilnehmen. Insofern sind Unternehmen erst einmal gefordert, ihre eigene Absicht für die Zukunft zu klären.

Krankenhäuser, die die Absicht haben, zukünftig tatsächlich mehr Frauen in Führungspositionen zu beschäftigen, haben die Möglichkeit, an den äußeren und inneren Barrieren zu arbeiten. Solange die Unternehmenskultur im Krankenhaus vorwiegend männlich geprägt ist, sind Kliniken dazu herausgefordert, weibliche Mitarbeiter auf ihrem Weg zu Führungspositionen speziell zu unterstützen. Die von uns entwickelte Seminarreihe ist genau auf diese Thematik abgestimmt und ermöglicht einer Gruppe von weiblichen Potentialträgerinnen einen intensiven Coaching-Prozess über ein Jahr. Da Coaching im Bereich von Kliniken noch nicht so etabliert ist, bedarf es innovativer Klinikleitungen, die bereit sind, sich auch dieser Methodik zu öffnen. Diese gibt es bereits und es werden hoffentlich immer mehr!

29.4.3 Der Beitrag von Frauen

Es braucht auch die Absicht von Frauen, innerlich zu wachsen, in Führung zu gehen und ihren Beruf mit mehr Freude und Leichtigkeit auszuüben. Immer wieder erleben wir, dass gerade Frauen einer speziellen Förderung eher skeptisch gegenüber stehen. Sie fühlen sich dadurch abgewertet und degradiert, als wären sie nicht in Ordnung und müssten deshalb speziell trainiert werden. Außerdem hören wir immer wieder die Forderung, die Männer sollten sich bewegen und sich ändern. Natürlich, am liebsten ist es einem meist, wenn die Anderen oder die Umstände sich ändern. Doch die Frage ist: Warum warten? Viele Frauen empfinden es als große Chance, das Steuer jetzt in die Hand zu nehmen und sich selber auf den Weg zu machen.

29.5 Ein Ausblick in die Zukunft – Das neue Zusammenwirken von Mann und Frau

Wenn man die *Unterschiedlichkeit von Mann und Frau* betrachtet, gibt es heute vor allem zwei weit verbreitete Standpunkte:

1) Es gibt diese Unterschiedlichkeit nicht. Sollte es sie mal gegeben haben, hat sich das heute erledigt bzw. wäre es dann ein erstrebenswertes Ziel, dass die Unterschiedlichkeit keine Bedeutung mehr einnimmt.

2) Es gibt sie, diese Unterschiedlichkeit. Und nun geht es darum, zu kämpfen, wer besser oder schlechter ist. Sind Frauen die besseren Führungskräfte? Sind Männer etwa genauso gut geeignet, Kinder zu erziehen? Was wäre passiert, wenn die Lehmann Brothers die Lehmann Sisters gewesen wären? Und so weiter und sofort. Solche Fragen führt man nur ins Feld, um hinterher ein »Besser oder schlechter« feststellen zu können. Ein lediglich »Anders« existiert in diesem gedanklichen Rahmen nicht. Ein »Sowohl als auch« erscheint im wahrsten Sinne des Wortes undenkbar.

Ein dritter Standpunkt ist dagegen zurzeit noch selten anzutreffen. Er lautet: Es gibt sie, die Unterschiedlichkeit von Mann und Frau. Und das ist sehr zu begrüßen! Dabei ist sie nicht in Stein gemeißelt, aber 5 Mio. Jahre menschliche Entwicklungsgeschichte geben Männern und Frauen eine unterschiedliche Ausgangsposition, quasi eine unterschiedliche »Homebase«. Diese Unterschiedlichkeit ist nicht nur zauberhaft, vielfach bedeutet sie sogar das »Salz in der Suppe«. Außerdem ist sie eine großartige Möglichkeit für beiderlei Geschlechter, wenn es darum geht, bestmöglich miteinander zu kooperieren!

Betrachten wir zum Schluss noch einmal die ◘ Tab. 29.1 der sog. weiblichen und männlichen Qualitäten: Bei genauer Betrachtung, zeigt sich doch, dass auf beiden Seiten ganz wunderbare Stärken und Ressourcen stehen. Keine der oben genannten Qualitäten ist per se besser oder schlechter oder komplett unsinnig. Alle Aspekte bergen wunderbare Potenziale in sich, die Männer und Frauen sowohl im beruflichen als auch im familiären Zusammenhang wirklich gut gebrauchen können.

Warum also sollte man bewusst darauf hinarbeiten, Frauen im beruflichen Feld männliche Verhaltensweisen anzutrainieren? Und warum sollte es wichtig sein, dass Männer sich unbedingt mehr weibliche Qualitäten aneignen, sowohl im Beruf als auch für zuhause? Warum können Männer und Frauen nicht »weiblich« bzw. »männlich« bleiben, in beiden Bereichen ihre Stärken noch besser zusammenbringen und die Unterschiedlichkeit gegenseitig wertschätzen? Begeisterte Kooperation ist besser als gegenseitiger Kampf.

Vielleicht würden dann auch im Krankenhausbereich relativ schnell neue Organisationsformen entstehen können, und zwar solche, die heute noch gar nicht denkbar erscheinen, wie sie aber in einigen anderen wirtschaftlichen Zweigen momentan schon zu beobachten sind. Hier entstehen immer mehr Systeme, die kaum noch hierarchische Strukturen aufweisen und wo vielmehr eine Vielzahl von sich selbst organisierenden und komplett eigenverantwortlich arbeitenden Zellen immer wieder neue Hochleistungsteams bilden, je nach Aufgabenerfordernis. Das sind unter anderem genau die Mechanismen, die »Facebook«, »Google« und Co. groß gemacht haben.

Wie sähe es aus, wenn solche agilen Strukturen auf den Krankenhausbereich übertragen würden? Womöglich passiert es ja tatsächlich, und die Hierarchien lösen sich zunehmend auf. Das ist zwar eine absurde Vorstellung, aber möglicherweise gibt es im Jahr 2030 die Position des Chefarztes dann gar nicht mehr. Und vielleicht stellt sich sogar heraus, dass sich moderne Medizin in anderen Strukturen noch viel besser bewerkstelligen lässt, etwa mit mehr Flexibilität, Freude an der Arbeit und Lebensqualität für jeden Einzelnen.

Wir sind sicher, dass Gender Balanced Leadership die erste Voraussetzung ist, um eine schwungvolle Dynamik in innovative Prozesse zu bringen. Wir glauben daher fest daran, dass es für alle eine sehr wertvolle Investition in die Zukunft ist, wenn heute in männlich geprägten Organisationskulturen ganz bewusst Frauen gefördert und innerlich wie äußerlich gestärkt werden. Nutzen wir die Vielfalt unserer Stärken! Schaffen wir die Voraussetzungen für mehr Freude am Erfolg – für Frauen und für Männer, ganz der Weisheit und der Kraft eines alten asiatischen Sprichwortes folgend:

> Der Mann ist der Pfeil. Die Frau ist der Bogen.
> (Asiatisches Sprichwort, Quelle unbekannt)

Literatur

Deutscher Ärztinnenbund e.V. (2014) Die Zukunft der Medizin ist noch lange nicht weiblich. Pressemitteilung vom 22.05.2014

Deutscher Ärztinnenbund e.V. (2016) Klinikstress verprellt junge Ärztinnen – DÄB fordert angemessene Arbeitsbedingungen für nachwachsende Medizinerinnen. Pressemitteilung vom 05.01.2016

Ekrod S (2015) Der weibliche Weg zum Erfolg. Kösel, München

Frauenarzt (2014) 55 (11)

Hess-Kortmann S (2013) Die Selbsterfindung erfolgreicher Führungsfrauen. Ulrike Helmer, Sulzbach

Laloux F (2015) Reinvent Organizations. Franz Vahlen, München

Mc Kinsey (2007) Studie »Women matters«.

Preuk M (2012) Typisch Männlich, typisch weiblich? Focus online vom 13.08.2012

Sandberg S (2013) Lean In - Frauen und der Wille zum Erfolg. Econ, Berlin

Kurswechsel – Nur ein Anfangszauber? Chancen und Risiken des Change[1]

Jens Hollmann, Adam Sobanski

30.1	Einleitung – Der Knackpunkt	– 484
30.2	Das gegenseitige Verständnis	– 484
30.3	Wirkungsvoller Change	– 485
30.4	Anatomie und Physiologie des Change	– 486
30.4.1	Gewinnmaximierung und Effizienz versus Selbsterneuerung	– 486
30.4.2	Die Homöostase und der genetische Code des Change	– 488
30.4.3	Optimale Instrumentation – Führungsphasen im Change-Prozess	– 491
30.5	Risiken im Organismus Klinik	– 494
30.5.1	Pathologische Persönlichkeitsstrukturen	– 494
30.5.2	Kollision oder Konvergenz zwischen Organisationskultur und ärztlichem Menschenbild	– 494
30.6	Fazit und Empfehlung	– 495
	Literatur	– 496

---

1 überarbeitet und in Teilen aus Hollmann u. Sobanski (2015)

U. Deichert et al. (Hrsg.), *Traumjob oder Albtraum – Chefarzt m/w*,
DOI 10.1007/978-3-662-49779-1_30, © Springer-Verlag Berlin Heidelberg 2016

30.1 Einleitung: Der Knackpunkt

Aussagen wie »es läuft nicht« und »viele unzufriedene Patienten« oder Feststellungen wie »Anhäufung von operativen Komplikationen« und »euer Personalwechsel ist aber rege« sind Hinweise auf überfällige Kurskorrekturen in der Klinik. Spätestens dann muss der Chefarzt das Heft (wieder) in die Hand nehmen. Denn allzu langes Ignorieren von negativem Feedback innerhalb oder außerhalb der Klinik oder allzu langes »Geschehen-Lassen« ruiniert die Reputation und führt zum Verlust von Einweisern und letztlich zu einem abnehmenden Patientenzulauf. Nicht erst der resultierende finanzielle Erlöseinbruch ruft die Verwaltung auf den Plan und diese den Chefarzt zum Strukturgespräch. So weit sollte es der leitende Arzt in der Regel nicht kommen lassen, sondern der Chefarzt sollte selbst ein Gespür für den rechtzeitigen Zeitpunkt des Einschreitens im Hinblick auf notwendige Veränderung in seiner Abteilung entwickeln bzw. (später nach einiger Erfahrung) entwickelt haben. Idealerweise resultiert dies in einem siebten Sinn der Vorausschau der Dringlichkeit zeitnaher, sogar antizipativer Anpassungsprozesse. Ärzte, die bereit sind, sich Denk- und Handlungskorridore über ihre medizinische Fachkompetenz hinaus zu erschließen, können ihre eigenen Gestaltungsspielräume besser einschätzen. Sie agieren auf Augenhöhe mit dem Management der Klinik. Gereifte Führungskräfte haben bereits erfahren, dass sie sich in ihrem jeweiligen Verantwortungsbereich in einem fortlaufenden Prozess der Anpassung befinden. Basierend hierauf können ältere Chefs nicht selten bereits en passant eine passende Strategie formulieren, wenn sich Änderungen in ihrem Umfeld abzeichnen (Hollmann u. Sobanski 2015). Sie haben Übung im Ablauf des Lösungsalgorithmus: Erkennen des (zugetragenen) Problems, Akzeptieren, Analysieren, Lösungswege vorschlagen und gegeneinander abwägen, Entscheiden. Je mehr Erfahrung damit vorliegt, desto schneller geht der beschriebene Lösungsablauf vonstatten. Allerdings ausgesprochene museale Formen der Hierarchie laufen der heutigen Erwartungshaltung junger Ärzte vollkommen zuwider (► Generationen in Kap. 38). Offenheit der leitenden Ärzte für neue Denk- und Handlungsansätze der Personalentwicklung und -führung sind unabdingbar. Hierzu sind einige Vorschläge im vorliegenden Buch genannt (► Kap. 27, 28, 29).

30.2 Das gegenseitige Verständnis

Die dritte Außenposition des personellen Spannungsdreiecks, in dem sich der Chefarzt befindet, ist neben den Patienten und dem Personal mit der Verwaltung, der kaufmännischen Eckposition, besetzt. Das heißt: »Vor dem Hintergrund eines zunehmenden Produktivitäts-, Effizienz- und Wirtschaftlichkeitsdrucks« sollten sich ärztliche Führungskräfte »verstärkt mit ökonomischen, managementbezogenen und unternehmerischen Fragestellungen befassen«. So lautet es in einer aktuellen Studie der deutschen Gesellschaft für Innere Medizin (DGIM) (Hollmann u. Sobanski 2015). Einerseits! Andererseits wissen wir, dass diese kaufmännische Forderung nicht 1:1, quasi deckungsgleich, auf den Klinikalltag übertragbar ist. Denn Krankenhäuser »sind nicht primär als Unternehmen zur Gewinnabschöpfung geschaffen, sondern haben in erster Linie Aufgaben der Daseinsfürsorge«, so die DGIM. Daher gilt es auch, wenn nicht insbesondere im Change-Management, »den Bogen zwischen einer wettbewerbsorientierten Realität und dem hippokratischen Eid (der Ärzte) zu schlagen (Hollmann u. Sobanski 2015, ► auch Kap. 16).

Sinnvoll ist daher für den Chefarzt eine gewisse Kenntnis »der anderen Seite«, nämlich der Klinikwelt der Ökonomen und deren strategischer Handlungsfelder. Fünf *Kernbegriffe* bestimmen diese strategischen Betätigungsbereiche, in der Nomenklatur der Kaufleute: Markt, Zulieferer, Produkt, Dienstleistung und Kunde (► Kap. 11). Letztlich trägt aber die Güte der medizinischen Dienstleistung entscheidend zum Ruf der Fachabteilung bei und gipfelt in der Frage: Wie wertvoll ist die ärztliche Leistung für den Patienten?

Was heißt dies eigentlich? Was versteht ein Klinik-Kaufmann unter einer »wertvollen ärztlichen Leistung«? Im Falle einer Operation ist diese stationär durchgeführt und der Patient rechtzeitig – nicht über die mittlere Grenzverweildauer hinaus – entlassen und ohne kurzfristige Wiederaufnahme. Der volle Erlös!

Was versteht ein Arzt unter einer »wertvollen ärztlichen Leistung« im selben Falle? In etwa: Aufnahme, Gespräch, Voruntersuchungen, Indikationsstellung, Aufklärungsgespräch, komplikationslose Operation, Visiten, komplikationslose Nachbetreuung und Heilung sowie reichlich Dokumentationsarbeit bis zur Entlassung (und darüber hinaus: Briefe, Nachbefunde etc.).

Was versteht aber eigentlich ein Patient unter einer »wertvollen ärztlichen Leistung«? Er hofft auf eine möglichst komplikationslose Operation und einen günstigen Heilungsverlauf und die pflegerische und ärztliche Zuwendung in einer für ihn meist beunruhigenden Ausgangslage. Dazwischen ereignet sich allerdings ein Drama.

Das Drama des *Krankenhausaufenthalts* in drei Akten[2]:

» Der **erste Akt** beginnt mit der Aufnahme des Patienten in die Klinik. Oft leidet dieser unter Schmerzen, hat Angst oder macht sich Sorgen. Der **zweite Akt** ist der stationäre Aufenthalt; während dieser Zeit muss der Patient nicht selten unangenehme Untersuchungen oder Behandlungsmaßnahmen (Diagnostik, Operation) über sich ergehen lassen (und zwischen denen oft Langeweile herrscht).
Im **dritten Akt** – bei ihrer Entlassung – haben viele Patienten das Gefühl, noch gar nicht richtig auf die Wiederaufnahme ihres Alltagslebens vorbereitet zu sein und fühlen sich mitunter im Stich gelassen.

30.3 Wirkungsvoller Change

Den Wert der ärztlichen Behandlung und pflegerischen Betreuung wird der Patient also auch anhand des Dramadurchlaufs beurteilen. Das folgende Beispiel zeigt, wie einfach (vom Motto her) und doch wirkungsvoll *Change-Management* funktionieren kann, wenn man die Kernproblematik trifft:

Der Krankenhausbetreiber eines amerikanischen Gesundheitsunternehmens »litt unter seinem schlechten Ruf bei den Patienten. Hauptursache: mürrische Ärzte und Pfleger«. Der CEO des Unternehmens startete eine konsequente Charme-Kampagne. Mit überwältigendem Erfolg. Basierend auf der Dramavorstellung veranlasste der CEO seine Mitarbeiterinnen und Mitarbeiter zu Rollenspielen. Hierbei übernahmen diese den Part der Patienten. Ziel war es, zu zeigen, »dass man in jeder Phase ihres Klinikaufenthaltes einen liebevollen Kontakt zu seinen Patienten aufbauen kann, indem man ihnen warmherzig und verständnisvoll begegnet. Mit sog. Kick-Off-Veranstaltungen und Plakataktionen wurde die Initiative unter dem Thema »Mit dem Herzen bei der Arbeit sein« unterstützt und durch positive Mitarbeiterauszeichnungen gefördert. »Innerhalb von 90 Tagen erreichte diese Aktion, dass ein Anteil von 95% der Patienten zum ersten Mal in der Geschichte des Krankenhauses mit dem Krankenhaus-Unternehmen zufrieden war«.[3]

Zwei wesentliche Erkenntnisse resultierten aus der Kampagne:

Zum einen hing der Erfolg der Initiative wesentlich davon ab, ob wirklich der überwiegende Teil der Mitarbeiter mitzog. Schon eine einzige mürrische Krankenschwester oder ein negativ eingestellter Arzt konnten trotz der großen Zahl anderer Mitarbeiter mit positiver Einstellung und empathischen Verhaltensweisen die besten Bemühungen um die Patienten zunichte machen.

Zum anderen: »Obwohl es bei der Initiative des CEOs gar nicht um Schmerztherapie, Entlassungsplanung oder Wartezeiten bei Schwesternrufen ging, bewerteten die Patienten das Krankenhaus nun, da die Mitarbeiter sich um einen herzlichen Kontakt zu ihnen bemühten, auch im Hinblick auf diese Kriterien besser« (HBM 2016). Diese Erkenntnis resultierte in der Schlussfolgerung und Botschaft: »Je freundlicher man seinen Mitmenschen begegnet, desto positiver werden diese auch unser Handeln beurteilen.« Und das fängt mit der ersten Sekunde der Begegnung an (▶ Kap. 26.9).

---

2 Harvard Business Manager (HBM) (2016) Unternehmenskultur. Sonderheft, S. 107f

3 HBM 2016

»Wenn Sie Kontakt zu einem Patienten haben, stellen Sie sich zunächst einmal vor. Erklären Sie, wer Sie sind und was Sie aus welchem Grund und mit welchem Ziel tun werden«, so der CEO. Eigentlich eine Selbstverständlichkeit! Doch wer die Klinikabläufe kennt, weiß, dass man sich – in der Alltagshektik – selbst für eine solche kurze Ansprache bewusst Zeit nehmen sollte/muss (HBM 2016).

Und das Feedback? Woran erkannten die Mitarbeiter, ob sie es richtig machten? »Das sehen Sie am Lächeln des Patienten, Sie hören es an seiner Stimme, und Sie spüren es an seinem Händedruck, und letztlich wird es Ihnen Ihr Herz sagen, ob Sie auf dem richtigen Weg sind« (HBM 2016).

Im Sinne der Kontaktqualität zwischen Professionellen (Arzt, Pflege) und Patient ist ein gedeihliches, interprofessionelles Klima mit der Berufsgruppe der Administration innerhalb der Klinik ebenso bedeutsam.

Der *Change* – im Sinne eines Kurswechsels in der Mitarbeitereinstellung des Klinikums –, der Großes bewirkte, bestand also lediglich in einem kleinen Perspektivwechsel. Und der hat Berge versetzt. Im wahrsten Sinne des Wortes wurden die Pflegekräfte und Ärzte, die die Patienten auch vorher schon versorgten – zumindest in Teilen – aus ihrem mürrisch und abweisend eingefrorenen Zustand aufgetaut (»unfreeze«: erforderliche Veränderungen identifizieren und einleiten), auf Empathie neuorientiert (»change«) und in diesem positiven Verhalten bestärkt (s.o., »refreeze«), also in der klassischen Abfolge des Change: unfreeze – change – refreeze. Und diese positive Ausrichtung des Patientenumgangs gilt es nun, am Leben zu erhalten und im Fluss zu halten, d.h. von Zeit zu Zeit auf Innovationen einzustellen (»fluide«).

Ein Blick in das Innere des Change, seine Grundstruktur, die Anatomie, und seine wirkungsvollen Abläufe, die Physiologie des Change, erleichtern das Verständnis zur Umsetzung.

30.4 Anatomie und Physiologie des Change

30.4.1 Gewinnmaximierung und Effizienz versus Selbsterneuerung

Als »zwei Archetypen« beschreiben Beer und Nohria (2000) die Anatomien des auf den wirtschaftlichen Wert versus des auf die Fähigkeiten der Organisation ausgerichteten Change. Die von Beer und Nohria definierten Dimensionen (◘ Abb. 30.1) verdeutlichen die Charakteristika der beiden Archetypen.

> **Eindimensionaler versus mehrdimensionaler Change**
> – **Economical (E) Change** ist ein Change, in dessen Mittelpunkt die möglichst kurzfristige Gewinnmaximierung des Unternehmens steht. Seine Kennzeichen sind drastische Maßnahmen wie etwa Entlassungen, Outsourcings, grundlegende Veränderungen von Strukturen und Systemen und eine klare Top-down-Direktive: Von oben wird angeordnet, in den darunterliegenden Ebenen wird umgesetzt. Es herrscht ein rigides Kontrollsystem zur Umsetzung beschlossener Maßnahmen. Dieser Change ist durch Ressourcenausnutzung gekennzeichnet.
> – **Organizational (O) Change** ist ein Change, bei dem es um die Entwicklung von Fähigkeiten und Kompetenzen der Mitarbeiter und von Unternehmenskulturen geht. Es braucht die Kreativität und das Potenzial aller Akteure – vertikal und horizontal im Hierarchiegefüge. Feedback-Instrumente etwa durch Sounding Boards sind charakteristisch für diesen auf Potenzialentwicklung fokussierten Veränderungsprozess. Dieser Change kann als eine Investition in die Zukunft bezeichnet werden.

Der E-Change entspricht einem mechanistischen Weltbild, in dem auf A zwangläufig B folgt. Menschliche Unwägbarkeiten wie Widerstand, aber auch

Dimension	E-Change	O-Change
Visionen / Ziele	höchster Nutzen für Anteilseigner	Entwicklung von Kompetenzen und Kulturen in der Organisation
Führungsverhalten	Top-down, Machtgefälle	Bottom-up, Partizipation, Feedbackkultur
Change-Fokus	»Hardware«-Veränderung von Strukturen und Systemen	»Software« Kultur des Umgangs miteinander, Verhalten Einstellungen der Mitarbeiter
Prozess	»Blueprint« – fester Ablaufplan, nicht revidierbar	»Emergenz« – Abläufe sind evolutionär, Spurenwechsel, systemische Verläufe
Anreiz- und Belohnungs-Systeme	Finanzielle Incentives, StockOptions	Belohnung durch Motivation, Teilhabe an Zielentwicklungen, talentbasierte Vergütungssysteme

Abb. 30.1 Dimensionen zur Unterscheidung von E- und O-Change

neue, unerwartete Impulse sind in diesem betriebswirtschaftlich fundierten Denken nicht eingeplant. Der Fokus liegt auf höchster, kostenschonender Effizienz der Abläufe. Genau diese *Effizienz* birgt aber immer auch die Gefahr des raschen Verschleißes von Ressourcen. Sind Ressourcen auf- oder verbraucht, erodiert das System.

Von den Gefahren der Effizienz: »Erhöhte Unfallgefahr«
Der Währungsexperte Bernhard Lietaer erläutert die Gefahren einseitig ausgerichteter Effizienz, hier Auszüge aus einem Interview (Gründler 2009): »Die Natur sucht um der nachhaltigen Lebensfähigkeit willen nach einer Balance zwischen Effizienz und Belastbarkeit. Die Belastbarkeit steigt mit der Zahl der unterschiedlichen Akteure und mit deren Grad der Vernetzung. Die Effizienz lässt sich steigern durch Rationalisierung, die unweigerlich stets eine Verringerung von Vielfalt und eine Abnahme von Vernetzung zur Folge hat. Ein hocheffizientes System ist daher immer auch sehr anfällig. Nehmen Sie zum Beispiel eine Fichtenmonokultur. Man kann sie leicht anlegen und rationell ernten. Doch ein einziger Schädlingstyp kann sich sehr schnell ausbreiten und den ganzen Wald vernichten. Will man das verhindern, muss man mit Giften arbeiten, was langfristig noch größere Schäden im Ökosystem verursacht. Ein Mischwald ist viel weniger anfällig gegen Schädlinge, doch die Holzernte erfordert größeren Aufwand … Oder nehmen Sie die plötzlichen Stromausfälle, die "wie aus dem Nichts" auftauchen und ganze Regionen in Amerika stundenlang lahmlegen. Solche Blackouts sind die Folge einer hochgradigen Effizienz der Netze, denen es an Belastbarkeit mangelt. Wir haben uns bisher zu sehr auf Effizienz konzentriert und die Belastbarkeit unserer Systeme vernachlässigt.«

Beim O-Change fokussieren die Verantwortlichen auf dynamische Beziehungen zwischen Klinik und Umfeld und zwischen den Akteuren in der Klinik. Eine Neujustierung von Zielen ist denkbar, wenn sich dies aus dem Verlauf ergibt: Verändert sich beispielsweise bei einem Change-Prozess zur Einführung eines neuen OP-Management-Systems[4] die

---
4 Allein elf dynamische Faktoren im OP-Management verortet der Autor eines Fachportals (http://www.op-inside.de/page34/page18/page18.html), darunter den individuellen Situs des Patienten, die Qualität der Instrumentation als auch des Springers. Um mit den vorgegebenen Ressourcen die maximale Nutzung von Raum, Zeit und Personal zu erzielen, kann die neue Kennzahl »Nutzungsgrad-Schnitt-Naht-Zeit« eingesetzt werden

Variable »Zeit« im Vergleich zur Variable »Qualität« drastisch, hat dies tiefgreifende Auswirkungen auf den gesamten Prozess. Der Change-Manager muss Korrekturen respektive eine Neugewichtung von Teilzielen vornehmen. Dies kann die Qualitätsanforderung an das System betreffen oder auch Investition in Personal oder Equipment.

Sind nun die beiden Ansätze des eindimensional effizienzorientierten Change und des mehrdimensionalen, auf Potenzialentwicklung ausgerichteten Change unvereinbar (»entweder-oder«), oder gibt es eine Sowohl-als auch-Lösung? Wie können Sie den genetischen Code des Change »knacken«?

30.4.2 Die Homöostase und der genetischen Code des Change

Wie empfinden Sie spontan die Begrifflichkeiten eines eindimensionalen, auf Gewinnmaximierung ausgelegten Change und demgegenüber eines mehrdimensionalen, auf die Potenziale fokussierten Change? Erscheint Ihnen der eindimensionale Change eher negativ, der mehrdimensionale eher positiv konnotiert?

Auch hier ist – wie bei so vielen Handlungsansätzen – die aktuelle Situation der Maßstab. Jeder Veränderungsprozess umfasst viele Phasen und sehr unterschiedliche Erfordernisse innerhalb des Gesamtgeschehens. Erst die *Integration* beider Antipoden ermöglicht eine Ausgewogenheit in Konzeption und Mitteleinsatz.

- Ein eindimensionaler Change ist nicht per se negativ. Denn es gibt Situationen, in denen Top-Down-Direktiven geboten sind, etwa wenn es wirklich dringlich ist, jetzt zu handeln. Dies muss sich keineswegs auf den Gesamtprozess beziehen, sondern kann sich auch auf Einzelabschnitte beziehen.
- Ein mehrdimensionaler Change ist nicht ausschließlich positiv. Denn er dauert wesentlich länger als das rasche, energische Durchgreifen und kann finanzielle »Durststrecken« bedeuten. Die Verantwortlichen müssen sorgfältig abwägen, in welchem Maß sie sich einen rein organisationalen Change leisten können.

Ein organisationaler Change setzt an der Veränderung von mentalen Haltungen und Kulturen an. Ein solcher Prozess ist immer aufwändig und langwierig, denn die menschliche Natur strebt eher nach Beständigkeit und dem Gewohnten. Sind nun aber – etwa um eine Insolvenz zu vermeiden – sofortige Maßnahmen erforderlich, kann eine *verhaltensorientierte Intervention* unerlässlich sein. So können radikale Veränderungen des Umfelds, etwa der Belohnungs- und Sanktionssysteme in einem Unternehmen, sehr rasch ein verändertes Verhalten provozieren – und möglicherweise langfristig auch eine veränderte Haltung zu den Dingen.

Ein »Sowohl-als-auch« der gegensätzlichen Veränderungsansätze ist möglich, machbar und mehr noch: Es berücksichtigt vermeintliche Widersprüche und schafft Raum zum (Inter-)agieren. Wir möchten Ihnen dies an **fünf ausgewählten Szenarien** verdeutlichen, die sich als Muster in unseren Beratungsmandaten ergeben haben.

1) Verheißungsvolle Zukunft und das gute Alte Es wird ein attraktives *Zukunftsszenario* erzeugt, und zugleich wird das *Bestehende* gewürdigt: Menschen möchten wissen, wohin die Reise gehen soll – warum sonst sollten sie sie antreten? Wichtig für ein nachhaltiges Gelingen des Veränderungsvorhaben ist aber zugleich, dass die intendierte Veränderung nicht mit einer Geringschätzung des bisher Geleisteten einhergeht, wie dies leider noch allzu oft geschieht (»Jetzt räumen wir in diesem Laden mal auf«). Menschen, die für ihre – bisherige – Leistung keine Wertschätzung erfahren, werden sich der Veränderung im Regelfall verweigern und eine Trotzhaltung einnehmen; wird hingegen vergangene Leistung gewürdigt, so ist der Weg frei für eine Entwicklung: Aus Gutem kann Besseres werden.

2) Nun geht's voran mit sicheren Haltestellen Es wird *Aufbruchstimmung* erzeugt, und zugleich werden emotional stabilisierende Bezugspunkte geschaffen. »Und jedem Anfang wohnt ein Zauber inne«, formulierte einst Hermann Hesse. Auf zu neuen Ufern, jetzt herrscht Pioniergeist. Zugleich verlangt es den Menschen nach Haltepunkten auf einer noch ungewissen Reise. Im Rahmen eines Veränderungsprozesses können z. B. Arbeitsplatzsicherungen eine drohende Panikstimmung vermeiden helfen.

Aber Vorsicht: Diese Zusicherungen dürfen nicht aus der hohlen Hand heraus gemacht werden; sollte es doch anders kommen, kippt die gesamte Stimmung in Misstrauen und Verweigerung um.

3) Klare Verantwortung und wichtige Feedbackgeber Es gibt eine Top-down-Ansage dessen, was geändert werden soll, und zugleich werden die Mitarbeiter bottom-up einbezogen. Der oder die Change-Manager legen die Gesamtstrategie fest und übernehmen die *Verantwortung*; zugleich beziehen sie Mitarbeiter je nach Prozessphase und individuellem Erfordernis als Informanten, Berater oder auch Mit-Entscheider ein.

4) Boxenstopp auf der Rennstrecke Die Change-Verantwortlichen drücken auf das Tempo etwa durch klare zeitliche Ansagen, und zugleich werden Such- und Anpassungsphasen der Akteure toleriert: Straffe Abläufe stellen sicher, dass der Prozess nicht »ausleiert«. Entwickeln sich Dinge zu langsam, kann es zu Ermüdungserscheinungen kommen (»Hier bewegt sich doch nichts«). Zugleich sind neue Gestaltungsspielräume immer mit einem Suchprozess verbunden. Wird hier top-down zu großer Druck ausgeübt und eine gehetzte Stimmung provoziert, kann dies die Veränderungsenergie der Beteiligten zu schnell verbrauchen.

5) Verlässliche Leitplanken und kleine Umwege Es wird eine stringente Change-Architektur konzipiert und zugleich auf tagesaktuelle Erfordernisse flexibel reagiert: Der Ablaufplan für den Change-Prozess ist verlässlich definiert. Alle Beteiligten wissen, an welchen Leitplanken sie sich orientieren können und müssen. In jedem Veränderungsprozess können sich aber von heute auf morgen Umstände anders gestalten, als dies vorhersehbar war; so kommt z. B. aus dem Sounding Board Rückmeldung, dass spezifische Neuerungen im vorgegebenen Zeitrahmen nicht zu leisten sind. Hält der Change-Manager dann stur an dem einmal festgelegten Vorgehen fest, kann dies erheblichen Widerstand provozieren.

In den folgenden Change-Architekturen setzen Sie bei jedem »Sowohl-als-auch-Szenario« einen etwas anderen Schwerpunkt bzw. nehmen eine etwas andere Perspektive auf Ihr Veränderungsvorhaben ein.

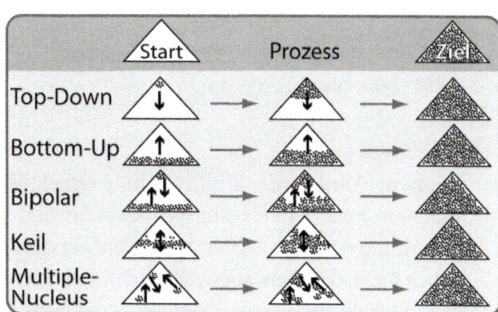

☐ **Abb. 30.2** Schubkräfte der Veränderung

Wer beeinflusst wen? Schubkräfte der Veränderung

Entscheidend für den Verlauf des Change-Prozesses ist die genaue Betrachtung, aus welcher Richtung der Change-Prozess angeschoben wird und welche Wirkung das auf sämtliche Akteure im Geschehen hat. In Anlehnung an ein Modell des Konfliktforschers Friedrich Glasl (www.trigon.at) werden fünf verschiedene *Schubkräfte* des Change-Prozesses identifiziert (☐ Abb. 30.2).

— Der Klassiker ist wohl in den meisten Fällen immer noch die Initiative »top-down«: Die Vorstands- oder Geschäftsführungsebene ordnet an, dass sich etwas verändern und was sich ändern soll.
— Dem steht die Veränderung »bottom-up« gegenüber: Hier können Initiatoren des Change-Prozesses der Betriebsrat respektive die Mitarbeitervertretung sein.
— Die dritte Variante stellt sich »bipolar« dar: Von »unten« (z. B. durch die Mitarbeitervertretung) als auch von »oben« (z. B. durch den Vorstand) wird in gleicher Intensität der Change-Prozess vorangetrieben – mit einem gemeinsamen Ziel.
— Beim »Keil« beginnt die Veränderung in der mittleren Ebene und entfaltet ihre Wirkung sowohl nach oben als nach unten.

In einer Klinik nehmen die Leitenden Oberärzte auf eigene Initiative an einem Führungskompetenz-Coaching teil und setzen in den Folgemonaten ihr neues Wissen um. Die den Oberärzten weisungsgebundenen Mitarbeiter sind begeistert über den neuen, frischen Wind, der durch die Klinikflure weht.

Es dauert nicht lange, und der erste Chefarzt klopft bei der Geschäftsführung an, ob die Geschäftsführung ein solches Seminar für ihn und seine Kollegen bewilligt.

— Die fünfte Variante der Einflussnahme respektive Initiation eines Veränderungsprozesses firmiert als »Multiple nucleus«. Hier werden auf verschiedenen hierarchischen, aber auch fachlichen Ebenen und Sektoren jeweils abteilungs- und fachimmanente Veränderungen angestoßen. Die gesamte Organisation befindet sich analog unserem menschlichen Organismus in einem stetigen und multiplen Prozess der Veränderung.

In den Martalkliniken kooperiert auf Betreiben der beiden Leitenden Ärzte die Abteilung Innere Medizin mit der Gerontopsychiatrie. Ärztliche Mitarbeiter absolvieren Fortbildungen für eine altersgerechte Medizin. Mitarbeiter der Pflege vertiefen ihr Wissen für Patientenkommunikation. Der QM-Zirkel aktualisiert Evaluierungsstandards, und die Verwaltungsstelle für Entlassmanagement begründet eine enge Zusammenarbeit mit dem Pflegestift in der Region.

Zeitdruck und Tiefenstruktur: Vier Spielarten der Veränderung

Die Bedeutung der Komponente »Zeit« für Wesen und Gestaltung des Veränderungsprozesses verdeutlicht ein Abgleich zweier unterschiedlicher Change-Ansätze mit jeweils geringem und hohem Zeitdruck (◘ Abb. 30.3). In diesem Modell (Staehle 1999; Scherm 2007) ist der Wandel 1. Ordnung[5] weitgehend identisch mit dem auf Effizienz gerichteten Change, der Wandel 2. Ordnung[6] ist identisch mit dem organisationalen Change:

— **Krisenmanagement** erwächst im Regelfall aus einem zuvor praktizierten Vogel-Strauß-Prinzip oder aus bloßer Lethargie: So will z. B. eine ärztliche Führungskraft dringend erforderliche

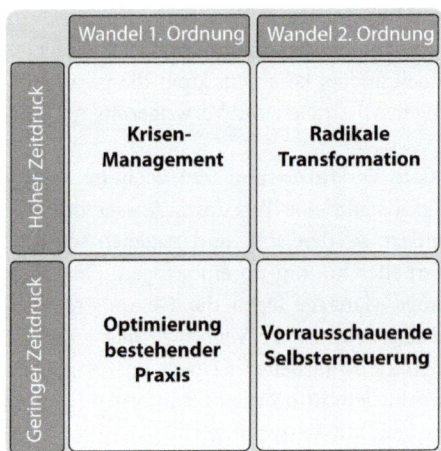

◘ Abb. 30.3 Spielarten der Veränderung

Umstrukturierungen im Schichtwechsel- und Berichtssystem ihrer Abteilung nicht wahrhaben. Jetzt liegt, bedingt durch eine falsche Medikation, ein Patient auf der Intensivstation. Hier sind kurzfristig wirkende Anordnungen der ärztlichen Führungskraft unerlässlich, um im zweiten Schritt an einer grundlegenden Restrukturierung zu arbeiten.

— **Optimierung bestehender Praxis:** Bislang gab es hinsichtlich der Aufnahmemodalitäten in der Klinik keine Beschwerden; dennoch ist allen Akteuren bewusst, dass Schnittstellen noch besser koordiniert werden können.

— **Radikale Transformation:** Die politisch gewollte Gewichtung zugunsten ambulanter Versorgungsmodelle treibt Kliniken zu Umstrukturierungen, die in eine radikale Transformation münden können.

— **Vorausschauende Selbsterneuerung:** Noch liegt der Fokus im Kliniksektor auf einem Abbau stationärer Versorgung; 2013 stand in der Politik eine Abwrackprämie zur Diskussion. Aktuelle Studien aber weisen auf eine grundlegend neue Entwicklung hin. Bedingt durch die Demographie wird der Bedarf an stationärer Versorgung wachsen. Das heutige Bettenkontingent wird in wenigen Jahren diesen Bedarf nicht mehr decken. Vorausschauende Kliniken richten ihre Strategie jetzt schon an diesem Zukunftsszenario aus.

---
5 Wandel 1. Ordnung: auf einzelne Ebenen bezogene Veränderung, ohne grundlegende Veränderungen von Werten und Kultur; sehr rationaler Veränderungsprozess, eher im To-do-Bereich
6 Wandel 2. Ordnung: grundlegende Neuorientierung inklusive der tiefen Schichten wie Werte und Kultur; hier sind alle Akteure inklusive der Führungsspitze involviert

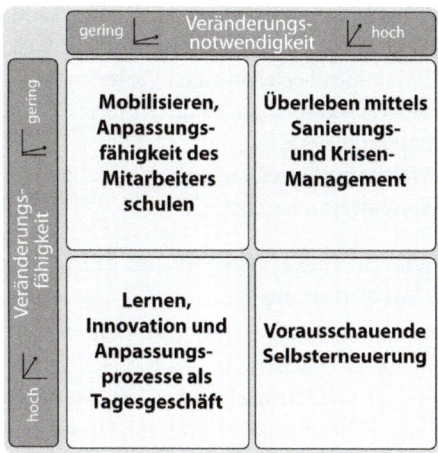

◻ Abb. 30.4 Veränderungsfähigkeit und Dringlichkeit

Notwendigkeit des Change und Fähigkeit der Organisation: Vier To-Dos

Wie komplex eine Organisation ist und welche Schichten zu durchdringen sind, wenn das Veränderungsvorhaben erfolgreich sein soll, zeigt der Vergleich von jeweils geringer bis sehr dringender *Veränderungsnotwendigkeit* mit jeweils einer geringen bis sehr ausgeprägten *Veränderungsfähigkeit* der Organisation (◻ Abb. 30.4). Das Modell in Anlehnung an die Beratergruppe Neuwaldegg (http://www.neuwaldegg.at) eröffnet Einblicke in das »Wesen« Ihrer Klinik, Ihrer Abteilung oder Ihres MVZ – und folgerichtig Handlungsfelder.

Die Fähigkeit einer Organisation zur Veränderung beruht auf dem Wissen, den Talenten und den Haltungen aller Akteure zu Veränderung generell. So wird bei Mitarbeitern eines Hauses, in dem stark verfestigte Strukturen Identität vermitteln, eine intendierte Umstrukturierung Angst und Abwehr auslösen. Steht z. B. ein kommunales Klinikum vor der Herausforderung, »schlanke« Strukturen zu schaffen, um dem Aufkauf durch einen Privatkonzern zu entgehen, pflegt aber zugleich ein behördliches Selbstverständnis, so steht hier Sanierungs- und Krisenmanagement auf dem Plan.

30.4.3 Optimale Instrumentation: Führungsphasen im Change-Prozess

Acht Phasen, die Mitarbeiter ins Boot zu holen

Im Change Management hat sich ein Modell etabliert, das von John P. Kotter (*1947), Professor für Führungsmanagement an der Harvard Business School, entwickelt wurde. Das »Acht-Phasen-Modell«[7] gilt als Weiterentwicklung der drei Phasen nach Lewin. Es ist ein praxisnaher Fahrplan für die Vereinbarkeit einer dringlich erforderlichen Veränderung mit einem integrierenden Change-Management. Kotter baut die Brücke zwischen einem auf Effizienz ausgelegten Change-Prozess und einem organisationalen Change: »Die Gefahr überhasteter Veränderungsarbeit wird reduziert, und die Qualität und Nachhaltigkeit werden in den Vordergrund aller Aktivitäten gestellt« (Rosenstiel et al. 2012).

Speziell das Dringlichkeitserfordernis ist unserer Beobachtung zufolge bei Organisationen im Gesundheitswesen von großer Aktualität. Kliniken haben oft noch eine wenig veränderungsbereite und -fähige Unternehmenskultur. Wenn die drei Komponenten ein »magisches Dreieck« bilden, dann kann der Wandel erfolgreich sein (◻ Abb. 30.5).

Richtet sich eine Klinik oder ein Abteilung gemütlich in ihrer Komfortzone ein, bedarf es eines Aufrüttelns und in Folge hoher Kompetenz im Widerstandsmanagement. Dies ist eine Herausforderung für alle Beteiligten in der Organisation: Partikularinteressen in den Hintergrund treten zu lassen, um das größere, gemeinsame Interesse am Überleben der Klinik durchzusetzen.[8] Die Dringlichkeit des Handelns setzt am eigenen Verantwortungsbereich an.

---

[7] Eine Studie der Argo Personal- und Organisationsentwicklung weist die Effizienz des Acht-Phasen-Change nach. 64% aller Change-Prozesse, die mit dem Kotter-Modell arbeiten, waren erfolgreich (www.argo.at)

[8] Rund 46.000 Betten sind bundesweit in den Jahren 2003 bis 2013 abgebaut worden, allerdings gehen nur knapp 10% dieses Abbaus auf komplette Klinikschließungen zurück. Das deckt eine aktuelle Studie des GKV-Spitzenverbandes auf. Mit 40.800 Betten gehen fast 90% des Abbaus auf die Schließung von Abteilungen, Bettenreduzierung in weiterhin existierenden Häusern oder Bettenverlegungen im Zuge von Restrukturierungen zurück (Preusker 2014)

Abb. 30.5 Das magische Dreieck der Veränderung

Vom ersten Aufrütteln bis zum Verankern der Veränderung in der Unternehmenskultur – das Acht-Phasen-Modell berührt alle relevanten Aspekte der Veränderung, die eine Führungskraft im Veränderungsprozess bedenken muss (Abb. 30.6):
- Welche Akteure spielen eine wichtige Rolle im Change-Prozess?
- Welche Unternehmenskultur herrscht in diesem Haus?
- Wie kann es gelingen, die Mitarbeiter für das Veränderungsvorhaben zu gewinnen? Welche Emotionen begleiten einen Veränderungsprozess – von Angst bis Zuversicht? Wie wird kommuniziert?
- Welche erfolgsrelevanten Faktoren sind besonders zu beachten?

Schwerpunktsetzung in den acht Phasen der Veränderung

Kritik am Acht-Phasen-Modell richtet sich vor allem auf die noch recht ausgeprägte Top-down-Mentalität (die entscheidenden Impulse kommen von der Führungsspitze) und auf die Gestaltung eines Change-Prozesses als einmaligen Vorgang, der mit der Verankerung der gesetzten Ziele abgeschlossen ist. Heute aber gewinnen bottom-up und reziproke Einflussströmungen in der Organisation an Bedeutung. Hinzu kommt, dass zukunftsfähige Organisationen grundsätzlich veränderungsbereit und zur Veränderung auch fähig sind (Abb. 30.5).

Kotter selbst hat diese Punkte zwischenzeitlich aufgegriffen. »Eine der größten Herausforderungen«, schreibt Kotter 2012, »besteht heutzutage darin, in Zeiten ständiger Turbulenzen und Disruption wettbewerbsfähig zu bleiben …Unternehmen sind in der Regel eher auf Effizienz als auf strategische Agilität hin optimiert. Das heißt, ihnen fehlt

Acht Phasen Modell J. Kotter	Phase	Zustand Lewin
Gefühl der Dringlichkeit erzeugen – bei Führungskräften und Mitarbeitern	1	Ein Klima der Veränderung schaffen
Führungskoalition aufbauen – Zusammenarbeit der Führungsspitze mit Führungskräften mit Fachkompetenz und Glaubwürdigkeit	2	Un-freeze
Entwicklung einer Vison des Wandels und Strategiepaket	3	
Vision der angestrebten Veränderung auf breiter Basis kommunizieren und für Akzeptanz bei den Mitarbeitern werben	4	Aktives Einbinden von relevanten Mitarbeitern
Empowerments: Mitarbeiter zum Handeln ermutigen und bevollmächtigen	5	Change
Kurzfristige Erfolge sichtbar machen – »quick wins« hervorheben	6	
Erreichte Ziele und Erfolge sichern; daraus weitere, tiefgreifende Veränderungen ableiten: Dranbleiben!	7	Re-freeze
Veränderungen in der Unternehmenskultur verankern	8	Die Veränderung nachhaltig verankern

Abb. 30.6 Vergleich Kotter-Modell und Lewin

30.4 · Anatomie und Physiologie des Change

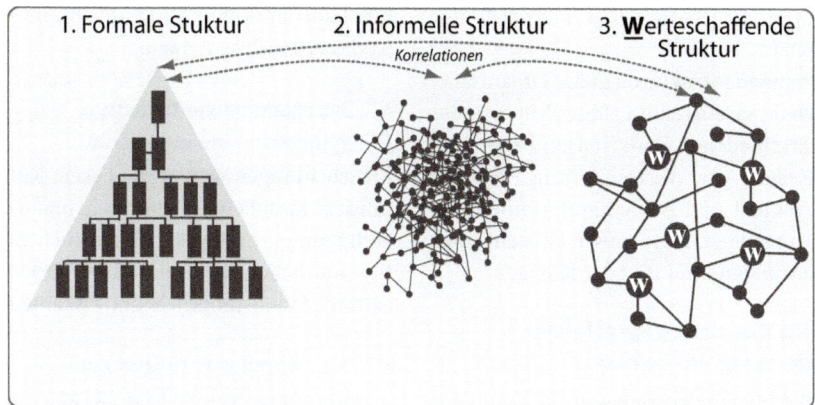

Abb. 30.7 Drei »Spielfelder« der Intervention

oft die Fähigkeit, Chancen schnell und selbstbewusst zu nutzen und Bedrohungen auszuweichen.«[9]

Ärztliche Führungskräfte als Gestalter des Veränderungsprozesses können Chancen rasch und flexibel nutzen und mehr Handlungsspielräume gewinnen, wenn sie auf drei verschiedenen »Spielfeldern« agieren. Interventionen im Bereich der formalen, informellen und wertschöpfenden Struktur bieten Ansatzpunkte, um das Veränderungsvorhaben erfolgreich zu gestalten (Abb. 30.7).

Organigramme und feste Strukturen

Das klassische Organigramm ist auf Top-down-Direktiven ausgerichtet, zumindest in vielen Kliniken ist dies noch der Regelfall. Es gibt aber Situationen, in denen es einer klaren Anordnung und raschen Umsetzung bedarf. Die *Schwäche* der hierarchischen Struktur besteht in ihrem Fokus auf Wahrung der formalen Zuständigkeiten. Die Orientierung am externen Umfeld ist schwach.

Informelle Netzwerke im Unternehmen

Überall dort, wo Menschen in Gruppen zusammenfinden und interagieren, entstehen bestimmte Muster des Miteinanders. Nicht selten sind die *informellen Strukturen und Netzwerke* in der Mikropolitik wichtiger für den Erfolg des Veränderungsvorhabens als die hierarchischen Strukturen. Menschen können sich verbünden und gegen etwas Stimmung machen (z. B. gegen eine drohende Veränderung), aber auch positiv für etwas einstehen.

So treffen sich beispielsweise drei Oberärzte aus drei Abteilungen regelmäßig zum Austausch, während die Chefärzte der drei Abteilungen miteinander verfeindet sind. Ein ärztlicher Direktor, der in dieser Klinik eine tiefgreifende Veränderung plant, muss die informellen Gegner und Befürworter des Veränderungsvorhabens im Auge haben sowie über ihre jeweilige Abteilungskultur und über Instrumente verfügen, um die informellen Einflüsse zu integrieren und zu steuern.

»Zwischen den Kästen des Organigramms, in den weißen, ungefüllten Flächen, geschieht viel, oft sogar das Entscheidende«, schreiben Müngersdorff und Müngersdorff (2012). Gestalter der Veränderung, »denen es gelingt, diesen Geschehnissen auf die Spur zu kommen, sie sogar zu beeinflussen, zu kanalisieren und zu nutzen, befinden sich auf bestem Weg zu einer dynamischen Organisation«.

Wertegenerierung im Unternehmen und nach außen

Die Kür jedes Veränderungsvorhabens ist das Werte generierende Miteinander-Arbeiten aller Professionen, Abteilungen und Funktionseinheiten in der Klinik. Jede Klinik, jedes MVZ bezieht seine Existenzberechtigung daraus, dass ein *Wert* für Patienten und Zuweiser geschaffen wird. Dieser Wert ist es, der den Patienten respektive den nieder-

---

9 http://www.harvardbusinessmanager.de/heft/d-89521597.html

gelassenen Arzt zur Überweisung in speziell diese Klinik motiviert.

Wertschöpfende Strukturen in der Organisation zeichnen sich durch ein reibungsloses Miteinander-Arbeiten verschiedener Funktionseinheiten aus. Einzelne »Zellen« der Wertschöpfung (wie etwa DRG-Management und Aufnahme) können voneinander partizipieren. Nach außen entsteht so ein homogen-leistungsstarkes Bild der Klinik.

Vernetzung der drei »Spielfelder« im Veränderungsvorhaben

In der abschließenden Betrachtung wird deutlich: Der wichtigste Ansatzpunkt für eine wertschöpfende Klinik sind die ineinandergreifenden Verläufe zwischen Funktionseinheiten in einer Klinik oder einem MVZ. Die informellen Netzwerke im Unternehmen können – richtig genutzt – das generelle Stimmungsbild pro oder contra der Veränderung entscheidend beeinflussen. Formale Strukturen sind dann wichtig, wenn es um dringend erforderliche Kurskorrekturen geht.

30.5 Risiken im Organismus Klinik

30.5.1 Pathologische Persönlichkeitsstrukturen

Dysfunktionale Aggregatzustände (in) einer Organisation wie Zerfall oder Autoaggression haben keine Resistenz gegen spezifische Krankheitserreger entwickelt. In Anlehnung an den Managementforscher Kets de Vries gibt es fünf »kulturelle Krankheitskeime« bzw. »pathologische Kulturtypen«:

- **Der paranoide Kulturtyp:**
  Die Gefahr lauert überall

Misstrauen beherrscht die Arbeitsatmosphäre. Die Führungskultur ist repressiv-autoritär. Flexibilität und Innovation werden als Bedrohung wahrgenommen. Ein Indikator im Arbeitsalltag können strenge Budgetierungssysteme sein.

- **Der depressive Kulturtyp:**
  Da kann man nichts machen

Hier liegt eine latente Depression zugrunde. Es herrscht eine vornehmlich verwaltende, initiativ-lose Führungskultur. Ein Indikator im Arbeitsalltag ist das visionslose Arbeiten.

- **Der dramatische Kulturtyp:**
  Hyperaktiv und emotional

Entscheidungen werden in diesem Kulturtyp zentralisiert. Sie fallen oft sehr rasch, und nicht selten ist vollkommen ungewiss, ob sie auch morgen noch Bestand haben. Indikatoren im Arbeitsalltag sind extreme Wachstumsziele und riskante Manöver.

- **Der zwanghafte Kulturtyp:**
  Alles muss kontrolliert werden

Überzogener Perfektionismus und Kontrolle jeder Eventualität beherrscht das Arbeitsklima, um bloß nichts dem Zufall zu überlassen. Es herrscht ein gedrücktes Klima. Indikatoren im Arbeitsalltag sind Rituale und Detailversessenheit.

- **Der schizoide Kulturtyp: Divide et impera**

Es herrscht eine distanziert-kalte Atmosphäre. Enthusiasmus und Engagement sind Fremdworte. Indikatoren im Arbeitsalltag sind die Verlagerung von Aufgaben der ersten auf die zweite Führungsebene mit der Folge von Machtkämpfen um den »Thron«. Es wird gezielt Zwietracht gesät.

Ein wichtiger Schritt, um Krankheitskeime frühzeitig zu erkennen, besteht in der Analyse Ihres Arbeitsumfeldes und Ihrer Rolle, die Sie hier spielen. Auch Sie nehmen natürlich bei einem Veränderungsprozess Ihre individuelle »Flora« mit; zugleich bieten Sie als Führungskraft Orientierung. Ihr Handeln und ihre Art, Dinge zu kommunizieren, wirken entscheidend auf den Change-Prozess.

30.5.2 Kollision oder Konvergenz zwischen Organisationskultur und ärztlichem Menschenbild

Die Ebene der Integration nach Graves entspricht einer fluiden Kultur, die ein Höchstmaß an Aufmerksamkeit und dialektischem Denken erfordert. In vielen Kliniken herrschen eher einseitige Kulturen, die den ambivalenten Erfordernissen nicht mehr gerecht werden. Formulieren wir es einmal sehr hart: Ein Haus ist entweder auf eine konfliktscheue und pseudoharmonische Wohlfühlkultur

Selbstbild des Arztes	Krankheitsverständnis	Leitwissenschaft	Idee vom Patienten
Geistlicher Begleiter	Krankheit als Folge göttlicher Einflussnahme (Strafen/Prüfungen usw.)	Theologie	Schöpfung Gottes
Lebensberater, Coach	Krankheit ist Ausdruck der Desorientierung im Umfeld / Kontext	Philosophie	Geistiges Wesen
Experte für medizinische Intervention und Funktionskorrektur	Krankheit ist Folge organischer Strukturmängel und daraus sich ergebender Dysfunktion	Naturwissenschaften	Körper als Maschine, Naturkonstrukt
Psychoanalytiker, Psychotherapeut	Krankheit auf Grund von Bewertung kulturspezifischer Wertesysteme	Kulturwissenschaften	Kulturwesen
Sozialtherapeut, Sozialpolitiker	Krankheit als Folge von sozialer Ungleichheit	Sozialwissenschaften	Sozialwesen
Arzt als Unternehmer	Krankheit ist ein Segment des Gesundheitsmarktes	Wirtschaftswissenschaften	Kunde

Abb. 30.8 Kongruenz oder Kollision zwischen ärztlichem Menschenbild und Klinikkultur

ausgelegt oder fungiert als »Melkkuh« des Konzerns.

Eine Klinikkultur aber trifft auf unterschiedliche Player, mit jeweils individuellen Wertvorstellungen. Besonders deutlich zeigt sich dies beim Vergleich einer handlungsleitenden Kultur mit dem handlungsleitenden Menschenbild der ärztlichen Führungskraft und ihres Teams. Sind diese diametral angelegt, birgt dies konfliktären Zündstoff. Umgekehrt können Menschenbild der ärztlichen Führungskraft und handlungsleitenden Kultur der Klinik optimal konvergieren.

Sieht sich z. B. ein Leitender Arzt als Unternehmer mit dem Patienten als Kunden, so konvergiert sein Menschenbild ideal mit einem börsennotierten Klinikkonzern. Ist sein ärztliches Selbstbild vornehmlich naturwissenschaftlich geprägt, ist er prädisponiert für ein High Tech-OP Zentrum. Ein Arzt mit einem theologisch begründeten Selbstverständnis wird seine Werte bei einem kirchlichen Träger wiederfinden, bei einem auf Gewinnmaximierung ausgelegten Haus wäre der Konflikt programmiert. Wir haben sechs »Typen« in unseren Beratungsmandaten und Coachings validiert (Abb. 30.8). Vielleicht erkennen Sie Merkmale von sich oder Kollegen und nutzen die Liste als Selbstüberprüfung: Wie gut passen die Kultur meines Hauses und mein Wertesystem zusammen?

30.6 Fazit und Empfehlung

Die Chance: Letztlich »ist Einfühlungsvermögen die treibende Kraft hinter jeder Innovation. Gerade deswegen finde ich die Entmenschlichung unserer heutigen Unternehmenswelt so besorgniserregend«, lautet das Résumé von Gary Hamel, Visiting Professor an der London Business School und Leiter der Internetplattform Management Innovation Exchange (HBM 2016).

Das Risiko: »Ein Unternehmen kann nur dann innovativ sein, wenn Sie und Ihre Belegschaft (und letzten Endes auch Ihre Kunden[10]) von den Neuerungen, die Sie einführen möchten, im wahrsten Sinne des Wortes berührt werden«, so Gary Hamel zu den unbedingten Voraussetzungen.

Denn auf Dauer funktioniert nur das, was

- sozial ist,
- Regeln mit Grenzen hat,
- die sanktioniert werden und
- wo keine (langwierige) Ressourcen-Verschwendung betrieben wird.

Daher ist der Change sehr wirkungsvoll, wenn er mit einem sozialen Minimumfaktor verbunden wird (wie im obigen Eingangsbeispiel mit der Komponente der menschlichen Zuwendung).

> Die besten Innovationen – sowohl in sozialer als auch in wirtschaftlicher Hinsicht – entstehen, wenn wir uns von hohen, zeitlosen Idealen leiten lassen: Freude – Weisheit – Schönheit – Wahrheit – Gleichheit – Gemeinschaftsgeist – Nachhaltigkeit und vor allem: Liebe.

Literatur

Bailom F, Matzler K (2013) Was Top-Unternehmen anders machen: Mit Strategie, Innovation und Leadership zum nachhaltigen Erfolg. Linde, Wien
Beck D, Cowen C (2007) Spiral Dynamics - Leadership, Werte und Wandel: Eine Landkarte für das Business, Politik und Gesellschaft im 21. Jahrhundert. Kamphausen, Bielefeld
Beer M, Nohria N (2000) Cracking the code of change. Harvard Business Management Review 5-6: 133–141
Bridges W (1998) Der Charakter von Organisationen: Organisationsentwicklung aus typologischer Sicht. Hogrefe, Göttingen
Gründler E (2009) Interview mit dem Währungsexperten. Brand eins 1
Hollmann J (2013) Führungskompetenz für Leitende Ärzte im Krankenhaus (2. Aufl.). Springer, Berlin
Hollmann J, Daniels K (Hrsg) (2012) Anders wirtschaften – was Erfolgreiche besser machen. Springer Gabler, Wiesbaden
Hollmann J, Sobanski A (2015) Strategie-und Change-Kompetenz für Leitende Ärzte. Springer, Berlin
Karberg S (2014) Der Mensch nimmt seine Mikroben mit. Tagesspiegel (29.8.2014). http://www.tagesspiegel.de/wissen/familienbande-der-mensch-nimmt-seine-mikroben-mit/10624036.html (Zugriff: 30.10.2014)
Kotter JP (2012) Die Kraft der zwei Systeme. Harvard Business Manager 12: 22–36
Müngersdorff J, Müngersdorff R (2012) Die dynamische Organisation: Wie Communities jenseits des Organigramms Potenziale freisetzen und Wandel ermöglichen. In: Hollmann J, Daniels K (Hrsg) Anders wirtschaften – was Erfolgreiche besser machen. Springer Gabler, Wiesbaden
Preusker U, Müschenich M, Preusker S (2014) Darstellung und Typologie der Marktaustritte von Krankenhäusern 2003–2013. Gutachten im Auftrag des GKV-Spitzenverbandes
Rosenstiel L von, Hornstein E von, Augustin S (Hrsg) (2012) Change Management – Praxisfälle. Springer, Berlin
Scherm E, Pietsch G (2007) Organisation, Theorie, Gestaltung, Wandel ; mit Aufgaben und Fallstudien. Oldenbourg, München
Seidel R (2012) Jedes Unternehmen »tickt« anders – wie das Selbstverständnis von Organisation und Mitarbeitern Veränderungsprozesse beeinflusst. In Hollmann J, Daniels K (Hrsg) Anders wirtschaften – was Erfolgreiche besser machen. Springer Gabler, Wiesbaden
Staehle WH (1999) Management - Eine verhaltenswissenschaftliche Perspektive (8. Aufl.). Vahlen, München

---

10 Im einleitenden Beispiel des Perspektivwechsels und der ärztlichen Nomenklatur: die Patienten

Vorsicht, Absturzgefahr? Wie Krisenkommunikation den Aufprall dämpfen kann

Franca Reitzenstein

31.1	Einstieg in die Krisenkommunikation	– 498
31.2	Wie Krisen entstehen – 498	
31.2.1	Menschliches Versagen – Fehler passieren	– 499
31.2.2	Abseits von Recht und Gesetz – Individuelles Versagen	– 499
31.2.3	Das tiefgehende Schiff – Komplexer Sachverhalt, mehrere Beteiligte	– 500
31.3	Die beste Krisen-PR: Krisen vermeiden	– 500
31.3.1	Indizien für einen Krisenanlass	– 500
31.3.2	Empathie hilft – 502	
31.3.3	Recht versus Kontakt – 502	
31.3.4	Maßstab Chefarzt – 503	
31.3.5	Entschuldigung versus Schuldeingeständnis	– 503
31.4	Die Krise – 504	
31.4.1	Die gefährliche Entwicklung – 504	
31.4.2	Eskalation – 505	
31.4.3	Unterschiedliche Ratgeber, vielfältige Interessen	– 506
31.4.4	Unterstützung holen – 508	
31.5	Kommunizieren in der Krise	– 508
31.5.1	Goldene Regeln der Krisenkommunikation	– 510
31.6	Nach der Krise – 511	
31.6.1	Reputation wiederaufbauen – 511	
31.6.2	Interne Kommunikation veranlassen	– 511
31.6.3	Vorbeugende Krisen-PR – 512	
	Literatur – 512	

U. Deichert et al. (Hrsg.), *Traumjob oder Albtraum – Chefarzt m/w*,
DOI 10.1007/978-3-662-49779-1_31, © Springer-Verlag Berlin Heidelberg 2016

31.1 Einstieg in die Krisenkommunikation

Meldungen wie »Verdacht auf Fehlbehandlungen – Chefarzt gefeuert«[1] oder »Klinik kündigt Chefarzt«[2] sind es, die eine aktive *Krisenkommunikation* erfordern. Zeitungen berichten auf diese Art und Weise, wenn es den Anschein hat, die »Götter in Weiß« seien gar nicht so göttlich. Über das Internet und soziale Netzwerke verbreiten sich Meldungen ungebremst und in Windeseile. Für die mediale Berichterstattung ist es zunächst unerheblich, ob eine bestimmte Situation tatsächlich so eingetreten ist wie behauptet. Anschuldigungen stehen im Raum – ob berechtigt oder nicht – und dienen mit einer Informationsquelle als Fundament der journalistischen Berichterstattung. Dabei sitzen Pressevertreter und Krisenkommunikatoren im selben Boot: Beide können den zugrunde liegenden Sachverhalt häufig nicht vollständig überblicken und arbeiten mit einzelnen Puzzleteilen.

Darauf hat sich eine erfolgreiche Krisenkommunikation einzustellen. Ihr eigentlicher Zweck liegt nicht darin, die Wahrheit ans Licht zu bringen oder einen Sachverhalt aufzuklären. Dies zur Kenntnis zu nehmen und zu berücksichtigen, fällt den in eine Krise involvierten Personen in der Praxis schwer. Wer sich zu Unrecht beschuldigt fühlt, will in erster Linie widerlegen und sich »reinwaschen«. Doch in der Kommunikation zählen nicht nur Fakten. Eine gewichtige Rolle spielen auch Stimmungen, Emotionen und Image – also Faktoren, die kaum messbar und berechenbar sind. Mediale Berichterstattung verfügt über eine hohe *Eigendynamik*. Situationen können sich aufschaukeln oder beruhigen – je nach Ansprache.

Aus kommunikativer Sicht ist in den meisten Fällen – besonders im medizinischen Bereich – völlig unklar, ob ein geschilderter Sachverhalt tatsächlich so vorgefallen ist. Da steht möglicherweise Aussage gegen Aussage. Regelmäßig lässt sich hier der Sachverhalt aufgrund seiner Komplexität nicht mit allen Facetten beleuchten, weil erst umfangreiche Recherchen oder Expertenwissen notwendig sind. Das heißt natürlich nicht, dass eine umfassende Sachverhaltsaufklärung unterbleiben kann. Dies ist nur nicht Aufgabe der Krisenkommunikation.

Ziel ist es, durch eine aktive, glaubwürdige und empathische Kommunikation den *Schaden* für Ruf und Image einer Person oder Einrichtung möglichst abzuwenden oder jedenfalls gering zu halten. Im Grunde geht es allein um *Vertrauenswürdigkeit*, das Fundament des ärztlichen Berufs. Nur wo Vertrauen besteht, können Teams sicher Hand in Hand arbeiten und fühlen sich Patienten gut aufgehoben. In der Krisenkommunikation stellt sich daher die Frage: Wie kann es gelingen, trotz Skandal oder Anschuldigung, das Vertrauen der Öffentlichkeit zu rechtfertigen?

Vertrauen ist ein Geschenk, dessen man sich würdig erweisen muss – auch und besonders in kritischen Situationen. Andernfalls geht es verloren und wird kurzfristig nur schwer zurückzugewinnen sein. Oberstes Gebot aller Maßnahmen ist daher der Schutz der Vertrauenswürdigkeit. Jedes Details, das der Vertrauenswürdigkeit dient, ist relevant. Krisenkommunikation muss diese Details finden und nutzbar machen – sowohl für die Ansprache von Medien als auch für den Kontakt in Team und Mitarbeiterschaft.

Krisenkommunikation ist geprägt von Kurzfristigkeit, schnellen Entscheidungen und strategischen Überlegungen. Viele Akteure sind beteiligt, unterschiedlichste Interessen wirken mit- oder gegeneinander. Wer erfolgreich durch eine Krise steuern will, muss das Vorgehen von Medien antizipieren und sich darauf einstellen und vorbereiten, schweres Gewässer zu durchkreuzen. Wer meint, sich in einer Krisensituation zu befinden oder eine solche drohend am Horizont erkennen kann, ist gut beraten, sich auf diese Rahmenbedingungen einzustellen.

31.2 Wie Krisen entstehen

Wenn ein Problem zur Krise wird Der Bedarf an Krisenkommunikation im medizinischen Bereich entsteht in aller Regel in drei Situationen:
- Erstens kann ein persönliches Fehlverhalten eines Einzelnen ans Licht kommen.

---

1 Welt.de vom 19.07.2015, http://www.welt.de/regionales/bayern/article143770440/Verdacht-auf-Fehlbehandlungen-Chefarzt-gefeuert.html
2 Sueddeutsche.de vom 22.08.2014, http://www.sueddeutsche.de/bayern/missbrauchsskandal-in-bamberg-klinik-kuendigt-chefarzt-1.2099342

- Zweitens tritt ein individueller Behandlungsfehler in einem Einzelfall auf oder wird
- drittens ein über einen längeren Zeitraum bestehender (vermeintlicher) Missstand unter Beteiligung zahlreicher Akteure publik. Wenn die erste Berichterstattung droht und geballt Anfragen von Journalisten die Pressestelle aufscheuchen, ist in allen drei Settings die *mediale Krise* da.

31.2.1 Menschliches Versagen – Fehler passieren

Naturgemäß ist kein Mensch fehlerfrei. Das gilt auch – und gerade – für Ärzte. Operationen misslingen, Behandlungsfehler passieren. Auch wenn sich das niemand gern vor Augen führt und jeder das Beste anstrebt, können *Fehlleistungen* nicht ausbleiben. Dennoch ist der ärztliche Sektor mit einer besonderen Aura umgeben, die Patienten und Ärzte beiderseits pflegen. Patienten hoffen und erwarten eine für sie optimale Behandlung, während der Arzt in der Verantwortung steht, Zuversicht auszustrahlen, ohne objektive Risiken aus dem Blick zu verlieren. Wenn die gebotene Aufklärung eher die Natur eines Verwaltungsakts als eines Gesprächs annimmt, leidet die Bereitschaft, aufklärende Hinweise ernsthaft in Betracht zu ziehen. Davon sind nicht nur wissenschaftlich und fachlich indizierte Risiken eines Behandlungs- oder Operationsverlaufs umfasst. Auch die Erkenntnis, dass der Arzt im weißen Kittel ein menschliches Wesen mit Stärken und Schwächen ist, bleibt aus oder wird ausgeblendet. Eine zweifellos kommunikative Gratwanderung – und doch lohnt es sich, Kraft und Energie in diesen Prozess zu geben.

Die entscheidende Frage ist, wie die Verantwortlichen mit Fehlern umgehen. Die Masse von tatsächlichen oder vermuteten ärztliche*n* Fehlern wird zwischen den unmittelbar Beteiligten diskutiert und gelöst: Patienten, Rechtsanwälte, Ärzte, Krankenhausverwaltungen und Versicherungen prüfen Vorwürfe. Häufig gelingt es, gemeinsam einen Lösungsweg zu entwickeln. Hier geht es um Einzelfälle, deren Skandalpotenzial gering ist. Gelingt eine gute Kommunikation zwischen den Akteuren und findet sich eine wenigstens halbwegs befriedigende Lösung, bleiben derartige Ereignisse interne Herausforderungen. Solche Fälle werden von Medien nicht aufgegriffen. Ein öffentliches Informationsinteresse kann verneint werden.

Erst wenn die Kommunikation misslingt, abbricht oder in einem überschaubaren Zeitraum keine Lösung erreicht wird, wächst auch bei individuellen Fehlern das *Risiko der Berichterstattung*. Patienten oder deren Rechtsanwälte, die durch den öffentlichen Druck ihr Interesse durchsetzen wollen, gehen von sich aus an die Medien. Erhofft wird eine gesteigerte Kompromissbereitschaft auf Seiten von Krankenhäusern und Versicherungen, wenn der mediale Rummel nur ordentlich laut entfacht wird. Völlig verhindern lassen sich derartige Abläufe nie, denn der persönliche Antrieb ist facettenreich. Er reicht von der Gier nach Aufmerksamkeit bis zu echter Betroffenheit, die keine adäquate Würdigung erfahren hat.

31.2.2 Abseits von Recht und Gesetz – Individuelles Versagen

Gemeint sind Fälle, in denen Chefärzte mit ihren Handlungen den Boden des Gesetzes verlassen. Dazu gehören unter anderem Fälle von sexuellem Missbrauch, Betrug in allen Facetten oder Unterlassungen. Hier tritt unmittelbar mit dem Ereignis die mediale Aufmerksamkeit ein oder wird initiiert durch umfangreiche Ermittlungen von Polizei und Staatsanwaltschaft. Kommt ein Sachverhalt zur Anzeige und werden polizeiliche Maßnahmen eingeleitet, ist die Öffentlichkeit hergestellt. Denn einerseits verfügen Journalisten über Kontakte zur Polizei und sind nicht selten »zufällig« zur richtigen Zeit am richtigen Ort. Sie nehmen dann unmittelbar den Anlass für eine Berichterstattung wahr. Andererseits wenden sich Geschädigte selbst an die Medien, um ihre Geschichte öffentlich zu machen und den vermeintlichen Täter zu stellen.

Eine kommunikative Krise weist hier *zwei Phasen* auf, die sehr dicht aufeinander folgen können. Im Zentrum der ersten Phase steht die interne Kenntnis von einem bestimmten Tun oder Unterlassen im Kreis der Verantwortlichen. Die Erweiterung dieses Personenkreises um Außenstehende, wie Medienvertreter und Öffentlichkeit, kennzeichnet die zweite Phase. Die verbleibende Zeit zwischen Phase 1 und Phase 2 kann ausreichend sein, um interne Recherchen und Vorbereitungen auf Presseanfragen durchzuführen. Dann lässt sich der Krise so gerüstet begegnen, wie es die Zeit erlaubt. Nicht selten steht ein solches Zeitfenster aber nicht zur Verfügung. Wenn das Fernsehteam vor dem Krankenhauseingang steht, bleiben oftmals nur Minuten, um schwerwiegende und weitreichende Entscheidungen zu treffen. Wer dann nicht auf klare Zuständigkeiten und Abläufe zurückgreifen kann, wird es schwer haben, der Krise angemessen zu begegnen.

31.2.3 Das tiefgehende Schiff – Komplexer Sachverhalt, mehrere Beteiligte

Situationen, die sich unter der Rubrik »Skandal« einordnen lassen, sind solche wie der »Bremer Keim-Skandal« im Jahr 2011 oder der Transplantationsskandal, der in den Jahren 2012 und 2013 bundesweit durch die Medien ging. Die Krise wird akut, wenn Medienvertreter beginnen, nachzufragen und Öffentlichkeit durch Berichterstattung droht. Dabei ist die Ursache der Krise schon früher eingetreten, sie war nur nicht bekannt – jedenfalls Außenstehenden nicht.

Tritt eine solche Situation ein, entsteht eine Gemengelage aus Unübersichtlichkeit, Vermutungen, hektischer Betriebsamkeit, Aufregung und Getriebenheit. *Unsicherheit*, greift um sich und dabei soll oft gerade das Gegenteil vermittelt werden. Die kommunikative Hoheit droht verloren zu gehen, Zuständigkeiten sind unklar, und Verwirrung greift um sich, was wiederum zu noch mehr Unsicherheit führt.

Während die Settings unter ▶ Abschn. 31.2.1 und ▶ Abschn. 31.2.2 noch mit dem eigenen Kommunikationsteam zu bearbeiten sind, können hier die Beteiligten an ihre Grenzen stoßen. Weder reicht die zur Verfügung stehende Zeit, noch lässt die personelle Kapazität eine adäquate Bearbeitung der sich nun blitzschnell entwickelnden kommunikativen Aufgaben zu. Eine der ersten Herausforderungen für Chefärzte und Führungsspitzen liegt darin, zu erkennen, wann diese Situation da ist und sich – gegebenenfalls auch externer – Unterstützung zu versichern.

Zudem tragen diese Sachlagen das Prädikat »tiefgehendes Schiff« auch deshalb, weil sie sich über lange Zeiträume hinziehen und immer wieder für *Schlagzeilen* sorgen können. Dem Bekanntwerden folgen die Sachverhaltsaufarbeitung intern wie extern, das Ziehen von Schlussfolgerungen und organisatorischen Konsequenzen, straf- und/oder zivilrechtliche Verfahren, arbeitsrechtliche Maßnahmen und die Regulierung von eingetretenen Schadensfällen. Darüber hinaus besteht bei Skandalen nicht selten eine politische Dimension, die sich in Untersuchungsausschüssen, Runden Tischen, Kontrollkommissionen oder Gutachteraufträgen materialisiert. Berichts- und Informationspflichten gegenüber Aufsichtsgremien müssen eingehalten werden. All das verursacht einen enormen und von einem Tag auf den anderen hereinbrechenden Arbeitsanfall, der zunächst akut, aber in Folge auch langfristig bewältigt werden muss.

31.3 Die beste Krisen-PR: Krisen vermeiden

Bevor wir uns der erfolgreichen Bewältigung einer Krise zuwenden, sei noch die Frage zu diskutieren, ob Krisen vermeidbar sind oder ob sie wie Flutwellen oder Erdbeben ungebremst hereinbrechen. Eine Antwort findet sich zum Teil bereits im gewählten Vergleich. Zwar sind Naturkatastrophen nicht zu verhindern, doch finden sie selten ohne Vorwarnungen statt. Sie kündigen sich an und sind an kleinen Details zu erkennen. Sie geschehen für Experten mit Ansage. Auch wenn nur wenig Zeit zwischen dem ersten Anzeichen und der Katastrophe selbst liegt und diese nur für aufmerksame Beobachter sichtbar sind, gibt es die Möglichkeit zur *Früherkennung*.

31.3.1 Indizien für einen Krisenanlass

Führen wir uns die oben beschriebenen drei Szenarien vor Augen, gibt es die Gelegenheit zur Wahrnehmung in bestimmten Settings eines individuellen Versagens und bei den tiefgehenden Schiffen – den handfesten Skandalen. Erfahrungswerte aus der Praxis der Krisen-PR sprechen dafür, dass es Anzeichen gibt, die nur erkannt und gewürdigt werden müssten, um Krisen erkenn- und sogar vermeidbar zu managen. Chefärzte tragen gerade hier eine besondere Verantwortung.

Vertrauen ist die Basis für eine erfolgreiche und am Patienten orientierte Zusammenarbeit. Das gilt für alle Beteiligten in einem Krankenhaus. Im Grunde braucht es blindes Vertrauen, denn eine persönliche Überprüfung, ob und wie jede einzelne Anweisung ausgeführt wird, ist nicht möglich. Ebenso zeigt sich fachliche Kompetenz erst beim Arbeiten am Patienten. Verlässlichkeit und Vertrauenswürdigkeit sind unabdingbar und erweisen sich erst in der Praxis. Wird das Vertrauen erschüttert oder entstehen Zweifel an Integrität und Kompetenz, geschieht dies nicht im Geheimen. Über kurz oder lang werden bei aufmerksamen Beobachtern Folgen und Auswirkungen offensichtlich.

Was können nun also *Anzeichen* einer drohenden Naturgewalt, einer Krise sein?

- **Die Vorgeschichte**: Wer im ärztlichen Bereich mit Bewerbungen zu tun hat, sollte genau hinsehen, Zeugnisse aufmerksam lesen und persönlich Referenzen einholen. Auch wenn es unbequem sein mag: Immer wieder werden Fachkräfte nach Fehlern oder Versagen mit adäquaten Zeugnissen auf den Arbeitsmarkt zurückgeschickt. Personal- und Zeitmangel erzeugen Druck auch bei den Neueinstellungen. Da werden Zweifel heruntergeschluckt und dem Prinzip Hoffnung Geltung verliehen. So steht unter Umständen ganz schnell jemand wieder am Patienten, der besser nicht dorthin gehört.
- **Der Flurfunk:** Fehler passieren, aber im besten Fall nur einmal. Kommt es zu sich wiederholenden kritischen Handlungen, werden regelmäßig Vorgaben nicht eingehalten oder Anforderungen nicht erfüllt, lässt sich ein solches Handeln über einen längeren Zeitraum kaum übersehen. Dann können Gerüchte aufkommen und kursieren. Mit manchen Kollegen wird nicht so gern zusammengearbeitet, bis hin zum Tauschen von Dienstzeiten, um Teamwork zu vermeiden. Ein waches Auge auf das Miteinander der Beschäftigten kann helfen, Anzeichen zu erkennen und ihnen angemessen zu begegnen.
- **Das Ausblenden:** Gerade, wenn es um Chefärzte geht, nehmen es Gesprächspartner und Mitarbeiter unter Umständen als heikel wahr, Verdachtsmomente oder Bedenken zu äußern. Das betrifft die Person des Chefarztes ebenso wie Zweifel an Kollegen im Team. Wer sich dennoch gefordert fühlt, kritische Rückmeldungen zu geben, erwartet Gehör und Aufmerksamkeit. Bekommt man beides nicht, geht das Feedback ins Leere. Beim nächsten Anlass wird sich mit großer Sicherheit eher auf die Zunge gebissen, anstatt offen zu sprechen.
- **Das Nicht-Wissen:** Verantwortung zu tragen heißt auch, kritisch nachzufragen, im gebotenen Umfang Abläufe zu überprüfen und vorhandene Informationen zu nutzen. Erfahrungen aus der praktischen Krisenkommunikation lassen diesen Hinweis angebracht sein. Häufen sich Komplikationen in bestimmten Zeiten oder personellen Kombinationen? Gibt es Ausschläge beim Verbrauch von Medikamenten, die vom regelmäßigen Durchschnitt abweichen? Wie ist ein Reporting organisiert und welche Abläufe sind davon umfasst? Hinschauen, anstatt sich auf Nicht-Wissen zurückzuziehen, kann Krisen vermeiden.

Nicht in Abrede zu stellen ist, dass Einschätzungen im Nachgang einer Krise leichter fallen, als im Vorhinein. Hinterher ist man immer schlauer. Und doch kann diese Redewendung nicht als Entschuldigung dienen, wenn Führungskräfte, wie eben Chefärzte, ihrer Verantwortung für das Spüren und Wahrnehmen von kritischen Gemengelagen nicht nachkommen. Anzeichen und Indizien können für eine reale Krisensituation sprechen, die eben nur noch nicht publik ist. Sie liegen wie Mehltau auf allen Betroffenen und behindern raschen Austausch sowie offene Kommunikation. Es sind Faktoren, die wie ein Katalysator Beschleunigung und Eskalation einer Krisensituation verursachen.

> **Fazit**
> Nicht jede Krise ist zu verhindern, aber einige sind im Vorfeld ihrer Entstehung durchaus zu erkennen.

31.3.2 Empathie hilft

Nicht aus jedem Fehler erwächst zwingend gleichermaßen eine mediale Krise. Gerade in Fällen, in denen ein individueller Fehler (▶ Abschn. 31.2.1) im Raum steht, kann ein direktes Gespräch mit den Betroffenen überaus hilfreich sein. Denn worum geht es, wenn sich Patienten mit einem Behandlungsfehler – und sei es auch nur ein vermeintlicher – konfrontiert sehen? Neben dem Wunsch nach Information geht es um die Regulierung eines möglicherweise entstandenen *Schadens*. Das ist aber nur ein Aspekt. Viele Patienten fühlen sich in hohem Maße in ihrem in den Arzt gesetzten *Vertrauen* verletzt. Sie sind verunsichert, ängstlich und besorgt. Dabei spielt es überhaupt keine Rolle, ob tatsächlich ein Fehler geschehen und ein Schaden eingetreten ist. Wer sich allein mit einer solchen Möglichkeit beschäftigen muss, zweifelt grundsätzlich an Aussagen und Darstellungen von behandelnden Ärzten, Chefärzten oder Verwaltungsmitarbeitern.

Entscheidende Bedeutung gewinnt in einer solchen Situation der *Kontakt zum Patienten*. Erweist sich der Gesprächspartner auf ärztlicher Seite als vertrauenswürdig? Erscheint er ehrlich interessiert? Hört er wirklich zu? Kann der Betroffene sich ernstgenommen fühlen? An dieser Stelle tangieren wir das breite Feld der *Kommunikation zwischen Arzt und Patienten*. Wenn diese Kommunikation nicht stimmt und der Kontakt keine Verbindung zum Patienten aufkommen lässt, fehlt in der Krisensituation die Möglichkeit, vertrauensvoll und gemeinsam eine bestimmte Situation zu betrachten und zu bewerten. Nicht wenige mediale Eskalationen ließen sich so verhindern.

31.3.3 Recht versus Kontakt

Warum findet eine solche Kommunikation nicht statt? Einmal sind da *juristische Berater* und *Vertreter der Haftpflichtversicherungen*. Ihr Interesse gilt vornehmlich Haftungsfragen und Schadensersatzverpflichtungen, eher weniger dem Patienten. Sie raten in aller Regel, sich nicht zu detailliert in einen Sachverhalt einzulassen und übernehmen häufig den Kontakt zum betroffenen Patienten und den Medien. Dann gehen die anwaltlichen Schreiben hin und her. Eine schnelle Lösung rückt für den Betroffenen in die Ferne, der wiederum seinerseits Anwälte einschalten wird, um auf Augenhöhe kommunizieren zu können.

Außerdem spielen *Führungspersonen* wie Chefärzte eine wichtige Rolle, die ihrerseits empathisch und am Menschen interessiert agieren sollten, dies aber nicht immer können (siehe Praxisbeispiel unter ▶ Abschn. 31.3.4). Genau hier liegt der Punkt: Zwischen Arzt und Patient wird nicht auf Augenhöhe gesprochen. Aus fachlicher Sicht ist dies in den allermeisten Fällen nicht möglich, es sei denn, der Patient ist selbst Experte. Der Patient bleibt ein Laie ohne tiefgehendes medizinisches Wissen und Erfahrungsschatz, wenn es um Behandlungsfehler geht. Da helfen Google und Wikipedia nur bedingt weiter. Trotzdem sind Patienten heute kritischer, informierter und damit auch misstrauischer als noch vor wenigen Jahren. Sie stellen Aussagen von Medizinern in Frage und wollen umfassend informiert sein bzw. sich wenigstens so fühlen.

Mit Augenhöhe ist hier etwas anderes gemeint – nämlich eine *emotionale Augenhöhe*. Sie äußert sich vor allem im Ernstnehmen der Bedürfnisse des Patienten und im aktiven Zuhören. Gelingt es Ärzten, emotionale Nähe aufzubauen und glaubwürdig zu vermitteln, wird selbst ein kritischer Patient kaum unmittelbar die Presse mobilisieren. *Empathische Kommunikation*, die den Gesprächspartner im Fokus hat, kann helfen, »Druck aus dem Kessel« zu nehmen. Empathie ist die Fähigkeit, den inneren Bezugsrahmen eines Anderen genau und mit den emotionalen Komponenten und Bedeutungen, die dazugehören, wahrzunehmen, als ob man die andere Person wäre, aber ohne jemals die »Als-ob«-Bedingungen außer Acht zu lassen.[3]

Sie kann die Verbindung erhalten – auch in kritischen Augenblicken. Nur wer keine Handlungsoptionen mehr sieht und sich nicht gehört fühlt, wird bereit sein, einen Pressevertreter anzusprechen. Dann dient das Weitergeben von Informationen dazu, bei einem Arzt oder Klinikum über die Öffentlichkeit so viel *Druck* aufzubauen, dass diese

---

[3] Rogers C (1959) A Theory of Therapy, Personality and Interpersonal Relationships as Developed in the Client-centered Framework. In: Koch S (Hrsg) Psychology: A Study of a Science, vol. 3. McGraw Hill, New York, S 210

gezwungen sind, sich dem Betroffenen zuzuwenden. Dann muss das Anliegen zur Kenntnis genommen werden. Mit dem Kontakt zu Medien versucht der Betreffende, seinen Bedürfnissen Nachdruck zu verleihen: Jemand hört zu. Das persönliche Anliegen wird bearbeitet. Hält der Arzt die Kommunikation aufrecht, kann er diesen Bedürfnissen selbst Rechnung tragen. Der Bedarf nach weiterer Aufmerksamkeit entfällt so möglicherweise.

31.3.4 Maßstab Chefarzt

Chefärzten kommt hier eine besondere Verantwortung zu. Sie sind das prägende Vorbild und der Maßstab für die Ärzte ihres Teams. Sie leben die Anspruche von Patienten vor und vermitteln durch ihre Praxis, wie auf Station kommuniziert wird. Ihr Vorgehen wird adaptiert und beeinflusst das Verantwortungsbewusstsein sowie die Kommunikationsbereitschaft. Dazu ein Beispiel aus der Praxis der Krisen-PR.

Auf einer Intensivstation war einem Patienten ein Medikament verabreicht worden, dessen Gabe der behandelnde Arzt ohne vorherige Nachfrage und seine Zustimmung ausgeschlossen hatte. In der Klinik herrschte bereits Verunsicherung vor, da es im Vorfeld ähnlich gelagerte Fälle gegeben hatte, die Teil einer medialen Berichterstattung waren. Die Angehörigen des Patienten wurden über den Vorfall kurz informiert und sollten in einem weiteren Gespräch mit Chefarzt A die Gelegenheit bekommen, Fragen und Besorgnisse zu äußern. Das Medikament hatte seine Wirkung entfaltet, ein daraus resultierender Schaden war nicht eingetreten. Insofern diente das Gespräch letztlich der Beruhigung der Angehörigen. Es sollte zudem vermitteln, dass ein solches Handeln verantwortungsvoll wahrgenommen wird, damit es für die Zukunft ausgeschlossen werden kann. Dieses Gespräch zu führen, oblag Chefarzt A, der sich wiederum für einige Tage im Urlaub befand. A war nicht verreist, sondern vor Ort. Dennoch lehnte er ab, das Gespräch unmittelbar zu führen, sondern bot den Angehörigen einen Termin rund zehn Tage später an.

In diesem Fall hat A alles getan, den Angehörigen den Gang in die Medien leicht zu machen; insbesondere vor dem Hintergrund der bereits erfolgten öffentlichen Berichterstattung. Er hat Raum für Vermutungen und Spekulationen eröffnet, anstatt ihn schnellstens zu schließen. Bei den Mitarbeitenden verstärkte sich die bestehende Unsicherheit, weil der Vorfall sich zwar herumgesprochen hatte, aber zunächst keine direkten Aktivitäten des verantwortlichen Chefarztes folgten. Derjenige, der die Angehörigen informiert und dann auf A verwiesen hatte, fühlte sich »im Regen stehen gelassen«. Es folgte eine weitere negative Berichterstattung, für deren Vermeidung es keine hundertprozentige, aber doch eine reale Chance gegeben hätte, wenn A ohne Umstände und Verzögerung mit den Angehörigen in Kontakt getreten wäre.

31.3.5 Entschuldigung versus Schuldeingeständnis

Ein weiterer Aspekt, der Beachtung verdient: Geschieht ein Fehler – ob nun fahrlässig oder vorsätzlich kann dahin gestellt bleiben –, erwartet der Betroffene von der handelnden Person eine *Entschuldigung*. An diesem Punkt zucken Rechtsanwälte und Vertreter der Haftpflichtversicherungen zusammen. Für sie ist das Aussprechen einer Entschuldigung nicht selten gleichbedeutend mit dem Einräumen eines Fehlverhaltens. Daher raten sie dazu, am besten keine Entschuldigung auszusprechen, solange nicht klar ist, ob das Ereignis juristisch oder haftungsrechtlich relevante Folgen hat. Das mag aus rechtlicher Perspektive angebracht und nachvollziehbar sein. Kommunikativ ist das Ausbleiben eines ehrlichen Ausdrucks des Bedauerns jedoch von schwerwiegender Bedeutung. Unter Umständen entsteht überhaupt erst so beim betroffenen Patienten der innere Antrieb, sich an eine – wie auch immer geartete – Öffentlichkeit zu wenden. Die sozialen Medien und Bewertungsportale aller Art bieten ausreichend Gelegenheit, seinem Ärger Luft zu machen. Fakt ist: Empathielose Kommunikation verursacht unter Umständen mediale Wogen. Sie wirkt sich mit hoher Sicherheit negativ auf Ruf und Image von Personen sowie Einrichtungen aus und zwar komplett unabhängig von der Presseberichterstattung.

> **Fazit**
> Ein empathischer Kontakt zum Patienten hilft, Krisen einzudämmen oder sogar ganz zu verhindern.

31.4 Die Krise

Das Wort »Krise« stammt aus dem Griechischen. Das Substantiv gehört zum altgriechischen Verb »krínein«, das »trennen« und »unterscheiden« bedeutet. In der Kommunikation bedeutet Krise eine Lage, die die Unternehmensziele bedroht und die Gefahr eines großen Schadens birgt. Sie ist zusätzlich gekennzeichnet von Kriterien, wie ungeplant, ungewollt, dynamisch, unkontrollierbar, zeitlich befristet und häufig sehr komplex.[4] Soweit die Definition, doch wie lässt sich der Höhepunkt dieser – vor allem kommunikativ – gefährlichen Entwicklung näher beschreiben?

31.4.1 Die gefährliche Entwicklung

Der Krise immanent ist, dass sich zumeist erst im Nachhinein definieren lässt, dass ein Krise eingetreten ist. Zu schnell können sich Ereignisse überschlagen. Zu langsam kann die Erkenntnis wachsen, dass aktives Handeln erforderlich ist. Die Praxis zeigt, dass *ganz unterschiedliche Ereignisse* eine mediale Krise auslösen können.

- **Auslöser 1 – Die klassische Patientenbeschwerde:** Eine Person ist mit der Art und Weise ihrer Behandlung oder dem Ergebnis nicht zufrieden und beschwert sich. Das Vortragen der Kritik kann mündlich oder schriftlich erfolgen. Entspricht eine daraufhin erteilte Antwort inhaltlich oder auch formal (▶ Abschn. 31.2.2) nicht den Erwartungen, können weitere Schritte erfolgen, wie beispielsweise ein anwaltliches Schreiben, das Einschalten von Krankenversicherungen oder einer Patientenberatung.
- **Auslöser 2 – Posting im Internet:** Gemeint ist hier der berühmte Shitstorm. Dieser gilt als »Sturm der Entrüstung in einem Kommunikationsmedium des Internets, der zum Teil mit beleidigenden Äußerungen einhergeht«.[5] Jemand fühlt sich ungerecht oder falsch behandelt und postet seine Meinung auf Facebook oder Twitter. Die Mitglieder des Netzwerkes werden aktiv um Unterstützung gebeten, um dem eigenen Anliegen Nachdruck zu verleihen.

»Liebe Facebook-Nutzer, dies ist ein Aufruf an Euch! Wir benötigen dringend Eure Unterstützung! Wir bitten Euch eindringlich, folgenden Text mit so vielen Leuten (z.B. Facebook-Kontakte, Freundes- und Bekanntenkreis etc.) wie möglich zu teilen bzw. weiterzuleiten. Unser Ziel ist es, mit diesem Vorfall große Aufmerksamkeit zu erlangen und damit auch an die Presse zu treten. Denn wir glauben fest daran, dass es uns nur so gelingt, den kleinen Muhammet Eren am Leben zu halten und nicht dem sicheren Tod zu überlassen. Wenn Ihr auch der Meinung seid, dass Kinder, egal mit welcher gesundheitlichen Einschränkung, ein Recht haben, am Leben zu bleiben, dann bitten wir Sie eindringlich, diesen Sachverhalt an sämtliche Presseorgane (bzw. jegliche Medien) weiterzuleiten…«.[6]

Andere Leser greifen dieses Posting auf, verbreiten es weiter und fügen möglicherweise noch eigene Erfahrungen bei. Auch Medien nutzen derartige Meldungen als Anlass für eine eigene Berichterstattung (»Fall Muhammet: Klinikum äußert sich zu Kosten«[7]).

- **Auslöser 3 – Berichterstattung in der Presse:** Wer sich falsch oder ungerecht behandelt fühlt, wer meint, er werde nicht ernst genommen oder mit seinem Anliegen nicht gesehen, findet unter Umständen den Weg in die Medien.

---

4 Herbst D (1999) Interne Kommunikation. Cornelsen, Stuttgart, S 2

5 Duden online
6 Facebook.de vom 16.07.2014, https://www.facebook.com/muhammeterenicinelele/posts/70481817623297
7 Giessener-Allgemeine.de vom 16.08.2014, http://www.giessener-allgemeine.de/Home/Stadt/Uebersicht/Artikel,-Fall-Muhammet-Klinikum-aeussert-sich-zu-Kosten-_arid,513535_regid,1_puid,1_pageid,113.html

Die Klassiker sind die Schlagzeile auf der ersten Seite einer Tageszeitung (»Chefarzt soll 12 Patientinnen vergewaltigt haben«[8]) oder eine Fernsehberichterstattung (»Bandscheiben-Skandal: Klinik entlässt Chefarzt«[9]).

- **Auslöser 4 – Polizeiliche Anzeige:** Wer sich nicht anders zu helfen weiß oder eine besonders schwerwiegende Anschuldigung vorzutragen hat, kann sich an Polizei oder Staatsanwaltschaft wenden und dort Anzeige erstatten. Die Behörden werden erste Ermittlungen einleiten und Rückfragen stellen.
- **Auslöser 5 – Zivilrechtliche Klage:** Ohne vorheriges Einschalten von Polizei und Staatsanwaltschaft wird eine zivilrechtliche Klage eingereicht, um beispielsweise Schadensersatz geltend zu machen. Zwar wird in aller Regel solchen Fällen ein anwaltlicher Schriftverkehr vorausgehen, zwingend erforderlich ist dieser jedoch nicht.

> **Fazit**
> Allen Auslösern gemein ist das Herstellen einer wie auch immer gearteten Öffentlichkeit. Durch diese Öffentlichkeit drohen Reputation und Image einer Person oder Einrichtung Schaden zu nehmen. Wirtschaftliche Risiken können entstehen. Aber auch zivil-, straf- und standesrechtliche Auswirkungen sind zu befürchten.

31.4.2 Eskalation

Nun entsteht bei weitem nicht aus jeder Beschwerde eine tiefgreifende Krise. Nur wenige Anzeigen oder Klagen wecken mediales Interesse und werden öffentlich diskutiert. Doch wo befindet sich die Grenze zwischen schwieriger Lage im normalen Alltag und echter Krise? Diese Frage zu beantworten, hängt von einer – zumeist subjektiven – Einschätzung ab: Welche *Relevanz* hat das Ereignis, um das es geht, und welche Relevanz hat der Auslöser, mit dem Öffentlichkeit hergestellt wurde?

- **Die Person** – Die Beurteilung von Relevanz hängt vom Zusammenhang ab. So kann ein persönliches Fehlverhalten ohne mediales Echo geahndet und gelöst werden. Handelt es sich bei der betroffenen Person aber um eine Führungskraft wie einen Chefarzt, ist dieses Fehlverhalten mit ziemlicher Sicherheit relevant für die Öffentlichkeit. Kliniken nutzen Expertise, Reputation und Kompetenz ihrer verantwortlichen Chefärzte für Patientenwerbung sowie in der eigenen Öffentlichkeitsarbeit und Unternehmenskommunikation. Sie werden so zu Personen des öffentlichen Lebens. Wer aufgrund persönlicher Fähigkeiten wie ein Aushängeschild fungiert, steht dann besonders im Fokus. In der Krisen-PR gilt dann das geflügelte Wort »in guten wie in schlechten Zeiten«. Wer sich mit Erfolgen und guten Nachrichten an die Medien wendet, kann sich in schlechten Zeiten nicht wegducken, sondern ist gefordert, Rede und Antwort zu stehen.
- **Die Dimension** – Eine Krise kann aus einer besonderen zeitlichen oder finanziellen Dimension erwachsen, ebenso wie aus Wiederholung oder Häufigkeit. Wenn sich zeigt, dass ein bestimmtes Verhalten über Monate oder Jahre bestand, ist eine zeitliche Relevanz zu bejahen. Ebenso, wenn ein drohender Schaden mit erheblichen finanziellen Auswirkungen im Raum steht. Sind immer wieder ähnlich gelagerte Situationen auffällig, lässt sich allein aus der Wiederholung Relevanz ableiten. Spricht die Art und Weise des Sachverhaltes für eine strafrechtliche Würdigung, sollte Relevanz grundsätzlich bejaht werden.

»Ein Mörder, der Lebensretter sein wollte«.[10]
Ein mittlerweile rechtskräftig verurteilter früherer Krankenpfleger begeht über Jahre Morde an Patien-

---

8 Bild.de vom 07.04.2015, http://www.bild.de/news/inland/prozesse/mediziner-in-bamberg-wegen-sexuellem-missbrauchs-vor-gericht-40445532.bild.html

9 Ndr.de vom 30.11.2015, http://www.ndr.de/nachrichten/niedersachsen/oldenburg_ostfriesland/Bandscheiben-Skandal-Klinik-entlaesst-Chefarzt,bandscheibe126.html

10 Zeit.de vom 19.02.2015, http://www.zeit.de/politik/deutschland/2015-02/krankenpfleger-mordprozess-oldenburg

ten. Ein chronologischer Kurzüberblick belegt zeitliche, finanzielle, straf- und zivilrechtliche Relevanz.
1999–2002: Beschäftigung als Krankenpfleger am Klinikum Oldenburg, keine erhöhte Sterblichkeitsrate feststellbar nach Angaben der Klinik, allerdings Auffälligkeiten, Versetzung des Pflegers von der Intensivstation zur Anästhesie, weiterhin Beschwerden über ihn, Klinik legt Pfleger Kündigung nahe.
2003–2005: Beschäftigung des Krankenpflegers auf der Intensivstation des Klinikums Delmenhorst, Sterbefälle entwickeln sich von sonst durchschnittlich etwa 80 auf 200 Tote.
2005: Krankenpfleger spritzt Krebspatienten Gilurytmal, Patient erleidet Herzrhythmusstörungen, Krankenschwester verhindert den Tod des Patienten, Polizei nimmt Ermittlungen auf.
2006: Landgericht Oldenburg verurteilt Pfleger wegen versuchten Totschlags und gefährlicher Körperverletzung zu fünf Jahren Haft sowie einem fünfjährigen Berufsverbot, Urteil hat keinen Bestand, wird vom Bundesgerichtshof gekippt, neues Verfahren in Oldenburg.
2008: Krankenpfleger wird vom Landgericht Oldenburg zu siebeneinhalb Jahren Gefängnis verurteilt, Berichterstattung über Prozess ergibt Hinweise auf weitere Taten.
Januar 2015: Delmenhorster Klinikum wird nach Akten durchsucht, Hinweise auf die Morde wurden angeblich missachtet, Pfleger legt indirekt Geständnis ab.
Februar 2015: 174 Krankenakten in Delmenhorst müssen überprüft werden.[11]

- **Der Skandal** – Stellt ein bundesweites Medium – sei es Tageszeitung, Fernseh-, Radiosender, Monats- oder Wochenmagazin – eine Anfrage zu einem bestimmten Sachverhalt, ergibt sich allein aus der drohenden Breite der Berichterstattung Relevanz. Schnell tritt die Situation ein, dass sie auch stattfindet. Dann werden die Anwälte in Marsch gesetzt. Vermutungen und Anschuldigungen stehen im Raum. In solchen Fällen gibt es nichts zu diskutieren. Wer an diesem Punkt steht, braucht nicht darüber nachzudenken, ob eine Krise eintreten könnte. Dann haben andere, nämlich Medienvertreter, Rechtsanwälte oder der Betroffene selbst, das Agieren übernommen und somit auch das Heft des Handelns in der Hand. Hier wird bereits kommuniziert – mit oder ohne Zutun von Chefarzt oder Krankenhaus.

Fazit

Die verschiedenen Anlässe für eine Krise bergen Eskalationsstufen in sich. Dem Posting auf Facebook folgt eine Berichterstattung in den lokalen Medien. Dem Printmedium schließen sich Fernsehen, Radio oder Online-Medien an. Nach den lokalen greifen regionale Medien das Thema auf. Schließlich »schafft« das Thema den Sprung in die bundesweite Medienlandschaft. Wer sich mit solchen Abläufen beschäftigen muss, steckt bereits mitten in der Krise.

31.4.3 Unterschiedliche Ratgeber, vielfältige Interessen

Ist die Krise da und droht zu eskalieren, bestehen unterschiedliche Handlungsmöglichkeiten. Aus Sicht der Krisen-PR ist allerspätestens bei der Anfrage eines bundesweiten Mediums der Zeitpunkt für *aktive Kommunikation* gegeben. Diese Sicht teilen nicht zwangsläufig alle Beteiligten, die naturgemäß von sehr unterschiedlichen Interessen getrieben sind.

Eine der ersten Maßnahmen besteht daher häufig darin, alle Beteiligte der eigenen Seite an einen Tisch zu holen und den Sachverhalt intern zu diskutieren. In derartigen Runden sitzen regelmäßig: Geschäftsführung eines Krankenhauses, verantwortliche Chefärzte und Klinikleiter, Pflegeleitung, Betriebs- oder Personalrat, Rechtsanwalt, Pressesprecher sowie ggf. Versicherungen und externe Krisen-PR-Berater. Auch Vertreter der Aufsichtsgremien können hinzugezogen werden.

---

11 Ndr.de vom 18.02.2015, https://www.ndr.de/nachrichten/niedersachsen/oldenburg_ostfriesland/Niels-H-ein-Serienmoerder-Die-Chronologie,krankenpfleger214.html; frankfurter-rundschau.de, 26. Februar 2015, http://www.fr-online.de/panorama/prozess-gegen-krankenpfleger-der-todespfleger-von-delmenhorst,1472782,29975246.htl

Vorab haben zu einem solchen Zeitpunkt bereits diverse Einzelgespräche stattgefunden, Sachverhalte wurden recherchiert und Unterlagen zusammengetragen. Nun sitzen alle zusammen und besprechen die Gegebenheiten, soweit sie bekannt sind. Möglichkeiten des weiteren Vorgehens werden ausgelotet.

In solchen Gesprächsrunden prallen die Interessen der einzelnen Teilnehmer ungebremst aufeinander. Denn obwohl sich die Anwesenden »auf derselben Seite« befinden und gemeinschaftlich ein Vorgehen aus der Krise entwickeln wollen, sind die individuellen Antriebe sehr unterschiedlich. So verschieden die Interessen, so konträr gestalten sich unter Umständen die Schlussfolgerungen und Ratschläge. Als verantwortlicher Chefarzt gilt es jetzt, die Interessenslagen aller in den Blick zu nehmen, Ratschläge zu bewerten und Handlungsoptionen auszuloten.

An dieser Stelle stehen nicht einzelne Personen im Fokus, sondern verschiedene *Interessenslagen* und *Argumente*, wie sie in der Praxis immer wieder auftreten:

- **Minimierung der finanziellen Auswirkungen:** Den Vertretern dieses Interesses geht es in erster Linie darum, möglichst nichts und höchstens wenig für einen möglichen Schadens- oder Versicherungsfall aufwenden zu müssen. Von ihnen wird der Sachverhalt insgesamt in Frage gestellt bzw. die Belegbarkeit des Vorfalls angezweifelt (»Das soll erstmal jemand beweisen«). Öffentliche Berichterstattung tangiert sie im Prinzip nicht (»Wen interessiert schon, was in der Zeitung steht«).
- **Persönliche Reputation schützen:** Wer sich diesem Interesse verschrieben hat, sieht sich selbst in seiner persönlichen und beruflichen Existenz bedroht. Ganz gleich, ob tatsächlich eine persönliche Verantwortung zu bejahen ist oder nicht, geht es demjenigen vor allem darum, nicht in die Eskalation einer Krise hineingezogen zu werden. Das gelingt vermeintlich am besten, wenn der Sachverhalt gar nicht erst ans Licht der Öffentlichkeit kommt und wenn mit Nachdruck versucht wird, ohne Erwähnung von Name und Person aus der Situation herauszukommen (»Wir sagen besser erstmal gar nichts«).
- **Image und Ruf des Hauses schützen:** Hier wird der Blick von der Einzelperspektive abgewendet und hin zum »großen Ganzen« gerichtet. Dann spielen die Sorge vor sinkenden Patientenzahlen, Wirtschaftlichkeitserwägungen oder Schwierigkeiten bei der Gewinnung von neuen Mitarbeitern in den Erwägungen eine gewichtige Rolle. Vertreter dieser Interessen werden eher dazu neigen, sich der Öffentlichkeit im Zweifelsfall proaktiv zu stellen (»Wir müssen an unseren Ruf denken«).
- **Eigene Profilierung vorantreiben:** Nicht selten sitzen in diesen Runden Beteiligte, die die Krise für ihr persönliches Fortkommen nutzen (»Überlassen Sie mir mal den Pressekontakt«). Das wird selbstverständlich niemand einräumen. Dennoch sprechen Erfahrung und Lebenswirklichkeit dafür, dass Krisen neben Verlierern genauso Sieger hervorbringen. Mediale Öffentlichkeit birgt die Gelegenheit, sich selbst zu profilieren – sei es in der Rolle als Aufklärer, als Vertreter von Patienteninteressen oder als anerkannter Experte und Beistand (»Ich bin jetzt doch dafür, dass wir hier gnadenlos aufräumen. Da müssen aber auch mal Köpfe rollen«). Politische Interessen innerhalb der Ärzteschaft können zum Tragen kommen, genauso wie parteiliche Interessen von Aufsichtsräten.
- **Handlungsfähigkeit wahren oder zurückgewinnen:** Hier geht es vor allem um Klarheit bezogen auf Sachverhalt, Beteiligte und Auswirkungen. Solange nicht alle Fakten bekannt sind, basieren Schlussfolgerungen auf Vermutungen und Annahmen. Also werden es die Vertreter dieses Interesses sein, die interne Recherchen und Aufarbeitung vorantreiben (»Jetzt checken wir erstmal, was wir eigentlich genau wissen«). Sie wollen – möglicherweise durch schnelle, aktionsgetriebene Maßnahmen – Glut und Feuer einer Krise zum Erlöschen bringen.
- **Aus Angst heraus (nicht) handeln:** Wer glaubt, etwas verlieren zu können oder Sorge hat vor Entdeckung, agiert aus diesem Motiv heraus. Man will nicht hineingezogen werden, fühlt sich überfordert oder befürchtet einen

Verlust an Handlungshoheit. Manchmal handelt es sich schlicht um Unsicherheit, wie der richtige Umgang mit Medienvertreten gelingen kann. Diejenigen werden sich verbunden fühlen mit den Wahrern der finanziellen Interessen. Sie werden anstreben, möglichst viel Sicherheit zu behalten – was naturgemäß ausgeschlossen ist, sobald durch einen Skandal eine Vielzahl von Personen und Medien involviert ist (»Mit Journalisten rede ich nicht, die drehen einem sowieso das Wort im Munde um«).

> **Fazit**
> Wer sich in der Krise befindet, muss sich mit der eigentlichen Ursache und dem Anlass auseinandersetzen. Er muss gleichzeitig verschiedenste Interessen seiner Mitstreiter sowohl erkennen als auch gegeneinander abwägen. Daraus sind dann die Rückschlüsse für das eigene Handeln abzuleiten. Und dies alles unter zeitlichem und öffentlichem Druck.

31.4.4 Unterstützung holen

Läuft alles rund, schaffen es die verschiedenen Beteiligten im unter ▶ Abschn. 31.3.3 geschilderten Setting, miteinander ein kluges, gemeinsames Vorgehen zu verabreden, das ein Bewältigen der Krise ermöglicht.

Gelingt dieses Herstellen von Gemeinsamkeit nicht, ist der Zeitpunkt gekommen, sich weitere *Unterstützung* zu sichern. Das Einschalten externer Expertise kann auf personellen und zeitlichen Gründen beruhen. Es gibt Situationen, da bleibt den handelnden Personen zu wenig Zeit für strategische oder kommunikative Überlegungen, ganz zu schweigen von deren Ausarbeitung und Umsetzung. Manchmal mangelt es an Erfahrung, und diese Unsicherheit führt dazu, andere Beteiligte hinzuzuziehen. Das können Kommunikationsexperten sein oder aber Menschen, die über relevante Kenntnisse und Expertise verfügen. Hilfreich können Personen sein, die besonders vertrauenswürdig sind, weil zu ihnen eine stabile Verbindung besteht. Gemeint sind beispielweise Wirtschaftsprüfer oder Steuerberater, aber auch frühere Führungskräfte, die aus dem Ruhestand als Beistand gerufen werden sowie unabhängige Experten aus Beiräten oder wissenschaftlichen Gremien.

Sich Hilfe zu holen, fällt manchmal schwer. Es impliziert das Eingeständnis, der Krise allein nicht mehr Herr zu werden oder schlichtweg überfordert zu sein angesichts einer Vielzahl von Aufgaben. Schwer fällt die Erkenntnis, vielleicht tatsächlich einen Fehler gemacht oder im Umfeld nicht bemerkt zu haben. Wer räumt schon gern ein, organisatorisch mangelhaft aufgestellt zu sein? Besonders bitter ist ein solches Fazit, wenn die Erwartungshaltungen von intern, extern und sich selbst so hoch sind, dass ein Fehler weder vorgesehen noch akzeptabel ist. Wenn man im Alltag selbst Ratgeber und Experte ist, braucht es unter Umständen erst großen Druck, bis Unterstützung gewünscht und erlaubt ist.

PR-Berater, die einen Schwerpunkt auf Krisenkommunikation legen, wissen genau um dieses Setting, wenn sie als externe Unterstützung gerufen werden. Sie können anerkennen, dass ihre Beteiligung eher Druck und Risikoangst als der Freude an einer Zusammenarbeit geschuldet ist. In solchen Situationen geht es um Vertrauen, Professionalität, Kompetenz und Schnelligkeit. Ihr Fokus liegt nicht auf Bewertung von Personen und Sachverhalten, sondern für sie kommt es allein auf ein zielgerichtetes Vorgehen an, um der Krise kommunikativ Herr zu werden.

> **Fazit**
> Wer sich entschlossen hat, Unterstützung in Anspruch zu nehmen, ist einen wichtigen Schritt in Richtung Handlungs- und Prozesshoheit gegangen.

31.5 Kommunizieren in der Krise

In Krisenzeiten gibt es Unmengen an Arbeit, die in kürzester Zeit zu erledigen sind. Es herrscht enormer Druck, der sich auch im Feierabend oder an Wochenenden nicht abbaut. Kurzfristige Termine und enge Fristen müssen eingehalten werden. Tagesroutinen funktionieren nicht mehr. Abläufe ändern sich. Eine Vielzahl an Gesprächen steht an – in den einen ist man Berichterstatter, in den anderen Nachfrager oder Zuhörer. Aus einem Wirrwarr einen Sachverhalt herauszuschälen und dabei gleichzeitig Medienvertretern Rede und Antwort zu stehen, erhöht die Herausforderung.

Mit einer gezielten Krisenkommunikation wird Ordnung erzeugt. Sie schafft ein Fundament, auf dem sich die Verantwortlichen kommunikativ bewegen können. In der Praxis haben sich folgende *Sofortmaßnahmen* als besonders effizient erwiesen:

- **Überblick verschaffen:** Je komplexer die Krisensituation ist, umso weniger ist der tatsächliche Sachverhalt oder Ablauf zu Beginn der Krise bekannt. Und umso wichtiger ist es, im ersten Schritt die Informationen zu erfassen, die verlässlich vorhanden sind.
- **Zuständigkeiten regeln:** Zusammengestellt wird ein Team, das sich unter verschiedenen Gesichtspunkten mit der Bewältigung der Krise auseinandersetzt. Dabei werden die Zuständigkeiten klar verteilt und geregelt. Verteilt werden unter anderem Aufgaben wie:
  - interne Recherchen zum Sachverhalt,
  - Kontakt mit dem Auslöser der Krise,
  - Strategieentwicklung,
  - Erstellen von möglichen Szenarien samt Folgenabschätzung,
  - Übernahme des Pressekontakts,
  - Prüfung der juristischen Fragestellungen aus Arbeits-, Zivil- und Strafrecht,
  - Klärung von Haftungsfragen und Informationspflichten,
  - interne Kommunikation mit den Mitarbeitenden,
  - Aus- und Bewertung der medialen Berichterstattung,
  - Ansprache von Netzwerken und Multiplikatoren.
- **Sprecher in den Medien:** Eine Person wird benannt, die Interviews und O-Töne übernimmt. Es macht Sinn, damit einen externen PR-Berater zu beauftragen, der den Kontakt professionell wahrnehmen kann. Ebenso kann es angezeigt sein, den Pressesprecher des Krankenhauses damit zu beauftragen. Wer tatsächlich diese Aufgabe übernimmt, ist nur ein Aspekt. Essenziell ist, dass sich in der Krise möglichst nur eine Person extern äußert. Für alle anderen gilt, bei Ansprache durch Medien auf den verantwortlichen Sprecher zu verweisen. Nur so lassen sich widersprechende Aussagen verhindern und die Kommunikation aktiv steuern. Wenn jeder in ein Mikro spricht, wie er will und gerade denkt, wird aus der Krise ganz schnell eine Katastrophe.
- **Betroffene herausnehmen:** Ist der Chefarzt selbst betroffen – sei es persönlich oder organisatorisch –, kann es angezeigt sein, ihn aus der Kommunikation mit den Medien herauszunehmen. Das ist insbesondere der Fall, wenn Statements nicht der Aufklärung, sondern der Rechtfertigung dienen. Der emotionale Druck droht zu groß zu werden, oder die Glaubwürdigkeit leidet, wenn ein Beteiligter oder gar Verursacher der Krise die Aufarbeitung kommuniziert.
- **Sprachregelungen schaffen:** Es muss Verbindlichkeit darüber herrschen, wie kommuniziert wird. Das leisten sog. Sprachregelungen, die für alle Beteiligten verbindlich sind. Sie gelten für jeden gleichermaßen, und zwar nicht nur gegenüber Medienvertretern, sondern auch sonst: zu Hause am Esstisch ebenso wie in der Kantine oder am Schreibtisch. Alle sollen dieselbe Sprache sprechen und dieselbe Zielsetzung zum Ausdruck bringen. Das ermöglichen Sprachregelungen.
- **Interne Kommunikation anschieben:** Nicht nur extern muss kommuniziert werden, sondern auch intern ergibt sich diese Notwendigkeit. Sonst erfahren Mitarbeiter möglicherweise gravierende Neuigkeiten zuerst aus den Medien, anstatt über ihre Führungskraft oder ihren Arbeitgeber. Wer Gerüchten und Flurfunk vorbeugen sowie das Vertrauen seiner Mitarbeiter erhalten will, gibt regelmäßig und von sich aus Informationen heraus, erklärt Vorgehen und nächste Schritte. Klarheit über die möglichen Auswirkungen und Folgen hilft, Sorgen und Ängste nicht weiter zu schüren.
- **Szenarien erstellen:** Um in der Flut der Informationen und Möglichkeiten nicht überrascht zu werden, empfiehlt es sich, Szenarien zu ent-

wickeln und auszuformulieren. Was passiert im besten Fall, was im schlechtesten? Gibt es einen Mittelweg? Ein Szenario entsteht wie ein Kochrezept aus der Summe seiner Zutaten. Es bekommt zunächst einen Namen (»Alles halb so schlimm« oder »worst case«). Dann werden die Beteiligten benannt, die für die Entstehung und Auswirkung erforderlich sind. Ihre Motive und Handlungsvarianten werden durchgespielt. Reaktionen können diskutiert und auf ihre Effektivität überprüft werden. Szenarien helfen, um sich in unübersichtlichen Situationen Klarheit zu verschaffen und das eigene Vorgehen zu beschreiben.

31.5.1 Goldene Regeln der Krisenkommunikation

Zurückkommend auf die unter ▶ Abschn. 31.2 beschriebenen Anlässe, können einige grundsätzliche *Vorgehensweisen* und *Regeln* genutzt werden, um die Krise entweder zu verhindern oder zumindest überschaubar zu halten.

Regel 1: Wahrheit hilft Handelt es sich um menschliches Versagen (▶ Abschn. 31.2.1), ist also tatsächlich ein Fehler geschehen, als solcher erkannt worden und ein Schaden eingetreten, lautet der Ratschlag: sich entschuldigen, Fehler einräumen und Schaden regulieren. Rechtsanwälte und Versicherer werden mit hoher Wahrscheinlichkeit an dieser Stelle gemäß ihrer Interessenlage argumentieren. So entsteht Druck auf Chefarzt und Geschäftsführung. Einen Fehler einzugestehen, kostet im Zweifel Geld. Aber: Wer offen mit einer solchen Situation umgeht und dafür Verantwortung übernimmt, leistet einen essenziellen Beitrag, um die eigene Vertrauenswürdigkeit zu wahren. Nur so können Image und Reputation geschützt werden. Deren Verlust kostet im Zweifelsfall mehr Geld als eine einmalige Schadensregulierung.

Regel 2: Ein Aufschlag Wiederum bezogen auf ein konkretes menschliches Versagen in einem Einzelfall gilt die Empfehlung: Alle Informationen werden komplett und vollständig kommuniziert. Es wird nichts zurückgehalten in der Hoffnung, dass niemand das Fehlen bemerkt oder Nachfragen dazu aufkommen. Eine solche Kommunikation wird fundiert vorbereitet und mit einem einzigen Aufschlag transportiert, beispielsweise in einer Pressekonferenz. Dann lässt sich zwar ein medialer Aufschrei nicht verhindern. Das Presseecho wird aber räumlich und zeitlich deutlich begrenzt, da keine neuen Informationen Anlass für weitere Berichterstattungen geben können.

Regel 3: Tempo zählt In der Krise ist keine Zeit zu verlieren. Ist der »mediale ICE« erst einmal angerollt und hat Fahrt aufgenommen, kann man nicht mehr abspringen. Konfrontiert mit Presseanfragen, Anschuldigungen oder Verdachtsmomenten neigt der eine oder andere Betroffene dazu, erst einmal auf »Tauchstation« zu gehen. Dabei schwingt die Hoffnung mit, das Thema erledige sich möglicherweise von allein oder verliere an Brisanz. Richtig und wichtig ist – auch in kritischen Situationen –, Ruhe zu bewahren. Überlegt zu handeln bedeutet aber nicht, keine Aktivitäten zu entfalten und damit anderen das Spielfeld zu überlassen. Elementar für ein erfolgreiches Krisenmanagement ist, so zügig wie irgend möglich selbst in die Kommunikation einzusteigen. Nur wer die Kommunikation selbst mitgestaltet, ist nicht länger Spielball der Anderen und eröffnet sich Chancen, die Krise zu bewältigen.

Regel 4: An der Aufarbeitung arbeiten Viele Situationen werden sich nicht schnell umfassend klären und darstellen lassen (▶ Abschn. 31.2.2, ▶ Abschn. 31.2.3). Dann kann nur das gesagt werden, was belastbar bekannt ist. So bleiben Fragen unbeantwortet – eine Situation, die Pressevertretern einerseits nicht gefällt, andererseits Anlass für immer neue Berichterstattung bietet. Wer hier erfolgreich mit eigenen Botschaften durchdringen und seine Vertrauenswürdigkeit schützen will, ist gezwungen, diese Wissenslücken einzuräumen. Gleichzeitig muss eindeutig vermittelt werden, dass alles Menschenmögliche getan wird, um für Transparenz zu sorgen. Elementar ist, aufklärende Maßnahmen tatsächlich zu ergreifen und von sich aus regelmäßig an die Medien zu kommunizieren, beispielsweise über Interviews oder Pressemitteilungen.

Regel 5: Es geht um Emotionen Skandale und Krisen im medizinischen Bereich sind verknüpft mit menschlichen Schicksalen. Sie wecken Betroffenheit und Anteilnahme in der Öffentlichkeit. Gleichzeitig richten sich Wut und Enttäuschung gegen vermeintliche Verursacher. Solche Krisen sind belastend für jeden, der in ihre Bewältigung eingebunden ist – gerade für diejenigen, die am Ende vor der Kamera stehen. Glaubwürdig und offen zu kommunizieren, heißt auch, die eigenen Emotionen nicht zu verstecken und wie eine Maschine zu funktionieren. Echte Emotionen zu zeigen und zu teilen, schafft Verbindung und Nähe, kann Verständnis erzeugen und Druck reduzieren. Aber Vorsicht vor Heuchelei: Wer Betroffenheit nur vorspielt, zerschlägt am Ende mehr Porzellan, als er rettet.

> **Fazit**
> Nicht-Kommunizieren geht nicht. Die aktive Gestaltung des eigenen Kommunikationsprozesses hilft, der Krise professionell zu begegnen.

31.6 Nach der Krise

Irgendwann ist jede Krise vorbei. Der öffentliche Druck lässt nach. Das Interesse der Presse nimmt ab. Ein Sachverhalt findet durch Entlassung, Urteil oder sonstige Klärung seinen Abschluss. Im Grunde gibt es nur zwei Varianten, wie eine Krise zu Ende geht: Entweder haben es die Beteiligten geschafft, ihre Vertrauenswürdigkeit zu beweisen und gehen so möglicherweise profiliert, wenn nicht gar gestärkt, aus ihr hervor. Oder das Vertrauen ist verloren. Dann beginnt nach der Krise der mühsame Wiederaufbau von Reputation und Image.

31.6.1 Reputation wiederaufbauen

Die Ausgangssituation ist angespannt. Aufgrund der Krise ist der persönliche und berufliche Ruf belastet oder gänzlich dahin. Institutionen spüren die Krisennachwehen durch sinkende Patientenzahlen, wirtschaftliche und finanzielle Einbußen und Schwierigkeiten bei der Personalgewinnung. Jetzt kann man hoffen, dass irgendwann genügend »Gras über die Sachen gewachsen« ist und sich die Lage irgendwann von allein verbessert. Aus der Praxis sind Versuche bekannt, durch eine Neugestaltung des Außenauftritts, des Logos oder Namens für einen Neuanfang zu sorgen. All dies geht ins Leere, wenn es kein ernsthaftes Auseinandersetzen mit Ursache und Verlauf der Krise gibt.

Reputation wieder aufzubauen, gelingt nicht von heute auf morgen. Ein Bündel verschiedener Maßnahmen kann dazu beitragen, ein beschädigtes Image zu verbessern. Dazu gehören Aspekte, wie:
- Überprüfung von internen Organisationsabläufen,
- Optimieren von Prozessen,
- In-Frage-Stellen von Strukturen und Hierarchien,
- kritischer Umgang mit dem persönlichen Verhalten,
- Etablierung einer Fehlerkultur,
- Etablierung einer aktiven Feedbackkultur,
- Hinzuziehen externen Sachverstandes, um eine objektive Einschätzung zu gewährleisten.

Aus jeder Krise lassen sich Erfahrungen ziehen, die dazu beitragen, künftige Fehler zu vermeiden.

31.6.2 Interne Kommunikation veranlassen

Insbesondere für die Mitarbeiter ist ein aktiver Umgang mit der Krise von Bedeutung. Sie sind als eigentlich Unbeteiligte trotzdem Teil der Krisensituation geworden. Bei ihnen besteht ein Bedürfnis nach Austausch und Feedback: Wie konnte eine solche Situation eintreten? Welches Verhalten wäre hilfreich gewesen? Wer hat wie reagiert und warum? Was lässt sich aus der Krise lernen? Was muss sich ändern? Diese und andere Fragen stehen auf der Agenda. Chefärzte und Führungskräfte sind gut beraten, Zeit und Raum für die Klärung dieser Fragen zu eröffnen. Auch hier geht es darum, so Vertrauen wieder herzustellen, wie es gerade für das Teamwork in Kliniken und Krankenhäusern unentbehrlich ist.

31.6.3 Vorbeugende Krisen-PR

Erfahrungen aus einem erfolgreichen Krisenmanagement für die Zukunft zu nutzen – das ermöglicht eine *präventive Krisen-PR*. Hier werden in einem Konzept Maßnahmen, Verantwortlichkeiten und mögliche Eskalationsszenarien erarbeitet. Beispielsweise kann eine Festlegung getroffen werden, wer den Kontakt mit den Medien übernimmt oder intern kommuniziert. Klare Zuständigkeiten sparen in akuten Krisensituationen Zeit für Abstimmungen und Absprachen. Ziel eines solches Konzeptes sollte sein, dass bei der nächsten Krise zumindest die Führungskräfte wissen, wie sie zu agieren haben. Das Durchleben einer Krise bietet zudem Anlass, bestehende Prozesse und Strukturen auf ihre Sinnhaftigkeit und Effizienz zu prüfen. Verfahren, die sich nicht bewährt haben, können optimiert werden. So eröffnet sich die Chance, gestärkt aus einer Krise hervorzugehen und die Wiederholung derselben Fehler zu vermeiden.

Literatur

Herbst D (1999) Interne Kommunikation. Cornelsen, Stuttgart, S 2

Rogers C (1959) A Theory of Therapy, Personality and Interpersonal Relationships as Developed in the Client-centered Framework. In: Koch S (Hrsg) Psychology: A Study of a Science, vol. 3. McGraw Hill, New York, S 210

Noch am Glühen oder schon ausgebrannt? Zwischen »Deprimiertsein« und Depression

Ulrich Leutgeb

32.1 Die Volkskrankheit Depression – 514

32.2 Depression und Arbeit – 514

32.3 Chefärzte als erste Ansprechpartner – 515

32.4 Das weitere Vorgehen – 516

32.5 »Deprimiertsein«, Burn-out und Depression – 517

32.6 Fazit – 517

Literatur – 517

U. Deichert et al. (Hrsg.), *Traumjob oder Albtraum – Chefarzt m/w*,
DOI 10.1007/978-3-662-49779-1_32, © Springer-Verlag Berlin Heidelberg 2016

32.1 Die Volkskrankheit Depression

Die *Depression* ist die häufigste psychische Erkrankung. Eine jüngere deutsche Erhebung fand eine Lebenszeitprävalenz für eine diagnostizierte Depression von 15,4% bei Frauen und von 7,8% bei Männern (Busch et al. 2013). Es gibt keine Zweifel an einer biologisch-genetisch verankerten *Disposition* für die Krankheit Depression. Schwere Depressionen, die von einem Tag auf den anderen aus heiterem Himmel über jemanden hereinbrechen, weisen immer wieder darauf hin (Belmaker u. Agam 2008). Die Veranlagung, irgendwann im Leben eine Depression zu erleiden, ist also in der Bevölkerung weit verbreitet.

Augenfällig sind aber auch *depressive Zustände*, die von äußeren Belastungen ausgelöst werden. Solche Auslöser können Verlusterlebnisse oder kränkende Zurücksetzungen sein, die dann die Eigendynamik der Krankheit Depression anstoßen. Die Symptome einer »von außen« in Gang gebrachten Depression unterscheiden sich in nichts von denen einer spontan entstandenen. Sind die Belastungen beruflicher Natur, dann wird die so ausgelöste Krankheit hierzulande häufig als *Burn-out* bezeichnet. Dahinter steckt der Wunsch vieler Betroffener, das Stigma einer psychiatrischen Diagnose zu vermeiden.

Oft werden leichtere, aber auch schwere Depressionen gar nicht oder erst sehr spät als solche erkannt. Sie werden als eigenes Versagen oder als Schwäche fehlgedeutet, und die Beschwerden werden aus Scham nicht mitgeteilt. Oder Betroffene haben nur die auslösenden äußeren Bedingungen im Blick und lasten ihnen die Beschwerden direkt an (»Mir geht es ja nur so schlecht, weil die Arbeit mich fertig macht«). Die *krankheitsbedingte Antriebsschwäche* tut dann ein Übriges, um die Suche nach professioneller Hilfe zu verhindern. Man muss also eine deutlich höhere Prävalenz annehmen als die oben genannten Sockelwerte für die diagnostizierten Depressionen.

32.2 Depression und Arbeit

Seit der Jahrtausendwende prägen verkürzte Arbeitszeiten und Teilzeittätigkeiten die Arbeitswelt wie nie zuvor. Gleichzeitig wird ein sich *verschärfender Konkurrenz- und Kostendruck* gesehen. Vor diesem Hintergrund sollen vielerorts Personaleinsparungen, die Optimierung von Arbeitsabläufen, verdichtete (elektronische) Kommunikation und erhöhte Mobilität den Gewinn unverändert hoch halten. Für die einen bedeutet das Mehrbelastungen, andere verlieren deswegen ihren Arbeitsplatz. Beides erhöht das Risiko für die Auslösung einer Depression auch bei Menschen, deren biologisch-genetische Vulnerabilität gar nicht so ausgeprägt ist. Unter den Bedingungen vor der Jahrtausendwende hätten sie womöglich keine durch ihre Arbeit (… oder deren Verlust!) ausgelöste Depression erlitten.

Die vergleichenden Beobachtungen des Autors aus 20 Jahren Praxistätigkeit zeigen gerade in den vergangenen zehn Jahren eine sehr deutliche Zunahme von Erstanfragen wegen »Burn-out«, »Mobbing« oder einfach wegen »Erschöpfung«. Zwar haben die beiden Anglizismen Eingang in den allgemeinen Sprachgebrauch gefunden, und manche, die sie verwenden, würden genauso bedenkenlos von »Depression« sprechen. Dennoch zeigen die Anamneseerhebungen immer wieder, dass es in der Tat berufliche Probleme sind, die die Depression ausgelöst haben. Die Annahme erscheint gerechtfertigt, dass durch die Arbeitswelt der Gegenwart in stärkerem Maße Depressionen provoziert werden als früher. Für den Autor dieser Zeilen ließ sich jeder angekündigte »Burn-out« angesichts der gesamten Symptomatik, die er dann als Psychiater explorierte, als typische *depressive Episode* beschreiben.

Die Herausnahme aus der belastenden Situation entlastet unmittelbar, führt aber alleine oft zu keiner durchgreifenden Besserung. Das gelingt meist auffällig rasch mit der Einnahme schon niedriger Dosen eines schlafstabilisierenden Antidepressivums neben wenigen stützenden Gesprächen, ungeachtet der initialen Schwere der Symptomatik. Der weitere Verlauf hängt dann davon ab, ob sich die Arbeitsplatzsituation für die Betroffenen verbessern lässt oder ob ein Stellenwechsel gelingt. Ähnlich rasche Verläufe lassen sich bei depressiven Episoden beobachten, denen Trennungs- und Verlustereignisse als Auslöser vorangingen.

Wenn es so ist, dass die »Arbeitsverdichtung« das Risiko für die Auslösung einer Depression erhöht, dann sollten Vorgesetzte, vor allem natürlich Personalverantwortliche, noch mehr als früher auf Anzeichen einer Depression bei ihren Mitarbeitern achten. Und sie sollten Anstrengungen unternehmen, als auslösend erkannte Arbeitsbedingungen zu verbessern. Die Evaluation des für die Prävention von Depressionen und Suiziden vorbildlichen »Nürnberger Bündnisses gegen Depression« hat gezeigt, dass neben der Aufklärung der Bevölkerung und der Sensibilisierung der Hausärzte auch die Einbeziehung von »Multiplikatoren« notwendig ist. Das waren dort Lehrer, Pfarrer, Apotheker, leitende Pflegekräfte und Sozialarbeiter. Der Erfolg des Nürnberger Modellprojekts zeigte sich in einem Rückgang suizidaler Handlungen um 24% im Vergleich zur Kontrollregion (Hegerl et al. 2006).

32.3 Chefärzte als erste Ansprechpartner

Ein Arzt in führender Position sollte das Gespräch suchen, wenn ihm ein Mitarbeiter *im Verhalten verändert* erscheint oder ihm das von anderen berichtet wird. Das kann eine ungewohnte Einsilbigkeit oder ein auffällig zurückgezogenes Verhalten bei den üblichen Besprechungen sein. Manchmal ergibt sich der Verdacht auf eine Depression aufgrund wiederholt beobachteter reduzierter Mimik und Motorik (»starrer Blick«) schon bei Blickkontakten, etwa beim Grüßen oder bei einem Scherz.

Wenn sein Mitarbeiter gesprächsbereit ist, dann sollte der Arzt nach regelmäßig wiederkehrendem Niedergedrückt- und Erschöpftsein in der letzten Zeit und nach fehlender Freude an der Arbeit fragen. Wichtig ist die Frage nach *Schlafstörungen*: Eine behandlungswürdige Depression geht in vielen Fällen mit frühmorgendlichem Erwachen und Wachliegen in Angst mit vegetativen Symptomen wie Schwitzen und Herzsensationen einher. Zur Aufstehzeit ist dann anders als sonst der Antrieb herabgesetzt, auch nur, um aufzustehen. Die alltäglichen Verrichtungen fallen in der Früh viel schwerer als sonst. Bei schwereren Depressionen bessert sich die *Antriebsschwäche* erst in der zweiten Tageshälfte.

Als Kernbeschwerde des Burn-out gilt eine »emotionale Erschöpfung«. Sie ist in der Praxis von der depressionstypischen Antriebsminderung und vom Verlust der Freude an der Arbeit nicht abzugrenzen. Schlafstörungen und vegetative Symptome werden auch für den Burn-out als charakteristisch bezeichnet. Die Abtrennung einer Krankheit »Burn-out« von der Depression ist aufgrund der Symptome nicht möglich, und eine nosologische Sonderstellung alleine wegen des Auslösers erscheint den meisten Psychiatern nicht sinnvoll (Berger et al. 2012).

Der Personalverantwortliche, respektive Chefarzt, sollte in einem solchen Gespräch seinen Mitarbeiter auch nach dem »Gedankenkarussell« fragen. Das dreht sich in einer depressiven Episode typischerweise um eigene Unzulänglichkeiten oder um Schuldideen. Es kann sich aber auch um Anforderungen am Arbeitsplatz drehen, die als übermäßig empfunden werden. Oder es dreht sich um fehlende Anerkennung für seine Bemühungen, um fehlende Beachtung überhaupt, vielleicht sogar um eine Kränkung beispielsweise durch Vorenthaltung oder Entzug von (Mit-)Verantwortung und (Mit-)Entscheidung.

Ein immer wiederkehrendes *Grübeln* über berufliche Überforderung oder Enttäuschungen kann durch die Depression generiert und durch sie aufrechterhalten werden. Die Problematik besteht dann nur subjektiv. Es kann dem übermäßigen Grübeln aber eben auch eine objektive Über- oder Unterforderung, eventuell verbunden mit einer Kränkung, zugrunde liegen. Die Krankheit Depression »holt« sich natürlich reale Probleme und Negativthemen aus dem Alltag und verstärkt sie durch die krankheitsimmanente Grübelneigung, die die Betroffenen für sich alleine nur schwer abstellen können. Trotz dieses Krankheitsfaktors sollten Verantwortliche hellhörig sein und die jeweiligen Arbeitsbedingungen, die spezielle Situation des Betroffenen und die umgebende personelle Konstellation (»Mobbing«?) einer kritischen Prüfung unterziehen.

Typische Beschwerden einer behandlungsbedürftigen Depression
- niedergeschlagen, kraftlos, müde,
- sich zu allem zwingen müssen,
- nur noch das Nötigste (gar nichts mehr?) leisten können,

- interesselos, nichts mehr genießen können,
- Rückzug auch von Freunden und Familie,
- Enge in der Brust, zu wenig Luft, Unruhe im Bauch, keinen Appetit, Übelkeit, Druck über dem Herz,
- Schmerzen, Schwindel (alles ohne Schaden am Organ),
- Wachliegen ganz früh, oft noch im Dunkel der Nacht, mit Angst, gar Panik, vor dem Tag,
- Aufwachen ohne Erholung, kein Antrieb, quälende innere Unruhe,
- Gefühl der Leere, keine Freude, kein Sinn,
- nur negative Gedanken um Schuld, um Versagen, um Zweifel an sich selber, seinem Wert, an der Zukunft,
- gefangen in »kreisenden« Gedanken (Grübeln),
- im Denken gehemmt, in der Konzentration geschwächt, vergesslich, unaufmerksam,
- entscheidungsunfähig,
- übermäßig empfindlich, reizbar und angespannt,
- Entspannung allenfalls gegen Abend (Erlösung vom Tag, nur noch schlafen wollen),
- Wunsch nach »Flucht« (am liebsten gar nicht mehr aufstehen müssen).

Der Autor dieses Beitrages hat aus seinem »Praxis-Buch« über episodische Depressionen (Leutgeb 2016) diese Tabelle mit den wesentlichen Beschwerden, die eine akute behandlungsbedürftige Depression kennzeichnen, ohne definitorisches Beiwerk auch im Internet zugänglich gemacht (▶ www.depressionen-effektiv-behandeln.de).

ICD-10-Kriterien der depressiven Episode (Dilling et al. 2015)

Gleichzeitiges Vorliegen von mindestens zwei der folgenden Symptome über mindestens zwei Wochen:
- depressive Stimmung in einem für die Betroffenen deutlich ungewöhnlichen Ausmaß über die meiste Zeit des Tages,
- Verlust des Interesses oder der Freude an normalerweise angenehmen Aktivitäten,
- verminderte Energie und erhöhte Ermüdbarkeit.

Zusätzlich mindestens zwei Symptome bis zu einer Gesamtzahl von 4 (leichte Episode) bis 8 (schwere Episode) aus der folgenden Gruppe:
- Konzentrations- und Aufmerksamkeitsprobleme,
- Verlust des Selbstvertrauens oder des Selbstwertgefühls,
- Schuld- und Wertlosigkeitsgefühle,
- negatives Zukunftsdenken und Pessimismus,
- Selbstverletzung, suizidale Handlungen oder Gedanken an Suizid,
- Schlafstörungen jeder Art,
- Appetitverlust.

Eventuell somatisches Syndrom, das folgende typischen Merkmale aufweisen kann:
- Verlust von Freude oder Interesse,
- mangelnde Reaktionsfähigkeit auf positive Ereignisse,
- mindestens zwei Stunden zu frühes Erwachen,
- Morgentief,
- psychomotorische Hemmung oder Agitiertheit,
- Appetitverlust,
- Gewichtsverlust,
- Libidoverlust.

32.4 Das weitere Vorgehen

Das möglichst *frühzeitige Erkennen* vor allem einer schwereren Depression und die rasche Einleitung einer *antidepressiven Therapie* lindert das Leiden von Anfang an und kann die Episode in vielen Fällen deutlich verkürzen (Leutgeb 2016). Psychosoziale Belastungen sollten gegebenenfalls nach Abklingen der Akutphase im Rahmen einer Psychotherapie bearbeitet werden, wenn sie die Episode ausgelöst haben. Das gilt natürlich auch für die notwendige Einbeziehung des Betroffenen in eine auslösende Problematik, die mit seiner Arbeit verbunden ist. Diese sollte in der Klinik in internen Besprechungen im Team, mit den Oberärzten und mit dem Chefarzt geklärt und beseitigt werden.

Eine *Psychotherapie* beleuchtet und bearbeitet zusätzlich die dysfunktionalen Denk- und Handlungsmuster der Betroffenen. Das kann die verbreitete Neigung zur Über-Angepasstheit sein (»Ja-Sager«, generelles »Harmoniebedürfnis«) oder ein Hang zum Perfektionismus, der sich womöglich auch auf Kollegen ausdehnt und sie mitbelastet. Wesenszüge dieser Art treten in leichten und stärkeren Ausprägungsgraden häufig auf. In starker Ausprägung können sie Teil einer behandlungswürdigen zwanghaften, ängstlichen oder abhängigen Persönlichkeitsstörung sein. In mäßiger Ausprägung gehören sie auch zur chronisch-minderschweren Depression (Dysthymia, F34.1 in ICD-10).

Allgemeine Therapieziele sind stets auch die Verbesserung der Entspannungs- und Erholungsfähigkeit und ein effizienterer Umgang mit Stressfaktoren.

32.5 »Deprimiertsein«, Burn-out und Depression

Wenn äußere Belastungsfaktoren privater oder beruflicher Natur die depressive Episode auslösten, dann bedarf es am Behandlungsbeginn manchmal einer erheblichen Überzeugungsarbeit, um den Blick der Betroffenen auf den Krankheitscharakter ihres Zustandes zu lenken. Das menschliche, sonst sehr erfolgreich unser Denken prägende Bedürfnis, für alles, was nicht funktioniert, einen Grund möglichst in der unmittelbaren Umgebung zu finden, steht dem entgegen. Hinzu kommt, dass nahezu jeder schon die Erfahrung des »Deprimiertseins« gemacht hat. Hier ist es tatsächlich so, dass der missliche Zustand meist rasch abklingt, wenn der grundgebende äußere Anlass nicht mehr besteht. Das hat aber keinen Krankheitscharakter, denn die Eigendynamik des Krankheitsgeschehens Depression kommt nicht ins Rollen (Leutgeb 2016). Befindlichkeit und Auslöser werden beim »Deprimiertsein« meist vermengt.

Das Konstrukt »Burn-out« resultiert aus einer *Vermengung von auslösenden Stressoren und der Krankheit Depression*. Ist eine zugrunde liegende Depression aber schließlich erkannt und konnte der Hausarzt oder der als Vorgesetzter verantwortliche Klinikarzt die oder den Betroffenen von der Behandlungsnotwendigkeit überzeugen, dann mag die Bezeichnung des Zustandes nachrangig sein…

32.6 Fazit

Die Arbeitswelt der Gegenwart provoziert in stärkerem Maße als früher Depressionen. Chefärzte, andere Vorgesetzte und auch Kollegen sollten auf deren Anzeichen achten. Arbeitsbedingte auslösende Belastungen sollten von ihnen überprüft und möglichst beseitigt werden.

Besteht der Verdacht auf eine klinisch relevante Depression, dann ist die Weiterleitung des Betroffenen in eine psychiatrische Therapie indiziert, um so rasch wie möglich den Akutzustand zu behandeln.

Längerfristig kann eine Psychotherapie auf Seiten des Mitarbeiters den Umgang mit Stressfaktoren verbessern, die Resilienz fördern und die individuelle Vulnerabilität für eine Depression mindern.

Literatur

Belmaker RH, Agam G (2008) Major depressive disorder. N Engl J Med 358: 55-68

Berger M, Falkai P, Maier W (2012) Burn-out ist keine Krankheit. Dtsch Ärztebl 109(14): A 700–702

Busch MA, Maske UE, Ryl L, Schlack R, Hapke U (2013) Prävalenz von depressiver Symptomatik und diagnostizierter Depression bei Erwachsenen in Deutschland. Bundesgesundheitsblatt 56: 733-739

Dilling H, Mombour W, Schmidt MH (2015) Internationale Klassifikation psychischer Störungen. ICD-10 (Kapitel V, F). Klinisch-diagnostische Leitlinien (10. Aufl.). Hogrefe, Bern

Hegerl U, Althaus D, Schmidtke A, Niklewski G (2006) The alliance against depression: 2-year evaluation of a community-based intervention to reduce suicidality. Psychol Med 36: 1225-1233

Leutgeb U (2016) Episodische Depressionen erfolgreich und effektiv in der Praxis behandeln (4. Aufl.). Hogrefe, Bern

Wie findet der Chefarzt sein Glück? Wege aus dem Stress und zur Leistungsbalance[1]

Jens Hollmann, Angela Geissler

33.1 Ressourcen zur Leistungsbalance – Wie wirksames Selbstmanagement gelingen kann – 520

33.2 Fallbeispiel – Eine erfüllte Chefarzt-Vita – 520

33.3 Das Management der Situation – Vom Umgehen mit der Zeit – 521
33.3.1 Das Pareto-Prinzip – Die Kunst, sich nicht zu verzetteln – 522
33.3.2 Das Eisenhower-Prinzip – Prioritäten richtig setzen – 522

33.4 Die Haltung zur Situation – Ihre Einstellung ist entscheidend – 523
33.4.1 Coping – Belastende Situationen planvoll bewältigen – 523
33.4.2 Emotionsregulierung – Wie Sie Abwehrempfindungen integrieren – 524
33.4.3 Resilienz – Psychisch-mentale Widerstandsfähigkeit ist trainierbar – 526

33.5 Die Haltung des Handelnden – Neuroplastizität bewegt Leben – 528
33.5.1 Mens sana in corpore sano – Was Bewegung bewirkt – 528
33.5.2 Anreizlandschaften – Überprüfen Sie Ihre Lebensziele – 529
33.5.3 Regeneration im Gehirn – Was Meditation bewirkt – 531

33.6 Conclusio – Gelassenheit in einem fordernden Umfeld – 536

33.7 Interview: »Wichtig sind regelmäßige, ritualisierte Termine mit sich selbst« – 536

Literatur – 539

---

1 aus Hollmann u. Geissler (2013)

U. Deichert et al. (Hrsg.), *Traumjob oder Albtraum – Chefarzt m/w*,
DOI 10.1007/978-3-662-49779-1_33, © Springer-Verlag Berlin Heidelberg 2016

33.1 Ressourcen zur Leistungsbalance – Wie wirksames Selbstmanagement gelingen kann

»Der Mensch ist in die Welt geworfen, und sein Streben richtet sich darauf, die Gestaltungsmacht über das eigene Leben (wieder) zu gewinnen.« Der Satz des Philosophen Martin Heidegger (1889–1976) hat an Aktualität nichts eingebüßt. Sicher ist Ihnen der Gedanke nicht fremd, ob Sie in Ihrer Lebensgestaltung Ihre Potenziale wirklich vollumfänglich nutzen? Wie gehen Sie damit um, wenn die Dinge nicht so laufen, wie Sie sich das vorgestellt haben? Woran richten Sie Ihre Ziele aus? Im Folgenden geht es um Denk- und Handlungsweisen, mit denen Sie auch in schwierigen Situationen eine tiefe Gelassenheit wahren. In unserem Eingangsbeispiel begegnen Sie zwei Menschen, von denen einer auf einen Fundus an inneren Optionen zurückgreift, während der andere spürt, wie sein Leben in eine Umlaufbahn gerät, die eine zerstörerische Eigendynamik annimmt.

33.2 Fallbeispiel – Eine erfüllte Chefarzt-Vita

Fallbeispiel
PD Dr. Klaus Rittmeier schaut auf die Uhr: kurz vor 18 Uhr. Gleich beginnt die Verabschiedungsfeier seines ehemaligen Vorgesetzten Prof. Dr. Gerhard Künzelmann, aber er befindet sich noch immer auf dem Weg und kommt vielleicht zu spät. Der 65-jährige Künzelmann war über lange Jahre Chefarzt an einem renommierten Lehrkrankenhaus und Herausgeber international anerkannter Publikationen, er galt als besonders begabter Drittmitteleinwerber und hatte eine Stiftung aus seinem Fachgebiet heraus gegründet, für die er namhafte Schirmherren gewonnen hatte. Rittmeier, früher Oberarzt im Team Künzelmanns, war vor drei Jahren in eine Chefarztposition in ein Haus der Regelversorgung in der benachbarten Stadt gewechselt.
Der heute 46-jährige Rittmeier spürt zunehmend, wie sehr er sich in seinem neuen Aufgabenfeld aufreibt. Wie fast immer ist er in großer Eile aufgebrochen, um rechtzeitig zum Empfang da zu sein. Etwas abgehetzt stürmt er in letzter Minute in die festlich geschmückte Aula. Sein ehemaliger Chef und Mentor steht im angeregten Gespräch mit einer Gruppe von Honoratioren aus Verwaltung und Lehrstuhl. Künzelmanns gesamte Haltung strahlt etwas Aufrechtes aus, er hat eine starke Präsenz im Raum. Als er Rittmeier erblickt, winkt er ihn gut gelaunt zu sich, stellt ihn den Anwesenden als einen früher sehr geschätzten Mitarbeiter vor. Künzelmann selbst sieht seine Verabschiedung und Emeritierung keinesfalls als Übergang in einen beschaulichen Ruhestand. »Dafür«, lächelt er, »habe ich noch zu viele Pläne.« Für seinen »Unruhestand« ist er von einem sehr angesehenen wissenschaftlichen Institut bereits auf eine Mentorenposition für vielversprechende junge Nachwuchswissenschaftler verpflichtet worden. Selbstverständlich wird er auch als Emeritus weiterhin der medizinischen Fachgesellschaft zur Verfügung stehen. Es ist deutlich zu spüren, wie gerne Künzelmann seinen Beruf ausgeübt hat und wie sehr er sich nun auf die kommenden Projekte freut.
Rittmeier indessen empfindet eine eigenartige Mischung aus Bewunderung für die bejahende Lebenshaltung seines früheren Chefs, für dessen ganz eigene Ausstrahlung aus Vitalität und einer in sich ruhenden Gelassenheit – und einen kleinen Anflug von Neid, dessen er sich sofort schämt: »Wie macht er das bloß?«, denkt er bei sich, »wenn ich nur daran denke, dass ich noch 21 Jahre vor mir habe, möchte ich am liebsten noch heute alles hinwerfen. Ich kann gar nicht alles gleichzeitig schaffen, was man in der Klinik von mir verlangt. Privatleben gibt es für mich praktisch nicht mehr, selbst an den seltenen Abenden, an denen meine Frau und ich ein gemeinsames Abendessen hinkriegen, quälen mich schon die Gedanken an den nächsten Tag. Ob Künzelmann wohl jemals ein solches Tief erlebt hat? Was hat er nur, was ich nicht habe?«

> Gelassenheit ist eine anmutige Form des Selbstbewusstseins. (Marie von Ebner-Eschenbach)

Kennen Sie solche Menschen wie Künzelmann, die über ein unerschöpfliches Energiereservoir zu verfügen scheinen, die andere Menschen inspirieren und immer neue Handlungsspielräume entdecken – und eine große *Gelassenheit* ausstrahlen? Auf welche inneren Kraftreserven greifen diese Gestalter zurück? Auch Menschen wie Künzelmann stehen vor Anforderungen, die sie meistern müssen, haben gewiss auch Pläne wieder aufgeben müssen oder Niederlagen erlitten. Diese Erlebnisse haben sie aber nicht resignieren lassen, sondern allem Anschein nach eher stärker gemacht. Rittmeier hingegen scheint in einer Umlaufbahn seines Handelns gefangen, die ihn in immer größerer Schnelligkeit in ein immer größeres Stressempfinden katapultiert.

Menschen setzen in unterschiedlichen Situationen unterschiedliche Schwerpunkte und gehen mit Situationen unterschiedlich um. Wir stellen Ihnen im Folgenden verschiedene Denk- und Handlungsansätze vor, um belastende Situationen aufzulösen oder ihnen mit größerer Gelassenheit zu begegnen. Welchen Weg Sie bevorzugen, entscheiden allein Sie.

» Man kann einen Menschen nichts lehren, man kann ihm nur helfen, es in sich selbst zu finden. (Galileo Galilei)

33.3 Das Management der Situation – Vom Umgehen mit der Zeit

Als Klinikarzt sind Sie in besonderem Maß mit der Endlichkeit unseres Lebens konfrontiert. Wie viel Zeit steht uns noch zur Verfügung? Wie können Sie in der Ihnen verbleibenden Zeit das Wichtige vom Unwichtigen unterscheiden? Ein Gespür für den richtigen Moment des Handelns entwickeln, nicht übereilt, aber auch nicht verzögert? Etwa Vorhaben, die jetzt wichtig sind, nicht aufzuschieben, weil es vielleicht keine zweite Chance gibt, Ihren Plan zu verwirklichen? »Wie unvernünftig ist es, seine Sterblichkeit so weit zu vergessen, dass man gute Vorsätze auf das 50. und 60. Lebensjahr verschiebt«, schreibt der altgriechische Philosoph Seneca in seinem philosophischen Exkurs »Von der Kürze des Lebens« (»De brevitate vitae«) der 2008 bei Reclam wieder herausgegeben wurde – mit Erkenntnissen, die knapp 2.000 Jahre später von ungeminderter Kraft des Gedankens und Aktualität sind und die Ihnen vermutlich im Klinikalltag nicht unbekannt sind.

» Wieder andere reiben sich auf in freiwilliger Knechtschaft im Dienste für undankbare Herren. (Seneca)

Wie subjektiv das Empfinden von *Zeit* ist, zeigt sich im historischen, im kulturellen und im Kontext der menschlichen Entwicklung. Kinder empfinden Zeit anders als Erwachsene. Durch die Fülle der Eindrücke, die auf das kindliche Gehirn noch ungefiltert einstürmen, scheinen sechs Wochen Sommerferien für Kinder fast wie ein ganzes Leben. Sechs Wochen mögen einem Erwachsenen hingegen beinahe nur wie eine Sekunde vorkommen, da unser Gehirn lernt, Eindrücke zu sondieren und bereits zu »entsorgen«, bevor sie dem bewussten Verarbeiten zugänglich gemacht werden. »Dem Entstehen des Zeitgefühls nachzugehen, ist eine aufregende Reise durchs Bewusstsein«, schreibt der Physiker und Wissenschaftsjournalist Klein (2008), »wir erkennen darin nicht nur unsere Natur, sondern auch unsere Kultur im Spiegel«.

Die Mythologie der Zeit
Chronos und Kairos sind die der altgriechischen Mythologie entstammenden Synonyme für die Zeit als Tyrann und für die Freiheit des Menschen, den richtigen Zeitpunkt zum Handeln zu wählen.
Chronos steht für das dunkle Mysterium Zeit, in der sich der Mensch verliert. Chronos entthronte seinen Vater Uranus und verschlang seine Kinder, um demselben Schicksal zu entgehen. Erst sein Sohn Zeus brach die Macht des Vaters und gewann die Zeit zurück. Chronos ist auch ein Symbol für das bewusste Nutzen der Zeit: Wer passiv die Zeit an sich vorüberziehen lässt, wird verschlungen.
Für das Ergreifen des richtigen Augenblicks zum Handeln steht Kairos, Sohn von Zeus. Das Erkennen des adäquaten Handlungsmomentes aber setzt eine innere Gewissheit voraus: Was will ich? Damit ist ein tieferer Lebensplan gemeint, der die Vielfalt an Optionen einbezieht. Es gibt keine Zeit zu verlieren, sondern nur die richtigen Gelegenheiten, sich die Zeit verfügbar zu machen.

Zurück zu Ihrem Klinikalltag und zwei Werkzeugen, mit denen Sie ein pragmatisches *Zeitmanagement* realisieren können: Das Pareto-Prinzip kennzeichnet das Erfordernis der Prioritätensetzung, und das Eisenhower-Prinzip unterteilt nach Wichtigkeit und Dringlichkeit. Denn trotz Smartphone, iPad und Outlook-Kalendarium kommen wir nicht darum herum: Der Tag umfasst nur 24 Stunden. Selbst in der nüchternen Begrifflichkeit der *Priorität* wird deutlich: Zeitmanagement ist immer in hohem Maße individuell. Allein die Lebenssituation und die berufliche Position können sehr unterschiedliche Prioritäten als sinnvoll erscheinen lassen.

33.3.1 Das Pareto-Prinzip – Die Kunst, sich nicht zu verzetteln

Das Pareto-Prinzip ist benannt nach Vilfredo Pareto (1848–1923), einem italienischen Ingenieur, Ökonomen und Sozialwissenschaftler, dessen Studien deutlich machten, dass in Italien 20% der Familien 80% des Volksvermögens erwirtschafteten. Der Pareto-Effekt besagt, dass 20% der Arbeit 80% des Erfolgs ausmachen. Umkehrt zeitigen 80% der Arbeit nur 20% des Erfolgs. Denken Sie nur an zeitaufwändige Besprechungen, in denen die wirklich wichtigen Entscheidungen oft in wenigen Minuten gefällt werden.

> Viel zu gleichgültig gehen wir mit der Zeit um, mit der aller kostbarsten Sache der Welt. (Seneca)

Eine wichtige Erkenntnis aus diesem Prinzip ist der kritische Blick auf *Perfektionismus*. Wenn Aufgaben in extenso bearbeitet werden, die nebensächlich sind oder delegiert werden können, ist Perfektionismus kontraproduktiv. Dies bedeutet nicht, dass Sorgfalt per se falsch ist. Es heißt lediglich, dass Sie sehr genau schauen sollten, welchen Aufgaben Sie sich mit voller Kraft widmen. Die praktische Umsetzung des Pareto-Prinzips funktioniert dann, wenn Sie rechtzeitig erkennen, was in dieser Situation wichtig ist. Drei Handlungsschritte können Sie aus dem Pareto Prinzip ableiten:

- Ziele unmissverständlich zu definieren und konkrete Arbeitsplanungen rechtzeitig vorzunehmen,
- frühzeitig mögliche Klippen bei der Arbeitsplanung zu berücksichtigen und diese in Ihre Planung einzubeziehen,
- Wichtiges von Unwichtigem zu unterscheiden – bei der Kunst, sich nicht zu verzetteln, bietet Eisenhower (s.u.) wertvolle Unterstützung.

33.3.2 Das Eisenhower-Prinzip – Prioritäten richtig setzen

Wir alle haben spezifische Strategien, eine Aufgabe anzupacken. Der Eine erledigt das Unangenehme zuerst, der Andere hält sich streng an vorgegebene Termine, ein Dritter schiebt Unangenehmes auf die lange Bank (Prokrastination[2]), und ein Vierter beginnt erst auf Druck mit der Arbeit. Vermutlich kennen auch Sie das Gefühl, etwas zu spät erledigt oder gar vergessen zu haben. Daher kann eine Einteilung von Aufgaben »wichtig« und »dringlich« hilfreich sein. Dwight D. Eisenhower (1890–1969), amerikanischer General und Präsident der Vereinigten Staaten von 1953 bis 1961, hat das Prinzip von *Wichtigkeit* und *Dringlichkeit* begründet.

Das Attribut »wichtig« bezieht sich auf Inhalte. Wichtigkeit bedeutet Arbeitserfolg. Werden wichtige Aufgaben erledigt, bedeutet dies Vorteile für Sie als Leitenden Arzt oder für Ihre Klinik. Umgekehrt erwachsen Ihnen oder Ihrer Klinik Nachteile. Das Attribut »dringlich« bezieht sich auf die zeitliche Dimension, beispielsweise auf Termineinhaltung.

> Der gegenwärtige Augenblick entzieht sich gerade jenen, die sich in vielerlei Beschäftigungen verzetteln. (Seneca)

Eisenhower hatte für sein militärisches Vorgehen eine Rangfolge von Aufgaben entwickelt, die wir auf die Klinikerfordernisse übertragen haben (◘ Abb. 33.1):

- Die **A-Aufgaben** sind wichtig und dringlich zugleich. Sie sollten am besten von Ihnen selbst erledigt werden (z.B. die definitive Übersicht und Gegenzeichnung wichtiger Unterlagen für das KTQ-Audit).
- Die **B-Aufgaben** sind wichtig, aber nicht dringlich. Sie sollten terminiert werden (z.B. Budgetgespräche).
- Die **C-Aufgaben** sind dringlich, aber nicht wichtig. Sie sollten delegiert werden (z.B. die fachgerechte Entsorgung von OP-Instrumenten, die nicht mehr genutzt werden).
- Aufgaben, die weder wichtig noch dringlich sind, ordnen Sie unter »P« wie Papierkorb ein (Beispiel: Firmenmitarbeiter, die ohne Termin zu Ihnen kommen, müssen Sie nicht in Empfang nehmen).

---

2 Den Hang, Erledigungen auf morgen oder auf noch viel länger hinaus zu verschieben, nennen Sozialwissenschaftler Prokrastination (lat. »pro cras« = für morgen)

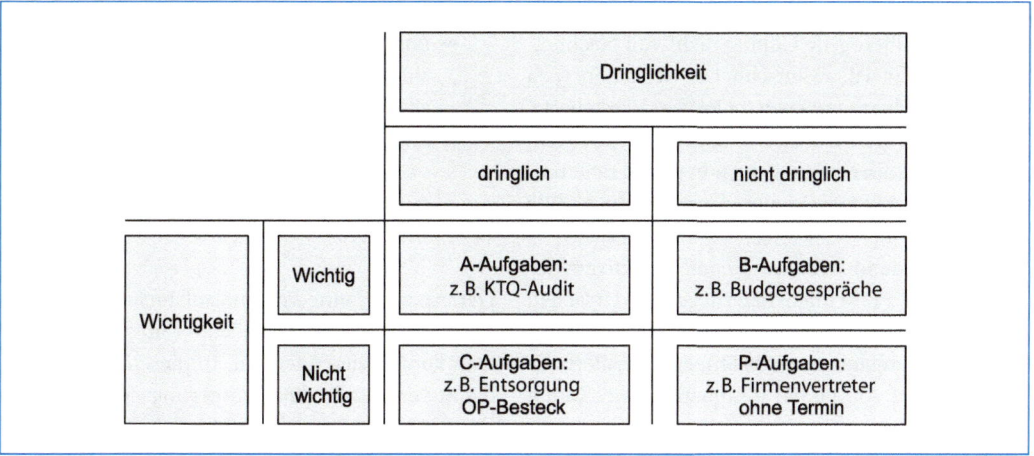

Abb. 33.1 Eisenhower-Prinzip

33.4 Die Haltung zur Situation – Ihre Einstellung ist entscheidend

Es gibt Situationen, die Ihnen Ihre ganze Kraft abfordern, und es gibt Situationen, die Sie nicht ändern können. DRG, MDK und andere Determinanten sind nun einmal da, und Sie werden Sie in absehbarer Zeit wohl kaum abschaffen. Das heißt aber noch lange nicht, dass Sie deswegen vor der Situation kapitulieren oder resignieren müssten. Es heißt genauso wenig, dass Sie einen Kampf gegen Windmühlen starten müssten. Entscheidend ist Ihre innere Haltung – zu tun, was möglich und nötig ist, und zu unterlassen, was ins Leere läuft.

33.4.1 Coping – Belastende Situationen planvoll bewältigen

Sie befinden sich in einer Situation, die Sie zunehmend belastet, und Sie überlegen, wie Sie diese am besten meistern können:
- Situation 1: Sie geraten bei den Audit-Protokollen jedes Mal unter Zeitdruck und geben sie jedes Mal verspätet ab.
- Situation 2: Sie sind zum wiederholten Mal bei der Klinikverwaltung vorstellig geworden, weil Sie eine Personalaufstockung für Ihre Abteilung brauchen, holen sich aber jedes Mal erneut eine Absage – nun, dann lassen Sie sich eben in der nächsten Woche den nächsten Termin geben. Wenn Sie nur hartnäckig genug sind, werden Sie irgendwann durchdringen – wirklich?
- Situation 3: Sie haben eine sehr attraktive Position als Chefärztin bei einem kommunalen Maximalversorger angenommen. Allerdings in einer Stadt, die weit von Ihrem bisherigen Wohnort entfernt ist – und Ihr Mann will seine Festanstellung in Ihrer gemeinsamen Heimatstadt nicht aufgeben, Ihre Kinder sind dort auf einem sehr guten Gymnasium, und Sie sehen Ihre Familie nur noch einmal im Monat, manchmal weniger.

Der Begriff des *Coping* stammt aus dem Englischen und bedeutet »fertig werden«. Unter Coping versteht man in der Arbeitspsychologie Bewältigungsstrategien, um mit stressbelasteten Situationen umzugehen. In Anlehnung an den aktuellen Stand der Arbeitsforschung (Burisch 2010) unterscheiden wir zwischen fallbezogenem und emotional-kognitivem Coping.

Beim *fallbezogenen Coping* lenkt der Mensch sein Augenmerk auf das aktuelle Verhalten in der konkreten Situation. Im Fall der Audit-Protokolle (Situation 1) überlegen Sie, ob Ihnen vielleicht Basisinformationen fehlen, die zur Erledigung Ihrer Aufgabe notwendig sind und Sie darum in Verzug geraten. Schneglberger (2010) warnt allerdings davor, »erneut in leere Geschäftigkeit« zu verfallen, wenn das fallbezogene Coping nicht von Nachhaltigkeit geprägt ist: »Menschliches Verhalten wird maßgeblich durch unbewusste Prozesse gesteuert«, so Schneglberger. Die Zeitverzögerungen bei den Audit-Protokollen können auch in einem tiefen inneren Widerstand gegen diese Form der Bürokratie begründet sein.

Entscheidend beim *emotional-kognitiven Coping* sind das Erkennen tieferliegender Ursachen und Ihre Haltung zur Situation. Wir haben aus unserer Erfahrung heraus sechs Strategien eruiert, die zwischen den Antipoden Resignation und Kampf changieren:

- Resignation: »Ob ich mich nun für wichtige Entwicklungen aufreibe oder nicht, es ändert sich ja doch nichts, die bürokratischen Vorgaben sind zu groß, die Klinikleitung ist zu borniert ...«, seufzt der Resignierte. Die Übertragung von Misserfolgserlebnissen auf eine Grundeinstellung wird als »erlernte Hilflosigkeit« bezeichnet.
- Kampf: Der Kämpferische ist überzeugt: »Was ich erreichen will, erreiche ich auch.« Ist die Erwartung an die eigene Wirkungsmacht überzogen, spricht Burisch von Maladaptivität. Die zunehmende Bürokratisierung der Medizin werden Sie als Einzelkämpfer nicht abwenden. Deshalb ist es sinnvoll, Ihre Vorstellungen von Wirklichkeit und die äußere Wirklichkeit in einen Abgleich zu stellen.

> **Sechs Coping-Strategien**
> Die Strategien unterliegen keiner Wertung. Jede Strategie kann in einer bestimmten Situation sinnvoll, in einer anderen weniger sinnvoll sein. Die Einschätzung liegt bei Ihnen.
> - Konfrontierender Stil: Ich halte die Stellung und kämpfe für meine Position.
> - Verleugnender Stil: Ich tue so, als sei nichts geschehen.
> - Distanzierter Stil: Das ist nicht meine Baustelle.
> - Kommunikativer Stil: Ich spreche mit einem Dritten, der vielleicht einen konstruktiven Beitrag leisten kann.
> - Aussitzender Stil: Ich hoffe, dass sich die Situation von selbst erledigt. (Bekannt vor allem in der Gesundheitspolitik.)
> - Antizipierender Stil: Ich stelle mir vor, wie sich die Dinge weiterentwickeln, wenn ich mich in einer bestimmten Weise verhalte.

Der Arzt, der eine Personalaufstockung für seine Abteilung durchsetzen möchte (Situation 2), folgt dem konfrontierenden Stil. In diesem Fall wird er damit vermutlich die Verärgerung des Geschäftsführers noch »anheizen«. Möglicherweise könnte das Gespräch mit einem neutralen Dritten neue Perspektiven eröffnen. Hier verläuft die Grenze bereits fließend zu Faktoren der Resilienz.

Was aber, wenn die belastende Situation nicht von außen an Sie herangetragen wird, sondern wenn Sie diese selbst geschaffen haben (Situation 3)? Die Chefärztin in unserem obigen Beispiel, die mit Blick auf ihre Karriere ihr Familienleben und ihre soziale Einbindung hintanstellt, könnte ihre Motivation überprüfen: Sind die Ziele, die sie sich setzt, die richtigen, und hat sie die Konsequenzen bedacht? (▶ Kap. 19.3, S. 255ff).

33.4.2 Emotionsregulierung – Wie Sie Abwehrempfindungen integrieren

Das Umgehen mit Gefühlen in einer aktuell belastenden Situation ist eine Variante des Coping. Drei Koordinaten sind entscheidend für das Entstehen einer *Emotion*: die Ausgangssituation, die Bewertung der Situation durch den Handelnden und die Konsequenzen, die der Handelnde daraus zieht. Die Emotion selbst wird in der Arbeitspsychologie als Konglomerat aus physischer Erregung und kognitiver Bewertung der Situation definiert. In der Klinik ist die Arzt-Patient-Beziehung oft von widerstreitenden Bewertungen der Situation und dem daraus resultierenden Handeln des Arztes gekennzeichnet.

Vermutlich kennen Sie diesen Patiententypus gut: »Dr. Google«, der mit angelesenem Wissen in die Klinik kommt und alles besser weiß. Sie würden ihm am liebsten über den Mund fahren. Zugleich

33.4 · Die Haltung zur Situation – Ihre Einstellung ist entscheidend

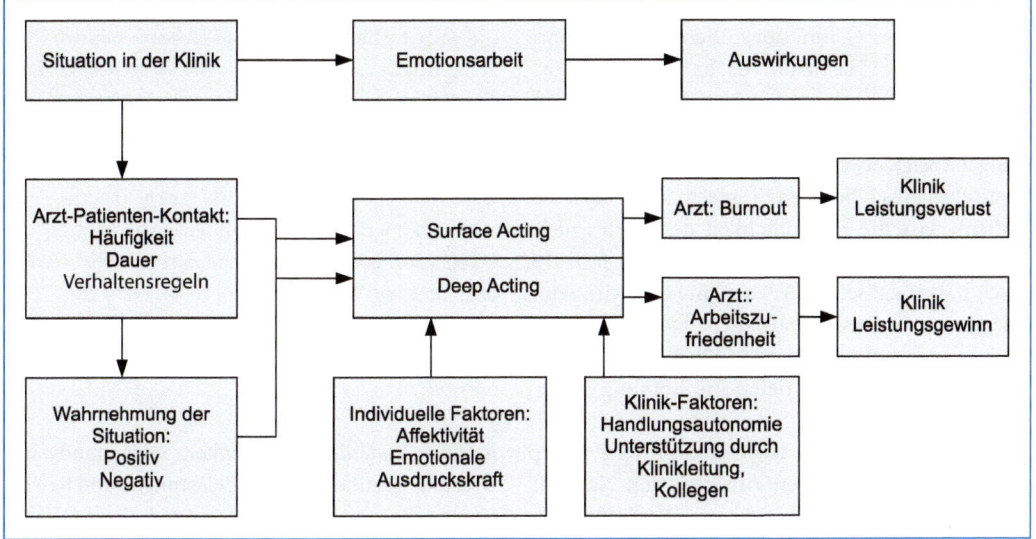

Abb. 33.2 Emotionsarbeit

aber ist er einer Ihrer wichtigsten Privatpatienten. Also beißen Sie die Zähne zusammen und bleiben freundlich. In der Psychologie wird dies als »Arbeit mit professioneller Maske« bezeichnet. Sie simulieren freundliche Gefühle, wo keine sind. Ein zweites Beispiel für den Gefühlsspagat: Sie wissen, dass dieser Patient nur noch eine sehr begrenzte Lebensdauer hat, zudem nur noch mit Morphium die Schmerzen erträgt, zugleich geht Ihnen sein Lamentieren gewaltig auf die Nerven. Sie schwanken zwischen Gereiztheit und Mitgefühl.

An diesem Punkt setzt Ihre *Emotionsarbeit* an, ein Prozess aus regulierten Gefühlen und Gefühlsausdrücken, um den Anforderungen an Ihre Position als Klinikarzt gerecht zu werden. Dieser Prozess (Abb. 33.2) umfasst verschiedene Komponenten und hat Auswirkungen nicht nur auf Sie als Individuum, sondern auch auf Ihre Klinik als Organisation. Den Prozess der *Emotionsregulierung*[3] lösen eine bestimmte Situation (Frequenz Ihrer Patientenkontakte und deren Dauer) und Ihr Empfinden der Situation aus. Diese Komponenten wirken auf Ihr Verhalten in der Situation. Individuelle Faktoren

wie etwa Ihre Affektivität und Ihre Ausdrucksstärke wie auch Klinikfaktoren (Arbeitsklima) üben ebenfalls Einfluss auf Ihre Emotionsarbeit aus. Im situationsbezogenen Regulierungsprozess wird zwischen zwei Verhaltensformen unterschieden:

- Beim *Surface Acting*, auch als Reaktionsfokus bezeichnet, regulieren Sie Ihren emotionalen Ausdruck: Sie lächeln und zaubern Mitgefühl in Ihre Mimik, obwohl Ihnen innerlich nicht danach zumute ist.
- Beim *Deep Acting*, auch als Antezedenzfokus bezeichnet, antizipieren Sie die Arzt-Patient-Situation und modifizieren Ihre Emotionen. Sie verändern Ihren Aufmerksamkeitsfokus und damit Ihre kognitive Wahrnehmung: Sie versetzen sich in die Gefühlslage des Patienten, etwa in seinen Wunsch, als Partner des Arztes anerkannt zu werden, oder in seine Furcht vor der Entwicklung seiner Krankheit. Gelingt Ihnen diese Veränderung der Wahrnehmung, können Sie mit der Situation gelassener umgehen.

Ärzte, die vornehmlich auf den Copingstil »Surface« setzen, haben zunächst den Vorteil, dass dieser Bewältigungsstil rasch umsetzbar ist und dass sie sich auf den ersten Blick die Mühe sparen, sich mit dem Patienten vertieft auseinanderzusetzen. Bei

---

[3] Die Emotionsregulierungstheorie beschreibt einen Prozess, bei dem Individuen beeinflussen, wann und welche Emotionen sie haben und wie sie diese erfahren und ausdrücken

einem dauernden Auseinanderklaffen von echtem und gespieltem Gefühl aber überdehnen sie ihre gefühlsmäßige Elastizität. Es kann zum »Work Strain« kommen, einem Stressphänomen, das sich u. a. in schrumpfender Identität mit der beruflichen Aufgabe zeigt, etwa in Form von Zynismus und somatischen Auswirkungen. Zugleich spürt auch der Patient, dass die Freundlichkeit des Arztes nicht »echt« ist. Als Reaktion darauf beharrt er in Fall 1 noch stärker auf seinem Wissen, in Fall 2 wird seine Klage noch intensiver ausfallen. Es entsteht eine Spirale an gegenseitigen unerfüllten Erwartungen, die beim Arzt zu einer tiefen Erschöpfung führen kann.

Ärzte, die sich auf den Copingstil des »Deep Acting« einlassen, haben zunächst den Nachteil, dass es sehr anstrengend sein kann, die Gefühle anderer Menschen zu antizipieren und sich auf deren Horizont einzulassen. Zugleich aber bewirkt Deep Acting, dass Sie als Arzt mit sich selbst im Moment des Handelns im Einklang sind. Allerdings setzt dies ein hohes Maß an Gelassenheit voraus. Meditation ist ein guter Weg zur Gelassenheit. Deep Acting ist verstärkend verknüpft mit dem Empfinden von Stolz: Sie haben höchste Souveränität in einer emotional belastenden Interaktion bewiesen, indem Sie die Empfindungen Ihres Gegenübers in Ihr Handeln integriert haben. Hinzu kommt, dass der Patient Ihre Authentizität spürt. Das Annehmen seiner Person durch Sie als Arzt kann auch bei ihm zu einer Verhaltensänderung führen.

33.4.3 Resilienz – Psychisch-mentale Widerstandsfähigkeit ist trainierbar

Wenn Sie Ihre gegenwärtige Situation als sehr belastend empfinden, haben Sie – zumindest für diesen Moment – den Zeitpunkt zur *Resilienz* verpasst. Sonst würden Sie die Situation als weniger belastend empfinden. Resilienz ist eine präventive Strategie. Es ist ein Prozess, im Rahmen dessen Sie an Ihren Einstellungen und Verhaltensweisen arbeiten. Meditationstechniken können unterstützend wirken. Sie werden sich dadurch Ihrer Ressourcen und Kraftquellen bewusst.

Aus dem Klinikalltag: Die Fallzahlensteigerung
Die Vorgabe der Klinikleitung setzt den Rahmen: Um im Wettbewerb zu bestehen, müssen die Fallzahlen deutlich steigen. Zugleich wird der Personalbestand in der Pflege um 10% und in der Ärzteschaft um 5% reduziert. Was ist naheliegender? Dass Sie die Situation zwar nicht erfreut, aber mit einem Schulterzucken hinnehmen – Sie müssen sich eben überlegen, wie Sie Arbeitsabläufe umstrukturieren? Oder dass Sie einen Wutanfall kriegen und nicht zum ersten Mal überlegen, dass Sie gleich morgen Ihr Kündigungsschreiben bei der Klinikleitung einreichen?

Resilienz bedeutet die Fähigkeit, widerstandsfähig zu sein gegenüber äußeren Belastungen und Krisensituationen und sie ohne Beeinträchtigung durchzustehen (Scharnhorst 2008). »Zu allen Zeiten versuchte die Philosophie zu souveränem Umgang mit Krisen und Leid zu erziehen«, schreibt der Wirtschafts- und Wissenschaftsjournalist Jochen Mai, »die antike Schule der Stoa etwa war eine einzige Suche nach Resilienzfaktoren«. Analog zum Stress ist der Resilienzbegriff (lat. resilire = zurückspringen) der Physik entlehnt – als Fähigkeit eines Wirkstoffes, sich verformen zu lassen und danach in die ursprüngliche Form zurückzuspringen. »Der resiliente Mensch gleicht einem Stehaufmännchen« (Scharnhorst 2008). Auch die Akzeptanz des eigenen Scheiterns ist eine resiliente Kompetenz und Grundlage für das Entdecken neuer Alternativen. Resilienz ist mehr als ein auf die aktuelle Situation bezogenes Stressmanagement. Die innere Grundhaltung, die im Moment der fordernden Situation dem Handelnden seine Autonomie belässt, lässt sich gezielt trainieren und schützt den Handelnden davor, zum Spielball der Geschehnisse zu werden.

> » Es ist eine Sache, durch Zeiten der Instabilität zu gehen, wenn die Welt um uns herum einigermaßen stabil ist. Aber es ist etwas völlig anderes, wenn sich ganze Gesellschaften im Umbruch befinden. (Psychiatrieprofessor Frederic Flach)

Die Resilienzforschung erstreckt sich auch auf Teams und ganze Unternehmen: Wie können Funktionen in systemischen Gefügen bei Wandlungsprozessen aufrechterhalten bzw. adäquat angepasst

Abb. 33.3 Faktoren der Resilienz

werden? Selbst das amerikanische Militär hat die Relevanz der inneren Widerstandsfähigkeit gegen belastende Situationen erkannt, nachdem bei den Irak-Heimkehrern posttraumatische Belastungsstörungen und Selbstmorde signifikant wurden (Rees 2011). In einem auf die Soldaten abgestimmten Training (Comprehensive Soldier Fitness Program, CSF) nehmen Soldaten in Theorie und Praxis an einem Resilienztraining teil. Noch ist das Programm zu jung, um bereits evaluierbare Daten vorstellen zu können. Bereits jetzt aber stellen sich Achtsamkeitsübungen, Progressive Muskelrelaxation und Meditation als aussichtsreiche Methoden zum Aufbau einer psychomentalen Widerstandsfähigkeit heraus.

In der Interpretation der Denk- und Handlungsfelder zur Resilienz differieren die Ansätze von vier (Amerikanische Psychologenvereinigung APA; www.apahelpcenter.org) über fünf (Fuchs u. Huber 2007) bis zu sieben Säulen der Resilienz (Scharnhorst 2008). In unserer Arbeit sehen wir sechs Säulen der Resilienz, die Sie als Chefarzt befähigen, auch sehr belastenden Situationen mit innerer Gelassenheit zu begegnen. Diese *sechs Faktoren der Resilienz* finden Sie bildhaft dargestellt in der gleichnamigen Abbildung (Abb. 33.3).

Sechs Faktoren der Resilienz

Zuversicht
Auch wenn die Krise momentan Ihr Denken und Fühlen beherrscht, so sind Sie sich dennoch bewusst, dass auch dieses unerfreuliche Ereignis befristeter Natur ist. Sie sind bereit, *die nächste Chance*, die sich Ihnen bietet, ungebrochenen Mutes zu *ergreifen*.

Kontaktfreude
In dem Moment, in dem Sie sich *mit anderen austauschen* und Ihren Ärger verbalisieren, nehmen Sie dem Problem bereits ein wenig von seiner Absolutheit. Durch das Gespräch erlangen Sie eine gewisse Verfügungshoheit über das Problem. Sie können es aus verschiedenen Perspektiven betrachten. Vielleicht erschließen sich Ihnen durch Anregungen anderer auch vollkommen neue Sichtweisen und Optionen, die Sie so bisher nicht wahrgenommen haben.

Selbstbewusstsein
Im Moment der Frustration mag das Empfinden, Opfer der Umstände zu sein, in Ihnen aufsteigen. Sie können es auch anders sehen: Sie

sind ein angesehener Chefarzt, der *noch weitergehende Handlungsoptionen* hat.

Akzeptanz
Wenn es Ihnen gelingt, die Verhältnisse, die Rolle, die Sie darin spielen, und Ihre Empfindungen, die damit verbunden sind, zu akzeptieren sowie *die Dinge so stehen zu lassen*, wie sie sind, kann dies auch eine Chance sein. Die Situation kann Ihnen beispielsweise Informationen für künftige Vorhaben liefern.

Lösungsorientierung
Ist die neue Situation eingetreten, ist es wenig hilfreich, sich die Zeit davor zurückzuwünschen oder über die Verhältnisse zu lamentieren. Hilfreich für Sie als Chefarzt ist es, die Situation, in der Sie sich aktuell befinden, *auf Entwicklungsmöglichkeiten abzuklopfen*, die sich Ihnen im Rahmen der vorherigen Situation nicht hätten erschließen können. Betrachten Sie die Situation als Herausforderung an Ihre Gestaltungskraft!

Gefühlsstabilität
Es gibt Entwicklungen, die können Sie beeinflussen, und es gibt solche, die sich Ihrem Einfluss komplett entziehen. Manche Menschen neigen bisweilen dazu, die Schuld für negative Entwicklungen immer zuerst bei sich selbst zu suchen, andere verorten alles im vermeintlich feindlichen Umfeld. Gefühlsstabilität bedeutet, den jeweiligen emotionalen Fokus verändern zu können und *aus der Warte des beobachtenden und regulierenden »Selbst«* heraus den Eigenanteil am Geschehen und den Fremdeinfluss abwägen zu können. Je nach Gemengelage ist ein anderes Handeln hilfreich.

33.5 Die Haltung des Handelnden – Neuroplastizität bewegt Leben

Ihre Schaltkreise im Gehirn sind der beste Indikator für die Qualität Ihrer Lebensführung. Hippocampus und Neuroneogenese legen Zeugnis davon ab, wie sorgsam oder wie fahrlässig Sie mit sich selbst umgehen. Wie selbstbestimmt gestalten Sie Ihr Leben? Wie sehr lassen Sie sich treiben von vermeintlich unumstößlichen Notwendigkeiten und von hochgesteckten Zielen? Wie sehr ziehen Sie das Empfinden Ihrer selbst aus Ihrer Arbeit, Ihrem Ansehen und der Vielfalt Ihrer Verpflichtungen? Nehmen Sie sich die Zeit, um Ihren Blick auf den Menschen zu lenken, mit dem Sie unumstößlich verbunden sind: auf sich selbst!

> Nur ein Geist, der in Gemütsruhe ist, kann alle Phasen seiner Lebenszeit durchlaufen. Die Vielbeschäftigten sind wie in ein Joch gespannt, nicht in der Lage, sich umzuwenden und zurückzublicken. (Seneca)

33.5.1 Mens sana in corpore sano – Was Bewegung bewirkt

Dass *körperliche Bewegung* der geistigen Beweglichkeit zu Gute kommt, ist unumstritten. Die evidenzbasierte Studienlage allerdings ist erkennbar gering und findet bislang in Stressprogrammen zu wenig Berücksichtigung. Gerade Geistesarbeiter ignorieren oft das Zusammenspiel von Physis und Psyche, »dabei wird man sehr viel effizienter, wenn man auch seine körperlichen Signale beachtet«, sagt Ernst Pöppel, emeritierter Professor der medizinischen Psychologie.

> Körperliches Ausdauertraining senkt nicht nur den basalen Katecholaminspiegel, sondern auch die sympathoadrenerge Aktivierung bei Stress, sodass es in Belastungssituationen zu einer verminderten Aktivierung des sympathoadrenergen Systems kommt. (Mayer 2007)

An einer vom Robert-Koch-Institut (2011) initiierten Studie »Gesundheit in Deutschland aktuell« (GEDA), nahmen 21.262 Frauen und Männer teil. Über einen Zeitraum von einem Jahr (2008–2009) wurden in Telefonbefragungen verschiedene *Lebensstilfaktoren* in Abgleich zu depressiven Verstimmungen und Depressionen gesetzt. Im Ergebnis zeigte sich, dass eine höhere Anzahl gesunder Lebensstilfunktionen wie Obst- und Gemüsekon-

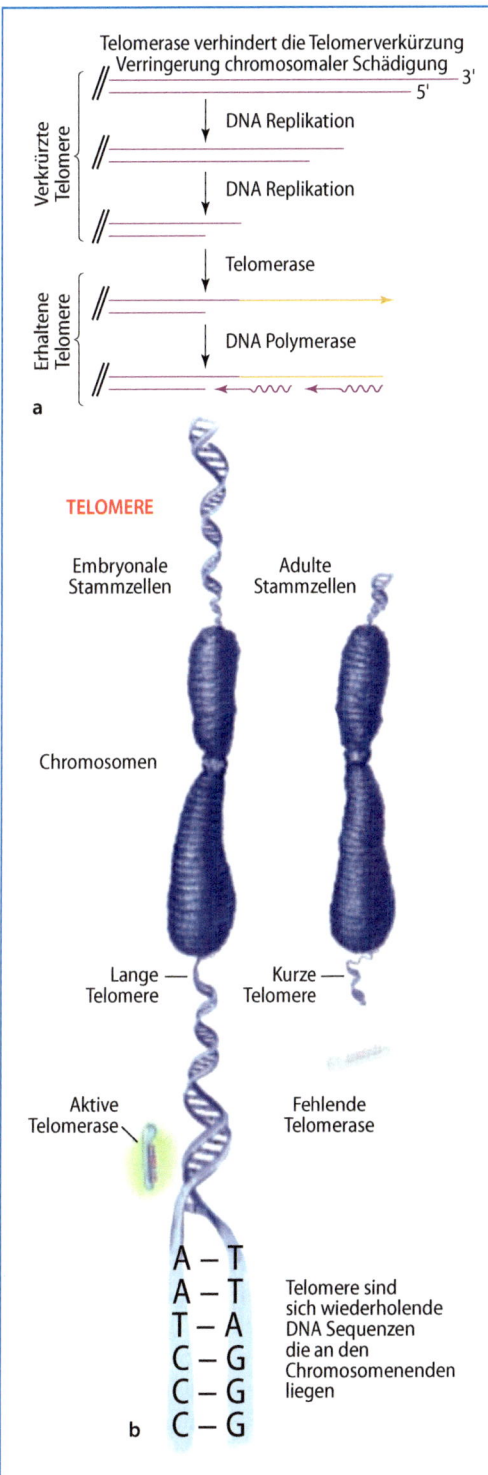

Abb. 33.4 Telomerase

sum und körperliche Aktivitäten mit niedrigeren Prävalenzen von diagnostizierter Depression und seelischer Belastung einhergehen.

Weitere Studien weisen explizit die Wirkung von *Sport* auf die Neuroneogenese nach. Bei Stress verkürzen sich die zur Zellteilung notwendigen Telomere deutlich. Die Zellen, die geistige Beweglichkeit erhalten, sterben ab. Körperliche Bewegung jedoch erhält die Telomerlänge (Puterman et al. 2010).

In einer weiteren Studie nahmen ältere Menschen mit beginnendem Alzheimer an einem sechs Monate währenden Ausdauertraining teil. Bis zu anderthalb Jahren nach Abschluss der sportlichen Aktivitäten ließen sich noch positive Langzeitwirkungen feststellen. Fazit also: Neuroplastizität wird durch Bewegung befördert (Lautenschlager et al. 2008). Auch eine dritte Studie (Taubert et al. 2011) weist die Wirkung von körperlichem Training auf die Neuroneogenese nach. Bewirkt Sport, dass die Telomerlänge gleich bleibt, so wurde durch Meditation sogar eine Verlängerung der Telomere nachgewiesen (◘ Abb. 33.4).

33.5.2 Anreizlandschaften – Überprüfen Sie Ihre Lebensziele

Ehrgeizige Pläne und das Gefühl, auf dieser Welt all das schaffen zu können, was Sie sich vorgenommen haben, sind Hinweise auf eine hohe *intrinsische Motivation*. Dieser innere Antrieb lässt Menschen Hindernisse überwinden und ist Motor für Entwicklungen. Was aber, wenn die Wegstrecke zwischen Ziel und Ausgangssituation allzu steinig ist oder wenn sich der Zielbewusste in seinen Möglichkeiten verschätzt hat? Nicht selten schaffen sich gerade ehrgeizige, leistungsbetonte Menschen ihr Zwangskorsett selbst und schnüren sich ein in ihren Ich-Erwartungen (z.B. »Wenn ich erst ärztlicher Geschäftsführer bin, ist mein Einflussbereich ungleich höher als jetzt«). Sind Sie dann auf diesem Posten angekommen, währt die Freude an dem erreichten Ziel nur kurz, denn der nächste Berg muss erklommen werden. Und wenn es nun keinen höheren Berg mehr gibt, der Ehrgeizige aber nicht in der Lage ist, sich umzuorientieren? Tiefe Resignation kann die Folge sein:

> Seit Jahren schon, schon seit seiner Berufung in den Senat, hatte er erlangt, was zu erlangen war. Es gab nur noch Stellungen innezuhalten und Ämter zu bekleiden, aber nichts mehr zu erobern. Es gab nur noch Gegenwart und kleinliche Wirklichkeit, aber keine Zukunft und keine ehrgeizigen Pläne mehr. (Thomas Mann, Die Buddenbrooks)
> Dem Mensch kann zweierlei Unheil zustoßen: Nicht zu bekommen, was er will, oder zu bekommen, was er will. (George Bernard Shaw)

Welche *Ziele* haben Sie sich gesteckt? Welche *Motive* liegen Ihren Plänen zugrunde? Sind die Beweggründe es wert, dass Sie sich zerreiben und womöglich in den Burnout geraten? Oft bewerten Menschen den Status und die Sicherheit von außen als tragende Elemente in ihrem Lebensentwurf. Stellen sich dieser Status oder diese Sicherheiten als Chimären heraus, bricht das »Gebäude« zusammen.

Aus dem Klinikalltag: Beste Wohnlage
Dr. Max Bergmann hat Grundeigentum in der besten Wohnlage der Stadt erworben, und der Bau seiner Villa hat bereits begonnen. Mit seinem regulären Gehalt als Chefarzt lässt sich das Vorhaben nicht finanzieren. Er hat deswegen eine Zielvereinbarung mit der Geschäftsleitung getroffen, im Rahmen derer er Zusatzaufgaben mit außertariflicher Vergütung übernommen hat. Langsam aber beginnt er sich zu zerreiben zwischen den vielfältigen beruflichen Anforderungen, den Erwartungen seiner Familie, bei den Planungen zum neuen Zuhause dabei zu sein, und den nicht enden wollenden Investitionen in das Anwesen. Seine ursprüngliche Freude an dem Vorhaben ist schon lange erloschen, alles scheint ihm sinnlos, und immer öfter hat er das Empfinden, dass sich ein Ring um seinen Brustkorb zusammenzieht.

> Um besser leben zu können, richten sie ihr Leben ein auf Kosten dieses Lebens. (Seneca)

Wie kann es gelingen, sich aus einer selbstgeschaffenen, belastenden Situation wieder zu befreien? Erst die innere Sicherheit vielfältiger Handlungs- und Gestaltungsoptionen bildet das Fundament, um im Falle äußerer Erosionen nicht den Halt zu verlieren. Dies bedeutet aber zugleich, sich von bekannten Konzepten und Erfahrungsmustern zu lösen, sich von fixierten Sicherheiten zu befreien und die eigene Anreizlandschaft (Burisch 2010) auf den Prüfstand zu stellen.

> Das größte Hindernis im Leben ist die Erwartung, die uns an das Morgen bindet und uns das Heute vergessen lässt. (Seneca)

Der Umweg
Ein Fischer sitzt am Strand und angelt. Ein Mann kommt vorbei und fragt: »Warum machst Du nicht mehr aus Deinem Leben?« »Was denn?«, fragt der Fischer. »Hier ist doch ein fischreiches Gebiet, Du könntest eine Fischzucht aufziehen, Leute anstellen.« »Warum?« »Du würdest reich und mächtig sein.« »Was habe ich davon?« »Wenn Du so reich und mächtig bist, dass Du die Geschäfte an Deine Geschäftsführer abgeben kannst, dann kannst Du in Ruhe am Strand sitzen und angeln.« (Frei nach einer Erzählung von Heinrich Böll).

Um eine Situation aufzulösen oder sie zur eigenen Zufriedenheit zu entwickeln, haben wir sechs Aspekte herausgearbeitet, auf Basis derer Sie Ihr Ziel strategisch fundiert überprüfen können:
- Welches Niveau hat Ihr Ziel? Können Sie Ihr Ziel von Ihrer Startsituation aus relativ unproblematisch erreichen, oder sind (zu) viele Zwischenschritte erforderlich, etwa zusätzliche Qualifikationen oder Zusatzeinkommen?
- Welche Energie werden Sie voraussichtlich aufwenden müssen, um das Ziel zu erreichen? Jedes Wochenende durcharbeiten, aufwändige Recherche etc.?
- Wie hoch ist die Wahrscheinlichkeit, dass Sie Ihr Ziel erreichen (Erfolgswahrscheinlichkeit)? Haben Sie sich schon mit Menschen ausgetauscht, die da sind, wo Sie hinwollen? Was haben diese Menschen investiert, und wie schätzen Sie Ihre Erfolgsaussichten ein?
- Welche Nebenwirkungen müssen Sie befürchten? Sind Sie sicher, dass Ihre Familie und Ihre Freunde auch dann noch hinter Ihnen stehen, wenn Sie über lange Zeit überhaupt keine Zeit für niemanden mehr haben und nur noch Ihrem Vorhaben verpflichtet sind?
- Welche emotionale Belohnung erwarten Sie sich nach Erreichen des Ziels? Stolz auf die neue Position? Soziale Anerkennung für das Erreichte?
- Welche quantitative Belohnung steht in Aussicht? Gehaltserhöhung oder außertariflicher Bonus? Mehr Handlungs- und Gestaltungsspielräume?

Wenn Sie alle Aspekte kritisch überprüft haben und sicher sind: Es lohnt sich – wunderbar! Vielleicht entdecken Sie beim Überlegen aber auch Alternativen, die Sie zuvor gar nicht in Betracht gezogen haben.

Aus dem Klinikalltag: Cutting Edge
PD Dr. Katrin Lanz ist anerkannte Dermatologin. Sie leitet ihre Abteilung seit zehn Jahren sehr erfolgreich. Dennoch drängt immer stärker der Gedanke in ihr hoch: »Da muss doch mehr sein.« Noch einmal in die Forschung gehen und zur »cutting edge« der Wissenschaft gehören – das wäre ein Ziel, das sie reizen und ihrem Ego schmeicheln würde. Sie beginnt, ihr Ziel sorgfältig zu überprüfen – und erkennt: Die Nebenwirkungen sind zu unangenehm. Drittmittel einwerben oder Stellenausschreibungen konzipieren sind Aspekte, die ihr schon jetzt Unbehagen verursachen. Im Gespräch mit einer befreundeten Kollegin unterbreitet diese ihr eine Idee, die Lanz sofort begeistert: Sie wird Studierenden, die in die Forschung wollen, als Mentorin zur Seite stehen.

33.5.3 Regeneration im Gehirn – Was Meditation bewirkt

Meditation kann den Bogen spannen zwischen dem Kulturverständnis des Westens mit seiner hohen Wissenschaftsgläubigkeit im Sinne des Verifizierbaren, der Aufklärung, der Menschenrechte und dem Kulturverständnis des alten Asiens, das Geist, Bewusstsein, Menschsein als eine Entwicklung, als eine Linie versteht. »Die Liebe zur Weisheit auf dem Weg zur Weisheit selbst kann die Brücke zwischen den Kulturen sein«, sagt der Philosoph Carl Friedrich von Weizsäcker. Je nach kultureller Provenienz gestalten sich Verständnis und Übungen zur Meditation verschieden. Es gibt verschiedene große Richtungen (z.B. christliche Mystik und Kontemplation, indisches Yoga, Meditation in Bewegung (Sufi, Tanz, Qi Gong), Zen in Südostasien/Japan, buddhistische hinduistische Meditationsformen, MBSR/Autogenes Training im Westen). Viele der Meditationsformen aus fernöstlichen Kulturkreisen wie etwa Zen haben ihren Weg in den Westen genommen.

> Das explizite Wissen ist eine kleine Insel im Ozean des impliziten Wissens. (Ernst Pöppel)

Mit Meditation der Stressfalle entkommen
Seit über 2.500 Jahren werden meditative Wege zu einer heilsamen Transformation des Menschen genutzt. Die Wirkungen der Meditation werden im asiatischen Raum seit dieser Zeit einer intensiven Betrachtung unterzogen. Für westliche Wissenschaftler haben diese Betrachtungen eher philosophischen Charakter. Um dem in unserem Kulturkreis verankerten Wissenschaftsverständnis gerecht zu werden, sind in jüngerer Zeit eine Vielzahl klassisch evidenzbasierter Studien durchgeführt worden, die die seit 2.500 Jahren gemachten Beobachtungen verifizieren.

Wirkungen der Meditation
Eine Studie (Brewer et al. 2011) an der Yale Universität weist während der Meditation verminderte Aktivitäten in den Gehirnarealen nach, die für innere Unruhe verantwortlich sind. Die Ergebnisse zeigen sich allerdings nur bei erfahrenen Meditierenden, »die ein Umherirren des eigenen Denkens überwachen können«.
Eine Vergleichsstudie an der Universität Würzburg (Manikonda et al. 2008) hat die blutdrucksenkende Wirkung von kontemplativer Meditation in Kombination mit Atemtechniken auf stressbedingten Bluthochdruck nachgewiesen.
Eine deutliche Entspannung, eine verbesserte Stressresilienz und effizientere zerebrale Vernetzungen sind schon nach wenigen Meditations-Sitzungen nachweisbar.
Die Intuition und damit die Fähigkeit, schnell zu entscheiden, werden durch Meditation verstärkt. Es wird einfacher, sich in den Standpunkt eines Anderen hinein zu versetzen. Dies vereinfacht Gespräche in kritischen Situationen, und das Coping mit diesen wird besser gelingen. Zeit und Energie im Kampf um sinnlose Ziele werden nicht mehr verschwendet. Typische Stress- und Burnout-Symptome bilden sich zurück. Das Individuum gewinnt mehr Zeit, als ihm jedes funktionale Zeitmanagement zu geben vermag.

Durch die Veränderung des eigenen Verhaltens verändert sich auch das Verhalten des Umfeldes (Polenski 2010). Diese Erfahrung der Zen-Meditation konnte in dieser Studie nachgewiesen werden: Psychotherapeuten in Ausbildung hatten täglich mit einem Zen-Meister meditiert. Die Patienten dieser Therapeuten zeigten eine raschere Gesundung. Insbesondere konnten sie die ihrer Erkrankung zugrunde liegenden Faktoren besser wahrnehmen und Änderungen des Lebensstils einfacher umsetzen (Grepmair et al. 2007).

Meditation wirkt extrem ausgleichend, wenn Körper und Seele durch Dauerstress aus der Balance geraten sind. Die stressbedingte Schrumpfung des Hippocampus (◘ Abb. 33.5) kann wieder ausgeglichen werden (Hölzel et al. 2011). Unsere Scans zeigen einmal einen normal großen Hippocampus »Hippocampusnorm« (◘ Abb. 33.5) und einen geschrumpften Hippocampus »Hippocampusatroph« (◘ Abb. 33.6).

Die Amygdala verkleinert sich wieder, bei deutlich reduziertem Stressempfinden (Hölzel et al. 2010).

Auch die stressbedingten hormonellen Entgleisungen werden ausgeglichen (Newberg 2003).

Dauerstress führt ebenso zu einer vorzeitigen Alterung; auch hier greifen meditative Techniken regulierend ein. Gemeinsam mit körperlicher Aktivität werden Defizite auf zellulärer Ebene ausgeglichen.

Auch proentzündliche Mediatoren werden wieder normalisiert (Olivio 2009).

Die Neurotransmitter Dopamin und Serotonin stehen vermehrt zur Verfügung (Newberg 2003).

Die Aktivität der für die Zellteilung notwendigen Telomerase erhöht sich sogar: ein Effekt, der sich durch Sport alleine nicht erreichen lässt. Hier wirkt insbesondere die stärker ausgeglichene Geisteshaltung. Die Kontrolle über das eigene Leben wird verbessert. Das Leben wird als sinnvoller empfunden (Jacobs 2011).

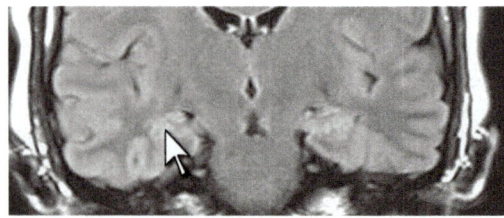

◘ Abb. 33.5 Hippocampusnorm

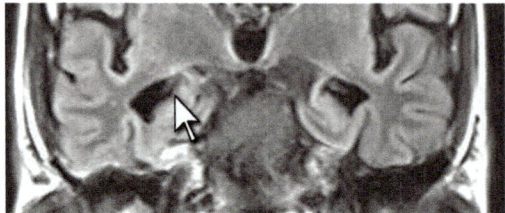

◘ Abb. 33.6 Hippocampusatroph

Vom Ich zu mir selbst

Sie nähern sich der Überlegung, das Experiment Meditation zu wagen – aber wer meditiert da eigentlich? »Ich natürlich«, sagen Sie. Die Spontaneität der Antwort ist bereits ein Hinweis. 90% unseres Tages folgen wir immer wiederkehrenden, automatisierten Denk- und Verhaltensmustern und antrainierten Handlungsweisen. Wir tun das, was wir gerade tun, nicht mehr mit einem sekündlichen, allgegenwärtigen Bewusstsein, sondern wir folgen unserem inneren Autopiloten. Wenn Sie die Tastatur Ihres Rechners bedienen, denken Sie dann noch bewusst daran, warum Ihre Finger die jeweils richtige Taste berühren, sodass sinnvolle Wörter entstehen? Das *unbewusste Handeln* ist bis zu 30.000-mal schneller als die bewusste Abfolge von Geschehnissen, haben die Neurowissenschaften gezeigt. Würden sich Chirurgen bei jeder Routine-OP immer noch jeden einzelnen Handgriff vergegenwärtigen, würde jedes OP-Management verzweifeln. Automatisiertes Denken und Handeln hat seine Vorteile. Was aber, wenn Menschen immer wieder auf dieselben Verhaltensmuster setzen, obwohl die Situation ein anderes Verhalten erfordert? »Ich bin derjenige, der seine Aufgaben immer in absoluter Perfektion erfüllt«, sagen Sie. Ihr manifestiertes Ich ist aber zum Wandel und damit zur Entwicklung nicht fähig. Es dreht sich immer schneller um die eigene Achse.

Wird dieses Ich dann auch noch vom Umfeld verkannt oder sogar missachtet, können Gefühle wie etwa tiefe Kränkung die Herrschaft über unser Leben übernehmen.

Aus dem Klinikalltag:
Die Klage über Wartezeiten
Der Leitende Oberarzt Stefan Meisner spürt den Zorn unaufhaltsam in sich aufsteigen. Schon wieder muss er auf das OP-Protokoll warten. An ihm jedenfalls liegen die verzögerten Abläufe nicht, er arbeitet jeden Tag weit über zwölf Stunden. Ohne ihn würde hier alles zusammenbrechen. Und Kollege Maßmann wagt es auch noch, den Mund zu einem leicht spöttischen Lächeln zu verziehen, als Meisner in ziemlichem Tremolo den Schlendrian in diesem Haus beklagt. Meisner muss fast an sich halten, damit er Maßmann nicht den Finger vor Wut in die Brust bohrt.

Meisner hat ein »Ich« unermüdlicher Leistung und Arbeit kultiviert (»Laboro ergo sum«), er zerreibt sich für die Klinik – und dann erfährt er noch nicht einmal eine angemessene Würdigung. Das verdichtete Handlungsmuster schafft den Stress der Ausweglosigkeit und des Gefangenseins im vermeintlich einzigen Ich. Meisners Fall zeigt, dass es Situationen gibt, in denen der Autopilot versagt. Dem handelnden Ich ist dies nicht bewusst – so wenig bewusst wie die Vielzahl an Ichs in uns selbst, die uns nicht selten widersprüchliche Handlungsanweisungen erteilen: »Ein Miteinander und Gegeneinander finden wir auch innerhalb des Menschen. Meistens haben wir mehrere Seelen in unserer Brust«, sagt der emeritierte Professor für Psychologe Friedemann Schulz-von Thun. Ihre Vernunft sagt Ihnen beispielsweise, dass Sie den komplizierten Fall, der auf Ihrem Schreibtisch liegt, am heutigen Abend sicher nicht mehr befriedigend werden lösen können. Sie haben einen langen anstrengenden Tag hinter sich, und Ihr Auffassungsvermögen ist nicht mehr das frischeste. Der Perfektionist in Ihnen aber hält Sie in Ihrem Büro zurück – jedes Mal, wenn Sie die Mappe gerade zuklappen wollen, mahnt er: »Nein, das kann ich auch vor mir selbst nicht verantworten, eine Sache unfertig liegen zu lassen.«

» Jeder Mensch ist eine kleine Gesellschaft.
(Novalis, Georg Friedrich Phillip Freiherr von Hardenberg 1772–1801)

Wie kann es Ihnen als Leitendem Arzt gelingen, Ihr *inneres Gleichgewicht* zu finden, um das für die jeweilige Situation adäquate Verhalten zu kultivieren? Im menschlichen Gehirn selbst streben 100 Mrd. Neuronen und Synapsen unablässig nach einem individuellen Gleichgewicht: »Auf einer sehr abstrakten Ebene versuchen alle Wesen, eine innere Balance, die Homöostase[4], herzustellen«, sagt Ernst Pöppel.

Im menschlichen Bewusstsein ist es das *Selbst*, das das Gleichgewicht zwischen unseren Ichs und unseren Persönlichkeitsanteilen schafft. Was ist aber das Selbst? Die Suche nach dem Selbst wurzelt in einer ehrwürdigen Tradition der Geisteswissenschaften. In jedem Menschen gibt es eine »Uneinheitlichkeit des Ichs«, welche nicht nur Gegenstand moderner Bewusstseins- und Stressforschung ist, sondern z. B. auch ihren Ausdruck in den verschiedensten Richtungen der Philosophie und Psychologie (Tab. 33.1) findet, von denen hier einige Modelle gelistet sind.

Fritz Perls, der Begründer der Gestalttherapie, versteht in der Unterscheidung zwischen Ich und Selbst[5] das Selbst als umfassenden Prozess. Friedrich Nietzsche bevorzugt eine bildhafte Interpretation: »Das Selbst ist sich selbst verborgen. Von allen Schätzen wird der eigene zuletzt ausgegraben.« Der amerikanische Philosoph und Psychologe William James (1842–1910) unterschied das erkennende Selbst (»self as knower«, »I«, »pure ego«) vom erkannten Selbst (»self as known«, »me«, »empirical ego«).

---

4 Das Gesetz der Homöostase besagt, dass der Organismus zur Erhaltung eines dynamischen Gleichgewichts zwischen seinem Leistungsvermögen und den Anforderungen der Umwelt tendiert. Der Begriff »Homöostase« ist den griechischen Wörtern »homoios« (gleich, gleichartig) und »stasis« (stellen, erhalten) entlehnt, wörtlich übersetzt: Gleichstellung, oder frei: Aufrechterhaltung

5 Das Selbst ist eine übergreifende Instanz, welche u. a. über folgende Fähigkeiten verfügt: als innerer Beobachter Ortung, Organisation und Entwicklung der »Ich-Anteile«, Integration und Organisation des Individuums mit Umfeld und Zeit, Intuition (zur richtigen Zeit am richtigen Ort das Richtige tun)

Tab. 33.1 Richtungen der Philosophie und Psychologie zur Uneinheitlichkeit des Ichs

Richtung bzw. Modell	Hauptvertreter	Kernaussagen
»Griechische Psychologie«	Platon	Schichtenmodell der Seele
Psychoanalyse	Sigmund Freud	Drei-Instanzen-Modell (Ich – Über-Ich – Es)
Spirituelle Psychologie	Rudolf Steiner	Doppelgänger(wesen)
Analytische Psychologie	Carl Gustav Jung	Schatten, Subpersönlichkeiten
Gestalttherapie bzw. -psychologie	Fritz Perls bzw. Max Wertheimer	Gestalten
Psychodynamisches Modell	u.a. Harald Schultz-Hencke	Antreiber(Libido), Meider (Destrudo)
Psychosynthese	Roberto Assagioli	Subpersonen
Verhaltenstherapie	u.a. Hans Eysenck	Programme, Muster, Zwänge, Phobien
Transaktionsanalyse	Eric Berne	Rackets
Primärtherapie	Arthur Janov	Irreale Selbstanteile
Persönlichkeitsmodell	Friedemann Schulz-von Thun	Ich-Anteile

Das Selbst als Regulator, als Manager kann im inneren Dialog die Ich-Anteile[6] würdigen und dadurch einen Freiraum für neue Gewichtungen und mögliche Wandlungen schaffen. Der Begriff des Selbstmanagements gewinnt in dieser Interpretation eine neue und tiefere Bedeutung.

> **Was ist Selbstmanagement?**
> Begriffe wie Selbstregulation, Selbstführung und Selbstmanagement kennzeichnen das Bestreben des Menschen, sein inneres Gleichgewicht wiederzuerlangen.
> — Die erste Generation des Selbstmanagements ist gekennzeichnet durch die Regulierung des Außen, durch das Einteilen von Arbeitszeit sowie das Setzen von Prioritäten.
> — Die zweite Generation richtet ihr Augenmerk nach innen, auf Werte und persönliche Ziele in diesem Leben. »Die Menschen wollen für einen Zweck arbeiten, nicht einfach nur für ihren Lebensunterhalt« (Mihaly Csikszentmihalyi).
> — Die dritte Generation spannt den Bogen, begutachtet Situationen und das Erfordernis des sich Verhaltens zu den Situationen auf Basis eines umfassenden Verständnisses des Selbst und den hieraus resultierenden Gewichtungen in der Anwendung von Strategien.

Das Nachdenken über den Menschen in seiner inneren Vielfalt und die Suche nach einem Selbst sind Ausweise der kulturellen Entwicklung und Reife des menschlichen Geistes – und keine vertane Zeit in einer Welt der Eile. »Das Potenzial der Richtungsänderung ist eine besondere, hohe Fähigkeit des Menschen, das große Privileg menschlichen Seins« (Polenski 2010). Vielleicht wird Ihnen bewusst, dass die Führungsverantwortung, die Sie als Chefarzt haben (Hollmann 2012), Ihnen eher Last als Lust ist? Vielleicht fühlen Sie Ihre eigentliche Berufung eher darin, in der Forschung tätig zu sein? Jetzt ist

---

6 Ich-Anteil nennen wir alle möglichen Anteile des »Ichs« oder der »Person«. Das Gegenwarts-, Wach- oder Alltagsbewusstsein verläuft in den Grenzen der Ich-Anteile. Die Entgrenzung aus diesem Bewusstsein führt zum Bewusstsein des Selbst. Unsere Haltungen und Handlungen können somit ihren Urheber haben im Ich-Bewusstsein, welches sich der anderen Ich-Anteilen nicht bewusst ist, und im Selbst-Bewusstsein, welches die Gesamtwahrnehmung oder der »holistische Blick« ist

Ihr Selbst am Zug, Ihr innerer Beobachter, der das Terrain der Möglichkeiten sondiert, die Sie in sich selbst vorhalten, und Ihr innerer Gestalter, der möglicherweise neue Gewichtungen in Ihrer inneren Ausrichtung setzt. Ihr Selbst ist der Meditierende, der sich in den Prozess der Transformation begibt – um des Gewinnes willen, dass Sie die Dinge leben, die Ihnen wirklich etwas bedeuten.

» Ich habe mein kleines Ich weggeworfen und die ganze Welt gewonnen. (Zen-Spruch)

Ziele von Meditation

Die Befreiung des Menschen aus den Verstrickungen des Alltags ist das Ziel der Meditation. In diesem Prozess des Erkennens können Sie die Potenziale und die Stärken in sich selbst entdecken, die es Ihnen möglich machen, den immensen Anforderungen Ihres Klinikalltags mit Gelassenheit zu begegnen. Sie gewinnen Freiräume, um zu erkennen, was da gerade geschieht in Ihrem Umfeld und in Ihnen selbst, und um Dinge zu verändern oder auch um zu akzeptieren, was nicht zu ändern ist.

» Gleichmut ist das vollkommen unerschütterliche Ebenmaß des Gemütes, wurzelnd in Erkenntnis. (Buddhistische Texte)

In seinem Buch »Die Linie im Chaos« beschreibt Hinnerk Polenski die verschiedenen Stadien und Ziele der *Zen-Meditation*: Im Prozess des Erkennens bleiben Ihnen auch die Schwachstellen in Ihrer Persönlichkeit nicht verborgen. Diese »mit Gleichmut und großer Klarheit zu betrachten« (Polenski 2010) und als einen Teil Ihrer selbst zu akzeptieren, ermöglicht Ihnen Gelassenheit im Umgehen mit den Urteilen anderer und ein Kanalisieren Ihrer Energien in Vorhaben, die wirklich wichtig sind. Insbesondere die Zen-Meditation hat eine lange Tradition als Training für Führungskräfte. In der Stille der Meditation lassen Sie das analytische Denken los und gewinnen Klarheit über Ihr eigenes Wesen. Unruhe und Anspannung reduzieren sich. Dies wirkt sich auf Ihre Handlungssouveränität als Führungskraft aus.

» Ist der Geist still, wird die Welt wahr. (Laotse)

Achtsamkeit ist eine zentrale Technik von Meditation. Im westlichen Kulturverständnis verwechseln wir Achtsamkeit nicht selten mit Aufmerksamkeit auf bestimmte Ereignisse. Achtsamkeit aber bedeutet ein tieferes Schauen auf die Dinge und auf die Menschen, die uns umgeben, sowie auf die Haltung, mit der ich meinem Umfeld begegne und auf uns selbst. Oft haben wir verlernt, achtsam zu sein, weil andere Dinge vermeintlich wichtiger und drängender sind. Haben wir es uns zur Gewohnheit gemacht, nicht in uns hineinzuhorchen, sind wir irgendwann die Gewohnheit selbst. In der Meditation lassen wir die Dinge, die uns dort begegnen, ziehen. Wir halten sie nicht fest und folgen ihnen nicht – wie es in der Aufmerksamkeit geschieht.

» Ich bin in der Meditation ein großer Berg. Gedanken sind Wolken, die an mir vorüberziehen. (Aus der Zen-Meditation)

Meditation ist immer eine zutiefst körperliche Erfahrung. In einigen Techniken richtet sich allerdings die Achtsamkeit vollkommen auf den Körper (etwa im Feldenkrais oder in der Progressiven Muskelrelaxation). Die Achtsamkeitsprozesse beginnen an gegensätzlichen Polen, berühren sich dann und erzeugen eine Einheit geistig-seelischer Prozesse. Sie berühren das Selbst und unser Sein in dieser Welt.

Atemtechniken sind Wesensbestandteil aller Meditationsformen und können das Empfinden einer inneren Berührung mit dem Selbst bewirken. Auf den ersten Blick scheint die kleine Übung sehr einfach, aber aus Erfahrung wissen wir: An nichts zu denken, ist die höchste Kunst. Hier gewinnt man die größte Freiheit und Klarheit.[7]

Atemübung als Meditationstechnik
Sie atmen ein, Sie atmen aus, Sie betrachten das Ein- und Ausatmen als einen Vorgang, den Sie zählen. Ich atme ein und aus: Eins; ich atme ein und aus: Zwei; ich atme ein und aus: Drei. Sie zählen bis Zehn und beginnen von vorn – ohne dass ein Gedanke das Zählen stört. Einzig das Zählen zählt. In dem Moment, in dem ein anderer Gedanke (»Ich muss in 10 Minuten zur Visite«) Ihren Zählfluss unterbricht, beginnen Sie von vorne.

---

[7] Chefärzte, die die Erfahrung des Nicht-Denkens tiefer begreifen möchten, finden Inspiration im Buch von Zen-Meister Hinnerk Polenski mit dem Titel »Hör auf zu denken, sei einfach glücklich«

> Dieser jetzige Moment ist der einzige und der ewige. Es ist dieser Schnittpunkt von Zeit und Raum, den wir ganz direkt im Zazen (sitzen in Kraft und Stille) erleben können. (Shodo Harada Roshi)

33.6 Conclusio – Gelassenheit in einem fordernden Umfeld

Unerschütterliche Gelassenheit gilt im Westen wie im Osten als Zeichen großer persönlicher Reife und als Führungsideal. Gelassenheit ist nicht durch das Studium philosophischer Schriften zu erreichen, sondern es bedarf der kontinuierlichen Entwicklung der eigenen Potenziale. In der Meditation erfahren Sie den Augenblick ohne Zweck. Dies gibt dem Leben einen tieferen Sinn und reduziert das Empfinden des »Geworfenseins« in diese Welt (Heidegger), das ein entscheidender Treiber von Alltagsstress ist. Wenn Sie mit sich im Reinen und in Ihrer Mitte sind, können Sie die Stressoren des Klinikalltags nicht mehr im Kern treffen. Dies ist die starke, stressenkende Wirkung der Meditation. Klarheit und Gelassenheit sind Führungstools, die Ihr Handeln strukturieren und auch für andere wahrnehmbar sind.

33.7 Interview: »Wichtig sind regelmäßige, ritualisierte Termine mit sich selbst«

Dr. med. Dietmar Hansch (Klinik Wollmarshöhe, Bodnegg) im Gespräch mit Prof. Dr. med. Angela Geissler und Jens Hollmann.

? Sie sind eine der führenden Privatkliniken für Psychosomatik, Depressionen, Angsterkrankungen und Burnout. Das Gros Ihrer Patienten sind Verantwortungsträger aus der Wirtschaft. Wie ist es dazu gekommen, dass Sie explizit Kurzzeittherapien anbieten?

● Gerade bei der Zielgruppe der Berufstätigen in führenden Positionen sind lange Auszeiten nicht möglich. Da ist der Konkurrenzdruck zu hoch. Das ist auch für Leitende Ärzte ein wichtiges Kriterium.

? Avisieren Sie diese Zielgruppe für die Kurzzeittherapie? Und gibt es hier spezifische Indikationen für einen Burnout?

● Wir erwägen, ein ärztespezifisches Angebot zu entwickeln. Das ist insgesamt noch ein recht unerschlossenes Forschungsgebiet.

? Ist es ein besonderes Therapeut-Patienten-Verhältnis, wenn Ärzte Ärzte behandeln?

● Das kann man so sagen. Allein die Rolle des Kranken zu akzeptieren und dann auch noch mit einem »Psychodoc« konfrontiert zu werden – da gibt es noch große Hürden.

? Wird ein ärztlicher Psychotherapeut von Ärzten eher akzeptiert als ein psychologischer Psychotherapeut?

● Da habe ich spontan keine Antwort parat. Wichtig ist aus meiner Sicht der partnerschaftliche Ansatz. Wenn es passt, stelle ich mich auch selbst als Modell zur Verfügung und berichte, wie ich selbst mit Belastungen und Problemen umgehe.

? In der wissenschaftlichen Diskussion wird zwischen fünf und neun Burnout-Phasen unterschieden. In welcher Phase kommen die Klienten vorrangig zu Ihnen?

● Mit unserer Kurzzeittherapie zielen wir speziell auf Patienten in frühen Stadien, die nach ein bis zwei Wochen psychophysisch so erholt sind, dass sie von unserem durchaus anspruchsvollen Therapieprogramm profitieren können. Zum Abschluss nach vier Wochen ist dann oft eine ca. 90%ige Regeneration erreicht. Das ist für einen nachhaltigen Erfolg ausreichend, wenn sich der Umsetzung im Alltag nicht besondere Probleme in den Weg stellen.

? Erfahren Sie vom weiteren Verlauf des Genesungsprozesses auch im postklinischen Stadium?

✅ Nach Entlassung bieten wir den Patienten eine poststationäre Betreuung an, wahlweise in Form ambulanter Termine vor Ort, als Telefontermin oder per E-Mail. Sofern es dem Patienten gelingt, zeitnah zur Entlassung eine objektive Teilentlastung zu organisieren, ist der Verlauf sehr gut. Die ersten vier bis sechs Wochen nach Entlassung sind die schwierigsten. Wenn unsere Patienten nach drei bis sechs Monaten eine neue Balance gefunden haben, ist die Gefahr eines Rückfalls niedrig. Die Rückfallquote ist umso höher, je höher der Persönlichkeitsanteil am Burnout war.

❓ Wie gelingt der Transfer des hier Erlernten in den fordernden Berufsalltag? Wie kann es zu einer Verstetigung von Bewältigungsstrategien für anspruchsvolle Situationen kommen?

✅ Ein wichtiges Tool hierfür sind regelmäßige, ritualisierte »Termine mit sich selbst« – nach Möglichkeit jeden Morgen und Abend. Nach Absprache kontrollieren wir die Einhaltung per Internet, bis die Gewohnheit stabil ist. Hilfreich ist auch ein soziales Commitment, unterstützende Absprachen mit Familienmitgliedern oder Freunden bis hin sogar zu einem wechselseitigen Coaching der Patienten untereinander nach der Entlassung.

❓ Welche Denk- und Handlungsfallen beschleunigen aus Ihrer Sicht die Gefahr eines Rückfalls?

✅ In erster Linie das Zurückfallen in alte Gewohnheiten. Die »Termine mit sich selbst« sollen die Alltagsvollzüge unter mehr reflektierte Bewusstheit stellen. Aber auch das Streben nach Statussymbolen kann den Rückfall beschleunigen. Hier gilt es, kritische Distanz aufzubauen, denn die moderne Lebenszufriedenheitsforschung zeigt, dass diese Dinge nicht zu nachhaltiger Lebenserfüllung führen. Hier gilt es, andere Quellen guter Gefühle in sich aufzubauen: Muße, Kontemplation und Freude an geistig-kulturellen Inhalten. Wenn eine objektiv sehr schwierige Lebenssituation das »Alles oder Nichts« fordert und die eigene Gesundheit auf dem Spiel steht, kann auch ein radikaler Schnitt richtig sein, z. B. das Haus verkaufen oder den Arbeitgeber wechseln – wer loslässt, hat zwei Hände frei.

❓ Den wenigsten gelingt allerdings ein so tiefgehender Umbau ihrer inneren Anreizlandschaft. Ist dies nicht auch ein gesellschaftliches und nicht nur ein individuelles Phänomen?

✅ Tatsächlich stabilisiert unsere konsumistische Leistungsgesellschaft teilweise Wertvorstellungen, die weder der Lebenszufriedenheit noch der Gesundheit zuträglich sind. Nicht umsonst sind heute sogar in den etablierten Wirtschaftswissenschaften Bemühungen im Gange, Wachstum und Wohlstand mehr qualitativ im Sinne eines Beitrags zu wirklicher Lebenszufriedenheit zu definieren. Gerade auch wir Ärzte und Psychotherapeuten sollten uns hier mit unserer Expertise einbringen und diese Bemühungen unterstützen.

❓ Wenn ich als Chefärztin meine Kollegen beobachte, sehe ich, dass nur wenige den Mut haben, andere Modelle der Lebenszufriedenheit zu erproben. Ihren Patienten hier in der Kurzzeittherapie erschließen sich neue Perspektiven, vielleicht sogar eine Transformation des Bewusstseins und ihrer Lebenswerte. Wie kann es gelingen, dass Menschen, wenn sie erst einmal zurück sind im fordernden Berufsalltag, dieses Bewusstsein beibehalten?

✅ So umfassend wird das nur in eher wenigen Fällen gelingen. Wir versuchen, unsere Klienten mit dem Virus »Freude an der Selbstentwicklung« zu infizieren. Diese Innendimension ist unserer Kultur fast völlig verloren gegangen. Es gab sie aber bereits in der antiken Philosophie, insbesondere in der Stoa. Auch zum Buddhismus gibt es interessante Bezüge. Ich versuche, diese Lebenskunstsysteme in der Sprache unserer modernen Wissenschaftskultur zu reformulieren.

❓ Gibt es aus Ihrer Sicht Burnout-Persönlichkeiten, Persönlichkeitsstrukturen und Lebenserfahrungen, die das Burnout-Risiko erhöhen?

✅ Bei den »Big Five« sind es insbesondere die Dimensionen »Neurotizismus« und »Gewissenhaftigkeit«, die mit Burnout korrelieren, sowie Eigenschaften wie hohes Pflicht- und Verantwortungsbewusstsein, Idealismus oder auch Warmherzigkeit. Speziell wir Ärzte sind ja oft mit dem Dilemma von Aufgaben konfrontiert, die zugleich existenziell und unlösbar sind: Einerseits geht es um Wohlbefinden oder gar das Leben von Menschen, und andererseits sind viele Krankheiten nicht oder schlecht heilbar. Wer sich ein reifes philosophisches Weltbild erarbeitet hat, wird eher anerkennen, dass Leiden und Sterben Teil des Weltenlaufs sind.

❓ Das wäre im Gegensatz zum mechanistischen Weltbild ein Verständnis der Welt als Holarchie, als systemisches Geschehen: Es gibt Bereiche der Welt, die sich eigendynamisch entwickeln, auf die ich keinen direkt prägenden Einfluss nehmen kann. Ein solches inneres Verständnis steigert die Akzeptanz der Abläufe.
Mir ist hier noch einmal der Neurotizismus wichtig. Fraglos ist diese besondere Empfindsamkeit für neue Eindrücke ein Gefährdungsmoment für Burnout. Zugleich aber ist Sensibilität eine wichtige Variable bei der Frage, wie offen und veränderungsbereit Menschen sind. Wenn Stress im System ist, werden genau diese Menschen kollabieren, die man für die erforderlichen Veränderungsprozesse braucht. Die genetische Disposition im limbischen System lässt sich zwar abtrainieren …

✅ … aber oft sind es dann eigentlich gute Eigenschaften, die man gar nicht wegtherapieren will, …

❓ … da liegt die Pathologie dann wieder im gesellschaftlichen Kontext. Aber zurück zu den Werkzeugen und Übungen, die Sie Ihren Patienten für den Berufsalltag mitgeben.

✅ Grundsätzlich plädieren wir für einen integrativen, ressourcenorientiert-salutogenetischen Ansatz: Welche Grundfaktoren stärken die Psychohygiene? Die tiefenpsychologischen Richtungen, aber auch die modernen Verhaltenstherapien sind immer noch zu pathogenetisch-defektorientiert aufgestellt, etwa wenn sie primär nach dysfunktionalen Glaubenssätzen suchen. Der von mir an dieser Klinik entwickelte Ansatz einer positiv-edukativen Verhaltenstherapie ist konsequent salutogenetisch orientiert. Mit multimodalen und multimedialen Methoden versuchen wir, das Wissen und die Kompetenzen aufzubauen, die für eine effektive Selbstführung und einen förderlichen Umgang mit Stress und psychosomatischen Funktionsstörungen erforderlich sind. Das betrifft Inhalte wie,
– sich der Lücke zwischen äußerem Reiz und innerer Reaktion bewusster zu werden, um mehr Autonomie bezüglich der eigenen Gefühls- und Verhaltensreaktionen zu gewinnen,
– positive Momente durch Achtsamkeit zu verstärken und negative Momente durch förderliche Geisteshaltungen abzuschwächen,
– sich haltgebende positive Prinzipien und Werte zu erarbeiten und
– vielfältigste Teufelskreismechanismen zu erkennen und z. B. mit paradoxen Techniken zu unterbrechen.

Bei der Diagnose Burnout ist mehr als bei allen anderen Diagnosen der salutogenetische Ansatz gefordert.

❓ Noch gibt es keine Leitlinien zum Burnout. Initiieren Sie mit Ihrem Ansatz ein neues Grundverständnis?

✅ Da berühren Sie eine derzeit sehr hitzig geführte Diskussion. Nicht wenige Kollegen vertreten ja die Auffassung, dass Burnout ein Modephänomen sei – im Kern handele es sich dabei um Depressionen. Die Frage, ob es Burnout wirklich gibt oder nicht, ist falsch gestellt. Die korrekte Frage lautet: Ist es sinnvoll und förderlich, jene Untergruppe von Depressionen, bei denen der Ursachenschwerpunkt in psychisch belastenden, sozialen und berufsbezogenen Umständen liegt, mit einem eigenen

Diagnose-Label zu versehen? Wir sollten die Diagnose Burnout zur ordentlichen Krankheitsdiagnose aufwerten, denn die Psychosomatik impliziert ein ganzheitliches Denken und umfasst immer auch die psychosoziale Dimension. Wenn wir als Ärzte und Therapeuten das zum Thema machen wollen – und das gehört zu unseren ärztlichen Pflichten – dann brauchen wir dafür die entsprechenden Begriffe und Diagnosen. Wir dürfen die sozialkritische Dimension, die Psychotherapie traditionell lange hatte, nicht völlig im naturwissenschaftlichen Mindset verschwinden lassen.

? Und wenn es eine »ordentliche Diagnose« gibt, dann sollte es auch ordentliche Leitlinien geben. Was könnten Sie hierzu beitragen?

✓ Ich bin der Überzeugung, dass bei der Diagnose Burnout mehr als bei allen anderen Diagnosen der salutogenetische Ansatz gefordert ist. Die positiv-edukative Verhaltenstherapie ist dafür in hohem Maße geeignet. Die Stärkung der eben genannten salutogenetischen Grundmomente gehört in die Behandlung einer jeden psychischen Störung, besonders aber in die Therapie des Burnout-Syndroms. Dies sollte nach meiner Überzeugung wichtiger Bestandteil von künftigen Leitlinien sein.

Literatur

Brewer JA, Worhunsky PD, Gray JR, Tang YY, Weber J, Kober H (2011) Meditation training is associated with differences in default mode network activity and connectivity. Proc Natl Acad Sci USA 108(50): 20254–20259

Burisch M (2010) Das Burnout-Syndrom (4. Aufl.). Springer, Berlin

Grepmair L, Mitterlehner F, Loew T, Bachler E, Rother W, Nickel M (2007) Promoting mindfulness in psychotherapists in training influences the treatment results of their patients. Psychother Psychosom 76: 332–338

Hollmann J (2012) Führungskompetenz für Leitende Ärzte im Krankenhaus – Motivation, Teamführung, Konfliktmanagement (2. Aufl.). Springer, Berlin

Hollmann J, Geissler A (2013) Leistungsbalance für Leitende Ärzte. Springer, Berlin

Hölzel BK, Carmody J, Vangel M, Congleton C, Yerramsetti SM, Gard T, Lazar SW (2011) Mindfulness practice leads to increases in regional brain gray matter density. Psychiatry Res 191(1): 36–43

Jacobs TL, Epel ES, Lin J, Blackburn EH, Wolkowitz OM, Bridwell DA, Zanesco AP, Aichele SR, Sahdra BK, MacLean KA, King BG, Shaver PR, Rosenberg EL, Ferrer E, Wallace BA, Saron CD (2011) Intensive meditationtraining, immunecell telomeraseactivity and psychological mediators. Psychoneuroendocrinology 36(5): 664–681

Lautenschlager NT, Cox KL, Flicker L, Foster JK, van Bockxmeer FM, Xiao J, Greenop KR, Almeida OP (2008) Effect of physical activity on cognitive function in older adults at risk for Alzheimer disease. JAMA 300(9): 1027–1037

Manikonda JP, Störk S, Tögel S, Lobmüller A, Grünberg I, Bedel S, Schardt F, Angermann CE, Jahns R, Voelker W (2008) Contemplative meditation reduces ambulatory blood pressure an stress-induced hypertension. J Hum Hypertens 22: 138–140

Newberg ABJ, Iversen J (2003) The neural basis of the complex mental task of meditation: Neurotransmitter and neurochemical considerations. Medical Hypotheses 61(2): 282–291

Olivo EL (2009) Protection throughout the life span: the psychoneuroimmunologic impact of Indo-Tibetan meditative and yogic practices. Ann N Y Acad Sci 1172: 163–171

Polenski H (2012) Hör auf zu denken, sei einfach glücklich. Barth, München

Robert-Koch-Institut (2011) Gesundheitsbericht 2(7)

Scharnhorst J (2008) Resilienz – Neue Arbeitsbedingungen erfordern neue Fähigkeiten. In: Berufsverband deutscher Psychologen und Psychologinnen (Hrsg), Psychische Gesundheit am Arbeitsplatz in Deutschland, Gesundheitsbericht. BDP, Berlin, S 51–53

Schneglberger J. (2010) Burnout-Prävention unter psychodynamischem Aspekt. Springer, VS Verlag für Sozialwissenschaften, Berlin

Taubert M, Lohmann G, Margulies DS, Villringer A, Ragert P (2011) Long-term effects of motor training on restingstate networks and underlying brain structure. Neuroimage 57(4):1492–1498

Die Sicht auf die Zukunft

Kapitel 34 Trendwende im Gesundheitswesen?
Die Daseinsvorsorge macht das Gesundheitswesen
zukunftssicher – 543
Jens Hollmann, Birgit Schröder

Kapitel 35 Nil nocere (weniger Iatrogenität) –
»Klug entscheiden«! Eine Rückbesinnung? – 551
Joachim Steller

Kapitel 36 Welche Investition bestimmt noch immer den Erfolg?
Das Human Resource Management – 559
Christian Maier, Kay Goerke

Kapitel 37 Was ist für eine Chefarztposition persönlich wichtig?
Erkenntnisse aus Interviews zur subjektiven
Lebenswelt von Chefärzten – 569
Klaus Vetter

Kapitel 38 Ist nur der Wandel beständig?
Der Chefarztberuf im Spannungsfeld von Ökonomie,
Demographie und Digitalisierung – 587
Christian Schmidt

Kapitel 39 Start mit Smart?
Wie Big Data den Klinikalltag verändern wird – 609
Daniel Schmitz-Buchholz

Kapitel 40 Resümee
und sieben Wege zur Neubesinnung
auf ärztliche Professionalität – 619
Ulrich Deichert

Trendwende im Gesundheitswesen? Die Daseinsvorsorge macht das Gesundheitswesen zukunftssicher

Jens Hollmann, Birgit Schröder

34.1 Die Definition der Daseinsvorsorge – 544

34.2 Die Folgen des staatlichen Rückzugs – 544
34.2.1 Gesundheitsgefährdende Machtverlagerung? – 545

34.3 Rechtliche Grundlagen zur Daseinsvorsorge – 546

34.4 Zukunftsszenarien – 547

34.5 Die veränderte Rolle der Ärzte und ihre Zielbetrachtung – 548

Literatur – 549

34.1 Die Definition der Daseinsvorsorge

In den vergangenen Jahren befindet sich die Krankenhauslandschaft in einem tiefgreifenden Wandel. Dieser betrifft nicht nur die Trägerstrukturen (◘ Abb. 34.1), sondern das gesamte Selbstverständnis einer Branche. Die Versorgung von Kranken und damit das Krankenhaus waren schon immer und sind auch heute elementarer Bestandteil der *staatlichen Daseinsvorsorge*.

> **Definition**
> Die **Daseinsvorsorge** bezeichnet die Aufgabe des Staates, seinen Bürgerinnen und Bürgern Güter und Leistungen bereitzustellen, die ihrer Grundversorgung dienen.
> Leistungen der Daseinsvorsorge dienen dem Gemeinwohl und dürfen nicht den Gesetzen des Marktes unterworfen sein, weil sie sich unter Umständen nicht rentieren. Daseinsvorsorge meint begrifflich die staatliche Aufgabe zur Bereitstellung der für ein menschliches Dasein als notwendig erachteten Güter und Leistungen – auch Grundversorgung genannt.[1]
> Der Bereich der Gesundheitsversorgung ist ein elementarer Bestandteil der Daseinsvorsorge und damit ein wesentliches Allgemeingut.

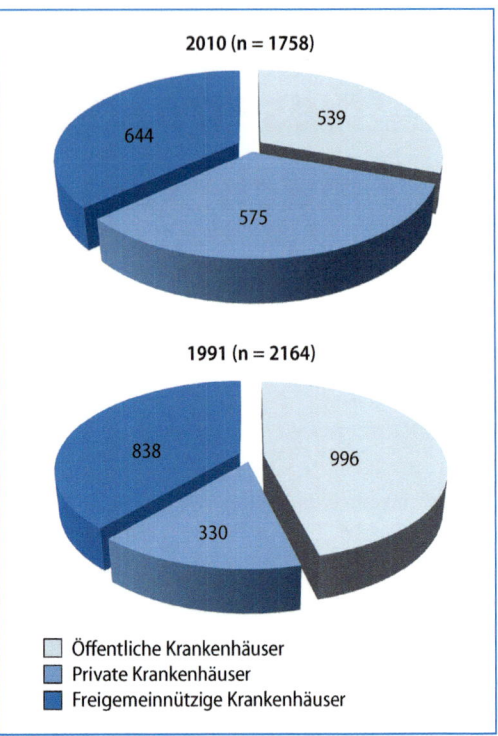

◘ Abb. 34.1 Krankenhäuser nach Trägerschaft (Quelle: Statistisches Bundesamt, Wissenschaft und Statistik, Februar 2012, modifiziert nach: Ute Bölt, Thomas Graf: 20 Jahre Krankenhausstatistik)

Die Privatisierung ist heute keine Randerscheinung mehr, um »mehr Markt in das Gesundheitswesen« zu bringen, sondern der *Marktgedanke* beherrscht das Gesundheitswesen und hat es zur Gesundheitswirtschaft deformiert. (Beispielsweise sind in Hamburg bereits über 50% der Krankenhausbetten in privater Trägerschaft.)

Nur weil viele Privatisierungen in den vergangenen Jahren erfolgt sind und Kommunen ihre Krankenhäuser verkauft haben, kann man nicht unbedingt von Schwarmintelligenz sprechen. Vielleicht liegt hier eher eine Form von dysfunktionalem Mainstream im Gesundheitswesen vor, der Kurzfristigkeit als wichtiger erachtet als ein Gesundheitssystem mit Weitblick oder die sog. Enkeltauglichkeit.

34.2 Die Folgen des staatlichen Rückzugs

Was aber sind die Folgen, wenn sich der Staat und dessen kommunale Strukturen mehr und mehr durch Privatisierungen von Krankenhäusern aus diesem so wichtigen Bereich zurückziehen und nach und nach dem Markt privaten Akteuren überlassen? Welche rechtlichen Folgen hat dies einerseits, und welche tiefgreifenden Versorgungsprobleme schafft dieser Wandel andererseits?[2]

---

1 Vgl. dazu http://www.Bildrechte: difu.de/publikationen/difu-berichte-12012/was-ist-eigentlich-oeffentliche-daseinsvorsorge.html; Obst L (2009) Öffentliche Krankenhäuser: Die Grenzen der Privatisierung. Dtsch Ärztebl 106(19): A-924 / B-790 / C-76

2 Vgl. zur wirtschaftlichen Bedeutung eines Krankenhauses für seine Region: Flintrop J, Rieser S (2014) Streit um Krankenhaussubventionen: Daseinsvorsorge im Mittelpunkt. Dtsch Ärztebl 111(5): A-154 / B- 134 / C-130

34.2 · Die Folgen des staatlichen Rückzugs

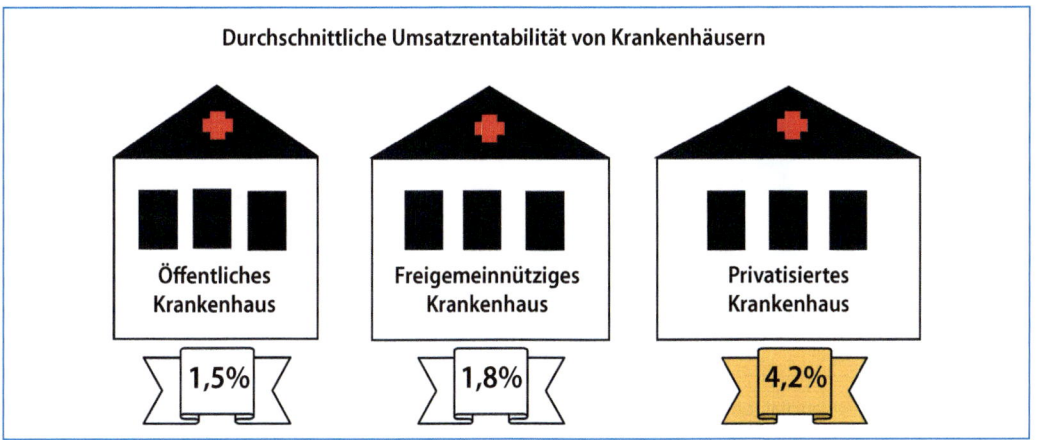

■ **Abb. 34.2** Profitabiltät von Krankenhäusern nach Trägerschaft (Quelle: http://www.wiwo.de/unternehmen/dienstleister/spekulieren-mit-kliniken-das-finanzdisaster-deutscher-krankenhäuser-/8819872.html, letzter Zugriff 24.1.2016)

Gesundheitsversorgung hat drei Zieldimensionen, die sog. »triple aims«:
— die Verbesserung der Gesundheit der Bevölkerung,
— die Verbesserung der Versorgung,
— die Begrenzung der Versorgungsausgaben pro Kopf.[3]

Es ist aus guten und nachvollziehbaren Gründen keine Aussage zu Investoren und Rendite in den genannten »triple aims« formuliert.

34.2.1 Gesundheitsgefährdende Machtverlagerung?

Krankenhäuser werden – oftmals in Folge hoher Schulden oder jahrelang fehlender Investitionen – an private Klinikträger verkauft. Der Anteil der Krankenhäuser in *privater Trägerschaft* steigt seit einigen Jahren an – ebenso wie die Rendite der privaten Klinikinvestoren (◘ Abb. 34.2, ◘ Abb. 34.3).

Mit diesem Schritt verkauft der Staat als Schuldner der Daseinsvorsorge letztlich nicht nur ein ehemals kommunales Krankenhaus, das jetzt durch einen privaten Träger geführt wird, sondern er entledigt sich damit auch seiner demokratisch legitimierten Einflussmöglichkeiten. Wie hoch aber ist der Preis für die Patienten und Bürger eines solchen staatlichen Rückzugs? Betrifft das nur die (bequeme) wohnortnahe Versorgung? In der Geburtshilfe mit der Notwendigkeit eines kostenträchtigen Vorhalteapparates (Kreissäle als Funktionsräume, Hebammen, hohe Haftpflichtversicherungsprämien) kommt früher oder später die Betriebswirtschaftlichkeitsfrage der Geschäftsführung: Rechnet sich das? (▶ Kap. 38). Dies wurde nicht zuletzt auf der Insel Sylt für die Schwangeren deutlich, wo seit dem 01.01.2014 keine stationären Entbindungen mehr möglich sind[4], weil der private Träger sich zu diesem Schritt entschlossen hat.

Nicht nur geburtshilfliche Abteilungen stehen wegen ihrer *hohen Vorhaltekosten* auf der Abschussliste, sondern in der Folge auch pädiatrische Abteilungen. Strukturschwächere Regionen (z.B. norddeutsches Küstengebiet) haben hier einen »Patienten-Umsatz-Nachteil«. In der Konsequenz werden Ballungsgebiete im Vergleich zu ländlichen Gebieten und Randzonen sukzessive medizinisch besser versorgt sein. Denkt man in diesem Zu-

---

[3] Heinrich-Böll-Stiftung (2013) Wie geht es uns morgen? Schriften zu Wirtschaft und Soziales, Bd. 11, S. 9

[4] Presseecho dazu http://www.ndr.de/nachrichten/schleswig-holstein/geburtshilfesylt101.html, http://www.bild.de/regional/hamburg/hamburg/baby-asyl-in-hamburg-34256558.bild.html, http://www.faz.net/aktuell/wirtschaft/unternehmen/geburtshilfe-juristen-erobern-den-kreiss-saal-12933172.html, http://www.mopo.de/umland/sylt-geburten-streit-auf-der-promi-insel,5066728,25827352.html

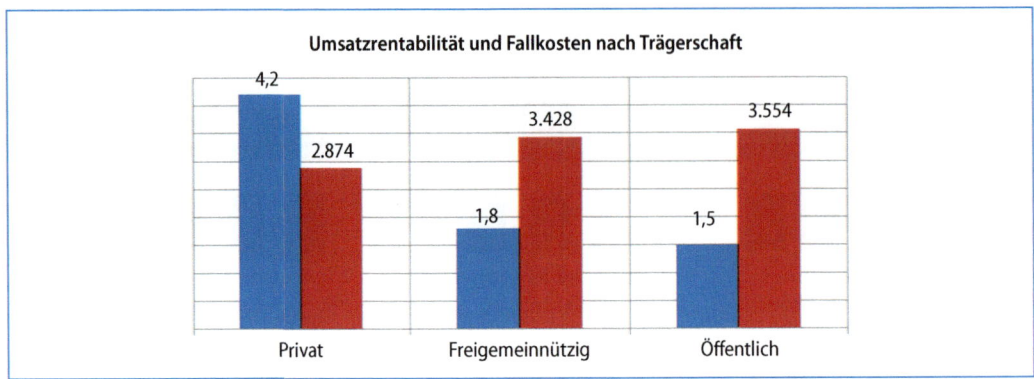

Abb. 34.3 Umsatzrentabilität (blau) in Prozent in 2013 nach Trägerschaft (Quelle: destatis 2016) und bereinigte Kosten (rot) in 2012 in Euro je Casemixpunkt (Quelle: RWI FDZ 2015). Während bei den privaten Trägern die bereinigten Kosten rückläufig sind, steigen diese bei freigemeinnützigen und öffentlichen Trägern weiter an

sammenhang z.B. im Bereich der Neurologie bei Verdacht auf nicht-hämorrhagischen Apoplex an den zeitlich begrenzten Erfolg einer möglichst rasch durchzuführenden Thrombolyse (ab dem Parese-Beginn innerhalb von drei Stunden) so kann eine nahe stationierte – nur wenige Kilometer entfernte – Stroke-Unit ganz entscheidend für die Verhinderung von bleibenden Lähmungen sein.

Da die Gesundheitsversorgung ein systemrelevanter Teil für uns alle ist, darf sich der Staat und Bürger nicht zum Spielball der Gewinnmaximierung machen!

34.3 Rechtliche Grundlagen zur Daseinsvorsorge

Das Gesundheitswesen ist kein originär auf die Gewinnerzielung gerichtetes System. In einem Gesundheitswesen geht es um Kostendeckung – Gesundheitswirtschaft dagegen fokussiert auf die Renditeentwicklung und Gewinnmaximierung (▶ Kap. 14 und Kap. 15).

Ausgangspunkt aller Überlegungen muss Artikel 20 des Grundgesetzes (GG) sein. Danach ist die Bundesrepublik Deutschland ein demokratischer und sozialer Bundesstaat. Das Sozialstaatsprinzip ist nach Artikel 79 Abs. 3 GG der Disposition des Gesetzgebers entzogen.

In den Krankenhausgesetzen der Länder findet sich der sog. *Sicherstellungsauftrag*. So beispielsweise in § 3 SKHG: »Die Sicherstellung der Krankenhausversorgung ist eine öffentliche Aufgabe. Krankenhäuser können von freigemeinnützigen, privaten oder öffentlichen Krankenhausträgern errichtet und betrieben werden.«

So wünschenswert und wichtig die Trägervielfalt ist, so sehr unterscheiden sich deren Ziele:
- Einem *privaten Träger* wird es – und das ist vollkommen legitim – vorrangig um Gewinnmaximierung bzw. um eine angemessene Kapitalverzinsung gehen.
- Bei einem öffentlichen Träger werden Krankenhäuser als Teil der Daseinsvorsorge geführt.[5]

Das Argument, dass mehr Wettbewerb auch dem Krankenhausbereich gut tue und im Übrigen auch notwendig sei, vermag an dieser Stelle nur bedingt zu verfangen: Echter *Wettbewerb* findet letztlich nicht statt, weil sich Angebot und Nachfrage nicht den üblichen Kriterien fügen.[6]

Der Wunsch nach (mehr) Wettbewerb kann und darf nicht dazu führen, dass sich der Staat aus den elementaren Kernaufgaben der Daseinsvorsorge Schritt für Schritt verabschiedet.

---

5 Obst L (2009) Öffentliche Krankenhäuser: Die Grenzen der Privatisierung Dtsch Ärztebl 106(19): A-924 / B-790 / C-766
6 Vgl. zum ambulanten Operieren z.B. Frankfurter Allgemeine Sonntagszeitung (07.12.2014) Das Geschäft mit dem Messer, S. 61

Ein privater Klinikbetreiber publiziert: »Der Staat wird sich zunehmend darauf zurückziehen, die Rahmenbedingungen vorzugeben, ... d.h. die Privatisierung von Krankenhäusern wird weitergehen.« Diese Aussage kann nur zum Widerspruch und zur überfälligen Trendwende auffordern, wenn wir ein patientenorientiertes, demographiestabiles und auch in Postwachstumszeiten auf ausreichend hohem Niveau funktionierendes Gesundheitswesen erhalten wollen.

Dass *Privatisierung* nicht (mehr) als Allheilmittel wirkt, zeigt der in einigen deutschen Städten diskutierte Rückkauf der Stromnetze. Bürgerinitiativen für städtischen Strom mit dem Ziel der Rekommunalisierung wurden gegründet. Ziel ist die Eigenwahrnehmung durch öffentlich-rechtliche Einrichtungen. Als Vorteil eines auf Daseinsvorsorge basierenden Modells kommen Gewinne der lokalen Infrastruktur zugute – und nicht den kapitalorientierten Investoren. So wird in Hamburg neben dem Rückkauf des Stromnetzes auch der Rückkauf der ehemals kommunalen Krankenhäuser diskutiert, nachdem diese zum 01.01.2005 mehrheitlich an den Asklepios-Konzern verkauft worden waren – damals gegen den im Rahmen eines Volksentscheids geäußerten Bürgerwillen. In Dresden gelang es am 29.01.2012, die Privatisierung zweier Krankenhäuser zu verhindern.[7]

Zunehmend setzen sich Ärzte, Pflegekräfte und Bürgerinitiative kritisch mit der Privatisierung unserer Infrastrukturgüter auseinander. Dabei geht es nicht *nur* um den Bereich der Krankenversorgung wie dies am Beispiel der ÖPP-Kommission[8] deutlich wird. Die Politik hatte nämlich in der jüngeren Vergangenheit eine ÖPP-Kommission eingesetzt, die unterstützt von Versicherungen und Banken, Vorschläge erarbeitet, wie private Kapitalanleger Zugang zur Infrastruktur in Deutschland bekommen.[9]

34.4 Zukunftsszenarien

Der Ausverkauf der kommunalen Infrastrukturen könnte insbesondere auf die zu erwartende sog. *Postwachstumsphase* in Deutschland und der EU krisenhafte Szenarien entstehen lassen, weil die Infrastruktur Investoren und nicht mehr *zu* den Infrastrukturen gehört (Abb. 34.4).

Das sich andeutende Ende des quantitativen Wachstums bzw. die Postwachstumswirtschaft in Deutschland und Europa, wie sie in gesättigten Märkten stattfindet, stellt die staatliche Aufgabe des Gesundheitswesens vor die Herausforderung, mögliche Zukunftsszenarien durchzuspielen, die kapitalorientierten Investoren zu reglementieren und die Überführung der Trägerstrukturen in Stiftungen zu überdenken.

Wenn Universitätsmedizin wie in Gießen/Marburg privatisiert wird[10], müssen die von dem privaten Unternehmen geforderten Renditeerwartungen mit den Aufgaben eines Universitätsklinikums in Einklang gebracht werden. Und es müssen finanzielle Überlegungen des Trägers und die einem Krankenhaus immanente soziale Aufgabe wahrgenommen werden.[11] Es ist nicht überraschend, dass diese unterschiedlichen Interessenlagen nicht deckungsgleich sind.

Die beschriebenen Risikoszenarien sind bereits bittere Realität, wenn sich private Träger beispielsweise aus dem Rettungsdienst und der Notfallversorgung abmelden, weil dieser Bereich nicht profitabel ist oder wenn Häuser nur noch spezialisiert renditeträchtige Eingriffe anbieten. Wohin steuert unser Gesundheitssystem, wenn »schlechte«

---

7 Vgl. dazu z.B. http://www.gemeingut.org/privatisierung-der-krankenhauser-in-dresden-gestoppt/
8 Eine öffentlich-private Partnerschaft (ÖPP) ist eine vertraglich geregelte Zusammenarbeit zwischen öffentlicher Hand und Unternehmen der Privatwirtschaft in einer Zweckgesellschaft
9 http://www.welt.de/wirtschaft/article137496860/Gabriels-Masterplan-fuer-die-marode-Bundesrepublik.html, kritisch dazu http://www.gemeingut.org/infrastruktur-rettung-durch-privatisierung/

10 Zur Pressereaktion vgl. Die Welt (21.07.2013) Privatisierung der Uniklinik »gescheitert«. http://www.welt.de/regionales/frankfurt/article118251468/Privatisierung-der-Uniklinik-gescheitert.html; Flintrop J, Universitätsklinikum Gießen/Marburg (2013) Abschreckendes Beispiel. Dtsch Ärztebl 110(31-32): A-1461 / B-1285 / C-1269; Rippegather J, Uniklinik Gießen (18.07.2013) Privatisierung. Uniklinik als »Mühlstein«; Frankfurter Rundschau. http://www.fr-online.de/rhoen-klinikum-marburg/uniklinik-giessen-privatisierung-uniklinik-als--muehlstein-,2641638,23751468.html; http://www.spiegel.de/gesundheit/diagnose/privatisierung-von-kliniken-auf-kosten-der-patienten-a-909728.html
11 http://www.notruf113.org/

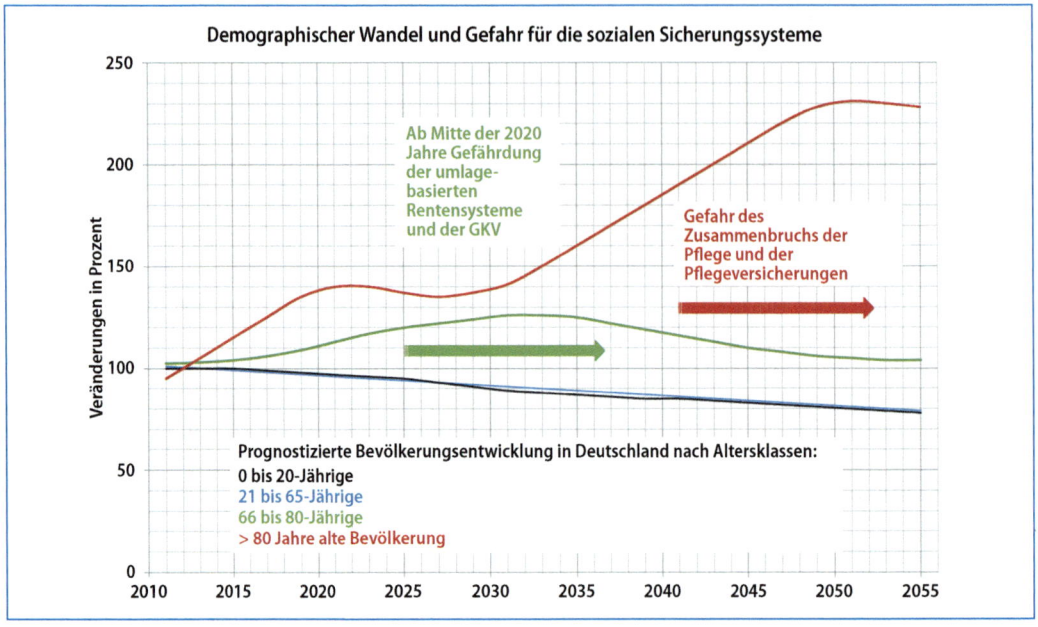

○ **Abb. 34.4** Demographische Veränderungen in der Bevölkerung und Alterung der Bevölkerung (Quelle: Statistisches Bundesamt 2011, 12. koordinierte Bevölkerungsprognose Variante 1-W2)

Risiken erst gar nicht behandelt werden oder eine »Rosinenpickerei« (welch ein absurder Begriff für erkrankte Patienten) seinen Lauf nimmt?

Privatisierungen lassen Gewinne aus Gesundheitsleistungen an private Kapitalgeber fließen; die Gewinne werden damit dem Gesundheitswesen dauerhaft entzogen (▶ Kap. 13, Kap. 14 und Kap. 15). Die Folge ist eine *Verteuerung* für uns alle, was sich bereits in den erwähnten Rückkäufen von Wasser und Stromerzeugern gezeigt hat. Gerade in einer marktwirtschaftlich verfassten Wirtschaftsordnung gibt es einen Bedarf an öffentlicher Leistungserbringung – besonders im Krankenhausbereich.

34.5 Die veränderte Rolle der Ärzte und ihre Zielbetrachtung

Die *Verbetriebswirtschaftlichung des Gesundheitswesens* hat teilweise in aktuellen Chefarztverträgen zu Regressmöglichkeiten bei Unwirtschaftlichkeit seitens der Klinikträger geführt. Viele Chefärzte sind sich häufig gar nicht darüber im Klaren, was sie unterzeichnet haben, und sollten sich ihren Vertrag einmal kritisch durchlesen.

Je mehr Entscheidungen aufgrund von Renditefokussierungen getroffen werden, desto mehr schwinden gemeinwohlorientierte Handlungen.

Verbetriebswirtschaftlichung verändert Medizin. Vor allem im Krankenhaus hat mittlerweile ein Wandel eingesetzt, der medizinische Überlegungen zunehmend in den Hintergrund drängt und stark auf *Rentabilität*, auf *Effizienz* fokussiert ist[12].

Die Steuerungsmöglichkeiten sind hinlänglich bekannt und eingeübt:
- Personalreduktion insbesondere in der Pflege,
- kreatives Codieren und
- maximale Mengenausweitung,
  um nur einige Beispiele zu nennen.

Die Frage, wie unser Gesundheitssystem in einer Postwachstumsphase funktionieren kann, wie unser Gesundheitswesen Resilienz und »Enkeltauglichkeit« erlangen kann, wird eine der großen Herausforderungen der Zukunft werden.

Für einen konstruktiven Dialog, der die Rekommunalisierung von Gemeingütern und das

---

12 Maio G (2012) Gesundheitswesen. Ärztliche Hilfe als Geschäftsmodell. DÄBl 109(16), A 804-807

Einfordern der Daseinsvorsorge vorsieht, könnten folgende *Eckpunkte* bedeutsam sein:
- Eine verbindliche Trendwende zur Daseinsvorsorge, um das vermeidbare Risiko abzuwenden.
- Ein verbindlicher und justitiabler Personalschlüssel, der als Mindeststandard verhindert, dass sich Rendite mit Personalknappheit steigern lässt.
- Die Erhöhung der bisher marginalen Ausgaben für Prävention. Es besteht erheblicher Nachholbedarf. Am 20.03.2015 hat der Bundestag in erster Lesung den Gesetzentwurf der Bundesregierung zur Stärkung der Gesundheitsförderung und der Prävention beraten. Das Gesetz soll 2016 in Kraft treten und wäre ein erster Schritt.
- Das Diktat des DRG-Katalogs entwertet die ärztliche Gesprächsleistung. Deren angemessene Vergütung wird dazu führen, dass nicht nur deren Wert erkannt, sondern auch ihre Gleichberechtigung neben der Behandlung und der Therapie festgeschrieben wird.
- Die im Gesundheitswesen erzielte Rendite muss wieder in das Krankenhaus überführt werden. Dies kann beispielsweise durch die Umwandlung der privaten Träger in Stiftungen erfolgen. Nur so kommt der wirtschaftliche Erfolg den Patienten und Bürgern zugute und nicht den Aktionären.

Dominierende Renditeinteressen von wenigen werden am Ende für uns alle kostspielig werden.

Eine zunehmend entsolidarisierte Gesellschaft muss den Weg hin zu einer patientenorientieren und menschlicheren Medizin beschreiten.

Die jetzige Entwicklung aufzuhalten und eine Trendwende einzuleiten, wird eine der großen Herausforderungen werden.

Das Gesundheitssystem unterliegt keinen Naturgesetzen. Es ist von Menschen gemacht, also können Menschen es auch ändern, nämlich wieder menschlicher machen.

Literatur

Maio G (2012) Gesundheitswesen. Ärztliche Hilfe als Geschäftsmodell. DÄBl 109(16), A 804-807

Obst L (2009) Öffentliche Krankenhäuser: Die Grenzen der Privatisierung Dtsch Ärztebl 106(19): A-924 / B-790 / C-766

Nil nocere (weniger Iatrogenität) – »Klug entscheiden«! Eine Rückbesinnung?

Joachim Steller

35.1 Aktuelle Problematik – 552

35.2 Über- und Unterversorgung in der ambulanten Medizin – 553
35.2.1 Überversorgung – 553
35.2.2 Unterversorgung – 553

35.3 Über- und Unterversorgung in der stationären Versorgung – 554

35.4 Lösungsmodelle – 556

35.5 Ausblick – 557

Literatur – 558

35.1 Aktuelle Problematik

Medizinische Leistungen sollten nach allgemein akzeptiertem Verständnis von Ärzten und Patienten einen Nutzen für den Patienten generieren, der die damit möglicherweise verbundenen Risiken und Nebenwirkungen übersteigt. Auch die Kosten einer Behandlungsmaßnahme sollten zugleich den Nutzen dieser Maßnahme nicht übersteigen. Rechnerische Größen sind hierbei ein größtmögliches *Nutzen-Kosten-Verhältnis*:

Q = N : K (Q = Qualität, N = Nutzen, K = Kosten)

und ein individuelles Optimum des Nachfragers:

Q = N − K (höchster Nutzenkostenabstand)

Einer Optimierung eines Patientennutzens steht entgegen, dass offenbar sowohl in Deutschland als auch im europäischen und außereuropäischen Ausland ein bedeutendes Ausmaß sowohl an Über- als auch an Unterversorgung in der Medizin existiert.[1] Über- und Unterversorgung können dabei sowohl in der Versorgung mit Leistungserbringern (z.B. mit niedergelassenen Ärzten) als auch in der Versorgung mit medizinischen Leistungen (z.B. mit diagnostischen oder operativen Maßnahmen) wahrnehmbar sein. Um eine »flächendeckende und bedarfsgerechte ärztliche Versorgung« zu sichern, soll nach Ansicht des Bundesministeriums für Gesundheit die Nachbesetzung von Vertragsarztsitzen in »überversorgten Regionen« zugunsten der Nach- oder Neubesetzung von Vertragsarztsitzen in schlechter versorgten Regionen reduziert werden.[2] Aber auch in der Leistungserbringung sind eine mögliche Überversorgung und in einem geringeren Ausmaße auch eine Unterversorgung in der Patientenbehandlung in Deutschland scheinbare Realität.[3]

Im Jahr 2011 wurde in den USA eine »Choosing Wisely Initiative« gegründet, die das Ziel verfolgt, unnütze Therapien in der Medizin zu reduzieren und die Risiken, die mit einer unnötigen Behandlung verbunden sind, zu vermeiden. Mehr als 70 medizinische Fachgesellschaften haben sich in den USA dieser Initiative angeschlossen und mehr als 400 Empfehlungen veröffentlicht, die Ärzte und Patienten diskutieren sollen. Kern dieser Choosing Wisely Initiative sind Top-5-Listen aus jeder klinischen Fachdisziplin. Diese Top-5-Listen enthalten fünf medizinische Maßnahmen, bei denen gegenwärtig eine Überversorgung festzustellen sei und bei denen ein verstärkter Bedarf an Information und einer Interaktion bzw. Kommunikation zwischen Arzt und Patient (»Shared Decision Making«) bestünde.[4]

Um dieses Thema auch in Deutschland voranzutreiben, hat das Deutsche Netzwerk Evidenzbasierte Medizin e.V. in 2013 eine Arbeitsgruppe »Gemeinsam klug entscheiden – Choosing Wisely Initiative« gebildet, die sich verschiedene Ziele gesetzt hat:

- Zukünftige Vorgaben für die Erstellung von Top-5-Listen (z.B. Partizipation von Patientenvertretern, Evidenzbasierung, Konsensusverfahren) sollen durch bereits etablierte Methoden zur Leitlinienentwicklung ergänzt werden.
- Top-5-Listen sollen nicht nur für die Über-, sondern auch für die Unterversorgung erstellt werden.
- Die Erstellung von Top-5-Listen ist mit Priorisierungs- und damit mit Ziel-, Wert- und Kriterienentscheidungen verknüpft, die öffentlich diskutiert werden sollen.
- Eine deutsche Initiative mit Top-5-Listen soll auch die Veränderung von Anreizsystemen thematisieren.[5]

---

1 Vgl. Deutsches Netzwerk Evidenzbasierte Medizin e.V. (2013)
2 Vgl. http://www.bmg.bund.de/glossarbegriffe/t-u/ueberversorgung-abbau-von.html
3 Überversorgung beinhaltet die Durchführung von medizinischen Leistungen, die nicht indiziert sind oder deren Nutzen nicht hinreichend gesichert ist. Eine Unterversorgung besteht nach einhelliger Definition dann, wenn Patienten medizinische Leistungen nicht erhalten, die ihnen nutzen würden.

4 Vgl. http://www.choosingwisely.org/
5 Vgl. http://www.ebm-netzwerk.de/pdf/jahresberichte/jahresbericht2013.pdf

35.2 Über- und Unterversorgung in der ambulanten Medizin

35.2.1 Überversorgung

In einer Mitgliederbefragung der Deutschen Gesellschaft für Innere Medizin zur Initiative »Klug entscheiden« antworteten 70% der Rückmelder auf die Frage: »Wie häufig kommen überflüssige Leistungen (Überversorgung) in Ihrem Zuständigkeitsbereich vor?«, so dass die Ärzte hiermit mehrmals pro Woche bis hin zu ein- bis zehnmal täglich konfrontiert würden. Die überwiegende Mehrzahl der Rückmeldungen der befragten Ärzte verbanden dieses Problem mit einer Steigerung der Gesundheitsausgaben, einer Verunsicherung des Patienten und einem potenzieller Schaden, der dem Patienten zugefügt werden könnte. Als Ursache für die Entstehung einer Überversorgung wurde die Sorge vor Behandlungsfehlern und der Druck der Patienten genannt, was die behandelnden Ärzte veranlasst, Leistungen zu erbringen, die in die Kategorie »überflüssige Leistungen« eingeordnet werden können.

Ausschlaggebende Gründe für unnötige diagnostische und/oder therapeutische Maßnahmen sind nach Ansicht der befragten Internisten insbesondere:
- Sorge vor Behandlungsfehlern (79,2%),
- Druck der Patienten (63,3%),
- Erzielung zusätzlicher Erlöse (48,5%),
- Unkenntnis der Leitlinie (43,7%),
- fehlende Zeit für die Patientenversorgung (42,1%),
- fehlende Negativempfehlungen in der Leitlinie (23,9%),
- Sonstiges (9,1%).[6]

35.2.2 Unterversorgung

Bei der Befragung zu einer *Unterversorgung* der Patienten, gaben 50% der Befragten an, dass indizierte diagnostische und therapeutische Leistungen weniger als einmal pro Woche nicht durchgeführt würden, nur 22% beobachteten dies mehrmals pro Woche. Die Mehrzahl der befragten Internisten sah in der Frage einer Unterversorgung aber kein oder nur ein nachrangiges Problem.[7]

Gemeinsam mit mehreren assoziierten Fachgesellschaften hat die Deutsche Gesellschaft für Innere Medizin (DGIM) zur Lösung der Problematik beschlossen, aus ihren Bereichen jeweils fünf Positiv- und fünf Negativ-Klug-entscheiden-Empfehlungen zu erarbeiten, die eindeutig wissenschaftlich belegt sind und die häufige Fälle einer jeweiligen Über- oder Unterversorgung wiederspiegeln sollen. Teilnehmende Fachgesellschaften der Initiative »Klug entscheiden« der DGIM sind:
- Deutsche Gesellschaft für Infektiologie (DGI),
- Deutsche Gesellschaft für Endokrinologie (DGE),
- Deutsche Gesellschaft für Pneumologie (DGP),
- Deutsche Gesellschaft für Angiologie (DGA),
- Deutsche Gesellschaft für Rheumatologie (DGRh),
- Deutsche Gesellschaft für Kardiologie (DGK),
- Deutsche Gesellschaft für Gastroenterologie, Verdauungs- und Stoffwechselkrankheiten (DGVS),
- Deutsche Gesellschaft für Nephrologie (DGfN),
- Deutsche Gesellschaft für Internistische Intensivmedizin (DGIIN),
- Deutsche Gesellschaft für Hämatologie und Onkologie (DGHO),
- Deutsche Gesellschaft für Geriatrie (DGG),
- Deutsche Gesellschaft für Palliativmedizin (DGP).

Die *Klug-entscheiden-Empfehlungen* (KEE) sollten eine Hilfe bei der Indikationsstellung zu diagnostischen und therapeutischen Maßnahmen darstellen, die jeweils auf einer eindeutigen wissenschaftlichen Evidenz basierten. Diese sollten allerdings keinen Ersatz für Leitlinien darstellen, und wie Leitlinienempfehlungen sollten sie keinen Richtliniencharakter haben. Zudem ersetzten KEEs nicht die individuelle Entscheidung aufgrund der spezifischen Situation des einzelnen Patienten und der Erfahrung des Arztes und seien weder für Priorisierungs- noch für Rationierungsüberlegungen geeignet. KEEs könnten allerdings durch Kosteneinsparungen Ressourcen freisetzen, auch wenn diese

---

6 Vgl. Fölsch et al. (2016)

7 Vgl. Fölsch et al. (2016)

nicht ökonomisch motiviert seien, sondern allein dem Ziel verpflichtet, die Versorgungsqualität zu verbessern.[8]

> **Positiv- und Negativ-Klug-entscheiden-Empfehlungen**
> Die Deutsche Gesellschaft für Infektiologie (DGI) hat bereits fünf Positiv- und fünf Negativ-Klug-entscheiden-Empfehlungen konsertiert:
> **Positiv-Empfehlungen**
> — Bei einer S.-aureus-Blutstrominfektion soll eine konsequente Therapie sowie Fokussuche und Fokussanierung erfolgen.
> — Bei einer schweren bakteriellen Infektion sollen rasch Antibiotika nach der Probenasservierung verabreicht und das Regime regelmäßig reevaluiert werden.
> — Bei bestimmten Risikogruppen soll eine Influenzaimpfung durchgeführt werden.
> — Bei Kindern, bei unvollständig geimpften Personen oder bei Personen mit unklarem Impfstatus soll eine konsequente Masernimpfung erfolgen.
> — Bei fehlender klinischer Kontraindikation sollen orale statt intravenöse Antibiotika appliziert werden.
>
> **Negativ-Empfehlungen**
> — Patienten mit unkomplizierten akuten oberen Atemwegsinfektionen sollen nicht mit Antibiotika behandelt werden.
> — Patienten mit asymptomatischer Bakteriurie sollen nicht mit Antibiotika behandelt werden.
> — Der Nachweis von Candida im Bronchialsekret oder in Stuhlproben stellt keine Indikation zur antimykotischen Therapie dar.
> — Die perioperative Antibiotikaprophylaxe soll nicht verlängert fortgeführt werden.
> — Der Nachweis erhöhter Entzündungswerte stellt alleine betrachtet keine Indikation für eine Antibiotikatherapie dar.[9]

Die von den internistischen Fachgesellschaften in Kooperation mit der DGIM erarbeiteten und konzertierten KEE werden im »Deutschen Ärzteblatt« veröffentlicht und sollen im Rahmen von Kongressen und Fortbildungsveranstaltungen vermittelt werden. Zukünftig sollen KEE parallel mit der Erstellung neuer Leitlinien entwickelt werden.

35.3 Über- und Unterversorgung in der stationären Versorgung

Auch im stationären Sektor stellt sich die Frage einer existierenden Über- und Unterversorgung, auch wenn dieser von den Klug-entscheiden-Empfehlungen noch wenig tangiert wird. Der zunehmende wirtschaftliche Druck durch das DRG-System und die unzureichende Investitionsförderung durch die Länder führten bei vielen Krankenhäusern zu Veränderungsprozessen, die nicht ohne Auswirkungen auf die Patientenversorgung geblieben sind.

Ob und inwieweit sich dies in Form von wirtschaftlich begründeten Angebotserweiterungen oder gar Rationierungen auf die Patientenversorgung auswirkt und welche Faktoren hierfür ursächlich sind, war Inhalt einer *Umfrage an deutschen Krankenhäusern*. Um das Ausmaß von Über- und Unterversorgung im Krankenhaussektor zu identifizieren, hatten Reifferscheid et al. (2015) im Jahr 2014/15 etwa 5.000 Fragebögen an Chefärzte verschiedener Fachbereiche sowie an Geschäftsführer und Pflegedirektoren verschickt. Die Ergebnisse der Befragung bestätigten die subjektiven Wahrnehmungen der Krankenhausärzte von einer zunehmenden Ökonomisierung in der stationären Medizin. Von fast allen Befragten wurden erhebliche finanzielle Restriktionen wahrgenommen. 46% der befragten Chefärzte gaben an, Patienten aus ökonomischen Gründen bereits nützliche Maßnahmen vorenthalten oder durch weniger effektive, kostengünstigere Alternativen ersetzt zu haben. 39% der Chefärzte glaubten zudem, dass in ihrem eigenen Fachgebiet die vorherrschenden wirtschaftlichen Rahmenbedingungen zu überhöhten Fallzahlen führten – insbesondere sei dies in der Orthopädie und in der Kardiologie wahrnehmbar.[10]

---

8 Vgl. Hasenfuß et al. (2016)
9 Vgl. Jung (2016

10 Vgl. Reifferscheid et al. (2015)

Dem Thema Über- und Unterversorgung im Krankenhaus hatte sich u.a. auch die Organisation für wirtschaftliche Zusammenarbeit und Entwicklung (OECD) angenommen. Laut einer OECD-Studie aus dem Jahr 2013 hat Deutschland seit Jahren eine der höchsten *Raten an Krankenhausbehandlungen* innerhalb der OECD. Mit 240 Krankenhausfällen pro 1.000 Einwohner im Jahr 2010 liegt Deutschland laut Studie deutlich höher als der OECD-Durchschnitt von 155 stationären Behandlungsfällen pro 1.000 Einwohner. Deutschland ist hiernach eines der Top-3-OECD-Länder für Herz-Kreislauf-Behandlungen im Krankenhaus und hat die zweithöchste Rate an stationären Krebsbehandlungen. In Bezug auf chirurgische Verfahren hat Deutschland innerhalb der OECD die höchste Rate an koronaren Bypass-Operationen, die höchste Rate an künstlichem Hüftersatz und die zweithöchste Rate an Knieendoprothesen. Der Anstieg der Nachfrage nach Krankenhausbehandlungen spiegele aber auch den demografischen Wandel wieder, insbesondere für die Wirbelsäulenchirurgie oder den endoskopischen Herzklappenersatz, bei denen der Anstieg bei Patienten über 75 Jahren deutlich höher war als unter den jüngeren Altersgruppen.[11] Nicht verglichen wurden in dieser Studie die unterschiedlichen Rahmenbedingungen, Versorgungsstrukturen und Abläufe in der Versorgung, z.B. die Häufigkeit und Notwendigkeit einer stationären Reha im Anschluss an eine stattgefundene Operation oder die Notwendigkeit einer stationärer geriatrischer Anschlussheilbehandlung z.B. nach einem Herz- oder Hirninfarkt beim älteren Patienten.

Auch der Deutsche Ethikrat äußerte sich am 05.04.2016 in einer Stellungnahme zur Problematik der Über- und Unterversorgung in deutschen Krankenhäusern. Zwar läge die Dichte der Krankenhäuser und die finanzielle Ausstattung des stationären Bereichs in Deutschland im internationalen Vergleich insgesamt auf einem hohen Niveau, jedoch seien durch eine vorrangige Fokussierung auf Ausgabenverringerung seitens der Krankenkassen und eine Ertragssteigerung auf der Seite der Leistungsanbieter Effekte entstanden, die im Hinblick auf das Patientenwohl Anlass zur Sorge geben würde. Zu solchen Auswirkungen gehörten die Mengenausweitungen der Behandlungsleistungen, die den beabsichtigten Effekt der Kostensenkung aufheben würden. Ferner ginge die Konzentration auf besonders gewinnbringende Behandlungsverfahren zulasten anderer, notwendigerer Behandlungsangebote. Ebenso wie bei der Reduzierung von Behandlungsleistungen stellten sich bei der Ausweitung der Leistungen Fragen nach der individuellen medizinischen Rechtfertigung.

Zudem kämen laut Ethikrat sog. »Drehtür-Effekte« insbesondere bei multimorbiden Patienten vor. Kurzzeitige Entlassungen und Wiederaufnahmen von Patienten oder ihre Verlegung in andere Krankenhäuser mit bereits eingeplanter Rückübernahme zu einem späteren Zeitpunkt und unter einer anderen Diagnose dienten meist nicht dem Wohl des Patienten und einer gesamtökonomisch sinnvollen und qualitativ hochwertigen Behandlung, sondern hätten *rein ökonomische Interessen* des Leistungserbringers als Ursache. Für hochbetagte Patienten und für Patienten mit seltenen Erkrankungen oder Patienten mit besonderen Verhaltensauffälligkeiten sollten neue Honorarvereinbarungen geschaffen werden, um eine korrekte Behandlung auch ökonomisch abbilden zu können. Und um unnötige Eingriffe aus Abrechnungsgründen zu vermeiden, sollten zudem Vergütungsmodelle etabliert werden, die auch die begründete Unterlassung etwaiger Maßnahmen und das Zuwarten vor einer etwaigen Behandlung honorierten.[12]

Ob die Krankenhausbehandlungen und die erbrachten Versorgungsleistungen dabei immer auch medizinisch indiziert sind, muss für jeden Einzelfall entschieden werden. Bei z.B. einer stabilen koronaren Herzkrankheit (KHK) wäre bei einer leitliniengerechten Behandlung primär eine medikamentöse Behandlung die Therapie der ersten Wahl, eine Bypass-Operation wäre bei stabiler KHK hingegen nicht indiziert. Für die Koronarrevaskularisation kommen in indizierten Fällen sowohl die perkutane interventionelle Therapie (PCI) als auch die operative Bypass-Versorgung in Betracht. Bei komplexer koronarer Anatomie verbessere eine Bypass-Operation laut Studienlage die Prognose der Patienten im Vergleich zu einer PCI.[13] Die Bypass-Operation ist

---

11 Vgl. Kumar u. Schoenstein (2013)
12 Vgl. Deutscher Ethikrat (2016)
13 Vgl. Sechtem u. Franke (2015)

zudem bei der koronaren Mehrgefäßerkrankung mit einem SYNTAX-Score[14] von ≥ 23 im Vergleich zur Behandlung mit PCI vorteilhaft in Bezug auf Mortalität, Myokardinfarkt und der Notwendigkeit einer Reintervention.[15] Bei korrekter Anwendung der Empfehlungen der Nationalen Versorgungsleitlinien wäre die Beobachtung der OECD mit »höchsten Raten an koronaren Bypass-Operationen in Deutschland« medizinisch und ethisch begründbar. Eine Restriktion wäre vermutlich dann in den indizierten Fällen zumindest für den Patientennutzen von Nachteil. Allerdings setzt der Patientennutzen tatsächlich auch die Einhaltung der Empfehlungen der Versorgungsleitlinien und der eingehenden Studienlage von allen Beteiligten voraus. Rein ökonomisch begründete Operationsindikationen sind i.d.R. kontraindiziert und aus ärztlicher Sicht abzulehnen.

Auch zu den Folgen der zunehmenden Ökonomisierung für das Krankenhauspersonal nimmt der Deutsche Ethikrat Stellung. Zunehmens verschlechterten sich in der Einschätzung des Ethikrates die *Arbeitsbedingungen* des im Krankenhaus tätigen Personals infolge von Zeitmangel und chronischer Überlastung, sodass es zu einer sinkenden Branchenattraktivität für Fachkräfte und mittlerweile zu einem Fachkräftemangel im Krankenhaus gekommen sei.[16]

35.4 Lösungsmodelle

Wer entscheidet, welche Leistungen dem einzelnen Patienten zustehen, welche als überflüssig erachtet werden und welche sogar mit Nachteilen für den Einzelnen behaftet sind? Ist wirklich eine neue Knieendoprothese notwendig, oder sollte zuerst ernsthaft eine Gewichtsreduktion und Physiotherapie/Yoga im Vordergrund der Behandlung stehen? Wie viele Jahre müsste z.B. ein 80-Jähriger mit symptomatischer KHK die koronare Bypass-Operation überleben, um das OP-Risiko zu rechtfertigen?

Das Institut für Qualität und Wirtschaftlichkeit im Gesundheitswesen (IQWiG) erstellt seit dem Jahr 2004 fachlich unabhängige, evidenzbasierte *Gutachten* zu Arzneimitteln, nichtmedikamentösen Behandlungsmethoden (z.B. Operationsmethoden) sowie Verfahren der Diagnose und Früherkennung (Screening), die z.B. dem Gemeinsamen Bundesausschuss (G-BA) als Grundlage für Entscheidungen über die Vergütung der Leistung oder des Medikamentes durch die gesetzliche Krankenversicherung (GKV) dienen können. Beispielsweise sah das IQWiG im Jahr 2013 nach einer umfangreichen Untersuchung keinen Nutzen der therapeutischen Arthroskopie bei Kniegelenksarthrose gegenüber den meisten Vergleichsinterventionen.[17] Ende 2015 wurde vom G-BA die Vergütung dieser Leistungen aufgehoben.

Die Entscheidung über die korrekte Diagnose, Therapie oder Indikationsstellung zu notwendigen therapeutischen Maßnahmen bleibt dabei auch zukünftig im Zentrum ärztlicher Verantwortung. Unterstützung hierfür erfährt der jeweilige verantwortliche Arzt u.a. durch *medizinische Leitlinien*. Seit Mitte der 90er-Jahre wurden im Rahmen einer Kooperation zwischen dem Ärztlichen Zentrum für Qualität in der Medizin (ÄZQ), der Arbeitsgemeinschaft der Wissenschaftlichen Medizinischen Fachgesellschaften (AWMF) sowie dem internationalen Leitlinien-Netzwerk G-I-N Leitlinien entwickelt, die der Verbesserung der Qualität medizinischer Versorgung durch Wissensvermittlung dienen sollen. Auch die Bundesärztekammer, die Kassenärztliche Bundesvereinigung und die Arbeitsgemeinschaft der Wissenschaftlichen Medizinischen Fachgesellschaften entwickelten Nationale Versorgungs-Leitlinien (NVL) zu häufigen und wichtigen Erkrankungen wie Asthma bronchiale, COPD, Diabetes mellitus, KHK etc.

Die Ziele dieser Leitlinien sind, unter Berücksichtigung der vorhandenen Ressourcen eine gute klinische Praxis zu fördern und die Öffentlichkeit darüber zu informieren, Entscheidungen in der medizinischen Versorgung auf eine rationalere Basis zu stellen, die Stellung des Patienten als Part-

---

14 Evidenzbasiertes Bewertungstool für KHK-Interventionen; vgl. http://syntaxscore.com/
15 Vgl. Nationale Versorgungsleitlinie Chronische KHK (2016), 4. Aufl., Vers. 1
16 Vgl. Deutscher Ethikrat (2016)

17 Vgl. Deutsches Ärzteblatt (2013) IQWiG sieht keinen Nutzen der therapeutischen Arthroskopie bei Gonarthrose (10.09.2013)

ner im Entscheidungsprozess zu stärken und die Qualität der Versorgung zu verbessern.[18] Werden Leitlinien korrekt und regelmäßig angewandt, stellen sie zugleich einen Garant gegen eine Über- oder Unterversorgung im jeweiligen Krankheitsbild dar. Dies beinhaltet die Ausnutzung der zur Verfügung stehenden Diagnoseschritte und die Ausnutzung der zur Verfügung stehenden konservativen Maßnahmen vor der Entscheidung zu weiterführenden invasiven Therapien. Auch wenn Leitlinien keinen verbindlichen Charakter haben, sind sie doch geeignet, die medizinische Behandlung häufiger Krankheitsbilder zu verbessern und sind zugleich Inhalt zahlreicher Qualitätsindikatoren in der medizinischen Patientenversorgung.

Auch die Fortschritte in der operativen Medizin geben Hinweise darauf, dass Patienten im hohen Alter (> 80 Jahre) z.B. mit einer KHK-, einer Herzklappenerkrankung oder auch mit Kombination beider Erkrankungen von einer durchgeführten operativen Revaskularisierung und/oder Herzklappenersatzoperation durchaus profitieren.[19] So steht für jeden Einzelfall eine möglichst evidenzbasierte ärztliche Entscheidung im Vordergrund jeglichen Handelns.

35.5 Ausblick

» Wird es uns möglich werden, in der Zukunft die angesprochenen Probleme einer Über- oder Unterversorgung durch »Klug entscheiden« zu lösen? Und sind die daraus möglicherweise resultierenden Einsparungen von Ressourcen geeignet, wiederum mehr Freiräume für das eigentlich Ärztliche, nämlich einem Mehr an Zuwendung für die Patienten und eine menschlichere Medizin (statt einer zunehmenden Ökonomisierung) zu schaffen?

Vermutlich werden sich mehr Freiräume für eine individualisierte Medizin zumindest im medizinischen Alltag nicht erschließen lassen. Sowohl in der ambulanten Patientenversorgung als auch im Krankenhaussektor sind die stattgefundenen ökonomischen Veränderungen, die ihre Ursachen in den Gesundheitsgesetzgebungen der letzten Jahre haben, nicht mehr zu revidieren. Die Finanzierungsbeschränkungen unserer ambulanten wie auch stationären Versorgung haben zu einem echten wettbewerbsorientierten Umbau unseres Gesundheitssystems geführt, in dem überwiegend ökonomische Gesetze gelten, in dem es wenig Spielraum für eine individuelle Patientenbetreuung gibt und in dem die Schwächeren auf allen Seiten verlieren.

Vor allem in der stationären Versorgung wurden Krankenhäuser zunehmend nach den Regeln einer industriellen Unternehmensführung umgebaut. Der Versorgungsauftrag ist dabei politisch gewollt einer Gesundheitsökonomie gewichen, die nach eigenen Regeln funktioniert. Der ärztliche Einfluss scheint nur noch von nachrangiger Bedeutung. Die Ökonomie beherrscht heute in weiten Teilen die Szene.

Der teilweise nichtregulierte Gesundheitsmarkt schafft sich dabei im ambulanten Sektor, aber auch im Krankenhaussektor, im Pharmabereich und im Bereich der Medizinprodukte oftmals einen eigenen Markt. Dabei orientieren sich Angebot und Nachfrage vorwiegend an ökonomischen Gesetzmäßigkeiten. Weniger lukrative Leistungen sowie für den Anbieter nicht lohnende Medikamente oder Medizinprodukte werden eingeschränkt bzw. vom Markt genommen, gewinnbringende Bereiche werden hingegen zum Teil über das medizinisch Notwendige hinaus ausgebaut. Und unter marktwirtschaftlichen Gepflogenheiten finden sich hierfür zugleich auf allen Seiten zahlreiche Protagonisten.

Profitieren von einer evidenzbasierten Medizin und der Qualität unseres Gesundheitswesens, das zu den besten der Welt gehört, kann derzeit in Deutschland oftmals noch der Patient. Dass dies so bleibt, erfordert nicht ein »Weniger«, sondern eher ein »Mehr« an politischer Mitsprache der eigentlichen Leistungserbringer, der Ärzte und des Krankenhaus- und Pflegepersonals und ihrer Vertretungsorgane. Die Beibehaltung einer hochwertigen Versorgung bedeutet zugleich ein »Weniger« an ökonomisch fehlgeleiteten Entscheidungen in unserem Gesundheitssystem. Dies bedeutet auch, dass die eigentlichen Leistungserbringer in unserer Gesundheitsversorgung, d.h. die Ärzte, die Pflege etc.,

---

18 Vgl. http://www.leitlinien.de/leitlinien-grundlagen/aufgaben-ziele
19 Vgl. Friedrich (2009)

nicht weiter an Einfluss verlieren und die ökonomischen Interessen von Krankenkassen und Krankenhausträgern nicht zunehmend die Oberhand gewinnen dürfen.

Schließlich sind es unsere Universitäten, unsere Kliniken und deren Mitarbeiter, unsere ambulanten Versorger sowie unsere Fachgesellschaften, die durch ihren Einsatz und ihr Engagement zu einer fortdauernden Verbesserung der Gesundheitsversorgung und zur Erfüllung unseres eigentlichen Auftrages, eine erstklassige Medizin zum Nutzen unserer Patienten bereit zu stellen, den entscheidenden Beitrag leisten.

Literatur

Deutscher Ethikrat (2016) Patientenwohl als ethischer Maßstab für das Krankenhaus. Stellungnahme vom 05.04.2016. Deutscher Ethikrat, Berlin

Deutsches Netzwerk Evidenzbasierte Medizin e.V. (2013). Pressemitteilung vom 22.05.2014. DNEbM, Berlin

Fölsch U, Faulbaum F, Hasenfuß G (2016) Mitgliederbefragung zu »Klug entscheiden«: Wie Internisten das Problem von Über- und Unterversorgung werten. Dtsch Ärztebl 2016; 113(13): A-604 / B-510 / C-506

Friedrich I, Simm A, Kötting J, Thölen F, Fischer B, Silber R (2009) Der alte Patient in der Herzchirurgie. Dtsch Ärztebl Int 2009; 106(25): 416-22

Hasenfuß G, Märker-Herrmann E, Hallek M, Fölsch U (2016) Initiative »Klug entscheiden«: Gegen Unter- und Überversorgung. Dtsch Ärztebl 2016; 113(13): A-600 / B-506 / C-502

Jung N (2016) Klug entscheiden in der Infektiologie. Dtsch Ärztebl 2016; 113(13): A-608 / B-514 / C-510

Kumar A, Schoenstein M (2013) Managing hospital volumes – Germany and experiences from OECD countries. OECD, Paris

Reifferscheid A, Pomorin N, Wasem J (2015) Ausmaß von Rationierung und Überversorgung in der stationären Versorgung Ergebnisse einer bundesweiten Umfrage in deutschen Krankenhäusern. Dtsch med Wochenschr 2015; 140: e129–e13

Sechtem U, Franke U (2015) Stabile koronare Herzkrankheit – wann operieren? Dtsch med Wochenschr 2015; 140(23): 1741-1746

Welche Investition bestimmt noch immer den Erfolg? Das Human Resource Management

Christian Maier, Kay Goerke

36.1 Einleitung – 560

36.2 Mitarbeiterbedürfnisse, Hygienefaktoren und Motivatoren, Commitment und Zufriedenheit – 560

36.3 Ergebnisse der Ärztebefragung des Marburger Bundes – 561

36.4 Folgen der Anpassung des Arbeitszeitgesetzes für Krankenhausärzte – 563

36.5 Ärztemangel und dessen Folgen – 563

36.6 Instrumente der Personalplanung, des Personalmanagements und der Personalentwicklung – 564

36.7 Motive für einen Stellenwechsel auf ärztlicher Leitungsebene – 566

36.8 Fazit – 567

Literatur – 568

36.1 Einleitung

Waren die Arbeits- und Weiterbildungsbedingungen in deutschen Krankenhäusern in den 1990er-Jahren noch geprägt durch die sog. »Ärzteschwemme«, in der junge Mediziner kaum Chancen hatten, sich das Krankenhaus ihrer Wahl für die notwendige Facharztausbildung auszusuchen, hat sich die Situation heutzutage in das Gegenteil verkehrt. Die Mehrzahl der Krankenhäuser in Deutschland haben *Probleme bei der Personalbeschaffung*. Durchschnittlich dauert es 167 Tage, bis ein geeigneter Bewerber gefunden wird. Derzeit stehen 2.000 Stellen für Ärzte und 6.000 Stellen für Pflegekräfte in Krankenhäusern offen. Dabei arbeiten bereits ca. 25.000 ausländische Ärzte in Deutschland, und auch die Zahl der ausländischen Pflegekräfte nimmt ständig zu.[1] Selbst bei der Besetzung Leitender Krankenhausärzte herrscht Mangel. Eine *fehlende Motivation*, eine Chefarztposition zu übernehmen, zeigt sich besonders im Gebiet der Frauenheilkunde und Geburtshilfe. Dies könnte laut einer Veröffentlichung im »Deutschen Ärzteblatt« u.a. mit dem hohen Frauenanteil in diesem Fachgebiet zusammenhängen. Aufgrund der schlechten Vereinbarkeit von Beruf und Familie könnten Gynäkologinnen eher geneigt sein, auf eine klassische Karriere im Krankenhaus zu verzichten. Allerdings zeige sich auch, dass auch die männlichen Kollegen immer weniger Interesse an Chefarztpositionen hätten (▶ Kap. 2).[2]

Die Studie »Arbeitgeberattraktivität deutscher Krankenhäuser« untersuchte im vergangenen Jahr, inwieweit Krankenhäuser die *Bedürfnisse ihrer Mitarbeiter* erfüllen. Hierzu wurden Chefärzte und Leitende Oberärzte, ärztliche und kaufmännische Geschäftsführer, ärztliche Mitarbeiter (Oberärzte, Fachärzte und Assistenzärzte) und Medizinstudenten befragt. Im Ergebnis beurteilten alle befragten Gruppen die Arbeitgeberattraktivität ihres Hauses und die Attraktivität ihrer Abteilung als »eher durchschnittlich«. Besonders kritisch beurteilten Chefärzte, Leitende Oberärzte und Assistenzärzte ihr Krankenhaus. Es zeigte sich, dass Assistenzärzte am unzufriedensten mit ihrer Arbeitssituation waren, diese aber nach Einschätzung der Leitenden Ärzte am meisten gebraucht würden.[3]

Ähnlich pessimistisch äußerte sich bereits die Landesärztekammer Hessen. Ungeachtet des zunehmenden Ärztemangels habe sich an den belastenden Arbeitsbedingungen und der unzureichenden Einkommenslage von Krankenhausärztinnen und -ärzten an vielen hessischen Kliniken zu wenig geändert. Vor allem junge Ärztinnen und Ärzte hätten den Anspruch, Beruf, Familie und Freizeit miteinander zu verbinden. Wenn zukünftig ausreichend Fachärzte zur Verfügung stehen sollen, müssten Krankenhäuser *familienfreundlicher* werden.[4]

36.2 Mitarbeiterbedürfnisse, Hygienefaktoren und Motivatoren, Commitment und Zufriedenheit

Warum sind Ärzte mit ihrer Arbeitssituation in Krankenhäusern unzufrieden? Und worauf legen diese besonderen Wert? Mit dem Thema menschliche Bedürfnisse und deren Befriedigung beschäftigten sich bereits in der Mitte des vergangenen Jahrhunderts die beiden US-amerikanischen Forscher Maslow und Herzberger. Abraham Maslow entwickelte ein 5-Stufen-Modell der Motivation (Bedürfnispyramide), das rasch Einzug in die Betriebswirtschaftslehre gefunden hat. Sobald die Bedürfnisse einer vorherigen Stufe gestillt sind, strebt der Mensch (Mitarbeiter) eine Befriedigung der Bedürfnisse der nächsthöheren Stufe an.

Die erste Stufe der Maslowschen Bedürfnispyramide beschreibt dabei die *Grundbedürfnisse* des Individuums (Trinken, Essen, Schlafen, Sexualität), die zweite Stufe die *Sicherheit* (materielle und berufliche Sicherheit, Versicherungen, Kündigungsschutz etc.), die dritte Stufe die *sozialen Bedürfnisse* des Einzelnen (Kommunikation, Partnerschaft, Freundschaft, Gruppenzugehörigkeit etc.), die vierte Stufe die »*Ich-Bedürfnisse*« (Anerkennung,

---

1 Zeit-online.de (22.01.2016): Fachkräftemangel im Gesundheitswesen
2 Martin (2014)
3 Schubert (2016)
4 http://www.laekh.de/presse/pressemitteilungen-archiv/pressemitteilungen-archiv-2012/914-pm-2012-01-13-ausbeutung, veröffentlicht: 13.01.2012

Geltung, Macht und Einfluss etc.) und die fünfte und letzte Stufe der Pyramide die *Selbstverwirklichung* (Individualität, Gerechtigkeit, Selbstlosigkeit etc.). Das Maslowsche Modell gilt heute noch als psychologisches Basiswissen und findet Beachtung in der Motivationsforschung und -entwicklung im Unternehmen sowohl für den Kunden-, als auch für den Mitarbeiterbereich.

Frederick Herzberg beschreibt in seinen Arbeiten, dass das Verhalten (Motivation) von Mitarbeitern durch zwei Faktoren beeinflusst wird:
1. **Hygienefaktoren (Dissatisfiers):** Diese Faktoren können ein Individuum von einer extremen Unzufriedenheit in einen motivationsneutralen Zustand versetzen, aber noch keine Motivation herbeiführen. Beispiele sind Gehalt, Arbeitsplatzsicherheit, Möglichkeit der Arbeitsplatzgestaltung etc. Eine Verschlechterung der Hygienefaktoren führt zur Unzufriedenheit.
2. **Motivatoren (Satisfiers):** Diese können Mitarbeiter aus einem motivationsneutralen Zustand in einen Zustand der Zufriedenheit versetzen. Beispiele hierfür sind die Übernahme von Verantwortung, Aufstiegsmöglichkeiten, berufliche oder persönliche Anerkennung etc.[5]

Unter dem Begriff »Commitment« versteht man in der Arbeitspsychologie die gefühlsbezogene *Bindung* des Mitarbeiters an das Unternehmen. Der Mitarbeiter identifiziert sich bei hohem Commitment-Faktor mit seinem Unternehmen und fühlt sich positiv eingebunden. Unternehmen profitieren ihrerseits von einer hohen Mitarbeiterbindung. Die Mitarbeiter erledigen ihre Arbeit motivierter, zufriedener und produktiver, sind weniger krank und verlassen seltener auf eigenen Wunsch hin das Unternehmen.[6] In der Literatur findet sich eine positive Korrelation zwischen *Mitarbeiterzufriedenheit* und Commitment.

Zur Zufriedenheit gehört auch eine hohe *intrinsische Motivation* (Freude am Gestalten, an der Selbstverwirklichung, an der Verantwortung, am Lernen etc.) und eine ausreichende *extrinsische Motivation* (Lob und Anerkennung, finanzielle Anreize, Beförderung etc.). Bleibt die extrinsische Motivation aus, ist unter Leitenden Ärzten eine Tendenz zur Verausgabung (»overcommitment«) zu erkennen. Besonders Ärztinnen setzen ihr Leistungslevel immer höher, um Anerkennung zu erreichen; dies impliziert jedoch einen hohen Risikofaktor für Stress (▶ Kap. 29).[7]

Gerade in dem Wissensunternehmen Krankenhaus ist vorstellbar, dass (nicht nur) die ärztlichen Mitarbeiter einen hohen Wert in der *Anerkennung* ihrer Arbeit und in ihrer *Selbstverwirklichung* sehen. Den ohnehin ungünstigen Arbeitszeiten und den besonderen Belastungen des Arbeitsalltags sollten deshalb Motivatoren wie Aufstiegsmodelle oder zumindest Modelle für die Anerkennung des oft überdurchschnittlichen persönlichen Einsatzes gegenüberstehen. Klinikgeschäftsführungen wären daher gut beraten, sich intensiver ihren Mitarbeitern zu widmen, sie zu fördern und ihnen eine berufliche Perspektive anzubieten. Leider werden diese oftmals aber als reine Kostenstellen betrachtet, deren Effektivität es weiter zu optimieren gilt.

36.3 Ergebnisse der Ärztebefragung des Marburger Bundes

Dass die Themen Mitarbeiterbindung, Mitarbeiterzufriedenheit und Commitment in dem Unternehmen Krankenhaus offenbar den ökonomischen Zwängen nachgeordnet sind, zeigt sich auch in dem Ergebnis der Online-Umfrage des Institutes für Qualitätsmessung und Evaluation (IQME), welche diese im Auftrag des Marburger Bundes in der Zeit vom 04.09. bis 04.10.2015 bundesweit durchgeführt hat und an der 3.895 angestellte Ärztinnen und Ärzten aus allen Krankenhausträgergruppen teilgenommen haben.

Der Marburger Bund veröffentlichte die Ergebnisse der Studie kürzlich als »MB-Monitor 2015«. In der Zusammenfassung der Ergebnisse dieser Studie fühlen sich mehr als die Hälfte der Klinikärzte (59%) durch ihre Tätigkeit »häufig psychisch belastet«. Knapp drei Viertel der Klinikärzte (72%) beschreiben, dass die Arbeitszeiten im Kranken-

---

5 http://www.wirtschaftslexikon24.com/d/zwei-faktoren-theorie/zwei-faktoren-theorie.htm
6 Morrow (2011, S. 18-35)

7 Hollmann u. Geissler (2012, S. 42-48)

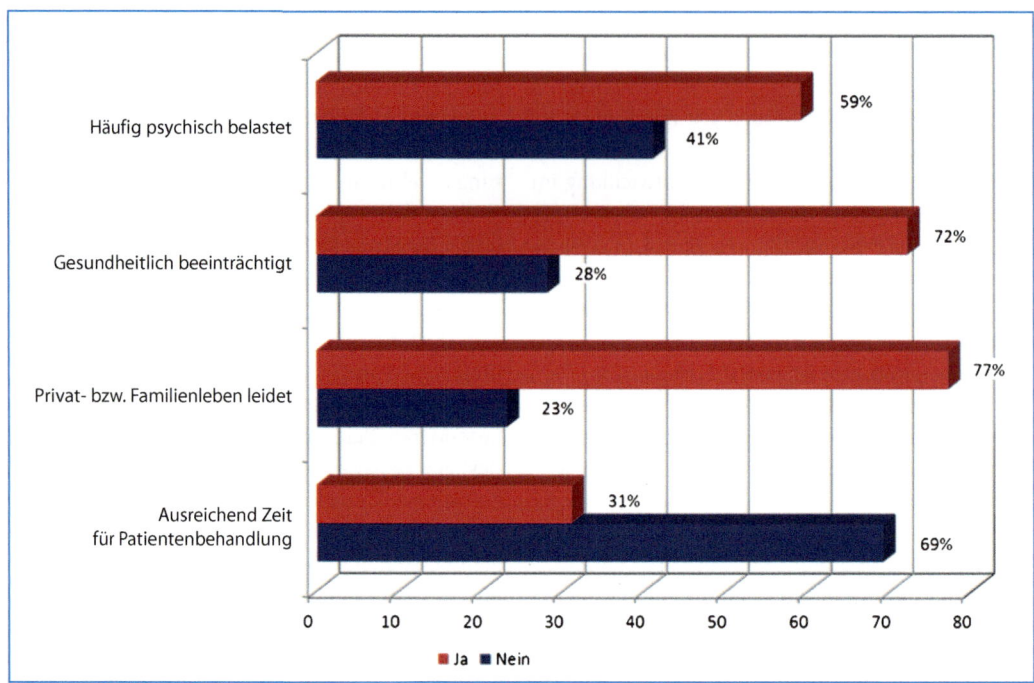

Abb. 36.1 Ergebnisse der Befragung von Klinikärzten des Marburger Bundes (Quelle: MB-Monitor 2015)

haus ihre eigene Gesundheit beeinträchtigen, z.B. in Form von Schlafstörungen und häufiger Müdigkeit. 69% der Befragten geben an, dass ihnen keine ausreichende Zeit für die Behandlung ihrer Patienten zur Verfügung stehe. 77% aller Befragten beklagen, dass die Arbeit sie zu stark in Anspruch nehme, dass dadurch das Privatleben bzw. das Familienleben leide. 46% der Klinikärzte erwägen, die jetzige Tätigkeit aufzugeben. Als Gründe hierfür nennen die Teilnehmer der Studie eine zu hohe Arbeitsbelastung, zu viele Dienste und eine fehlende Wertschätzung durch die Vorgesetzten und die Arbeitgeber (Abb. 36.1).

Beim Vergleich der Mitgliederbefragungen des Marburger Bundes aus den Jahren 2010 und 2013 zeigt sich, dass die tatsächliche *Wochenarbeitszeit* inklusiv aller Dienste und Überstunden bei mehr als drei Viertel der Befragten Ärzte im Krankenhaus im Durchschnitt deutlich über 48 Stunden pro Woche liegt und damit die Höchstgrenze nach dem Arbeitszeitgesetz überschreitet. Jeder fünfte Klinikarzt arbeitet sogar 60–79 Stunden pro Woche[8].

Auf die Frage, ob ökonomische Erwartungen des Arbeitgebers die Diagnose- und Therapiefreiheit beeinflussen würden, antworteten 9% der Klinikärzte des Marburger Bundes mit »Ja, fast immer«, 30% mit »Ja, häufig«, 34% mit »Manchmal«, 21% mit »Selten« und 6% mit »Nie«.[9]

Fast 22% der Ärzte verzeichnen laut einer Studie der Hans-Böckler-Stiftung aus dem Jahr 2010 eine Dysbalance zwischen Arbeitsanforderungen, Verantwortung und Entscheidungsspielräumen. Besonders Chef- und Oberärzte neigten zur beruflichen Verausgabung. Erschöpfungsdepressionen, Alkohol- und Medikamentenmissbrauch. Scheidungsraten und Suizid lägen bei Ärzten insgesamt höher als in der Allgemeinbevölkerung.[10]

---

8 Marburger Bund (2015)

9 Marburger Bund (2015)
10 Hollmann u. Geissler (2012, S. 34)

36.4 Folgen der Anpassung des Arbeitszeitgesetzes für Krankenhausärzte

Trotz *Arbeitszeitgesetz* (ArbZG), das im Jahr 2003 europarechtskonform angepasst wurde und spätestens ab dann auch in Kliniken umgesetzt werden musste, zeigt der MB-Monitor auch, dass z.T. offenbar bundesweit immer noch gegen gültige Rechtsnormen verstoßen wird. Dies, obwohl in Folge der Umsetzung der rechtlichen Anforderungen zunehmend Bereitschaftsdienste, Rufbereitschaftsdienste oder Schichtdienste für ärztliche Mitarbeiter zu den wenig beliebten Nacht- und Wochenendzeiten in deutschen Krankenhäusern Einzug hielten und diese zudem i.d.R. durch sog. *Freizeitausgleiche* vom Krankenhausarzt häufig weitestgehend unentgeltlich verrichtet werden müssen. Damit war die Umsetzung des Arbeitszeitgesetzes im Krankenhaus für den Einzelnen durchaus auch mit *finanziellen Einbußen* verbunden, was mit einer Reduzierung der Zufriedenheit der ärztlichen Mitarbeiter einherging.

In der Folge der Arbeitszeitgesetzgebung ist die Anzahl der im Krankenhaus angestellten Ärzte seit 1995 bis heute von 132.736 auf 181.012 angestiegen. Diese Entwicklung ging einher mit einer wesentlichen Verweildauerreduzierung für die stationäre Krankenhausbehandlung, einer deutlichen Krankenhaus- und Bettenreduzierung und einer Fallzahlsteigerung von 14 Mio. (im Jahr 1991) auf derzeit 19 Mio. Fälle mit nachweislich höherer Morbidität.[11] Zugleich resultierte hieraus, sowie aus den mit der DRG-Einführung erforderlichen zusätzlichen Dokumentationsaufgaben, eine erhebliche *Zunahme der Arbeitsbelastung und -intensität* für die im Krankenhaus angestellten Ärzte. Zahlreiche Krankenhausärzte haben derzeit ihre Anstellungsverträge auf Teilzeitanstellungen reduziert, um die gestiegenen inhaltlichen Anforderungen des Berufes und die gestiegenen Dienstbelastungen zu kompensieren. In der Folge entstand, trotz gestiegener Anzahl der ärztlichen Mitarbeiter, ein inzwischen genereller Ärztemangel im Krankenhaussektor.

Dass Krankenhäuser in Deutschland nicht zu den Favoriten unter den »Besten Arbeitgebern 2015« gehören, zeigt auch das Arbeitgeber-Ranking des Nachrichtenmagazins »Focus«, in dem Krankenhäuser nur vereinzelt Erwähnung finden, und dann auch nur untere Ranking-Plätze belegen.[12]

36.5 Ärztemangel und dessen Folgen

Auf den gravierenden Ärztemangel insbesondere auch in den chirurgischen Fächern hat jetzt auch die Deutsche Krankenhausgesellschaft für Chirurgie anlässlich des 132. Kongresses in München hingewiesen. Lediglich 5% der Medizinstudierenden wollten sich nach dem Praktischen Jahr in einem chirurgischen Fach weiterbilden.

Es seien funktionierende Teilzeitmodelle erforderlich, die es Müttern und Vätern ermöglichten, nach einer Auszeit mit reduzierter Stundenzahl auf chirurgische Stationen zurückzukehren. Zudem müssten Personalkapazitäten geschaffen werden, um Vertretungen während Schwangerschaft, Mutterschutz, Elternzeit oder auch durch Fehlzeiten bei der Erkrankung des Kindes Ersatz zu schaffen. Die Kosten hierfür seien allerdings weder in den Fallpauschalen noch in sonstigen Erstattungen für Kliniken eingepreist. Nur durch einen *höheren Personalschlüssel* ließen sich die wachsenden Anforderungen an Qualität und eine optimale Patientenversorgung zukünftig gewährleisten.[13]

Bei der ohnehin angespannten Arbeitsmarktsituation, der mangelnden Attraktivität bestimmter Fachbereiche mit hoher körperlicher Beanspruchung oder extremer Arbeitsbelastung und bei der mangelnden Attraktivität mancher v.a. ländlicher Regionen fehlt bereits jetzt oftmals in der jüngeren Arztgeneration die Akzeptanz, die genannten Defizite aufzufangen. Zwar sichert die berufliche Tätigkeit dem Assistenzarzt ein ausreichendes Einkommen, Reichtümer können allerdings auch bei noch so großen Anstrengungen über die beruflichen Tätigkeiten als Krankenhausarzt oder auch im ambulanten Sektor nicht mehr er-

---

11 Plücker (2015)

12 Focus (28.01.2015): Das sind Deutschlands beste Arbeitgeber

13 http://www.aerzteblatt.de/nachrichten/62616/Familienfreundliche-Arbeitszeitmodelle-in-der-Chirurgie-brauchen-Foerderung

worben werden. Somit nimmt stattdessen die Gestaltung der *Freizeit* und des *Familienlebens* einen größeren Platz im Leben insbesondere von jungen Ärzten ein.

Die Themen Mitarbeiterbindung, Mitarbeiterzufriedenheit und Commitment scheinen bei der Mehrzahl der Verwaltungsleitungen bzw. Geschäftsführungen der Krankenhäuser noch nicht wirklich angekommen zu sein. Gemeinsam mit den Resultaten einer verfehlten Human Resource- und Gesundheitspolitik wird sich dies vermutlich zukünftig in weiter rückläufigen Bewerbungen auf Assistenzarztstellen, aber auch auf Chef- und Oberarztstellen in deutschen Krankenhäusern niederschlagen.

36.6 Instrumente der Personalplanung, des Personalmanagements und der Personalentwicklung

Existiert in deutschen Krankenhäusern eigentlich eine durchdachte Personalplanung und wie wird diese umgesetzt? Wie sind die Anforderungsprofile an leitende Mitarbeiter, die schließlich für den Erfolg des Unternehmens Krankenhaus verantwortlich sind? Welche Instrumente der Personalplanung, des Personalmanagements und der Personalentwicklung stehen überhaupt zur Verfügung und wie werden diese in den Krankenhäusern genutzt?

In Deutschland sind in vielen Kliniken Chefarztstellen neu zu besetzen. Wer sich mit den Anzeigen im »Deutschen Ärzteblatt« oder den einschlägigen Jobportalen im Internet genauer beschäftigt, stellt fest, dass es heute für einen potenziellen Chefarzt nicht mehr ausreicht, im Bereich der Medizin fachkompetent zu sein. Oft ist davon die Rede, dass dem zukünftigen Stelleninhaber nicht nur die Verantwortung für die medizinischen Belange der Abteilung, sondern auch die organisatorische und vor allem die wirtschaftliche Verantwortung für diesen Bereich übertragen werden wird. Problematisch ist nur, dass der wirtschaftliche Erfolg der eigenen Abteilung nicht alleine vom eigenen Tun abhängig ist, sondern im Spannungsfeld vielfältiger Interessen liegt. Zunehmend gilt die Regel, dass der Arbeitgeber die wirtschaftlichen Ziele vorgibt, welche dann von dem zukünftigen Abteilungsleiter erreicht werden müssen. Andere, zumindest gleichwertige Anforderungen wie eine qualifizierte Patientenversorgung, eine Mitarbeiterorientierung oder die Verfolgung nachhaltiger Ziele, werden diesem Hauptziel oft untergeordnet oder als selbstverständlich vorausgesetzt.

Was bei manchen Geschäftsführungen und bei der Zielvorgabe einiger Klinikbetreiber mitunter übersehen wird, ist, dass ein Krankenhaus fachlich exzellente Mediziner braucht, von deren Rénomé der Ruf der Klinik abhängt.

Wenn sich ein Chefarzt bzw. ein angehender Chefarzt entscheiden müsste, bei wem er arbeiten möchte, würde er sich bevorzugt für ein Krankenhaus in öffentlicher Trägerschaft entscheiden. Eine Stelle in einer privaten Klinik wird als am wenigsten attraktiv angesehen. Auch wenn konfessionelle Häuser im Bereich sozialer Kompetenz hier besser abschneiden, rangieren sie in puncto moralische Vorgaben schlechter. Bei der Übereinstimmung eigener *Werte* mit denen des Krankenhausträgers hinken private Krankenhausträger anderen hinterher.[14]

Gerade in Zeiten des Mangels an qualifizierten Mitarbeitern (potenzielle Gründe: weniger Absolventen, zunehmend Teilzeitstellen, Work-Life-Balance, »die Medizin wird weiblich«, Elternzeit für Väter, Generation Y) werden immer öfter Tätigkeiten des klassischen *Personalmanagements* und der *Personalentwicklung* von der Klinikleitung auf die Chefärzte übertragen. Dies mit dem Hinweis, die Chefärzte seien leitende Mitarbeiter der Klinik und mit einer ausreichenden Personalverantwortung ausgestattet. Somit werden oftmals eigene Verantwortungsbereiche der Klinikgeschäftsführungen auf die nachgeordneten Chefärzte verlagert.

Welche theoretischen Möglichkeiten bestehen, um eine suffiziente Verwaltung und Entwicklung von Humanressourcen sicher zu stellen? Unter dem Überbegriff »Personalmanagement« sind Aufgaben des quantitativen und qualitativen Personalmanagements zusammengefasst. Unter *quantitativer* Personalarbeit versteht man u.a. die Personalplanung, die Personalbeschaffung, den Personaleinsatz und die Freistellung von Personal. Diese Tätigkeiten

---

14 Deutsches Ärzteblatt (2014)

Tab. 36.1 Personalmanagement quantitativ vs. qualitativ (modif. nach Beck u. Schwarz 2004)

Quantitatives Personalmanagement	Qualitatives Personalmanagement
Personalplanung: Wie viele, wann und wo? Personalbeschaffung und Marketing: Woher? Attraktiver Arbeitsplatz/Arbeitgeber? Personaleinsatz: Wer ist wann mit welcher Qualifikation an welchem Platz und setzt die vorhandenen Ressourcen effizient ein? Personalfreisetzung: Wer muss gehen?	Personalentwicklung: Begleitung und Vorbereitung von Personal auf Entwicklungen und Einflüsse auf das Unternehmen, von innen und außen. Fort- und Weiterbildung: Erstellung und Bereitstellung von Fort- und Weiterbildungseinheiten. Personalbeurteilung: Evaluierung der Mitarbeiter auf Leistungsfähigkeit, Leistungswilligkeit und Anpassungsfähigkeit. Entlohnungs- und Aufstiegsplanung: Wer will wann wohin und wie? Zielvereinbarungen

sind heute noch in vielen Kliniken bei der Personalabteilung oder -verwaltung verortet.

Das *qualitative* Personalmanagement ist das eigentliche Feld der Personalentwicklung. Hierunter werden die Personalentwicklung selbst, aber auch die Bereiche Fort- und Weiterbildung, Personalbeurteilung und Entlohnungs- und Aufstiegsplanung subsummiert[15] (Tab. 36.1).

Eine größere Bedeutung kommt den qualitativen Bereichen des Personalmanagements zu, der *Personalentwicklung*. Unter dem Begriff »Personalentwicklung« versteht man »das aufeinander Abstimmen von Bildung, Förderung und Organisationsentwicklung auf Basis der individuellen Unternehmensbedürfnisse sowie das Ableiten geeigneter Maßnahmen und Strategien, die eine Qualifizierung von Humanressourcen zum Ziel haben«.[16, 17]

Ziele der *Organisationsentwicklung* sind zum einen die Humanisierung der Arbeit durch eine gesteigerte Zufriedenheit der Mitarbeiter und dadurch eine Verbesserung der Qualität der Arbeit und zum anderen eine Verbesserung der organisatorischen Leistungsfähigkeit des Unternehmens zur Erreichung der strategischen Ziele.[18, 19] Durch die Planung von Zielen sollen einerseits durch die geförderte Maßnahme selbst Verhaltensänderungen des Mitarbeiters bewirkt und andererseits durch Formulierung organisationsbezogener Ziele die Entwicklung des Unternehmens gefördert werden.

Durch eine individuelle Abstimmung der geplanten *Fort- und Weiterbildung* auf die Ziele des Unternehmens auf der einen und die des Mitarbeiters auf der anderen Seite ist der Einsatz von Ressourcen zu rechtfertigen, da der Mitteleinsatz im Sinne des Unternehmens und des Mitarbeiters und damit möglichst effizient erfolgt.

Die Mitarbeiter haben als Teilnehmer an einer geförderten Maßnahme die Aufgabe, nicht nur sich selbst weiterzubilden, sondern auch dafür Sorge zu tragen, dass das erworbene Wissen in die Organisation gebracht wird. Dazu müssen die Fort- und Weiterbildungsinhalte aktiv mit den Zielen des Unternehmens und den Mitarbeiterinteressen und deren Potenzialen abgestimmt werden. Die Grundvoraussetzung hierfür ist, dass bei allen Mitarbeitern des Unternehmens ein Konsens darüber besteht, gemeinsam zu einer Verbesserung bzw. Weiterentwicklung des Unternehmens beizutragen und damit dessen Existenzsicherung zu unterstützen.[20] Abschließend sollen die Führungskräfte des Unternehmens im Rahmen der *Personalbeurteilung* den Wissenstransfer im Unternehmen überprüfen. Deshalb ist die dem Mitarbeiter geförderte Bildungsmaßnahme von diesem aktiv vor- und nachzubereiten. Über die Aufbereitung der Inhalte der Fort- und Weiterbildungsmaßnahme und deren Transfer des erworbenen Wissens in das Unternehmen sollte es gelingen, dem Unternehmen für den Einsatz von Ressourcen auch einen entsprechenden Nutzen zurückzugeben.

---

15 Beck u. Schwarz (2004)
16 Bartscher
17 Becker (2005)
18 Schewe u. Maier
19 Bartscher

20 Beck u. Schwarz (2004)

Ein Chefarzt muss sich also zwangsläufig mit den Themen des Personalmanagements und der Personalentwicklung beschäftigen, da er das bestehende Personal mit den notwendigen Kompetenzen ausstatten muss. Zudem wird sich der Arbeitsplatz Krankenhaus weiterhin ständig verändern, sei es durch interne oder externe Einflüsse. Nur wer Chef im eigenen Haus ist, mit den eigenen Ressourcen klug umgeht und sich selbst steuern kann, wird dauerhaft seine Arbeit als erfüllend erleben.[21]

Durch den bereits flächendeckend bestehenden Mangel an Fachpersonal muss sich das Unternehmen Krankenhaus diesem Wandel stellen und die Möglichkeiten des Personalmanagements, der Personalentwicklung und der Organisationsentwicklung nutzen. Nur wer dies auch konsequent umsetzt, kann sich dadurch zukünftig einen Marktvorteil sichern.

36.7 Motive für einen Stellenwechsel auf ärztlicher Leitungsebene

Allerdings ist die derzeitige Lage im ärztlichen Führungsbereich der Krankenhäuser nicht nur durch einen *Mangel* an Führungskräften, sondern auch durch einen immer häufigeren *Wechsel* in den Chefarztebenen gekennzeichnet. War es bis vor wenigen Jahren noch so, dass mit Erreichen einer Position als Chefarzt i.d.R. die letzte Sprosse der Karriereleiter erklommen war, scheint inzwischen auch der Wechsel von einer Chefarztstelle auf eine weitere leitende Position in einer anderen Klinik, aber auch in den vorgezogenen Ruhestand oder sogar auf eine Stelle als Oberarzt für viele Mediziner schon Normalität geworden zu sein. Auch kehren manche Chefärzte der klinischen Medizin ganz den Rücken und widmen sich einer leitenden Position in der Verwaltung.

Mit Hilfe eines Fragebogens, der an Chefärzte, die in letzter Zeit ihre Stelle wechselten, versandt wurde, sollten die Beweggründe des Stellenwechsels und die persönliche Einschätzung des Erfolges bzw. Misserfolges der getroffenen Entscheidung ergründet werden. Im Rahmen dieser Pilotstudie liegen bislang Antwortbögen von zehn Chefärzten zur Auswertung vor.

Zur *Motivation beim Wechsel* einer Chefarztstelle waren hierbei zwischen drei grundsätzlich unterschiedlichen Szenarien zu unterscheiden:
1. ein eintretender Zwang durch die Klinikgeschäftsführung durch ausgesprochene oder drohende Kündigungen,
2. sich deutlich verschlechternde Rahmenbedingungen für die Ausübung der Chefarzttätigkeit,
3. die interne Bereitschaft eines Chefarztes, eine berufliche Veränderung zu wagen, um die eigene persönliche Situation zu verbessern.

Die meisten Kollegen (bei der Umfrage kamen nur Rückmeldungen von männlichen Kollegen) waren zum Zeitpunkt des Chefarzt-Stellenwechsels über 50 Jahre alt, überwiegend zwischen 50 und 55 mit einem Range zwischen 44 und 64 Lebensjahren zum Zeitpunkt des Chefarzt-Stellenwechsels. Fachlich entstammten die Befragten aus den Bereichen Innere Medizin, Unfallchirurgie/Orthopädie und aus der Frauenheilkunde. Im Regelfall waren sie schon viele Jahre in der Chefarzt-Position im Krankenhaus tätig.

Ad 1: Einige Chefärzte äußerten ihr Bedauern darüber, dass die Geschäftsführung der Kliniken immer mehr Einfluss auf das Tagesgeschäft nehme. Unter anderem gäbe es Einzelfälle durch Mobbing seitens der Geschäftsführung, nachdem innerhalb weniger Monate mehrere Chefärzte und Leitende Oberärzte ein Klinikum verlassen hätten. Zudem bestünde ein zunehmender ökonomischer Druck zu Lasten der Patientenversorgung, der Ausbildung des Nachwuchses und der ethischen Ausübung des Arztberufes. Auch fehle es an einer Bereitschaft der Geschäftsführer, die vorhandenen Probleme gemeinsam zu lösen. Daher seien nach Ansicht vieler Chefärzte ein gutes Verhältnis der Chefärzte untereinander und eine Solidarität gegenüber der Klinikgeschäftsführung ungemein wichtig. Chefärzte sollten gleichfalls den Mut haben, einen »Schlussstrich« zu ziehen und sich von dem Unternehmen zu trennen, um neu anzufangen. Ein Stellenwechsel könnte zudem als »Selbstschutz« erforderlich sein. Sogar eine »fristlose Kündigung« von Seiten des Chefarztes könne in Einzelfällen notwendig werden.

Im Falle einer ausgesprochenen oder drohenden Kündigung durch die Klinikgeschäftsführung

---

21 Hollmann u. Geissler (2012, S. 33)

sollte, nach Meinung der befragten Chefärzte, schnellstmöglich ein Anwalt mit entsprechender Erfahrung im Arbeitsrecht eingeschaltet werden. Wenig Sinn mache es hingegen, z.B. gegen eine ausgesprochene oder drohende Kündigung aufgrund der Aussage, »zu wenig hart zu den Mitarbeitern« zu sein, vorzugehen, da hier das Vertrauensverhältnis zum Arbeitgeber, meist in der Person des Verwaltungsleiters, in der Regel nachhaltig zerstört sei. In solchen Fällen müssten der Grund der Kündigung in der Binnen- und Außendarstellung, die Ausfertigung eines adäquaten Zeugnisses und die Höhe einer Abfindung geklärt und verhandelt werden. Hierzu sei ein Rechtsbeistand unerlässlich, wobei jeder für sich selbst entscheiden mag, ob im Sinne einer Beratung oder einer direkten Miteinbeziehung in die Verhandlungen. Auch wenn persönliche Kränkungen oder Ungerechtigkeiten in dieser Situation kaum eine emotionale Gelassenheit erlauben, so sollte doch möglichst sachlich, aber durchaus im Eigeninteresse mit einem gesunden Egoismus verhandelt werden. Der Ausgang der Verhandlungen stellt den Startpunkt für die weitere Karriereplanung dar (▶ Kap. 24).

Ad 2: Die größte Rolle für einen Stellenwechsel spielen bei nahezu allen Befragten die Themen Betriebsklima, Arbeitsbelastung und Dienstbelastung. Einerseits haben diese Faktoren als Motivator für den Wechsel eine deutlich größere Bedeutung als materielle Anreize, andererseits scheinen sie sich auch in einem größeren Maßstab zum Positiven durch den Wechsel geändert zu haben. Hier lässt sich auch für Chefärzte ein gewisser Paradigmenwechsel erkennen. Die Work-Life-Balance bekommt einen immer höheren Stellenwert, und der sich verändernde Chefarzt definiert sich nicht mehr ausschließlich durch seinen Beruf. Auch ein Wechsel von einer Chefarztposition in eine Oberarztposition ist demnach nicht mehr ungewöhnlich und wird von einigen Befragten nicht als Niederlage empfunden.

Ad 3: Im dritten Fall, also dem selbst gewählten Wechsel, ist vor allem die eigene Motivation der entscheidende Faktor. Natürlich schmecken die Kirschen aus Nachbars Garten immer besser, aber ob sich die Erwartungen auf eine substanzielle Verbesserung der Situation immer erfüllen, ist nicht garantiert. Trotzdem sind bei den objektivierbaren Parametern wie beispielsweise Gehalt, personelle Ausstattung, Geräte und Investitionen keine Rückschritte, sondern eher deutliche Verbesserungen bei allen sich verändernden Chefärzten zu sehen gewesen. In der Summe äußerten fast alle eine spürbare Verbesserung ihrer Situation und des Umfeldes.

Aber auch die Notwendigkeit der Selbstreflektion und die Wahrung der eigenen Distanz zu einer angebotenen Position seien nach Ansicht der Befragten wichtig. Gerade die konfessionellen Krankenhäuser suggerierten besondere Umgangsformen und Verlässlichkeit. Ihren Verwaltungsdirektoren fehlten aber z.T. die Fähigkeiten hierzu. Bei den aktuellen politischen Rahmenbedingungen müsste man als Chefarzt sichergehen, dass die »Feinde« des Systems außerhalb des Krankenhauses sitzen; kämen Fehlkommunikation und Fehlentscheidungen im Krankenhaus hinzu, könne sich auch der beste Chefarzt nicht entfalten.

36.8 Fazit

»Und jedem Anfang wohnt ein Zauber inne, der uns beschützt und der uns hilft zu leben« (Hermann Hesse, 1877–1962, aus dem Gedicht »Stufen«, oft falsch zitiert als »Jedem Ende wohnt ein Anfang inne«) beschreibt vielleicht ganz gut die Situation bei einem beruflichen Wechsel, der ja oft auch als Neuanfang gesehen werden kann. In der Industrie und insbesondere im höheren Management war es bis vor etwa zehn Jahren üblich, dass die Stelle meist firmenintern alle drei Jahre gewechselt wurde, um einen Austausch zwischen den Abteilungen zu fördern. Mittlerweile ist diese Praxis aber weitgehend aufgegeben worden. Und auch wenn Chefärzte neben der ärztlichen Tätigkeit immer mehr Managementaufgaben zu erfüllen haben, macht ein derartiges Konzept im Bereich der Medizin wenig Sinn. Trotzdem sollte man einen erzwungenen Wechsel als Chance und einen freiwilligen Wechsel als Möglichkeit ansehen, aus vielleicht gemachten Fehlern in der Vergangenheit zu lernen und erworbene Erfahrungen in die neue Position zum Wohl der Patienten und Mitarbeiter mit einzubringen.

Literatur

Bartscher T (o. J.) Personalentwicklung. Gabler Wirtschaftslexikon, Vers. 9. Springer Gabler, Frankfurt. http://wirtschaftslexikon.gabler.de/Archiv/326724/personalentwicklung-1-v9.html (Zugriff: 29.01.2016)

Beck R, Schwarz G (2004) Personalentwicklung – Führen, Fördern, Fordern (2. Aufl.). Ziel, Augsburg

Becker M (2005) Systematische Personalentwicklung: Planung, Steuerung und Kontrolle im Funktionszyklus (4. Aufl.). Schäffer-Pöschl, Stuttgart

Hollmann J, Geissler A (2012) Leistungsbalance für Leitende Ärzte: Selbstmanagement, Stress-Kontrolle, Resilienz im Krankenhaus. Springer, Berlin

Marburger Bund (2015) MB-Monitor 2015. Arbeitsbelastungen im Krankenhaus. Berlin

Martin W (2014) Ärztlicher Stellenmarkt: Will bald niemand mehr Chefarzt werden? Dtsch Ärztebl 111(39): 2

Morrow PC (2011) Managing organizational commitment: Insights from longitudinal research. Journal of Vocational Behavior 79(1): 18-35

Plücker W (2015) Welche Medizin, welche Ärzte will unsere Gesellschaft? Wie lösen wir den Ärztemangel? Durch Delegation? Arzt und Krankenhaus 2: 55-57

Protschka J (2014) Wohin ein Chefarzt wechseln würde. Dtsch Ärztebl 111(27-28): A1252-1253

Schewe G, Maier GW (o. J.) Organisationsentwicklung. Gabler Wirtschaftslexikon, Vers. 8. Springer-Gabler, Frankfurt. http://wirtschaftslexikon.gabler.de/Archiv/2479/organisationsentwicklung-v8.html (Zugriff: 29.01.2016)

Schubert P (2016) Studie: Wie attraktiv sind deutsche Krankenhäuser als Arbeitgeber? Dtsch Ärztebl 113(3): 2

wikipedia.org (2016) Online-Lexikon. Suchbegriff: Deming-Kreis. https://de.wikipedia.org/wiki/Demingkreis (Zugriff: 29.01.2016)

Was ist für eine Chefarztposition persönlich wichtig? Erkenntnisse aus Interviews zur subjektiven Lebenswelt von Chefärzten[1]

Klaus Vetter

37.1 Einleitung – 570

37.2 Umfrage: Methode und Kollektiv – 570

37.3 Umfrage: Ergebnisse – 572
37.3.1 Ergebnisse – 572
37.3.2 Vergleich bzgl. der Berufsgruppe (Manager vs. Chefärzte) – 576
37.3.3 Vergleich bzgl. des Geschlechts – 577
37.3.4 Vergleich bzgl. der Altersgruppe – 579
37.3.5 Vergleich bzgl. der Dienstjahre – 580
37.3.6 Vergleich zweier antipodischer Chefärzte – 581

37.4 Zusammenfassung und Diskussion – 583

37.5 Ausblick und Empfehlung – 585

Literatur – 586

---

1 Der Artikel basiert auf Daten aus einer Masterarbeit an der Hochschule Neubrandenburg; Fachbereich Gesundheit, Pflege, Management; Studiengang Management im Gesundheitswesen; Titel: Krankenhausmanagement: Subjektive Situation von Führungskräften – Repertory-Grid-Interviews von Führungspersonen im Krankenhaus mittels der Nextexpertizer® Methode zur qualifizierten Analyse ihrer Handlungs- und Vorstellungsräume

U. Deichert et al. (Hrsg.), *Traumjob oder Albtraum – Chefarzt m/w*,
DOI 10.1007/978-3-662-49779-1_37, © Springer-Verlag Berlin Heidelberg 2016

37.1 Einleitung

Chefärzte (CÄ) sind Personen in leitender Funktion. Weisen sie dank ihrer Funktion und Position Gemeinsamkeiten auf? Oder sind Versuche, Chefärzte als Gruppe zu begreifen, zum Scheitern verurteilt, weil sie selbst und ihre Umgebung, ihr Tätigkeits- und Verantwortungsspektrum zu unterschiedlich sind? Diesen Fragen soll im Folgenden nachgegangen werden.

Es ist kaum damit zu rechnen ist, dass es eine einheitliche Vorstellung von *Führung* bei Chefärzten gibt. Dazu ist die Ausgangslage zu vielfältig. Das betrifft auch Führungskonzepte, die weit auseinanderliegen mögen, auch wenn der Arbeitsmarkt einen starken Einfluss ausübt, indem das Angebot an Mitarbeitern ausgedünnt erscheint. Damit hat die *Attraktivität eines Arbeitsplatzes* für potenzielle Bewerber zunehmend an Bedeutung gewonnen, zu der nicht nur die Finanzierung, sondern insbesondere das Arbeitsklima und hier speziell die Führung beitragen.

Deutlich werden diverse Probleme im Zusammenhang mit einem Mangel an Bewerbungen auf Ausschreibungen für Chefarztstellen von Martin (Martin 2014) (▶ Kap. 2) dargestellt, wenn er im »Deutschen Ärzteblatt« stichwortartig anspricht:

- Chefarztpositionen scheinen an Attraktivität eingebüßt zu haben,
- Oberärztinnen, aber auch Oberärzte scheinen zunehmend weniger Chefarztambitionen zu haben, wodurch ein regelrechtes Chefarzt-Karussell in Gang gesetzt wurde,
- merklich zunehmende berufliche Unzufriedenheit auf der Chefarztebene,
- ökonomischer Druck,
- Spannungen zwischen Geschäftsführung und Chefärzten.

Darüber hinaus ist dem Buch »Modernes Krankenhausmanagement« von Behar et al. zu entnehmen: Größte Bedeutung für *Jobzufriedenheit* und *dauerhaften Verbleib* beim gleichen Arbeitgeber haben demnach fünf übergreifende Rahmenbedingungen:
1. ein spannendes Arbeitsumfeld,
2. persönliche Entwicklungsmöglichkeiten,
3. der ermöglichte Lebensstil,
4. ein großartiges Unternehmen,
5. eine angemessene Vergütung.

Einige dieser Punkte lagen der Entwicklung der Fragen in Form einer Elemente-Liste für die im Folgenden vorgestellten Umfrage zugrunde.

37.2 Umfrage: Methode und Kollektiv

Grundlage der Umfrage ist eine investigative Interviewtechnik namens Nextexpertizer®[2], die speziell in Kultur- und Trend-Analysen verwendet wird und den semantischen Raum der Interviewten analysiert.[3] Die Methode beruht auf einem strukturierten Elemente-Set und festgelegten Basis-Vergleichen, die die Interviewten dazu auffordern, selbst bipolare Konstrukte zu entwickeln, die schließlich Basis von Vergleichen mit den Elementen und damit der Aussagen des Interviews sind. Dabei kreiert die interviewte Person durch ihre Konstrukte sozusagen die Fragen in dem vorgegebenen Rahmen selbst. Die Inhalte sind damit primär offen und nicht durch die Fragen des Interviewers und seine Vorstellungen bzw. Codes begrenzt.

Ein solches Interview mit 456 Antworten dauert im Mittel 90 Minuten und findet direkt oder per Skype am Computer statt.

Befragt wurden in der zweiten Jahreshälfte 2015 insgesamt 30 Personen: 5 Chefärztinnen, 21 Chefärzte und 4 Personen, die im Management im Gesundheitswesen tätig sind, von denen 2 früher als Ärzte tätig waren.

Die CÄ waren zwischen 40 und 71 Jahre alt und hatten 1–27 Jahre Erfahrungen als CÄ. Vom Fachgebiet her waren 19 in der Frauenheilkunde tätig, 2 in der Anästhesie, 2 in der Inneren Medizin, 2 in der Kinderheilkunde und 1 in der Psychiatrie, während 4 Befragte dem Management zuzuordnen waren.

Die Nextexpertizer®-Methode erlaubt es, diverse Auswertungen durchzuführen. Basis ist die Darstellung der individuellen Ergebnisse in einem Raster, dem jeweiligen Bertin-Display mit 456 Feldern, einer Verfeinerung der Matrix des originären Repertory Grid (◘ Abb. 37.1).

---

2 Nextpractice (Bremen), www.nextpractice.de
3 Es handelt sich mit um die Erweiterung der Kellyschen Repertory Grid Methode

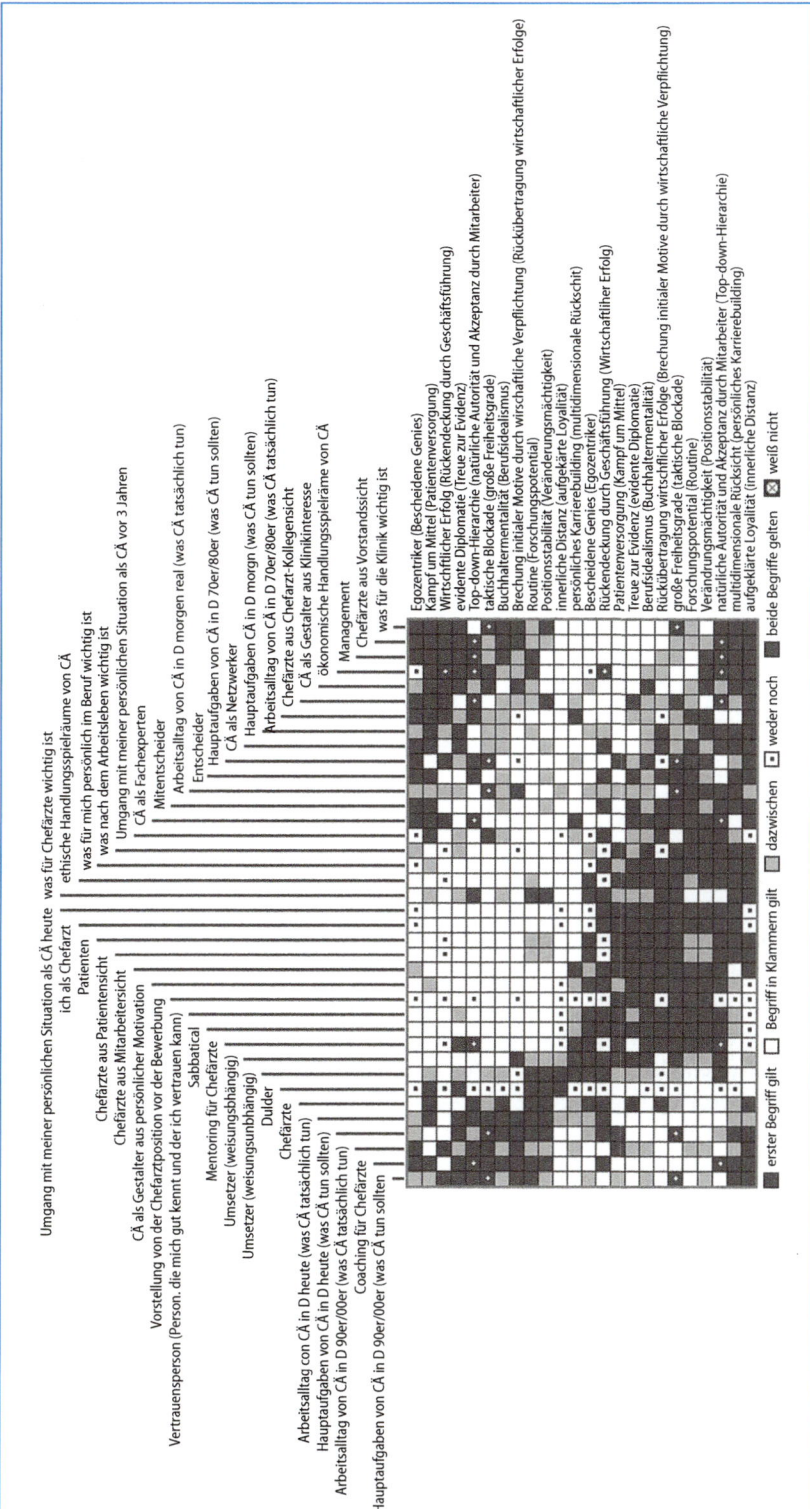

Abb. 37.1 Bremer Bertin-Display eines Interviews; vertikal = Frageelemente; horizontal = Konstrukte des Interviewten; Kästchen: schwarz = Pol gilt, weiß = Alternativpol in Klammern gilt, grau = zwischen den Konstruktpolen, weiß mit Punkt = weder noch, schwarz mit Punkt = beides gilt

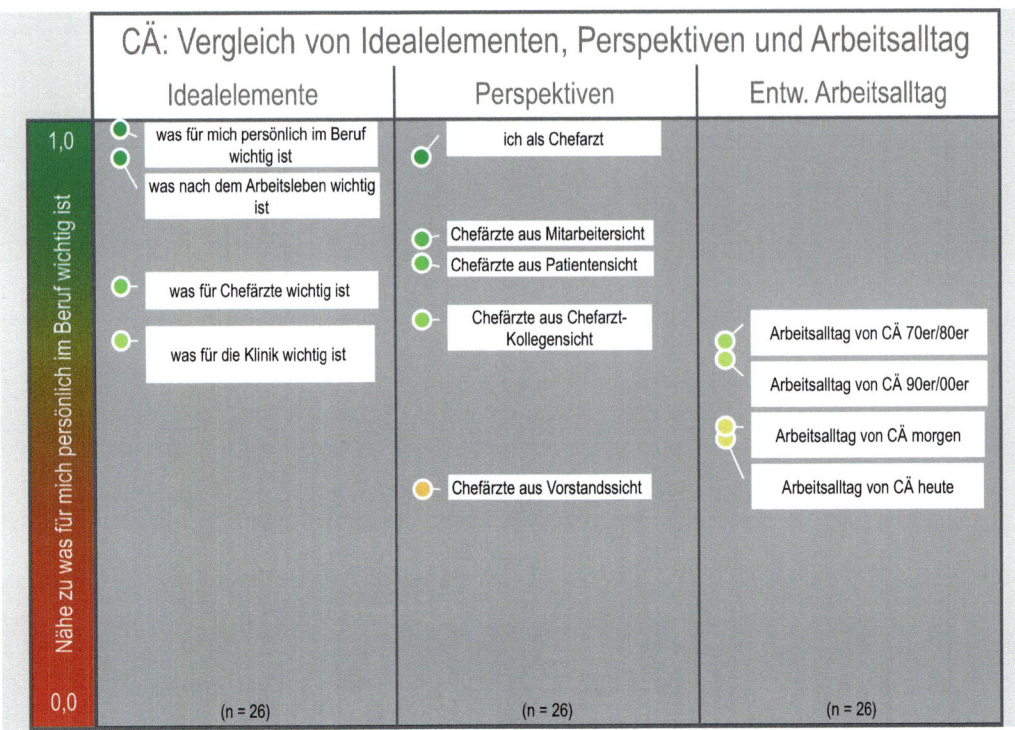

Abb. 37.2 Rangfolie der Elemente-Klasse »Idealelemente« verglichen mit denjenigen der Perspektiven und der Entwicklung des Arbeitsalltags (n = 26)

37.3 Umfrage: Ergebnisse

Für Vergleiche eignen sich zum einen *Rangtabellen* zur Darstellung der errechneten linearen Entfernung eines Elements von einer Zielgröße, z.B. einem *Ideal* (Abb. 37.2; vertikale Ausrichtung). Das hier verwendete Ideal entspricht dem Element »Was für mich persönlich im Beruf wichtig ist«. Die Übereinstimmung bzw. Entfernung wird zur Vergleichbarkeit in Prozentwerten angegeben.

37.3.1 Ergebnisse

Insgesamt beziehen sich sämtliche Vergleiche auf das Idealelement: »Was für mich persönlich im Beruf wichtig ist«. Je höher ein Element bewertet wurde, desto näher wurde es an diesem Ideal lokalisiert – unabhängig von der Raumrichtung.

Idealelemente

Elementeliste
Idealelemente
— was für mich persönlich im Beruf wichtig ist,
— was für Chefärzte wichtig ist,
— was für die Klinik wichtig ist,
— was nach dem Arbeitsleben wichtig ist.

Perspektiven
— Chefärzte aus Vorstandssicht,
— Chefärzte aus Chefarzt-Kollegensicht,
— Chefärzte aus Mitarbeitersicht,
— Chefärzte aus Patientensicht,
— ich als Chefarzt.

Entwicklung des Arbeitsalltags
(»Was war/Was ist«)
— Arbeitsalltag von CÄ in D 70er/80er
  (Was CÄ tatsächlich getan haben),

37.3 · Umfrage: Ergebnisse

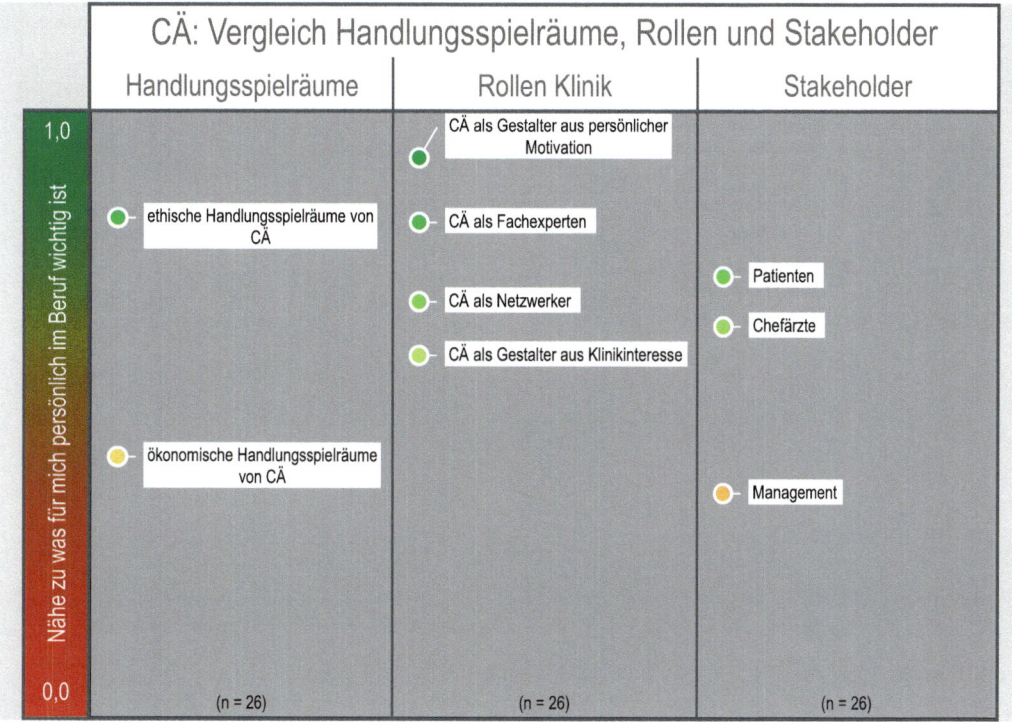

Abb. 37.3 Rangfolie der Elemente-Klasse »Handlungsspielräume« verglichen mit denjenigen der Rollen in der Klinik und der Stakeholder (n = 26)

— Arbeitsalltag von CÄ in D 90er/00er (Was CÄ tatsächlich getan haben),
— Arbeitsalltag von CÄ in D heute (Was CÄ tatsächlich tun),
— Arbeitsalltag von CÄ in D morgen real (Was CÄ tatsächlich tun werden) (**Abb. 37.2**).

Vertikal rangiert ist die lineare Nähe bzw. Distanz zum Ideal »Was für mich persönlich im Beruf wichtig ist«, d.h. bei den Idealelementen wird »Was nach dem Arbeitsleben (im Ruhestand) wichtig ist« sehr nahe beim Ideal gesehen, während »Was für die Klinik wichtig ist« deutlich weniger dem Ideal entsprechend bewertet wird.

Handlungsspielräume

Elementeliste

Handlungsspielräume
— ökonomische Handlungsspielräume von CÄ,
— ethische Handlungsspielräume von CÄ.

Chefarzt-Rollen in der Klinik
— CÄ als Fachexperten,
— CÄ als Netzwerker,
— CÄ als Gestalter aus persönlicher Motivation,
— CÄ als Gestalter aus Klinikinteresse.

Stakeholder
— Management,
— Chefärzte,
— Patienten (**Abb. 37.3**).

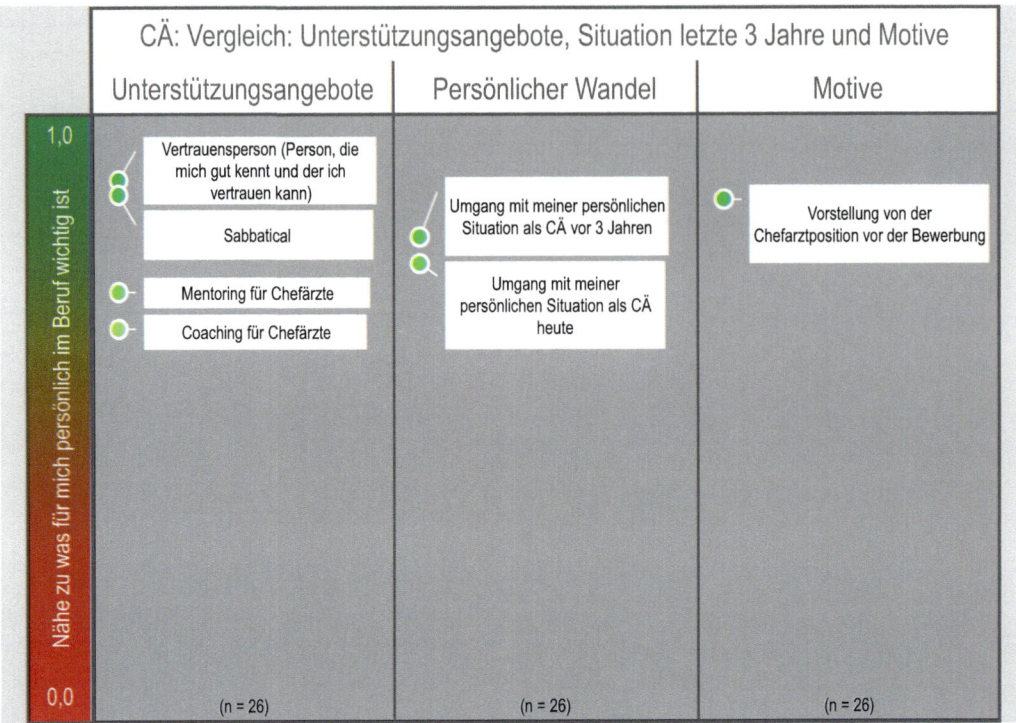

Abb. 37.4 Rangfolie der Elemente-Klasse »Unterstützungsangebote« verglichen mit denjenigen des »persönlichen Wandels« in den letzten 3 Jahren und der Vorstellung von der Chefarztposition (n = 26)

Ethische Handlungsspielräume werden – für viele einem klassischen Arztbild entsprechend – verständlicherweise näher am Ideal gesehen als die ökonomisch orientierten; bei den Stakeholdern (den Auftraggebern) werden die Ansprüche der Patienten am nächsten zum Ideal positioniert, am wenigsten dagegen die Ansprüche des Klinikmanagements.

Unterstützungsangebote

Elementeliste

Unterstützungsangebote
- Vertrauensperson (Person, die mich gut kennt und der ich vertrauen kann),
- Mentoring für Chefärzte,
- Coaching für Chefärzte,
- Sabbatical (Freiheit bzw. Freizeit zur Gestaltung; für die Life-Balance).

Persönlicher Wandel
- Umgang mit meiner persönlichen Situation als Chefarzt vor 3 Jahren,
- Umgang mit meiner persönlichen Situation als Chefarzt heute.

Motive
- Vorstellung von der Chefarztposition vor der Bewerbung (Abb. 37.4).

Bei den Unterstützungsangeboten sind individuelle persönliche Vertrauenspersonen viel näher beim persönlichen Ideal angesiedelt als Coaching-Projekte für Chefärzte; ebenfalls als zentral angesehen wird das Thema »Sabbatical«, d.h. Aspekte der Life-Balance und der persönlichen Entfaltung jenseits des Berufs; als recht nahe am Ideal »Was für mich persönlich im Beruf wichtig ist« wurde die Motivation, Chefarzt zu werden, angesehen.

Zusammenfassung

Aus den drei Rangfolien ergibt sich Folgendes:
1. **Klasse Idealelemente:** Chefärzten ist es wichtig, nach ihrem Arbeitsleben ihren Idealen nachgekommen zu sein. Die Dinge, die für die Klinik wichtig sind, haben viel weniger mit ihren eigenen Idealen zu tun.
2. **Klasse Perspektiven:** Bezüglich ihrer Perspektiven bewegen sich Chefärzte nahe an ihren eigenen Idealen. Weit davon entfernt findet sich die Position, die Chefärzte aus Vorstandssicht einnehmen, d.h. die vermeintliche Vorstandssicht findet wenig Übereinstimmung mit den persönlichen Idealen von Chefärzten.
3. **Klasse Entwicklung des Arbeitsalltags:** Der Arbeitsalltag wies und weist nur wenig Übereinstimmung mit den Idealen auf. In den 70er- und 80er-Jahren war dies noch eher der Fall als aktuell. Für die Zukunft wird eine kleine Bewegung hin zu den Idealen gesehen.
4. **Klasse Handlungsspielräume:** Die ethischen Handlungsspielräume befinden sich in Richtung des Ideals; die ökonomischen sind deutlich davon entfernt.
5. **Klasse Chefarztrollen in der Klinik:** Nicht verwunderlich ist, dass »CÄ als Gestalter aus persönlicher Motivation« dem Ideal sehr nahe kommen im Gegensatz zum Element »CÄ als Gestalter aus Klinikinteresse«, das deutlich davon entfernt gesehen wird.
6. **Klasse Stakeholder:** Nicht unerwartet – wenn vielleicht auch etwas distanziert – finden sich die Interessen der Patienten näher am Ideal der Chefärzte als diejenigen von Chefärzten. Deutlich vom Ideal entfernt werden die Interessen des Managements verortet.
7. **Klasse Unterstützungsangebote:** Alle werden im oberen Bereich mit Nähe zum Ideal gesehen: Am nächsten findet sich die Vertrauensperson vor dem Sabbatical, der Unterstützung der Life-Balance und das Mentoring für CÄ; die geringste Nähe weist das Coaching für Chefärzte auf.
8. **Klasse persönlicher Wandel:** Hier zeigt sich, dass der Umgang mit der persönlichen Situation nicht sehr weit vom Ideal entfernt ist, dass aber die aktuelle Situation gesamthaft in den letzten drei Jahren sich vom Ideal entfernt hat.
9. **Klasse Motive:** Die Vorstellung von der Chefarztposition vor der Bewerbung lag recht nahe beim Ideal, was nicht erstaunen dürfte.

3D-Positionsraum-Darstellung

Darüber hinaus können Resultate in einem *3D-Positionsraum* dargestellt werden, in dem die Distanzen zwischen Element und Ideal dank ihrer räumlichen Zuordnung eine zusätzliche Bedeutung erhalten können. Auf diese beiden Formen der Darstellung wird im Folgenden zurückgegriffen (Abb. 37.5).

Abb. 37.5 zeigt, dass die Analyse der Antworten aller Chefärzte eine große *Nähe zum Ideal* »Was für mich persönlich im Beruf wichtig ist« für folgende Elemente ergab:

- »Was nach dem Arbeitsleben – im Ruhestand – wichtig ist« (95%): Dieser Aspekt prospektiver Rückschau auf das Arbeitsleben wurde sehr hoch bewertet.
- »Chefärzte als Gestalter aus persönlicher Motivation« (93%): Die Eigenständigkeit orientiert an den eigenen Zielen wird hier ebenfalls sehr hoch bewertet.
- »Ich als Chefarzt« ist sehr hoch am eigenen Ideal positioniert (92%).
- Sehr wichtig erscheint auch die Unterstützung durch eine »Vertrauensperson« (90%).
- »Sabbatical« (freie Zeit, Freiräume) als Unterstützungsangebot wird ebenfalls hoch bewertet (88%).
- »Vorstellung von der Chefarztposition vor der Bewerbung« (Motive für die Chefarzttätigkeit und deren Nähe zu den eigenen Idealvorstellungen, 85%) ist den Befragten wichtig.
- »Ethische Handlungsspielräume von Chefärzten« (die Möglichkeiten, seinen Wertvorstellungen im Beruf zu folgen, 83%) wird auch noch als wichtig empfunden.

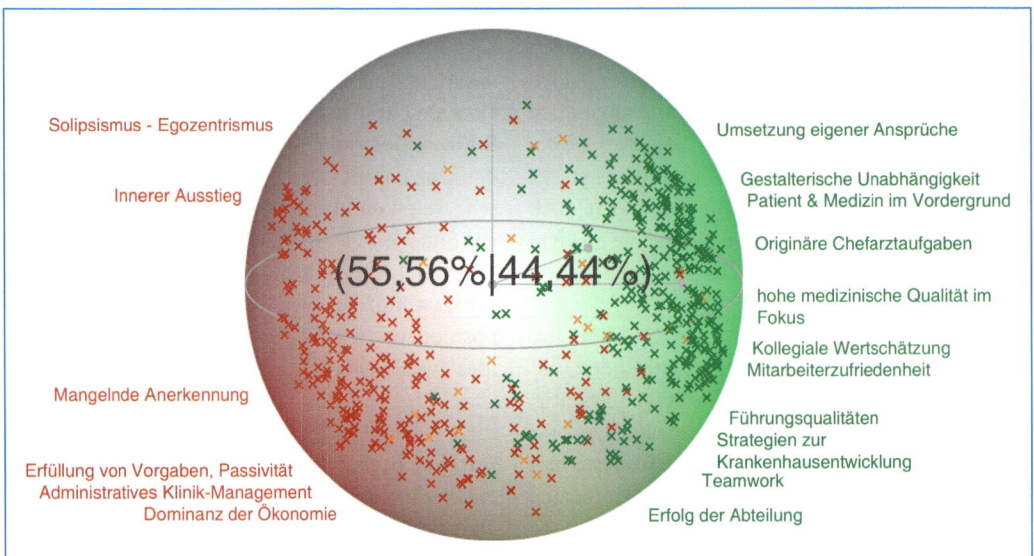

Abb. 37.5 3D-Positionsfolie der Daten aller 26 Ärzte mit Zuordnung zu zusammengefassten, geclusterten Themen; grün = Wunschbereich um das Ideal, rot = gegenteiliger Bereich

Eine erhebliche *Entfernung zum Ideal* ergaben im Mittel folgende Elemente:
- »Management« als Stakeholder und als Auftraggeber (37%): Die Beauftragung durch das Management entspricht nur zum Teil dem Ideal der befragten CÄ.
- »Chefärzte aus Vorstandssicht« (40%): Hier zeigt sich ebenfalls eine fehlende Übereinstimmung mit dem Ideal der CÄ.
- »Ökonomische Handlungsspielräume von Chefärzten« (43%): Die vorhandenen Handlungsspielräume bzw. der ökonomischer Druck entsprechen nur zu einem geringen Teil dem Ideal der CÄ.

Die *aktuelle Arbeitssituation* wie auch die *gestellten Hauptaufgaben* werden von den CÄ nur zu ca. 50% in Einklang mit ihrem beruflichen Ideal angesehen. Das gilt im Mittel auch für den Blick in die *Zukunft* (Abb. 37.4).
- »Arbeitsalltag von CÄ heute« (47%),
- »Arbeitsalltag von CÄ morgen« (50%),
- »Hauptaufgaben von CÄ heute« (50%),
- »Hauptaufgaben von CÄ morgen« (55%).

Das bedeutet, dass positive Handlungsmotive und ethische Aspekte nicht unerwartet nahe am persönlichen Ideal lokalisiert werden, insbesondere nicht die Erwartungen vor Antritt der Chefarzt-Stelle. Es bedeutet zudem, dass ökonomische und Management-Themen genauso wie das Fremdbild des Vorstands von den Chefärzten und ihren Aufgaben weit entfernt vom eigenen persönlichen Ideal positioniert werden. Etwas günstiger, aber ebenfalls nicht dem Ideal entsprechend, werden aktuelle und zukünftige Aufgaben und Arbeitssituationen bewertet. Dies könnte pauschal als *latente Unzufriedenheit* der CÄ mit der aktuellen Situation gewertet werden – mit oder ohne Handlungsbedarf.

37.3.2 Vergleich bzgl. der Berufsgruppe (Manager vs. Chefärzte)

Wie unterscheiden sich Chefärzte und Manager in ihren Idealen? In den 3D-Positionsfolien ist anhand unterschiedlicher Farben kenntlich gemacht, dass die Antworten von CÄ und Managern nicht kongruent sind (Abb. 37.6).

Beim Vergleich der Abb. 37.6a und Abb. 37.6b ist zu erkennen, dass sich die CÄ (83%) näher

37.3 · Umfrage: Ergebnisse

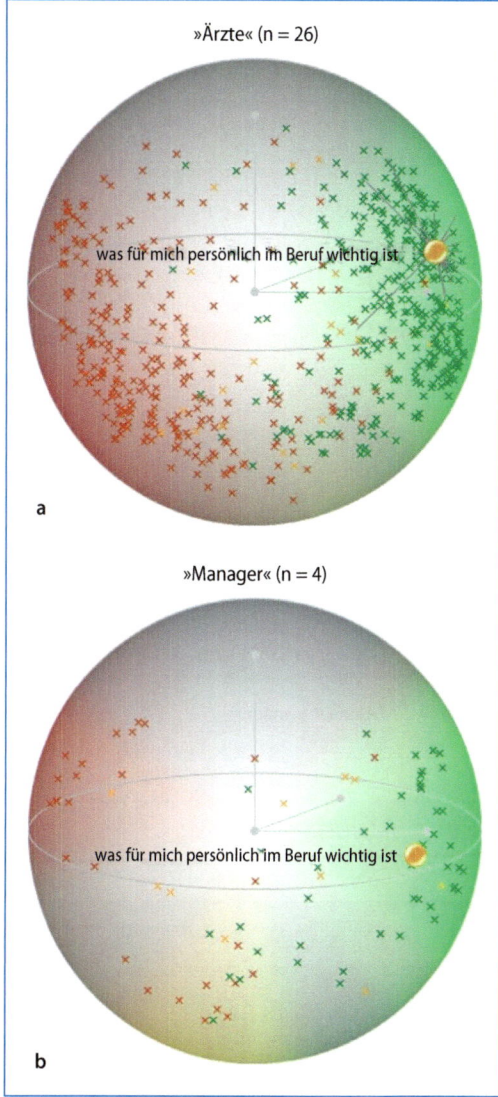

Abb. 37.6 3D-Positionsfolien der Daten **a)** aller Ärzte und **b)** aller Manager; die Zuordnung der Farben ist unterschiedlich, genauso wie die Position des je gemittelten gelben Idealpunkts (»Was für mich persönlich im Beruf wichtig ist«)

— »Chefärzte aus Vorstandssicht« (Manager: 75%, CÄ: 40%): Dies wäre damit zu erklären, dass die CÄ relativ nahe am Ideal der Manager liegen. Sie selbst sehen die Aufgaben aus Vorstandssicht als weniger kompatibel mit ihrem Ideal an.
— »Management« als Stakeholder (Manager: 63%, CÄ: 37%): Das bedeutet, dass die Wünsche des Managements aus Sicht der Manager deutlich näher an ihrem Ideal angesiedelt sind als sie es aus Sicht der CÄ sind.
— »Was für die Klinik wichtig ist« (Manager: 84%, CÄ: 64%): Die Manager positionieren den Bedarf der Klinik offenbar deutlich näher an ihrem Ideal als es die CÄ tun.
— »Mentoring« als Unterstützungsangebot (Manager: 90%, CÄ: 70%): Die Manager bewerten ein Mentoring vermutlich sehr nahe an ihrem Ideal und damit viel höher als es die CÄ tun.

Bei den Managern liegen alle Elemente der Perspektiven im oberen Drittel der »Nähe zum Ideal« näher beieinander als bei den CÄ (Abb. 37.7). Insbesondere die Perspektive »Wie CÄ aus Vorstandssicht bezüglich des Handlungsideals gesehen werden« wird durch die Manager viel höher bewertet als durch die Chefärzte, die diese Perspektive auffallend weit entfernt vom eigenen Ideal lokalisiert haben. Das heißt, dass Manager die Chefärzte deutlich näher am Ideal »Was für mich persönlich im Beruf wichtig ist« platzieren als diese selbst sich dies im Fremdbild – aus Sicht des Vorstands – vorstellen. Die recht hohe Wertschätzung durch die Manager – sozusagen als Vertreter des Vorstands – wird demnach durch die Chefärzte viel niedriger gesehen. Dies ist eine wichtige Diskordanz der gegenseitigen Vorstellungen, die zu gegenseitigen Verständnisproblemen führen kann.

am Ideal »Was für mich persönlich im Beruf wichtig ist« bezüglich ihrer »ethischen Handlungsspielräume« als die Manager (65%) lokalisieren. Auch waren Motive der CÄ zu ihrer Bewerbung um den Chefarzt-Posten (85%) stärker vom persönlichen Ideal geprägt als die der Manager (70%).

Manager und CÄ unterscheiden sich darüber hinaus in folgenden Punkten:

37.3.3 Vergleich bzgl. des Geschlechts

Es wurde in dieser Umfrage u.a. der Frage nachgegangen, ob ein Aufstieg in der Hierarchie die Geschlechterunterschiede verwischt.

Abb. 37.8 zeigt, dass sich Chefärzte einerseits deutlich näher an ihrem persönlichen Ideal als Chefärztinnen wähnen. Andererseits grenzen sie

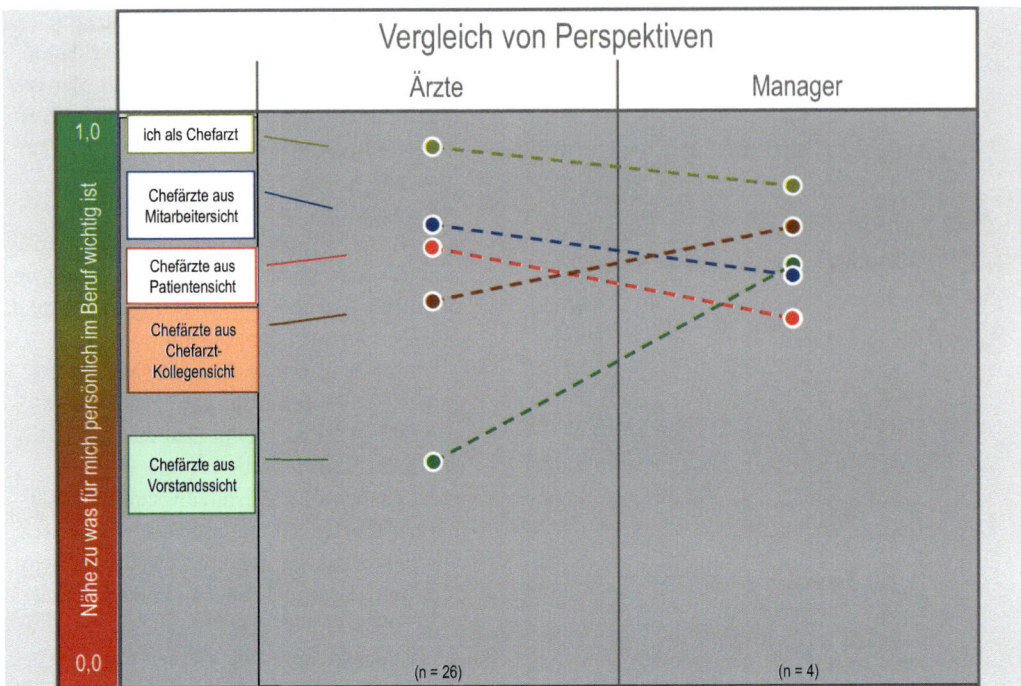

Abb. 37.7 Rangvergleichsfolie der Elemente-Klasse »Perspektiven« (n = 26 CÄ und 4 Manager)

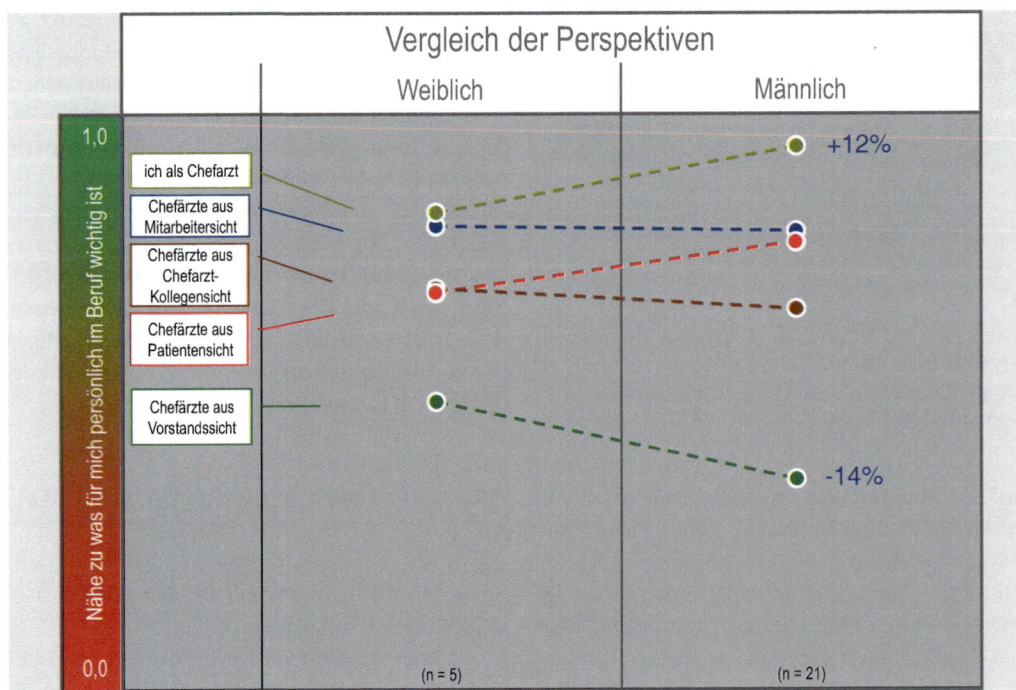

Abb. 37.8 Rangvergleichsfolie der Geschlechterperspektiven (n = 21 Chefärzte und 5 Chefärztinnen)

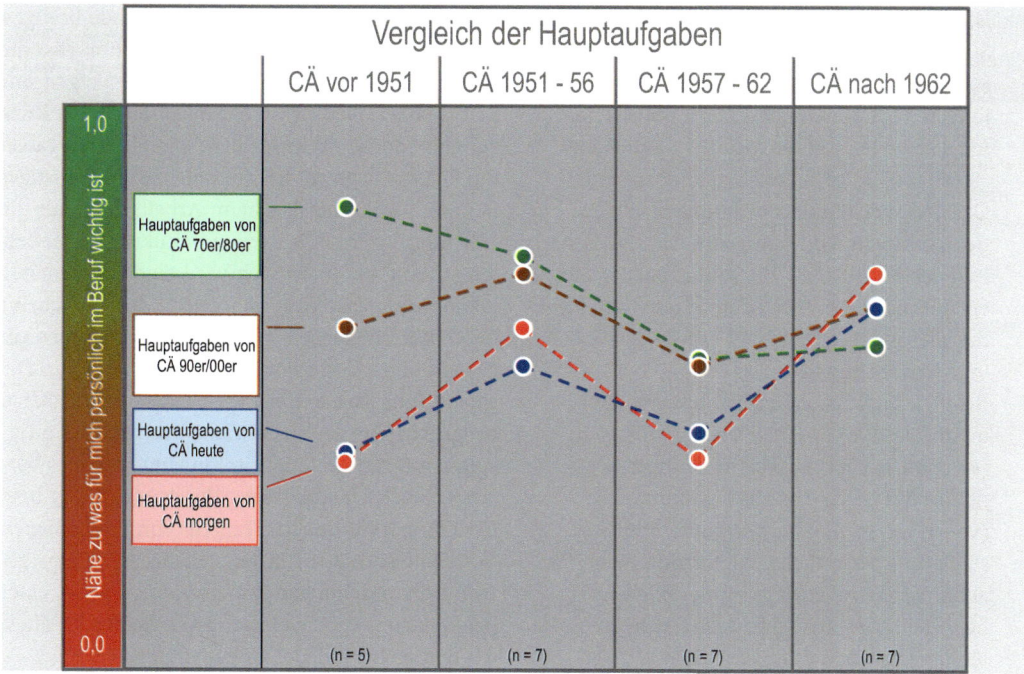

Abb. 37.9 Rangvergleichsfolie der Elemente-Klasse »Entwicklung der Hauptaufgaben von CÄ« für 4 Altersgruppen

sich deutlicher als Chefärztinnen gegenüber dem Vorstand ab. Auf Basis dieser Untersuchung lässt sich eine Verwischung der Geschlechterunterschiede weder eindeutig bestätigen noch widerlegen. Die Unterschiede bei weniger idealistischem Eigen- und Fremdbild und bei der Bewertung der Vergangenheit, die subjektiv höhere Akzeptanz des Vorstands und der positive Blick auf die Zukunft können dennoch auf einen Sozialisationsunterschied hinweisen.

37.3.4 Vergleich bzgl. der Altersgruppe

»Je älter Chefärzte sind, desto eher sind sie konservativ, selbstbezogen und autoritär im Anspruch, aber auch ihren Werten verpflichtet. Sie gehen davon aus, dass sie früher mehr Anerkennung gefunden haben. Dennoch schätzen sie den Wert von Familie und Freizeit. In die Zukunft sehen sie mit gemischten Gefühlen« – so könnte man etwas voreingenommen die älteren CÄ beschreiben.

Bei der Analyse der Hauptaufgaben früher, jetzt und in Zukunft nach Altersgruppen von Chefärzten der Geburtsjahrgänge 1. < 1951, 2. 1951–56, 3. 1957–62, 4. ab 1962 lassen sich die meisten der oben genannten landläufigen Vorurteile nicht bestätigen (Abb. 37.9).

Aus den Analyseergebnissen geht vielmehr hervor, dass die Hauptaufgaben in den »alten Zeiten« (in den 70er- und 80er-Jahren) von den jüngeren CÄ viel weniger am Ideal gesehen werden als von den älteren. Noch wichtiger erscheint aber, dass die jüngeren CÄ sowohl die aktuellen Hauptaufgaben als auch die zukünftigen viel näher an ihrem persönlichen Ideal sehen als es die älteren tun, die heutige und zukünftige Hauptaufgaben von CÄ kaum mit ihren Idealvorstellungen in Einklang zu bringen vermögen. Ob der Grund bei den Älteren in einer Verbitterung mit der erlebten Entwicklung zu sehen ist, lässt sich den Daten nicht entnehmen, aber spekulativ vermuten.

In Abb. 37.9 ist außerdem Folgendes zu erkennen:
- Die Motive bzw. die »Vorstellung von der CA-Position vor der Bewerbung« sind unabhängig vom Alter der Befragten nahe an den Idealvorstellungen. Die Resultate bewegen sich zwischen 88% und 80%.

- Die Anforderungen der Auftraggeber oder Stakeholder »Management« (29% bis 48%) und »Chefärzte« (58% bis 72%) werden von den jüngeren CÄ zunehmend näher am eigenen Ideal bewertet, während die der »Patienten« (80% bis 63%) geringer eingeschätzt werden. Das bedeutet, dass Anforderungen von Patienten zunehmend weniger in das klassische Bild der Arzt-Patient-Beziehung passen. Sie entsprechen nicht mehr dem klassischen Ideal des Chefarztes, nämlich »Was ihm persönlich im Beruf wichtig ist«.
- Bei den Chefarztrollen zeigt sich eine Zunahme des Werts von Netzwerkaktivitäten (von 58% auf 76%) und eine geringere Zunahme des Gestaltens aus Klinikinteresse (von 58% auf 70%) bei vermindertem Gestalten aus persönlicher Motivation (von 95% auf 87%), dies allerdings immer noch auf höchstem Niveau. Das bedeutet, dass die jüngeren CÄ sich weniger als den Winkelried[4][5], den sich selbst aufopfernden Helden der Patienten und der eigenen Überzeugungen sehen, sondern dass sie das Miteinander-Arbeiten und das Networking positiv sehen und sich weniger gegen die Verwaltung positionieren, weil sie mit deren Werten zunehmend konform gehen.
- Bei den Handlungsoptionen nimmt der ökonomische Anteil zu (von 30% auf 58%), während der ethische abnimmt (von 90% auf 78%). Auch hier zeigt sich, dass ein ethischer Idealismus zunehmend durch einen (auch) ökonomisch mitbestimmten Realismus ersetzt wird.
- Der persönliche Wandel in den letzten drei Jahren weist trotz individueller Unterschiede wenig Variabilität auf. Das heißt, dass sich für die meisten in der jüngeren Vergangenheit wenig verändert hat. Allerdings wird das eigene Tun insgesamt gegenüber dem Ideal als zunehmend geringer eingeschätzt.

Zusammenfassend weisen diese Befunde bezogen auf das Alter der befragten CÄ darauf hin, dass die jüngeren gegenüber den älteren CÄ die Vergangenheit weniger idealisieren. Sie lokalisieren ihre Ziele zunehmend an ihren Idealen. Die Hauptaufgaben der Gegenwart und der Zukunft werden günstiger bewertet, während dies beim Arbeitsalltag nur die Hoffnung auf eine Besserung in Zukunft zu betreffen scheint. Offensichtlich wird eine zunehmende Ökonomisierung eher akzeptiert. Zudem scheint der Zusammenarbeit mit dem Vorstand eher ein gegenseitiges Verständnis zugrunde zu liegen. Die eigene Rolle wird weniger ich-bezogen eingeschätzt, bei gleichzeitig deutlicher Zunahme für die Wertigkeit von Netzwerktätigkeit. Ein zunehmendes Verlangen nach Unterstützung durch Mentoring bzw. Coaching oder nach Freiheit vom Beruflichen (»Sabbatical«) ist nicht feststellbar. Allerdings gewinnt die individuelle Rückversicherung bei einer persönlichen Vertrauensperson – wie bei den ältesten Befragten – wieder an Bedeutung.

37.3.5 Vergleich bzgl. der Dienstjahre

Die Anzahl der Dienstjahre als Chefarzt (hier mit den Kategorien 1. > 16 Jahre, 2. 9–16 Jahre, 3. 1–8 Jahre) hat einige Effekte auf die Einschätzungen der Chefärzte. So unterscheiden sich CÄ mit weniger Dienstjahren von solchen mit vielen Dienstjahren in folgenden Punkten:
- Sie orientieren sich weniger an einer »guten« Chefarztvergangenheit in den 70er/80er-Jahren.
- Sie zeigen mehr Selbstvertrauen. Sie bewerten die Entscheiderfunktion in der Klinik höher.
- Sie haben weniger Bedarf an Mentoring, schätzen aber die persönlicher Beratung durch eine Vertrauensperson.
- Sie entscheiden weniger im Sinn von Klinikinteressen.
- Sie haben ein erhöhtes Bewusstsein für Netzwerktätigkeiten.

---

4 Winkelried ist ein Schweizer Kriegsheld, der durch das selbstopfernde Bündeln gegnerischer Waffen auf sich den eigenen Leuten zum Sieg verholfen hat. Er war in meiner Jugend auch Teil deutscher Historien. Übertragen: jemand, der sich für seine Leute aufopfert

Tab. 37.1 Erhebliche Bewertungsunterschiede zwischen einem »unzufriedenen« und einem »zufriedenen« CA

Fragen-Element	Nähe zum Ideal eines »unzufriedenen« CA vs. eines »zufriedenen« CA	Bewertungs-differenz
»Was nach dem Arbeitsleben – im Ruhestand – wichtig ist« – dem was bleiben soll	mit 100% gegenüber 70%	Δ 30%
»Chefärzte aus Patientensicht«, dem Fremdbild	mit 100% gegenüber 53%	Δ 47%
»Ich als Chefarzt«, dem Selbstbild	mit 100% gegenüber 75%	Δ 25%
»Vorstellung von der Chefarztposition«, den ursprünglichen Erwartungen als CA	mit 100% gegenüber 63%	Δ 37%
»Hauptaufgaben von CÄ 70er/80er-Jahre« – dem Vergleich mit der CÄ-Vergangenheit	mit 100% gegenüber 32%	Δ 68%
»Arbeitsalltag von CÄ 70er/80er-Jahre«– dem Vergleich mit der CÄ-Vergangenheit	mit 100% gegenüber 33%	Δ 67%
»Patienten« als Stakeholder – dem Diener der Patienten	mit 85% gegenüber 40%	Δ 45%
»CÄ als Fachexperten« – der Priorität medizinischer Fachlichkeit	mit 69% gegenüber 36%	Δ 33%
»CÄ als Gestalter aus persönlicher Motivation«	mit 100% gegenüber 48%	Δ 52%
»ethische Handlungsspielräume von CÄ«	mit 100% gegenüber 58%	Δ 42%

37.3.6 Vergleich zweier antipodischer Chefärzte

Der Bewertungsspielraum der Chefärzte ist immens. Beispielhaft sollen zwei Interviewte zu Wort kommen, die im Werteraum nahezu extreme Gegenpole darstellen.

In Tab. 37.1 werden die Elemente mit wenigstens 25% Unterschied aufgeführt. Der als »unzufrieden« beschriebene CA lag mit seinen Bewertungen deutlich höher, d.h. näher an seinem persönlichen Ideal, als der als »zufrieden« bewertete CA.

Nachdem gezeigt wurde, dass »Unzufriedenheit« bezüglich mancher Elemente mit einer sehr hohen Bewertung in Bezug auf das Handlungsideal einhergeht, soll nun gezeigt werden, bezüglich welcher Elemente dies umgekehrt war (d.h. bei welchen Elementen eine erhebliche Ferne zum Ideal gesehen wurde). Dies war insbesondere der Fall bei den aktuellen und prognostizierten Arbeitsumständen einerseits und den ökonomischen und verwaltungstechnischen Rahmenbedingungen des Arbeitsumfeldes andererseits (Tab. 37.2).

Den »unzufriedenen« Chefarzt charakterisieren sehr bis extrem hohe Ansprüche an sich selbst, eine Orientierung des Alltags am persönlichen Ideal, das sehr medizin- und patientenbezogen ist, sowie eine Orientierung an »früher« und an ethischen Wertmaßstäben. Er lässt sich nicht verbiegen und hat sehr hohe Hürden aufgestellt, die aufgrund ihrer Höhe ein nicht unerhebliches Potenzial an Unerfüllbarkeit und Scheitern beinhalten. Das alles kann Unzufriedenheit provozieren.

Auch bezüglich des persönlichen Wandels (den Veränderungen in den letzten drei Jahren) weist der Grad an Zufriedenheit große Unterschiede auf: Der zufriedene CA sieht eine Entwicklung hin auf seine Ideale, der unzufriedene CA umgekehrt eine Entwicklung weg von seinen Idealen (Abb. 37.10).

Der unzufriedene CA beschreibt eine deutliche Entfernung von seinem Ideal während der letzten drei Jahre, während der zufriedene CA das Gegenteil schildert, nämlich eine positive Entwicklung hin zu seinem Ideal.

Die Elemente weisen z.T. deutlich unterschiedliche Zuordnungen zum Ideal auf. Der unzufriede-

Tab. 37.2 Erhebliche Bewertungsunterschiede zwischen einem »unzufriedenen« und einem »zufriedenen« CA

Fragen-Element	Nähe zum Ideal eines »unzufriedenen« CA vs. eines »zufriedenen« CA	Bewertungs-differenz
»Hauptaufgaben von CÄ heute«	mit 15% gegenüber 57%	Δ 42%
»Hauptaufgaben von CÄ morgen«	mit 10% gegenüber 83%	Δ 73%
»Arbeitsalltag von CÄ heute«	mit 14% gegenüber 48%	Δ 34%
»Arbeitsalltag von CÄ morgen«	mit 7% gegenüber 70%	Δ 63%
»Umgang mit meiner Situation heute«	mit 33% gegenüber 75%	Δ 42%
»Chefärzte aus Vorstandssicht«	mit 12% gegenüber 50%	Δ 38%
»Management« als Stakeholder	mit 5% gegenüber 57%	Δ 52%
»ökonomische Handlungsspielräume von CÄ«	mit 28% gegenüber 58%	Δ 30%

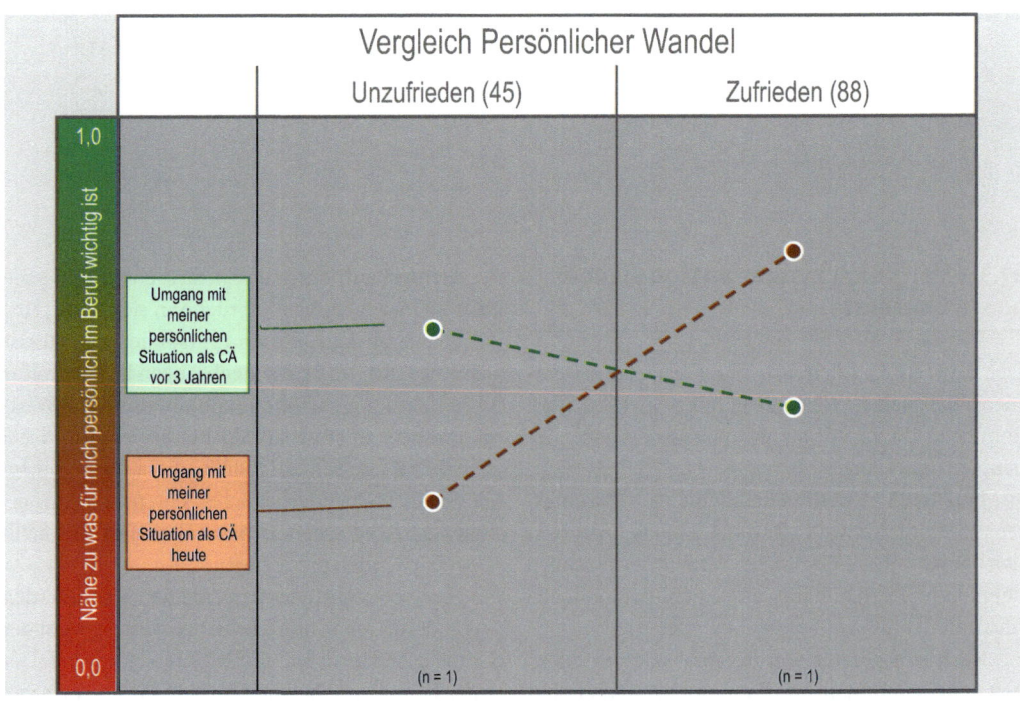

Abb. 37.10 Rangvergleichsfolie der Elemente-Klasse »Persönlicher Wandel in den letzten 3 Jahren« zweier antipodischer CÄ

ne CA sieht eine zunehmende Entfernung des Arbeitsalltags für CÄ vom Ideal, beginnend ab den 70er-Jahren bis in die Zukunft projiziert, während dies beim zufriedenen CA umgekehrt ist; er ist Optimist – und das vielleicht aus guten Gründen (Abb. 37.11).

Dies spricht dafür, dass der als »zufrieden« zugeordnete CA schon seit seiner Bewerbungszeit deutlich weniger Ansprüche an seine berufliche Tätigkeit stellt – bezogen auf das Ideal »Was für mich persönlich im Beruf wichtig ist«. Das betrifft auch den Bezug zu seinem Chefarztstatus oder den

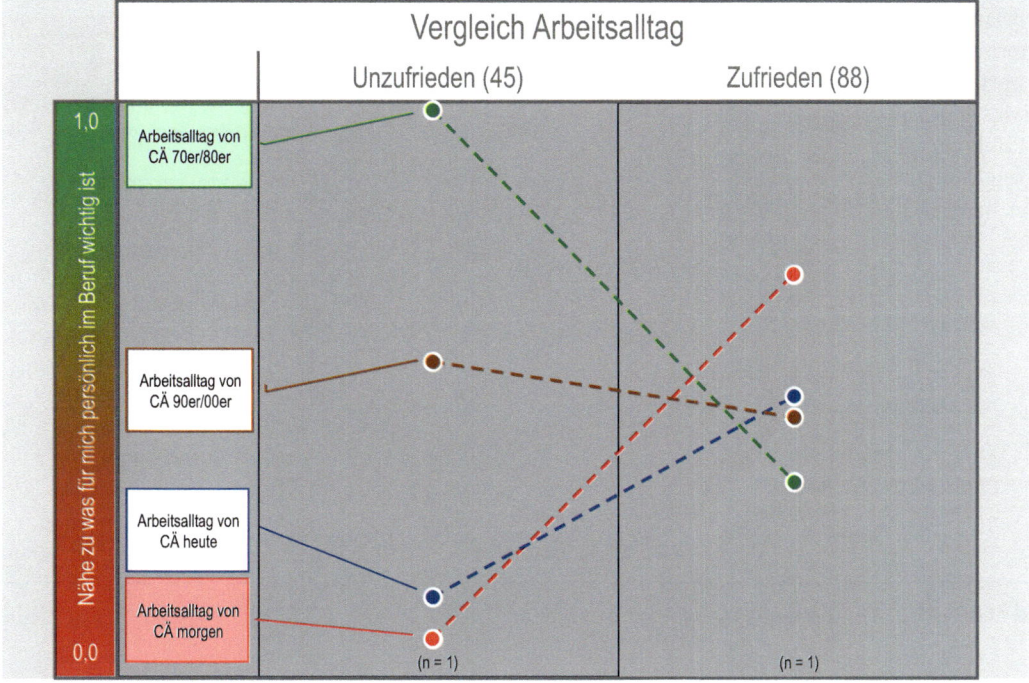

◘ Abb. 37.11 Rangvergleichsfolie der Elemente-Klasse »Entwicklung des Arbeitsalltags von CÄ« zweier antipodischer CÄ

nach der Berufszeit angestrebten Zielen (»Was nach dem Arbeitsleben wichtig ist«). Dafür bewertet er die Tätigkeit als Netzwerker höher als sein »unzufriedener« Kollege. Ganz im Vordergrund stehen aber die positiven Bewertungen der letzten drei Jahre und die optimistische Betrachtung des Arbeitsalltags und der Zukunftsperspektiven. Sowohl beim persönlichen Wandel als auch bei den Zukunftsaussichten für den Arbeitsalltag sieht der zufriedene CA positive Entwicklungen. Dass ihm dabei eine von Anfang an weniger idealistische Einschätzung seiner Position geholfen hat, ist zu vermuten. Diese auch als »professionelle Distanz« zu bezeichnende Sicht mag es ihm erleichtern, eine stabile Kommunikation in Netzwerken zu gestalten und sich außerdem mit den Klinikmanagern diplomatisch und erfolgreich auseinanderzusetzen (▶ Kap. 6–9).

Beim unzufriedenen CA bewegt sich die »Entwicklung des Arbeitsalltags von CÄ« fast geradlinig weg vom Ideal, beginnend mit den 70er/80er-Jahren bis hin zu Gegenwart und Zukunft. Die Entwicklung der persönlichen Situation in den letzten drei Jahre weist eine dazu quasi parallele Bewegung weg vom Ideal auf (◘ Abb. 37.12).

Beim zufriedenen CA weist der dreidimensionale Werteraum keinen eindeutig roten Bereich auf, weil sich alle Bewertungen im positiv bewerteten, grün-gelben Bereich befinden. Die »Entwicklung des Arbeitsalltags von CÄ« weist fast eine vertikale Gerade entlang dem Ideal bis heute auf, von der die zukünftige Entwicklung im hellgrünen Bereich vom Ideal leicht abweicht. Die Entwicklung der persönlichen Situation in den letzten drei Jahren weist eine eindeutige Tendenz in Richtung Ideal auf (◘ Abb. 37.13).

37.4 Zusammenfassung und Diskussion

Das Ziel der vorliegenden Studie bestand u.a. darin, etwas über Vorstellungen von Chefärzten bezüglich ihrer Arbeitswelt, aber auch der Bewertung ihrer Tätigkeit in ihrem Leben (z.B. bzgl. ihrer Life-Balance) zu erfahren. Als Methode diente eine spe-

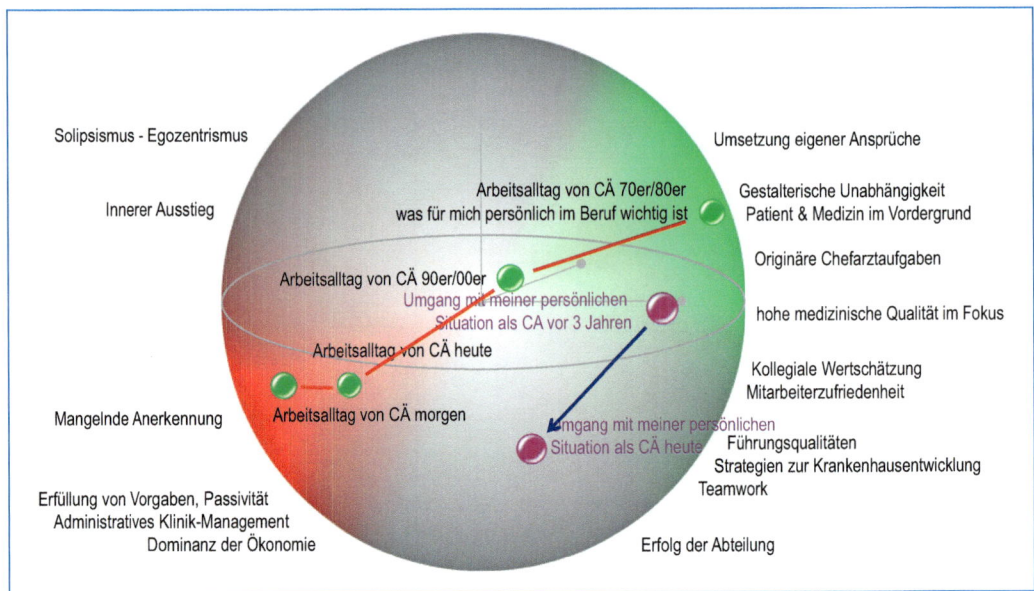

Abb. 37.12 3D-Positionsfolie des unzufriedenen CÄ

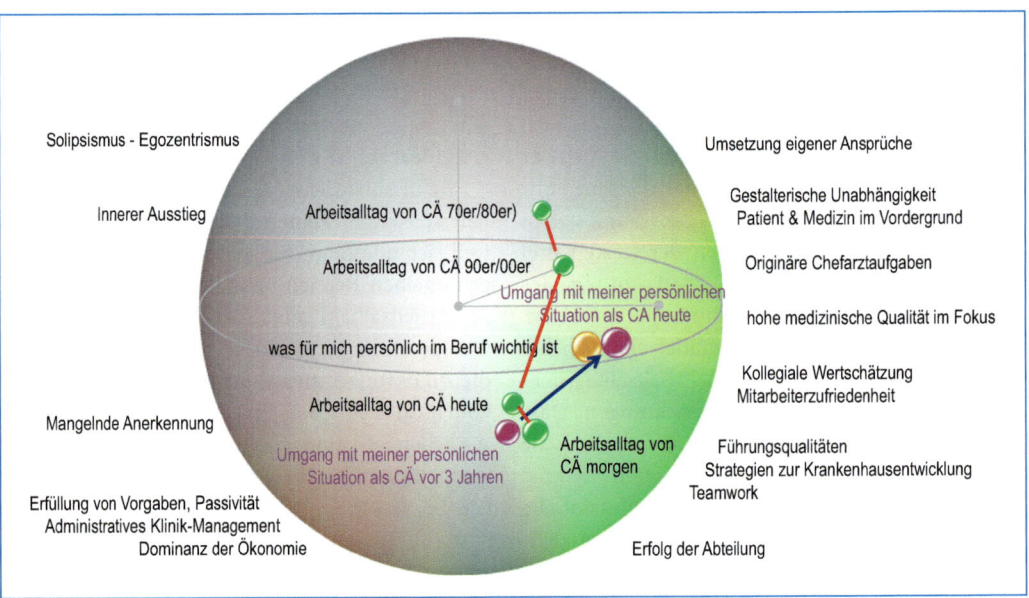

Abb. 37.13 3D-Positionsfolie des zufriedenen CÄ

zielle Interviewtechnik mittels des Nextexpertizer®, mit deren Hilfe versteckte Gedankenkonstrukte und Denkstrukturen erfasst und sichtbar gemacht werden sollten.

Zu erwarten waren z.B. Generationsunterschiede zwischen älteren Generationen und der Generation Y.[5] Dieser Altersgruppe sagt man nach, »sie lebe beim Arbeiten«, während die älteren Babyboomer »lebten, um zu arbeiten« und die dazwischenliegende Generation X »arbeite, um zu leben«. Dass die Generationen jeweils nicht so klar abgrenzbar sind, wie es die Klassifikation vorzugeben scheint, ist hier insbesondere für die Generation Y nachgewiesen worden, bei der sich wenigstens zwei Gruppierungen mit unterschiedlichen Handlungsphilosophien herauskristallisieren lassen (… »die (befragten) Führungskräfte folgen einer gemeinsamen Hauptbewertungsachse; die Generation Y folgt zwei unterschiedlichen Kraftfeldern«[6]).

Aufgezeigt wurden darüber hinaus einige Unterschiede zwischen Managern und CÄ sowie einige wenige geschlechtsspezifische Unterschiede. Die Wahrnehmung der Vergangenheit bezüglich chefärztlicher Handlungsmöglichkeiten fällt unterschiedlich aus. Insbesondere jüngere CÄ orientieren sich nicht an romantischen Vorstellungen der Vergangenheit, sondern folgen vielmehr neuen Bildern von CÄ. Sie rekurrieren mehr auf Netzwerke als auf solipsistisches eigenes Tun. Eine zunehmende Ökonomisierung wird von den Jüngeren eher toleriert. Daher haben sie eine größere professionelle Distanz zu Idealvorstellungen und Beruf und tendenziell mehr Verständnis für das Klinikmanagement.

In einer Einzelfallanalyse wurde insbesondere beim Thema »berufliche Zufriedenheit« herausgearbeitet, dass bestimmte Ausgangsvorstellungen (zu hohe Erwartungen, sehr hohe ethische und medizinische Ansprüche, wenig Netzwerktätigkeit, kritische Wahrnehmung und reservierte Kooperation mit dem Klinikmanagement) Ausgangspunkte für Unzufriedenheit sein können. Bei dem zufriedenen CA fand sich eine gewisse Einschränkung im Engagement und in den Erwartungen bei gleichzeitig positiver Einstellung zur Netzwerktätigkeit, zu ökonomischen Fragen und zum Management. Der hauptsächliche Unterschied zum unzufriedenen CA zeigte sich hier insbesondere in einer positiven Bewertung der letzten drei Jahre und in der Vorstellung, dass sich Tätigkeit und Aufgaben in Zukunft wieder in Richtung der persönlichen Idealvorstellungen bewegen werden.

37.5 Ausblick und Empfehlung

Nach Analyse der CÄ-Interviews kann gesagt werden, dass CÄ keine homogen sozialisierte und tätige Gruppe mit einheitlichen Handlungsmaximen sind. Vielmehr möchten sie sehr unterschiedliche Vorstellungen in ihr Berufsbild einbringen, die bei sehr hohen oder zu hohen Ansprüchen eine Basis für berufliche Unzufriedenheit darstellen können.

Es erscheint angebracht, auf eine »mittlere« professionelle Distanz zu Chefarztaufgaben hinzuwirken. Realistische Erwartungen, wie sie insbesondere bei den Chefärztinnen und bei einigen der jüngeren CÄ identifiziert wurden, sind eine Arbeitsbasis, auf der es auch möglich ist, sich mit dem Klinikmanagement auf Augenhöhe auszutauschen und zusammen Strategien zum gemeinsamen Vorwärtskommen zu entwickeln. Netzwerkfähige Kommunikation verringert das Risiko von Alleingängen, die einer modernen Führung entgegenstehen und leicht zum Scheitern führen können.

> Es könnte im Sinn beruflicher Zufriedenheit nützlich sein, Führungskräfte in Fähigkeiten zu unterstützen oder zu schulen, um eine professionelle Einstellung mit der notwendigen Distanz zur Arbeit und ihren Inhalten zu entwickeln und gleichzeitig auch bezüglich ihrer Life-Balance gewinnen.

So scheint es sinnvoll, nicht nur am beruflichen Feinschliff zu arbeiten, sondern auch Freiräume (z.B. Sabbaticals) zu schaffen, die es zusätzlich ermöglichen können, über den Tellerrand hinaus zu blicken.

Vertrauensvolle Kommunikation, Glaubwürdigkeit, Einbeziehung in Entscheidungsprozesse und eine entsprechende gegenseitige Wertschätzung von Krankenhaus- oder Unternehmensleitung

---

5 Schmidt CE et al. (2011) Generation Y. Rekrutierung, Entwicklung und Bindung. Anaesthesist 60: 517–524
6 Kruse P (2013) Zukunft von Führung: kompetent, kollektiv oder katastrophal? Vortrag auf der Messe Zukunft Personal, Köln

und CÄ kann sich vorteilhaft auf die Arbeit von CÄ auswirken.

Literatur

Martin W (2014) Ärztlicher Stellenmarkt: Schwierige Suche nach geeigneten Chefärztinnen und Chefärzten. Dtsch Ärztebl 111(10)

Schmidt CE et al. (2011) Generation Y. Rekrutierung, Entwicklung und Bindung. Anaesthesist 60: 517–524

Ist nur der Wandel beständig? Der Chefarztberuf im Spannungsfeld von Ökonomie, Demographie und Digitalisierung

Christian Schmidt

38.1 Einleitung – 588

38.2 Demographie und Generationenvielfalt – 588
38.2.1 Trends und Auswirkungen – 588
38.2.2 Generationen am Arbeitsplatz – 590
38.2.3 Konflikte zwischen den Generationen – 594
38.2.4 Fazit: Demographie und Generationenvielfalt – 596

38.3 Veränderte Einstellungen junger Ärzte zur Arbeit – 596
38.3.1 Anforderungen junger Mitarbeiter – 596
38.3.2 Prägungen – 597
38.3.3 Erwartungen an den Arbeitsplatz und Motivation – 597
38.3.4 Einstellung zu Arbeit und Karriere – 598
38.3.5 Lösungsansätze für die Klinikführung – 598
38.3.6 Fazit: Veränderte Einstellungen junger Ärzte zur Arbeit – 600

38.4 Ambulantisierung und Digitalisierung der Medizin – 600
38.4.1 Ambulantisierung der Gynäkologie – 600
38.4.2 Unwirtschaftlichkeit kleiner Abteilungen – 601
38.4.3 Folgen und Lösungsansätze am Beispiel Gynäkologie und Geburtshilfe – 602
38.4.4 Digitalisierung der Medizin – 603
38.4.5 Fazit: Ambulantisierung und Digitalisierung der Medizin – 604

38.5 Blick über den Tellerrand der Fachdisziplinen – 604

38.6 Schlussbetrachtung – 606

Literatur – 606

U. Deichert et al. (Hrsg.), *Traumjob oder Albtraum – Chefarzt m/w*,
DOI 10.1007/978-3-662-49779-1_38, © Springer-Verlag Berlin Heidelberg 2016

38.1 Einleitung

Wer sehnt sie als Chefarzt nicht herbei, die alten Zeiten, als körbeweise die Bewerbungen zur Sichtung aus dem Sekretariat kamen, als Geschäftsführer noch das umsetzten, was die Chefärzte in ihren Runden abgestimmt hatten, als die Vergütung der medizinischen Tätigkeit anstandslos von den Kostenträgern bezahlt wurden. Genau zu dieser Zeit war es eine Freude, als Chefarzt zu arbeiten und sich vollumfänglich um die Krankenversorgung zu kümmern. Denn das war der vorrangige Auftrag an den Chefarzt. Was haben wir nur falsch gemacht, wird sich beim Lesen der Zeilen der Eine oder Andere fragen. Eigentlich gar nichts – nur die Zeiten und der Kontext, in dem Chefärzte Medizin für Patienten machen, haben sich geändert. Dies leider jedoch ziemlich dramatisch. Alleine in den letzten 20 Jahren haben sich durch die Verkürzung der Verweildauern, durch massiven Bettenabbau und eine bedeutende Steigerung der Fallzahlen die *Arbeitsbedingungen* im Krankenhaus verändert. Dies betrifft vor allem die Gynäkologie. ◘ Abb. 38.1, ◘ Abb. 38.2 und ◘ Abb. 38.3 zeigen die Veränderungen graphisch. Diese Entwicklung hat zu einer starken *Arbeitsverdichtung* geführt, die vielerorts zur Überlastung von Ärzten und Pflegekräften geführt hat. Es drängt sich daher die Frage auf, ob dieser Trend weitergeht und was mit der Medizin, wie wir sie kennen, in Zukunft wird. Dieser Beitrag versucht, eine Antwort auf die Fragen zu geben und mögliche Szenarien zu skizzieren. Er erhebt jedoch keinen Anspruch auf Vollständigkeit und generelle Übertragbarkeit.

Die Veränderungen in den letzten 20 Jahren lassen sich in mehrere Bereiche unterteilen: Demographie und Generationenvielfalt, veränderte Einstellungen junger Ärzte zur Arbeit, Feminisierung der Medizin, Ambulantisierung der Medizin und neuerdings auch die Digitalisierung der Medizin. Auf diese wird im Folgenden eingegangen.

38.2 Demographie und Generationenvielfalt

38.2.1 Trends und Auswirkungen

Die *Auswirkungen der demographischen Entwicklung* auf Kultur, Gesellschaft und Arbeitswelt sind aktuelle Themen zeitgenössischer Debatten. Steigende Lebenserwartung und längere Fitness der

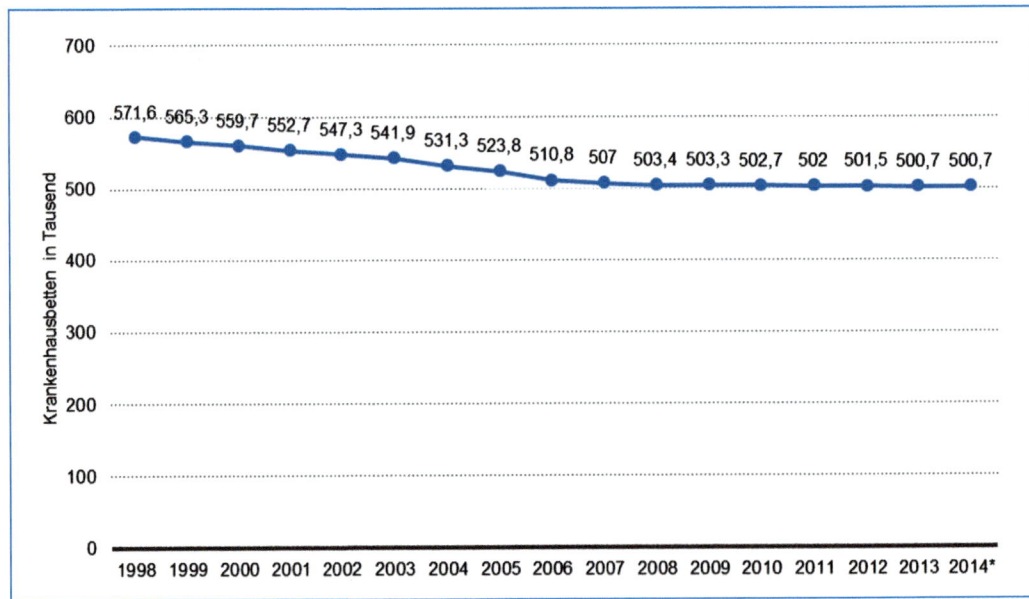

◘ Abb. 38.1 Anzahl der Krankenhausbetten in Deutschland in den Jahren 1998 bis 2014 (in 1.000) (Statistisches Bundesamt 2015)

38.2 · Demographie und Generationenvielfalt

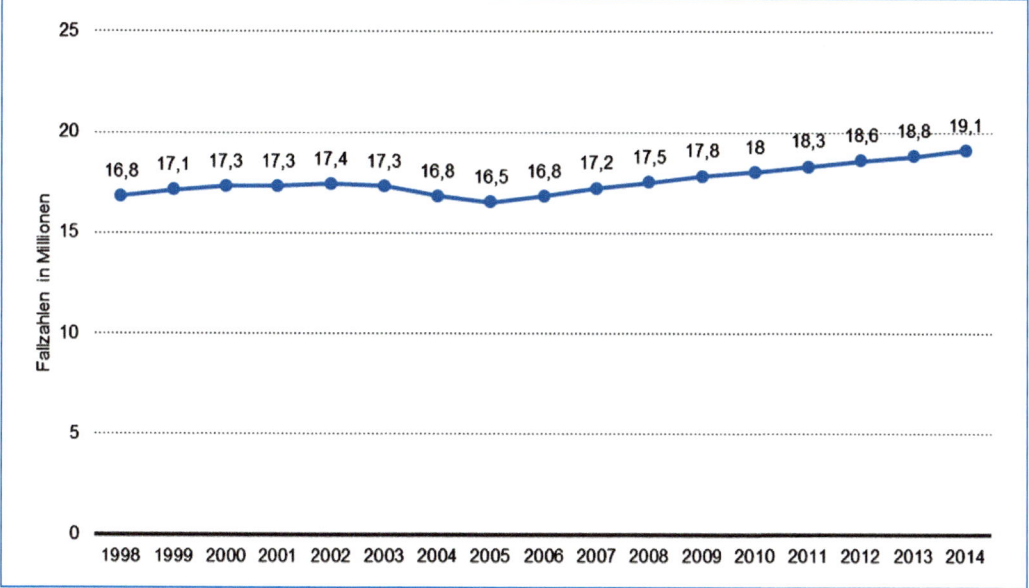

Abb. 38.2 Fallzahlen in Mio. Patienten in Deutschland in den Jahren 1998 bis 2014 (in Mio.) (Statistisches Bundesamt 2015)

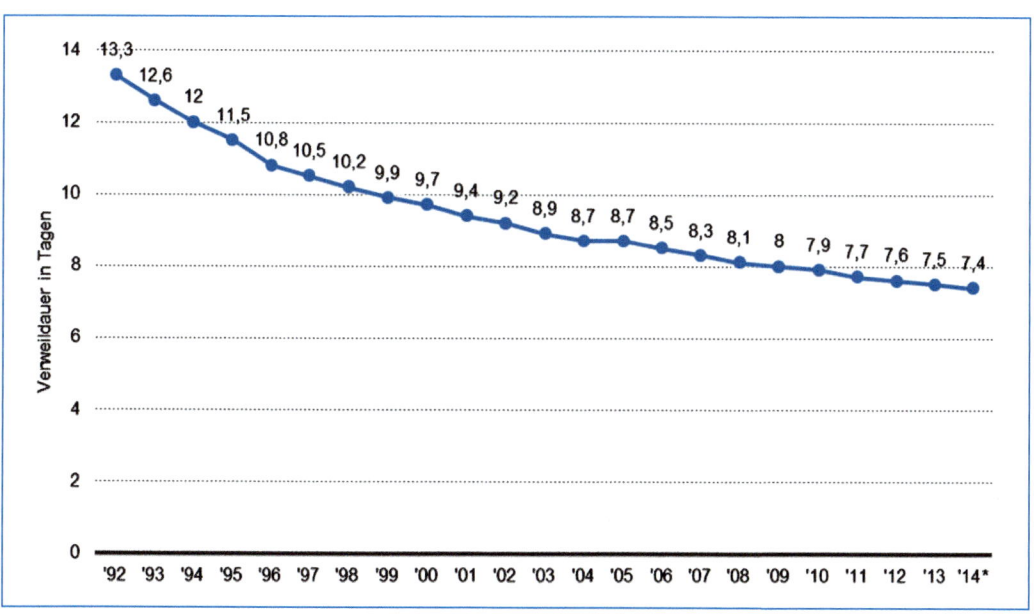

Abb. 38.3 Durchschnittliche Verweildauer in deutschen Krankenhäusern in den Jahren 1992 bis 2014 (in Tagen) (Statistisches Bundesamt 2015)

Gesellschaft sorgen für veränderte bzw. verlängerte Konsumgewohnheiten, und sie führen auch zu einer Häufung von altersassoziierten Erkrankungen. Multimorbide und betagte Patienten sind heute in konservativen Krankenhausabteilungen und Arztpraxen die Regel. Ein stetiger Anstieg degenerativer Erkrankungen des Bewegungsapparates, der Gefäße und des Gehirns führen zu einem erhöhten Pflegeaufwand und zu längeren Liegezeiten im Krankenhaus. Letztere steht dem Bettenabbau durch Verweildauerverkürzung entgegen (Augurzky 2014; Klauber et al. 2012) (▶ Kap. 34).

Auch in der Gynäkologie werden die Patientinnen immer älter, und die Zahl der Geburten geht zurück. Indem die Zahl der Frauen im gebärfähigen Alter abnimmt, wird auch die Zahl der Geburten bis 2030 um 25–30% sinken (Augurzky et al. 2014). Eine Ursache liegt im Geburtenknick nach der Wende. Damit stellt sich auch die Frauenheilkunde auf demographische Veränderungen ein. In der Fortpflanzungsmedizin kommen dagegen immer mehr Paare mit Kinderwunsch in späterem Lebensalter auf die Abteilungen zu, denn die Frauen werden immer älter, bevor sie ihr erstes Kind gebären. In Thüringen beispielsweise geschieht dies im Schnitt erst mit 28 Jahren. An diese Trends muss sich vor allem die die Geburtsmedizin anpassen.

»Die Demographie hat überall ihre Finger im Spiel« könnte man sagen. Denn neben den Auswirkungen auf das Patientengut hat die Demographie auch große Effekte auf das Krankenhauspersonal. Die *Alterung der Belegschaft* wird durch die Heraufsetzung des Renteneintrittsalters verstärkt. Als Folge arbeiten die Mitarbeiter heute länger als jemals zuvor, und damit arbeiten auch mehr Generationen gleichzeitig in einem Krankenhaus als früher (Schmidt et al. 2011). Dies hat erhebliche Auswirkungen auf die Anforderungen an den Arbeitsplatz, die Arbeitsinhalte und insbesondere die Führung, denn es ist davon auszugehen, dass Mitarbeiter unterschiedlicher Generationen auch verschiedene Vorstellungen von gutem *Führungsverhalten* haben (Schmidt et al. 2011). Dies umso mehr, wenn ein großer Altersunterschied besteht, der die Ausgestaltung der Führungsbeziehung erschweren kann. Kompliziert wird die Situation dadurch, dass vor allem im ärztlichen Bereich heute der Vorgesetzte nicht immer zwingend der Ältere sein muss. Diese Situation ist besonders konfliktgefährdet, da sie der traditionellen Ordnung widerspricht und Spannungen erzeugen kann. *Altersgerechtes* bzw. *generationengerechtes Führen* wird daher anspruchsvoller und wichtiger. Aktuelle Studien von Ilmarinen aus Finnland (Ilmarinen 2005) zeigen, dass die langfristige Arbeitsfähigkeit der Mitarbeiter am stärksten vom Führungsverhalten abhängt und sich gute Führung hochsignifikant auf die Verbesserung der Leistungsfähigkeit älterer Mitarbeiter auswirkt (Ilmarinen 2005).

Um das Potenzial, welches in den Mitarbeitern des Krankenhauses steckt, durch gute Führung relativ reibungslos zur Entfaltung zu bringen, ist es sinnvoll, die *Generationen im Krankenhaus* zu charakterisieren und die Einstellungen, Werte, Motive und Prägungen ihrer Repräsentanten zu kennen. Das ist eine wichtige Grundlage für generationengerechte Führung im Krankenhaus (Schmidt et al. 2012).

38.2.2 Generationen am Arbeitsplatz

Heutzutage arbeiten Beschäftigte aus vier *Generationen* am Arbeitsplatz »Krankenhaus« zusammen: die Wirtschaftswundergeneration, die Baby-Boomer, die Generation X und die Generation Y sowie seit neustem die Generation Z. Sie unterscheiden sich in ihrer Einstellung zur Arbeit, im Motivationsverhalten und in den Anforderungen, die sie an gute Führungskräfte richten. ◻ Tab. 38.1 fasst diese Unterschiede und Gemeinsamkeiten zusammen (Schmidt et al. 2013).

Die Wirtschaftswundergeneration

Die *Wirtschaftswundergeneration* (WWG) umfasst die Geburtenjahrgänge 1945–1955 und befindet sich heute im fortgeschrittenen Erwerbsalter. Häufig bekleiden die Angehörigen dieser Generation Führungspositionen und stehen im Zenit ihres Berufslebens. Die WWG wurde geprägt durch Ereignisse wie den Wirtschaftsaufschwung und den damit verbundenen Wohlstand. Im Zuge des Zeitgeists der ökonomischen Sorglosigkeit und des Überflusses musste sich niemand Sorgen um seinen Arbeitsplatz machen. Der expandierende Wohlfahrtsstaat förderte dieses Gefühl der persönlichen

38.2 · Demographie und Generationenvielfalt

Tab. 38.1 Unterschiede und Gemeinsamkeiten von Mitarbeitergenerationen im Krankenhaus

	Wirtschaftswundergeneration	Baby-Boomer	Generation X	Generation Y
Geburtsjahrgänge	1945-1955	1956-1965	1966-1985	Ab 1986
Prägende Ereignisse	Wiederaufbau, Wirtschaftswunder, Vollbeschäftigung	erste Öl- und Weltwirtschaftskriese, Mondlandung, deutsche Teilung	Wiedervereinigung, Zerfall des Warschauer Paktes, Privatfernsehen	9/11, Krieg im Irak, Internet, Social Media und Globalisierung
Einstellung zur Arbeit	idealistisch, skeptisch gegenüber Autoritäten, loyal zum Unternehmen	Wettbewerb um Positionen und Karriere, Umweltbewusstsein und Emanzipation	Individualismus und materielle Werte, karriereorientiert, ehrgeizig, kurzfristig loyal, Work-Life-Balance	Arbeit muss Spaß machen und fordern, lernbereit, flexibel und mobil
Arbeitsmotto	leben, um zu arbeiten	leben, um zu arbeiten	arbeiten, um zu leben	leben beim Arbeiten
Sicherheit des Arbeitsplatzes bzw. Angst um Arbeitsplatz	keine Sorgen, da Vollbeschäftigung bestand	beginnende Sorgen um Arbeitsplatz in der Medizin, große Niederlassungswelle	großer Wettbewerb um Stellen im Krankenhaus und Sorge um Arbeitsplatz	keine Sorgen um Arbeitsplatz wegen Fachkräftemangel
Wert der Freizeit	erste Orientierung zur Freizeit	abnehmende Wertigkeit	Vereinbarkeit von Beruf und Familie	sehr groß
Bedeutung von Titeln und Hierarchiestufen	sehr wichtig	sehr wichtig bis weniger wichtig	wichtig	unwichtig
Auszeiten vom Job	keine	sehr selten	gesellschaftlich etablierte Auszeiten (z.B. Elternzeit) werden genommen	»Privatleben kommt vor Arbeit«
Motivation	keine materiellen Anreize, sondern Selbstverwirklichung und persönliche Anerkennung	weniger materielle Anreize, Partizipation	materielle Anreize, Karriere	keine finanziellen Anreize, geregelte und planbare Arbeitszeiten
Lebenssituation	kurz vor dem Ruhestand, Kinder sind erwachsen	»Schaniergeneration«, d.h. Kinder teilweise noch im Haus, ggf. schon Pflege von Angehörigen; größte Elterngeneration	mittlere Lebensphase, im Berufsleben etabliert, häufig späte Familienplanung	etablieren sich gerade im Berufsleben, unabhängig
Physische und psychische Belastbarkeit	abnehmende körperliche Leistungsfähigkeit, Kompensation durch Erfahrung, Routine und Leistungsbereitschaft	körperliche Leistungsfähigkeit hoch, große Erfahrung und Routine	körperliche Leistungsfähigkeit sehr hoch, große Erfahrung und Routine, noch lernwillig	körperliche Leistungsfähigkeit sehr hoch, unerfahren und neugierig

Sicherheit zusätzlich. In dieser Zeit fand auch eine Umkehr vom Bild des Mitarbeiters als Arbeitsfaktor hin zum wichtigen Wettbewerbsfaktor statt. Human-Relations-Ansätze wurden implementiert und eine an den Bedürfnissen des Mitarbeiters ausgerichtete Personalführung in den Vordergrund gestellt. Als Konsequenz der Mitarbeiterorientierung nahmen in dieser Zeit die betrieblichen Mitbestimmungsrechte erheblich zu. Politisch setzte sich diese Generation kritisch mit der Rolle ihrer Eltern in der NS-Zeit auseinander. Da diese Mitarbeiter sich häufig finanziell abgesichert hatten, sind sie heute nur schwer durch materielle Anreize zu motivieren, sondern eher durch Selbstverwirklichung und die persönliche Anerkennung ihrer Lebensleistung. Ihre Lebenssituation ist geprägt von erwachsenen Kindern und ggf. der Pflege von älteren Angehörigen. Wie bei den Baby-Boomern kann dies mitweilen zu einer Doppelbelastung führen, die bei der Arbeitsplanung berücksichtigt werden sollte. Erste Alterserscheinungen treten auf. Diese physischen Defizite werden bei dieser Generation jedoch durch Routine, Einsatzbereitschaft und Erfahrung kompensiert. Die WWG erwartet von ihren Vorgesetzten einen partizipativen und demokratischen Führungsstil. Obwohl sie weniger gewohnt ist, Respekt vor einem Vorgesetzten zu haben als die Nachkriegsgeneration, fordert sie eine Anerkennung ihrer Lebens- bzw. Arbeitserfahrung. Wenn diese fehlt, sind Konflikte mit jüngeren Kollegen programmiert. Gerade wegen dieser Kompetenzen erwartet sie auch, in Entscheidungsfindungen eingebunden zu werden. Dies ist vor allem bei jüngeren Führungskräften für die Akzeptanz als Vorgesetzter von Bedeutung (Schmidt et al. 2011, 2013).

Baby-Boomer

Dieser Generation folgen die *Baby-Boomer*, also die Jahrgänge 1956–1965. Sie stellen das Rückgrat der Erwerbsbevölkerung dar. Diese Generation ist ebenfalls im Berufsleben etabliert und kann bereits auf 20 Jahre Erfahrung zurückblicken. Viele Baby-Boomer sind in Führungspositionen. Sie wurden geprägt durch die wirtschaftliche Stagnation in den 70er-Jahren und die ersten Öl- bzw. Weltwirtschaftskrisen. Massenarbeitslosigkeit und der Terror der Roten Armee Fraktion prägten diese Zeit.

Im Gegensatz zur Vorgängergeneration erfuhren Baby-Boomer Unsicherheiten für die persönliche und berufliche Zukunft. Postmaterialistisches, politisches oder gesellschaftliches Engagement war daher kaum möglich. Allerdings hat diese Generation die Friedens- und Umweltbewegung (68er-Generation) begründet, die in Deutschland starken Einfluss auf die politische Landschaft gehabt hat. Diese Generation traf am Arbeitsplatz bereits auf eine mitarbeiterorientierte und partizipative Unternehmensführung, die in den Folgejahren weiter ausgebaut wurde. Die Gewerkschaften bekamen eine stärkere Rolle, Lohnerhöhungen und eine Verkürzung der Arbeitszeit waren die Folge. Im Krankenhaus dagegen war von dieser Bewegung wenig zu bemerken. Da diese Generation wegen ihrer Vielzahl früh mit Konkurrenzsituationen, beispielsweise in der Schule, Universität oder am Arbeitsplatz in Kontakt kam, musste sie lernen, zu kooperieren. Dies hat Einfluss auf ihre Teamfähigkeit und Sozialkompetenz. Sie hat nun die Hälfte des Erwerbslebens hinter sich und macht sich Gedanken über die zweite Hälfte. Die Baby-Boomer sind die größte Elterngeneration und haben als »Scharniergeneration« häufig Kinder und ältere Angehörige gleichzeitig zu betreuen. Baby-Boomer kennen Konkurrenzsituationen und sind daher an Konflikte beruflicher Art gewöhnt. Vom »idealen« Vorgesetzten erwarten sie einen entwicklungsorientierten und kooperativen Führungsstil, als Folge dessen sie ihre Leistungen im Verhältnis zu anderen bewerten können (Schmidt et al. 2013).

Generation X

Generation X umfasst die Jahrgänge 1966–1985. Mit ihr ist der Begriff der »Work-Life-Balance« verbunden. In Deutschland wird auch der Begriff »Generation Golf« (Florian Illies) verwendet. Prägende Ereignisse waren der Beginn des Privatfernsehens bzw. die damit verbundene Medienrevolution und die Wiedervereinigung beider deutscher Staaten. Trotz zunehmender Scheidungsraten und Berufstätigkeit beider Eltern wuchs diese Generation vergleichsweise behütet auf. Am Arbeitsplatz wurde immer häufiger der Computer verwendet, und die Halbwertzeit des Wissens nahm rapide ab. Daher ist eine positive Einstellung zum kontinuierlichen Lernen vorhanden. Wie schon in der Vorgängergeneration bestand jedoch eine Unsicherheit, was die eigene Etablierung im Berufsleben anbetrifft. Für Generation X ist daher das Streben nach Wohlstand und materiellen Werten bedeutend. Die Angehörigen dieser Generation sind ehrgeizig und karriereorientiert und nehmen zum Fortkommen auch lange Arbeitszeiten in Kauf. Auszeiten vom Beruf werden nur dann genommen, wenn sie gesellschaftlich etabliert sind, wie beispielsweise die Elternzeit nach der Geburt eines Kindes. Generation X hat 13 Jahre Schule hinter sich gebracht, Zivildienst oder Bundeswehr absolviert und nach dem Studium mit Physikum und mehreren Examina die AIP-Zeit erlebt. Der Facharzt dauert in großen Fächern sechs Jahre. Das prägt sie insbesondere im Bezug zur Generation Y. Die Angehörigen der Generation X sind heute häufig in Führungspositionen, u.a. auch deshalb, weil die Entscheidung für Kinder deutlich später getroffen wird als in den Generationen davor. Ein weiterer Grund dafür liegt im Versuch dieser Generation, die Phase der Jugend und die damit verbundene Unabhängigkeit so weit wie möglich hinauszuschieben. Generation X erwartet eine zielorientierte und pragmatische Führung. Da diese Generation nicht so stark konsensorientiert ist wie ihre Vorgängergenerationen, ist für sie eine klare Kommunikation von Erwartungen und Zielen wichtig. Konflikte im Kollegenkreis sind für sie keine Schreckensvorstellung. Der partizipative Stil bei den Vorgängergenerationen sollte hier zu Gunsten stärkerer Delegation von Aufgaben umgewichtet werden (Schmidt et al. 2011, 2013).

Generation Y

Die nach 1985 geborenen Beschäftigten werden als *Generation Y* oder auch als »Internetgeneration« bezeichnet (Schmidt et al. 2013, 2014). Sie sind geprägt durch das Internetzeitalter, die Verbreitung des Smartphones und durch soziale Netzwerke wie Twitter und Facebook. Gesellschaftlich bedeutsam waren für diese Generation die Anschläge des 11. September 2001 und der darauf folgende Irakkrieg. Ferner haben diese Personen die rapide weltweite Vernetzung und Globalisierung erleben dürfen. Beide Faktoren haben sie lernen lassen, dass Frieden und die Dominanz westlicher Werte nicht unendlich sind. Dennoch sind die Angehörigen dieser Generation aufgeschlossen, kontaktfreudig und optimistisch. Sie sind ständig in der elektronischen Kommunikation und nehmen diesen Lebensstil auch mit an den Arbeitsplatz. An das Verschwimmen der Grenzen von Arbeitsplatz und Privatleben haben sie sich gewöhnt. Die ständige Verfügbarkeit des Internets hat bei ihnen die Art des Lernens beeinflusst. Da Wissen nahezu unbegrenzt im Internet verfügbar ist, muss es nicht ständig individuell erarbeitet werden. Damit nimmt jedoch auch das Interesse daran, komplexe Sachverhalte in der Tiefe zu erforschen, sich also wissenschaftlich zu engagieren, ab. Gelernt wird interaktiv und praxisorientiert in Blended-learning-Konzepten am Computer und gerne auch von zuhause. Am Arbeitsplatz werden Hierarchien abgelehnt und fachliche Kompetenz bevorzugt. Privat nimmt die Familie einen stärkeren Stellenwert ein. Auszeiten für Kinder oder aus anderen Gründen werden je nach Lebensphase genommen, insbesondere auch, weil der Frauenanteil in dieser Generation höher ist als in denen davor. Beschäftigte der Generation Y erwarten ein engmaschiges Feedback und ein Coaching durch ihren Vorgesetzten. Sie beanspruchen von allen vorherigen Generationen die meiste direkte Führung. Diese Generation erwartet klare Vorgaben und visionäre Ziele für ihre Zukunft. Arbeitszeiten und -inhalte müssen sinnvoll gestaltet sein, Überstunden dagegen gut begründet. Werden diese Erwartungen nicht erfüllt, sind Angehörige der Generation Y eher bereit, den Arbeitsplatz zu wechseln, als sich selbstkritisch zu reflektieren oder gar anzupassen. Konflikten weichen sie nach Möglichkeit aus (Schmidt et al. 2014).

Generation Z

Nach den Generationen X und Y steht nun die *Generation Z* in den beruflichen Startlöchern. Die heute knapp Zwanzigjährigen sind mit Wirtschafts- und Finanzkrise aufgewachsen. Sie ist weniger politisch interessiert und weniger weitsichtig als ihre Vorgängergenerationen. Für sie ist es selbstverständlich, 24 Stunden online zu sein. Und der Ausdruck »YOLO – You only live once« gilt als wichtige Leitlinie. Der BWL-Professor Christian Scholz meinte in seinem kürzlich erschienenen Buch, diese Generation sei »realistisch«. Sie mache sich keine Illusionen darüber, wie ungerecht das Arbeitsleben beschaffen sei. Die heute Anfang Zwanzigjährigen sehen Massenentlassungen auf der einen und Managergehälter in Millionenhöhe auf der anderen Seite. Und sie sehen, dass sich trotz der vielen Diskussionen nichts geändert hat und glauben auch nicht daran, dass sich etwas ändert. Generation Z geht also sehr pragmatisch an Probleme heran (Scholz 2014).

Diese jungen Menschen arbeiten sehr gerne in der Klinik, jedoch in einem festen Rahmen, beispielsweise von 9 bis 17 Uhr. Außerhalb dieses Zeitraums aber möchten sie eher nicht an die Klinik oder Abteilung denken. Genauso stellen viele Führungskräfte fest, dass die Jungen sich schnell überfordert fühlen und wenig flexibel sind. Wenn dann also am Wochenende kurzfristig eine Präsentation ansteht, muss der Chef mit der Aufgabe letztlich alleine klarkommen. Auf Unterstützung seiner jungen Arbeitgeber kann er nicht unbedingt setzen. Die Generation Z ist zwar ein verlässlicher Arbeitnehmer, aber eben nur, wenn es in ihre Struktur passt. Wenn es brennt, zieht sie einfach weiter. Loyalität der Klinik gegenüber ist ihr ein Fremdwort. Wie bei Generation Y benötigt Generation Z viel Feedback und Lob, jedoch gleichzeitig auch klare Vorgaben. Für Klinikchefs werden Kompromisse notwendig werden: Längere Arbeitszeiten sind in Ordnung, aber nur dann, wenn das im Voraus abgesprochen wurde (Scholz 2014).

38.2.3 Konflikte zwischen den Generationen

Konflikte gehören zum Arbeitsleben, und die Lösung von Konflikten ist eine übliche Führungsaufgabe. Konflikte treten zwischen Gleichaltrigen ebenso häufig und intensiv auf wie zwischen Personen unterschiedlicher Generationen, zumal die Übergänge von der einen zur nächsten Generation fließend sind. Solche Konflikte werden nachfolgend weder repräsentativ noch wissenschaftlich fundiert betrachtet, sondern vielmehr vereinfachend und polarisierend, teilweise im Jargonstil. Eine Verallgemeinerung der geschilderten Einzelfälle ist nicht beabsichtigt. Sobald die oben geschilderten, von Generation zu Generation durchaus unterschiedlichen Einstellungen, Wertsysteme und Motivationsstrukturen am Arbeitsplatz aufeinandertreffen,

können Spannungen zwischen den betreffenden Kollegen entstehen (Paine u. Honore 2011; Schmidt et al. 2011, 2012, 2014; Scholz 2014). Einige vorstellbare und teilweise auch erlebte Spannungen wurden in ◘ Tab. 38.2 exemplarisch zusammenfasst.

Mitarbeitende der »Wirtschaftswundergeneration« haben eine eiserne Arbeitsmoral und verstehen die scheinbar fehlende Disziplin und Wertigkeit der Arbeit, die andere Generationen zuweilen aufweisen, nicht. Insbesondere der Umgang mit Generation Y ist für Angehörige der WWG manchmal schwierig, beispielsweise wenn im Rahmen von Stellenbesetzungen Aussagen wie »Herr Professor, die Hospitation in Ihrer Klinik war klasse, Sie kommen in die engere Wahl« erfolgen. In solchen Fällen versteht die WWG die Welt nicht mehr. Baby-Boomer werden von der WWG als Gewerkschaftstypen und als harmoniebedürftige Mitarbeiter gesehen. Der Generation X gehören aus der Sicht der WWG kompromisslose Karrieretypen an, die sich gerne fördern lassen (Schmidt et al. 2013).

Baby-Boomer und Vertreter der WWG haben erfahrungsgemäß wenige Konflikte miteinander – am ehesten noch beim Thema Arbeitsbedingungen. Zwischen Baby-Boomern und Generation X gibt es hingegen mehrere Konfliktfelder. Da Baby-Boomer relativ früh Kinder bekommen haben, ist ihre Verfügbarkeit außerhalb der Dienstzeiten, beispielsweise für eine Habilitation, eingeschränkt. Mitarbeiter der Generation X haben sowohl den Biss als auch die Zeit (Kinder erst ab 35-40 Jahren), um sich im Wettbewerb gegen Baby-Boomer Vorteile zu verschaffen. Das bringt Konflikte mit sich. Dienstplanungen werden durch eine gewisse Kompromisslosigkeit erschwert. Generation Y wird von den Baby-Boomern gar nicht mehr verstanden, auch wenn Bezüge zu den eigenen Kindern gegeben sind. Vor allem, wenn beispielsweise im Operationssaal die Assistenz gefragt wird, ob sie die OP-Schritte kennt, und darauf erwidert: »Warum? Das bringst Du mir doch jetzt bei.« Dies kann zu Unverständnis oder gar Wutausbrüchen führen. Die Auffassungen nachfolgender Generationen werden von den Baby-Boomern insgesamt am wenigsten verstanden (Schmidt et al. 2011, 2012, 2013).

Generation X hält Generation Y für arrogant und verwöhnt und Baby-Boomer für Workaholics, denen der Sinn für das Wesentliche (nämlich die

Tab. 38.2 Konfliktfelder zwischen Mitarbeitergenerationen im Krankenhaus; oben: Sichtweise von oben nach unten; unten: Sichtweise von unten nach oben

Wie sieht oben unten / Wie sieht unten oben	Wirtschaftswundergeneration (WWG)	Baby-Boomer	Generation X	Generation Y
Wirtschaftswundergeneration (WWG)	Wir bekommen durch harte Arbeit Anerkennung und Wohlstand.	Suchen stets Kompromisse, statt sich durchzusetzen. Gewerkschaftstypen, die alles weicher gemacht haben.	Von mir geförderte, ehrgeizige Typen, die teilweise kompromisslos in der Durchsetzung ihrer Ziele sind.	Haben keinen Respekt mehr vor älteren Mitarbeitern. Sind freizeit- und spaßorientiert.
Baby-Boomer	Baby-Boomer haben die Arbeitsbedingungen der WWG durch Arbeitskampf humaner und gerechter gestaltet.	Die Arbeit ist ein wichtiger Bestandteil meines Lebens, der mir Befriedigung verschafft.	»Xer« sind ehrgeizige Typen, die heiß auf Karriere sind. Sie sind jedoch unzufrieden mit ihrer eigenen Situation und trauen sich nicht auszubrechen.	Respektlose Anfänger, die alles machen und nichts selber lernen wollen.
Generation X	WWG stehen meiner Karriere und schnellen Entscheidungen im Weg. WWG haben zu jeder Entscheidung eine historische Anekdote auf Lager und wollen alles hundertmal reflektiert haben.	Baby-Boomer sind totale Workaholics und sehen mich stets als Wettbewerber um ihren Job oder ihre Position. Da sie früh Kinder bekommen haben und wir nicht, haben wir Vorteile in der zeitlichen Verfügbarkeit.	Wo wir sind, ist vorne. Erst die Karriere und das persönliche Fortkommen, dann die Familie.	Eine neue Generation von Nichtskönnern, Waschlappen und Heulsusen, die arrogant ihre Ziele einfordern. Schaffen keine Doppelnachtdienste am Wochenende, weil sie zu schwach sind.
Generation Y	WWG sind nette ältere Mitarbeiter mit viel Wissen und tollen Geschichten, könnten uns Mentoren sein.	Baby-Boomer sind totale Workaholics, die alles ausdiskutieren müssen und immer gerecht sein wollen.	Jammern immer darüber, was sie alles haben machen müssen, wie hart ihre Zeit war und wie komfortabel wir es heute haben.	Arbeit ist schön, aber nicht das ganze Leben.

Karriere) fehlt. Die Jahrgänge der WWG werden von der Generation X zuweilen als Anekdotenerzähler abgestempelt, selbst wenn eine Mentorenbeziehung besteht (Schmidt et al. 2013).

Generation X hält Generation Y für »Jammerlappen« und Baby-Boomer für Workaholics. Da Angehörige dieser Generation Hierarchien kaum Beachtung schenken, erzeugen sie bei allen älteren Generationen Spannungen. Sie stellen sich die ideale Arbeitswelt so vor, dass jeder streng nach seinen Leistungen befördert wird und dass das Dienstalter keine Rolle spielt. Geburtsjahrgänge aus den 40er- und 50er-Jahren sind aus ihrer Sicht ältere Mitarbeiter, denen man noch Instant Messaging und SMS beibringen muss, fast wie bei den eigenen Eltern (Schmidt et al. 2013).

Da Generation Z bisher in der Klinik allenfalls als Student denn als Mitarbeiter angekommen ist, kann noch nicht abgeschätzt werden, wie die Zusammenarbeit zukünftig aussieht. Dennoch wird es wahrscheinlich, dass beim Thema Arbeitsbelastung Konflikte vorprogrammiert sind (Scholz 2014).

38.2.4 Fazit: Demographie und Generationenvielfalt

Die Analyse der Generationen zeigt deutlich, wie stark die Einstellungen der jeweiligen Beschäftigten zur Arbeit und hinsichtlich ihrer Erwartungen an Vorgesetzte voneinander abweichen. Um bei der in ◘ Abb. 38.1 zusammengefassten Vielfalt dennoch ausgezeichnete Fachkräfte gewinnen, binden und motivieren zu können, ist eine generationengerechte Führung vonnöten. Hier liegt die wahre Herausforderung für moderne Klinikchefs. Generationengerecht zu führen erfordert es, unterschiedliche Prägungen, Lebensphasen und Alterungseffekte der Mitarbeiter (Physis und Erfahrung) zu berücksichtigen. Die damit einhergehende Individualisierung des Führungsverhaltens macht das Klinikmanagement anspruchsvoller als jemals zuvor. Krankenhäuser stehen vor der Herausforderung, sich intensiv mit der Führungskräfteentwicklung auseinanderzusetzen und sich des Stellenwerts guter Führung für die Motivation der Mitarbeitenden bewusst zu werden. Wo dies nicht gelingt, sind Konflikte zwischen den Generationen vorprogrammiert (Schmidt et al. 2013).

Folgende *Führungsstile* haben sich bewährt:
- Der gefühlsorientierte, partizipative, demokratische Stil für ältere Mitarbeiter, beispielsweise Baby-Boomer und Wirtschaftswundergeneration.
- Der entwicklungs- bzw. leistungsorientierte Führungsstil für den Mitarbeiter beispielsweise der Generation X oder der Baby-Boomer.
- Der visionär coachende Stil für den enthusiastischen Anfänger, beispielsweise der Generation Y.

Erfahrene Führungskräfte wenden die o.g. Führungsstile nicht in Reinform an. Je nach Situation und Fingerspitzengefühl wählen sie Mischformen der genannten Ansätze.

Personalführung wird zum entscheidenden Faktor im Wettbewerb der Kliniken. Es empfiehlt sich daher, sich intensiv mit der hier umrissenen Thematik auseinander zu setzen (Schmidt et al. 2013) (▶ Kap. 27–29 und ▶ Kap. 36).

38.3 Veränderte Einstellungen junger Ärzte zur Arbeit

38.3.1 Anforderungen junger Mitarbeiter

»Die Jugend liebt heute den Luxus, sie hat schlechte Manieren, verachtet die Autorität, hat keinen Respekt mehr vor älteren Leuten und diskutiert, wo sie arbeiten sollte«, hat Sokrates um 470–399 vor Christus geschrieben. Spätestens damit sollte klar sein, dass Präferenzen junger Menschen hinsichtlich des Arbeitsplatzes schon immer anders waren als bei vorangegangenen Generationen. Rebellion scheint das Vorrecht der Jugend zu sein, und der viel beschriebene »clash of generations« ist sicherlich kein ausschließliches Phänomen unserer Zeit. Das sollte Führungskräfte in der Medizin eigentlich gelassen stimmen, wenn nicht die Situation heute weitaus dramatischer wäre als noch vor 2.500 Jahren. Was Klinikleitungen in der Gynäkologie und Geburtshilfe aktuell von den Zeiten Sokrates unterscheidet, sind die demographischen Effekte, ein erheblicher Fachkräftemangel (v.a. unter jungen Mitarbeitern) und der große Frauenanteil in der

Gynäkologie und Geburtshilfe. Grundlegend geändert haben sich auch die Gründe, warum heute ein Arbeitgeber von jungen Mitarbeitern ausgewählt wird. Eine Umfrage unter über 1.600 Medizinstudierenden vor Beginn der Arbeit als Arzt zeigte, dass ein gutes Arbeitsklima, die Breite und Verbindlichkeit der Ausbildung sowie ein familienfreundliches Umfeld für junge Mitarbeiter heute an erster Stelle stehen. Zur dieser Erkenntnis kommt auch der Workplace Survey von Robert Half, der junge Menschen in Deutschland, Österreich und der Schweiz befragt hat. Aus diesem Grund macht es Sinn, sich intensiver mit der *Generation Y*, also den nach 1985 Geborenen, auseinanderzusetzen. Die Angehörigen der Generation Y gelten zwar als gut ausgebildet und technisch interessiert, aber insgesamt als weniger gut auf die Arbeitswelt vorbereitet als ihre Vorgänger. Das bestätigen aktuelle Studien von Schofield und Honoré von der Ashridge Business School (Paine u. Honore 2011; Paine et al. 2011). Der Umgang mit diesen sehr selbstbewussten und fordernden Mitarbeitern, die mit hohen Erwartungen in eine Klinik kommen, fällt vielen erfahrenen Kollegen, egal in welcher Fachdisziplin, oftmals schwer. Daher macht es Sinn, sich mit Prägungen und Erwartungen auseinanderzusetzen, um schließlich das richtige Rezept für den Umgang mit der Generation Y vorzuhalten (Schmidt et al. 2011, 2014).

38.3.2 Prägungen

Generation Y ist in einem »full service«-Umfeld aufgewachsen und wurde von den Eltern einer Generation von Baby-Boomern ständig stark gefördert und überbehütet. Montags Tennis, dienstags Judo, mittwochs Hockey, donnerstags Ballett und freitags Schwimmen waren für Kinder dieser Generation keine Seltenheit. Darüber hinaus ist die Generation Y mit der Globalisierung, dem Internet und Social Media aufgewachsen. Die ständige Erreichbarkeit, die kontinuierliche Kommunikation mit Freunden und die Transparenz des Privatlebens bei Facebook oder Twitter sind für sie Normalität. Eine technikgetriebene Umgebung mit ständiger Internetverfügbarkeit ist üblich und gehört quasi zur Grundausstattung. Prägend waren für sie die Anschläge des 11. September 2001, die gezeigt haben, dass unsere westlichen Werte nicht unbegrenzte Gültigkeit haben. Das hat zwar nicht ihren Glauben an unsere Wertordnung erschüttert, jedoch zum Nachdenken über unsere gesellschaftlichen Ziele geführt. Einige Autoren sind daher der Auffassung, dass dies wieder zur Besinnung auf konservative Werte, wie beispielsweise auf die Familie, geführt hat, denn die Familie ist für Generation Y deutlich wichtiger als beispielsweise für Generation X. Diese Prägungen führen insgesamt zu anderen Erwartungen an den Arbeitsplatz als bei den Generationen davor (Schmidt et al. 2011).

38.3.3 Erwartungen an den Arbeitsplatz und Motivation

Den Arbeitsplatz betreffend ist Generation Y klar, dass alle Kliniken um sie werben und sie sich daher den Arbeitsplatz aussuchen können. Auf Bewertungsportalen wie beispielsweise »kununu« (▶ http://www.kununu.com/) finden sich mittlerweile auch Angaben von aktiven oder ehemaligen Mitarbeitern zur Klinik. Ergänzt werden diese durch Bewertungen des Praktischen Jahres im Internet und Klinikführer. Auch die Wertschätzung von Berufsanfängern ist den Angehörigen der Generation Y wichtig. In diesem Zusammenhang prüfen sie beispielsweise, wie der Internetauftritt einer Klinik aussieht und ob Assistenzärzte mit Namen und ggf. Bild aufgeführt werden. Daher lohnt es sich für eine Klinik, hier gut aufgestellt zu sein. Einige Krankenhäuser haben darüber hinaus begonnen, über eine gute Webpage hinaus einen Facebook- oder Twitter-Auftritt für die Klinik zu schaffen, um sich als moderner Arbeitgeber zu präsentieren. In der Klinik angekommen erwartet Generation Y dann nahezu denselben Service am Arbeitsplatz wie zu Hause. Man soll sich um sie kümmern. Dazu gehören ein gutes Arbeitsklima und ständiges Feedback zu den Leistungen sowie die strukturierte bzw. verbindliche Ausbildung. Die technikgetriebene Arbeitsumgebung sollte auch vorhanden sein und der akademische Dreikampf von Falten, Lochen und Abheften im Stationszimmer auf ein Mindestmaß beschränkt werden. Bei den Erwartungen an die Weiterbildung sieht sich Generation Y selten in der Verantwortung, den

Lernprozess nach ihrer Ausbildung selbstständig fortzusetzen. Sie treten als fordernde Konsumenten auf, die von ihrem Arbeitgeber umfassende Bildungsangebote mit Kostenübernahme erwarten. Nichtsdestotrotz wollen die Vertreter dieser Generation dazulernen, denn in aktuellen Untersuchungen werteten die jüngeren Ärzte die berufliche Weiterbildung unter die fünf wichtigsten Job-Faktoren (Schmidt et al. 2011, 2014).

38.3.4 Einstellung zu Arbeit und Karriere

Die *Einstellung zur Arbeit* weicht bei Generation Y stark von der vorangegangener Generationen ab. Waren zuvor noch das »Arbeiten bis zum Umfallen« und die »Hingabe für die Klinik« die Maximen, so ist es heute schon schwer zu vermitteln, dass man für die Karriere eine Extrameile (z.B. nach 16 Uhr Dienstschluss) gehen muss. »Leben beim Arbeiten« umschreibt diese Generation passend, weil durch elektronische Medien die Grenzen zwischen Arbeit und Freizeit verschwimmen. E-Mails werden auch nach dem Dienst beantwortet, und während der Arbeit wird im Internet gesurft oder mit Freunden getwittert. Was das Fortkommen anbetrifft, stellt Generation Y fest, dass nicht jeder nach Absolvieren seiner Zeit automatisch Oberarzt wird, was heute ein wesentlicher Grund für deren Unzufriedenheit ist, denn ohne überdurchschnittliches Engagement bzw. Abheben von der Masse findet auch heute keine Karriere statt. Dies umso weniger, wenn Auszeiten oder Teilzeittätigkeit von Generation Y genommen werden, wie es in ihren Plan passt. Diese Erwartungen an sie sind schwierig zu bedienen, und Klinikchefs müssen sich daher fragen, ob die heute gültigen Voraussetzungen für eine Karriere so fortbestehen können. Anderseits kann ein Mitarbeiter auch nur dann Führungskraft werden, wenn er sich für seine Karriere engagiert. Dieses Dilemma gilt es zu lösen, ohne dabei motivierte Mitarbeiter zu verprellen. Die meisten Abteilungen für Gynäkologie und Geburtshilfe stehen jedoch vor dem Problem, dass zu wenige Nachwuchskräfte überhaupt eine Führungskarriere anstreben, weil Beruf und Familie in Einklang gebracht werden sollen. Vor allem das Dienstgeschäft einer großen Geburtshilfe lässt dies nur schwer zu. Hinzu kommt, dass bei einer zunehmenden Anzahl von teilzeitbeschäftigten Mitarbeitern stark erfahrungsbasierte Schlüsselqualifikationen, wie beispielsweise äußere Wendungen durchführen zu können oder Beckenendlagen spontan zu entwickeln, nur sehr schwer aufgebaut werden können. Daher werden Dienstmodelle notwendig sein, die es ermöglichen, die Fachlichkeit der Mitarbeiter aufzubauen und gleichzeitig die Dienstbelastung gering zu halten. Das ist eine Herausforderung, die ohne die Unterstützung von Personalabteilungen kaum zu bewältigen ist (Schmidt et al. 2011, 2014; ◘ Tab. 38.3).

38.3.5 Lösungsansätze für die Klinikführung

Die Charakterisierung zeigt deutlich, dass heute in der Gynäkologie und Geburtshilfe gehandelt werden muss, um morgen noch ausreichend qualifizierte Mitarbeiter für die Abteilung zu gewinnen. Hierbei sollten sich die Anstrengungen auf die Rekrutierung und Bindung der Mitarbeiter konzentrieren.

Rekrutierung

Zahlreiche Studien zeigen, dass die Größe der Abteilung und die fachliche Breite des klinischen Leistungsspektrums bzw. der Aufstellung starken Einfluss auf die Attraktivität als Ausbildungsstätte haben. Zwar werden Kliniken in Großstädten und Universitätskliniken häufig bevorzugt, stimmen jedoch das Angebot und das Arbeitsklima, wird der Ort der Klinik als zweitrangig eingestuft. Demzufolge macht es Sinn, die *Ausbildungsinhalte* einer Abteilung klar auf der Webseite darzustellen und die Breite der Ausbildungsinhalte ggf. über Kooperationen (auch mit Praxen z.B. im Falle der IVF) zu vergrößern. Da Generation Y in sozialen Medien zuhause ist, sollte diese Information auch über einen Facebook-Auftritt transportiert werden. In zahlreichen anderen Branchen gehört dies zum Standard. Darüber hinaus haben sich »Tage der offenen Tür« für potenzielle Mitarbeiter bewährt, um sich als Klinik zu präsentieren. Praktische Kurse und das Spektrum der Klinik sollten zum Inhalt gehören und dabei das gute Arbeitsklima und die Art

Tab. 38.3 Direkte Anforderungen einer Generation Y an den Arbeitsplatz in der Klinik (Schmidt et al. 2011, 2014)

	Anforderungen der Generation Y an den Arbeitsplatz Krankenhaus
Start in einer Klinik	strukturierte Einarbeitung Mentorenprogramm soziale Einbindung
Ausbildung	Curriculum regelmäßiges Feedback geplante Rotationen breite Ausbildung
Weiterbildung	Karrierepfade im Rahmen von Zusatzbezeichnungen Weiterbildungsermächtigungen vorhanden? Kooperationen Spezialausbildungen möglich?
Karriere	Vereinbarkeit von Familie, Beruf und Karriere Karriereziele auch in Teilzeit möglich? Nischen vorhanden? (Spezialsprechstunden) Reduzierung von Bereitschaftsdiensten
Führung	Arbeitsklima gut Fachliche Führung gut? (Kann ich vom Chef etwas lernen?) Wird Vorbildfunktion gelebt? (Arbeitsethik) Ist Chef mehr Mentor als Führungskraft? (Wird sich um mich gekümmert, werde ich wertgeschätzt?) Management by objectives (Habe ich Freiraum zur Entfaltung?)
Arbeitsumgebung	gut organisierte Klinik »Papierkram« reduziert elektronische Akte vorhanden z.B. Stationssekretärin vorhanden Dienstzeiten überschaubar (Geburtshilfe)

tung besonders wichtig. Die Anzahl der betriebseigenen KiTa-Plätze nimmt mittlerweile zu, das Problem bleibt jedoch das *Betreuungsangebot* für Grundschüler. Wenn in Deutschland eine flächendeckende Ganztagsbetreuung wie in Skandinavien vorhanden wäre, könnten derzeit 460.000 nicht-erwerbstätige Mütter in ihren Beruf zurückkehren. Diese Studie im Auftrag des Bundesfamilienministeriums zeigt auch, dass 77% der Eltern zwischen 25 und 39 Jahren für mehr Familienfreundlichkeit die Arbeitsstelle wechseln würden. Für über 9% der Beschäftigten zwischen 25 und 39 Jahren mit Kindern ist die *Familienfreundlichkeit* bei der Arbeitgeberwahl wichtiger als das Gehalt. Dies unterstreicht die Bedeutung von Betreuungsangeboten für Kinder an Kliniken. Als Folge haben zahlreiche Kliniken in Deutschland selber nachgebessert. Gerade für Arbeitgeber mit bereits jetzt sehr hohem Frauenanteil wie etwa Krankenhäuser ist dies von Bedeutung. Will eine Klinik diese karriereinteressierte Arbeitnehmergruppe nachhaltig binden, sollte sie auch die Qualifizierungsprogramme anpassen. Bisher war eine Teilzeittätigkeit häufig mit OP-Verbot und fehlender fachlicher Förderung verbunden. Gelingt es einer Klinik, realistische Arbeitszeiten in Teilzeit mit einem Weiterqualifizierungsprogramm zu verbinden, hat sie bessere Chancen, ihre Mitarbeiter zu halten und von ihnen zu profitieren (Schmidt et al. 2011, 2014).

Schließlich hat die Führung der Klinik Einfluss auf die *Bindung* von Mitarbeitern. Heute werden Hierarchien abgelehnt, gleichzeitig jedoch ein engmaschiges Coaching und eine fachliche Anleitung gewünscht. In hohem Maße werden die Fachkompetenz und der wertschätzende Umgang mit den jungen Ärzten anerkannt. Das bedeutet nicht, dass der Chefarzt jedes Feedback-Gespräch selber durchführen muss, sondern dafür Sorge trägt, dass Oberarzt-Mentoren-Programme eingerichtet werden, in Entwicklungsgesprächen Karrierepfade besprochen und Ausbildungsinhalte abgestimmt werden. Das zieht einen zeitlichen Mehraufwand an direkter Führung nach sich, der sich jedoch nach aktueller Studienlage lohnt. Insgesamt wird das Führen damit anspruchsvoller, denn neben der Rolle als Mentor und Coach gilt es, die Arbeitsinhalte der jungen Mitarbeiter sinnvoll zu gestalten. Ein strukturiertes Weiterbildungscurriculum, an

der Klinikführung vermittelt werden (Schmidt et al. 2011, 2014).

Bindung

Wegen des hohen Frauenanteils in der Gynäkologie und Geburtshilfe sind das familienfreundliche Umfeld und die Dienst- bzw. Arbeitszeitgestal-

die Lebensabschnitte angepasste Auszeiten (z.B. Elternzeit) sowie ein hohes Maß an Flexibilität bei der Gestaltung der Arbeitszeiten helfen, diese Generation nachhaltig an die Klinik zu binden (Schmidt et al. 2011, 2014).

Neben diesen Themen der Ausbildung und wertschätzenden Führung sollte eine Klinikleitung sich aber nicht vollständig auf die Wünsche von Generation Y einlassen, denn am Ende ist der Chefarzt für den reibungslosen Betrieb einer Abteilung verantwortlich. Dazu gehört auch, klare Regeln bzw. Standards für die Sicherheit der Patientenbehandlung aufzustellen und deren Einhaltung zu überwachen. Gerade Generation X hat hier zuweilen Probleme, die manchmal notwendige Autorität gegenüber Mitarbeitern zu zeigen. Gute Führungskräfte sollten daher mehrere Führungsstile beherrschen und ihre Entscheidungen an den Belangen der Patienten orientieren. Denn am Ende geht es bei allen Bemühungen immer darum, trotz der genannten Herausforderungen, mit qualifizierten Mitarbeitern eine gute Patientenversorgung zu gewährleisten. Dieser Gedanke sollte die angestellten Überlegungen leiten, denn er entscheidet über den Erfolg einer Klinik (Paine u. Honore 2011; Paine et al. 2011; Schmidt et al. 2011, 2014) (▶ Kap. 36).

38.3.6 Fazit: Veränderte Einstellungen junger Ärzte zur Arbeit

Die Gynäkologie und Geburtshilfe ist von der Demographie, dem wachsenden Frauenanteil und dem Fachkräftemangel in Medizin und Pflege stärker betroffen als andere Fachgebiete. Der Schwerpunkt der Themen, die eine Klinikleitung in diesem Fachgebiet heute zu bewältigen hat, hat sich dabei stark verändert. Chefärzte stellen sich daher die Frage, wie ihr Management beschaffen sein muss, um den aktuellen Anforderungen und Bedürfnissen einer Generation Y gerecht zu werden. Die Mitarbeiter dieser Generation »leben beim Arbeiten« und lehnen Hierarchien ab, obwohl sie gleichzeitig eng geführt und hervorragend durch ihre Mentoren ausgebildet werden wollen. Dabei wählt Generation Y den Arbeitgeber nach dem Arbeitsklima, der Breite und Verbindlichkeit der Ausbildung sowie den Möglichkeiten, Beruf und Familie zu vereinbaren, aus. Gerade letzteres setzt aber eine Unterstützung durch die Verwaltung des Hauses voraus, der man klarmachen muss, dass sich diese Investition in Mitarbeiter lohnt. Das ist vielerorts nicht immer einfach. Neben Generation Y gilt es jedoch auch, die Mitarbeiter anderer Generationen nicht zu vernachlässigen, denn sie tragen den Großteil der Ausbildung. Der Fachkräftemangel wird weiter zunehmen und damit auch der Wettbewerb um die besten Mitarbeiter gleich welcher Generation. Dazu ist eine generationengerechte Führung vonnöten. Hier liegt die wahre Herausforderung für moderne Klinikführungen. Generationengerecht zu führen erfordert es, unterschiedliche Prägungen, Lebensphasen und Alterungseffekte der Generationen zu berücksichtigen. Die damit einhergehende Individualisierung des Führungsverhaltens macht das Klinikmanagement heute anspruchsvoller als jemals zuvor. Aus diesem Grund wird vor allem der Entwicklung von Führungskompetenzen auf Oberarztebene eine zunehmende Bedeutung für die Bindung von jungen Mitarbeitern zukommen (Paine u. Honore 2011; Paine et al. 2011; Schmidt et al. 2011, 2014).

38.4 Ambulantisierung und Digitalisierung der Medizin

Zwei wichtige Themen der jüngsten Zeit sind die Ambulantisierung und die Digitalisierung der Medizin. Die *Ambulantisierung* betrifft vor allem die Gynäkologie und Geburtshilfe, wie ◘ Abb. 38.4 zeigt (Schmidt u. Lips 2015).

38.4.1 Ambulantisierung der Gynäkologie

Zahlreiche Studien konnten zeigen, dass es bis 2030 zu einer verringerten Nachfrage nach stationären gynäkologischen Leistungen kommen wird. Experten der Firma Deloitte gehen von einem Rückgang um etwa 103.000 Fälle bis 2030 aus (Deloitte 2014). Augurzky und Mitarbeiter vom Rheinisch-Westfälischen Institut für Wirtschaftsforschung (RWI) errechneten ein Minus von 1,7% bis 2030, was bei insgesamt 2 Mio. gynäkologischen Fällen insgesamt

38.4 · Ambulantisierung und Digitalisierung der Medizin

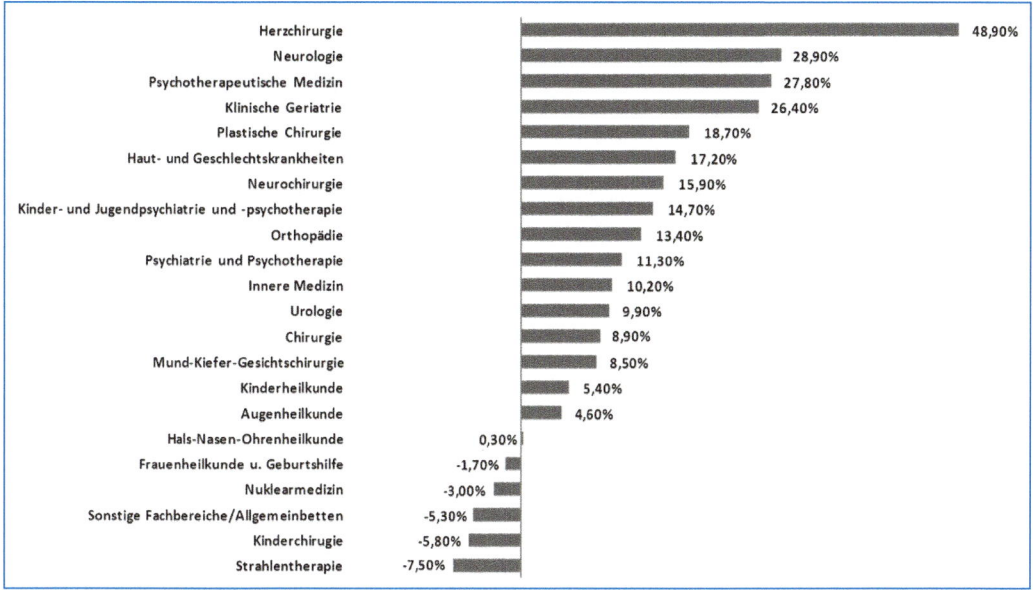

■ Abb. 38.4 Ambulantes Potenzial der Kliniken von 2005–2010

einer Verringerung der Fallzahlen um etwa 34.000 entsprechen würde (Augurzky et al. 2014). Betrachtet man jedoch die durchschnittliche Verweildauer der Frauenheilkunde und Geburtshilfe von 4,2 Tagen, wird verglichen mit anderen Fächern (Innere Medizin: 6,4 Tage; Chirurgie: 6,6 Tage) das ambulante Potenzial deutlich, denn Leistungen mit weniger als 4 Tagen Verweildauer haben ein sehr großes Potenzial, zukünftig ambulant erbracht zu werden. Aus diesem Grund schätzen Augurzky und Mitarbeiter (Augurzky et al. 2014) das ambulante Potenzial der Gynäkologie bis 2030 auf 10–27% und das der Geburtshilfe auf etwa 6%. Dabei konnten sie einen Rückgang der Geburten von 1996–2011 um 17% feststellen. Als Folge dieser Entwicklung prognostizieren die Experten eine *Abnahme* der 982 jetzt bestehenden geburtshilflichen Fachabteilungen um über 300 (Schmidt et al. 2014).

38.4.2 Unwirtschaftlichkeit kleiner Abteilungen

57% aller Allgemeinkrankenhäuser in Deutschland halten eine Fachabteilung für Gynäkologie und Geburtshilfe vor. Diese behandeln im Durchschnitt 2.250 Patientinnen pro Jahr (1.540 Fälle Geburtshilfe und etwa 660 Fälle Gynäkologie) bei einem durchschnittlichen CMI in der Gynäkologie von 0,97 und in der Geburtshilfe von 0,46. Dabei behandeln kleine Kliniken etwa 400 Fälle, große weit über 5.000 Fälle. In 45% aller Klinken waren weniger als 500 Geburten pro Jahr zu verzeichnen. Dabei hatten 46% aller Kliniken weniger als 1.800 Fälle insgesamt. Augurzky und Mitarbeiter (Augurzky et al. 2014) konnten feststellen, dass aufgrund der hohen Vorhaltekosten und vergleichsweise geringen Erlöse eine Refinanzierung der Personalkosten erst ab einer Fallzahl von über 4.000 pro Jahr möglich ist. Damit wäre mehr als die Hälfte der gynäkologisch-geburtshilflichen Fachabteilungen heute *unwirtschaftlich*.

Ein zunehmend wichtiger Kostenfaktor sind auch die rasant steigenden *Haftpflichtprämien* für die Kliniken. Prämien von über 2 Mio. sind heute keine Seltenheit mehr. Neben den Risikobereichen wie Neurochirurgie oder Orthopädie werden die Prämien insbesondere von der exorbitanten Schadenhöhe in der Geburtshilfe getriggert, die beim Großschaden, beispielsweise schwere Behinderung beim Kind mit Schmerzensgeld und Versorgungsansprüchen, leicht bei über 10 Mio.

Belegarzt Freiberufler, da spezielle Form der vertragsärztlichen Versorgung	Älteste Form der Kooperation, Nicht am KH angestellt, sichert Versorgung Tag und Nacht selber, Honorar über KV, Spezielle Voraussetzungen notwendig, z.B. Wohnort
Praxis am Krankenhaus Strikte Trennung von Praxis und KH	Nutzung von Ressourcen des KH gegen Entgelt
Konsiliararzt für Zweitmeinung oder für Mitbehandlung bei fehlender Fachdisziplin, weisungsfrei	Kein Angestellter der KH. Bezahlung über KH (Musterverträge von KBV und BÄK vorgegeben)
Übernahme vor- und nachstationärer Leistungen für das Krankenhaus Eigenständige Behandlungsform	Vergütung durch KH, Finanzierung aus DRG Bezogen auf bestimmte Leistungen (z.B. Wundkontrolle, Verbände)
Anlaufpraxis Organisiert durch KV	Behandlung von Notfällen außerhalb der Praxiszeiten, wie KV Notfallpraxis
Vertragsarztrechtsänderungsgesetz (VändG) Angestellter des Hauses	Niedergelassener FA ist mit bis zu 13 h/Woche in der Fachabteilung angestellt Alle Rechte und Pflichten, über das Haus versichert, auch Datenschutz ist kein Problem

Abb. 38.5 Grober Überblick zu den Kooperationsmöglichkeiten zwischen Praxis und Krankenhaus (KH)

Euro liegen kann. Gerade kleinere Abteilungen mit wenigen Geburten und niedrigem CMI haben aufgrund ihrer Infrastruktur ein hohes Schadenrisiko, wie Zahlen der nur noch wenigen Versicherer zeigen. Das wirkt sich daher besonders ungünstig auf die Haftpflichtprämie und damit auf die wirtschaftliche Gesamtbilanz des Krankenhauses aus (▶ Kap. 25). Der Träger muss sich daher überlegen, was ihm Image und Außenwirkung einer Geburtshilfe wert ist. In vielen Landkreisen werden jedoch wegen politischer Gründe durch Subventionen aus Steuermitteln diese Defizite aufgefangen. Wo dies nicht geschieht, kann es konsequenterweise nur die *Schließung* einer geburtshilflicher Abteilungen bedeuten (Schmidt et al. 2014).

38.4.3 Folgen und Lösungsansätze am Beispiel Gynäkologie und Geburtshilfe

Gynäkologie und Geburtshilfe stehen also vor gravierenden Veränderungen. Kaum ein Fach ist so stark von der Ambulantisierung betroffen wie Gynäkologie und Geburtshilfe. Als Konsequenz sind bereits zahlreiche kleinere Abteilungen geschlossen worden, und weitere befinden sich auf dem Prüfstand. Experten gehen davon aus, dass über 300 Fachabteilungen in den nächsten zehn Jahren geschlossen werden. Trotz der Schließungen würde sich in Deutschland keine Unterversorgung mit gynäkologisch-geburtshilflicher Versorgung einstellen. Gleiches zeigen Studien aus Frankreich, wo der Prozess schon vor Jahren begonnen hat. Voraussichtlich wird es keine gravierenden Unterschiede zwischen ländlichen und urbanen Strukturen in der Versorgung geben wird (▶ aber Kap. 34). In Städten werden die großen Maximalversorger für komplexe Fälle bestehen bleiben. Gesäumt werden diese durch Praxisgemeinschaften und MVZ für einfache Fälle. Auf dem Land werden die großen Versorger nicht mehr die breite Aufstellung wie zuvor haben. Hier sollen neben größeren, für die Versorgung notwendigen Häusern Gesundheitszentren mit einem stationären und ambulanten Angebot entstehen. Daher machen hier auch vernetzte Angebote zwischen Praxen und Krankenhaus der Versorgung Sinn. Durch Kooperationsmodelle mit Praxen, Sprechstundenangebote nach Art der ehemaligen DDR-Poliklinik und durch ambulante Strukturen im Krankenhaus könnte sich das Bild der bisherigen Fachabteilung für Gynäkologie und Geburtshilfe in großen Häusern auf dem Land wandeln (Schmidt et al. 2014). ◘ Abb. 38.5 stellt die Möglichkeiten der *Kooperation* von Praxis und Krankenhaus übersichtlich dar.

Einige Bundesländer, wie beispielsweise Mecklenburg-Vorpommern, haben bereits durch eine überwiegende *Zentralisierung* der Geburtshilfe sehr große Einheiten geschaffen. Damit ließe sich auch das Thema der Qualität besser in den Griff bekommen, denn die Daten des Statistischen Bundesamtes zeigen, dass beispielsweise die Sectio-Rate in Belegabteilungen deutlich höher ist als in großen Hauptabteilungen. Vergleichbare Untersuchungen gibt es auch aus anderen Fachdisziplinen mit ähnlicher Konstellation, wie beispielsweise in der HNO. Dies wird noch einmal Druck auf Belegabteilungen bringen, denn das neue GKV-Versorgungsstärkungsgesetz wird zukünftig stärker die Ergebnisqualität in diesen Bereichen unter die Lupe nehmen und ggf. minderwertige Qualität nicht mehr vergüten. Genau hier sind die Fachgesellschaften aufgefordert, über gemeinsam verabschiedete Standards und Vorschläge für neue Versorgungsmodelle aktiv den Veränderungsprozess mitzugestalten (Schmidt et al. 2014).

Die Breite der Aufstellung, also das medizinisch-inhaltliche Angebot, die Qualität der Führung und die Perspektiven nach dem Facharzt werden vor allem bei jungen Mitarbeitern ausschlaggebend für die Wahl der Klinik sein. Darüber hinaus sollten heute Kooperationsmodelle mit Praxen intensiver geprüft werden, denn durch die Möglichkeiten des VändG sind zahlreiche Chancen entstanden, den Mitarbeiterstamm durch externe Kollegen aufzustocken (◘ Abb. 38.5 unten). Entscheidend wird dabei sein, wie diese Kollegen in den Klinikalltag integriert werden und wie weit eine Geschäftsführung von solchen Vorhaben überzeugt werden kann (Schmidt et al. 2014).

38.4.4 Digitalisierung der Medizin

Markt und Möglichkeiten

Das Smartphone misst den Blutdruck, der Arzt erklärt die geplante Operation auf dem Tablet-Computer, und täglich senden Risikoschwangere von zuhause ihre aktuellen Daten an telemedizinische Zentren – was vor 20 Jahren noch wie Zukunftsmusik klang, hat längst Einzug in den medizinischen Alltag gehalten. Und mit der technischen Möglichkeit, sich auf kurzem Weg schnellen Rat von Experten oder Fachkollegen zu holen bzw. den Kontakt zum Krankenhaus zu halten, haben sich medizinische Zweitmeinungsverfahren inzwischen im Gesundheitswesen etabliert. Von dieser Entwicklung profitieren Ärzte und ihre Patienten gleichermaßen, denn durch eine bessere Diagnostik mit hochempfindlichen Geräten können Befunde heute umfassend bewertet und Therapieentscheidungen auf breiterer Grundlage getroffen werden. Eines kann die Technik aber nicht: den Arzt oder die Hebamme ersetzen (Korb et al. 2005).

Der Begriff »E-Health« dient heute als Sammelbegriff für das Aufeinandertreffen von Internet und Medizin. Die *Digitalisierung* in der Medizin findet sich hier in der elektronischen Abwicklung von Kommunikation, Information und Datenerfassung zur medizinischen Versorgung, Dokumentation und anderer Aufgaben im Gesundheitswesen wieder (Deloitte 2014).

Die Unternehmensberatung Deloitte schätzt in ihrer Studie, dass Ende 2014 (Deloitte 2014) bereits 45% der Deutschen ihre Smartphones und Tablets für digitale Gesundheitsangebote verwenden. Laut Mobile Health Market Report werden die Umsätze mit mobilen E-Health-Angeboten bis 2017 weltweit ein Umsatzvolumen von 26 Mrd. Dollar erreichen (Mobile Health Market Report 2015). Angetrieben durch den Consumer-Bereich und den allgemeinen Mobility-Trend wächst der Markt für E-Health-Angebote auch in Deutschland rasant (Deloitte et al. 2014; Korb et al. 2005; Mobile Health Market Report 2015). Mit der Vorstellung der Apple Watch sorgt Apple für zusätzliche Dynamik auf dem Markt.

Ebenen der Digitalisierung

Drei Ebenen der Digitalisierung sind dabei zu unterscheiden: Die der Patienten, die der Gesundheitsexperten und die Makroebene des Gesundheitssystems. Auf der *Ebene der Patienten* finden sich alle Angebote des zweiten Gesundheitsmarktes. Hierzu zählen Angebote wie webbasierte Informationsportale für Patienten, Apps, Mess- und Assistenzsysteme oder digitale Fitnesstools (Deloitte 2014).

Die *Expertenebene* umfasst die digitalen Angebote, die von den traditionellen Akteuren des ersten Gesundheitsmarktes, also Ärzten, Krankenhäusern oder Versicherungen, finanziert werden. Hierzu zählen insbesondere Angebote aus der Telemedizin, wie beispielsweise IT-gestützte Expertenkonsile oder die Fernüberwachung von Vitalwerten der Patienten (Deloitte 2014; Mobile Health Market Report 2015).

Die *Ebene des Gesundheitssystems* soll zukünftig die verschiedenen digitalen Angebote miteinander vernetzen. Hierin besteht die größte Herausforderung, zugleich liegt hier auch das größte Innovationspotenzial. Es müssen zunächst Netzinfrastrukturen bereitgestellt, Schutz und Sicherheit von Patientendaten gewährleistet und schließlich der sektorübergreifende Informationsfluss zwischen Patienten, Ärzten, Krankenhäusern und Kostenträgern geregelt werden. Ein erster Schritt in diese Richtung ist die Einführung der Elektronischen Gesundheitskarte (eGK) in Deutschland.

Für die Klinik bedeutet dies, Arztbriefe und wichtige Befunde direkt an die niedergelassenen Kollegen zu senden und darüber hinaus wichtige Patientengruppen an die Klinik zu binden. Auch die Terminvergabe kann elektronisch erfolgen, was sowohl für Praxen als auch für Patienten ein Mehr an Service bedeuten kann (Schmidt u. Lips 2015).

38.4.5 Fazit: Ambulantisierung und Digitalisierung der Medizin

Gynäkologie und Geburtshilfe werden sich in den nächsten Jahren stark verändern. Die wesentlichen Treiber dafür sind die Ambulantisierung bzw. die sinkende Nachfrage nach stationären Leistungen, die Unwirtschaftlichkeit kleiner Abteilungen, der Fachkräftemangel gepaart mit gleichzeitiger Zunahme des Frauenanteils unter den Mitarbeitern und die veränderten Erwartungen der Generation Y an den Arbeitsplatz Gynäkologie im Krankenhaus. Darüber hinaus bietet die Digitalisierung erhebliche Chancen für jede einzelne Klink. Alle Veränderungen bergen neben vielen Risiken große Chancen für die Abteilungen. Im Rahmen von sinnvollen Kooperationsmodellen und vernetzten bzw. digitalisierten Versorgungsstrukturen können Verbesserungen der Patientenversorgung herbeigeführt werden. Auch die Möglichkeiten des VändG und die Chancen des GKV-Versorgungsstärkungsgesetzes sind dabei wichtige Ansatzpunkte (Deloitte 2014; Korb et al. 2005; Schmidt u. Lips 2015; Schmidt et al. 2014).

38.5 Blick über den Tellerrand der Fachdisziplinen

Die hier dargestellten Veränderungen des Umfeldes gelten nicht nur für Gynäkologie und Geburtshilfe, sondern betreffen auch andere Fachdisziplinen. Dies jedoch in weniger ausgeprägtem Umfang. Fächer mit sehr hohem und steigendem Frauenanteil sind weiterhin die Gynäkologie, die Innere Medizin (v.a. Gastroenterologie) und die Kinderheilkunde inklusive der Kinder- und Jugendpsychiatrie (Schmidt et al. 2012), gefolgt von der Anästhesie und den »kleineren« Fächern, wie der HNO, MKG, Dermatologie und Augenheilkunde. Von der Ambulantisierung sind derzeit am stärksten Gynäkologie und Geburtshilfe, HNO, Augenheilkunde und Dermatologie betroffen (Augurzky 2014; Schmidt et al. 2012). ◘ Tab. 38.4 gibt zu den Veränderungen einen Überblick, ohne einen Anspruch auf Vollständigkeit und Verallgemeinerung für alle Krankenhäuser zu erheben. Viele Fachgesellschaften, wie beispielsweise diejenigen in der HNO, diskutieren auf ihren Fachtagungen bereits Dienstmodelle für den großen Frauenanteil und Kooperationsmöglichkeiten mit Praxen. Gleiches gilt für die Anästhesie. Damit sind Gynäkologie und Geburtshilfe mit ihren Sorgen nicht alleine.

Generell geht der Trend in den großen Disziplinen jedoch in Richtung *Spezialisierung*. Das DRG-System unterstützt dies, und die Gesetzesänderungen des letzten Jahres befördern diesen Trend. ◘ Abb. 38.6 zeigt die Maßnahmen und deren Effekte.

Im Kern werden Krankenhäuser bei diesen Anforderungen nur mit großen, interdisziplinären, breit aufgestellten Zentren Erfolg haben. Daher sind *Sektionen*, wie beispielsweise die Gefäß-, Kinder- und Thoraxchirurgie, innerhalb großer Abteilungen wie der Chirurgie sinnvoll. Dabei kann die Thoraxchirurgie als Sektion z.B. Teil einer Lungenklinik (zusammen mit Pneumologie) werden. Die Gefahr der Abkopplung von der »Mutterabteilung« ist damit gegeben. Dies birgt jedoch Risiken für die Ausbildung der Assistenten und die Breite des Faches. Daher muss trotz aller Gesetzesvorgaben und der Notwendigkeiten des DRG-Systems die Ausbildung der Mitarbeiter im Fokus der Bemühungen stehen. Wo dies vernachlässigt wird, ist ein sinkender Zuspruch von Mitarbeitern vorprogrammiert.

38.5 · Blick über den Tellerrand der Fachdisziplinen

Tab. 38.4 Überblick zu den Veränderungen der Rahmenbedingungen ausgewählter Fachdisziplinen

Fachdisziplin	Nachwuchsmangel	Frauenanteil	Ambulantes Potenzial	Sonstige Veränderungen
Innere Medizin	insgesamt mittel	hoch		
- Gastroenterologie	mittel	hoch	sehr hoch	ambulantes Potenzial bei den kleineren Eingriffen (Gastroskopie, diagnostische Koronarangiographie) sehr hoch
- Kardiologie	niedrig	mittel	mittel	
- Onkologie	niedrig	hoch	mittel	
Chirurgie	weniger als bisher	mittel		
- Viszeralchirurgie	groß	mittel	mittel	je nach inhaltlicher Ausrichtung der Abteilung
- Unfallchirurgie	mittel	mittel	mittel	
- Neurochirurgie	groß	mittel	mittel	
- Gefäßchirurgie	mittel	mittel	hoch	
Gynäkologie	stark ausgeprägt	sehr hoch	sehr hoch	von allen Fachabteilungen am stärksten betroffen
Urologie	insgesamt mittel	hoch		Weniger stark betroffen
HNO	insgesamt mittel	sehr hoch	sehr hoch	ohne MVZ-Strukturen oder Praxiskooperationen sehr starker Einfluss der Ambulantisierung
Augenheilkunde	insgesamt mittel	sehr hoch	sehr hoch	
Dermatologie	insgesamt mittel	sehr hoch	sehr hoch	
Radiologie	insgesamt mittel	mittel	sehr hoch	rein ambulantes Fach

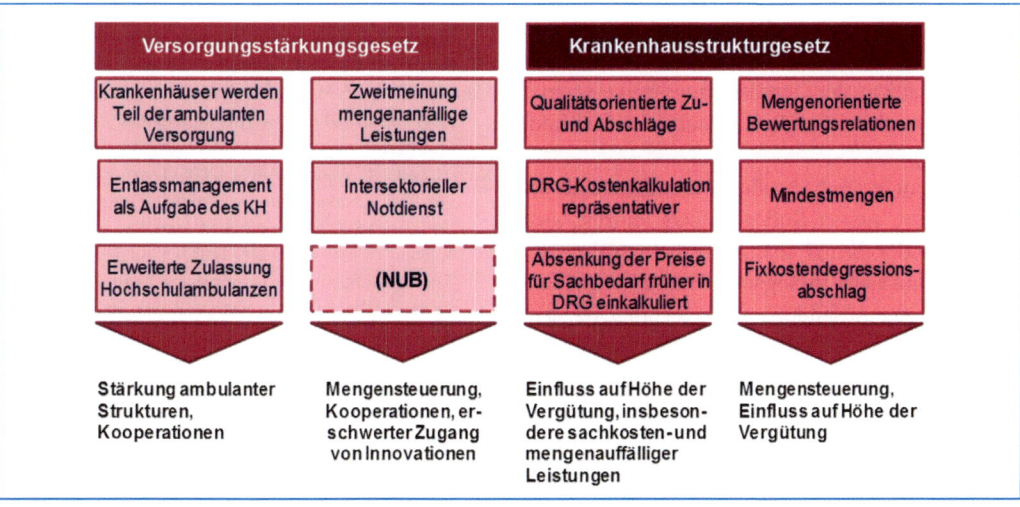

Abb. 38.6 Gesetzesänderungen und deren Effekte (▶ auch Kap. 5)

38.6 Schlussbetrachtung

Die Fülle der Änderungen zeigt deutlich, wie sehr die Kliniklandschaft in Deutschland in Bewegung ist und wie stark sich damit die Anforderungen an Chefärzte (vor allem in der Gynäkologie und Geburtshilfe) erhöht haben (Augurzky et al. 2014; Schmidt et al. 2014). War es in der eingangs genannten »guten alten Zeit« noch der Chefarzt, der das Fach in seiner ganzen Breite beherrschte, so sind es heute Spezialisten, die gefragt sind. Große Kliniken sind heutzutage in Sektionen organisiert, und damit werden Verantwortlichkeiten für die Ausbildung und Führung der Mitarbeiter delegiert. Somit wird der Chefarzt mehr zum Organisator und Lenker der Abteilung. Eine gute Kenntnis des Krankenhausmarktes und seiner rasanten Veränderungen sind ebenfalls vonnöten, um die Chancen für die eigene Abteilung zu erkennen und rechtzeitig zu nutzen. Hier sollte aktiv die Unterstützung durch die Geschäftsleitung eingefordert werden. Gleiches gilt für das Personalthema. Ohne die enge Zusammenarbeit mit der Personalabteilung bei den Themen Rekrutierung, Bindung und Dienstplangestaltung wird es schwierig, den Anforderungen junger Mitarbeiter schnell gerecht zu werden. Dieses interdisziplinäre Arbeiten mit der Verwaltung entspricht heute auch dem, wie Medizin erbracht wird: Experten bringen ihr Wissen ein, beispielsweise im Rahmen einer onkologische Konferenz. Medizin wird damit evidenzbasierter und hängt heute vielleicht etwas weniger an der Durchsetzungskraft einzelner Personen im Stile eines Prof. Sauerbruch (Schmidt et al. 2011).

Heute ändert sich vor allem der Aufwand für die *Führung* der neuen Kollegen. Das Führen wird anstrengender, bringt aber auch mehr Nähe zum Personal und vielleicht sogar die Freude, wenn Fortschritte in der Ausbildung direkt sichtbar werden. Wie auch immer, der Chefarzt von heute hat neben den Anforderungen an das Fach auch Management- und Führungsaufgaben wahrzunehmen – heute mehr denn je. Dies ist genauso wie in Führungspositionen der Wirtschaft. Eigentlich sollte das nicht verwundern, denn bei genauer Betrachtung einer Klinik mit 3500 CM-Punkten und 20 Mitarbeitern würden Experten außerhalb der Klinikstrukturen ein mittelständisches Unternehmen sehen (Schmidt et al. 2014). Warum sollte dieses dann nicht zumindest in Anteilen so professionell wie in der Wirtschaft geführt werden? Gute Führung der Abteilung ist heute ein ausschlaggebender Faktor für die Attraktivität als Arbeitgeber und den ökonomischen Erfolg einer Abteilung. Auch der Zuspruch der Patienten und niedergelassenen Kollegen hängt an der Führung durch den Chefarzt der Abteilung. Daher sollte diese auch mit Sorgfalt wahrgenommen werden. Jedoch, wie drückte William Edwards Deming sich so treffend aus? »Sie müssen das nicht tun. Überleben ist keine Verpflichtung« (Austenfeld 2001).

Literatur

Augurzky B (2014) Zur Lage der Krankenhäuser. Welt der Krankenhausversicherung 9: 205-207

Augurzky B, Kreienberg R, Mennicken R (Hrsg) (2014) Zukunft der Gynäkologie und Geburtshilfe. medhochzwei Verlag, Heidelberg

Austenfeld R (2001): W. Edwards Deming: The Story of a Truly Remarkable Person. http://web.crc.losrios.edu/~larsenl/ExtraMaterials/WEDeming_shortbio_Ff4203.pdf (Zugriff: 28.01.2016)

Deloitte (Hrsg) (2014) Consumer-Lösungen als Schlüssel zum Erfolg? Studienreihe »Intelligente Netze«. Eigenverlag, Frankfurt

Deloitte Health Care Analysis (2014) Gesundheitsversorgung 2030. Eigenverlag, München

Ilmarinen J (2005) Towards a longer worklife! Ageing and the quality of worklife in the European Union. Finnish Institute of Occupational Health. Eigenverlag, Helsinki

Klauber J, Geraedts M, Friedrich J, Wasem J (2012) Krankenhaus-Report 2012. Schwerpunkt Regionalität. Schattauer, Stuttgart

Korb H, Baden D, Wähner M et al. (2005) Telemonitoring bei »Akutem Koronarsyndrom«: Effektivität unter klinischen und gesundheitsökonomischen Aspekten. In: Steyrer G, Tolxdorf T (Hrsg) Bit for bit – Halbzeit auf dem Weg zur Telematikinfrastruktur. Tagungsband Telemed 2005. Akademische Verlagsgesellschaft Berlin, Berlin, S 170–177

Mobile Health Market Report (2015) http://research2guidance.com/wp-content/uploads/2015/08/Mobile-Health-Market-Report-2013-2017-Graphical-Package-Preview.pdf (Zugriff: 28.01.2016)

Paine Schofield C, Honore S (2011) Great Expectations: Managing Generation Y. Institute of Leadership and Management/Ashridge Business School report, Berkhamsted

Paine Schofield C, Honore S, Laljani N (2011) Generation Y: Bridging the gulf to make them tomorrow's leaders. NHRD Network Journal 4: 23-25

Schmidt CE, Gerbershagen M, Salehin J, Weiß M, Schmidt K, Wolff F, Wappler F (2011) From personnel administration to human resource management: Demographic risk management in hospitals. Anästhesist 60: 507-516

Schmidt CE, Gerbershagen M, Schmidt K, Wappler F (2012) Generation 55+. Halten, Motivieren, Einsetzen. Anästhesist 61: 630-634

Schmidt CE, Halbe B, Wolff F (2014) Gynäkologie und Geburtshilfe im Spannungsfeld von Personalmangel, Wirtschaftlichkeit und Ambulantisierung Geburtshilfe Frauenheilkd 74: 1061-1064

Schmidt CE, Lips T (2015) Der Nabel der Region. Vernetzte Versorgungsstrukturen in Rostock. Führen und wirtschaften 5: 340-343

Schmidt CE, Möller J, Schmidt K, Gerbershagen MU, Wappler F, Limmroth V, Padosch SA, Bauer M (2011) Generation Y: Recruitment, retention and development. Anästhesist 60: 517-524

Schmidt CE, Möller J, Windeck P (2013) Generationengerechte Führung im Krankenhaus. Deutsches Ärzteblatt 110: 928-933

Schmidt CE, Warm M, Wolff F (2014) Generation Y: Was erwartet uns von unseren Mitarbeiterinnen und Mitarbeitern? Geburtshilfe Frauenheilkd 74: 23-27

Schmidt K, Meyer J, Liebeneiner J, Schmidt CE, Hüttenbrink KB (2012) Fachkräftemangel in Deutschland – Erwartungen von Chefärzten an junge Mitarbeiter: Eine Umfrage. HNO 60: 102-108

Scholz C (2014) Generation Z: Wie sie tickt, was sie verändert und warum sie uns alle ansteckt. Wiley, Berlin

Statistisches Bundesamt (2015) https://www.destatis.de/DE/Startseite.html (Zugriff: 28.01.2016)

Start mit Smart? Wie Big Data den Klinikalltag verändern wird

Daniel Schmitz-Buchholz

39.1 Einleitung – 610

39.2 Die Ebenen – 610

39.3 Das E-Health-Gesetz – 611
39.3.1 Gesetzestext und Aussage – 611
39.3.2 Kritische Wertung – 612

39.4 Perspektiven der Digitalisierung im Gesundheitswesen – 612
39.4.1 Informationslogistik – 612
39.4.2 Robotik – 614

39.5 Risiken und Datensicherung – 615

39.6 Prognose der digitalen Revolution in der Medizin – 616

Literatur – 617

39.1 Einleitung

(…)[1], zuerst eine kurze Antwort und Bewertung auf Ihre genannten Punkte:
- E-Health-Gesetz, Ausschöpfung und Konsequenzen:
  - Wir müssen den Informationsfluss sicher machen – was uns nie gelingen wird.
- Welche zukünftigen Perspektiven in Klinik und Gesundheitswesen bieten sich durch konsequente Digitalisierung, welche vielfältigen Möglichkeiten?
  - Informationen (Labor, Arztbriefe, Röntgenbilder, OP-Anleitungen, Fachzeitungen usw.) werden überall und ubiquitär verfügbar sein. Das ist für die »Generation Handy« wenig Neues und wenig Aufregendes.
- Risiken und Datensicherung:
  - Ja, klar. Aber egal, was wir tun, es wird nie 100% Sicherheit geben. Das überlassen wir den Jungs von der IT-Sicherheit und kümmern uns nicht drum.
- Raum für Zuwendung und Empathie durch (konsequente) Digitalisierung in der Zukunft:
  - Daran glaube ich nicht. Heute versorgt eine Schwester bei uns zehn Patienten, zukünftig werden es eben dann mehr. Gleiches wird für den Arzt gelten.

In einer Beilage der »Welt« der European Media Partner (vom 01.12.2015, Neuemedizintechnologie.de) wurde folgendermaßen im Rahmen einer Werbeanzeige für die Leistung einer »AG« im Bereich digitale Gesundheit geworben: »Über die (…) »Service-App« wird der Versicherte in die Lage versetzt, beispielsweise seine Krankmeldung bequem mit seinem Handy abzufotografieren und mit einem einzigen Knopfdruck direkt an die Kasse zu übermitteln.« Wenn man bedenkt, dass die Fernübertragung von Schriften 1843 entwickelt wurde, klingt das eigentlich wenig spektakulär und kaum erwähnenswert. Und doch:

Das Thema der *Digitalisierung der Medizin* ist erwartungsschwanger, denn es impliziert eine allgemeine Verbesserung der gegenwärtigen Zustände um Potenzen. Zudem gibt die Digitalisierung eine gute Projektionsfläche für die in der Gegenwart bestehenden Brennpunkte ab. Denn nichts hat die Menschheit in so kurzer Zeit so stark verändert wie die Digitalisierung, die sich in den letzten 40 Jahren abgespielt hat.[2] »Big Data« ist eine Chance. Allerdings bleibt die Frage, ob die Digitalisierung diese Erwartung tatsächlich erfüllen kann. Oder liegt der Kern der medizinischen Versorgung nicht im direkten und »menschlichen« Kontakt zwischen (informierten) Experten und Patienten? Unabhängig von jeder nicht greifbaren Übertragung von elektronischen Impulsen zwischen verschiedenen Prozessoren?

Im Folgenden des Kapitels werden wir sehen, dass die Digitalisierung Eines kann: Bestehendes verbessern! Aber wir werden auch sehen, dass wir an einem Punkt stehen, an dem sich die Frage stellt: Können wir für die Medizin (im Sinne der direkten Patientenversorgung) aus der Digitalisierung die Quantensprünge ziehen, die in vielen anderen Bereichen des täglichen und gesellschaftlichen Lebens dadurch erreicht wurden? Wie müssen wir Digitalisierung begreifen, um tatsächlich die Dinge zu verändern?

39.2 Die Ebenen

Wie bereits im vorherigen Kapitel (▶ Kap. 38) dargestellt, lässt sich die Digitalisierung der Medizin in verschiedene Ebenen aufteilen: Patienten, Experten und System (◘ Tab. 39.1). Dabei geht es jedoch lediglich um Austausch und Verarbeitung von Information auf den genannten Ebenen:
- **Patienten** können lesen, lernen, dokumentieren. Letztendlich geht es um wenig mehr als Compliance und Datenerfassung. Effizienz steht im Vordergrund.
- Auf **Expertenebene** kommt zum Austausch von Information die Wertung und Entscheidung seitens der Experten hinzu. Dies kann im Rahmen von Tele-Konsilien, Tele-Radiologie oder der genannten Fernüberwachung von Vitalwerten geschehen. Die Verfügbarkeit von Ressourcen (z.B. Tele-Radiologen) können wir

---

1 Ein Auszug aus der Diskussion im Vorfeld dieses Kapitel (Fragen von U. Deichert an D. Schmitz-Buchholz)

2 Apple Computers wurde am 01.04.1976 gegründet

Tab. 39.1 Die Matrix der Digitalisierung

	Datenlogistik	Datenerzeugung
System	Krankheitsregister Versorgungsforschung Bedarfspläne Termingarantie der Kassenärztlichen Vereinigung DRG-System (Disease Related Groups)	
Experte	Apps (für Fachpersonal) Abrechnungsprogramme/Kodierung Klinikinformationssystem, OP-Planer Videosprechstunde	Kapselendoskopie Magnetresonanztomographie Bispektral-Index-Monitoring (BIS)
Patient	Apps (für Laien)	BZ-Messung RR-Messung

so verbessern. Wir können unsere Aufgaben im Gesundheitssystem besser wahrnehmen und effizienter werden.

— Ähnliches gilt für die **Ebene des Systems**: InEk, DRG, elektronische Patientenakte, elektronische Gesundheitskarte und Datenerfassung mit Benchmarking und Controlling sind exzellente Beispiele für die Auswirkungen der Digitalisierung auf den Informationsfluss. Informationen werden ubiquitär verfügbar. Das ist auch die Stoßrichtung des sog. E-Health-Gesetzes, das im Dezember 2015 verabschiedet wurde.

Losgelöst von der vertikalen Perspektive der Ebenen muss man die Digitalisierung aber auch *intentionsorientiert* begreifen und dabei zwei Zielsetzungen digitaler Innovationen unterscheiden:

— **Logistik**: Bekannte und im System vorhandenen Informationen oder Methoden werden verteilt und verfügbar gemacht. Es entsteht nichts Neues, sondern es geht um Effizienz – wir werden günstiger. Beispiele sind die Übermittlung von Laborwerten, elektronischen Patientenakten usw. Auch hier findet sich das E-Health-Gesetz (s.u.) in der Anwendung.

— **Erzeugung:** Es werden durch neue Verfahren zusätzliche Informationen gewonnen und/oder Methoden entwickelt – die klassische Innovation aus der Forschung. Es geht um Effektivität – wir werden besser. Beispiele sind die Kardio-MRT oder Messung von Hirnaktivität zur Beurteilung der Narkosetiefe.

39.3 Das E-Health-Gesetz

39.3.1 Gesetzestext und Aussage

Das *E-Health-Gesetz* von Dezember 2015 heißt im Originaltext »Gesetz für sichere digitale Kommunikation und Anwendungen im Gesundheitswesen sowie zur Änderung weiterer Gesetze«.

Bundesgesundheitsminister Grohe wird dazu zitiert: »Mit dem e-Health-Gesetz treiben wir den Fortschritt im Gesundheitswesen voran. Dabei stehen Patientennutzen und Datenschutz im Mittelpunkt.«[3]

Schaut man im Detail in den Gesetzestext, werden dort wichtige Rahmenbedingungen für die weiteren Entwicklungen im Bereich der Telemedizin und der Speicherung und Verfügbarkeit relevanter Patientendaten gelegt. Interessant erscheint, dass ein Fahrplan für den Bewertungsausschuss zu *telemedizinischen Leistungen* festgelegt wird. Dieser soll sich nun im Rahmen bestimmter Fristen äußern, in wie weit konsiliarische Befundungen und telemedizinische Sprechstunden (»Videosprechstunden«) erbracht werden können (»durch Einsatz

---

[3] Vgl. Bundesgesundheitsministerium (2015)

sicherer elektronischer Informations- und Kommunikationstechnologien«). Weiterhin werden die Rahmenbedingungen für die Einführung der *elektronischen Gesundheitskarte* geschaffen, die nicht weniger erreichen soll als die »Verbesserung von Wirtschaftlichkeit, Qualität und Transparenz der Behandlung«. Darüber hinaus sollen bis Ende 2018 die Voraussetzungen für eine *elektronische Patientenakte* geschaffen werden, die neben der Gesundheitskarte »weitere medizinische Daten des Versicherten verfügbar« machen soll. Aber es werden nicht nur Strukturen und Änderungen patientenzentriert angegangen, sondern auch systemisch: Zukünftig soll der Datenfluss im System durch »offene Schnittstellen« in allen Systemen der Datenerhebung, Verarbeitung und Datennutzung der ärztlichen Krankenversorgung stärker vereinfacht und eine Vereinheitlichung der angewandten Techniken mit Erstellung eines Standards für informationstechnische Systeme im Gesundheitswesen erreicht werden.

39.3.2 Kritische Wertung

Wenn Sie einen Blick zurückwerfen auf den Kommentar des Bundesgesundheitsministers zum E-Health-Gesetz und dem Schwerpunkt des Gesetzes: Es geht um Regelung des Informationsflusses, also um die Logistik. Dadurch soll die Effizienz gesteigert werden. Es geht also um Dinge, die im Rahmen des Fortschritts bereits laufen und nichts Neues bedeuten. Und wenn Sie besonders kritisch sind, dann könnten Sie sagen: Das hat nichts mit Patientennutzen zu tun, sondern mit Behebung von Patientenschaden, der durch unsere Mangelwirtschaft im Gesundheitssystem entsteht. Wir wollen das Bestehende besser machen, effizienter werden, Kosten sparen. Aber für uns als Mediziner geht es nicht nur im die Verteilung von Informationen und das Einsparen von Kosten. Denn die Verteilung von Informationen macht nichts neu und auch nichts besser.[4] Sie gleicht lediglich Unzulänglichkeiten und Informationsmangel (aufgrund fehlender Ressourcen) aus. Das können wir Entwicklern überlassen. Für uns beginnt die Digitalisierung mit der *Erzeugung neuer Informationen und Methoden*. Denn damit können wir das tun, was wir wollen und sollen: Patientenversorgung effektiver machen. Nichts desto trotz ist es natürlich sinnvoll, den durch ungebremste Entwicklung entstandenen Wildwuchs an Datendokumentations-, Erfassungs- und Nutzungssystemen zu vereinheitlichen, Daten zu ordnen und neuen Methoden den Boden zu bereiten. Ob dadurch ein Arzt mehr Zeit für ein Patientengespräch hat oder eine Pflegekraft mehr auf einer 30-Betten-Station eingesetzt werden kann, bleibt abzuwarten.

39.4 Perspektiven der Digitalisierung im Gesundheitswesen

39.4.1 Informationslogistik

Verfügbarkeit vorhandener Informationen

Durch die elektronische Speicherung und Übermittlung von Information ist die *Verfügbarkeit* potenziert. Ein Informationsmangel, der auf einer Nicht-Verfügbarkeit von an anderer Stelle vorhandenen Informationen beruht, ist nicht mehr zeitgemäß. Das ist eine der wesentlichen Errungenschaften der Digitalisierung. Die vollständige elektronische Patientenakte ist ein Beispiel für eine optimale Nutzung der Möglichkeiten der *Datenlogistik*. Limitationen bestehen aktuell allerdings noch in der Infrastruktur der Datenkanäle – hier setzt das E-Health-Gesetz an. Informationen liegen digitalisiert in Datenbanken, und diese müssen kommunizieren. Die erforderlichen elektronischen und strukturellen Brücken (Programme und Hardware) sind Gegenstand der weiteren Entwicklung und sollen weiter ausgebaut und standardisiert werden. Dies bringt zwar keine Neuerungen in die medizinische Behandlung, aber zumindest kann durch eine verbesserte Informationspermeabilität darauf gesetzt werden, dass Therapieentscheidungen fundierter sind und Doppeluntersuchungen, kontraindizierte Medikamentenkombination etc. verhindert werden (◘ Abb. 39.1).

---

4 Denn statt einer elektronischen Patientenakte könnten Sie auch pro Patient eine Schreibkraft einstellen, die nichts anderes tut, als patientenbezogene Daten zu sammeln und verfügbar zu machen

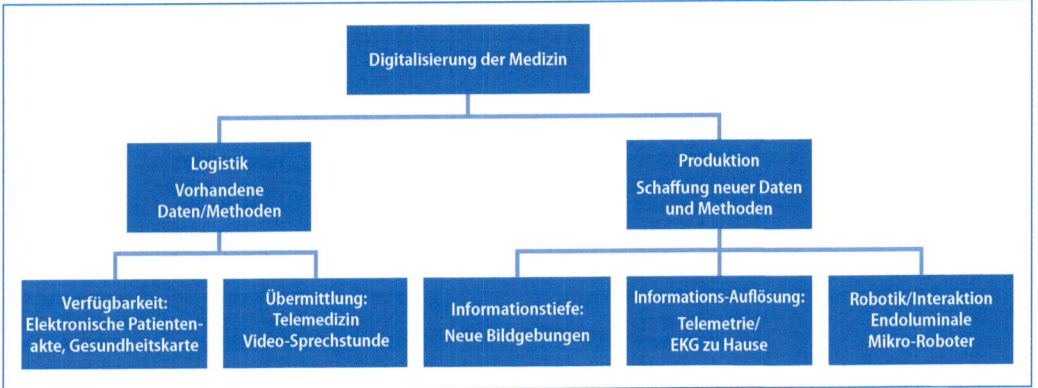

Abb. 39.1 Perspektiven in der Digitalisierung der Medizin

Informationsverarbeitung (Programme)

Computer und die darauf laufenden Programme sind aus dem ärztlichen Alltag nicht mehr wegzudenken. Ein einziges Smartphone hat heute mehr Rechenleistung als die gesamte Weltbevölkerung zusammengenommen.[5] Diese machen wir uns nutzbar und werden auf die eine oder andere Weise effizienter:

- **Big Processing**: Bisher nicht prozessierbare Datenmengen können mit den heutigen Möglichkeiten verarbeitet und ausgewertet werden. Komplexe Analysen können in Sekunden ablaufen und uns Zusammenhänge aufzeigen, die wir in unsere Therapieentscheidungen mit einbeziehen können. Das kann uns helfen, »Datenschätze« zu heben, indem wir neue Erkenntnisse gewinnen, die ohne digitale Unterstützung nicht möglich sind. Denken wir an die in den letzten Jahren entstandene Krankheitsregister oder auch an die Erstellung einer Magnetresonanztomographie – hierbei werden Datenmengen erzeugt und verarbeitet, die ein Mensch mit Bleistift und Papier nicht bewältigen kann.
- **Big Doku**: Der Nachteil von Big Processing und Datenlogistik; denn die Datenmengen müssen irgendwo herkommen. Wenn es sich um Messergebnisse handelt, sind diese direkt digital verfügbar (MRT) und können prozessiert werden. Die Schnittstelle zwischen Realität und Digitalität übernehmen die Messinstrumente. Oft fehlt aber eine automatisierte Schnittstelle, und diese wird dann dem medizinischen Personal abverlangt. Damit ist die Schnittstelle zwischen Behandlungsinformation und digitaler Abrechnungsprozessierung der Arzt oder andere behandelnde Leistungserbringer, indem er eine Dokumentation erstellen muss. Jede Behandlung muss digital abgebildet sein, da sie sonst im System nicht dauerhaft nachgewiesen und nicht vergütet wird. Dies hat deutliche Veränderungen im ärztlichen Alltag zur Folge. Eine Erhebung konnte 2003 zeigen, dass im Bereich der Inneren Medizin beispielsweise täglich mehr als drei Stunden Dokumentationsarbeit pro Arzt anfällt – das ist Zeit, die in der Patientenversorgung fehlt.[6] Dank der Digitalisierung. Hier ist zu hoffen, dass es berufspolitisch gelingt, freie Ressourcen durch Effizienzsteigerung nicht im Sinne einer Kostenreduktion abzugeben, sondern für eine Unterfütterung des Systems nutzen zu können.

Telemedizin: Verfügbarkeit vorhandener Kompetenzen

Neben der Logistik statischer Information ist die *Telemedizin* ein wichtiges Zukunftsfeld in der digi-

---

5 Vgl. Munroe (2014)

6 Vgl. Müller u. Blum (2003)

talisierten Medizin. Telemedizin bedeutet dabei die Kommunikation über digitale Kanäle, also via Ton- und Video-Übertragung. Dabei sind drei Modalitäten zu unterscheiden[7]:

- **Expertenberatung**: Medizinische Experten können zur Diskussion und zum Austausch von Kompetenzen hinzugezogen werden. Dabei geht es nicht um die konkrete Behandlung im Moment der Patientenbehandlung, sondern um einen fachlichen Austausch mit Experten mit dem Ziel, allgemeine Kompetenzbildung auf Seiten des anfragenden Arztes zu erreichen. Beispiel ist eine turnusmäßig stattfindende Patientenvorstellung vor einem Expertengremium.
- **Telekonsil:** Ein medizinischer Experte kann zur konkreten Behandlung hinzugezogen werden. Kommunikationspartner sind dabei der betreuende Arzt und der digital verfügbare Experte. Gegenstand ist die Diskussion einer aktuelle Behandlung mit dem Ziel, Fachkompetenz einzubinden. Beispiele sind die Teleradiologie oder eine Giftnotrufzentrale. Dies findet sich im E-Health-Gesetz in Form der konsiliarischen Beratung wieder.
- **Direkter Patientenkontakt** (home-based): Ein medizinischer Experte (ein Arzt oder ein Experte aus einer anderen Berufsgruppe) nimmt direkten Kontakt mit dem Patienten zu Hause auf. Dies kann im Rahmen einer Beratung, Anleitung oder Therapie geschehen. Beispiele dazu sind Telerehabilitation[8], Telesprechstunde und Telepsychotherapie.[9] Auch dies ist bereits im E-Health-Gesetz als »Videosprechstunde« verankert und wird sicherlich zukünftig eine wichtige Rolle spielen.

Zumindest für die als letztes genannte Variante gibt es bereits Evidenz aus einer Vielzahl von Studien, die aufzeigt, dass die Distanz zwischen Patient und medizinischer Expertise durch telemedizinische Verfahren mit gutem Ergebnis überbrückt werden kann.[10] Hier ist sicherlich auch das meiste kurzfristig nutzbare Potenzial der medizinischen Digitalisierung für den ärztlichen Alltag zu sehen, denn die für eine Telemedizin erforderliche Technik (Signalübertragung, Videodarstellung) ist leicht und ubiquitär vorhanden. Die Etablierung konkreter Strukturen, Prozesse, Zugänge und Plattformen sind in nahezu allen Bereichen der direkten Patientenversorgung im Aufbruch. Bei aller (berechtigter) Euphorie – schließlich erleben wir hier die direkte Symbiose von Digitalisierung und dem eingangs beschriebenen ureigenen Prinzip der medizinischen Behandlung – sind der Telemedizin aber auch *Grenzen* in Form unserer ärztlichen Berufsordnung gesetzt. Diese legt in § 7 fest, dass eine medizinische Behandlung zumindest nicht ausschließlich über Print- und Telekommunikationsmedien erfolgen darf.[11]

39.4.2 Robotik

Die *Robotik* sehe ich ebenfalls als eine Errungenschaft der Digitalisierung. Denn neben der Informationsverfügbarkeit, die uns sowohl in der direkten Entscheidung am Patientenbett als auch – und wohl vielmehr – in der Funktionalität unseres Gesundheitssystems verändert, setzt die Robotik eins obendrauf: Sie nutzt die Verfügbarkeit und die Granularität der digitalen Informationen für Patienteninteraktion, die selbst dem besten und allwissenden Experten versagt bleiben würde. Tiefenhirnstimulation, Kapselendoskopie und Operationsroboter sind passende Beispiele. Dinge werden dadurch kleiner, schneller und genauer – fragen Sie mal die Gefäßchirurgen, die einen Hybrid-OP benutzen, oder die Kardiologen, die einen Herzschrittmacher von einem Bruchteil der üblichen Größe implantieren.

Die Robotik ist natürlich für uns Ärzte in der direkten Patientenversorgung weitaus »spannender« als die Entwicklung einer neuen medizinischen App. Wir werden – das ist sicher – zukünftig weiterhin Zeugen einer steigenden Informationsverfügbarkeit und einer zunehmenden Robotik sein. Neben selbstfahrenden Autos und LKWs wird auch

---

7 Vgl. McGeary et al. (2012)
8 Vgl. Agostini et al. (2015)
9 Deutsches Ärzteblatt (2016)
10 Vgl. Agostini et al. (2015)

11 Vgl. Bundesärztekammer (2015)

> **Excurse**
>
> **Medizinische Apps**
> Durch die Entwicklung von leistungsfähigen Smartphones und ihre Etablierung in der Gesellschaft wächst auch der Markt und die Popularität der medizinischen Apps (Smartphone Applications). Diese dienen als Schnittstelle zwischen Benutzer und Datenbank sowie Rechenleistung des Smartphones und ermöglichen Informationserfassung, Prozessierung und Abgabe. Die Erwartungen und Hoffnungen sind allseits vorhanden, allerdings ist inzwischen eine allgemeine Ernüchterung eingetreten. Denn der App-Markt verfügt kaum über *Regulierungen* im Sinne von Qualität, Inhalt, Datenschutz oder Nutzen.[12] Jeder kann eigene Apps entwickeln und in den weltweit verfügbaren »App-Stores« vertreiben – die Kontrolle durch Apple oder Google als Betreiber der App-Stores ist minimal und lediglich an technische Bedingungen und Voraussetzungen gebunden. Seit 2015 kommt jedoch etwas Bewegung in diese Problematik, da seitens der amerikanischen FDA und dem deutschen BfArM (Bundesinstitut für Arzneimittel und Medizin) eine Einordnung von medizinischen Apps als *Medizinprodukt* erfolgt ist und diese damit den gleichen Regularien unterliegen wie übliche Medizinprodukte. Die Kontrolle ist zwar aufgrund der Größe des Marktes[13] und der Diversifizierung der Anbieter schwierig, aber ein Anfang ist gemacht. Solange die Regularien zwar in Papierform existieren, aber in der Praxis kaum Anwendung finden, müssen wir medizinische Apps mit großer Vorsicht anwenden, denn die Verantwortung für die Richtigkeit der Angaben und die Haftung dafür liegt voll beim Anwender – also auch beim Arzt, wenn er ein Medikament anhand einer entsprechenden App dosiert. Ohnehin ist der tatsächliche Nutzen von medizinischen Apps stark umstritten. Eine Analyse von Apps aus dem Bereich der Schmerztherapie zeigt, dass die potenziellen Benefits zwar vorhanden und groß sind, die Informationsqualität jedoch oftmals sehr zu wünschen übrig lässt und für eine zukünftig positive Entwicklung eine Integration von medizinischer Kompetenz und Regulierung von Nöten ist.[14]

irgendwann der Blinddarm von einem Roboter »erledigt«, und Nierensteine werden per Micro-U-Boot zertrümmert. Wir sollten als Akteure mit dem Auftrag der Patientenbehandlung darauf achten, dass wir neben der Effizienz nicht die *Effektivität* vergessen. Dazu brauchen wir weiter medizinische Forschung und Ressourcen, um die neuen Möglichkeiten tatsächlich durch eine fachkompetente Brille zu sehen und Perspektiven erkennen zu können.

39.5 Risiken und Datensicherung

Am 10.02.2016 legte ein Computervirus das städtische Krankenhaus in Neuss lahm. Daraufhin hieß es, dass wieder wie vor 15 Jahren gearbeitet werde.[15] Alle IT-Systeme wurden heruntergefahren. Aus heutiger Sicht »unglaubliche Dinge« spielten sich ab: Man musste z.B. Befunde faxen und Informationen mit Boten überbringen. Vermutlich mussten zur Nutzung dieser alten Methoden bereits pensionierte Mitarbeiter reaktiviert werden. Natürlich entstand zu keiner Zeit eine Gefährdung der Patientenversorgung, aber man musste doch zugeben, dass etwa 15% der geplanten Operationen nicht stattfinden konnten. Dem Virus sei nur schwer beizukommen, da er hochentwickelt sei und sich ständig verändere. Ebenfalls im Februar 2016 wurde öffentlich, dass eine Hackergruppe Online-Apotheken erpresst und deren Webseiten lahmlegt, wenn einer Geldforderung nicht nachgekommen wird. Auch hier sei es extrem schwierig, den Schaden abzuwenden, ließen IT-Techniker verlauten.[16]

Die Digitalisierung als Problem Wenn Krankenhäuser oder Apotheken, Operationsroboter oder Patientendokumentationssysteme angreifbar oder nicht mehr funktionsfähig sind, kann das katastrophale Folgen für die Patientenversorgung haben. Und neben der so positiv nutzbaren ubiquitären Verfügbarkeit der Daten ergibt sich nun genau daraus und auch aus der fehlenden Regulierung ein massives Problem. Unser auf Digitalisierung

---

12 Vgl. Krüger-Brand (2015)
13 Aktuell gibt es etwa 55.000 medizinische Apps weltweit
14 Vgl. Rosser u. Eccleston (201)
15 Süddeutsche Zeitung (16.02.2016)

16 Deutsche Apotheker Zeitung online (12.02.2016)

optimiertes System ist inzwischen *abhängig von elektronischer Funktionalität*. Und wenn jedes Betriebssystem anders aufgebaut, jedes PDMS individualisiert ist und jede Entwicklung so schnell stattfindet, dass ein echtes Verstehen der digital ablaufenden Vorgänge nicht mehr möglich ist, sind wir in einem instabilen System unterwegs. Wer sich einmal intensiver mit Programmentwicklung beschäftigt hat, der weiß: Fehlersuche besteht auch auf Expertenebene oft aus simplem Ausprobieren – weil keiner die komplexen Vorgänge richtig versteht. Wenn ganze Krankenhäuser durch einen Virus in einer E-Mail lahmgelegt werden können oder Online-Apotheken Lösegelder an Hacker zahlen müssen, dann müssen wir möglicherweise einsehen, dass wir nicht mehr die völlige Kontrolle über unsere digitale Umgebung besitzen. Aber natürlich ist das Funktionieren von digitalen Werkzeugen die eine Seite. Die andere Seite ist die *Sicherheit von Daten*. Wer ein digitales Werkzeug (Programm) lahmlegen kann, der kann auch über die in einer anhängigen Datenbank verfügbaren Informationen verfügen. Im Februar 2014 konnten Hacker die Daten von 4,5 Mio. Patienten aus den Datenbanken eines amerikanischen Klinikbetreibers entwenden. Ebenfalls 2014 konnten Hacker die Nutzerdaten von 145 Mio. Ebay-Nutzern an sich bringen.[17] Die Liste solcher Taten lässt sich beliebig fortsetzen und macht uns klar: Es gibt keine Datensicherheit. Gerade die Stärke der Digitalisierung, die Datenlogistik, öffnet Tür und Tor für unbefugte Zugriffe. Jede Schnittstelle kann in Richtungen genutzt werden, die nicht vorgesehen waren. Die Frage, wie damit umzugehen ist, können wir nicht beantworten. Das E-Health-Gesetz ist ein Schritt in die richtige Richtung, denn es steht für Regulation und Sicherheit. Aber eine 100%ige Sicherheit gibt es nie. Der Einsatz der digitalen Möglichkeiten muss gerade im Bereich der Medizin immer kritisch hinterfragt werden. Wir brauchen immer eine »nicht-digitale« Rückfallebene.

17 Und man fragt sich: Wenn ein Unternehmen mit über 2 Mrd. Dollar Umsatz seine Daten nicht sichern kann, wer soll es dann können?

39.6 Prognose der digitalen Revolution in der Medizin

Die Digitalisierung bringt neben Chancen auch Risiken, wie wir gesehen haben. Wir blenden diese Risiken gerne aus, auch weil wir gar nicht mehr genau verstehen, was die Digitalisierung um uns herum macht. Unsere Jagd nach Effizienzsteigerung hat unser Umfeld immer komplexer werden lassen. Ohne die Rechenleistung von Computern ist heute für uns eine Erfassung und Beurteilung der Umwelt kaum noch möglich. Wenn sich ein Patient neu vorstellt, dann erhalten wir umgehend Daten, möglicherweise im Giga- bis Terabyte-Bereich, die wir aufnehmen, fachkundig beurteilen und in eine differenzierte Behandlung einfließen lassen sollen. Und täglich kommen weitere Datenmengen hinzu, die erfasst, ausgewertet und fachkundig nach neuesten Erkenntnissen evidenzbasiert beurteilt werden müssen. *Effizienzsteigerung* und *Kostendruck* sind die bestimmenden Größen.

Aber wir müssen weiterdenken. Dinge müssen nicht schneller, genauer und kleiner werden, sondern auch anders. Das sind die wahren Quantensprünge, denn sie verändern die Welt. Denken Sie dabei an die Digitalisierung des Telefons. Niemand konnte vorhersehen, welche Bedeutung die Kurznachrichten wie SMS oder WhatsApp haben würden, die erst durch eine Digitalisierung der Kommunikation möglich wurden. Wer telefoniert denn heute noch? Oder denken Sie an das CT. Das CT ist nicht schneller oder genauer, sondern es war etwas komplett anderes. Es ist nicht Logistik, es ist Produktion. Das ist medizinischer Fortschritt, den die medizinisch kompetenten Entscheider voranbringen können. Wir müssen an *neue Techniken* denken und an *neue Systeme*. Wir dürfen uns dabei nicht davon überzeugen lassen, dass der Segen der Digitalisierung im gläsernen Patienten und Datenautobahnen liegt. Wir müssen Risiken sehen und Komplexitäten reduzieren, anstatt sie auszubauen. Regularien und Abgrenzungen sind erforderlich, um Sicherheit zu schaffen. Aber letztendlich kommen wir um eines nicht herum: Die medizinische Behandlung erfolgt zwischen Arzt und Patient. Noch gibt es keinen Grund, das zu ändern.

Literatur

Agostini M, Moja L, Banzi R, Pistotti V, Tonin P, Venneri A, Turolla A (2015) Telerehabilitation and recovery of motor function: a systematic review and meta-analysis. J Telemed Telecare 21(4): 202-213

Albrecht U, Pramann O, Jan U (2012) Medical-Apps: App-gehört – Datenschutzrisiken. Dtsch Ärztebl 109(44): A-2213 / B-1805 / C-1769

Bundesärztekammer (2015) (Muster-)Berufsordnung für die in Deutschland tätigen Ärztinnen und Ärzte.

Bundesministerium für Gesundheit (2015) Hermann Gröhe: »Patientennutzen und Datenschutz im Mittelpunkt«. Pressemitteilung Nr. 45. http://www.bmg.bund.de/fileadmin/dateien/Pressemitteilungen/2015/2015_04/151203-45_PM_E-Health-Gesetz.pdf (Zugriff: 16.02.2016)

Deutsches Ärzteblatt (2015) Online-Psychotherapie per Video-Sprechstunde. www.aerzteblatt.de/nachrichten/65587 (Zugriff: 16.02.2016)

Deutsches Ärzteblatt (2015) Viele medizinische Apps sind ungeprüft. www.aerzteblatt.de/nachrichten/62281 (Zugriff: 16.02.2016)

Feldwisch-Drentrup H (2016) Hacker legen Apotheken-Shops lahm. Deutsche Apotheker Zeitung. https://www.deutsche-apotheker-zeitung.de/news/artikel/2016/02/08/hacker-legen-apotheken-shops-lahm (Zugriff: 16.02.2016)

Krüger-Brand H (2015) Smart Health: Apps als innovationstreiber. Dtsch Ärztebl 112(10): A-428

Krüger-Brand H (2016) Apps in der Medizin: Viele Sicherheitsrisiken. Dtsch Ärztebl 113(5): A-174 / B-152 / C-152

McGeary D, McGeary C, Gatchel R (2012) A Comprehensive Review of Tel E-Health for Pain Management: Where We Are and The Way Ahead. Pain Practice 12(7): 570-577

Müller K, Blum U (2003) Krankenhausärzte: Enormer Dokumentationsaufwand. Dtsch Ärztebl 100(23): A-1581 / B-1310 / C-1229

Munroe R (2014) What if: Serious Scientific Answers to Absurd Hypothetical Questions. John Murray General Publ Div

Rosser BA, Eccleston C (2011) Smartphone Applications for Pain Management. J Telemed Telecare 17: 308-312

Süddeutsche Zeitung (2016) Computervirus legt Klinik in Neuss lahm. www.sueddeutsche.de/digital/hackerangriff-computervirus-legt-klinik-in-neuss-lahm-1.2861656 (Zugriff: 16.02.2016)

Resümee und sieben Wege zur Neubesinnung auf ärztliche Professionalität

Ulrich Deichert

40.1 Wofür steht ein Krankenhaus? – 620

40.2 Was kennzeichnet die ärztliche Professionalität, was ist hierbei die Aufgabe der Verwaltung? – 620

40.3 Wie ist die Ist-Situation der Ärzte in den Kliniken? – 621

40.4 Lösungsansätze – 622

40.5 Sieben Wege der Neubesinnung – 623
40.5.1 Moralische Würde, Integrität, Selbsttreue – 623
40.5.2 Rückbesinnung hin zur ärztlichen Profession – 624
40.5.3 Ressourcenbewusstsein – 624
40.5.4 Klug entscheiden (nil nocere) – 625
40.5.5 Beziehungsaufbau zum Patienten durch Medizin der Zuwendung – 625
40.5.6 Vernetzung – 626
40.5.7 Kurswechsel – Change – 627

Literatur – 627

> Der Eine wartet, dass die Zeit sich wandelt,
> der Andere packt sie kräftig an
> und handelt.
> Dante Alighieri (1265–1321, italienischer Dichter)

In den vorausgegangenen Kapiteln wurden Wege und Lösungsansätze zur Umorientierung und Neubesinnung auf ärztliche Professionalität erwähnt und vorgeschlagen. Die grundlegenden Überlegungen und möglichen Schritte werden im folgenden Beitrag zusammengefasst.

40.1 Wofür steht ein Krankenhaus?

Es steht für das Patientenwohl!

> Ein Spital muss den Ehrgeiz haben, die Gesundheitswelt ein Stück besser zu machen! Und das erfolgt durch gelingende Heilung und hingebungsvolle Pflege! (Klaus Schweinsberg[1])

Aber: »Wenn Krankenkassen vorrangig auf Ausgabenverringerung und Anbieter (gemeint: Anbieter von Gesundheitsdienstleistungen) auf Ertragssteigerung fokussiert sind, entstehen Effekte, die im Hinblick auf das Patientenwohl als den eigentlichen normativen Maßstab ›Anlass zur Sorge‹ geben«, betonte Christiane Woopen, Vorsitzende des Deutschen Ethikrates, am 05.04.2016 in Berlin.[2]

Was muss sich also im Alltag deutscher Krankenhäuser verändern? Nach Auffassung des Ethikrates gehört zum Patientenwohl nicht nur eine nach medizinischen Maßstäben beurteilbare körperliche und seelische Therapie des Patienten, sondern auch
- eine Zugangs- und Verteilungsgerechtigkeit bei den Gesundheitsdienstleistungen angesichts knapper Ressourcen,
- eine angemessene Kommunikation zwischen Arzt, Pflegepersonal und Patient,
- ein Pflegepersonal-Schlüssel als Vorrausetzung für eine personelle Kontinuität (in Abhängigkeit von Stations- und Bereichsgrößen),
- eine Weiterentwicklung des DRG-Systems wie Berücksichtigung des zeitlichen und organisatorischen Aufwands für die Vergütung,
- Vermeidung der »Drehtür-Effekte« (gemeint ist: der Patient verlässt das Krankenhaus wie durch eine Drehtür und kehrt kurz darauf wieder zurück),
- Vereinbarungsmöglichkeiten für Zusatzentgelt,
- Vergütungsmodelle, die auch die begründete Unterlassung von Maßnahmen und das Abwarten honorieren,
- Geschäftsführer von Kliniken sollten neben ihrer ökonomischen Fachkompetenz über grundlegende Kenntnisse in Medizin und Pflege verfügen.

40.2 Was kennzeichnet die ärztliche Professionalität, was ist hierbei die Aufgabe der Verwaltung?

Friedrich Heubel liefert zur ärztlichen Professionalität in seinem Kapitel im vorliegenden Buch (▶ Kap. 16) u.a. folgende Beschreibung:

> Die Ärzte im Gesundheitssystem (…) »haben einen Expertenstatus. Sie arbeiten im Auftrag und im Interesse von Privatpersonen und zugleich im Auftrag und im Interesse des Gemeinwesens. (…) Die Sozialwissenschaftler nennen diese Art von Beruf Profession. (…) Die Laien dürfen erwarten, dass ihr professioneller Kontaktpartner vertrauenswürdig ist, weil der professionelle Verbund (Ärztekammer) auf die Einhaltung der selbstgegebenen Standards achtet. Der Verbund – die Profession – darf erwarten, dass der Staat ihm die Unabhängigkeit garantiert, die er zum verantwortlichen Setzen professionsspezifischer Standards braucht. (…) Zum professionellen Standard gehört die absolute Priorität des Fremdinteresses (am Patienten) vor dem Eigeninteresse. (…) Das heißt: Das professionelle Urteil soll freigehalten werden von Einflüssen und Anreizen, die die Priorität des Patientenwohls in Frage stellen.

---

[1] Prof. Klaus Schweinsberg ist Journalist, Wirtschaftswissenschaftler und Autor des Buchs »Anständig führen«; persönliche Mitteilung (2016)

[2] Richter-Kuhlmann E (2016) Deutscher Ethikrat: Fokus: Patientenwohl. Dtsch Ärztebl 2016; 113(15): A-700 / B-591 / C-583

Nach Ansicht von Heinz Naegler (▶ Kap. 15) beinhaltet die *Zusammenarbeit der Chefärzte mit der Verwaltung/Geschäftsführung* Folgendes:

» Förderung der argumentativen und dialogischen Verständigung: Eine vertrauensvolle Zusammenarbeit zwischen dem Geschäftsführer und den Chefärzten setzt voraus, dass diese zur Offenheit im Dialog, zur argumentativen Auseinandersetzung mit den von ihren Entscheidungen Betroffenen und zur ethischen Reflexion ihres Handelns imstande sind.

Geschäftsführungen beschäftigen sich im Sinne ihres Unternehmens mit Gewinnerzielung bis hin zur Gewinnmaximierung. Heinz Naegler fordert dabei eine *Beschränkung des Gewinnziels*:

» Mit der Forderung nach einer Beschränkung des Gewinnziels sind zwei Aspekte angesprochen: Zum einen fragt es sich, unter welchen Bedingungen ein Gewinn erwirtschaftet wird; zum anderen ist die Gewinnverwendung ethisch relevant?
Mit dem Grundpostulat ‚Beschränkung des Gewinnziels' wird gefordert, die Behandlungs-, Support- und Betriebsführungsprozesse so zu gestalten, dass Gewinne erwirtschaftet werden können, ohne gegen die Grundsätze einer guten Medizin zu verstoßen und ohne die Mitarbeiter unangemessen zu belasten.
Gewinne werden verwendet, um den Bestand des Krankenhauses und damit das Angebot an medizinischen Leistungen und an attraktiven Arbeitsplätzen dauerhaft zu sichern, um eine angemessene Verzinsung des im Krankenhaus gebundenen Kapitals und um einen Ausgleich der Risiken, die der Krankenhauseigentümer mit dem Betrieb eines Krankenhauses eingeht, gewährleisten zu können.

»Wer stets den Nutzen seiner Zielgruppe steigern will, erzielt seinen Gewinn automatisch«, so lautet eines der Prinzipien der sog. EKS.[3] Was steckt dahinter? Der Systemforscher Wolfgang Mewes analysierte in den 70er-Jahren die größten Karriereerfolge von mehreren tausend Führungskräften und Unternehmen. Die gemeinsame Ursache der Unternehmenserfolge fasste er in einer Methodik zusammen, die er EKS nannte. Hierin beschrieb er, dass *Gewinnmaximierung* kein dauerhaft sinnvolles Ziel eines Unternehmens sei. Dagegen stellte er fest, »dass die langfristig wirklich erfolgreichen Unternehmen stets alles daran setzen, ihren Kunden den optimalen Nutzen zu bieten. Sie bewerten also die *Nutzenmaximierung* höher als die Gewinnmaximierung«. Die Gewinne folgen dann zwangsläufig auf die Nutzenmaximierung, rangieren aber nicht als das priore Firmenziel. Denn »das direkte Profitstreben widerspricht allen Naturgesetzen. In der Evolution sind Egoisten – und nichts anderes sind reine Gewinnmaximierer – ausgestorben«.[4]

40.3 Wie ist die Ist-Situation der Ärzte in den Kliniken?

Jedes vierte deutsche Krankenhaus hat einen erheblichen Mangel an Ärzten und Pflegekräften, jedes zehnte Krankenhaus einen »Personalnotstand«. Infolge des Personalmangels besteht ein erhöhter Leistungsdruck. Jede zweite Klinik erwartet, dass die personelle Lage noch schwieriger werden wird.[5]

Zudem besteht ein politisch gewollter und durch das DRG-System induzierter Wettbewerb unter den Krankenhäusern mit der Konsequenz der Ökonomisierung. Hieraus ergeben sich weitere Probleme wie:
— Arbeitsintensivierung durch Mengenausweitungen (Erzielung von Skaleneffekten),
— gewollte Personalverknappung (Ressourcenbeschränkungen),
— Konzentration auf besonders gewinnbringende Behandlungsverfahren zulasten anderer notwendiger Behandlungsangebote,[6]
— verkürzte Liegedauer mit der Folge einer erhöhten Taktfrequenz und einem Trend zur grundsätzlichen Beschleunigung (DRG-Kellertreppen-Effekt); dies lässt die Personalverdichtung noch deutlicher spüren.

---

3 engpasskonzentrierte Verhaltens- und Führungsstrategie
4 Friedrich K, Seiwert L, Geffroy E (2002) Das neue 1 x 1 der Erfolgsstrategie (8. Aufl.). Gabal, Offenbach
5 Deutsches Ärzteblatt (06.05.2015) Jedes zehnte Krankenhaus hat einen Personalnotstand
6 https://www.slaek.de/de/04/pressemitteilungen/2016/027_Deutscher_Ethikrat.php

Zur Rolle der Ärzte hierbei sagt Giovanni Maio:

> Das Gravierendste an der Ökonomisierung der Medizin ist die stillschweigende innere Umpolung der Ärzte. Gerade mit den DRGs wird ein Erlösdiktat über die Häuser verhängt, und damit wird die Orientierung der Ärzte am Wohl des Patienten zu einem Anliegen, auf das es primär nicht mehr ankommt, weil alles, was man tut, nicht mehr von der konkreten Bedeutung für den Patienten, sondern nur noch unter dem Gesichtspunkt der Verwertbarkeit betrachtet wird. Im Grunde findet gegenwärtig eine Kapitalisierung der ärztlichen Tätigkeit mit dem impliziten Appell zur Übernahme einer ökonomischen Vorteilslogik statt, die sich à la longue gegen das Soziale wendet. (…) Gerade weil die Ökonomie versucht, die Medizin umzuprogrammieren, müssten Ärzte umso entschiedener für ihre Sache einstehen.[7]

40.4 Lösungsansätze

Prämisse Dinge können sich im Leben sukzessive verändern, »anders sein als früher«, so dass sie uns auffallen, berühren, uns ansprechen, uns begeistern oder im Gegenteil uns verstören oder gar abstoßen. Dabei können sie uns zur teils heftigen Meinungsbildung veranlassen und schließlich für eine neue (Aus-) Richtung sorgen: im Privaten, im Gesellschaftlichen, in der Politik etc. Immer haben wir mehrere Möglichkeiten, um darauf zu reagieren und uns einzustellen:

1. **Mitmachen:** »Es entspricht völlig meinem Credo« oder: sich anpassen (»Die Gegen-Strömung ist zu stark«) und ohne Widerstand konform gehen (keine Skepsis, kein Hinterfragen, mit der Mehrheitsmeinung oder den vermeintlich Einflussreichsten oder den vermeintlich Stärksten strömen, »alles wird gut«).
2. **Trotzen:** »Es widerspricht meiner Weltanschauung, meinen unverrückbaren Prinzipien«, daher: Widerstand leisten, opponieren, gegenspielen, sich aufreiben, Gegenbewegung initiieren.
3. **Abschalten:** »Das Konfliktpotenzial ist zu groß«, daher: sich entfernen, aussteigen, den »Teich verlassen« (Delphin-Strategien), einen neuen Teich, ein neues Spielfeld oder eine neue Umgebung aufsuchen ohne die störenden Einflüsse, mit denen man nichts (mehr) zu tun haben will.
4. Möglicherweise gibt es hier und da aber noch einen vierten Weg: einen **Kompromiss** zwischen Version 1 und 2 oder einen Weg, auf Zeit zu spielen und sich inzwischen so viele Informationen wie möglich (zum Thema) zu besorgen, um anschließend klug und stressfrei selbst entscheiden zu können. Denn *vollständige Informationen* sind nun einmal die Grundlage aller vernünftigen Entscheidungsprozesse.

»Auf Dauer überlebt nur die Strategie, die den Menschen Nutzen bringt« (siehe EKS) – ich möchte ergänzen: und die glaubwürdig ist.

Glaubwürdigkeit[8] als Leitmotiv ärztlichen (oder unternehmerischen) Handelns! Anspruchsteller (Patienten, Mitarbeiter) sind echte Kommunikationspartner. Ihre Bedürfnisse und Vorstellungen werden in die Entscheidung integriert (kommunikatives Handeln). Der Handelnde übernimmt Verantwortung für die Vergangenheit, Gegenwart und Zukunft (verantwortliches Handeln). Er versucht, für anstehende Probleme bessere Antworten zu finden (innovatives Handeln).

Was sind schließlich unter diesen Präkonditionen die Gemeinsamkeiten oder auch die, die man

---

7 Deutsches Ärzteblatt (17.08.2015) »Die Indikation als Kernstück der ärztlichen Identität«. Interview mit Giovanni Maio

8 Glaubwürdigkeit setzt sich aus den Wortbestandteilen »Glaube« und »Würde« zusammen. Glaube = einem Argument folgen, eine Begründung akzeptieren, heißt auch: von etwas überzeugt zu sein; Würde = hat etwas mit Achtung zu tun; einem selbst gegenüber als Selbstachtung, die es nicht zu verlieren gilt, um einen sicheren Stand zu haben; sie setzt auch eine gewisse Ausgeglichenheit und Festigkeit voraus, im Sinne von Integrität (was bedeutet, mit sich selbst im Reinen zu sein, Authentizität zu spüren, die Selbstbestätigung im eigenen Tun zu finden, sowie eine Achtung für das Gegenüber und dessen Denken und Handeln, solange dieses moralische, ethische und real- demokratische Grundsätze einhält; das bedeutet aber auch, anders lautende Meinungen ernst zu nehmen und sich mit ihrem Wahrheitsgehalt auseinanderzusetzen

bei moralisch-ethisch einwandfreiem Tun ohne Selbstaufgabe zusammenführen könnte?

Zweifellos erfordern die neuen Herausforderungen in der Medizin und in der Krankenhauslandschaft auch neue Denkansichten. Wie ist das teure Gut der Gesundheitsversorgung ökonomisch einzusetzen? Wie kann man für breite Bevölkerungsschichten auch in Zukunft eine optimale Gesundheitsvor- und -fürsorge einhalten?

40.5 Sieben Wege der Neubesinnung

Klar ist: Nur die Ärzteschaft selbst kann tätig werden!

Welche innere Einstellung, welche Überlegungen können für eine Neubesinnung auf ärztliche Professionalität hilfreich sein?

40.5.1 Moralische Würde, Integrität, Selbsttreue

(a) Unter der *Würde* des Menschen versteht Peter Bieri[9], Philosoph und Philologe, »eine bestimmte Art und Weise, ein menschliches Leben zu leben, im Sinne des Denkens, Erlebens und Tuns«. An der Lebensform der Würde unterscheidet er drei Dimensionen:

- Die erste Dimension beinhaltet die Art und Weise, *wie ich von anderen Personen behandelt werde*, z.B. in Verbindung mit der Frage: »Was darf man jemandem (mir) auf keinen Fall wegnehmen, wenn man seine (meine) Würde schützen will?«
- Die zweite Dimension beschäftigt sich mit der Frage: »*Wie stehe ich zu den anderen Menschen, wie behandle ich sie?*« Die Leitfrage lautet demgemäß: »Welche Muster des Tuns und Erlebens den Anderen gegenüber führt zu der Erfahrung, dass ich mir meine Würde bewahre?« Und darüber hinaus: »(…) und mit welchem Tun und Erleben verspiele ich sie?«
- In der dritten Dimension steht das Ego selbst im Mittelpunkt: »*Welche Art, mich selbst zu sehen, zu bewerten und zu behandeln, gibt mir die Erfahrung der Würde?* Und wann habe ich das Gefühl, meine Würde durch (…) die Art und Weise zu verlieren, (…) wie ich mich selbst zu mir verhalte?«
- »Das Verlieren und Wiedergewinnen der Würde hat etwas von verlorenem und wiedergewonnenem Gleichgewicht.«

Sind wir (Chef-) Ärzte mit unserer Profession noch im Gleichgewicht? Haben wir noch die Macht und Möglichkeit, die Balance wieder zu finden? »Die Lebensform der Würde (…) ist eine Art, auf die Gefährdungen und Zumutungen des menschlichen Lebens zu antworten, (…) was ein gewisses Maß an Freiheit und Souveränität voraussetzt.«[10]

Im Rahmen unserer ärztlichen Aufgabe nehmen wir auf Wunsch anderer, nämlich der Patienten, an deren Leben teil. Die Anteilnahme kann verschiedene Formen annehmen. Als »moralische Intimität« beschreibt Bieri die »besondere Nähe, die entsteht, wenn ich mir die Bedürfnisse des anderen zu eigen mache und die eigenen Wünsche zurückstelle«. Letzteres gilt für den Arzt für den Zeitraum seiner ärztlichen Profession. Und weiter führt Bieri aus: »Moralische Intimität ist in diesem Sinne eine Quelle von Würde: Dadurch, dass ich andere in ihren Bedürfnissen achte und mein Tun danach ausrichte, erwerbe ich eine Form der Würde.«

Bei der Frage nach dem, was uns wirklich wichtig ist, wie nach dem Sinn unseres Lebens, bedeutet Würde Selbstständigkeit – als »die Fähigkeit, *selbst* darüber zu bestimmen, was für uns als wichtig und lebensbestimmend gelten soll.[11] Dies ließe sich auf die uns Anvertrauten, die Patienten, dahingehend übertragen, dass es der ärztlichen Würde entspricht, *unbeeinflusst* darüber zu entscheiden, was für die Patienten und ihr Wohl als wichtig und lebensbestimmend gelten soll.

(b) Zur *Integrität* führt Arnd Pollmann im vorliegenden Buch (▶ Kap. 19) u.a. Folgendes aus:

---

9 Bieri P (2013) Eine Art zu leben. Über die Vielfalt menschlicher Würde. Hanser, München

10 Bieri P (2013) Eine Art zu leben. Über die Vielfalt menschlicher Würde. Hanser, München, S 256

11 Bieri P (2013) Eine Art zu leben. Über die Vielfalt menschlicher Würde. Hanser, München, S 268 ff

» (…) sich im Vollzug des jeweils eigenen Lebens bei dem, was man sagt und tut, möglichst ›treu‹ zu bleiben.
Der ethisch-existenzielle Wunsch, das eigene Leben in Selbsttreue und Selbstbestimmung zu führen, droht gelegentlich daran zu zerschellen, dass sich das autonome Subjekt gesellschaftlich dominanten (System-)Imperativen ausgesetzt sieht, die es vom jeweils selbst gesetzten Kurs abbringen wollen. So hat sich die Integrität von Personen besonders angesichts von Hindernissen zu erweisen, angesichts derer die integere Person deutlich mehr Entschlusskraft aufzubringen hätte (…).

Ein Hindernis kann in »systembedingtem Anpassungsdruck« bestehen: »Das integere Leben muss sich zumeist an der Dominanz dezidiert ökonomischer Imperative beweisen, die einem das Leben auf ganz eigene Weise ›zur Hölle machen‹ können.« Ein Ausweg für Ärzte könnte darin bestehen, es überhaupt für möglich zu halten, eine Alternative zur zunehmenden Ökonomisierung/Kommerzialisierung einschlagen zu können. Dazu formuliert Pollmann in seinem Fazit: »Benötigt man nicht eine gewisse Vorstellung davon, dass ‚eine andere Welt möglich' ist, wenn man sich dem ökonomischen Druck unserer Tage auf integere Weise widersetzen will?« Und er folgert weiter: »Eine integere Person muss nicht schon den heroischen Weg wählen, aber nur dann, wenn hinreichend viele Menschen sich politisch entsprechend auflehnen, wird das integere Leben auch für viele andere wahrscheinlicher.«

40.5.2 Rückbesinnung hin zur ärztlichen Profession

Friedrich Heubel führt in ▶ Kap. 16 dieses Buches hierzu aus:

» Diagnosen zu stellen, sind das exklusive Recht und die exklusive Kompetenz von Ärzten. Diagnosen generieren unmittelbar Kosten. (…) Sie (die Chefärzte) haben also den originären Einfluss auf die Kosten und insofern auch eine reale Verfügungsmacht gegenüber dem Management – das umgekehrt nach der betriebswirtschaftlichen Logik die Diagnosen zu steuern sucht. (…) Allen Anreizen erteilen sie (die Ärzte) eine Absage, die die Unabhängigkeit ihres für die Diagnose notwendigen Urteils schwächen, relativieren oder unterminieren können. Sie geben sich selbst Regeln, die, soweit möglich, solche Anreize ausschließen und die Einhaltung dieser Regeln wirksam überwachen. (…) Das heißt: Chefärzte eines Fachs müssten jeweils für ihr Fach gemeinsam bundesweite Standards gegen ärztlich unsinnige Fallzahlsteigerungen und für die Beseitigung eindeutiger Versorgungsmängel beschließen. (…) Tendenziell würden sie den Wettbewerb von der bloßen Kosteneffizienz weg hin zur Versorgungsgüte verschieben. Und sie könnten bei der Krankenhausplanung der Länder mitreden. Ein konsequent gemeinsames Auftreten würde schon deshalb Einfluss haben, weil ihre Expertise für das Versorgungsgeschehen nicht bestritten werden kann.

40.5.3 Ressourcenbewusstsein

Ressourcen unterteilen sich für das Krankenhaus in humane und finanziell-materielle Ressourcen. Zu den finanziellen Ressourcen und wohin sie fließen sollten geben Autoren dieses Buches von chefärztlicher und von Verwaltungsseite Stellungnahmen ab:

So formuliert Benno Stinner (▶ Kap. 13) aus chefärztlicher Sicht:

» Man kann aber gesellschaftlich und politisch hinterfragen, ob es Aufgabe eines Krankenhauses ist, über dessen (diese) Bestandssicherung hinaus Gewinne zur *Dividendenausschüttung* an Aktionäre zu generieren. Hier stellt sich die philosophisch-ethische Frage, ob eine Gesellschaft Gesundheitsversorgung als *Daseinsvorsorge* definiert oder die politische Entscheidung trifft, diese Aufgabe an Privatunternehmen abzugeben. Trifft man diese politische und moralische Entscheidung, muss man akzeptieren, dass aus der Krankenhausleistung Gewinne abgezogen werden. Will man das nicht, muss man das Konzept politisch neu festlegen.

Horst Imdahl (▶ Kap. 14) und Heinz Naegler (▶ Kap. 15) geben in ihren Kapiteln als Experten von Verwaltung und Geschäftsführung Statements hierzu ab. Horst Imdahl gibt zur momentanen Situation im Gesundheitswesen zu bedenken:

> Das wirtschaftliche Wohl der Einrichtung (Klinik) steht über dem Wohl des Patienten. Gefordert werden muss ein *Finanzierungssystem*, das einerseits die gesamtwirtschaftlichen Möglichkeiten berücksichtigt und andererseits dem Arzt die Freiheit gibt, seine Entscheidungen im Sinne des hippokratischen Eides und seines beruflichen Ethos ausschließlich am Wohl der sich ihm anvertrauten Patienten zu orientieren.

Heinz Naegler postuliert: »Gewinne werden verwendet, um den Bestand des Krankenhauses und damit das Angebot an medizinischen Leistungen und an attraktiven Arbeitsplätzen dauerhaft zu sichern.« Das heißt: Gewinne sollten der primären Reinvestition ins »eigene Haus« zur Unterstützung und zum Ausbau der humanen Ressourcen im Sinne der Patientenversorgung (Pflege und Ärzte) dienen.

Ressourcenbewusstsein bedeutet auch, einen kritischen Umgang in der Generierung von Kosten durch die Inanspruchnahme technischer Hilfsmittel und Diagnostika walten zu lassen, etwa in der bildgebenden und der Labor-Diagnostik. Dies führt zum vierten Weg, dem »Klug entscheiden« hin.

40.5.4 Klug entscheiden (nil nocere)

Cave vor einer Über- und Unterversorgung. »Choosing wisely« auf der Grundlage von möglichst viel Erfahrung und Wissen. Was nützt, was schadet in der Medizin? Wie kann ich nützen durch kluges Unterlassen?

Vor allem in der stationären Versorgung wurden Krankenhäuser zunehmend nach den Regeln einer industriellen Unternehmensführung umgebaut. Der Versorgungsauftrag ist dabei politisch gewollt einer Gesundheitsökonomie gewichen, die nach eigenen Regeln funktioniert. Dabei orientieren sich Angebot und eine Nachfrage vorwiegend an ökonomischen Gesetzmäßigkeiten. Weniger lukrative Leistungen sowie für den Anbieter nicht-lohnende Medikamente oder Medizinprodukte werden eingeschränkt bzw. vom Markt genommen, gewinnbringende Bereiche werden hingegen zum Teil über das medizinisch Notwendige hinaus ausgebaut.

Patientennutzen setzt die Einhaltung der Empfehlungen von Leitlinien und der eingehenden Studienlage von allen Beteiligten voraus. Rein ökonomisch begründete Therapieindikationen sind i.d.R. kontraindiziert und aus ärztlicher Sicht abzulehnen. Die Beibehaltung einer hochwertigen Versorgung bedeutet zugleich ein »Weniger« an ökonomisch fehlgeleiteten Entscheidungen in unserem Gesundheitssystem. Dies heißt auch, dass die eigentlichen Leistungserbringer in unserer Gesundheitsversorgung, d.h. Ärzte und Pflege etc., nicht weiter an Einfluss verlieren dürfen.

40.5.5 Beziehungsaufbau zum Patienten durch Medizin der Zuwendung

Wohin die Kommerzialisierung der Medizin im zwischenmenschlichen Bereich führt, bringt Horst Imdahl in folgenden Zitat von Flintrop auf den Punkt: »Wohlwollen und Zuwendung gehen mehr und mehr zugunsten der Erlösmaximierung verloren.« Höchste Zeit also für eine Umkehr, bei der die Medizin wieder vermehrt auf Empathie und Beziehung Wert legt und die Zeit dafür findet: »für eine Medizin der Zwischenmenschlichkeit« (▶ Kap. 18).

In seinem Beitrag hebt Friedrich Heubel (▶ Kap. 16) hervor, »dass sich der für die klassischen Professionsberufe (Geistlicher, Richter, Lehrer, Arzt) charakteristische Dienst im Medium der *Sprache* vollzieht. Bei den Ärzten ist er jedoch zusätzlich mit *materiellem Aufwand* verknüpft«. In seinem Buchbeitrag »Ohne Zuwendung ist alles nichts« betont Giovanni Maio (▶ Kap. 18) vor allem die »Kostbarkeit des (Arzt-Patienten-)Gesprächs.« (…) »Nicht nur verstehen, sondern echtes Miteinander-Sprechen verwandelt.« Er geht noch einen Schritt weiter und hebt vor allem »die Bedeutung des Zuhörens« der ärztlichen Seite hervor: »Denn noch grundlegender als das Sprechen ist das *Zuhören*.« Daher folgt er kritisch: »Wohl der größte Schwachpunkt der modernen Medizin ist, dass in ihr nicht nur die Bedeutung des Gesprächs abgewertet wird, sondern noch viel gravierender die Bedeutung des Zuhörens.« Denn »was der Patient hat, können wir sehen, wer er ist, können wir nur hören«.

In einem elementaren Passus seines Kapitels kristallisiert Maio *die beiden Seiten der Medizin* heraus. Die eine Seite erfolgt in einem unpersönlichen Rahmen: Dort »hat sie etwas Formelles und Formalisiertes, (…) ist bezifferbar, ein Verwaltungsakt, (…) geht nach Schemata vor, die von institutionell vorgegebenen Regeln, von Sachlichkeit, Objektivität und Wissenschaftlichkeit getragen werden«. Die andere Seite weist jedoch »eine zutiefst persönliche Komponente auf: Sie lebt von *Zwischenmenschlichkeit,* hat mit Intimität zu tun, verlangt Nähe, emotionale Wärme und – vor allem – einfühlsames Verstehen«. Maio stellt im Weiteren klar: »Diese beiden Seiten zusammenzubringen, stellt eine hohe Anforderung dar, die im (klinischen) Alltag nicht immer erfüllt wird, die aber als anzustrebendes Ideal niemand in Frage stellen wird.«

40.5.6 Vernetzung

(a) **Menschlich:** Sofern der Erkenntnisgewinn aus den Ausführungen mehrere bis viele im Verbund zusammenführt, kann daraus eine gemeinsame geistige Stärke erwachsen:

> Die ärztlichen Grundpflichten haben sich seit der Zeit des hippokratischen Eides nicht verändert. Verändert haben sich aber die Bedingungen der Berufsausübung. Wissen, Technik und Ökonomie erzwingen Arbeitsteilung. Die einzelnen ärztlich Handelnden werden Teile eines funktionalen Verbundes, der organisiert werden muss. Damit wächst ihnen eine neue Pflicht zu: *Die Sorge für die ganze Profession.* Dazu kann der erste Teil des hippokratischen Eides insbesondere die Chefärzte ermutigen, denn auch dort gibt es innerhalb eines familienartigen Verbundes die Sorge für ärztliche Professionalität (▶ Kap. 16).

An dieser Stelle sei die Aussage von Arnd Pollmann (▶ Kap. 19) zur Bedeutung des Verbunds, der Vernetzung im Sinne der Integrität, wiederholt:

> Eine integere Person muss nicht schon den heroischen Weg wählen, aber nur dann, wenn *hinreichend viele Menschen* sich politisch entsprechend auflehnen, wird das integere Leben auch für viele andere wahrscheinlicher.

(b) **Elektronisch:** Die *Digitalisierung der Medizin* wird vorsichtig als positiv erachtet: »(…) bietet die Digitalisierung erhebliche Chancen für jede einzelne Klinik. (…) neben vielen Risiken. Im Rahmen von sinnvollen Kooperationsmodellen und vernetzten bzw. digitalisierten Versorgungsstrukturen können Verbesserungen der Patientenstrukturen herbeigeführt werden« (▶ Kap. 38; ▶ Kap. 39). Nicht endgültig geklärt ist die Frage, *welche* Technologien und IT-Entwicklungen echten Nutzen für Patienten und deren Versorgung entfalten.

Verfechter von Extrempositionen im Rahmen einer digitalisierten Medizin führen dazu an: Gute IT-Strukturen haben für die Erbringung von Qualität im Krankenhaus einen höheren Wert als viel Personal auf einer Station.[12] Technik ersetzt Medizin und Menschlichkeit – und führt zu besserer Qualität? Welche Qualität ist gemeint? Auch hier helfen die Ausführungen von Giovanni Maio (▶ Kap. 18): »Eine Polarisierung zwischen *Technik und Beziehung* führt vor diesem Hintergrund nicht weiter: Technik ist unverzichtbar – aber sie bedarf der Beziehung, um wirklich zu greifen. Die Beziehung steht wohl nicht als Ersatz für die Technik, sondern als Voraussetzung für deren Erfolg.« Das Umgekehrte gilt genauso: Technik kann immer nur ein Hilfsmittel und nie ein Ersatz für Menschlichkeit sein, und dies vor allem in der sozialen Stätte Krankenhaus. Maio erklärt den Zusammenhang: Denn »je vertrauenswürdiger, je verständnisvoller, je empathischer eine Ärztin oder ein Arzt empfunden werden, desto mehr wird die technische Anwendung ihre Wirkung entfalten. Dies gilt nicht nur für die Apparatetechnik, die Medikation oder den Eingriff, sondern ebenso für die Gesprächstechnik, die Therapie- und Analysetechnik«.

---

12 Deutsches Ärzteblatt (07.04.2016): Helios: Gute IT-Strukturen sind für die Behandlungsqualität wichtiger als viel Personal

40.5.7 Kurswechsel – Change

Fasse den Entschluss zur Veränderung, wenn es der Profession zuwider läuft. Nutze die Möglichkeiten des Gelingens, sehe die Risiken des Scheiterns, aber auch seine Chancen, akzeptiere es als Zwischenstufe (Brücke zum hippokratischen Eid), *Wandel zum Wesentlichen*, Verlass auf das Beständige!

Äußerungen über zunehmende Unzufriedenheit bei den Patienten, beim Personal, bei Einweisern und in der Folge steigender Personalkrankenstand, Zunahme des Personalwechsels sowie stete Kritik von außen an klinischen Abläufen sind Hinweise auf überfällige Kurskorrekturen in der Klinik, wie es in ▶ Kap. 30 beschrieben ist.

Eine breite kritische Diskussion über die zunehmende Ökonomisierung und Kommerzialisierung des Gesundheitswesens und ihre sichtbaren und spürbaren Folgen für die Patienten sind Hinweise auf *dringlich notwendige Kurskorrekturen im System*.

Die Tendenz zur Verbetriebswirtschaftlichung unserer Krankenhäuser führt letztlich in eine beziehungskarge Sackgasse. Gary Hamel, Management-Experte, plädiert für den Kurswechsel und beschreibt es so: »Einfühlungsvermögen ist die treibende Kraft hinter jeder Innovation. Gerade deswegen finde ich die Entmenschlichung unserer heutigen Unternehmenswelt so besorgniserregend (▶ Kap. 30).«

Die beschriebenen Wege könnten uns Ärztinnen und Ärzten helfen, die nötige Kurskorrektur vorzunehmen und die Menschlichkeit in den Krankenhäusern wieder in den Vordergrund zu rücken.

Abschließend wird eine Kompromissformel vorgeschlagen, die die Thematik des Spannungsfelds Patientenwohl einerseits und Ökonomie andererseits für den Chefarzt und die Geschäftsführung mit dem Zitat aus ▶ Kap. 13 »Zurück zum aufrechten Gang« von Benno Stinner auf einen gemeinsamen Weg bringen soll:

» **Ärztliche Professionalität im Sinne des Patienten**
Leitende Ärzte sind Führungskräfte, die sich nicht alleine mit einer gesellschaftlichen Veränderung zufriedengeben sollten, sondern die Aufgabe von Führungskräften ist die aktive Gestaltung von Gesellschaft und Umgebung. Das beinhaltet eine aktive Vorbildfunktion und auch eine aktive Bestimmung der eigenen Rolle. Wenn ein Stand für sich eine besonders hohe moralische Qualität in Anspruch nimmt, dann muss ein Stand das aufrecht tun und auch bei »unmoralischen Angeboten« »Nein« sagen können. (…) Allen Beteiligten muss klar sein, dass eine Rückgewinnung der ärztlichen Autonomie nie mehr ohne Rücksicht auf ökonomische und gesellschaftliche Eckpunkte möglich sein wird, aber es bleibt die wichtige Aufgabe des Chefarztes, den Patienten vor der reinen Ökonomie zu schützen!

» **Im Sinne einer erfolgreichen Kooperation der Führungskräfte**
Auf der Ebene der Gesamtgesellschaft sind Chefärzte und Geschäftsführungen eigentlich natürliche Partner, die gemeinsam gegenüber Kostenträgern, Politik und Gesellschaft Anforderungen formulieren sollen, um weiter gemeinsam ein optimales System der Gesundheitsversorgung für die einzelnen Patienten zu gewährleisten. Dieser Weg mag im Einzelfall schwierig sein, aber jeder Einzelne kann hierbei ein Zeichen setzen, das die Kommunikation mit der Geschäftsführung wieder gleichberechtigt und erfolgreich macht.

Chefarzt könnte so wieder unser Traumberuf sein.

Literatur

Bieri P (2013) Eine Art zu leben. Über die Vielfalt menschlicher Würde. Hanser, München
Friedrich K, Seiwert L, Geffroy E (2002) Das neue 1 x 1 der Erfolgsstrategie (8. Aufl.). Gabal, Offenbach
Richter-Kuhlmann E (2016) Deutscher Ethikrat: Fokus: Patientenwohl. Dtsch Ärztebl 2016; 113(15): A-700 / B-591 / C-583

Serviceteil

Stichwortverzeichnis – 630

# Stichwortverzeichnis

A

Abgrenzung 128
Abgrenzungsverordnung 364
Ablenkung 431
Abmahnung 376
Abrechnungsregelung 369
Absicherung 389
Absicht 480
Abteilungsbudget 168
Abteilungsumsatz 168
Abteilung, urologische 62
Accessoire 412
Acht-Phasen-Modell 491
Achtsamkeit 535
AGB-Recht 302
Agent 275
Agenturproblem 275
Aktiengesellschaft (AG) 123
Aktionismus 247
Akzeptanz 528
Albtraum 50
– beruflicher 49
Altersversorgung 400
Altersvorsorge 400
Alterung
– der Patienten 590
– der Belegschaft 590
Altruismus 196
Ambulantisierung 600
Ambulanztätigkeit 289
AMG-Novelle 344
Amortisationsindikation 189
Analyse 128
Anästhesie 78
Änderungskündigung 377
Anerkennung 248, 561
– soziale 530
Anforderung, gesellschaftliche 255
Anforderungsprofil 13, 178, 204
Angehöriger 320, 431
Angestellter, leitender 287
Anhaltszahl 141
Anklage 430
Anlagegüter, kurzfristige 364
Anonymisierung 321
Anpassung 265
Anpassungsdruck 251
Anreiz 273
Anreizlandschaft 524
Anreiz, ökonomischer 190, 217
Anreizsystem 178, 275
– indikatorgestütztes 113

Anspruch 261
Anspruchsgruppe 126
Anstalt, gemischte 351
Anteilnahme 623
Antezedenzfokus 525
Antikorruptionsrichtlinie 272
Antriebsschwäche 515
Anzeigepflicht 395
Anzeige, polizeiliche 505
App, medizinische 615
AQUA-Institut 101
Äquivalenz 315
Arbeiten, erfolgsorientiertes 381
Arbeitgeberattraktivität 560
Arbeitsbedingung 515, 556
Arbeitsbelastung 562
Arbeitslosigkeit 378
Arbeitsort 288
Arbeitsplanung 522
Arbeitsplatzattraktivität 570
Arbeitsteilung
– horizontale 312
– vertikale 312
Arbeitstil 464
Arbeitsverdichtung 122, 169, 514, 588
Arbeitsverhältnis 287
Arbeitsvertrag 381
Arbeitsvertragsbefristung 303
Arbeitsvertragsdauer 303
Arbeitswelt 514
Arbeitszeitgesetz 563
Arbeitszeit, gesetzliche 291
Arbeitszeitgestaltung 599
Arbeitszufriedenheit 57
Arzneimittelprüfung 345
Arzneimittelregress 54
Arzneiverordnung 337
Arzt, angestellter 218
Arztautonomie 186
Arztberuf 120
Arztbild 176
Ärztemangel 563
Arzt
– ermächtigter 332
– guter 178
– in eigener Praxis 217
– Leitender 178
– nachgeordneter 313
Ärzteschwemme 178, 560
Arzthaftpflichtvertrag 392
Arzthaftung 324, 390
Arzthaftungsprozess 324
Arzthaftungsrecht 322

Arzt-Patienten-Verhältnis 186
Arzt-Patient-Kommunikation 502
Arztrecht, allgemeines 310
Arztvorbehalt 313
Assistenzarzt 71
Attraktivität 10
Attribut
– männliches 472
– weibliches 473
Aufbruchstimmung 488
Aufenthaltsdauer 187
– geplante 353
Auffälligkeit 358
Auffälligkeitsprüfung 334
Aufgabe
– administrative 65
– klinische 72
Aufgabendelegation 312
Aufklärungsfehler 325
Aufklärungsformular 312
Aufklärungsgespräch 326
Aufklärungsmangel 328
Aufklärungspflicht, wirtschaftliche 326
Aufklärungsverzicht 325
Aufmerksamkeit, mediale 499
Aufnahme 189, 353
Aufnahmediagnose 189
Aufnahmeindikation 189
Aufsicht 294
Aufwand 137
Aufwandsart
– DRG-relevante 161
– nicht DRG-relevante 161
Aufzeichnungspflicht 272
Augenhöhe, emotionale 502
Ausbildungsinhalte 598
Ausdünnung der Krankenhauslandschaft 36
Ausgabe 136
Auskunftspflicht 312
Auswahlverfahren 14
Autonomie 205
– ärztliche 180

B

Baby-Boomer 44, 592
Bambus-Strategie 431
Barmherzigkeit 196
Basis-DRG 156, 367
Basisfallwert 186, 370

Stichwortverzeichnis

A–D

BCG-Matrix 132
Bedarfsanalyse 361
Bedenken 501
Bedingung, arbeitsrechtliche 120
Bedürfnis 560
Bedürfnislage 457
Bedürfnispyramide 560
Beendigungskündigung 377
Begegnung 242
Begleiterkrankung 158
Begründungskompetenz 246
Begründungspflicht 207
Begrüßung 407
Behandlung
– kosmetische 394
– nachstationäre 354
– teilstationäre 354
– vorstationäre 354
– wahlärztliche 293
Behandlungsfall 159
Behandlungsfehler 52, 63, 81, 395
– grober 324
Behandlungsfraktionierung 194
Behandlungsverhältnis 311
Behandlungsvertrag 323
Beistand 248
Beitragssatzstabilität 187
Bekanntmachen 409
Belastung 64, 75
Belegarzt 355
Belegungsrückgang 381
Belohnung, emotionale 530
Bemessungsfaktor 370
Bemessungsgrundlage 297
Benchmark 98, 136
Bereitschaftsdienst 62, 91, 290
Berichterstattung 499
– öffentliche 109
Berufsethik 177
Berufsethos, ärztliches 235
Berufshaftpflichtversicherung 323, 392
Berufsordnung, ärztliche 614
Berufsrecht, ärztliches 310
Berufsunfähigkeit 376, 400
Berufsunfähigkeitsversicherung 401
Berührung 408
Beschaffungsentscheidung 277
Beschäftigung, abhängige 289
Beschwerde 63
Beschwerdeausschuss 334
Beschwichtigung 430
Besetzungsproblematik 62
Bestechlichkeit 316
Beteiligung 297
Beteiligungsvergütung 292
Betreuung, persönliche 293
Betreuungsangebot 599

Betriebsklima 207
Betriebskosten 364
Betriebskostenfinanzierung 188
Betriebsunterbrechung 403
Betriebsunterbrechungsversicherung 403
Betriebswirtschaft 229
Bettenabbau 167
Bettenbedarf 100
Beurteilungssystem 465
Bewältigungsstrategie 243, 523
Beweglichkeit, geistige 528
Bewegung, körperliche 528
Beweislastregelung 324
Bewerber 88
Bewerbung 10, 47, 67, 501
Bewerbungsverfahren 62
Bewertung 474
– gesellschaftliche 178
Bewertungsrelation 158
Bewusstsein, ethisches 281
Beziehung 242, 626
– persönliche 247
– therapeutische 247
Beziehungsaufbau 625
Beziehungsmedizin 244
Big Data 610
Big Doku 613
Big Processing 613
Bindung 561, 599
Binnenmoral 254
Bonus 177, 287
– finanzieller 191
Bonusregelung 191
Bonusvereinbarung 11, 91, 195
Bonusvergütung 292
Bonuszahlung 65, 277
BQS-Verfahren 112
Budget 134, 203, 295
– festes 163
Budgetdeckelung 187
Budgetierung 187
Budgetklausel 379
Budgetüberschreitung 379
Bundesausschuss, Gemeinsamer 357
Bundesmantelvertrag 34
Bundesmantelvertrag-Ärzte 330
Burnout 477, 514, 531
Bürokratie 66
Bypass-Operation 555

C

Casemix 165
CCL-Wert 156
Change 486
Change-Management 485

Charakter 61
Charta 221
– zur medizinischen Professionalität 224
Checkliste 81
Chefarzt 60, 120
– angepasster 179
– chirurgischer 73
– trotziger 178
Chefärztin 440
Chefarztkündigung 92
Chefarztposition 10
Chefarztprinzip 61
Chefarztrauswurf 92
Chefarztrecht 309
Chefarztrolle 186
Chefarztsekretärin 70
Chefarztstelle 60
Chefarzttätigkeit 60, 309
Chefarztvergütung 292
Chefarztvertrag 65, 91, 120, 287
Chefarztvisite 427
Chefvisite 61
Choosing Wisely 552
Clinical Pathway 98
Coaching 13, 480, 599
Commitment 561
Compassionate-Use 393
Compliance 270, 314, 431
– medizinrechtliche 314
Controlling 64
Coping 523
– emotional-kognitives 524
– fallbezogenes 523
Coping-Strategie 524
Critical Incident Reporting System 280

D

Dankbarkeit 46
Daseinsfürsorge 484
Daseinsvorsorge, staatliche 544
Datenbank 616
Datenlogistik 612
Datenmanipulation 110
Datensicherheit 616
Datenvalidität 109
Decke, gläserne 439
Deckungsbeitragsrechnung 137
Deckungslücke 392
Deckungssumme 392
Deep Acting 525
Deeskalation 427
Delegation 294
– einer ärztlichen Leistung 313
Deliktsrecht 390

Demographie 590
Demut 73
Demütigung 237
Depression 514
Deprimiertsein 517
Deprofessionalisierung 219
Deutsche Krankenhausgesellschaft (DKG) 287
Diagnose 214
Diagnosefreiheit 562
Diagnosis Related Groups 150
Dialog 85
– strukturierter 100
Dienstaufgabe 289
Dienstaufgabenkatalog 287
Dienstaufsicht 272
Dienst der Krankenkassen, medizinischer 38
Dienst der Krankenversicherung, Medizinischer 358
Dienstherrengenehmigung 318
Dienstleisterbeziehung 247
Dienstverhältnis 288
Dienstvertrag 288, 381
Dienstwagen 91
Digitalisierung 603, 626
– der Medizin 610
Dilemma 234
Disziplin 49, 73
Diversifikation
– externe 133
– horizontale 133
– interne 133
– lateral 133
– vertikale 133
Diversifizierung 133
DKG-Mustervertrag 287
Doing Gender 474
Dokumentation 64, 75, 191, 272, 335, 613
– ärztliche 385
Dokumentationspflichtverletzung 385
Dokumentationsqualität 104
Doppelagent 196
Doppelbotschaft 235
Double-Bind 235
Dread-Disease-Versicherung 401
Drehtür-Effekt 555
Dreieck, magisches 491
Dreischritt-Methode 437
Dresscode 412
DRG 146, 177, 188
DRG-Berechnung 134
DRG-Katalog 161, 366
DRG-Kode 156
DRG-Partition 158
DRG-System 148
DRG-Vergütungssystem 146

Dringlichkeit 522
Drohung 430
Druck
– ökonomischer 178, 265
– wirtschaftlicher 236
Duzen 409
Dynamisierungsklausel 293

E

E-Change 486
Effizienz 186, 203, 487, 548, 612
Effizienzsteigerung 616
Egoismus 196
E-Health 603
E-Health-Gesetz 611
Eid 213
– hippokratischer 212
Eid des Hippokrates 180
Eigeninteresse 216
Eigenschaft 261
Eignung 66
Eindruck
– erster 410, 424
– letzter 411
Einflussmöglichkeit 454
Einfühlungsvermögen 627
Eingriff, kosmetischer 394
Einigung 299
Einkauf 277
Einkommen 60
Einkommensversteuerung 289
Einnahme 136
Einnahmensteigerung 134
Einstellungsbefugnis 288
Einstellung zur Arbeit 598
Einweiser 72
Einweiser-Marketing 128
Einwilligung 325
Einwilligungsformular 327
Einzelfallprüfung 56, 337
Einzelförderung 364
Einzelkosten 159
Eisenhower-Prinzip 521
Elektronikversicherung 403
Eltern-Ich 437
– helfendes 438
– kritisches 437
Elternzeit 87
Emotion 524
Emotionsarbeit 525
Emotionsregulierung 525
Empathie 424, 447, 502
Empathiefähigkeit 8
Enkeltauglichkeit 544
Entgeltkatalog 155
Entgeltsystem, einheitliches 98

Entlassungsbefugnis 288
Entschädigungsanspruch 303
Entscheidung 625
Entscheidungsfindung, partizipative 431
Entscheidungskompetenz 246
Entscheidungssituation 264
Entschuldigung 503
Entspannung 47
Entwicklung, demographische 588
Entwicklungsklausel 121, 302
Episode, depressive 514
Erblinden 245
Erfolg 381, 479
Erfolgsfeld 475
Ergebnisqualität 37, 112
– medizinische 112
Erleichterung 46
Erlösbudget 371
Erlösmaximierung 195
Ermächtigung 177, 332
– persönliche 354
Erreichbarkeit der Gesundheitsversorgung 100
Erscheinungsbild 412
Erschöpfung 514
– emotionale 515
Ertrag 137
Erwachsenen-Ich 438
Erwägung, ökonomische 186
Erwartung 597
– ökonomische 562
Erwartungshaltung 374
Erwerbsminderung 304
Erwerbsunfähigkeit 376
Eskalation 506
Ethik 252
– ärztliche 212
– der Medizin 232
Ethikkommission 343
Ethikrat 620
Ethik-Richtlinie 273
Ethos 230
– beruflicher 194
– des Heilens 196
Etikette 407
EU-Kommission 343
Experte 508
Expertenberatung 614
Expertenstatus 216

F

Fachanwalt für Medizinrecht 309
Facharzt 218
Facharztbehandlung 34
Facharztstandard 323, 324

Facharztstandard im OP 88
Facharzttermin 34
Fachaufsicht 272
Fachkräftefehlverteilung 88
Fachkräftemangel 87
Fahrlässigkeit 314
Faktoren der Resilienz 527
Fallkostenkalkulation 159
Fallpauschale 158
Fallpauschalengesetz 150
Fallpauschalenkatalog 366
Fallpauschalensystem 186, 365
Fallsplitting 194
Fallzahl 121
Fallzahloptimierung 165
Fallzahlsteigerung 165, 189
Familie 598
Familienfreundlichkeit 560, 599
Familienleben 564
Fanatiker 264
Fangprämie 192
Fast-Track-Konzept 79
Feedback 418, 456
Fehlanreiz 113
Fehlentwicklung 177
Fehler 279
– ärztlicher 499
Fehleranalyse 280
Fehlerbewusstsein 279
Fehlerkultur 207, 279, 437
Fehlerpotenzial 280
Fehlerquelle 111
Fehlerreduktion 81
Fehlervermeidung 280
Fehlleistung 499
Fehlverhalten 375
Fehlversorgung 97
Feststellungsbescheid 363
Festvergütung 292
Finanzierung, duale 150, 187, 364
Finanzierungsproblem 33
Fluktuation 70
Forderung nach Effizienz 196
Forderungsmanagement 398
Formalziel 124
Formalzielorientierung 206
Fortbildung 81
Fortschritt, medizinischer 99
Frage 425
– offene 425
Fraud Triangel Model 270
Frauenfalle 475
Frauenheilkunde 10, 590
Freizeit 91, 564, 598
Freizeitausgleiche 563
Fremdinteresse 216
Früherkennung 500
Frühgeborenes 193

Frühgeburt 193
Frühwarnindikator 374
Führen
– altersgerechtes 590
– generationengerechtes 590
Führung 89, 180, 446, 570
Führungskompetenz 87
Führungskraft 180, 232
Führungskräfteseminar 13
Führungskultur 14
Führungsposition 472
Führungsqualität 13
Führungsstil 596
Führungsstruktur, gemischte 472
Führungsverhalten 590
Funktionsfähigkeit, körperlich-seelische 214
Funktionstrennung 271

Ganztagsbetreuung 599
GCP-Grundsatz 343
G-DRG 98
G-DRG-System 134
Gebot der Beitragsstabilität 162
Gebot der persönlichen Leistungserbringung 337
Gebührenminderung 295
Geburtsgewicht 194
Geburtshilfe 10, 110, 171
Geburtsmedizin 590
Gedankenkarussell 515
Gefährdungsbereich 277
Gefühl 458
Gefühlsstabilität 528
Gehalt 11
Gehaltsanteil, variabler 90
Gehaltsreduzierung 379
Gehaltsstruktur, variable 120
Gehaltsverhandlung 91
Geist des Professionalismus 216
Gelassenheit 520
Geldgier 190
Gelegenheit 271
Geltungsbereich 397
Gemeinkosten 159
gemeinnützige Gesellschaft mit beschränkter Haftung (gGmbH) 123
Gemeinschaft 214
Gemeinschaftspraxis 332
Gemeinwohlziel 124
Gender Awareness 473
Gender Balanced Leadership 472
Genehmigungspflicht 345
Generation 47, 590
Generation X 44, 592

Generation Y 47, 593
Generation Z 593
Geo-Marketing 128
Gerechtigkeit 252
Gerichtsverhandlung 63
German Diagnosis Related Groups (G-DRG) 98, 121
Gerücht 501
Gesamtschweregradeinteilung 155
Geschäftsbrief 417
Geschäftsführer 202
Geschäftsführerwechsel 374
Geschäftsführung 50, 178, 202
Geschlechtskategorie 475
Geschlechtsstereotyp 474
Gesellschaft mit beschränkter Haftung (GmbH) 123
Gesetz zur Stärkung der Gesundheitsversorgung 33
Gesinnung, professionelle 216
Gespräch 244
– persönliches 426
Gesprächseinstieg 413
Gesprächsführung, positive 433
Gesprächskultur 244
Gesprächsmanagement 244
Gesprächsregel 464
Gesprächsstruktur 461
Gestalttherapie 533
Gesundheitsangebot, digitales 603
Gesundheitsgesetzgebung 557
Gesundheitskarte, elektronische 604, 612
Gesundheitsmarkt 229
Gesundheitsökonomie 557
Gesundheitsreformgesetz 150
Gesundheitsstrukturgesetz 150
Gesundheitssystem 229
Gesundheitsunternehmen 229
Gesundheitsversorgung 545
Gesundheitswirtschaft 235, 546
Gewinn 179
Gewinnerzielung 194, 204
Gewinnmaximierung 32, 125, 486, 546, 621
Gewinnorientierung 234
Gewinnstreben 186
Gewinnzielbeschränkung 207, 621
GKV-Versorgungsstärkungsgesetz 32
GKV-VSG 32
Glaubwürdigkeit 622
Gleichberechtigung 181
Gleichgewicht, inneres 533
Glück 258
Glückseligkeit 46
Glücksgefühl 47
Good Clinical Practice 343
Gouvernementalität 228

Grübeln 515
Grundgehalt 65
- festes 90
Grundvorhaben 259
Gutachten 556
Gute klinische Praxis 343
Gütekriterium 111
Gynäkologie 590

H

Habilitation 61
Haftpflichtprämie 601
Haftpflichtversicherung 389
Haftung 57, 389
Haftungsgrundlage 323
- deliktischen 323
- vertragliche 323
Haftungsrisiko 52, 389
Halbgott in Weiß 3, 176
Halo-Effekt 433
Haltung, authentische 424
Hamsterradeffekt 196
Händedruck 408
Handeln
- unbewusstes 532
- unternehmerisches 205
Handlungssouveränität 535
Handschlag 408
Hauptdiagnose 156, 367
Hauptdiagnosegruppe 156, 367
Hauptleistung 294
Hauptprüfer 344
Hausarzt 218
Heilberuf 177
Helferbeziehung 247
Helfersyndrom 177
Herrscher 176
Hersteller 219
Hilfe 242
Hilflosigkeit, erlernte 524
Hilfsbereitschaft 477
Hill-Burton-Formel 136
Historie 148
Hochrisikobereich 392
Hochsicherheits-Korsett 57
Hochstaplersyndrom 478
Honorarminderung 295
Honorarsumme 218
Hörbarmachung 244
Hören 245
Hotelleistung 355
Humanressource 128
Hygiene 277
Hygienefaktor 561
Hygienemaßnahme 279
Hysterektomie 162

I

ICH-GCP-Leitlinie 343
Ideal 572
Impact 427
Imperativ, ökonomischer 261
Indikation, ökonomische 189
Indikationsstellungsausweitung 190
InEK GmbH 134
InEK-Institut 155
InEK-Kostenmatrix 369
InEK-Quotient 136
Infektion, nosokomiale 278
Informationsasymmetrie 274
Informationsgefälle 276
Infrastruktur, kommunale 547
Inhomogenität 107
Initiative »Klug entscheiden« 553
Initiativlast 299
In-Label-Use 346
Insolvenzrisiko 123
Institut für das Entgeltsystem im Krankenhaus 155
Institutsermächtigung 332, 354
Institutsleistung 290
Integrationsarbeit 205
Integrität 251, 623
- personale 254
Integritätsaspekt 261
Integritätsbegriff 258
Integritätskonflikt 254
Intelligenz, emotionale 442
Internationalisierung 48
Interpretationsmonolog 475
Intervention, verhaltensorientierte 488
Intimität, moralische 623
Intuition 531
Inventarversicherung 403
Investigator Initiated Trials 343
Investition 146, 217
Investitionsbedarf 148
Investitionsfinanzierung 37
Investitionskosten 364
Investitionsprogramm 365
Investitionsstau 163

J

Jahreseinkommen 11
Jobzufriedenheit 570

K

Kaiserschnitt 193
Kaiserschnittrate 110

Kampf 524
Karriere 10, 598
Karriereplanung 13
Kellertreppen-Effekt 167
Kernleistung 294
Kind
- angepasstes 437
- spontanes 437
- trotziges 437
Kinderwunsch 590
Kind-Ich 437
Kirchenrecht 384
Klage 63
Klagebereitschaft 395
Klage, zivilrechtliche 505
Klinik, wertschöpfende 494
Klug-entscheiden-Empfehlung 553
Knieendoprothese 162
Knigge 407
Kodierrichtlinie 155, 367
Kollege 436
Kollegialsystem 89, 121
Kommerzialisierung 186
Kommunikation 71, 178, 244, 424, 446, 475
- ärztliche 424
- empathische 502
- wertschätzende 439
Kommunikationspartner 426
Komorbidität 156
Kompetenz 11, 66
- medizinethische 233
- wirtschaftliche 66
Komplikation 63, 105, 156
Kompliment 418
Kompromiss 263
Konflikt 204, 228, 252, 454, 594
Konfliktlösung 457
Konkurrenz 237
Konkurrenzsituation 62
Konsiliararztvertrag 168
Kontakt 502
Kontaktfreude 527
Kontrolle 359
- arbeitsgerichtliche 376
Kontrollinstrument 272
Kontrollpflicht 314
Konzentrationsprozess 170
Konzept, interdisziplinäres 79
Konzession 352
Kooperation 238, 314, 434, 459, 602, 627
- horizontale 128
- vertikale 128
Kooperationsvereinbarung 128
Kooperationsvertrag 192
Koordinator-Telefon 84
Kopfprämie 192

Stichwortverzeichnis

Körperhaltung 410, 428
Körpersprache 424
Körperverletzung 325
Korrespondenz 416
Korruption 193, 271, 316
Korruptionsbekämpfungsgesetz 316
Korruptionsprävention 271
Kosten 134
Kostenart 160
Kostenartenrechnung 137
Kostenausgliederung 295
Kostendeckung 171, 188
Kostendruck 616
Kostenentwicklung 188
Kostenerstattung 295, 351
Kostenerstattungspflicht 295
Kostenerstattungsprinzip 176
Kosten, nicht-pflegesatzfähige 295
Kostenpflicht 149
Kostenrisiko 396
Kostensenkung 167
Kostenstelle 160
– direkte 160
– indirekte 160
Kostenstellenrechnung 137
Kostenträger 160
Kostenträgerrechnung 135
Kosten- und Leistungsrechnung (KLR) 137
Kostenzurechnung 159
Krankenhaus 350
– auffälliges 100
– bedarfsgerechtes 362
– zugelassenes 356
Krankenhausanalyse 361
Krankenhausapotheke 333
Krankenhausarzt, ermächtigter 332
Krankenhausaufenthalt 485
Krankenhausbehandlung 149, 353
Krankenhausbehandlungsrate 555
Krankenhausbehandlung, vollstationäre 353
Krankenhausbetreiber, privater 123
Krankenhausdezernent 176
Krankenhausdirektor 178
Krankenhausfinanzierung 121, 177
– duale 162
– dualistische 365
– freie 150
Krankenhausfinanzierungsgesetz 150, 364
Krankenhausfinanzierungsrecht 364
Krankenhausleistung 155
– allgemeine 295
Krankenhauspflege 149
Krankenhausplan 360

Krankenhausplanung 360
Krankenhausschließung 167
Krankenhausstrukturgesetz 32, 362
Krankenhausträger 353
Krankenhausverwaltung 176
Krankenhauszielplanung 361
Krankenkasse 54
Krankentagegeldversicherung 402
Krankenversicherung 402
– gesetzliche 328
– private 351
Krankenversicherungsrecht 328
Krankenversicherungsträger 149
Krankheitsfall 300
Krise 74, 498
– kommunikative 499
– mediale 499
Krisenkommunikation 498
Krisen-PR, präventive 512
Kritikgespräch 453
Kultur 419
Kunde 186
Kundenanforderung 115
Kündigung 287, 375, 392, 566
– außerordentliche 377
– betriebsbedingte 376
– grundlose 304
– krankheitsbedingte 376
– personenbedingte 376
– verhaltensbedingte 376
Kündigungsfrist 304, 392
Kündigungsrecht 392
Kündigungsschutz 287
Kündigungsschutzgesetz 303, 375
Kurskorrektur 627
Kurswechsel 486, 627
KV-Ambulanz 290
KV-Ermächtigung 382

L

Landesausschuss, erweiterter 35
Landesbasisfallwert 161
Landeskrankenhausgesetz 301
Landesvertrag 104
Leben, gutes 252
Lebensbereich, privater 383
Lebensführung 214
Lebensgefühl 177
Lebensmodell 177
Lebensplanung 13
Lebensstilfaktor 528
Leib 245
Leistung 137
– abrechnungsrelevante 189
– ambulante 297

– DRG-relevante 159
– gesondert berechenbare wahlärztliche 297
– medizinisch nicht indizierte 177
– medizinisch nicht notwendige 190
– nicht DRG-relevante 159
– überflüssige 553
– vertragsärztliche 355
– wahlärztliche 293
– wertvolle ärztliche 484
Leistungsanreiz 177
Leistungsantrag 336
Leistungsausschluss 398
Leistungsausweitung 192
Leistungsbalance 520
Leistungsbewertung 228, 467
Leistungsdruck 621
Leistungsentwicklung 188
Leistungserbringungsrecht 328
Leistungsforderung 191
Leistungsmanagement 140
Leistungsmehrung 190
Leistungsplanung 66
Leistungsportfolio 131
Leistungsspektrum 132
Leistungssteuerung 188
Leistungsvergleich, medizinischer 109
Leitlinie 553
Leitlinienempfehlung 553
Leitsatz 180
Leitung, kaufmännische 233
Leugnung 235
Liegezeit 121
Liquidation 177, 287
Liquidationsrecht 292
Logik 217
Logistik 277
Lohnversteuerung 289
Lösungsorientierung 528
Loyalität 426

M

Machtlosigkeit 233
Machtverschiebung 231
Maladaptivität 524
Management 178
Marketing 73
Marketinginstrument 114
Markt 127
Marktanalyse 130
Marktanteil, relativer 133
Marktaustritt 128
Marktbereinigung 167
Marktgedanke 544

Markt
- mit beschränktem Zugang 127
- mit unbeschränktem Zugang 127
- nichtorganisierter 127
- organisierter 127
- unvollkommener 127
- vollkommener 127
Marktorientierung 186
Marktpotenzial 128
Marktteilnahme 128
Marktverhalten 127
Marktversagen 108
Marktwachstum 133
Marktwirtschaft, soziale 126
Maßnahme, hygienesichernde 279
Maximierung 392
Maxi-Stressor 58
MDK-Prüfverfahren 276
Mediation 435
Medien 498
- soziale 598
Meditation 531
Medizin 229
- ethisch verantwortungsbewusste 32
- evidenzbasierte 557
- neue 186
- perioperative 80
Medizinanwalt 63
Medizinmanager 65
Medizinmodell, deutsches 231
Medizinprodukt 615
Medizinrecht 309
Medizinrechtindustrie 63
Medizintechnik 403
Mehrerlös 193
Mehrleistungsabschlag 196
Mengenausweitung 134, 177, 218
Menschenbild 453, 495
Menschlichkeit 626
Mentoring 440
Metakommunikation 426
Mindestmenge 190
Mindestmengenregelung 38, 190
Mindestzahl, vorgegebene 190
Minimum-Maximum-Strategie 426
Mini-Stressor 58
Missbrauchskontrolle 376
Mitarbeiter
- ärztlicher 300
- nichtärztlicher 313
Mitarbeiterbedürfnisse 560
Mitarbeiterbeteiligung 300
Mitarbeiterbeurteilung 466
Mitarbeitergespräch 433, 451
Mitarbeiterjahresgespräch 461
Mitarbeitermotivation 447
Mitarbeiterorientierung 102

Mitteilungspflicht 311
Mitwirkungspflicht 359
Mitwirkungsrecht 291
Mobbing 514, 566
Moderator 409
Moral 177, 191, 252
Moral Hazard 146
Moralverständnis 254
Mortalität, perinatale 96
Motiv 181, 530
Motivation 10, 273, 441, 446, 560, 597
- extrinsische 561
- intrinsische 529, 561
Motivationsgespräch 447
Motivator 561
Münchner Perinatalstudie 96
Muster, inneres 480

N

Nachbesetzungsverfahren 331
Nachfrage, angebotsinduzierte 275
Nähe, emotionale 502
Nebendiagnose 156
Nebentätigkeit 287, 391
- ärztliche 395
- genehmigte 289
Nebentätigkeitserlaubnis 304
Networking 73
Neubesinnung 623
Neugeborenes 194
Neuroleadership 424
Neuroplastizität 529
Nichteinigung 300
Nicht-Wissen 501
Nischenleistung 128
Non-Profit-Organisation (NPO) 124
Notfalleinweisung 194
Notfallversorgung 171
Notwendigkeit 356
- medizinische 34
Nutzen-Kosten-Verhältnis 552
Nutzenmaximierung 621
Nutzungsentgelt 295
Nutzungsvertrag 290

O

Oberarzt 70
- Leitender 61, 120
O-Change 486
Offenbarung 322
Offenbarungspflicht 321
Offenbarungsrecht 322
Offenheit 71, 181
Öffentlichkeit 383, 499

Off-Label-Therapie 339
Off-Label-Use 54, 337, 393
Ökonomisierung 179, 186, 228, 245, 270, 446, 621
Ombudsmann 272
Onkologie 54
Onkologie-Vereinbarung 55
Operation 189
- abulante 353
- sinnlose 189
- unnötige 189
Operationsbereich 71
Operationsindikation 556
OP-Koordination 82
OP-Koordinator 84
OP-Management 82
OP-Manager 83
ÖPP-Kommission 547
OP-Protokoll 385
OP-Statut 85
Ordnungswidrigkeit 384
Organisationskultur, männlich geprägte 473
Organisationsstruktur 460
Organisationsverschulden 324
Organspende-Skandal 298

P

P4P-Programme 112
Paradigma, visuelles 245
Paradigmenwechsel 178
Paraphrasieren 428
Pareto-Prinzip 521
Partikularmoral 255
Partition 367
Partner 181
Patient Clinical Complexity Level 367
Patientenakte 336
- elektronische 612
Patientenaufklärung 311
Patientenbeschwerde 504
Patientendaten 611
Patienten-Feedback 45
Patienteninteresse 220
Patientenkontakt 427
- direkter 614
Patientennutzen 552
Patientenrechtegesetz 276, 310, 389
Patientenrekrutierung 128
Patientenumsatz 167
Patienten-Umsatz-Nachteil 545
Patientenversorgung 33, 148, 554, 612
Patientenverweildauer 167
Patientenwohl 620
Patientenwunsch 50

Stichwortverzeichnis

Patient, mündiger 176
Pauschalförderung 364
Pay for Performance 97
PCCL-Wert 157
Perfektionismus 522
Perinatalerhebung 96
Personalabbau 37
Personaladministration 140
Personalangelegenheit 291
Personalausstattung 91
Personalauswahl 140, 272
Personalbedarf 85
Personalberatung 14
Personalbeschaffung 560
Personalbesetzung 169
Personalbestand 51
Personalbeurteilung 140
Personalcontrolling 139
Personaldispensation 140
Personaleinsatz 140
Personalentwicklung 140, 564, 565
Personalentwicklungskonzept 446
Personalführung 596
Personalhonorierung 140
Personalknappheit 195
Personalkosten 162
Personalmanagement 47, 139, 564
Personalmangel 37, 621
Personalmarketing 139
Personalnotstand 621
Personalplanung 85, 139, 169
Personalrekrutierung 88
Personalressource 160
Personalrotation 272
Personalsteuerung 139, 169
Personalzumessung 169
Personenschaden 392
Person, integre 258
Persönlichkeitsmerkmal 67
Persönlichkeitsstruktur, pathologische 494
Perspektive 66
Perspektivwechsel 486
Pflege 141
Pflegebedürftigkeit 402
Pflegebereich 148
Pflegekraft 140
Pflegepersonal 71, 169
Pflegerentenversicherung 402
Pflegesatz 295
– sozialtragbarer 362
Pflegesatzvereinbarung 371
Pflegeverfahren 370
Pflegeversicherung 402
Pflegezuschlag 36
Pflicht, standesrechtliche 301
Planbarkeit 86
Plankrankenhaus 187, 352

Planungsprozess 206
Politik 179
Posting 504
Postwachstumsphase 547
Potenzialanalyse 128
Potenzialentwicklung 486
Prägung 597
Prämienzahlung 192
Präsenz, ärztliche 351
Praxisausfallversicherung 404
Praxisbesonderheit 335
Praxisnachfolge 331
Praxis, urologische 62
Pre-Employment-Screening 272
Preiswürdigkeit 97
Presseberichterstattung 504
Prestigesteigerung 32
Prinzipal 275
Prinzip
– der Fürsorge 195
– des Nichtschadens 195
– mittlerer Reichweite 195
Priorität 216, 521
Privatambulanz 290
Privathonorar 120
Privatisierung 50, 547
– echte materielle 123
– formale 123
Privatklinik 352
Privatliquidation 11, 65, 177
Privatpatientenklinik 352
Probezeit 303
Problemanalyse 460
Profession 216
Professionalismus 216
Professionalität, ärztliche 620
Professionsberuf 217
Profil 74
– chirurgisches 74
Profilierung 74
Programm 616
Prozedurenkode 156
Prozessqualität 37, 112
Prüfarzt 344
Prüfer 344
Prüfstelle 344
Prüfung, klinische 345
Prüfungsstelle 334
Psych-Entgeltgesetz 366
Psychiatrie 366
Psychosomatik 366
Psychotherapie 517
Public Reporting 108
Punktlandung 188

Q

Qualifikation 61, 120
– fachliche 67
Qualifizierung 599
QUALIFY-Instrument 111
Qualität 33, 130
Qualität
– im Krankenhaus 96
– in der Gesundheitsversorgung 97
Qualitätsanforderungskontrolle 359
Qualitätsbericht 108
Qualitätsindikator 36, 97
– planungsrelevanter 363
Qualitätskontrolle 38
Qualitätsmanagement 66, 97, 230
Qualitätsmangel 230
Qualitätsoffensive 38, 357
Qualitätssicherung 96, 155, 228
– externe 96
– interne 96
Qualitätssicherungsmaßnahme 96
Qualitätssicherungsvertrag 104
Qualitätsvergleich 109
Quersubventionierung 171

R

Rahmenbedingung 86
Rahmenvereinbarung 299
Rationalisierung 430
Rationierung 64
Reaktionsfokus 525
Reaktionsmuster 178
Rechtfertigung 273
Rechtsbeistand 567
Rechtsform 122
Rechtsformänderung 123
Rechtsgüterabwägung 320
Rechtskreis 309
Rechtslage 311
Rechtsquelle 329
Rechtsrat 386
Rechtsschutzversicherung 395
Rechtsstreit 396
Regel 206, 220, 276, 510
Regelkonformität 52
Regelrentenalter, gesetzliches 304
Regeltreue 314
Regelung, landeskrankenhaus- gesetzliche 301
Regelverletzung 270
Regress 334
Regressfalle 54
Regressforderung 399
Regressversicherung 399
Rehabilitationseinrichtung 351

Rekrutierung 598
Relativgewicht 188
Relevanz 505
Renditeerwartung 50
Renditevorgabe 190
Rentabilität 548
Rente 400
- befristete 304
- unbefristete 304
Reputation 177, 511
Reputationsverlust 177
Resignation 524
Resilienz 524
Ressource 128, 487
- finanzielle 624
- , humane 625
Ressourcenbewusstsein 624
Richtgröße 334
Richtgrößenprüfung 56, 335
Richtgrößenprüfungsverfahren 336
Risikoadjustierung 113
Risikoatlas 277
Risikoaufklärung 325
Risikobereich 270
Risikofeld 277
Risiko
- finanzielles 218
- moralisches 275
Risikolebensversicherung 401
Risikoselektion 110
Risikovermeidungsstrategie 110
Robotik 614
Rollenüberforderung 12
Rosenthal-Effekt 434
Routinedaten 112
Rückbesinnung 624
Rücksicht 264
Rufbereitschaftsdienst 62, 290
Rufdienst 62

S

Sachleistungsprinzip 351
Sachmittelkosten 162
Sachmittelressource 160
Sachverhaltserhebung 358
Sachverständigengutachten 53
Sachziel 124
Sachzielorientierung 205
Sanatoriumsklausel 351
Sanktion 82
Schaden 212, 498
Schadenersatzklage 312
Schadenersatzverpflichtung 392
Scheitern 74
Schiedsstelle 371
Schlafstörung 515

Schlagzeile 500
Schlichtungsverfahren 359
Schließung 122, 602
Schmerzensgeld 322
Schmiergeld 192
Schmuck 412
Schnittstelle 613
Schönheitsfehler 394
Schüler 49
Schweigepflicht, ärztliche 320
Schweigepflichtentbindung 322
Schwellenwert, DRG-relevanter 194
Schweregrad
- des Behandlungsfalls 155
- ökonomischer 156
Schwörender 213
Sectio 193
Sectio-Bereitschaft 88
Sectiorate 193
Sehen 245
Sekretariat 70
Sektion 15, 604
Selbst 533
Selbstachtsamkeit 442
Selbstachtung 248
Selbstbeobachtung 423
Selbstbestimmung 251
- informationelle 321
Selbstbewusstsein 527
Selbstbild 263
Selbsteinweisung 194
Selbstführung 534
Selbstkostendeckung 121, 186
Selbstkostendeckungsprinzip 150, 187, 203
Selbstkritik 456
Selbstlosigkeit 216
Selbstmanagement 520
Selbstmarketing 425
Selbstregulation 534
Selbstständigkeit 623
Selbsttreue 251, 623
- ethisch-existenzielle 252
Selbstverpflichtung 212, 259
Selbstverwaltung 35
Selbstverwirklichung 561
Self-fulfilling prophecy 435
Service 79
Shareholder-Value-Modell 125
Shitstorm 504
Sicherstellungsauftrag 270, 546
Siezen 409
Skaleneffekte 100
Skandal 500
Small Talk 409
Sozialgesetzbuch 54
Sozialgesetzgebung 149
Sozialversicherungsrecht 321

Spannungsfeld 64
Spannungsverhältnis 247
Spezialisierung 74, 604
Sponsor 345
Sprachregelung 509
Sprachsystem 476
Sprechen 244
Stakeholder-Value-Modell 126
Standard Operating Procedure 81
Standhaftigkeit 251
Stärke 477
5-Stärken-Modell 131
Stellenausschreibung 14
Stellungnahme 103
Stellvertretervereinbarung 294
Stellvertretervertrag 294
Stellvertretung 294
Sterblichkeit, perinatale 110
Stereotyp 178, 474
- gesellschaftliches 473
Steuerrecht 296
Stichprobenprüfung 337
Stimmlage 440
Stolz 179
Strafrechtsschutz, erweiterter 394
Straftat 384
Strategie 66
Streitkultur 454
Stress 12, 442, 521
Stressor 57
Struktur 86
- hierarchische 493
- informelle 493
Strukturproblem 33
Strukturqualität 37, 112
Studienergebnis 345
Subspezialisierung 62
Suizid 213
Surface Acting 525
Surgical Safety Checklist 81
SWOT-Analyse 130
SWOT-Matrix 130
Synthese 247
Systemvertrauen 215

T

Tabuthema 413
Tagegeld 402
Tarifvertrag 293
Tätigkeit
- freiberufliche 287, 398
- klinische 61
- oberärztliche 61
Tauchsinn 246
Täuschung 385
Team, inneres 442

Teamsitzung 460
Teamwork 47
Technik 247, 626
Teilkündigung 377
Teilnahmefrequenz 291
Teilnahmeumfang 291
Teilnahmeverpflichtung 291
Teilzeitanstellung 563
Teilzulassung 331
Telefon 415
Telekonsil 614
Telemedizin 611
Terminservicestelle 34
Testierfähigkeit 321
Therapie, antidepressive 516
Therapieerfolg 270
Therapiefreiheit 562
Therapieoptimierungsstudie 55
Titanic-Desaster 274
Todesfall 401
Toleranzgrenze 266
Toleranzschwelle 264
Top-5-Liste 552
Top-down-Mentalität 492
Totschlag 321
Träger
– kirchlicher 384
– privater 194
Trägerschaft, private 123, 545
Transaktionsanalyse 431
Transformation 535
Transparenz 273, 426
Traumberuf 45
Trendextrapolation 361
triple aims 545
Trost 430
TV-Ärzte 293
Typ
– dominanter 430
– gewissenhafter 430
– initiativer 430
– stetiger 430
Typologie 429

U

Überlastung 588
Überoptimismus 274
Überversorgung 97, 552
Ultima-Ratio-Prinzip 377
Umfeldanalyse 130
Umgangsformen 407
Umgangsregel 464
Unabhängigkeit, ärztliche 298
Unehrlichkeit 228
Unfall 402
Unfallversicherung 402

Universalmoral 254
Universitätsklinikum 547
Unrecht 212
Unrechtsvereinbarung 317
Unsicherheit 500
Unterbrechungsschaden 403
Unterfinanzierung 146
Unterlassenspflicht 213
Unternehmenskultur 273
Unterschiedlichkeit 480
Unterstützung 508
Unterversorgung 35, 552
Unversehrtheit 259
Unwirksamkeit 302
Unwirtschaftlichkeit 380, 399, 601
Unzufriedenheit 60, 71, 228, 561
– latente 576
Urlaub 91
Urologie 61

V

Validität, mangelhafte 105
Verabschiedung 408
Veränderungsfähigkeit 491
Veränderungsnotwendigkeit 491
Verantwortlichkeit 237, 374
Verantwortung 66, 180, 215, 451, 489, 501
– wirtschaftliche 287
Verantwortungsbereich 288
Verbalisieren 428
Verband der Leitenden Krankenhausärzte 32
Verbetriebswirtschaftlichung 548
Verbindlichkeit 85
Verbot 192, 315
Verbundenheit 244
Verdacht 501
Verdachtskündigung 385
Verdienstmöglichkeit 120
Vereinsamung 75
Verfahren
– direktes 103
– indirektes 103
Verfahrensregel 299
Vergütung 287, 332, 355
– erfolgsabhängige 191
– leistungsbezogene 292
– leistungsorientierte 154
– qualitätsbezogene 112
– variable 303
Vergütungsanteil, variabler 11
Vergütungsausfall 38
Vergütungsoption 114
Vergütungsregelung 328
Vergütungssystem 134, 146

– pauschaliertes 150
Vergütungszahl 190
Verhalten
– außerdienstliches 383
– betrügerisches 270
– gesellschaftsunübliches 383
– kooperatives 270
– regelkonformes 270
Verhaltensmuster 532
Verhaltensregeln 270
Verhältnis, vertrauensvolles 180
Verhandlungsposition 61
Vermögensschaden 322
Vernetzung 626
Verordnungskosten 335
Verordnungsverhalten 335
– ärztliches 334
Versetzungsvorbehalt 288
Versicherungsschutz 390
Versicherungssumme 392
Versicherungsumfang 397
Versorgung
– ambulante 354
  – spezialfachärztliche 35
– patientengerechte 362
– vertragsärztliche 329
Versorgungsauftrag 363
Versorgungsentscheidung 361
Versorgungsproblem 228
Versorgungsqualität 37, 98, 190, 554
Versorgungsstärkungsgesetz 34
Versorgungswerk 400
Versorgungszentrum, Medizinisches 329
Versorgungszuschläge, individuelle 171
Verstehen 247
Verteidigungsmedizin 64
Vertragsarzt, ermächtigter 332
Vertragsarztsitz 332, 552
Vertragslaufzeit 392
Vertragsmuster 287
Vertragspartei 370
Vertragspflichtverletzung 375
Vertragsverhandlung 289
Vertrauen 186, 205, 228, 426, 498
Vertrauensproblem 228
Vertrauenssicherung 216
Vertrauensverhältnis 567
Vertrauenswürdigkeit 498
Verwaltung 50
Verwaltungstätigkeit 434
Verweildauer 98, 121, 188
Verweildauermanagement 135
Verweildauerreduzierung 135
Verweildauersenkung 167
Verweisungsklausel 401
Videokonferenz 416

Videosprechstunde 611
Virus 616
Vision 374, 478
Vollkostenrechnung 137
Vollzulassung 331
Vorbild 273
Vorbildfunktion 383
Vorhaltekosten 171, 545
Vorschaden 393
Vorsorgeeinrichtung 351
Vorteil 317
Vorteilsausgleich 65, 296
Vorverfahren 399
Vorversicherung 393
Vorwurf 380

W

Wahlarzt 294
Wahlarztvertrag 294
Wahrnehmung 450
Wandel 33
– demografischer 99
Wartezeit 34
WAVE-Technik 433
Wechsel 566
Weisungsbefugnis 83
Weisungsrecht 294
Weiterbeschäftigung 287
Weiterbildung 38, 73, 91
Werdegang 61
Werkzeug, digitales 616
Wert 493
– materieller 270
– medizinethischer 234
Wertekultur 273
Wertewandel 176, 266
Wertschätzung 243, 407, 443, 488, 562
Wertvorstellung 266
Wettbewerb 128, 546, 621
Wettbewerbsanalyse 131
Wettbewerbsfaktor 130
Wettbewerbsorientierung 128
Wettbewerbsvorteil 128
Whistleblowing-System 272
Wichtigkeit 522
Widerspruch 336
Wille 250
– standhaltender 250
Wirklichkeit 449
Wirksamkeit 302
Wirtschaftlichkeit 228
Wirtschaftlichkeitsgebot 356, 380
Wirtschaftlichkeitsprüfung 334, 399
Wirtschaftlichkeitsprüfungsregelungen 332

Wirtschaftsbetrieb 203
Wirtschaftssubjekt 128
Wirtschaftswundergeneration 590
Wissenszyklus 15
Wochenarbeitszeit 562
Wollmilchsau, eierlegende 60
Work-Life-Balance 75, 89, 567
Work Strain 526
Würde 623
– ärztliche 623
– des Menschen 623
– moralische 623

Z

Zahlung, verdeckte 192
Zeit 521
Zeitmanagement 71, 521
Zentralisierung 74, 602
Zentrenbildung 102
Zentrum, medizinisches 102
Zertifizierung 101
Ziel 479, 530
– ökonomisches 179, 186
– unternehmerisches 231
Zielerreichungsgrad 300
Zielfeststellung 300
Zielsetzung, wirtschaftliche 64
Zielvereinbarung 66, 91, 237, 297
– leistungsbezogene 298
Zielvorgabe 273
Zufälligkeitsprüfung 334
Zufriedenheit 46, 561
Zugangsberechtigung 272
Zugriffsrecht 272
Zuhören 244, 455, 625
– aktives 428
Zukunftsszenario 488
Zulassungsbeschränkung 331
Zulassungsrecht, vertragsarztrechtliches 330
Zulassungsreife 340
Zulassung, vertragsärztliche 330
Zumutung, ethische 206
Zusammenarbeit 74, 621
Zusatzentgelt 159, 368
Zustand, depressiver 514
Zuversicht 527
Zuweisungsprämie 193
Zuwendung 242, 625
Zuwendungsverbot 316
Zuwendung, unerlaubte 315
Zweck, gemeinsamer 215
Zweitmeinungsverfahren 35, 276, 603
Zwischenmenschlichkeit 243, 625

GPSR Compliance

The European Union's (EU) General Product Safety Regulation (GPSR) is a set of rules that requires consumer products to be safe and our obligations to ensure this.

If you have any concerns about our products, you can contact us on ProductSafety@springernature.com

In case Publisher is established outside the EU, the EU authorized representative is:

Springer Nature Customer Service Center GmbH
Europaplatz 3
69115 Heidelberg, Germany

Batch number: 09690563

Printed by Printforce, the Netherlands